ORLANDO FIGES

# Die Tragödie eines Volkes

*Buch*

Orlando Figes betrachtet die Russische Revolution nicht als Aufmarsch abstrakter gesellschaftlicher Kräfte und Ideologien, sondern als historischen Prozeß, der sich aus vielen individuellen Tragödien zusammensetzt. Gestützt auf zahlreiche Augenzeugenberichte entwirft er ein historisches Panorama dieser Zeit des chaotischen Umbruchs und erweitert die gängige Geschichtsschreibung um den Erlebnishorizont. Seine packende, bewegende Darstellung setzt chronologisch ein mit der gewaltigen Hungersnot von 1891, als die ganze Ignoranz des zaristischen Systems offensichtlich wurde. Die Hoffnungen der um die Jahrhundertwende freigesetzten sozialen Kräfte werden in der Oktoberrevolution gedämpft und während des folgenden langen und blutigen Bürgerkriegs endgültig zerschlagen. Figes endet mit Lenins Tod, dem Signal für den sich endgültig abzeichnenden Übergang zum stalinistischen Terror.

*Autor*

Orlando Figes, 1959 geboren, ist Professor für Geschichte am Birkbeck College in London. Bereits sein erstes Buch, »Peasant War, Civil War« (1989), gilt als bedeutender Beitrag zur Erforschung der Russischen Revolution. Für »Die Tragödie eines Volkes« erhielt er den NCR Book Award, den W.H. Smith Literary Award, den Wolfson History Prize und den Los Angeles Times Book Prize.

Orlando Figes

# Die Tragödie eines Volkes

## Die Epoche der russischen Revolution 1891 bis 1924

Aus dem Englischen von Barbara Conrad
unter Mitarbeit von Brigitte Flickinger
und Vera Stutz-Bischitzky

GOLDMANN

Die Originalausgabe erschien 1996 unter dem Titel
»A People's Tragedy. The Russian Revolution 1891-1924«
bei Jonathan Cape, London.

*Umwelthinweis*
Alle bedruckten Materialien dieses Taschenbuches
sind chlorfrei und umweltschonend.

Vollständige Taschenbuchausgabe April 2001
Wilhelm Goldmann Verlag, München,
in der Verlagsgruppe Bertelsmann GmbH

Umschlaggestaltung: Design Team München
(mit Fotos aus dem Inhalt)
Karten: Ditta Ahmadi und Peter Palm, Berlin
Druck: GGP Media, Pößneck
Verlagsnummer: 15075
AM · Herstellung: Sebastian Strohmaier
Made in Germany
ISBN 3-442-15075-2
www.goldmann-verlag.de

1 3 5 7 9 10 8 6 4 2

FÜR STEPHANIE

# INHALT

## TEIL II
## DIE KRISE DER AUTORITÄT
## (1891–1917)



## TEIL III
## REVOLUTION IN RUSSLAND
## (FEBRUAR 1917 – MÄRZ 1918)

## TEIL IV
## DER BÜRGERKRIEG UND DIE SCHAFFUNG DES SOWJETSYSTEMS
## (1918–1924)



## ANHANG

Europäisches Rußland um 1900
SCHWEDEN
FINNLAND
Murmansk
Archangelsk
Helsingfors
(Helsinki)
St. Petersburg
Ostsee
ESTLAND
Nowgorod
Riga
Pskow
Wologda
RUSSISCHES
REICH
Ural
Wjatka
Perm
Kostroma
Jaroslawl
Nischni Nowgorod
Kasan
Ufa
Tobolsk
Tjumen
Omsk
Jekaterinburg
Tscheljabinsk
Ob
Kowno (Kaunas)
Wilna
Witebsk
LITAUEN
Smolensk
Moskau
Minsk
Mogiljow
Warschau
WEISSRUSSLAND
Tula
Simbirsk
POLEN
Brest-Litowsk
Samara
Orenburg
Tschernigow
Orjol
Tambow
Lwow
GALIZIEN
Woronesch
Saratow
Kiew
UKRAINE
Poltawa
Charkow
Kischinjow
Zarizyn
Don
Odessa
Dnjepr
Rostow
Wolga
RUMÄNIEN
Sewastopol
Stawropol
BULGARIEN
Schwarzes
Meer
GEORGIEN
Kaspisches
Meer
ZENTRALASIEN
Chiwa
Tiflis
ASERBAIDSCHAN
Buchara
ARMENIEN
Baku
OSMANISCHES
REICH
PERSIEN
0 200 400 600 800 1000 km

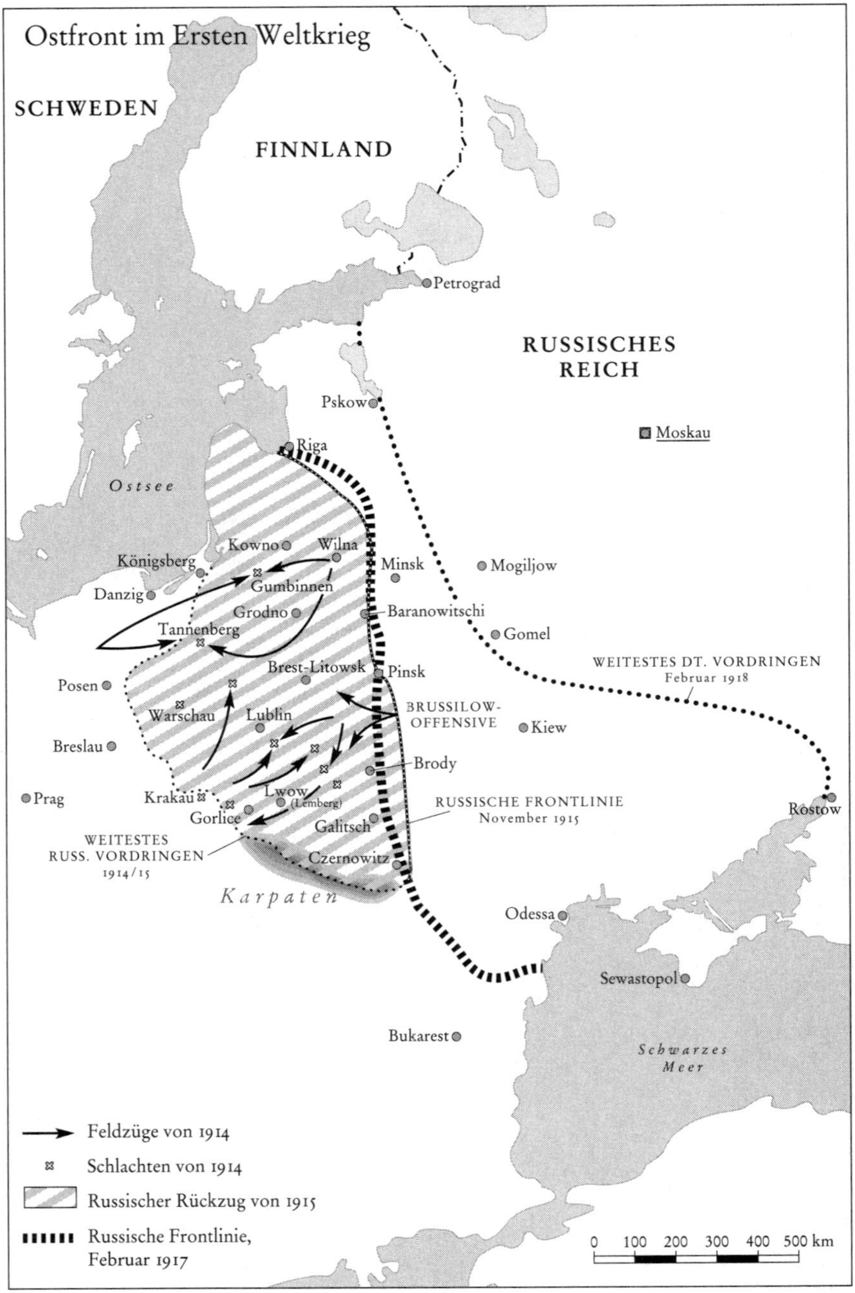
Ostfront im Ersten Weltkrieg
SCHWEDEN
FINNLAND
Petrograd
RUSSISCHES REICH
Pskow
Moskau
Riga
Ostsee
Kowno
Wilna
Minsk
Mogiljow
Königsberg
Gumbinnen
Danzig
Grodno
Baranowitschi
Tannenberg
Gomel
Brest-Litowsk
Pinsk
WEITESTES DT. VORDRINGEN
Februar 1918
Posen
BRUSSILOW-OFFENSIVE
Warschau
Lublin
Kiew
Breslau
Brody
Prag
Krakau
Lwow
(Lemberg)
RUSSISCHE FRONTLINIE
November 1915
Rostow
Gorlice
Galitsch
WEITESTES RUSS. VORDRINGEN 1914/15
Czernowitz
Karpaten
Odessa
Sewastopol
Bukarest
Schwarzes Meer
Feldzüge von 1914
Schlachten von 1914
Russischer Rückzug von 1915
Russische Frontlinie, Februar 1917
0 100 200 300 400 500 km

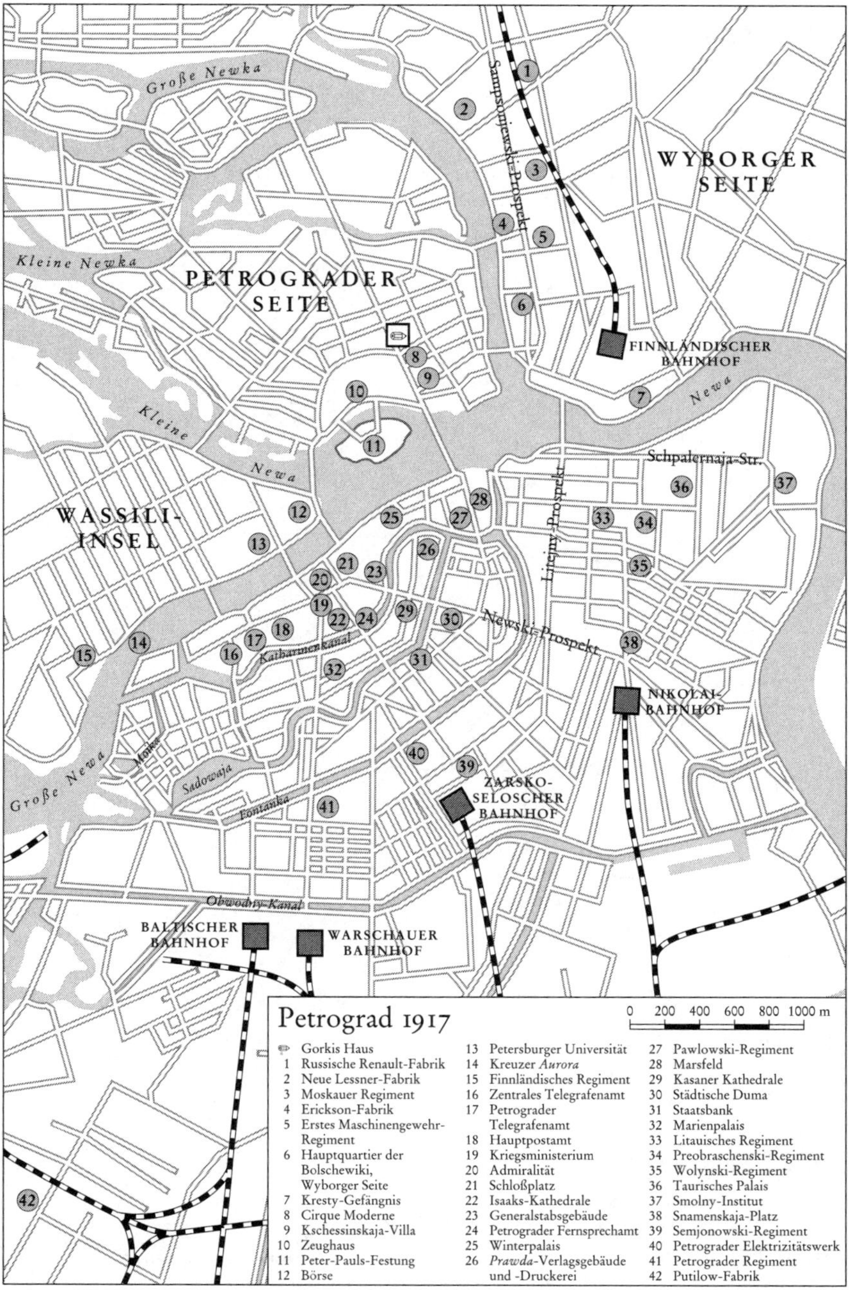
Große Newka
Kleine Newka
PETROGRADER SEITE
WYBORGER SEITE
Sampsonjewski-Prospekt
FINNLÄNDISCHER BAHNHOF
Newa
Kleine Newa
WASSILI-INSEL
Schpalernaja-Str.
Litejny-Prospekt
Newski-Prospekt
Katharinenkanal
NIKOLAI-BAHNHOF
Moika
Sadowaja
Fontanka
ZARSKO-SELOSCHER BAHNHOF
Große Newa
Obwodny-Kanal
BALTISCHER BAHNHOF
WARSCHAUER BAHNHOF
Petrograd 1917
0 200 400 600 800 1000 m
Gorkis Haus
1 Russische Renault-Fabrik
2 Neue Lessner-Fabrik
3 Moskauer Regiment
4 Erickson-Fabrik
5 Erstes Maschinengewehr-Regiment
6 Hauptquartier der Bolschewiki, Wyborger Seite
7 Kresty-Gefängnis
8 Cirque Moderne
9 Kschessinskaja-Villa
10 Zeughaus
11 Peter-Pauls-Festung
12 Börse
13 Petersburger Universität
14 Kreuzer *Aurora*
15 Finnländisches Regiment
16 Zentrales Telegrafenamt
17 Petrograder Telegrafenamt
18 Hauptpostamt
19 Kriegsministerium
20 Admiralität
21 Schloßplatz
22 Isaaks-Kathedrale
23 Generalstabsgebäude
24 Petrograder Fernsprechamt
25 Winterpalais
26 *Prawda*-Verlagsgebäude und -Druckerei
27 Pawlowski-Regiment
28 Marsfeld
29 Kasaner Kathedrale
30 Städtische Duma
31 Staatsbank
32 Marienpalais
33 Litauisches Regiment
34 Preobraschenski-Regiment
35 Wolynski-Regiment
36 Taurisches Palais
37 Smolny-Institut
38 Snamenskaja-Platz
39 Semjonowski-Regiment
40 Petrograder Elektrizitätswerk
41 Petrograder Regiment
42 Putilow-Fabrik

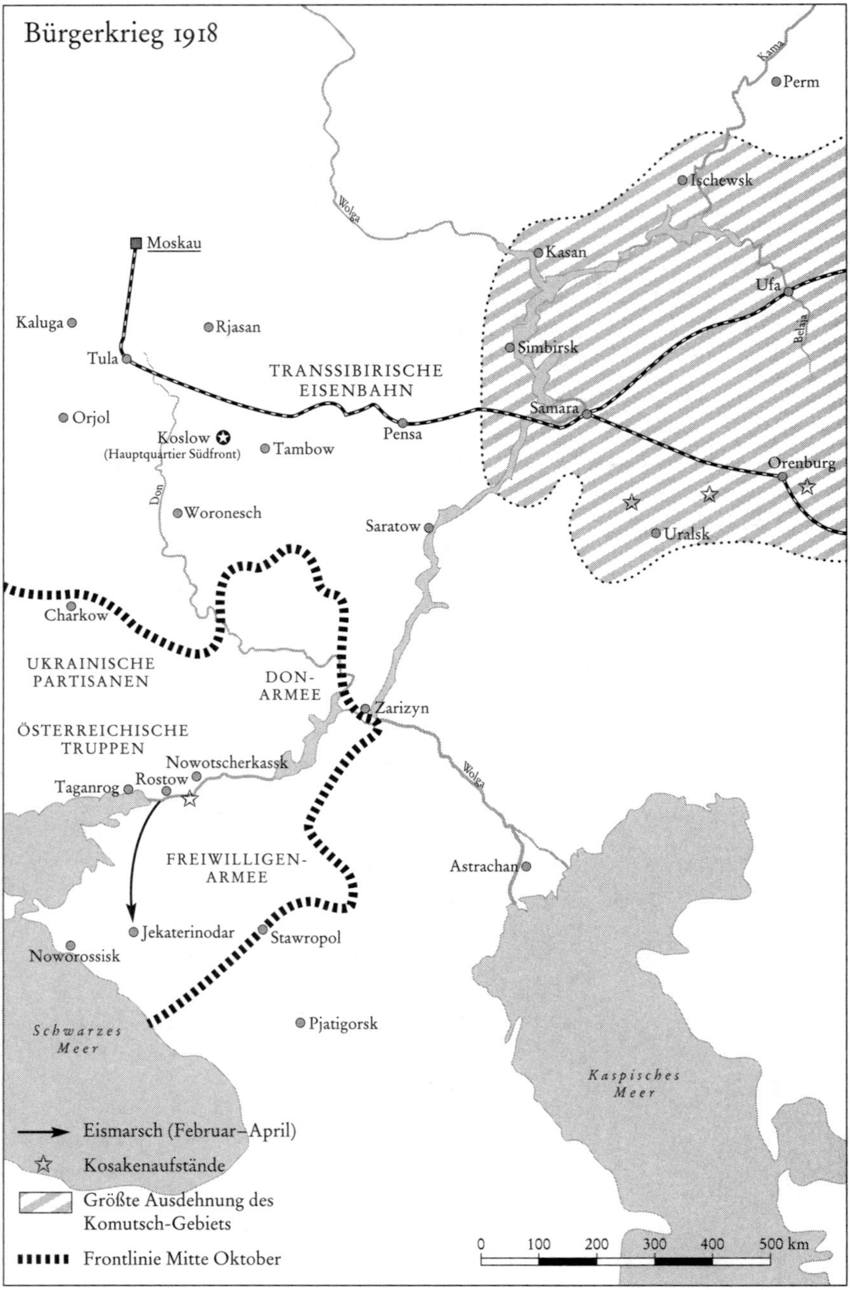
Bürgerkrieg 1918
Perm
Kama
Ischewsk
Wolga
Moskau
Kasan
Ufa
Kaluga
Rjasan
Simbirsk
Belaja
Tula
TRANSSIBIRISCHE
EISENBAHN
Samara
Orjol
Pensa
Koslow
(Hauptquartier Südfront)
Tambow
Orenburg
Don
Woronesch
Saratow
Uralsk
Charkow
UKRAINISCHE
PARTISANEN
DON-
ARMEE
Zarizyn
ÖSTERREICHISCHE
TRUPPEN
Nowotscherkassk
Wolga
Taganrog
Rostow
FREIWILLIGEN-
ARMEE
Astrachan
Jekaterinodar
Stawropol
Noworossisk
Pjatigorsk
Schwarzes
Meer
Kaspisches
Meer
Eismarsch (Februar–April)
Kosakenaufstände
Größte Ausdehnung des
Komutsch-Gebiets
Frontlinie Mitte Oktober
0
100
200
300
400
500 km

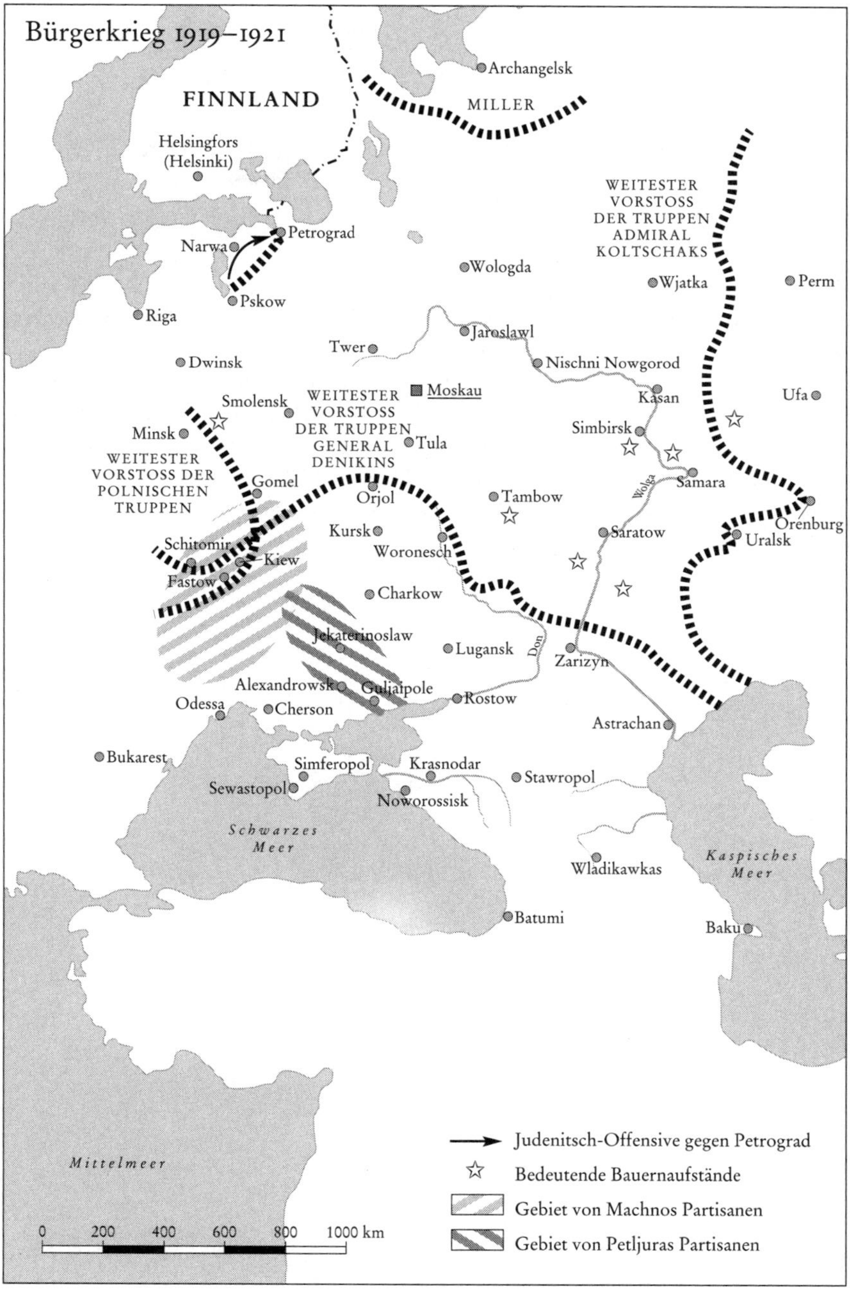
Bürgerkrieg 1919–1921
FINNLAND
Archangelsk
MILLER
Helsingfors (Helsinki)
WEITESTER VORSTOSS DER TRUPPEN ADMIRAL KOLTSCHAKS
Petrograd
Narwa
Wologda
Wjatka
Perm
Pskow
Riga
Jaroslawl
Twer
Dwinsk
Nischni Nowgorod
Moskau
Kasan
Ufa
Smolensk
WEITESTER VORSTOSS DER TRUPPEN GENERAL DENIKINS
Minsk
Simbirsk
Tula
WEITESTER VORSTOSS DER POLNISCHEN TRUPPEN
Gomel
Samara
Orjol
Tambow
Wolga
Orenburg
Kursk
Saratow
Uralsk
Schitomir
Kiew
Woronesch
Fastow
Charkow
Jekaterinoslaw
Lugansk
Don
Zarizyn
Alexandrowsk
Guljaipole
Rostow
Odessa
Cherson
Astrachan
Bukarest
Simferopol
Krasnodar
Stawropol
Sewastopol
Noworossisk
Schwarzes Meer
Wladikawkas
Kaspisches Meer
Batumi
Baku
Mittelmeer
0 200 400 600 800 1000 km
Judenitsch-Offensive gegen Petrograd
Bedeutende Bauernaufstände
Gebiet von Machnos Partisanen
Gebiet von Petljuras Partisanen

# ANMERKUNG ZU DEN ZEITANGABEN

Bis zum Februar 1918 hielt sich Rußland an den Julianischen Kalender (alter Stil), der im Vergleich zum in Westeuropa gebräuchlichen Gregorianischen Kalender (neuer Stil) um 13 Tage zurückdatiert war. Die sowjetische Regierung wechselte am 31. Januar 1918 um Mitternacht zum neuen Stil: der nächste Tag wurde zum 14. Februar erklärt. Daten zu innerrussischen Ereignissen sind bis zum 31. Januar 1918 nach dem alten Stil angegeben, dann nach dem neuen Stil. Daten, die sich auf internationale Begebenheiten beziehen (z. B. diplomatische Verhandlungen und Schlachten im Ersten Weltkrieg), werden durchgängig nach dem neuen Stil vermerkt.

# VORWORT

Heutzutage nennt man so vieles eine »Revolution« – den Richtungswechsel in der Sportpolitik einer Regierung etwa oder auch eine technische Neuerung, ja selbst einen neuen Trend im Marketing –, daß es für den Leser zunächst schwierig sein dürfte, das Thema dieses Buches gleich in seiner vollen Tragweite zu erfassen. Die russische Revolution war, zumindest was ihre Auswirkungen anbelangt, eines der bedeutendsten Ereignisse der Weltgeschichte. Bereits eine Generation nach Errichtung der Sowjetmacht lebte ein Drittel der Menschheit unter Regimen, die ihrem Muster nachgebildet waren. Die Revolution von 1917 hat unsere moderne Welt geprägt, und erst jetzt treten wir aus ihrem Schatten. Dabei handelte es sich weniger um eine einzelne Revolution – die geballte Eruption von 1917, wie sie so oft in historischen Darstellungen beschrieben wird – als um einen ganzen Komplex verschiedener *Revolutionen*, die mitten im Ersten Weltkrieg ausbrachen und eine regelrechte Kettenreaktion von weiteren Revolutionen, Bürgerkriegen sowie ethnischen und nationalen Konflikten auslösten. Als sie schließlich vorbei war, hatte sie ein Weltreich, das ein Sechstel der Erdoberfläche bedeckte, auseinandergesprengt und dann wieder zusammengefügt. Auch wenn es gefühllos erscheinen mag, so läßt sich doch das Ausmaß der Revolution am einfachsten vermitteln, wenn man auflistet, wie viele Menschenleben sie gekostet hat: Zehntausende wurden bereits vor 1917 durch die Bomben und Kugeln der Revolutionäre und mindestens die gleiche Zahl durch die Unterdrückungsmaßnahmen des zaristischen Regimes getötet; Tausende starben bei den Straßenkämpfen jenes Jahres, Hunderttausende in den folgenden Jahren durch den Roten Terror – und die gleiche Anzahl durch den Terror der Weißen, wenn man die Opfer ihrer Judenpogrome mitzählt; über eine Million kam bei den Kämpfen des Bürgerkriegs um, einschließlich der Zivilisten im Hinterland; und doch starben damals mehr Menschen an Hunger, Kälte und Seuchen, als alle anderen zusammengenommen.

Das alles mag den Umfang dieses Buches entschuldigen – diesen ersten Versuch einer zusammenfassenden Darstellung der gesamten revolutionären Periode in einem einzigen Band. Die Erzählung beginnt in den neunziger Jahren des 19. Jahrhunderts, als die revolutionäre Krise sich abzuzeichnen begann, genauer 1891, als die Öffentlichkeit mit ihrer Reaktion auf die Hungersnot erstmals auf Kollisionskurs mit der zaristischen Autokratie ging. Und sie endet 1924 mit dem Tod Lenins, als sich der Kreis geschlossen hatte und die institutionellen Fundamente, wenn auch noch nicht sämtliche Praktiken, des stalinistischen Regimes etabliert waren. Damit wird der Revolution eine wesentlich größere Zeitspanne eingeräumt, als es sonst üblich ist. Doch mir scheint, daß sich bisherige Geschichten der Revolution – mit ein oder zwei Ausnahmen – viel zu eng auf die Ereignisse von 1917 konzentriert haben, weshalb auch die Auswirkungen der Revolution viel begrenzter erschienen, als sie in Wahrheit waren. Es war durchaus nicht unvermeidlich, daß die Revolution in eine bolschewistische Diktatur mündete, obwohl man zu diesem Schluß kommen müßte, wenn man ausschließlich auf das Schicksalsjahr 1917 blickt. Sowohl vor 1917 als auch im Laufe dieses Jahres gab es mehrfach Gelegenheiten, wo Rußland einen demokratischeren Kurs hätte einschlagen können. In *Die Tragödie eines Volkes* wird die Revolution über einen längeren Zeitraum betrachtet, um zu erklären, weshalb das jeweils nicht geschah. Wie der Titel nahelegt, beruht das Buch auf der Annahme, daß Rußlands demokratisches Scheitern zutiefst auf seine politische Kultur und seine Sozialgeschichte zurückzuführen war. Viele Themen der vier einleitenden Kapitel in Teil I – das Fehlen eines staatlich gestützten Gegengewichts zum Despotismus des Zaren, die Isolation und Labilität der liberalen bürgerlichen Gesellschaft, die Rückständigkeit und Brutalität des russischen Dorfes, die so viele Bauern veranlaßten, ein besseres Leben in den Industriestädten zu suchen sowie der seltsame Fanatismus der russischen radikalen Intelligenzija – tauchen als Konstanten in der Darstellung der Teile II, III und IV immer wieder auf.

Auch wenn die Politik nicht eigentlich beiseite gelassen wird, ist dies doch eine Sozialgeschichte in dem Sinne, daß ihr Hauptaugenmerk auf dem einfachen Volk liegt. Ich habe versucht, die wichtigsten sozialen Kräfte – die Bauern, die Arbeiterklasse, die Soldaten und die nationalen Minderheiten – eher als Beteiligte an ihrem eigenen revolutionären Drama denn als »Opfer« der Revolution darzustellen. Damit soll keineswegs geleugnet werden, daß es viele Opfer gegeben hat. Ebensowenig soll hier »Geschichte von unten« betrieben werden, was heutzutage unter den »revisionistischen« Historikern Sowjetrußlands so in Mode ist. Es wäre absurd – und im Falle Rußlands geradezu zynisch – zu behaupten, daß ein Volk die Herrscher bekommt, die es verdient. Vielmehr sollen Gründe dafür angeführt werden, weshalb die Art politisierter »Geschichte von oben« der russischen Revolution, die in der Zeit des Kalten Krieges vielfach vertreten wurde und in der das einfache Volk lediglich als passives Objekt der üblen Machenschaften der Bolschewiki erschien, nicht länger angemessen ist. Wir haben inzwischen eine reichhaltige und ständig wachsende Literatur über das gesellschaftliche Leben der russischen Bauern, der Arbeiter, Soldaten und Matrosen, der Provinzstädte, der Kosaken und der nichtrussischen Regionen des Russischen Reichs während der revolutionären Periode – eine Literatur, die auf Forschungen in den jüngst geöffneten Archiven beruht. Diese Monographien haben uns ein wesentlich komplexeres und überzeugenderes Bild von den Beziehungen zwischen Partei und Volk gegeben als das der älteren Versionen »von oben«. Sie haben gezeigt, daß es sich nicht um eine einzelne abstrakte Revolution handelte, die die Bolschewiki dem Land insgesamt aufoktroyiert haben, sondern daß sie häufig von lokalen Leidenschaften und Interessen bestimmt war. *Die Tragödie eines Volkes* ist der Versuch einer Synthese dieser Neubewertungen und soll die Debatte einen Schritt weiterbringen. Wie der Titel nahelegt, soll hier gezeigt werden, daß das, was als Revolution eines Volkes begann, bereits das Virus der Degeneration in Gewalt und Diktatur in sich trug. Dieselben gesellschaftlichen Kräfte, die den Triumph des bolschewistischen Regimes erkämpften, wurden auch seine Hauptopfer.

Dem Leser wird auch auffallen, daß die Ideologie, die in früheren Darstellungen der Revolution so häufig als bestimmender Faktor dargestellt wurde, hier teilweise als ein Aspekt der Sozial- und Kulturgeschichte gesehen wird. Wie stark auch immer Lenin und die anderen Bolschewiki von Marx' Ideen beeinflußt waren und welche Bedeutung sie selbst ihrer eigenen Version dieser Ideologie beimaßen – der Verlauf der Revolution war doch nicht so sehr durch diesen abstrakten Ideenkomplex determiniert (als ob Ideen Beine hätten und laufen könnten), als vielmehr durch die vielfältigen Formen, in denen das einfache Parteivolk und andere revolutionäre Gruppen der Gesellschaft sich diese Ideen angeeignet und sie dann umgesetzt haben. Oft genug machten diese Ideen im Verlauf der Aneignung durch das Volk eine Wandlung durch: sozialistische Theorien wurden im Kessel der Gesellschaft zu emotionalen Losungen und Parolen eingekocht; die Expropriation der Bourgeoisie wurde zu einem plebejischen Krieg gegen jede Form von Privilegien; der bolschewistische Kult von Schule und Industrie bei der Parteibasis erklärt sich aus ihrer generellen Aversion gegen die Bauern, deren Armut und Ignoranz so viele von ihnen aus ihrer eigenen unglücklichen Vergangenheit kannten. Das soll jedoch nicht heißen, daß man die Ideologie in der Sozialgeschichte aufgehen läßt. Vielmehr soll deutlich gemacht werden, daß die marxistischen Konzepte, wie Thomas Carlyle gut verstehen würde, als symbolische Wörter auf eine Art und Weise revolutionäre Kraft gewannen, wie es die Führer oder Ideologen wohl nie hätten voraussagen oder kontrollieren können.

Schließlich pendelt die Erzählung dieses Buches zwischen der privaten und der öffentlichen Sphäre hin und her. Wo immer es möglich war, habe ich versucht, den menschlichen Aspekt der großen Ereignisse zu betonen, indem ich den Stimmen einzelner Personen lauschte, deren Leben von dem Sturm gepackt wurde. Ihre Tagebücher, Briefe und anderen schriftlichen Zeugnisse nehmen eine herausragende Stellung in diesem Buch ein. Die persönlichen Geschicke einiger Personen werden die ganze Darstellung hindurch immer wieder eingeblendet. Einige von ihnen sind allgemein bekannt (Maxim Gorki, General Brussilow und Fürst Lwow), während andere selbst Historikern kein Begriff sind (der Bauernreformer Sergej Semjonow und der Soldat und Kommissar Dmitri Oskin). Sie alle aber hatten Hoffnungen und Sehnsüchte, Ängste und Enttäuschungen, die typisch waren für die revolutionäre Erfahrung insgesamt. Ich habe das Schicksal dieser Personen in der Absicht verfolgt, das Chaos jener Jahre darzustellen, wie es gewöhnliche Männer und Frauen empfunden haben müssen. Ich habe versucht, die Revolution nicht als einen Aufmarsch abstrakter gesellschaftlicher Kräfte und Ideologien vorzuführen, sondern als einen historischen Prozeß, der sich aus individuellen Tragödien zusammensetzt. Es war im großen und ganzen eine Geschichte von Menschen wie denen in diesem Buch, die mit hohen Idealen ausgezogen waren, um hehre Ziele zu erreichen, und dann feststellen mußten, daß das Ergebnis ganz anders aussah. Auch das ist ein Grund, weshalb ich das Buch *Die Tragödie eines Volkes* nenne: Denn es geht nicht nur um einen tragischen Wendepunkt in der Geschichte eines Volkes, sondern auch um die Art und Weise, wie die Tragödie der Revolution diejenigen, die sie erlebt haben, verschlungen hat.

# TEIL I
# RUSSLAND UNTER DEM ALTEN REGIME

# 1 DIE DYNASTIE

## DER ZAR UND SEIN VOLK

An einem feucht-windigen Morgen im Februar des Jahres 1913 feierte St. Petersburg dreihundert Jahre Romanow-Herrschaft über Rußland. Seit Wochen wurde über das große Ereignis gesprochen, und man war einhellig der Meinung, daß man Glänzenderes wohl kaum noch einmal sehen würde. In einem an Prunk alles überbietenden Schauspiel sollte sich die Macht der Dynastie präsentieren. Mit dem nahenden Jubiläum füllten sich die Grandhotels der Hauptstadt mit Würdenträgern aus den entlegensten Regionen des Russischen Reichs. Überall herrschte geschäftiges Treiben von Touristen aus der Provinz: Beim Winterpalais waren die üblichen eleganten Spaziergänger jetzt in der Minderzahl gegenüber den Massen ungewaschenen Volks – Bauern und Arbeiter in ihren Überröcken und Mützen und zerlumpte Frauen mit Kopftüchern. Die Hauptstraßen waren in den kaiserlichen Farben weiß-blau-rot geschmückt, die Statuen mit Girlanden und Bändern behängt, und Porträts der Zaren bis zurück zu Michail, dem Gründer der Dynastie, hingen an den Fassaden der Banken und Geschäfte. Entlang der Oberleitungen der Straßenbahn waren bunte Lichterketten gespannt, die nachts in den Worten »Gott segne den Zaren« oder dem doppelköpfigen Romanow-Adler und den Daten 1613–1913 leuchteten. Lichtsäulen, Lichtbögen und Lichtobeliske ergänzten das Bild. Vor der Kasaner Kathedrale stand ein weißer Pavillon voller Weihrauch, Ananas und Palmen, die in der russischen Winterluft zitterten.

Die Zeremonien begannen mit einem feierlichen Dankgottesdienst in der Kasaner Kathedrale, den der Patriarch von Antiochien, der eigens zu diesem Ereignis aus Griechenland angereist war, mit den drei russischen Metropoliten und fünfzig Priestern aus St. Petersburg zelebrierte. Die kaiserliche Familie machte die Fahrt vom Winterpalais aus in offenen Wagen, geleitet von zwei Schwadronen des kaiserlichen Leibregiments und von berittenen Kosaken im schwarzen Tschakmen und der roten Feldmütze. Zum ersten Mal seit der Revolution von 1905 fuhr der Zar im offenen Wagen, und so wollte die Polizei kein Risiko eingehen. Entlang der Route stand die kaiserliche Garde, festlich ausgestattet in gefiederten Tschakos und scharlachroten Uniformen. Militärkapellen spielten die Nationalhymne, die Soldaten riefen laut »Hurra!«, als der Zug an ihnen vorbeikam. In Prozessionen aus den verschiedenen Stadtteilen waren die Menschen schon seit dem frühen Morgen vor der Kathedrale zusammengeströmt. Als die Wagen sich näherten, kniete die wogende Menge in einem Wald von Kreuzen, Ikonen und Kirchenfahnen nieder wie ein Mann. In der Kathedrale war Rußlands herrschende Klasse versammelt: Großfürsten und Fürsten, Mitglieder des Hofstaats, Senatoren, Minister, Staatsräte, Duma-Abgeordnete, höhere Beamte, Generäle und Admiräle, Provinzgouverneure, Bürgermeister, Semstwo-Vorsitzende und Adelsmarschälle. Kaum eine Brust ohne eine Reihe glänzender Orden oder einen Diamantstern, kaum ein Beinpaar ohne Säbel. Alles funkelte im Kerzenlicht – die silberne Ikonostase, die juwelengeschmückten Mitren der Priester und das Kristallkreuz. Mitten in der Zeremonie flogen zwei Tauben aus der Dunkelheit des Gewölbes herab und schwebten einige Augenblicke über den Häuptern des Zaren und seines Sohns. Im Überschwang religiöser Begeisterung interpretierte Nikolai das als Zeichen des göttlichen Segens über dem Hause Romanow.

Am Nachmittag drängten die Menschenmassen ins Stadtzentrum, um das langersehnte *Son et Lumière* zu sehen. Bier und Piroggen, Romanow-Fähnchen und Souvenirs wurden am Straßenrand verkauft. In den Parks herrschte buntes Jahrmarkttreiben. Mit Einbruch der Dunkelheit verwandelte sich der Newski-Prospekt in eine kompakte Menschenmenge. Alle Blicke richteten sich nach oben, als der Himmel im Farbenglanz des Feuerwerks und der Lichtkegel aufleuchtete, die über die Stadt und ihre Dächer glitten, um auf bedeutenden Monumenten kurz innezuhalten. Die goldene Nadel der Admiralität brannte wie eine Fackel vor dem schwarzen Himmel, und das Winterpalais erstrahlte im Lichterglanz dreier riesiger Porträts von Nikolai II., Peter dem Großen und Michail Romanow.

Die kaiserliche Familie blieb für eine ganze Woche der zeremoniellen Selbstbeweihräucherung in der Hauptstadt. Da wurden prunkvolle Empfänge im Winterpalais gegeben und ein glänzender Ball in der Adelsversammlung in Anwesenheit des kaiserlichen Paars und ihrer ältesten Tochter Olga bei einem ihrer ersten offiziellen Auftritte. Im Marientheater lief eine Galavorstellung von Glinkas patriotischer Oper *Ein Leben für den Zaren*, der Legende vom Bauern Sussanin, der einst das Leben des ersten Romanow-Zaren gerettet hatte. Die Logenreihen »glänzten vor Juwelen und Diademen«, wie Meriel Buchanan, die Tochter des britischen Botschafters, schreibt, und die scharlachroten Uniformen der Hofbeamten auf den Sitzreihen wogten »wie ein Klatschmohnfeld«, als sie sich bei der Ankunft des Zaren erhoben. Matilda Kschessinskaja, die ehemalige Geliebte Nikolais, kehrte noch einmal aus dem Ruhestand zurück, um die Masurkas im zweiten Akt zu tanzen. Doch die Sensation des Abends war der stumme Auftritt des Tenors Leonid Sobinow als Vertreter für Schaljapin, der als Michail Romanow kostümiert an der Spitze einer Prozession über die Bühne schritt. Es war das erste (und letzte) Mal in der Geschichte des kaiserlichen Theaters, daß man einen Romanow-Zaren auf der Bühne darstellte.[1]

Drei Monate später, im wie gewöhnlich heißen Mai, begab sich die kaiserliche Familie auf eine Romanow-Pilgerfahrt durch die Städte Alt-Moskowiens, die mit der Gründung der Dynastie verbunden sind. Sie nahmen dieselbe Route wie Michail Romanow, der erste Romanow-Zar, als er 1613 nach seiner Wahl auf den russischen Thron von seiner Heimat Kostroma an der Wolga nach Moskau reiste. Die kaiserliche Reisegesellschaft erreichte Kostroma mit einer Dampfbootflottille. Am Flußufer drängten sich Stadt- und Landbevölkerung, die Männer in Überröcken und Mützen, die Frauen in den traditionellen blau-weißen Kopftüchern von Kostroma. Hunderte Schaulustige waren bis zum Gürtel in den Fluß gestiegen, um näher an die königlichen Besucher heranzukommen. Nikolai besuchte das Ipatjew-Kloster, wo Michail einst Schutz gesucht hatte vor den polnischen Invasoren und den Bürgerkriegswirren, die am Vorabend seiner Thronbesteigung in Moskowien getobt hatten. Er empfing eine Delegation Bauern von den Ländereien, die dem Kloster gehört hatten, und ließ sich mit den Nachkommen der Bojaren fotografieren, die 1613 von Moskau aus angereist waren, um den Romanows die Krone anzubieten.

Von Kostroma fuhr die Reisegesellschaft weiter nach Wladimir, Nischni Nowgorod und Jaroslawl. Sie reisten im luxuriösen kaiserlichen Zug, in ganz mit Mahagoni ausgekleideten Salonwagen mit weichen Samtsesseln, einem Schreibtisch und großem Klavier. Das Bad hatte sogar eine Spezialvorrichtung, um zu verhindern, daß das Badewasser Ihrer Kaiserlichen Majestät während der Zugfahrt herausschwappte. Da es zwischen Wladimir und der kleinen Klosterstadt Susdal keine Bahnverbindung gab, mußte die Gesellschaft die Reise in einem Konvoi von dreißig offenen Renaults über die staubigen Landstraßen machen. In den Dörfern knieten die Bauern und Bäuerinnen nieder, als die Autos vorbeijagten. Vor ihren schlichten Holzkaten hatten sie, von den Reisenden kaum bemerkt, kleine Tische mit Blumen, Brot und Salz aufgestellt, dem traditionellen russischen Gastgeschenk.

Höhepunkt der kaiserlichen Pilgerreise war der triumphale Einzug in Moskau, der alten russischen Hauptstadt, wo der erste Romanow-Zar gekrönt worden war; ihm folgte eine weitere Runde festlicher Umzüge und Bankette. Die kaiserliche Reisegesellschaft kam mit dem Zug an und wurde auf dem Alexander-Bahnhof von einer riesigen Delegation von Würdenträgern begrüßt. Dann ritt der Zar allein auf einem Schimmel, zwanzig Meter vor seiner Kosakeneskorte und dem kaiserlichen Geleitzug, durch die jubelnden Menschenmassen zum Kreml. Im strahlenden Sonnenschein wirkten die Dekorationen am Twerskoi-Boulevard sogar noch prächtiger als die in St. Petersburg. Kastanienbraune Samtbanner mit den Romanow-Emblemen waren über den Boulevard gespannt, die Gebäude mit bunten Flaggen und Wimpeln drapiert und in Lichter getaucht, die nachts leuchteten, um noch phantasievollere Embleme als die des Newski-Prospekts zu zeigen. In den Schaufenstern und auf den Balkons der Privatwohnungen standen girlandenbehängte Statuetten des Zaren. Der feierliche Umzug wurde mit Konfetti überschüttet. Der Zar saß auf dem Roten Platz ab, wo Prozessionen aus allen Stadtteilen zu seinem Empfang zusammengekommen waren, und schritt an den Reihen singender Priester vorbei zum Gebet in der Mariä-Himmelfahrts-Kathedrale. Auch die Kaiserin und Zarewitsch Alexej sollten eigentlich die letzten paar hundert Meter laufen. Doch Alexej war wieder einmal von seiner Hämophilie niedergestreckt und mußte von einem Kosakenleibwächter getragen werden. Als die Prozession anhielt, hörte Graf Kokowzow, der Premierminister, aus der Menge Mitleidsbekundungen beim Anblick dieses armen hilflosen Kindes, des Thronerben der Romanows.[2]

* * *

Mit diesem Jubiläum führte die Romanow-Dynastie der Welt das glänzende Bild monarchischer Machtfülle vor. Das war keine bloße Propagandaübung. Wohl sollten das Huldigungsritual und die Glorifizierung der Geschichte der Dynastie ein Ansporn für die Verehrung des autokratischen Prinzips und seine Popularität sein, doch ebensosehr war damit beabsichtigt, die Vergangenheit *wiederzuerfinden*, das Epos vom »volkstümlichen Zaren« zu erzählen, um die Monarchie in dieser beunruhigenden Zeit, wo ihr das Recht auf die Regierung von Rußlands aufstrebender Demokratie streitig gemacht wurde, mit dem Mythos historischer Legitimität und der Vorstellung des Dauerhaften auszustatten. Die Romanows zogen sich in die Vergangenheit zurück, in der Hoffnung, sie würde sie vor der Zukunft bewahren.

Der Kult um das Moskowien des 17. Jahrhunderts war der Schlüssel zu dieser Selbstwiedererfindung und das Leitmotiv des Jubiläums. Drei Prinzipien des Zartums Moskowien waren es, die die Romanows in ihren letzten Jahren besonders schätzten. Das erste war der Begriff des Patrimoniums, wonach der Zar buchstäblich ganz Rußland als sein »Vatererbe« (seine *wottschina*) besitzen sollte wie ein Grundherr im Mittelalter. Bei der ersten nationalen Volkszählung 1897 bezeichnete sich Nikolai als »Landbesitzer«. Bis zur zweiten Hälfte des 18. Jahrhunderts hatte diese Vorstellung Rußland vom Westen getrennt, wo sich eine unabhängige landbesitzende Klasse als Gegengewicht zur Monarchie herausbildete. Das zweite Prinzip von Moskowien war die Idee der Selbstherrschaft: Der Wille des Zaren als Verkörperung Gottes auf Erden sollte weder durch Gesetze noch durch Bürokratie eingeschränkt werden, er sollte das Land entsprechend seinem eigenen Pflicht- und Rechtsbewußtsein regieren. Auch das hatte die byzantinische Tradition des Despotismus vom absolutistischen Staat des Westens unterschieden. Konservative wie Konstantin Pobedonoszew, Erzieher und führender Ideologe sowohl Alexanders als auch Nikolais, der beiden letzten Zaren, argumentierten, daß diese religiöse Selbstherrschaft auf einzigartige Weise zum russischen Volksempfinden passe und daß es eines gottähnlichen Autokraten bedürfe, um die anarchischen Instinkte des russischen Volks in Schranken zu halten. Und schließlich war es die Vorstellung der mystischen Einheit von Zar und rechtgläubigem Volk, das ihn als Vater und Gott liebte und ihm gehorchte. Es war die Phantasie väterlicher Herrschaft, eines goldenen Zeitalters volkstümlicher Autokratie frei von den Komplikationen eines modernen Staates.

Die beiden letzten Zaren hatten allen Grund, so fest auf dieser archaischen Vision zu beharren. Da sie nämlich überzeugt waren, die »Moderne« in all ihren Formen – weltlichen Ansichten, westlich-konstitutionellen Ideologien und den neuen städtischen Klassen – werde ihre Macht und ihr Ansehen untergraben, war es nur logisch, daß sie das Rad der Geschichte zu einem fernen goldenen Zeitalter zurückzudrehen versuchten. Es war im 18. Jahrhundert unter der Regierung Peters des Großen – »Eures Peter«, wie Nikolai ihn nannte, wenn er zu Amtspersonen sprach –, daß ihrer Ansicht nach die Zersetzung begonnen hatte. Es gab zwei gegensätzliche Modelle von Autokratie in Rußland: das petrinische und das moskowitische. Das petrinische Modell versuchte, in Nachahmung des westlichen Absolutismus die Macht der Krone durch Rechtsnormen und bürokratische Institutionen zu systematisieren. Das bedeutete insofern eine Einschränkung der Macht des Zaren, als selbst er fortan verpflichtet war, seine eigenen Gesetze zu befolgen. Der Zar, der das nicht tat, war ein Despot. Die petrinische Tradition bedeutete zudem eine Verschiebung des Machtzentrums von der göttlichen Person des Zaren hin zum abstrakten Begriff des autokratischen Staats. Das vor allem mißbilligte Nikolai. Wie sein Vater, Alexander III., war er dazu erzogen worden, die Prinzipien persönlicher Herrschaft zu wahren, die Macht beim Hof zu erhalten und der Bürokratie als einer Art »Mauer« zu mißtrauen, die das natürliche Band zwischen dem Zaren und seinem Volk durchbrach. Dieses Mißtrauen erklärt sich wohl aus der Tatsache, daß sich die kaiserliche Bürokratie im 19. Jahrhundert zu einer Kraft der Modernisierung und der Reformen entwickelt hatte. Sie wurde zunehmend unabhängig vom Hof und näherte sich der öffentlichen Meinung, was in den Augen der Konservativen zur revolutionären Forderung nach einer Verfassung führen mußte. Die Ermordung Alexanders II. 1881 (nach zwei Jahrzehnten vorsichtiger Reformen) schien ihre Ansicht zu bestätigen, daß die Zeit gekommen sei, die Zersetzung zu stoppen. Alexander III. (der einmal gesagt hatte, er »verachte die Bürokratie und trinke Champagner auf ihre Vernichtung«)[3] leitete die Rückkehr zu persönlichen Formen autokratischer Herrschaft ein, und zwar in der zentralen wie auch der lokalen Verwaltung. Und wo der Vater voranging, mußte der Sohn folgen.

Nikolais Modell der Autokratie war fast gänzlich moskowitisch. Sein Lieblingszar war Alexej Michailowitsch (1645–1676), nach dem er auch seinen Sohn, den Zarewitsch, benannte. Er ahmte dessen stille Frömmigkeit nach, die ihm angeblich die Überzeugung verliehen hatte, Rußland nach seinem eigenen religiösen Gewissen zu regieren. Nikolai rechtfertigte seine Politik häufig damit, daß ihm der Gedanke von Gott gegeben worden sei. Nach Aussage des Grafen Witte, eines seiner aufgeklärtesten Minister, glaubte Nikolai daran, daß »nicht Menschen die Ereignisse beeinflussen, sondern daß Gott alles lenkt und daß der Zar als Gottgesalbter von niemandem Rat annehmen, sondern allein seiner göttlichen Eingebung folgen sollte«. Nikolais Bewunderung für die halbasiatischen Sitten des Mittelalters war so groß, daß er sie bei Hofe zu etablieren versuchte. Er ließ in offiziellen Dokumenten und Publikationen die altslawische Schreibweise wiedereinführen, lange nachdem sie in der Literatursprache abgeschafft worden war. Er sprach von *Rus*, dem altmoskowitischen Begriff für die zentralen Gebiete Rußlands, statt von *Rossija*, der Bezeichnung des Reiches, die seit Peter dem Großen eingeführt war. Er lehnte den Titel *Gossudar Imperator* (Herrscher und Kaiser) ab, den ebenfalls Peter eingeführt hatte, da er bedeutete, daß der Autokrat nicht mehr als der erste Diener des abstrakten Staates (des *gossudarstwo*) war, und zog den älteren Titel *Zar* (abgeleitet vom griechischen *kaisar*) vor, der auf die byzantinische Ära zurückging und religiöse Konnotationen väterlicher Herrschaft hatte. Er spielte sogar mit dem Gedanken, seine Hofbeamten wieder lange Kaftane wie die altmoskowitischen Bojaren tragen zu lassen (nur die Kosten hielten ihn davon ab). Innenminister D. S. Sipjagin, der ihn auf diese Idee gebracht hatte, ließ seine Amtsräume im moskowitischen Stil ausstatten. Bei einer Gelegenheit empfing er den Zaren, der wie Alexej gekleidet kam, mit dem ganzen Hofzeremoniell des 17. Jahrhunderts einschließlich des traditionellen russischen Fest- und eines Zigeunerorchesters. Nikolai förderte die russische höfische Tradition der Kostümbälle in der Mode des 17. Jahrhunderts, die in der Regierungszeit seines Vaters aufgekommen war, und veranstaltete selbst 1903 einen der aufwendigsten. Die Gäste kamen in Repliken der Hofkleidung aus Alexejs Regierungszeit und tanzten mittelalterliche russische Tänze. Fotos aller Gäste, gekennzeichnet durch ihren jeweiligen Rang bei Hofe im 17. und im 20. Jahrhundert, wurden in zwei reich ausgestatteten Alben publiziert. Nikolai trat in einer Kopie der Festrobe auf, wie sie Alexej getragen hatte, und Alexandra im Gewand und Kopfschmuck der Zarin Natalja.[4]

Nikolai machte kein Geheimnis daraus, daß er Moskau viel lieber mochte als St. Petersburg. Die alte »heilige Stadt« mit ihren tausend Zwiebeltürmen stand für die östlichen und byzantinischen Traditionen, die seiner moskowitischen Weltsicht zugrunde lagen. Vom Westen unberührt, hatte Moskau den »nationalen Stil« bewahrt, den die beiden letzten Zaren so bevorzugten. Beide sahen in Petersburg mit seiner klassizistischen Architektur, seinen westlichen Geschäften und seiner Bourgeoisie etwas, was Rußland fremd war. Sie versuchten es zu moskowisieren, indem sie Kirchen im byzantinischen Stil errichten ließen – eine unter Nikolai I. begonnene Mode – und seiner Silhouette architektonisch zusätzlich einige archaische Züge verliehen. Alexander III. beispielsweise gab die Kirche des Erlösers auf dem Blute in Auftrag, die im altmoskowitischen Stil an dem Ort am Katharinenkanal errichtet wurde, wo sein Vater 1881 ermordet worden war. Mit ihren Zwiebelkuppeln, bunten Mosaiken und dem überreichen Zierat bildete sie einen bizarren Kontrast zu den anderen großen Kathedralen der Stadt, der Kasaner Kathedrale und der Isaaks-Kathedrale, beides klassizistische Bauten. Nikolai ließ Gebäude im neobyzantinischen Stil umgestalten. Das Schulratsgebäude des Heiligen Synod wurde wie die Alexander-Newskaja-Lawra umgestaltet, indem man seine klassizistische Fassade mit moskowitischen Motiven verzierte und seinem flachen Dach fünf Zwiebeltürme und einen dreieckigen Zeltturm aufsetzte. Weitere Gebäude im altrussischen Stil wurden zur Dreihundertjahrfeier der Romanows errichtet. Die Jubiläumskathedrale in der Nähe des Moskauer Bahnhofs zum Beispiel wurde in bewußter Imitation des Stils der Rostower Kirchen des 17. Jahrhunderts gebaut. Das Dorf Fjodorow, das Nikolai in Zarskoje Selo, unmittelbar vor der Stadt, anlegte, ahmte kunstvoll eine Kreml- und Kirchenanlage des 17. Jahrhunderts nach.[5] Es war eine Art moskowitisches Freilichtmuseum.

Nikolai und sein Vater Alexander besuchten Moskau häufig und benutzten es mehr und mehr für Zeremonien, in denen der Dynastie gehuldigt wurde. Die Krönung des Zaren, die traditionell in Moskau stattfand, wurde zum bedeutenden symbolischen Ereignis, weit mehr, als es in der Vergangenheit der Fall gewesen war. Nikolai machte es sich zur Gewohnheit, Moskau an Ostern zu besuchen, etwas, was seit über fünfzig Jahren kein Zar mehr getan hatte. Er redete sich ein, daß er nur in Moskau und der Provinz seine geistige Gemeinschaft mit dem gewöhnlichen russischen Volk finden würde. »Vereint im Gebet mit meinem Volk«, schrieb er 1900, kurz nach seinem ersten Osterbesuch in der alten Hauptstadt, an Moskaus Generalgouverneur, »schöpfe ich neue Kraft für den Dienst an Rußlands Ruhm und Wohlergehen.«[6] Nach 1906, als St. Petersburg Sitz der Duma wurde, erblickte Nikolai zunehmend in Moskau und den Provinzen die Basis, auf der er seine »Volksautokratie« als Rivalin für das Parlament errichten wollte. Mit Unterstützung des einfachen russischen Volks, mehr und mehr durch Grigori Rasputin repräsentiert, wollte er die Macht des Throns erneuern, die schon allzulange vor der Bürokratie und der Gesellschaft hatte zurückweichen müssen.

Die Dreihundertjahrfeier bildete den Höhepunkt in diesem Unternehmen Moskowitisches Erbe. Es war ein dynastisches Fest, ausgerichtet auf die Symbole des Zaren, während die des Staates entschlossen in den Hintergrund gedrängt wurden. Das Gezänk zwischen Rasputin, dem skandalumwitterten bäuerlichen »Heiligen«, dessen Einfluß inzwischen bei Hofe dominierte, und Michail Rodsjanko, dem Präsidenten der Duma, während des Gottesdienstes in der Kasaner Kathedrale war in dieser Hinsicht bezeichnend. Rodsjanko hatte Anstoß daran genommen, daß die Duma-Abgeordneten im hinteren Teil der Kirche sitzen sollten, weit hinter den für die Staatsräte und Senatoren reservierten Plätzen. Er beschwerte sich beim Zeremonienmeister, daß dies Plätze seien, »die ihrer Würde nicht entsprechen«. »Wenn die Romanow-Festlichkeit den Charakter einer Volksfeier haben soll, so darf nicht vergessen werden, daß im Jahre 1613 das Volk durch eine Landesversammlung und nicht etwa durch eine Gruppe staatlicher Würdenträger Michail Romanow zum Zaren gewählt hatte.« Rodsjankos Argument wurde akzeptiert, und die Plätze für die Duma wurden entsprechend gegen die der Senatoren getauscht. Als Rodsjanko dann aber seinen Platz einnehmen wollte, war der durch einen dunklen bärtigen Mann in Bauernkleidung besetzt, in dem er sogleich Rasputin erkannte. Die beiden Männer gerieten in hitzigen Streit, wobei der eine auf der Heiligkeit seiner Position als Präsident des gewählten Landesparlaments bestand, während der andere die Unterstützung des Zaren selbst für sich geltend machte, bis schließlich ein Ordnungsbeamter gerufen wurde, um den Frieden wiederherzustellen. Mit lautem Grollen trollte sich Rasputin zum Ausgang, wo man ihm in seinen Zobelmantel half und zu einem der wartenden Wagen brachte.[7]

Die Gemeinschaft von Zar und Volk war das zentrale Thema des Jubiläums. Der Kult um den Bauern Iwan Sussanin sollte die Botschaft unterstreichen, daß das einfache Volk den Zaren liebte. Sussanin hatte auf dem Landsitz der Romanows in Kostroma gelebt. Nach der Legende opferte er sein Leben, um Michail Romanow zu retten, indem er die Polen, die Michail am Vorabend seiner Inthronisierung ermorden wollten, täuschte. Seit dem 19. Jahrhundert war er offiziell zum Nationalhelden erhoben worden, man feierte ihn in patriotischen Gedichten und Opern wie Glinkas *Ein Leben für den Zaren*. Während der Dreihundertjahrfeierlichkeiten wurde die Oper im ganzen Land von Laienspielgruppen, Schulen und Regimentern aufgeführt. Die Boulevardpresse und Groschenheftchen erzählten den Sussanin-Mythos bis zum Überdruß. Es hieß, er symbolisiere die Ergebenheit des Volks und seine Pflicht gegenüber dem Zaren.[8]

Der Jubiläumspropaganda zufolge war die Wahl der Romanows 1613 der entscheidende Augenblick nationalen Erwachens, die erste wirkliche Tat des russischen Nationalstaats. Das »ganze Land«, so hieß es, habe an der Wahl teilgenommen und so der Dynastie ein Mandat des Volks verschafft; dabei war unter Historikern im 19. Jahrhundert weithin anerkannt, daß die Wahl eher den Machenschaften einiger mächtiger Bojaren zu verdanken war als dem gemeinen Volk. Durch ihre Wahl, so wurde behauptet, sei es den Romanows zugefallen, den Willen der Nation zu verkörpern. »Der Geist Rußlands ist im Zaren verkörpert«, schrieb ein Propagandist. »Der Zar ist für das Volk die höchste Idee von Schicksal und Idealen der Nation.« Kurz gesagt, Rußland, das waren die Romanows. »In jeder Seele ist etwas von den Romanows«, erklärte die Zeitung *Nowoje wremja*. »Etwas von der Seele und dem Geist des Hauses, das seit dreihundert Jahren regiert.«[9]

Nikolai Romanow, die Inkarnation Rußlands: das war der Kult, für den das Jubiläum warb. Man suchte sich auf den religiösen Status des Zaren in der Vorstellung des Volkes zu stützen. Rußland verfügte über eine lange, bis ins 10. Jahrhundert zurückreichende Tradition heiliger Fürsten – Herrscher, die heiliggesprochen worden waren, weil sie ihr Leben *pro patria et fide* hingegeben hatten. In der Vorstellung des gewöhnlichen Bauern war der Zar nicht bloß ein königlicher

Herrscher, sondern ein Gott auf Erden. Er war für ihn wie ein Vater (der Zar-Batjuschka der Volkserzählungen), der alle Bauern beim Namen kannte, ihre Probleme genauestens verstand und – wären da nicht die bösen Bojaren, die adligen Würdenträger, die ihn umgaben – ihre Forderungen in einem Goldenen Manifest erfüllen und ihnen das Land übergeben würde. Daher die bäuerliche Tradition, Bittschreiben direkt an den Zaren zu richten – eine Tradition, die sich (ebenso wie die Vorstellung von der Psyche des Monarchen im einfachen Volk) noch weit in die Sowjetära hinein fortsetzte, wo ähnliche Petitionen an Lenin und Stalin geschickt wurden. Dieser »naive« bäuerliche Mythos vom »guten Zaren« diente manchmal dazu, Bauernaufstände zu legitimieren, vor allem wenn eine lang ersehnte Reform die Erwartungen der Menschen enttäuschte. Pugatschow, der Führer des Kosakenaufstands der siebziger Jahre des 18. Jahrhunderts, nannte sich selbst Zar Peter III., während sich die aufständischen Bauern 1861, als mit der Abschaffung der Leibeigenschaft die Mißstände nicht beseitigt wurden, auch im Namen des »wahren Zaren« erhoben. Doch im allgemeinen wirkte sich der Mythos vom »guten Zaren« zugunsten der Krone aus, und als die revolutionäre Krise sich verschärfte, verließen sich Nikolais Propagandisten immer mehr auf ihn. Die Propaganda anläßlich der Dreihundertjahrfeier ließ diesen Mythos noch ein letztes Mal aufblühen.[10]

»Jetzt können Sie selbst sehen, was für Feiglinge diese Staatsminister sind«, sagte Kaiserin Alexandra einer Hofdame kurz nach dem Jubiläum. »Sie machen dem Zaren ständig vor einer Revolution angst, und dabei brauchen wir uns nur einmal zu zeigen – Sie sehen es ja selbst –, und schon sind alle Herzen unser.« Wenn beabsichtigt war, mit den Jubiläumszeremonien die Illusion einer mächtigen und stabilen Dynastie zu schaffen, dann hatten sie nur wenige Menschen außer dem Hof selbst überzeugt. Die Romanows wurden Opfer ihrer eigenen Propaganda. Vor allem Nikolai kehrte von seiner Reise durch die Provinzen in der Selbsttäuschung »Mein Volk liebt mich« zurück. Er äußerte den Wunsch, ins Innere Rußlands zu reisen, sprach von einer Schiffsreise die Wolga hinab, einer Reise in den Kaukasus und nach Sibirien. Vom Glauben an die eigene Popularität ermutigt, begann er über Wege nachzudenken, wie er dem System persönlicher Herrschaft, das er am alten Moskowien so bewunderte, einen Schritt näher kommen könnte. Durch seine reaktionären Minister bestärkt, dachte er sogar daran, die Duma gänzlich aufzulösen oder in eine ausschließlich beratende Körperschaft wie die Landversammlung (*Semski Sobor*) des 16. und 17. Jahrhunderts umzuwandeln.

Ausländische Beobachter, die der Monarchie wohlgesinnt waren, wurden genauso leicht von der schönfärberischen Rhetorik mitgerissen. »Keine Hoffnung scheint zu optimistisch oder glänzend«, äußerte sich die Londoner *Times* über die Zukunft der Romanows in einer Sonderausgabe zum Jubiläum. Überzeugt von der Ergebenheit des Volks gegenüber seinem Zaren, berichtete sie, daß zum Jubiläum eine Briefmarkenserie mit den Porträts der Romanow-Herrscher herausgebracht, aber wieder eingezogen worden sei, weil einige zarentreue Postbeamten sich weigerten, den Poststempel auf die geheiligten Gesichter zu drücken. »Solche auf Loyalität und Anständigkeit gegründete Skrupel sind typisch für die Gesinnung der breiten Massen des russischen Volks.« Ähnlich äußerte sich das britische Außenministerium: »Nichts könnte die Zuneigung zur Person des Kaisers, die Ergebenheit übertreffen, wie sie die Bevölkerung zeigte, wo immer Seine Majestät auftrat. Zweifellos liegt in dieser starken Zuneigung der Massen [...] zur Person des Kaisers die große Stärke der russischen Autokratie.«[11]

Tatsächlich jedoch fand das Jubiläum mitten in einer tiefen sozialen und politischen Krise statt – manch einer würde sie sogar revolutionär nennen. Die Festlichkeiten sind vor dem Hintergrund mehrerer Jahrzehnte der wachsenden Gewalt, der menschlichen Leiden und der Unterdrückung zu sehen, die das Volk des Zaren gegen dessen Herrschaft aufgebracht hatten. Keine der Wunden der Revolution von 1905 war verheilt, einige waren sogar vereitert. Das große Problem der Bauern war nach wie vor ungelöst, trotz der verspäteten Bemühungen um eine Landreform; tatsächlich stand der Landadel der Idee von Zugeständnissen an die Bauern seit der Revolution von 1905, als die Massen seine Güter angegriffen hatten, eher noch ablehnender gegenüber. Auch die Industriestreiks waren wiederaufgeflammt, und zwar weitaus militanter als die vorangegangenen zu Beginn des Jahrhunderts, wobei die Bolschewiki innerhalb der Arbeiterorganisationen kontinuierlich an Boden gewannen – auf Kosten ihrer gemäßigteren Rivalen, der Menschewiki. Und was die Ziele der Liberalen anbelangt, deren Erfüllung 1905 in greifbarer Nähe zu sein schien, so waren sie nun, da der Hof und seine Anhänger alle liberalen Reformen der Duma blockierten und ihr zerbrechliches Ideal bürgerlicher Rechte mit Füßen traten, in weite Ferne gerückt. Kurz gesagt, nicht nur zwischen Hof und Gesellschaft hatte sich ein Abgrund des Mißtrauens aufgetan – verkörpert im Skandal um Rasputin –, sondern auch zwischen dem Hof und vielen seiner traditionellen Anhänger im Beamtenstand, in der Kirche und der Armee, da der Zar sich deren Forderungen nach Reformen ebenfalls widersetzte. Und während die Romanows sich in dem phantastischen Glauben feierten und schmeichelten, sie könnten weitere dreihundert Jahre regieren, wuchs außerhalb der engen Hofkreise die Vorahnung einer drohenden Krise und Katastrophe. Dieser Vorahnung verliehen die Dichter des sogenannten »Silbernen Zeitalters« der russischen Literatur am deutlichsten Ausdruck, vor allem Blok und Bely, in deren Visionen Rußland auf einem Vulkan lebte. In den Worten Bloks:

*Ich sehe über Rußland weithin*
*ein riesiges verzehrendes Feuer.*

*(Aus dem Zyklus* Heimat, *1908)*

Wie läßt sich der Kollaps der Dynastie erklären? Kollaps ist hier sicherlich das richtige Wort. Denn die Herrschaft der Romanows brach unter der Last ihrer eigenen inneren Widersprüche zusammen. Sie wurde nicht gestürzt. Wie bei allen modernen Revolutionen gab es die ersten Risse an der Spitze. Die Revolution begann nicht mit der Arbeiterbewegung – wie linke Historiker im Westen bisher immer behauptet haben –, noch begann sie mit der Absplitterung der nationalistischen Bewegungen an der Peripherie: Genau wie bei dem Kollaps des Sowjetimperiums, das auf den Ruinen des Romanow-Imperiums errichtet worden war, waren nationalistische Revolten eher Folge der Krise im Zentrum als deren Ursache. Überzeugender wäre da schon die These, daß alles mit der Bauernrevolution auf dem Lande begonnen habe, die mancherorts schon 1902 ausbrach, drei Jahre vor der Revolution von 1905, und daß sie in der Tat kommen mußte, weil Rußland eine überwiegend bäuerliche Gesellschaft war. Doch obwohl das Bauernproblem ebenso wie das der Arbeiter und der Nationalitäten fundamentale strukturelle Schwächen am gesellschaftlichen System des alten Regimes offenbarte, bestimmte es doch nicht dessen Politik, und gerade in der Politik lag das Problem. Es gibt keinen Grund zu der Annahme, daß das zaristische Regime in der Weise zusammenbrechen mußte, wie es einst marxistische Deterministen aus ihrer auf »gesellschaftliche Widersprüche« verengten Perspektive behauptet haben. Es hätte durch Reformen gerettet werden können. Doch genau da liegt der Haken. Denn den beiden letzten russischen Zaren fehlte der Wille zu wirklichen Reformen. Zwar mußte der Zar 1905, als man ihn beinahe von seinem Thron stürzte, widerstrebend Reformen zugestehen; doch als diese Gefahr erst einmal abgewendet war, schloß er sich wieder mit den Anhängern der Reaktion zusammen. Das ist die fatale Schwäche in der Argumentation jener rechten Historiker, die das Zarenreich am Vorabend des Ersten Weltkriegs in einem rosigen Licht darstellen. Sie behaupten, das zaristische System sei nach westlichen liberalen Vorstellungen reformiert oder »modernisiert« worden. Doch die beiden letzten Zaren und ihre reaktionären Anhänger in Adel, Kirche und rechtsgerichteten politischen Kreisen standen der Idee einer »Modernisierung« bestenfalls ambivalent gegenüber. Sie wußten beispielsweise, daß sie eine moderne industrielle Ökonomie brauchten, um mit den Westmächten konkurrieren zu können; aber gleichzeitig waren sie den politischen Forderungen und dem sozialen Wandel der städtischen industriellen Klasse zutiefst feindlich gesinnt. Statt sich die Reform zu eigen zu machen, beharrten sie hartnäckig auf ihrer archaischen Sicht von Autokratie. Es war ihre Tragödie, daß sie just in dem Moment, als Rußland ins 20. Jahrhundert eintrat, versuchten, es ins 17. Jahrhundert zurückzubringen.

Hier also liegen die Wurzeln der Revolution: im wachsenden Konflikt zwischen einer Gesellschaft, deren Bildungsniveau rasch ansteigt, die urbaner und komplexer wird, und einer verknöcherten Autokratie, die auf ihre politischen Forderungen nicht eingeht. Dieser Konflikt wurde zum ersten Mal im Anschluß an die

Hungersnot 1891 akut (ja eigentlich revolutionär), als die Regierung die Krise nicht in den Griff bekam und die liberale Gesellschaft sich mit der Durchführung eigener Hilfskampagnen politisierte. Mit der Darstellung dieser Geschehnisse beginnt Teil II. Doch zunächst müssen die wichtigsten Protagonisten des Konflikts genauer betrachtet werden, angefangen beim Zaren.

## DER MINIATURENMALER

Vier Jahre vor der Dreihundertjahrfeier vollendete der hervorragende Bildhauer Fürst P. N. Trubezkoi eine Reiterstatue des Zaren Alexander III., die auf dem Snamenskaja-Platz gegenüber dem Nikolai-Bahnhof in St. Petersburg aufgestellt wurde. Es war eine so naive, furchterregende Darstellung der Autokratie in Menschengestalt, daß die Bolschewiki nach der Revolution beschlossen, die Statue zur Erinnerung an das alte Regime an ihrem Platz zu lassen; dort blieb sie auch bis in die dreißiger Jahre.* Die riesige Bronzefigur Alexanders saß starr auf einem massigen Pferd gewaltigen Ausmaßes, das seine vier dicken Beine wie Säulen in den Boden stemmte. Reiter und Pferd wirkten so schwer und kompakt, daß es schien, als könnten sie sich unmöglich bewegen. Viele Menschen sahen in der Figur ein Symbol für die Unbeweglichkeit der Autokratie, und vielleicht lag darin auch nicht ganz unbeabsichtigt ein Element von Ironie. Arbeiter erkannten rasch die komische Seite der Statue, tauften sie »Nilpferd« und sangen dazu den Spottvers:

*Hier steht eine Kommode,*
*Und darauf ein Nilpferd,*
*Und auf dem Nilpferd sitzt ein Idiot.*

Selbst Großfürst Wladimir Alexandrowitsch, Präsident der Akademie der Künste und Bruder des verstorbenen Zaren, nannte die Statue abfällig eine Karikatur. Sicherlich war es eine grobe Verdrehung der Fakten, daß Trubezkoi beschlossen hatte, das Denkmal ausgerechnet als Reiterstatue auszuführen, da sich Alexander III. immer vor Pferden gefürchtet hatte. Seine Probleme mit ihnen waren in den letzten Lebensjahren noch größer geworden, weil er zugenommen hatte. Es ließ sich kaum noch ein Pferd finden, das zu besteigen man ihn überreden konnte.[12]

* Nach mehr als fünfzig Jahren im Magazin wurde die Statue 1994 in die Straßen der Stadt zurückgebracht. Ironischerweise steht das Pferd jetzt vor dem früheren Leninmuseum, wo es an die Stelle des gepanzerten Autos gerückt ist, das Lenin im April 1917 vom Finnländischen Bahnhof brachte.

Nikolai war blind für solche Ironie. Für ihn symbolisierte Trubezkois Statue die Macht und die Stabilität der Autokratie in der Regierungszeit seines Vaters. Er gab sogar eine noch größere Statue Alexanders in Auftrag, die rechtzeitig zur Dreihundertjahrfeier für Moskau, seine bevorzugte Hauptstadt, geschaffen werden sollte. Es dauerte zwei Jahre, um das furchteinflößende Monument zu errichten, das Nikolai persönlich in einer großen Zeremonie während der Jubiläumsfeierlichkeiten enthüllte. Anders als die Statue in Petersburg, die eine durchaus lebensechte Darstellung des Zaren mit einem stark symbolischen Element verband, erhob die neue Statue keinen Anspruch auf künstlerische Qualitäten. Die riesige Figur des Zaren war ein Phantom ohne menschliche Züge, eine monolithische Verkörperung der autokratischen Macht. Sie saß aufrecht auf dem Thron, die Hände auf den Knien, beladen mit allen Symbolen zarischer Autorität – der Krone, dem Szepter und dem Reichsapfel, der Kaiserrobe und der kompletten Uniform –, und starrte zum Kreml, den Rücken zur Kathedrale gekehrt, in der Art eines Pharao, der über nichts als die Quelle seiner eigenen uneingeschränkten Macht nachzudenken braucht.[13]

Seit Alexanders Tod 1894 entwickelte Nikolai eine fast mystische Verehrung für das Andenken seines Vaters. Er hielt ihn für den wahren Autokraten. Alexander hatte Rußland regiert wie ein mittelalterlicher Grundherr sein privates Patrimonium. Er hatte die Macht in seinen Händen konzentriert und seinen Ministern Befehle erteilt wie ein General im Krieg. Er sah sogar aus, wie man es von einem Autokraten erwartete: ein Hühne von 1,90 m, das strenge Gesicht von einem eindrucksvollen schwarzen Bart eingerahmt. Er war ein Mann, der seine Trinkgefährten gerne damit unterhielt, daß er verschlossene Türen durchbrach und mit seinem »schraubstockartigen kaiserlichen Daumen« Silberrubel verbog. Außer Hörweite spielte er in einem verborgenen Winkel seines Palastes mit ähnlicher Ausgelassenheit Trompete. Angeblich soll er 1888 sogar seine Familie vor dem sicheren Tod bewahrt haben, indem er das herabgebrochene Stahldach im Speisewagen des kaiserlichen Zuges, der von Revolutionären während seiner Fahrt auf die Krim zum Entgleisen gebracht worden war, mit seinen herkulischen Schultern stützte. Seine einzige Schwäche war offenbar eine fatale Neigung zu Alkohol. Als er nierenkrank wurde, verbot ihm die Kaiserin das Trinken. Doch er umging das Verbot, indem er sich ein besonderes Paar Stiefel mit Geheimfächern für eine Cognacflasche anfertigen ließ. General P. A. Tscherewin, einer seiner liebsten Trinkgenossen, erinnert sich: »Wenn die Zarin bei uns war, saßen wir ruhig da und mimten die artigen Kinder. Doch sowie sie für kurze Zeit wegging, tauschten wir Blicke. Und dann – eins, zwei, drei! – zogen wir unsere Flaschen vor, nahmen einen kräftigen Schluck, und dann war wieder alles, als wäre nichts geschehen. Ihm [Alexander] gefiel dieser Spaß sehr. Es war wie ein Spiel. Wir nannten es ›Not macht erfinderisch‹. ›Eins, zwei, drei. Not, Tscherewin?‹ ›Erfinderisch, Majestät.‹ ›Eins, zwei und drei‹ – und wir nahmen einen Schluck.«[14]

Nikolai wuchs im Schatten dieses versoffenen Riesen auf und war sich seiner Unterlegenheit schmerzlich bewußt. Da er von Natur aus scheu war und jünglingshaft wirkte, behandelten ihn seine Eltern auch dann noch wie ein kleines Kind, als er längst den Teenagerjahren entwachsen war (»Nicky« wurde er in der Familie genannt). Nikolai bewahrte sich viele seiner kindlichen Neigungen. Die Tagebücher, die er mit Anfang Zwanzig schrieb, sind voller törichter Aufzeichnungen über Spiele und Streiche. 1894, mit 26 Jahren, weniger als einen Monat vor seiner Thronbesteigung, berichtete er zum Beispiel von einer heroischen Kastanienschlacht mit Prinz Georg von Griechenland im Schloßpark: »Wir begannen vor dem Haus und hörten auf dem Dach auf.« Ein paar Tage später schrieb er von einer anderen Schlacht, diesmal mit Tannenzapfen. Alexander, dem physische oder emotionale Komplexe fremd waren, hielt seinen Sohn für einen Schwächling und eine Art Idioten. Er nannte ihn »Mädchen« und glaubte, es habe wenig Sinn, ihn auf die Regierungsaufgaben vorzubereiten. Als Graf Witte, sein Finanzminister, vorschlug, es sei an der Zeit, den Thronfolger in die Staatsgeschäfte einzuführen, schien Alexander überrascht. »Sagen Sie, haben Sie je mit Seiner Kaiserlichen Hoheit, dem Großfürsten Zarewitsch gesprochen?« fragte er den Minister. Witte bejahte. »Dann sagen Sie nicht, Sie hätten nie bemerkt, daß der Großfürst ein Dummkopf ist!«[15]

Aufgrund seiner Erziehung verfügte Nikolai über alle Gaben und den Charme eines Schülers einer englischen Eliteschule. Er tanzte elegant, ritt gut, war ein exzellenter Schütze und tat sich auch in anderen Sportarten hervor. Er sprach Englisch wie ein Oxfordprofessor und ein brauchbares Französisch und Deutsch. Kaum nötig zu erwähnen, daß seine Manieren untadelig waren. Sein Cousin und Kindheitsfreund, Großfürst Alexander, hielt ihn für den »höflichsten Mann in Europa«. Doch an praktischen Kenntnissen, deren es bedarf, um ein Land von der Größe Rußlands zu regieren – noch dazu ein Land in einer vorrevolutionären Situation –, mangelte es Nikolai fast gänzlich. Sein oberster Erzieher, ein Engländer mit Namen Mr. Heath, malte gut mit Wasserfarben und schwärmte vor allem für ein Leben in der freien Natur. Allerdings fehlte es ihm an einer Universitätsausbildung, über Rußland wußte er nichts und kannte nur einige wenige russische Wörter. Von W. O. Kljutschewski, dem berühmten Historiker, lernte Nikolai etwas über die Geschichte seines Landes, aber nichts über dessen aktuelle Probleme. Als Pobedonoszew versuchte, ihn mit der Arbeitsweise des Staats vertraut zu machen, war er »emsig damit beschäftigt, in der Nase zu bohren«. Politik langweilte Nikolai. Er fühlte sich im Umgang mit Offizieren und in der Gesellschaft von Frauen eher zu Hause als mit Ministern und Politikern.[16]

Alexander, der nicht gerade zuversichtlich war, was die Fähigkeiten seines Sohnes betraf, die Kunst der Zarenwürde aus Büchern zu lernen, nahm ihn in das Gardeoffizierskorps auf, weil er hoffte, die Armee werde seinen Charakter bilden und ihn etwas von der Welt lehren. Nikolai liebte das Soldatenleben. Der kameradschaftliche Geist der Offiziersmesse, die mehr einem Herrenklub als einer Kaserne glich, sollte ihm für den Rest seines Lebens als eine liebenswerte Erinnerung an die Tage bleiben, bevor ihn die Bürde seines Amts niederdrückte. Damals auch hatte er sich in die Ballerina Matilda Kschessinskaja verliebt. Sein Rang als Oberst des Preobraschenski-Garderegiments, den ihm sein Vater verliehen hatte, blieb eine Quelle ungeheuren Stolzes. Er weigerte sich, einen höheren Rang anzunehmen, selbst im Ersten Weltkrieg, als er die Position des Oberbefehlshabers übernahm. Dies beschädigte sein Ansehen in der Armee, wo er als »Oberst Romanow« bekannt war.

1890 schickte Alexander seinen Sohn auf große Fahrt nach Sibirien, Japan, Indochina, Ägypten und Griechenland. Die Reise sollte die politische Bildung des Thronfolgers erweitern. Doch die Zusammensetzung seiner Reisebegleitung (die übliche Gesellschaft beschränkter und hedonistischer Gardeoffiziere) verhinderte das weitgehend. Auf der Reise füllte Nikolai sein Tagebuch mit denselben banalen, trivialen Eintragungen wie zu Hause: knappen Bemerkungen über das Wetter, die täglich zurückgelegten Entfernungen, die Ankunfts- und Abreisezeiten, die Tischgesellschaft usw. Es scheint, daß ihn nichts dazu brachte, seinen Horizont zu erweitern. Der einzig dauerhafte Effekt seiner Reise war verhängnisvoll: Im japanischen Otsu entkam er nur knapp dem Mordanschlag eines geistesgestörten Terroristen. Diese Erfahrung hinterließ bei ihm einen tiefsitzenden Haß auf die Japaner (er nannte sie »Affen«, *makaki*), und häufig wird behauptet, daß ihn das für den Einfluß jener Personen an seinem Hofe anfällig machte, die den verhängnisvollen Krieg mit Japan 1904/05 befürworteten.

Hätte Alexander siebzig Jahre gelebt, dann wäre die Geschichte des Russischen Reichs womöglich anders verlaufen. Doch das Schicksal wollte es, daß er 1894 mit nur 49 Jahren an Nierenversagen starb. Als die Schar der Verwandten, Ärzte und Höflinge sich um das Sterbebett des großen Autokraten versammelte, brach Nikolai in Tränen aus und rief seinem Cousin Alexander pathetisch zu: »Was soll nur aus mir werden und aus Rußland? Ich bin nicht darauf vorbereitet, Zar zu sein, und wollte nie einer werden. Ich weiß nichts über das Geschäft des Regierens. Ich weiß nicht einmal, wie ich mit den Ministern reden soll.«[17] Ludwig XVI., mit dem Nikolai viel gemeinsam hatte, machte eine verblüffend ähnliche Bemerkung, als er 1775 erfuhr, daß er König von Frankreich werden sollte.

Die Regierung von Rußlands letztem Zaren begann mit einer Katastrophe. Wenige Tage nach der Krönung, im Mai 1896, wurde zur Feier ein Volksfest auf dem Chodynka-Feld veranstaltet, einem Militärübungsplatz unmittelbar vor den Toren Moskaus. Schon am frühen Morgen hatte sich etwa eine halbe Million Menschen versammelt, die alle darauf warteten, von ihrem neuen Zaren Gedenkbecher und Gebäck mit aufgeprägtem Datum und Anlaß geschenkt zu bekommen. Riesige Mengen an Kwaß und Würsten sollten verteilt werden. Als immer mehr Menschen kamen, verbreitete sich das Gerücht, daß nicht genügend Geschenke für jedermann daseien. Die Menge drängte nach vorn. Die Menschen stolperten in die Schützengräben, wo sie erdrückt oder zu Tode getrampelt wurden. In wenigen Minuten waren 1400 Personen getötet und 600 verwundet. Dennoch überredete man den Zaren, mit dem Fest fortzufahren. Am Abend, während die Leichen weggekarrt wurden, nahm er sogar an einem Ball teil, den der französische Botschafter, Marquis de Montebello, gab. Auch an den nächsten Tagen gingen die Festlichkeiten – Bankette, Bälle und Konzerte – wie geplant weiter, als ob nichts geschehen wäre. Die Öffentlichkeit war entrüstet. Nikolai versuchte, sie dadurch zu besänftigen, daß er einen früheren Justizminister beauftragte, die Ursachen der Katastrophe zu untersuchen. Doch als der feststellte, daß Großfürst Sergej, Moskaus Generalgouverneur und Ehemann der Schwester der Kaiserin, verantwortlich zu machen sei, protestierten die anderen Großfürsten vehement. Sie behaupteten, die Prinzipien der Autokratie würden untergraben, wenn man in aller Öffentlichkeit das Versagen eines Mitglieds der kaiserlichen Familie einräumte. Die Angelegenheit wurde ad acta gelegt. Doch galt sie als böses Omen für die neue Regierung und vertiefte die Kluft zwischen Hof und Gesellschaft. Nikolai, der sich immer mehr als ein vom Unglück Verfolgter sah, sollte später auf dieses Ereignis als den Beginn all seiner Probleme zurückblicken.[18]

Während seiner ganzen Regierungszeit machte Nikolai den Eindruck, als könne er die Aufgabe nicht bewältigen, dieses Riesenreich zu regieren, das in einer sich verschärfenden revolutionären Krise steckte. Allerdings hätte sie auch nur ein Genie meistern können. Und das war Nikolai sicherlich nicht. Wären die Umstände und seine eigenen Neigungen anders gewesen, er hätte seine Dynastie vielleicht retten können, wenn er sich im ersten Jahrzehnt seiner Regierung, solange noch Hoffnung bestand, die Liberalen zu beschwichtigen und die revolutionäre Bewegung zu isolieren, weg von der Autokratie und hin zu einem konstitutionellen Regime bewegt hätte. Doch Nikolai war für diese Rolle nicht geboren: er war der Kaiser und Autokrat aller Reußen. Familientradition und Druck von den traditionellen Verbündeten der Krone zwangen ihn, nicht nur zu regieren, sondern zu herrschen. Es ging nicht an, daß ein Romanow die Rolle eines zeremoniellen Monarchen spielte und die eigentliche Regierungsarbeit der Bürokratie überließ. Und es war genauso undenkbar, daß er vor den Forderungen der Liberalen zurückwich. Angesichts der politischen Opposition gehörte es sich für einen Romanow, die »göttliche Autorität« des absoluten Monarchen zu betonen, sich auf das »historische Band zwischen dem Zaren und seinem Volk« zu verlassen und mit Stärke und Entschlossenheit zu regieren. Die Kaiserin machte sich trotz ihres englisch-deutschen Hintergrunds krampfhaft all die mittelalterlichen Traditionen des byzantinischen Despotismus zu eigen und bedrängte ihren milde gesinnten Ehemann ständig, mehr wie Iwan der Schreckliche und Peter der Große zu sein. Die Verehrung, die Nikolai für seinen Vater empfand, sowie sein eigener wachsender Ehrgeiz, nach Art der moskowitischen Ahnen zu regieren, führten zwangsläufig dazu, daß er sich nach Kräften bemühte, die Rolle eines wahren Autokraten zu spielen. Er erachte es als seine Pflicht vor Gott, so warnte er kurz nach seiner Krönung die liberalen Adligen von Twer, »das Prinzip der Autokratie ebenso fest und unerschütterlich aufrechtzuerhalten, wie es mein unvergeßlicher verstorbener Vater getan hat«.[19]

Nikolai aber war weder mit der Charakterstärke seines Vaters noch mit dessen Intelligenz gesegnet. Das war seine Tragik. Doch wäre es falsch, wie so viele Historiker anzunehmen, Nikolais Scheitern habe an seiner grundsätzlichen »Willensschwäche« gelegen. Nach allgemein akzeptierter Erkenntnis war Nikolai ein passives Opfer der Geschichte und wurde zunehmend mystisch und seinem eigenen Schicksal gegenüber gleichgültig, als er seine wachsende Machtlosigkeit gegen die Revolution erkannte. Diese Interpretation ist zum großen Teil den Beobachtungen seiner revolutionären Feinde zu verdanken, deren Sicht die frühe Literatur über Nikolai beherrschte. Viktor Tschernow, der Führer der Sozialrevolutionäre, brachte zum Beispiel vor, daß Nikolai sich in Zeiten der Not »mit einer Art störrischer Passivität verhielt, als ob er dem Leben entfliehen wollte ... Er schien kein Mann, sondern die armselige Kopie eines Mannes zu sein.« Ähnlich porträtierte Trotzki den letzten Zaren als jemanden, der »lediglich eine dumpfe Gleichgültigkeit« für die »historische Flut« übrig hatte, die immer dichter an die Pforten seines Palastes heranschwappte. In alldem steckt natürlich ein Körnchen Wahrheit. Frustriert in seinem Ehrgeiz, so zu regieren, wie er meinte, daß ein wahrer Autokrat regieren müsse, zog sich Nikolai mehr und mehr in das private und gleichfalls beschädigte Reich seiner Familie zurück. Doch dieses versteckte Eingeständnis politischen Versagens wurde nicht gemacht, weil es an Bemühungen gefehlt hätte. Unter der äußerlichen Fügsamkeit besaß Nikolai ein starkes Gefühl für seine Pflicht, die Prinzipien der Autokratie zu wahren. Mit wachsendem Selbstbewußtsein entwickelte er während seiner Regierungzeit den intensiven Wunsch, wie seine moskowitischen Vorfahren auf der Grundlage seines religiösen Gewissens zu herrschen. Hartnäckig verteidigte er seine autokratischen Vorrechte gegen die Übergriffe seiner ehrgeizigen Minister und sogar seiner eigenen Frau, deren beharrliche Forderungen (oft in Rasputins Namen) er, so gut er konnte, ignorierte und zurückwies. Nicht eine »Willensschwäche« war das Verderben des letzten Zaren, sondern im Gegenteil, der willentliche Entschluß, vom Thron aus zu herrschen, trotz der Tatsache, daß ihm dazu eindeutig die nötigen Qualitäten fehlten.[20]

Die völlige Unfähigkeit im Umgang mit seinen Untergebenen war eine seiner offensichtlichen Schwächen. Ein Leben lang litt Nikolai unter einem geradezu unnatürlichen Anstandsgefühl. Er verbarg seine Emotionen und Gefühle hinter einer Maske passiver Zurückhaltung, welche Leuten wie Tschernow und Trotzki, die ihn aus der Distanz beobachteten, den Eindruck von Gleichgültigkeit vermittelten. Taktvoll stimmte er mit jedem überein, der mit ihm sprach, um die Peinlichkeit zu vermeiden, dem Betreffenden widersprechen zu müssen. Daher der Scherz, der die Runde durch die Petersburger Salons machte, daß der mächtigste Mann in

Rußland derjenige sei, der als letzter mit dem Zaren gesprochen habe. Nikolai war zu höflich, um seine Minister mit Beschwerden über ihre Arbeit zu konfrontieren, und so überließ er es anderen, sie über ihre Entlassung zu informieren. Graf Witte erinnerte sich an seine Entlassung als Präsident des Ministerrats: »Wir [Nikolai und Witte] unterhielten uns geschlagene zwei Stunden. Er schüttelte meine Hand. Er umarmte mich. Er wünschte mir alles Glück der Welt. Ich kam ganz außer mir vor Glück nach Hause und fand eine schriftliche Anweisung für meine Entlassung auf meinem Schreibtisch vor.« Witte glaubte, der Zar beziehe eine merkwürdige Befriedigung daraus, daß er seine Minister in dieser Weise quälte. »Unser Zar ist ein Orientale, ein hundertprozentiger Byzantiner«, schrieb er in seinen Memoiren. Solch unvorhersehbares Verhalten ließ in Regierungskreisen Unsicherheit aufkommen. Schädliche Gerüchte begannen zu kursieren, der Zar sei in verschiedene Hofverschwörungen involviert, oder noch schlimmer, er habe keine eigene Meinung und sei, ohne es zu wissen, zum Werkzeug dunkler und geheimer Kräfte hinter den Kulissen geworden. Die Tatsache, daß Nikolai sich auf ein Küchenkabinett von reaktionären Beratern verließ (einschließlich Pobedonoszews, Oberprokuror des Heiligen Synod, und des berüchtigten Zeitungsherausgebers, Fürst Meschtscherski, dessen homosexuelle Liebhaber auf wichtige Posten bei Hofe befördert wurden), schürte nur die Verschwörungstheorie – wie es in späteren Jahren natürlich auch Rasputin tat.

Was Nikolai an Führungsstärke mangelte, machte er durch harte Arbeit wett. Er war ein fleißiger und gewissenhafter Monarch, vor allem in der ersten Hälfte seiner Regierungszeit, und saß emsig an seinem Schreibtisch, bis er seine täglichen Verwaltungspflichten erledigt hatte. All das machte er wie ein Sekretär – der »oberste Sekretär des Reichs« –, indem er seine ganzen Energien den Routine-Details seines Amtes widmete, ohne je innezuhalten, um die größeren politischen Themen zu bedenken. Während sein Vater sich lediglich über die wichtigsten Fragen der Politik hatte informieren lassen und die meisten seiner zweitrangigen Exekutivfunktionen an Untergebene delegiert hatte, war Nikolai unfähig, sich mit etwas anderem außer den trivialsten Angelegenheiten zu befassen. Jeden Tag hielt er sorgfältig in seinem Tagebuch Zeit und Dauer der Treffen mit seinen Ministern und seine sonstigen offiziellen Aktivitäten fest, daneben knappe Bemerkungen über das Wetter, die Zeit seines Morgenkaffees, die Gesellschaft bei Tee usw. Diese Routine wurde zu einer Art Ritual: Jeden Tag zur selben Zeit übte er dieselben Funktionen aus, so daß seine Beamten oft darüber spotteten, man könne die Uhr nach ihm stellen. Dem kleinkarierten Nikolai schien die Rolle des wahren Autokraten, der persönlich vom Thron aus regiert, eben darin zu bestehen, daß er sich mit jedem kleinsten Detail in der Verwaltung seines Riesenlandes befaßte. Mit wachsender Eifersucht betrachtete er die bürokratischen Funktionen seiner Minister, die er mit der Ausübung der Macht verwechselte, und ärgerte sich darüber, daß er Autorität an sie delegieren mußte, weil er das als Usurpation seiner eigenen autokratischen Macht ansah. So eifersüchtig hütete er seine eigenen kleinen Exekutivrechte, daß er sich sogar weigerte, einen Privatsekretär einzustellen, und statt dessen vorzog, seine Korrespondenz selbst zu erledigen. Selbst so einfache Anweisungen wie das Herbeizitieren eines Beamten oder das Bereitstellen eines Autos wurden von des Zaren eigener milder Hand in eine Note gefaßt und in einem Umschlag versiegelt. Es kam ihm nie in den Sinn, daß ein Autokrat nützlicher beschäftigt sein könnte, wenn er die wichtigen Probleme des Staats löste. Mit dem Gemüt eines Miniaturenmalers achtete er auf die kleinsten Details der Verwaltung und war dabei vollkommen unfähig, sie in allgemeinere Herrschaftsprinzipien zusammenzufassen. Wie Pobedonoszew einst über ihn sagte: »Er versteht lediglich die Bedeutung einer vereinzelten Tatsache, ohne Verbindung zum Rest, ohne die Wechselbeziehung zu allen anderen relevanten Fakten, Ereignissen, Tendenzen und Vorkommnissen zu würdigen. Er klammert sich an seinen unbedeutenden, kleinlichen Standpunkt.«[21]

Nikolai war der Meinung, er brauche, um seine autokratischen Privilegien zu wahren, nur seine Beamten schwach und untereinander zerstritten zu halten. Je mächtiger ein Minister wurde, desto eifersüchtiger wurde Nikolai auf dessen Macht. Fähige Premierminister wie Graf Witte und Pjotr Stolypin, die allein das zaristische Regime hätten retten können, wurden in diesem Nebel des Mißtrauens hinausgedrängt. Nur graues Mittelmaß, wie der »alte Mann« Iwan Goremykin, konnte im höchsten Amt überleben. Goremykins Erfolg erklärte der britische Kommentator Bernard Pares mit der Tatsache, daß er für den Zaren wie für die Zarin »akzeptabel« sei, »weil er sich wie ein Butler verhielt, der den anderen Dienern die Anweisungen überbringt«. Tatsächlich sah Nikolai, wie es einem Zaren gebührt, der wie ein mittelalterlicher Grundherr über Rußland herrscht, in seinen Ministern eher Diener seines privaten Haushalts als Staatsbeamte. Zwar redete er sie nicht mehr mit dem vertraulichen »Du« an (eine Form, die Tieren, Leibeigenen und Kindern vorbehalten war), doch erwartete er unbedingte Hingabe von ihnen und schätzte Loyalität bei seinen Ministern weit höher als Kompetenz. Selbst Graf Witte, der in seinem sonstigen Auftreten alles andere als demütig war, nahm in Anwesenheit des Zaren Habachtstellung ein, die Hände an der Hosennaht, als wäre er irgendein Haushofmeister.

Nikolai nutzte die Rivalitäten und Zwistigkeiten zwischen den verschiedenen Ministerien aus. Er spielte die Ansichten des einen gegen die des anderen aus, um die Oberhand zu behalten, was seine Regierung wenig kohärent machte, aber da es seine Position stärkte, schien ihn das nicht zu stören. Abgesehen von einer kurzen Zeitspanne 1901, weigerte sich Nikolai beharrlich, die Arbeit der verschiedenen Ministerien dadurch zu koordinieren, daß er Sitzungen des Ministerrats leitete: Offenbar fürchtete er, es könnten sich mächtige Faktionen bilden, die ihn zwingen würden, eine Politik zu verfolgen, die er ablehnte. Er zog es vor, seine Minister zu Gesprächen unter vier Augen zu bestellen, mit dem Effekt, daß sie uneins blieben und daß Chaos und Durcheinander entstanden. Diese Audienzen konnten für die Minister äußerst frustrierend sein, denn während Nikolai stets den Eindruck vermittelte, er stimme den Vorschlägen eines Ministers zu, konnte man sich doch nie darauf verlassen, daß er sie auch gegen Vorschläge eines anderen Ministers unterstützte. Anhaltende allgemeine Debatten über Politik waren daher äußerst selten. Wenn ein Minister allzulang über Politik sprach, zeigte der Zar deutlich, daß er gelangweilt war, und lenkte die Konversation auf das Wetter oder einen anderen angenehmeren Gegenstand. Aus der Erkenntnis heraus, daß ihre Berichte den Zaren langweilten, verkürzten die Minister sie bewußt. Einige ließen sie sogar ganz sein und unterhielten ihn statt dessen mit Anekdoten und Klatsch.[22]

Als Folge von alldem fehlte der Regierung in den letzten Jahren des Zarenregimes jede wirksame Führung oder Koordination. Ursprung aller Probleme war Nikolai. Wenn es im Zentrum des Herrschaftssystems ein Machtvakuum gab, dann war er die leere Stelle. Mit ihm erwarb sich Rußland gewissermaßen die schlechteste beider Welten: einen Zaren, entschlossen, vom Thron aus zu herrschen, jedoch weitgehend unfähig, Macht auszuüben. Das war »Autokratie ohne einen Autokraten«. Vielleicht hätte niemand die Rolle ausfüllen können, die Nikolai sich vorgenommen hatte: Das Regierungsgeschäft war für einen einzelnen viel zu umfangreich und komplex geworden, und die Autokratie selbst war veraltet. Doch Nikolai beging den Fehler, es überhaupt zu versuchen. Statt Macht zu delegieren, schwelgte er in einem Traum von absoluter Macht. So eifersüchtig wachte er über seine Privilegien, daß er versuchte, die staatlichen Institutionen sämtlich zu umgehen und die Macht auf den Hof zu konzentrieren. Aber keiner seiner liebenswerten, doch beschränkten Höflinge war auch nur entfernt in der Lage, ihn vernünftig zu beraten, wie er das Land regieren sollte, weil sie alle zum engen Kreis aristokratischer Gardeoffiziere gehörten, die von dem Rußland jenseits der eleganten Petersburger Straßen nichts wußten. Die meisten redeten abschätzig über Rußland, sprachen Französisch, nicht Russisch, und verbrachten mehr Zeit in Nizza oder Biarritz als auf ihren Landgütern in der Provinz. Angesichts der zunehmenden Dominanz des Hofs konnte Nikolais Regierung keine kohärente Politik mehr entwickeln, um die wachsenden gesellschaftlichen Probleme zu bewältigen, die unerbittlich auf eine Revolution zusteuerten. In den letzten Jahren, vor allem nach Stolypins Sturz 1911, geriet die Regierung gefährlich ins Wanken, weil der Zar einen mediokren Kriecher nach dem anderen zum Premierminister ernannte. Nikolai selbst verbrachte immer weniger Zeit in seinem Arbeitszimmer. Regierungsangelegenheiten mußten wochenlang aufgeschoben werden, während er auf Jagdreisen, Yachtpartien und zum Familienurlaub auf der Krim weilte. Doch im scheinbar sicheren Refugium seiner Familie bahnte sich eine andere Tragödie an.

# DER THRONERBE

Kaiserin Alexandra empfand die Jubiläumsfestlichkeiten als Strapaze. Mit Mühe zwang sie sich zu allen öffentlichen Veranstaltungen, die sie aber häufig frühzeitig, mit deutlichen Anzeichen von Schmerzen, verließ.

Tatsächlich war die Kaiserin im vorangegangenen Jahrzehnt bei nicht mehr als einem Dutzend Anlässen in der Öffentlichkeit aufgetreten. Seit der Geburt ihres hämophilen Sohns, des Zarewitsch Alexej, im Jahr 1904 hatte sie sich ins Alexanderpalais in Zarskoje Selo und andere kaiserliche Residenzen außerhalb der Hauptstadt zurückgezogen. Man hatte gehofft, sie würde die Gelegenheit der Dreihundertjahrfeier dazu nutzen, ihr Ansehen in der Öffentlichkeit zu verbessern. Weil sie der Gesellschaft den Rücken gekehrt hatte, galt sie als kalt und arrogant, während ihre Abhängigkeit von dem »heiligen Mann« Rasputin wegen dessen wachsender Macht bei Hofe schon lange Anlaß zu politischer Besorgnis bot. Doch kurz vor dem Jubiläum hatte die Krankheit ihres Sohnes eine schlimme Wendung genommen, was ihr während der Feierlichkeiten nicht aus dem Sinn ging. Zu allem Unglück war auch noch Tatjana, die zweite Tochter, an Typhus erkrankt, nachdem sie das verseuchte Wasser der Hauptstadt getrunken hatte. Alexandra gab sich alle Mühe, ihre inneren Qualen vor der Öffentlichkeit zu verbergen. Aber sie brachte es nicht über sich, sich um deren Sympathie zu bemühen.

Alexandra war fremd in Rußland, als sie Kaiserin wurde. Seit dem 18. Jahrhundert war es bei den Romanows üblich, ausländische Prinzessinnen zu heiraten. Ende des 19. Jahrhunderts hatte sie diese Heiratspolitik zu einem integralen Bestandteil der Familie europäischer gekrönter Häupter gemacht. Ihre Gegner bezeichneten sie gern als Dynastie »Holstein-Gottorp«, was in genealogischer Hinsicht nicht weit von der Wahrheit entfernt war. Die meisten Politiker waren der Ansicht, daß das Gleichgewicht der Mächte in Europa durch diese dynastischen Bande gesichert werde. So gesehen war es berechtigt, die Verlobung von Zarewitsch Nikolai mit Prinzessin Alexandra, oder Alix, der Tochter des Großherzogs von Hessen-Darmstadt und von Prinzessin Alice von England, im April 1894 zu begrüßen. Man rechnete damit, daß die Prinzessin viel Zeit haben würde, um sich auf die Rolle der Kaiserin vorzubereiten. Doch Alexander III. starb nur sechs Monate später, und die zweiundzwanzigjährige Frau fand sich auf einmal auf dem russischen Thron wieder.

Obwohl Alexandra später von ihren Untertanen als »die Deutsche« verwünscht wurde, war sie doch in vielerlei Hinsicht eine typische Engländerin. Nach dem Tod ihrer Mutter im Jahr 1878 war sie von ihrer Großmutter, Queen Victoria, in

England aufgezogen worden, deren strenge Moral, Verhalten und Geschmack sie sich aneignete, von ihrer Zielstrebigkeit ganz zu schweigen. Alexandra sprach und korrespondierte mit Nikolai auf englisch. Russisch sprach sie mangelhaft, mit starkem englischem Akzent und nur mit Dienern, Beamten und dem Klerus. Ihre Haushaltsführung im Alexanderpalais war streng viktorianisch geprägt. So wurden Fabrikmöbel von Maples, dem englischen Mittelklasse-Kaufhaus, anstelle des edlen kaiserlichen Mobiliars bestellt, das zu dem klassizistischen Empire des Alexanderpalais viel besser paßte. Ihre vier Töchter teilten ein Schlafzimmer und schliefen auf schmalen Feldbetten; es war bekannt, daß die Kaiserin selbst die Leintücher wechselte. Jeden Tag wurden kalte Bäder genommen. In vieler Hinsicht war es der bescheidene Ehrgeiz Nikolais und Alexandras, den Lebensstil der englischen Mittelklasse zu pflegen. Sie sprachen die traute häusliche Sprache der viktorianischen Bourgeoisie: »Hubby« und »Wifey« waren ihre Kosenamen füreinander.[23] Doch die Kaiserin ging fehl in der aus ihrer Kenntnis des englischen Hofs zu erklärenden Annahme, daß dieser Lebensstil, der in England das Ergebnis des stetigen Rückzugs des Monarchen von der Exekutivgewalt war, auch einem russischen Autokraten anstehen würde.

Von Anfang an machte Alexandra den Eindruck, als ob sie die öffentliche Rolle, zu der ihre Stellung sie verpflichtete, nur unwillig spielte. Sie erschien nur selten bei Hof und zu gesellschaftlichen Anlässen, und da sie von Natur aus schüchtern war, nahm sie bei ihren ersten Auftritten eine reservierte Haltung an, die sie unangenehm und unsympathisch wirken ließ. Sie erwarb sich den Ruf, kalt und arrogant zu sein, zwei sehr unrussische Untugenden. »Keiner mochte die Zarin«, schrieb die Dichterin Sinaida Gippius. »Ihr scharf geschnittenes Gesicht, schön, aber übellaunig und bedrückt, mit schmalen, fest aufeinandergepreßten Lippen, gefiel nicht; ihre deutsche hochgewachsene hagere Statur gefiel nicht.« Queen Victoria, die gehört hatte, wie unbeliebt ihre Enkelin war, riet ihr in einem Brief:

*Es gibt keinen schwierigeren Beruf als den zu regieren. Ich habe mehr als fünfzig Jahre in meinem eigenen Land regiert, das ich von Kindheit an kannte, und trotzdem denke ich jeden Tag darüber nach, was ich tun muß, um die Liebe meiner Untertanen zu bewahren und zu stärken. Wieviel schwieriger ist Deine Situation. Du bist in einem fremden Land, einem Land, das du überhaupt nicht kennst, wo Dir Sitten, Denkweise und die Menschen selbst vollkommen fremd sind, und doch ist es deine erste Pflicht, ihre Liebe und Achtung zu gewinnen.*

Alexandra antwortete mit einer Arroganz, die ihren Ruf verdient erscheinen läßt:

*Du irrst, liebe Großmama; Rußland ist nicht England. Hier müssen wir nicht die Liebe der Menschen erwerben. Das russische Volk verehrt seine Zaren als göttliche Wesen, von denen alle Wohltaten und alles Glück stammen. Und was die Gesellschaft von St. Petersburg betrifft, so ist sie etwas, was man vollkommen außer acht lassen kann. Die Meinungen derjenigen, die diese Gesellschaft ausmachen, und ihr Gespött haben keinerlei Bedeutung.*

Der Inhalt dieser Korrespondenz wurde bald in den Petersburger Kreisen bekannt und führte zum völligen Bruch zwischen den Spitzen der Gesellschaft und der Kaiserin. Alexandra reduzierte ihre öffentlichen Auftritte immer mehr und beschränkte ihren Freundeskreis auf diejenigen, von denen sie sklavische Hingabe erwarten konnte. Hier lagen die Wurzeln ihres paranoiden Beharrens darauf, den Hof und die Gesellschaft in »Freunde« und »Feinde« zu scheiden, was die Monarchie an den Rand der Katastrophe bringen sollte.[24]

Die Unbeliebtheit der Kaiserin wäre nicht so schlimm gewesen, hätte sie es nicht unternommen, eine aktive politische Rolle zu spielen. Aus ihrem Brief an Queen Victoria wird deutlich, daß der mystische Reiz des byzantinischen Despotismus schon bald Besitz von ihr ergriffen hatte. In ihrer herrischen Art machte sie sich daran, den Staat zu organisieren, als wäre er Teil ihres privaten Haushalts. Ständig bedrängte sie ihren Mann, er solle energischer sein und seinen autokratischen Willen durchsetzen. »Sei autokratischer als Peter der Große«, sagte sie ihm immer wieder, »und strenger als Iwan der Schreckliche.« Sie wollte, daß er herrsche wie die mittelalterlichen Zaren, auf der Grundlage seiner religiösen Überzeugungen und ohne Rücksicht auf Einschränkungen durch das Gesetz. »Du und Rußland seid ein und dasselbe«, sagte sie ihm immer wieder und drängte ihn auf jede Weise, entsprechend ihren eigenen Ambitionen, Eitelkeiten, Ängsten und Eifersüchten. Es waren die Zarin und Rasputin – so glaubte wenigstens die Öffentlichkeit –, die in den letzten katastrophalen Jahren die wahren Herrscher des zaristischen Rußlands wurden. Alexandra verglich sich gern mit Katharina der Großen. In Wahrheit erinnerte ihre Rolle jedoch vielmehr an Marie-Antoinette, die letzte Königin des Ancien régime in Frankreich, deren Porträt auch über ihrem Schreibtisch im Alexanderpalais hing.[25]

Alexandra sah es als ihre Aufgabe an, der Romanow-Dynastie einen gesunden Sohn und Erben zu schenken. Doch sie gebar nacheinander vier Töchter. In ihrer Verzweiflung wandte sie sich an Dr. Philippe, einen Vertreter der »Astralmedizin«, der der kaiserlichen Familie 1901 während ihres Frankreichbesuchs vorgestellt worden war. Er überzeugte sie davon, daß sie mit einem Sohn schwanger sei, und sie nahm an Umfang zu, bis eine medizinische Untersuchung den Nachweis erbrachte, daß es sich um eine Scheinschwangerschaft handelte. Philippe war ein Scharlatan (in Frankreich war er dreimal zu Geldstrafen verurteilt worden, weil er sich als Arzt ausgegeben hatte) und verließ Rußland in Ungnade. Doch die Episode hatte die Anfälligkeit der Kaiserin für mystizistischen Schwindel gezeigt. Man hätte das angesichts der Emotionalität, mit der sie zum orthodoxen Glauben übergetreten war, voraussagen können. Nach der kalten, spartanischen Glaubenswelt des norddeutschen Protestantismus war sie hingerissen von den feierlichen Ritualen, den gesungenen Gebeten und seelenvollen Gesängen der Russischen Kirche. Mit der ganzen Leidenschaft einer Konvertierten glaubte sie an die Macht des Gebets und göttlicher Wunder. Und als sie schließlich 1904 einen Sohn zur Welt brachte, war sie überzeugt, daß das der Fürsprache des heiligen Seraphim, eines frommen alten Mannes aus der russischen Provinz, zu verdanken war, der 1903 auf Verlangen des Zaren nicht ganz nach den Regeln heiliggesprochen worden war.

Zarewitsch Alexej wuchs zu einem munteren kleinen Jungen heran. Doch bald stellte sich heraus, daß er an der Bluterkrankheit litt, die damals unheilbar war und in den meisten Fällen tödlich verlief. Die Krankheit war im Hause Hessen erblich (einer von Alexandras Onkeln, einer ihrer Brüder und drei ihrer Neffen starben daran), und es bestand kein Zweifel, daß die Kaiserin sie übertragen hatte. Wären die Romanows umsichtiger gewesen, sie hätten Nikolai davon abhalten können, sie zu heiraten; aber damals war Hämophilie in den Königshäusern Europas so verbreitet, daß es gleichsam ein Berufsrisiko geworden war. Alexandra sah in der Krankheit eine Strafe Gottes und gab sich, um ihre Sünde zu büßen, gänzlich der Religion und den Mutterpflichten hin. Wäre die Krankheit ihres Sohnes nicht geheimgehalten worden, sie hätte der Mutter die Sympathie beim Volk gewinnen können, die sie als Kaiserin so wenig zu erwecken vermochte. Alexandra überwachte den Jungen ständig, damit er nicht hinfiel und sich tödliche innere Blutungen zuzog, von denen Hämophile ständig bedroht sind. Es gab für ihn keine Möglichkeit, das Leben eines normalen Kindes zu führen, da der kleinste Unfall die Blutungen auslösen konnte. Ein Matrose mit Namen Derewenko wurde angestellt, ihn zu begleiten, wo immer er hinging, und ihn zu tragen, wenn er nicht laufen konnte, was oft der Fall war. Alexandra konsultierte zahlreiche Ärzte, doch eine Heilung stand nicht in deren Macht. Sie gewann die Überzeugung, daß nur ein Wunder ihren Sohn retten könnte, und tat alles, um sich der Gnade Gottes würdig zu erweisen, stiftete Geld für Kirchen, tat gute Werke und verharrte endlose Stunden im Gebet. »Jedesmal wenn die Zarin ihn mit roten Backen sah, ihn fröhlich lachen hörte oder seine Streiche beobachtete«, erinnerte sich Pierre Gilliard, der Erzieher des Zarewitsch, »füllte sich ihr Herz mit großer Hoffnung, und sie sagte: ›Gott hat mich erhört. Er hat sich endlich meines Kummers erbarmt.‹ Dann aber brach die Krankheit plötzlich wieder über den Jungen herein, streckte ihn nieder auf sein Schmerzenslager und brachte ihn an den Rand des Todes.«[26]

Es war das verzweifelte Bedürfnis, Wunderheilung zu finden, das Rasputin in ihr und Rußlands Leben treten ließ. Grigori Rasputin entstammte einer vergleichsweise wohlhabenden Bauernfamilie im Dorf Pokrowskoje in Westsibirien. Bis vor kurzem war man der Ansicht, er sei Anfang der sechziger Jahre des 19. Jahrhunderts geboren; heute weiß man, daß er jünger war, als man damals dachte: er ist 1869 geboren. Über seine jungen Jahre weiß man wenig. Eine von der Provisorischen Regierung eingesetzte Untersuchungskommission befragte 1917 einige

Mitbewohner seines Dorfes, die sich an ihn als einen schmutzigen und ungebärdigen Jungen erinnerten. Später war er als Trinker, Wüstling und Pferdedieb bekannt, was ihm wohl zu seinem Namen verhalf (von *rasputny*, ausschweifend).* Doch eines Tages packte ihn die Reue: er schloß sich einer Gruppe Pilger an, die auf dem Weg zu dem nahe gelegenen Kloster Werchoturje waren; dort blieb er drei Monate, bevor er völlig verändert wieder nach Pokrowskoje zurückkehrte. Er hatte dem Alkohol und dem Fleisch abgeschworen, ein bißchen lesen und schreiben gelernt und lebte von nun an fromm und zurückgezogen. Hauptursache seiner Konversion scheint der »Heilige« oder Starez Makari gewesen zu sein, ein Mönch im Kloster Werchoturje, dessen spirituelle Fähigkeiten wie die des Starez Sossima in Dostojewskis *Brüdern Karamasow* Schüler aus der gesamten Region angezogen hatten. Makari war vom Zaren und der Zarin empfangen worden, die immer auf der Suche nach Gottesmännern unter dem einfachen Volk waren, und es war Makaris Beispiel, von dem Rasputin später behauptete, es habe ihn inspiriert. Rasputin ist zweifellos niemals Schüler Makaris gewesen: er hatte nie die formale Erziehung erhalten, deren es bedurfte, um Mönch zu werden, und war dazu wohl auch gar nicht in der Lage. Als 1910 die Stelle des Beichtvaters des Zaren vakant wurde, bestand Alexandra darauf, daß man Rasputin auf die Ordination vorbereitete, damit er die Stelle übernehmen könnte. Doch wurde bald deutlich, daß er nicht in der Lage war, irgend etwas außer den elementarsten Teilen der Bibel zu lesen. Das Auswendiglernen – etwas, was für einen Priester unabdingbar war – überforderte ihn (tatsächlich war sein Gedächtnis so schlecht, daß er häufig sogar die Namen seiner Freunde vergaß; er gab ihnen Spitznamen wie »Schöne« oder »Alter«, die leichter zu behalten waren). Jedenfalls war es nicht die reine orthodoxe Lehre, die Rasputin aus den Tiefen Sibiriens nach St. Petersburg brachte. Sein seltsames Gemisch aus Mystik und Erotik hatte eher Ähnlichkeiten mit den Praktiken der Chlysten, einer verbotenen Sekte, die er sicherlich in Werchoturje kennengelernt hatte, selbst wenn die häufigen Anschuldigungen, er selber habe dieser Sekte angehört, nie überzeugend bewiesen wurden. Die Chlysten glaubten, Sünde sei der erste Schritt zur Erlösung. Bei ihren nächtlichen Zusammenkünften tanzten sie nackt, um in Ekstase zu geraten, geißelten sich und trieben Gruppensex. Tatsächlich gab es viele Gemeinsamkeiten zwischen den Anschauungen der Chlysten und dem halb heidnischen Glauben der russischen Bauern, den Rasputins Mystizismus widerspiegelte. Der russische Bauer glaubte, ein Sünder könne genauso vertraut mit Gott sein wie der Fromme – vielleicht sogar noch vertrauter.[27]

Mit 28 Jahren, so behauptete Rasputin später, habe er eine Vision der Heiligen Gottesmutter gehabt und sei auf Pilgerfahrt nach Jerusalem gegangen. Es gibt keinen Bericht über diese Pilgerreise, eher sieht es so aus, als sei er nur den Spuren wandernder Bauern, weiser Männer und Propheten gefolgt, wie sie seit Jahrhun-

* Es war bei Dorfbewohnern üblich, einander mit Spitznamen anzureden, die charakteristische Eigenschaften deutlich machten: »Schlauer«, »Kalb«, »Wolf«, »Herz« usw.

derten kreuz und quer durch Rußland zogen und von den Almosen der Dorfbewohner lebten. Er entwickelte eine Aura von spiritueller Autorität und die Gabe zu predigen, die bald die Aufmerksamkeit einiger führender russischer Geistlicher weckte. 1903 tauchte er zum ersten Mal in St. Petersburg auf, gefördert von Archimandrit Feofan, Alexandras Beichtvater, Bischof Hermogen von Saratow und dem gefeierten Vater Ioann von Kronstadt, ebenfalls einem engen Freund der Zarenfamilie. Die orthodoxe Kirche hielt Ausschau nach heiligen Männern wie Rasputin, die aus dem einfachen Volk kamen, um ihren schwindenden Einfluß in der städtischen Bevölkerung wiederzubeleben und ihr Ansehen am Hofe Nikolais zu heben.

Es war auch eine Zeit, in der der Hof und die St. Petersburger Gesellschaft von alternativen Formen der Religiosität erfüllt waren. In den Salons der Aristokratie und den Boudoirs der Mittelklasse herrschte eine unterschwellige Neugier auf alle Formen des Spiritismus und der Theosophie, das Okkulte und das Übernatürliche. Spiritistische Sitzungen waren der letzte Schrei. Teilweise spiegelte das ein hedonistisches Streben nach neuen Formen von Glauben und Glaubenserfahrung. Aber es war auch Teil der allgemeineren und tieferen Empfindung eines gestörten moralischen Gleichgewichts, die in den Werken von Dichtern wie Blok und Bely anklang und für die europäische Kultur in dem Jahrzehnt vor 1914 symptomatisch war. Diverse heilige Männer und Spiritisten hatten sich in den Palästen von Rußlands Prominenz eingenistet, lange ehe Rasputin die Bühne betrat. Ihr Erfolg bereitete ihm den Weg. Er wurde bei Geselligkeiten und Soireen als Mann Gottes, als Sünder und Büßer herumgereicht, der mit außerordentlichen prophetischen und heilenden Gaben gesegnet sei. Seine abstoßende äußere Erscheinung verlieh seinem moralischen Zauber noch zusätzlichen Reiz. Er lief in Bauernhemd und ausgebeulten Hosen herum, sein fettiges schwarzes Haar ging ihm bis zu den Schultern, Essensreste klebten in seinem Bart, und Hände und Körper waren nie gewaschen. Er hatte eine starke Ausdünstung, die viele mit der eines Ziegenbocks verglichen. Aber es waren seine Augen, die die Aufmerksamkeit des Publikums fesselten. Ihr durchdringender Glanz und ihre hypnotische Kraft machten einen nachhaltigen Eindruck. Einige behaupteten sogar, daß Rasputin willentlich seine Pupillen erweitern und zusammenziehen konnte.[28]

Als Heiler für ihren Sohn wurde Rasputin im November 1905 zum ersten Mal dem Zaren und der Zarin vorgestellt. Von Anfang an schien er eine geheimnisvolle Kraft zu besitzen, mit der er die inneren Blutungen stoppen konnte. Er prophezeite, daß Alexej nicht sterben und daß die Krankheit verschwinden werde, wenn er das Alter von 13 Jahren erreicht habe. Alexandra redete sich ein, daß Gott Rasputin auf ihre Gebete hin gesandt habe, und seine Besuche im Palast wurden immer häufiger, weil sie mehr und mehr auf ihn angewiesen war. Es bestätigte die Vorurteile von Alexandra und Nikolai, daß ein einfacher russischer Bauer, der Gott nahestand, etwas vollbringen konnte, was die Macht der Ärzte überstieg.

In den vielen Büchern über dieses Thema gibt es keinen endgültigen Aufschluß über das Geheimnis von Rasputins Heilkraft. Vielfach wird bezeugt, daß seine Anwesenheit eine auffallend besänftigende Wirkung auf Kinder und Tiere hatte, was dazu beigetragen haben könnte, Alexejs Blutungen zu stoppen. Darüber hinaus ist bekannt, daß er in der Kunst der Hypnose ausgebildet war, was ebenfalls eine physische Veränderung wie die Kontraktion der Blutgefäße bewirkt haben könnte. Rasputin selbst gestand einmal seinem Sekretär, Aron Simanowitsch, daß er manchmal tibetische Medizin benutzte, oder was ihm sonst unter die Finger kam, und daß er zuweilen nur vorgab, Heilmittel anzuwenden, oder beim Beten unsinnige Wörter murmelte. Das erinnert an Gesundbeten – möglicherweise ist Rasputins bemerkenswerteste Tat solchen Methoden zuzuschreiben. Im Oktober 1912 erlitt der Zarewitsch eine besonders schlimme Blutung, als er seine Mutter auf einer Kutschfahrt bei Spala, dem kaiserlichen Jagdgut in Ostpolen, begleitete. Die Ärzte vermochten nicht zu verhindern, daß sich ein großer, schmerzhafter Tumor in der Leiste bildete, und unterrichteten die kaiserliche Familie, sie müsse sich auf Alexejs nahen Tod vorbereiten. Man glaubte allgemein, daß nur ein Wunder, wie etwa die spontane Resorption des Tumors, den Jungen retten könnte. Die Lage galt als so ernst, daß erstmals medizinische Bulletins über den Zustand des Patienten in der landesweiten Presse veröffentlicht wurden, wenn auch nichts über die Art der Krankheit ausgesagt wurde. Im ganzen Land wurden Bittgottesdienste abgehalten, und Alexej erhielt die Letzte Ölung. In ihrer Verzweiflung schickte Alexandra ein Telegramm an Rasputin, der sich zu Hause in Pokrowskoje aufhielt. Nach dem Zeugnis seiner Tochter sprach er einige Gebete, ging dann zum örtlichen Telegrafenamt und sandte der Kaiserin folgendes Telegramm: »Gott hat deine Tränen gesehen und deine Gebete erhört. Gräme dich nicht. Der Kleine wird nicht sterben.« Innerhalb von Stunden trat bei dem Patienten eine plötzliche Besserung ein: Die Blutung hörte auf, das Fieber sank, und die verblüfften Ärzte bestätigten, daß die Gefahr vorüber sei. Wer skeptisch ist gegenüber der Kraft des Gebets, durch das Medium eines Telegramms zu heilen, möge dies auf einen merkwürdigen Zufall schieben. Alexandra jedoch war überzeugt, und nach dem »Spala-Wunder« wurde Rasputins Stellung an ihrem Hof unangreifbar.[29]

Rasputins Status bei Hofe brachte ihm immense Macht und Prestige. Er wurde ein *maître de requêtes*, der Bestechungen und Geschenke von denjenigen annahm, die in der Hoffnung zu ihm kamen, er würde um ihretwillen seinen Einfluß geltend machen. Während des Ersten Weltkriegs, als sein politischer Einfluß am größten war, entwickelte er ein lukratives System, all diejenigen in Regierung, Kirche und Verwaltung unterzubringen, die er unter Kontrolle habe, wie er sich brüstete. Für Hunderte von geringeren Sterblichen, die jeden Tag vor seiner Wohnung Schlange standen – Frauen, die für ihre Söhne und Ehemänner die Freistellung vom Militärdienst erbaten, Menschen, die eine Unterkunft suchten –, nahm er einfach einen Fetzen Papier, malte ein Kreuz an den oberen Rand und schrieb im Gekrakel eines halben Analphabeten an irgendeinen Hofbeamten: »Mein teurer und geschätzter Freund. Tu mir diesen Gefallen. Gregori.« Ein solches Briefchen wurde dem Leiter des Hofsekretariats von einem hübschen jungen Mädchen gebracht, das Rasputin offensichtlich mochte. »Mein lieber Freund, verschaff ihr den Posten. Sie ist in Ordnung. Gregori.« Als der Beamte sie fragte, worum es gehe, antwortete das Mädchen, daß sie Primadonna an der kaiserlichen Oper werden wolle.[30]

Es wurde oft vermutet, daß Rasputins Motive finanzieller Art waren, weil er Bestechungsgelder annahm. Das stimmt so nicht. Er hatte keinen Spaß am Anhäufen von Geld, das er so rasch ausgab, wie er es verdient hatte. Was ihn erregte, war Macht. Rasputin war extrem geltungsbedürftig. Er mußte immer im Zentrum des Interesses stehen. Gerne prahlte er mit seinen Verbindungen bei Hofe. »Ich kann alles machen«, sagte er oft, und so verbreiteten sich übertriebene Vorstellungen von seiner politischen Allmacht. Die Geschenke, die er von seinen wohlhabenden Gönnern erhielt, waren ihm wichtig, nicht weil sie wertvoll waren, sondern weil sie seinen persönlichen Einfluß bestätigten. »Schau, dieser Teppich ist 400 Rubel wert«, prahlte er einmal gegenüber einem Freund. »Eine Großfürstin schickte ihn mir, weil ich ihre Ehe gesegnet habe. Und siehst du, ich habe ein goldenes Kreuz? Das hat mir der Zar geschenkt.« Vor allem schätzte Rasputin das Prestige, das ihm seine Stellung einbrachte, und auch die Macht, die sie ihm, der doch nur ein Bauer war, über Männer und Frauen einer höheren gesellschaftlichen Klasse verlieh. Es bereitete ihm Vergnügen, gegen die adligen Damen, die ihm zu Füßen saßen, grob zu sein. Er steckte seinen schmutzigen Finger in ein Schälchen mit Marmelade, hielt ihn dann einer Dame hin und sagte: »Demütige dich, leck ihn ab!« Als er zum ersten Mal von Warwara Uexküll, der wohlhabenden Aristokratin, empfangen wurde, griff er sie wegen ihres teuren Kunstgeschmacks an: »Was soll das, Mütterchen, Bilder an der Wand wie in einem richtigen Museum? Ich wette, du könntest fünf Dörfer voller hungriger Menschen mit dem ernähren, was hier an einer einzigen Wand hängt.« Als sie ihn ihren Gästen vorstellte, starrte er jede der Damen intensiv an, nahm ihre Hände und stellte Fragen wie: »Bist du verheiratet?«, »Wo ist dein Mann?«, »Warum bist du allein gekommen?«, »Wärt ihr beide hier gewesen, ich hätte euch beobachten und darauf achthaben können, wie ihr eßt und lebt.« Er rechnete damit, daß ihn solche Frechheiten bei den schuldbesessenen Aristokraten, die ihn protegierten, nur noch attraktiver machten. Reiche, doch unzufriedene Damen der Gesellschaft waren von diesem charismatischen Bauern besonders angezogen. Viele gerieten in eine merkwürdige sexuelle Erregung, wenn er sie demütigte. Und das Vergnügen, das er aus solchen Eroberungen zog, hatte wahrscheinlich ebensoviel mit der psychologischen Beherrschung seiner Opfer zu tun wie mit der Befriedigung seiner physischen Wünsche. Den Frauen sagte er, sie könnten durch die Vernichtung ihres Stolzes Erlösung erlangen, was es erforderlich machte, daß sie sich ihm hingaben. Eine Frau gestand, sie habe, als sie sich ihm das erste Mal hingab, einen so heftigen Orgasmus gehabt, daß sie ohnmächtig wurde. Vielleicht hatte seine Potenz als Liebhaber auch eine physische Erklärung. Rasputins Mörder und angeblicher homosexueller Liebhaber, Felix Jussupow, behauptete, daß seine Fähigkeiten durch eine große Warze erklärt werden könnten, die strategisch günstig auf seinem Penis plaziert war, der wiederum von exzeptioneller Größe gewesen sei. Andererseits deutet vieles darauf hin, daß Rasputin in Wirklichkeit impotent war und daß er sich zwar mit vielen Frauen nackt hingelegt, aber nur mit den wenigsten Sex gehabt hat. Kurz gesagt, er war ein großer Wüstling, aber kein großer Liebhaber. Als er nach einem mißlungenen Mordanschlag 1914 ärztlich untersucht wurde, stellte man fest, daß seine Genitalien so klein und zusammengeschrumpft waren, daß der Arzt bezweifelte, ob Rasputin überhaupt zum Geschlechtsakt fähig sei. Rasputin selbst hatte sich einmal gegenüber dem Mönch Iliodor damit gebrüstet, daß er neben Frauen liegen könne, ohne Leidenschaft zu empfinden, weil sein »Penis nicht funktionierte«.[31]

Je mehr Rasputins Macht wuchs, desto mehr Legenden bildeten sich über seine Verbrechen und Vergehen. Da gab es die Sauforgien, die Tage, die er mit Prostituierten in den Badehäusern verbrachte, und die Nächte, die er in Gasthäusern und Bordellen durchzechte.

Was diese Gerüchte politisch so schädlich machte, war der weitverbreitete Glaube – den Rasputin selbst förderte –, daß er der Liebhaber der Zarin sei. Es kursierten sogar Gerüchte, die Kaiserin und Rasputin feierten wilde Orgien mit dem Zaren und Anna Wyrubowa, ihrer Hofdame, die angeblich lesbisch war. Ähnliche pornographische Geschichten über Marie-Antoinette und den »impotenten Ludwig« machten am Vorabend der Französischen Revolution die Runde. Für keines dieser Gerüchte gab es auch nur den geringsten Beweis.

Dennoch war es eher die Tatsache, daß es diese Gerüchte gab, als ihr Wahrheitsgehalt, was die Anhänger des Zaren in solche Besorgnis stürzte. Sie suchten ihn von Rasputins schlechtem Einfluß zu überzeugen und Rasputin vom Hof zu vertreiben. Doch obwohl Nikolai die Vergehen kannte, wollte er Rasputin nicht entfernen, solange die Kaiserin glaubte, daß er und nur er ihrem sterbenden Sohn helfen konnte. Er schätzte Rasputins beruhigende Wirkung auf die Kaiserin viel zu sehr, dieser Ehemann und Pantoffelheld, dem in einem unkontrollierten Augenblick einmal herausgerutscht war: »Besser ein Rasputin als zehn hysterische Anfälle jeden Tag.« Archimandrit Feofan, der Rasputin nach St. Petersburg verholfen hatte, sah sich 1910 aus der Hauptstadt vertrieben, weil er versucht hatte, die Kaiserin über das skandalöse Verhalten des heiligen Mannes zu informieren. Der Mönch Iliodor und Bischof Hermogen wurden 1911 in ferne Klöster gesperrt, nachdem sie Rasputin mit einer langen Chronik seiner Missetaten konfrontiert und ihn zur Buße aufgerufen hatten. Der Zar verhinderte, daß die Presse weitere Geschichten über Rasputin druckte, trotz des Versprechens, die Vorzensur abzuschaffen, das er im Gefolge der Revolution von 1905 gegeben hatte. Dieser Schritt brachte die Kirche wirksam zum Schweigen, vor allem da er zugleich mit der Ernennung von Wladimir Sabler, einem engen Verbündeten Rasputins, zum Oberprokuror des Heiligen Synod geschah.[32]

Ebenso erfolglos waren die Politiker in ihren Bemühungen, Rasputin zu entmachten. Sie legten dem Zaren Beweise seiner Sünden vor, aber wieder weigerte sich Nikolai zu handeln. Weshalb diese Toleranz gegenüber Rasputin? Die Antwort liegt sicherlich in seinem Glauben, daß Rasputin ein einfacher Mann war, ein Bauer, einer »aus dem Volk«, den Gott gesandt hatte, um die Romanow-Dynastie zu retten. Rasputin bestätigte seine Vorurteile und schmeichelte seinen Phantasien von einer volkstümlichen Autokratie. Er war ein Symbol für den Glauben des Zaren an die byzantinische Trinität – Gott, Zar und Volk –, von der er glaubte, sie werde ihm dazu verhelfen, das Regime nach dem Vorbild Moskowiens im 17. Jahrhundert umzugestalten. »Er ist bloß ein guter, frommer, einfältiger Russe«, sagte Nikolai einmal zu einem seiner Höflinge. »Wenn ich in Schwierigkeiten bin oder von Zweifeln geplagt, unterhalte ich mich gern mit ihm und finde jedesmal danach inneren Frieden.« Rasputin spielte diese Karte bewußt aus, wenn er seine kaiserlichen Schutzherren mit den volkstümlichen Bezeichnungen *Batjuschka-Zar* und *Matuschka-Zarin* anredete statt mit »Euer Kaiserliche Majestät«. Nikolai glaubte, daß nur einfache Menschen – solche, die noch nicht durch ihre Beziehungen zu den politischen Gruppierungen von St. Petersburg verdorben waren – ihm die Wahrheit sagen und uneigennützigen Rat geben konnten. Als ihm zum Beispiel Premierminister Stolypin ein Dossier mit Berichten der Geheimpolizei über Rasputins Indiskretionen überreichte, stellte er klar, daß er diese ungebetene Warnung als groben Verstoß gegen die Etikette ansah: »Ich weiß, daß Sie mir ehrlich ergeben sind, Pjotr Arkadjewitsch. Vielleicht ist alles, was Sie sagen, wahr. Aber ich bitte Sie, mir nie mehr über Rasputin zu sprechen. Jedenfalls kann ich da nichts tun.« Auch der Duma-Präsident hatte nicht mehr Erfolg, als er ein noch vernichtenderes Dossier vorlegte, das sich auf Materialien von Iliodor und dem Heiligen Synod stützte. Nikolai sagte, wenn auch offensichtlich irritiert, zu Rodsjanko: »Rasputin ist ein einfacher Bauer, der durch eigenartige Kräfte die Leiden meines Sohnes lindern kann. Das Vertrauen, das die Zarin zu ihm hat, ist eine Familienangelegenheit, und ich werde niemandem gestatten, sich in meine Angelegenheiten einzumischen.«[33] Anscheinend betrachtete der Zar in seinem eigensinnigen Beharren auf den Prinzipien der Autokratie jeden Zweifel an seinem Urteil als einen illoyalen Akt.

Und so blieb die Rasputin-Affäre ungelöst. Sie vergiftete mehr und mehr die Beziehungen der Monarchie zur Gesellschaft und zu ihren traditionellen Stützpfeilern bei Hofe, in der Bürokratie, der Kirche und der Armee. Die Episode ist häufig mit der Halsband-Affäre verglichen worden, einem ähnlichen Skandal, der den Ruf Marie-Antoinettes am Vorabend der Französischen Revolution ruinierte, und darauf lief es wohl auch hinaus. Als Rasputin schließlich im Dezember 1916 ermordet wurde, stand die Romanow-Dynastie vor dem Kollaps.

# 2 UNSICHERE STÜTZEN

## BÜROKRATEN UND SCHLAFRÖCKE

Am ersten Morgen des Jahres 1883 erfuhren die Leser des *Prawitelstwenny westnik* (»Regierungsboten«) aus ihrer Zeitung, daß A. A. Polowzow zum kaiserlichen Sekretär ernannt worden war. Die Ankündigung war wohl kaum dazu angetan, irgend jemandem die Sprache zu verschlagen. Mit 51 Jahren hatte Polowzow die richtigen Empfehlungen für diese Spitzenstellung in der Verwaltung. Sohn eines adligen Landbesitzers, verheiratet mit der Erbin eines Bankvermögens und Absolvent der juristischen Elitehochschule, hatte er sich stetig die Stufen der kaiserlichen Bürokratie emporgearbeitet. Nach allen Schilderungen war er elegant, kultiviert und wohlerzogen; Witte hielt ihn sogar für etwas eitel. Polowzow bewegte sich selbstbewußt und vollkommen unbefangen in den aristokratischen Kreisen St. Petersburgs und zählte mehrere Großfürsten zu seinen nächsten Freunden. Er war sogar Mitglied des kaiserlichen Yachtklubs, des inoffiziellen Hauptquartiers von Rußlands herrschender Elite, wo er am Silvesterabend von seiner Beförderung erfahren hatte.[1] Kurz, Alexander Alexandrowitsch war ein typischer Vertreter des kleinen und privilegierten Stammes derer, die die Angelegenheiten des Kaiserreichs verwalteten.

Rußlands kaiserliche Bürokratie war eine Elitekaste, die über dem Rest der Gesellschaft stand, in diesem Sinne der kommunistischen Bürokratie, die auf sie folgen sollte, nicht unähnlich. Das zaristische System beruhte auf einer strengen sozialen Hierarchie. An ihrer Spitze stand der Hof; die tragenden Säulen darunter in Beamtenschaft, Militär und Kirche kamen aus den beiden obersten Klassen; am unteren Ende der Gesellschaftsordnung befanden sich die Bauern. Es bestand ein enger Zusammenhang zwischen der Autokratie und dieser starren Pyramide von gesellschaftlichen Klassen (Adel, Geistlichkeit, Kaufmannschaft und Bauern), die entsprechend ihrem Dienst am Staat eingestuft wurden. Es war eine unveränderliche soziale Hierarchie, in der jede Klasse durch spezifische Rechte und Pflichten definiert war. Nikolai verglich sie mit dem Patrimonialsystem. »Ich betrachte Rußland als einen Landbesitz, dessen Eigentümer der Zar, dessen Verwalter der Adel und dessen Arbeiter der Bauer ist«, erklärte er 1902. Er hätte keine archaischere Metapher für die Gesellschaft an der Schwelle zum 20. Jahrhundert wählen können.

Trotz des rapiden Fortschritts in Handel und Industrie in den letzten Jahrzehnten des 19. Jahrhunderts kam Rußlands herrschende Elite immer noch vorwiegend aus der alten Landaristokratie. Nach dem Zensus von 1897 stellten Adlige 71 Prozent der vier obersten Beamtenränge (d. h. oberhalb des Rangs eines Staatsrats). Allerdings stand die Beamtenlaufbahn den Söhnen von Bürgerlichen offen, wenn sie einen Universitätsgrad oder einen höheren Schulabschluß mit Auszeichnung vorweisen konnten. Und zudem wuchs die Kluft zwischen Dienstadel und Landadel, was den gesellschaftlichen Hintergrund sowie das Ethos anbelangt. Viele der Dienstadligen hatten ihre Güter verkauft und waren endgültig in die Stadt gezogen, oder sie hatten nie Land besessen und waren für ihren Dienst am Staat geadelt worden. Mit anderen Worten, der Beamtenstand wurde genauso ein Weg in den Adelsstand, wie der Adel ein Weg in den Beamtenstand war. Er besaß seine eigenen elitären Werte, die nur ein primitiver Marxist als synonym mit den »Klasseninteressen« der Landadligen charakterisieren würde. Dennoch galt der Aphorismus des Schriftstellers Juri Samarin – »der Beamte [ist] niemals etwas anderes als ein Adliger in Uniform und der Adlige ein Bürokrat im Schlafrock« – auch noch um 1900. Rußland war nach wie vor der alte Agrarstaat, in dessen herrschender Elite die reichsten Gutsbesitzerfamilien dominierten. Dazu zählten die Stroganows, die Dolgorukis, die Scheremetjews, die Obolenskis, die Wolkonskis usw., mächtige Dynastien, die während der größten territorialen Ausdehnung des moskowitischen Staats zwischen dem 15. und 18. Jahrhundert an dessen Spitze gestanden hatten und dafür mit üppigen Schenkungen fruchtbaren Landes, hauptsächlich im Süden Rußlands und der Ukraine, belohnt worden waren.[2] Diese Abhängigkeit vom Staat, was Stellung und Reichtum betraf, hatte die russische Aristokratie daran gehindert, sich zu einer unabhängigen landbesitzenden Klasse als Gegengewicht zur Monarchie zu entwickeln, wie das im größten Teil Europas seit dem 16. Jahrhundert geschehen war.

Wie die Leser Gogols wissen werden, war der kaiserliche Beamtenstand besessen von Rang und Hierarchie. Ein ausgefeiltes Regelwerk, in Band I des Gesetzeskodex in 869 Paragraphen unterteilt, unterschied zwischen 14 verschiedenen Beamtenrängen, jeder mit eigener Uniform und eigenem Titel (alle Übersetzungen aus dem Deutschen). Polowzow zum Beispiel erhielt bei seiner Ernennung zum kaiserlichen Sekretär das dunkelblaue Band und den silbernen Stern des Ordens vom Weißen Adler. Wie alle Beamten in den beiden obersten Rängen hatte man ihn als »Ew. hohe Exzellenz« anzureden; diejenigen von Rang 3 und 4 redete man als »Ew. Exzellenz« an, und so ging es die Skala abwärts, wobei die Beamten der untersten Ränge (9–14) schlicht als »Ew. Wohlgeboren« angeredet wurden. Der *tschinownik* oder Beamte war sich dieser Statussymbole genauestens bewußt. Der Übergang von weißen zu schwarzen Hosen, der Wechsel von einem roten zu einem blauen Band oder bloß das Hinzufügen eines Streifens waren rituelle Ereignisse von immenser Bedeutung in seinem wohlgeordneten Leben. Beförderungen waren in der Rangtafel festgelegt, die Peter der Große 1722 aufgestellt hatte. Ein Beamter konnte nur die seinem eigenen persönlichen Rang entsprechenden Posten oder die darunter bekleiden. 1856 wurden die Zeiträume für Beförderungen standardisiert: von Rang 14 bis 8 alle drei Jahre um einen Rang, von Rang 8 bis 5 alle vier Jahre um einen Rang. Die obersten vier Ränge, die mit einem erblichen Titel verbunden waren, wurden direkt vom Zaren ernannt. Das bedeutete, daß selbst der mittelmäßigste Bürokrat – außer er beging einen schlimmen Gesetzesverstoß – erwarten konnte, mit zunehmendem Alter automatisch aufzusteigen und etwa mit 65 Jahren Staatsrat zu werden. Das System förderte die Sorte von opportunistischem Mittelmaß, die Schriftsteller wie Gogol als das Wesen des Beamtentums im Rußland des 19. Jahrhunderts porträtierten. Doch am Ende des Jahrhunderts hatte dieses System automatischer Beförderung ausgedient, weil Verdienste wichtiger wurden als Alter.[3]

Dennoch wurden die Spitzenränge in St. Petersburg von einer sehr kleinen Elite adliger Familien beherrscht. Es war eine überschaubare politische Welt, in der jeder jeden kannte. Alle diejenigen, auf die es ankam, wohnten in den eleganten Wohnstraßen um den Newski- und den Litejny-Prospekt. Sie waren durch Heirat und Freundschaft eng miteinander verbunden. Die meisten förderten dieselben Eliteschulen, und ihre Söhne traten in dieselben Eliteregimenter ein, von wo aus sie sich eines raschen Aufstiegs im Beamten- oder Militärdienst sicher sein konnten. Gesellschaftliche Beziehungen waren alles in dieser Welt.

Die Bürokratie wurde in Händen der Autokratie nie wirklich zu einem effizienten Instrument. Dafür gab es vor allem drei Gründe. Erstens entpuppte sich ihre Abhängigkeit vom Adel als Schwäche, als im späteren 19. Jahrhundert der Adelsstand im Niedergang begriffen war. Es fehlte immer mehr an Sachkompetenz (vor allem im Bereich Industrie), um den Erfordernissen eines modernen Staates gerecht zu werden. Man hätte die Kluft überbrücken können, wenn man Beamte aus den neuen industriellen Mittelklassen rekrutiert hätte. Doch die herrschende Elite war viel zu sehr in ihrer eigenen archaischen Vorstellung von der zaristischen Ordnung befangen, in der die Oberschicht immer Vorrang hatte, und fürchtete die demokratische Bedrohung, die von diesen neuen Klassen ausging. Zweitens war der Apparat finanziell viel zu schlecht ausgestattet (es war schwierig, in einem so riesigen und armen bäuerlichen Land genügend Steuern einzuziehen), so daß die Ministerien und mehr noch die örtliche Verwaltung nie wirklich über die Mittel verfügten, die sie gebraucht hätten, um die Gesellschaft zu kontrollieren oder zu reformieren. Schließlich gab es zu viele Überschneidungen in den Zuständigkeiten und Abteilungen zwischen den verschiedenen Ministerien. Das war eine Folge der Art und Weise, in der der Staat sich entwickelt hatte, wobei jedes Ministerium als separate, fast *ad hoc* gebildete Verlängerung der Macht des Autokraten gewachsen war. Jeder Zar protegierte eine andere Auswahl von Ämtern in einem bestimmten Politikbereich, wobei er häufig einfach nur die von seinen Vorgängern eingerichteten überging. Das Ergebnis war bürokratisches Chaos und Durcheinander. Jedes

Ministerium blieb in seiner Entwicklung sich selbst überlassen, ohne daß es eine Art Kabinett gegeben hätte, um die Arbeit zwischen ihnen zu koordinieren. Die beiden wichtigsten Ministerien (Finanzen und Inneres) rekrutierten ihre Leute aus der eigenen Klientel in den Elitefamilien und -schulen. Sie konkurrierten miteinander um Mittel, um die Kontrolle der Politik und um Einfluß auf die kleineren Ministerien und lokalen Verwaltungen. Es gab weder eine klare Unterscheidung zwischen den Funktionen der verschiedenen Organe noch zwischen dem Status der verschiedenen Gesetze – *nakas*, *ukas*, *ustaw*, *sakon*, *poloschenije*, *uloschenije*, *gramota* und *manifest*, um nur einige wenige zu nennen –, so daß es ständig der persönlichen Intervention des Zaren bedurfte, um diese Knäuel von miteinander konkurrierender Rechtsprechung und Gesetzgebung zu entwirren.[4]

Das Ganze war folglich eine Bürokratie, die sich nicht zu einer kohärenten politischen Kraft hatte entwickeln können, die also nicht wie die preußische Bürokratie, nach Max Webers Analyse, als ein Werkzeug der Reform und Modernisierung dienen konnte. Rußland verfügte über kein »rationales« bürokratisches System, wie es sich in Webers Idealtypus herauskristallisiert – ein System, das auf festgelegten institutionellen Beziehungen, klarer Trennung der Funktionen, geregelten Vorgehensweisen und Rechtsprinzipien beruht –, sondern hatte einen hybriden Staat, der Elemente des preußischen Systems mit einem älteren patrimonialen kombinierte, welches das Beamtentum der Patronage und der Intervention des Hofes überließ und damit verhinderte, daß sich überhaupt ein bürokratisches Berufsethos ausbildete.

Es hätte nicht so sein müssen. Es gab eine Zeit in der Mitte des 19. Jahrhunderts, in der die kaiserliche Bürokratie ihr Potential als schöpferische und modernisierende Kraft hätte erfüllen können. Immerhin hatten Ideale der »aufgeklärten Bürokraten«, wie sie W. Bruce Lincoln so treffend bezeichnet hat, die Großen Reformen der sechziger Jahre geformt. Hier war eine neue Klasse von Karrierebeamten, zumeist Söhne von Adligen ohne Grundbesitz und aus Mischehen, die ihre Stellen über die sich verbreiternden Kanäle höherer Schulbildung in den dreißiger und vierziger Jahren angetreten hatten. Das waren seriöse und rechtschaffene Männer wie Karenin in Tolstois *Anna Karenina*, die ernsthaft, sogar etwas pedantisch, über »Progreß« und Statistiken redeten, über die aristokratischen Amateure in hohen Ämtern wie Graf Wronski, Annas Liebhaber, die sich in ihr Fachgebiet einmischten, spotteten und an die Mission der Bürokratie glaubten, Rußland nach westlichem Vorbild zu zivilisieren und zu reformieren. Die meisten von ihnen schreckten vor der liberalen Forderung nach einem Staat zurück, der auf einer Rechtsordnung mit bürgerlichen Freiheiten und einem Parlament aufgebaut war: Ihre Vorstellung von Rechtsstaat war im Grunde nichts als ein bürokratischer Staat, der auf der Basis von rationalen Verfahren und allgemeinen Gesetzen funktionierte. Aber sie riefen nach größerer Offenheit in der Regierungsarbeit, was sie *glasnost* nannten, als öffentliche Kontrolle gegen Machtmißbrauch und als ein Mittel, um Experten aus der Gesellschaft in die Diskussion über Reformen miteinzubeziehen.[5]

Die Großen Reformen waren Höhepunkt dieser bürokratischen Aufklärung. Sie wurden als ein Prozeß der Modernisierung aufgefaßt – was in Rußland soviel hieß wie Verwestlichung –, mit dem Ziel, den Staat nach seiner Niederlage im Krimkrieg zu stärken. Die begrenzten Freiheiten und Reformen wurden in der Hoffnung erlassen, die Gesellschaft zu aktivieren und eine dynamische Wirtschaft zu schaffen, ohne dabei den grundlegenden politischen Rahmen der Autokratie zu verändern. 1861 wurden die Leibeigenen *de jure* (wenn auch nicht *de facto*) aus der Tyrannei ihrer Besitzer befreit und erhielten einige der Rechte eines Bürgers. Nach wie vor waren sie an die Dorfgemeinde gebunden, die die alte patriarchalische Ordnung durchsetzte; auch wurde ihnen das Recht auf individuellen Landbesitz vorenthalten, und sie blieben vor dem Gesetz den Adligen und anderen Ständen untergeordnet. Doch wenigstens die Grundlagen für die Entwicklung einer bäuerlichen Landwirtschaft waren damit geschaffen. Eine zweite größere Reform 1864 führte in den meisten russischen Provinzen zur Einrichtung lokaler Selbstverwaltungskörperschaften, Semstwo genannt. Um die Vorherrschaft des landbesitzenden Adels aufrechtzuerhalten, wurden sie nur auf Provinz- und Kreisebene geschaffen; darunter, auf der Ebene der Gebiete und Dörfer, überließ man es den Bauerngemeinden, sich selbst zu verwalten, mit einer lediglich minimalen Aufsicht durch den Adel. Die Justizreformen desselben Jahrs brachten ein unabhängiges Rechtssystem mit öffentlichen Schöffengerichten für alle Stände außer den Bauern (die der Jurisdiktion lokalen Gewohnheitsrechts unterworfen blieben). Darüber hinaus gab es auch neue Gesetze, die die Zensur lockerten (1865), den Universitäten mehr Autonomie gewährten (1863), die Grundschulen reformierten (1864) und das Militär modernisierten (1863–1875). Boris Tschitscherin gab (mit dem Vorteil des Rückblickenden) eine Zusammenfassung ihrer fortschrittlichen Ideale:

> *den Riesenstaat, der [Alexanders] Fürsorge anvertraut worden war, vollständig umzuformen, eine uralte Ordnung abzuschaffen, die auf Sklaverei gegründet war, und sie durch bürgerlichen Anstand und Freiheit zu ersetzen; Gerechtigkeit in einem Land einzuführen, das die Bedeutung von Legalität nie gekannt hatte, die gesamte Verwaltung umzugestalten, Pressefreiheit in den Kontext ungehinderter Autorität einzuführen, beständig neue Kräfte ins Leben zu rufen und ihnen eine stabile gesetzliche Grundlage zu geben, eine unterdrückte und gedemütigte Gesellschaft auf die Füße zu stellen und ihr die Chance zu geben, ihre Muskeln spielen zu lassen.*[6]

Hätte der liberale Geist der sechziger Jahre weiter die Arbeit der Regierung durchdrungen – Rußland hätte eine westlich geartete Gesellschaft werden können, die sich auf persönliches Eigentum und auf persönliche Freiheit unter dem Schutz des Gesetzes gründet. Die Revolution hätte nicht stattfinden müssen. Sicher wäre es dennoch ein langsamer und schmerzlicher Prozeß gewesen. Vor allem die Bauern wären wohl eine revolutionäre Bedrohung geblieben, solange man sie von Besitz und bürgerlichen Rechten ausgeschlossen hätte. Das alte patriarchalische System auf dem Lande, das selbst nach der Abschaffung der Leibeigenschaft die Vorherrschaft der Adligen wahrte, schrie förmlich danach, von einem modernen System abgelöst zu werden, in dem die Bauern stärker beteiligt sein sollten. Doch gab es zumindest innerhalb der herrschenden Elite ein wachsendes Bewußtsein dessen, was nötig war – und auch dessen, was es kosten würde –, um diesem sozialen Wandel zum Erfolg zu verhelfen. Das Problem war aber, daß die Elite in der Frage, ob dieser Wandel wünschenswert sei, zunehmend gespalten war. Und als Ergebnis dieser Spaltung gelang es nicht, eine kohärente Strategie zu entwickeln, um den Herausforderungen der Modernisierung zu begegnen.

Auf der einen Seite gab es die Reformanhänger, die »Männer von 1864« wie Polowzow, die die Notwendigkeit einer bürgerlichen Gesellschaftsordnung weitgehend akzeptierten (selbst auf Kosten des Adels), ebenso die Notwendigkeit des Zugeständnisses politischer Freiheiten (vor allem in der lokalen Verwaltung) und die Notwendigkeit eines Rechtsstaats (worunter sie nicht bloß einen Staat verstanden, der auf universalen Gesetzen basierte, sondern zunehmend einen Staat, der auf der Herrschaft des Rechts beruhte). Ende der siebziger Jahre hatte diese reformistische Sicht zu Forderungen nach einer Verfassung geführt. Aufgeklärte Staatsmänner argumentierten offen, die Regierungsaufgaben in der Moderne seien zu komplex geworden, als daß der Zar und seine Bürokraten allein damit fertig werden könnten, und die loyale und gebildete Öffentlichkeit müsse in die Regierungsarbeit einbezogen werden. Im Januar 1881 wies Alexander II. seinen Innenminister, Graf Loris-Melikow, an, Pläne für eine begrenzte Verfassung zu konzipieren, die ausgewählten Persönlichkeiten aus der Öffentlichkeit eine beratende Rolle bei der Gesetzgebung einräumte. »Der Thron«, argumentierte Finanzminister A. A. Abasa in den Debatten über diese Vorschläge, »kann sich nicht ausschließlich auf eine Million Bajonette und eine Armee von Beamten stützen.« Solche reformistischen Gedanken waren unter den Beamten des Finanzministeriums verbreitet. Als Verantwortliche für die Industrialisierung waren sie die ersten, die die Notwendigkeit einsahen, Hindernisse für bürgerlichen Unternehmergeist und Initiative aus dem Weg zu räumen. Außerdem stammten viele von ihnen, wie etwa Polowzow, der in eine Bankiersfamilie eingeheiratet hatte, selbst aus dem »neuen Rußland« des Handels und der Industrie. Witte, der große Reform-Finanzminister der neunziger Jahre, der zwanzig Jahre in der Verwaltung der Eisenbahn gearbeitet hatte (wo er angeblich als kleiner Fahrkartenverkäufer begonnen hatte), ehe er in den Staatsdienst eintrat, war der Ansicht, daß das zaristische System eine Revolution nur vermeiden könne, wenn es Rußland in eine moderne Industriegesellschaft umwandle, in der »persönliche und öffentliche Initiativen« durch einen Rechtsstaat mit der Garantie bürgerlicher Freiheiten gefördert würden.[7]

Auf der anderen Seite standen die Anhänger der traditionellen zaristischen Ordnung. Es war kein Zufall, daß ihre mächtigste Basis das Innenministerium war, da dessen Beamte sich fast ausschließlich aus »Alt-Rußland« rekrutierten, also adlige Offiziere und Landbesitzer, die unbeirrbar an den Polizeistaat glaubten. Sie behaupteten, der einzige Weg, um eine Revolution zu verhindern, sei, Rußland mit eiserner Hand zu regieren. Das bedeutete, daß sie das Prinzip der Autokratie (sowohl in der Zentralregierung als auch in den lokalen Verwaltungen), die unkontrollierte Macht der Polizei, die Vorherrschaft des Adels und die moralische Vorherrschaft der Kirche gegen die liberalen und säkularen Herausforderungen der städtisch-industriellen Ordnung verteidigten. Das Zugeständnis einer Verfassung und politischer Rechte diene nur dazu, den Staat zu schwächen, argumentierten P. N. Durnowo und Wjatscheslaw von Plehwe, die beiden bedeutenden Innenminister während Wittes Amtszeit im Finanzministerium; denn die liberalen Mittelklassen, die daraufhin zu Macht kommen würden, besäßen keine Autorität bei den Massen, ja würden von ihnen verachtet. Erst wenn der ökonomische Fortschritt die Gefahr einer sozialen Revolution beseitigt hätte, wäre die Zeit reif für politische Reformen. Rußlands Rückständigkeit mache eine solche Strategie notwendig (ökonomischer Liberalismus plus Autokratie). Denn wie Durnowo (nicht ohne Grund) argumentierte: »Man kann nicht im Laufe von wenigen Wochen das nordamerikanische oder das englische System in Rußland einführen.«[8] Das sollte eine der Lektionen von 1917 werden.

Die Reaktionäre wurden in ihrer Argumentation durch die tragische Ermordung Alexanders II. im März 1881 bestärkt. Der neue Zar Alexander III. wurde von seinem Erzieher und Berater, dem Prokuror des Heiligen Synod, Konstantin Pobedonoszew, überzeugt, daß eine Fortsetzung der liberalen Reformen nur noch mehr Revolutionäre wie die Mörder seines Vaters hervorbringen würde. Er ließ den Plan einer Verfassung bald fallen mit dem Argument, er wolle keine Regierung »lästiger Kampfhähne und Anwälte«; er erzwang die Abdankung seiner reformfreudigen Minister (Abasa vom Finanz-, Loris-Melikow vom Innen- und Dmitri Miljutin vom Kriegsministerium) und verkündete ein Manifest, das die Prinzipien der Autokratie erneut festschrieb.[9] Das war das Signal für eine ganze Serie von Gegenreformen, deren Zweck darin bestand, die Kontrolle zentral auszuüben und die Rechte der lokalen Verwaltungen zurückzuschrauben, die persönliche Herrschaft des Zaren durch Polizei und Geheimagenten zu bestätigen und die patriarchalische Ordnung – angeführt vom Adel – auf dem Land zu bekräftigen. Nichts hätte die Revolution mehr provozieren können. Denn zur selben Zeit gelangten die liberalen Klassen der Provinzgesellschaft zu der Einsicht, daß ihre gemeinsamen Interessen und ihre Identität es verlangten, daß sie die Rechte der lokalen Verwaltung gegen ebendie zentralisierende Bürokratie verteidigten, auf die der neue Zar so sehr setzte.

# DIE DÜNNE SCHICHT DER ZIVILISATION

Als Fürst Sergej Urussow im Mai 1903 zum Gouverneur von Bessarabien ernannt wurde, kaufte er sich als erstes einen Führer der Gegend. Diese südwestliche Provinz des Reichs, eingezwängt zwischen dem Schwarzen Meer und Rumänien, war dem ehemaligen Absolventen der Moskauer Universität und dreimal gewählten Adelsmarschall von Kaluga vollkommen unbekannt. Später räumte er ein: »Über Bessarabien wußte ich damals so viel wie über Neuseeland, wenn nicht noch weniger.«

Drei Wochen später, nach einer Unterbrechung in der Hauptstadt für ein kurzes Gespräch mit dem Zaren, reiste er mit dem Zug von Moskau nach Kischinjow, der etwa 1500 km entfernten Hauptstadt Bessarabiens. Die Reise dauerte zwei Nächte und drei lange Tage, und der Zug zuckelte immer langsamer, je tiefer er in die ukrainische Provinz vordrang. Allein in seinem Sonderabteil, nutzte Urussow die Zeit, um seinen Führer zu studieren und zur Vorbereitung auf seine ersten Gespräche mit den offiziellen Würdenträgern, die er bei seiner Ankunft erwartete. Er hatte dem Vizegouverneur geschrieben und ihn gebeten, die Empfangsdelegation möglichst klein zu halten. Aber als sein Zug in den Bahnhof von Bendery einfuhr, der ersten größeren Stadt der Provinz, sah er durch sein Abteilfenster den Bahnsteig gedrängt voller Menschen und etwas, was nach einer ausgewachsenen Musikkapelle aussah. Mittendrin, von einem Polizeikordon abgeschirmt, standen der Vizegouverneuer in voller Uniform und der Bürgermeister der Stadt mit Amtskette, in der Hand einen Teller mit Brot und Salz. So hatte man in Bessarabien immer den neuen Gouverneur willkommen geheißen, und für Urussow sollte keine Ausnahme gemacht werden. In Kischinjow, anderthalb Stunden später, wurde Seine Exzellenz der Gouverneur in einer von sechs Schimmeln gezogenen offenen Kutsche durch die Stadt gefahren. »Auf den Fußsteigen standen in dichten Reihen Männer, Frauen und Kinder«, erinnerte sich Urussow. »Sie verbeugten sich, schwenkten Tücher, einige von ihnen fielen sogar auf die Knie, was mich, der an solche Bilder nicht gewöhnt war, in großes Erstaunen versetzte.« Nach einem kurzen Halt an der Kathedrale, wo man Gottes Segen für die Arbeit, die vor ihm lag, erbat, wurde Urussow in das Haus des Gouverneurs gefahren, einen imposanten neoklassizistischen Palast im Zentrum der Stadt, von wo aus er als Vizekönig des Zaren über diesen fernen Winkel des Russischen Reichs regieren sollte.[10]

Kischinjow war mit einer Bevölkerung von 120 000 eine typische Provinzstadt. Das administrative Zentrum, in der »Oberstadt« auf einem Hügel gelegen, war von einem regelmäßigen Netz breiter, gerader und gepflasterter Straßen durchzogen, die von Pappeln und weißen Akazien gesäumt waren. Die Hauptstraße, der Alexanderboulevard, war besonders elegant, seine Pflasterung breit genug, daß die Pferdebahnen am Rand entlangfahren konnten. Abgesehen vom Gouverneurspalast, prunkte er mit einer Reihe großer steinerner Gebäude, Ämter und Kirchen, die »auch den Straßen einer Residenz nicht zur Unzierde gereichen« würden, wie Urussow urteilte. Doch keinen Steinwurf von diesen eleganten neoklassizistischen Fassaden entfernt, in der »Unterstadt«, die sich den Hügel hinab erstreckte, bot sich ein völlig anderes Bild: eine Welt von engen und unbefestigten, gewundenen Straßen, im Frühjahr matschig und staubig im Sommer, von Holzhütten und überfüllten Schuppen, die den russischen, jüdischen und moldauischen Arbeitern als Heim und Läden dienten, eine Welt von Schweinen und Kühen, die in den Gassen herumliefen, von offenen Kloaken und Müllhaufen auf den öffentlichen Plätzen, eine Welt, in der die Cholera durchschnittlich alle drei Jahre zuschlug. Das waren die zwei Gesichter jeder russischen Stadt: das eine zeigte kaiserliche Macht und europäische Zivilisation, das andere Armut und Verwahrlosung asiatischen Ausmaßes.[11]

Man kann Urussow kaum einen Vorwurf machen, daß er seine Ernennung als eine Art Exil ansah. Viele Gouverneure empfanden dasselbe. Gewöhnt an die kosmopolitische Welt der Hauptstädte, mußten sie die Provinzgesellschaft im Vergleich dazu als langweilig und eng empfinden. Die bürgerliche Kultur des Rußlands der Provinzen stand selbst Ende des 19. Jahrhunderts, verglichen mit den Gesellschaften des Westens, in der Frühphase ihrer Entwicklung. Die meisten Städte Rußlands hatten sich historisch als administrative oder militärische Außenstellen des zaristischen Staats entwickelt, weniger als eigenständige kommerzielle oder kulturelle Zentren. Gewöhnlich setzten sie sich aus einer kleinen Adelsschicht, die zumeist in der örtlichen Verwaltung beschäftigt war, und aus einer breiten Masse kleiner Händler, Handwerker und Arbeiter zusammen. Eine richtige »Bourgeoisie« oder »Mittelklasse« im westlichen Sinne gab es nicht. Bürger, wie sie in Westeuropa seit der Renaissance die Zivilisation vorangetrieben hatten, fehlten weitgehend im bäuerlichen Rußland. Bis in die letzten Jahrzehnte des 19. Jahrhunderts hinein waren die freien Berufe zu schwach und vom Staat abhängig, als daß sie ihre Autonomie hätten behaupten können. Die Handwerker und Kaufleute waren untereinander zu uneins (historisch und rechtlich gesehen waren es verschiedene Stände) und von den gebildeten Klassen zu sehr geschieden, als daß sie den russischen Städten das fehlende Bürgertum hätten stellen können. Kurz, Rußland schien Pjotr Struwes Diktum zu bestätigen: »Je weiter nach Osten man in Europa geht, desto schwächer in der Politik, feiger und niederträchtiger wird die Bourgeoisie.«[12]

Jeder, der Tschechows Theaterstücke kennt, wird wissen, daß das kulturelle Leben einer durchschnittlichen Provinzstadt äußerst langweilig und beschränkt war. So zumindest hat die – von westeuropäischer Kultur durchdrungene – Intelligenzija (mit einem gewissen Abscheu) das rückständige Leben der russischen Provinzen gesehen. Man höre nur, wie der Bruder in den *Drei Schwestern* den Ort, wo sie leben, beschreibt:

> *Unsere Stadt besteht seit zweihundert Jahren, sie hat einhunderttausend Einwohner, und kein einziger, der nicht dem anderen ähnlich wäre [...], kein einziger Gelehrter, kein einziger Künstler, kein auch nur irgendwo bemerkenswerter Mensch, der Neid erregte oder den leidenschaftlichen Wunsch, ihm nachzueifern ... Was sie tun, ist essen, trinken, schlafen, dann sterben sie ... andere werden geboren, und auch sie essen, trinken, schlafen, und um vor Langeweile nicht völlig abzustumpfen, verschaffen sie sich Abwechslung mit widerwärtigen Klatschgeschichten, Wodka, Kartenspielen, bösen Intrigen.*

Kischinjow war in dieser Hinsicht eine Durchschnittsstadt. Es hatte zwölf Schulen, zwei Theater und ein Freiluftvarieté, aber weder Bibliothek noch Galerie. Gesellschaftlicher Mittelpunkt der Stadt war der Adelsklub. Laut Urussow war er hier, wo der »allgemeine Charakter der Kischinjower Gesellschaft [...] sich am deutlichsten wider[spiegelte] ... Dieser Klub war stets sehr besucht, seine Stammgäste versammelten sich schon um zwei Uhr mittags am Kartentisch und gingen im Winter nicht vor drei oder vier Uhr nachts, im Sommer vor sechs oder sieben Uhr morgens auseinander.« In Kischinjow wie in den meisten Provinzstädten hatte der Adel in seinen Sitten viel mehr mit den lokalen Kaufleuten gemein als mit den Aristokraten von St. Petersburg. Stolypins Tochter etwa erinnerte sich, daß in Saratow, wo ihr Vater einst Gouverneur gewesen war, die Frauen der Adligen »sich so häuslich kleideten, daß auf Einladungen besonders vermerkt werden mußte: ›Abendkleidung erforderlich‹. Und selbst dann erschienen sie auf Bällen manchmal im Morgenrock.«[13]

Das Amt, das Urussow übernahm, ging aufs Mittelalter zurück, wenn sich auch seine genauen Funktionen oft geändert hatten. In einem Land, so groß und so schwer zu regieren wie Rußland, überstiegen die Aufgaben, Steuern einzuziehen und Gesetz und Ordnung zu wahren, offensichtlich die Möglichkeiten eines mittelalterlichen Kleinstaats. Daher wurden sie an Gouverneure, Bevollmächtigte des Zaren, übergeben, die sich für ihre Dienste am Staat auf Kosten der von ihnen (gewöhnlich mit viel Brutalität und Korruption) regierten Kreise »versorgen« durften. Die Unfähigkeit des Staats, in den Provinzen ein funktionierendes Verwaltungssystem aufzubauen, sicherte diesen Gouverneuren ihre Macht. Selbst im 19. Jahrhundert, als die Bürokratie ihre Tätigkeit auf die Provinzen ausdehnte, wurden die Gouverneure nie vollständig in den zentralisierten Staatsapparat integriert.

Die beiden letzten Zaren Rußlands waren gegenüber der Idee, die Gouverneure der Bürokratie zu unterstellen, besonders unnachgiebig, weil sie in ihnen ihre loyalsten Stützen sahen und weil, wie es Richard Robbins formuliert, »die Gouverneure als persönliche Repräsentanten des Monarchen den Kaiser vor der Abhängigkeit von seinen Ministern bewahren konnten und ihm eine direkte Verbindung zu den Provinzen und dem Volk boten«. Zwei der Gegenreformen von Alexander III., 1890 und 1892, erweiterten die Macht der Gouverneure gegenüber den Semstwos und kommunalen Organen beträchtlich. Ebenso wie sein Sohn sah auch Alexander dies als einen Weg an, seinem Wunschbild, Rußland vom Thron aus direkt zu regieren, näherzukommen. Doch war das Ergebnis ein Durcheinander in den Provinzverwaltungen: Die Gouverneure, die Vertretungen der zentralen Ministerien und die gewählten lokalen Organe arbeiteten alle gegeneinander.[14]

Die Macht der kaiserlichen Regierung endete effektiv bei den 89 Provinzhauptstädten, in denen die Gouverneure ihren Amtssitz hatten. Unterhalb dessen existierte keine wirklich nennenswerte staatliche Verwaltung. Weder in den *ujesd*- oder Kreisstädten noch in den *wolosti* oder ländlichen Amtsbezirken gab es permanent anwesende Regierungsbeamte. Nur eine Reihe von Magistraten tauchte von Zeit zu Zeit in einer bestimmten Mission auf, gewöhnlich um Steuern einzuziehen oder einen lokalen Konflikt beizulegen, und verschwand dann wieder. Die Probleme des ländlichen Rußlands, wo 85 Prozent der Bevölkerung lebten, waren den städtischen Bürokraten vollkommen unbekannt. »Wir wußten soviel über das Gebiet von Tula wie über Zentralafrika«, gestand Fürst Lwow, in den neunziger Jahren Vorsitzender des Tulaer Semstwos.[15]

Die entscheidende Schwäche des zaristischen Systems war die mangelnde staatliche Erfassung der lokalen Ebene. Diese Tatsache wird allzuhäufig von dem mythischen Bild eines allmächtigen alten Regimes verdeckt, das die Revolutionäre vertraten. Nichts könnte von der Wahrheit weiter entfernt sein. Auf je tausend Einwohner des Russischen Reichs kamen um die Jahrhundertwende nur vier Staatsbeamte, verglichen mit 7,3 in England und Wales, 12,6 in Deutschland und 17,6 in Frankreich. Die reguläre Polizei war, anders als ihr politischer Arm, nach europäischen Maßstäben zahlenmäßig extrem schlecht ausgestattet. Rußlands Pro-Kopf-Ausgaben für die Polizei betrugen weniger als die Hälfte dessen, was Italien oder Frankreich, und weniger als ein Viertel dessen, was Preußen aufwandte. Für eine ländliche Bevölkerung von 100 Millionen gab es in Rußland um 1900 nicht mehr als 1852 Wachtmeister und 6874 Polizisten. Im Schnitt war ein Polizist für 50 000 Personen in Dutzenden von Siedlungen verantwortlich, verteilt über ein Territorium von über 5000 Quadratkilometern. Viele hatten nicht einmal Pferd und Wagen. Zwar wurden die Polizisten von 1903 an durch Bauernpolizisten unterstützt, von denen damals etwa 40 000 ernannt wurden. Doch die waren notorisch unzuverlässig und trugen jedenfalls wenig dazu bei, die wachsende Belastung der Polizei zu reduzieren. Die zentrale Bürokratie, die über keine eigenen funktionierenden Organe auf dem Lande verfügte, übertrug der örtlichen Polizei mehr und mehr Aufgaben: nicht nur die Aufrechterhaltung von Gesetz und Ordnung, sondern auch das Einziehen der Steuern, die Umsetzung von Regierungs- und Militärverordnungen, von Gesundheits- und Sicherheitsvorschriften, die Kontrolle der staatlichen Straßen und Gebäude, das Sammeln statistischer Daten und die allgemeine Überwachung der »öffentlichen Moral« (z. B. sicherzustellen, daß die Bauern sich den Bart wuschen). Kurz, die Polizei wurde als eine Art Allzweck-Exekutive benutzt. Häufig waren Polizisten die einzigen Vertreter des Staats, mit denen die Bauern je in Berührung kamen.[16]

Rußlands allgemeine Rückständigkeit – sein geringes Steuereinkommen und sein schwach ausgebautes Verkehrsnetz – ist im wesentlichen der Grund für diese mangelnde staatliche Präsenz. Auch das Erbe der Leibeigenschaft spielte eine Rolle. Bis 1861 unterstanden die Leibeigenen der Jurisdiktion ihrer adligen Besitzer, und der Staat mischte sich nicht in diese Beziehungen ein, vorausgesetzt, die Besitzer zahlten ihre Steuern. Erst nach der Bauernbefreiung, und auch dann nur zögernd, befaßte sich die zaristische Regierung mit dem Problem, wie sie ihren Einfluß auf ihre neuen »Bürger« in den Dörfern ausdehnen und wie sie ihre Politik gestalten sollte, um eine bäuerliche Landwirtschaft zu entwickeln.

Ursprünglich, in den sechziger Jahren, hatte die Regierung die Angelegenheiten der Landkreise den örtlichen Adligen überlassen. Diese dominierten die Semstwos und stellten nahezu drei Viertel ihrer Mitglieder in der Provinz. Den Adelsversammlungen und ihren gewählten Adelsmarschällen blieben umfangreiche administrative Vollmachten, vor allem auf Kreisebene (*ujesd*), wo sie faktisch die einzigen Vertreter waren, auf die sich das Zarenregime stützen konnte. Zudem waren den neuen Friedensrichtern (*mirowyje posredniki*) umfangreiche richterliche Vollmachten gegeben, nicht unähnlich denen ihrer Vorgänger aus den Zeiten der Leibeigenschaft, einschließlich des Rechts, Bauern für geringere Verbrechen und Delikte auspeitschen zu lassen.

Für das Zarenregime war es nur logisch, daß es seine Macht in den Provinzen auf den Landadel, seinen engsten Verbündeten, zu stützen suchte. Doch war das eine gefährliche Strategie, und die Gefahr wuchs mit der Zeit. Der Landadel befand sich in den Jahren der landwirtschaftlichen Depression im späten 19. Jahrhundert ökonomisch in einer schweren Krise, weshalb er sich den Semstwos zuwandte, um mit ihrer Hilfe seine lokalen Agrarinteressen gegen die zentralisierende und industrialisierende Bürokratie St. Petersburgs zu verteidigen. In den Jahren bis 1905 drückte sich dieser Widerstand vorwiegend in liberalen Begriffen aus: Man sah ihn als die Verteidigung der »Provinzgesellschaft« an, ein Begriff, der jetzt zum ersten Mal verwendet und bewußt erweitert wurde, um die Interessen der Bauern einzuschließen. Diese liberale Semstwo-Bewegung gipfelte in der politischen Forderung nach mehr Autonomie für die lokale Verwaltung, nach einem nationalen Parlament und einer Verfassung. Hier war der Beginn der Revolution – nicht in den sozialistischen oder Arbeiterbewegungen, sondern genau wie in Frankreich in den achtziger Jahren des 18. Jahrhunderts in den Bestrebungen des ältesten Verbündeten des Regimes, des Provinzadels.

Die Bauernbefreiung erwies sich als schwerer Schock nicht nur für die Wirtschaft, sondern auch für die Gesamtheit des Provinzadels. Ihrer Leibeigenen beraubt, gerieten die meisten Landadligen in große Schwierigkeiten. Sehr wenige waren in der Lage, sich auf die neuen Herausforderungen einer Geschäftswelt einzulassen, in der sie von nun an als Landwirte – seltener auch als Industrielle und Kaufleute – überleben mußten. Die gesamte Periode zwischen 1861 und 1917 kann als das langsame Sterben der alten Agrarelite dargestellt werden, auf die sich das Zarensystem immer gestützt hatte.

Von Gogol bis Tschechow war die Figur des verarmten adligen Landbesitzers ein Dauerthema in der russischen Literatur des 19. Jahrhunderts – eine kulturelle Obsession. Tschechows *Kirschgarten* (1903) vor allem griff das vertraute Thema vom Untergang des Adels auf subtile Weise auf: Der vornehme, aber verlustbringende Landsitz wird an einen Emporkömmling und Kaufmann veräußert, den Sohn eines Leibeigenen desselben Landsitzes, der den Obstgarten abholzt, um dort Häuser zu bauen. Die meisten Gutsherren erwiesen sich wie die Ranjewskis in Tschechows Stück als unfähig, ihre Landgüter in kommerziell rentable Gutshöfe umzuwandeln, nachdem die Bauernbefreiung sie der Stütze kostenloser Sklavenarbeit beraubt und in die kapitalistische Welt hineingezwungen hatte. Sie konnten nicht dem Beispiel der preußischen Junker folgen. Die alte russische Leibeigenenwirtschaft war im großen und ganzen nie betrieben worden, um Gewinn zu erwirtschaften. Der Adel erwarb sich sein Prestige (und manchmal hohe Ämter) eher durch die Zahl seiner Leibeigenen – daher die Geschichte von Tschitschikow in Gogols *Toten Seelen* (1842), der zu verschiedenen Landgütern herumreist und die Listen der verstorbenen Leibeigenen (oder »Seelen«, wie sie damals genannt wurden), deren Tod noch nicht registriert war, aufkauft – und durch das Zurschaustellen seiner Herrenhäuser als durch den Erfolg seiner Landwirtschaft. Das Land der Gutsbesitzer wurde von den Leibeigenen meist mit denselben Geräten und primitiven Methoden bearbeitet, die sie auch auf ihren eigenen Parzellen benutzten. Viele Gutsherren verschwendeten die geringen Einkünfte aus ihren Gütern lieber für teure, aus Europa importierte Luxuswaren, als daß sie sie in ihre Gutsbetriebe investierten. Nur wenige schienen zu verstehen, daß Einkommen nicht Profit war.

In der Mitte des 19. Jahrhunderts waren viele Gutsbesitzer hoffnungslos verschuldet. Bis 1859 waren ein Drittel der Güter und zwei Drittel der Leibeigenen im Besitz des Landadels an den Staat und die Adelsbanken verpfändet. Das verhalf der Regierung mehr als alles andere dazu, die Bauernbefreiung gegen den beträchtlichen Widerstand des Adels zu erzwingen. Nicht, daß die Bedingungen der Befreiung für die Landbesitzer ungünstig gewesen wären: sie erhielten gutes Geld für das (häufig minderwertige) Land, das sie an die Bauern zu übertragen beschlossen.*

* Unter den Bedingungen der Bauernbefreiung waren die Leibeigenen gezwungen, ihr neuerworbenes Land über ein Hypothekenarrangement mit dem Staat zu bezahlen, der den Adel dafür voll und direkt auszahlte. So erkauften sich im Endeffekt die Leibeigenen ihre Freiheit, indem sie die Schulden ihrer Herren abzahlten.

Doch von nun an waren sie auf sich selbst gestellt, ohne die kostenlose Arbeit der Leibeigenen und ihre Geräte und Tiere. Sie konnten nicht länger ein Leben in Müßiggang führen: ihr Überleben hing vom Markt ab. Sie mußten für Werkzeug und Arbeit zahlen und den Unterschied von Gewinn und Verlust lernen. Doch hatten sie fast keine Vorkenntnisse, die sie auf die Herausforderungen des Kapitalismus vorbereitet hätten. Die meisten von ihnen hatten keine Ahnung von Landwirtschaft oder Rechnungswesen und gaben ihr Geld weiter in der alten verschwenderischen Weise aus, indem sie ihre Herrenhäuser mit französischen Empiremöbeln ausstatteten und ihre Söhne auf die teuersten Schulen schickten. Und wieder wuchsen ihre Schulden und zwangen sie, zuerst nur ein oder zwei Stücke Land und dann immer mehr zu verpachten oder zu verkaufen. Zwischen 1861 und 1900 wurden mehr als 40 Prozent des adligen Grundbesitzes an die Bauern verkauft, deren wachsender Landhunger aufgrund eines starken Bevölkerungswachstums dazu führte, daß die Bodenpreise um das Siebenfache stiegen. Einen ähnlichen Anstieg gab es bei den Pachtsummen, und um 1900 waren zwei Drittel des adligen Ackerlands an die Bauern verpachtet. Ironie der Geschichte war, daß der Verfall der Agrarpreise in den achtziger und neunziger Jahren, der die Bauern dazu zwang, das Land, das sie unterm Pflug hatten, zu vermehren, es auch für die Gutsbesitzer profitabler machte, ihr Land zu verpachten oder zu verkaufen, als es selbst zu bebauen. Doch trotz solcher Spekulationsgewinne stellten die meisten Gutsbesitzer um die Jahrhundertwende fest, daß sie es sich nicht länger leisten konnten, so, wie sie es gewohnt waren, weiterzuleben. Ihre neoklassizistischen Herrenhäuser mit ihren italienischen Gemälden und ihren Bibliotheken, ihren Ballsälen und kunstvoll angelegten Gärten verfielen langsam.[17]

Nicht alle Gutsbesitzer waren willens, in Konkurs zu gehen. Viele betrieben ihre Landgüter erfolgreich als kommerzielle Unternehmen, und es waren diese Kreise, aus denen die liberalen Semstwo-Vertreter kamen, um die Autokratie in den letzten Jahrzehnten des Jahrhunderts herauszufordern.

Fürst Georgi Lwow (1861–1925), der 1917 der erste Premierminister eines demokratischen Rußlands werden sollte, war ein typischer Vertreter dieser Schicht. Die Lwows waren eines der ältesten russischen Adelsgeschlechter. Sie führten ihre Wurzeln über 31 Generationen auf Rjurik selbst zurück, den Gründer des russischen »Staates« im 9. Jahrhundert. Popowka, angestammte Heimat der Lwows, lag in der Provinz Tula, etwa 180 Kilometer von Moskau entfernt – auf Rußlands primitiven Straßen mit der Kutsche freilich mindestens eine Zweitagesreise. Das Gut der Tolstois in Jasnaja Poljana lag nur ein paar Kilometer entfernt, und die Lwows zählten den großen Schriftsteller zu ihren engsten Freunden. Das Herrenhaus in Popowka war vergleichsweise groß für ein nach russischen Maßstäben kleines Gut von nur 400 Hektar. Es handelte sich um ein zweistöckiges Gebäude im Empirestil der zwanziger Jahre mit mehr als zwanzig Zimmern, alle mit hoher Decke, doppelten Türen und Fenstern, von dem man nach vorn in einen kunstvoll angelegten Garten mit Rosen und klassizistischen Statuen blickte. Hinter dem Haus erstreckte sich ein Park mit einer großen Kapelle aus weißem Stein, einem künstlichen See, einer Orangerie, einer Birkenallee und einem Obstgarten. Der Haushalt war im großen und ganzen typisch für den Provinzadel des 19. Jahrhunderts. Es gab eine englische Gouvernante, Miss Jenny (Englisch war die erste Sprache, die Lwow lesen lernte). Lwows Vater war ein Reformliberaler, ein Mann von 1864, der all sein Geld für die Erziehung seiner Kinder ausgab. Die fünf Söhne, nicht jedoch die Tochter, wurden alle auf die besten Schulen Moskaus geschickt. Der Luxus hielt sich nach dem verschwenderischen Standard der russischen Adelsklasse in Grenzen: die üblichen Empire-Mahagonimöbel, ein oder zwei flämische Landschaften des 18. Jahrhunderts, ein paar Hunde für die Herbstjagd, eine englische Kutsche mit Rassepferden, aber wenig, mit dem man die viel vornehmeren Tolstois hätte beeindrucken können.

Dennoch hatten es die Lwows Ende der siebziger Jahre fertiggebracht, einen gewaltigen Schuldenberg von weit über 150 000 Rubel anzuhäufen. »Mit der Abschaffung der Leibeigenschaft gerieten wir bald in die Kategorie der Gutsbesitzer, die nicht mehr die Mittel hatten, um so zu leben, wie man es in ihren Kreisen gewohnt war«, erinnerte sich Lwow. Die Familie mußte ihre beiden anderen Landgüter verkaufen, das eine in Tschernigow für 30 000 Rubel, das andere in Kostroma für etwas weniger, außerdem eine Bierbrauerei in Brjansk und die Lwowsche Wohnung in Moskau. Aber selbst danach waren sie noch hoch verschuldet. Sie mußten jetzt wählen, ob sie Popowka verkaufen oder als Gutsbetrieb profitabel bewirtschaften wollten. »Die Heimat unserer Ahnen aufzugeben war undenkbar«, schrieb Lwow später. Der Gutsbetrieb in Popowka war in Jahrzehnten der Vernachlässigung so heruntergewirtschaftet worden, daß selbst die Bauern aus den Nachbardörfern die Köpfe schüttelten und die Lwows bemitleideten, als sie zurückkehrten, um ihn zu bewirtschaften. Sie boten an, ihnen zu helfen, die Wirtschaftsgebäude zu reparieren und die Felder von Unkraut zu säubern. Die vier älteren Brüder übernahmen die Landwirtschaft – ihr Vater war zu alt und krank für die Arbeit –, während Georgi an der Moskauer Universität Jura studierte und nur in den Ferien nach Popowka zurückkehrte. Die Familie entließ die Diener, überließ alle Hausarbeit der Schwester Georgis und lebte von Roggenbrot und Kohlsuppe wie die Bauern. Später sollte Lwow auf diese Zeit als den Ursprung seiner eigenen Emanzipation – seiner persönlichen Revolution – von der Landbesitzerkultur der zaristischen Ordnung zurückblicken. »Das trennte uns von der Oberschicht und machte uns demokratisch. Ich begann mich in Gesellschaft von Aristokraten unwohl zu fühlen und empfand immer eine viel größere Nähe zu den Bauern.« Nach und nach setzten die Lwows mit ihrer eigenen Hände Arbeit den Gutsbetrieb wieder instand. Sie lernten alles über landwirtschaftliche Methoden von den Bauern in ihrer Nachbarschaft und aus Lehrbüchern, die Georgi in Moskau kaufte. Der Boden erwies sich als geeignet für den Anbau von Klee, und so begannen sie, nachdem sie von Roggen dazu übergegangen waren, sogar eindrucksvolle Gewinne zu erwirtschaften. In den späten achtziger Jahren war Popowka gerettet, die Schulden waren abbezahlt, und der frisch examinierte Georgi kehrte zurück, um es in einen kommerziellen Gutsbetrieb umzuwandeln. Er pflanzte sogar einen Obstgarten an und errichtete eine Konservenfabrik in der Nähe des Guts, um Apfelmus für den Moskauer Markt zu produzieren.[18] Was könnte ein passenderes Gegenstück zu Tschechows Vision vom Untergang des Adels sein?

Fürst Lwow wurde in den frühen neunziger Jahren ein führendes Mitglied des Tulaer Semstwos. Die Ideale und die Grenzen, die er mit den liberalen »Semstwo-Leuten« teilte, sollten der Regierung, die er zwischen März und Juli 1917 führte, ihren Stempel aufprägen. Fürst Lwow war nicht die Sorte Mensch, die man an der Spitze einer revolutionären Regierung erwarten würde. Als Junge hatte er davon geträumt, »Förster zu werden und allein im Wald zu leben«. Dem Temperament nach paßte er viel besser in die intimen Kreise (*kruschki*) der Semstwo-Aktivisten als in die mörderische Welt moderner Parteipolitik. Der Fürst war scheu und bescheiden, sanft und zurückhaltend und völlig unfähig, Menschen anders als durch eine rein moralische Autorität zu führen. Die arrogante Elite der Hauptstadt hielt Lwow für beschränkt und blaß – Pawel Miljukow, der Führer der Liberalen, nannte ihn zum Beispiel »einfältig« (*schljapa*) –, und das vor allem ist der Grund für den schlechten Ruf, ja die Vernachlässigung Lwows in den Geschichtsbüchern. Doch das heißt ihn sowohl mißverstehen als auch unterschätzen. Er hatte einen praktischen politischen Verstand – geprägt von den Jahren der Semstwo-Arbeit zur Verbesserung der ländlichen Verhältnisse – und keinen theoretischen wie Miljukow. Die »Ideologien« der Intelligenzija waren ihm vollkommen fremd. Doch diese Praxisorientiertheit machte ihn nicht notwendigerweise zu einem schlechteren Politiker. Er besaß eine rasche Auffassungsgabe für technische Dinge, viel gesunden Menschenverstand und die seltene Gabe, Menschen zu beurteilen – alles gute Eigenschaften für einen Politiker.[19]

Lwow war nicht nur kein typischer Revolutionär, er war es auch nur widerwillig. Seine Ideale stammten von den Großen Reformen – bezeichnenderweise wurde er 1861 geboren –, und im Innersten sollte er immer ein liberaler Monarchist bleiben. Er glaubte, es sei die Berufung der Adligen, sich dem Dienst am Volk zu stellen. Diese Art bevormundender Populismus war üblich unter den Semstwo-Leuten. Als liberale (und damit schuldbewußte) Söhne ehemaliger Besitzer von Leibeigenen meinten viele von ihnen zweifellos, daß sie auf diese Weise dazu beitrügen, ihre Schuld an die Bauern zurückzuzahlen. Manche waren bereit, beträchtliche persönliche Opfer zu bringen. Lwow beispielsweise verwandte einiges von dem in Popowka erwirtschafteten Gewinn, um eine Schule zu bauen und eine bessere Wasserleitung in die nahen Dörfer zu legen. Unter seiner Führung wurde in den neunziger Jahren das Tulaer Semstwo zu einem der fortschrittlichsten im ganzen Land, das Schulen und Bibliotheken einrichtete, Krankenhäuser und Irrenanstalten, Straßen und Brücken baute, für die tierärztliche Versorgung und die landwirtschaftliche Beratung der Bauern sorgte, in lokalen Handel und Industrie investierte, Versicherungssysteme und Landkredite finanzierte und in bester liberaler Tradition ehrgeizige statistische Überblicke zur Vorbereitung weiterer Reformen erstellte. Das war vorbildlich für die Mission der liberalen Semstwos: die Rückständigkeit und Apathie des Lebens in der Provinz zu überwinden und die Bauern als »Bürger« in das Leben der »Nation« zu integrieren.

Fast unnötig zu erwähnen, daß sich die optimistischen Erwartungen der Semstwo-Liberalen nie erfüllten. Es war ein ungeheures Unterfangen, das weit über die beschränkten Möglichkeiten der Semstwos hinausging. Es gab einige Erfolge, vor allem in der Grundschulerziehung, was sich im generellen Anstieg der Semstwo-Ausgaben von 15 Millionen Rubel im Jahr 1868 auf 96 Millionen Rubel bis zur Jahrhundertwende ausdrückte. Doch war das allgemeine Ausgabenniveau nicht sehr hoch, bedenkt man die breite Skala der Semstwo-Zuständigkeiten, und das Verhältnis von lokalen zu staatlichen Steuereinkünften blieb sehr niedrig (etwa 15 Prozent), verglichen mit dem größten Teil Europas (wo es über 50 Prozent betrug).[20] Außerdem existierte aber ein grundsätzliches Problem, eines, das das gesamte liberale Projekt gefährdete – die Frage nämlich, auf welche Weise die Bauern in die Arbeit der Semstwos einzubeziehen seien. Denn die Bauern blieben auch nach der Befreiung in ihren Dorfgemeinden isoliert, ohne gesetzliche Rechte wie die des Adels oder auch nur das Recht, eigene Delegierte in die Kreissemstwos zu wählen. Sie betrachteten die Semstwos als eine Institution des Landadels und zahlten nur widerstrebend Steuern.

Doch ein noch schwierigeres Problem für die Semstwos war unter den beiden letzten Zaren der wachsende Widerstand der Zentralregierung gegen ihre Arbeit. Alexander III. betrachtete die Semstwos als gefährliche Brutstätten des Liberalismus. Die meisten seiner Bürokraten teilten diese Meinung. Polowzow zum Beispiel war der Ansicht, daß die Semstwos »einen ganz neuen städtischen Menschenschlag – Schriftsteller, Geldverleiher, Angestellte und dergleichen – aufs Land gebracht hätten, der den Bauern ganz fremd sei«. Die Regierung war sehr besorgt über die 70 000 akademischen Angestellten der Semstwos – Lehrer, Doktoren, Statistiker und Agronomen –, die man kollektiv als das Dritte Element bezeichnete. Im Gegensatz zu den beiden ersten Semstwo-Elementen (den Verwaltern und gewählten Deputierten), die hauptsächlich aus dem Landadel stammten, hatten sie häufig einen bäuerlichen Hintergrund oder kamen aus den Unterklassen, was ihrer Politik eine demokratische, radikale Spitze verlieh. In dem Maße, in dem ihre Zahl in den achtziger und neunziger Jahren zunahm, suchten sie die sozialen Aufgaben der Semstwos zu erweitern. Im Grunde verwandelten sie sie aus Organen für den Landadel in Organe hauptsächlich für die Bauern. Am Vorabend der großen Hungersnot, die in den frühen neunziger Jahren über das ländliche Rußland hereinbrach, wurden ehrgeizige Projekte für landwirtschaftliche Reformen und Verbesserungen in den Bereichen Gesundheit und Hygiene in Angriff genommen. Liberale Landbesitzer wie Lwow unterstützten das. Doch die konservativeren Großgrundbesitzer lehnten höhere Steuern, die solche Projekte erforderlich machten, strikt ab – nach mehr als einem Jahrzehnt der landwirtschaftlichen Depression waren viele von ihnen in einer finanziell angespannten Lage – und bekämpften das Dritte Element.

Im Innenministerium, das seit der Regierung Alexanders III. darum kämpfte, die demokratischen Tendenzen der lokalen Verwaltungen zu beschneiden, fanden sie einen natürlichen und mächtigen Verbündeten. Auch die folgenden Innenminister und ihre Polizeioberen kennzeichneten das Dritte Element als Revolutionäre – »Kohorten von Sansculotten«, wie Plehwe, der Direktor der Polizeiverwaltung und spätere Innenminister, sie nannte –, die ihre Stellung in den Semstwos ausnützten, um die Bauern aufzuwiegeln.

Als Reaktion auf ihren Druck wurde 1890 ein Gesetz erlassen, das die Vorherrschaft des Adels in den Semstwos stärkte, indem Juden und bäuerlichen Landbesitzern das Wahlrecht zu den Semstwos entzogen wurde. Es brachte ihre Arbeit außerdem unter die strenge Kontrolle eines neuen Provinzbüros, das vom Provinzgouverneur geleitet und dem Ministerium des Inneren unterstellt war, dem ein weitgehendes Vetorecht bei der Ernennung von Semstwo-Personal, beim Budget und den Veröffentlichungen der Semstwos wie auch bei den meisten ihrer täglichen Resolutionen eingeräumt wurde. Mit dieser umfassenden Macht ausgestattet, behinderten das Ministerium und seine Vertreter in der Provinz beharrlich die Arbeit der Semstwos. Man erlegte ihren Budgets strikte Beschränkungen auf, mit der Begründung, ein Teil der Ausgaben sei unnötig. Häufig war das äußerst kleinlich. Zum Beispiel wurde das Budget des Semstwos von Perm gesperrt, weil man dort ein Porträt von Dr. Litwinow, dem langgedienten Direktor des Provinzirrenhauses, in Auftrag gegeben hatte.[21]

Die Gegenreformen der Regierung Alexanders, deren Eckpfeiler das Gesetz von 1890 war, waren im wesentlichen der Versuch, das autokratische Prinzip in den örtlichen Verwaltungen wiederherzustellen. Der Provinzgouverneur, dessen Macht über die Semstwos und die kommunalen Behörden durch die Gegenreformen erheblich vergrößert worden war, sollte die Rolle eines Zaren en miniature spielen. Der gleiche Gedanke lag der Institution des Landeshauptmanns (*semski natschalnik*) als Ergebnis einer weiteren Gegenreform im Jahr 1889 zugrunde. Der Landeshauptmann blieb bis 1917 der zentrale Vertreter des Zarenregimes auf dem Land, wenn auch seine Machtbefugnisse nach der Revolution von 1905 beträchtlich eingeschränkt wurden. Von den Provinzgouverneuren ernannt und dem Innenministerium unterstellt, hatten die vorwiegend dem Landadel angehörenden 2000 Landeshauptleute weitreichende exekutive und richterliche Gewalt über die Bauern, bei denen sie »kleine Zaren« hießen. Dazu gehörte auch das Recht, die

Entscheidungen der Dorfversammlungen umzustoßen, gewählte Bauernfunktionäre zu entlassen und Rechtsstreitigkeiten zu entscheiden. Bis 1904 konnten sie bei geringeren Vergehen wie dem (weitverbreiteten) widerrechtlichen Betreten von Adelsland oder dem Nichtbezahlen von Steuern sogar die öffentliche Prügelstrafe für Bauern anordnen. Die psychologische Wirkung dieser öffentlichen Prügelstrafe auf die Gemüter der Bauern – Jahrzehnte nach der Bauernbefreiung – ist kaum zu überschätzen. Der Bauernschriftsteller Sergej Semjonow (1868–1922) schrieb, daß Bauern wie er die Landeshauptleute als »eine Rückkehr zu den Tagen der Leibeigenschaft« ansahen, »in denen der Grundherr sich gegenüber dem Dorf als Herr aufspielte«.

Aus Sorge über den Schaden, den die Landeshauptleute dem Bild des Regimes auf dem Lande zufügten, drängten im ersten Jahrzehnt von Nikolais Regierung viele der liberaleren Bürokraten – und sogar einige der konservativen – auf ihre Abschaffung. Sie verwiesen auf das niedrige Niveau der Landeshauptleute, häufig pensionierte Offiziere oder jüngere Söhne der lokalen Gutsherren, die den Aufstieg in der regulären Bürokratie nicht geschafft hatten, und warnten davor, daß deren Bereitschaft, zur Peitsche zu greifen, die Bauern zur Rebellion provozieren könnte. Doch Nikolai wollte kein Wort gegen sie hören. Er sah in den Landeshauptleuten die »ritterlichen Gefolgsleute« seiner persönlichen Macht auf dem Lande. Sie boten ihm eine direkte Verbindung zu den Bauern, eine Verbindung, die die bürokratische »Mauer« blockiert hatte, und waren ihm eine Hilfe bei der Verwirklichung seines Traums von einer populären Autokratie im moskowitischen Stil. Durch ihre Macht wollte er die traditionelle Gesellschaftsordnung mit dem Landadel an der Spitze wiederherstellen und damit den demokratischen Tendenzen der modernen Welt entgegenwirken.[22]

Die Gegenreformen der Regierung Alexanders III. bildeten die entscheidende Wende in der Vorgeschichte der Revolution. Sie brachten das Zarenregime und die russische Gesellschaft in wachsende Konflikte und bestimmten bis zu einem gewissen Grad das Ergebnis der Ereignisse zwischen 1905 und 1917. Der liberale Traum der »Männer von 1864« – nämlich die Bauern zu Bürgern zu machen und die Basis der lokalen Verwaltung zu erweitern – wurde untergraben, weil der Hof und seine Verbündeten versuchten, das alte patrimoniale System wieder geltend zu machen, an dessen Spitze der Zar, seine Geistlichkeit und seine Ritter standen und in dem man die Bauern als Kinder oder Wilde ansah, zu primitiv, um eine aktive Rolle zu spielen. Erst beim Scheitern der Stolypinschen Reformen zwischen 1906 und 1911 (vor allem seines Projekts, ein von den Bauern dominiertes Semstwo auf Bezirksebene einzurichten) wurde das Ende der liberalen Reformen in seinem ganzen Ausmaß deutlich. Doch schon lange davor war klar, welches wohl die Konsequenzen sein würden. Die Semstwos waren, worauf ihre Pioniere oft hingewiesen haben, die einzige Institution, die in der Lage gewesen wäre, dem Regime auf dem Lande eine politische Basis zu bieten. Hätte man ihnen gestattet, die

Bauern in das System der Lokalpolitik zu integrieren, dann hätte vielleicht die alte Kluft zwischen den »zwei Rußlands« (nach Herzens berühmter Formulierung), also zwischen dem offiziellen und dem bäuerlichen Rußland, zumindest verringert, wenn nicht überbrückt werden können. Diese Kluft bestimmte den gesamten Verlauf der Revolution. Da die Bauern am alten Herrschaftssystem nicht beteiligt waren, zögerten sie 1917 nicht, den gesamten Staat hinwegzufegen, womit sie das politische Vakuum für die bolschewistische Machtergreifung schufen. In diesem Sinne untergrub der Zarismus sich selbst, schuf aber auch die Voraussetzungen für den Triumph des Bolschewismus.

## ÜBERBLEIBSEL EINER FEUDALISTISCHEN ARMEE

Ich verspreche und schwöre hiermit vor dem Allmächtigen Gott und seinen Heiligen Evangelien, seiner Kaiserlichen Majestät, dem obersten Autokraten, aufrichtig und getreulich zu dienen, ihm in allen Dingen zu gehorchen und seine Dynastie bis zu meinem letzten Blutstropfen zu verteidigen, ohne mein Leben zu schonen.« Jeder Soldat leistete diesen Treueeid beim Eintritt in die kaiserliche Armee. Bezeichnenderweise leistete er ihn auf den Zaren und den Erhalt seiner Dynastie und nicht auf den Staat oder gar die Nation. Und er mußte diesen Eid bei der Krönung jedes neuen Zaren erneuern. Die russische Armee gehörte dem Zaren persönlich; ihre Offiziere und Soldaten waren praktisch seine Vasallen.[23]

Das patrimoniale Prinzip überlebte in der Armee länger als in jeder anderen Institution des russischen Staates. Nichts stand der Romanow-Dynastie näher oder war für sie wichtiger als das Militär. Auf dem Militär beruhte die Macht des Reichs, und die Bedürfnisse der Armee und der Marine hatten bei der Gestaltung der zarischen Politik immer Vorrang. Die wichtigsten Reformen in der russischen Geschichte waren durch die Notwendigkeit motiviert, im Krieg mit den Rivalen des Imperiums im Westen und Süden gleichzuziehen und zu konkurrieren: die Reformen Peters des Großen waren durch die Kriege mit Schweden und den Osmanen zustande gekommen, die Alexanders II. durch die Niederlage auf der Krim.

Der Hof war durchdrungen von militärischem Ethos. Seit dem späten 18. Jahrhundert war es Brauch bei den Zaren, mit ihren Familien Soldaten zu spielen. Der kaiserliche Haushalt wurde wie ein riesiger Armeestab geführt, wobei der Zar oberster Befehlshaber war, seine Höflinge nach Rängen unterschieden und die in die Garderegimenter aufgenommenen Zarensöhne von klein auf jenen grausamen Demütigungen unterworfen wurden, denen sie in der Offiziersmesse begegneten, damit sich ihnen die Prinzipien von Disziplin und Unterwerfung einprägten, von denen man annahm, daß sie sie zum Regieren brauchten. Nikolai selbst hatte eine

Leidenschaft für die Garde. Er hatte eine Schwäche für Militärparaden und scheute keine Kosten für Goldtressen für seine Soldaten. Er führte sogar einige der archaischeren und operettenhaften Verzierungen bei den Uniformen der Elite-Garderegimenter wieder ein, deren Abschaffung Alexander III. im Interesse der Sparsamkeit für ratsam gehalten hatte. Nikolai nahm ständig pingelige Änderungen an den Uniformen seiner Lieblingseinheiten vor – einen zusätzlichen Knopf hier, eine weitere Quaste da –, als ob er immer noch mit den Spielzeugsoldaten seiner Kindheit spielte. Seine Töchter wie sein Sohn wurden in Garderegimenter aufgenommen. An Namens- und Geburtstagen trugen sie ihre Uniformen und empfingen Abordnungen ihrer Offiziere. Sie nahmen an Militärparaden und -inspektionen, an Truppenaufmärschen, Fahnenhissen, Regimentsdiners, Jahrestagen von Schlachten und anderen Zeremonien teil. Die Gardeoffiziere der Kaiserlichen Suite, die sie überallhin begleiteten, wurden fast wie Mitglieder der Großfamilie Romanow behandelt. Keine andere Gruppierung stand der Person des Zaren so nah oder war ihr so loyal ergeben.[24]

Viele Historiker haben die Armee als feste Stütze des Zarenregimes beschrieben. Das war auch bis zur Revolution die Ansicht der meisten Beobachter. Tatsächlich gab es jedoch wachsende Spannungen zwischen dem Militär – in allen Rängen – und dem Romanow-Regime. Für die militärischen Führer des Landes lag die Wurzel des Problems in dem schlechten Ruf der Armee während des 19. Jahrhunderts, für den viele die Regierungspolitik verantwortlich machten. Die Niederlage im Krimkrieg (1853–1856), gefolgt von dem teuren Feldzug gegen die Türkei (1877/78) und dann die demütigende Niederlage gegen die Japaner 1904/05 – zum ersten Mal hatte eine europäische Großmacht gegen ein asiatisches Land verloren – demoralisierten Armee und Marine. Die Ursachen der militärischen Schwäche Rußlands waren teilweise ökonomischer Art: Rußlands industrielle Ressourcen konnten mit seinen militärischen Ambitionen in einem Zeitalter wachsenden Wettstreits zwischen den Großmächten nicht Schritt halten. Doch die Unfähigkeit hatte auch eine politische Ursache: Im späten 19. Jahrhundert hatte die Armee allmählich ihren Platz an der Spitze der Ausgabenprioritäten der Regierung verloren. Die Niederlage im Krimkrieg hatte die Streitkräfte diskreditiert und deutlich gemacht, daß dem Militär Mittel entzogen und statt dessen für die Modernisierung der Wirtschaft eingesetzt werden mußten. Das Kriegsministerium büßte seine Vorrangstellung ein, die es im Regierungssystem Nikolais I. (1825–1855) innegehabt hatte, und wurde vom Finanz- und vom Innenministerium verdrängt, die von diesem Zeitpunkt an den Löwenanteil der Staatsausgaben erhielten. Zwischen 1881 und 1902 fiel der Anteil der Streitkräfte am Haushalt von 30 auf 18 Prozent. Zehn Jahre vor dem Ersten Weltkrieg gab die russische Armee nur 57 Prozent der Summe aus, die in der deutschen Armee, und nur 63 Prozent der Summe, die in der österreichischen Armee auf jeden Soldaten entfiel. Das heißt, der russische Soldat zog schlechter ausgebildet, schlechter ausgestattet und schlechter versorgt in den Krieg als sein Feind. Die Armee war so knapp bei Kasse, daß sie bei Kleidung und Ernährung weitgehend auf eigene interne Ersparnisse angewiesen war. Soldaten bauten ihre Nahrung und ihren Tabak selbst an und flickten auch selbst ihre Uniformen und Stiefel. Sie verdienten sogar Geld für das Regiment, indem sie als Saisonarbeiter auf Landgütern, in Fabriken und Kohlegruben in der Nähe ihrer Garnison arbeiteten. Viele Soldaten verbrachten mehr Zeit damit, Gemüse zu ziehen oder Stiefel zu reparieren, als zu lernen, wie sie ihre Gewehre handhaben sollten. So schuf das Zarenregime durch die Kürzung des Militärbudgets eine Armee von Landwirten und Flickschustern.

Die Demoralisierung der Armee hing auch mit ihrer wachsenden Beteiligung an der Unterdrückung bürgerlicher Proteste zusammen. Das Russische Reich war mit einem Netzwerk von Garnisonen überzogen. Ihre Aufgabe war es, den Provinzgouverneuren oder der Polizei bei Unruhen mehr oder weniger sofortigen militärischen Beistand zu leisten. Zwischen 1883 und 1903 wurden die Truppen fast 1500mal gerufen. Offiziere beklagten bitter, daß diese Polizeipflichten unter der Würde eines Berufssoldaten seien und daß sie die Armee von ihren eigentlichen militärischen Aufgaben ablenkten. Sie warnten vor der schädlichen Wirkung, die das vermutlich auf die Armeedisziplin habe. Die Geschichte sollte ihnen recht geben. Die breite Mehrheit der einfachen Soldaten waren Bauern, und ihre Stimmung wurde von den Nachrichten, die sie aus ihren Dörfern erhielten, stark beeinflußt. Als die Armee aufgeboten wurde, um die Bauernaufstände 1905/06 niederzuschlagen, verweigerten viele Einheiten, vor allem in der von Bauern beherrschten Infanterie, den Gehorsam und meuterten zur Unterstützung der Revolution. Zwischen Herbst 1905 und Sommer 1906 gab es über 400 Meutereien. Die Armee war am Rande des Kollapses, und es dauerte Jahre, um einen Anschein von Ordnung wiederherzustellen.[25]

Viele dieser Meutereien waren Teil eines allgemeinen Protestes gegen die »Leibeigenschaft« der Mannschaften. Besonders die bäuerlichen Soldaten protestierten dagegen, daß ihre Offiziere sie mit dem familiären »Du« (*ty*), das normalerweise für Tiere und Kinder gebraucht wird, statt mit dem höflichen »Sie« (*wy*) anredeten. So hatten einst die Herren ihre Leibeigenen angeredet, und da die meisten Offiziere Adlige waren und die meisten Soldaten Söhne ehemaliger Leibeigener, symbolisierte diese Anrede die Fortführung der alten feudalen Welt innerhalb der Armee. Als erstes mußte ein Rekrut, wenn er zur Armee kam, die verschiedenen Titel seiner Offiziere lernen: »Ew. Hochwohlgeboren« bis zum Rang eines Oberst, »Ew. Exzellenz« für Generäle und »Ew. hohe Exzellenz« für adlige Offiziere. Soldaten konnten damit rechnen, Faustschläge ins Gesicht zu bekommen, mit dem Gewehrkolben über den Mund geschlagen und manchmal sogar für vergleichsweise geringfügige Vergehen ausgepeitscht zu werden. Offiziere durften jede Menge Schimpfwörter – wie »Abschaum« und »Schurke« – gebrauchen, um ihre Soldaten zu demütigen und kleinzuhalten. Selbst außer Dienst waren dem gemeinen Soldaten die Rechte eines normalen Bürgers entzogen. Er durfte auf öffentlichen Plätzen nicht rauchen, durfte nicht in Restaurants oder Theater gehen, Trambahn fahren oder sich in der Eisenbahn auf einen Platz in einem Abteil erster oder zweiter Klasse setzen. Städtische Parks hatten ein Schild: HUNDEN UND SOLDATEN ZUTRITT VERBOTEN. Die Entschlossenheit der Soldaten, diese »Armeesklaverei« abzuwerfen und die Würde von Bürgern zu erlangen, sollte einer der wichtigeren Punkte der Revolution werden.[26]

Die Behandlung der Armee durch die Regierung rief wachsende Ressentiments in der militärischen Elite Rußlands hervor. Die heftigste Opposition kam von der neuen Generation sogenannter professioneller Militärs, die in den letzten Jahrzehnten des alten Regimes im Offizierskorps und im Kriegsministerium selbst auftraten. Viele waren Absolventen der Junkerschulen, die nach der Niederlage im Krimkrieg eingerichtet und wiederbelebt worden waren, um den Söhnen Nichtadliger den Aufstieg zu den höheren Rängen zu ermöglichen. Als Karriereoffiziere, die sich der Modernisierung der Streitkräfte verschrieben hatten, waren sie gegenüber der veralteten Militärdoktrin der Eliteakademien und des Generalstabs äußerst kritisch eingestellt. In ihren Augen schien der Hof in erster Linie dafür Sorge zu tragen, loyal zum Zaren stehende Aristokraten auf Spitzenpositionen zu befördern und die in der modernen Zeit weitgehend ornamental gewordene Kavallerie mit Geldmitteln zu überschütten. Sie hielten dagegen, daß den neuen Technologien mehr Aufmerksamkeit gewidmet werden müsse – also der schweren Artillerie, den Maschinengewehren, Motorfahrzeugen, Schützengräben und der Fliegerei –, die in kommenden Kriegen entscheidend sein würden. Der Modernisierungsdruck auf die Politik der Autokratie war beim Militär ebenso offensichtlich wie bei allen anderen Institutionen des alten Regimes.

Alexej Brussilow (1853–1926) war ein typischer Vertreter dieser neuen professionellen Militärs. Er war vermutlich der begabteste Kommandeur, den das alte Regime in seinen letzten Jahrzehnten hervorgebracht hat, und dennoch trug er nach 1917 mehr als jeder andere dazu bei, den Sieg der Bolschewiki zu sichern. Dafür sollte er später von der weißen Emigration als ein »Verräter Rußlands« geschmäht werden. Doch seine gesamte außerordentliche Karriere – von seinem langen Dienst als General in der kaiserlichen Armee bis zu seiner Zeit als Kommandeur von Kerenskis Armee 1917 und schließlich den Jahren als höherer Berater in der Roten Armee – war der militärischen Verteidigung seines Landes gewidmet. In vielerlei Hinsicht symbolisierte das bittere Leben Brussilows die Tragödie seiner Klasse.

Es gab nichts in Brussilows Herkunft oder seinen frühen Jahren, was den revolutionären Weg, den er später gehen sollte, ahnen ließ. Selbst in seiner äußeren Erscheinung mit den hübschen, etwas füchsischen Zügen und dem schmalen Schnurrbart war er ganz der typische zaristische General des 19. Jahrhunderts. Ein Freund beschrieb ihn als »einen Mann von durchschnittlicher Größe mit freundlichen Zügen und einer natürlichen Leichtigkeit, doch auch mit einer solchen Würde, daß man bei seinem Anblick Liebe und zugleich Furcht verspüren muß«. Brussilow entstammte einer alten russischen Adelsfamilie mit einer langen soldatischen Tradition. Einer seiner Ahnen aus dem 18. Jahrhundert hatte sich im Kampf um die Ukraine gegen die Polen ausgezeichnet – eine Großtat, der er 1920 nacheifern sollte –, wofür die Familie eine große Schenkung fruchtbaren Landes in der Ukraine erhalten hatte. Mit 19 Jahren hatte Brussilow das Pagenkorps absolviert, die elitärste aller Militärakademien, in der die Offiziere für die kaiserlichen Garden ausgebildet wurden. Er trat bei den Dragonern des Twerschen Regiments im Kaukasus ein, wo er sich im Krieg gegen die Türkei 1877/78 hervortat und mehrere Orden verliehen bekam, ehe er nach St. Petersburg zurückkehrte und zu einem der Spitzenexperten für die russische Kavallerie aufstieg. Vor diesem Hintergrund ist es nicht erstaunlich, daß Brussilow instinktiv die meisten Ansichten und Vorurteile seiner Klasse teilte. Er war Monarchist, großrussischer Nationalist, hielt auf strenge Disziplin bei seinen Soldaten und war ein Patriarch in seiner Familie. Vor allem war er ein zutiefst religiöser Anhänger des orthodoxen Glaubens. Das war es auch, seiner Frau zufolge, was ihm seine legendäre Gelassenheit und Selbstsicherheit sogar in Augenblicken drohenden Unheils für seine Truppen gab.[27]

Doch Brussilow war in seinen Ansichten offener und intelligenter als der durchschnittliche Gardeoffizier. Trotz seiner Ausbildung als Kavallerist erkannte er als einer der ersten die schwindende militärische Bedeutung des Pferdes in einem Zeitalter moderner Kriegsführung, die von Artillerie, Eisenbahnen, Telefonen und Motorfahrzeugen beherrscht war. »Insgesamt gesehen besaßen wir zuviel Kavallerie«, sollte er sich später in seinen Memoiren erinnern, »vor allem nachdem der Bewegungskrieg in den Stellungskrieg übergegangen war.«[28] Er glaubte, alles müsse dem Ziel, die kaiserliche Armee auf einen modernen Krieg vorzubereiten, untergeordnet werden. Das bedeutete, daß man um der Verteidigung des russischen Vaterlandes willen die überkommene Dominanz der Kavallerie, wenn nötig sogar die dynastischen Interessen des Hofs, unweigerlich opfern mußte. Obwohl seinem Wesen nach ein Monarchist, stellte Brussilow doch die Armee über die Politik, und seine Ergebenheit gegenüber dem Zaren wurde schwächer, weil er erkannte, wie die Armee durch die Führung des Hofes untergraben und zerstört wurde.

Brussilows Unbehagen an der Monarchie sollte 1917 ein Ende finden, als er sein Schicksal mit dem der Revolution verband. Aber die Wurzeln dieser Konversion reichten zurück zu den Anfängen des Jahrhunderts, als er wie viele der neuen professionellen Militärs begriff, daß die dominierende Rolle des Hofs beim Militär ein Haupthindernis für dessen Reformierung und Modernisierung als Vorbereitung auf den europäischen Krieg war, der mit jedem Jahr wahrscheinlicher an Rußlands Westgrenze auszubrechen drohte. Ein kritischer Wendepunkt war, daß der Generalstab es versäumte, die Lehren aus der katastrophalen Niederlage im Krieg gegen Japan von 1904/05 zu ziehen. Wie viele Offiziere war Brussilow verbittert über die

Art und Weise, wie das Militär von einer kleinen Clique am Hof in diesen Krieg hineingezwungen worden war, 10 000 Kilometer entfernt und faktisch unvorbereitet. Der Krieg in Fernost hatte zur völligen Vernachlässigung der Landesverteidigung im Westen geführt. Als Brussilow 1909 den Oberbefehl über das 14. Armeekorps in der kritischen Warschauer Grenzregion übernahm, fand er sie »in allen Waffengattungen in einem Zustand von totalem Chaos und Desorganisation« vor:

*Bei einer Mobilmachung hätte man die Einberufenen nicht einkleiden können. Aber auch die Troßkolonnen hätten ein Fiasko erlitten, sobald sie sich auf den Weg gemacht hätten. Maschinengewehre waren zwar vorhanden, doch nur acht in jedem Regiment, noch dazu ohne Gespanne, so daß man sie im Kriegsfall mit requirierten Fuhrwerken hätte transportieren müssen. Mörserabteilungen existierten nicht. Wir wußten, daß außerordentlich wenig Munition für leichte Geschütze und Gewehre vorhanden war. [... Später] erkannte ich, daß sich alle Korps in demselben Zustand befanden wie das 14. und daß wir keinen Krieg führen konnten, selbst wenn Deutschland Polen oder die Baltischen Provinzen hätte annektieren wollen.*[29]

Nur wenige russische Soldaten waren für den Stellungskrieg ausgebildet. Die höheren Generäle glaubten weiterhin daran, daß die Kavallerie die Schlüsselrolle in jedem künftigen Krieg zu spielen hätte, genau wie schon im 18. Jahrhundert. Sie taten Brussilows Versuche, die Soldaten in Scheinartilleriegefechte zu verwickeln, als Zeit- und Munitionsverschwendung ab. Ihre Vorstellung von Ausbildung bestand darin, die Männer in Paraden und Inspektionen auf und ab marschieren zu lassen: Das war hübsch anzusehen und vermittelte ihnen den Eindruck militärischer Disziplin und Präzision, doch als Vorbereitung auf einen modernen Krieg war es absolut wertlos. Brussilow war der Ansicht, solch überholte Praktiken lägen an der Dominanz des Hofes und der Aristokratie im Generalstab. Diese Leute schienen sogar zu glauben, daß ganze Infanteriedivisionen von Dummköpfen und Narren befehligt werden könnten, solange die nur eine der militärischen Eliteschulen absolviert hatten, die dem Adel vorbehalten waren. Haltungen wie diese befremdeten die neuen Karrieresoldaten der Junkerschulen, die ihre Karriere, anders als die verlorenen Söhne des Generalstabs, häufig aufgrund ihrer Kompetenz gemacht hatten. Insofern war es kein Zufall, daß etliche von ihnen sich später wie Brussilow den Roten anschließen sollten.

Unzufriedenheit zwang die professionellen Militärs allmählich in die Politik. In der Institution der Duma war ihnen nach 1905 das Organ gegeben, durch das sie ihre Opposition gegen die Führung des Hofs beim Militär ausdrücken konnten. Viele der fortschrittlicheren unter ihnen, wie A. A. Poliwanow, stellvertretender Kriegsminister, taten sich mit liberalen Duma-Politikern wie Alexander Gutschkow zusammen, die sich für eine Erhöhung der Ausgaben für die Armee, vor allem die Marine, einsetzten, das jedoch mit Reformen des Militärs verbunden wissen wollten, darunter auch der Übergabe gewisser Kontrollen vom Hof an die Duma und die Regierung. Langsam, aber sicher verlor der Zar seine Autorität bei den begabtesten Elementen der militärischen Elite. Nikolai versuchte, seinen Einfluß wieder geltend zu machen, indem er 1908 den eleganten und äußert loyalen Hofbeamten W. A. Suchomlinow auf den Posten des Kriegsministers berief. In der Krise des Marinestabs im folgenden Jahr machte er der Duma und der Regierung eine Szene, um sie zu zwingen, seine alleinige Kontrolle über den militärischen Oberbefehl anzuerkennen. Doch war es mit großer Wahrscheinlichkeit zu spät für den Zaren, Herz und Sinn der professionellen Militärs wie Brussilow zurückzugewinnen. In dem Wunsch, die Stärke ihrer geliebten Armee wiederherzustellen, richteten sie ihre Hoffnung bereits auf die Duma und deren umfassendere Reformvorstellungen. Hier lagen die Wurzeln der Kriegskoalition, die den Sturz des Zaren mitverursachte.

## DIE NICHT SO HEILIGE RUS

*Gott gebe Gesundheit dem orthodoxen Zaren,*
*Großfürst Michail Fjodorowitsch,*
*Möge er das Zarenreich Moskowien*
*Und das ganze heilige russische Land erhalten.*

Nach einem Volkslied war Michail Romanow von seinem Vater, dem Metropoliten Filaret, 1619 mit diesem Gebet gesegnet worden, sechs Jahre nachdem er den russischen Thron bestiegen hatte. Der Mythos von der »Heiligen Rus« war die Gründungsidee des Zartums Moskau, wie sie die Romanows seit Beginn des 17. Jahrhunderts entwickelt hatten. Die Gründung ihrer Dynastie, wie in der Propaganda des Jubiläums von 1913 dargestellt, symbolisierte das Erwachen eines neuen russischen Nationalbewußtseins, das auf der Verteidigung der Orthodoxie beruhte. Michail Romanow, so die Legende, war vom gesamten russischen Volk gewählt worden, im Anschluß an Bürgerkrieg und polnische Intervention in der Zeit der Wirren (1598–1613). Die »Heilige Rus« wurde so unter der Romanow-Dynastie wiedervereinigt, und Michail hatte das orthodoxe Rußland vor den Katholiken gerettet. Von diesem Zeitpunkt an wurde der Gedanke der »Heiligen Rus« als eines Bollwerks zur Verteidigung der Orthodoxie der fundamentale Legitimationsmythos der Dynastie.

Nicht, daß die Vorstellung von der »Heiligen Rus« einer populären Basis entbehrte. Volkslieder und Kosakenepen handelten mindestens seit dem 17. Jahrhundert vom Heiligen Russischen Land. Auch war es nur natürlich, daß das Christentum für die Slawen zum Symbol volkstümlichen Selbstbewußtseins auf diesem flachen eurasischen Landmassiv werden sollte, das so regelmäßig von Einfällen der Mongolen und Tataren bedroht war. Ein Russe zu sein hieß Christ sein und ein Vertreter des orthodoxen Glaubens. Tatsächlich bedeutete es auch, daß die Wendung »Heilige Rus« (*Swjataja Rus*) nur mit diesem älteren Begriff für Rußland verwandt werden konnte, von dem die Bezeichnung Russe (*russki*) abgeleitet ist; es war unmöglich, »Heiliges Rußland« zu sagen, da Rußland, der neuere Begriff, nur in Verbindung mit dem Kaiserreich gebraucht wurde. Noch vielsagender ist die Tatsache, daß das russische Wort für Bauer (*krestjanin*), das in anderen europäischen Sprachen mit der Vorstellung von Land oder Boden assoziiert wurde, mit der Bezeichnung eines Christen (*christjanin*) verbunden war.

Doch während der volkstümliche Mythos von der Heiligen Rus das Volk und seine Bräuche geheiligt hatte, sanktionierte der offizielle Mythos den Staat in der Person des Zaren. Moskau wurde das »Dritte Rom«, Erbe von Byzanz, der letzten Hauptstadt der Orthodoxie, und die Rus wurde zum »heiligen Land«, von Gott zur Erlösung der Menschheit auserwählt. Diese messianische Mission gab den Zaren eine einzigartige religiöse Rolle: das Wahre Wort zu predigen und überall auf der Welt die Häresien zu bekämpfen.[30]

Nur langsam seit dem 18. Jahrhundert wurde diese religiöse Basis der Zarengewalt durch eine säkulare ersetzt. Peter der Große suchte die Beziehungen von Kirche und Staat nach westlichem absolutistischem Vorbild zu reformieren. Um die Kirchenverwaltung dem Staat unterzuordnen, wurde sie vom Patriarchat auf den Heiligen Synod übertragen, ein Gremium von Laien und Geistlichen, die durch den Zaren ernannt wurden. Im 19. Jahrhundert hatte sein weltlicher Repräsentant, der Oberprokuror, faktisch den Status eines Ministers für kirchliche Angelegenheiten erlangt, dem die Kontrolle der Bischofsernennungen, der religiösen Erziehung und des größten Teils der Kirchenfinanzen oblag, nicht jedoch von theologisch-dogmatischen Fragen. Der Heilige Synod blieb zumeist ein zuverlässiges Werkzeug in der Hand des Zaren. Es lag im Interesse der Kirche, das nicht zu gefährden: In der zweiten Hälfte des 18. Jahrhunderts hatte sie viel von ihrem Land an den Staat verloren und war nun darauf angewiesen, daß er Geld zur Unterstützung der 100 000 Gemeindepriester und ihrer Familien gab.* Doch wäre es falsch, die Kirche als ein unterwürfiges Organ des Staats darzustellen. Das zaristische System stützte sich genauso auf die Kirche wie die Kirche auf das System: es bestand eine wechselseitige Abhängigkeit. In einem riesigen Bauernland wie Rußland, wo die Bevölkerung größtenteils aus Analphabeten bestand, war die Kirche eine unentbehrliche Propagandawaffe und ein Mittel der gesellschaftlichen Kontrolle.[31]

* Anders als ihre katholischen Pendants durften die russisch-orthodoxen Priester mit Ausnahme der Klostergeistlichkeit heiraten.

Die Kirche hatte eine herausragende Stellung in der moralischen Ordnung des alten Regimes. Sie allein durfte bekehren und Missionsarbeit im Reich leisten. Die Regierungspolitik der Russifizierung förderte noch die Sache der Orthodoxie: In Polen und den baltischen Staaten beispielsweise wurden in der Regierung von Alexander III. 40 000 Katholiken und Lutheraner zum orthodoxen Glauben bekehrt, wenn auch nur nominell. Die Kirche wandte eine breite Skala legaler Zwangsmaßnahmen gegen abweichende religiöse Sekten an, vor allem gegen die Altgläubigen.* Alle Bücher über Religion und Philosophie mußten die kirchliche Zensur passieren. Es gab zudem ein breites Spektrum moralischer und gesellschaftlicher Themen, wo der kirchliche Einfluß beherrschend blieb und manchmal sogar vor den weltlichen Autoritäten Vorrang hatte. Fälle von Ehebruch, Inzest, Sodomie und Blasphemie kamen vor kirchliche Gerichte. Die Urteile bestanden in der Verhängung ausschließlich religiöser, um nicht zu sagen mittelalterlicher Strafen wie Buße und Einkerkerung in einem Kloster, da der Staat solche Fragen der Kirche überließ und darauf verzichtete, eigene Strafen zu formulieren. Auch bei Ehescheidungen blieb der kirchliche Einfluß vorherrschend. Der einzige Weg, eine Scheidung bei kirchlichen Gerichten zu erlangen, war der des Ehebruchs, was einen schwierigen und häufig schmerzlichen Prozeß bedeutete. Versuche, die Scheidungsgesetze zu liberalisieren und das ganze Thema an die weltliche Gerichtsbarkeit zu überweisen, wurden im späten 19. Jahrhundert erfolgreich von einer Kirche verhindert, die in Fragen privater Sexualität noch dogmatischer wurde und in der Wahrung der alten patriarchalischen Ordnung mit den beiden letzten Zaren und ihrem Kampf gegen die moderne liberale Welt eine natürliche Allianz bildete. Kurz, das späte kaiserliche Rußland war immer noch weitgehend ein orthodoxer Staat.[32]

Aber war es auch noch heilig? Das war die Frage, die die Kirchenführer mit Sorge erfüllte. Und es war diese Sorge, die viele Vertreter der liberaleren orthodoxen Geistlichkeit in den letzten Jahrzehnten des alten Regimes dazu bewegte, eine Reform der Beziehungen von Kirche und Staat zu fordern. Nach 1917 gab es viele vom Krieg entsetzte Christen – Brussilow war ein typisches Beispiel –, die behaupteten, daß die Revolution durch den Niedergang des kirchlichen Einflusses verursacht worden sei. Natürlich war das zu sehr vereinfacht. Doch besteht kein

* Die Altgläubigen lehnten die liturgischen Reformen des Patriarchen Nikon in den sechziger Jahren des 17. Jahrhunderts ebenso ab wie die Regierung, die sie erzwang. Auf der Flucht vor Verfolgungen siedelten sich die meisten in den entlegenen Regionen Sibiriens an, wo sie bis zum heutigen Tage leben. Um die Jahrhundertwende schätzte man ihre Zahl auf etwa 18 Millionen. Andere wichtige religiöse Sekten, die den Evangelikalen näherstanden, waren die Stundisten (Baptisten), die Duchoborzen (Geistkämpfer) und die Molokanen (Milchtrinker). Zusammen zählten sie etwa eine Million Gläubige. Viele dieser Sekten waren traditionell radikale Dissidenten, was sich aus ihrer Verfolgung durch den Staat erklärt, andererseits aber auch diese Verfolgung erklären kann.

Zweifel, daß die soziale Revolution eng mit der Säkularisierung der Gesellschaft verbunden war und weitgehend davon abhing.

Die Urbanisierung war der eigentliche Grund. Das Wachstum der großen Städte übertraf bei weitem das Tempo der Kirchenbauten in ihnen, mit dem Ergebnis, daß Millionen Arbeiter, entwurzelt vom Dorf mit seiner Kirche, in einem Zustand der Gottlosigkeit leben mußten. Der Industrievorort Orechowo-Sujewo unmittelbar vor den Toren Moskaus zum Beispiel hatte um die Jahrhundertwende nur eine Kirche für 40 000 Einwohner. Jusowka, Bergbauzentrum im Donbass, das heutige Donezk, hatte nur zwei Kirchen für 20 000 Einwohner. Aber es war nicht bloß eine Frage der Bauten. Die Kirche versäumte es auch, ihre Aufgabe in der Stadt zu erkennen und die neuen Probleme des Stadtlebens anzusprechen, wie es beispielsweise die Methodisten während der industriellen Revolution in England getan hatten. Die orthodoxe Geistlichkeit war nicht in der Lage, eine volkstümliche Religion für die Welt der Fabriken und Mietskasernen zu schaffen. Diejenigen, die es versuchten, wie Vater Gapon, der radikale Prediger von St. Petersburg, der im Januar 1905 die Arbeiterprozession zum Winterpalais anführte, wurden bald von den konservativen Führern der Kirche desavouiert, die mit dem religiös inspirierten Ruf nach gesellschaftlichen Reformen nichts zu tun haben wollten.[33]

Durch die Erfahrung der Urbanisierung wurde zusätzlich Druck in Richtung Säkularisierung ausgeübt. Junge Bauern, die in die Städte zogen, ließen die alte mündliche Kultur des Dorfes hinter sich, in der die Priester und Bauernältesten das Sagen hatten, und fanden Anschluß an eine städtische, vom geschriebenen Wort beherrschte Kultur, in der die Kirche mit den neuen sozialistischen Ideologien wetteifern mußte. Ein Bauer, der diesen Sprung machte, war Semjon Kanatschikow (1879–1940) auf seinem Weg durch die Schule der Industrie und in die höheren Ränge der Bolschewiki. In seinen Memoiren erinnert er sich, wie seine Abkehr von der Kirche in den neunziger Jahren ihren Anfang nahm, als er von seinem Heimatdorf nach Moskau aufbrach und dort in einer Maschinenbaufabrik arbeitete, wo häufig Sozialisten agitierten. Zunächst hatte er noch etwas Angst vor diesen »Studenten«, weil »sie nicht an Gott glaubten und möglicherweise auch meinen Glauben ins Wanken bringen könnten, was zu ewigen Höllenqualen im Jenseits führen könnte«. Aber er bewunderte sie auch, »weil sie so frei, so unabhängig, so gut informiert über alles waren und weil es niemanden und nichts auf der Welt gab, was sie gefürchtet hätten«. Je selbstbewußter der Junge vom Lande wurde und ihrem Individualismus nachzueifern suchte, desto mehr erlag er ihrem Einfluß. Geschichten von korrupten Priestern und »Wunder«-Fälschungen begannen »am moralischen Fundament zu rütteln, mit dem ich gelebt hatte und aufgewachsen war«. Ein junger Arbeiter »bewies« ihm, daß Gott den Menschen nicht erschaffen habe, indem er ihm anhand einer mit Erde gefüllten Schachtel, die er warm hielt, zeigte, daß darin schließlich Würmer und Insekten auftauchten. Diese Art vulgarisierter Prädarwinismus, der in den linken Pamphleten jener Zeit sehr verbreitet war, hatte eine ungeheure Wirkung auf junge Arbeiter wie Kanattschikow. »Ich hörte auf, zur ›Beichte‹ zum Priester zu gehen, besuchte keine Kirchen mehr und begann, während der Fastenzeit ›verbotene‹ Speisen zu mir zu nehmen. Noch für eine lange Zeit jedoch gab ich nicht auf, mich zu bekreuzigen, vor allem wenn ich auf Urlaub ins Dorf zurückkehrte.«[34]

Und wie stand es auf dem Land selbst? Die Religiosität des russischen Bauern ist, neben der »Breite der russischen Seele«, einer der langlebigsten Mythen in der Geschichte Rußlands. In Wahrheit ist der russische Bauer nie völlig mit der orthodoxen Religion verbunden gewesen. Seine alte heidnische Volkskultur war nur von einer dünnen Schicht Christentum übertüncht. Zwar demonstrierte er äußerlich viel Hingabe. Er bekreuzigte sich ständig, nannte in jedem zweiten Satz Gottes Namen, ging regelmäßig zur Kirche, hielt die Fastenzeit ein, arbeitete nie an religiösen Feiertagen und war sogar bekannt dafür, daß er von Zeit zu Zeit auf Pilgerreise zu heiligen Gräbern ging. Slawophile Intellektuelle wie Dostojewski oder Solschenizyn mögen darin gern ein Zeichen der tiefen Verbundenheit des Bauern mit dem orthodoxen Glauben sehen. Und es ist sicherlich wahr, daß die meisten Bauern sich als Orthodoxe betrachteten. Doch war ihre Religion von dem gelehrten Christentum der Geistlichkeit weit entfernt. Sie vermischten heidnische Kulte und Aberglauben, Magie und Zauberei mit ihrem orthodoxen Glauben. Das war die eigene volkstümliche Religion der Bauern, geschaffen, um die Bedürfnisse ihres unsicheren Bauernlebens zu befriedigen.

Als Analphabet wußte der Bauer gewöhnlich wenig von den Evangelien. Das Vaterunser und die Zehn Gebote waren ihm unbekannt. Aber er hatte ein vages Bild von Himmel und Hölle und hoffte zweifellos, daß das lebenslange Befolgen der kirchlichen Riten seine Seele irgendwie retten würde. Gott stellte er sich als ein wirkliches Menschenwesen vor, nicht als einen abstrakten Geist. Gorki beschrieb einen Bauern, den er in einem Dorf in der Nähe von Kasan getroffen hatte, der

> *sich [Gott] als großen, wohlgestalten alten Mann, als klugen und guten Herrn der Welt vor[stellte], der das Böse nur darum nicht niederzuringen vermag, weil er es »einfach nicht mehr schafft – so sehr hat sich das Menschengeschlecht vermehrt. Macht nichts, er wird es schon schaffen – wirst ja sehen! Dagegen kann ich mit Christus nichts anfangen. Mir scheint er zu nichts nütze. Es gibt einen Gott – also gut, meinetwegen, sehr schön. Aber plötzlich ist noch einer da! Sie sagen: der Sohn. Was heißt – der Sohn? Schließlich ist Gott nicht gestorben ...«*

Die Ikone war Zentrum des Glaubens für den Bauern. Er verfolgte die biblischen Geschichten auf den Ikonen in seiner Kirche und glaubte, daß Ikonen magische Kräfte besäßen. Der Winkel in der Bauernkate, wo die Familienikone ihren Platz hatte, war wie der Herd ein heiliger Ort. Er gewährte den Seelen der verstorbenen Vorfahren Schutz und bewahrte den Haushalt vor bösen Geistern. Immer wenn der Bauer sein Haus betrat oder verließ, mußte er vor der Ikone seinen Hut abnehmen, sich verneigen und bekreuzigen. Und doch fand er, wie Belinski Gogol darlegte, noch einen anderen Gebrauch für diesen heiligen Gegenstand. »Er sagt von der Ikone: ›Sie taugt zum Beten – aber auch zum Töpfe-Zudecken‹.«[35]

In ähnlich bodenständiger Weise nahm der Bauer am kirchlichen Heiligenkult teil, indem er seine eigenen heidnischen Götter und Geister hinzufügte, die mit der Welt des Ackerbaus verbunden waren. Da gab es Wlas (den Heiligen des Viehs), Frol und Lawr (die Heiligen der Pferde), Elija (den Heiligen von Donner und Regen), die Märtyrerin Paraskewa (die Heilige für Flachs und Garn) sowie zahllose andere Geister und Gottheiten – Haushalt, Fluß, Wald, Berg, Seen und Meer –, die von Hebammen, Heilern, Medizinmännern, Badern, Knocheneinrenkern, Hexenmeistern und Hexen durch Zaubersprüche und Gebete angerufen wurden. Die Bauern waren sprichwörtlich abergläubisch. Sie glaubten, daß ihr Leben von Dämonen und bösen Geistern geplagt würde, die Getreide und Vieh verzauberten, Frauen unfruchtbar machten, Unglück und Krankheit verursachten und die Seelen der Toten zurückholten, um die Lebenden zu jagen. Der Zauber konnte nur durch einen Priester oder eine andere geeignete Person mit Hilfe von Ikonen, Kerzen, Kräutern und primitiver Alchemie ausgetrieben werden.[36]

Die Stellung des Gemeindepriesters, der auf der ständig sich verlagernden Grenze zwischen der offiziellen Kirchenreligion und dem Heidentum der Bauern lebte, war schwierig. Die russischen Bauern sahen nach den Worten eines Zeitgenossen in ihren lokalen Priestern nicht so sehr »geistliche Führer oder Ratgeber als vielmehr die Händlerklasse für den Groß- und Einzelhandel mit Sakramenten«. Die Geistlichen, die von den mageren Beihilfen, die sie vom Staat erhielten, oder der Landwirtschaft, die sie auf ihren eigenen kleinen Kirchenparzellen betrieben, nicht leben konnten, waren darauf angewiesen, von den Bauern Bezahlung für ihre Dienste zu verlangen: zwei Rubel für eine Hochzeit, eine Henne für das Segnen des Korns, ein paar Flaschen Wodka für eine Beerdigung usw. Die lähmende Armut der Bauern und die sprichwörtliche Gier der Priester machten diese Verhandlungen häufig langwierig und hitzig. Das niedrige Bildungsniveau vieler Priester, ihre Anfälligkeit für Korruption und Trunksucht, ihre wohlbekannten Verbindungen zur Polizei und generell ihre Unterwürfigkeit gegenüber dem örtlichen Landadel – all das trug zu ihrem niedrigen Ansehen bei.[37]

Das war kaum eine Position der Stärke, von der aus die Kirche hoffen konnte, ihre Bauerngemeinde vor der schleichenden säkularen Kultur der modernen Großstadt zu bewahren. Gegen Ende des 19. Jahrhunderts wurde das einer wachsenden Zahl orthodoxer Geistlicher klar. Sie sorgten sich wegen der sinkenden Rate von Kirchenbesuchen, die sie für den wachsenden »Hooliganismus«, gewalttätige Übergriffe auf Grundbesitz und andere soziale Übel auf dem Lande, verantwortlich machten. Aufgrund dieser Sorge um die christliche Führung der Bauern wurden die Rufe nach einer radikalen Reform der Kirche immer häufiger. Zunächst gingen sie von liberalen Geistlichen der Generation aus, die in den mittleren Jahrzehnten des Jahrhunderts die Priesterseminare absolviert hatten. Diese »klerikalen Liberalen«, die besser ausgebildet und gewissenhafter waren als ihre Vorgänger, waren von den Großen Reformen der sechziger Jahre inspiriert. Sie sprachen von einer Wiederbelebung des Gemeindelebens und davon, den Bauern ein »bewußtes« Christentum einzuflößen. Sie glaubten, sie könnten das erreichen, indem sie die Gemeindekirche dem Leben der Bauern näherbrächten: Gemeindeglieder sollten mehr Kontrolle über ihre örtliche Kirche haben; es sollte mehr Gemeindeschulen geben; den Gemeindepriestern sollte gestattet sein, sich auf religiöse und seelsorgerische Angelegenheiten zu konzentrieren, statt mit kleinlichen bürokratischen Aufgaben überlastet zu sein. Als um die Jahrhundertwende deutlich wurde, daß die Kirche nicht wiederbelebt werden konnte, ehe sie nicht von ihren Verpflichtungen gegenüber dem Staat befreit würde, hatten sich die Forderungen der liberalen Geistlichkeit zu einer breiteren Bewegung für eine durchgreifende Reform der Beziehungen von Kirche und zaristischem Staat entwickelt. Diese Bewegung hatte ihren Höhepunkt 1905, als weite Kreise der Geistlichkeit nach einer Kirchenversammlung (*sobor*) riefen, die den Heiligen Synod ablösen sollte. Viele forderten auch die Dezentralisierung der kirchlichen Macht weg von St. Petersburg und der monastischen Hierarchie und hin zu den Diözesen und von dort zu den Gemeinden. Es wäre zwar falsch, diese Bewegung als einen Teil der demokratischen Revolution von 1905 zu bezeichnen, doch gab es gewiß Parallelen zwischen den Forderungen der Geistlichkeit nach einer Kirchenreform und denen der Liberalen nach einer politischen Reform. Wie die Semstwo-Leute wollte auch die liberale Geistlichkeit mehr Selbstverwaltung, damit sie der Gesellschaft in ihren örtlichen Gemeinden besser dienen könnte.[38]

Das war viel weiter, als die Konservativen innerhalb der geistlichen Hierarchie zu gehen bereit waren. Sie unterstützten zwar den allgemeinen Gedanken einer Selbstverwaltung für die Kirche, waren aber nicht gewillt, die Autorität der ernannten Bischöfe oder der Klostergeistlichkeit in irgendeiner Weise geschwächt zu sehen. Noch weniger waren sie geneigt, das Argument zu akzeptieren, das Premierminister Graf Witte vorbrachte, als er 1905 das Toleranzedikt vorschlug: Wenn man die Diskriminierung der Gegner der Orthodoxie beendete, so würde das der Kirche nicht schaden, vorausgesetzt, sie nähme die Reformen an, die ihr eigenes religiöses Leben wiederbeleben würden. Die oberen Hierarchen der Kirche dürften vielleicht eine Zeitlang mit den berauschenden Ideen der Selbstverwaltung geliebäugelt haben, wie sie von ihren liberalen Brüdern in Umlauf gebracht wurden, doch Wittes Insistieren darauf, religiöse Toleranz als Preis solcher Autonomie zu verlangen (eine Politik, die durch die Aussicht motiviert war, wichtige Handelsgruppen in den Gemeinden der Altgläubigen und Juden zu gewinnen), war ein sicheres Mittel, sie in die Arme der Reaktion zurückzutreiben. Nach 1905 verbündeten sie sich mit dem Hof und extrem rechten Organisationen wie dem Bund des

Russischen Volks und widerstanden allen weiteren Versuchen der Liberalen, die Kirche zu reformieren und religiöse Toleranz zu gewähren. Die alte Allianz von »Autokratie, Orthodoxie und Volkstümlichkeit« wurde so gegen die Bedrohung durch eine liberale moralische Ordnung wiederbelebt. Dieses Aufeinanderprallen der Ideologien war einer der entscheidenden Konflikte der russischen Geschichte zwischen 1905 und 1917.

Die Niederlage der liberalen Geistlichkeit hinterließ die Kirche in einem Zustand verhängnisvoller Zerstrittenheit und Schwäche. Die zentrale ideologische Säule des zaristischen Regimes begann schließlich zu bröckeln. Rasputins Aufstieg zur Macht innerhalb der Kirche war das Zeichen ihres endgültigen Sündenfalls. »Der Allerheiligste Synod ist noch nie so tief gesunken!« sagte ein ehemaliger Minister dem französischen Botschafter im Februar 1916. »Wenn sie jeden Respekt für die Religion, den religiösen Glauben überhaupt, vernichten wollten, hätten sie es nicht besser machen können. Was wird überhaupt noch von der orthodoxen Kirche übrigbleiben? Wenn der in Gefahr geratene Zarismus ihre Unterstützung sucht, wird er feststellen, daß da nichts mehr ist.«[39]

## EIN VÖLKERGEFÄNGNIS

Der Zusammenbruch des zaristischen Systems hing wie der seines Nachfolgers aufs engste mit den sich verstärkenden Nationalbewegungen in den nichtrussischen Teilen des Reichs zusammen. In beiden Fällen waren diese Bewegungen jedoch nicht die unmittelbare Ursache des Zusammenbruchs. Vielmehr entwickelten sie sich in Reaktion darauf: zunächst, indem sie moderate Vorschläge für Autonomie vorbrachten, und erst dann, als Rußlands Ohnmacht vollends deutlich wurde, indem sie zu der Forderung nach vollständiger Unabhängigkeit übergingen. In beiden Fällen jedoch war das alte Regime geschwächt durch wachsende nationalistische Bestrebungen in den Jahrzehnten seines allmählichen Verfalls, was zu seinem endgültigen Zusammenbruch führte.

Aus postsowjetischer Perspektive mag das alles einleuchtend erscheinen. Heutzutage ist Nationalismus eine so starke Kraft, daß wir geneigt sind zu glauben, er habe schon immer in der menschlichen Natur gelegen. Doch wie der verstorbene Ernest Gellner warnte, ist »der Tatbestand, eine Nation(alität) zu besitzen, [...] kein inhärentes Attribut der Menschheit«. Die Entwicklung eines Nationalbewußtseins der Massen fand im größten Teil Osteuropas nicht vor den letzten Jahrzehnten des 19. Jahrhunderts statt. Es hing an vielen anderen Faktoren im Zusammenhang mit dem Aufstieg einer modernen bürgerlichen Gesellschaft: Dazu zählen der Übergang von Agrargesellschaft und Agrarstaat in einen urbanen Staat, einen Industriestaat, der Wechsel von einer Volkskultur in eine nationale Kultur durch die Entwicklung des Schulwesens, die Alphabetisierung der Massen und die Massenkommunikation, außerdem eine wachsende Mobilität der Bevölkerung, die ihr nicht nur ihre eigenen ethnischen Unterschiede und Nachteile, verglichen mit anderen Gruppen in der weiteren Welt, bewußter machten, sondern auch dazu führten, daß ihre Söhne und Enkel, die lesen und schreiben konnten, sich an der Führung der neu entstehenden Nation beteiligten. Kurz gesagt, die Unfähigkeit des zaristischen Systems, mit dem wachsenden Nationalismus fertig zu werden, war ein weiteres Ergebnis ihrer Unfähigkeit, die Herausforderungen der modernen Welt zu meistern.[40]

So neu waren diese Nationalbewegungen, daß sie selbst nach den polnischen Aufständen des 19. Jahrhunderts das zaristische Regime weitgehend überrumpelten, als sie während der Revolution von 1905 als politische Kraft auftraten. Keine der beiden Hauptströmungen im russischen Denken war in der Lage, auf das Problem Nationalismus konzeptionell zu reagieren. Konservative wie Liberale waren in der Tatsache befangen, daß Rußland zunächst ein Reich und erst dann eine Nation geworden war: das zwang sie als Patrioten, sich mit Rußlands imperialen Ansprüchen zu identifizieren. Für die rechten Anhänger der Autokratie waren die nichtrussischen Gebiete schlicht Besitz des Zaren. Das Russische Reich war unteilbar, so, wie die Gewalt des Zaren göttlich war. Selbst Brussilow, der 1917 sein Schicksal mit dem der Republik verband, konnte die Idee des Russischen Reichs nicht aufgeben, und das war es auch, was ihn veranlaßte, sich den Roten anzuschließen, deren Regime es bewahren sollte. Da außerdem nach Ansicht der Rechten die Orthodoxie die Basis der russischen Nation darstellte, waren Ukrainer und Belorussen keine eigenen Völker, sondern »Kleinrussen« und »Weißrussen«; aus dem gleichen Grunde konnten aber auch weder Polen noch Muslime oder Juden in die russische Nation aufgenommen werden oder dieselben Rechte erhalten wie das russische Volk, sondern mußten innerhalb des Reichs in einer Art permanenter Apartheid gehalten werden. Von daher hatten die Anhänger der Autokratie nicht die begrifflichen Mittel, um mit dem Nationalismusproblem umzugehen: Allein schon die Berechtigung von Forderungen der Nichtrussen anzuerkennen hätte die rassistische Basis ihrer eigenen Herrschaftsideologie untergraben. Doch auch die Liberalen waren nicht in der Lage, den Herausforderungen des Nationalismus zu begegnen. Sie ordneten das Problem der nationalen Rechte dem Kampf um bürgerliche und religiöse Freiheiten unter, in der Überzeugung, daß das Nationalismusproblem schon irgendwie verschwinden würde, wenn diese Freiheiten erst einmal errungen wären. Einige Liberale waren bereit, von einer russischen Föderation zu sprechen, in der den Nichtrussen einige Rechte zur Selbstverwaltung und kulturelle Freiheiten garantiert würden, aber keiner war gewillt zuzugeben, daß die Bestrebungen der nichtrussischen Völker sich legitimerweise zu der Forderung nach einem unabhängigen Staat ausweiten könnten. Nicht einmal Fürst Lwow konnte den ukrainischen Anspruch, eine Nation zu sein, verstehen: Seiner Ansicht nach waren die Ukrainer kleinrussische Bauern, deren Bräuche und Dialekt sie von den Großrussen des Nordens unterschieden.

Nur die sozialistischen Parteien in Rußland machten sich die Ideen von nationaler Autonomie und Unabhängigkeit zu eigen, obgleich auch sie dazu tendierten, die nationale Frage dem allgemeineren demokratischen Kampf innerhalb Rußlands unterzuordnen. Es ist daher kaum erstaunlich, daß die nationalen Befreiungsbewegungen eine so zentrale Rolle in der revolutionären Bewegung insgesamt spielen sollten. Tatsächlich war das auch der Vorwand für ihre Verfolgung durch die Rechten: allein ein Pole, schlimmer noch, ein Jude zu sein hieß in ihren Augen, ein Revolutionär zu sein. Dieser sozialistische Aspekt der Nationalbewegungen sollte unterstrichen werden. Denn der Leser des späten 20. Jahrhunderts könnte versucht sein, aufgrund des Zusammenbruchs des Kommunismus und des Aufstiegs des Nationalismus in Osteuropa anzunehmen, die Nationalbewegungen müßten die sozialistischen Ziele bekämpft haben. Verblüffend bei den Nationalbewegungen innerhalb des russischen Imperiums ist, daß ihre erfolgreichsten politischen Varianten fast immer sozialistisch waren: Józef Piłsudskis Polnische Sozialistische Partei führte die Nationalbewegung in Polen an, die Sozialistische Partei wurde zur nationalen Partei der Finnen, die baltischen Bewegungen wurden von Sozialisten angeführt, die ukrainischen Sozialrevolutionäre waren die führende ukrainisch-nationale Partei, die Menschewiki führten die georgische und die Sozialisten der Daschnaktzutiun die armenische Nationalbewegung. Das lag zum Teil daran, daß sich die wesentlichen ethnischen Konflikte häufig an den sozialen Fronten abspielten: estnische und lettische Bauern gegen deutsche Gutsbesitzer und Kaufleute, ukrainische Bauern gegen polnische oder russische Gutsbesitzer und Beamte, Aseri-Arbeiter oder georgische Bauern gegen die armenische Bourgeoisie, kasachische und kirgisische Hirten gegen russische Landwirte usw. Parteien, die ausschließlich an den Nationalismus appellierten, beraubten sich effektiv der Unterstützung der Massen, während Parteien, die den nationalen Kampf erfolgreich mit dem sozialen verbanden, eine kaum zu bremsende demokratische Kraft waren. In diesem Sinne sollte man trotz der verständlicherweise schlechten Presse, die der Nationalismus im 20. Jahrhundert bekommen hat, noch einmal deutlich wiederholen, daß Nationalismus für die vom zaristischen Imperium wie faktisch auch vom Sowjetimperium abhängigen Völker ein Mittel zu ihrer Befreiung von Unterdrückung und Fremdherrschaft war. Lenin selbst erkannte dies an, als er, den Marquis de Custine paraphrasierend, das kaiserliche Rußland ein »Völkergefängnis« nannte.[41]

* * *

Die meisten Nationalbewegungen im Zarenreich begannen in den mittleren Jahrzehnten des 19. Jahrhunderts mit dem Aufkommen eines literarisch-kulturellen Nationalismus. Romantische Schriftsteller, Studenten und Maler, die das Leben in den Großstädten abstieß, reisten aufs Land, um dort Erholung und Inspiration zu suchen. Sie idealisierten das einfache rustikale Leben ihrer bäuerlichen Landsleute und griffen in ihren Werken volkstümliche Themen auf, um einen »nationalen Stil« zu schaffen. Diese Aneignung von Volkskultur – Volkslieder und Folklore, lokales Brauchtum und Dialekte, bäuerliches Kunstgewerbe und Trachten – war mehr als eine vorübergehende Mode für ländliche Idyllen. Sie war Teil eines umfassenderen Projekts der nunmehr selbstbewußten städtischen Mittelschicht: man schuf sich ethnische Symbole als Basis des eigenen nationalen Ethos und der eigenen Identität. Das war ihre »imaginierte Gemeinschaft«. Das Leben der Bauern wurde von der städtischen Intelligenzija weniger beobachtet, als vielmehr ihrer eigenen Vorstellung entsprechend wiedererfunden und mythologisiert. Die Volkskultur des Landes, die sie für den Ursprung ihrer Nation hielten, war in Wahrheit oft kaum mehr als das Produkt ihrer eigenen blühenden Phantasie. Es waren mehr und mehr die Menschen der städtischen Mittelschicht und nicht die Bauern, die sich in Trachten kleideten, wenn sie zur Kirche gingen, und die ihre Heime mit Möbeln und Geschirr im »bäuerlichen Stil« ausstatteten. Sie waren es, die in die ethnographischen und volkskundlichen Museen strömten, die um die Jahrhundertwende in den Großstädten Osteuropas eröffnet wurden.* Wären sie jedoch, um diese Volkskultur zu besichtigen, statt in die Museen in die Dörfer selbst gegangen, ihre ursprüngliche Umgebung also, dann hätten sie erkennen müssen, daß sie allmählich verschwand. Die alten Kunstgewerbe starben wegen der Konkurrenz durch die billigere Industrie aus. Mehr und mehr Bauern trugen die gleiche Fabrikkleidung wie die städtischen Arbeiter, kauften das gleiche Essen in Dosen und Gläsern, die gleichen Fabrikmöbel, Haushaltsgeräte und Bettwäsche. Nur die städtische Mittelschicht konnte es sich leisten, Erzeugnisse des alten Kunsthandwerks zu kaufen.[42]

Der im wesentlichen bürgerliche Charakter dieser Art Nationalismus war in Finnland deutlich erkennbar. Das Großfürstentum Finnland genoß ein größeres Maß an Selbstverwaltung und Autonomie als alle anderen Teile des Zarenreichs, denn die Russen bestätigten bei seiner Eroberung von Schweden 1808/09 dieselben Rechte und Privilegien, die den Finnen von den liberaleren Schweden garantiert worden waren. Diese kulturellen Freiheiten ermöglichten den Aufstieg einer kleinen, aber nationalbewußten einheimischen Intelligenzija, die sich durch die Veröffentlichung finnischer Volksepen wie des *Kalevala* inspirieren ließ und die sich seit den sechziger Jahren im Zuge der nationalen Kampagne für die Gleich-

* Warschau errichtete 1888 das erste ethnographische Museum. Es folgten Sarajewo im selben Jahr, Helsinki 1893, Prag und Lemberg 1895, Belgrad 1901, St. Petersburg 1902 und Krakau 1905.

stellung des Finnischen mit dem historisch dominanten Schwedischen immer enger zusammenschloß.[43]

In den baltischen Provinzen gab es eine ähnliche kulturelle Bewegung im Zusammenhang mit der Kampagne für die Rechte der Landessprache in Schulen und Universitäten, literarischen Publikationen und im öffentlichen Leben. Sie richtete sich weniger gegen die Russen als gegen die Deutschen (in Estland und Lettland) und Polen (in Litauen), die diese Gebiete vor der Eroberung durch die Russen im 18. Jahrhundert beherrscht hatten. Hier hatten die Landessprachen nur in den abgelegenen ländlichen Gebieten überlebt (die einheimischen Eliten waren von der dominanten Sprachkultur assimiliert worden). Es handelte sich eigentlich nur noch um Dialekte, untereinander eng verwandt, mit lediglich lokalen Varianten, nicht viel anders als das Gälisch der Iren und Schotten. Im Lauf des 19. Jahrhunderts hatten Linguisten und Ethnographen diese Dialekte aufgenommen und zu einer Schriftsprache mit geregelter Grammatik und Orthographie standardisiert. Die Ironie dabei war, daß es den meisten Bauern schwergefallen wäre, diese »Landessprache« zu verstehen, selbst wenn sie sie hätten lesen können, da sie gewöhnlich entweder auf nur einem dominanten Dialekt basierte oder ein Konstrukt war, eine Art Bauernesperanto, aus den verschiedenen Dialekten zusammengestellt. Dennoch setzten diese Schaffung einer einheimischen Literatursprache und die Veröffentlichung einer Nationalliteratur und -geschichte in dieser Sprache den Prozeß der Nationenbildung in Gang und ermöglichten es in den kommenden Jahrzehnten, die Bauern in der aufstrebenden Nationalkultur zu erziehen. In Estland waren die kulturellen Wegzeichen dieser nationalen Wiedergeburt die Veröffentlichung des Epos *Kelvipoeg* von Kreutzwald 1857 und die Gründung einer Zeitung in estnischer Sprache, *Postimees*, im selben Jahr, die sich an bäuerliche Leser richtete. In Lettland gab es ebenfalls seit 1878 eine Zeitung in der Landessprache, *Balss* (»Die Stimme«), die es sich wie die Lettische Assoziation zum Ziel gesetzt hatte, die Menschen der beiden Provinzen Livland und Kurland – die damals das Territorium von Lettland bildeten – zu einer einzigen lettischen Nation zusammenzuschließen. Und auch in Litauen, das so lange von Polen beherrscht worden war, wurde in der zweiten Hälfte des 19. Jahrhunderts eine nationale Schriftsprache entwickelt (um den Polen eins auszuwischen, stützte man sich dabei auf das tschechische Alphabet), und eine einheimische Literatur begann zu erscheinen.[44]

Die Nation war in Polen nach den Teilungen genau wie in den baltischen Provinzen eine Idee und nicht ein Ort. Polen existierte nur in der Vorstellung und in der Erinnerung an das historische Königreich Polen, wie es vor seiner Niederlage und Unterwerfung unter die Großmächte Ost- und Mitteleuropas gegen Ende des 18. Jahrhunderts bestanden hatte. Sein Geist fand in der Dichtung Adam Mickiewiczs, den patriotischen Kirchenliedern der katholischen Kirche und – wenigstens behaupteten das die Patrioten – in der Musik Chopins (Chopin war halber Franzose) seinen Ausdruck. Dieser kulturelle Nationalismus war ein Trost für die Polen und ein Ersatz für Politik. Nur wenige engagierten sich im öffentlichen Leben und noch weniger in offenem Widerspruch gegen Rußland. Zensur und die ständige Gefahr von Verhaftung zwangen die des Lesens und Schreibens kundige Bevölkerung, sich in die Welt der Dichtung zurückzuziehen (wie in Rußland diente auch in Polen die Literatur als Metapher für Politik). Der polnische Aufstand von 1830 und selbst der große Aufstand von 1863 waren das Werk einer relativ kleinen nationalistischen Minderheit, zumeist Studenten, Offiziere, Priester und die liberaleren adligen Landbesitzer. Keine dieser Gruppen erhielt viel Unterstützung von den Bauern, die sich kaum als Polen verstanden und jedenfalls mehr daran interessiert waren, selbst Land und Freiheit von den Adligen zu erhalten, als für eine von Adligen und Intellektuellen geführte Sache zu kämpfen.[45]

Dieser erste und primär kulturelle Ausdruck nationaler Bestrebungen trat nirgends deutlicher zutage als in der Ukraine, sicher zum Teil deshalb, weil die Ukrainer von allen Nationalitäten des Russischen Reichs den Russen kulturell am nächsten standen. Die Russen nannten die Ukraine »Kleinrußland« und erklärten es für illegal, das Wort »Ukraine« zu drucken. Kiew, die Hauptstadt der Ukraine, war im 10. Jahrhundert der Gründungsort des russischen Christentums. Die kulturellen Unterschiede zwischen Rußland und der Ukraine – vorwiegend in Sprache, Landrechten und Bräuchen – waren eigentlich erst zwischen dem 13. und dem 17. Jahrhundert aufgekommen, als die westliche Ukraine unter die Herrschaft von Polen-Litauen fiel. So hatten die ukrainischen Nationalisten Mühe, stichhaltige Argumente für diese Besonderheiten vorzubringen, die als Grundlage einer eigenen Nationalkultur dienen konnten.

Sie ließen sich von der ukrainischen Nationalbewegung im benachbarten Galizien inspirieren. Als einem Bestandteil der österreichisch-ungarischen Monarchie waren Galizien relativ liberale Rechte in der Selbstverwaltung zugestanden worden. Das hatte es den Ukrainern oder »Ruthenen« (Küchenlatein für »Russen«), wie sie von den Österreichern genannt wurden, erlaubt, ihre eigene ukrainische Sprache in Grundschulen und im öffentlichen Leben zu fördern, Zeitungen und Bücher in ihrer Sprache zu publizieren und das Studium der ukrainischen Geschichte und Volkskultur zu pflegen. Galizien wurde eine Art »ukrainisches Piemont« für die übrige Nationalbewegung in der zaristischen Ukraine: ein Treibhaus des Nationalbewußtseins und eine Oase der Freiheit für nationalistische Intellektuelle. Lwiw, die Hauptstadt, bekannt auch als Lemberg (bei den Deutschen) und als Lwow (bei den Russen), war ein blühendes Zentrum ukrainischer Kultur. Sowohl der Komponist Lyssenko als auch der Historiker Hruschewski hatten, obgleich sie Untertanen des Zaren waren, in Galizien ihre Nation gefunden. Die nationalistischen Intellektuellen, die in den mittleren Jahrzehnten des 19. Jahrhunderts der ukrainischen Literatursprache den Weg bahnten, entlehnten allesamt Begriffe aus dem galizischen Dialekt, den sie für den fortgeschrittensten hielten;

später jedoch, als sie versuchten, die Bauern mit Zeitungen und Büchern zu erreichen, mußten sie sich auf das Idiom des Gouvernements Poltawa stützen, das als Dialekt der zentralen Ukraine allgemein am besten verstanden wurde. Die zukunftweisenden Texte dieser nationalliterarischen Renaissance wurden durch die Kyrill-und-Method-Bruderschaft veröffentlicht, bis letztere durch die zaristische Obrigkeit im Jahr 1847 aufgelöst wurde. Am bedeutendsten davon war die romantische Dichtung von Taras Schewtschenko, die bei der Entstehung eines Nationalbewußtseins der Intelligenz dieselbe Rolle spielte wie in Polen die Poesie Mickiewiczs. Veröffentlichungen in Ukrainisch erschienen weiterhin, trotz aller Restriktionen. Viel wurde von der Kiewer Sektion der Russischen Geographischen Gesellschaft publiziert, deren immer nationalistischere Mitglieder sich dem Studium der ukrainischen Volkskultur, Volkssprache und Geschichte widmeten.[46]

In den nichteuropäischen Gebieten des Reichs wurde dieses kulturelle Stadium der Nationalbewegungen viel langsamer erreicht. Die armenische Intelligenzija hatte die Ausdehnung der Zarenherrschaft über die östliche Hälfte ihres Landes nach dem Sieg über Persien 1827 begrüßt. Nun hatten sie einen christlichen Herrscher, der sie vor den Türken beschützte und, so hofften sie jedenfalls, die größere Hälfte des armenischen Volks, die Untertan des Osmanischen Reichs geblieben war, befreien würde. Die Verteidigung der armenischen Kultur blieb auf die Gregorianische Kirche und ihre Schulen konzentriert, die die Armenier, zumindest bis zu den Russifizierungskampagnen der achtziger Jahre, mit den Russen als christliche Brudervölker gegen die Türken zusammenschloß. Im benachbarten Georgien dagegen war eher die Sprache als die Religion der Schlüssel zur Entwicklung einer nationalen Identität. Die georgische Kirche war anders als die armenische mit der russisch-orthodoxen Kirche vereinigt und das georgische Gesellschaftssystem, historisches Produkt eines besonderen Typus von Feudalismus, in dem halben Jahrhundert nach der Annexion Georgiens 1801 dem russischen Ständesystem, wenn auch unvollkommen, angeglichen worden. Die georgischen Adligen, durch die Aufhebung der Leibeigenschaft in den sechziger Jahren ruiniert, dominierten in der Intelligenzija. Ihr Nationalismus war nostalgisch: die romantische Dichtung Tschawtschawadses und Barataschwilis beklagte die verlorene Größe des georgischen Königreichs im Mittelalter. In Aserbaidschan schließlich, das in den Jahren nach 1800 von den Russen erobert worden war, wurde die Herausbildung eines Nationalbewußtseins durch die Vorherrschaft des Islam erschwert, der zu supranationalen Formen tendierte und die Entwicklung einer säkularen Kultur und einer Schriftsprache für die Massen blockierte. Zunächst waren es ironischerweise die Russen, die die Entwicklung einer säkularen Kultur der Aseris förderten, indem sie die Stücke von Achundsada, dem »tatarischen Molière«, herausbrachten und historische Darstellungen von Volkskultur und Volkssprache der Aseris in Auftrag gaben, um so den Einfluß der islamischen Kräfte auf den Süden zu schwächen.[47]

Hier sah sich die aufstrebende nationalistische Intelligenz mehr als irgendwo sonst durch die allgemeine Rückständigkeit der Gesellschaft in ihrer Möglichkeit behindert, die bäuerlichen Massen zu beeinflussen. Das war im gesamten Zarenreich ein Problem. Die breite Mehrheit der Bauern, die isoliert in ihren abgelegenen Siedlungen lebte, ohne Schulen oder Verkehrsverbindungen zur übrigen Welt, hatte keine Vorstellung von ihrer Nationalität. Ihre Kultur war eine lokale, die durch Tradition und das gesprochene Wort beherrscht wurde. Sie war auf eine kleine, enge Welt begrenzt: das Dorf und seine Felder, die Gemeindekirche, das Herrenhaus und den örtlichen Markt. Jenseits dessen lag fremdes Land. In Estland zum Beispiel nannten sich die Bauern einfach *maarahvas*, was »Landleute« bedeutet, während sie unter dem Begriff *saks* (von Sachse – Deutscher) einfach »Lehnsherr« oder »Gebieter« verstanden; erst als im späten 19. Jahrhundert die Intellektuellen von Tallin ihren Einfluß auf die Dörfer ausdehnten, erlangten diese Begriffe eine neue ethnische Bedeutung. Ganz ähnlich verhielt es sich in Polen. »Ich wußte nicht, daß ich ein Pole war, bis ich anfing, Bücher und Zeitungen zu lesen«, erinnerte sich ein Bauer in den zwanziger Jahren unseres Jahrhunderts. Die Leute aus seiner Gegend unweit Warschaus an der Weichsel nannten sich eher Masuren als Polen.[48]

In Weißrußland und der nördlichen Ukraine gab es eine so starke ethnische und religiöse Mischung – in einem Gebiet von der Größe von Cambridgeshire lagen weißrussische, ukrainische, russische, polnische, jüdische und litauische Siedlungen nebeneinander –, daß sich kaum mehr als eine lokale Form von ethnischer Identität im Bewußtsein der Menschen festsetzen konnte. Ein britischer Diplomat – sicher ein großer Imperialist und daher etwas geringschätzig gegenüber den Forderungen kleiner Bauernnationen wie der Ukraine – stellte fest, daß das auch 1918 immer noch der Fall war:

> *Wenn man den durchschnittlichen Bauern in der Ukraine nach seiner Nationalität fragt, wird er antworten, er sei griechisch-orthodox; wenn man ihn drängt zu sagen, ob er ein Großrusse, ein Pole oder ein Ukrainer sei, wird er wohl antworten, er sei ein Bauer; und wenn man darauf besteht zu erfahren, welche Sprache er spricht, wird er sagen, daß er »die Sprache von hier« spricht. Vielleicht könnte man ihn dazu bringen, sich mit einem richtigen Nationsnamen zu bezeichnen und zu sagen, er sei »russki«, doch das wäre kaum eine Vorentscheidung der Frage nach einer Beziehung zur Ukraine; er denkt über Nationalität einfach nicht in den Begriffen, die der Intelligenzija vertraut sind. Wenn man also herausfinden will, welchem Staat er gerne angehören möchte – ob er von einer allrussischen oder einer besonderen ukrainischen Regierung regiert werden möchte –, wird man erfahren, daß seiner Meinung nach alle Regierungen eine Landplage seien und daß es das beste wäre, wenn das »christliche Bauernvolk« sich selbst überlassen bliebe.*

Solche ortsbezogenen Formen der Identität waren in den islamischen Regionen des Kaukasus (unter den Tschetschenen, Daghestanern und Aseris) und in großen Teilen Zentralasiens sogar noch ausgeprägter, wo noch immer die Lehensverhältnisse von Stammesgesellschaften dominierten, auch wenn sie von zaristischen Verwaltungsstrukturen überlagert waren.[49]

Der Prozeß, die Bauern dieser sich herausbildenden, auf die Städte konzentrierten nationalen Kultur auszusetzen und sie dazu zu bringen, in nationalen Begriffen zu denken, hing demnach offenkundig von der generellen Öffnung ihrer engen Dorfkultur für die äußere Welt ab. Das war ein gesamteuropäisches Phänomen in der zweiten Hälfte des 19. Jahrhunderts, wie Eugen Weber in seinem ausgezeichneten Buch *Peasants into Frenchmen* gezeigt hat. Er war davon abhängig, wie weit die staatliche Erziehung auf dem Land reichte, vom Aufbau ländlicher Institutionen wie Klubs und Vereinen, Märkten und Kooperativen, Bauernbünden und Parteien mit Massenbasis, die auf der nationalen Ebene integriert waren, und von der Erschließung auch der abgelegenen ländlichen Regionen durch Straßen, Eisenbahnen, Post- und Telegrafendienste, Zeitungen und Zeitschriften.

In Polen zum Beispiel folgte die Entstehung eines Nationalbewußtseins in der Masse der Landbevölkerung auf die Verbreitung von Schulen und ländlichen Institutionen wie Kooperativen und auf die immer stärker werdende Abwanderung der Bauern in die Städte. In Georgien war die Entstehung eines allgemeinen Nationalismus mit ähnlichen Prozessen verbunden. Die georgischen Bauern wurden zunehmend in die Marktwirtschaft einbezogen; sie verkauften Getreide, Obst, Wein und Tabak an armenische Händler, während in Tiflis selbst, einst einer vorwiegend armenischen Stadt, aus den ärmeren zugewanderten Bauern eine georgische Arbeiterklasse entstand. Wie in Tiflis, so stand auch in Baku die Vorherrschaft der armenischen Kaufleute und Industriellen im Brennpunkt des wachsenden National- und Klassenbewußtseins der zuwandernden Aseri-Bauern, die in den letzten Jahrzehnten des Jahrhunderts in die Vororte von Baku mit seiner Erdölindustrie strömten. In den Tatarengebieten an der Wolga waren die Anfänge des pantürkischen Nationalismus in der Bewegung der Dschadids zu finden, die sich für die säkulare Erziehung der einheimischen Massen einsetzten und die alten Eliteschulen ablehnten, wie sie die religiösen Muslimführer boten. Um 1900 kontrollierten die Wolga-Dschadids über tausend Grundschulen. Inzwischen formierte sich in Kasan an der pädagogischen Hochschule und der Universität eine einheimische und immer rebellischer werdende tatarische Intelligenzija, obwohl Kasan selbst vorwiegend russisch war.[50]

In der westlichen Ukraine (Galizien) ging die Entwicklung eines Nationalbewußtseins bei den Bauern Hand in Hand mit der Bildung eines Netzwerks von ländlichen Institutionen wie Leseklubs, Kreditverbänden, Kooperativläden, Chören, Versicherungsagenturen, freiwilligen Feuerwehren und Turnvereinen, die mit der Nationalbewegung verbunden waren. Vor allem die ukrainischsprachige Zeitung *Baktiwschtschyna* (»Vaterland«) eröffnete den Nationalisten einen Zugang zum Dorf: Sie zog dadurch, daß sie den lokalen Ereignissen besondere Aufmerksamkeit widmete und sie geschickt mit Propaganda für die nationale Sache vermischte, eine Massenleserschaft unter den Bauern an. Leser dieser Zeitung wie auch Mitglieder der Leseklubs und der anderen Volksbildungsinstitutionen der Nationalbewegung waren hauptsächlich die neuen und »bewußten« Bauern – junge Leute, die lesen und schreiben konnten, sparsam und nüchtern waren und vor allem strebsam –, wie sie um die Jahrhundertwende aus den Gemeindeschulen hervorgegangen waren. Sie bildeten mit den örtlichen Priestern, Kantoren und Lehrern die Dorfkohorte der Nationalbewegung, die allmählich die lokale Verwaltung von den Bürgermeistern und ihren (vorwiegend jüdischen) Handlangern in den Dörfern, die meistens von den polnischen Gutsbesitzern ernannt worden waren, übernahm. In diesem Sinne war die Nationalbewegung durch und durch demokratisch: sie brachte die Politik aufs Dorf.[51]

Am bemerkenswertesten bei der ukrainischen Nationalbewegung sowohl unter österreichischer als auch unter zaristischer Herrschaft war, daß sie auf die Bauern gestützt blieb. Die meisten Nationalbewegungen konzentrierten sich auf die Städte. Bei den Wahlen zur Konstituierenden Versammlung im November 1917 – den ersten demokratischen Wahlen in der Geschichte des Landes – stimmten 71 Prozent der ukrainischen Bauern für die Nationalisten. Als es schließlich 1917–1921 zum nackten Kampf um die Macht kam, erwies sich das natürlich als fundamentale Schwäche der Bewegung: Die Geschichte nahezu aller Länder zeigt, daß die Bauern politisch zu schwach sind, um ein revolutionäres Regime ohne die Unterstützung der Städte zu tragen. Doch in der früheren Phase, in der es die Hauptsorge der Nationalbewegung war, eine Basis im Volk aufzubauen, bedeutete dieser ausgeprägt bäuerliche Charakter eine Quelle der Stärke. 90 Prozent des ukrainischen Volks lebten in ländlichen Regionen. In den Städten der Ukraine dominierten Russen, Juden und Polen; und selbst die wenigen Ukrainer, die dort lebten, zumeist Akademiker und Verwaltungsbeamte, waren leicht zu russifizieren. So hieß Ukrainer sein letztlich ein Bauer zu sein (d. h. doppelt benachteiligt). Symbolisch dafür war die Tatsache, daß das original-ukrainische Wort für »Bürger« (*hromodschanyn*), das in den meisten europäischen Sprachen von dem Wort für Stadt abgeleitet ist – *citizens, citoyen* –, im Ukrainischen auf das Wort für Dorfversammlung (*hromada*) zurückgeht. Die ukrainische Nationalbewegung entwickelte sich als Bauernbewegung gegen den Einfluß der »fremden« Städte. Nationalistische Agitatoren schoben alle Übel, die die Bauern mit der Stadt assoziierten – die Unterdrückung durch den Staat, den Wohlstand und die Privilegien des Adels, Habgier und Betrug der Wucherer und Kaufleute –, auf die Russen, Polen und Juden, die dort lebten. Sie stellten den reinen und schlichten Lebensstil des ukrainischen Dorfs der Korruption dieser fremden städtischen Welt gegenüber, und da der Einfluß der letzteren mit dem Vordringen von Kapitalismus, Fabrikwaren und städtischen Moden auf dem ukrainischen Land wuchs, konnten sie das als eine Bedrohung für die »nationale Lebensform« darstellen. Immer mehr vom traditionellen Kunsthandwerk würde durch Fabrikwaren verdrängt werden, behaupteten sie. Der »ehrliche« ukrainische Ladenbesitzer würde durch den »betrügerischen« Juden ersetzt. Die Kooperativbewegung, die das Rückgrat der ukrainisch-nationalistischen Organisation auf dem Lande wurde, war zu dem Zweck und mit der Rhetorik entwickelt worden, den einfachen Bauern vor der Ausbeutung durch jüdische Händler und Geldverleiher zu schützen.[52]

Doch wäre es ungerecht zu behaupten, die Wirkung der Nationalisten auf die Bauern habe allein auf Fremdenfeindlichkeit und Haß auf die Städte beruht. So war zum Beispiel der Kampf um Bauernland mit der Nationalbewegung in der Ukraine verflochten, wo drei Viertel der Landbesitzer entweder Russen oder Polen waren. Es ist kein Zufall, daß die Bauernrevolution auf dem Land 1902 zuerst in der Region um die Provinz Poltawa ausbrach, wo die ukrainische Nationalbewegung auch am weitesten entwickelt war. Sie verstärkte und politisierte den Konflikt zwischen Bauern und Gutsbesitzern und verband den Kampf des einzelnen Dorfs mit der nationalen Befreiungsbewegung des gesamten ukrainischen Volks gegen die fremde Klasse von Landbesitzern und Beamten.[53]

Der Kampf der Nationalisten für die Rechte der Sprache war ebenfalls eine Befreiungsbewegung für die Bauern. Solange Bauern die Sprache der Regierung und der Gerichte nicht verstehen konnten, hatten sie auch keinen direkten Zugang zu politischen oder bürgerlichen Rechten. Nur wenn sie ihre eigene Sprache lesen lernten, konnten sie auf soziale Verbesserungen hoffen. Und nur wenn sie ihre Priester verstehen konnten, brauchten sie nicht um ihr Seelenheil zu fürchten. Doch der öffentliche Gebrauch der einheimischen Sprache war nicht bloß eine Frage der Notwendigkeit. Er wurde auch zu einer Frage des persönlichen Stolzes, der persönlichen Würde für den ukrainischen Bauern, und das gab den Nationalisten eine solide Basis emotionalen Rückhalts. Wie Trotzki selbst später zugab, als er auf die Ereignisse von 1917 zurückblickte: »Dieses politische Erwachen der Bauern hätte nicht anders stattfinden können ... als in ihrer eigenen Sprache – mit allen Konsequenzen in bezug auf Schulen, Gerichte und Selbstverwaltung. Dagegen vorzugehen hätte bedeutet, zu versuchen, die Bauern in die Nicht-Existenz zurückzudrängen.«[54]

* * *

Der Aufstieg der Nationalbewegungen mußte nicht notwendig das Ende des Russischen Reichs einläuten. Es gab kein historisches Gesetz, nach dem sich dieser kulturelle Nationalismus in voll ausgebildete nationale Unabhängigkeitsbewegungen gegen Rußland hätte entwickeln müssen. Tatsächlich war deutlich, daß viele der Nationalistenführer erkannten, daß den Interessen ihres Landes am besten gedient wäre, wenn die Union mit Rußland aufrechterhalten bliebe, wenn auch lockerer und mit mehr Autonomie. Doch die zaristische Ideologie konnte solcherart Autonomie nicht dulden – das Herrschaftsmotto »Autokratie, Orthodoxie und Volkstümlichkeit« bedeutete die Unterordnung der nichtrussischen Völker unter Rußlands kulturelle Vorherrschaft. Mehr als alles andere war es diese Politik der Russifizierung, wie sie die beiden letzten Zaren immer stärker betrieben, die die Nationalbewegungen politisierte und zu Feinden Rußlands machte. Bis 1905 waren in den meisten nichtrussischen Grenzgebieten nationalistische Parteien als eine bedeutende revolutionäre Kraft entstanden. Das zaristische Regime hatte durch sein Versäumnis, sich mit dem Nationalismus zu arrangieren, ein weiteres Instrument zu seiner eigenen Vernichtung geschaffen. Sir John Maynard, der als Engländer in der Zeit des Niedergangs des Britischen Weltreichs in der richtigen Position war, um die Gefahren kolonialer Nationalismen zu würdigen, ging so weit zu behaupten, daß die Ursachen der russischen Revolution zur Hälfte in der Politik der beiden letzten Zaren gegenüber ihren nichtrussischen Untertanen lägen.

Es war nichts Neues an der Politik der Russifizierung. Immer schon war es ein zentrales Interesse der zaristischen imperialen Philosophie gewesen, die nichtrussischen Völker dem russischen kulturellen und politischen System anzupassen, sie zu »wahren Christen, loyalen Untertanen und guten Russen« zu machen, wenn auch die verschiedenen Zaren diese drei Prinzipien ihrer Politik unterschiedlich gewichteten.[55]

Doch je mehr im späten 19. Jahrhundert die Befürchtungen der Regierung wegen des Nationalismus wuchsen, desto intensiver betrieb sie ihre Politik der Russifizierung. Ein Grund zur Sorge war, daß die Russen als Folge der territorialen Ausdehnung des Imperiums, vor allem nach Asien mit seinen hohen Geburtenraten und seiner Übervölkerung, ihr demographisches Übergewicht verloren. Der Zensus von 1897 zeigte, daß die Russen nur noch 44 Prozent der Bevölkerung des Imperiums stellten und daß sie, was noch beunruhigender war, eine der am langsamsten wachsenden ethnischen Gruppen waren.[56] Die slawophilen Nationalisten, die für die Ausrichtung der Russifizierungskampagnen der beiden letzten Zaren verantwortlich waren, argumentierten, daß das Russische Reich in diesem Zeitalter des wachsenden Nationalismus und imperialen Wettstreits schließlich auseinanderbrechen werde, wenn nicht etwas geschehe, um die kulturelle Vorherrschaft der Russen zu wahren. Mit anderen Worten, der russische Nationalismus müsse als politische Kraft mobilisiert und als Gegengewicht zu den zentrifugalen Kräften der nichtrussichen Nationalitäten im Zentrum des zaristischen Herrschaftssystems verankert werden.

Neben der Verfolgung der anderen Religionen war die Verbannung der nichtrussischen Landessprachen aus den Schulen, der Literatur, den Verkehrszeichen, Gerichten und öffentlichen Ämtern die auffälligste und bedrückendste der Russifizierungsmaßnahmen nach 1881. Das Sprachenverbot war besonders unglücklich.

Eine seiner Auswirkungen war es, der wachsenden landessprachlichen Intelligenzija den Weg für den Aufstieg über das Erziehungssystem und die Bürokratie zu versperren, so daß sie mehr und mehr in die nationalistische und revolutionäre Opposition abgedrängt wurde. Der Versuch, die Landessprachen auszumerzen, war nicht bloß eine verletzende und demoralisierende Politik, was die Nichtrussen anbelangt – er war außerdem lächerlich. Polnische Studenten an der Warschauer Universität mußten zum Beispiel die absurde Demütigung ertragen, ihre eigene Literatur in russischer Übersetzung zu studieren. Gymnasiasten konnten der Schule verwiesen werden, wenn sie in ihren Schlafsälen Polnisch sprachen, wie es dem führenden Bolschewiken und Gründer der Tscheka, Felix Dserschinski, widerfuhr. Selbst Anton Denikin, der zukünftige Führer der Weißen, der als Russe an einem Warschauer Bezirksgymnasium Mitte der achtziger Jahre verpflichtet war, die Unterhaltungen seiner polnischen Klassenkameraden zu überwachen, hielt die Maßnahme für »unrealistisch streng« und schrieb immer »nichts zu berichten«. Doch während das Verbot für Gymnasiasten, Polnisch zu sprechen, nur streng war (wenigstens hatten sie Russisch sprechen gelernt), bedeutete dasselbe in bezug auf die Gepäckträger (von denen die meisten nie Russisch gelernt hatten, das man ihnen als »öffentlichen Bediensteten« zu sprechen befahl), sich auf das Gebiet surrealer Grausamkeiten zu begeben. Das war nicht der einzige Akt bürokratischen Wahnsinns. 1907 weigerte sich das medizinische Komitee in der Provinz Kiew zu genehmigen, daß Hinweise auf die Choleraepidemie auf ukrainisch veröffentlicht wurden, mit dem Ergebnis, daß viele der Bauern, die kein Russisch lesen konnten, starben, weil sie verseuchtes Wasser tranken.[57]

Von allen nichtrussischen Nationalitäten litten die fünf Millionen Juden des Zaren am meisten unter der großrussisch-chauvinistischen Reaktion in den letzten Jahren des alten Regimes. Juden wurden weithin, wenn auch zu Unrecht, für die Ermordung Alexanders II. im Jahr 1881 verantwortlich gemacht und noch im selben Jahr Opfer von Hunderten von Pogromen überall in der Ukraine. Anders, als es die alte und festverankerte Legende will, ist keiner dieser Pogrome – und es sollten noch viel mehr werden (z. B. 1903 in Kischinjow und 1905/06 im ganzen Reich) – je von der Regierung angezettelt worden. Zwar stellten die Behörden nur langsam die Ordnung wieder her, und wenige der Anstifter wurden je vor Gericht gebracht, aber das war nicht Teil einer Verschwörung, sondern spiegelte nur die Ineffizienz der Behörden und generell ihre Judenfeindlichkeit wider. In den achtziger Jahren, zu einer Zeit, als sowohl das Deutsche Reich als auch Österreich anfingen, ihre gesetzlichen Restriktionen gegenüber den Juden zu lockern, fuhr das Zarenregime fort, seine eigene schwerfällige Struktur des institutionalisierten Antisemitismus zu erweitern. Die beiden letzten Zaren waren ausgesprochene Antisemiten – beide assoziierten die Juden mit der Bedrohung durch die städtische Moderne, den Kapitalismus und den Sozialismus –, und in offiziellen Kreisen wurde es Mode, ihre rassistischen Vorurteile zu wiederholen. Besonders Nikolai II. tendierte mehr und mehr dazu, die antijüdischen Pogrome in seiner Regierungszeit als einen Akt von Patriotismus und Loyalität des »guten und einfachen russischen Volks« zu sehen. Zur Zeit der Bejlis-Affäre 1911–1913, als ein Jude, den man fälschlich des Ritualmords beschuldigte, durch die Kiewer Gerichte gezerrt wurde, versuchte Nikolai, den weitverbreiteten Antisemitismus innerhalb der gesamten Bevölkerung, die von nationalistisch-extremistischen Gruppen wie seinem eigenen geliebten Bund des Russischen Volkes aufgestachelt war, offensichtlich als Banner zu nutzen, um das er die Massen gegen die Feinde seines schwankenden Regimes scharen könnte.[58]

Es ist daher kaum erstaunlich, daß die Juden in der revolutionären Bewegung eine so große und bedeutende Rolle gespielt haben.* Selbst Witte, der 1903 zu dem Pogrom von Kischinjow Stellung nahm, mußte zugeben, daß, wenn die »Beteiligung [der Juden] an den Umsturzparteien ungefähr 50 Prozent« betrage, dies »die Schuld unserer Regierung [sei]. Man bedrängt die Juden zu sehr.« Der Allgemeine Jüdische Arbeiterbund war Rußlands erste marxistische Partei mit Massenbasis. 1897 gegründet, hatte er 1905 bereits 35 000 Mitglieder. Er erklärte, die Juden seien eine »Nation«, für die er volle nationale Autonomie – mit Jiddisch als offizieller Sprache – innerhalb einer russischen Föderation verlangte. Solche Forderungen wurden von den russischen Marxisten (einschließlich Juli Martows und Leo Trotzkis, die selber Juden waren) zurückgewiesen, weil sie Klasseninteressen über nationale Interessen stellten und dem jüdischen Nationalismus der Bundisten jedenfalls zutiefst feindlich gesinnt waren (Georgi Plechanow warf ihnen vor, sie seien Zionisten, die sich vor der Seekrankheit fürchteten). Das Ergebnis war, daß die beiden marxistischen Bewegungen getrennte Wege gingen. Es gab auch eine große zionistische Bewegung, deren Anwachsen die zaristische Regierung nach den frühen achtziger Jahren duldete, weil sie die jüdische Emigration als Reaktion auf die Pogrome befürwortete; doch auch sie wurde 1903 mit der Begründung verboten, sie diene innerhalb Rußlands dem jüdischen Nationalismus als Vehikel.[59]

Es waren nicht bloß die Juden, die sich um die Jahrhundertwende als Reaktion auf ihre wachsende Diskriminierung dem Nationalismus zuwandten. Im gesamten Reich wirkte sich die Russifizierungskampagne so aus, daß sie die Nichtrussen in die neuen antizaristischen Parteien trieb. Nahezu die gesamte finnische Bevölkerung scharte sich um die Jungfinnen, die Sozialdemokraten und die Partei des

* Obgleich natürlich nie vergessen werden darf, daß zwar viele Revolutionäre Juden, jedoch relativ wenige Juden Revolutionäre waren. Es war ein Mythos der Antisemiten, daß alle Juden Bolschewiki seien. Tatsächlich favorisierte der größte Teil der jüdischen Bevölkerung, soweit man aus den Wahlen zur Konstituierenden Versammlung von 1917 schließen kann, die Zionisten und demokratischen sozialistischen Parteien. Wie der Oberrabbiner von Moskau einst nicht ohne seinen üblichen jüdischen Humor bemerkte: »Die Trotzkis machen die Revolutionen, und die Bronsteins zahlen die Rechnung.« (Melamed, »St Paul and Leon Trotsky«, 8).

Aktiven Widerstands, um gegen die nach 1899 unter Mißachtung des finnischen Rechts auf Selbstverwaltung aufgezwungene russische Herrschaft und die Einberufung zum Militär zu protestieren. In den baltischen Provinzen schloß sich die einheimische Bevölkerung den Sozialdemokraten an, um ihre nationalen Rechte gegen den Zarenstaat zu verteidigen. In Polen geschah das gleiche mit der Polnischen Sozialistischen Partei, die verkündete, daß das polnische Problem nur durch die Kombination einer sozialen und einer nationalen Revolution gelöst werden könne. In der Ukraine war es die Ukrainisch-Revolutionäre Partei, gegründet 1902, die in der nationalen und sozialen Revolution zunächst den Ton angab, da sie eine Schlüsselrolle bei den Bauernerhebungen von 1902 gespielt hatte, jedoch rasch von der Ukrainisch-Nationalen Partei und den ukrainischen Sozialdemokraten verdrängt wurde. In Georgien führten die Sozialdemokraten 1904 bis 1906 die nationale Revolution an, die sowohl antirussisch als auch sozialistisch war. Selbst die Armenier, die immer am loyalsten gegenüber ihren russischen Herren gewesen waren, scharten sich nach 1903 um die Daschnaken im Widerstand gegen die Russifizierung ihrer Schulen. Kurz, das gesamte Zarenreich war am Vorabend der Revolution von 1905 reif für den Zusammenbruch. Seine Völker wollten entkommen.

# 3 IKONEN UND KAKERLAKEN

## EINE ABGELEGENE WELT

Eines frühen Morgens im März 1888 verließ Michail Romas Kasan und fuhr 50 Kilometer wolgaabwärts bis zum Dorf Krasnowidowo. Dort wollte er mit der Gründung eines Kooperativladens das Leben der Bauern verändern. Romas, ein Narodnik und Mitglied des Geheimbundes »Rechte des Volks«, war erst kürzlich von zwölf Jahren Gefängnis und Verbannung wegen des Versuchs, die Bauern zu organisieren, zurückgekehrt. Auch Sibirien hatte ihn nicht dazu gebracht, seine Ansichten zu ändern. In Krasnowidowo wollte er die Dorfbewohner aus den Klauen der örtlichen Händler befreien, indem er ihnen billige Fabrikwaren lieferte und sie in einer Gärtnerkooperative zusammenschloß, die Obst und Gemüse direkt nach Kasan verkaufte. Er nahm Alexej Peschkow mit, der später als der Schriftsteller Maxim Gorki (1868–1936) bekannt werden sollte.

Krasnowidowo lag auf dem Steilufer mit Blick über die Wolga. Es war ein relativ wohlhabendes Dorf. Die Nähe zu Kasan hatte es zu einem Produktionszentrum für den Markt gemacht, und seine erfolgreichsten Landwirte erfreuten sich eines bescheidenen Wohlstands. Ihre soliden Holzhäuser hatten Bretterdächer und farbenfrohe Verzierungen mit Tierzeichnungen auf ihren hölzernen Läden und Fensterrahmen. Innen konnte man ein Sortiment von Fabrikprodukten aus Rußlands aufblühender Industrie finden: eiserne Töpfe und Pfannen, Samoware, Vorhänge, Spiegel, Bettgestelle, Petroleumlampen, Akkordeons usw. Langsam, aber sicher wurde Krasnowidowo wie das übrige bäuerliche Rußland in die Marktwirtschaft hineingezogen.[1]

Das brachte es im Kampf der Narodniki für die Bauern an die vorderste Front. Für die Narodniki stand im Mittelpunkt ihrer Philosophie die Vorstellung, daß die egalitären Bräuche der Dorfkommune als Modell für eine sozialistische Neugestaltung der Gesellschaft dienen könnten. Wenn das Dorf vor dem Eindringen des Kapitalismus bewahrt würde, könnte sich Rußland, so glaubten sie, direkt auf die sozialistische Utopie zubewegen, ohne das »bürgerliche Entwicklungsstadium« – mit allen negativen Begleiterscheinungen – zu durchlaufen, wie es in Westeuropa geschehen war. Die alte Dorfkommune würde als Basis des russischen Kommunismus erhalten bleiben.

Als Reaktion auf den Ruf »Geht ins Volk« der Führer des Narodnitschestwo strömten Tausende radikaler Studenten, darunter auch Michail Romas, während der siebziger Jahre aufs Land in dem naiven Glauben, sie könnten die Bauern für ihre revolutionäre Sache gewinnen. Sie sahen in der Welt des Dorfes nur ihre eigenen romantischen Bestrebungen gespiegelt und redeten sich ein, daß sie in den einfachen Bauern Seelenverwandte und Verbündete im sozialistischen Kampf finden würden. Manche versuchten, sich wie Bauern zu kleiden und wie sie zu sprechen, so sehr identifizierten sie sich mit deren »einfachem Leben«. Einer von ihnen, ein Jude, konvertierte sogar zur Orthodoxie, weil er meinte, das brächte ihn der »Bauernseele« näher. Diese Romantiker stellten sich das Dorf als eine kollektive harmonische Gemeinschaft vor, die von den elementaren sozialistischen Instinkten des russischen Volks zeugte. Unter den Bauern, so schrieb einer ihrer Führer, »gibt es mehr Achtung für den Wert des einzelnen Menschen, und es ist ihnen weniger gleichgültig, wie der Nachbar ist und was man für den Nachbarn darstellt«. Viele Narodniki hatten ein so idealisiertes Bild von den Bauern, daß sie sogar behaupteten, diese hätten eine höhere Sexualmoral und seien enthaltsamer als die verdorbene Stadtbevölkerung. Zum Beispiel glaubten sie, daß es unter den Bauern keine Prostitution gäbe (und das, obwohl die Mehrheit der städtischen Prostituierten ursprünglich Bauersfrauen waren), daß auf dem Dorf keine Vergewaltigungen oder sexuellen Übergriffe vorkämen (trotz des Brauchs des *snochatschestwo* auf dem Lande, der dem Haushaltsvorstand bei Abwesenheit der Söhne einen sexuellen Anspruch auf die Schwiegertöchter gab) und daß die Syphilis (die in ganz Rußland endemisch war) zwar in den verderbten Städten eine Geschlechtskrankeit sein mochte, auf dem Dorf jedoch in dem Brauch der Bauern, ihre Holzlöffel und -schüsseln gemeinsam zu benutzen, eine unschuldigere Ursache habe.[2]

Diese romantischen Missionare waren erschüttert, als sie die Wirklichkeit auf dem Lande kennenlernten. Die meisten Studenten begegneten vorsichtigem Mißtrauen oder gar Feindseligkeit auf seiten der Bauern und wurden bald von der Polizei verhaftet. Im Rückblick aus Gefängnis und Verbannung auf ihre Erfahrungen waren gemäßigte Narodniki wie Romas überzeugt, daß das Grundproblem in der Isolation der Bauern vom Rest der Gesellschaft lag. In den Jahrhunderten der Leibeigenschaft waren die einzigen Außenstehenden, denen die Bauern begegneten, der Landadel und die Staatsbeamten gewesen, und so überrascht es kaum, daß sie gegen die studentischen Agitatoren argwöhnisch waren. Was jetzt not tat, waren Jahre geduldiger Arbeit, um eine Vertrauensbasis zwischen den Bauern und der Intelligenzija des Narodnitschestwo herzustellen. Aus diesem Grund war Romas nach Krasnowidowo gekommen.

Seine Bemühungen waren umsonst. Von Anfang an begegneten die Dorfbewohner seiner Kooperative mit Mißtrauen, denn sie konnten nicht verstehen, warum dort die Preise so viel niedriger waren als in den anderen Verkaufsstellen. Die reichsten Bauern, die zu den schon etablierten Kaufleuten enge Beziehungen pflegten, schüchterten Romas und seine Verbündeten ein. Sie füllten Schießpulver in eines seiner Brennholzscheite und verursachten so eine kleinere Explosion. Sie bedrohten die ärmeren Bauern, die allmählich ein gewisses Interesse an der Kooperative zeigten, ermordeten brutal einen seiner Helfer, einen armen Bauern aus dem Dorf, und ließen seine grausam zugerichtete Leiche am Flußufer zurück. Schließlich ließen sie die Kooperative (und mit ihr das halbe übrige Dorf) in Flammen aufgehen, indem sie das Petroleumlager in Brand steckten. Romas' Feinde machten ihn und Gorki für das Feuer verantwortlich und hetzten die wütenden Bauern auf sie. Doch die »Häretiker« kämpften sich frei und liefen um ihr Leben.

Romas trug die Niederlage mit stoischer Ruhe und schob sie auf die Unwissenheit der Dorfbewohner. Er weigerte sich, seinen Glauben an das sozialistische Potential der Bauern aufzugeben, und als ihn Gorki 15 Jahre später wiedertraf, hatte er bereits weitere zehn Jahre Verbannung in Sibirien wegen seines Engagements für das Narodnitschestwo verbüßt. Doch für Gorki bedeutete die Erfahrung eine bittere Desillusionierung. Er kam zu dem Schluß, daß die Bauern, so gut sie auch im einzelnen sein mochten, alles Positive hinter sich ließen, wenn sie sich »in grauem Haufen [...] drängten«:

> *... hündische Kriecherei vor den Starken kam zum Vorschein, sie waren dann widerlich anzusehen. [...] sie wurden ... von wölfischer Wut gepackt und heulten sich mit gesträubtem Fell und gefletschten Zähnen an, bereit, übereinander herzufallen; und sie fielen auch – einer Kleinigkeit wegen – übereinander her. In solchen Augenblicken waren sie furchterregend und konnten eine Kirche zerstören, in die sie am Abend zuvor geströmt waren, sanft und ergeben wie Schafe in ihren Stall.*[3]

Der »edle Wilde«, den die Narodniki im einfachen Bauern gesehen hatten, war, wie Gorki jetzt schloß, nichts als eine romantische Illusion. Und je mehr er das Alltagsleben der Bauern kennenlernte, desto mehr verurteilte er sie als wild und barbarisch.*

Derartige Mißverständnisse waren ein Dauerthema in der Geschichte der Beziehungen zwischen dem intellektuellen und dem bäuerlichen Rußland – den »Zwei Rußlands«, wie sie Herzen einst genannt hatte. Die Narodniki waren zwar vielleicht die auffälligsten, aber nicht die einzigen Menschen, die ihre eigenen Ideale den Bauern überstülpten. So gut wie jede Richtung sozialistischen Denkens in Rußland ging in dieselbe Falle. Wie Dostojewski schreibt:

> *Wir alle, wir Freunde des Volkes, sehen auf das Volk wie auf eine Theorie, und niemand liebt daher dasselbe so, wie es in der Tat ist, sondern so, wie er es sich*

* Im Alter von 23 Jahren wurde Gorki von einer Gruppe Bauern bewußtlos geprügelt, als er versuchte, einer Frau beizustehen, die, des Ehebruchs für schuldig befunden, von ihrem Mann und einem heulenden Mob nackt ausgezogen und ausgepeitscht worden war.

*vorstellt. Wenn das russische Volk in der Folge sich nicht als dasjenige erweisen sollte, als was ein jeder von uns es sich vorstellt, so würden wir, ungeachtet unserer vermeintlichen Liebe zu ihm, uns sofort und ohne jegliches Bedauern von ihm abwenden.*[4]

Kern des Problems der nationalen Identität Rußlands war das Rätsel Bauer. Und mit der »Bauernfrage« setzten auch all jene endlosen Debatten über die Zukunft Rußlands ein, die die (größtenteils ungelesenen Seiten der) russischen Romane des 19. Jahrhunderts füllen.

Rußland war an der Wende zum 20. Jahrhundert immer noch ein Agrarstaat: 80 Prozent der Bevölkerung waren Bauern, und vom Rest waren die meisten bäuerlicher Abstammung. Man kratze an einem russischen Städter, und ein Bauer kommt zum Vorschein. Die meisten Arbeiter in den Fabriken und Handwerksbetrieben, Wäschereien und Küchen, Badehäusern und Geschäften der Städte waren entweder vom Land zugewandert, oder sie waren Kinder solcher Zuwanderer, die immer noch zur Ernte ins Dorf zurückkehrten und Geld ins Dorf schickten. Restaurants stellten ganze Armeen kellnernder Bauern ein, während die Häuser der Reichen sich ganz auf ihre bäuerlichen Domestiken stützten, deren Zahl europäischen Besuchern den Atem verschlug. Die Straßenhändler in der Stadt waren meist bäuerlicher Herkunft, ebenso die Kutscher, Portiers, Träger, Bauarbeiter, Gärtner, Straßenkehrer, Kutscher, Hausierer, Bettler, Diebe und Prostituierten. Rußlands Städte blieben alle nach sozialer Zusammensetzung und Charakter im wesentlichen »bäuerlich«. Nur wenige Kilometer von jedem Stadtzentrum entfernt befand man sich bereits in der Provinz, wo in den Wäldern Räuber hausten, wo die Straßen sich im Frühjahr in Morast verwandelten und wo in den abgelegenen Weilern das Leben seinem äußeren Erscheinungsbild nach seit dem Mittelalter im großen und ganzen unverändert geblieben war. Obwohl die gebildeten Schichten der Städte so nahe bei den Bauern lebten, wußten sie doch so gut wie nichts über deren Welt. Sie war ihnen so exotisch und fremd wie die Eingeborenen von Afrika ihren fernen kolonialen Herrschern. Und in diesem gegenseitigen Unverständnis, dieser kulturellen Kluft zwischen den »Zwei Rußlands« lagen die Wurzeln der sozialen Revolution und ihres tragischen Schicksals.

* * *

Die Isolation der Bauern vom Rest der Gesellschaft zeigte sich auf nahezu allen Ebenen – rechtlich, politisch, ökonomisch, kulturell, sozial und geographisch. Die Bauern bewohnten eine Dreiviertelmillion ländlicher Siedlungen, verstreut über ein Sechstel der Erdoberfläche. Selten kamen sie weit über die engen Grenzen ihres Dorfes und seiner Felder, der Gemeindekirche, des Herrenhauses und des örtlichen Markts hinaus. Die Dorfgemeinschaft war das Zentrum dieser kleinen und isolierten Welt. Und tatsächlich hatte der alte bäuerliche Begriff dafür (*mir*) im

Russischen auch die Bedeutung von »Welt«, »Frieden« und »Universum«. Der *mir* wurde von einer Versammlung von Bauernältesten geführt, die wie die Dorfgemeinde (*obschtschina*) faktisch jeden Aspekt dörflichen und agrarischen Lebens regelte. Ihre Machtbefugnisse in der Selbstverwaltung wurden mit der Bauernbefreiung wesentlich erweitert, als sie die meisten administrativen, polizeilichen und gerichtlichen Funktionen der Gutsbesitzer übernahm und zur Basiseinheit der ländlichen Verwaltung (*obschtschestwo*) wurde, die den rudimentären Organen staatlicher Administration in den Bezirksverwaltungen untergeordnet war. Sie kontrollierte das Land, das den Bauern von den Gutsbesitzern bei der Bauernbefreiung übertragen wurde, und war für die Zahlung der Tilgungsraten für das Land kollektiv verantwortlich. In den meisten Teilen Rußlands war das Ackerland Gemeindebesitz, und alle paar Jahre verteilte der *mir* die Hunderte von Ackerstreifen unter den bäuerlichen Haushalten neu, jeweils entsprechend der Zahl von Arbeitern oder »Essern«. Der *mir* bestimmte auch die Abfolge von Anbau und Brache, wie es durch das System der offenen Felder des Streifenanbaus bedingt war; er verwaltete die Wälder und das Gemeindeweideland, stellte Dorfwächter und Hirten an, zog Steuern ein, führte die Rekrutierung der Soldaten durch, kümmerte sich um die Reparatur von Straßen, Brücken und kommunalen Gebäuden, gründete mildtätige und andere Wohlfahrtseinrichtungen, organisierte Dorffeste, wahrte die öffentliche Ordnung, schlichtete in kleineren Streitfällen und sprach lokalem Brauch gemäß Recht.

Der *mir* konnte ein starkes Gefühl der Gemeindesolidarität bei den Bauern wecken, die ja alle gleichermaßen an das Dorf und das Land gebunden waren. Das spiegelt sich in vielen bäuerlichen Sprichwörtern wider: »Was ein Mann nicht ertragen kann, kann der *mir* ertragen«; »Niemand ist größer als der *mir*« usw.[5] Die Existenz solcher Bindungen ist überall auf der Welt in Dorfgemeinden zu finden. Sie zeugen nicht so sehr vom »natürlichen Kollektivismus« des russischen Volks, der bei den Slawophilen und Narodniki so beliebt war, als von der funktionalen Logik bäuerlicher Selbstverwaltung im Überlebenskampf mit der rauhen Wirklichkeit der Natur und den mächtigen äußeren Feinden wie Gutsbesitzern und Staat. In Wahrheit kämpften die Dorfbewohner unter dem Mantel kommunaler Solidarität, wie ihn Außenstehende sahen, weiter untereinander um individuelle Vorteile. Das Dorf war eine Brutstätte von Intrigen, Fehden, Habgier, Unredlichkeit, Schäbigkeit und manchmal grauenhaften Gewalttaten unter Nachbarn; es war kein Hort kommunaler Harmonie, wie es sich die städtischen Intellektuellen vorstellten. Den individuellen Interessen der Bauern war ganz einfach häufig mit kollektiver Aktivität am besten gedient. Die Kürze der landwirtschaftlichen Saison in Rußland, vom Tauwetter und dem Beginn des Frühjahrspflügens im April bis zum ersten Schnee Anfang November, machte gewisse Formen der Zusammenarbeit notwendig, damit die wichtigsten Tätigkeiten innerhalb des landwirtschaftlichen Zyklus in kurzen Phasen intensiver Aktivität erledigt werden konnten. Deshalb war der traditionelle bäuerliche Haushalt in der Regel größer als sein europäisches Gegenstück und bestand oft aus über einem Dutzend Familienmitgliedern, wenn die Familien von zwei oder drei Brüdern mit den Eltern unter einem Dach lebten. Statistische Untersuchungen haben überzeugend die Vorteile der größeren Haushalte hervorgehoben (ein höherer Prozentsatz erwachsener männlicher Arbeitskräfte, mehr Land und Viehbestand pro Kopf usw.), was viel mit den Vorteilen der Zusammenarbeit zu tun hatte. Die Schwierigkeiten der kleinbäuerlichen Landwirtschaft, die meistens mit nur einem Pferd und einem kleinen Vorrat an Saatgut und Werkzeugen ausgestattet war, machten ebenfalls einfache Formen von nachbarlicher Kooperation wie etwa Leihen und Verleihen vorteilhaft für alle Seiten. Schließlich gab es viele lohnende Projekte, die nur von einem Dorf als Ganzem ausgeführt werden konnten, etwa das Roden von Wäldern, das Trockenlegen von Sümpfen, der Bau von Stallungen und das Anlegen von Straßen, Brücken und Bewässerungssystemen.

An der Dorfversammlung oder *schod*, wo diese Beschlüsse gefaßt wurden, nahmen die Ältesten der bäuerlichen Haushalte teil; sie fand gewöhnlich an einem Feiertag auf der Straße oder auf einer Wiese statt, da Dörfer selten über so geräumige Gebäude verfügten, die der ganzen Versammlung Platz boten. Es gab keine feste Tagesordnung. Die Bauern standen in losen Gruppen herum, tranken, rauchten und diskutierten verschiedene Themen von lokalem Interesse, bis der Dorfälteste, der sich unter die Menge begeben hatte und sich über die Stimmung unter den tonangebenden Bauern informiert hatte, die Versammlung dazu aufrief, über eine Reihe von Beschlüssen abzustimmen. Die Abstimmung erfolgte durch Zuruf oder durch das Zusammenrücken in Gruppen, und alle Beschlüsse wurden einstimmig verabschiedet, denn wenn die Meinungen auseinandergingen, gab die Minderheit immer der Mehrheit nach, oder, wie es die Bauern nannten, sie unterwarf sich »dem Willen des *mir*«. Romantische Beobachter hielten diese selbstauferlegte Konformität für ein Zeichen sozialer Harmonie. Nach den Worten Aksakows drückte die Gemeinde ihren Willen als Einheit aus, wie ein »moralischer Chor«. Doch in Wirklichkeit wurde die Entscheidungsfindung gewöhnlich von einer kleinen Clique der ältesten Haushaltsvorstände beherrscht, die häufig auch die erfolgreichsten Landwirte waren, und die übrigen Dorfbewohner überließen sich meist ihrer Führung. Die Einmütigkeit des *mir* war nicht Spiegel einer natürlichen bäuerlichen Harmonie, sondern eine Konformität, die von den patriarchalischen Dorfältesten von oben aufgezwungen wurde.

Manche Beobachter des Dorflebens (und das schließt Bolschewiki ein) beschrieben diese dominierenden Patriarchen als »Gemeindefresser« (*mirojedy*) oder »Kulaken«.* Das waren die sogenannten »reichen« und »schlauen« Bauern, »klein-

* Der Begriff »kulak«, abgeleitet von dem Wort für »Faust«, wurde ursprünglich von den Bauern gebraucht, um die ausbeuterischen Elemente (Wucherer, Unterverpächter von Land,

kapitalistische Unternehmer«, »Wucherer«, »Parasiten« und »starken Männer«, die bei den übrigen Dorfbewohnern gefürchtet waren und deren Habgier und Individualismus letztlich zur Zerstörung der Gemeinde führen sollten. »Bei den Dorfversammlungen«, schrieb ein Jurist zu Beginn dieses Jahrhunderts, »sind die einzigen Teilnehmer die Großmäuler und die Lakaien der Reichen. Ehrlich arbeitende Bauern nehmen nicht teil, weil sie wissen, daß ihre Anwesenheit sinnlos ist.«[6]

Aber auch das kam im großen und ganzen dabei heraus, wenn man die Bauern nicht als das ansah, was sie waren, sondern als Beweis für eine abstrakte Theorie, in diesem Fall die marxistische. Die tonangebenden Bauern im Dorf waren meistens die ältesten Patriarchen und häufig, wenn auch nicht notwendig, die Köpfe der reichsten Familien. Das russische Dorf des späten 19. Jahrhunderts trug immer noch viele Züge dessen, was Anthropologen eine »traditionelle Gesellschaft« nennen. Obwohl sich der Kapitalismus sicherlich in Rußland insgesamt entwickelte, mußte er doch, außer in ein paar besonderen Regionen, erst noch ins Dorf vordringen, wo es tatsächlich Zweck der Gemeinde war, seine Wirkung zu begrenzen. Die Vorherrschaft der bäuerlichen Patriarchen beruhte nicht auf kapitalistischer Ausbeutung, sondern auf der Tatsache, daß es weitgehend immer noch eine mündliche Kultur war, in der die Sitten und Gebräuche der Vergangenheit, über die Generationen weitergegeben, als Modell für kollektives Handeln des Dorfs in Gegenwart und Zukunft dienten: »Unsere Vorväter haben es so gehalten, und so tun wir es auch.« In dieser Art Kultur wurden immer die alten Männer als die wichtigsten Personen im Dorf angesehen – sie hatten die meiste Erfahrung in der Landwirtschaft und wußten am besten über das Land Bescheid –, und ihre Meinung war gewöhnlich entscheidend. Alte Frauen wurden ebenfalls wegen ihrer Erfahrung in handwerklichen Dingen, in Medizin und Magie geachtet. Es war alles in allem eine konservative Kultur. Zwar gibt es Wege, wie eine mündliche Kultur eine informelle Dynamik entwickeln kann, was der Soziologe Jack Goody in vielen Arbeiten gezeigt hat: Da keiner genau wußte, was die Vorväter getan hatten, konnten die Dorfältesten die Tradition in jeder Generation umformen, damit sie sich ihren wandelnden Bedürfnissen anpaßte. Doch im allgemeinen hegten sie ein angeborenes Mißtrauen gegenüber allen Ideen von der Welt außerhalb ihrer eigenen Erfahrung. Sie trachteten danach, die dörflichen Traditionen zu wahren und

Geschäftemacher usw.) unter ihnen zu beschreiben. Ein unternehmerischer Bauer konnte ihrer Ansicht nach niemals ein Kulak sein, selbst wenn er zusätzliche Arbeitskräfte einstellte. Die Bolschewiki dagegen mißbrauchten den Begriff in einem marxistischen Sinne, um damit jeden reichen Bauern zu bezeichnen. Sie machten ihn zu einem Synonym für »Kapitalist« unter der falschen Annahme, daß die Einstellung von zusätzlichen Arbeitskräften in der Landwirtschaft eine Form von »Kapitalismus« sei. Unter Stalin wurde der Begriff Kulak gegen die Kleinbauern insgesamt verwendet. Durch die Kollektivierung nahm das Regime die »Vernichtung der Kulaken als Klasse« in Angriff.

sie gegen den Fortschritt zu verteidigen. Die »alte Lebensform« wurde immer für besser gehalten als die neue. Sie glaubten, es habe in der fernen Vergangenheit ein bäuerliches Utopia existiert, lange bevor der Landadel und der Staat dem Dorf ihre Herrschaft aufgezwungen hatten.

Natürlich stimmt es, daß es stärkere Kräfte gab, die zum Niedergang dieser patriarchalischen Welt beitrugen. Die Geldwirtschaft drang langsam in die entferntesten ländlichen Regionen vor. Städtische Erzeugnisse ersetzten die alten bäuerlichen Handarbeiten. Neue Techniken wurden dem unternehmenden Bauern zugänglich. Eisenbahnen, Straßen, Postdienste und Telegrafenämter öffneten das Dorf zur Außenwelt. Krankenhäuser und Schulen, Leseklubs und Bibliotheken, lokale Verwaltung und politische Parteien – alle rückten dem Bauern immer näher. Besonders der zunehmende Schulbesuch auf dem Lande ließ eine neue Generation »bewußter« Bauern und Bäuerinnen heranwachsen – jung und des Lesens und Schreibens mächtig, sparsam und nüchtern, strebsam und individualistisch –, die die alte dörfliche Welt umstoßen wollten.[7]

Die Alphabetisierungsrate stieg in Rußland von 21 Prozent der Bevölkerung im Jahr 1897 auf 40 Prozent am Vorabend des Ersten Weltkriegs. Die höchsten Raten gab es unter den jungen Männern in den Regionen, die den Großstädten am nächsten lagen. Neun von zehn Bauernrekruten der kaiserlichen Armee aus den beiden Provinzen Petersburg und Moskau konnten 1904 angeblich lesen und schreiben. Diese Bauernjungen waren die Hauptnutznießer des aufblühenden ländlichen Schulwesens während der letzten Jahrzehnte des alten Regimes. Die Zahl der Grundschulen vervierfachte sich zwischen 1878 und 1911 (von 25 000 auf 100 000), und weit über die Hälfte der Bauernkinder im Schulalter (acht bis elf) besuchte zu dem späteren Datum die Grundschulen.[8]

Die örtlichen Aktivisten der russischen Revolution kamen hauptsächlich aus dieser neuen Generation. Es war eine Ironie der Geschichte, daß das Zarenregime mit seinen verspäteten Bemühungen, das einfache Volk zu erziehen, dazu beitrug, sein eigenes Grab zu schaufeln.

Die Fähigkeit zu lesen und zu schreiben hat eine tiefgreifende Wirkung auf die Denkweise der Bauern und der Gemeinde. Sie fördert abstraktes Denken und befähigt den Bauern, neue Fertigkeiten und Techniken zu meistern, die ihm ihrerseits helfen, den Begriff des Fortschritts zu akzeptieren, der den Wandel in der modernen Welt antreibt. Außerdem schwächt sie die patriarchalische Ordnung des Dorfs, indem sie die Barrieren zwischen Dorf und Außenwelt einreißt und innerhalb des Dorfs die Macht auf diejenigen übergehen läßt, die Zugang zum geschriebenen Wort haben. Der junge und alphabetisierte Bauer war viel besser ausgerüstet als sein Vater, um mit den neuen landwirtschaftlichen Techniken des späten 19. Jahrhunderts zurechtzukommen: mit den Abrechnungsmethoden des Geldsystems, schriftlichen Verträgen, Bodenurkunden und Darlehensabkommen, außerdem der ganzen neuen Welt der Verwaltung, in die sie nach 1861 eintraten – vom einfachen

Notieren der Uhrzeiten und Daten bis zum Lesen offizieller Dokumente und zur Formulierung von Resolutionen und Petitionen des Dorfes an die Behörden. Der Status des jungen und alphabetisierten Bauern erhöhte sich, je mehr Markt und Bürokratie auf die Ebene des Dorfs durchsickerten und je mehr die Bauerngemeinde sich auf Führer mit den Fähigkeiten verließ, deren es in dieser neuen Gesellschaft bedurfte.

Das geschriebene Wort teilte das Dorf in zwei Generationengruppen. Die Gruppe der Älteren, der Analphabeten, war mißtrauisch und fürchtete zuviel Bildung (»Bücher kann man nicht essen«), deren zersetzende Wirkung auf die traditionelle Dorfkultur sie zu begrenzen suchten. Sie waren besorgt über die städtisch-individualistischen Manieren in Mode und Haarschnitt, den schwindenden Respekt vor den Dorfältesten und die gefährlichen politischen Ideen, die die jungen Leute aus ihrer Lektüre bezogen.

Demgegenüber setzten die jüngeren Bauern – und mit der Bevölkerungsexplosion auf dem Lande stellten sie bald die Mehrheit (65 Prozent der ländlichen Bevölkerung war 1897 unter dreißig Jahren)[9] – Schulbildung ganz oben auf ihre Prioritätenliste. Schulbildung war der Schlüssel zum sozialen Aufstieg. Diese kulturelle Kluft sollte ein wesentliches Element der Bauernrevolution werden. Deren einer Teil war progressiv und reformistisch: er wollte das Dorf den Einflüssen der modernen urbanen Welt näherbringen. Doch der andere Teil der Bauernrevolution war restaurativ: er versuchte das traditionelle Dorf gegen genau diese Einflüsse zu verteidigen. Wir werden sehen, wie diese beiden widersprüchlichen Kräfte das Leben eines einzigen Dorfs beeinträchtigten, wenn wir uns der Geschichte Sergej Semjonows und der Revolution in Andrejewskoje zuwenden.

Dennoch blieb die bäuerliche Politik im wesentlichen trotz dieser Modernisierungskräfte in ihrer Grundstruktur patriarchalisch. Tatsächlich hatten die Verfechter der patriarchalischen Ordnung eine ganze Skala sozialer Kontrollen, mit denen sie die Modernisierungsflut eindämmen konnten. In jedem Aspekt bäuerlichen Lebens, von der materiellen Kultur bis zu den Rechtsbräuchen, herrschte erbarmungslose Gleichförmigkeit. Die Bauern trugen alle die gleiche Kleidung. Selbst ihre Frisuren waren gleich – die Männer mit Mittelscheitel, das Haar wurde unter einer Schüssel geschnitten, die Frauen mit Zöpfen, bis sie heirateten, dann bedeckten sie ihr Haar mit einem Tuch. Im traditionellen Dorf brauchten die Bauern ihre Individualität nicht wie die Stadtbewohner durch eine besondere Kleidermode geltend zu machen. Sie hatten wenig Sinn für Privatsphäre. Alle Mitglieder eines Haushalts aßen ihre Mahlzeit aus einem gemeinsamen Topf und schliefen zusammen in einem Raum. Der Mangel an privatem Raum, von Fruchtbarkeitsriten ganz zu schweigen, gebot es, daß der sexuelle Akt zumindest teilweise öffentlich stattfand. In einigen Teilen Rußlands war es immer noch Brauch, daß die Bauernbraut vor dem gesamten Dorf entjungfert wurde, und wenn der Bräutigam sich als impotent erwies, konnte ein älterer Mann oder der Finger des Heiratsvermittlers diese Aufgabe übernehmen. Schamgefühl hatte wenig Platz in der bäuerlichen Welt. Toiletten waren im Freien. Bauersfrauen entblößten häufig ihre Brüste, um sie zu inspizieren und zu tätscheln oder um ihre Babys zu stillen, während die Bauern keine Hemmungen kannten, mit ihren Genitalien zu spielen. Manch städtischer Arzt war schockiert von den ländlichen Bräuchen, einem Menschen ins Auge zu spucken, um Gerstenkörner loszuwerden, oder Kinder von Mund zu Mund zu füttern und kleine Jungen zu beschwichtigen, indem man an ihrem Penis saugte.[10]

Die Katen der Bauern entsprachen sowohl in ihrem äußeren Aussehen als auch in ihrer Innenaufteilung und Möblierung demselben rigiden Muster, das auch das übrige Leben bestimmte. In ganz Rußland gab es eigentlich nur drei Grundtypen von Bauernhäusern: die *isba* oder das Blockhaus des Nordens, bei dem Wohnbereich und Nebengebäude unter einem Dach um einen Hof herumgebaut sind; die südliche *isba*, bei der die Nebengebäude vom Wohnbereich getrennt sind; und die ukrainische *chata*, wiederum getrennte Gebäude aus Holz oder Lehm, aber mit Strohdach. Jedes Haus enthielt dieselben Grundelemente: einen Küchenraum, wo der Ofen stand, auf dem die Bauern (trotz der Kakerlaken) gerne schliefen; einen »schönen«* oder »heiligen« Winkel, wo die Ikonen hingen, Gäste empfangen wurden und wo die Familie an einem weiß gestrichenen Tisch aß; und einen Schlafbereich, wo man im Winter Ziegen, Fohlen und Kälber im Stroh neben den Menschen finden konnte. Die feuchte Wärme und der Geruch der Tiere, der schwarze Qualm der Petroleumlampen und der beißende Gestank des selbstgeräucherten Tabaks, den die Bauern zum Rauchen in Zeitungspapier rollten – alles das zusammen schuf eine eigenartige, ungesunde Atmosphäre. »Die Türen sind fest verschlossen, die Fenster hermetisch versiegelt, und die Atmosphäre ist unbeschreiblich«, schrieb ein englischer Quäker über ein Wolgadorf. »Wie vergiftet sie ist, läßt sich nur begreifen, wenn man es erlebt hat.« Bei so unhygienischen Bedingungen ist es kaum verwunderlich, daß selbst noch um 1900 von vier Bauernbabys eines starb, bevor es ein Jahr alt war. Diejenigen, die überlebten, hatten eine durchschnittliche Lebenserwartung in schlechter Gesundheit von etwa 35 Jahren.[11] Das Leben der Bauern in Rußland war wirklich schmutzig, primitiv und kurz.

Darüber hinaus war es auch durch strikte Anpassung an den Sittenkodex des Dorfes eingeengt. Abweichendes Verhalten brachte den Tätern verschiedene Strafen ein, wie Geldbußen, Ächtung oder eine öffentliche Demütigung. Die üblichste Form der Demütigung war »Katzenmusik« oder *charivari*, wie man es in Südeuropa kannte, wo die Dorfbewohner Krawall vor dem Haus des Schuldigen machten, bis er oder sie herauskam und sich der Menge ergab, die ihn oder sie dann der öffentlichen Schande oder sogar Körperstrafen preisgab. Die brutalsten

* Das russische Wort für rot (*krasny*) hängt mit dem Wort für schön (*krasivy*) zusammen, eine Tatsache von großer symbolischer Bedeutung für die revolutionäre Bewegung.

Strafen erlitten Ehebrecherinnen und Pferdediebe. Es war nicht ungewöhnlich, daß solche Frauen nackt ausgezogen und von ihren Männern geschlagen wurden oder daß sie an einen Wagen gebunden und nackt durchs Dorf geschleift wurden. Pferdediebe konnten kastriert, geschlagen, mit heißen Bügeleisen gebrannt oder mit Sicheln zu Tode gehackt werden. Von anderen Übeltätern weiß man, daß ihnen die Augen ausgerissen, Nägel in den Körper geschlagen, Arme und Beine abgehackt oder Pflöcke in den Hals getrieben wurden. Eine beliebte Strafe war auch, das Opfer mit zusammengebundenen Händen und Füßen an einem Flaschenzug hochzuziehen und dann fallen zu lassen, so daß die Rückenwirbel brachen; das wurde so lange wiederholt, bis der Betroffene zu einem rückgratlosen Sack geworden war. Bei einer anderen Tortur wurde das nackte Opfer in einen nassen Sack gewickelt, ein Kissen wurde um seinen Rumpf gebunden und sein Bauch mit Hämmern, Pfählen und Steinen geschlagen, bis seine inneren Organe zerstört waren, ohne daß äußerlich Spuren auf seinem Körper zurückblieben.[12]

Es ist schwer zu sagen, woher diese Barbarei kam – ob es die Kultur der russischen Bauern war oder die rauhe Umgebung, in der sie lebten. Während der Revolution und des Bürgerkriegs entwickelten die Bauern sogar noch grausamere Tötungs- und Foltermethoden. Sie verstümmelten die Körper ihrer Opfer, schnitten ihnen die Köpfe ab und rissen ihre inneren Organe heraus. Revolution und Bürgerkrieg sind extreme Situationen, und es gibt keine Garantie dafür, daß nicht jeder andere, gleichgültig welcher Nationalität, unter den gleichen Umständen ähnlich handeln würde. Doch ist es sicherlich richtig, wie Gorki in seinem berühmten Essay »Vom russischen Bauern« (1922) zu fragen, ob nicht die Revolution in Wirklichkeit nur »die beispiellose Grausamkeit des russischen Volkes«, wie er es formulierte, zum Vorschein gebracht hat. Das war eine von der Geschichte gemachte Grausamkeit. Noch lange nachdem die Leibeigenschaft abgeschafft worden war, übten die Landeshauptleute ihr Recht aus, Bauern für kleinere Vergehen auszupeitschen. Zu Recht warnte manch Liberaler vor den psychologischen Auswirkungen dieser Brutalität. Ein Arzt sagte bei einer Rede vor der Kasaner Medizinischen Gesellschaft 1895, daß es »die menschliche Natur nicht nur erniedrigt, sondern sogar verhärtet und brutalisiert«. Tschechow, der ja auch praktizierender Arzt war, verurteilte körperliche Bestrafung und fügte hinzu, sie »vergröbert und brutalisiert nicht nur die Übeltäter, sondern auch diejenigen, die sie ausführen oder anwesend sind«.[13] Die Gewalt und die Grausamkeit, die das alte Regime gegen die Bauern übte, verwandelte sich in eine Gewalt der Bauern, die nicht nur das alltägliche Dorfleben entstellte, sondern auch in der furchtbaren Gewalt der Revolution auf das Regime zurückschlug.

Wenn das russische Dorf ein gewalttätiger Ort war, so ging es im Haus des Bauern noch weit schlimmer zu. Jahrhundertelang hatten die Bauern auf dem Recht bestanden, ihre Frauen zu schlagen. Russische Sprichwörter sind voll von Ratschlägen über die Weisheit solcher Schläge:

*»Schlage die Frau mit dem Axtrücken, bück dich und horche – wenn sie noch atmet, so hat sie dich nur zum besten, sie will noch mehr haben.«*
*»Zweimal ist einem die Frau lieb: wenn man sie ins Haus führt [als Braut] und wenn man sie ins Grab bringt.«*
*»Für das Weib wie für das Vieh gibt es kein Gericht.«*
*»Je mehr du dein Weib prügelst, desto besser schmeckt die Suppe.«*

Kämpfen war eine beliebte Freizeitbeschäftigung der Bauern. An Weihnachten, Dreikönigstag und Fastnacht fanden riesige und häufig schlimm endende Faustkämpfe zwischen verschiedenen Gruppen des Dorfs statt, manchmal auch zwischen verschiedenen Dörfern einschließlich der Frauen und Kinder, was von gewaltigen Trinkgelagen begleitet wurde. Geringfügige dörfliche Auseinandersetzungen endeten häufig in Kämpfen. »Wegen eines zerschlagenen Tontopfes im Wert von zwölf Kopeken«, schrieb Gorki über seine Zeit in Krasnowidowo, »gingen drei Familien mit Knüppeln aufeinander los, brachen einer alten Frau den Arm und schlugen einem Burschen den Schädel ein. Solche Prügeleien kommen fast jede Woche vor.«[14] Das war eine Kultur, in der das Leben nichts wert war, und wie immer man die Ursprünge dieser Gewalt erklärt, sie sollte in der Revolution eine wichtige Rolle spielen.

Vielfach hat man die Ursache der Gewalt in der Schwäche der Rechtsordnung und in der allgemeinen Rechtlosigkeit des Staats gesehen. Die Bauernbefreiung hatte die Leibeigenen von der richterlichen Tyrannei ihrer Gutsherren erlöst, sie aber nicht in die vom Gesetz geregelte Welt integriert. Ausgeschlossen vom geschriebenen Gesetz, wie es durch die allgemeinen Gerichte vertreten wurde, wurden die nun befreiten Bauern nach 1861 in einer Art Rechtsapartheid gehalten. Das zaristische Regime sah sie als eine Kreuzung zwischen Wilden und Kindern an und unterstellte sie den vom Landadel ernannten Bürgermeistern. Ihre juristischen Rechte beschränkten sich auf die Bauerngerichte, die auf der Grundlage lokalen Brauchtums vorgingen. Viele bürgerliche Rechte, die für die Vertreter der anderen Stände selbstverständlich waren, wurden den Bauern vorenthalten. So hatten sie bis 1906 nicht das Recht, ihre Parzellen auch zu besitzen. Gesetzliche Beschränkungen grenzten ihre Mobilität stark ein. Bauern konnten die Dorfgemeinde nicht verlassen, ohne ihren Anteil an der kollektiven Steuerlast oder an den Tilgungsschulden für das von den Adligen bei der Bauernbefreiung erworbene Land abzuzahlen. Es bedurfte einer komplizierten bürokratischen Prozedur und des Einverständnisses von mindestens zwei Dritteln der Dorfversammlung, wenn ein Haushalt sich von der Gemeinde trennen wollte, und das war schwer zu erreichen. Selbst wenn ein Bauer das Dorf nur für ein paar Wochen Wanderarbeit verlassen wollte, konnte er das nicht, ohne sich zunächst einen Inlandspaß bei den Ältesten der Gemeinde zu verschaffen (die gewöhnlich gegen eine solche Abwanderung waren, weil es den patriarchalischen Haushalt schwächte und die Steuerlast für das übrige Dorf erhöhte). Aus den Statistiken geht deutlich hervor, daß die Ausstellung von Pässen sehr eingeschränkt war, obwohl durch Industrialisierung und kommerzialisierte Landwirtschaft Bedarf an solcher Wanderarbeit herrschte.[15] Die Bauern blieben ans Land gebunden, und wenn auch die Leibeigenschaft abgeschafft war, wirkte sie doch in den Bauernstatuten noch spürbar nach. Es ist daher kaum verwunderlich, daß die Bauern, denen das Bewußtsein und die Rechte von Bürgern vorenthalten wurden, weder die Gesetze des Staats noch seine Autorität respektierten, als 1905 und noch einmal 1917 seine Zwangsgewalt über sie beseitigt wurde.

* * *

Die häufig von Historikern vertretene Annahme, die russischen Bauern hätten gar keine moralische Ordnung oder Ideologie gehabt, um den Zarenstaat zu ersetzen, ist jedoch falsch. So schildert etwa Richard Pipes in seiner vor wenigen Jahren erschienenen Geschichte der Revolution die Bauern als primitive und unwissende Menschen, die in der Revolution nur eine destruktive Rolle spielen konnten und deshalb für die Manipulationen der Bolschewiki anfällig waren. Doch wie wir sehen werden, erwiesen sich die Bauern 1917/18 als durchaus in der Lage, die ländliche Gesellschaft als Ganze, vom System der Bodenbeziehungen und dem örtlichen Handel bis zum Erziehungswesen und der Justiz, umzubauen, und zeigten dabei häufig eine bemerkenswerte politische Umsicht, die nicht einem moralischen Vakuum entwachsen war. Die Ideale der Bauernrevolution hatten ihre Wurzeln in einer langen Tradition bäuerlicher Wunschträume und philosophischen Utopismus. Aus den Sprichwörtern, Mythen, Märchen, Liedern und dem Gewohnheitsrecht der Bauern spricht eine unverwechselbare Ideologie, die sich in ihren Aktionen während der revolutionären Jahre von 1902 bis 1921 niederschlug. Diese Ideologie hatte sich in den Jahrhunderten der Opposition gegen den Zarenstaat ausgeformt. Wie es bei Herzen heißt, wurde dem Bauern »seine ganze Existenz zur stummen, ablehnenden Opposition gegen die bestehende Ordnung der Dinge [...]. Er fügt sich in die Bedrückung, er duldet, aber er nimmt an nichts wirklich Anteil, was außerhalb der Dorfgemeinde geschieht.«[16] In ebendieser kulturellen Konfrontation, der Art, wie der Bauer die Welt außerhalb seines Dorfes sah, hatte die Revolution ihre Wurzeln.

Betrachten wir diese bäuerliche Weltanschauung, wie sie sich im Gewohnheitsrecht ausdrückt, etwas genauer. Anders als von manchem Historiker behauptet, enthielt es eine ziemlich umfassende Reihe moralischer Grundsätze. Sie wurden zwar nicht immer einheitlich angewandt. Die Bauerngerichte gingen oft willkürlich vor, indem sie Fälle aufgrund des Rufs und der Beziehungen der streitenden Parteien entschieden oder je nachdem, welche Seite die gewählten Richter mit dem meisten Wodka bestochen hatte. Doch in all diesem Chaos ließen sich einige pragmatische Rechtsvorstellungen erkennen, die sich aus dem täglichen Leben der Bauern ergaben und sich zu mehr oder weniger universalen Rechtsnormen kristallisiert hatten, wenn auch mit kleineren regionalen Varianten.

Vor allem drei Rechtsvorstellungen formten das revolutionäre Bewußtsein der Bauern. Die erste war die Vorstellung vom Familieneigentum. Das Vermögen des bäuerlichen Haushalts (das Vieh, die Geräte, das Getreide, die Gebäude und ihr Inhalt, aber nicht der Boden darunter) wurde als gemeinsames Eigentum der Familie angesehen. Jedes Mitglied eines Haushalts, einschließlich der noch nicht geborenen, hatte nach allgemeiner Ansicht das gleiche Recht, diese Vermögenswerte zu benutzen. Zwar war das Familienoberhaupt, der *bolschak*, die Autorität bei der Führung des bäuerlichen Betriebs und verfügte über seine Erträge. Doch nach dem Gewohnheitsrecht war klar, daß er im Einverständnis mit den anderen erwachsenen Familienmitgliedern handeln sollte und daß er bei seinem Tod nicht irgendeinen Teil des Hauseigentums vererben konnte, sondern daß es unter einem neuen *bolschak* (gewöhnlich dem ältesten Sohn) Gemeinschaftseigentum der Familie blieb. Wenn der *bolschak* den Familienbetrieb schlecht führte oder zu häufig betrunken und gewalttätig war, konnte ihn die Gemeinde laut Gewohnheitsrecht durch ein anderes Mitglied des Haushalts ersetzen. Der einzige Weg, Familieneigentum zu teilen, war der durch Aufteilung eines Großhaushalts in kleinere Einheiten nach den Methoden, wie sie durch das örtliche Gewohnheitsrecht geregelt waren. In allen Regionen Rußlands galt dafür die Bedingung, daß das Eigentum gleichmäßig zwischen allen erwachsenen männlichen Familienmitgliedern aufgeteilt wurde und Vorsorgemaßnahmen für die älteren und unverheirateten Frauen getroffen wurden.[17] Die Prinzipien des Familieneigentums und der gleichmäßigen Aufteilung waren tief in der russischen Bauernkultur verwurzelt. Das hilft, den Mißerfolg der Stolypinschen Landreformen (1906–1917) zu erklären, die als Teil ihres Programms, eine Schicht von wohlhabenden kapitalistischen Landwirten zu schaffen, versuchten, das Familieneigentum in Privateigentum des *bolschak* zu verwandeln und diesem so zu ermöglichen, es einem oder mehreren seiner Söhne zu vererben. Die Bauernrevolution von 1917 räumte mit diesen Reformen gründlich auf, indem sie zu den traditionellen Rechtsprinzipien des Familieneigentums zurückkehrte.

Der bäuerliche Familienbetrieb wurde entsprechend dem Arbeitsprinzip, der zweiten wichtigen Rechtsvorstellung der Bauern, organisiert und definiert. Die Zugehörigkeit zum Haushalt war eher durch die aktive Teilhabe am Leben des Bauernhofs definiert (oder, wie es die Bauern bezeichneten, durch das »Essen aus dem gemeinsamen Topf«) als durch Bluts- oder verwandtschaftliche Bande. Ein in die Familie aufgenommener Außenstehender, der auf dem Hof lebte und arbeitete, wurde gewöhnlich als Vollmitglied des Haushalts mit gleichen Rechten wie die Blutsverwandten akzeptiert, während ein Sohn der Familie, der das Dorf verließ, um seinen Lebensunterhalt woanders zu verdienen, letztlich nicht mehr als Mitglied des Haushalts galt. Dieselbe Verbindung von Rechten und Arbeit konnte auch am Grund und Boden gesehen werden. Die Bauern glaubten an ein heiliges Band zwischen Land und Arbeit. Das Land gehörte niemandem als Gott und konnte weder gekauft noch verkauft werden. Aber jede Familie hatte das Recht, sich mit der eigenen Arbeit vom Land zu ernähren, und die Gemeinde war dazu da, die gleichmäßige Verteilung des Landes zu gewährleisten.[18] Auf dieser Grundlage – da das Land in den Händen derer sein sollte, die es bebauten – besaßen die Gutsherren ihr Land zu Unrecht, und die hungrigen Bauern waren gerechtfertigt in ihrem Kampf, es ihnen wegzunehmen. Es gab einen Dauerstreit zwischen den geschriebenen Gesetzen des Staats, die die Eigentumsrechte der Gutsbesitzer zu verteidigen hatten, und dem Gewohnheitsrecht der Bauern, das sie dazu nutzten, ihre eigenen Übertretungen dieser Eigentumsrechte zu verteidigen. Nach Gewohnheitsrecht hielt es zum Beispiel niemand für falsch, wenn ein Bauer Holz aus dem Wald des Gutsbesitzers stahl, da letzterer mehr Holz hatte, als er persönlich brauchte, und, wie das Sprichwort sagte, »Gott ließ den Wald für alle wachsen«. Der Staat stufte eine ganze Skala von Handlungen als »Verbrechen« ein, die das nach Bauernbrauch nicht waren: wildern und das Vieh auf dem Grund und Boden des Gutsherrn weiden lassen, Pilze und Beeren in seinem Wald sammeln, Obst in seinen Obstgärten pflücken, in seinen Teichen angeln usw. Gewohnheitsrecht war ein Mittel, das die Bauern nutzten, um eine Rechtsordnung zu untergraben, die ihrer Ansicht nach nur dem Erhalt der ungerechten Herrschaft der Gutsbesitzer und des größten Grundbesitzers diente: des Staates. Es ist kein Zufall, daß die revolutionäre Landgesetzgebung von 1917/18 sich auf die Arbeitsprinzipien stützte, die im Gewohnheitsrecht verankert waren.

Die subjektive Einstellung zum Recht – daß man die wesentlichen Gesichtspunkte eines Falls je nach gesellschaftlichem und wirtschaftlichem Rang der beteiligten Parteien beurteilte – war der dritte spezifische Aspekt im Rechtsdenken der Bauern, der eine Affinität zur Revolution hatte. Er fand ein Echo in den Vorstellungen der Bolschewiki von »revolutionärer Gerechtigkeit«, dem leitenden Prinzip bei den Volksgerichten von 1917/18, wonach die gesellschaftliche Klasse eines Menschen als entscheidender Faktor betrachtet wurde, um seine Schuld oder Unschuld zu bestimmen. Die Bauern hielten das Bestehlen eines Reichen, besonders durch Arme, für ein viel geringeres Vergehen als das Bestehlen von jemandem, der sich selber und seine Familie kaum ernähren konnte. Nach Ansicht der Bauern war es, wie wir gesehen haben, sogar gerechtfertigt, jemanden, der sich ernstlicher gegen die Gemeinde vergangen hatte, zu töten. Und einen Fremden von außerhalb des Dorfes zu ermorden war eindeutig nicht so schlimm wie die Ermordung eines Mitbewohners aus dem Dorf. In ähnlicher Weise wurde zwar der Betrug eines Nachbarn von den Bauern als offensichtlich unmoralisch angesehen, richtete er sich jedoch gegen den Gutsbesitzer oder einen Regierungsbeamten, dann unterlag er keiner moralischen Bewertung; solche »List« war nur eine der vielen alltäglichen Formen passiven Widerstands, die die Bauern gebrauchten, um eine bestehende ungerechte Ordnung zu unterlaufen.[19] Im Kontext der Bauerngesellschaft war diese subjektive Einstellung nicht ohne Logik, da die Bauern die Gerechtigkeit eher in ihrer unmittelbar praktischen Auswirkung auf die Gemeinde sahen als in allgemeinen oder abstrakten Begriffen. Aber es konnte eben auch dazu führen, daß manche die Bauern als »finster« bezeichneten. Tschechow zum Beispiel erzählt im *Übeltäter* die wahre Geschichte eines Bauern, der vor Gericht gebracht wurde, weil er eine Schraubenmutter von den Eisenbahngleisen gestohlen hatte, um sie als Gewicht an seinem Angelgerät zu benutzen. Er vermag seine Schuld nicht zu begreifen und redet bei dem Versuch einer Rechtfertigung immer wieder von »wir« (die Bauern seines Dorfs): »Na! Wieviel Jahre schon schraubt das ganze Dorf die Muttern ab, und Gott hat uns beschützt, und hier heißt es gleich Eisenbahnunglück ... Menschen töten [...]. Wir schrauben ja auch nicht alle ab ... lassen ein paar übrig ... Machen es nicht ohne Verstand ... verstehen doch was davon ...«

Hier, in dieser moralischen Subjektivität, lag die Wurzel des instinktiven Anarchismus des Bauern. Er lebte außer Reichweite der staatlichen Gesetze, und das war es auch, wo er bleiben wollte. Jahrhunderte der Leibeigenschaft hatten in ihm ein tiefes Mißtrauen gegen alle Autorität außerhalb seines Dorfes erzeugt. Was er wollte, war *wolja*, die alte bäuerliche Vorstellung von Freiheit und Autonomie ohne Beschränkungen durch irgendwelche Mächte. »Seit Jahrhunderten«, so heißt es bei Gorki, »träumt der russische Bauer von einem Staat, der kein Bestimmungsrecht hat über den Willen der Persönlichkeit, über die Freiheit ihrer Handlungen – von einem Staat ohne Gewalt über den Menschen.« Dieser Bauerntraum wurde mit den subversiven Geschichten von Stenka Rasin und Jemeljan Pugatschow am Leben gehalten, jenen Bauernrevolutionären des 17. und 18. Jahrhunderts, deren mythische Bilder die Bauern auch noch um 1900 sahen, wie sie als Raben über die Wolga geflogen kommen, um die Ankunft von Utopia zu verkünden. Und es gab ebenso wundersame Geschichten von einem »Königreich von Opona« irgendwo am Rande der flachen Erdscheibe, wo glückliche Bauern lebten, ungestört von Adel oder Staat. Ganze Bauerngruppen machten sich sogar auf in den fernen Norden, wo sie dieses Arkadien zu finden hofften.[20]

Je mehr der Staat im späten 19. Jahrhundert versuchte, seine bürokratische Kontrolle über das Land auszudehnen, desto mehr suchten die Bauern, ihre Autonomie zu verteidigen, indem sie immer raffiniertere Formen des passiven Widerstands entwickelten, so daß letztlich eine duale Verwaltungsstruktur in den Dörfern entstand: eine formelle, auf den Staat ausgerichtete, die untätig und ineffizient blieb, und eine informelle, auf die Bauern ausgerichtete, die ganz das Gegenteil war. Die Dorfältesten und Steuereinnehmer, die gewählt wurden, um in den staatlichen Verwaltungsorganen in den Dörfern (*obschtschestwa*) und den Gebieten (*uprawy*) zu dienen, waren in den Worten eines frustrierten Beamten »äußerst unzuverlässig und unbefriedigend«, wobei viele von ihnen absichtlich wegen ihrer

Inkompetenz gewählt wurden, um die Regierungsarbeit zu sabotieren. Es gab sogar Fälle, in denen die Bauern den Dorfidioten zu ihrem Ältesten machten.[21] Indessen blieb das wahre Machtzentrum der *mir*, die alte Dorfversammlung, die von den Patriarchen beherrscht wurde. Die Macht des zaristischen Staats drang nie wirklich ins Dorf vor, und das blieb seine fundamentale Schwäche bis 1917, als sie ganz beseitigt wurde und das Dorf seine *wolja* erlangte.

Die gebildeten Klassen hatten immer befürchtet, daß eine bäuerliche *wolja* schnell in anarchische Freiheit und gewalttätige Rache an Autoritätspersonen ausarten würde. Belinski schrieb 1837: »Unser Volk versteht Freiheit als *wolja*, und *wolja* heißt für es sich gehenlassen. Die befreite russische Nation würde sich nicht auf den Weg ins Parlament machen, sondern in die Schenke laufen, um Schnaps zu trinken, Gläser zu zerschlagen und die *dworjane* zu hängen, die sich den Bart rasieren und einen Frack statt des Bauernkittels [...] tragen.«[22] Die Revolution sollte Belinskis Prophezeiung in vielfacher Weise erfüllen.

## DAS BESTREBEN, DIE VERGANGENHEIT ZU VERTREIBEN

Als junges Mädchen um 1900 beobachtete die Schriftstellerin Nina Berberowa häufig Bauern, die auf dem Familienbesitz in der Nähe von Twer ratsuchend zu ihrem Großvater in dessen Arbeitszimmer kamen. »Es gab zwei verschiedene Sorten«, erinnert sie sich, »und mir schien es, als seien das zwei völlig verschiedene Menschenrassen«:

> *Die einen taten gewichtig, sie waren glatt und satt, hatten fettiges Haar, dicke Bäuche und gemästete Gesichter, sie trugen bestickte Hemden und Tuchmäntel. Das waren die, die man später Kulaken nannte, die [...] sich in dem vor kurzem noch undurchdringlichen Wald des Großvaters neue Hütten gezimmert hatten. Sie kamen mit einem Teller in die Kirche und stellten vor der Marien-Ikone »Stille Du meinen Kummer« dicke Kerzen auf (aber was für einen Kummer konnten sie schon haben?). Die Bauernbank gab ihnen Kredit, und in ihren Hütten, wo ich manchmal war, standen Geranien auf den Fensterbrettern, und aus dem Ofen roch es nach Butterbrezeln. Ihre Söhne wuchsen voll Tatkraft auf, sie führten schon ein neues Leben, für sich und für Rußland – als Keim der neuen Klasse.*
>
> *Die anderen Bauern trugen Bastschuhe, grüßten untertänig und gingen nicht weiter als bis zur Tür, sie trugen Lumpen, und ihre Gesichter hatten jeden menschlichen Ausdruck verloren. [...] sie waren schmächtig, und oft genug la-*

*gen sie im Graben neben dem staatlichen Schnapsladen. Aus irgendeinem Grund ergab es sich immer so, daß ihre Kinder wie die Orgelpfeifen waren und Krätze hatten. Die Bäuerinnen waren entweder schwanger oder schwindsüchtig. Ihre Hütten (wo ich auch gelegentlich war) dienten gleichzeitig den Kälbern und Hühnern als Stall, kaputte Fensterscheiben wurden mit Lappen zugestopft, und ein säuerlicher Geruch hing in der Luft.*[23]

Die Unterschiede zwischen reichen und armen Bauern waren seit den siebziger Jahren ausführlich diskutiert worden, als das Thema der ländlichen Armut und ihrer Ursachen erstmals einer schockierten russischen Öffentlichkeit zu Ohren gekommen war. Für Marxisten und viele Liberale stand fest, daß man die Bauern in zwei unterschiedliche Klassen – die der unternehmenden Bauern und die der landlosen Arbeiter – unterteilen müsse, weil der Kapitalismus auf dem Lande Fuß faßte. Doch die Narodniki, die von einer vereinigten Bauernschaft träumten, welche Rußland direkt zum Sozialismus führen sollte, leugneten, daß dieser Prozeß überhaupt stattfand. Jede Seite produzierte eine ganze Bibliothek von Statistiken, um zu beweisen oder zu widerlegen, daß der Kapitalismus zur Spaltung der Bauern führte, und auch heute noch diskutieren die Historiker darüber.

Es gab zwar eine wachsende Ungleichheit zwischen den reichsten und den ärmsten unter den Bauern. Das eine Extrem war eine kleine, aber wachsende Klasse reicher bäuerlicher Unternehmer, das andere eine verarmte Bauernschaft, die immer häufiger ihre Höfe verlassen und sich dem Heer wandernder Lohnarbeiter in Landwirtschaft, Bergbau, Verkehr und Industrie anschließen mußte. Der junge Lenin suchte in den neunziger Jahren zu beweisen, daß diese beiden Extreme das Ergebnis der kapitalistischen Entwicklung seien. Aber das ist nicht notwendigerweise richtig.

In Wahrheit waren die Hauptunterschiede im Lebensstandard der Bauern geographisch bedingt. Kommerzielle Landwirtschaft hatte im Lauf des 19. Jahrhunderts in den Gebieten rund um die Peripherie des alten moskowitischen Zentrums von Rußland Fuß gefaßt. In Teilen des Baltikums hatte es die Bauernbefreiung 1817 den örtlichen Landbesitzern mit Zugang zu westlichen Getreidemärkten ermöglicht, ihre Güter in kapitalistische Landwirtschaftsbetriebe umzuwandeln, die mit Lohnarbeitern bewirtschaftet wurden. Auch in der Westukraine hatten die Adligen riesige Zuckerrübenbetriebe eingerichtet. Inzwischen hatte sich in den fruchtbaren Gebieten Südrußlands, des Kuban und des nördlichen Kaukasus unter den Bauern und Kosaken eine wohlhabende Schicht mit Mischbetrieben gebildet. Dasselbe geschah in Sibirien, wo mit dem Bau der Transsibirischen Eisenbahn auch Kleinbauern zu Wohlstand kommen konnten, indem sie Getreide und Molkereiprodukte für den Markt produzierten. Diese Regionen standen für den allgemeinen Aufschwung des bäuerlichen Lebensstandards – der sich in ihrer wachsenden Kaufkraft spiegelte –, den Historiker neuerdings entdeckt und benutzt haben, um die alte Lehrmeinung zurückzuweisen, daß die Bauern vor 1917 immer mehr verarmt seien.[24] Was tatsächlich aufkam, war eine wachsende Divergenz in der ökonomischen Stellung der Bauern zwischen den neuen und relativ wohlhabenden Regionen kommerzieller Landwirtschaft im Westen, Süden und Osten einerseits und andererseits dem alten und zunehmend überbevölkerten zentralen landwirtschaftlichen Gebiet, wo die Mehrzahl der adligen Güter lag und wo rückständige landwirtschaftliche Methoden nicht allen Bauern auf dem Land die Existenz sichern konnten. Es war kein Zufall, daß nach 1917 die reicheren landwirtschaftlichen Regionen zu Stützpunkten der Konterrevolution wurden, während die verarmten zentralen Gebiete die Revolution loyal unterstützten.

Im zentralen landwirtschaftlichen Gebiet Rußlands gab es wenig Anzeichen einer Kommerzialisierung, und die Ungleichheiten im Lebensstandard der Bauern erklärten sich hauptsächlich aus regionalen Differenzen in der Bodenqualität oder einem historischen Erbe, das in die Zeiten der Leibeigenschaft zurückreichte. So verfügten zum Beispiel Dörfer von ehemaligen Staatsbauern (also Bauern, die auf Staatsland siedelten) in der Regel über mehr Grund und Boden als Dörfer ehemaliger Leibeigener. Die Marktwirtschaft war in diesen Regionen schwach entwickelt, und die meisten Bauern hatten sich auf ein natürliches Produktionssystem eingestellt. Sie verkauften kleine Mengen an Erträgen und vielleicht einige Handarbeiten, Produkt ihrer Winterbeschäftigung, um davon ihre Steuern zu zahlen und ein paar Haushaltswaren einzukaufen, doch sonst war ihre Produktion auf Nahrungsmittel für die Grundbedürfnisse der Familie eingestellt. Laut einer Semstwo-Erhebung der achtziger Jahre waren zwei von drei bäuerlichen Haushalten in der zentralrussischen Provinz Tambow nicht in der Lage, ihren Lebensunterhalt zu bestreiten, ohne Schulden zu machen. »In unserem Dorf«, erinnerte sich Semjonow, »konnten nur fünf oder sechs Familien das Jahr über aus eigener Kraft überleben. Von den restlichen schafften es einige bis zum Michaelstag [Anfang November], manche bis Weihnachten oder sogar bis Fastnacht, aber dann mußten sie Geld leihen, um Getreide zu kaufen.« Es war die Tragödie von Millionen von Bauern, daß ständige Schulden und Steuern sie dazu zwangen, ihr Getreide im Herbst zu verkaufen, wenn es genügend Vorräte gab und die Preise niedrig waren, nur um es im hungrigen Frühjahr wieder zurückzukaufen, wenn die Preise ihren Höchststand erreicht hatten. Jedes Gebiet hatte seine Handvoll Wucherer und Kaufleute – die Bauern nannten sie »Kulaken« –, die das Getreide der Bauern im Herbst billig aufkauften, um es ihnen sechs Monate später zum doppelten Preis wieder zu verkaufen. Das war, nach der Aussage eines Zeitgenossen, »die harte, rücksichtslose Grausamkeit eines gänzlich ungebildeten Menschen, der von Armut zu Wohlstand gekommen ist und nun das Geldmachen, gleichgültig mit welchen Mitteln, als den einzigen Zweck ansieht, dem sich ein Wesen vernünftigerweise widmen kann«. Ganze Dörfer waren bei diesen »Kulaken« verschuldet, und viele mußten einen Teil ihres Bodens verkaufen, um sie zu bezahlen. Wenn das »Kapitalismus« war, wie die Bolschewiki behaupteten, dann einer der primitiven Sorte.[25]

Die Anzahl »kapitalistischer« Bauern (die ständige Lohnarbeiter beschäftigten) betrug vermutlich nicht mehr als 1 Prozent.[26] Daß es nicht mehr wurden, hatte viel mit der periodischen Umverteilung des Gemeindelands sowie mit der Tatsache zu tun, daß die reichsten Bauernhöfe, die häufig auch die meisten Familienmitglieder zählten, ihren Besitz nach altem Brauch aufteilten, wenn die erwachsenen Söhne heirateten und neue eigene Familienhaushalte gründeten.* Mit anderen Worten, die Bauern konnten keine Kapitalisten werden, weil sie selten für mehr als eine Generation an ihrem Besitz festhielten.

Bäuerliche Armut hatte auch wenig mit der Entwicklung des Kapitalismus zu tun. Das Grundproblem in der zentralen landwirtschaftlichen Zone war, daß die egalitären Bräuche den Bauern wenig Anreiz gaben, etwas anderes als Nachwuchs zu produzieren. Die Geburtenrate in Rußland (etwa fünfzig Geburten je tausend Einwohner im Jahr) war in der zweiten Hälfte des 19. Jahrhunderts fast doppelt so hoch wie der europäische Durchschnitt, und die höchsten Raten gab es in den Gebieten mit Gemeindebesitz, wo das Ackerland entsprechend der Familiengröße zugeteilt wurde. Das ungeheure Wachstum der Landbevölkerung (von 50 auf 79 Millionen in den Jahren 1861–1897) führte zu einem verstärkten Landmangel. Um die Jahrhundertwende hatten 7 Prozent der bäuerlichen Haushalte überhaupt kein Land mehr, während jeder fünfte nur ein kleines Stück oder weniger als eine *Desjatine* (1,09 Hektar) besaß. Das mag merkwürdig erscheinen in einem Land von der Größe Rußlands. Doch Zentralrußland, wo die meisten Bauern lebten, hatte eine ähnliche Bevölkerungsdichte wie Westeuropa. Die durchschnittliche Bauernparzelle von 2,6 Desjatinen um 1900 entsprach in ihrer Größe dem typischen Kleinlandbesitz in Frankreich oder Deutschland. Doch die russische bäuerliche Landwirtschaft war viel weniger intensiv, mit kaum halb so hohen Getreideerträgen wie im restlichen Europa. Der leichte hölzerne Hakenpflug, wie ihn die meisten russischen Bauern mit einem einzigen Pferd oder einem Paar Ochsen benutzten, glich dem *aratrum*, der im Römischen Reich in Gebrauch war, und war den schweren Eisenpflügen, die in Westeuropa mit einem Vierer- oder Sechsergespann eingesetzt wurden, weit unterlegen. Noch am Vorabend des Ersten Welt-

* So stellte zum Beispiel eine Studie in der Provinz Tula fest, daß 62 Prozent der bäuerlichen Haushalte mit vier oder mehr Pferden ihren Besitz zwischen 1899 und 1911 aufgeteilt hatten, verglichen mit nur 23 Prozent derer mit einem Pferd (Shanin, *Awkward Class*, 83). Statistiker wie A. W. Tschajanow waren überzeugt, daß der Lebenszyklus eines bäuerlichen Haushalts weitgehend die wirtschaftlichen Ungleichheiten innerhalb des Dorfes erklärte. Der neugeteilte Haushalt, der aus einem Ehepaar mit einem oder zwei Kindern bestand, hatte gewöhnlich nur ein kleines Stück Land und sehr wenig Vieh. Doch wenn die Kinder aufwuchsen und als Arbeiter zur Familienwirtschaft beizutragen begannen, konnte der Haushalt mehr Land und Vieh akkumulieren, bis er wieder aufgeteilt wurde. Tschajanow zeigte, daß die Statistiken, wie sie die Marxisten benutzten, um die wirtschaftliche Differenzierung der Bauern zu zeigen, eigentlich nichts weiter als »Schnappschüsse« bäuerlicher Haushalte in verschiedenen Stadien ihres Lebenszyklus waren.

kriegs wurde in den meisten Bauernhöfen Rußlands die kleine Handsichel benutzt, mehr als ein halbes Jahrhundert nachdem sie im Westen durch die Sense und die schweren Mähmaschinen ersetzt worden war. Säen, Dreschen und Worfeln – alles geschah von Hand, nachdem es anderswo längst mechanisiert worden war. Die Verwendung von Dünger, ganz zu schweigen von chemischen Düngemitteln, war weit hinter dem europäischen Standard zurück. Und die modernen Fruchtwechsel, Wurzelpflanzen alternierend mit Getreide, die man in Westeuropa im Laufe der landwirtschaftlichen Revolution des 18. Jahrhunderts eingeführt hatte, waren im rückständigen bäuerlichen Rußland immer noch weitgehend unbekannt.[27]

Unter diesen Umständen konnten die Bauern, denen das Kapital zur Modernisierung ihrer Höfe fehlte, die wachsende Anzahl Mäuler allein dadurch stopfen, daß sie mehr Land unter den Pflug brachten. Die leichteste Art, das innerhalb der Dreifelderwirtschaft zu erreichen, bestand darin, die Größe des Brachlands zu reduzieren – und Tausende von Dörfern machten genau das. Doch der Langzeiteffekt war lediglich eine Verschlechterung der Situation, da die Böden überstrapaziert wurden, während die Viehherden (die Hauptquelle für Dünger) aus Mangel an Brachen und anderem Weideland verkleinert wurden. Um die Jahrhundertwende besaß einer von drei bäuerlichen Haushalten nicht einmal ein Pferd.[28] Um das Land zu bebauen, mußten die Bauern Pferde mieten oder den Pflug selbst ziehen. Es gibt kein traurigeres Symbol für die lähmende Armut, in der Millionen Bauern leben mußten, als das Bild vom Bauern und seinem Sohn, die sich abmühen, einen Pflug durch den Morast zu ziehen.

Die verlockendste Lösung für den Landhunger der Bauern war täglich vom Dorf aus zu sehen: in Form der adligen Landgüter. »Jeder einzelne Bauer«, schrieb Fürst Lwow, »glaubte in der Tiefe seiner Seele, daß eines Tages, früher oder später, das Land des Gutsbesitzers ihm gehören würde.« Ein Drittel des Ackerlandes in Rußland gehörte in den siebziger Jahren des 19. Jahrhunderts den Adligen. 1905 war dieser Anteil auf 22 Prozent zurückgegangen, hauptsächlich als Ergebnis der Käufe durch Bauerngemeinden (der bäuerliche Anteil an Bodenbesitz war in diesen Jahren von 58 auf 68 Prozent gestiegen). Zudem war zu dieser Zeit etwa ein Drittel des adligen Landes an die Bauern verpachtet. Doch sollte uns das nicht zu dem von rechten Historikern so häufig vertretenen Glauben verleiten, daß es kein Landproblem gegeben hätte. Die meisten Bauern, die vom Adel Land pachteten, taten das eher unter dem Druck der Armut als aus Reichtum: Mit dem rapiden Wachstum der bäuerlichen Bevölkerung waren sie darauf angewiesen, zusätzlichen Boden zu pachten, um sich und ihre Familien durchzubringen. Aus diesem Grund waren sie häufig bereit, einen viel höheren Pachtzins zu zahlen, als das Land nach ökonomischen Begriffen wert war. Es war die Bereitschaft der Bauernfamilie, sich um der Nahrung willen zu ruinieren, die zu dem siebenfachen Anstieg der Pachtbeträge führte, von dem der Landadel des späten 19. Jahrhunderts lebte.[29]

Es gab ein deutliches geographisches Muster im Verhältnis Bauernland–Adelsland, das die unterschiedlichen Ausmaße von Gewalt auf dem Land während der Revolution erklären hilft. Der Bauernkrieg gegen die Landadligen konzentrierte sich sowohl 1905 als auch 1917 auf einen Bogen von Provinzen um den südlichen Rand der zentralen landwirtschaftlichen Zone (von Samara und Saratow im Südosten über Tambow, Woronesch, Kursk, Charkow, Tschernigow, Jekaterinoslaw, Cherson und Poltawa bis nach Kiew und Podolien im Südwesten). Es waren Gebiete mit einer bäuerlichen Überbevölkerung und adligem Großgrundbesitz. Der Pachtzins war hoch und die Löhne niedrig. Es waren Gebiete, wo der fruchtbare Boden und die relativ lange Vegetationsperiode die Entwicklung einer kommerziellen Landwirtschaft mit Weizen, Zuckerrüben und anderen Feldfrüchten, die mechanisch betrieben werden konnte, begünstigten. In anderen Worten, die Bauern dieser Übergangsregionen waren in der schlechtesten aller Welten gefangen: zwischen dem alten vorkapitalistischen Landwirtschaftssystem im Zentrum und dem aufkommenden System kommerzieller Landwirtschaft an der Peripherie. Solange die Gutsbesitzer ihnen weiterhin Land verpachteten, wenn auch zu exorbitanten Preisen, konnten die Bauern gerade eben überleben. Mit dem Fallen der Weltpreise für Agrarprodukte zwischen 1878 und 1896 hatten die meisten Gutsbesitzer genau das getan. Doch dann stiegen die Getreidepreise, der Transport wurde billiger, und ermutigt durch die Aussicht auf hohe Gewinne, kehrten viele Gutsbesitzer auf ihre Güter zurück, um sie in kommerzielle Landwirtschaftsbetriebe umzuwandeln. Zwischen 1900 und 1914 vergrößerte sich die Fläche des von Gutsbesitzern bewirtschafteten Ackerlands in Rußland um fast ein Drittel, in den Übergangsregionen war der Anstieg noch beträchtlich höher. In der Provinz Poltawa zum Beispiel, die 1902 eine erste Welle bäuerlicher Gewalt erlebte, wurde der Anteil des von Gutsbesitzern bewirtschafteten Landes nahezu verdoppelt. Land, das zuvor an die Bauern verpachtet worden war – und auf das sie angewiesen waren, um ihre Familien zu ernähren –, wurde ihnen weggenommen oder zu noch ausbeuterischeren Bedingungen verpachtet. Das bedeutete häufig eine Verschiebung von Geldpacht hin zu Pachtzahlung durch Arbeit auf dem Gutsherrenland (*otrabotka*), was die Bauern als eine neue Form der Sklaverei ansahen. Zudem wurden viele dieser ausgedehnten kommerziellen Landwirtschaftsbetriebe mit der Einführung von Mäh- und Dreschmaschinen mechanisiert, so daß der Bedarf an Bauernarbeit – und damit das Lohnniveau – weiter zurückging. Viele Bauernfamilien, die von Saisonarbeit abhängig waren, wurden gezwungen, das Land ganz zu verlassen.[30]

In den letzten Jahrzehnten des alten Regimes wurden Millionen Bauern durch Armut oder sonstiges Unglück, etwa einen Brand oder den Tod eines erwachsenen Arbeiters, vom Land vertrieben, was für eine arme bis völlig verschuldete Familie schon den Untergang bedeuten konnte. Trunksucht war ebenfalls eine wachsende Ursache von Verschuldung und Ruin der Bauern. Semjonow beschrieb eine ganze

Schicht schwerer Trinker in Andrejewskoje: »Die Erwachsenen waren immer dünn und sahen kaputt aus; die Kinder waren rachitisch, mit skrofulös geschwollenen Hälsen, großen ängstlichen Augen in blassen anämischen Gesichtern und aufgedunsenen Bäuchen auf spindeldürren Beinen.«[31]

Einige dieser armen Bauern schafften es, sich ihren kümmerlichen Lebensunterhalt durch ortsübliche Gewerbe wie Weben, Zimmerhandwerk, Töpferei, Schuhmacherei, Holzfällen und -abfahren zu verdienen, obgleich viele dieser Fertigkeiten durch die Konkurrenz der Fabriken verdrängt wurden. Andere zogen nach Sibirien, wo den Kolonisten Land zur Verfügung gestellt wurde. Über eine Million Bauern, vor allem aus der Ukraine, unternahmen diese lange Reise in dem Jahrzehnt nach der Hungersnot von 1891. Doch die breite Mehrheit schloß sich dem Heer von Wanderarbeitern an, die jedes Frühjahr auf den aufgeweichten Straßen des Landes zu Fuß oder in Wagen unterwegs waren, die angestiegenen Flüsse in selbstgebauten Ruderbooten hinunterfuhren oder sich auf Dampfer schmuggelten und per Eisenbahn in ungeheizten Waggons oder an die Zugdächer geklammert durch Rußland reisten. Diese Nomadenmassen, etwa neun Millionen Menschen zur Jahrhundertwende[32], strebten zu den Ostermärkten, wo Männer zum Pflügen auf den großen kommerziellen Gütern angeheuert wurden. Später im Sommer folgte ihnen Verstärkung für die Ernte. Und dann verstreuten sie sich über ganz Rußland auf der Suche nach Winterarbeit bei der Eisenbahn, auf Werften, Bergwerken, Baustellen, Werkstätten und Fabriken, nur um diesen Kreislauf im nächsten Frühjahr zu wiederholen.

Jedes Jahr verschlug es die Wanderbauern physisch und psychisch weiter weg von ihren Dörfern in die neue Welt von Rußlands industrieller Revolution. Im letzten halben Jahrhundert des alten Regimes vervierfachte sich die städtische Bevölkerung des Reichs von sieben auf 28 Millionen. Der Zuwachs ging größtenteils auf das Konto der Bauern, die auf der Suche nach Arbeit in die Städte strömten. Zuerst kamen die jungen Bauern, viele davon noch im Knabenalter, gefolgt von den verheirateten Männern, dann unverheiratete Mädchen und schließlich verheiratete Frauen und Kinder. 1914 waren drei Viertel der Bewohner von St. Petersburg als gebürtige Bauern registriert, verglichen mit weniger als einem Drittel fünfzig Jahre früher. Die Hälfte der städtischen Bevölkerung von 2,2 Millionen war in den letzten zwanzig Jahren gekommen.[33] Die Auswirkung dieser massiven bäuerlichen Zuwanderung war in Moskau sogar noch offenkundiger. Die Scharen von Bauern auf den Straßen, die zahlreichen offenen Märkte (einer davon sogar auf dem Roten Platz), die ungepflasterten Straßen, die Holzhäuser und das Vieh, das frei in den Arbeitervierteln herumlief, gaben großen Teilen der Stadt ein ländliches Gepräge. Moskau trägt immer noch den Spitznamen »das große Dorf«.

* * *

Semjon Kanattschikow war einer dieser Millionen Bauern, die während des industriellen Booms der neunziger Jahre den Übergang vom Dorf in die Stadt vollzogen. Viele Jahre später, als eine der kleineren Größen in der bolschewistischen Regierung, erinnerte er sich in seinen Memoiren an diese Erfahrung. Er stammte aus einer armen Bauernfamilie im Dorf Gussewo im Kreis Wolokolamsk der Provinz Moskau. Sein Vater war noch als Leibeigener geboren, und obwohl er sich bemüht hatte, sein Schicksal dadurch zu verbessern, daß er Land pachtete, etwas Gewerbe trieb und sich selbst das Lesen beibrachte, lebte er am Rande der Armut wie die meisten Bauern in seinem Kreis. Jeden Winter verließ er das Dorf, um als Arbeiter in der Stadt zu arbeiten, ließ seine kranke und schwache Frau zurück – bis auf vier hatte sie alle ihrer 18 Kinder verloren –, die den Hof versorgen mußte. Jahre der Enttäuschung hatten ihn zum schweren Trinker gemacht, und wenn er betrunken war, schlug er Frau und Kinder. Und doch verband er wie viele Russen die Trunksucht mit einer tiefen Gottesfurcht und wollte nichts mehr, als daß sein Sohn »ein guter Bauer« werden sollte. Der junge Kanattschikow fand das Leben unerträglich. Nach dem frühen Tod seiner Mutter, für den er seinen Vater verantwortlich machte, beschloß er wegzulaufen. »Ich wollte so schnell wie möglich der Monotonie des Dorflebens entkommen«, schrieb er später, »um mich aus der Despotie und Bevormundung durch meinen Vater zu befreien und ein selbstverantwortliches und unabhängiges Leben zu beginnen.«[34] Nicht lange darauf zwang die Armut den Vater dazu, seinen Forderungen nachzugeben. Mit 16 Jahren ging Kanattschikow endgültig nach Moskau, wo sein Vater ihm Arbeit als Lehrling in der Gustav-List-Metallfabrik verschafft hatte. Dort sollte er wie Tausende anderer Bauernzuwanderer beginnen, sich als Arbeiter wie auch als »Genosse« in der revolutionären Bewegung neu zu definieren.

Kanattschikows Motive, weshalb er das Dorf verlassen wollte, waren typisch für seine Generation. Die ewige Routine des Bauernlebens und die Isolation des Dorfs waren eine schwere Last für junge Männer wie ihn. Es wurde noch schwieriger, wenn sie erst lesen gelernt hatten, denn die Geschichten vom Stadtleben in den Zeitungen und Broschüren konnten ihr Bewußtsein für diese Beschränkungen nur stärken. Praktisch jede Anstellung in der Stadt schien aufregend und wünschenswert, verglichen mit dem Elend des Bauernlebens. »Alle gesunden und fähigen jungen Männer liefen weg aus unserem Dorf nach Moskau und akzeptierten jede Arbeit, die sie nur finden konnten«, erinnerte sich Semjonow. »Wir warteten begierig auf die Zeit, wo wir alt genug waren, um etwas in Moskau zu finden und unser Heimatdorf verlassen zu können.« Andrejewskoje, Semjonows Dorf, lag wie Gussewo in der Nähe von Moskau, und die Stadt war ein Magnet für die jungen Bauern. »Die Nähe unseres Dorfs zu Moskau«, schrieb Semjonow einem Freund 1888, »hat unsere Bauern des Landes überdrüssig gemacht. Der Wunsch nach Gesellschaft, modischer Kleidung, Alkohol, einem unbeschwerteren Leben – all das lastet schwer auf ihnen. Sie haben keine Lust mehr zur Landwirtschaft. Alle bemühen sich, sosehr sie können, davon loszukommen und einfachere Lebensweisen zu finden.«[35]

Der Wunsch nach sozialem Aufstieg war oft gleichbedeutend mit dem Wunsch, das Dorf zu verlassen und eine Anstellung außerhalb der Landwirtschaft zu finden. Angestellter oder Ladendiener zu werden galt bei den jüngeren Bauern als Aufstieg in der Welt. Besonders jungen Bauersfrauen, die am unteren Ende der patriarchalischen Pyramide standen, bot die Arbeit als Hausangestellte in der Stadt (was die meisten von ihnen taten) ein besseres und unabhängigeres Leben. Viele soziologische Studien beobachteten solche Bestrebungen. Eine Studie über Schulkinder auf dem Land um 1900 stellte zum Beispiel fest, daß fast die Hälfte von ihnen einen »Ausbildungsberuf« in der Stadt anstrebten, während weniger als 2 Prozent in die Fußstapfen ihrer bäuerlichen Eltern treten wollten. »Ich möchte Ladengehilfe werden«, sagte ein Dorfschuljunge, »weil ich nicht im Matsch waten mag. Ich möchte wie diese sauber gekleideten Leute sein und als Ladengehilfe arbeiten.«[36] Eltern und Erzieher waren alarmiert, daß viele Bauernjungen – besonders wenn sie lesen und schreiben gelernt hatten – sich weigerten, landwirtschaftliche Arbeiten zu verrichten, und sich vom übrigen Dorf abzuheben versuchten, indem sie in unkonventioneller städtischer Kleidung herumstolzierten.

Wenn sozialer Ehrgeiz auch oft das ursprüngliche Motiv der Bauern war, die in die Städte zogen, so war er doch wie in Kanattschikows Fall häufiger die unerwartete Folge eines durch Armut erzwungenen Umzugs. In jedem Fall veränderte die Erfahrung der Stadt bei den meisten Bauern die Art, wie sie über die Welt, sich selbst und das Dorfleben, das sie hinter sich gelassen hatten, dachten. Im allgemeinen bewirkte sie, daß sie in säkularen, rationaleren und humaneren Begriffen dachten, was sie der sozialistischen Intelligenzija näherbrachte und die Dorfkultur mit ihrem Aberglauben, ihrem dunklen und rückständigen Charakter ablehnen, ja sogar verachten ließ. Das war das Rußland der »Ikonen und Kakerlaken«, um Trotzkis Formulierung zu zitieren, während die Stadt und (für viele von ihnen) die städtische Kultur der revolutionären Bewegung für Fortschritt, Aufklärung und Befreiung des Menschen standen. Die Basis der Partei der Bolschewiki rekrutierte sich aus Bauern wie Kanattschikow. Das Mißtrauen, ja die Verachtung, die sie gegenüber den Bauern zeigen sollten, sowie sie an der Macht waren, läßt sich durch diese gesellschaftliche Tatsache erklären. Denn die trostlose Bauernwelt assoziierten sie mit ihrer eigenen unglücklichen Vergangenheit, und insofern war es ein entscheidender Impuls sowohl ihrer entstehenden persönlichen und Klassenidentität als auch ihres Engagements für die Revolution, daß diese Welt abgeschafft werden mußte.

Kanattschikows Lehrlingsstelle war ihm von seinem Vater über einen Nachbarn aus Gussewo verschafft worden, der einige Jahre zuvor dort arbeiten gegangen war. Die meisten Zuwanderer bauten auf solche Kontakte, um in der Stadt ein Unterkommen zu finden. Die Bauern eines Dorfes oder einer Region bildeten dann eine Genossenschaft (ein *artel* oder ein *semljatschestwo*), um Fabrikjobs und Wohnungen für ihre Landsleute zu beschaffen. Ganze Fabriken und Stadtteile wurden von den Bauern des einen oder anderen Orts »kolonisiert«, vor allem wenn sie alle über eine nützliche regionale Fertigkeit verfügten, und es war nicht ungewöhnlich für Unternehmer, solche Organisationen zu benutzen, um Arbeiter anzuwerben. Die Industrievorstadt Sormowo in der Nähe von Nischni Nowgorod zum Beispiel, wo eine der größten Maschinenbaufabriken lag, bezog alle ihre Arbeiter aus einer Handvoll Dörfer der Umgebung, wo Metallarbeiten als Handwerk schon eingeführt waren. Durch solche Genossenschaften konnten die bäuerlichen Zuwanderer die Verbindung zu ihren Heimatdörfern halten. Die meisten ergänzten ihren Fabriklohn, indem sie ihre Bodenparzellen in der Gemeinde behielten und im Sommer in ihre Dörfer zurückkehrten, um ihren Familien bei der Ernte zu helfen. Die Fabriken mußten häufig die Produktion zur Erntezeit unterbrechen.* Andere Bauern schickten ihren Familien regelmäßig Geld nach Hause. Auf diese Weise konnten sie mit einem Fuß im Dorf bleiben, solange ihre ökonomische Stellung in der Stadt noch ungesichert war. Tatsächlich war es in manchen Industrieregionen wie dem Ural und den Bergwerksregionen des Südens üblich, daß die Arbeiter in ihren Dörfern lebten, wo ihre Familien eine Gemüseparzelle behielten, und von da in die Fabriken und Bergwerke pendelten.

Viele dieser Zuwanderer sahen sich weiterhin wesentlich als Bauern und in der Fabrikarbeit ein Mittel, die Geldwirtschaft zu »plündern«, um ihre Familienbetriebe zu unterstützen. Sie bewahrten ihr bäuerliches Erscheinungsbild – trugen eher die traditionellen selbstgemachten Hemden aus bedrucktem Kattun als maschinell hergestellte, ließen ihr Haar lieber »unter einer Schüssel« schneiden als im neuen städtischen Stil und lehnten es ab, den Bart zu scheren. »Sie lebten in überfüllten schmutzigen Unterkünften und waren knauserig, versagten sich alles, um mehr Geld für das Dorf zusammenzubringen«, erinnerte sich Kanattschikow. »An Feiertagen gingen sie zur Messe und besuchten ihre Landsleute, und ihre Unterhaltungen drehten sich meistens um Getreide, Land, die Ernte und das Vieh.« Wenn sie genügend Geld gespart hatten, kehrten sie zurück in ihr Dorf und kauften ein kleines Stück Land. Andere jedoch wie Kanattschikow zogen es vor, ihre Zukunft als städtische Arbeiter zu sehen. Sie betrachteten ihr Stück Land im Dorf als zeitweilige Absicherung, bis sie sich in der Stadt etabliert hätten.[37]

Es war ein *artel* von 15 zugewanderten Arbeitern, durch das Kanattschikow in

* Nach einer Untersuchung von 1881 kehrten mehr als 90 Prozent der Textilarbeiter und 71 Prozent aller Industriearbeiter im Sommer in ihre Dörfer zurück. Dieser Anteil ging zur Jahrhundertwende zurück, als städtische Arbeiter seßhafter wurden. Die Fabriken paßten sich der Situation an, indem sie während der landwirtschaftlichen Saison die Arbeit ruhen ließen oder aufs Land zogen. Letzteres wurde von der Regierung ermutigt: man fürchtete das Entstehen einer städtischen Arbeiterklasse. Nur 40 Prozent der Industriearbeiter des Reichs lebten um die Jahrhundertwende in den Großstädten.

einem »geräumigen, übelriechenden Haus, das von allem möglichen armen Volk bewohnt wurde«, den »Winkel« eines Zimmers fand. Die 15 Männer, die sich das Zimmer teilten, kauften gemeinsam ihr Essen und bezahlten einen Koch. Jeden Tag um die Mittagszeit eilten sie aus der Fabrik nach Hause, um Kohlsuppe zu essen – wie die Bauern »mit Holzlöffeln aus einer gemeinsamen Schüssel«. Kanatschikow schlief mit einem anderen Lehrling auf einem schmalen Feldbett. Sein fensterloser »Winkel« war schmutzig und voller »Wanzen und Fliegen und dem Gestank der ›Menschheit‹«. Doch eigentlich war er glücklich, daß er überhaupt in einem Zimmer war. Viele Arbeiter mußten sich mit einer schmalen Pritsche in den Fabrikbaracken zufriedengeben, wo Hunderte Männer, Frauen und Kinder in Reihen nebeneinander schliefen, mit nichts als ihren eigenen schmutzigen Kleidern als Bettzeug. In diesen Baracken, die Gorki mit den »Wohnungen eines prähistorischen Volks« verglich, gab es weder Wasch- noch Kochgelegenheiten, so daß die Arbeiter ins Badehaus gehen und in Kantinen essen mußten. Ganze Familien lebten unter solchen Bedingungen. Sie versuchten, so gut sie konnten, sich ein wenig Privatsphäre zu verschaffen, indem sie Vorhänge um ihre Pritschen hängten. Andere mit noch weniger Glück mußten in einer billigen Absteige wohnen oder neben ihren Maschinen essen und schlafen. So groß war die Nachfrage nach Unterkünften, daß Arbeiter sich nichts dabei dachten, wenn sie ihr halbes Einkommen für Miete ausgaben. Hauswirte teilten Zimmer, Korridore, Keller und Küchen, um ihren Profit zu maximieren. Bauherren-Spekulanten bauten eilends hohe Mietskasernen, die wiederum rasch aufgeteilt wurden. In St. Petersburg lebten nach einer Erhebung von 1904 durchschnittlich 16 Personen in einer Wohnung, sechs in jedem Zimmer. In den Arbeitervierteln waren die Zahlen höher. Der Stadtrat hätte die Wohnungsnot beheben können, wenn er Vorstädte und billige Verkehrsverbindungen geschaffen hätte, doch der Druck der Hausbesitzer im Zentrum blockierte alle diese Pläne.[38]

Wie die meisten russischen Industriestädte hatte sich St. Petersburg ohne jeden richtigen Plan entwickelt. Fabriken waren in den zentralen Wohngebieten gebaut worden und durften ihren Industrieabfall in Flüsse und Kanäle abladen. Die städtische Wasserversorgung war eine Brutstätte für Typhus und Cholera, wie sogar die Tochter des Zaren, Großfürstin Tatjana Nikolajewna, erfahren mußte, als sie sich während der Dreihundertjahrfeiern in der Hauptstadt damit infizierte. Die Todesrate in der Zarenstadt war die höchste aller europäischen Hauptstädte einschließlich Konstantinopel, mit durchschnittlich alle drei Jahre einer Choleraepidemie. In den Arbeitervierteln hatte nicht einmal jede dritte Wohnung eine Toilette oder fließendes Wasser. Exkremente türmten sich in den Hinterhöfen auf, bis sie nachts mit Holzkarren abgeholt wurden. Das Wasser wurde in Eimern von Straßenpumpen und Brunnen geholt und mußte, ehe man es trinken konnte, gekocht werden. In der ganzen Stadt, an den Häuserfronten, in den Straßenbahnen und auf Hunderten von öffentlichen Plätzen hingen Plakate mit deutlichen roten

Buchstaben, die die Menschen davor warnten, das Wasser zu trinken, wobei durstige Arbeiter und besonders diejenigen, die gerade erst vom Lande angekommen waren, dem nur wenig Beachtung schenkten. Es wurde nichts Grundsätzliches zur Verbesserung des Wasser- und Abwassersystems der Stadt unternommen, was ein nationaler Skandal blieb selbst noch nachdem 1908/09 30 000 Einwohner von der Cholera hingerafft worden waren. Es wurde viel darüber geredet, eine Pipeline zum Ladogasee zu bauen, aber der Plan blieb bis 1917 auf dem Reißbrett.[39]

Ab dem ersten Tag in der Fabrik war sich der junge Kanattschikow seines ungeschickten und ländlichen Aussehens schmerzlich bewußt: »Die Facharbeiter sahen geringschätzig auf mich herab, zwickten mich ins Ohr, zogen mich bei den Haaren, nannten mich eine ›grüne Landpomeranze‹ und gaben mir andere beleidigende Namen.« Diese Arbeiteraristokraten wurden für Kanattschikow zum Vorbild, als er sich bemühte, sich in diese neue Kultur der arbeitenden Klasse einzufügen. Er beneidete sie um ihre modische Kleidung mit den Hosenaufschlägen über ihren glänzenden Lederstiefeln, ihren weißen, in die Hose gesteckten »Fantasia«-Hemden und ihren Hemdkragen, die mit Litzen befestigt waren. Sie rochen nach Seife und Eau de Cologne, ließen ihr Haar »im polnischen Stil« schneiden (d. h. mit dem Scheitel eher auf der Seite als in der Mitte wie die Bauern), und an Sonntagen trugen sie Anzüge und Melonen. Der Stolz auf ihr Äußeres schien »ihr Bewußtsein ihres eigenen Werts« auszudrücken; und es war genau dieser Sinn für Würde, den Kanattschikow sich erwerben wollte.[40]

Doch fürs erste befand er sich am untersten Ende der Fabrikhierarchie, ein ungelernter Arbeiter, der sechs Tage in der Woche von morgens 6 Uhr bis abends 7 Uhr für einen schäbigen Lohn von 1,5 Rubel in der Woche arbeitete. Rußlands späte Blüte der industriellen Revolution war von billigen Arbeitskräften vom Lande wie Kanattschikow abhängig. Das war ein prinzipieller Vorteil vor den älteren Industrienationen, wo eine organisierte Arbeiterschaft bessere Bezahlung und Arbeitsbedingungen durchgesetzt hatte. Wie Graf Witte es 1900 formulierte, war der russische Arbeiter, »aufgewachsen in den bescheidenen Bräuchen ländlichen Lebens, viel leichter zufriedengestellt« als sein Pendant in Europa oder Nordamerika, so daß »niedrige Löhne als ein Glücksgeschenk für russische Unternehmen erschienen«. Tatsächlich konnten Unternehmer, als die Fabriken stärker mechanisiert wurden, die noch billigere Arbeit von Frauen und Kindern ausbeuten. Um 1914 stellten Frauen 33 Prozent der Industriearbeiter in Rußland, verglichen mit 20 Prozent im Jahr 1885, und in einigen Bereichen wie Textilien und der nahrungsmittelverarbeitenden Industrie bildeten Arbeiterinnen die Mehrheit. Die Fabrik zog ihre Gesundheit in arge Mitleidenschaft, die zusätzlich, wie es bei vielen von ihnen der Fall war, durch schreiende Babys und betrunkene Ehemänner belastet war. »Man kann nicht umhin, die vorzeitige Hinfälligkeit der Fabrikarbeiterinnen zur Kenntnis zu nehmen«, schrieb ein hochrangiger Arzt 1913. »Eine fünfzigjährige Arbeiterin sieht und hört schlecht, ihr Kopf zittert, ihre Schultern sind stark vorgebeugt.

Sie sieht wie etwa siebzig aus. Es ist offensichtlich, daß nur die blanke Not sie in der Fabrik hält und zwingt, über ihre Kräfte zu arbeiten. Während im Westen ältere Arbeiter Rente bekommen, können unsere Arbeiterinnen nichts Besseres erwarten, als ihre letzten Tage noch als Klofrauen zu fristen.«[41]

Die zaristische Regierung zeigte wenig Neigung, das Los der Arbeiter durch eine Fabrikgesetzgebung zu bessern. Das war einer ihrer größten Fehler, denn die Entstehung einer großen und unzufriedenen Arbeiterklasse in den Städten sollte eine der Hauptursachen für ihren Sturz sein. Ein Teil des Problems bestand darin, daß einflußreiche Reaktionäre wie Pobedonoszew, der Oberprokuror des Heiligen Synod und enge Berater der beiden letzten Zaren, es ablehnten, die »Arbeiterfrage« als solche überhaupt anzuerkennen, da ihrer Ansicht nach Rußland immer noch eine agrarische Gesellschaft war (und auch bleiben sollte). Mit anderen Worten, die Arbeiter sollten nicht anders als Bauern behandelt werden. Andere fürchteten, daß der Erlaß solcher Reformen nur die Erwartungen der Arbeiter steigern würde. Doch die Hauptsorge war, daß sich noch immer so viel von Rußlands Industrie in der Hand ausländischer Unternehmer befand*, die, falls die Lohnkosten steigen sollten, ihr Kapital woanders hinschaffen könnten. Die Löhne, die britische Arbeiter in den vierziger Jahren und deutsche Arbeiter in den achtziger Jahren erhielten, waren für russische Arbeiter um die Jahrhundertwende nicht zu erreichen. Die beiden wichtigsten Fabrikgesetze – das eine von 1885, das die Nachtarbeit von Frauen und Kindern verbot, und das andere von 1897, das den Arbeitstag auf elfeinhalb Stunden begrenzte – konnten der Regierung erst nach größeren Streiks abgerungen werden. Aber selbst diese Reformen ließen noch große Schlupflöcher. Die kleinen Handwerks- und Ausbeutungsbetriebe, die vermutlich die meisten Arbeiter des Landes beschäftigten, waren von dieser Arbeitsschutzgesetzgebung ausgeschlossen. Den Aufsichtsbehörden, die sicherzustellen hatten, daß die Fabriken die Regelungen erfüllten, fehlte es an Durchsetzungskraft, und die Unternehmer ignorierten sie ungestraft. Arbeitsbereiche voll giftiger Dämpfe blieben ohne Lüftung. Produktionsstätten waren mit gefährlichen Maschinen so vollgestellt, daß häufig Unfälle passierten. Doch den meisten Arbeitern wurde das Recht auf Versicherung verweigert, und wenn sie ein Auge oder ein Glied verloren, konnten sie höchstens ein paar Rubel Entschädigung erwarten.

»Der Fabrikbesitzer ist absoluter Herrscher und Gesetzgeber, den kein Gesetz einschränkt«, erklärte Professor Janschul, ein führender Verfechter der Fabrikgesetzgebung in den achtziger Jahren. Tatsächlich konnten Unternehmer, wenn sie Arbeiter mit Privatverträgen anstellten, das meiste der Arbeitsgesetzgebung der Regierung umgehen. Alle möglichen Klauseln, die den Arbeitern ihre Rechte vorenthielten, wurden in die Arbeitsverträge aufgenommen. Vielen Arbeitern wurde

* Der Anteil an ausländischen Aktionären in den Aktiengesellschaften stieg von 25 Prozent im Jahr 1890 auf rund 40 Prozent am Vorabend des Ersten Weltkriegs.

nach wie vor wegen geringer Produktivität, Bruch oder kleineren Verstößen gegen die Regeln der Fabrik (manchmal nicht mehr als der Gang zur Toilette während der Arbeitszeit) der Lohn gekürzt, auch lange nachdem solche Strafen für ungesetzlich erklärt worden waren. Manche Unternehmer ließen ihre Arbeiter, jedesmal wenn sie die Fabrik verließen, in entwürdigender Weise nach gestohlenen Waren durchsuchen, während andere sie für kleine Delikte verprügeln ließen. Wieder andere verboten ihren Arbeitern, Hüte zu tragen oder in ihrer guten Kleidung zur Arbeit zu erscheinen, um sie so über ihre eigentliche Stellung zu belehren. Diese Art »Sklavenregime« erbitterte die Arbeiter, sie sahen es als Affront gegen ihre persönliche Würde. »Wir werden nicht einmal als Menschen anerkannt«, beschwerte sich einer, »sondern als Gegenstand angesehen, den man jederzeit wegwerfen kann.« Ein anderer klagte, daß »außerhalb Rußlands selbst Pferde eine Ruhepause bekommen. Aber wir als Arbeiter leben schlechter als ein Pferd.«[42] Je mehr Selbstwertgefühl sie entwickelten, desto mehr forderten die Arbeiter eine respektvolle Behandlung durch ihre Arbeitgeber. Sie verlangten, daß man sie mit dem höflichen »Sie« (*wy*) und nicht mit dem vertraulichen »Du« (*ty*) anredete, was sie mit dem alten Leibeigenensystem assoziierten. Sie wollten als »Bürger« behandelt werden. Häufig war es eher dieses Thema der respektvollen Behandlung als das der Grundbedürfnisse und des Lohns, was die Arbeiterstreiks und -demonstrationen anheizte.

Historiker haben die Wurzeln dieser Arbeitermilitanz erschöpfend untersucht. Die Größe der Fabriken, das Niveau von Ausbildung und Alphabetisierung, die Lohn- und Preisbewegung, die Anzahl an in der Stadt verbrachten Jahren, der Einfluß der revolutionären Intelligenzija – all diese Faktoren sind bis in die kleinsten Details in zahllosen Monographien untersucht worden, jedesmal in der Hoffnung, man habe die entscheidende Mixtur entdeckt, die den Start der »Arbeiterrevolution« erklärte. Die Diskussion unter Historikern betrifft hauptsächlich die Auswirkungen der Urbanisierung. Manch einer argumentiert, daß es die am stärksten verstädterten Arbeiter gewesen seien, diejenigen mit dem größten Können und dem höchsten Bildungsniveau, die das Fußvolk der Revolution bildeten.[43] Andere halten dagegen, daß die jüngsten Zuwanderer – diejenigen, die »vom Pflug weggeschnappt und geradewegs in die Hochöfen der Fabriken geschleudert wurden«, wie es Trotzki einst formulierte – in der Regel am gewalttätigsten waren und dabei oft die spontanen Formen der Rebellion (*buntarstwo*), die man mit der ländlichen Region verbindet, gegen die neue und feindliche industrielle Umwelt übernahmen, in der sie sich befanden.[44]

Nun besteht kein Zweifel daran, daß die bäuerlichen Zuwanderer der städtischen Arbeiterklasse ein flüchtiges und häufig militantes Element hinzufügten. Arbeiterunruhen in den frühen Jahrzehnten der Industrialisierung tendierten dazu, die Form spontaner Gewaltausbrüche, wie Krawalle, Pogrome, Plünderungen und Maschinenstürmerei anzunehmen, die Art Aktionen, die man von einer entwurzelten, aber desorganisierten Bauernmasse erwarten würde, die sich nur mit Mühe an die neue Welt der Stadt und die Disziplin der Fabrik anpaßte. Einige dieser »präindustriellen« Formen der Gewalt wurden zu Dauermerkmalen der Arbeiterunruhen. Ein gutes Beispiel bildet die verbreitete Praxis der Arbeiter, während der Streiks und Demonstrationen ihren Fabrikleiter oder Vorarbeiter in einem Schubkarren »hinauszukarren« und in eine Jauchegrube oder einen Kanal zu werfen. Dennoch ginge man zu weit, wollte man in solchen »primitiven« Formen des industriellen Protests oder den unkultivierten Neulingen dahinter den entscheidenden Faktor für die wachsende Arbeitermilitanz sehen.[45] In den neunziger Jahren wurden Streiks zur Hauptform des industriellen Protests, und sie machten jene Art disziplinierter Organisation erforderlich, die nur die am stärksten verstädterten Arbeiter mit ihrem größeren Können und höheren Bildungsniveau bieten konnten. In diesem Kontext war es unwahrscheinlich, daß bäuerliche Zuwanderer eine führende Rolle spielten. Tatsächlich schlossen sie sich den Streiks häufig nur widerstrebend an. Mit ihrem Stück Land im Dorf, zu dem sie zurückkehren konnten, wenn die Zeiten schwieriger wurden, waren sie weniger bereit, das Risiko, das ein Streik mit sich brachte, auf sich zu nehmen, verglichen mit denjenigen Arbeitern, die ihre Verbindungen zum Dorf abgebrochen hatten und ausschließlich von ihrem Fabriklohn abhingen. Letztere standen in der Arbeiterbewegung an vorderster Front.

In diesem Punkt stand Rußland in einem starken Kontrast zu Europa, wo die am besten ausgebildeten Arbeiter die geringsten revolutionären Neigungen zeigten und in die breitere demokratische Bewegung integriert waren. Es gab einige wenige Anzeichen dafür, daß sich so eine gemäßigte »Arbeiteraristokratie« auch in Rußland herausbildete. Die Drucker mit ihrem hohen Lohnniveau und ihren engen Verbindungen zur Intelligenzija waren für solch eine Rolle die wahrscheinlichsten Kandidaten. Doch selbst sie standen fest hinter den Parteien der Marxisten und der Sozialrevolutionäre. Wären diese Arbeiter in der Lage gewesen, ihre eigenen Gewerkschaften aufzubauen, dann hätten sie vielleicht genug Vorteile aus dem Status quo gezogen und nicht seine Abschaffung gefordert. Sie hätten vielleicht den Weg gemäßigter Reformen eingeschlagen, wie ihn die europäischen Arbeiterbewegungen gegangen sind. Doch die politische Situation in Rußland drängte sie ganz von selbst in die Extreme. Da sie nicht ihre eigenen unabhängigen Organisationen aufbauen konnten, waren sie gezwungen, sich auf die Führerschaft des revolutionären Untergrunds zu stützen. Die revolutionäre Arbeiterbewegung ist daher weitgehend vom zaristischen Regime selbst geschaffen worden.

Militanz ist nichts als eine Skala von Verhaltensweisen und Emotionen. Und wie Kanattschikows Geschichte illustriert, waren die Wurzeln der Arbeitermilitanz im wesentlichen psychologischer Art. Seine Persönlichkeit änderte sich, als er sich an den Lebensstil der Stadt anpaßte und neue Fertigkeiten erwarb. Als er die Präzisionstechniken der Modellmacher beherrschte, stärkte die Elite der Maschinenbauer, die die Metallteile entwarfen und formten, sein Vertrauen in die eigenen Fähigkeiten. Er bekam auch mehr Geld, was ihm ein stärkeres Selbstwertgefühl verlieh. Dadurch, daß er lesen lernte und sich viel mit den anderen Arbeitern unterhielt, geriet er unter den Einfluß säkularen Denkens und der neuen »wissenschaftlichen« Theorien wie Darwinismus und Marxismus, die seinen Glauben an die Religion schwächten. Auch sonst kämpfte der junge Kanattschikow darum, sich vom Einfluß des Dorfs freizumachen. Er war abgestoßen vom »Hooliganismus« seiner Mitbewohner im *artel*, von ihrem vielen Trinken, ihren Schlägereien und rauhen Bauernmanieren. Er zog in ein eigenes Zimmer, schwor einen heiligen Eid, niemals etwas Stärkeres als Tee zu trinken, und schlug einen rigorosen Kurs der Selbstvervollkommnung ein, um alle Spuren seiner bescheidenen bäuerlichen Wurzeln zu verwischen. Er suchte sich ein neues Image zu geben, um mit »diesen jungen städtischen Metallarbeitern« zu wetteifern, »die sich ein unabhängiges Leben verdienten und sich nicht mit Wodka ruinierten«. Er sparte, um sich sein Haar im polnischen Stil schneiden zu lassen und ein modisches Jackett mit Perlmuttknöpfen und eine Mütze mit Samtband zu kaufen, wie sie die Arbeiteraristokraten trugen. Er kaufte sich einen Anzug samt einer Taschenuhr für die Weste, einen Strohhut und ein Paar modische Schuhe für die Sonntage. Für 15 Kopeken erwarb er sogar ein Buch *Selbststudium in Tanz und gutem Benehmen*, das ihn davor warnte, die Nase mit der Serviette zu putzen, und ihm beibrachte, wie man Delikatessen wie Artischocken und Spargeln aß, obgleich er, wie er später zugab, »nicht einmal wußte, ob diese Dinge zur Tier-, Pflanzen- oder Mineralienwelt gehörten«.[46]

Selbstvervollkommnung war ein ganz natürlicher Trieb unter Facharbeitern wie Kanattschikow, die darauf bedacht waren, von ihren bäuerlichen Ursprüngen aufzusteigen und den sozialen Status zu erlangen, den sie ihrem wachsenden Gefühl für Würde nach verdienten. Viele träumten davon, ins Kleinbürgertum einzuheiraten und sich mit einem kleinen Laden oder Gewerbe niederzulassen. Sie lasen Boulevardzeitungen wie das *Peterburgski listok* (»Petersburger Blatt«) die für die viktorianischen Ideale der Selbsthilfe eintraten, ihre Leser in Fragen des guten Geschmacks und der Schicklichkeit anleiteten und sie mit Sensationsgeschichten über die Schönen und Reichen unterhielten.

Es war nicht überraschend, daß dieses Streben nach Respektabilität auf seiten der Arbeiterelite von einem gewissen Dünkel begleitet wurde, der kleinlichen Sorge, sich von den »finsteren« Massen der Bauernarbeiter abzuheben, indem man sich nüchtern und »kultiviert« benahm.* Doch unter Bauernarbeitern wie Kanat-

* Hier liegen die Wurzeln des eigentümlichen russischen Begriffs *kulturnost* »gute Manieren haben« und nicht »eine gute Bildung haben«, was man im Westen unter »kultiviert« versteht, von dem das russische Wort sich herleitet. Diese etymologische Verdrehung konnte nur in einem Land wie Rußland passieren, das sich damit abquälte, von seiner bäuerlichen Vergangenheit loszukommen und sich wenigstens das äußerliche Drum und Dran westlicher Zivilisation anzueignen, wenn schon nicht deren tieferes moralisches Feingefühl.

tschikow, die sich später den Bolschewiki anschließen sollten, wurde diese Prüderie häufig ins Extrem getrieben. Ihre Nüchternheit wurde zu einem militanten Puritanismus, als ob sie durch die gezierten und asketischen Manieren, das Teetrinken und die Selbstdisziplin ihre bäuerliche Vergangenheit ganz und gar vertreiben könnten. »Wir waren der Ansicht, daß kein bewußter Sozialist je Wodka trinken sollte«, erinnerte sich so ein Bolschewik. »Wir verdammten sogar das Rauchen. Wir propagierten Moral im striktesten Wortsinn.« Das war auch der Grund, weshalb so viele Bolschewiki an der Basis sich romantischer Bindungen enthielten, obgleich das in Kanattschikows Fall wohl eher mit seinem traurigen Mißerfolg bei Frauen zu tun hatte. Arbeiterrevolutionäre hätten »eine negative Einstellung zu Familie, Ehe und sogar Frauen entwickelt«, gab er später zu. Sie sahen sich als »dem Untergang geweiht«, ihr Schicksal ganz an die Sache der Revolution gebunden, was durch »Kontakte mit Mädchen« nur kompromittiert werden konnte. So sittenstreng waren diese wegbereitenden Proletarier, daß man sie häufig mit den Paschkowiten verwechselte, der Sekte der Bibelchristen oder Baptisten. Selbst die Polizei wurde manchmal verwirrt, wenn sie Anweisung erhielt, die Überwachung »revolutionärer« Arbeiter zu verstärken, die nur Tee tranken.[47]

* * *

Durch seine teetrinkenden Freunde kam der junge Kanattschikow erstmals mit den Untergrund-»Lesezirkeln« (*kruschki*) in Berührung, die sich der Lektüre sozialistischer Traktate und der Erziehung der Arbeiter widmeten. Zu Beginn waren die meisten dieser Zirkel von Narodniki-Studenten organisiert worden, doch in den späten neunziger Jahren, als Kanattschikow nach St. Petersburg zog und sich dort einem Zirkel anschloß, gaben die Marxisten den Ton an. Für ihn wie für viele andere »bewußte« Arbeiter war die Hauptattraktion der Zirkel, daß sie ihm die Tür zu einer neuen Welt des Lernens öffneten. Durch sie wurde er in die Werke Puschkins und Nekrassows eingeführt, in Bücher über naturwissenschaftliche und historische Themen, Arithmetik und Grammatik, ins Theater und in klassische Konzerte, aber auch in die populären marxistischen Traktätchen des Tages. All das gab ihm das Gefühl, auf ein kulturell höheres Niveau als die meisten Arbeiter gehoben zu sein, die ihre Freizeit in den Schenken verbrachten. Doch Kanattschikow und seine Kameraden fühlten sich immer noch unwohl in der Gesellschaft der liberalen Mittelklasse, die ihre Gruppen gönnerhaft förderten. Gelegentlich brachte man sie, wie sich Kanattschikow erinnert, »zum Vorzeigen« in elegante Bürgerhäuser:

*Unser Führer aus der Intelligenzija stellte uns dann mit lauter Stimme vor, wobei er die Worte »bewußte Arbeiter« betonte. Dann wurden wir mit Tee und allen möglichen seltsamen Häppchen versorgt, die anzufassen wir uns scheuten, um nicht irgendwelche peinlichen Fehler zu machen. Unsere Unterhaltung mit solchen Liberalen war sehr gezwungen. Sie fragten uns aus über das eine oder andere Buch, das wir gelesen hatten, erkundigten sich, wie die Masse der Arbeiter lebte, was sie dachten, ob sie an einer Verfassung interessiert seien. Einige fragten uns, ob wir Marx gelesen hätten. Jede Dummheit, die wir in unserer Verwirrung vorbrachten, wurde mit herablassendem Beifall begrüßt.*

Wenn Kanattschikow und seine Freunde solche Einladungen verließen, »atmeten wir auf und lachten darüber, wie wenig unsere Gastgeber von unserem Leben verstanden«. Während sie oberflächlich ihren studentischen Mentoren zustimmten, daß die Liberalen der revolutionären Sache nützlich sein könnten, »wuchs in uns ständig eine Art Feindschaft gegen sie, ein Gefühl des Mißtrauens«.[48] Es war genau dieses Gefühl des Mißtrauens, die Erkenntnis der Arbeiter, daß ihre eigenen Bestrebungen nicht dieselben wie die der Liberalen waren, was den Sturz der Provisorischen Regierung 1917 beschleunigte.

Kanattschikows Begriff von Sozialismus war in diesem Stadium äußerst dehnbar. Dasselbe galt für die meisten Arbeiter. Sie fanden es schwer, komplexe oder abstrakte Ideen zu übernehmen, aber sie waren empfänglich für Propaganda in Form von einfachen Heftchengeschichten, die die Ausbeutung der Arbeiter in ihrem täglichen Leben hervorhoben. Gorkis Erzählungen waren sehr populär. Seit er aus Krasnowidowo geflohen war, hatte er sich im Land herumgetrieben und verschiedene Gelegenheitsarbeiten angenommen, bis er den Romancier und Literaturkritiker W. G. Korolenko traf, der ihn zum Schreiben ermutigte. Mitte der neunziger Jahre war Gorki eine nationale Berühmtheit geworden, der erste wirkliche Schriftsteller mit einiger Begabung, der aus der städtischen Unterwelt der Wanderarbeiter, Vagabunden und Diebe aufgestiegen war, was seine Erzählungen lebendig und voller Sympathie darstellten. Gekleidet wie ein einfacher Arbeiter, mit seinem Walroßschnurrbart und seinem scharf geschnittenen Gesicht, wurde Gorki in den Salons der radikalen Intelligenzija als ein Phänomen aufgenommen. Die Arbeiter konnten sich leicht mit seinen Erzählungen identifizieren, weil sie sich mit den Angelegenheiten befaßten, von denen ihr Alltag erfüllt war, und wie das Pseudonym des Schriftstellers (*gorki* bedeutet »bitter«) ihre eigene Stimmung von Trotz und Revolte einfingen. Gorkis offene Sympathie für den Fabrikarbeiter und seine entsprechende Antipathie gegen das »rückständige« Bauernrußland der Vergangenheit vermittelte zudem Arbeitern wie Kanattschikow, die sich doch von ihren Wurzeln freizumachen suchten, eine neue Skala moralischer Werte und Ideale. In einer berühmten Passage in *Meine Kindheit* (1913) fragt sich Gorki beispielsweise, warum er all die Vorfälle von Grausamkeit und Leiden berichtet habe, von denen seine frühen Jahre so voll gewesen waren, und gibt eine Antwort, mit der viele Arbeiter wie Kanattschikow sympathisiert haben würden:

*Wenn ich mich all dieser bleiern lastenden Scheußlichkeiten des rohen russischen Lebens erinnere, frage ich mich bisweilen: Lohnt es sich denn, davon zu sprechen? Und mit voller Überzeugung sage ich zu mir selbst – es lohnt sich; denn diese zählebige, gemeine Wirklichkeit ist bis auf den heutigen Tag nicht verreckt. Es ist jene Wirklichkeit, die man bis in die Wurzel hinein kennen muß, um sie mit ihrer Wurzel auszureißen – aus dem Gedächtnis, aus der menschlichen Seele, aus unserem ganzen so mühseligen und schändlichen Dasein.*

Alle Charaktere in Gorkis Erzählungen waren in gute und böse eingeteilt, beide definiert nach ihrer gesellschaftlichen Klasse, mit wenig Abschattierungen oder Variationen. Dieser moralische Absolutismus gefiel auch dem wachsenden Klassen- und revolutionären Bewußtsein der Arbeiter. Doch vielleicht war es vor allem der Geist der Revolte in Gorkis Werken, der sie so anregend machte. »Der Sturmvogel« (1895), seine bombastische Eloge auf den romantisch-revolutionären Helden, versteckt hinter der Maske eines Falken, der über den schäumenden Wellen fliegt, wurde zur Hymne der Revolutionäre und im Untergrund in Hunderten von gedruckten, getippten und handschriftlichen Kopien herumgereicht. Wie die meisten Arbeiter hatte auch Kanattschikow den Text auswendig gelernt:

*O kühner Falke, auch wenn du tot bist!*
*Doch im Liede derer, die kühnen und starken Geistes sind,*
*Wirst du immer als Beispiel leben,*
*Als stolzer Ruf zur Freiheit, zum Licht!*[49]

Die Arbeiter lasen auch gerne Geschichten von Befreiungskämpfen der Völker fremder Länder. »Ob es die Albigenser waren, die gegen die Inquisition kämpften, die Garibaldi-Leute oder die bulgarischen Nationalisten, wir sahen in allen Geistesverwandte«, schrieb Kanattschikow. Da machte es nichts, daß die fremden Helden ganz andere Kämpfe ausgefochten hatten – die Arbeiter interpretierten diese Geschichten einfach in den russischen Kontext um. Und daß die Literatur über Rußlands eigene historische »Revolutionäre« wie Pugatschow oder die Dekabristen der Zensur unterlag, nötigte sie in der Tat, für Anregungen ins Ausland zu blicken. In der guten alten russischen Tradition, zwischen den Zeilen zu lesen, verstanden sie den Kampf der Niederlande gegen die Inquisition als aufwühlendes Beispiel für den Geist und die Organisation, die sie bei ihrem eigenen Kampf gegen die Polizei brauchen würden. Es war der emotionale Inhalt der Geschichten, ihre romantische Beschreibung des Rebellen als Kämpfer für Freiheit und Gerechtigkeit, was sie so anregend machte. Von ihnen, schrieb Kanattschikow, »lernten wir die Bedeutung von Selbstlosigkeit, die Fähigkeit, sich im Namen des Gemeinwohls zu opfern«.[50] Indem sie sich mit den furchtlosen Verfechtern der Befreiung der Menschen überall identifizierten, wurden sie zur Revolution bekehrt.

Die besondere Anziehungskraft des Marxismus lag an der Bedeutung, die er der Rolle der Arbeiterklasse und der Idee des Fortschritts gab. Die populären marxistischen Broschüren der späten neunziger Jahre, die zum ersten Mal Arbeiter wie Kanattschikow in großer Zahl für die Sache gewannen, machten die Lektionen der Hungerkrise von 1891 augenfällig: daß die Bauern dazu verdammt waren, als Ergebnis des wirtschaftlichen Fortschritts auszusterben; daß sie ein Relikt der rückständigen Vergangenheit Rußlands waren, das durch die Industrie hinweggefegt werden würde; und daß der Glaube der Narodniki an die Gemeinde (der viele der Bauernarbeiter immer noch angehörten) nicht länger haltbar war. Nur der Marxismus konnte den Arbeitern erklären, warum ihre bäuerlichen Eltern so arm und warum sie selbst in die Städte gezwungen geworden waren. Es bestand somit eine enge Verbindung zwischen Kanattschikows Neigung zur marxistischen Begeisterung für Industrialisierung und Fortschritt und der Psychologie seiner Ablehnung der eigenen bäuerlichen Vergangenheit. Wie viele Arbeiter vom Land investierte Kanattschikow viel von seiner Person in das Ideal der Befreiung durch Industrie. Er empfand »das Schnauben und Dröhnen« der Fabrik als »Poesie«. Arbeitern wie ihm erschien der Marxismus als eine moderne »Wissenschaft«, die in einfacher Schwarzweißmalerei erklärte, warum ihre Welt so aufgebaut war und wie sie umgewandelt werden konnte.

Es ist häufig behauptet worden, der Marxismus habe wie eine Religion gewirkt, zumindest in seiner populären Version. Doch Arbeiter wie Kanattschikow glaubten mit größter Ernsthaftigkeit, daß die Lehren von Marx eine Wissenschaft seien, ebenbürtig den Naturwissenschaften; es ist daher ungerecht, wenn man sagt, ihre Ansicht sei im Grunde nicht mehr als eine Art religiöser Glaube. Offenkundig gab es jedoch einen gewissen Dogmatismus in den Ansichten vieler solcher Arbeiter, der leicht als religiöser Fanatismus mißverstanden werden konnte. Das zeigte sich deutlich in der Geringschätzigkeit, welche viele Arbeiter, die die Höhen marxistischen Verständnisses erreicht hatten, gegenüber denjenigen hervorkehrten, die noch nicht zu solchen Höhen aufgestiegen waren. Ein »Genosse« zum Beispiel sagte voller Arroganz einem Polizisten, der ihn gerade verhaften wollte, er sei ein »Dummkopf«, weil er »nie Marx gelesen« habe und nicht einmal wüßte, »was Politik und Ökonomie« seien.[51] Dieser Dogmatismus hatte viel damit zu tun, daß alternative politische Ideen, die die Arbeiter zumindest veranlaßt haben könnten, die marxistische Doktrin mit etwas mehr Zurückhaltung und Skepsis zu betrachten, vergleichsweise selten waren. Er ergab sich aber auch aus der Art, in der die meisten dieser Arbeiter in Philosophie ausgebildet worden waren. Wenn Menschen als Erwachsene lernen, was normalerweise Kindern in der Schule beigebracht wird, fällt es ihnen häufig schwer, sich über die einfachsten abstrakten Ideen hinauszuentwickeln. Diese Ideen nisten sich gerne tief in ihrer Vorstellung ein und machen sie resistent gegen jede weitere Aneignung von Wissen auf einem anspruchsvolleren Niveau. Sie sehen die Welt schwarzweiß, weil ihnen ihr beschränktes Wissen jede andere Färbung verdunkelt. Der Marxismus hatte auf Arbeiter wie Kanattschikow ungefähr diesen Effekt. Er gab ihnen eine einfache Lösung für die Probleme von »Kapitalismus« und Rückständigkeit, ohne unabhängiges Denken von ihnen zu verlangen.

Wenn ein Arbeiter sich der militanten Arbeiterbewegung anschloß, so bedeutete das, Verfolgung auf sich zu ziehen. Hatte die örtliche Polizei erst einmal Wind von seinen Aktivitäten bekommen, sah er sich bald als Unruhestifter aus seiner Fabrik entlassen. Doch wegen der starken Nachfrage nach Facharbeitern während des industriellen Booms konnten Arbeiter wie Kanattschikow leicht wieder Arbeit finden. Sie wanderten von Fabrik zu Fabrik, organisierten illegale Arbeiterklubs und -vereine, bis die Polizei sie einholte und erneut zwang weiterzuziehen. Angesichts eines Lebens auf der Flucht hätte ein willensschwacher Militanter es vorgezogen, in die Sicherheit seines Heimatdorfs zurückzukehren. Doch für Arbeiter wie Kanattschikow war das undenkbar. Sie hatten sich bereits der revolutionären Bewegung angeschlossen und identifizierten sich mit ihr. Die Rückkehr in die Rückständigkeit des Dorfs hätte ihr mühsam erworbenes Selbstbewußtsein untergraben. Die einzige Alternative bestand darin, sich der revolutionären Bewegung im Untergrund anzuschließen. Die Kameradschaft, die sie dort fanden, war Kompensation für die Entwurzelung, die viele empfunden haben müssen, wenn sie so von Stadt zu Stadt zogen. Die Parteiorganisation wurde »Heim und Herd« der Arbeiter, wie es Kanattschikow ausdrückte. Seine »Genossen im Kampf« rückten an die »Stelle von Brüdern, Schwestern, Vater und Mutter«. Gehörte man dieser geheimen Gemeinschaft an, so hatte das einen eigenen romantischen Reiz, wie ein anderer bolschewistischer Arbeiter erklärte: »Die ständige Gefahr einer Verhaftung, die Heimlichkeit unserer Treffen und das Bewußtsein, daß ich nicht mehr bloß ein Sandkörnchen, nicht mehr nur ein Arbeiter war, sondern Mitglied einer Organisation, die gefährlich und für die Regierung und die Reichen bedrohlich war – all das war neu und aufregend.«[52]

Dieses Gefühl, zur Partei zu gehören und Teil ihrer historischen Mission zu sein, hob die gesellschaftlichen Unterschiede zwischen den Arbeitern und der marxistischen Intelligenzija auf. Die Kameradschaft war zunächst stärker als die Klasse. Doch wurde die Beziehung zwischen beiden zunehmend durch Spannungen und Mißtrauen geprägt. Die Arbeiter begannen, sich selbst zu organisieren. Die Streiks Mitte der neunziger Jahre waren der erste wirkliche Durchbruch der unabhängigen Arbeiterbewegung. Die meisten wurden von den Facharbeitern selbst geführt, wenn auch die marxistische Intelligenzija in der Sozialdemokratischen Partei eine wichtige ergänzende Rolle spielte, indem sie für die Propaganda sorgte, die den Streiks zu einer so weiten Verbreitung und solcher Wirkung verhalf. In diesem Stadium hingen die Marxisten noch an der Vorstellung von Massenagitation für Streiks. Doch gegen Ende des Jahrzehnts begannen viele zu behaupten, daß die Arbeiterbewegung mit ihrer engen Ausrichtung auf das Thema der Grundbedürfnisse allein nicht stark genug sei, das Zarenregime zu stürzen. Sie forderten eine breitere politische Bewegung, in der nicht so sehr die Arbeiter selbst als vielmehr die Disziplin und Organisation der Sozialdemokraten die führende Rolle spielen sollten. Hier lagen die Wurzeln des Konflikts zwischen den wirtschaftlichen Zielen der Arbeiterbewegung und den politischen Ambitionen der revolutionären Intelligenzija, ein Konflikt, der die ganze marxistische Bewegung in Rußland spalten sollte.

Mit einem Fuß in der Fabrik und dem anderen im revolutionären Untergrund, mußte Kanattschikow jetzt zwischen den beiden wählen. Am Vorabend der Revolution von 1905 verließ er, wie wir aus dem letzten stolzen Satz seiner Memoiren erfahren, die Fabrik und wurde ein »Berufsrevolutionär« in der Partei der Bolschewiki.

# 4 ROTE TINTE

## IM INNEREN DER FESTUNG

Im Mündungsgebiet der Newa, direkt gegenüber dem Winterpalais, steht die Peter-Pauls-Festung. 1703 von Peter dem Großen als Bastion gegen die schwedische Flotte gebaut, war sie das erste Gebäude von St. Petersburg und diente mehrere Jahre lang als Hauptstadt des Riesenreichs. Als dann die übrige Stadt errichtet war – auf den Knochen der Leibeigenen, die bei den Bauarbeiten umkamen –, blieb die kleine Inselfestung nicht länger Sitz der Zarenherrschaft, symbolisierte jedoch weiterhin ihre furchteinflößende Macht. Die Grabmäler der Zaren wurden in der dortigen Kathedrale errichtet, deren goldene Turmspitze wie eine Nadel über dem Zentrum der Hauptstadt aufragte. Innerhalb der dicken Steinmauern und unter den acht Türmen der Festung war das berüchtigtste aller politischen Gefängnisse des Regimes verborgen. Die Liste seiner Insassen liest sich wie eine Ehrentafel von Rußlands radikalen und revolutionären Bewegungen: Radischtschew, die Dekabristen, die Petraschewzen, Kropotkin, Tschernyschewski, Bakunin, Tkatschow, Netschajew, Narodniki und Marxisten, Arbeiter und Studenten – sie alle litten in seinen feuchten und düsteren Zellen. In den zwei Jahrhunderten, die dieses Gefängnis bestand, ist kein einziger Gefangener je aus der Festung entflohen, allerdings fanden viele eine andere Art der Befreiung: durch Selbstmord oder Wahnsinn.

Diese »russische Bastille« hielt nicht nur gefährliche Subversive, sondern auch die Phantasie des Volks gefangen. Volkslieder und Balladen zeichneten die Festung als eine wahre Hölle. In einer Fülle von Legenden wurde erzählt, wie man die Gefangenen folterte, wie sie in dunklen und vor Ungeziefer wimmelnden Verliesen schmachteten oder durch die Grabesstille wahnsinnig wurden (die als Teil der Gefängnisordnung auferlegt wurde). Da gab es Geschichten von Zellen, die so klein waren, daß die Gefangenen weder stehen noch liegen konnten, sondern sich zusammenrollen mußten; bald waren ihre Körper verkrümmt und deformiert. Oder Geschichten von heimlichen Exekutionen, von Gefangenen, die nachts auf dem gefrorenen Fluß ihr eigenes Grab hacken mußten, ehe sie unter dem Eis ertränkt wurden. In der Vorstellung des einfachen Volks wurde die Festung zum monströsen Symbol des Despotismus, unter dem sie lebten, ein Symbol ihrer Ängste und ihrer Unfreiheit, und die Tatsache, daß die Festung mitten in St. Petersburg lag, daß die Menschen täglich an ihren geheimen Schrecken vorbeikamen, ließ sie nur noch schrecklicher erscheinen.

In Wirklichkeit waren die Bedingungen in dem Gefängnis nicht so schlecht, wie die Menschen glaubten. Verglichen mit den Bedingungen, die die Tyranneien des 20. Jahrhunderts ihren Opfern bereitet haben, war die Festung geradezu ein bequemes Hotel. Die meisten Insassen hatten Zugang zu Nahrung und Tabak, Büchern und Schreibpapier und konnten Briefe von ihren Verwandten bekommen. Der Bolschewik Nikolai Bauman durfte während seines Gefängnisaufenthalts sogar Marx' *Kapital* lesen. Einige Klassiker der russischen Literatur wurden in der Stille dieser Zellen geschaffen, darunter auch Dostojewskis Erzählung *Der kleine Held*, Gorkis Theaterstück *Die Kinder der Sonne* und Tschernyschewskis Roman *Was tun?*, der zu einem Schlüsseltext der revolutionären Bewegung werden sollte.* Die allgemeine Vorstellung von diesem Gefängnis – zum Bersten überfüllt mit Zehntausenden zu langjährigen Haftstrafen Verurteilten – könnte nicht weiter von der Wahrheit entfernt sein. Es hat zu keiner Zeit mehr als hundert Gefangene gegeben und nach 1908 nie mehr als dreißig. Wenige blieben länger als etwa einen Monat, bevor sie in Provinzgefängnisse überführt wurden. Als die Festung schließlich im Februar 1917 von der Menge erobert wurde, durfte die enttäuschende Realität der Befreiung von nur 19 Gefangenen (alles Soldaten, die gemeutert hatten und erst am Tag zuvor verhaftet worden waren) nicht die mythischen Erwartungen der Revolutionäre beeinträchtigen: Das Ereignis wurde als Triumph der Freiheit über die Despotie dargestellt.

Diese Wiedererfindung der Festung war ein entscheidender Aspekt in der Dämonologie der Revolutionäre. Wenn das zaristische Regime als grausam und tyrannisch, heimlichtuerisch und voller Willkür in seiner Strafmacht beschrieben werden sollte, dann war die Festung das perfekte Symbol für diese Sünden. Das Gefängnissystem wurde in der zweiten Hälfte des 19. Jahrhunderts von seinen ehemaligen Insassen in ihren Schriften mit immer stärker übertriebenem Schauder dargestellt, je milder es in Wirklichkeit wurde. Schauerromantische Gefängnismemoiren wurden in den letzten Jahrzehnten des alten Regimes Mode, und diese Geschichten entsprachen dem Wunsch der Bevölkerung nach revolutionären Märtyrern. Wie Gorki es ausdrückte, als man ihn einst fragte, weshalb er es ablehne, seine Memoiren diesem Haufen hinzuzufügen: »Jeder Russe, der je als ›Politischer‹ im Gefängnis gesessen hat, und sei es auch nur für einen Monat, oder der ein Jahr im Exil verbracht hat, hält es für seine heilige Pflicht, Rußland mit seinen Erinnerungen daran, wie sehr er gelitten hat, zu beglücken.«[1]

Für Kritiker war die Peter-Pauls-Festung ein Mikrokosmos des zaristischen Systems. Rußland, »so unermeßlich es auch sein mag«, sei, wie der Marquis de

* Tschernyschewskis Roman wurde veröffentlicht, als er noch in der Peter-Pauls-Festung einsaß, und erst danach verboten!

Custine nach einem Besuch der Festung in den dreißiger Jahren des 19. Jahrhunderts bemerkte, »nichts als ein Gefängnis«. In seiner Grundstruktur wurde der zaristische Polizeistaat nach dem Dekabristenaufstand von 1825 unter Nikolai I. aufgebaut, als eine kleine Clique liberaler Adliger, wie Puschkin schreibt, »zwischen Rotwein und Champagner« konspiriert hatte, um der Monarchie nach dem Tod Alexanders I. eine Verfassung zu verordnen. Nikolai erließ umfassende Gesetze – einschließlich eines neuen Zensurgesetzes im Jahr 1826, das (in Europa damals einmalig) bei jedem Druckerzeugnis dazu verpflichtete, *vor* der Veröffentlichung die Genehmigung vom Zensor einzuholen –, um jeden politischen Dissens zu ersticken. Die Dritte Abteilung oder Geheimpolizei, die in diesem Jahr eingerichtet wurde, hatte – und das war wiederum einmalig in Europa – die Befugnis, jeden, den man »politischer Vergehen« *verdächtigte*, zu inhaftieren oder sogar in administrative Verbannung nach Sibirien zu schicken. Kein anderes Land der Welt verfügte über zwei Arten von Polizei – eine, um die Interessen des Staates, und die andere, um seine Bevölkerung zu schützen.

Doch erst im späten 19. Jahrhundert, als Telegrafen und Telefone eingeführt wurden, wurde die Maschinerie des Polizeistaats wirklich effizient. Die Ochrana, die 1881 die Funktionen der Dritten Abteilung übernahm, führte das, was man nur als einen geheimen Krieg bezeichnen kann, wobei sie Sondervollmachten außerhalb der Gesetze nutzte, um Revolutionäre auszumerzen. Sie hatte Tausende Agenten und Informanten, die sich häufig als Revolutionäre ausgaben und über die Verhältnisse in den Fabriken, den Universitäten, der Armee und den Institutionen des Staates selbst berichteten. Pförtner lieferten tägliche Berichte an die Polizei. Hunderte von Bürokraten waren in einem »Schwarzen Büro« damit beschäftigt, abgefangene Privatpost zu lesen. »Ganz Petersburg weiß, daß seine Briefe von der Polizei gelesen werden«, beklagte sich Gräfin Woronzowa bei Nikolai II. Es gab eine umfangreiche Liste an Aktivitäten – von der Organisation eines Konzerts oder der Eröffnung eines Ladens bis zum Zitieren der Werke Darwins –, für die selbst hochgeborene Bürger eine Erlaubnis von der Polizei einholen mußten. Aus der Perspektive des einzelnen könnte man tatsächlich sagen, daß der größte Unterschied zwischen Rußland und dem Westen sowohl unter dem Zarismus als auch unter dem Kommunismus darin bestand, daß in Westeuropa Bürger im allgemeinen tun konnten, was sie wollten, solange ihre Aktivitäten nicht ausdrücklich vom Staat unterbunden wurden, während die Bevölkerung Rußlands nichts tun konnte, was ihnen nicht ausdrücklich vom Staat genehmigt worden war.[2]

Dieser ständige Kampf mit der Polizei brachte eine besondere Mentalität bei ihren Gegnern hervor. Von den rigorosen Strafen des Zarenregimes läßt sich eine gerade Linie zum Terrorismus der Revolutionäre und letztlich auch zum Polizeistaat der Bolschewiki ziehen. Wie es Flaubert ausdrückte: »in jedem Revolutionär steckt ein Polizist«. Felix Dserschinski (1877–1926), der Gründer der Tscheka, war dafür ein klassisches Beispiel. Bis 1917 hatte er den besten Teil seines Erwachsenenlebens in Gefängnissen und in der Verbannung verbracht, einschließlich der letzten drei Jahre im Gefängnis von Orjol, das für seine sadistischen Folterungen berüchtigt war und wo er als Führer eines Hungerstreiks zur Bestrafung ausgesondert wurde (es heißt, sein Körper sei mit Narben bedeckt gewesen). Einmal an der Macht, sollte er viele dieser Foltermethoden während des Roten Terrors übernehmen. Und doch war Dserschinski nur einer der vielen Wilddiebe, die zu Wildhütern geworden waren. 1917 hatte der durchschnittliche bolschewistische Parteifunktonär fast vier Jahre in zaristischen Gefängnissen oder im Exil verbracht, der durchschnittliche Menschewik fast fünf Jahre. Gefängnis machte die Revolutionäre hart. Es bereitete sie für den »Kampf« vor, indem es ihnen einen persönlichen Grund gab, das alte Regime zu hassen und auf Rache an seinen Vertretern zu sinnen. Kanattschikow, der mehrere Jahre in zaristischen Gefängnissen zugebracht hatte, behauptete, daß das Gefängnis für bolschewisierte Arbeiter wie ihn eine Art »natürlicher Auslese« bedeutete: »Die mit schwachem Kampfgeist ließen die Revolution und oft ihr Leben, während die Starken und Standhaften gestählt und auf zukünftige Kämpfe vorbereitet wurden.« Viele Jahre später, 1923, hörte Kanattschikow, daß einer der Richter, der ihn 1910 zu einer Haftstrafe verurteilt hatte, von den Bolschewiki erschossen worden war. »Als ich das hörte, bereitete es mir große Genugtuung«, gestand er.[3]

Rechtfertigung von Gewalt im Namen der Revolution gab es nicht nur bei den Revolutionären. Unter der gebildeten Elite herrschte ein regelrechter Revolutionskult. Die russische »Intelligenzija« (in dieser Form ein russisches Wort) war weniger eine Klasse als ein Geisteszustand, den man als radikale und kompromißlose Opposition gegen das zaristische Regime und als Bereitschaft definieren könnte, sich am Kampf für dessen Sturz zu beteiligen. Die Geschichte der revolutionären Bewegung ist die Geschichte der Intelligenzija. Die meisten revolutionären Führer waren zuallererst Intellektuelle. Ihre Köpfe waren voll von europäischer Literatur und Geschichte, vor allem der Geschichte der französischen Revolutionen von 1789 und 1848. »Ich glaube«, erinnerte sich Lidia Dan, eine Menschewikin, »daß wir als Personen eher aus Büchern als aus dem wirklichen Leben hervorgegangen sind.«[4] Keine andere Gruppe von Intellektuellen hat je einen so gewaltigen Einfluß auf die Welt des 20. Jahrhunderts gehabt.

Diejenigen, die sich als *intelligenty* ansahen (Studenten, Schriftsteller, Akademiker usw.), hatten ihre besonderen moralischen Prinzipien, ihren eigenen Kleider- und Sprachcode und gemeinsame Vorstellungen von Ehre und Kameradschaft, ganz zu schweigen von den Salons und Cafés, Klubs und geselligen Zirkeln, von Zeitungen und Zeitschriften, was sie als eine Art Subkultur vom Rest der privilegierten Gesellschaft unterschied, der die meisten von ihnen entstammten. Viele hatten sogar einen besonderen »Look« – ungekämmt, langhaarig, mit Bart und Brille –, was zum Kennzeichen der Linken und Revolutionäre in der ganzen Welt wurde. Der Philosoph Nikolai Berdjajew verglich einst die russische Intelligenzija mit einem »Mönchsorden oder eine[r] Sekte«, und es gab auch viel Ähnlichkeit in ihrer Mentalität mit dem Christentum. Man nehme zum Beispiel ihre Ablehnung der bestehenden Ordnung als sündig und korrupt, ihr Selbstverständnis als Verfechter der Sache des Volks oder ihren nahezu mystischen Glauben an die Existenz einer absoluten Wahrheit. Die radikale Intelligenzija hegte eine religiöse Verehrung für den revolutionären Literaturkanon. Ariadna Tyrkowa-Williams erinnerte sich zum Beispiel, wie in den achtziger Jahren des 19. Jahrhunderts ihre Schwester, ein Teenager, »einen Band revolutionärer Gedichte während der Nachmittagsgebete in die Kirche schmuggelte und die Aufrufe zu Revolte und Terror aufsagte, während die anderen in der Bibel lasen«.[5]

Diese selbstbewußte Tradition war ein Erbe der Dekabristen. Deren Hinrichtung im Jahr 1826 schuf die ersten Märtyrer der »Bewegung«. Die nachfolgenden Generationen bezogen ihre romantische Inspiration aus der Selbstaufopferung dieser adligen Jakobiner. Von diesem Zeitpunkt an war es Mode bei den Söhnen der Adligen – und damit war der Kult der Opposition geboren –, Karrieren im Staatsdienst »aus Prinzip« zu vermeiden. Man sah es als moralischen Verrat an, sich, wie es bei Tschitscherin heißt, »als unmittelbares Werkzeug einer Regierung benutzen zu lassen, die gnadenlos jeden Gedanken und alle Aufklärung unterdrückte«. Sture Opposition gegen den Zarenstaat und all seine Vertreter, und sei sie noch so engstirnig, war Ehrensache. Man denke nur an die Geschichte von Anatoli Dubois, einem Studenten der Universität von St. Petersburg, der sich 1902 (»aus Prinzip«) weigerte, einem Polizeioffizier die Hand zu geben, der ihn beim Registrieren seiner neuen Adresse in eine freundliche Unterhaltung gezogen und ihm zum Abschied die Hand gereicht hatte. Ein Polizeibericht ging an den Rektor der Universität, und Dubois wurde relegiert – nur um sich der revolutionären Bewegung anzuschließen und 1903 verhaftet zu werden. Es war ein typisches Beispiel für den zaristischen Polizeistaat, der mit einem dummen Akt der Unterdrückung einen Dissidenten der Mittelschicht in den revolutionären Untergrund trieb, von wo aus sich die terroristische Tradition entwickelte (Lenins Geschichte war sehr ähnlich). Die radikale Intelligenzija lehnte voller Verachtung jeden Kompromiß mit »dem Regime« ab: nur der gewaltsame Kampf konnte dessen Ende herbeiführen. Liberalismus wurde als schwache Halbherzigkeit verurteilt. Man verachtete Gesetze als Instrumente des Staats: Es hieß, sie seien den alten Bräuchen der Bauern und den Interessen sozialer Gerechtigkeit moralisch unterlegen – was Gesetzesbrüche rechtfertigte. Das war die moralisch zweifelhafte Begründung der revolutionären Gesinnung, die im späten 19. Jahrhundert von den Geistern der gebildeten Mittelschicht Besitz ergriff. Vera Figner, selbst Terroristin, sprach von einem »Kult der Bombe und der Schußwaffe«, in dem »Mord und Schafott eine magnetische Anziehungskraft erlangten«. Innerhalb der Zirkel der Intelligenzija hielt man es für eine Frage des »guten Geschmacks«, mit den Terroristen zu sympathisieren, und viele wohlhabende Bürger spendeten ihnen große Geldsummen.[6]

Diesen politischen Extremismus kann man unmöglich verstehen, wenn man nicht zunächst die kulturelle Isolation der russischen Intelligenzija bedenkt. Diese winzige Elite war durch ihre Politik vom offiziellen und durch ihre Bildung vom bäuerlichen Rußland isoliert. Die Kluft war in beiden Fällen unüberbrückbar. Was aber vielleicht noch wichtiger ist, sie war abgeschnitten von der europäischen Kulturwelt, der sie doch nachzueifern suchte. Die Folge war, wie Isaiah Berlin so elegant dargelegt hat, daß die aus dem Westen importierten Ideen (zu denen fast alle Ideen in Rußland zählten) die Tendenz hatten, zu abstrakten Dogmen zu erstarren, sowie die russische Intelligenzija sie übernahm. Während in Europa neue Ideen erst einmal gegen andere Doktrinen und Positionen kämpfen mußten, mit dem Ergebnis, daß man zu einer gesunden Skepsis gegenüber Ansprüchen auf absolute Wahrheit neigte und sich ein Klima des Pluralismus entwickelte, herrschte in Rußland ein kulturelles Vakuum. Der Zensor verbot jede politische Äußerung, so daß Ideen, die dort eingeführt wurden, leicht den Status eines heiligen Dogmas erlangten, eines Allheilmittels gegen die Leiden der ganzen Welt, das nicht in Frage gestellt oder gar im wirklichen Leben überprüft zu werden brauchte. Eine intellektuelle Mode aus Europa nach der anderen breitete sich über Petersburg aus – der Hegelianismus in den vierziger Jahren, der Darwinismus in den sechziger Jahren, der Marxismus in den neunziger Jahren –, und jede wurde als letzte Wahrheit angesehen.[7] Es gab viel Liebenswertes in dieser seltsam russischen Suche nach absoluten Werten – etwa die Leidenschaft für große Ideen, die der russischen Literatur des 19. Jahrhunderts ihre Einzigartigkeit und Kraft verlieh –, und doch standen hinter diesem Idealismus ein enervierender Didaktizismus, ein moralischer Dogmatismus und eine Intoleranz, die auf ihre Weise genauso schädlich waren wie die Zensur, gegen die sie sich richteten. Überzeugt, daß ihre Ideen der Schlüssel für die Zukunft der Welt seien und daß die Geschicke der Menschheit auf dem Ergebnis ihrer eigenen doktrinären Kämpfe beruhten, teilte die russische Intelligenzija die Welt in Kräfte des »Fortschritts« und der »Reaktion« ein, in Freunde und Feinde der Sache des Volks, ohne dazwischen Raum für Zweifler zu lassen. Hier liegen die Wurzeln der totalitären Weltanschauung. Auch wenn keiner es gern zugegeben hätte – es gab viel Gemeinsamkeiten zwischen Lenin und Tolstoi.[8]

* * *

Literatur war im modernen Rußland immer ein Ersatz für Politik. Nirgends sonst war Shelleys Maxime – wonach »Dichter die inoffiziellen Gesetzgeber der Welt« seien – so tragisch relevant wie in Rußland. Wo glaubwürdige Politiker fehlten, suchte die russische Öffentlichkeit bei ihren Schriftstellern nach moralischer Führung im Kampf gegen die Autokratie. »Deshalb schenkt man bei uns jedem sogenannten liberalen Trend, selbst bei geringster Begabung, so viel Aufmerksamkeit, und deshalb sinkt auch die Popularität großer Dichter, die sich – ob aufrichtig oder nicht – in den Dienst der […] Autokratie […] stellen, so rasch«, schrieb Wissarion Belinski 1847 an Gogol. Im Laufe des 18. und des 19. Jahrhunderts bildete die Intelligenzija ihre sozialen Codes und Konventionen nach literarischen Vorbildern und der Moral, die von den Literaturkritikern daraus gezogen wurde.[9] Die russische Literaturkritik, durch Belinski begründet, diente als Vehikel für politische Ideen, wenn auch in einer äsopischen Sprache, die sorgfältige Lektüre zwischen den Zeilen erforderte. All die frühen revolutionären Theoretiker (Herzen, Belinski, Dobroljubow, Tschernyschewski) schrieben hauptsächlich über Literatur.

Seit Belinski war der selbstgewählte Auftrag der russischen Literatur sowohl sozialer als auch didaktischer Natur: die bewegenden Kräfte der Gesellschaft ins Licht zu setzen und das Volk in ein neues und demokratisches Leben zu führen. Keine andere Literatur hat dem Gesellschaftsroman so viel Bedeutung beigemessen: Er beherrschte den literarischen Kanon seit den vierziger Jahren und Dostojewskis *Armen Leuten* bis zum Anfang des 20. Jahrhunderts und Gorkis *Mutter* (letztere wiederum wurde Vorbild für die Wiedergeburt des Gesellschaftsromans in seiner sowjetisierten Version des Sozialistischen Realismus). Als eine Form der moralischen Unterweisung hatte der Gesellschaftsroman fast immer einen »positiven Helden«, der die Tugenden des Neuen Menschen verkörperte. Hingabe an die Sache des Volks, häufig zum Preis großer Selbstaufopferung, war ein wesentliches Merkmal solcher fiktionaler Helden. Figuren, die sich für das Schöne interessierten oder Ziele verfolgten, die nichts mit der »Sache« zu tun hatten, waren »überflüssige Menschen« und der Gesellschaft entfremdet.

Der heroischste dieser positiven Helden war Rachmetjew in Tschernyschewskis gräßlichem Roman *Was tun?* (1862). Dieser monolithische Titan, der einer ganzen Generation von Revolutionären (einschließlich Lenin) als Vorbild dienen sollte, verzichtet auf alle Freuden des Lebens, um seinen übermenschlichen Willen zu stärken und sich gegen menschliches Leiden unempfindlich zu machen, das die künftige Revolution zwangsläufig mit sich bringen wird. Er ist Puritaner und Asket: Bei einer Gelegenheit schläft er sogar auf einem Nagelbett, um seine sexuellen Triebe zu unterdrücken. Seinen Körper trainiert er mit Gymnastik und Gewichtheben. Er ißt nichts als rohes Fleisch und trainiert seinen Verstand auf ähnliche Weise, indem er tage- und nächtelang »nur das Wesentliche« (Politik und Naturwissenschaften) liest, bis er sich das Wissen der Menschheit angeeignet hat. Erst dann begibt sich der revolutionäre Held auf seine Mission, »für das Wohl des Volks zu arbeiten«. Nichts lenkt ihn von der Sache ab, nicht einmal die amourösen Aufmerksamkeiten einer jungen hübschen Witwe, die er zurückweist. Er führt ein strenges, diszipliniertes Leben: es verläuft wie ein Uhrwerk, mit täglich soundsoviel Zeit zum Lesen, soundsoviel Zeit zum Üben usw. Und doch (und das ist die Botschaft der Geschichte) ist es nur diese selbstlose Hingabe, die es dem Neuen Menschen ermöglicht, das entfremdete Dasein des alten »überflüssigen Menschen« hinter sich zu lassen. Er findet Erlösung durch Politik.[10]

# BILDER DER AUTOKRATIE

1 St. Petersburg, zur Dreihundertjahrfeier der Romanows festlich illuminiert.

2 und 3 Der Weg der kaiserlichen Familie vom Winterpalais zur Eröffnungszeremonie in der Kasaner Kathedrale.

4 Das berühmte Jelissejew-Warenhaus am Newski-Prospekt, geschmückt für die Dreihundertjahrfeier.

5 Gardeoffiziere begrüßen die kaiserliche Familie an der Kasaner Kathedrale. Man beachte die Ikonen, Kirchenfahnen und Kreuze der Zuschauer.

6 Menschen aus Stadt und Land wollen den Zaren in Kostroma auf seiner Jubiläumsfahrt durch die Provinzen sehen.

7 Der Hofball von 1903 war ein Meilenstein im Kult Alt-Moskowiens. Die Gäste trugen Kostüme des 17. Jahrhunderts, entsprechend ihrem jeweiligen Rang zur Jahrhundertwende.

8 Die Erlöserkirche am Katharinenkanal – ein abschreckendes Beispiel für die Bemühungen des letzten Zaren, St. Petersburg zu »moskowisieren«.

9 Trubezkois Bronzestatue Alexanders III. am Snamenskaja-Platz in St. Petersburg, von den Arbeitern »das Nilpferd« genannt.

10 Die Moskauer Statue Alexanders III. bei der Enthüllung im Jahr 1913. Im Hintergrund die Erlöserkathedrale.

11 Die kaiserliche Familie (*v.r.n.l.*):
Olga, Tatjana, Nikolai, Alexandra, Maria, Alexej und Anastasia.

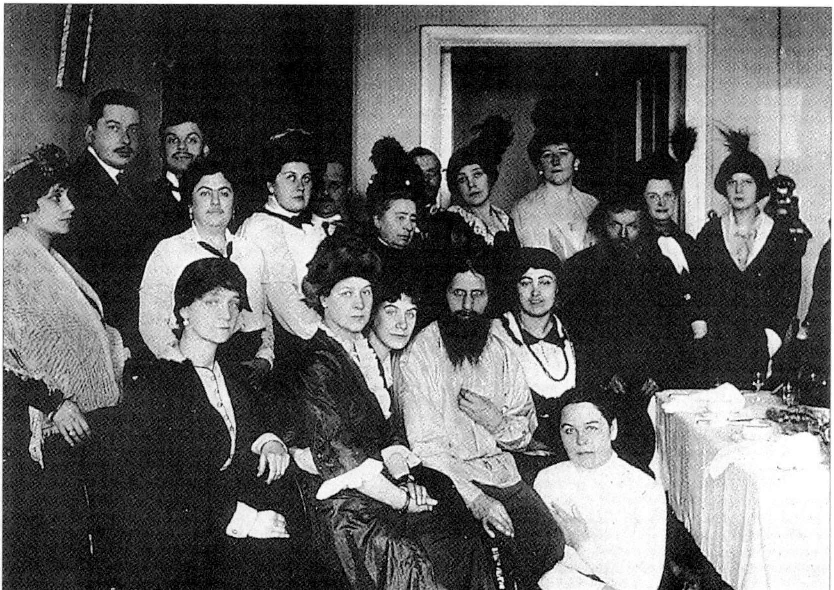

12 Rasputin mit seinen Bewunderern. Anna Wyrubowa, die engste Freundin Rasputins wie der Kaiserin, stehend als fünfte von links.

13 Zarewitsch Alexej mit dem Matrosen Derewenko,
seinem Spielkameraden und Beschützer.
Derewenko schloß sich nach der Februarrevolution den Bolschewiki an.

Es war einer der allergrößten Fehler des zaristischen Zensors, daß er die Veröffentlichung von Tschernyschewskis Roman erlaubte, denn er bekehrte mehr Menschen zur Sache der Revolution als alle Werke von Marx und Engels zusammen (Marx selbst lernte Russisch, um den Roman zu lesen). Plechanow, die »Pythia des [...] Marxismus in Rußland«, sagte: »Wir alle haben (aus dem Roman) sittliche Kraft und den Glauben an eine bessere Zukunft gewonnen.« Tkatschow, Theoretiker der Revolution, nannte ihn die »Bibel« der Bewegung, Kropotkin »das Banner der russischen Jugend«. Ein junger Revolutionär der sechziger Jahre behauptete, daß es nur drei große Männer in der Geschichte gegeben habe: Jesus, Paulus und Tschernyschewski. Lenin, dessen asketische Lebensweise eine verblüffende Ähnlichkeit mit der Rachmetjews hatte, las den Roman fünfmal in einem Sommer. Später gab er zu, daß das für seine Bekehrung zur revolutionären Bewegung entscheidend gewesen sei. »Er hat mich vollständig umgewandelt«, erzählte er Walentinow 1904. »Das ist ein Buch, das einen fürs ganze Leben verändert.« Tschernyschewskis Bedeutung lag nach Lenin darin, daß er »nicht nur gezeigt hat, daß jeder richtig denkende und wirklich ehrliche Mensch ein Revolutionär sein muß, sondern auch – und das ist sein größtes Verdienst –, wie ein Revolutionär sein muß«. Rachmetjew war mit seinem übermenschlichen Willen und seiner selbstlosen Hingabe an die Sache das perfekte Vorbild des Bolschewiken.[11]

Tschernyschewskis Held inspirierte auch die nihilistischen Studenten der sechziger Jahre. Seine Askese, sein Glaube an die Wissenschaft, seine Ablehnung der alten moralischen Ordnung gefiel ihnen. Ihr »Nihilismus« hatte die jugendliche Rebellion gegen das künstlerische Dilettieren der Generation ihrer Väter (der Männer der »vierziger Jahre«) zur Folge, militanten Utilitarismus, Materialismus und den Glauben an den Fortschritt durch die Anwendung wissenschaftlicher Methoden auf die Gesellschaft, ein allgemeines Infragestellen jeder Autorität, Moral und Religion, was sich in leidenschaftlicher revolutionärer Zerstörungswut manifestierte. Dmitri Pissarew, in den sechziger Jahren eines der Studentenidole, drängte seine Anhänger, rechts und links auf alle Institutionen einzuschlagen, denn was unter ihren Schlägen zusammenbreche, sei es nicht wert, bewahrt zu werden. Wie Bakunin sagte: Da das alte Rußland durch und durch verdorben sei, sei es ein »kreativer Drang«, es zu zerstören. Das waren die zornigen jungen Männer ihrer Tage. Viele waren relativ bescheidener Herkunft – Söhne von Priestern, wie Tschernyschewski, oder aus unterschiedlichen Gesellschaftsschichten (*rasnotschinzy*) –, so daß sich bei ihnen das Gefühl für Rußlands Wertlosigkeit durch ihr eigenes Gefühl der Unterprivilegiertheit verstärkte. Tschernyschewski äußerte sich zum Beispiel häufig haßerfüllt und voller Schamgefühl über die Rückständigkeit der Provinz Saratow, wo er aufgewachsen war. »Besser gar nicht geboren, als als Russe geboren«, schrieb er einmal. Es gab eine lange Tradition nationalen Selbsthasses unter der russischen Intelligenzija, der daher rührte, daß sie ohne jede Verbindung zum einfachen Volk war und sich immer am Westen ausgerichtet hatte.[12]

Diese jugendlichen Jakobiner ließen sich von den Schriften Sergej Netschajews inspirieren, die Lenin als Theorie der revolutionären Konspiration hoch einschätzte. Netschajew, 1847 in einer Leibeigenenfamilie geboren, war der erste revolutionäre Theoretiker in Rußland, der aus der Unterschicht und nicht aus der Intelligenzija hervorgegangen war. Mit neun Jahren zur Fabrikarbeit weggegeben, brachte er sich selbst Lesen und Schreiben bei und qualifizierte sich 1866 als Religionslehrer. Seine Propaganda unter Studenten und Arbeitern von St. Petersburg in den späten sechziger Jahren war vom Thema der Klassenrache beherrscht. Vera Sassulitsch von den Narodniki, die sich später den Menschewiki anschloß, schrieb: »Netschajew war kein Produkt unseres Intelligenzija-Milieus. Es war ihm fremd. Nicht Ansichten, die aus der Begegnung mit diesem Milieu entstanden waren, steckten hinter seiner revolutionären Energie, sondern brennender Haß, und nicht nur Haß auf die Regierung ..., sondern auf die gesamte Gesellschaft, die gebildeten Schichten, all diese Adligen, Reichen und Armen, Konservativen, Liberalen und Radikalen.« Kurz, er war ein Bolschewik vor den Bolschewiki.

An Netschajew erinnert man sich in erster Linie wegen des *Revolutionären Katechismus*, der entweder von ihm oder möglicherweise 1869 von Bakunin in Zusammenarbeit mit ihm geschrieben wurde. Die 26 Artikel des *Katechismus*, die die Prinzipien der Berufsrevolutionäre darlegen, hätten als bolschewistischer Eid dienen können. Die Moral dieser Partei verdankte Netschajew ebensoviel wie Marx. Rücksichtslose Disziplin und Hingabe waren die Schlüsselthemen des *Katechismus*. Seine Botschaft war im wesentlichen, daß nur »zaristische Methoden« – d. h. die Methoden des Polizeistaats – in der Lage seien, das zaristische Regime zu bekämpfen. Der erste Artikel lautete:

> *Der Revolutionär ist ein engagierter Mensch. Er hat keine persönlichen Gefühle, keine privaten Affären, keine Emotionen, keine Bindungen, kein Eigentum und keinen Namen. Alles in ihm ist ausschließlich der einen Beziehung, dem einen Gedanken und der einen Leidenschaft untergeordnet – der Revolution.*

Der Revolutionär muß, indem er alle Moral verwirft, bereit sein, »jeden, der ihm im Weg steht, zu vernichten«. Er muß sich gegen alles Leid abhärten: »Alle weichen und zärtlichen Gefühle wie Familie, Freundschaft und Liebe, selbst alle Dankbarkeit und Ehre müssen unterdrückt werden, an ihre Stelle muß die kalte und zielstrebige Leidenschaft für die Sache der Revolution treten.« Er muß sich den Mitgliedern der Gesellschaft gegenüber entsprechend ihrem vorgesehenen Zweck in der Revolution verhalten. So müssen zum Beispiel die herrschenden Eliten »ohne Verzug hingerichtet«, die Reichen zum Wohle der Sache ausgebeutet, die Demokraten kompromittiert und benutzt werden, um Chaos zu schaffen. Selbst die einfachen Parteigenossen sollten als »Teil eines allgemeinen Fundus an revolutionärem Kapital« angesehen werden, mit dem jeder Führer verfahren konnte, »wie er es für richtig hielt«.

Ein Genosse, der sich als entbehrlich erwies, war Iwan Iwanow. Nachdem er sich geweigert hatte, die diktatorischen Anweisungen Netschajews als Führer einer revolutionären Studentengruppe auszuführen, ermordete ihn Netschajew mit dreien seiner Mitverschwörer. Die Brutalität des Mordes, die Dostojewski in den *Dämonen* als Stoff für die Szene der Ermordung Schatows benutzte*, rief weithin ein Gefühl moralischen Abscheus hervor, selbst unter den Sozialisten.[13]

Schließlich schnappte die Polizei Netschajew. 1872 wurde er in der Schweiz verhaftet und an Rußland ausgeliefert, wo er in die Peter-Pauls-Festung in Einzelhaft kam. Man hörte nichts mehr von ihm – hielt ihn für tot –, bis plötzlich acht Jahre später eine Terroristengruppe einen Brief von ihm erhielt mit einem Plan für seine Flucht. Allein durch die Kraft seiner Persönlichkeit hatte Netschajew seine Bewacher für sich gewonnen und in den Verliesen dieser zaristischen Bastion (buchstäblich) eine revolutionäre Untergrundzelle aufgebaut. Diese Wachen hatten den Brief hinausgeschmuggelt. Später, als sie vor Gericht gestellt wurden, gingen sie lieber selbst ins Gefängnis, als daß sie ihren Führer verraten hätten. Doch war es bereits zu spät für Netschajew (er starb in der Festung im Jahr darauf). Seit seiner Inhaftierung hatte sich das Klima geändert, der neue Glaube, das Narodnitschestwo, hatte sich von seiner Putschtaktik gelöst und statt dessen der Massenpropaganda und -erziehung zugewandt als Mittel, um eine soziale Revolution zu entfachen.

Das Narodnitschestwo war weniger eine Doktrin als ein Komplex von Gefühlen und Einstellungen. An seinem Ursprung stand die Vergötterung des einfachen Volks durch die Intelligenzija und der Glaube an seine Weisheit und Güte. Der Kult fand ebenso in der Literatur wie in der Politik und den Gesellschaftstheorien seinen Ausdruck. Wenn auch der Begriff erst seit den siebziger Jahren des 19. Jahrhunderts benutzt wurde, so waren doch die drei Grundprinzipien des Narodnitschestwo – der Primat von Freiheit und Demokratie, die Idealisierung der Bauern und der Glaube, daß Rußlands Weg zum Sozialismus autochthon verlief und getrennt von dem im Westen – Gemeingut einer langen Tradition russischen Denkens, die in den vierziger Jahren mit den radikalen Slawophilen und Herzen begann und ein halbes Jahrhundert später in der Gründung der Sozialrevolutionären Partei gipfelte.

Herzen, der nach den mißlungenen Revolutionen von 1848 vom bürgerlichen Europa enttäuscht war, setzte seine ganze Hoffnung auf das bäuerliche Rußland – Jungrußland, wie er es nannte –, das auf den Weg zum Sozialismus führen sollte. Die Bauerngemeinde war Träger dieses Messianismus. Herzen sah in ihr das unzerstörbare Gefäß von Rußlands uralten Freiheiten, ein organisches Symbol seines

* Dostojewski, der in den vierziger Jahren selbst zum revolutionären Petraschewski-Kreis gehört hatte, nahm seinen Roman zum Anlaß, die Mentalität der Revolutionäre, vor allem der Nihilisten, anzugreifen. Pjotr Werchowenski, der zentrale Charakter, ist eindeutig Netschajew nachgebildet. An einer Stelle in dem Roman sagt er, es wäre gerechtfertigt, hundert Millionen Menschen im Kampf gegen den Despotismus umzubringen, denn im Laufe von hundert Jahren würden die Despoten viel mehr umbringen.

ursprünglichen Zustands, ehe ihm der zaristische Staat und seine »deutsche« Zivilisation aufgezwungen wurde. Das war natürlich eine romantische Sicht: Sie leitete sich aus demselben Streben nach einfachem brüderlichem Leben her, das noch nicht durch die moderne Zivilisation verdorben war, und aus demselben Glauben an den »edlen Wilden«, der die Intellektuellen seit Rousseau inspiriert hatte. Die Dorfgemeinde, so argumentierte Herzen, enthalte bereits die sozialistischen Ideale, nach denen das übrige Europa – das alte (und »sterbende«) Europa – immer noch strebte. Sie war demokratisch und egalitär, beruhte auf dem Gemeinbesitz des Bodens; sie förderte einen Geist der Gemeinschaft und sozialen Harmonie unter den Bauern, und durch ihre alten Bräuche drückte sie ein tieferes Gefühl für soziale Gerechtigkeit und Moral aus als die westliche Gesetzestradition, die auf der Verteidigung des Privateigentums beruhte. Kurz, die Gemeinde bot Rußland die Chance, unmittelbar zum Sozialismus voranzuschreiten, ohne zuvor die Erfahrung der schmerzlichen Auswirkungen des Kapitalismus zu machen.

Herzens Revolutionstheorie mündete in eine zentrale Behauptung: Da die Quelle aller Freiheit im Volk lag und die Quelle aller Unterdrückung im zaristischen Staat, konnte Rußland nur durch eine echte soziale Revolution befreit werden. Das müßte eine demokratische Revolution sein, eine, die von unten käme und auf dem Willen des Volks beruhte. Es müßte auch eine totale Revolution sein, eine, die die fremde Zivilisation, auf die das zaristische System gegründet war, umstürzte, weil das russische Volk zu unterdrückt war, als daß es durch die »Halbfreiheiten« politischer Reformen zufriedengestellt werden könnte. Das hatte bedeutende Auswirkungen auf die Methoden der Revolutionäre, und das war es auch, womit Herzen im späteren Narodnitschestwo seine Spur hinterließ. Keine Minderheit habe das Recht, ihre abstrakten Ideale dem Volk aufzuzwingen. Es sollte nicht mehr von Verschwörung und Machtergreifung gesprochen werden – die nur in Tyrannei und Terror enden konnten. Statt die zaristischen Gefängnismauern einzureißen, sollte man ihnen »eine neue Funktion geben, als ob der Grundriß eines Zuchthauses für eine freie Existenz brauchbar wäre«.[14] Die einzigen demokratischen Mittel der Revolution waren Erziehung und Propaganda, um dem Volk zu helfen, seine ureigensten Interessen zu verstehen, und es allmählich auf die Aufgaben der Macht vorzubereiten.

So demokratisch dieses Ideal auch war, es schuf ein Riesendilemma für die Narodniki (und später für die Marxisten). Wenn die Revolution vom Volk selbst ausgehen sollte, was sollten dann die revolutionären Führer tun, wenn das Volk die Revolution ablehnte? Und was, wenn die Bauern sich als konservativ erwiesen oder die Arbeiter lieber an den Segnungen des Kapitalismus teilhaben wollten als am Bemühen, ihn zu stürzen?

Das war das Dilemma, vor dem die Narodniki nach dem Scheitern der Bewegung des »Ins-Volk-Gehens« standen. In dem »verrückten Sommer« von 1874 hatten Tausende Studenten ihre Vorlesungssäle verlassen, um »ins Volk zu gehen«. Es gab nicht eigentlich eine Organisation, obgleich viele dieser Missionare zu den Zirkeln Lawrows und Tschaikowskis gehörten, die an die Verbreitung von Propaganda unter den Bauern in Vorbereitung auf die unvermeidliche Revolution glaubten. Diese jungen Idealisten, die sich wie Bauern oder kleine Händler kleideten, strömten auf das Land mit dem Ziel, »dem Volk zu dienen«, indem sie ihm Lesen und Schreiben beibrachten, Tätigkeiten als einfache Arbeiter annahmen und ihm halfen, die Gründe seiner Leiden zu verstehen. Schuldgefühle und der Wunsch nach Selbstaufopferung spielten eine große Rolle in diesem revolutionären Passionsspiel. Die Studenten waren sich schmerzlich der Notwendigkeit bewußt, »dem Volke ihre Schuld zurückzuzahlen«. Sie machten sich die Idee zu eigen, mit den Bauern zu leben und ihre Leiden zu teilen. Sie waren bereit, das Risiko auf sich zu nehmen, sich mit Cholera anzustecken oder verhaftet und ins Gefängnis geworfen zu werden. Die Bauern jedoch begegneten diesen kindischen Kreuzrittern mit Mißtrauen und Feindseligkeit. Die städtischen Manieren und Lehren waren ihnen fremd, und wenn sie die Propaganda auch nicht verstanden, so wußten sie doch so viel, daß sie gefährlich war. Ein Narodnik schrieb später: »Sozialismus ließ die Bauern zurückprallen wie Erbsen von einer Wand. Sie hörten unseren Leuten zu wie dem Priester: mit Respekt, aber ohne die geringste Wirkung auf ihr Denken oder Tun.« Die meisten Radikalen wurden bald von der Polizei ausgehoben, manchmal von den Bauern des Orts denunziert.[15]

Diese ernüchternde Begegnung mit dem gemeinen Volk brachte die Narodniki dazu, sich von Propaganda und der sozialen Revolution enttäuscht abzuwenden. »Wir können nicht einmal das Denken eines von 600 Bauern ändern, ganz zu schweigen von einem von sechzig«, schrieb Stepnjak 1876 an Lawrow. »Alle erkennen jetzt die Notwendigkeit einer Organisation ... Eine Revolte muß organisiert werden.«[16] Das Ergebnis war die Bildung einer Parteistruktur in diesem Jahr, die stärker zentralisiert war als die losen Zirkel der frühen siebziger Jahre. Sie erhielt den Namen »Land und Freiheit« (*Semlja i Wolja*) und wandte sich ab von der offenen Propaganda und hin zur konspirativen politischen Untergrundarbeit. Am 6. Dezember 1876 organisierte sie die erste öffentliche Demonstration in der russischen Geschichte.

Das Rad hatte sich einmal im Kreis gedreht: Jetzt kehrten die Narodniki, nachdem sie das Jakobinertum zugunsten einer sozialen Revolution verworfen hatten, zu den jakobinischen Methoden der Konspiration, des Terrors und der Staatsstreiche im Namen des Volks zurück. Die Schriften von Pjotr Tkatschow markieren die Wasserscheide. Sie bilden eine Brücke zwischen der jakobinischen Tradition Netschajews, der klassischen Narodnitschestwo-Tradition von »Land und Freiheit« und der marxistischen Tradition Lenins. Der Führer der Bolschewiki verdankt Tkatschow mehr als jedem anderen russischen Theoretiker. Tkatschow, 1844 als Sohn einer kleinadligen Familie geboren, hatte mehrere Jahre in der Peter-Pauls-Festung verbracht, nachdem er wegen seiner Rolle bei den studentischen

Streiks von 1861 verhaftet worden war. In den späten sechziger Jahren war er Netschajews Faszination verfallen – wofür er eine weitere Periode im Gefängnis verbrachte, gefolgt vom Exil in der Schweiz. Es war dort, daß er sich, wenn auch nur in groben Zügen, die Gesellschaftstheorie von Marx aneignete, was ihn vom Narodnitschestwo wegführte. Mitte der siebziger Jahre entwickelte er eine scharfe Kritik an der »Ins-Volk-Gehen«-Bewegung. Er argumentierte, daß Propaganda keine Revolution auslösen könne, weil die Gesetze des sozialen Fortschritts (denen Rußland wie auch das übrige Europa unterworfen seien) bedeuteten, daß die reicheren Bauern immer das Regime unterstützen würden. Statt dessen plädierte er für eine Machtergreifung durch die revolutionäre Avantgarde, die dann eine Diktatur errichten und mit dem Aufbau des Sozialismus beginnen würde. Tkatschow behauptete, die Zeit sei reif für diesen Putsch, der so bald als möglich stattfinden sollte, da es bisher noch keine wirkliche gesellschaftliche Kraft gäbe, die bereit sei, es mit der Regierung zu halten, doch mit der Entwicklung von Kapitalismus und Bourgeoisie werde sich das bald ändern. In einer Passage, die Lenin im Oktober 1917 wiederholen sollte, erhob Tkatschow den Schlachtruf: »Deshalb können wir nicht warten. Deshalb behaupten wir, daß eine Revolution unvermeidlich ist, und unvermeidlich jetzt, *in diesem Augenblick*. Wir können keinen Aufschub dulden. Entweder *jetzt* oder – vielleicht sehr bald – *nie*.« Um diesen Staatsstreich auszuführen, das machte Tkatschow klar, müsse es eine elitäre und konspirative Partei geben, die wie eine Armee hochdiszipliniert und zentralisiert wäre. Auch darin sollte ihn Lenin wiederholen.[17]

Die Rückkehr zu den Methoden der Jakobiner bedeutete jedoch, daß die Narodniki wie ihre Vorläufer gezwungen waren, sich in einem hoffnungslosen Krieg gegen den zaristischen Polizeistaat zu engagieren. Es begann ein Teufelskreis von wachsender Unterdrückung durch die Polizei und Gegenterror durch die Narodniki. Der Wendepunkt kam 1878, als Vera Sassulitsch, die zu den Anführern von »Land und Freiheit« gehörte, auf General F. F. Trepow, den Gouverneur von St. Petersburg, schoß und ihn verwundete. Die Tat war eine Vergeltungsmaßnahme für seinen Befehl, einen studentischen Häftling auszupeitschen, der sich – in einer typischen Trotzgeste – geweigert hatte, seinen Hut in Anwesenheit des Gouverneurs abzunehmen. Sassulitsch wurde von der demokratischen Intelligenzija als Märtyrerin für die Gerechtigkeit gefeiert und von einem liberalen Gericht freigesprochen. Das war das Signal für eine Terrorwelle, die das Ziel verfolgte, die Autokratie zu untergraben und zu politischen Konzessionen zu zwingen. Zwei Provinzgouverneure wurden getötet. Sechs Attentate auf den Zaren mißlangen, darunter ein Bombenattentat auf den kaiserlichen Zug und eine riesige Explosion im Winterpalais. Schließlich, am 1. März 1881, als Alexander II. in seinem Wagen durch St. Petersburg fuhr, wurde er durch eine Bombe getötet.

Die verbreitete Empörung selbst unter Revolutionären über diese Terrorwelle führte zu einer Spaltung von »Land und Freiheit«. Der eine Zweig nannte sich

»Volkswille« (*Narodnaja Wolja*), übernahm die Ideale Tkatschows und blieb der Taktik des Terrorismus treu, die zu einer gewaltsamen Machtergreifung führen sollte. 1879 gebildet, verübte diese Gruppe den Mord am Zaren. Viele ihrer Anführer wurden später bei den auf das Attentat folgenden Unterdrückungsmaßnahmen verhaftet – und mehrere hingerichtet. Doch die Terrorkampagne, die sie ausgelöst hatten, wurde von mehreren kleineren Gruppen in den achtziger Jahren weitergeführt. Zu einer gehörte Lenins älterer Bruder, Alexander Uljanow, der nach einem mißglückten Mordanschlag auf Alexander III. am sechsten Jahrestag der Ermordung von Alexander II. teilgenommen hatte und später hingerichtet wurde. Das angebliche Ziel der Kampagne war, den Staat zu destabilisieren und den Funken für eine Volkserhebung zu legen. Doch sie degenerierte bald – wie jeder Terror – zu Gewalt um der Gewalt willen. Man schätzt, daß über 17 000 Menschen in den letzten zwanzig Jahren des Zarenregimes von Terroristen getötet oder verwundet worden sind – mehr als fünfmal soviel wie in Nordirland in den 25 Jahren der »Unruhen«.[18] Manch Terroranschlag war wenig mehr als bloße kriminelle Gewalt. Alle revolutionären Parteien finanzierten sich zumindest teilweise durch Raubüberfälle (die sie euphemistisch »Expropriationen« nannten), vor allem auf Banken und Züge, und man konnte kaum verhindern, daß die Täter das Gestohlene selbst einsteckten. Das war schlimm genug für das moralische Klima der revolutionären Parteien. Aber es war nicht annähernd so schädlich wie der kumulative Effekt des jahrelangen Mordens, der Zynismus, Indifferenz und Abstumpfung gegenüber den Opfern ihrer Sache zur Folge hatte.

Der rivalisierende Zweig von »Land und Freiheit« nannte sich »Schwarze Umteilung« (*Tschorny Peredel*) – ein Bauernausdruck für die Revolution auf dem Land. Er wurde 1880 von drei der künftig führenden Köpfe der Sozialdemokratischen Partei gegründet – Plechanow, Axelrod und Sassulitsch –, die dann alle in den frühen achtziger Jahren zum Marxismus konvertierten. Sie verwarfen den Terror mit dem Argument, er müsse zwangsläufig zum Scheitern und zu erneuter Repression führen. Sie argumentierten, daß nur eine soziale Revolution, die vom Volk selbst ausgehe, erfolgreich und demokratisch sein könne. Daß es nach der Ermordung Alexanders nicht gelang, politische Konzessionen zu erwirken, schien die Richtigkeit ihrer ersten Behauptung zu beweisen, während das Heranwachsen einer städtischen Arbeiterklasse ihnen neuen Grund zur Hoffnung auf die zweite gaben. Das war der eigentliche Beginn der marxistischen Bewegung in Rußland.

## MARX KOMMT NACH RUSSLAND

Im März 1872 landete ein gewichtiger Band über politische Ökonomie, auf deutsch geschrieben, auf dem Schreibtisch des zaristischen Zensors. Der Autor war wegen seiner sozialistischen Theorien wohlbekannt, und alle seine früheren Bücher waren verboten worden. Die Verleger hatten keine Veranlassung, für dieses neue Werk ein anderes Schicksal zu erwarten. Es handelte sich um eine kompromißlose Kritik am modernen Fabriksystem, und obwohl die Zensurgesetze 1865 liberalisiert worden waren, bestand immer noch ein eindeutiges Verbot für jedes Werk, das »die schädlichen Doktrinen des Sozialismus und Kommunismus« erläuterte oder »Feindschaft zwischen der einen und anderen Klasse« schürte. Die neuen Gesetze waren streng genug, so gefährliche Bücher wie Spinozas *Ethik*, Hobbes' *Leviathan*, Voltaires *Versuch über die allgemeine Geschichte* und Leckys *Sittengeschichte Europas* zu verbieten. Und doch hielt man dieses deutsche *magnum opus* – 674 Seiten kompakter statistischer Analyse – für viel zu schwierig und abstrus, als daß es staatsgefährdend werden könnte. »Es kann mit Sicherheit festgestellt werden«, schloß der erste der beiden Zensoren, »daß nur wenige in Rußland es lesen und noch weniger es verstehen werden.« Und der zweite fügte hinzu, da der Autor außerdem das britische Fabriksystem angreife, sei seine Kritik nicht auf Rußland anwendbar, wo man die »kapitalistische Ausbeutung«, von der er spreche, nie kennengelernt habe. Keiner der beiden Zensoren hielt es für notwendig, die Veröffentlichung dieses »streng wissenschaftlichen Werks« zu verhindern.[19]

So wurde *Das Kapital* von Marx in Rußland eingeführt. Es war die erste ausländische Veröffentlichung des Buchs, gerade fünf Jahre nach der Hamburger Erstausgabe und 15 Jahre vor der ersten englischen Ausgabe. Entgegen allen Erwartungen, sowohl des Autors als auch der Zensoren, führte es in Rußland früher zur Revolution als in allen westlichen Gesellschaften, an die es gerichtet war.

Die zaristischen Zensoren erkannten ihren Fehler bald. Zehn Monate später nahmen sie Rache an Nikolai Poljakow, dem ersten russischen Verleger von Marx, indem sie ihn wegen seiner nächsten »subversiven« Veröffentlichung, einer Sammlung von Erzählungen Diderots, die von der Polizei konfisziert und verbrannt wurde, vor Gericht brachten und zur Aufgabe seines Geschäfts zwangen. Doch es war zu spät. *Das Kapital* war sofort ein Verkaufsschlager, die erste Auflage von 3000 Exemplaren war innerhalb eines Jahres vergriffen (zum Vergleich: die erste deutsche Ausgabe von 1000 Exemplaren brauchte dafür fünf Jahre). Marx selbst räumte ein, daß sein Meisterstück in Rußland »mehr als irgendwo sonst gelesen und geschätzt« wurde. Slawophile wie Narodniki begrüßten das Buch, weil es die

Schrecken des kapitalistischen Systems des Westens entlarve, die Rußland vermeiden solle. Marx' Soziologie und Geschichtsauffassung, wenn auch noch nicht seine Politik, verbreiteten sich in den späten siebziger Jahren geradezu wie eine Manie. Unter Studenten war es »nahezu unanständig«, kein Marxist zu sein. »Heutzutage wagt keiner, die Stimme gegen Karl Marx zu erheben«, beschwerte sich ein Liberaler, »ohne sich den Zorn seiner jugendlichen Bewunderer zuzuziehen.«[20]

Nach dem Scheitern der »Ins-Volk-Gehen«-Bewegung mit ihrer falschen Idealisierung des russischen Bauern erschien Marx' Botschaft der radikalen Intelligenzija wie eine Erlösung. Alle ihre Hoffnungen auf eine soziale Revolution konnten jetzt auf die Klasse der Industriearbeiter umgelenkt werden. Es war klar, daß die Idee einer revolutionären Bewegung der Bauern nichts mehr brachte; seit den Achtzigern wurde die Arbeit unter den Bauern von den Marxisten herablassend als »kleine Taten« beschrieben (d. h. als eine Art karitativer Arbeit, wie sie vom Adel und den Semstwo-Leuten bevorzugt wurde). Die Hungerkrise von 1891 schien die Rückständigkeit der Bauern zu unterstreichen. Sie zeigte, daß diese unter den Rädern des wirtschaftlichen Fortschritts zum Aussterben verdammt waren, sowohl als Individuen als auch als Klasse. Die Bauern waren ein Relikt der wilden Vergangenheit Rußlands – seine *asiatschina* oder asiatische Lebensform –, das unweigerlich vom industriellen Fortschritt hinweggefegt werden würde. Ihre kulturelle Rückständigkeit wurde durch Berichte belegt, wonach Bauern während der Choleraepidemie nach der Hungersnot gerade die Ärzte angegriffen hatten, die sich bemühten, sie zu impfen, weil sie glaubten, daß die Medikamente eine Art fremdes Gift seien. In den neunziger Jahren gab es einen Boom soziologischer Publikationen – ganze Bibliotheken füllten sich mit Bänden von Statistiken, die in jenen Jahren veröffentlicht wurden; ihr Ziel war, die Ursachen der Hungerkatastrophe in den marxistischen Gesetzen der ökonomischen Entwicklung zu finden.

Die »wissenschaftliche« Natur der marxistischen Theorie berauschte Rußlands radikale Gemüter, die schon vom Rationalismus und Materialismus der sechziger Jahre durchtränkt waren. Marx' historische Dialektik schien der Gesellschaft das zu bieten, was Darwin der Menschheit geliefert hatte: eine logische Evolutionstheorie. Sie war »seriös« und »objektiv«, ein umfassendes System, das die menschliche Gesellschaft erklären konnte. Und in diesem Sinne war sie eine Antwort auf die urrussische Suche nach einem Wissen, das absolut war. Der Marxismus war zudem optimistisch. Er zeigte, daß der Fortschritt in der Industrie lag, daß es einen Sinn im Chaos der Geschichte gab und daß durch die arbeitende Klasse, das bewußte Streben der Menschheit, der Sozialismus zum Ziel der Geschichte würde. Diese Botschaft übte einen besonderen Reiz auf die russische Intelligenzija aus, die sich so schmerzlich der Rückständigkeit ihres Landes bewußt war, denn sie bedeutete, daß sich Rußland den fortgeschrittenen Ländern des Westens unweigerlich stärker angleichen würde – vor allem Deutschland, dessen sozialdemokratische Partei ein Vorbild für die übrige marxistische Bewegung in Europa war. Der

Glaube der Narodniki an Rußlands »Sonderweg«, der es für immerwährendes Bauerntum vorzusehen schien, konnte so als romantisch und bar jeden wissenschaftlichen Gehalts aufgegeben werden.

Die Vorstellung, daß der Marxismus Rußland dem Westen näherbringen könnte, war vielleicht sein wichtigster Anreiz. Der Marxismus wurde in den Worten von Lidia Dan als ein »Weg der Vernunft« gesehen, der den Weg in die Moderne, die Aufklärung und Zivilisation erleuchtete. Walentinow, ein anderer Veteran der marxistischen Bewegung, erinnerte sich in den fünfziger Jahren des 20. Jahrhunderts:

> *Wir griffen mit beiden Händen nach dem Marxismus, weil uns sein soziologischer und ökonomischer* Optimismus *begeisterte, diese auf Fakten und Ziffern gestützte feste Überzeugung, daß mit der Entwicklung der Ökonomie, des Kapitalismus das Fundament der alten Gesellschaft zersetzt und weggefegt würde und neue gesellschaftliche Kräfte sich bildeten (darunter auch wir), die unbedingt die Autokratie mit all ihren Scheußlichkeiten stürzen würden. Mit typisch jugendlichem Optimismus suchten wir nach einem Konzept des Optimismus und fanden es im Marxismus. Und noch etwas faszinierte uns am Marxismus: das* Europäische. *Der Marxismus kam aus Europa und roch und schmeckte nicht schimmelig und provinziell wie alles bei uns, sondern war neu, frisch und verlockend. Er war die Verheißung, daß wir nicht ein halbasiatisches Land bleiben, sondern uns vom Osten dem Westen, seiner Kultur, seinen Einrichtungen und Attributen, die das freie politische System darstellen, zuwenden würden. Der Westen lockte uns.*

Pjotr Struwe, einer der führenden marxistischen Theoretiker, sagte, er habe sich der Doktrin verschrieben, weil sie eine »wissenschaftliche Lösung« für Rußlands Zwillingsproblem bot – die Befreiung von der Autokratie und dem Elend der Rückständigkeit. Seine berühmten Worte von 1894 – »Nein, laßt uns unseren Mangel an Kultur zugeben und der Schule des Kapitalismus beitreten« – wurden zu einem Motto der Bewegung. Lenin wiederholte es 1921. Hier lag vielleicht, wie Leo Haimson vermutet, die intellektuelle Wurzel für die Anziehungskraft der Bewegung auf Juden.* Während das Narodnitschestwo die archaische Vision eines bäuerlichen Rußland hegte – eines Landes der Pogrome und der Diskriminierung der Juden –, bot der Marxismus eine moderne westliche Sicht. Er versprach, die Juden in die Bewegung zur universalen Befreiung der Menschen – nicht bloß der Bauern – aufzunehmen, die sich auf die Prinzipien des Internationalismus stützte.[21]

* Juden spielten eine bedeutende Rolle in der Sozialdemokratischen Bewegung, viele ihrer bedeutendsten Führer waren Juden (Axelrod, Dejtsch, Martow, Trotzki, Kamenew und Sinowjew, um nur einige wenige zu nennen). 1905 hatte die Sozialdemokratische Partei in Rußland 8400 Mitglieder. Der Bund dagegen, die Partei der jüdischen Arbeiter, hatte 35 000 Mitglieder.

Bis Mitte der neunziger Jahre war es schwierig, zwischen Narodniki und Marxisten in Rußland zu unterscheiden. Selbst die Polizei (in diesen Dingen normalerweise wohlinformiert) verwechselte sie häufig. Die Narodniki übernahmen die Soziologie von Marx, übersetzten und verbreiteten seine Werke und erhielten sogar in Marx' letzten Lebensjahren seine Unterstützung. Umgekehrt entlehnten die Marxisten Rhetorik und Taktik der Narodniki und waren genötigt, zumindest innerhalb Rußlands, wenn nicht gar im Exil, Seite an Seite mit ihnen zu arbeiten. Der revolutionäre Untergrund war nicht groß genug für Streit unter den zwei Gruppen: sie waren gezwungen, ihre Druckerpressen zu teilen und in den Fabriken und Klubs zusammenzuarbeiten. Es gab eine große Fluktuation und Kooperation zwischen den verschiedenen Arbeitergruppen – Plechanows »Befreiung der Arbeit«, die Arbeitersektion von »Volkswille«, die von Studenten organisierten Arbeiterzirkel, die polnische marxistische Partei und die ersten Gruppierungen der Sozialdemokraten –, die alle in ihrer Propaganda Elemente von Marx mit solchen der Narodniki kombinierten.

Das war der Kontext, in dem der junge Lenin oder Uljanow, wie er damals noch hieß, in die revolutionäre Politik eintrat. Entgegen dem sowjetischen Mythos, nach dem Lenin bereits in den Windeln ein vollausgebildeter marxistischer Theoretiker war, kam der Führer der bolschewistischen Revolution erst ziemlich spät zur Politik. Mit 16 war er immer noch religiös und zeigte keinerlei Interesse an Politik. Klassische Philologie und Literatur waren seine Hauptfächer am Gymnasium von Simbirsk. Sein Direktor dort war, durch eine jener merkwürdigen Ironien der Geschichte, Fjodor Kerenski, der Vater seines Erzrivalen von 1917. In Lenins letztem Jahr am Gymnasium (1887) schrieb Kerenski einen Bericht über den zukünftigen Bolschewiken, in dem er ihn als vorbildlichen Schüler beschrieb: »Weder im Gymnasium noch außerhalb desselben wurde bei Uljanow auch nur ein einziger Fall beobachtet, wo er in Wort oder Tat bei den Leitern und Lehrern des Gymnasiums eine abfällige Meinung über sich hervorgerufen hätte!« Das begründete er mit der »moralischen« Natur seiner Erziehung. »Religion und Disziplin waren die Basis seiner Erziehung, deren Früchte am ausgezeichneten Benehmen Uljanows ersichtlich waren.« Soweit deutete nichts darauf hin, daß Lenin ein Revolutionär werden sollte; im Gegenteil, alle Anzeichen sprachen dafür, daß er in seines Vaters Fußstapfen treten und eine hervorragende Karriere in der zaristischen Bürokratie machen würde.

Ilja Uljanow, Lenins Vater, war der typische liberale Herr der Sorte, die sein Sohn später verachten sollte. Der von Nadeschda Krupskaja 1938 verbreitete Mythos, daß er revolutionären Einfluß auf seine Kinder ausübte, entbehrt jeder Grundlage. Anna Uljanowa, Lenins Schwester, erinnert sich, daß er ein religiöser Mensch war, die Reformen Alexanders II. von 1860 sehr bewunderte und es als seine Aufgabe ansah, die Jugend vor dem Radikalismus zu bewahren. Er war Inspektor für die Schulen der Provinz Simbirsk, ein wichtiges Amt, das ihm das

Recht gab, sich mit »Exzellenz« anreden zu lassen. Dieser adlige Hintergrund war eine Quelle der Verlegenheit für Lenins sowjetische Hagiographen. Sie zogen es vor, statt dessen auf die bescheidenen Ursprünge seines Großvaters väterlicherseits, Nikolai Uljanow, einzugehen, des Sohns eines Leibeigenen, der als Schneider in Astrachan am Unterlauf der Wolga gearbeitet hatte. Aber auch da gab es ein Problem: Nikolai war teilweise und seine Frau Anna ganz kalmykischer Herkunft (Lenin hatte deutlich mongolische Gesichtszüge), und das kam einem stalinistischen Regime, das mit seiner eigenen Sorte von großrussischem Chauvinismus hausieren ging, ungelegen. Lenins Vorfahren mütterlicherseits waren sogar noch peinlicher. Maria Alexandrowna, Lenins Mutter, war die Tochter von Alexander Blank, einem getauften Juden, der zum wohlhabenden Arzt und Landbesitzer in Kasan aufgestiegen war. Er war der Sohn von Moische Blank, einem jüdischen Händler aus Wolhynien, der eine Schwedin namens Anna Ostedt geheiratet hatte. Lenins jüdische Vorfahren wurden von der sowjetischen Regierung stets totgeschwiegen, trotz der Bitte Anna Uljanowas in einem Brief an Stalin von 1932, in dem sie zu bedenken gibt, daß »diese Tatsache benutzt werden könnte, um den Antisemitismus zu bekämpfen«. »Auf keinen Fall ein Wort über diesen Brief!« war Stalins kategorischer Befehl. Alexander Blank heiratete Anna Groschopf, Tochter einer wohlsituierten lutherischen Familie aus Deutschland, und startete mit diesem neuerworbenen Wohlstand eine bemerkenswerte ärztliche Karriere, stieg zum Polizeiarzt und medizinischen Inspektor in einer der größten staatlichen Waffenfabriken auf. Nachdem er den Rang eines Staatsrats erlangt hatte, ging er 1847 in den Ruhestand und zog sich auf sein Gut in Kokuschkino zurück und ließ sich als Adliger registrieren.[22]

Lenins ethnisch nichtrussische Vorfahren – mongolische, jüdische, schwedische und deutsche – mögen teilweise seine häufig geäußerte Geringschätzung für Rußland und die Russen erklären, doch daraus zu schließen, wie der verstorbene Dmitri Wolkogonow es tat, daß Lenins »grausame Politik« gegen das russische Volk aus seinen »ausländischen« Ursprüngen abgeleitet werden könne, ist gänzlich ungerechtfertigt (man könnte dasselbe von den gleichermaßen »ausländischen« Romanows sagen). Lenin benutzte oft die Formulierung »diese russischen Idioten«. Er klagte, daß die Russen für die Aufgaben der Revolution »zu weich« seien. Tatsächlich wurden viele ihrer wichtigsten Aufgaben den Nichtrussen (speziell den Letten und Juden) in der Partei übertragen. Doch paradoxerweise – und Lenins Charakter war voll von solchen Paradoxen – war er in vieler Hinsicht ein typischer russischer Adliger. Er liebte das Gut der Blanks, wo er in seiner Jugend eine lange Zeit verbracht hatte. In jungen Jahren war er stolz, sich als »Sohn eines Edelmanns« zu bezeichnen. Einmal unterschrieb er sogar bei der Polizei mit »Wladimir Uljanow aus erblichem Adel«. Im Privatleben war Lenin der Inbegriff des herzlosen Gutsbesitzers, den seine Regierung eines Tages vernichten sollte. 1891, auf dem Höhepunkt der Hungersnot, verklagte er seine bäuerlichen Nachbarn, weil sie Schaden an seinem Familienbesitz verursacht hätten. Und während er in seinen Frühschriften die Praktiken des »Gutsbesitzerkapitalismus« anprangerte, lebte er selbst bequem von seinen Gewinnen, indem er fast sein ganzes Einkommen aus Pachtzahlungen und den Zinsen aus dem Verkauf des Guts seiner Mutter bezog.[23]

Lenins adliger Hintergrund ist ein Schlüssel zu seiner dominierenden Persönlichkeit. Das wurde häufig von seinen Biographen übersehen. Walentinow, der 1904 mit Lenin in Genf zusammengelebt hatte, erinnert sich, wie er auf eine seltene und tief verborgene Gefühlsquelle bei dem bolschewistischen Führer gestoßen sei. Nach der Lektüre von Herzens *Vergangenes und Gedanken*, einem Werk, in das immer wieder lyrische Ergüsse über das Thema des ländlichen Rußland eingewoben sind, hatte Walentinow Heimweh nach seinem Familiengut in der Provinz Tambow bekommen, das er lange zuvor verlassen hatte. Er erzählte Lenin von diesen Empfindungen und fand deutliches Mitgefühl bei ihm. Lenin begann ihn über die Anlage der Blumenbeete auszufragen, doch ihre Unterhaltung wurde bald durch einen Mitbolschewiken, Olminski, unterbrochen, der, als er den letzten Teil von Walentinows Bekenntnis hörte, ihn wegen seiner »backfischhaften« Gefühle attackierte: »Hör nur den Gutsbesitzerssohn, wie er sich verplappert!« Walentinow zufolge fiel Lenin über Olminski her:

> *Dann bitte sieh einmal mich an! Auch ich habe einst auf einem Landgut, das meinem Vater gehörte, gelebt. Gewissermaßen* bin also auch ich ein Gutsbesitzerssohn. *Seitdem sind viele Jahre vergangen, und doch habe ich die angenehmen Seiten des Lebens auf diesem Besitz nicht vergessen, nicht seine Linden noch seine Blumen. So strafe mich also. Mit Freuden erinnere ich mich daran, wie ich in den Heuhaufen gelegen habe, doch nicht ich hatte das Heu gemäht, wie ich Erdbeeren und Himbeeren gegessen habe, doch nicht ich hatte sie gepflanzt, wie ich dampfende Milch getrunken habe, doch nicht ich hatte die Kühe gemolken. […] Sollte ich deshalb […] auch unwürdig sein, ein Revolutionär genannt zu werden?*

Es waren nicht nur Lenins Emotionen, die in seiner adligen Vergangenheit wurzelten. Ebenso galt das für viel von seinem politischen Verhalten: seine dogmatischen Ansichten und seine dominierende Art, seine Intoleranz gegen jede Kritik von Untergebenen, seine Tendenz, in den Massen nichts anderes als das Menschenmaterial zu sehen, das er für seine revolutionären Pläne brauchte. Wie Gorki 1917 sagte: »Lenin ist ›Führer‹ *und* russischer Adliger, und gewisse seelische Eigenschaften dieses ins Nichts verschwundenen Standes sind ihm nicht fremd; deshalb hält er sich für berechtigt, mit dem russischen Volk ein grausames Experiment zu machen, das schon im voraus zum Scheitern verurteilt ist.«[24]

Das behütete Leben der Uljanows endete abrupt 1887, als Lenins älterer Bruder Alexander wegen seiner Verwicklung in den mißlungenen Anschlag auf den Zaren hingerichtet wurde. Im allgemeinen hielt man Alexander für das begabteste der Uljanow-Kinder, denjenigen, der am wahrscheinlichsten seine Spur in der Welt hinterlassen würde. Während der junge Wladimir einen Hang zu Grausamkeit und Zorn hatte – er log häufig und schummelte bei Spielen –, war Alexander ehrlich und freundlich, ernst und fleißig. 1883 ging er zum naturwissenschaftlichen Studium an die Petersburger Universität und schien Biologe werden zu wollen. Doch nach dem plötzlichen Tod des Vaters 1886 geriet er in eine Gruppe studentischer Terroristen, die sich »Volkswille« zum Vorbild genommen hatten. Alle waren Söhne von Gutsbesitzern, viele von ihnen Polen, darunter ironischerweise auch Józef Piłsudski, der später in Polen regieren und ein Erzfeind von Lenins Regime werden sollte. Sie planten, die Kutsche des Zaren am 1. März 1887, dem sechsten Jahrestag der Ermordung Alexanders II., in die Luft zu sprengen, wenn sie in einer Prozession vom Winterpalais zu einem Gedenkgottesdienst in der Isaaks-Kathedrale führe. Alexander setzte seine naturwissenschaftliche Ausbildung in die Praxis um, indem er die Bomben konstruierte und herstellte. Doch die Verschwörung wurde von der Polizei entdeckt, und die Verschwörer wurden verhaftet (einer von ihnen warf eine von Alexanders Bomben, während sie im Polizeigebäude waren, doch das selbstgebastelte Ding ging nicht los). Die 72 Verschwörer kamen in die Peter-Pauls-Festung – 15 von ihnen wurden später vor Gericht gestellt. Alexander als einer der Anführer erkannte, daß sein Schicksal bereits besiegelt war, und hielt von der Anklagebank aus eine tapfere Rede, in der er den Gebrauch des Terrors rechtfertigte. Er und vier andere wurden hingerichtet.

1887 schrieb sich Lenin als Jurastudent an der Universität Kasan ein. Dort wurde er als Bruder eines revolutionären Märtyrers jedoch in eine weitere Geheimgruppierung, die sich am Vorbild von »Volkswille« ausrichtete, hineingezogen. Die meisten aus der Gruppe wurden im Dezember bei Studentendemonstrationen verhaftet. Lenin wurde, zweifellos wegen seines Namens, zur Bestrafung ausgewählt und mit 39 anderen von der Universität relegiert. Das war ein wirkungsvolles Ende seiner Aussichten auf eine erfolgreiche Karriere innerhalb der bestehenden Gesellschaftsordnung, und man kann mit Fug und Recht vermuten, daß viel von seinem Haß auf diese Ordnung aus dieser Erfahrung der Zurückweisung herrührt. Lenin war äußerst ehrgeizig. Nachdem er damit gescheitert war, sich einen Namen als Rechtsanwalt zu machen, versuchte er nun, sich einen als revolutionärer Gegner des Gesetzes zu erwerben. Bis 1890, als er wieder zugelassen wurde, um seine juristischen Examina abzulegen, führte er das Leben eines müßigen Landbesitzers auf dem Gut seiner Mutter in Kokuschkino. Er befaßte sich mit Jura, versuchte erfolglos, sein eigenes Gut zu betreiben (das ihm seine Mutter in der Hoffnung gekauft hatte, daß er es zu etwas brächte), und vergrub sich in radikale Schriften.

Tschernyschewski war seine erste und größte Liebe. Es war diese Lektüre, durch die Lenin zum Revolutionär bekehrt wurde, lange bevor er irgend etwas von Marx gelesen hatte. Ja, als er schließlich zum Marxismus kam, hatte er sich bereits mit den Ideen nicht nur von Tschernyschewski, sondern auch von Tkatschow und »Volkswille« gewappnet, und sie waren letztlich für die charakteristischen Züge seines »leninistischen« Zugangs zu Marx verantwortlich. Die wichtigsten Komponenten von Lenins Doktrin – die Betonung der Notwendigkeit einer disziplinierten revolutionären Avantgarde, der Glaube, daß die Aktion (der »subjektive Faktor«) den objektiven Gang der Geschichte ändern könne (vor allem, daß die Eroberung des Staatsapparates eine soziale Revolution auslösen könne), seine Verteidigung jakobinischer Methoden der Diktatur, seine Verachtung der Liberalen und Demokraten (und selbst der Sozialisten, die mit ihnen Kompromisse schlossen) –, all das kam nicht so sehr von Marx als aus der russischen revolutionären Tradition. Lenin benutzte die Ideen von Tschernyschewski, Netschajew, Tkatschow und »Volkswille«, um der marxistischen Dialektik, die sonst passiv geblieben wäre – eher bereit, auf das Reifen der Revolution durch die Entwicklung der objektiven Bedingungen zu warten, als begierig, sie durch politische Aktion in Gang zu setzen –, eine dezidiert russische Dosis verschwörerischer Politik zu verpassen. Es war nicht der Marxismus, der Lenin zum Revolutionär, sondern Lenin, der den Marxismus revolutionär machte.

Zwischen 1889 und 1894 bewegte sich Lenin allmählich auf die marxistische Standardansicht zu – nämlich, daß Rußland erst am Anfang seines kapitalistischen Stadiums stehe und daß es, um dieses zur Reife zu bringen, eine demokratische Bewegung geben müsse, die die Arbeiter mit der Bourgeoisie im Kampf gegen die Autokratie vereinigte. Keine Rede mehr von einem Staatsstreich oder von Terror. Denn erst nach der Errichtung einer »bürgerlichen Demokratie«, die den Arbeitern Rede- und Versammlungsfreiheit garantierte, um sich zu organisieren, konnte die zweite, die sozialistische Phase der Revolution beginnen.

Plechanows Einfluß war hier von größter Bedeutung. Er war es, der als erster diese revolutionäre Strategie der zwei Stadien ausgearbeitet hatte. Damit hatten die russischen Marxisten endlich eine Antwort auf das Problem, wie man in einer präkapitalistischen Gesellschaft eine postkapitalistische schaffen konnte. Nach all den Jahren fruchtlosen Terrors gab ihnen das Grund zu glauben, daß sie, auch wenn sie die Eroberung der Macht – was nach Plechanow nur zu einem »Despotismus in kommunistischer Form« führen konnte – aufgäben, dennoch zum Sozialismus voranschreiten könnten. Lenin war »verliebt« in Plechanow, wie er selbst es ausdrückte, genauso wie alle Marxisten in St. Petersburg. Obwohl Plechanow im Exil lebte, machten ihn seine Werke zu ihrem unumstrittenen Führer und Weisen. Kein anderer russischer Marxist besaß ein so hohes Ansehen in der europäischen Bewegung. Sein berühmtestes Werk von 1895 – eine verblüffend reduktionistische Interpretation der marxistischen Weltanschauung, die unter dem Pseudonym Beltow veröffentlicht wurde und wie Marx' *Kapital* mit seinem esoterischen Titel *Über die Frage, wie man eine monistische Geschichtsauffassung entwickelt* den russischen Zensoren entging – »machte die Menschen über Nacht zu Marxisten«.

Er war der Moses der Marxisten. Seine Werke brachten, nach den Worten Potressows, »die zehn Gebote des Marxismus vom Berge Sinai herab und überreichten sie der russischen Jugend«.[25]

Zunächst machte Lenin einen schlechten Eindruck auf die Marxisten in St. Petersburg. Viele waren von diesem kleinen, untersetzten Mann mit dem eiförmigen, kahl werdenden Kopf, den kleinen stechenden Augen, dem trocken sarkastischen Lachen, der Schroffheit und Schärfe abgestoßen. Lenin war ein Neuling und sein verstaubtes provinzielles Auftreten alles andere als eindrucksvoll. Potressow beschrieb ihn bei ihrer ersten Begegnung als einen »typischen Kaufmann mittleren Alters irgendwo aus einer nördlichen Jaroslawler Provinz«.* Doch durch seine gewissenhafte Hingabe und Selbstdisziplin, seine eiserne Logik und seinen praktischen Sinn stieg Lenin unter den Petersburger Intellektuellen bald zum natürlichen Führer auf – eindeutig ein Mann der Tat. Viele hielten ihn für passabel – er konnte charmant sein, wenn er wollte, und fast immer war er persönlich anständig in seinen kameradschaftlichen Beziehungen –, und nicht wenige verliebten sich in ihn. Zu ihnen gehörte auch seine künftige Frau, Nadeschda Krupskaja, die Lenin etwa um diese Zeit als Mitpropagandistin in St. Petersburg kennenlernte.[26]

Zweck ihrer Propaganda war die Erziehung einer Avantgarde von »bewußten« Arbeitern – russischen Bebels wie Kanattschikow, die die Arbeiterklasse für die kommende Revolution organisieren würden. Doch Erziehung machte die Arbeiter nicht notwendigerweise zu Revolutionären. Im Gegenteil, wie Kanattschikow bald feststellte, waren die meisten Facharbeiter mit Schulbildung eher geneigt, ihr Los innerhalb des kapitalistischen Systems zu verbessern, als danach zu streben, es zu stürzen. Es gab eine wachsende Spannung zwischen den vorwiegend wirtschaftlichen Anliegen der Arbeiter und den politischen Zielen jener Aktivisten und Intellektuellen, die ihre Führer sein wollten. Die Marxisten waren so mit demselben Dilemma konfrontiert wie die Narodniki in bezug auf die Bauern Mitte der siebziger Jahre: Was sollten sie machen, wenn die Massen nicht auf ihre Propaganda ansprachen? Während es die Narodniki vereinzelt zum Terrorismus trieb, fanden die Marxisten eine vorübergehende Lösung dieses Problems, indem sie von Propaganda zu Massenagitation** übergingen als ein Mittel, die Arbeiterklasse durch spezifische Arbeitskämpfe zu organisieren – und dabei zu politisieren. Die neue Strategie wurde erstmals bei den Streiks in Wilna 1893 angewandt, wo die marxistische Intelligenzija, statt den jüdischen Arbeitern zu predigen, an den Streiks teilnahm und sogar Jiddisch lernte, um ihre Unterstützung zu gewin-

* Die Kaufleute von Jaroslawl hatten den angestammten Ruf, der bis ins Mittelalter zurückreichte, gerissener als alle anderen zu sein.

** Für die Marxisten der neunziger Jahre bedeutete »Propaganda« die allmähliche Bildung der Arbeiter in kleinen Lerngruppen mit dem Ziel, ihnen ein generelles Verständnis der Bewegung und Klassenbewußtsein zu vermitteln. »Agitation« bedeutete eine Massenkampagne zu bestimmten Arbeits- oder politischen Themen.

nen. Zwei der Wilnaer Sozialdemokraten, Arkadi Kremer und Juli Martow, erläuterten ihre Strategie in einem einflußreichen Pamphlet mit dem Titel *Über Agitation* von 1895: Durch ihre Einbindung in organisierte Streiks würden die Arbeiter die Notwendigkeit einer breiteren politischen Kampagne erkennen lernen, die von den Sozialdemokraten geführt werden sollte, denn die zaristische Regierung würde keine legale Gewerkschaftsbewegung dulden. In St. Petersburg wurde der neue Plan von dem kurzlebigen, aber hochtrabend bezeichneten »Kampfbund zur Befreiung der Arbeit« aufgegriffen. Er wurde 1895 von einer kleinen Gruppe marxistischer Intellektueller gegründet, darunter führend Martow und Lenin, die fast auf der Stelle verhaftet wurden. Doch seine lokalen Aktivisten konnten zu einem gewissen Teil den großen, aber erfolglosen Textilstreik von 1896 für sich verbuchen, mit dem sich über 30 000 Arbeiter Gehör verschafften.

Nach einem Jahr im Gefängnis wurde Lenin zu drei Jahren Verbannung in Sibirien verurteilt (1897–1900). Anders als die »Politischen« unter seinem eigenen Regime durfte Lenin in beträchtlichem Komfort leben. Aus »Gesundheitsgründen« durfte er sich aussuchen, wo er leben wollte, und er wählte ein abgelegenes Dorf namens Schuschenskoje in der südlichen Minusinskregion, die für ihr erträgliches Klima bekannt war. Er nahm einige Kisten Bücher und sogar ein Jagdgewehr mit und hielt ständigen Kontakt zu seinen Genossen. Damit Krupskaja ihn begleiten konnte, willigte er ein, sie zu heiraten. Die Hochzeit fand in einer Kirche statt – die russische Regierung erkannte keine bürgerliche Eheschließung an –, obwohl weder Braut noch Bräutigam je diese peinliche Episode in ihren späteren Schriften erwähnten.[27]

Während Lenins Exil wurde die Arbeiterbewegung in Rußland mehr und mehr von der neuen Richtung des »Ökonomismus« beherrscht. Die Ökonomisten traten für eine Konzentration auf rein wirtschaftliche Ziele ein. Ihr Ziel war eher, die Bedingungen der Arbeiter innerhalb des kapitalistischen Systems zu verbessern, als zu versuchen, es zu stürzen. Zunächst waren es die Arbeiter und lokalen Fabrikaktivisten, die diese Ansichten vertraten. Sie glaubten, daß man es den Arbeitern überlassen sollte, ihre Angelegenheiten selbst zu regeln, ohne Lenkung durch die sozialistische Intelligenzija. Doch mehr und mehr wurden dieselben Ideen von den sogenannten legalen Marxisten aufgegriffen. Kuskowa und Struwe, ihre bekanntesten Führer, waren brillante Theoretiker. Beeinflußt von Eduard Bernsteins Revisionismus, der damals die deutsche Arbeiterbewegung erschütterte, wie auch durch neokantianische Ideen, versuchten sie, viele der grundlegenden marxistischen Doktrinen in Frage zu stellen. Wie Bernstein leugneten sie, daß der Kapitalismus zu einer Verschlechterung der Bedingungen der Arbeiter führte. Im Gegenteil, der Kapitalismus könne unter einem demokratischen System mit dem Sozialismus versöhnt werden. Die beiden würden schließlich konvergieren. Das bedeutete, daß die Arbeiter ihre Anstrengungen eher auf Reform als auf Revolution richten sollten. Sie sollten im Rahmen der Gesetze arbeiten und lieber gemeinsam mit der Bourgeoisie als im Untergrund und in gewaltsamem Konflikt mit ihr.

Für Plechanow und seine Anhänger in Rußland war der Ökonomismus wie Bernsteins Häresie ein Verrat an der Verpflichtung der marxistischen Bewegung auf die Revolution als Ziel. Statt des revolutionären Sozialismus drohte er, eine evolutionäre Version zu konstruieren. Statt der »Diktatur des Proletariats« würde es eine parlamentarische Demokratie geben. Vielleicht hatte diese neue Mäßigung in Deutschland, wo die Sozialdemokraten jetzt innerhalb des Reichstags arbeiten konnten, eine gewisse Logik. Doch in Rußland gab es keine solche Öffnung – ja, der neue Zar hatte klargemacht, daß er sich verpflichtet fühlte, die Zügel der Autokratie wieder anzuziehen –, und so mußte die Strategie einer Revolution um jeden Preis aufrechterhalten werden. Dies schien um so notwendiger, bedenkt man die Entwicklung in der russischen Politik in den späten neunziger Jahren. Im Gefolge der Hungersnot, die die Gesellschaft politisierte, näherten sich das Neonarodnitschestwo, der Semstwo-Liberalismus und die legalen Marxisten einander an und konnten gemeinsam eine nationale Bewegung für eine konstitutionelle Reform bilden. Ließ man diese Bewegung wachsen und die Unterstützung der Arbeiter und Bauern gewinnen, so hätte das zur Folge, daß die Revolution zumindest um eine Generation – vielleicht sogar für immer – verschoben und die revolutionären Marxisten an den äußersten Rand der Politik gedrängt würden.

Der verbannte Lenin geriet durch diese »Häresie« in Rage. Krupskaja erinnerte sich, daß Lenin 1899, nachdem er die Werke von Kuskowa und Kautsky gelesen hatte, niedergeschlagen war, nicht mehr schlafen konnte und abmagerte.[28] Der ideologische Kampf wurde für ihn zu einer tiefen persönlichen Krise. Er hatte den Marxismus als den sichersten Weg zur Revolution begriffen – einer Revolution, die er, wie manche sagen würden, mehr und mehr als eine Ausweitung seiner eigenen Macht und Persönlichkeit ansah. Doch hier wurde der Marxismus all seiner revolutionären Bedeutung entkleidet und in wenig mehr als einen Wischiwaschi-Typus von Sozialliberalismus verwandelt, den auch sein Vater zweifellos gutgeheißen haben würde. Lenin führte den Angriff auf den Ökonomismus mit jener Heftigkeit, die später das Markenzeichen seiner Rhetorik werden sollte. Er argumentierte, daß der Ökonomismus mit seiner Taktik den Sozialismus und die Revolution zerstören werde, die allein unter der zentralisierten politischen Führung einer disziplinierten Kaderpartei nach Art von »Volkswille« erfolgreich sein könne.

Lenins Ansichten wurden zu der Zeit von vielen russischen Marxisten geteilt – denjenigen, die sich die »Politischen« nannten. Sie bemühten sich, eine zentralisierte Partei zu organisieren, die die Führung der Arbeiterbewegung übernehmen und sie auf politische Ziele lenken würde. Lidia Dan erinnerte sich, daß »viele von uns im Unterbewußtsein eine solche Partei mit dem assoziierten, was ›Volkswille‹ gewesen war«. Obwohl sie die deutschen Sozialdemokraten bewunderten, schien es unmöglich, unter Rußlands illegalen Bedingungen eine so offene und demokratische Partei aufzubauen. Wenn der Polizeistaat bekämpft werden sollte, mußte die Partei gleichermaßen zentralisiert und diszipliniert sein. Sie mußte ein Spiegelbild des zaristischen Staats sein. Die rascheste Art, eine solche Partei aufzubauen, war, sie auf die Herausgabe einer Untergrundzeitung zu stützen, die nach den Worten von Lidia Dan »sowohl kollektiver Agitator als auch kollektiver Organisator sein konnte«. Das war die Idee der *Iskra* (»Funke«), die Lenin mit Martow nach seiner Rückkehr aus dem Exil im Jahr 1900 gründete. Der Titel dieser Zeitung war ein Echo auf den Dekabristen-Dichter, dessen Worte »Aus dem Funken wird die Flamme schlagen« im Impressum erschienen. *Iskra* war weniger eine Quelle von Nachrichten als das Kommandozentrum der Sozialdemokraten in ihrem politischen und ideologischen Kampf gegen die Ökonomisten. Die Herausgeber – Plechanow, Axelrod und Sassulitsch in Genf; Lenin, Potressow und Martow jetzt in München – waren im Grunde das erste Zentralkomitee der Partei. Die Zeitung wurde in München, dann in London und Genf publiziert und durch ein Netzwerk von Agenten nach Rußland eingeschmuggelt, die in den kommenden Jahren den Kern der Parteiorganisation bildeten.

In seiner Polemik gegen die Ökonomisten brachte Lenin ein Pamphlet heraus, das durch die Revolution von 1917 zum Leitfaden seiner eigenen Partei und zum Gründungstext des internationalen Leninismus wurde. Es paßte vollkommen, daß sein Titel *Was tun?* Tschernyschewskis berühmtem Roman entlehnt war. Denn der Berufsrevolutionär, wie er von Lenin auf diesen Seiten skizziert wurde, hatte eine starke Ähnlichkeit mit Rachmetjew, Tschernyschewskis diziplinertem und sich selbst verleugnendem militantem Verfechter der Sache des Volks, während sein Beharren auf einer strikt disziplinierten und zentralisierten Partei ein Echo auf die russisch-jakobinische Tradition war, in der Tschernyschewski nur einen Schnörkel bildete. Lenins schneidender Prosastil, der von allen großen Diktatoren und Revolutionären des 20. Jahrhunderts nachgeahmt wurde, zeigte sich in *Was tun?* zum ersten Mal. Er hatte einen bellenden, militärischen Rhythmus, eine manische Heftigkeit und Entschlossenheit mit sich steigernden Kadenzen des Ausdrucks oder der Beschimpfung, wo die Gegner durch Synekdoche in einen Topf geworfen wurden.

Als das Pamphlet im März 1902 zum ersten Mal erschien, schien es die allgemeine Ansicht der Iskraiten zu formulieren. Sie alle wollten eine zentralisierte Partei: das schien wesentlich in einem Polizeistaat wie Rußland. Die diktatorischen Implikationen von *Was tun?* – daß die Parteibasis gezwungen würde, wie beim Militär den Befehlen der Führung zu gehorchen – wurden noch nicht voll erkannt. »Keiner von uns konnte sich vorstellen«, erinnerte sich Lidia Dan, »daß es eine Partei geben könnte, die ihre eigenen Mitglieder verhaftete. Man dachte oder war sich sicher in der Annahme, daß in einer wirklich zentralisierten Partei jedes Mitglied selbstverständlich den Anweisungen oder Direktiven folgen würde.«[29]

Erst auf dem zweiten Parteitag, der im folgenden Jahr in Brüssel zusammentrat, begannen die Implikationen von Lenins Katechismus für die Partei deutlich zu werden. Das Ergebnis war eine Spaltung der Partei und die Bildung zweier unterschiedlicher sozialdemokratischer Splittergruppen – der Bolschewiki und der Menschewiki. Der unmittelbare Grund für die Spaltung mag ziemlich trivial erscheinen. Selbst diejenigen innerhalb der Partei erkannten nicht gleich die historische Bedeutung, die sie später bekommen sollte. Sie war Folge eines Streits über die genaue Formulierung von Artikel Eins des Parteistatuts, in dem die Parteimitgliedschaft definiert wurde. Lenin wollte die Mitgliedschaft auf diejenigen begrenzen, die an einer der Parteiorganisationen beteiligt waren, während Martow, der zwar die Notwendigkeit eines diziplinierten Kerns von Aktivisten einsah, jeden, der das Parteiprogramm anerkannte und bereit war, ihrer Führung zu gehorchen, zulassen wollte. Unter der Oberfläche dieses semantischen Streits lagen zwei entgegengesetzte Ansichten über die Rolle der Partei. Auf der einen Seite schlug Lenin eine zentralisierte und konspirative Partei von Berufsrevolutionären in der Tradition von »Volkswille« vor. Er war zutiefst mißtrauisch gegenüber dem revolutionären Potential der Massen, die, wie er glaubte, ohne die Führung einer elitären Parteiavantgarde unweigerlich durch die von den Ökonomisten vertretenen Themen der Grundbedürfnisse abgelenkt würden. »Wir haben gesagt«, schrieb er in *Was tun?*, »daß die Arbeiter ein sozialdemokratisches Bewußtsein gar nicht haben konnten. Dieses konnte ihnen nur von außen gebracht werden.« Dieses Mißtrauen gegen Demokratie sollte nach 1917 die Basis von Lenins zentralistischer Einstellung zu den Gewerkschaften, den Räten und den anderen Organisationen mit Massenbasis bilden. Seiner Ansicht nach sollten die Massen nicht mehr als ein Instrument der Partei sein. Das wurde von Lenins Kritikern hervorgehoben, die davor warnten, daß eine derart zentralisierte Partei zur Diktatur führen müsse. Sozialismus war ihrer Ansicht nach nicht ohne Demokratie zu erreichen, was eine Partei mit breiter Basis erforderlich machte, die unmittelbar aus der Kultur und dem Bewußtsein der arbeitenden Klasse entstanden war. Martows Ansicht zu Artikel Eins wurde zunächst mit 28 gegen 23 Stimmen angenommen. Doch die zwei Splittergruppen, die ihn unterstützten – die fünf Delegierten des Bundes (deren Forderung nach Autonomie innerhalb der Partei abgelehnt worden war), gefolgt von den zwei Ökonomisten (denen die Iskraiten eine Niederlage bereitet hatten) –, verließen danach den Kongreß und ließen Lenin mit einer knappen Mehrheit zurück. Daher kommt es, daß seine Gruppe »Bolschewiki« (»Mehrheitler«) und ihre Gegner die »Menschewiki« (»Minderheitler«) getauft wurden. Im Rückblick ist klar, daß die Menschewiki sehr töricht waren, die Übernahme dieser Namen zu gestatten. Das belastete sie dauerhaft mit dem Image einer Minderheitenpartei, was sich als bedeutender Nachteil in ihrer Rivalität mit den Bolschewiki erweisen sollte.

Lenin ergriff die Gelegenheit, seine Kontrolle über das Zentralkomitee und sein

Organ, die *Iskra*, zu festigen, indem er die drei menschewistischen Veteranen – Sassulitsch, Axelrod und Potressow – aus dem Herausgeberstab ausschloß. Seine konspirativen Methoden verhärteten die Kluft zwischen den beiden Faktionen. Ihr Konflikt hatte zunächst mehr mit Persönlichkeiten, Stil und Emotionen zu tun als mit der Artikulierung unterschiedlicher Ideologien. Die Menschewiki waren wütend über Lenins anmaßende Behandlung der drei verdrängten Herausgeber – er hatte sie als die »unproduktivsten Mitglieder der *Iskra*« bezeichnet –, und aus Solidarität mit ihnen lehnte Martow es ab, mit Lenin und Plechanow im neuen Herausgeberkollegium zu arbeiten. Sie beschuldigten Lenin, er versuche, Diktator der Partei zu werden – einer sprach von seinem Bedürfnis, wie ein Armeekommandeur den Kommandostab zu schwingen, um den Mannschaften Disziplin einzuimpfen –, und stilisierten sich zu Verteidigern der Demokratie in der Partei. Lenins Kompromißlosigkeit, seine Weigerung, die Differenzen mit den Menschewiki beizulegen (Differenzen, die, wie er selbst zugab, »in der Substanz ... ganz unbedeutend« waren), und seine Bereitschaft, wenn er provoziert wurde, zu seiner Überzeugung zu stehen, daß es einen Diktator in der Partei geben müsse, um die »schwankenden Elemente in unserer Mitte« zu disziplinieren, verstärkten nur die emotionalen Spannungen. Das Treffen artete in kleinliche Zankereien aus, jede Seite beschuldigte die andere, »angefangen« oder sie »betrogen« zu haben. Auf der Basis von verletzten Gefühlen und Empfindlichkeiten ergriff man Partei und knüpfte Loyalitätsbande. Lidia Dan erinnert sich, daß sie sich hinter Martow stellte, nicht so sehr weil sie glaubte, er habe recht, als vielmehr

> *[weil] ich fühlte, ich mußte ihn unterstützen. Und viele andere fühlten genauso. Martow war als Führer nicht sehr geeignet. Aber er hatte einen unerschöpflichen Charme, der die Menschen anzog. Es war häufig schwierig, zu erklären, warum sie ihm folgten. Er selbst sagte: »Ich habe das unangenehme Privileg, von den Menschen gemocht zu werden.« Und natürlich wäre Martow, wenn sich etwas wie ein Schisma ereignete, edel, anständig, während Lenin ... ja, Lenins Einfluß war enorm, und doch ... für meinen Teil muß ich tragischerweise feststellen, daß alle meine Sympathien für Lenin (die beträchtlich waren) auf Mißverständnissen beruhten.*[30]

Mehrere Jahre lang blieben die anfänglichen politischen Differenzen zwischen Menschewiki und Bolschewiki durch persönliche Faktoren verdeckt. Das lag zweifellos teilweise daran, daß die beiden Gruppierungen in kleinen Exilgemeinden – manchmal im buchstäblichen Sinn – zusammenlebten, so daß ihre Streitigkeiten über das Parteidogma häufig in Kabbeleien über Geld und Geliebte ausarteten. Doch der entscheidende Punkt war Lenins Persönlichkeit. Während der Bolschewismus durch ein persönliches Loyalitätsversprechen ihm gegenüber definiert wurde, bezog der Menschewismus, wenn auch in geringerem Ausmaß, sein

Selbstverständnis aus der Opposition zu ihm. Walentinow war bei seiner Ankunft in Genf 1904 schockiert von der »Atmosphäre des Kults [um Lenin], den diejenigen, die sich Bolschewiki nannten, dort geschaffen hatten«. Lenin verstärkte die Spaltung durch die heftige Attacke gegen die Menschewiki in seinem Pamphlet *Ein Schritt vorwärts, zwei Schritte zurück* (1904). Jetzt nannte er sie »Verräter« an der marxistischen Sache. Keiner seiner bolschewistischen Leutnants durfte auch nur mit einem der menschewistischen Führer sprechen, ohne zuvor seine Zustimmung eingeholt zu haben.[31]

Nur sehr allmählich, 1905 und später, wurden die Differenzen zwischen den beiden Gruppierungen in politische Begriffe gefaßt. Tatsächlich versuchten die Sozialdemokraten an der Basis, vor allem auf der Seite der Menschewiki, lange (bis 1918), die Partei wieder zusammenzufügen. Das galt besonders für die Provinz, wo die Kräfte der Partei einfach zu gering waren, als daß sie sich solche faktionellen Streitigkeiten hätten leisten können. Hier arbeiteten sie weiterhin in vereinten sozialdemokratischen Organisationen zusammen. Doch nach und nach, je mehr die Partei während der Revolution von 1905 und dann in der Duma-Periode mit den Dilemmata der Realpolitik konfrontiert wurde, grenzten sich die beiden Faktionen sowohl begrifflich in ihren unterschiedlichen Ideologien, ihren Strategien und Taktiken als auch in ihrem sich immer weiter auseinanderentwickelnden politischen Stil, ihrer politischen Kultur ab.

Der Menschewismus blieb eine lockere Bewegung mit hohem Anspruch an die Moral, weniger an die Disziplin. Es gab keinen wirklichen menschewistischen Führer in dem Sinne, wie die Bolschewiki ihn hatten, und in der Tat war es ein Teil der menschewistischen Ideologie, die Notwendigkeit eines Führers zu leugnen. Nur langsam und widerwillig ließen sich die Menschewiki in die Richtung einer formalen Parteistruktur ziehen, wie sie ihre Gegner von Anfang an gehabt hatten. Ihr Geist blieb der der freundschaftlichen und informellen Zirkel (*kruschki*) der neunziger Jahre, was Lenin als »die losen Schlafröcke und Schlappen Oblomows« verspottete. Doch die Menschewiki waren aufrichtiger demokratisch als die Bolschewiki, sowohl in der Politik als auch in ihrer Zusammensetzung. Sie zogen in der Regel breitere Volksschichten an – mehr Nichtrussen, vor allem Juden und Georgier, unterschiedlichere Typen von Arbeitern, kleinen Kaufleuten und Vertretern der Intelligenzija –, während die Gefolgsleute der Bolschewiki zumeist aus einem engeren Umfeld kamen (die breite Mehrheit waren großrussische Arbeiter und entwurzelte Bauern). Diese breitere gesellschaftliche Basis mag teilweise die Neigung der Menschewiki zu Kompromissen und Aussöhnung mit dem liberalen Bürgertum erklären. Darin bestand sicherlich der Hauptunterschied zu den Bolschewiki, die unter Lenins Führung immer unversöhnlicher in ihrer Opposition gegen die Demokratie wurden. Doch diese Trennlinie – sosehr sie mit sozialen Unterschieden verbunden sein mochte – war im wesentlichen eine ethische. Die Menschewiki waren Demokraten aus Instinkt, und ihre Aktionen als Revolutionäre wurden immer durch die moralischen Skrupel zurückgehalten, die sich daraus ergaben. Für die Bolschewiki galt das nicht. Sie waren einfachere und jüngere Leute, militante Bauernarbeiter wie Kanattschikow, eher Macher als Denker. Sie fühlten sich angezogen von Lenins Disziplin und sicherer Führung der Partei, von seinen einfachen Slogans und seinem Glauben, daß eine spontane Aktion zum Sturz des zaristischen Regimes besser sei, als wenn man wartete – wie die Menschewiki rieten –, bis das System durch die Entwicklung des Kapitalismus verschlissen würde. Das vor allem war es, was Lenin ihnen bot: die Idee, daß man etwas tun *konnte*.

# TEIL II
# DIE KRISE DER AUTORITÄT
# (1891–1917)

# 5 ERSTES BLUT

## PATRIOTEN UND BEFREIER

Nach einem Jahr voller klimatischer Katastrophen sahen die Bauern der Wolgaregion im Sommer 1891 eine Hungersnot auf sich zukommen. Angesichts ihrer vernichteten Ernte konnte man ihnen ihren Glauben nicht verdenken, Gott habe sie für eine besondere Strafe auserwählt. Für die Saat, die sie im Herbst zuvor ausgesät hatten, war kaum Zeit geblieben zu keimen, ehe der Frost einsetzte. Dann hatte es zuwenig geschneit, um die jungen Pflanzen im Winter zu schützen, wo die Temperaturen bei durchschnittlich 30 Grad unter Null lagen. Im Frühjahr fegten staubige Winde die obere Bodenschicht weg, und bereits im April begann der lange trockene Sommer. In Zarizyn fiel 96 Tage lang kein Regen, in Saratow 88 Tage und in Orenburg über hundert Tage. Brunnen und Teiche trockneten aus, die verdorrte Erde wurde rissig, die Wälder färbten sich braun, und das Vieh verendete am Wegrand. Die Bauern setzten ihre letzte Hoffnung auf die Ernte. Doch das Korn, das überlebt hatte, war klein geblieben und von der Sonne verbrannt. In Woronesch brachte die Roggenernte weniger als 0,1 Pud (1,6 kg) pro Kopf, statt eines normalen Ertrags von 15 Pud. »Hier stellen wir uns darauf ein zu hungern«, schrieb Graf Woronzow-Daschkow dem Zaren am 3. Juli aus der Provinz Tambow. »Das Wintergetreide der Bauern ist vollkommen vernichtet, sofortige Hilfe ist dringend erforderlich.«

Im Herbst hatte sich das vom Hunger betroffene Gebiet auf 17 Provinzen, vom Ural bis zum Schwarzen Meer, ausgeweitet, ein Gebiet doppelt so groß wie Frankreich und mit einer Bevölkerung von 36 Millionen. Reisende in der Region zeichneten ein Bild wachsender Verzweiflung, da die Bauern vor Entkräftung kaum mehr in der Lage waren, ihre Hütten zu verlassen. Diejenigen, die sich noch aufraffen konnten, packten ihre dürftigen Habseligkeiten und flohen, wohin sie nur konnten, und verstopften mit ihren Karren die Wege. Wer zurückblieb, lebte von »Hungerbrot« aus Roggenspreu, gemischt mit Gänsefuß, Moos und Baumrinde, die die Brotlaibe gelb färbten und bitter machten. Die Bauern zogen das Stroh von den Dächern ihrer Hütten, um damit die Pferde zu füttern: Menschen mögen lange hungern, aber Pferde, die nicht gefüttert werden, verenden einfach, und wenn das geschah, dann gab es auch im nächsten Jahr keine Ernte. Schließlich brachen auch noch, fast unvermeidlich, Cholera und Typhus aus und forderten bis Ende 1892 eine halbe Million Tote.

Die Regierung mühte sich, so gut sie konnte, um der Krise Herr zu werden. Doch die Bürokratie war viel zu langsam und schwerfällig und das Transportsystem überfordert. Politisch war die Handhabung der Krise ein Desaster und führte dazu, daß allgemein der Eindruck von Nachlässigkeit und Gleichgültigkeit auf seiten der Verantwortlichen entstand. Weit verbreitet war zum Beispiel das Gerücht, eine halsstarrige Bürokratie halte Nahrungsmittel zurück, solange nicht der »statistische Beweis« erbracht sei, daß die Bevölkerung, für die die Lieferungen gedacht seien, über keine anderen Mittel zu ihrer Ernährung verfügte: und dann war es meist zu spät. Man erzählte sich Geschichten über die Hilfsprogramme, die die Regierung eingeleitet hatte, um notleidende Bauern bei öffentlichen Arbeiten zu beschäftigen: nur allzuoft stellte sich heraus, daß die Betroffenen bereits auf dem Totenbett lagen. Es kursierten Berichte über Cholerakranke, die man dazu zwang, ihr Heim zu verlassen, um sie in Quarantänezentren, Kilometer von ihren Dörfern entfernt, zu verfrachten; deshalb reagierten die Bauern hysterisch, wo immer amtsärztliches Personal auftauchte, und es kam zu Tumulten, die vom Militär niedergeschlagen werden mußten. Doch die bei weitem größte Empörung in der Bevölkerung rief die Verzögerung eines von der Regierung geplanten Verbots von Getreideexporten bis Mitte August hervor, als die Krise bereits mehrere Wochen andauerte. Man hatte einen Monat lang vor dem Verbot gewarnt, so daß die Getreidehändler noch rasch ihre ausländischen Verträge erfüllen konnten und Nahrungsmittel, die man für die Hungernden dringend gebraucht hätte, im Ausland verschwanden. Gegen das Verbot hatte sich Finanzminister Wyschnegradski gesperrt, dessen Wirtschaftspolitik (die im wesentlichen darin bestand, Verbrauchsgüter mit Steuern zu belegen, um die Bauern zum Verkauf von mehr Getreide zu zwingen) in der Bevölkerung als Hauptursache der Hungersnot angesehen wurde. Wie die Losung der Regierung lautete: »Und wenn wir hungern – wir werden Getreide exportieren!«[1]

Die Reaktion der Öffentlichkeit auf die Hungersnot war enorm. »Menschen der unterschiedlichsten Überzeugungen und Temperamente stürzten sich in Aktivitäten«, erinnerte sich Wassili Maklakow. »Viele ließen ihre normale Tätigkeit im Stich und gingen daran, Kantinen einzurichten und während der Epidemien den Ärzten zu helfen. Bei dieser Tätigkeit verlor manch einer für immer Stellung und Gesundheit.« Die Semstwos waren die ersten, da sie bereits ihre eigenen Verteilungsnetze für Nahrungsmittel und Medizin in der Provinz aufgebaut hatten. Fürst Lwow, der zu der Zeit Vorsitzender des Provinzsemstwos von Tula war, setzte sich im Rahmen der Hilfskampagne ein, als ginge es für ihn persönlich um Leben und Tod. Es war ein Beweis seiner Liebe zu den Bauern, mit denen er die zehn Jahre davor gelebt und gearbeitet hatte, daß er sein eigenes Leben aufs Spiel setzte, um ihres zu retten. Und wie romantisch, daß er zu solch einer Zeit, bei der Arbeit in einer Suppenküche in der Provinz Tambow, seiner zukünftigen Frau begegnen und sich in sie verlieben sollte. Derlei erhabene Gefühle von Mitleid mit den Bauern waren keineswegs unüblich unter progressiven Landbesitzern wie ihn. Hunderte von Komitees wurden von Adligen und »Persönlichkeiten des öffentlichen Lebens« gebildet, um Geld für die Hungeropfer zu beschaffen. Ärzte meldeten sich freiwillig für medizinische Arbeitsgruppen. Tausende wohlmeinender Bürger eilten herbei, um sich den Hilfskampagnen anzuschließen, die von der Freien Ökonomischen Gesellschaft und anderen regierungsunabhängigen Gruppen organisiert wurden. Bei öffentlichen Veranstaltungen wurden leidenschaftliche Reden gehalten. Zeitungen brachten auf den Titelseiten Aufrufe in Fettdruck. Und Studenten meldeten sich, um für die Hilfskampagne in einer neuen Bewegung des »Ins-Volk-Gehens« zu arbeiten.[2]

Unter all diesen Freiwilligen war der Arzt und Dramatiker Anton Tschechow. Er legte seine schriftstellerische Arbeit beiseite, um für das Semstwo seines Kreises bei Moskau zu arbeiten. Im August 1892 schrieb er einem Freund:

> *[Ich bin] zum Choleraarzt bestellt worden, und mein Revier umfaßt 25 Dörfer, 4 Fabriken und 1 Kloster! Ich organisiere, baue Baracken usw., und ich bin allein, denn alles, was mit Cholera zu tun hat, ist meinem Herzen fremd, und die Arbeit, die ständig Fahrten, Gespräche und kleinliche Scherereien mit sich bringt, ermüdet mich. Zum Schreiben habe ich keine Zeit. Die Literatur ist längst bereits vernachlässigt, und ich bin bettelarm, da ich es um meiner Selbst und Selbständigkeit willen für richtig befunden habe, auf alle Entlohnungen zu verzichten, die man als Revierarzt bekommt […] die Bauern sind grob, unsauber, mißtrauisch; aber der Gedanke, daß unsere Mühen nicht umsonst sein werden, läßt einen dies kaum bemerken.*[3]

Auch Tolstoi gab seine literarische Arbeit auf, um sich an der Hilfskampagne zu beteiligen. Mit seinen beiden ältesten Töchtern organisierte er Hunderte von Kantinen in der Hungerregion, während Sofja, seine Frau, im Ausland Geld sammelte. »Ich kann das schreckliche Elend und Leiden dieser Menschen nicht in einfachen Worten beschreiben«, schrieb er ihr Ende Oktober 1891. Wie der Bauer Sergej Semjonow – ein Anhänger Tolstois, der sich an seiner Hilfskampagne beteiligte – berichtet, war der große Schriftsteller so überwältigt vom Leiden der Bauern, daß sein Bart ergraute, sein Haar dünner wurde und er stark abnahm. Der schuldbesessene Graf machte die Gesellschaftsordnung, die orthodoxe Kirche und die Regierung für die Hungerkrise verantwortlich. »Alles geschieht um unserer Sünden willen«, schrieb er einem Freund im Dezember. »Wir haben uns von unseren Brüdern abgesondert, da hilft nur das Eine – Reue, und daß wir unser Leben ändern und die Mauern zwischen uns und dem Volk niederreißen.« Er verurteilte eindringlich die soziale Ungleichheit und vertiefte das dann in seinem Buch *Das*

*Reich Gottes ist inwendig in Euch* (1892) und in der Presse. Damit erschütterte er das moralische Gewissen der liberalen Öffentlichkeit, die aufgrund ihrer Privilegien und ihrer Entfremdung von den Bauern unter Schuldgefühlen litt. Semjonow erfaßte diese Scham, als er über die Hilfskampagne berichtete:

> *Mit jedem Tag wuchs die Not und das Elend der Bauern. Die Hungerszenen waren zutiefst entmutigend und um so bedrückender, als man sah, wie sich mitten in all diesem Leiden und Sterben riesige Güter erstreckten, wunderschöne und elegant eingerichtete Herrenhäuser, wo das üppige alte Leben der Gutsbesitzer mit seinen fröhlichen Jagden und Bällen, seinen Festessen und Konzerten weiterging wie eh und je.*[4]

Für die reuige liberale Gesellschaft war der Dienst »am Volk« mit den Hilfskampagnen ein Mittel, ihre »Schuld« abzutragen. So wandten sie sich jetzt Tolstoi zu, den sie als ihren moralischen Führer und Vorkämpfer gegen die Sünden des alten Regimes ansahen. Seine Verurteilung der Regierung machte ihn in der Öffentlichkeit zum Helden, zu einem integren Menschen, dem man glauben konnte, daß er die Wahrheit aussprach, die die Regierung so energisch zu verheimlichen suchte.

Die Hungerkrise hatte die russische Gesellschaft aufgerüttelt und politisiert, ihr soziales Gewissen geweckt und das alte bürokratische System diskreditiert. Das allgemeine Mißtrauen gegen die Regierung ließ mit dem Ende der Krise nicht nach, sondern verstärkte sich, da die Vertreter der bürgerlichen Gesellschaft auf mehr Mitsprache bei der Verwaltung nationaler Belange drängten. Der Hunger, hieß es, habe die sträflichen Versäumnisse und die Inkompetenz des alten Regimes bewiesen, und nun wuchs die Erwartung, daß breitere Kreise der Gesellschaft in die Regierungsarbeit einbezogen werden müßten, um in Zukunft solche Katastrophen zu vermeiden. Die Semstwos, die im vorangegangenen Jahrzehnt trotz wachsender Gegnerschaft in der Bürokratie vor allem um eine Erweiterung ihrer Kompetenzen gekämpft hatten, erhielten jetzt breite Unterstützung durch die liberale Öffentlichkeit für ihre Arbeit in den Bereichen Agronomie, öffentliche Gesundheit und Erziehung. Die liberalen Moskauer Kaufleute und Industriellen, die sich hinter die Hilfskampagne gestellt hatten, begannen die Industrialisierungspolitik der Regierung in Frage zu stellen, die sich so verhängnisvoll auf die Bauern, die Hauptabnehmer ihrer Erzeugnisse, ausgewirkt hatte. Seit Mitte der neunziger Jahre unterstützten sie auch die verschiedenen Projekte der Semstwos und kommunalen Institutionen zur Wiederbelebung der Ökonomie auf dem Land. Ärzte, Lehrer und Ingenieure, die sich als Folge ihres Engagements in der Hilfskampagne gezwungenermaßen organisierten, forderten jetzt größere berufliche Autonomie und mehr Einfluß auf die Rechtsordnung; und als sie darin keinerlei Fortschritte erzielten, begannen sie, sich für politische Reformen einzusetzen. In der Presse, den »dicken Zeitschriften«, den Universitäten und den gelehrten und philanthropischen Gesellschaften tobten die Debatten über die Ursachen der Hungersnot – und über die Reformen, die notwendig waren, um eine Wiederholung zu verhindern – während der neunziger Jahre weiter, lange nachdem die unmittelbare Krise überwunden war.[5]

Die sozialistische Opposition, die in den achtziger Jahren meistens geschlafen hatte, meldete sich infolge dieser Debatten mit frischer Kraft zurück. Es kam zu einer Erneuerung des Narodnitschestwo (später in Neonarodnitschestwo umbenannt), die 1901 in der Gründung der Sozialrevolutionären Partei kulminierte. Unter der Führung von Viktor Tschernow (1873–1952), einem Absolventen der juristischen Fakultät der Moskauer Universität, der wegen seiner Rolle in der Studentenbewegung in der Peter-Pauls-Festung gesessen hatte, übernahm sie die neue marxistische Soziologie, gleichzeitig vertrat sie aber weiterhin den Glauben der Narodniki, daß alle Arbeiter und Bauern – die sie »Werktätige« nannte – in ihrer Armut und ihrer Opposition gegen das Regime vereint seien. Im Gefolge der Hungersnot wuchs also die Einigkeit zwischen Marxisten und Neonarodniki, weil sie ihre Meinungsverschiedenheiten über die Entwicklung des Kapitalismus (die die Sozialrevolutionäre jetzt als Tatsache akzeptierten) ausräumten und sich auf den demokratischen Kampf konzentrierten.[6]

Der Marxismus als Gesellschaftswissenschaft wurde rasch zum nationalen Glaubensbekenntnis: er allein schien die Ursachen der Hungersnot erklären zu können. Universitäten und gelehrte Gesellschaften wurden von der neuen intellektuellen Mode mitgerissen. Selbst so renommierte Institutionen wie die Freie Ökonomische Gesellschaft gerieten unter den Einfluß der Marxisten, die ganze Bibliotheken von Sozialstatistiken produzierten, aufgeputzt als Studien über die Ursachen der großen Hungersnot, um die Wahrheit von Marx' ökonomischen Gesetzen zu beweisen. Sozialisten, die in ihrem Marxismus bisher noch schwankten, waren nach der Hungersnot vollkommen bekehrt, da nun, wie sie meinten, der Glaube an die Bauern nach Art der Narodniki nicht mehr haltbar war. Pjotr Struwe (1870–1944), der sich früher politisch als Liberaler verstanden hatte, sah durch die Krise seine marxistischen Leidenschaften entfacht: sie »machte weit mehr einen Marxisten aus mir als die Lektüre von Marx' *Kapital*«. Auch Martow erinnerte sich, wie die Krise ihn in einen Marxisten verwandelt hatte: »Mir wurde plötzlich klar, wie oberflächlich und unbegründet mein ganzer revolutionärer Elan bisher gewesen war und wie kümmerlich sich meine subjektive politische Romantik angesichts der philosophischen und soziologischen Höhen des Marxismus ausmachte.«[7] Selbst der junge Lenin wurde erst durch die Hungersnot von dem allgemeinen Trend zum Marxismus erfaßt.

Kurz, die gesamte Gesellschaft war infolge der Krise politisiert und radikalisiert. Der Konflikt zwischen der Bevölkerung und dem Regime war in Gang gekommen – und jetzt gab es kein Zurück mehr. Nach den Worten von Lidia Dan war die

Hungersnot ein Markstein in der Geschichte der Revolution, weil sie der Jugend ihrer Generation gezeigt hatte, »daß das russische System vollkommen bankrott war. Es sah so aus, als ob Rußland am Rande von etwas war.«[8]

* * *

Dieses politische Erwachen der Öffentlichkeit war Teil des umfassenderen sozialen Wandels, der tieferen Ursache der Revolution. Von den neunziger Jahren an läßt sich das Aufkommen einer bürgerlichen Gesellschaft, einer Öffentlichkeit und eines Ethos datieren, die alle in Opposition zum zaristischen Staat standen. Die Zeit, in der, nach den Worten Miljukows, die Autokratie »die einzige organisierte Kraft« in Rußland war und eine schwache und gespaltene Gesellschaft beherrschen konnte, ging zu Ende. Nunmehr kehrte sich dieses Verhältnis um. Die gesellschaftlichen Institutionen wurden immer unabhängiger und besser organisiert, wohingegen der zaristische Staat ständig schwächer wurde und unfähiger, sie zu kontrollieren. Die Hungerkrise war der entscheidende Wendepunkt in diesem Prozeß, der Augenblick, in dem sich die russische Gesellschaft zum ersten Mal ihrer selbst politisch bewußt wurde, ihrer Macht, ihrer Pflichten gegenüber »dem Volk« und des Potentials, über das sie verfügte, um sich selbst zu regieren. Es war der Augenblick, in dem Rußland in gewisser Weise zum ersten Mal eine »Nation« wurde.[9]

Diese neue bürgerliche Gesellschaft war zu komplex, als daß man sie in den groben Begriffen der »Klasse« beschreiben könnte. Zumal sie sehr viel weniger durch gesellschaftliche Stellung als durch Politik und Kultur definiert war. Die Weltanschauung der Intelligenzija – die auf der Vorstellung vom Dienst an der Gesellschaft und den liberalen Werten des Westens basierte – bestimmte ihre Identität. Die Intelligenzija hatte sich immer schon aus Menschen unterschiedlicher sozialer Provenienz zusammengesetzt und den Anspruch erhoben, für »die Nation« als Ganzes zu stehen. Diese universalistische Tradition formte Ethos und Sprache der sich herausbildenden Öffentlichkeit. Gebildete Liberale sprachen davon, der »Öffentlichkeit« (*obschtschestwennost*) zu dienen, die sich als »Gesellschaft« oder »Nation« darstellte, im Gegensatz zu dem alten Adelsethos vom Dienst am zaristischen Staat. Ihre Politiker nannten sie »Männer des öffentlichen Lebens« (*obschtschestwennyje dejateli*). Und im gesamten rhetorischen Prozeß der Definition dieser »politischen Nation« – der ihre Abgrenzung von dem »fremden« zaristischen Staat bedeutete – war es tatsächlich bezeichnend, daß ihre Führer mit einem Gattungsbegriff geehrt wurden, der sie zu Patrioten der Sache des Volks machte. Eine nationale politische Kultur, die auf den Idealen und Institutionen der Intelligenzija beruhte, bildete sich in Rußland heraus. Es entstand eine aktive Öffentlichkeit in Opposition zum alten Regime, die die Rechte eines unabhängigen Bürgertums forderte. Die Verbreitung von höherer Bildung, öffentlicher Meinung und

Aktivität prägte diese aufkommende öffentliche Kultur. Zwischen 1860 und 1914 wuchs die Zahl der Universitätsstudenten von 5000 auf 69 000 (von denen 45 Prozent Frauen waren), die Zahl der Tageszeitungen stieg von 13 auf 856 und die Zahl öffentlicher Institutionen von 250 auf über 16 000.[10]

All dies deutete auf eine neue Mittelschicht zwischen der Aristokratie einerseits und den Bauern und der arbeitenden Klasse andererseits hin. Doch gesellschaftlich gesehen war sie viel zu fragil, als daß sie den robusten Titel einer »Mittelschicht« verdient hätte. Die industrielle »Bourgeoisie«, die im Westen bei der Herausbildung der Identität einer Mittelschicht führend gewesen war, war zu schwach und abhängig vom Staat, regional und ethnisch zu zersplittert und von der gebildeten Elite zu isoliert, um im zaristischen Rußland dieselbe Rolle spielen zu können, obwohl dies das verspätete Ziel der liberalen Moskauer Geschäftsleute des Rjabuschinski-Kreises um 1900 war.[11] Tatsächlich war die Erkenntnis ihrer eigenen Zerbrechlichkeit und Isolation ein zentraler Aspekt der Identität dieser flügge gewordenen »Zensusgesellschaft« (*zensowoje obschtschestwo*). Je mehr sich die liberale und gebildete Öffentlichkeit ihrer selbst und ihrer führenden Rolle in der Politik bewußt wurde, desto deutlicher erkannte sie auch die riesige und erschreckende Kluft, die sie von den hungernden Massen trennte – eine Kluft, die die Hungersnot aufgedeckt hatte. Wie in Südafrika während der Apartheid tickte im Schrank liberaler Politik immer die Zeitbombe einer gewaltsamen Revolution.

Zwei Hauptgruppen standen in dem Jahrzehnt, das zur Revolution von 1905 führte, an vorderster Front dieser öffentlichen Kampagne: die liberalen »Semstwo-Leute« und die Studenten.

»Semstwo-Leute« als Pioniere der Revolution – das war unwahrscheinlich. Meistens waren es adlige Landbesitzer, fortschrittlich und Männer der Praxis wie Fürst Lwow, die einfach wollten, daß die Monarchie bei der Verbesserung des Lebens ihrer Untertanen eine positive Rolle spielte. Sie bemühten sich, den Einfluß der Semstwos auf die staatliche Gesetzgebung zu verstärken, aber die Vorstellung, eine breite oppositionelle Bewegung zu führen, widerstrebte ihnen. Fürst Lwows Mentor, D. N. Schipow, der die Semstwos auf nationaler Ebene organisierte, war selbst ein treuer Monarchist, der die liberale Forderung nach einer Verfassung glattweg ablehnte. Seine Arbeit verfolgte allein den Zweck, die Autokratie zu stärken, indem sie den Zaren durch die Semstwos und ein beratendes Parlament seinem Volk näherbrachte. Auf unterschiedliche Weise versuchte er, von unten die gleiche volkstümliche Autokratie zu schaffen, die Nikolai in den letzten Jahren seiner Herrschaft von oben aufoktroyieren wollte. In seinem liberalen Slawophilentum spielte die Vorstellung von Rußland als einem »lokal selbstverwalteten Land mit einem autokratischen Souverän an der Spitze« eine zentrale Rolle. Er glaubte an die alte Gemeinschaft von Zar und Volk, eine Einheit, die seiner Ansicht nach nur durch die »Autokratie der Bürokratie« zerbrochen worden war.[12]

Es gab also reichlich Grund für die Autokratie, eine Übereinkunft mit den

»Semstwo-Leuten« anzustreben. Doch wie so oft während seines unerbittlichen Niedergangs wählte das alte Regime Repression statt Kompromiß und *schuf* so die politische Feindschaft der Semstwos. Oberster Architekt dieser selbstmörderischen Politik war das allmächtige Innenministerium, das die Semstwos als gefährlichen Hort für Revolutionäre ansah und sie einer schonungslosen Verfolgungskampagne aussetzte. Ausgerüstet mit dem Gesetz von 1890, sperrten die Provinzgouverneure den Semstwos das Budget, zensierten ihre Publikationen und entließen oder verhafteten die gewählten Amtsinhaber.

Die Hungersnot sorgte für eine vorübergehende Unterbrechung in diesem Konflikt, denn die Regierung stützte sich bei der Verteilung von Nahrungsmitteln und Medikamenten auf die Semstwos. Durch diese Ausweitung ihres Betätigungsfeldes wurden die Semstwos aber auch ermutigt, ihre Forderungen nach Autonomie und Reform wieder geltend zu machen. Die Führung übernahmen dabei Semstwo-Akademiker – Lehrer, Ärzte, Statistiker und Agronomen, die man im allgemeinen als das Dritte Element kennt –, deren radikaler Einfluß auf die Semstwo-Versammlungen sich infolge ihrer direkten Beteiligung an den Hilfskampagnen verstärkte. Ihnen folgten viele Landbesitzer, die die Hungersnot der Regierung anlasteten, weil sie es versäumt habe, die Landwirte zu schützen, und die besorgt waren, daß die verelendeten Bauern sich der Gutsländereien bemächtigen könnten. Nun stellten sie sich hinter die Semstwos, um die Agrarinteressen der Provinzgesellschaft gegen die Industrialisierungsbürokratie von St. Petersburg zu verteidigen. Liberalere Adlige wie Fürst Lwow forderten weiterhin die Schaffung eines Allklassen-Semstwos auf Gebietsebene (was ihrer Ansicht nach die Integration der Bauern in die lokale Verwaltung fördern würde) und die Einberufung einer Nationalversammlung. Das war der Geist, aus dem die Twer-Adresse entstand, die die fortschrittlichsten Semstwo-Führer des Landes Nikolai II. anläßlich seiner Thronbesteigung vorlegten. In einer Ansprache, die die Öffentlichkeit empörte, verurteilte der neue Zar solche »sinnlosen Träume« und betonte sein »entschlossenes und unerschütterliches« Festhalten am »Prinzip der Autokratie«. Innerhalb weniger Tage nahm das Innenministerium die Verfolgung der Semstwos wieder auf. Schipows Gesamtsemstwo-Organisation wurde kurz nach ihrer Gründung 1896 verboten, was diesen Revolutionär wider Willen in die Arme der radikaleren Konstitutionalisten trieb. Gemeinsam gründeten sie 1899 die *Besseda* (»Gespräch«), einen geheimen Diskussionszirkel, der sich aus liberalen »Semstwo-Leuten«, einigen der bedeutendsten Namen der russischen Aristokratie sowie Fürst Lwow zusammensetzte und sich im Moskauer Palais der Fürsten Dolgoruki traf. Zunächt beschränkte man sich in der *Besseda* auf die Diskussion von Semstwo-Angelegenheiten. Doch als die Regierung um 1900 ihre Verfolgungskampagne verstärkte und die Entlassung von Hunderten von Liberalen aus den gewählten Semstwos befahl, war der vornehme Kreis gezwungen, sich mit politischen Fragen auseinanderzusetzen. In den beiden folgenden Jahren sollte er die führende Kraft in der konstitutionellen Bewegung werden, da prominente Persönlichkeiten, von bürgerlichen Führern bis zu Industriekapitänen, in seinen Ruf nach Reformen einstimmten.[13]

Die Universitäten waren seit den sechziger Jahren das organisatorische Zentrum der Opposition gegen das Zarenregime gewesen. Im Russischen waren die Wörter »Student« und »Revolutionär« fast Synonyme. Wie jedermann waren auch die Studenten durch das bloße Ausmaß menschlichen Elends, das die Hungersnot offenbart hatte, politisiert worden. Die Hörsäle wurden zu Brutstätten der sozialistischen Agitation, und eine neue Stimmung der Rebellion gegen die Universitätsspitze, die seit 1884 unter polizeilicher Kontrolle stand, machte sich breit. Alexander Kerenski (1881–1970) erinnert sich an den Korpsgeist im Schlafsaal an der Petersburger Universität: »Die Studenten lebten dort freundschaftlich eng verbunden zusammen, hatten ihre eigenen bevorzugten Anführer bei Gemeinschaftsangelegenheiten ... Wenn im Land etwas Ungewöhnliches passierte, was das moralische Empfinden der Jugend berührte oder verletzte, wenn eine Anweisung der Erziehungsbehörden unseren Korpsstolz verletzte, dann erhoben sich alle Studenten wie ein Mann.«[14]

Kerenskis Jugendjahre weisen viel Ähnlichkeit mit denen Lenins auf, der 1917 sein Erzrivale werden sollte. Er wurde wie Lenin elf Jahre vor ihm in Simbirsk geboren. Sein Vater war der Direktor von Lenins Gymnasium und ein Bekannter von Lenins Vater, dem obersten Schulinspektor von Simbirsk. 1889 wurde Kerenskis Vater auf denselben Posten in Taschkent befördert, wo der junge Kerenski dann zur Schule ging. Wie bei dem heranwachsenden Lenin gab es »nichts in diesem Stadium, was auf die zukünftige Karriere Kerenskis als eines Ministers der Revolution hingewiesen hätte«, wie sich einer seiner Lehrer erinnerte. »Er fügte sich gern in die strenge Schuldisziplin, ging begeistert zur Kirche* und sang sogar im Kirchenchor.« Mit 14 Jahren richtete er all sein Sinnen und Streben auf eine Schauspielerkarriere. Er unterschrieb sogar einen Brief an seine Eltern mit »zukünftiger Schauspieler der kaiserlichen Bühnen A. Kerenski«.[15] Der Glaube an sein Schicksal – ein Motor seines Handelns 1917 – geht deutlich schon auf seine jungen Jahre zurück. Kerenski schaffte es nie, ans Theater zu kommen, doch als Akteur auf der revolutionären Bühne erwies er sich als ebenso theatralisch wie jeder Provinzmime. 1899 ging er an die Universität Petersburg, um wie sein Vater Geschichte und Philologie zu studieren, wechselte allerdings im zweiten Jahr zur Jurisprudenz. Auch das wies in die Zukunft: ein Wechsel von Geschichte zu Jura zeugt eindeutig von Karrierebewußtsein.

In dem Jahr, in dem sich Kerenski immatrikulierte, gerieten die Petersburger Studenten in eine Reihe von Demonstrationen. Traditionell begingen sie am 8. Februar den Jahrestag der Universitätsgründung mit Festlichkeiten im Stadtzentrum. Doch 1899 war die Regierung nicht in der Stimmung für ein studentisches Stra-

* was er sein Leben lang beibehielt

ßenfest und verbot es kurzerhand. Als einige Studenten versuchten, das Verbot zu umgehen, und in die Stadt marschierten, fanden sie ihren Weg durch Polizei verstellt, die mit Peitschen auf sie einschlug. Äußerst erregt begannen die Studenten einen Proteststreik, der auf andere Universitäten übergriff. Noch waren ihre Beschwerden nicht politischer Art, man hätte sie durch eine offizielle Entschuldigung für die Brutalität der Polizei und mit der Wiederherstellung der akademischen und studentischen Freiheiten, die den Universitäten 1884 entzogen worden waren, zufriedenstellen können. Das zumindest war das Ergebnis der Kommission, die später eingesetzt wurde, um die Unruhen zu untersuchen. Statt dessen verhaftete die Regierung die Anführer und drohte künftigen Demonstranten mit der Einberufung zum Militär. Die Studenten waren wütend und fingen an, durch sozialistische Agitatoren ermutigt, das politische System radikal zu verurteilen. Selbst Kerenski, der sich bis zu diesem Zeitpunkt mehr für Theater als für Politik interessiert hatte, schloß sich dem Protest an. Im Februar 1900 schrieb er seinen Eltern: »Die Demütigungen des vergangenen Jahres sind nicht vergessen und können auch nicht vergessen werden. Die Repressionen waren unzivilisiert, das ist es, was uns empört, und diejenigen, die sie befohlen haben (d. h. die Minister) verdienen keine Achtung.«[16] Wieder einmal machte die plumpe Taktik der Regierung aus einem geringfügigen Protest eine ausgewachsene oppositionelle Bewegung.

Im folgenden November kam es in Kiew und anderen Universitäten erneut zu Studentendemonstrationen. Erziehungsminister Bogolepow reagierte im Januar 1901, indem er über 200 studentische Anführer zur Armee einzog. Als ihm einen Monat später ein Student namens Karpowitsch in den Hals schoß und ihn tödlich verwundete, war das der Beginn einer neuen Terrorwelle. Die Bevölkerung blieb im großen und ganzen ungerührt durch den Mord (Kerenski und seine Kommilitonen sahen in Karpowitsch sogar einen Heiligen), ihr Zorn war durch Bogolepows Zwangsmaßnahmen geweckt worden. »Wissen Sie, ich finde es widerwärtig, wenn man Studenten in die Armee steckt«, schrieb Gorki an Brjussow, »es ist ein eklatanter Verstoß gegen die individuelle Freiheit, eine idiotische Maßnahme von machtbesessenen Schurken.« Am 4. März, zwei Tage nach Bogolepows Tod, beteiligte sich Gorki an einer Massendemonstration in St. Petersburg. Das Leben in der Hauptstadt kam zum Erliegen, als 3000 Studenten vor der Kasaner Kathedrale zusammenströmten. Rote Fahnen wurden entrollt, die Marseillaise gesungen, und Gorki hielt eine Ansprache, in der er die Maßnahmen der Regierung verurteilte. In der Menge war eine große Anzahl bürgerlicher Liberaler, die mit den Studenten sympathisierten, und Dutzende von damaligen und künftigen Stars der revolutionären Bewegung. Plötzlich tauchte eine Schwadron berittener Kosaken hinter der Kathedrale auf und galoppierte, mit ihren Gummiknüppeln um sich schlagend, in die Menge. Struwe war einer derjenigen, die getroffen wurden. Die Menschen suchten Deckung, einige drangen in die Kathedrale ein, wo gerade ein Gottesdienst stattfand. 13 Personen wurden getötet, Hunderte kamen mit blutigen Gesichtern davon, und etwa 1500 Studenten wurden verhaftet, von denen viele in die Peter-Pauls-Festung kamen. Es war das erste Mal, daß sich so viele achtbare Bürger innerhalb ihrer berüchtigten Gefängnismauern wiederfanden. Die Eltern und Freunde der Studenten besuchten sie täglich mit aufwendigen Eßpaketen. Ein bekannter Tabakfabrikant, dessen Sohn im Gefängnis saß, schickte 10 000 De-Luxe-Zigaretten und wiederholte seine Gabe in regelmäßigen Abständen. Tausende Bücher wurden geschickt, die es den Studenten ermöglichten, ihre lange vernachlässigten Studien nachzuholen, obwohl sie, wie einer von ihnen berichtete, die meiste Zeit beim Schachturnier und in Konzerten verbrachten. Das ganze Abenteuer beschrieb er als »eine Art Studentenpicknick«.[17]

Für viele Studenten war das die erste schockierende Begegnung mit der Zwangsgewalt des Staates. Sie sollte sich als radikalisierende Erfahrung erweisen. Tausende Studenten schlossen sich der Sozialrevolutionären Partei an, deren Kampforganisation die Führung in einer Terrorkampagne übernahm, die bald das Leben des Innenministers D. S. Sipjagin forderte. Andere schlossen sich den Sozialdemokraten an. Aber die wahre Heimat der demokratischen Studenten war der Befreiungsverband, der 1903 gegründet wurde. Er war das geistige Kind von Pjotr Struwe, der zu einer kleinen, aber einflußreichen Gruppe liberaler Abtrünniger der marxistischen Bewegung um die Jahrhundertwende gehörte. Er argumentierte, daß eine gewaltsame soziale Revolution für Rußland verheerend wäre. Was Rußland brauche, sei eine Periode der sozialen und politischen Evolution wie in Europa, während der die Arbeiter für ihre Rechte innerhalb des kapitalistischen Systems kämpften und die Demokratie in einer konstitutionellen Bewegung geeint sei. Das war die Botschaft von Struwes in Deutschland publizierter Zeitschrift *Oswoboschdenije* (»Befreiung«), die die Gründung des Befreiungsverbands angeregt hatte. Aufgebracht durch die von Plehwe, Sipjagins Nachfolger im Innenministerium, organisierten polizeilichen Verfolgungskampagnen, rückte der Verband allmählich immer weiter nach links und nahm 1904 das Programm einer Verfassung an, die auf allgemeinem Wahlrecht, Selbstbestimmung der nationalen Minderheiten und weitreichenden sozialen Reformen basierte.

* * *

Dies war der Zeitpunkt, wo Rußland in den Krieg mit Japan zog. Oft heißt es, Plehwe habe vorgeschlagen: »Um die Revolution aufzuhalten, brauchen wir einen kleinen siegreichen Krieg.« Doch die Ursprünge des Krieges waren komplexer – und seine Folgen führten genau zum Gegenteil. Das durch den Bau der Transsibirischen Eisenbahn in den neunziger Jahren ermöglichte wirtschaftliche Vordringen in den Fernen Osten zwang Rußland förmlich in einen Konflikt mit Japan, das Ambitionen in Korea und der Mandschurei hatte. Doch hätte ein Krieg vermieden werden können, wenn Rußlands Außenpolitik in kompetenten Händen gewesen wäre. Statt dessen war sie einer bornierten Hofclique überlassen, die von Alexander Besobrasow angeführt wurde, einem Spekulanten mit guten Beziehungen, der Interessen an koreanischem Nutzholz verfolgte, und diese Gruppe von Lobbyisten überredete den Zaren, das japanische Kompromißangebot zurückzuweisen und so einen Krieg unvermeidbar zu machen. Nikolais Entschluß, sich der Angelegenheit persönlich zu widmen, machte es nur noch schlimmer; unglücklicherweise war Außenpolitik der Herrschaftsbereich, in dem sich der Zar zur obersten Führung berufen fühlte. Weil er einmal in seiner Jugend durch den Fernen Osten gereist war, hielt er sich sogar für einen Experten der Region. General Kuropatkin, der Kriegsminister, glaubte, Nikolai wolle sein Reich über ganz Asien ausdehnen und nicht nur die Mandschurei und Korea, sondern auch Tibet, Afghanistan und Persien erobern. Die meisten Minister unterstützten derlei Ambitionen. Das war eine Möglichkeit, dem Zaren zu schmeicheln, der alles in allem nur über bescheidene Talente verfügte. Kaiser Wilhelm, Nikolais Cousin, förderte ebenfalls diese imperialistischen Phantasien, weil er Rußland vom Balkan ablenken wollte. Einmal hatte er dem Zaren gar von seiner Yacht aus telegrafiert: »Der Admiral des Atlantik grüßt den Admiral des Pazifik.«[18]

Als der Krieg im Januar 1904 mit dem japanischen Angriff auf die russische Flotte in Port Arthur in der Mandschurei begann, hielten der Zar und seine Ratgeber den Sieg für sicher. Kuropatkin behauptete, er brauche nur zwei russische für jeweils drei japanische Soldaten, so sehr seien sie den Asiaten überlegen. Regierungsplakate zeichneten die Japaner als schwächliche kleine Äffchen mit Schlitzaugen und gelber Haut, die in Panik vor der riesigen weißen Faust eines kräftigen russischen Soldaten flohen. Auf einem anderen sah man eine Schar spinnenartiger »Japse« mit angstverzerrten Gesichtern, die unter einer riesigen Kosakenmütze hervor zu fliehen suchten. Die Überschrift lautete »Fangt sie kappenweise!« Diese patriotische Stimmung mit dem rassistischen Einschlag breitete sich über die liberale Gesellschaft aus. Fürst S. N. Trubezkoi, angesehener Philosophieprofessor an der Moskauer Universität und Gründungsmitglied von *Besseda* (»Symposium«), behauptete, Rußland verteidige die europäische Zivilisation gegen »die gelbe Gefahr, die neuen, mit moderner Technik ausgerüsteten Mongolenhorden«. Führende Wissenschaftler der Universität Kiew beschrieben den Krieg als einen christlichen Kreuzzug gegen die »unverschämten Mongolen«. Selbst der legale Marxist Struwe fühlte sich verpflichtet, der patriotischen Stimmung nachzugeben und seine Anhänger zu drängen, sich hinter die Nation und ihre Streitkräfte zu stellen, ohne die Opposition gegen die Autokratie aufzugeben. Die Provinzsemstwos gingen sogar noch weiter in ihren patriotischen Anstrengungen. Um dem Roten Kreuz an der mandschurischen Front zu helfen, stellten 13 von ihnen eine medizinische Brigade von 360 Ärzten und Krankenschwestern unter der Führung von Fürst Lwow zusammen. Es war das erste Mal, daß man den Semstwos gestattet hatte, sich auf nationaler Ebene zu organisieren. Der Fürst verhandelte mit dem Zaren, er solle die Brigade ziehen lassen, und rührte ihn durch seine patriotischen Gefühle so sehr, daß Nikolai ihn schließlich umarmte und küßte und ihm alles Gute wünschte. Diese Mission, die ihm bei den militärischen Führern hohes Lob eintrug, machte Lwow zum nationalen Helden und ermöglichte es den Semstwos, sich mit der Nationalflagge zu drapieren.[19]

Wäre der Krieg gewonnen worden, das Regime hätte möglicherweise politisches Kapital aus dieser patriotischen Aufwallung schlagen können. Das alte Band zwischen dem Zarenstaat und dem russischen Nationalismus hätte genutzt werden können, um gewaltige Emotionen zu entfachen, wenn der Feind aus dem heidnischen Osten kam. Der Mongolensturm, den zurückzuschlagen einst der Moskowitische Staat gegründet worden war, hatte in der russischen Seele eine schmerzende Wunde hinterlassen. Das zeigte sich in der tiefen Sorge über die eurasisch gemischten Wurzeln des Volks und seiner Kultur, was es einem gebildeten Liberalen wie Trubezkoi leicht machte, sich einzureden, dieser Krieg sei nicht weniger als die Verteidigung der europäischen Identität Rußlands gegen die asiatischen Horden. Und von da war es nur ein kleiner Schritt zu der Überzeugung, der christliche Zarenstaat sei der Verfechter dieser Identität.

Doch den Krieg zu gewinnen war weit schwieriger, als die Regierenden Rußlands gedacht hatten. Es stellte sich heraus, daß das Militär schlecht mit modernen Waffen ausgerüstet war, und es gab schwerwiegende logistische Probleme bei der Führung eines Kriegs in 6000 Kilometer Entfernung. Das größte Problem aber war die schiere Inkompetenz des Oberkommandos, das stur an den Militärdoktrinen des 19. Jahrhunderts festhielt und Tausende russischer Menschenleben durch aussichtslose Bajonettattacken gegen wohlverschanzte Artilleriestellungen vergeudete. Der Oberbefehlshaber, Admiral Alexejew, verstand so gut wie nichts von der Kunst der Kriegsführung. Da er sich vor Pferden fürchtete, mußte er die Demütigung hinnehmen, seine Kavallerie zu Fuß zu inspizieren. Alexejews Ernennung war weitgehend der Protektion des Großfürsten Alexej zu verdanken, den er einst vor der französischen Polizei gerettet hatte, als der Großfürst in einem Marseiller Bordell betrunken in eine Schlägerei verwickelt worden war. Alexejew hatte sich an seiner Statt verhaften lassen, indem er behauptete, die Bordellwirtin habe seinen Namen mit dem des Großfürsten verwechselt.[20]

Als der Krieg immer schlimmer wurde, lebte die liberale Opposition wieder auf und beschuldigte die Regierung der Inkompetenz bei der Führung des Feldzugs. Es gab genügend Belege, um diesen Vorwurf zu untermauern, einschließlich der vergeblichen Entsendung der Ostseeflotte auf eine siebenmonatige Reise um die Welt, um Port Arthur zu entsetzen. Die einzigen Schüsse, die das Geschwader abgab, trafen einige englische Schleppnetzfischer in der Nordsee, die der Kommandeur irrtümlich für japanische Torpedoboote gehalten hatte. Der Fall kam vor ein internationales Schiedsgericht (die Dogger Bank Inquiry), und Rußland mußte 65 000 Pfund Schadenersatz zahlen. Selbst die führenden Unternehmer des Landes, die sich in der Vergangenheit auf den Schutz des Staats verlassen hatten, schlossen sich jetzt dem Chor der Kritiker an, da sie unter den ökonomischen Erschütterungen des Krieges litten. A. I. Gutschkow (1862–1936), ein wohlhabender Moskauer Industrieller, der für die Buren gegen die Briten gekämpft und in der Mandschurei ein Feldlazarett unterhalten hatte, äußerte sich besonders kritisch gegenüber der Monarchie, die es versäumt habe, das Militär mit modernem Kriegsgerät auszurüsten. Der künftige Führer der Oktobristenpartei fand ein lebhaftes Echo in der Presse, die das bürokratische System für Rußlands militärischen Niedergang verantwortlich machte. Der Klatsch in den Salons war unbarmherzig. Auf die Nachricht hin, daß der Zar den Truppen Ikonen geschickt habe, um ihre Moral zu stärken, spöttelte General Dragomirow: »Die Japaner schlagen uns mit dem Maschinengewehr, aber keine Angst: wir werden sie mit Ikonen schlagen.« Es zeigte sich, daß die Autokratie unfähig war, die nationalen Interessen zu verteidigen, und wenn man sich der Opposition anschloß, so wurde das nach den Worten eines Offiziellen nun als etwas »Edles und Patriotisches« angesehen.[21]

Die Regierung war so unpopulär geworden, daß es im Juli 1904, als Innenminister Plehwe von einer Bombe zerrissen wurde, die die sozialrevolutionäre Kampforganisation gelegt hatte (die schon mehrere Anschläge auf sein Leben versucht hatte), kaum ein Wort öffentlichen Bedauerns gab. Und der »Kult der Bombe und des Revolvers« ging so weit, daß die Bevölkerung diese Terroristen als Verfechter der Freiheit ansah. In Warschau wurde Plehwes Ermordung von den Massen auf der Straße gefeiert. »Der verblüffendste Aspekt der gegenwärtigen Situation«, schrieb Graf Ährenthal, der Botschafter Österreich-Ungarns in St. Petersburg,

> *ist die völlige Gleichgültigkeit der Gesellschaft gegenüber einem Ereignis, das den Prinzipien der Regierung einen schweren Schlag versetzte. Man hätte kaum Sympathie für einen Minister erwarten können, der sich wegen seines Hangs zum Autoritären viel Feinde gemacht haben mußte. Doch ein gewisses Maß an menschlichem Mitleid, oder mindestens Anteilnahme und Sorge im Hinblick auf die nächste Zukunft wäre natürlich. Nicht die Spur davon ist zu finden … Ich bin nur völlig gleichgültigen oder so zynischen Menschen begegnet, daß sie sagen, etwas anderes sei nicht zu erwarten gewesen. Sie gehen sogar so weit zu sagen, es bedürfe noch weiterer Katastrophen wie der der Ermordung Plehwes, um einen Meinungswechsel bei der obersten Führung herbeizuführen.*[22]

Die Bürger Rußlands verlangten das Blut ihrer Herrscher.

Die Opposition stellte sich jetzt hinter die Kampagne für eine nationale Semstwo-Versammlung. Die liberalen Semstwo-Leute hatten dies seit 1902 verlangt, aber Plehwe hatte ihnen immer im Weg gestanden. Jetzt gab es hoffnungsvolle Zeichen. Plehwes Ermordung hatte den Zaren zutiefst schockiert, und obwohl er seiner Natur nach eher geneigt war, ihn durch einen weiteren Hardliner zu ersetzen, hatten ihn die schlechten Nachrichten von der Front und die Stärke der Opposition zu Hause von der Notwendigkeit überzeugt, einen Mann zu ernennen, der das »Vertrauen der Gesellschaft« genoß. Der neue Innenminister, Fürst Swjatopolk-Mirski (oder kurz Mirski) war für diese Rolle wie geschaffen. Liberal, freundlich und anständig, war er das typische Produkt der aufgeklärten Bürokratie, die sich für die Ideale des Rechtsstaats einsetzte. Er sprach von der Notwendigkeit, die Herrschaft des Rechts zu stärken, die Despotie der Polizei zu beenden und die Barrieren des Mißtrauens zwischen Regierung und Gesellschaft einzureißen. Sich selbst nannte er einen Semstwo-Mann – in dem Sinne, daß er als Bürokrat seine erste Pflicht darin sehe, eher dem Volk als dem Zaren zu dienen –, und er bemühte sich, die Semstwo-Liberalen zu gewinnen. Sie nahmen seine Ernennung am 25. August als Wink, ihre Kampagne für eine Nationalversammlung wiederaufzugreifen.

Solche Erwartungen brachten Mirski in eine unmögliche Situation. »Ich fürchte«, schrieb seine Frau am 22. September in ihr Tagebuch, »daß so viel von Pepka [Mirski] erwartet wird und doch so wenig möglich ist; das einzige, was er tun kann, ist, nach seinem Gewissen zu handeln, so Gott will.« Der Minister sah sich in der Klemme zwischen den Forderungen der Liberalen und der sturen Entschlossenheit des Zaren, auf dem Prinzip der Autokratie zu beharren. Er war nicht der letzte, dem es so erging. Wenn es in der Geschichte Rußlands in den letzten zwanzig Jahren des alten Regimes ein einziges immer wiederkehrendes Thema gibt, dann ist es die Notwendigkeit einer Reform und das Scheitern sämtlicher Regierungen, sie gegen den Widerstand des Zaren durchzusetzen. Nicht daß umfassende Reformen nötig gewesen wären: Die meisten Liberalen wären schon mit so moderaten Veränderungen wie der Einberufung einer beratenden Versammlung, der Kompetenzerweiterung der lokalen Selbstverwaltung und mehr Bürgerrechten zufrieden gewesen, die die Monarchie nicht notwendigerweise untergraben hätten. Doch Nikolai lehnte die Vorstellung jeder Einschränkung seiner autokratischen Privilegien ab. Es war wohl naiv, daß Mirski weiterhin versuchte, den Zaren durch sanfte Überredung für die Idee einer Reform zu gewinnen. Nikolai war Vernunftgründen unzugänglich, und die Frustration des Ministers wuchs. Als Mirski dem Zaren einmal erklärte, das ganze Land rufe nach einer nationalen Semstwo-Versammlung, antwortete er: »Ja, sie ist notwendig, dann können sie das Veterinärproblem angehen.« Als Mirski erklärte, es ginge um das Recht von gewählten Repräsentanten, an der Regierungsarbeit teilzuhaben, und warnte, falls keine Konzessionen gemacht würden, werde es bald zu einer Revolution kommen, blieb der Zar stumm. »Er läßt alles Unangenehme an sich abprallen«, klagte der erschöpfte Minister später seiner Frau.[23]

Mirski wollte ursprünglich der Semstwo-Versammlung seine offizielle Zustimmung geben, vorausgesetzt, sie würde sich auf lokale Angelegenheiten beschränken. Als sie aber eine geänderte Tagesordnung vorlegte, die die Diskussion eines gesetzgebenden Parlaments einschloß, bemühte er sich darum, sie aufschieben oder in die Provinz verlegen zu lassen, wo sie weniger Aufmerksamkeit erregen würde. Doch die Semstwo-Leute blieben standhaft, und der umgängliche Mirski gab schließlich nach und erlaubte der Versammlung, sich in Privatwohnungen in der Hauptstadt zu treffen – »zu einer Tasse Tee«, wie er es ausdrückte. Vom 6. bis zum 9. November 1904 kamen 103 Semstwo-Repräsentanten in verschiedenen Häusern zusammen, einschließlich der Wohnung Wladimir Nabokows, des Vaters des zukünftigen Romanciers. Schipow wurde zum Vorsitzenden gewählt, Fürst Lwow und Petrunkewitsch zu seinen Stellvertretern. Es war de facto die erste Nationalversammlung in der russischen Geschichte. Die Leute verglichen sie mit den französischen Etats Generaux von 1789, und trotz Mirskis Verbot, die Sache publik zu machen, trafen aus dem ganzen Land über 5000 Glückwunschtelegramme ein. Bürgerliche Gesellschaften und Verbände traten zusammen, um ihre Resolutionen zu unterstützen, die den gegenwärtigen Stand der Dinge verurteilten und eine Verfassung forderten, ohne sie so zu nennen. Selbst die Adelsmarschälle der Provinzen, normalerweise die konservativsten adligen Amtsinhaber, hielten einen Kongreß ab, um die Idee einer Nationalversammlung zu unterstützen. Berufsorganisationen veranstalteten öffentliche Bankette nach dem Vorbild der Pariser Bankett-Kampagne, die der Revolution von 1848 vorausgegangen war, auf denen Sprecher zu politischen Reformen aufriefen und Toasts auf eine zukünftige Verfassung ausbrachten. Gorki war auf der größten dieser Veranstaltungen am 20. November in St. Petersburg und schrieb am folgenden Morgen seiner Frau in Jalta:

> *Ich bin gerade vom Bankett im Paulssaal zurückgekehrt. Es waren über 600 Gäste da – Schriftsteller, Juristen, Semstwo-Leute, überhaupt die Intelligenzija … Deutliche Reden wurden gehalten, und die Leute sangen unisono »Nieder mit der Autokratie!«, »Lang lebe die Konstituierende Versammlung!« und »Gebt uns eine Verfassung!« … Einstimmig wurde eine Resolution mit der Forderung nach einer Konstituierenden Versammlung verabschiedet, die mit allgemeinem Wahlrecht gewählt würde. Alles war sehr hitzig und sehr demokratisch … Zum ersten Mal stand sogar eine Frau auf, um eine Rede zu halten. Sie sagte, daß das allgemeine Wahlrecht die Stimme auch den Polizisten gäbe, aber noch niemand habe bisher die Frauen erwähnt. All diese Zeit hätten sie Seite an Seite mit den Männern gekämpft, aber nun habe man sie vergessen. Schande! Ihre Rede war sehr gut.*[24]

Mirski überreichte dem Zaren eine sorgfältig formulierte Zusammenfassung der Resolutionen der Semstwo-Versammlungen in der Hoffnung, ihn für ein Programm gemäßigter Reformen gewinnen zu können. Die umstrittenste Empfehlung war diejenige, daß gewählte Semstwo-Vertreter im Reichsrat sitzen sollten. Aber sie erklärte auch in Begriffen, die den Obersten Autokraten verletzt haben müssen, daß die »alte patrimoniale Ordnung« mit ihren »Vorstellungen von persönlicher Herrschaft« seit den sechziger Jahren gestorben sei. Rußland sei nicht länger »das persönliche Eigentum und Lehensgut seines Herrschers«, sondern »ein unpersönlicher Staat mit seiner eigenen Politik der Körperschaften«, seinem »öffentlichen Interesse« und seiner »öffentlichen Meinung«, die ihn von der Person des Herrschers trenne. Es war zweifellos diese Kampfansage an sein geliebtes Ideal des Patrimonialismus, die den Zaren unter dem Druck der Kaiserin und seiner höfischen Ratgeber davon überzeugte, die progressivsten Teile von Mirskis Dekretentwurf abzulehnen. »Ich werde nie einer repräsentativen Form der Regierung zustimmen«, erklärte Nikolai, »weil ich der Ansicht bin, daß sie für die Menschen, die Gott mir anvertraut hat, schädlich ist.« Das Dekret, das schließlich am 12. Dezember verabschiedet wurde, versprach, die Herrschaft des Rechts zu stärken, die Beschränkungen der Presse abzumildern und die Rechte der Semstwos zu erweitern. Aber es sagte nichts über das entscheidende Thema einer parlamentarischen Körperschaft, für die Konzessionen nötig waren, falls eine Revolution noch abgewendet werden sollte. Sowie Mirski von seinem Inhalt erfuhr, geriet er in Verzweiflung. »Alles ist schiefgegangen«, sagte er mutlos einem seiner Kollegen. »Bauen wir also Gefängnisse.«[25]

## »ES GIBT KEINEN ZAREN«

Schnee war in der Nacht gefallen, und St. Petersburg erwachte zu einem unheimlichen Schweigen an jenem Sonntagmorgen, dem 9. Januar 1905. Bald nach der Morgendämmerung kamen die Arbeiter und ihre Familien in den Kirchen zusammen, um für ein friedliches Ende dieses Tages zu beten. Später sollten 150 000 in Kolonnen aus den verschiedenen Stadtvierteln marschieren und vor dem Winterpalais zusammentreffen, wo ihr Führer, ein Priester namens Vater Gapon, eine demütige und loyale Bittschrift an den Zaren überbringen sollte, in der dieser gebeten wurde, die Lage der Arbeiter zu verbessern. Man sang Kirchenlieder und trug Ikonen und Kreuze und bildete so eher eine Art religiöse Prozession als eine Arbeiterdemonstration. Zuschauer nahmen ihre Kopfbedeckung ab und bekreuzigten sich, als der Zug vorbeikam. Und doch bestand kein Zweifel, daß das Leben der Marschierenden in Gefahr war. In der Nacht waren 12 000 Soldaten in der Stadt postiert worden, um zu verhindern, daß sie bis zum Winterpalais vordrangen. Viele der Marschierer waren die ganze Nacht über aufgeblieben, um sich auf den Tod vorzubereiten. Einer von ihnen, Iwan Wassiljew, hinterließ seiner Frau einen Brief, als er sie in den frühen Morgenstunden schlafend mit seinem kleinen Sohn zurückließ:

*Njuscha!*
*Wenn ich nicht zurückkehre und getötet werde, Njuscha, dann weine nicht. Du wirst zunächst schon irgendwie zurechtkommen, und dann wirst Du Arbeit in einer Fabrik finden. Ziehe Wanjura groß und erzähle ihm, daß ich als Märtyrer für Freiheit und Glück der Menschen gestorben bin. Ich werde, wenn es denn sein muß, auch für unser eigenes Glück gestorben sein …*
*Dein Dich liebender Vater und Ehemann, Wanja.*
*P. S. Njuscha, wenn ich sterbe, wirst Du es von einem meiner Kameraden erfahren; sonst werde ich Dir schreiben oder Dich wiedersehen. Ich küsse Dich, leb wohl. Grüße Vater, unsere Brüder und alle unsere Verwandten.*
*Leb wohl, Dein Wanja*[26]

Er kehrte nie zurück.

Es war eine Ironie der Geschichte, daß die Revolution von 1905 von einer Organisation begonnen wurde, die sich das zaristische Regime selbst ausgedacht hatte. Niemand glaubte stärker als Vater Gapon an das Band zwischen Zar und Volk. Als Student an der St. Petersburger Theologischen Akademie hatte er sich einen Namen als Prediger in den Arbeitervierteln der Stadt gemacht. Er erzählte den städtischen Armen, die in Scharen in seine Kirche strömten, daß der Zar die heilige Pflicht habe, für sie, seine demütigsten Untertanen, zu sorgen. Gapons Popularität weckte die Aufmerksamkeit von S. W. Subatow, Leiter der Moskauer Ochrana, der seit 1900 mit dem Segen des Großfürsten Sergej, des Generalgouverneurs von Moskau, seine eigenen von der Polizei geförderten Gewerkschaften organisiert hatte. Subatow hatte seine bemerkenswerte Karriere schon im Schuljungenalter als Narodnik-Terrorist im Untergrund begonnen, war aber bald von der revolutionären Bewegung enttäuscht und wurde Polizeiinformant. Sein weiteres Leben widmete er der Ochrana und ihren Kampagnen gegen die Revolutionäre.

Subatow räumte ein, daß die Arbeiter echte und legitime Beschwerden hatten, die sie zu einer revolutionären Bedrohung machen konnten. Wenn man die Arbeiter der Gnade der Fabrikunternehmer überließ, mußten sie fast unvermeidlich unter den Einfluß der Sozialisten geraten. Doch wenn die Regierung, wofür er eintrat, ihre eigenen Arbeiterorganisationen bildete, dann läge die Initiative bei den loyalen Dienern des Zaren. Subatows Gewerkschaften sollten die Forderungen der Arbeiter nach Bildung, gegenseitiger Hilfe und Organisation befriedigen und zugleich als ein Sprachrohr für monarchistische Propaganda dienen. Seinen Herren bei Hofe boten sie die Aussicht auf eine volkstümliche Autokratie, in der der Zar als väterlicher Hüter der Arbeiter erscheinen konnte, der sie vor der Gier ihrer Bosse und der »fremden« Verseuchung durch die Revolutionäre beschützte. Es war die alte imperiale Strategie des *divide et impera*: Die Arbeiter sollten benutzt werden, um die Hauptbedrohungen der Autokratie zu schwächen – die industrielle Bourgeoisie und die sozialistische Intelligenzija.

1903, als Gapon, gefördert von der Polizei, seine eigenen Arbeiterklubs und Teestuben zu organisieren begann, war Subatows Stern bereits im Sinken. Im Jahr zuvor hatte er einen Marsch von 50 000 Arbeitern organisiert, um der Aufhebung der Leibeigenschaft zu gedenken. Obwohl es sich um eine friedliche und in ihren Absichten äußerst loyale Demonstration handelte, wurden ernste Bedenken wegen ihrer beispiellosen Größe, gegen seine Fähigkeit, sie im Zaum zu halten, und gegen seine Bewegung generell geäußert. Diese Zweifel bestätigten sich im Juli 1903, als eine von Subatows Gewerkschaften in einen Generalstreik in Odessa verwickelt wurde. Subatow wurde entlassen und sein Experiment abrupt beendet. Doch seine Anhänger schlossen sich nunmehr Gapons Organisation an, die ähnliche Gewerkschaften unter der Schirmherrschaft der Kirche aufzubauen suchte. Und wieder wurde die Bewegung von unten her radikalisiert, da sich ihr Arbeiter in wachsender Zahl anschlossen, um für ihre eigenen Reformpläne zu kämpfen. Begonnen hatte alles als Kampagne für das Teetrinken der »anständigen« Arbeiter. Es gab Tanzabende, Konzerte und Vorträge über verschiedene Formen der Selbsthilfe. Die Treffen begannen mit dem Vaterunser und endeten mit der Nationalhymne. Doch die Bewegung wurde bald in eine unabhängige Gewerkschaft umgewandelt, die Gesellschaft der Russischen Fabrik- und Werksarbeiter, die trotz ihres loyalen Äußeren radikale Reformen verlangte, einschließlich der Bildung einer dem Volk verantwortlichen Regierung, einer progressiven Einkommensteuer, der Gewährung von Gewerkschaftsrechten und des Achtstundentags.[27]

Das Reformprogramm hätte die vollständige Umstrukturierung des Staates bedeutet, sagte jedoch nichts darüber aus, wie das erreicht werden sollte. Gapon selbst hatte keine Ahnung von politischer Theorie: er konnte nicht einmal das Wort »Konstitutionalismus« aussprechen. Er sah sich selbst als einen Mann des Schicksals, von Gott gesandt zur Errettung der Arbeiter. Von Eitelkeit und rastlosem Ehrgeiz getrieben, hielt er nie inne, um zu überlegen, ob er nicht die Erwartungen zu hoch schraubte. Er gab seinen Anhängern in einfachen Worten, mit Argumenten aus der Bibel, zu verstehen, daß der Zar die Pflicht vor Gott habe, ihre Forderungen zu befriedigen, wenn »das Volk« sich direkt an ihn wandte. Bewußt bezog er sich auf den Mythos vom »guten Zaren« – »Der Zar will Gerechtigkeit, aber die Bojaren widersetzen sich« –, der so viele Protestbewegungen in der russischen Geschichte geschürt und legitimiert hatte. Vom 3. bis zum 8. Januar 1905, als 120 000 Arbeiter in St. Petersburg streikten und davon zu reden begannen, sie wollten zum Zaren gehen, um »Wahrheit und Gerechtigkeit« zu suchen, nahm sich Gapon ihrer Sache an. Ermutigt durch die Befreiungsbewegung, stellte er eine Liste von Forderungen auf, die in einer für den folgenden Sonntag angesetzten Massendemonstration dem Zaren überreicht werden sollte. Mit ihrem flehenden und sentimentalen Ton rührte die Bittschrift die Arbeiter scharenweise zu Tränen. Sie begann folgendermaßen:

> *Majestät,*
> *Wir Arbeiter und Bewohner von St. Petersburg verschiedener Stände, unsere Frauen, unsere Kinder und unsere betagten hilflosen Eltern sind zu Dir, Gossudar, gekommen, um Gerechtigkeit und Schutz zu suchen. Wir sind verelendet, wir werden unterdrückt, über unsere Kraft mit Arbeit überlastet, verächtlich behandelt … Wir ersticken unter der Despotie und Rechtlosigkeit. Gossudar, wir haben keine Kraft mehr, und unsere Geduld ist am Ende. Wir sind bei dem furchtbaren Augenblick angelangt, da der Tod willkommener ist als das Andauern der unerträglichen Qual.*[28]

Am 7. Januar befahl die Regierung Gapon, den Marsch abzusagen, und brachte Warnungen im Stadtzentrum an, es würden »entschlossene Maßnahmen« gegen jegliche Menschenansammlung auf den Straßen ergriffen. Angesichts der drohenden Tragödie leitete Gorki eine Delegation Intellektueller zu den Amtssitzen von Witte und Mirski in dem vergeblichen Bemühen, sie zum Verhandeln mit den Demonstranten zu überreden. Doch die Regierung, die nach wie vor die Illusion hegte, sie habe Gapon unter Kontrolle, war zuversichtlich, daß Gewalteinwirkung nicht notwendig sein würde. Nikolai dachte so wenig an Gefahr, daß er sogar die Hauptstadt verließ und für ein ruhiges Wochenende nach Zarskoje Selo fuhr. Aber inzwischen waren die Arbeiter viel zu entschlossen, als daß sie sich durch bloße Verbote hätten abhalten lassen. Auf einer Reihe von Massenveranstaltungen heizte Gapon die Stimmung zu hysterisch-religiöser Leidenschaft auf, wozu er alle rhetorischen Tricks eines fundamentalistischen Predigers einsetzte:

> Gapon: *Kameraden, werden Polizei und Soldaten es wagen, uns am Weitergehen zu hindern?*
> Hunderte von Stimmen unisono: *Sie werden es nicht wagen.*
> Gapon: *Kameraden, ist es nicht besser für uns, für unsere Forderungen zu sterben, als weiterzuleben wie bisher?*
> Stimmen: *Wir werden sterben.*
> Gapon: *Schwört ihr das?*
> Stimmen: *Wir schwören es!*
> Gapon: *Diejenigen, die schwören, mögen die Hand heben …*

Und Hunderte hoben die Hand und bekreuzigten sich.

Trotz ihrer geheimen Furcht setzten die Arbeiter all ihren Glauben daran, daß der Zar sie empfangen würde: sie sahen ihn als einen Mann Gottes an und wußten, daß ihre Sache gerecht war. Die Soldaten würden sicher nicht in eine friedliche Demonstration schießen. Um die Stimmung unter den Demonstranten zu heben, wurde sogar behauptet, daß im Winterpalais Erfrischungen für sie vorbereitet seien und daß eine Parade abgehalten würde, um das große Ereignis zu feiern.[29]

An jenem Sonntagmorgen läuteten Kirchenglocken, und die goldenen Kuppeln funkelten in der Sonne, als die langen Kolonnen über das Eis ins Zentrum der Stadt marschierten. In den vordersten Reihen liefen Frauen und Kinder in ihren besten Sonntagskleidern, die dorthin plaziert worden waren, um die Soldaten vom Schießen abzuhalten. An der Spitze des längsten Zuges schritt die bärtige Gestalt von Vater Gapon in langer weißer Soutane, der ein Kruzifix trug. Hinter ihm waren ein Porträt des Zaren und ein großes weißes Spruchband mit der Aufschrift: »Soldaten, schießt nicht auf die Menschen!« Rote Fahnen waren verboten worden.

Als die Kolonne sich dem Narwa-Tor näherte, wurde sie plötzlich von einer Kavallerieschwadron angegriffen. Einige der Demonstranten liefen weg, aber die anderen bewegten sich weiter in Richtung auf die Reihen der Infanterie zu, deren Gewehre direkt auf sie gerichtet waren. Zwei Warnsalven wurden in die Luft gefeuert, dann wurde aus kürzester Entfernung eine dritte Salve auf die unbewaffnete Menge abgegeben. Die Menschen schrien und fielen zu Boden, aber die Soldaten, die jetzt selbst in Panik gerieten, schossen pausenlos weiter in die Menschenmenge. Vierzig Personen wurden getötet und Hunderte beim Versuch zu fliehen verwundet. Gapon wurde im Getümmel umgerissen. Aber er stand wieder auf, und während er fassungslos auf das Gemetzel um ihn herum starrte, hörte man ihn immer wieder sagen: »Es gibt keinen Gott mehr. Es gibt keinen Zaren.«[30]

Ähnliche Massaker gab es auch in anderen Stadtteilen. An der Troizki-Brücke, in der Nähe der Peter-Pauls-Festung, wurden die Demonstranten vom Gewehrfeuer niedergemäht und von der Kosakenkavallerie mit Säbeln attackiert. Gorki, der in der Menge war, erinnert sich an den Tod eines Arbeiters:

*Der Dragoner umkreiste ihn und schwenkte, wie eine Frau schreiend, seinen Säbel in der Luft ... dann stürzte er sich herab von seinem tänzelnden Pferd ... hieb ihm über das Gesicht, das er von den Augen bis zum Kinn aufschnitt. Ich erinnere mich noch an die seltsam weit aufgerissenen Augen des Arbeiters und ... das Gesicht des Mörders, das vor Kälte und Aufregung gerötet war, mit grinsend gebleckten Zähnen und von seiner hochgezogenen Lippe abstehenden Schnurrbarthaaren. Er schwang bedrohlich seinen besudelten Stahlschaft, stieß noch einmal einen Schrei aus und spuckte keuchend durch die Zähne auf den toten Mann.*[31]

Betäubt und verwirrt schlugen sich die Überlebenden in einem letzten Versuch, den Schloßplatz zu erreichen, zum Newski-Prospekt durch. Der Sonnenschein hatte mehr als die übliche Zahl von sonntagnachmittäglichen Spaziergängern herausgelockt, und viele von ihnen wurden Zeuge des schockierenden Geschehens, das nun folgte. Vor dem Schloß waren eine riesige Kavallerieeinheit und mehrere Kanonen postiert, um die Demonstranten am Vorrücken auf den Platz zu hindern. Doch die Menge, etwa 60 000, nahm weiter an Größe zu, durch Studenten und

Zuschauer verstärkt. Als die Nachricht von den Massakern sie erreichte, begannen sie vorwärtszudrängen und die Soldaten zu verhöhnen. Einige Gardesoldaten des Preobraschenski-Regiments hatten Anweisung, die Menge um den Alexandergarten mit der Peitsche und der flachen Klinge ihres Säbels zu vertreiben. Aber als das nicht gelang, gingen sie in Feuerstellung. Die Demonstranten, die die Gewehre auf sich gerichtet sahen, fielen auf die Knie, nahmen ihre Mützen ab und bekreuzigten sich zum Gebet. Plötzlich ertönte ein Hornsignal, und die Soldaten feuerten in die Menge. Ein junges Mädchen, das auf einen Eisenzaun geklettert war, um besser sehen zu können, wurde durch den Kugelhagel an ihn gekreuzigt. Ein kleiner Junge, der auf die Reiterstatue von Fürst Pschewalski geklettert war, wurde von einer Artilleriesalve in die Luft gewirbelt. Andere Kinder wurden getroffen und fielen von den Bäumen herunter, auf denen sie gesessen hatten.

Als das Schießen endlich aufhörte und die Überlebenden auf die Toten und die Verwundeten auf dem Boden ringsum blickten, war das der entscheidende Augenblick, der Wendepunkt der ganzen Revolution, an dem die Stimmung plötzlich von Unglauben in Wut umschlug. »Ich beobachtete die Gesichter um mich herum«, erinnerte sich ein Bolschewik aus der Menge, »und ich entdeckte weder Furcht noch Panik. Nein, der ehrerbietige und beinahe flehentliche Ausdruck war Feindseligkeit, sogar Haß gewichen. Ich sah diesen Ausdruck von Haß und Rache buchstäblich auf jedem Gesicht – alt und jung, Männer und Frauen. Die Revolution war wirklich geboren, und zwar im Innersten, in den Herzen der Menschen.« In diesem einen entscheidenden Augenblick wurde der volkstümliche Mythos vom »guten Zaren«, der das Regime durch die Jahrhunderte getragen hatte, mit einem Mal zerstört. Wenige Augenblicke nachdem das Schießen aufgehört hatte, wandte sich ein alter Mann an einen vierzehnjährigen Jungen und sagte zu ihm mit zornerfüllter Stimme: »Denke daran, Sohn, denke daran und schwöre, daß du es dem Zaren heimzahlst. Hast du gesehen, wieviel Blut er vergossen hat, hast du es gesehen? Dann schwöre, Sohn, schwöre!«[32]

Später, als die Sonntagsspaziergänger entsetzt nach Hause eilten, wüteten die Arbeiter in den eleganten Straßen um das Winterpalais. Sie warfen Fensterscheiben ein, prügelten die Polizisten, schleuderten Steine auf die Soldaten und drangen in die Häuser der Reichen ein. Als die Dunkelheit hereinbrach, begannen die Massen vor der Kasaner Kathedrale Barrikaden zu bauen und benutzten dazu Bänke, Telegrafenmaste und Möbel, die sie aus den Häusern geholt hatten. Weitere Barrikaden wurden in den Arbeiterbezirken errichtet. Banden zogen herum und plünderten die Schnaps- und Waffenläden. Die Straßen waren zeitweise in der Hand des Mobs, und die ersten roten Fahnen tauchten auf. Aber diese Revolutionäre hatten keine Führer – und um Mitternacht waren die meisten nach Hause gegangen.

Gapon hatte inzwischen in Gorkis Wohnung Zuflucht gesucht. Sein Bart wurde abgeschnitten, das Haar kurz gestutzt und sein Gesicht von einem von Gorkis Theaterfreunden geschminkt, der, wie der Schriftsteller berichtet, »nicht ganz die

Tragik des Augenblicks verstanden hatte und ihm das Aussehen eines Friseurs oder eines Commis aus einem vornehmen Laden verpaßte«. Am Abend nahm Gorki den revolutionären Priester mit zu einer Versammlung bei der Freien Ökonomischen Gesellschaft, um die sich verstärkenden Gerüchte über seinen Tod zu zerstreuen. Praktisch die gesamte St. Petersburger Intelligenzija drängte sich in dem kleinen Gebäude am Sabalkanski-Prospekt. Die Leute waren außer sich über die Nachricht, daß »Tausende« abgeschlachtet worden seien (die tatsächlichen Zahlen lagen vermutlich bei etwa 200 Getöteten und 800 Verwundeten). »Friedliche Mittel haben versagt«, schrie die verkleidete Person. »Jetzt müssen wir zu anderen Mitteln greifen.« Er bat dringend um Geld, um der »Arbeiterpartei« in ihrem »Freiheitskampf« zu helfen. Plötzlich brach in der Vorhalle Chaos aus, als die Leute Gapon erkannten. Aber dem Priester gelang es, durch eine Hintertür zu entkommen und in Gorkis Wohnung zurückzukehren. Dort schrieb er eine Botschaft an seine »Arbeiterkameraden«, in der er sie drängte, »alle Porträts des blutsaugerischen Zaren zu zerreißen und ihm zu sagen: Sei verflucht mit deiner ganzen kaiserlichen Schlangenbrut!« Stunden später, in neuer Verkleidung, floh Gapon nach Finnland und von da ins Ausland.[33]

In dieser Nacht schrieb Gorki seiner geschiedenen Frau Jekaterina in Nischni Nowgorod: »Also – die russische Revolution hat begonnen, meine Liebe, wozu ich Dir aufrichtig und allen Ernstes gratuliere. Lassen wir uns nicht durch die Toten beirren – nur Blut hilft, die Geschichte mit neuen Farben neu anzustreichen.«[34]

Zwei Tage später wurde er verhaftet, mit ihm die anderen Mitglieder der Abordnung, die am 8. Januar bei Witte und Mirski vorstellig geworden war (sie hatten törichterweise ihre Visitenkarten hinterlassen). Alle wurden der Zugehörigkeit zu einer revolutionären Vereinigung beschuldigt, die geplant habe, die Macht zu ergreifen und eine »provisorische Regierung« einzusetzen (ein ziemlich lächerlicher Vorwurf, obwohl er das Ausmaß der Furcht auf seiten des Regimes deutlich machte). Sie wurden in die Peter-Pauls-Festung verbracht.[35]

* * *

Die Ereignisse des »Blutsonntags«, als der der 9. Januar bekannt wurde, brachten Gorki den Bolschewiki näher. Er hatte Lenin erstmals 1902 getroffen und schon bald eine Art Haßliebe zu ihm entwickelt. Seither setzte er sich dafür ein, Gelder für die Sozialdemokraten bei reichen Industriellen wie Sawwa Morosow lockerzumachen – einem, der die Schriftzeichen an der Wand klar erkannt hatte (»In diesen Tagen muß man auch mit seinen Feinden Freundschaft halten«, sagte Morosow einmal zu dem Bolschewiken Krassin). Gorkis Beziehung zu den Bolschewiki war nie einfach. Wie bei vielen Intellektuellen war sein Engagement für die Revolution romantisch-idealistisch. Er sah in ihr den gewaltigen Kampf des menschlichen Geistes für Freiheit, Brüderlichkeit und geistige Erneuerung. Er vertrat im wesentlichen Ansichten, die das Individuum ins Zentrum stellten, und konnte es nie ganz über sich bringen, die eiserne Disziplin oder den engen Dogmatismus der Bolschewiki zu akzeptieren. Dem Maler Repin schrieb er einmal, daß »... ich einstweilen nirgends hingehöre, zu keiner einzigen unserer ›Parteien‹. Ich bin froh darüber, denn das ist Freiheit. Der Mensch aber hat die Freiheit bitter nötig.« Die Zigeuner, Spieler, Bettler und Schwindler, die die Seiten seiner Erzählungen füllten, kämpften alle auf ihre eigene bescheidene Weise um individuelle Freiheit und Würde: Sie waren keine Vertreter eines organisierten »Proletariats«. Die Menschen kämpften, nicht die Klassen, das war Gorkis Ansicht. Er könne theoretisch Gefallen finden an verknöcherten Dogmatikern wie Lenin, die versuchten, das vielgestalte Leben in ihre abstrakte Theorie zu zwängen, doch lieben könne er sie nicht. Seiner Ansicht nach bedeute wahre Menschlichkeit, daß man »den lebendigen, sündigen und – verzeihen Sie – bedauernswerten russischen Menschen leidenschaftlich und qualvoll liebt«.[36] Es war eine fast christliche Vorstellung von der Erlösung der Menschen durch Revolution (und Gorki liebäugelte mit dem Christentum). Solche Vorstellungen waren unter der radikalen Intelligenzija verbreitet. Das beweisen die Schriften von Mereschkowski (über »Christentum ohne Christus«), Solowjow (über »Die Rechtfertigung des Guten«) und Bogdanow, zu dem Gorki enge Beziehungen hatte (über »Gott-Erbauer«). 1917 und danach sollte dieser Widerspruch zwischen der Partei und den humanen Zielen der Revolution Gorki in Konflikt mit den Bolschewiki bringen. Doch für den Augenblick, 1905, führte sie ihre gemeinsame Ansicht zusammen, daß die Arbeiterbewegung radikalisiert werden müsse. Das ist auch der Grund, weshalb Gorki in seinem Brief an Jekaterina noch etwas Gutes im Blutsonntag gesehen hatte: das Massaker werde sich radikalisierend auf die Stimmung auf der Straße auswirken. Die Arbeiter brauchten so etwas, um ihren naiven Glauben an die Existenz eines gütigen Zaren abzuschütteln. Nur Blut könne die Farbe der Geschichte ändern. Jetzt sei es an der Zeit, die Arbeiter zu organisieren, aus ihrer Bindung an die Liberalen zu lösen und auf sozialistische Ziele hinzulenken.

In den Wochen nach dem Blutsonntag gab es eine gewaltige Streikwelle. Allein im Januar legten mehr als 400 000 Arbeiter im ganzen Land ihre Arbeit nieder. Es war der größte Arbeiterprotest in der russischen Geschichte überhaupt. Doch die Streiks waren nicht wirklich organisiert, sie waren eher so etwas wie spontane Wutausbrüche, und die Forderungen der Arbeiter wurden häufig erst formuliert, nachdem der Streik begonnen hatte. Die sozialistischen Parteien waren immer noch viel zu schwach, als daß sie eine führende Rolle hätten spielen können. Ihre wichtigsten Führer – Lenin, Martow, Trotzki, Plechanow und Tschernow – befanden sich alle im Exil, und obgleich sie zweifellos erregt waren über das, was sie einhellig als den langersehnten Beginn der Revolution ansahen, hatten es nur wenige von ihnen eilig, die angenehme Umgebung ihrer Cafés in Genf oder Paris um der gefährlichen und rauhen Existenz willen zu verlassen, die sie zu Hause in Rußland erwartete. Erst im weiteren Verlauf des Jahres 1905 kehrten sie allmählich zurück, und die Arbeiter schlossen sich den Parteien des linken Flügels an, weil sie stärker politisiert wurden.*

In der Zwischenzeit wurde das Geschehen weiterhin von der liberalen und demokratischen Opposition bestimmt. Die gebildete Gesellschaft war außer sich über das Massaker vom Blutsonntag. Der Student Kerenski, der Zeuge der Schießerei auf dem Newski-Prospekt geworden war, kam an jenem Abend nach Hause und verfaßte einen wütenden Protestbrief an seine Schulfreunde in der Garde. Zwei Wochen später schrieb er seinen Eltern in Taschkent:

> *Es tut mir leid, daß ich Euch nicht früher geschrieben habe, aber wir haben hier in einem solchen Schockzustand gelebt, daß es mir unmöglich war, zu schreiben. Oh, »diese grauenvollen Tage« in Piter werden jedermann, der sie erlebt hat, für immer im Gedächtnis bleiben. Jetzt herrscht Ruhe, aber es ist die Ruhe vor dem Sturm. Beide Seiten sammeln und prüfen ihre Kräfte. Nur eine Seite kann obsiegen. Entweder werden die Forderungen der Gesellschaft erfüllt (d. h., es gibt eine frei gewählte Legislative von Volksvertretern), oder es gibt einen blutigen und schrecklichen Konflikt, der zweifellos mit einem Sieg der Reaktion enden wird.*

Alexander Pasternak, zwölfjähriger Schuljunge und Bruder des künftigen Dichters, war durch die Schießerei so aufgestört, daß er erklärte, er sei »mit ganzem Herzen Revolutionär«, und mit seinen Freunden durch die wohlhabenden Stadtteile St. Petersburgs in seiner Nachbarschaft marschierte und dabei schrie: »Wir sind Sozialdemokraten!« Im ganzen Land streikten die Studenten und verwandelten ihre Universitätsgelände in Zentren der politischen Agitation. An der Moskauer Universität hielten 3000 Studenten eine Versammlung ab, bei der sie ein Zarenporträt verbrannten und rote Fahnen an den Fakultätsgebäuden hißten. Ende Februar war die Regierung gezwungen, praktisch alle höheren Lehranstalten bis zum Ende des akademischen Jahrs zu schließen. Selbst die theologischen Akademien waren von den Studentenunruhen betroffen.[37]

Inzwischen erneuerten die Semstwo-Konstitutionalisten ihre Kampagne und forderten auf ihrem Zweiten Nationalen Kongreß im April die Einberufung einer Konstituierenden Versammlung. Berufsverbände organisierten sich auf nationaler Ebene in einem Verband der Verbände, um ihre Mitglieder unter dem liberalen Anliegen zusammenzuschließen. Die Verbände der Schriftsteller, Juristen, Profes-

* Bolschewiki und Menschewiki hatten vermutlich gegen Ende 1905 jeweils etwa 10 000 Mitglieder, wenn auch die Parteimitgliedschaft in diesem frühen Stadium nicht klar definiert war. Für die Mitglieder der Partei der Sozialrevolutionäre gibt es 1905 keine verläßlichen Zahlen. Doch im November 1906 gab es 50 000 Mitglieder, verglichen mit einer Gesamtsumme von 40 000 Mitgliedern in den beiden marxistischen Fraktionen.

soren und Ingenieure waren die ersten, die sich so bildeten. Später schloß sich ihnen (trotz der Opposition einiger widerstrebender Männer in der Führung des Verbands der Verbände) ein Frauenverband für Gleichberechtigung an, der für das Wahlrecht kämpfte. Gruppen überwiegend praktischer Berufe, wie pharmazeutischen Assistenten, Bürodiener und Buchhalter, Arbeiter und Angestellte der Eisenbahn, bildeten ebenfalls Anschlußverbände. Ihre Beteiligung am Verband der Verbände eröffnete der Intelligenzija eine direkte Verbindung zu den Massen.* Hunderte von Semstwos, Stadträten und freiwilligen Gesellschaften schickten Petitionen an die Regierung mit der Forderung nach politischen Reformen. Die Presse veröffentlichte sie und hob auch andere Beschwerden in einer Weise hervor, die dem öffentlichen Zorn eine einzige nationale Stimme verlieh. »So können wir nicht länger leben«, lautete die Schlagzeile einer führenden liberalen Zeitung am 21. Mai, und bald wiederholte jedermann diesen Satz.[38]

Auch die literarische Intelligenzija versuchte, eine führende Rolle zu spielen. »Wir müssen dem Volke dienen«, ermahnte Gorki einen Schriftstellerkollegen, der der Politik den Rücken gekehrt hatte. »Menschenblut wird vergossen, Arbeiterblut, überall tötet das Regime die besten Leute – die junge Rus –, und Sie schreiben nur über sich selbst.« Wie die meisten Intellektuellen Rußlands stürzte sich Gorki in die Politik und den Journalismus. Nach einer europaweiten Kampagne, der sich (unter anderen) Auguste Rodin, Anatole France und Marie Curie angeschlossen hatten, was der Sache der Demokratie gegen die Autokratie das Gewicht der westlichen Meinung verlieh, war er aus der Peter-Pauls-Festung entlassen worden. Bald nach seiner Entlassung, am 5. März, schrieb er an Tolstoi und kritisierte ihn, weil er sich nicht stärker in der Politik engagierte:

> *In diesen finsteren Zeiten, wo das Blut über den Boden Ihres Landes fließt und wo Hunderte und Tausende anständiger und ehrlicher Leute sterben für das Recht, wie Menschen zu leben und nicht wie Vieh, finden Sie, dessen Wort in der ganzen Welt Beachtung findet, es möglich, noch einmal die Grundidee Ihrer Philosophie zu wiederholen: »Die moralische Vervollkommnung der Individuen – das ist Sinn und Ziel des Lebens für alle Menschen.« Überlegen Sie doch, Lew Nikolajewitsch, ist es denn möglich, daß ein Mensch sich damit beschäftigt, seinen Charakter zu vervollkommnen, zu einer Zeit, da Männer und Frauen in den Straßen niedergeschossen werden?*[39]

Das soziale Engagement des Schriftstellers, an das Gorki leidenschaftlich glaubte und das Tolstoi zur Zeit der Hungersnot zum moralischen Gewissen des Landes

* Da die Berufe bei der Bildung dieser Verbände die Führung übernommen hatten, wurden auch andere Arbeiterverbände, selbst im kommunistischen Rußland, weiter eher »Berufsverbände« (*profsojusy*) genannt als Gewerkschaften.

gemacht hatte, war jetzt für jemanden wie Tolstoi immer schwieriger aufrechtzuerhalten. Denn es verpflichtete ihn dazu, eine Revolution zu unterstützen, die selbst möglicherweise das Blut des Volks vergießen würde. Gorki sollte diese Zweifel später teilen, doch für den Augenblick wurden sie in der Not der revolutionären Bewegung unterdrückt.

Schon bald griff die Stimmung der Rebellion auf die ländlichen Gebiete über. Die Bauern, die die Schwäche der Regierung erkannten, nutzten ihre Chance und organisierten Pachtstreiks, um die Gutsbesitzer zu zwingen, ihre Löhne als Landarbeiter anzuheben. Sie drangen auf den Grund und Boden der Adligen vor, fällten die Bäume und mähten ihr Heu. Als sich im Frühsommer zeigte, daß die Ernte erneut mißraten war, begannen sie in großem Maßstab ihre Güter anzugreifen, sie plünderten die Herrenhäuser, steckten sie in Brand und vertrieben die Gutsbesitzer. Augenzeugen erzählten, daß der Nachthimmel vom Feuerschein der brennenden Herrenhäuser gerötet war und daß sich Pferdekarren voller geplünderten Besitzes in langen Zügen über die Straßen bewegten. Ein Gutteil davon war Vandalismus – »Kulturzertrümmerung« –, denn die Bauern zogen aus, um alles, was nach überflüssigem Wohlstand roch, zu zerstören. Sie verbrannten Bibliotheken, zerstörten Antiquitäten und hinterließen Kothaufen auf den Orientteppichen. Einige Dorfbewohner holten sich sogar die Bilder und Skulpturen, das böhmische Kristall und das englische Porzellan, die Satinkleider und gepuderten Perücken, um sie dann zusammen mit Lebensmitteln, Getreide und Werkzeug untereinander zu verteilen. In einem Dorf zerlegten die Bauern einen großen Flügel, den sie aus dem Herrenhaus weggeschleppt hatten, und teilten sich die Elfenbeintasten. Fast 3000 Herrenhäuser (15 Prozent) wurden während der Bauernrevolte von 1905/06 zerstört. Die schlimmsten Ausschreitungen konzentrierten sich auf die zentrale landwirtschaftliche Region, in der die Bauern am ärmsten waren und die größten Güter lagen. Waren die örtlichen Adligen erst einmal »ausgeräuchert«, zogen sich die Bauern wieder in ihre eigene dörfliche Welt zurück. Lokale Beamte wurden durch Bauern ersetzt, die konservativen Priester vertrieben und die staatlichen Gesetze und Steuerforderungen ignoriert.[40]

Der Kampf um Land war nicht die einzige Form der Bauernrevolution 1905/06, wenn er auch wegen der Ängste des Adels die Hauptsorge in den offiziellen Berichten ausmachte (und damit seither die Geschichtsschreibung dominiert hat). Abgesehen von der Gewalt auf dem Land entstand aber auch ein ganzes Spektrum von Bauernbünden, landwirtschaftlichen Vereinen und Kooperativen. Im allgemeinen waren sie moderater und anspruchsvoller in ihren Zielen und Methoden als die Mehrheit der traditionellen Dorfgemeinden und zogen vor allem die Sorte jüngerer und »bewußter« Bauern an, die mit der Verbreitung der Dorfschulen aufgekommen war. Besonders unter den Bauernbünden gab es vielfach enge Beziehungen zu den Lehrern und der Intelligenzija vor Ort. Daher entwickelten sie sich auch eher in den größten Dörfern, wo es mehr kulturelle Einrichtungen wie Schulen und Leseräume gab und wo die Bauern den Einflüssen der Außenwelt (in Form von Märkten und Eisenbahnen, Staatsbeamten und Polizei) am stärksten ausgesetzt waren. Einige dieser Organisationen wurden in ganz Rußland berühmt, weil sie eine Art Bauernrepubliken errichteten, die faktisch unabhängig waren (z. B. die Sumy-Republik in der Provinz Charkow). Sie setzten sich, zusätzlich zur Landreform, für die Ideale politischer Reformen, eine Verfassung und ein Parlament und bessere Bildungsmöglichkeiten für die Bauern ein. Sie wollten die »Finsternis« und »Rückständigkeit« der Dörfer beenden, ihnen die Segnungen der modernen Welt bringen und ihre Isolation durchbrechen, indem sie sie in die nationale Politik einbanden.[41]

Sergej Semjonow, Bauer, Lokalschriftsteller und Tolstoianer aus dem Dorf Andrejewskoje, gehörte zu den Gründern der Markowo-Republik, eines der berühmtesten und eindrucksvollsten Beispiele progressiver Bauernpolitik während der Revolution von 1905. Für beinahe ein Jahr, während dem der zaristische Staat gelähmt war, setzte die »Republik« in verschiedenen Bezirken des Kreises Wolokolamsk ein ausgeklügeltes System von »Bauernherrschaft« ein. Sie wurde von einer Gruppe Aktivisten – Lehrern und Bauern (darunter Semjonow) aus Markowo und anderen Dörfern der näheren Umgebung – gebildet, die sich seit 1901 in den Leseklubs und Teestuben der Region getroffen hatten, um über die Moskauer Zeitungen zu diskutieren. Sie organisierten den Bauernbund, der der Markowo-Republik die politische Struktur lieferte. Im Oktober 1905 verabschiedete eine Vollversammlung der Bauern eine Resolution, die eine radikale Überprüfung des gesamten politischen Systems verlangte. Zu den Forderungen gehörten die Einberufung eines nationalen Parlaments, geheimes und allgemeines Erwachsenenwahlrecht, gleiche Bürgerrechte für die Bauern, progressive Steuern, Land für die Landlosen, freie und allgemeine Schulbildung, Freizügigkeit und eine politische Amnestie. Die Bauern erklärten, sie würden der Regierung so lange den Gehorsam verweigern und keine Steuern zahlen noch sich für die Armee rekrutieren lassen, bis ihre Forderungen erfüllt seien. Sie wählten eine »republikanische Regierung« mit einem »Präsidenten« an der Spitze (einem der Ältesten der örtlichen Gemeinde) und erklärten ihre Loyalität gegenüber dem Bauernbund. Man richtete lokale Unterabteilungen des Verbandes ein – Semjonow bildete eine in Andrejewskoje –, die die Dörfer erfolgreich leiteten. Die Pachtzahlungen wurden kontrolliert, agronomische Maßnahmen eingeführt, die Gebietsverwaltung wurde demokratisiert und die Kirchenschulen »verstaatlicht«. Das zaristische Regime war machtlos – es gab keinen Landeshauptmann und nur einen Polizeidiener in dem Bezirk – und konnte nur mit wachsender Frustration zusehen, wie dieses »freie Territorium« bäuerlicher Selbstverwaltung, weniger als 130 Kilometer von Moskau entfernt, sich immer weiter ausdehnte und wie sein Ruhm wuchs. Ein Professor aus Chicago, der in amerikanischen Zeitungen über die Republik gelesen hatte, kam nach Markowo, um seine Unterstützung anzubieten. Einige Monate lang versuchte die

Regierung vergeblich, die Republik mit politischen Maßnahmen zu bekämpfen. Sie entließ den gewählten Bezirksältesten, einen der Führer der Republik namens Ryschkow. Doch die bäuerlichen Schwejks vereitelten das, indem sie sich weigerten, einen Nachfolger zu wählen, während Ryschkow erklärte, daß er zu seinem Bedauern die Macht nicht abgeben könne, weil niemand da sei, dem er sie übergeben könne. Erst im Juli 1906, sechs Monate nachdem die Revolution in den Städten erstickt worden war, wurde diese Bauernrepublik endgültig zerstört. Man entfernte Ryschkow mit einem Polizeitrick. Dann wurden Razzien in allen Dörfern durchgeführt, die Führer, darunter Semjonow, zusammengetrieben und in Moskau ins Gefängnis geworfen. Während der acht Monate als Führer des Bauernbunds in Andrejewskoje hatte Semjonow eine neue Dorfschule gegründet, eine landwirtschaftliche Gesellschaft, zwei Kooperativen, einen Leseklub und bemerkenswerterweise ein Bauerntheater.[42]

Der örtliche Adel ersuchte um Hilfe gegen die Bauern, und die Regierung schickte Soldaten. Von Januar bis Oktober wurde die Armee nicht weniger als 2700mal eingesetzt, um Bauernaufstände niederzuwerfen, was den Verfall der Disziplin in der Armee nur beschleunigte, der mit der Entsendung der Truppen in die Mandschurei begonnen hatte.[43] Die wachsende Gefahr einer wilden Revolution im eigenen Land, verbunden mit der Aussicht auf eine Niederlage im Ausland – die sich durch die Demütigung der Marine bei Tsushima im Mai 1905 andeutete –, zwang den Zaren dazu, Friedensverhandlungen mit Japan aufzunehmen. Es erwies sich als unmöglich – wie sich auch 1917 wieder zeigen sollte –, während einer sozialen Revolution zu Hause einen auswärtigen Krieg zu führen. Die große Mehrheit der Infanterie bestand aus Bauern und grollte, daß man sie benutzte, um bäuerliche Unzufriedenheit zu unterdrücken. Ganze Einheiten weigerten sich, den Befehlen zu gehorchen, unter den Mannschaften breiteten sich Meutereien aus, und selbst die Kosakenkavallerie war betroffen. Und dann, am 14. Juni, sprang der Funke auf die Schwarzmeerflotte über.

Alles begann mit einem Stück madigen Fleischs, von dem der Schiffsarzt an Bord des Kriegsschiffs *Potjomkin* erklärte, es sei genießbar. Als die Matrosen sich beim Kapitän beschwerten, ließ er ihren Sprecher, Wakulentschuk, erschießen. Die Mannschaft meuterte, ermordete sieben Offiziere und hißte die rote Fahne. Eine kleine Gruppe aktiver Revolutionäre, die die Meuterei anführten, hoffte, sie werde auf den Rest der Flotte überspringen. Sie fuhren in der Nacht nach Odessa, wo sich streikende Arbeiter faktisch seit zwei Wochen im Kriegszustand mit der Stadtverwaltung befanden. Dort bahrten sie Wakulentschuks Leichnam, von einer Ehrengarde umgeben, zu Füßen einer Marmortreppe auf, die vom Hafen in die Stadt führte (und später in Eisensteins Film verewigt wurde). Am nächsten Tag kamen Tausende auf der Hafenpromenade zusammen, legten Kränze an der Bahre des revolutionären Märtyrers nieder und boten den Matrosen Essen an. Mit Einbruch der Dunkelheit wurden Truppen in die Stadt geschickt, um die Menge zu zerstreuen. Sie bewegten sich die Treppen hinab und feuerten wahllos in die unten eingeschlossenen Zivilisten. Hunderte sprangen ins Meer. Beim Morgengrauen, als das Massaker schließlich endete, waren 2000 Personen getötet und 3000 verwundet worden. Die *Potjomkin* legte von Odessa ab, mußte sich ohne die Unterstützung der übrigen Flotte aber schließlich ergeben. Am 25. Juni legten die Matrosen in Konstanza, Rumänien, an und übergaben das Schiff gegen sicheres Geleit.[44] An sich war von der Meuterei keine größere Bedrohung ausgegangen. Doch brachte sie das Regime in größte Verlegenheit, denn sie zeigte der Welt, daß der Funke der Revolution ins Innerste seines Militärapparats übergesprungen war.

Auch die nationalen Minderheiten des Reichs zögerten nicht, die zeitweilige Schwäche des Regimes auszunützen. Die Streiks und Proteste, die auf den Blutsonntag in St. Petersburg folgten, waren in den nichtrussischen Grenzregionen, vor allem Lettland und Polen, besonders heftig, wo die sozialen und politischen Spannungen durch den weitverbreiteten Haß auf die russische Herrschaft verstärkt wurden. In Riga marschierten am 13. Januar etwa 15 000 Arbeiter durch die Stadt und protestierten gegen das zaristische Regime und die Skrupellosigkeit des russischen Generalgouverneurs A. N. Meller-Sakomelski. Der lieferte einen weiteren Beweis seiner Grausamkeit, als er seinen Soldaten befahl, in die Menge zu feuern. Siebzig Menschen wurden getötet und 200 verwundet. Meller-Sakomelski war stolz auf die Art, wie seine Männer die Situation gemeistert hatten, und wies in einem Schreiben an den Zaren darauf hin, wenn mehr Vertreter der örtlichen Verwaltungen bereit wären, mit solcher Entschlossenheit zu handeln, dann gäbe es künftig keine Probleme mehr. In den zehn polnischen Provinzen wurde im Frühjahr und Sommer 1905 häufiger gestreikt als im ganzen übrigen Russischen Reich. Besonders turbulent ging es in der Textilstadt Lodz zu: Mitte Juni, Wochen bevor irgend etwas Vergleichbares in Rußland geschah, wurden Barrikaden errichtet, und es kam fünf Tage lang zu Straßenkämpfen zwischen Arbeitern und der Polizei. In Warschau ging es sogar noch gewalttätiger zu: bis zu 100 000 Arbeiter nahmen an den Demonstrationen nach dem Blutsonntag teil. Russische Truppen feuerten in die Menge und töteten 93 Personen; dann wurde der Belagerungszustand erklärt. Später im Sommer wurde die Nachricht von Rußlands Niederlage gegen Japan mit weiteren Demonstrationen in der polnischen Hauptstadt mit den Losungen »Nieder mit dem Zarismus!«, »Lang lebe ein unabhängiges sozialistisches Polen!« und »Lang lebe Japan!« begrüßt.[45] Überall feierten Nationalisten die Niederlage Rußlands in dem Glauben, daß sie den Zaren stürzen und so den Weg für die eigene Autonomie ebnen würde. Pilsudski, der Führer der polnischen Sozialisten, war sogar nach Japan gereist, um über polnische Aktionen gegen die russischen Kriegsanstrengungen zu verhandeln.

In vielen dieser nichtrussischen Länder wurde praktisch die gesamte Bevölkerung in die nationale Befreiungsbewegung hineingezogen. In Finnland zum Beispiel, wo die aufgezwungene russische Herrschaft die Autonomie des Großherzogtums zerstört hatte, gab es eine Massenkampagne des passiven Widerstands, angeführt von der nationalistischen Intelligenzija. Fast jeder schloß sich der Kampagne an, selbst die finnischen Schweden, die unter der Vorherrschaft Rußlands viele Privilegien genossen hatten, welche sie vermutlich unter finnischer Herrschaft verlieren würden. Der russische Generalgouverneur, ein imperialistischer Hardliner namens Bobrikow, wurde 1904 ermordet; im Jahr darauf befand sich Finnland in einem umfassenden Krieg des passiven Widerstands gegen St. Petersburg. In Georgien führten die Menschewiki diese nationale Revolution an. Sie bildeten die erste marxistische nationale Befreiungsbewegung in der Geschichte, die die Unterstützung der Bauern hatte: Zwischen 1904 und 1906 ersetzte sie erfolgreich den zaristischen Staat in Westgeorgien.

* * *

Während sich das Russische Reich am Rande des Zusammenbruchs bewegte, reagierte das zaristische Regime mit seiner üblichen Inkompetenz und Halsstarrigkeit auf die Krise. Witte nannte es eine »Mischung von Feigheit, Blindheit und Dummheit«. Das Grundproblem war, daß Nikolai vor dem Ernst der Lage die Augen verschloß. Während das Land immer tiefer im Chaos versank, füllte er weiter sein Tagebuch mit knappen und trivialen Notizen über das Wetter, die Gesellschaft bei Tee und die Anzahl Vögel, die er an dem betreffenden Tag geschossen hatte. Seine Berater überzeugten ihn, daß ausländische Agenten für die Demonstration am Blutsonntag verantwortlich gewesen seien, und dementsprechend füllte er die Gefängnisse mit den passenden politisch Verdächtigen. Eine sorgfältig ausgewählte Delegation von »verläßlichen« Arbeitern wurde nach Zarskoje Selo bestellt, wo sie wie Kinder in einer Reihe aufgestellt wurden, um eine kurze Ansprache des Zaren anzuhören, in der er sie beschuldigte, sie hätten sich von »ausländischen Revolutionären« täuschen lassen, dann aber versprach, »ihnen ihre Sünden zu vergeben«, weil er an ihre »unerschütterliche Ergebenheit« ihm gegenüber glaube. Inzwischen wurde der liberale Mirski als Innenminister durch den anständigen, aber gefügigen A. G. Bulygin ersetzt. Er handelte praktisch nur auf Anweisung seines eigenen Stellvertreters und Polizeichefs, D. F. Trepow, des strengen Zuchtmeisters der Reitergarde, den Nikolai wegen seiner offenen, soldatischen Haltung mochte und deshalb zu einer einflußreichen Kraft bei Hofe hatte werden lassen. Als Bulygin erwähnte, daß vielleicht politische Konzessionen notwendig seien, um das Land zu beruhigen, war Nikolai überrascht und sagte dem Minister: »Man könnte meinen, Sie fürchteten, es werde eine Revolution geben.« – »Ew. Majestät«, kam die Antwort, »die Revolution hat bereits begonnen.«[46]

Diese Bemerkung reichte offenbar aus, daß es Nikolai ein wenig mulmig wurde, denn bald machte er Versprechungen für eine politische Reform. Am 18. Februar erließ er ein kaiserliches Manifest und Dekret, das zwar die Unruhen verurteilte, die Fehler der Bürokratie jedoch eingestand und die »wohlmeinenden Personen jeglichen Stands« dazu aufrief, sich gemeinsam hinter den Thron zu stellen und Ideen zur »Verbesserung in der Organisation des Staates« einzureichen. Bulygin wurde angewiesen, Vorschläge für eine Nationalversammlung auszuarbeiten. Das Manifest war ein taktisches Manöver einzig zum Zweck des Zeitgewinns, ohne jedes Anzeichen, daß es ernst gemeint war. Die gebildeten Kreise blieben insgesamt skeptisch. »Hauptzweck dieses Manifests«, schrieb Kerenski seinen Eltern am 18. Februar, »ist es, die revolutionäre Bewegung, die gerade begonnen hat, zu beruhigen und zum Schweigen zu bringen, so daß die Regierung ihre Kräfte auf ein Ziel in der Zukunft konzentrieren kann: zu verhindern, daß auch nur eines der Versprechen gehalten wird.« Tatsächlich war es typisch für das hartnäckige Beharren des Zaren auf den archaischen Prinzipien der patrimonialen Autokratie, daß er in so einem Augenblick versuchte, die Schuld an der Krise auf die Bürokratie zu schieben, während er sich zur gleichen Zeit auf das direkte Band zwischen sich und seinen Untertanen berief. Wenn die Menschen Beschwerden hätten, so jedenfalls implizierte sein Manifest, so sollten sie sie ihm nur direkt überbringen und sie würden befriedigt.

Tatsächlich wurden in den folgenden Wochen Zehntausende von Reformpetitionen von Dorfversammlungen, Regimentern, Städten und Fabriken an den Zaren geschickt. Wie die *cahiers*, die Beschwerdebriefe von 1789, waren sie Ausdruck der sich herausbildenden Sprache einer politischen und sozialen Demokratie. Doch die Forderungen waren viel zu radikal für Nikolai. Die meisten verlangten ein nationales Parlament mit souveränen gesetzgeberischen Rechten. Dabei war die Art von Versammlung, die der Zar im Sinn hatte – und die ihm Bulygin schließlich am 6. August zu Unterschrift vorlegte –, eine rein beratende, die mit beschränktem Wahlrecht gewählt werden sollte, um die Dominanz des Adels zu gewährleisten. Sie sollte ein Königsparlament wie der *Semski Sobor* des 17. Jahrhunderts und mit der Erhaltung der persönlichen Herrschaft des Zaren vereinbar sein. Ihr Hauptzweck, wie Nikolai es sah, sollte sein, ihn über die Nöte seiner Untertanen zu informieren und ihm so zu ermöglichen, in ihrem Namen zu herrschen – ohne die Vermittlung der ständig wachsenden Bürokratie.[47]

Die Bulyginsche Duma war jedoch ein weiteres Beispiel des »zuwenig« und »zu spät«. Sechs Monate früher wäre sie noch begrüßt worden und hätte es der Regierung ermöglicht, die politische Initiative zurückzugewinnen. Doch nun fanden sie alle bis auf die moderatesten Reformer völlig unbefriedigend. Die liberalen Zeitungen, die die komplizierten Bestimmungen des neuen Wahlrechts sorgfältig geprüft hatten, behaupteten, daß weniger als 1 Prozent der erwachsenen Bewohner St. Petersburgs zur Wahl berechtigt seien, während in vielen Provinzstädten der Anteil noch darunter liege. Trotz ihrer Kritik beschlossen die Liberalen, die Duma-Wahlen nicht zu boykottieren. Doch die Sozialdemokraten und die Radikalen im Verband der Verbände waren jetzt entschlossener denn je, durch massenhaften zivilen Ungehorsam die Regierung unter Druck zu setzen und so zu weiteren Zugeständnissen zu bewegen. Höhepunkt ihrer Anstrengungen war der Generalstreik im September und Oktober, der erste Generalstreik in der Geschichte, der die widerstrebende Regierung zu echten politischen Reformen zwang.

Im Laufe des Jahres 1905 nahmen die Organisiertheit und die Militanz der Arbeiterstreiks und -proteste deutlich zu. Das lag teilweise daran, daß die Sozialisten die Führung der Arbeiterbewegung übernahmen. Aber es war auch – und wahrscheinlich viel mehr – ein Ergebnis der Tatsache, daß die Arbeiter selbst klassenbewußter und gewalttätiger agitierten, weil ihre Konflikte mit den Unternehmern und der Polizei erbitterter und intensiver wurden. Gorki bemerkte die wachsende Aggressivität der Arbeiter, nachdem er Anfang September Zeuge eines Zusammenstoßes auf dem Snamenskaja-Platz in St. Petersburg geworden war. Ein Offizier schlug auf der Straße einen Soldaten, und eine wütende Schar von Arbeitern lief zusammen, um den Soldaten zu verteidigen. Sie rissen dem Offizier die Epauletten von der Uniform und hätten ihn wohl umgebracht, so jedenfalls schien es Gorki, wenn nicht die Polizei und die Kosaken rechtzeitig eingeschritten wären. »Die Menge benahm sich bemerkenswert einfach und offen«, schrieb er an Jekaterina. »Sie sagten und riefen in Sprechchören alles, was sie wollten, hier und jetzt vor der Polizei, und zeigten generell ein großes Maß an moralischer Stärke und sogar Takt. Welten liegen zwischen dieser Menge und den demütig Bittenden vom 9. Januar.«[48]

Nicht alle Gewalt in den Städten war Ergebnis der wachsenden Militanz der Arbeiterbewegung. Es kam zu einer deutlichen Zunahme aller Arten von Gewalt, von Raubüberfällen und Morden bis zu Ausschreitungen und Vandalismus Betrunkener, weil Recht und Ordnung zusammenbrachen. Ja, da die Polizei sich von der Bühne zurückzog, trug die Bevölkerung noch zur Gewalt bei, indem sie Bürgerwehren bildete und Kriminelle auf der Straße lynchte. Täglich berichtete die Presse Dutzende solcher Fälle von »Selbstjustiz« (*samossud*), neben Raub und Mord. Der Mob trieb sich auf den Straßen herum und verprügelte Studenten und unbeteiligte Passanten. Es gab Judenpogrome. Kurz, das ganze Land schien in einer in den Abgrund führenden Spirale der Gewalt und Anarchie gefangen. Wie der Konsul der USA in Batumi berichtete:

> *[Rußland] ist durchtränkt von Aufruhr und riecht nach Revolution, Rassenhaß und Streit, Mord, Brandstiftung, Raub, Diebstahl und Verbrechen aller Art … Soweit zu sehen ist, sind wir schon weit auf dem Weg in totale Anarchie und soziales Chaos … Eines der schlimmsten Zeichen ist, daß die Bevölkerung unter dieser langen Herrschaft von Anarchie und Verbrechen immer stärker abstumpft, die Nachricht von der Ermordung eines Bekannten oder Freundes wird von den meisten mit Gleichgültigkeit entgegengenommen, während Raubüberfälle als etwas völlig Normales angesehen werden.*[49]

Weil sich viele Historiker vornehmlich mit der organisierten Arbeiterbewegung beschäftigen – und vom Sowjetmythos von den bewaffneten Arbeitern auf den Barrikaden verführt sind –, ist die Rolle dieser alltäglichen kriminellen Gewalt in der revolutionären Masse entweder ignoriert oder, noch irreführender, mit der Gewalt des industriellen Kriegs verwechselt worden. Doch je genauer man die Masse auf der Straße betrachtet, desto schwieriger wird es, eindeutig zwischen organisierten Formen des Protests – den marschierenden Arbeitern mit Bannern und Liedern – und kriminellen Akten von Gewalt und Plünderung zu unterscheiden. Das eine konnte leicht in das andere umschlagen – und das kam auch oft vor. Es war nicht bloß eine Frage von »Hooligans« oder Kriminellen, die sich den Arbeiterprotesten anschlossen oder das Chaos, das diese anrichteten, ausnutzten, um zu randalieren, Menschen anzufallen und zu plündern. Solche Übergriffe scheinen ein integraler Bestandteil der Arbeitermilitanz gewesen zu sein, ein Mittel, die Macht der plebejischen Menge geltend zu machen und die Symbole von Wohlstand und Privilegien zu zerstören. Was die verängstigte Mittelschicht »Hooliganismus« nannte – die Überfälle des Mobs auf die Wohlhabenden und auf Autoritätspersonen, die Plünderungen und den Vandalismus, die Prügeleien und Randale Betrunkener –, konnte genausogut der Kategorie »revolutionärer Akt« zugeordnet werden. Und teilweise ist es auch das, was sie waren: Die revolutionäre Gewalt der Jahre 1905–1917 drückte sich genau in dieser Art Aktionen aus. Sie wurde von denselben Haßgefühlen gegenüber den Reichen und allen Autoritäten getrieben, vom selben Wunsch der Armen und Machtlosen, sich zu behaupten und die Straßen für sich zu beanspruchen. Aus der Sicht der Wohlhabenden gab es wenig Unterschied zwischen dem »groben« und »rüden« Verhalten der »Hooligans« – ihrer anmaßenden Aufmachung, ihrer Trunkenheit und vulgären Sprache, ihrer »Unverschämtheit« und »Zügellosigkeit« – und dem Verhalten der revolutionären Menge.[50] Arbeiterproteste, und waren sie noch so gut organisiert, konnten bei der geringsten Provokation in Gewalt umschlagen. Dies sollte eines der größten Probleme für die revolutionären Parteien werden, besonders für die Bolschewiki, die die Massen für ihre politischen Zwecke benutzen wollten. Solche Gewalt war ein zweischneidiges Schwert und konnte eher zur Anarchie führen als zu kontrollierter revolutionärer Aktion. Das war die Lektion, die die Bolschewiki in den Juli- und Oktobertagen 1917 lernten – Ausbrüche von Gewalt, die weit entfernt waren vom sowjetischen Bild der heroisch-proletarischen Kraft.

Wenn es jedoch eine echte Anregung für den sowjetischen Mythos vom Fabrikarbeiter gab, der, das Gewehr in der Hand, auf den Barrikaden für die Revolution kämpft, dann war das der Generalstreik von 1905. Denn er war das klassische Beispiel eines spontanen und doch geordneten Aufstands der Arbeiterklasse. Er begann am 20. September mit dem Ausstand der Moskauer Drucker – der am besten ausgebildeten Gruppe von Arbeitern – für bessere Bezahlung und bessere Bedingungen. Die Streikenden traten mit den Studenten in Kontakt und veranstalteten eine Massendemonstration, die von der Polizei angegriffen wurde. Die Arbeiter warfen Steine gegen die Polizei, zertrümmerten Schaufenster, kippten Bänke um und fällten Bäume, um Barrikaden zu bauen. Bis Anfang Oktober hatten sich die Drucker von St. Petersburg und mehreren anderen Städten mit ihren Kameraden solidarisiert: mehrere Wochen lang mußten die Mittelschicht-Familien ohne ihre Zeitungen auskommen. Dann begannen die Eisenbahnarbeiter zu streiken. Der Verband der Eisenbahnangestellten und -arbeiter war dem Verband der Verbände angeschlossen, wo der Gedanke eines politischen Generalstreiks zur Unterstützung der Kampagne für politische Reformen seit dem Sommer diskutiert wurde. Am 10. Oktober war praktisch der gesamte Eisenbahnverkehr zum Erliegen gekommen. Millionen anderer Arbeiter – aus Fabriken, Läden und Transportbetrieben, Bank- und Büroangestellte, Krankenhauspersonal, Studenten, Dozenten, selbst die Schauspieler des Kaiserlichen Theaters in St. Petersburg – unterstützten das, was letztlich ein nationaler Streik gegen die Autokratie geworden war. Das Leben in den Städten war lahmgelegt. Der gesamte Verkehr stand still. Nachts gingen die Laternen aus. Telegrafen und Telefone funktionierten nicht mehr. Geschäfte wurden geschlossen und ihre Schaufenster verrammelt. Die Nahrungsmittel wurden knapp. Überfälle und Plünderungen nahmen überhand. Der Adel und das Bürgertum erschraken über den Zusammenbruch von Recht und Ordnung. Als das Moskauer Trinkwassersystem zu versagen begann, brach Panik aus; Gerüchte kursierten, die Streikenden hätten das Wasser absichtlich verseucht. Arbeiter, Studenten und Akademiker taten sich zusammen, um gegen die Obrigkeit zu demonstrieren. Das endete häufig mit dem hastigen Errichten von Barrikaden und in gewalttätigen Zusammenstößen mit der Polizei und den Kosaken. Die politischen Forderungen der Demonstranten stimmten bemerkenswert überein – verlangt wurde die Einberufung einer mit allgemeinem Wahlrecht gewählten Konstituierenden Versammlung –, ein Zeichen für die koordinierende Rolle nicht nur des Verbands der Verbände, sondern auch der zunehmend disziplinierten und organisierten Arbeiter selbst.[51]

Letzteres hatte viel mit dem Petersburger Sowjet zu tun. Das Wort »Sowjet« bedeutet auf russisch »Rat«, und der Petersburger Sowjet war tatsächlich nicht mehr als ein *ad hoc* gebildeter Rat von Arbeitern, eingerichtet, um bei dem Generalstreik Regie zu führen. Seine Ursprünge verdankte er teils dem Verband der Verbände, der zuerst auf die Idee gekommen war, teils den Menschewiki, die bei der Organisation der Arbeiter auf Fabrikebene die Führung übernahmen. Am 17. Oktober versammelten sich 562 Fabrikabgeordnete, zumeist Metallarbeiter, in dem Gebäude der Freien Ökonomischen Gesellschaft und wählten ein Exekutivkomitee von fünfzig Mitgliedern einschließlich sieben Vertretern von jeder der drei wichtigsten sozialistischen Parteien (Menschewiki, Bolschewiki und Sozialrevolutionäre). Von Anfang an nahm sie – wie dann erneut 1917 – Status und Form einer Arbeiterregierung und alternativen Machtbasis zu den zaristischen Behörden an. Sie organisierte Streiks, veröffentlichte ihre eigene Zeitung, die *Iswestija*, die die Arbeiter begierig lasen, stellte eine Miliz auf, sorgte für die Verteilung von Nahrungsmittelvorräten und inspirierte durch ihr Beispiel Arbeiter in fünfzig anderen Städten, eigene Räte zu bilden. Den Petersburger Rat beherrschten die Menschewiki. Sie sahen in ihm die Verkörperung ihrer Ideologie. Die Bolschewiki dagegen waren mißtrauisch gegenüber Initiativen der Arbeiterklasse und der Idee des Rats als eines unabhängigen Arbeiterorgans feindlich gesinnt, obwohl das zweifellos etwas mit der Tatsache zu tun hatte, daß sie selbst nur wenig Einfluß auf ihn hatten. Nicht einmal Lenin, der Anfang November aus dem Exil zurückkehrte, gelang es, im Rat zu sprechen, auch wenn es in dem Gebäude, das den Arbeiterrat beherbergte, immer noch ein Pult mit einer Plakette gibt, auf der das Gegenteil behauptet wird.[52]

Nominell war der Vorsitzende des Exekutivkomitees der Jurist (und künftige Menschewik) G. S. Chrustaljow-Nossar. Aber die wahre Kraft hinter ihm war Leo Trotzki. Er entwarf die Resolutionen und schrieb die Leitartikel für die *Iswestija*. Nach der Verhaftung von Chrustaljow-Nossar am 26. November wurde er auch Vorsitzender. Trotzki war der erste der wichtigeren sozialistischen Führer, der nach dem Blutsonntag aus dem Exil zurückgekehrt war. Er lebte unter verschiedenen Verkleidungen, einschließlich der eines Patienten einer Augenklinik, wo er von seinem Bett aus revolutionäre Proklamationen verfaßte, während ihm die Krankenschwestern Fußbäder machten. Während des Generalstreiks war er im Rat unter dem Namen Janowski aufgetaucht, nach dem Dorf Janowka, in dem er geboren wurde. Seine Unterstützung für einen Aufstand der Arbeiterklasse und seine brillanten journalistischen Attacken auf die Liberalen hatten ihn gewiß dem bolschewistischen Flügel der Sozialdemokraten seit dem großen Parteischisma von 1903 nähergebracht. Doch eigentlich blieb er ein revolutionärer Menschewik, und wie sich George Denike später erinnerte, war es Trotzki mehr als jeder andere, der in diesem Stadium »für den Menschewismus stand«.[53]

* * *

Die Berater des Zaren setzten ihre Hoffnungen jetzt in Graf Witte, der das Land aus dem Desaster retten sollte. Nikolai selbst jedoch blieb mehr oder minder ungerührt. In diesem Herbst vertrieb er sich die Zeit meistens bei der Jagd. Wie ein Höfling am 1. Oktober in sein Tagebuch schrieb: »Das Tragische an der gegenwärtigen Lage ist, daß der Zar in einem wahren Narrenparadies lebt und glaubt, er sei so stark und allmächtig wie zuvor.« Am 9. Oktober wurde Witte schließlich im Winterpalais empfangen. Mit brutaler Offenheit sagte er Nikolai, daß das Land am Rande einer revolutionären Katastrophe stehe, die »tausend Jahre Geschichte hinwegfegen« würde. Der Zar habe nur die Wahl: entweder einen Militärdiktator einzusetzen oder bedeutende Reformen durchzuführen. Witte erläuterte die notwendigen Reformen in einem Memorandum und trat für ein Manifest ein, das er mitgebracht hatte: die Garantie bürgerlicher Freiheiten, eine konstitutionelle Ordnung, eine Kabinettsregierung und eine legislative Duma, die sich nach demokratischen Wahlen konstituieren sollte – im Grunde das politische Programm der Befreiungsbewegung. Wittes Ziel war es offensichtlich, die Linke zu isolieren, indem er die Liberalen beschwichtigte. Er betonte, daß Repression nur eine vorübergehende und zudem riskante Lösung sein könne, weil bezweifelt werden müsse, ob die Streitkräfte loyal blieben, und wenn sie eingesetzt würden, um den Generalstreik niederzuschlagen, könnten sie gänzlich auseinanderbrechen. Die meisten ranghohen Militärberater des Zaren stimmten Witte zu, so auch Trepow, der Gouverneur von St. Petersburg, dessen Einfluß bei Hofe damals ausschlaggebend war. Nikolai aber war noch nicht überzeugt und bat seinen Onkel, den Großfürsten Nikolai, die Rolle des Diktators zu übernehmen. Doch der Großfürst, ein reizbarer und freimütiger Mann, zog seinen Revolver und drohte, sich auf der Stelle zu erschießen, wenn der Zar sich weigern sollte, Wittes Memorandum zu billigen. Die Zarin sollte von nun an immer dem Großfürsten die Schuld an Rußlands »Verfassung« geben. Sein *coup de théâtre* war sicherlich entscheidend für den Sinneswandel ihres Mannes, denn nur der Großfürst wäre fähig gewesen, die Rolle eines Diktators zu spielen. Erst, als er sich auf die Seite der Reformen schlug, dämmerte es dem Zaren endlich, daß Unterdrückung keine Option mehr war, und er willigte ein, das Manifest zu unterzeichnen. »Meine liebe Mama«, schrieb er Kaiserinwitwe Maria zwei Tage später, am 19. Oktober, »Du kannst Dir nicht vorstellen, was ich vor diesem Augenblick innerlich durchgemacht habe ... Aus ganz Rußland schrie man danach, bat man darum, und viele in meiner Umgebung – sehr viele – hielten an derselben Ansicht fest ... Es blieb kein anderer Ausweg, als sich zu bekreuzigen und das zu bewilligen, wonach jedermann rief.«[54]

Es zeigte sich also, daß der Zar von Anfang an nur äußerst widerwillig die Rolle eines konstitutionellen Monarchen übernahm. Das Bild von Nikolai als dem »aufgeklärten Zaren«, der »die Demokratie in Rußland eingeführt hat«, könnte nicht weiter von der Wahrheit entfernt sein, auch wenn es uns die Apologeten des Zarenregimes ebenso wie diejenigen, die im postsowjetischen Rußland mit der Nostalgie hausieren gehen, weismachen wollen. Für einen Autokraten wie Nikolai, der sich in der guten alten byzantinischen Tradition als denjenigen sah, der vom Thron herab herrschte, konnte es keine größere Demütigung geben, als von einem Bürokraten wie Witte (der nur ein »Geschäftsmann« war, ja ein ehemaliger »Eisenbahnangestellter«) gezwungen zu werden, seinen Untertanen die Bürgerrechte zu gewähren. Nicht einmal seine spätere Abdankung 1917 war eine so bittere Pille für ihn. Von ihr behauptete er, er habe sie unterzeichnet, damit er nicht gezwungen wurde, seinen Krönungseid preiszugeben, der ihn verpflichtete, an den Prinzipien der Autokratie festzuhalten. Witte äußerte später, der Hof habe immer die Absicht gehabt, sein Manifest nur als ein vorübergehendes Zugeständnis zu benutzen, um später, sowie die Gefahr gebannt sei, zu den alten autokratischen Formen zurückzukehren.[55] Er hatte mit großer Wahrscheinlichkeit recht. Bereits im Frühjahr 1906 machte der Zar einen Rückzieher gegenüber den Versprechungen, die er im Oktober zuvor gegeben hatte, und behauptete, das Manifest habe in Wahrheit seinen eigenen autokratischen Vorrechten keinerlei Beschränkungen auferlegt, nur der Bürokratie.

Die Proklamation des Manifests wurde auf den Straßen mit Jubel begrüßt. Trotz des regnerischen Wetters kamen zahlreiche Menschen vor dem Winterpalais zusammen, die eine riesige rote Fahne mit der Aufschrift »Versammlungsfreiheit« mit sich trugen. Wie ihnen bewußt gewesen sein muß, hatten sie endlich erreicht, was ihre Mitbürger am 9. Januar nicht geschafft hatten. Der Blutsonntag war also nicht vergeblich gewesen. In Moskau versammelten sich 50 000 Menschen vor dem Bolschoi-Theater. Offiziere und Damen der Gesellschaft trugen rote Armbinden und sangen die Marseillaise aus Solidarität mit den Arbeitern und Studenten. Der Generalstreik wurde abgesagt und eine partielle politische Amnestie verkündet. Die Stimmung war euphorisch, weil nun in Rußland eine neue Ära des westlichen Konstitutionalismus anbrach. Das ganze Land »summte wie ein riesiger Garten voller Bienen an einem heißen Sommertag«, wie es ein Liberaler ausdrückte.[56] Die Zeitungen füllten sich mit wagemutigen Leitartikeln und boshaften Karikaturen der Herrscher des Landes, weil die alten Zensurgesetze nicht mehr wirksam waren. Es gab einen plötzlichen Boom an Pornographie, weil die Grenzen der neuen Gesetze erprobt wurden. In Kiew, Warschau und anderen Hauptstädten des Reichs erschien eine wahre Flut neuer Veröffentlichungen in der jeweiligen Landessprache, weil die Russifizierungspolitik aufgehoben wurde. Politische Kundgebungen wurden auf den Straßen, auf Plätzen und in Parks, überall in der Öffentlichkeit abgehalten, weil die Menschen nicht mehr fürchteten, verhaftet zu werden. Ein neues und fremdländisch klingendes Wort wurde erfunden – *mitingowanije*, vom englischen *meeting* –, um die Manie für Versammlungen zu beschreiben, die diese neugeborenen Bürger zeigten. Der Newski-Prospekt wurde zu einer Art Speakers' Corner, einem Volksparlament auf der Straße, wo Redner auf Fässern standen oder sich an Laternenpfähle klammerten und riesige Menschenmengen sich sofort sammelten, um ihnen zuzuhören und nach den Flugblättern zu greifen, die sie austeilten. Sozialistische Führer kehrten aus dem Exil zurück. Neue politische Parteien wurden gegründet. Die Menschen sprachen davon, daß ein neues Rußland geboren sei. Das waren die ersten berauschenden Tage der Freiheit.

# DIE WEGE TRENNEN SICH

Es war im Oktober 1905, daß Fürst Lwow, der »liberale Semstwo-Vertreter«, Mitglied der Partei der Kadetten wurde. Der Entschluß war ihm nicht leichtgefallen, denn von Natur aus lag ihm das »Parteiwesen« nicht. Seine politische Einstellung war im wesentlichen eine praktische – das war es auch, was ihn zur Semstwo-Arbeit gebracht hatte –, und es fiel ihm schwer, sich auf das politische Dogma einer einzigen Partei zu beschränken. Von Parteipolitik hatte er so gut wie keine Ahnung. Regelmäßig verwechselte er die Sozialdemokraten mit den Sozialrevolutionären, und seine Freunde behaupteten, er kenne nicht einmal die Hauptpunkte des Kadettenprogramms. »In all den Jahren meiner Bekanntschaft mit Fürst Lwow hörte ich kein einziges Mal, daß er abstrakt über ein theoretisches Problem diskutiert hätte«, erinnerte sich W. A. Obolenski. Der Fürst war ein »skeptischer Kadett«, wie es Miljukow, der Parteichef, einmal ausdrückte. Er bewegte sich immer am Rande des Parteiprogramms und nahm selten an den Diskussionen darüber teil. Doch war man von seiten der Parteiführer stets begierig, seine Meinung zu erfahren, und holte ihn häufig, damit er zwischen ihnen vermittelte. (Es waren sein praktischer Verstand, seine Erfahrung in Lokalpolitik und seine Distanz zu fraktionellen Streitigkeiten, die ihn schließlich im März 1917 zum Wunschkandidaten für das Amt des Premierministers der Provisorischen Regierung machten).[57]

Von allen politischen Parteien, die plötzlich im Gefolge des Oktobermanifests entstanden, war es für Lwow ganz eindeutig die der Konstitutionellen Demokraten, oder kurz Kadetten, der er sich anschließen würde. Sie war voller liberaler Semstwo-Leute, die wie er durch die Befreiungsbewegung zur Partei gekommen waren. Die politischen Anliegen der Befreiungsbewegung standen im Vordergrund des Parteiprogramms der Kadetten, das bei ihrem Gründungskongreß im Oktober 1905 verabschiedet wurde. Es befaßte sich fast ausschließlich mit politischen Reformen – ein gesetzgebendes Parlament, das auf der Basis allgemeinen Wahlrechts gewählt war, die Garantie der Bürgerrechte, die Demokratisierung der lokalen Verwaltung und mehr Autonomie für Polen und Finnland –, nicht zuletzt, weil der linke und der rechte Flügel der Partei bei sozialen Belangen, vor allem der Landfrage, geteilter Meinung waren. Doch vielleicht war diese Konzentration innerhalb einer Partei zu erwarten, die so sehr von der akademischen Intelligenzija beherrscht war, einer Partei von Professoren, Akademikern, Juristen, Schriftstellern, Journalisten, Lehrern, Ärzten, Beamten und liberalen Semstwo-Leuten. Von ihrer geschätzten Mitgliederzahl von 100 000 machten die Adligen mindestens 60 Prozent aus. Ihr Zentralkomitee war eine veritable Gelehrten-»Fakultät«: 21 seiner 47 Mitglieder waren Universitätsprofessoren, einschließlich seines Vorstands, Pawel Miljukow (1859–1943), der der herausragende Historiker seiner Zeit war. Es waren die »Vertreter der achtziger Jahre« – die jetzt alle in ihren Vierzigern waren. Sie hatten ein stark entwickeltes Gefühl für staatsbürgerliche Pflichten und westlich-liberale Werte, aber sehr wenig Vorstellung von Massenpolitik. In der echten Intelligenzija-Tradition des 19. Jahrhunderts sahen sie sich selbst gern als die Führer »des Volks«, die über engen Partei- oder Klasseninteressen standen, doch unternahmen sie kaum Anstrengungen, um das Volk für ihre Sache zu gewinnen.[58] Denn im Innersten wie in den Unterhaltungen bei ihren Diners fürchteten und verachteten sie die Massen.

Unter den anderen liberalen Gruppen, die zu der Zeit aufkamen, war die wichtigste die Partei der Oktobristen. Ihren Namen hatte sie vom Oktobermanifest von 1905, das sie als Basis für eine Ära des Kompromisses und der Zusammenarbeit von Regierung und Öffentlichkeit und für die Schaffung einer neuen Gesetzesordnung ansah. Sie zog über 20 000 Mitglieder an, zumeist Gutsbesitzer, Geschäftsleute und den einen oder anderen Beamten, die für gemäßigte politische Reformen eintraten, jedoch gegen das allgemeine Wahlrecht waren, weil es eine Kampfansage an die Monarchie sei, ganz zu schweigen von ihren eigenen Positionen in der zentralen oder lokalen Verwaltung.[59] Während die Kadetten »Radikalliberale« waren in dem Sinne, daß sie zumindest mit einem Bein in der demokratischen Opposition blieben, waren die Oktobristen die »Konservativliberalen«, die sich nur innerhalb der bestehenden Ordnung bereit fanden, für Reformen zu arbeiten, und das auch nur, um diese Ordnung zu stärken.

Lwow selbst könnte auch versucht gewesen sein, sich den Oktobristen anzuschließen, denn Dmitri Schipow, sein alter politischer Mentor und Freund aus der nationalen Semstwo-Bewegung, war einer der Hauptgründer der Partei, während Alexander Gutschkow, ein Mitkämpfer aus der Hilfskampagne in der Mandschurei, ihr Führer wurde. Doch die erbitterten Kämpfe um Reformen in den vergangenen zehn Jahren hatten ihn gelehrt, nicht mehr blind der Bereitwilligkeit des Zaren zu vertrauen, daß er seine im Manifest gemachten Versprechen auch hielt. Der Fürst zog es deshalb vor, in einer Haltung von Skepsis und teilweise in Opposition gegen die Regierung bei den Kadetten zu bleiben, statt sich den Oktobristen in Deklarationen loyaler Unterstützung anzuschließen.

Das war das eigentliche Dilemma, mit dem die Liberalen nach dem Oktobermanifest konfrontiert waren – ob sie die Regierung unterstützen oder gegen sie opponieren sollten. Bisher war die Revolution ein breiter Angriff der ganzen Nation gewesen, die sich vereint gegen die Autokratie gewandt hatte. Doch nun bot das Manifest die Aussicht auf eine neue konstitutionelle Ordnung, in der Monarchie und Gesellschaft sich möglicherweise – aber eben nur möglicherweise – in westeuropäischer Weise entwickeln könnten. Die Lage war notdürftig ausbalanciert. Es bestand immer die Gefahr, daß der Zar sich nicht an seine Versprechen hielt oder daß die Massen über dem langsamen Fortschreiten der politischen Reformen die Geduld verloren und statt dessen für eine gewaltsame soziale Revolution sorgten. Viel hing von der Rolle der Liberalen ab, die bisher die Oppositionsbewegung geführt hatten und jetzt strategisch zwischen Herrschenden und Beherrschten plaziert waren. Ihre Aufgabe war zwangsläufig schwierig, denn sie mußten sowohl gemäßigt auftreten (um nicht die Herrschenden zu alarmieren), gleichzeitig aber auch radikal (um nicht das Vertrauen der Beherrschten zu verlieren).

Witte, der mit der Bildung der ersten Kabinettsregierung im Oktober beauftragt war, bot den Liberalen mehrere Portefeuilles an: Schipow das Landwirtschaftsministerium, Gutschkow das Ministerium für Handel und Industrie, den liberalen Juristen Anatoli Koni wählte er für das Justiz- und Jewgeni Trubezkoi für das Erziehungsministerium. Noch zwei weiteren Kadetten, Miljukow und Lwow, offerierte er Ministerposten. Doch nicht eine dieser »öffentlichen Figuren« war gewillt, sich an Wittes Regierung zu beteiligen, die letztlich aus zaristischen Bürokraten und anderen Personen gebildet werden mußte, die ernannt wurden und nicht das Vertrauen der Bevölkerung genossen.[60]

Es wird allgemein behauptet, die Liberalen hätten mit ihrer Weigerung, sich an Wittes Kabinett zu beteiligen, ihre beste Chance vertan, das zaristische Regime auf eine konstitutionelle Reform hinzusteuern. Doch das ist ungerecht. Vorgeschobener Grund für den Abbruch der Verhandlungen war die Weigerung der Liberalen, mit Pjotr Durnowo zusammenzuarbeiten, einem Mann mit bekannt rechtsgerichteten Ansichten und skandalöser Vergangenheit, dem man offenbar den Posten des Innenministers versprochen hatte und jetzt plötzlich anstelle von Urussow anbot. Die Kadetten bezweifelten aber auch, daß Witte in der Lage sein würde, die Versprechen des Oktobermanifests angesichts der Reformfeindlichkeit des Zaren vorzutragen. Sie fürchteten, sich zu kompromittieren, wenn sie sich an einer Regierung beteiligten, die gegen die Autokratie möglicherweise machtlos wäre. Ihre Befürchtungen ergaben sich zum Teil aus ihrem ständigen Mißtrauen gegen die Regierung und ihrer natürlichen Tendenz zur Opposition. »Keine Feinde bei der Linken« – das war ihr Schlagwort während der Kämpfe von 1904/05 gewesen. Und der Triumph vom Oktober bestätigte sie nur in ihrem Engagement für die Politik der Massenagitation von unten. Ihre Zweifel waren wohl kaum unbegründet. Witte selbst äußerte die Befürchtung, der Hof könne ihn als provisorischen Erfüllungsgehilfen benutzen, und das war bei seinen Unterredungen mit den Kadetten deutlich geworden. Miljukow fragte ihn einmal rundheraus, warum er sich nicht auf eine Verfassung festlegen wolle – da mußte Witte zugeben, daß er das nicht könne, »weil der Zar es nicht wünscht«.[61] Da der Premier die Umsetzung des Manifests nicht garantieren konnte, war es nur folgerichtig, wenn die Liberalen beschlossen, ihre Energien lieber in der Opposition als in fruchtloser Zusammenarbeit mit der Regierung einzusetzen.

Jedenfalls wurde es bald klar, daß der »liberale Augenblick« von kurzer Dauer sein würde. Nur Stunden nach der Proklamation des Oktobermanifests flammten die Straßenkämpfe wieder auf, da das Land sich zwischen Links und Rechts polarisierte. Diese Gewalt bot in vieler Hinsicht einen Vorgeschmack auf die Konflikte von 1917. Sie zeigte, daß die Gesellschaft schon viel zu tief gespalten war für eine bloß liberale Regelung. Am 18. Oktober, dem Tag der Proklamation des Manifests, beschlossen einige Gruppen aus der jubelnden Menge in Moskau, zur Butyrka, dem Hauptgefängnis der Stadt zu marschieren, um für die sofortige Freilassung aller politischen Gefangenen zu demonstrieren. Der Protest verlief friedlich, und 140 Gefangene wurden entlassen. Doch auf dem Rückweg ins Stadtzentrum wurden die Demonstranten von einem großen und wohlbewaffneten Mob angegriffen, der Landesfahnen und ein Zarenporträt mit sich trug. Zu einem ähnlichen Zusammenstoß kam es vor dem Taganka-Gefängnis, wo einer der Gefangenen, der gerade entlassen worden war, der bolschewistische Aktivist Nikolai Bauman, zu Tode geprügelt wurde.

Für die extreme Rechte sollte das der Beginn eines Straßenkampfs gegen die Revolutionäre werden. Mehrere rechtsgerichtete Gruppen waren seit Anfang 1905 gebildet worden. Da gab es die von W. A. Gringmut, dem reaktionären Herausgeber der *Moskowskije nowosti*, im Februar gegründete Russische Monarchistische Partei, die die Wiederherstellung einer starken Autokratie, die Verhängung des Kriegsrechts, die Einsetzung einer Diktatur und die Unterdrückung der Juden, der angeblichen Hauptanstifter aller Unruhen, forderte. Dann gab es die von Fürst Golizyn geleitete, hauptsächlich aus Staatsbeamten und Offizieren des rechten Flügels in St. Petersburg zusammengesetzte Russische Gesellschaft, die sich gegen die Einführung westlich-parlamentarischer Institutionen richtete und für die alte Formel »Autokratie, Orthodoxie und Volkstümlichkeit« eintrat.

Doch die bei weitem wichtigste Gruppe war der Bund des Russischen Volks, der im Oktober von zwei unteren Regierungsbeamten, Alexander Dubrowin und Wladimir Purischkewitsch, als eine Bewegung zur Mobilisierung der Massen gegen die Kräfte der Linken gegründet wurde. Es war eine frühe russische Version der faschistischen Bewegung. Antiliberal, antisozialistisch und vor allem antisemitisch, sprach man im Bund von der volkstümlichen Autokratie, von der man behauptete, sie habe existiert, bevor in Rußland Juden und Intellektuelle die Macht übernommen hätten. Der Zar und seine Anhänger bei Hofe, die diese verqueren Ansichten teilten, unterstützten den Bund ebenso wie einige führende Kirchenleute, darunter Vater Ioann von Kronstadt, ein enger Freund der Zarenfamilie, Bischof Hermogen und der Mönch Iliodor. Nikolai persönlich trug das Abzeichen des Bundes und wünschte dessen Führern »vollen Erfolg« bei ihren Bemühungen, die »loyalen Russen« hinter der Autokratie zu vereinigen. Auf Anweisung des Zaren finanzierte das Innenministerium die Zeitungen des Bundes und lieferte ihm heimlich Waffen. Der Bund selbst war jedoch entsetzt über das, was er als Schwäche des Zaren, als klägliches Versagen bei der Unterdrückung der Linken ansah. Man beschloß, die Sache für ihn zu erledigen, indem man paramilitärische Gruppen bildete und den Revolutionären auf der Straße entgegentrat. Die Schwarzhunderter*, wie sie bei den Demokraten hießen, marschierten mit patriotischen Fahnen, Ikonen, Kreuzen und Zarenporträts und mit Messern und Schlagringen in der Tasche. Gegen Ende 1906 hatte der Bund 1000 Untergruppen mit einer Gesamtmitgliederzahl von rund 300 000.[62] Wie bei den faschistischen Bewegungen im Europa zwischen den Kriegen wurden sie vor allem von jenen verbitterten »Lumpen«-Elementen unterstützt, die als Folge von Modernisierung und Reformen ihr bißchen Status in der sozialen Hierarchie verloren hatten oder zu verlieren fürchteten: entwurzelte Bauern, die als Gelegenheitsarbeiter in die Stadt ziehen mußten, kleine Ladenbesitzer und Handwerker, die durch die Konkurrenz der Großunternehmer unter Druck gesetzt wurden, kleine Beamte und Polizisten, die sich in ihrer Macht durch die neuen demokratischen Institutionen bedroht sahen, und Kneipenpatrioten aller Art, die irritiert waren vom Anblick der »aufsteigenden« Arbeiter, Studenten und Juden, die die gottgegebene Macht des Zaren herausforderten. Die Revolution auf der Straße bekämpfen – das war ihre Art, sich zu rächen, ein Mittel, die Uhr zurückzustellen und die soziale und rassische Hierarchie wiederherzustellen. Auch gewöhnliche Kriminelle, von denen Tausende bei der Oktoberamnestie freigekommen waren, schlossen sich ihren Banden an, weil sie darin eine Gelegenheit zu Plünderungen und Gewalt sahen. Häufig von der Polizei ermutigt, marschierten die Schwarzhunderter durch die Straßen und prügelten auf jeden ein, den sie demokratischer Sympathien verdächtigten. Manchmal zwangen sie ihre Opfer dazu, vor einem Zarenporträt niederzuknien, oder sie zerrten sie in Kirchen und ließen sie die kaiserliche Flagge küssen.

Die schlimmste Gewalt war den Juden vorbehalten. In den zwei Wochen nach der Proklamation des Oktobermanifests gab es 690 dokumentierte Pogrome mit über 3000 gemeldeten Morden. Dabei spielten die rechten Gruppen eine führende Rolle, indem sie entweder die Menge gegen die Juden aufhetzten oder die Pogrome von vornherein planten. Das schlimmste Pogrom fand in Odessa statt, bei dem 800 Juden ermordet, 5000 verwundet und über 100 000 obdachlos wurden. Eine offizielle Untersuchung, die Witte anordnete, deckte auf, daß die Polizei die Menge nicht nur organisiert, bewaffnet und mit Wodka versorgt, sondern noch geholfen hatte, die Juden aus ihren Verstecken zu zerren, und an den Morden beteiligt war. Das Polizeipräsidium in Petersburg verfügte sogar über eine eigene geheime Druckerpresse, die Tausende von Pamphleten produzierte, in denen man die Juden beschuldigte, sie wollten Rußland vernichten, und das Volk dazu aufrief,

* Der Name war abschätzig gemeint, entstanden in Analogie zu dem Begriff »Weißhunderter«, der im mittelalterlichen Rußland für die privilegierte Klasse der Adligen und wohlhabenden Kaufleute benutzt wurde. Die Unterschichtvertreter, die sich den Schwarzhundertern anschlossen, gehörten nicht zu dieser Klasse, daher die ironische Bezeichnung.

»sie in Stücke zu reißen und zu töten«. Trepow persönlich, der wahre Diktator des Landes, hatte die Pamphlete herausgegeben. Innenminister Durnowo subventionierte sie mit bis zu 70 000 Rubeln. Als Witte jedoch die strafrechtliche Verfolgung des verantwortlichen Polizeichefs verlangte, griff der Zar ein, um ihn zu schützen. Nikolai gefielen die Pogrome offensichtlich. Er war mit den Antisemiten der Meinung, daß die Revolution größtenteils das Werk von Juden sei, und betrachtete die Pogrome naiv als die berechtigte Rache seiner »loyalen Untertanen«. Er machte das in einem Brief an seine Mutter am 27. Oktober deutlich:

> *Meine liebste Mama,*
> *[...] Ich möchte zunächst sagen, daß die ganze Lage besser ist als vor einer Woche [...] In den ersten Tagen nach der Veröffentlichung des Manifests erhoben die umstürzlerischen Elemente ihr Haupt, aber eine starke Gegenbewegung setzte schnell ein, und eine ganz getreue Volksmasse ließ ihre Macht fühlen. Das Ergebnis war offenkundig und wie in unserm Land zu erwarten war. Die Unverschämtheit der Sozialisten und Revolutionäre hat das Volk noch einmal in Zorn gebracht; und weil neun Zehntel der Unruhestifter Juden sind, wandte sich der ganze Zorn des Volkes gegen sie. Aus diesem Grund kam es zu den Pogroms. Es ist in höchstem Maße auffallend, daß sie in allen Städten Rußlands und Sibiriens gleichzeitig stattfanden [...] Fälle, die sich so weit weg zutrugen wie in Tomsk, Simferopol, Twer und Odessa, zeigen deutlich, wessen ein rasender Mob fähig ist: sie umzingelten die Häuser, in die sich die Revolutionäre geflüchtet hatten, setzten sie in Brand und töteten jeden, der zu entkommen suchte.*[63]

Was sich da zusammenbraute, war die beginnende Konterrevolution, die später im Bürgerkrieg kulminieren sollte. Von diesem Punkt an wurde der Antisemitismus eine der Hauptwaffen, deren sich der Hof und seine Anhänger bedienten, um das »loyale Volk« im Kampf gegen die Revolution und die aufkommende liberale Ordnung hinter sich zu scharen.

Für die Revolutionäre war die Ermordung Baumans eine nachdrückliche Erinnerung an die blutigen Gepflogenheiten des Regimes. Über Nacht wurde dieser Bolschewik zum Märtyrer der Revolution. Später, unter dem Sowjetregime, sollten Straßen, Schulen, Fabriken und sogar ein ganzer Bezirk Moskaus nach ihm benannt werden. Doch in Wahrheit war Bauman so übertriebener Ehren keineswegs würdig. Er liebte grobe Späße und war einmal so gemein gegen eine sensible Parteigenossin, eine Karikatur von ihr als Jungfrau Maria mit einem Baby im Bauch zu zeichnen und mit einem Fragezeichen zu versehen, wem das Baby wohl ähnlich sähe, was sie dazu getrieben hatte, sich zu erhängen. Viele Sozialdemokraten, einschließlich Martow, wollten, daß Bauman aus der Partei ausgeschlossen würde. Aber Lenin lehnte das ab, weil Bauman ein guter Parteiarbeiter sei, und letztlich zähle das allein. Der Skandal entzweite die Partei auch weiterhin – es war einer der vielen persönlichen Zusammenstöße, die die ethischen Unterschiede zwischen Bolschewiki und Menschewiki nach 1903 kennzeichnen sollten –, bis Bauman selbst verhaftet und ins Taganka-Gefängnis gesteckt wurde. Der Tod reinigte ihn von seinen Sünden. Durch sein Martyrium konnten die Bolschwiki zum ersten Mal mit den Sympathien eines Massenpublikums spielen. Denn in der aufgeheizten Atmosphäre Ende Oktober 1905 sahen Menschen des gesamten demokratischen Spektrums in Baumans Leichnam ein Symbol des Schicksals, das der Revolution bevorstand, wenn sie sich nicht gegen die Reaktion verbündeten. Und zu seinem Begräbnis strömten sie zu Zehntausenden.

Wenn es etwas gab, was die Bolschwiki wirklich beherrschten, dann war es die Kunst, ihre Toten zu begraben. Sechs herkulische lederbekleidete Genossen trugen Baumans Sarg, der in ein purpurnes Sargtuch gehüllt war, durch die Straßen Moskaus. An der Spitze des Zuges schritt ein in Jesuitenschwarz gekleideter Bolschewik mit einem Palmenzweig in der Hand, den er langsamen Schrittes zur Musik hin- und herschwenkte. Die Parteiführer folgten mit Kränzen, roten Fahnen und schweren Samtbannern, auf denen die Losungen ihres Kampfes prunkvoll in Gold gestickt waren. Flankiert wurden sie von einer bewaffneten Miliz von Studenten und Arbeitern. Und hinter ihnen marschierte die Trauergemeinde, insgesamt etwa 100 000 Menschen, militärisch in einen Zug von Zehnerreihen geordnet. Diese gleichsam religiöse Prozession währte den ganzen Tag und hielt an verschiedenen Stellen in der Stadt, um sich durch hinzukommende Gruppen zu verstärken. Als sie beim Konservatorium vorbeikam, schloß sich ihr ein Studentenorchester an, das immer wieder den Trauergesang der Revolution spielte: »Unsterbliche Opfer, die ihr sanket dahin«. Die gemessene Trauer der Marschierenden, ihre melancholische Musik und ihre militärische Ordnung schufen eine finsterbedrohliche Stimmung in den Straßen. Als die Dunkelheit hereinbrach, wurden Tausende von Fackeln angezündet, die die roten Fahnen erglühen ließen. Die Reden am Grab waren emotional, herausfordernd und erbaulich. Baumans Witwe rief die Menge dazu auf, den Tod ihres Mannes zu rächen, und als sie zurück ins Stadtzentrum zogen, kam es vereinzelt zu Schlägereien mit den Banden der Schwarzhunderter.[64]

Etwa in diesem Stadium planten die Bolschewiki bereits eine bewaffnete Erhebung. In ihrem Entschluß wurden sie durch Lenins Rückkehr aus Genf Anfang November bestärkt, denn er bestand darauf, daß unbedingt eine Revolte herbeigeführt werden müsse. Seit dem Blutsonntag hatte er in seinen Briefen aus der Schweiz vor allem detaillierte Anweisungen gegeben, wie man Barrikaden bauen und wie man die Kosaken mit Bomben und Revolvern bekämpfen sollte. Auch der Petersburger Rat bereitete eine Kraftprobe mit der Regierung vor. Im November unterstützte er eine Serie von Streiks, die sich durch besondere Militanz auszeichneten. Unter Trotzkis Führung und dem Einfluß der Massen, die zumindest in

Petersburg Anzeichen der Bereitschaft für eine sozialistische Revolution zu zeigen begannen, rückten viele Menschewiki von ihrer breiten Allianz mit den Liberalen ab und machten sich den Gedanken einer bewaffneten Revolte zur Verteidigung der »Hegemonie der Arbeiterklasse« zu eigen. Es bestand wenig Aussicht auf Erfolg, aber das wurde bei all den Emotionen ignoriert. Einige Sozialdemokraten ließen sich von ihrer eigenen Trotzrhetorik hinreißen – schließlich machte es sie bei den wütenden Arbeitern populär –, und irgendwie ging das Gerede über in konkrete Aktionspläne. Andere vertraten die Ansicht, es sei besser, im Kampf unterzugehen, als den Versuch einer Machtergreifung gar nicht erst zu wagen. Wie es ein Menschewik formulierte: »Wir waren zutiefst davon überzeugt, daß eine Niederlage unvermeidlich sei. Aber wir waren alle jung und von revolutionärer Begeisterung gepackt, und so schien es uns besser, im Kampf unterzugehen, als gelähmt zu sein und uns überhaupt nicht zu engagieren. *Die Ehre der Revolution stand auf dem Spiel.*« Tatsächlich machte es Lenin (dem »Jakobiner«) nicht einmal etwas aus, falls der Putsch mißlang. »Sieg?!« soll er Mitte November gesagt haben.

> *Darum geht es uns überhaupt nicht! ... Wir sollten keine Illusionen hegen, wir sind Realisten, und keiner sollte glauben, daß wir siegen müssen. Dafür sind wir immer noch zu schwach. Es geht nicht um Sieg, sondern darum, das Regime zu erschüttern und die Massen für die Bewegung zu gewinnen. Darum geht es. Zu behaupten, daß wir, weil wir nicht gewinnen können, gar keine Erhebung starten sollten – das ist nichts als das Geschwätz von Feiglingen. Und mit denen haben wir nichts zu schaffen!*[65]

Der Wendepunkt kam am 3. Dezember mit der Verhaftung der Führer des Petersburger Rats. Trotz ihrer eigenen dürftigen Vorbereitungen und obwohl es nirgends klare Anzeichen einer Unterstützung durch die Massen gab, riefen die Moskauer Sozialdemokraten einen Generalstreik aus und begannen, Waffen an die Arbeiter zu verteilen. Es wurden fieberhafte Vorbereitungen getroffen – darunter einige ziemlich komische. Eine Gruppe von Petersburger Sozialdemokraten beispielsweise beschäftigte sich mit dem verückten Plan, eine »chemische Mischung« herzustellen, die, »wenn man einen Polizisten mit ihr bespritzte, ihn sofort bewußtlos machen sollte, so daß man seine Waffe wegnehmen könnte«. Gorki half bei den Vorbereitungen. Er machte seine Moskauer Wohnung zum Hauptquartier der Erhebung und überwachte, in eine schwarze Lederjacke und kniehohe Soldatenstiefel gekleidet, die Operationen wie ein bolschewistischer Kommissar. In seinem Arbeitszimmer wurden Bomben gebastelt, und in seiner Küche wurde Essen zubereitet und den Arbeitern und Studenten auf den Barrikaden geschickt. »[...] in ganz Moskau wird gekämpft«, schrieb er am 10. Dezember seinem Verleger. »Die Fensterscheiben klirren. Was in den einzelnen Bezirken, in den Fabriken vorgeht, weiß ich nicht, aber von überall hört man schießen. Siegen wird selbstverständlich die Obrigkeit, aber nicht für lange, und was für eine ausgezeichnete Lehre erteilt sie den Leuten! Und es wird sie teuer zu stehen kommen. Heute wurden an unseren Fenstern drei verwundete Offiziere und ein toter vorübergefahren.«[66]

Ironie der Geschichte – mit nur ein bißchen mehr strategischer Planung hätten die Aufständischen Moskau nehmen können, wenn auch letztlich die Regierung die Oberhand behalten mußte, da es zu keiner landesweiten Unterstützung kam und die Meutereien in der Armee zusammenbrachen. Bis zum 12. Dezember hatten die rebellischen Milizen die Kontrolle über alle Eisenbahnstationen und mehrere Stadtbezirke gewonnen. In den Hauptstraßen wurden Barrikaden errichtet. Studenten und gutgekleidete Bürger, aufgestört durch den Einsatz von Artillerie gegen die Arbeiter und die unbewaffnete Menge, halfen mit, die Barrikaden aus Telegrafenmasten, zerbrochenen Zäunen, Eisengittern, umgekippten Straßenbahnen, Lampenpfosten, Marktbuden, aus den Angeln gerissenen Türen und was immer ihnen in die Hände geriet zu bauen. Was als ein Streik der arbeitenden Klasse begonnen hatte, verwandelte sich nun in einen allgemeinen Straßenkampf gegen die Obrigkeit. Immer wieder rissen die Polizei und die Truppen nachts die Barrikaden nieder, nur um sie am nächsten Morgen wiedererrichtet vorzufinden. Der äußere Gartenring, der das Zentrum Moskaus umgibt, wurde ein einziges riesiges Schlachtfeld, wo Truppen und Artillerie sich auf den Hauptplätzen konzentrierten und die Rebellen die meisten Straßen dazwischen kontrollierten. Wären die Rebellen in diesem Augenblick gegen den Kreml vorgegangen, sie hätten möglicherweise gewonnen. Doch ihre Pläne wurden weitgehend von den Zielen der Arbeiter selbst diktiert, die es vorzogen, sich auf die Verteidigung ihrer eigenen Rebellenhochburgen zu konzentrieren. Im Stadtteil Presnja zum Beispiel, dem Zentrum der Textilindustrie und Wohngebiet der meisten militanten Arbeiter, dachte sicherlich niemand daran, gegen das Zentrum zu marschieren. Statt dessen machten die Rebellen Presnja zu einer Arbeiterrepublik mit eigener Polizei und einem Revolutionsrat, die in vieler Hinsicht das zukünftige System der Räte vorwegnahm.

Am 15. Dezember wandte sich das Blatt bereits gegen die Aufständischen. Die lang erwartete Verstärkung in Form des Semjonowski-Regiments traf endlich aus St. Petersburg ein und begann, den Presnja-Bezirk unter Beschuß zu nehmen und Gebäude wahllos zu zerstören. Die Prochorow-Baumwollspinnerei und die Schmidt-Möbelfabrik, die dank ihrer linksgerichteten Besitzer zu Bastionen des Aufstands in der Presnja gemacht worden waren, wurden zwei Tage und Nächte lang beschossen, trotz Schmidts Bereitschaft, über eine Kapitulation zu verhandeln. Ein Großteil der Presnja wurde zerstört. Hausbrände gerieten außer Kontrolle. Als der Aufstand zusammenbrach, waren über tausend Personen getötet, die meisten davon Zivilisten, die im Kreuzfeuer getroffen oder in brennenden Gebäuden eingeschlossen waren. In den darauffolgenden Wochen begann die Regierung mit Massenverhaftungen und standrechtlichen Erschießungen brutal durchzugreifen. Arbeiterkinder wurden in Kasernen zusammengetrieben und von der Polizei verprügelt, »um ihnen eine Lektion zu erteilen«. Die Gefängnisse füllten sich, militante Arbeiter verloren ihre Stellen, und die sozialistischen Parteien wurden in den Untergrund getrieben. Langsam, und nur durch Terror, wurde die Ordnung wiederhergestellt.[67]

Der Moskauer Aufstand konnte das Banner der sozialen Revolution nicht hissen, aber er wirkte wie ein rotes Tuch auf den Stier der Konterrevolution. Witte sagte im April 1906 zu Polowzow, daß er nach dem Erfolg der Moskauer Repressionen all seinen Einfluß auf den Zaren verloren habe, so daß es Durnowo gegen seinen Protest gestattet werde, »mit brutalen und exzessiven, häufig vollkommen ungerechtfertigten Unterdrückungsmaßnahmen vorzugehen«. Im ganzen Land wurden die Sozialisten zusammengetrieben und ins Gefängnis geworfen oder ins Exil oder den Untergrund gezwungen. Semjon Kanattschikow, der 1905 eine führende Rolle in den revolutionären Organisationen der Bolschewiki von Moskau und Petersburg gespielt hatte, wurde zwischen 1906 und 1910 nicht weniger als dreimal verhaftet und ins Gefängnis gesteckt, worauf er zu lebenslänglicher Verbannung in Sibirien verurteilt wurde. Die gerade erst gewonnenen Freiheiten der sozialistischen Parteien waren wieder verloren, da das alte Polizeiregime wiederhergestellt wurde. Zwischen 1906 und 1909 wurden über 5000 »Politische« zum Tode verurteilt und weitere 38 000 entweder inhaftiert oder zu Zwangsarbeit verurteilt. In den baltischen Provinzen durchkämmten Strafeinheiten der Armee Städte und Dörfer. Während einer sechsmonatigen Terrorkampagne, die im Dezember begann, exekutierten sie 1200 Personen, zerstörten Zehntausende Gebäude und peitschten Tausende Arbeiter und Bauern aus. Der Zar war über die Operation hocherfreut und pries den befehlshabenden Offizier, er habe »großartig gehandelt«. In Rußland selbst zögerte die Regierung nicht, einen Terrorkrieg gegen das eigene Volk zu beginnen. In den Regionen der Bauernrevolten wurden ganze Dörfer von der Armee zerstört, und Tausende von Bauern kamen ins Gefängnis. Als es in den Gefängnissen der Landkreise keinen Platz mehr gab, erging der Befehl, die schuldigen Bauern statt dessen zu erschießen. »Mit Verhaftungen allein werden wir unsere Ziele nicht erreichen«, schrieb Durnowo seinen Provinzgouverneuren im Dezember. »Es ist unmöglich, Hunderttausende zu verurteilen. Ich schlage vor, die Aufständischen zu erschießen und in Fällen von Widerstand ihre Häuser niederzubrennen.« Das Regime wollte den Willen der Bauern brechen, indem es sie demütigte und zur Unterwerfung prügelte. Ganze Gemeinden wurden gezwungen, ihre Mützen und Schals abzunehmen und sich wie Sklaven vor den Kosakentruppen niederzuwerfen. Die Verhöroffiziere ritten sodann durch die Reihen, schlugen die Bauern auf den Rücken, wann immer ihnen deren Antworten mißfielen, bis sie ihre Anführer für die standrechtliche Erschießung preisgaben. Die Kosaken, die man freigebig mit Wodka versorgt hatte, begingen furchtbare Grausamkeiten an der Dorfbevölkerung. Frauen und Mädchen wurden vor den Augen der Männer vergewaltigt. Ohne auch nur den Anschein einer Gerichtsverhandlung wurden Hunderte von Bauern an Bäumen aufgehängt. Alles in allem schätzt man, daß das Zarenregime zwischen Mitte Oktober 1905 und der Eröffnung der Ersten Staatsduma im April 1906 etwa 15 000 Personen exekutiert, mindestens 20 000 erschossen oder verwundet und 45 000 deportiert oder ins Exil geschickt hat.[68] Das war alles andere als ein verheißungsvoller Auftakt für die neue parlamentarische Ordnung.

Während der Niederschlagung des Moskauer Aufstands wurde Gorkis Wohnung von Schwarzhunderten geplündert, und er mußte nach Finnland fliehen. »Ich lebe in der Nähe eines Wasserfalls, tief in den Wäldern an den Ufern des Saimaa-Sees«, schrieb er seiner geschiedenen Frau Jekaterina am 6. Januar. »Es ist wunderschön hier, wie ein Märchen.«[69] Bei dem neuen politischen Klima wäre es reiner Selbstmord für ihn gewesen, nach Rußland zurückzukehren. Die Regierung setzte alles daran, ihn zu verunglimpfen. Witte bezahlte sogar einen Korrespondenten des Londoner *Daily Telegraph* – einer Zeitung, die nicht gerade für ihre Fairneß gegenüber der Linken bekannt ist – damit dieser die Verleumdung verbreitete, Gorki sei ein Antisemit. Nichts hätte weiter von der Wahrheit entfernt sein können. Gorki verachtete den weitverbreiteten Antisemitismus seiner Tage und sah darin ein Symptom von Rußlands Rückständigkeit. Die Tatsache, daß Pogrome häufig Ausdruck revolutionärer Impulse im Volk waren, sollte eine seiner Ängste im Zusammenhang mit der Revolution werden.

Im Frühjahr 1906 begab sich Gorki mit seiner Lebensgefährtin, der Schauspielerin Maria Andrejewa, auf eine Schiffsreise nach Amerika. Zunächst wurde er im Land der Freien als ein Verfechter des Kampfs gegen tyrannische Monarchen willkommen geheißen. Den Amerikanern wie den Franzosen erschien Gorki als eine moderne Version ihrer eigenen republikanischen Heroen. Jubelnde Massen begrüßten sein Schiff, als es in New York anlegte, und Mark Twain sprach bei einem Bankett zu seinen Ehren. Doch der Arm der zaristischen Polizei war wirklich sehr lang, und als die amerikanische Presse von ihr informiert wurde, daß die Frau, die mit Gorki reiste, nicht seine Ehefrau war, gab es öffentliche Empörung. Zeitungen beschuldigten Gorki, er verbreite zügellose Anarchie im Land der Gerechten. Mark Twain weigerte sich, noch einmal mit ihm aufzutreten, und wütende Protestierer verhinderten, daß er noch weitere öffentliche Reden hielt. Als Gorki und Andrejewa eines Abends in ihr Hotel zurückkehrten, entdeckten sie, daß ihre Koffer gepackt worden waren und in der Lobby auf sie warteten. Der Manager erklärte, daß er den guten Ruf seines Hauses nicht riskieren könne, indem er ihnen ein Bett für die Nacht überließe. Kein anderes Hotel in Manhattan wollte das unmoralische Paar aufnehmen, und sie mußten im Haus der Martins Zuflucht suchen, eines toleranten Ehepaars auf Staten Island.[70]

* * *

Welches waren die Lektionen von 1905? Obgleich das zaristische Regime erschüttert worden war, zum Einsturz hatte man es nicht gebracht. Die Gründe dafür waren klar genug. Erstens waren die verschiedenen Oppositionsbewegungen – die städtische Bevölkerung und die Arbeiter, die Bauernrevolution, die Meutereien in den Streitkräften und die nationalen Unabhängigkeitsbewegungen – alle ihrem eigenen Rhythmus gefolgt und hatten es nicht fertiggebracht, sich politisch zusammenzuschließen. Das sollte im Februar 1917 anders sein, als die Duma und der Rat die wichtige Rolle der Koordination übernahmen. Zweitens blieben die Streitkräfte trotz der Flut von Meutereien loyal und unterstützten das Regime dabei, sich zu stabilisieren. Auch das sollte künftig anders sein – denn im Februar 1917 liefen die entscheidenden Einheiten von Heer und Marine rasch zur Seite des Volks über. Drittens gab es im Gefolge des Oktobersieges innerhalb des revolutionären Lagers eine verhängnisvolle Spaltung in Liberale und Demokraten einerseits, die vornehmlich an politischen Reformen interessiert waren, und Sozialisten und ihre Gefolgsleute andererseits, die weiter energisch auf eine soziale Revolution drängten. Dem zaristischen Regime war es mit der Proklamation des Oktobermanifests gelungen, einen Keil zwischen die Liberalen und die Sozialisten zu treiben. Niemals wieder würden die Massen Rußlands die demokratische Bewegung für eine Verfassung so unterstützen, wie sie es 1905 getan hatten.

»Die Reaktion triumphiert – aber ihr Sieg kann nicht von langer Dauer sein«, schrieb Gorki einem Freund, ehe er New York verließ. Tatsächlich konnte das Regime, obgleich es die Ordnung wiederherstellen konnte, nicht darauf hoffen, das Rad der Geschichte zurückzudrehen. Das Jahr 1905 hatte die Gesellschaft für immer verändert. Es war eine einschneidende Erfahrung für alle, die es erlebt hatten. Viele der jüngeren Genossen von 1905 waren die erfahrenen von 1917. Sie wurden von der Erinnerung daran inspiriert und durch seine Lektionen unterwiesen. Der Dichter Boris Pasternak (1890–1960) faßte die Bedeutung für seine Generation in dem Gedicht »1905« zusammen:

*Diese Finsternis unter Waffen*
*ist vergraben*
*in den Halbschlaf*
*des Streiks.*
*Diese Nacht*
*ist unsere Kindheit*
*und die Jugend unserer Lehrer.*[71]

Das russische Volk – und auch viele der Nichtrussen – gewann 1905 neue politische Freiheiten, und die konnten nicht einfach so zurückgenommen werden, bloß weil das Regime die Macht wieder fest im Griff hatte. Der Boom im Zeitungs- und Zeitschriftenwesen, die Einberufung der Duma, die Gründung politischer Parteien und die Zunahme an öffentlichen Institutionen – all das stellte sicher, daß die Politik nicht länger das ausschließliche Feld des Staates war, sondern öffentlich diskutiert werden mußte, selbst wenn die eigentlichen Machthebel weiterhin fest in der Hand des Zaren blieben.

Die Masse des Volks konnte, nachdem sie erst einmal diese neuen Freiheiten genossen hatte, nie wieder ihr Vertrauen in den Zaren setzen. Nur die Angst hielt sie zurück. Bernard Pares zitiert eine Unterhaltung, die er 1907 mit einem russischen Bauern führte. Der Engländer hatte den Mann gefragt, was seiner Ansicht nach in den letzten fünf Jahren die wichtigste Veränderung im Lande gewesen sei. Nach einigem Nachdenken antwortete der Bauer: »Vor fünf Jahren hat es sowohl den Glauben [an den Zaren] als auch die Furcht gegeben. Jetzt ist der Glaube verschwunden, und nur noch die Furcht ist geblieben.«[72]

Es war nicht einfach nur der Stimmungswandel in der Bevölkerung, der eine Rückkehr zur vorrevolutionären Ordnung unmöglich machte. Zu viele der institutionellen Stützen des Regimes hatten den Willen zur Macht verloren. Selbst die Gefängnisse, das letzte Machtmittel der Autokratie, waren inzwischen vom neuen liberalen Geist infiziert. Als Miljukow, der Führer der Kadetten, im August 1905 in das Kresty-Gefängnis gesperrt wurde, stellte er fest, daß sogar der Gefängnisdirektor »alle Symptome von Liberalismus« zeige. »Er machte mich mit der Gefängnisordnung bekannt und besprach mit mir, wie man die Arbeit der Gefangenen, ihre Unterhaltung und die Führung der Gefängnisbibliothek organisieren sollte.« Auch Trotzki empfand das Gefängnisregime in der Peter-Pauls-Festung als locker:

> *[...] die Zellen wurden am Tage nicht geschlossen, die Spaziergänge waren gemeinsam. Stundenlang spielten wir begeistert Bockspringen. [...] Meine Frau besuchte mich zweimal die Woche. Die wachhabenden Gefängnisaufseher sahen durch die Finger, wenn wir Briefe und Manuskripte austauschten. Einer von ihnen, schon ein älterer Mensch, zeigte uns sein besonderes Wohlwollen. Ich schenkte ihm auf seine Bitte hin mein Buch und meine Fotografie mit einer Widmung. »Meine Töchter sind Studentinnen«, flüsterte er mir verzückt zu und blinzelte geheimnisvoll mit dem Auge. Ich traf ihn nach der Oktoberrevolution wieder und tat für ihn, was ich in jenen hungrigen Jahren tun konnte.*

Seine Gefängniswärter in diesem Hochsicherheitsgefängnis erlaubten ihm, die neuesten sozialistischen Schriften neben Stapeln von französischen und deutschen Romanen zu empfangen, die er »mit einem solchen physischen Lustgefühl [verschlang], wie Gourmets einen feinen Wein schlürfen oder an einer duftenden Zigarre ziehen«. Es gelang ihm sogar während seines Gefängnisaufenthalts, eine Geschichte des Petersburger Rats und einige andere revolutionäre Propagandaschriften zu verfassen. »Ich fühle mich glänzend«, scherzte er gern mit seinen Besuchern, »ich sitze, arbeite und bin unter allen Umständen vor einer Verhaftung sicher.« Als er die Festung verließ, geschah dies, wie er sich später erinnerte, »mit einem Gefühl des leichten Bedauerns«. Es gibt ein Foto von Trotzki in seiner Zelle. Mit seinem schwarzen Anzug, dem weißen Hemd mit steifem Kragen und den gut gebürsteten Schuhen hätte man nach den Worten Isaac Deutschers eher geglaubt, »die Fotografie eines wohlhabenden westeuropäischen Intellektuellen vom *fin de siècle* vor sich zu haben, der sich zu einer etwas formellen Festlichkeit einfindet, und nicht die eines Revolutionärs, der in der Peter-Pauls-Festung auf seinen Prozeß wartet. Lediglich die nüchterne, kahle Mauer und das Guckloch in der Türe bieten einen Hinweis auf den wirklichen Hintergrund.«[73]

Mit seinem üblichen Auftrumpfen verwandelte Trotzki den Prozeß gegen die 51 Räteführer in eine brillante Propaganda-Übung gegen das zaristische Regime. Der Prozeß begann im Oktober 1906. Jeden Tag wurde das Gericht überschüttet mit Bittschriften, Briefen und Essens- und Blumenkörben, die von Gönnern für die Angeklagten geschickt wurden. Der Gerichtssaal ähnelte allmählich einem Blumenladen. Die Angeklagten und ihre Anhänger auf der Publikumsgalerie trugen Blumen im Knopfloch und an ihren Kleidern. Die Anklagebank war blütenbedeckt. Der Richter hatte nicht den Mut, diese duftende Demonstration zu beseitigen, und die demoralisierten Gerichtsdiener mußten, so gut sie konnten, mit der wachsenden Flut von Zusendungen fertigwerden. Einmal erhoben sich die Angeklagten, um einen ihrer Genossen zu ehren, der kurz vor der Gerichtsverhandlung hingerichtet worden war. Selbst die Anklagevertreter fühlten sich verpflichtet, für eine Schweigeminute aufzustehen.

Trotzki wurde gebeten, für die Verteidigung zu sprechen. Er verwandelte die Anklagebank in ein revolutionäres Tribunal, indem er dem Gericht die Rechtmäßigkeit des Arbeiteraufstands predigte und dabei gelegentlich anklagend auf den Richter hinter sich wies. Seine Rede stellte die Anklage auf den Kopf: Die Räteführer hätten die Arbeiter nicht zum Aufstand verführt, sondern seien ihnen gefolgt, und wenn sie des Verrats schuldig wären, dann wären es auch Tausende von Arbeitern, die ebenfalls vor Gericht gestellt werden müßten. Die politische Ordnung, gegen die sie sich erhoben hätten, sei nicht die »nationale Regierungsgewalt«, wie Trotzki argumentierte, »sondern ein Apparat für den Massenmord [...]. Und wenn Sie mir sagen, daß die Pogrome, die Brandstiftungen, die Gewalttätigkeiten [...] die Regierungsform des Russischen Reichs darstellen, dann – ja, dann erkenne ich zusammen mit der Anklage an, daß wir uns im Oktober und November gegen die Regierungsform des Russischen Reichs bewaffnet haben.«[74] Als er die Anklagebank verließ, gab es einen Sturm der Emotionen. Die Verteidiger umringten ihn und wollten ihm die Hand schütteln.* Sie hatten einen klaren

* Darunter ironischerweise A. A. Sarudny, der 1917 als Justizminister in der Regierung Kerenski Trotzki wegen Landesverrats ins Gefängnis stecken sollte.

moralischen Sieg errungen. Am 2. November sprachen die Geschworenen das Urteil: Alle Räteführer außer 15 wurden freigelassen. Trotzki und 14 andere jedoch wurden an den Polarkreis verbannt.

Für die Bauern und Arbeiter waren diese neuen politischen Freiheiten von nur geringem unmittelbarem Interesse. Auf keine ihrer Forderungen nach sozialen Reformen war man eingegangen. Die Erfahrung von 1905 lehrte sie, sich auf die soziale Revolution einzustellen und nicht der politischen Führung der Liberalen zu folgen. Ihre Enttäuschung wuchs noch mit den Mißerfolgen der Duma-Jahre. Die Kluft, die sich durch die Polarisierung der Oppositionsbewegung nach dem Oktobermanifest zwischen den konstitutionellen Idealen der liberalen besitzenden Klassen und den sozioökonomischen Mißständen bei der Masse der Arbeiter und Bauern aufgetan hatte, wurde tiefer: An der Alternative politische oder soziale Revolution trennten sich die Wege.

Die Arbeiter kehrten in ihre Fabriken zurück, um dort festzustellen, daß das alte Fabrikregime immer noch intakt war. Nachdem sie ihre Bosse für kurze Zeit herumgehetzt hatten, mußten ihnen jetzt die brutalen Bedingungen noch unerträglicher erscheinen. Mit der Unterdrückung der sozialistischen Bewegung gerieten die Organisationen der Arbeiterklasse in Bedrängnis und Isolation. Und doch wuchs mit jedem Monat die Zahl der politisierten Arbeiter, die bereit und willig waren, sich ihnen anzuschließen.

Die Bauern waren ihrerseits frustriert, aber nicht besiegt in ihrem Kampf um das Land der Gutsbesitzer. Als diese auf ihre Ländereien zurückkehrten, stellten sie einen Wandel in der Stimmung der Bauern fest. Ihre alte Unterwürfigkeit war verschwunden und hatte einer mürrischen Grobheit im Verhalten gegenüber ihren Herren Platz gemacht. »Statt der früheren Höflichkeit, Freundlichkeit und Demut der Bauern«, bemerkte ein Gutsherr, als er 1906 auf seinen Besitz in Samara zurückkehrte, »sah man nur Haß auf ihren Gesichtern, und die Art, wie sie grüßten, unterstrich diese Grobheit noch.« Ein anderer beobachtete, als er 1908 auf sein Gut in Tula kam:

> *Äußerlich schien alles wieder zur Normalität zurückgefunden zu haben. Aber etwas Grundsätzliches, Irreparables war in den Menschen selbst geschehen. Ein allgemeines Gefühl der Angst hatte alles Vertrauen untergraben. Nach einem Leben in Sicherheit – niemand verschloß je abends seine Türen oder Fenster – versahen sich die Adligen mit Waffen und machten persönlich die Runde, um ihre Sicherheitsmaßnahmen zu überprüfen.*

Viele Adlige klagten über eine Zunahme der Kriminalität, des Vandalismus und »Hooliganismus« der Bauern. Immer wieder stießen sie auf zerstörte Gutsgebäude und Maschinen oder mußten sich um wahnsinnig gewordene Töchter kümmern, die von den Dorfbewohnern vergewaltigt worden waren. Dieses neue militante

Vorgehen, diese Ungeduld mit den Adligen spiegelte sich in Dorfliedern wie diesem von 1912:

*Nachts stolziere ich herum,*
*Kein Reicher läuft mir über den Weg.*
*Soll es nur einer versuchen,*
*Dem schraub ich den Kopf verkehrt herum an.*[75]

Die Revolution enthüllte den tiefen Haß der Bauern auf die Gutsbesitzer in gräßlicher Weise. Sie waren aufgebracht, weil sie das Land, das sie in den »Tagen der Freiheit« kurz übernommen hatten, wieder zurückgeben mußten. Durch feindselige Blicke und kleinere Akte von Vandalismus machten sie deutlich, daß das Land »ihnen« gehörte und daß sie es wieder einfordern würden, sobald das alte Regime erneut geschwächt sei.

Die Provinzadligen, von denen viele die liberale Reformbewegung 1904/05 unterstützt hatten, zogen sich nun meistens zurück oder wurden stramme Anhänger der Reaktion. Viele erschraken vor der bäuerlichen Gewalt und verkauften ihre Güter, um in die Stadt zurückzuziehen: Zwischen 1906 und 1914 wurde so ein Fünftel des adligen Landes an die Bauern veräußert, in den rebellischsten Gegenden war es 1905/06 nahezu ein Drittel. Doch unter der Mehrheit, die sich dafür entschied, auf dem Land zu bleiben, wuchs die Entschlossenheit, ihre Eigentumsrechte zu verteidigen. Sie forderten lautstark die Wiederherstellung von Recht und Ordnung. Einige lokale Gutsbesitzer stellten eigene Privatarmeen ein, um ihre Güter vor Vandalismus und Brandstiftung zu schützen. Besonders von den größten schlossen sich viele dem Vereinigten Adel und den anderen Gutsbesitzerorganisationen an, die nach 1905 gegründet wurden. Diese »adlige Reaktion« spiegelte sich in der veränderten Natur der Semstwos, die sich von liberalen Institutionen zu Säulen des Konservativismus wandelten. In ihren liberalen Tagen hatten sich die Semstwos darum bemüht, die Situation für die Bauern zu verbessern, aber nach 1905 konzentrierten sie sich immer stärker auf die Bedürfnisse des Adels. Selbst der liberal gesinnte Fürst Lwow wurde im Winter 1905/06 aus dem Provinzausschuß des Tulaer Semstwos abgewählt und mußte sich wieder als städtischer Delegierter behaupten. Graf Bobrinski, der Führer des Vereinigten Adels und ironischerweise Lwows Schwager, verurteilte ihn als einen »gefährlichen Liberalen«.[76]

Die Gutsbesitzer waren nicht die einzigen, die die unteren Klassen mehr und mehr fürchteten. Die wohlhabende Gesellschaft generell hatte sich der erschrekkenden Realität einer gewaltsamen Revolution stellen müssen, und die Aussicht, sie könnte erneut ausbrechen – und zweifellos noch gewalttätiger –, erfüllte ihre Mitglieder mit Schrecken. Die nächste Revolution, das schien jetzt klar, würde kein unblutiges Fest der Freiheit, Gleichheit und Brüderlichkeit sein. Sie würde als ein schrecklicher Sturm aufziehen, ein gewaltsamer Ausbruch der unterdrückten

Wut und des Hasses der Besitzlosen, der die alte Zivilisation hinwegfegte. Hier war wieder die furchteinflößende Vision von Dichtern wie Blok und Bely, die Rußland nach 1905 als einen aktiven und instabilen Vulkan porträtierten.

Solche Befürchtungen äußerten sich nach 1905 in dem immer finsterer werdenden Ton, in dem die Bourgeoisie vom »Mob« sprach. Statt der früheren freundlichen Herablassung gegenüber den städtischen Armen als einem »bunten Haufen, der Mitleid verdient«, wuchs jetzt die Angst vor dem, was Bely den »vieltausendköpfigen Schwarm« nannte. Boulevardpresse und Zeitschriften lieferten den Stoff für diese wachsende moralische Panik der Bourgeoisie und brachten Leitartikel über den Zusammenbruch der gesellschaftlichen Ordnung, Jugendkriminalität, Überfälle auf die Wohlhabenden, Respektlosigkeit gegenüber der Obrigkeit und sogar über die Promiskuität in der Arbeiterklasse. Mehr und mehr wurde jedes »grobe« Benehmen der unteren Klassen als aggressiv angesehen und als *chuliganstwo,* als »Hooliganismus«, verdammt – wie im übrigen auch die organisierten Arbeiterproteste, die die liberale Gesellschaft in früheren Jahren mit einiger Sympathie betrachtet hatte. Mit anderen Worten, in den Köpfen der angesehenen Klassen wurde nicht mehr klar zwischen kriminellem Hooliganismus und gewalttätigem, aber berechtigtem Protest unterschieden. Die Revolution von 1905 wurde nun rundweg als eine Form des »Wahnsinns« verdammt, als eine »psychische Epidemie«, wie es ein Psychologe ausdrückte, die nur die »niederen Instinkte« des Mobs geweckt habe. Es gab weniger Mitleid für die Armen auf seiten dieser verschreckten Bourgeoisie, was sich im Rückgang der Spenden für karitative Zwecke spiegelte.[77]

Als liberales Gewissen ihrer Klasse quälten sich die Kadetten mit dem Dilemma, das sich aus dieser wachsenden Bedrohung durch Gewalt für ihre Unterstützung der Revolution ergab. Einerseits waren sie in ein Bündnis mit der Straße hineingezogen worden, wenn auch nur, weil sie keine politischen Alternativen hatten. Und wie sie selbst verkündeten, gab es »keine Feinde bei der Linken«. Doch andererseits waren die meisten Kadetten Bürgerliche, sowohl ihrem sozialen Status als auch generell ihrer Weltanschauung nach, und als solche waren sie entsetzt über jede weitere Gewalt von der Straße. Wie Trubezkoi im November warnte:

> *Die Welle von Anarchie, die von allen Seiten auf uns zurollt und zur Zeit die rechtmäßige Regierung bedroht, würde rasch jede revolutionäre Regierung hinwegfegen: Die verbitterten Massen würden sich dann gegen die wahren oder vermeintlichen Schuldigen wenden, sie würden die Vernichtung der gesamten Intelligenzija suchen, sie würden anfangen, unterschiedslos jeden, der deutsche Kleidung trägt [d. h. wohlgekleidet ist], abzuschlachten.*[78]

Die meisten Kadetten kamen inzwischen zu dem Schluß, daß sie eine Revolution überhaupt nicht wollten. Sie waren intelligent genug, um zu erkennen, daß sie selbst die nächsten Opfer sein würden. Bei ihrer zweiten Konferenz im Februar 1906 verurteilte die Partei der Kadetten die Streiks, den Moskauer Aufstand und die Landaneignungen vom vorangegangenen Herbst. Dann atmete sie erleichtert auf: ihre unehrenhafte Verbindung mit der Revolution war schließlich zu einem Ende gebracht worden.

Diese Abwendung von den Massen war nirgends deutlicher sichtbar als in der Intelligenzija. Die Niederlage der Revolution von 1905 und die Gefahr einer neuen und gewaltsameren sozialen Revolution riefen ganz unterschiedliche Reaktionen bei den Schriftstellern und Publizisten hervor, die immer für »die Sache des Volks« eingetreten waren. Viele waren desillusioniert und gaben die Politik für bequemere Karrieren in der Justiz und der Geschäftswelt auf. Sie ließen sich nieder, wurden fett und selbstgefällig und sahen mit Verwunderung auf ihre Zeit als linksgerichtete Studenten zurück. Andere gaben die politische Diskussion um ästhetischer Betätigung willen auf, für ein Boheme-Leben, für Diskussionen über Sprache und Sexualität oder esoterisch-mystische Philosophie. Es war der Höhepunkt des exotischen und prätentiösen Intellektualismus. Besonders der religiöse Idealismus eines Wladimir Solowjow gewann an Einfluß bei symbolistischen Dichtern wie Blok, Mereschkowski und Bely oder auch bei Philosophen wie Semjon Frank, Sergej Bulgakow und Nikolai Berdjajew, die den Materialismus der marxistischen Intelligenzija ablehnten und den Primat moralischer und geistiger Werte wieder geltend zu machen suchten. Gemeinsam war all diesen Trends eine tiefe Sorge über die Aussichten für den liberalen Fortschritt in Rußland.

Allgemein herrschte das Gefühl vor, daß die russische Zivilisation dem Untergang geweiht sei. In Belys Roman *Petersburg* (1913) ist eine der Figuren eine Bombe. Furcht und Abscheu vor den »finsteren« Massen lagen an der Wurzel dieses Kulturpessimismus. »Das Volk« hatte seine abstrakte Reinheit verloren: 1905 hatte es sich benommen wie gewöhnliche Menschen, die von Neid, Haß und Gier getrieben sind. Auf so einer Grundlage konnte man keine neue Zivilisation aufbauen. Selbst Gorki, der selbsternannte Fürsprecher des einfachen Mannes, formulierte eindrücklich seine tiefen Ängste. »Sie haben 666mal recht«, schrieb er einem literarischen Freund im Juli 1905, »[die Revolution] gebiert wahre Barbaren, genau wie die, die Rom verwüstet haben.«[79] Von diesem Zeitpunkt an war Gorki von der Furcht – und nach 1917 von der schrecklichen Gewißheit – geplagt, daß die »Revolution des Volks«, für die er sein Leben lang gekämpft hatte, die russische Zivilisation zerstören würde.

Viele dieser Themen waren in *Wechi* (»Wegmarken«) gebündelt, einer Essaysammlung, 1909 von einer Gruppe Philosophen veröffentlicht, die die radikale Intelligenzija und ihre Rolle in der Revolution von 1905 kritisch betrachtete. Die Essays entfachten eine stürmische Kontroverse – nicht zuletzt weil alle ihre Autoren makellose Referenzen der Intelligenzija hatten (d. h. politisch radikal waren) –, die in sich symptomatisch war für den Stimmungsumschwung in der Intelligenzija hin zu Zweifel und Selbstzweifel. Viel Aufregung wurde durch die Art und Weise verursacht, wie der Revolutionär dargestellt war – was Boris Sawinkow in seinem Roman *Das fahle Pferd* (1909) aufgreift –, nämlich als verkrüppelte Persönlichkeit mit pathologischem Zerstörungstrieb, amoralischer Gewalttätigkeit und Grausamkeit und dem Streben nach persönlicher Macht. Der Kult des revolutionären Helden gehörte so wesentlich zur Identität der Intelligenzija, daß eine solche Demontage sie in eine existentielle Krise stürzen mußte. In einem der *Wechi*-Essays verurteilte Struwe die Intelligenzija, weil sie nicht erkannt habe, daß man nach dem Oktobermanifest beim Aufbau einer Rechtsordnung mit dem Staat hätte kooperieren müssen. Solange sie nicht auf ihre übliche revolutionäre Opposition verzichte und statt dessen versuche, die Massen Achtung vor dem Gesetz zu lehren, bleibe der zaristische Staat der einzig wahre Schutz vor der drohenden Anarchie.

Frank und Berdjajew argumentierten, daß atheistische und materialistische Einstellungen die Intelligenzija dazu verführt hätten, absolute Wahrheiten und moralische Werte dem »Wohle des Volks« unterzuordnen. Mit diesem utilitaristischen Prinzip kämen die Revolutionäre schließlich dahin, die Gesellschaft in Opfer und Unterdrücker zu unterteilen, und aus der großen Liebe zur Menschheit entstünden ein großer Haß und der Wunsch nach Rache an bestimmten Menschen. B. A. Kistjakowski verurteilte bei der radikalen Intelligenzija die Neigung, den »Formalismus« der Gesetze aufzugeben, weil sie der inneren Gerechtigkeit »des Volks« unterlegen seien. Das Gesetz, so argumentierte Kistjakowski, sei ein absoluter Wert, die einzig wirkliche Garantie für Freiheit, und jeder Versuch, es den Interessen der Revolution unterzuordnen, müsse in Despotie enden. Ein anderer Essayist, A. S. Isgojew, machte sich über das infantile linke Getue der Studenten lustig, die die Regierung für alle Übel verantwortlich machten und die extremsten Ansichten übernahmen, weil sie glaubten, das mache sie »edler«. Schließlich faßte Michail Gerschenson die Pflichten zusammen, mit denen die bedrohte Intelligenzija nun konfrontiert war:

> *Die Intelligenzija sollte aufhören, von der Befreiung des Volks zu träumen – wir sollten das Volk mehr fürchten als alle von der Regierung durchgeführten Exekutionen und dieser Regierung zujubeln, die uns immer noch allein mit ihren Bajonetten und Gefängnissen vor der Wut der Massen schützt.*[80]

* * *

Auf lange Sicht waren die Bolschewiki die wahren Sieger der Revolution von 1905. Nicht daß sie eigentlich stärker als ihre Rivalen daraus hervorgegangen wären; in vieler Hinsicht hatten sie vergleichsweise mehr unter den Repressionen nach 1905 zu leiden und hätten vielleicht die nächsten zwölf Jahre gar nicht überlebt, wäre da nicht die finanzielle Unterstützung so wohlhabender Gönner wie Gorki gewesen.

Die wenigen Schlupflöcher, die für die sozialistische Presse und die Gewerkschaften blieben, wurden von den Menschewiki besser genutzt, deren beherrschender rechter Flügel (die sogenannten Liquidatoren) alle Untergrundaktivitäten einstellte, um sich auf den Aufbau legaler Organisationen zu konzentrieren. 1910 gab es keine einzige Untergrundzeitung mehr in Rußland. Von den 10 000 Sozialdemokraten, die im Lande geblieben waren, waren weniger als 10 Prozent Bolschewiki. Massenverhaftungen, das Exil ihrer Führer und die ständige Überwachung durch die Polizei machten die Bolschewiki zu einer winzigen Untergrundsekte. Und die wurde so sehr durch die Ochrana unterwandert, daß mehrere von Lenins vertrautesten Statthaltern sich später als Polizeispitzel entpuppten, einschließlich beider Sekretäre des Petersburger Exekutivkomitees und des Führers der bolschewistischen Fraktion in der Vierten Duma, Roman Malinowski.

Auch waren die Bolschewiki keineswegs immun gegen die Spaltungen, die alle sozialistischen Parteien nach 1905 lahmlegten, trotz des sowjetischen (und antisowjetischen) Mythos einer vereinigten Partei unter Lenins Kommando. Wie bei den Menschewiki und Sozialrevolutionären wurde auch bei den Bolschwiki am hitzigsten über den Einsatz von legalen bzw. illegalen Methoden debattiert. Alle Bolschwiki waren sich über den Primat des revolutionären Untergrunds einig. Aber manche, wie Lenin, wollten auch die verfügbaren legalen Kanäle wie Duma und Gewerkschaften ausnutzen, und sei es nur als »Front« für ihre eigene Massenagitation, während andere, wie Bogdanow, Lenins Mitbegründer der bolschewistischen Fraktion, argumentierten, daß das nur die Arbeiter darin bestärken würde, an »konstitutionelle Illusionen« zu glauben. In diesen Konflikt waren noch zwei weitere Streitfragen vermengt: die umstrittene bolschewistische Praxis der »Expropriationen« (d. h. des Bankraubs) zur Finanzierung ihrer Aktivitäten und der Wunsch vieler Bolschewiki, vor allem an der Basis, die beiden sozialdemokratischen Splittergruppen mögen ihre Differenzen beilegen und sich wieder vereinigen.

Doch die Folgen von 1905 waren so, daß sie Menschewiki und Bolschewiki noch weiter voneinander entfernten als der Parteikongreß von 1903. Erst nach 1905 entstanden aus den beiden rivalisierenden Flügeln der sozialdemokratischen Bewegung zwei unterschiedliche Parteien, jede mit ihrer eigenen politischen Kultur, Ethik, Philosophie und Methodik. Lenins taktische Kniffe waren dabei von großer Bedeutung. Die Grundsätze der politischen Philosophie der Bolschewiki waren bereits 1903 aufgestellt worden, aber erst nach 1905, als Lenin die praktischen Lektionen der fehlgeschlagenen Revolution verarbeitet hatte, begannen ihre einzigartigen strategischen Merkmale sich herauszubilden. Daher Lenins Verweis, 15 Jahre später, auf die Revolution von 1905 als eine »Kostümprobe« für die bolschewistische Machtergreifung.[81]

Wie es Lenin später sehen sollte, waren 1905 drei Dinge deutlich geworden: der Bankrott der »Bourgeoisie« und ihrer liberalen Parteien als einer revolutionären

Kraft, das immense revolutionäre Potential der Bauern und schließlich die Fähigkeit der Nationalbewegungen in den Grenzregionen, das Reich tödlich zu schwächen. Er sprach sich dafür aus, mit der orthodox marxistischen These zu brechen – die die meisten Menschewiki für einen Glaubenssatz hielten –, daß ein rückständiges Land wie Rußland erst eine »bürgerlich-demokratische Revolution«, gefolgt von mehreren Jahrzehnten kapitalistischer Entwicklung, durchlaufen müsse, ehe seine Arbeiterklasse genügend fortgeschritten wäre, um die Macht zu übernehmen und ein sozialistisches System einzuführen. Lenin behauptete, es sei nicht wahr, daß die Arbeiter der Führung der liberalen »Bourgeoisie« folgen müßten, wenn sie den Zarismus stürzten, denn sie könnten ja ihre eigene revolutionäre Regierung im Bündnis mit den Bauern und den nationalen Minderheiten bilden. Dieser Gedanke einer Autonomie der Arbeiterklasse sollte eine mächtige Waffe in der Hand der Bolschewiki werden. Als die Arbeiter nach 1912 ihre Streiks und Proteste wiederaufnahmen, wandten sie sich mehr und mehr der Führung der Bolschewiki zu, denn deren Unterstützung militanter Aktionen gegen die »Bourgeoisie« entsprach nach den Ereignissen von 1905 ihrem eigenen wachsenden Gefühl von Solidarität in der Arbeiterklasse.

Trotzki machte einen ähnlichen Gedanken in seiner Theorie der »permanenten Revolution« geltend, die er von dem marxistischen Theoretiker Parvus übernommen und aus seiner Analyse der Revolution von 1905, *Ergebnisse und Perspektiven*, weiterentwickelt hatte. Obgleich er immer noch Menschewik war (Stolz hinderte ihn daran, Lenins Partei beizutreten), paßte seine Theorie besser zum revolutionären Bolschewismus, dem er sich 1917 verschreiben sollte, als zur Hauptströmung des Menschewismus, wie sie Plechanow und Axelrod vertraten, die darauf beharrte, daß die bürgerliche Revolution eine Vorbedingung für den wahren Sozialismus sei. Die russische Bourgeoisie, so Trotzki, habe sich als unfähig erwiesen, die demokratische Revolution anzuführen. Und doch würde es diese Schwäche der Vertreter des Kapitalismus der Arbeiterklasse ermöglichen, ihre Revolution früher als in den fortgeschritteneren Ländern des Westens durchzuführen. Hier hatte man ein historisches Paradox zu einer Strategie erhoben. Zunächst einmal müsse die russische Revolution die Unterstützung der Bauern gewinnen, also der großen Mehrheit der Bevölkerung, indem sie ihnen erlaube, sich die Güter des Adels anzuzeignen. Doch je mehr sich die Revolution auf den Sozialismus zubewege und sich der Widerstand der »kleinbürgerlichen« Bauern verstärke, desto mehr hänge das weitere Fortschreiten von der Übertragung der Revolution auf die Industrienationen des Westens ab, ohne deren Unterstützung die sozialistische Ordnung sich nicht halten könnte. »Proletarier aller Länder, vereinigt euch!«

In diesem Aspekt seiner Theorie – und darin allein – blieb Trotzki ein Menschewik. Denn das einzige, was all die verschiedenen Richtungen des menschewistischen Credos nach 1905 einte, war der Glaube, daß, falls die sozialistische Revolution im Westen ausbliebe, der revolutionäre Kampf der russischen Arbeiterklasse ohne die Unterstützung oder zumindest die Neutralität der Bourgeoisie scheitern müßte. Das machte nach Ansicht der Menschewiki einen flexiblen Umgang mit den liberalen Parteien nach 1905 erforderlich; lag es doch in ihrem wechselseitigen Interesse, für die Demontage des despotischen Staats und die Errichtung einer Demokratie zu kämpfen. Die Jahre, in denen die Duma arbeitete, sollten als letzter Test für dieses Experiment einer politischen Reform dienen.

# 6 LETZTE HOFFNUNGEN

## PARLAMENTE UND BAUERN

Endlich, am 27. April 1906, wurde die Staatsduma eröffnet. Es war ein heißer und sonniger Tag, einer von vielen in einem ungewöhnlichen russischen Frühling, und es geschah mit einigem Unbehagen, daß Wladimir Obolenski, der gewählte Abgeordnete für den Kreis Jalta, sich in seinen alten Frack zwängte und mit dem Wagen zum Winterpalais fuhr, wo ein Empfang für die neuen Parlamentarier im Krönungssaal stattfinden sollte. Der Zar und die Duma-Abgeordneten betrachteten einander mit äußerstem Mißtrauen, jeder Seite widerstrebte es, die Macht mit den anderen zu teilen. So war das Ereignis auf beiden Seiten durch eine feindselige Haltung gekennzeichnet, als ob aller Pomp, das ganze Zeremoniell mit den Verbeugungen und Kniefällen in Wahrheit raffinierte Manöver in einer prunkvoll getarnten Schlacht wären.

Den ersten Sieg hatte Nikolai bereits für sich verbucht, da er die Abgeordneten zu sich kommen ließ, statt sich selbst zur Eröffnungszeremonie in die Duma zu begeben. Tatsächlich sollte es bis zum Februar 1916 dauern, daß der Zar in einer schweren politischen Krise schließlich geruhte, im Taurischen Palais, dem Sitz der Duma, zu erscheinen. Wie zur Betonung dieser kaiserlichen Oberhoheit war der Krönungssaal des Winterpalais für den Empfang der Parlamentsabgeordneten aufwendig ausgestattet. Der Thron war mit Hermelin drapiert, und zu seinen Füßen hatte man auf kleinen Gestellen Krone, Szepter, Siegel und Reichsapfel ausgestellt. Davor stand wie ein heiliger Schutzpatron die wundertätige Christusikone, feierlich bewacht von einem Gefolge aus der höheren Geistlichkeit. Die tiefen Bässe des Chores, der in golden-karminrote Soutanen gekleidet war, sangen Vers auf Vers von »Schütze den Zaren, Gott«, als sollten sie die Versammlung so lange daran hindern, sich zu setzen, bis auf dem Höhepunkt des Fanfarencrescendos die kaiserliche Prozession eintrat.

Auf der einen Seite des Saals hatten sich alle eingefunden, die im autokratischen Rußland Rang und Namen hatten: Staatsräte, Senatoren, Minister, Admiräle, Generäle und Mitglieder des Hofs, alle in ihren Galauniformen, die vor Orden und Goldtressen nur so strotzten. Ihnen gegenüber standen die parlamentarischen Führer des neuen demokratischen Rußland, eine bunte Versammlung von Bauern in Baumwollhemden und Röcken, Akademikern im Anzug, Mönchen und Priestern in Schwarz, Ukrainern, Polen, Tataren und anderen in farbenprächtigen Nationaltrachten und einer kleinen Gruppe Adliger in Abendgarderobe. »Die beiden feindlichen Seiten standen einander gegenüber«, erinnerte sich Obolenski. »Die alten Würdenträger bei Hofe, Hüter von Etikette und Tradition, blickten hoheitsvoll, wenn auch nicht ohne Furcht und Irritation, zu den ›Menschen der Straße‹ hinüber, die es durch die Revolution in das Palais verschlagen hatte, und flüsterten leise miteinander. Die andere Seite blickte mit nicht weniger Geringschätzung oder Verachtung zu ihnen hinüber.« Einer der sozialistischen Abgeordneten, ein großer Mann in Arbeitskleidung, musterte den Thron und die ihn umgebenden Höflinge mit offensichtlichem Abscheu. Als der Zar mit seinem Gefolge den Saal betrat, machte der Mann einen Schritt nach vorn und starrte sie verängstigt und haßerfüllt an. Einen Moment lang fürchtete man, er könnte eine Bombe werfen.

Als der Zar sich dem Thron näherte, ertönten vielstimmige Hochrufe auf Höflingsseite. Die Duma-Abgeordneten hingegen verharrten in völligem Schweigen. »Es war der natürliche Ausdruck unserer Gefühle gegen den Monarchen, der es in den zwölf Jahren seiner Regierung fertiggebracht hatte, das ganze Ansehen zu verspielen, das seine Vorgänger genossen hatten«, erinnerte sich Obolenski. Diese Gefühle beruhten auf Gegenseitigkeit: Nicht ein einziges Mal blickte der Zar zur Duma-Seite hinüber. Auf seinem Thron sitzend, hielt er eine kurze und nichtssagende Rede, in der er versprach, die Prinzipien der Autokratie »mit unerschütterlicher Festigkeit« aufrechtzuerhalten, und die Duma-Abgeordneten als »die besten Köpfe« seines Reichs grüßte, was offensichtlich nicht ehrlich gemeint war. Damit erhob er sich, um hinauszugehen. Die parlamentarische Ära hatte begonnen. Als die kaiserliche Prozession den Saal verließ, konnte man Tränen auf dem Gesicht der Mutter des Zaren, der Kaiserinwitwe, sehen. Es sei eine »schreckliche Zeremonie« gewesen, gestand sie später dem Finanzminister. Mehrere Tage lang habe sie sich nicht von dem Schock beruhigen können, so viele Bürgerliche innerhalb des Palastes zu sehen. »Sie sahen uns feindselig an, und ich konnte nicht anders, ich mußte ihre Gesichter beobachten, so sehr drückten sie einen merkwürdigen Haß gegen uns alle aus.«[1]

Diese zeremonielle Konfrontation war nur ein Vorgeschmack auf den kommenden Krieg. Man könnte die gesamte Periode der politischen Geschichte Rußlands zwischen den beiden Revolutionen von 1905 und vom Februar 1917 als Schlacht zwischen den kaisertreuen und den parlamentarischen Kräften charakterisieren. Zunächst, als sich das Land gerade von der revolutionären Krise erholte, konnte der Hof nicht umhin, der Duma Boden zu überlassen. Doch je mehr die Erinnerung an 1905 verblaßte, desto intensiver versuchte er, seine Macht zurückzugewinnen und die alte Autokratie zu restaurieren.

Die konstitutionellen Reformen von 1905/06 waren doppeldeutig genug, um beiden Seiten Grund zur Hoffnung zu geben. Nikolai hatte das Oktobermanifest nie als notwendige Beschränkung seiner autokratischen Privilegien akzeptiert. Nur widerstrebend und unter massivem Druck von Witte hatte er dem Manifest zugestimmt, um seinen Thron zu retten. Doch zu keiner Zeit hatte er geschworen, es auch wie eine »Verfassung« (das heikle Wort war nirgends erwähnt worden) in seinem Handeln zu achten; vielmehr blieb sein Krönungseid, die Prinzipien der Autokratie aufrechtzuerhalten, zumindest seiner Ansicht nach weiter in Kraft. Wie er es sah, war ihm die Oberhoheit als Zar immer noch direkt von Gott gegeben. Die mystische Basis der Zarengewalt, die sie unanfechtbar machte, war nach wie vor intakt. Es gab nichts in den neuen Grundgesetzen (die im April 1906 verabschiedet wurden), was auf ein neues Verständnis hingewiesen hätte, daß von nun an die Autorität des Zaren vom Volk ausging wie in den westlichen konstitutionellen Theorien.

Deshalb hatte Miljukow recht, als er (gegen den Rat der meisten seiner Kadettenkollegen) darauf bestand, daß Rußland erst dann eine echte Verfassung haben würde, wenn der Zar sie in Form eines neuen Treueeids ausdrücklich anerkannt hätte. Denn bis dahin mußte sich Nikolai nicht wirklich verpflichtet fühlen, die konstitutionellen Prinzipien seines Manifests einzuhalten, und die Duma hatte keine Möglichkeit, ihn daran zu hindern, zu den alten autokratischen Formen zurückzukehren, sowie die Krise vorbei war. Tatsächlich waren die Grundgesetze bewußt so formuliert, daß sie die Versprechen des Oktobermanifests erfüllten, während sie zugleich die Privilegien des Zaren wahrten. Sie zwangen die neuen konstitutionellen Freiheiten in den alten Gesetzesrahmen der Autokratie. Der Zar behielt sogar ausdrücklich den Titel eines »Autokraten« bei, wenn auch nur mit dem Präfix »Oberster« anstelle des früheren »Unumschränkter«. Nikolai meinte, daß damit alles beim alten bliebe, denn die in den Grundgesetzen geforderten Beschränkungen beträfen nur die zaristische *Administration*, nicht seine eigenen Rechte einer uneingeschränkten Herrschaft. Und da die Bürokratie letztlich als eine »Wand« zwischen ihm und dem Volk angesehen wurde, konnte er sich sogar mit dem Gedanken trösten, daß die Reformen seine persönliche Macht stärken würden.

Und so behielt der Zar in der nachrevolutionären Staatsordnung die meisten Trumpfkarten in der Hand. Er war der Oberbefehlshaber der Armee und hatte weiterhin das alleinige Recht, Krieg zu erklären und Frieden zu schließen. Er konnte die Duma auflösen und tat das auch zweimal, als ihm deren Verhalten mißfiel. Nach Artikel 87 der Grundgesetze konnte er auch per Notverordnung Gesetze erlassen, wenn die Duma nicht tagte, und seine Regierung nutzte dieses Schlupfloch, um die parlamentarische Opposition zu umgehen. Mit dem Duma-Wahlrecht wurde ein System der indirekten Abstimmung nach Ständen eingeführt, das den traditionellen Verbündeten der Krone, dem Adel und den Bauern (die man immer noch irrtümlich für zutiefst monarchistisch hielt), ein deutliches Übergewicht sicherte. Die Regierung (der Ministerrat) wurde ausschließlich vom Zaren ernannt, während die Duma ein Veto gegenüber ihren Gesetzesvorlagen hatte. Doch gab es keine wirksamen parlamentarischen Sanktionen gegen den Mißbrauch der Exekutive, die der Krone unterstellt blieb (wie im deutschen System) und nicht dem Parlament (wie im englischen System). Die Duma hatte zum Beispiel keine Handhabe, um die Regierung daran zu hindern, rechtsgerichtete Zeitungen und Organisationen zu subventionieren, von denen bekannt war, daß sie zu Pogromen anstifteten und sogar prominente liberale Duma-Abgeordnete zu ermorden suchten. Das Innenministerium und die Polizei, die beide weiterhin enge Beziehungen zum Hof hatten, standen jenseits der Kontrollmöglichkeiten der Duma. Weil sie über umfassende und beliebige Vollmachten verfügten, blieben von den bürgerlichen Rechten und Freiheiten, wie sie im Oktobermanifest enthalten waren, kaum mehr als leere Versprechungen. Ja, nichts spiegelt die wahre Stellung der Duma besser wider als die Tatsache, daß immer, wenn sie im Taurischen Palais zusammentrat, auf dem Trottoir vor dem Palais eine Gruppe Polizisten in Zivil zu sehen war, die darauf warteten, daß diejenigen Abgeordneten auftauchten, die sie zu überwachen hatten.[2]

Die Duma war ein gesetzgebendes Parlament. Und doch konnte sie selbst keine Gesetze erlassen. Ihre Gesetzesvorschläge konnten erst in Kraft treten, wenn sie die Billigung sowohl des Zaren als auch des Reichsrats erhalten hatten. Der Reichsrat war eine alte beratende Versammlung von meist reaktionären Adligen, zur Hälfte durch die Semstwos gewählt, zur anderen vom Zaren ernannt, die durch ein Statut vom Februar 1906 in ein Oberhaus mit gleicher gesetzgeberischer Gewalt wie die Duma umgewandelt wurde. Der Reichsrat traf sich im prächtigen Saal des Marienpalais. Die älteren Mitglieder, meist Bürokraten und Generäle im Ruhestand, saßen (oder schlummerten) in bequemen Samtsesseln, während würdevolle Lakaien in weißer Livree leise umhergingen und Tee und Kaffee servierten. Der Reichsrat war mehr ein englischer Herrenklub als eine parlamentarische Kammer (da er dem House of Lords nacheiferte, war das vielleicht ein Zeichen seines Erfolgs). Seine Debatten waren nicht gerade hitzig, da die meisten der Ratsmitglieder dieselbe royalistische Einstellung hatten, während einige der Achtzigjährigen – von denen es nicht wenige gab – ihr Urteilsvermögen offensichtlich verloren hatten. Am Ende einer Debatte zum Beispiel kündigte ein gewisser General Stürler an, er beabsichtige, mit der Mehrheit zu stimmen. Als man ihm erklärte, daß sich noch gar keine Mehrheit gebildet habe, da die Wahl gerade erst begonnen hatte, antwortete er irritiert: »Und ich bestehe darauf, daß ich bei der Mehrheit bin!« Dennoch wäre es falsch, den Reichsrat als lächerliche oder lediglich wohlwollende Institution darzustellen. Die Dominanz des Vereinigten Adels – dem ein Drittel der Räte angehörte – war die Gewähr dafür, daß er als eine Kraft der Reaktion handelte: er überstimmte alle liberalen Duma-Anträge. Nicht umsonst wurde der Reichsrat als der »Friedhof der Duma-Hoffnungen« bekannt.[3]

Und doch gab es an diesem ersten Tag, als die Duma-Abgeordneten im Taurischen Palais ihre Plätze einnahmen, nichts als Hoffnung in ihren Herzen. Obolenski, der auf einem Platz der Kadetten saß, fand sich neben Fürst Lwow, der »voller Optimismus« über die neue parlamentarische Ära war. »Glauben sie nicht den Gerüchten, daß die Regierung uns schließen will«, sagte ihm Lwow voller Zuversicht. »Sie werden schon sehen, alles wird gutgehen. Ich weiß aus sicherster Quelle, daß die Regierung bereit ist, Zugeständnisse zu machen.«[4] Die meisten Duma-Mitglieder teilten seinen naiven Glauben, daß Rußland endlich sein »House of Commons« gewonnen hatte und sich jetzt weiterbewegen würde, um dem Klub der westlich-liberalen parlamentarischen Staaten beizutreten. Die Zeit für Tyrannen ging zu Ende. Die Zukunft gehörte dem Volk. Es war eine »Duma der nationalen Hoffnungen«.

Niemand glaubte, daß der Zar es wagen würde, die Duma aufzulösen und einen Sturm der Kritik bei der liberalen Öffentlichkeit zu Hause und im Ausland zu riskieren. Man war zuversichtlich, daß ihn Rußlands Abhängigkeit von westlichen Finanzen, die 1906 mit der größten Auslandsanleihe in seiner Geschichte erneuert worden war, zwingen werde, die liberale Struktur des Staats beizubehalten. Daß Nikolai die »öffentliche Meinung« verachtete und keine rechtliche Verpflichtung spürte, sie zu respektieren, wurde vergessen. Ebenso die Tatsache, daß Witte, der Architekt der neuen parlamentarischen Ordnung, gerade durch Iwan Goremykin abgelöst worden war, einen altmodischen Reaktionär und Günstling des Hofes, der die Duma als ein unnötiges Hindernis für seine Regierung ansah. Die jungen Parlamentarier glaubten in aller Unschuld, solange sie »das Volk« hinter sich hätten, könnten sie den Zaren zwingen, ein völlig unabhängiges Parlament zu akzeptieren. Rußland werde dem Weg Frankreichs nach 1789 von den Generalständen zur Nationalversammlung folgen.

Das Taurische Palais war Geburtsstätte, Zitadelle und Friedhof der russischen Demokratie. Bis Februar 1917 war es Sitz der Duma. In den ersten Wochen der Revolution beherbergte es sowohl die Provisorische Regierung (die am 7. März ins Marienpalais verlegt wurde) als auch den Petrograder Rat (der im Juli ins Smolny-Institut umzog). Dann spielte es einen Tag lang, am 6. Januar 1918, den Gastgeber für das erste wirklich demokratische Parlament in der Geschichte Rußlands – die Konstituierende Versammlung –, bis es von den Bolschewiki wieder geschlossen wurde. Kein anderes Gebäude auf russischem Boden ist je Bühne für ein so turbulentes politisches Drama gewesen. Wie unpassend also, daß das Palais so graziös und heiter war. Es war 1783 von Katharina der Großen für einen ihrer Günstlinge, Grigori Potjomkin, gebaut worden, der den Titel eines taurischen Fürsten annahm, nachdem er die Krim erobert hatte. Im Stil eines Pantheons entworfen, mit dorischen Säulen und klassizistischen Statuen dekoriert, war es ein friedliches Vorstadtrefugium vor dem Lärm der Hauptstadt, umgeben von einem eigenen Park und Seen. Im Katharinensaal, wo sich die Abgeordneten versammelten, waren die Sitzreihen im Halbrund aufgestellt, am einen Ende befand sich ein Podium mit

Repins Porträt von Nikolai II. Hinter dem Podium gab es drei riesige Erkerfenster, von denen aus man einen Blick in eine Landschaft hatte, die von Watteau hätte gemalt sein können.

In dieses elegante Palais brachten die bäuerlichen Duma-Abgeordneten die politische Kultur ihrer Dorfscheunen. »Man mußte sich nur in diesem bunten Haufen von … ›Abgeordneten‹ … umsehen«, bemerkte ein schockierter höherer Beamter, »und man schauderte angesichts dessen, was sich einem da als Rußlands erste Abgeordnetenversammlung darbot. Es war eine Ansammlung von Wilden. Offenbar hatte die russische Provinz alles, was es dort an Barbarischem gab, nach Petersburg gesandt.« Hunderte bäuerlicher Bittsteller kamen aus allen Ecken und Enden Rußlands ins Taurische Palais: einige, um gegen eine Entscheidung ihres örtlichen Gerichts Widerspruch einzulegen, andere, um sich über ihre Steuern zu beschweren, und wieder andere einfach, um die Arbeit ihrer gewählten Abgeordneten zu kontrollieren. Darunter befand sich auch Sergej Semjonow. Er war von einer Bauernversammlung im Gebiet von Andrejewskoje mit einem Mandat über die Landreformen abgesandt worden und sollte sicherstellen, daß die Duma sie auch verabschiedete, wie er sich später erinnerte. Der muffige Geruch vom billigen Tabak der Bauern und von ihrer Kleidung füllte die langen Gänge des Palais. Der Boden war übersät mit den Spelzen ihrer Sonnenblumenkerne, die sie trotz aller Verbotsschilder überall hinspuckten, da die meisten von ihnen gar nicht lesen konnten. Einige Bauernabgeordnete betranken sich in Kneipen, gerieten in Schlägereien, und wenn versucht wurde, sie zu verhaften, beriefen sie sich auf ihre Immunität als Duma-Abgeordnete. Zwei erwischte man sogar dabei, wie sie »Eintrittskarten« ins Taurische Palais verkauften. Es stellte sich heraus, daß sie bereits kleinerer Diebereien und Schwindeleien überführt worden waren, weshalb man sie eigentlich von der Wahl hätte ausschließen müssen.[5]

Teilweise wegen dieses dörflichen Elements besaßen die Duma-Verhandlungen einen stark informellen Charakter. Der englische Journalist Maurice Baring verglich die Sitzungen mit »einer Begegnung von Bekannten in einem Klub oder einem Café«.[6] So konnte etwa ein Abgeordneter von seinem Sitz aus zu reden beginnen und weiter zum Saal sprechen, während er zum Rednerpult vorging. Er konnte seine Rede mitten im Satz unterbrechen, um dem Präsidenten etwas zu sagen oder um ein Detail kurz zu erläutern. Manchmal verwickelten sich die Abgeordneten im hinteren Teil des Saals in Privatdiskussionen und begaben sich, wenn der Präsident sie zur Ordnung rief, hinaus auf den Gang. Es war, als ob man die Politik der Straße, oder besser gesagt, der Felder, ins Parlamentsgebäude gebracht hätte. Vielleicht mußte es in der Duma erst einmal chaotisch zugehen: Schließlich war das ja Rußlands erste parlamentarische Erfahrung, und es hat viele ähnliche Versammlungen gegeben – die Nationalversammlung von 1789 oder das Frankfurter Parlament von 1848 fallen einem da sofort ein –, in denen Politikneulinge für Durcheinander sorgten. Und doch waren die Russen offenbar besonders schlecht auf die Regeln der parlamentarischen Praxis vorbereitet. Selbst heute, in der postkommunistischen Duma, läßt sich ein ähnlich informeller Umgang beobachten, der an Stammtischsitten erinnert.

Die meisten bäuerlichen Abgeordneten, alles in allem etwa hundert, saßen bei den Trudowiki, einer lose zusammengefügten Agrarpartei, deren wichtigster Programmpunkt die Notwendigkeit einer radikalen Lösung der Landfrage durch die Zwangsenteignung des gesamten adligen Landbesitzes war. Daher war es naheliegend, daß die Bauern diese Partei wählten, weil die Partei, die sie normalerweise bevorzugten – die Sozialrevolutionäre –, beschlossen hatte, gemeinsam mit den Sozialdemokraten die Duma-Wahlen zu boykottieren. Die Kadetten stellten die größte Partei in der Duma mit 179 von insgesamt 478 Abgeordneten (darunter Obolenski und Lwow). Das überstieg bei weitem ihren tatsächlichen Rückhalt im Land, denn sie hatten viele Stimmen dazugewonnen, die sonst an die Sozialrevolutionäre und die Sozialdemokraten gegangen wären. Dennoch hatte ihnen der Wahlerfolg das Gefühl gegeben, als Sprecher für »das Volk« legitimiert zu sein. Inspiriert von dieser historischen Rolle – und mit ein wenig Angst davor, falls sie die radikalen Erwartungen der Massen nicht befriedigen konnten –, bezogen sie eine Position militanter Opposition gegen die Regierung, die für die kurze und unruhige Existenz der Duma den Ton angab.

Von der Eröffnungssitzung an wurde die Duma in ein revolutionäres Tribunal verwandelt. Sie wurde zum rhetorischen Sturmbock gegen die Festung der Autokratie. An jenem ersten Tag trafen die Abgeordneten in militanter Stimmung am Taurischen Palais ein und begannen sofort, die repressive Gewalt der Regierung zu verurteilen (der linksgerichtete Terror wurde nicht verurteilt). Sie waren mit dem Dampfer vom Winterpalais newaabwärts gefahren, und als sie am Kresty-Gefängnis vorbeikamen, sahen sie, wie die Gefangenen ihnen durch die Gitterfenster zuwinkten. Als Antwort schwenkten die Abgeordneten ihre Hüte, und die Symbolik dieses Augenblicks – der Gedanke, daß sie dank der Opfer dieser »Politischen« in die neue parlamentarische Ära getragen wurden – trieb manchem die Tränen in die Augen. Als sie im Katharinensaal ihre Plätze einnahmen, rief der Führer der Kadetten, Petrunkewitsch, die Delegierten dazu auf, »unseren ersten Gedanken und unser erstes freies Wort denjenigen zu widmen, die ihre eigene Freiheit für die Befreiung unseres geliebten Rußland geopfert haben. Die Gefängnisse sind voll, aber das freie Rußland verlangt die Befreiung aller politischen Gefangenen.« Seine Worte sorgten für eine stark emotionsgeladene Stimmung unter den Abgeordneten. Sie erhoben sich fast wie ein Mann und riefen, an die Minister gewandt, die gekommen waren, um die Eröffnungssitzung zu beobachten: »Amnestie! Amnestie!«[7]

Nach den Grundgesetzen war es immer noch das ausschließliche Privileg des Zaren, eine politische Amnestie zu gewähren. Doch das Ziel der Abgeordneten war, die Krone zur Übertragung der Exekutivgewalt an die Duma zu zwingen. Sie nahmen diesen Punkt in die Liste ihrer Forderungen auf, da es der geeignete Platz dafür schien. Die Liste präsentierten sie dem Thron als Denkschrift, in der die Ernennung einer der Duma verantwortlichen Regierung, die Abschaffung des Reichsrats, radikale Landreformen und das allgemeine Wahlrecht für Männer gefordert wurden. Zwei Wochen lang herrschte Schweigen, da die Krone überlegte, wie sie auf diese die Machtbefugnisse der Duma überschreitenden Forderungen reagieren sollte. Es gab mehrere Versuche, die Liberalen zu neutralisieren, indem man vorschlug, ihre Führer in die Regierung zu kooptieren. Doch sie blieben standhaft, weil sie glaubten, sie stünden am Rande einer zweiten und entscheidenden Revolution. Dann, am 14. Mai, übergab die Regierung schließlich ihre beiden ersten Gesetzesentwürfe der Duma zur Bestätigung: der eine betraf eine neue Wäscherei, der andere ein Gewächshaus für die Universität Dorpat. Das war eindeutig eine gesetzgeberische Kriegserklärung. Offensichtlich war die Regierung nicht willens, mit der Duma zusammenzuarbeiten. Sie wollte deren Reformforderungen nicht einmal bestätigen.

Von diesem Augenblick an war es nur eine Frage der Zeit, bis die Duma aufgelöst wurde. Ein Nervenkrieg folgte, da die Parlamentarier weiterhin mit radikalen Reden von der Tribüne des Taurischen Palais aus ihren Widerstand zeigten. Die Spannung war so stark, daß viele Abgeordnete später behaupteten, sie hätten in diesen Wochen abgenommen, doch mag das heiße Juniwetter dazu beigetragen haben. Aus Sicht der Regierung war die revolutionäre Stimmung im Land immer noch eine Bedrohung – der Bauernkrieg gegen die Herrenhäuser war im Frühjahr mit einer Heftigkeit wiederaufgeflammt, die der des vorausgegangenen Herbstes nicht nachstand, und auch die Terrorkampagne der Sozialrevolutionäre war noch nicht erstickt –, die durch die militante Haltung der Duma nur verstärkt wurde.

Der Haken an der Sache war die Entschlossenheit der Duma, die Bauern mit radikalen Landreformen zufriedenzustellen. Sowohl die Kadetten als auch die Trudowiki befürworteten lautstark die Zwangsenteignung von Landüberschuß (erstere waren für Entschädigung, letztere nicht). Während der »Großen Angst« von 1905 hatte es eine Zeit gegeben, in der viele Landbesitzer bereit gewesen wären, eine gewisse Enteignung zu akzeptieren, um ihre Haut zu retten. »Wenn wir nicht einige Zugeständnisse machen«, argumentierte ein bedrängter Adliger vor der örtlichen Adelsversammlung, »wird die Revolution von unten kommen und überall, an allen Ecken und Enden des Landes, werden die Feuer lodern.« Sogar Trepow sagte einmal zu Witte: »Ich selbst bin Gutsbesitzer und würde gerne auf die Hälfte meines Lands verzichten, wenn ich überzeugt wäre, daß ich unter dieser Bedingung den Rest behalten könnte.« Aber je mehr die revolutionären Wogen sich legten, desto weniger waren die Gutsbesitzer zu Kompromissen geneigt. Der Zar sprach für sie, als er sagte: »Was dem Gutsbesitzer gehört, gehört ihm.« Die Provinzsemstwos, einst Hochburgen der liberalen Opposition, wurden jetzt zu Bastionen von Recht und Ordnung. Der Vereinigte Adel, der gegründet worden war, um Eigentumsrechte zu verteidigen, erhielt mächtige Unterstützung bei Hofe, dem Reichsrat und dem Beamtenstand. Er führte die Kampagne gegen die Reformvorschläge der Duma mit der Begründung, daß zusätzliches Land für die Bauern nichts zur Lösung ihrer Probleme beitragen würde, denn die ergäben sich aus der Ineffizienz des Gemeindesystems und nicht aus dem Mangel an Land. Auf dieses Argument hatten die jüngsten Erfahrungen stark abgefärbt: Die Konservativen, die in der Dorfgemeinde immer ein Bollwerk der alten ländlichen Ordnung gesehen hatten, hatten 1905 erfahren, daß sie leicht zum Organisationskern der bäuerlichen Revolution werden konnte. »In anderen Ländern gibt es viel weniger Land pro Kopf als in Rußland«, erklärte Fürst A. P. Urussow bei einer Versammlung von Gutsbesitzern im Mai 1906, »und doch ist dort nicht die Rede von Landmangel, weil die Menschen einen klaren Begriff von Eigentum haben. Wir aber haben die Dorfgemeinde – was heißt, daß das Prinzip des Sozialismus diesen Begriff zerstört hat. Das Ergebnis ist, daß wir nirgends eine so brutale Zerstörung von Eigentum sehen wie in Rußland.«[8] Die Abschaffung der Dorfgemeinde und die Schaffung einer landbesitzenden Bauernklasse wurden nun vom Adel als Alternative zu den radikalen Landreformen der Duma angegangen.

Am 8. Juli wurde die Duma endgültig aufgelöst, 72 Tage nach ihrer Einberufung. Für eine zweite Duma-Sitzungsperiode im Februar danach wurden Neuwahlen ausgerufen. Premierminister Goremykin wurde von Stolypin abgelöst, einem bekannten Befürworter der Abschaffung der Dorfgemeinde und bewährten Vollstrecker repressiver Maßnahmen zur Wiederherstellung der Ordnung in der Provinz. Die Liberalen waren außer sich über die Auflösung der Duma. Fürst Lwow, der so zuversichtlich gewesen war, daß das nicht geschehen würde, schrieb jetzt von seinem »Zorn über diesen eklatanten Angriff auf das parlamentarische Prinzip«, obwohl er als Gutsbesitzer gegen die Landreform der Duma gewesen war. Die Auflösung machte den gemäßigten Liberalen Lwow zu einem radikalen. Er gehörte zu jenen Kadetten, die aus Protest in den finnischen Kurort Wyborg flohen, wo sie ein Manifest unterzeichneten, welches »das Volk« dazu aufrief, sich gegen die Regierung aufzulehnen, indem es sich weigerte, weiterhin Steuern zu zahlen oder Rekruten für die Armee zu stellen.* Das Wyborg-Manifest war ein typisches Beispiel für die militante Haltung der Kadetten seit der Eröffnung der Duma. Was »das Volk« angeht, so hörte es überhaupt nicht auf diese Liberalen. Das Manifest stieß auf allgemeine Gleichgültigkeit. Und so konnte die Regierung nun unbesorgt Repressionsmaßnahmen treffen, um ihre tapferen, aber naiven liberalen Kritiker zum Schweigen zu bringen. Über hundert führende Kadetten wurden vor Gericht gestellt und wegen ihrer Beteiligung am Wyborg-Manifest aus der

* Lwow erkrankte auf dem Weg nach Wyborg – und mußte nach St. Petersburg zurückkehren. Deshalb hat er das Manifest nie unterschrieben, obwohl er eindeutig damit sympathisierte.

Duma entlassen. Die Kadetten, die sich an der Zweiten und Dritten Duma beteiligten, waren zumeist weniger radikal – und begabt – als diejenigen, die in der Ersten gesessen hatten. Im Schatten des »Wyborg-Komplexes« ihrer Partei verfolgten sie eine konservativere Linie und blieben bei der Verteidigung der Duma im Rahmen der zaristischen Gesetze.[9] Nie wieder sollten die Kadetten ihre Hoffnung auf die Unterstützung »des Volks« setzen noch behaupten, daß sie es repräsentierten. Von diesem Augenblick an sollten sie bewußt das werden, was sie eigentlich schon immer gewesen waren: die Partei der Bourgeoisie. Liberalismus und Volk gingen nun getrennte Wege.

## DER STAATSMANN

Wenige Persönlichkeiten der russischen Geschichte sind so umstritten wie Pjotr Arkadjewitsch Stolypin (1862–1911), Rußlands Premierminister von 1906 bis zu seiner Ermordung fünf Jahre später. Die Sozialisten verurteilten ihn als einen der letzten blutigen Verteidiger der zaristischen Ordnung. Er gab seinen Namen der Henkersschlinge (»Stolypinkrawatte«), die die Standgerichte einsetzten, um die Bauernrevolution auf dem Lande zu ersticken. Die Eisenbahnwaggons, die zum Transport der »Politischen« nach Sibirien benutzt wurden, nannte man »Stolypins« (auch noch, als sie in die Gulags fuhren). Nach 1917 sollten die verstocktesten Zarenanhänger Stolypin als bürokratischen Emporkömmling anprangern, dessen gefährliche Reformpolitik nur dazu gedient habe, die heiligen Prinzipien der Autokratie zu untergraben. Aber für seine Bewunderer – und davon gibt es im postsowjetischen Rußland nicht wenige – war Stolypin der bedeutendste Staatsmann, den Rußland je gehabt hat, der einzige, der das Land vor Revolution und Bürgerkrieg hätte retten können. Hätte man seinen Reformen genügend Zeit gegeben, so ihr Argument, sie hätten Rußland in eine liberale kapitalistische Gesellschaft verwandelt, doch sie wurden durch seinen Tod und den Krieg abgebrochen. Nach einer verbreiteten Anekdote soll der Zar, als er seine Abdankungsurkunde unterzeichnete, gesagt haben, daß das niemals geschehen wäre, wenn Stolypin noch lebte. Doch das ist natürlich ein großes »Wenn«. Hätte ein einziger Mann den Zaren retten können? In Wahrheit sympathisierte Nikolai ja mit Stolypins Gegnern auf der Rechten, und durch diese Reaktion entmutigt, war Stolypin mit seinen Reformen schon lange vor seinem Tod zum Scheitern verurteilt.

Stolypins Schicksal hat viel Tragisches an sich. Doch sein Scheitern lag ebensosehr an den Schwächen seiner Persönlichkeit wie an der Opposition, die er sowohl bei der Linken als auch der Rechten in Rußland erfuhr. Seine Geschichte ähnelt in vieler Hinsicht der von Michail Gorbatschow. Beide waren mutige, intelligente

# ALLTAGSLEBEN UNTER DEN ZAREN

14 Die Bürgermeister Rußlands anläßlich der Dreihundertjahrfeier in St. Petersburg.

15 Die Hüter der patriarchalischen Ordnung auf dem Land: eine Gruppe von Bezirksältesten (1912).

16 Zeitungskiosk in St. Petersburg (1910).
Mit zunehmender Alphabetisierung und gelockerter Zensur im Gefolge der Revolution von 1905 kam es zu einem Boom bei den Zeitungen und Broschüren.

17 Lebensmittelgeschäft in St. Petersburg, um 1900.
Die Ikone links oben zeugt von der Allgegenwart der Kirche.

18–19 Eine Gesellschaft von extrem Reichen und Armen.
18 Diner auf einem Ball, den die Gräfin Schuwalowa Anfang 1914 in ihrem Palais an der Fontanka in St. Petersburg gibt.

19 Suppenküche für Arbeitslose in St. Petersburg vor dem Krieg.

20 Bauern eines nordrussischen Dorfes Mitte der neunziger Jahre.
Alle sind barfuß, und ihre Kleider und Häuser unterscheiden sich kaum.

21–22 Bauersfrauen mußten neben ihren häuslichen Pflichten noch schwere Feldarbeit verrichten.
21 Die beiden Mädchen helfen ihrem Vater beim Weizendreschen.

22 Unter dem strengen Blick eines Aufsehers ziehen Bauersfrauen einen Lastkahn am Fluß Sura.

23 Die Leibeigenschaft ist noch nicht vergessen.
Zwillingsbrüder, ehemalige Leibeigene, aus der Provinz Tschernigow.

24 Typischer russischer Bauernhaushalt:
zwei Brüder, der eine verwitwet, mit jeweils vier Kindern,
aus dem Kreis Wolokolamsk (um 1910).

25 Versammlung von Dorfältesten um 1910.
Die meisten Dorfversammlungen verliefen weniger geordnet als diese.

26 Prozession in der Provinz Smolensk.
Nicht alle Bauern waren der orthodoxen Kirche so ergeben.

27 Wohnraum für vier Arbeiter
im Wohnheim der Butikow-Tuchfabrik in Moskau (vor 1917).

28 Inneres eines Moskauer Ingenieurbetriebs (um 1910).

und zielstrebige Staatsmänner, die sich ganz der liberalen Reform eines alten und zerfallenden autoritären Systems verschrieben hatten, dessen Produkt sie selbst waren. Beide wandelten auf einem schmalen Grat zwischen den mächtigen Interessen der alten herrschenden Eliten und der radikalen Opposition der Demokraten. Auf unterschiedliche Weise waren sie blind dafür, daß die beiden gegnerischen Parteien es auf einen Kollisionskurs abgesehen hatten und daß der Versuch, zwischen ihnen zu vermitteln, ihnen nur Feinde in beiden Lagern schaffen und wenig Freunde bringen konnte. Mit ihrer Ausbildung in der monolithischen Welt bürokratischer Politik unterschätzten beide Männer die Tatsache, daß ihre Reformen nur Erfolg haben konnten, wenn sie die Unterstützung einer auf Massenbasis gegründeten Partei oder einer anderen breiten Interessengemeinschaft gewinnen konnten. Sie versuchten, ihre Reformen bürokratisch von oben durchzusetzen, ohne sich um eine breite Basis dafür zu kümmern – und das ist mehr als alles andere der Schlüssel zu ihrem politischen Scheitern.

Nach äußerer Erscheinung und gesellschaftlichem Hintergrund war Stolypin typisch für den Kreis von Aristokraten, der die kaiserliche Bürokratie beherrschte. Hochgewachsen, mit Bart und distinguiert, verfügte er über beträchtlichen persönlichen Charme. Der Engländer Bernard Pares verglich ihn mit »einem großen, naiv-freundlichen Bär«.[10] Stolypin stammte aus einer adligen Familie, die seit dem 16. Jahrhundert den Zaren gedient und als Belohnung für ihre Dienste riesigen Grundbesitz in mehreren Provinzen angesammelt hatte. Stolypins Großtante war eine Verwandte von Lermontow, und seine Eltern waren mit Gogol und Tolstoi befreundet. In seiner Kindheit hatte die Familie ausgiebig Europa bereist, er selbst sprach fließend Französisch, Deutsch und Englisch, als er sich 1881 an der Physikalisch-mathematischen Fakultät der Petersburger Universität immatrikulierte.

In einem wichtigen Aspekt jedoch unterschied sich Stolypin vom Rest der herrschenden Elite: Er hatte seinen Weg nicht über die Stufenleiter der Petersburger Bürokratie gemacht, sondern war direkt aus der Provinz an die Spitze der Regierung berufen worden. Das sollte eine Gefahrenquelle für Reibungen mit seinen Rivalen werden. Stolypins politische Ansichten waren unmittelbar durch seine Erfahrungen in der Provinz geprägt. Selbst als Premierminister blieb er eigentlich ein Landadliger, dessen Hauptinteresse der Landwirtschaft und der lokalen Verwaltung galt. Die ersten 13 Dienstjahre (1889–1902) hatte er als Adelsmarschall in Kowno verbracht, einer polnisch-litauischen Provinz, wo seine Frau, O. B. Neidgardt, ein Gut besaß. Es war hier, daß sich Stolypin zum ersten Mal in die Probleme der russischen bäuerlichen Landwirtschaft vertiefte. Das Gebiet von Kowno hatte wie die meisten Gebiete im Westen des Russischen Reichs nie das System der Flurgemeinschaft gekannt. Die Bauern besaßen ihr Stück Land privat, und ihre Anbautechnik war wie im benachbarten Preußen sehr viel effizienter als das der Bauern in Zentralrußland, wo das System der Flurgemeinschaft vorherrschte. Der Kontrast verstärkte sich noch für ihn, als er 1903 Gouverneur von

Saratow wurde, einer großflächigen Provinz mit dem Flurgemeinschaftssystem. Die Bauern dort gehörten zu den ärmsten und rebellischsten im ganzen Land. 1905/06 wurde in Saratow mehr an adligem Besitz zerstört als in jeder anderen Provinz des Reichs. Stolypins Tochter erinnerte sich an den Anblick der »Steppe, die nachts von den brennenden Herrenhäusern erleuchtet war«, und an die langen Züge von Karren, die am roten Horizont vorüberzogen wie »eine Bauernarmee, die aus ihren Kriegen zurückkehrt«.[11] All das bestärkte Stolypin in seiner Überzeugung – die er mit nach St. Petersburg brachte und zum Eckstein seiner Agrarreform machte –, daß die Bodenfrage nicht gelöst und die Gefahr einer Revolution nicht abgewendet werden konnte, ehe nicht das Flurgemeinschaftssystem abgeschafft und eine stabile landbesitzende Klasse von Bauern geschaffen wäre, die ein gleiches Interesse am Status quo haben würde wie der Adel.

Stolypin wurde vor allem wegen seiner resoluten Maßnahmen zur Wiederherstellung der Ordnung in Saratow im April 1906 zum Innenminister ernannt. Im folgenden Juli wurde er Premierminister bzw. Vorsitzender des Ministerrats. Der Zar wollte, daß ein »starker Mann« sich des krisengeschüttelten Landes annähme, und zahlreiche Anekdoten über Stolypins Tapferkeit kursierten in der Hauptstadt. Im Gegensatz zu anderen Provinzgouverneuren, die sich in ihren offiziellen Residenzen verbarrikadiert hatten oder während der jüngsten Aufstände in Panik von ihren Posten geflohen waren, besuchte Stolypin die rebellischsten Dörfer in Saratow und setzte, wenn er den radikalen Agitatoren gegenübertrat, geschickt das ein, was seine Tochter als »das Wissen eines Landedelmanns, wie man Bauern beherrscht« bezeichnete. In einem Dorf überredete er einen potentiellen Attentäter, seine Waffe niederzulegen, indem er seinen Mantel öffnete und den Mann aufforderte, ihn kaltblütig vor der Menge zu erschießen. Bei einer anderen Gelegenheit sprach er zu einer Dorfversammlung und bemerkte einen Bauernagitator, der mit offenkundig bedrohlichen Absichten neben ihm stand. Stolypin unterbrach seine Rede, wandte sich an den Agitator und sagte ihm, er solle ihm seinen Mantel halten. Gehorsam nahm der Bauer den Mantel entgegen und hielt ihn die ganze Zeit während Stolypins Rede auf dem Arm.[12] Mit einer arroganten Geste hatte es Stolypin geschafft, seine Überlegenheit – die Überlegenheit eines Adligen – über seinen bäuerlichen Gegner zu behaupten. Diese Anekdote sagt viel aus über das Wesen der Macht in Rußland.

Es waren keine vereinzelten Beispiele für Stolypins persönlichen Mut. Als er Premier war, gab es mehrere Anschläge auf ihn, einschließlich eines Bombenattentats auf sein Haus, bei dem mehrere Diener getötet und eine seiner Töchter verwundet wurden. Er ließ sich aber nicht einschüchtern. Er trug eine kugelsichere Weste und umgab sich mit Sicherheitsleuten – nichtsdestotrotz schien er damit zu rechnen, daß er letztlich eines gewaltsamen Todes sterben würde. Die erste Zeile seines Testaments, niedergeschrieben kurz nach seiner Ernennung zum Premierminister, lautet: »Begrabt mich da, wo ich ermordet wurde.«[13]

»Ich kämpfe an zwei Fronten«, sagte Stolypin 1906 zu Bernard Pares. »Ich kämpfe gegen die Revolution, aber für die Reform. Sie könnten sagen, daß so eine Einstellung die menschliche Kraft übersteigt, und könnten damit recht haben.« In diesen Worten wie in all seinen öffentlichen Äußerungen lag ein gewisses Maß an Selbstdramatisierung. Stolypin war im Grunde sehr eitel. Er sah sich gern als Mann des Schicksals, der im Namen des Fortschritts gegen alle Widrigkeiten kämpft. Seine Auftritte in der Duma hatten immer etwas Theatralisches an sich. Er spielte gern für die Galerie und nutzte seine Kurzatmigkeit und seine Verkrampfungen beim Reden (die Folge einer mißlungenen Operation), um die Sympathie der Abgeordneten zu wecken. Und er förderte die Legende, wonach er bei einem Duell verwundet worden sei.[14]

Doch die Aufgabe, die er sich gestellt hatte, erforderte geradezu herkulische Anstrengungen. Sein erstes Ziel war schlicht, die Ordnung wiederherzustellen. Das erreichte er mit Maßnahmen, die ihm Schmähungen der Liberalen eintrugen. Hunderte von radikalen Zeitungen und Gewerkschaften wurden geschlossen und in den ersten drei Jahren seiner Amtszeit beinahe 60 000 politische Gefangene ohne Gerichtsverfahren hingerichtet, zu Zuchthaus verurteilt oder ins Exil geschickt. Tausende von Bauern wurden von Standgerichten verurteilt. Doch Repression allein, das wußte Stolypin genau, reichte nicht aus, um die bestehende Ordnung zu stabilisieren, und so arbeitete er gleichzeitig ein umfassendes Reformprogramm aus, um die Opposition versöhnlich zu stimmen und die Initiative für den Staat zu ergreifen. Er führte Reformen ein, um die Dorfgemeinde abzuschaffen und den Bauern Eigentumsrechte und volle Gleichberechtigung als Bürger zu geben, um die örtlichen Verwaltungen auf der Basis von Bürgerrechten und Eigentum statt der Standeszugehörigkeit zu modernisieren, um die Gerichte zu verbessern und das Polizeiwesen zu regeln, um bürgerliche Freiheiten zu schützen und die Diskriminierung der Juden zu beenden, um die allgemeine Grundschulpflicht einzuführen und neben vielem anderen die Bedingungen der Fabrikarbeiter zu verbessern. Bei alledem gab es ein klares politisches Motiv: die Stärkung der Regierung. Vielleicht sollte man Stolypin in diesem Sinne wie seinen Helden Bismarck als einen »konservativen Liberalen« beschreiben, wie es Leontowitsch einmal vorgeschlagen hat.[15] Denn der ganze Zweck seiner Reformen war nicht die Schaffung einer demokratischen Ordnung als solcher, sondern die Konsolidierung des zaristischen Systems.

Dieselbe dirigistische und instrumentalisierende Politik bestimmte Stolypins Einstellung zur Duma. Er sah die Duma als eine Beigabe zum Staat, als ein öffentliches Gremium, um die Regierungspolitik zu bestätigen, nicht aber, um die Verwaltung zu kontrollieren oder gar zu leiten. Sein konstitutionelles Vorbild war mehr preußisch als englisch. Die höchste Staatsgewalt hatte beim Monarchen und seiner Exekutive zu bleiben und durfte niemals dem Parlament abgetreten werden. Die Zweite Duma, die im Februar 1907 zusammentrat, wurde von Stolypin nur so weit geduldet, wie sie tat, was er wollte. Seine Verwaltung hatte alles darangesetzt, die Wahlen zu beeinflussen und die Rückkehr seiner Verbündeten, der Oktobristen, sicherzustellen, die sich als »Partei der staatlichen Ordnung« ausgegeben hatten. Doch die 54 gewählten Oktobristen reichten kaum aus, selbst wenn sie von den 98 Kadetten und den 60 anderen Zentristen und rechtsgerichteten Abgeordneten unterstützt wurden, um der Regierung eine brauchbare Mehrheit gegenüber dem riesigen Block von 222 Sozialisten (65 Sozialdemokraten, 37 Sozialrevolutionäre, 16 Volkssozialisten und 104 Trudowiki) zu verschaffen, nachdem inzwischen alle Parteien der Linken ihren Boykott der Duma beendet hatten. Der fünfundzwanzigjährige georgische Menschewik Irakli Zereteli, der 1917 den Rat führen sollte, wurde bald durch seine hitzigen und radikalen Reden, in denen er die Regierungspolitik verdammte, zum Helden dieser sogenannten »Duma des nationalen Zorns«. Auch konnte sich Stolypin nicht mehr länger darauf verlassen, daß die Bauern weiterhin willfährig blieben. Ein Bauernabgeordneter aus Stolypins eigener Provinz Saratow sorgte für großes Aufsehen während der Debatte über die Landreformen, als er zu einem adligen Abgeordneten sagte: »Wir kennen Euern Besitz, denn wir selbst waren einst Euer Besitz. Mein Onkel wurde für ein Windspiel eingetauscht.«[16]

Da wenig Aussicht bestand, daß er Unterstützung für seine Reformen finden würde, hatte Stolypin keine Skrupel, die Duma aufzulösen und das Wahlgesetz so zu ändern, daß in der nächsten Versammlung die Konservativen dominieren würden. Der Einfluß der Bauern, Arbeiter und nationalen Minderheiten wurde bei der Wahl drastisch eingeschränkt, die Vertretung des Adels dagegen sogar noch verstärkt. Als die Dritte Duma im November 1907 zusammentrat, verfügten die regierungsfreundlichen Parteien (Oktobristen, Rechte und Nationalisten) über 287 der 443 Sitze. Die Kadetten und die Sozialisten waren zu kleinen und zersplitterten Minderheiten zusammengeschrumpft. Nicht einmal Fürst Lwow, dieser milde Liberale, konnte noch einen Sitz erlangen. Das endlich war die Duma, mit der Stolypin schalten und walten konnte. Sie war, wie er glaubte, ein Parlament, das »verantwortungsbewußte« und »staatsmännische« Persönlichkeiten beherrschten, die die Notwendigkeit einer neuen und konstruktiven Partnerschaft von Staat und Nation zum Zwecke stufenweiser Reformen einsehen würden. Die Radikalen nannten das Parlament dagegen eine »Duma von Herren und Lakaien«.

Und doch stellte sich heraus, daß selbst dieses »Königsparlament« für Stolypin zu schwer zu lenken war, da er sich dem wachsenden Druck der Linken wie der Rechten ausgesetzt sah. Das Wahldekret vom 3. Juni war technisch gesehen eine Verletzung der Grundgesetze, und die Liberalen prangerten es sogleich als einen Staatsstreich an. Sogar die Oktobristen, die das neue Gesetz am meisten begünstigte, hatten ein ungutes Gefühl und wollten ihre »unrechtmäßigen« Gewinne wiedergutmachen, indem sie die Macht der Duma zu verteidigen und auszuweiten suchten.

Alexander Gutschkow, ihr Führer, hatte für die Duma besondere Ambitionen auf militärischem Gebiet. Als Industrieller, der im Krieg gegen Japan als Vertreter des Roten Kreuzes gedient hatte, erkannte er sowohl die militärische Notwendigkeit als auch den wirtschaftlichen Vorteil eines großen Wiederbewaffnungsprogramms. Die Oktobristen engagierten sich mehr und mehr für eine Politik der imperialistischen Expansion, doch ihrer Ansicht nach konnte das nur erreicht werden, wenn die Verantwortung für das Militär vom Hof auf die Institutionen des Staats verlagert wurde. Es war sinnlos, mehr Geld für die Armee auszugeben, wenn man nicht gleichzeitig den Kommandobereich reformierte, der von der Aristokratie und den Militärdoktrinen des 18. Jahrhunderts dominiert wurde. Rußland brauchte schwere Artillerie und nicht noch mehr elegante Gardekavalleriebrigaden. In dieser Überzeugung wurde Gutschkow von »professionellen Militärs« wie General Brussilow und Stolypins eigenem stellvertretenden Kriegsminister, A. A. Poliwanow, unterstützt. Gutschkow war Vorsitzender des kaiserlichen Verteidigungskomitees der Duma, das beim Militärbudget ein Vetorecht besaß, und er nutzte diese Position für einen Angriff auf die oberste Befehlsgewalt des Hofes. 1909 drohte die Duma damit, der Marine Kredite zu verweigern, wenn nicht ihr strategisches Planungsorgan, der Generalstab der Marine, der Kontrolle des Ministeriums statt der des Hofs unterstellt würde. Nikolai war außer sich. Er sah in diesem Ultimatum einen unverschämten Versuch der Duma, der Krone den militärischen Oberbefehl zu entreißen, und legte sein Veto ein, um ihren Erlaß über den Generalstab der Marine zu blockieren. Die Tatsache, daß Stolypin und sein Ministerrat den Erlaß unterstützt hatten, machte die Sache noch schlimmer, denn nun bestand ein fundamentaler Interessenkonflikt, bei dem die Regierung die Ansicht vertrat, daß sie die Streitkräfte kontrollieren sollte, während der Hof und seine Verbündeten darauf beharrten, daß dies das alleinige Recht des Zaren sei. Stolypin bot seinen Rücktritt an, und Nikolai wurde von seinen reaktionäreren Verbündeten gedrängt, ihn anzunehmen. Doch zu diesem Zeitpunkt war Stolypin unersetzlich, weil er eine gewisse Ordnung im Lande wiederhergestellt hatte, und die Zarentreuen mußten sich mit dem kleineren Triumph zufriedengeben, daß sie ihn gezwungen hatten, die ausschließlichen Privilegien des Zaren im Bereich des Militärs zu bestätigen.[17]

Abgesehen von technischen Fragen, lag der Krise um den Marinestab ein fundamentales Problem zugrunde, das Stolypins Bemühungen zur Rettung des zaristischen Systems durch Reformen untergrub. Soweit es den Zaren anging, drohte Stolypins politisches Programm, den Schwerpunkt der Macht vom Hof auf die staatlichen Institutionen zu verlagern. Die den Marinegeneralstab betreffende Gesetzesvorlage war dafür ein deutliches Signal. Stolypin stand fest in der petrinischen Tradition einer bürokratischen Modernisierung, die Nikolai so verabscheute. Alles in seinem Verhalten als Premier zielte darauf ab, mit dem alten patrimonialen System zu brechen. Während frühere Premierminister vom Zaren beinahe wie

Hausdiener behandelt wurden, mied Stolypin den Hof bewußt und zog es vor, seine Wochenenden wie ein westlicher Premier zu Hause bei der Familie und nicht auf Jagdpartien mit dem Zaren und seinen Lakaien zu verbringen. Stolypin sah im Staat den neutralen und universalen Motor von Reform und Modernisierung, der Rußlands imperiale Interessen schützen würde. Für ihn stand der Staat über den Interessen der Aristokratie – ja sogar über der Dynastie –, was die Vorstellung einer auf die alte Rangordnung gestützten Sozialordnung zunichte machte. Jeder, vom Bauern bis zum Fürsten, war ein Bürger (solange er Eigentum hatte). Diese im wesentlichen westliche Konzeption von Staat war eine direkte Herausforderung an die vom Zaren und seinen Höflingen so favorisierte moskowitische Ideologie, wonach die Autokratie eine steile und mystisch sanktionierte Pyramide patrimonialer Macht war und auf einer streng sozialen, vom Adel angeführten Hierarchie beruhte. Würde man den Erfolg von Stolypins Reformen zulassen, dann würde die persönliche Herrschaft des Zaren von den Institutionen seines Staates überschattet und die traditionelle Sozialordnung zugleich untergraben.

Solche Ängste wurden von den alten Elitegruppen geschürt, die jeweils ihre Gründe hatten, gegen Stolypins Reformen zu opponieren, und die sich nun zur Verteidigung der autokratischen Privilegien des Zaren zusammentaten. Diesen legitimistischen Block hatte die Marinestabskrise zusammengebracht, die offenkundig die traditionellen Rechte der Krone bedrohte. Er erhielt starke institutionelle Unterstützung innerhalb der Hofkreise, des Reichsrats, des Vereinigten Adels, der orthodoxen Kirche, des Bundes des Russischen Volks, der Polizei und bestimmter Abteilungen der Bürokratie, und obgleich er über informelle Kanäle operierte, war er doch stark genug, um faktisch alle politischen Innovationen Stolypins zu Fall zu bringen.

Stolypins Vorschlag, das staatliche System der Grundschulerziehung zu erweitern, wurde von Reaktionären in der Kirche abgewehrt, die an den Schulen ihre eigenen Interessen verfolgten. Dasselbe Schicksal erwartete seine Gesetzgebung zur Milderung der Diskriminierung religiöser Minderheiten, vor allem der Altgläubigen und der Juden. Seine Anstrengungen, dem illegalen Vorgehen der Bürokratie und der Polizei Einhalt zu gebieten, waren zum Scheitern verurteilt, weil er nie die volle Kontrolle über sie erlangte. Die Provinzgouverneure mit ihren familiären Beziehungen zum Hof sabotierten ständig seine Reformen, während hochrangige Bürokraten in St. Petersburg gegen ihn intrigierten. Was die Kontrolle über die Polizei anbelangt, so war Stolypin faktisch machtlos. Der Kandidat der Kaiserin, General P. G. Kurlow, wurde gegen den Protest Stolypins zum Chef der Geheimpolizei ernannt. Kurlow nutzte seine Position, um große Summen von Regierungsgeldern an rechtsextremistische Gruppen und Zeitungen umzuleiten. Er ließ Stolypin selbst überwachen, fing dessen Post ab und hielt die Kaiserin über dessen Absichten auf dem laufenden, besonders im Hinblick auf ihren Günstling Rasputin. Als Stolypin schließlich im August 1911 ermordet wurde, begannen sofort

Gerüchte zu kursieren, Kurlow habe den Mord in Auftrag gegeben. Sie sind bis zum heutigen Tage nie bestätigt worden. Aber sie sagen viel darüber aus, wie die Beziehungen zwischen Stolypin und seinen Feinden auf der Rechten in der Öffentlichkeit wahrgenommen wurden.

Der Vereinigte Adel war bei weitem die lautstärkste dieser Gruppen. Er war im Gefolge der Revolution von 1905 gebildet worden, um die Eigentumsrechte des Adels und seine Dominanz in der Agrarpolitik zu verteidigen. Letztere war durch Stolypins Reformen der Lokalverwaltung bedroht, die den Bauern als Landbesitzern die gleiche Vertretung in den Semstwos zugestand wie den Adligen. Außerdem war vorgesehen, die Bauerngerichte abzuschaffen und die Bauern gänzlich in das System bürgerlichen Rechts einzugliedern. Stolypin betrachtete diese Reformen als wesentlich für den Erfolg seines Programms einer Landreform. Die neue Klasse konservativer bäuerlicher Landbesitzer, die er zu schaffen hoffte, würde die bestehende Ordnung nicht unterstützen, wenn sie nicht zu Bürgern mit gleichen politischen und bürgerlichen Rechten wie die anderen Stände gemacht würden. »Erst müssen wir einen Bürger schaffen, einen kleinen Landbesitzer, dann wird auch das Bauernproblem gelöst«, sagte Stolypin.

Der Provinzadel jedoch interpretierte diese Geste als eine Bedrohung der eigenen privilegierten Stellung in der ländlichen sozialen und politischen Ordnung. Stolypin schlug vor, eine neue Semstwo-Vertretung auf Bezirksebene einzurichten, bei der das Stimmrecht eher auf Eigentum als auf Geburt beruhen sollte. Außerdem wollte er die Machtbefugnisse der Semstwos erweitern und die Landeshauptleute abschaffen, die bis dahin auf dem Lande tonangebend waren. All das würde nach Ausage der empörten Adligen aber bedeuten, daß ihre angestammte Dominanz im System ländlicher Herrschaft beendet wäre. Die örtlichen Semstwos würden von Organen des Adels zu Organen der Bauern, da es für jeden Adligen auf Bezirksebene mehrere hundert nun wahlberechtigte Kleinbauern gäbe. Die Adligen beschuldigten Stolypin, er versuche, »die Provinzgesellschaft« (nämlich sie selbst) durch bürokratische Zentralisierung zu unterminieren, und schlossen sich daher in der Duma, dem Reichsrat, dem Vereinigten Adel und unter ihren Verbündeten bei Hof gegen ihn zusammen. Stolypin, der zu eitel war, um eine sichere Niederlage hinzunehmen, gab den Kampf auf. Das System ländlicher Verwaltung, bei weitem das schwächste Glied im zaristischen Staat, blieb in der Hand von 20 000 Adligen, einer winzigen und veralteten sozialen Gruppe, die dank ihrer Helfershelfer höheren Orts in der Lage war, um ihrer eigenen begrenzten Interessen willen alle Reformen abzuwehren. Wäre es Stolypin gelungen, die soziale Basis der örtlichen Verwaltung auf dem Lande zu erweitern, dann wäre sie 1917 vielleicht nicht so verheerend zusammengebrochen, und die Sowjetmacht hätte niemals das darauf folgende politische Vakuum so erfolgreich füllen können, wie sie es tat.

Weitgehend derselbe Interessenkonflikt steckte hinter der berühmten westlichen

Semstwo-Krise von 1911, die Stolypins endgültigen Abgang markierte. Mit dem Niedergang der Oktobristen als Folge der Marinestabskrise und des Rechtsrucks beim landbesitzenden Adel war Stolypin gezwungen, seine Politik nach der anderen wichtigen Regierungspartei in der Duma, den Nationalisten, auszurichten, die 1909 mit starker Unterstützung durch die russischen Gutsbesitzer in den neun polnischen Provinzen gegründet worden war. Die Partei war in den Worten ihres Historikers Robert Edelman »nicht so sehr eine Partei des Nationalismus als eine Partei der dominanten russischen Nationalität in einem multinationalen Reich«.[18] Semstwos waren in diesen westlichen Provinzen nie eingerichtet worden, da die meisten Gutsbesitzer Polen waren und für Alexander II. die Erinnerung an den polnischen Aufstand von 1863 noch frisch war. Doch die Nationalistische Partei kämpfte für ein Semstwo-Gesetz für den Westen mit dem Argument, daß Rußlands imperiale Interessen in diesen kritischen Grenzgebieten durch ein kompliziertes Wahlverfahren auf der Basis von Nationalität und Besitz garantiert werden könnten. Stolypin kannte diese westliche Region aus seiner Zeit in Kowno. Die Kleinbauern, vornehmlich Russen, Ukrainer und Weißrussen, gehörten zu den fortschrittlichsten des Reichs, und er erwartete, daß sie sich unter seinen Agrarreformen rasch zu freien Landwirten entwickeln würden. Wenn ihnen der größte Stimmanteil in den Semstwos zufiel, wie es in seinem Semstwo-Gesetz für den Westen mit dem Wahlrecht für Kleineigentümer geplant war, konnten sie vielleicht das Vorbild für Freibauern als Bürger des Russischen Kaiserreichs werden. Ein zuvor von polnischen Gutsbesitzern dominiertes Gebiet würde von »Russen«, wenn auch solchen bäuerlicher Herkunft, beherrscht.

Das Gesetz wurde von der Duma gebilligt, aber im Reichsrat abgelehnt, wo die Fundamentalisten des Adels nicht willens waren, die Privilegien des adligen Standes (selbst seiner polnischen Vertreter) geopfert zu sehen, um die Dominanz russischer Interessen zu gewährleisten. Die Tatsache, daß die Polen Aristokraten waren, sollte ihrer Ansicht nach Vorrang vor der Tatsache haben, daß die Bauern Russen waren. In ihrem Widerstand wurden sie durch Trepow und Durnowo bestärkt, Günstlingen bei Hofe, die diese Gelegenheit nutzen wollten, um ihren Rivalen zu stürzen. Sie stellten die Niederlage der Gesetzesvorlage sicher, indem sie den Zaren überredeten, Stolypin in den Rücken zu fallen und eine Erklärung abzugeben, die die Abgeordneten ermutigte, bei der Abstimmung ihrem »Gewissen« zu folgen (was implizierte, daß sie gegen die Regierung stimmen sollten). Es war ein klares Mißtrauensvotum gegen Stolypin, das vom Hof und seinen Anhängern bei der Rechten eingefädelt war. Doch es gab immer noch einen Hoffnungsschimmer. Nikolai spielte ein doppeltes Spiel bei der Intrige und versprach Stolypin, daß er, falls das Gesetz erneut vorgelegt werden sollte, seine Billigung durch das Oberhaus unterstützen würde. Stolypin war jedoch kein Mann des Kompromisses. Er war Opposition nicht gewöhnt und nicht versiert in den Fertigkeiten eines modernen Politikers, Fertigkeiten, die es ihm hätten ermöglichen können, einen Ausweg auszuhandeln. Anstatt auf eine zweite Lesung der Gesetzesvorlage zu warten, zog er es vor, bei der ersten hart zu bleiben, wohl wissend, daß damit seine Karriere vermutlich beendet war. Er drohte mit seinem Rücktritt, falls der Zar die Duma und den Reichsrat nicht vertagte und die Vorlage per Notstandsverordnung nach Artikel 87 der Grundgesetze billigte. Außerdem forderte er, daß Durnowo und Trepow aus der Hauptstadt entfernt würden. Nachdem er vier Tage überlegt hatte, stimmte Nikolai Stolypins Forderungen schließlich zu. Am 14. März, die beiden Kammern waren geschlossen, gab er das Semstwo-Gesetz für den Westen bekannt und wies Durnowo und Trepow an, St. Petersburg bis zum Ende des Jahres zu verlassen. Es hatte einiger Stunden der Überredung durch seine Mutter, die äußerst vernünftige Kaiserinwitwe, bedurft, um den Zaren dahin zu bringen, gegen den Rat seiner Frau (die im Zentrum der Intrige gegen Stolypin stand) zu handeln. Als er Stolypin in Schloß Gattschina empfing, war sein Gesicht ganz rot »vom Weinen«.[19]

Stolypin hatte sich allein durch Charakterstärke durchgesetzt. Doch seine anmaßende Taktik in dieser Krise befremdete nahezu alle, und ihn verließ nun rasch die politische Fortune. Der Zar, den er zutiefst gedemütigt hatte, suchte jetzt, von seinen kaisertreuen Kumpanen angestachelt, nach Rache. Die Liberalen waren wütend über Stolypins geringschätzige Behandlung der Duma. Gutschkow legte die Präsidentschaft nieder, und die Oktobristen gingen in die Opposition; die Nationalisten waren die einzige Duma-Gruppierung, die Stolypin bei einem Antrag auf Zensur unterstützte. Isoliert und mißachtet, verlor Stolypin all sein bisheriges Selbstvertrauen, litt unter Schlaflosigkeit und wurde launisch.[20] Er fühlte, daß seine Tage gezählt waren.

Ende August 1911 kam Stolypin zu den Feierlichkeiten anläßlich der Enthüllung eines Denkmals für Alexander II. nach Kiew. Er war seit langem auf einen gewaltsamen Tod vorbereitet und hatte, bevor er St. Petersburg verließ, einem seiner höheren Beamten eine Kiste mit Geheimpapieren anvertraut und ihn angewiesen, sie zu vernichten, falls er nicht zurückkehren sollte. Die Warnungen der Polizei vor einer Verschwörung gegen sein Leben schlug er in den Wind, reiste ohne Leibwächter nach Kiew und weigerte sich sogar, seine kugelsichere Weste zu tragen. Am 1. September gab die Kiewer Oper eine Vorstellung von Rimski-Korsakows Oper *Die Legende von Zar Saltan*. Nikolai und seine vier Töchter saßen in der kaiserlichen Loge in der Nähe des Orchesters, während Stolypin in der ersten Sperrsitzreihe Platz genommen hatte. Als er in der zweiten Pause im Gespräch mit Graf Fredericks vor dem Orchestergraben stand, näherte sich ihm ein junger Mann in Abendanzug, zog einen Revolver unter seinem Programm hervor und feuerte zwei Schüsse auf ihn ab. Eine Kugel traf Stolypin in den rechten Arm, die andere in die Brust, wo ein Orden sie in die Leber ablenkte. Langsam, als ahnte er nicht, was passiert war, zog Stolypin seine Handschuhe aus, legte sie sorgfältig auf die Rampe und knöpfte seine Jacke auf, sah die blutgetränkte Weste und sank auf einen Stuhl. Für alle deutlich vernehmbar sagte er: »Ich bin glücklich, für den Zaren zu sterben«, blickte in die Loge zu ihm empor, hob die Hand und gab ihm zu verstehen, sich in Sicherheit zu bringen. Nikolai aber blieb stehen, und Stolypin segnete ihn in einer letzten theatralischen Geste mit dem Kreuzeszeichen. Vier Tage lang blieb der Zustand des Premierministers stabil. Der Zar setzte das Programm der Feierlichkeiten in Kiew fort und besuchte ihn in der Klinik. Aber am 5. September verlor Stolypin das Bewußtsein und starb am selben Abend. Der Zar kam am nächsten Morgen und sprach Gebete an seiner Totenbahre, wobei er immer wieder die Worte wiederholte: »Vergib mir.«[21]

* * *

Der Mann, der Stolypin erschossen hatte, hieß D. G. Bogrow, ein studentischer Revolutionär, der aus finanzieller Not Polizeispitzel geworden war. Es ist nie aufgedeckt worden, für welche Seite Bogrow gearbeitet hatte – die Rechte oder die Linke –, und in einem gewissen Sinn trifft das den Kern. Denn Stolypin hatte auf beiden Seiten viele Feinde. Lange bevor ihn Bogrows Kugel tötete, war er politisch tot.

Stolypins politischer Abgang muß durch sein Scheitern als Politiker erklärt werden. Wäre er in der »Kunst des Möglichen« versierter gewesen, vielleicht hätte er für sich und seine Reformen mehr Zeit gewinnen können. Er hatte gesagt, um Rußland umzuwandeln, brauche er zwanzig Jahre. Ihm blieben jedoch – teilweise durch eigene Fehler – nur fünf Jahre. Er beharrte so strikt auf seinen Zielen und Prinzipien, daß er den Blick für nötige Verhandlungen und Kompromisse mit seinen Gegnern verlor. Die alten politischen Eliten machte er sich zu Gegnern, weil er rücksichtslos über ihre traditionellen Privilegien hinwegging, und die Unterstützung der Liberalen verlor er, weil er die Duma unterdrückte, wann immer sie ihm im Weg war. Diese politische Sturheit lag an seiner eng bürokratischen Einstellung. Er handelte so, als ob alles den Interessen des Staats, so, wie sie durch seine Reformen definiert waren, untergeordnet werden müsse, und glaubte, daß ihn das der Notwendigkeit enthob, sich in das schmutzige Geschäft von Parteimanövern zu begeben. Er glaubte, er könne seine Reformen durch administrative Verfügungen durchsetzen, und bewegte sich nie außerhalb der Bürokratie, um eine breitere Basis zur Unterstützung zu mobilisieren. Obgleich er erkannte, daß der Schlüssel zu seinem Programm die Schaffung einer konservativen landbesitzenden bäuerlichen Klasse war, verschwendete er keinen Gedanken daran, die Gründung einer kleinbäuerlichen Partei zu fördern. Es gab einen Stolypin, aber keine Stolypin-Anhänger. Und so starben mit Stolypin auch seine Reformen.

Nach Meinung mancher Historiker hat die Mörderkugel die letzte wirkliche Hoffnung des zaristischen Regimes ausgelöscht. Stolypins Reformen, so das Argument, seien die einzig wahre Chance gewesen, sich nach westlichem Vorbild zu reformieren. Hätten sie nur mehr Zeit gehabt und wären sie nicht durch den Ersten Weltkrieg abgebrochen worden, dann vielleicht hätte die Revolution von 1917 nicht stattgefunden. Diese optimistische Ansicht beruht auf zwei Annahmen: daß Stolypins Reformen in ihren Zielen erfolgversprechend waren und daß sie in der Lage waren, Rußlands Gesellschaftsstruktur nach der Krise von 1905 wieder zu stabilisieren. Beide Annahmen sind offenkundig falsch.

Erstens machten die Reformen relativ wenig Fortschritte dabei, Rußland in Richtung auf eine konstitutionell-parlamentarische Ordnung zu bewegen. Einige von Stolypins eigenen Methoden – wie der Staatsstreich vom Juni 1907 und seine Taktik beim Semstwo-Gesetz für den Westen – waren der eklatante Mißbrauch der Ideale dieses Systems. Zwar gab es einige Erfolge bei den bürgerlichen Freiheiten, bei der Pressefreiheit und in der Tatsache, daß die Duma selbst zwischen 1906 und 1914 weiterexistierte, wenn auch nur als Symbol und Schule der neuen Verfassungskultur.* Doch das bedeutete kaum, daß sich das zaristische Rußland unbedingt auf eine Art westlich-liberale Normalität zubewegt hätte. Das Wesen des zaristischen Regimes war an sich schon die beste Gewähr dafür, daß es politisch nicht zu reformieren war. Die moskowitische Ideologie der patrimonialen Autokratie, die Nikolai und die Rechten zunehmend favorisierten, stand der westlich-konstitutionellen Vision, wie sie in Stolypins Reformprogramm enthalten war, zutiefst feindlich gegenüber, und die verknöcherten Kräfte des Hofs waren gemeinsam mit den Interessengruppen der Kirche und des Provinzadels stark genug, um zu verhindern, daß dieses Programm je verwirklicht wurde. Als die revolutionäre Krise der Jahre 1905–1907 erst einmal vorüber war, brauchte die Monarchie Stolypins Schutz nicht länger und löste sich mehr und mehr aus seiner Regierung, lähmte deren Programm und begann ihre eigene getrennte Tagesordnung zu verfolgen. Die bestand nach 1912 zunehmend darin, den russischen Nationalismus zu benutzen, um »die Loyalen« hinter dem Thron zu versammeln.

Zweitens war etwa 1912, wenn nicht früher, klar geworden, daß kein Paket von politischen Reformen je die fundamentale gesellschaftliche Krise lösen konnte, die 1905 den ersten Riß im System verursacht hatte. Zwar flaute die Arbeiterbewegung, vor allem aufgrund der Repressionsmaßnahmen der Regierung, eine Zeitlang ab und ließ Zeichen der Mäßigung erkennen, genügend, um den Menschewiki Grund zur Hoffnung zu geben, daß sie sich nach europäischem Vorbild entwik-

* Dieser letztere kulturelle Aspekt war entscheidend und an sich bezeichnend für die Hindernisse, die erst überwunden werden mußten, um in einem Land wie Rußland eine konstitutionelle Ordnung einzuführen, wo Konstitutionalismus damals (wie heute) noch keine wirkliche Tradition hatte. Während die Verfassung in westlichen Staaten bloß die Rechte einer bereits vorhandenen bürgerlichen Gesellschaft und Kultur garantieren mußte, hatte sie diese Gesellschaft und Kultur in Rußland erst noch zu *schaffen*. Sie mußte die Gesellschaft – und den Staat selbst – zu den Werten und Idealen eines liberalen Konstitutionalismus erziehen.

keln würde. Aber in den zwei Jahren nach 1912 gab es eine dramatische Zunahme bei den Fabrikstreiks sowohl an Zahl als auch an Militanz. Sie kulminierte im Juli 1914 in einem Generalstreik in St. Petersburg, wo es während eines Staatsbesuchs des französischen Präsidenten zu Straßenkämpfen und zur Errichtung von Barrikaden kam. Die Arbeiter in den Hauptstädten kehrten, wie es Leo Haimson in seiner grundlegenden Arbeit von vor dreißig Jahren darstellt, rasch allen demokratischen Parteien den Rücken – sogar den Menschewiki –, die die Einführung konstitutioneller oder schrittweiser Methoden befürworteten, und liefen zu den Bolschewiki über, die für die direkte Aktion der Arbeiter und den gewalttätigen Kampf gegen das Regime eintraten.[22] Trotz all der Anstrengungen für politische Reformen befand sich das städtische Rußland am Vorabend des Ersten Weltkriegs am Rande einer neuen und potentiell gewaltsameren Revolution, als es die »Kostümprobe« von 1905 gewesen war.

## AUF DIE STARKEN SETZEN

Der Bauer kehrte an einem kalten Aprilmorgen 1908 aus dem Exil in sein Dorf zurück. Er hatte fast drei Tage mit Zug, Pferd und Wagen für die 160 Kilometer von Moskau gebraucht, und je näher er seinem Geburtsort kam, desto größer wurden seine Hoffnungen, dort einige Verbesserungen anzutreffen, die in den zwei Jahren seiner Abwesenheit durchgeführt worden wären. Doch das Dorf Andrejewskoje war nie ein sonderlich dynamischer Ort gewesen. Die Ströme der modernen Zivilisation waren irgendwie an ihm vorbeigeflossen, und als er jetzt dorthin zurückkehrte, mit den frischen Eindrücken aus England und Frankreich, sah Sergej Semjonow nur die bekannten Zeichen von Rückständigkeit und Verfall. Die schwarzen Streifen gepflügten Ackerbodens schienen noch schmaler und ausgefranster denn je, die Grasbüschel auf den Wiesen waren zu kleinen Sträuchern angewachsen, die Wälder waren abgeholzt, das Vieh konnte sich frei durch die Gärten bewegen, und das Unkraut sproß auf der Hauptstraße des Dorfs. Semjonows Nachbar, einst ein hart arbeitender Bauer, war dem Alkohol verfallen, während seine acht Kinder ohne Schuhe herumliefen. Doch was Semjonow am meisten deprimierte, war die Tatsache, daß noch immer dieselben alten Patriarchen Dorfälteste waren wie damals, als er wegging. Denn jetzt hätten sie noch mehr Grund, seine Reformpläne feindselig und mißtrauisch zu betrachten.[23]

Haupt der Dorfältesten war Grigori Maljutin – ein untersetzter und trunksüchtiger Siebzigjähriger mit einem Gesicht voller roter Pusteln und einem langen weißen Bart –, der, solange man denken konnte, der dominierende Älteste gewesen war. Maljutin war der reichste Bauer in Andrejewskoje, lebte teilweise vom Gewinn, den die Seifenfabrik seines Sohnes in der Nähe von Moskau abwarf, und für sein Alter war er erstaunlich stark. Eitel und eifersüchtig auf seine Macht bedacht, war er ein strenger Zuchtmeister, ein Dorfdespot der alten Schule, der immer noch seine alte Frau prügelte und als Dorfältester jeden Bauern auspeitschte, der sich etwas hatte zuschulden kommen lassen. Die meisten Dorfbewohner lebten in Furcht vor ihm. Maljutins Hauptverbündeter war ein anderes Relikt aus den Tagen der Leibeigenschaft, Jefim Stepanow, der im Laufe der Jahre dadurch Reichtum angehäuft hatte, daß er wie ein Geizkragen knauserte und sparte. Er trug immer dieselben alten schmutzigen Kleider, fütterte sein Vieh gerade so, daß es am Leben blieb, und den Bettlern vor der Kirche gab er nie etwas. Beide Männer waren Altgläubige und Analphabeten, und was sie miteinander verband, war ihre Furcht vor Veränderungen. Ihre Macht über das Dorf beruhte darauf, daß sie es von der modernen Welt abschirmten. Maljutin hatte die Angewohnheit, jede neue Erfindung, vom Samowar bis zur Nähmaschine, als verderbliche Verschwendung zu verurteilen. Allein der Gedanke daran verursachte ihm Bauchschmerzen.[24]

Was also konnte schlimmer für sie sein als die Aussicht, daß ihr Erzrivale Sergej Semjonow zurückkehrte? Semjonow war 1868 in einer armen Bauernfamilie in Andrejewskoje geboren worden. Wie Semjon Kanattschikow, dessen Dorf Gussewo im selben Kreis Wolokolamsk lag, wurde er als Junge weggeschickt, um seinen Lebensunterhalt in Moskau zu verdienen. Sein Vater war wie der Kanattschikows ein Trinker, und seine Mutter mußte die meiste Arbeit im Bauernhof bewältigen, der nicht genug für seinen Unterhalt abwarf. Zwischen seinem 10. und 18. Lebensjahr wanderte Semjonow von Fabrik zu Fabrik, zuerst in Moskau, dann in Petersburg, Poltawa und Jekaterinoslaw, schickte Geld heim für die Familie und kehrte zur Erntezeit ins Dorf zurück. Er brachte sich selbst das Lesen bei und begann im Alter von 18 Jahren Geschichten aus dem Dorfleben zu schreiben. Eines Tages tauchte er bei Tolstoi in Jasnaja Poljana auf. Tolstoi bewunderte Semjonows Geschichten – hier war sein Ideal eines »Bauernschriftstellers« –, und die beiden Männer wurden Freunde fürs Leben. Semjonow war ein ruhiger und bescheidener Mann. »Klein und dünn, mit einem roten Ziegenbart, einem traurigen intelligenten Gesicht und einer sensiblen, fast kindlichen Scheu, kleidete er sich immer wie ein Bauer in den Kittel und sah eher wie ein Dorfschreiber als ein Literat aus«, wie ihn einer seiner Moskauer Freunde beschreibt. Anders als Kanattschikow hatte er nie Sehnsucht nach den hellen Lichtern der Großstadt. Mit 20 Jahren kehrte er nach Andrejewskoje zurück, heiratete ein Mädchen aus dem Dorf und übernahm die Bewirtschaftung des väterlichen Hofs. Seine bittere Kindheit hatte ihn zu einem entschiedenen Verfechter von Reformen gemacht. »Ich war immer vom brennenden Wunsch getrieben, das Leben meines Dorfs zu verbessern, seine Finsternis und Rückständigkeit zu beenden«, schrieb er später. Dieser Glaube an den Fortschritt war die Quelle seines Engagements für die Revolution und – eng damit verbunden – seiner Arbeit an sich selbst. Er gab das Trinken auf und sparte, um landwirtschaftliche Lehrbücher zu kaufen. Der Kreis Wolokolamsk wurde rasch zu einem Zentrum des Flachsanbaus – für den russischen Bauernhof vielleicht die wichtigste Art der Intensivwirtschaft –, womit stattliche Gewinne erzielt werden konnten. Semjonow stand mit an der Spitze dieser Bewegung. Er pachtete zusätzliches Land von einem Adligen in der Nähe und züchtete nicht nur Flachs, sondern auch eine Reihe anderer Produkte für den Markt nach den neuesten Methoden. Er begann sich für die Landreform in Andrejewskoje einzusetzen und geriet so in heftigen Konflikt mit Maljutin.[25]

Anlaß für die Fehde zwischen ihnen war ein Skelett. Maljutins Tochter Vera hatte ein uneheliches Kind bekommen. Aus Scham hatte sie es umgebracht und den Leichnam im Wald begraben. Irgendwie kam die Obrigkeit dahinter, und die Polizei erschien zur Ermittlung im Dorf. Maljutin gelang es, sie zu bestechen, und die Sache wurde stillschweigend fallengelassen. Doch lange Zeit beschuldigte er Semjonow, er habe die Behörden informiert. Mit seinen Helfershelfern begann er eine Einschüchterungskampagne, um Semjonow aus dem Dorf zu vertreiben. Sie brannten seine Scheune nieder, töteten sein Vieh, nahmen ihm sein Gerät weg und beschuldigten ihn der Zauberei. Die örtliche Kirche stimmte in diese Anklage mit ein. Semjonow war Atheist. Er weigerte sich, in seinem Haus Priester zu empfangen, und an Sonntagen und anderen Feiertagen war er der einzige Bauer, den man auf dem Feld arbeiten sah. Doch schlimmer noch, er war auch ein Anhänger Tolstois, der doch exkommuniziert werden sollte. 1902 wurde Semjonow schließlich von einem Kirchengericht der Zauberei für schuldig befunden und sechs Monate eingesperrt.[26]

Nach seiner Entlassung kehrte er in sein Dorf zurück, diesmal, um sich am revolutionären Kampf der Bauern zu beteiligen. Er gehörte zu jener bemerkenswerten Gruppe von Bauern, Agronomen und Lehrern der Region, die die Leseklubs, die Kooperativen und die Bauernverbände im Kreis Wolokolamsk einrichteten, was schließlich in der Markowo-Republik von 1905/06 gipfelte. Das gab Maljutin ein zweites Mal Gelegenheit, seinem Rivalen einen Schlag zu versetzen: Jetzt informierte er die Polizei, daß das Dorf einen gefährlichen Revolutionär beherberge. Semjonow wurde im Juli 1906 zusammen mit den Bauernführern von Markowo verhaftet und zwei Monate in Moskau im Gefängnis festgehalten, ehe man ihn ins Exil ins Ausland schickte. Mit Tolstois finanzieller Hilfe verbrachte Semjonow die nächsten 18 Monate auf Reisen durch England und Frankreich. Der Eindruck der landwirtschaftlichen Methoden, wie sie im Westen praktiziert wurden, bestärkte ihn nur in seiner Überzeugung, daß das Flurgemeinschaftssystem in Rußland dringend überholt werden müßte. Es belastete die russischen Bauern mit einem unwirtschaftlichen System der Bodennutzung und lähmte ihre Initiative als Einzelbauern. Im Flurgemeinschaftssystem besaßen die Bauern Dutzende von schmalen, über die ganze Dorfdomäne verstreuten Ackerstreifen. Semjonows eigene zehn Desjatinen (etwa 11 Hektar) bestanden aus über 50 verschiedenen Streifen an einem Dutzend verschiedener Flurstücke. Die Streifen waren für moderne Pflüge und Eggen zu schmal – einige kaum mehr als einen Meter breit –, und um von einem zum anderen zu kommen, wurde viel zuviel Zeit verschwendet. Die periodische Umverteilung der Ackerstreifen sorgte für wenig Anreiz, den Boden zu verbessern, da aller Nutzen daraus bei der nächsten Umverteilung verlorengehen konnte. Es bestand wenig Aussicht auf die Einführung der modernen Fruchtfolge, denn in dem System der offenen Felder war jeder gezwungen, demselben Anbaumuster zu folgen, damit das Vieh dann überall die Stoppeln zur gleichen Zeit abweiden konnte, und so setzten sich – wenn auch nur aus zahlenmäßiger Überlegenheit – die beharrenden Kräfte durch. Semjonow schrieb: »Mir einen eigenen Einzelhof mit Siebenfelderwirtschaft einzurichten, ohne die Probleme der vielen Ackerstreifen – das ist mein Traum.«[27]

Semjonow hatte das Dorf als Revolutionär verlassen – nun kehrte er als ein Pionier der Regierungspolitik zurück. Sein Traum war auch zum Traum Stolypins geworden: die Auflösung der Flurgemeinschaft. Doch anders als Semjonow, der es nur unter dem Gesichtspunkt der Landwirtschaft sah, verband Stolypin das Ganze mit der Schaffung einer neuen Klasse bäuerlicher Landbesitzer, die dadurch, daß sie Besitz hatten und reicher wurden, die Rechte des Adels zu respektieren lernten und ihre revolutionären Bestrebungen aufgeben würden. Stolypin sagte 1908 vor der Duma: »Die Regierung hat ihren Einsatz gewagt. Sie hat nicht auf die Armen und Betrunkenen gesetzt, sondern auf die Entschlossenen und Starken.«[28] Unternehmerische Bauern wie Semjonow wurden jetzt ermutigt, aus der Flurgemeinschaft auszusteigen und ihre eigenen privaten Einzelhöfe aufzubauen. Durch das Gesetz vom 9. November 1906 gab man ihnen das Recht, ihre Ackerstreifen in privaten Besitz auf in sich geschlossenen Bauernhöfen außerhalb des Dorfs (*chutora*) oder in kompakten Besitz innerhalb des Dorfs (*otruba*) umzuwandeln. Das ganze Dorf konnte dieser Umwandlung mit Zweidrittelmehrheit aller Haushaltsvorstände zustimmen. Weitere Gesetze folgten, um den Prozeß der Reorganisation des Bodens zu beschleunigen und denen zu helfen, die sich aus der Dorfgemeinde lösen wollten, damit sie mit zinsgünstigen Krediten der Bauernbank zusätzliches Land vom Adel und vom Staat kaufen konnten. Es bestand kaum Zweifel, daß die Regierung diesem Projekt hohe Priorität einräumte. Das war das erste Mal, daß sie wirklich versucht hatte, eine größere Veränderung im Alltag der Bauern zu bewirken, und die intelligenteren Minister und Beamten wußten, daß es wohl auch das letzte Mal war, es sei denn, eine dramatische Verbesserung trat ein. Die Regierung, die sich ihrer historischen Machtlosigkeit auf dem Land bewußt war, beseitigte alle bürokratischen Hemmnisse, um den Loslösungsprozeß zu erleichtern. Vier verschiedene Ministerien, Hunderte von Bodenkommissionen auf Provinz- und Kreisebene und Tausende von Landvermessern, Agronomen, Statistikern und Ingenieuren wurden für die Durchführung eingestellt. Die Landeshauptleute und die örtlichen Beamten wurden mit Direktiven aus dem Zentrum bombardiert und gedrängt, diejenigen Bauern zu ermutigen, die Einzelwirtschaften anstrebten, und Dutzende Millionen Rubel waren zu deren Unterstützung vorgesehen. Es schien, als habe das Regime erkannt, daß sein politisches Überleben davon abhing, daß es »auf die Starken setzte«.

Stolypin hätte sich keinen besseren Pionier als Sergej Semjonow wünschen können. Er verkörperte den Geist des aufstrebenden und unternehmerischen Bauern, auf den Stolypins Reformen bauten. Wie Stolypin hatte er nur eine vage Vorstellung vom Wesen seiner Nachbarn – ihrer Mißachtung von Besitz, ihrer Furcht vor Büchern und Wissen, ihrer Trunk- und Streitsucht –, für das er die »Bräuche der Dorfgemeinde, die auf die Zeiten der Leibeigenschaft zurückgingen, und die Maljutins dieser Welt« verantwortlich machte.[29]

Für die Maljutins von Andrejewskoje, die keine Notwendigkeit sahen, die alten Gemeinderegeln zu ändern, war Semjonow nichts als ein Unruhestifter. Sie beschuldigten ihn weiterhin, er sei ein »Arteist« (Atheist) und ein Revolutionär, weil er Kirche und Zar attackiere. Sie versuchten, ihn von der Teilnahme an der Dorfversammlung fernzuhalten, mit der Begründung, sein alter alkoholkranker Vater, den Semjonow weiterhin unterstützte, sei nach wie vor der rechtmäßige Haushaltsvorstand. Maljutin argumentierte, es wäre Verschwendung, wenn man Zeit und Geld in Reformen investierte. »Wie unsere Vorväter es gemacht haben – so soll es auch bleiben.«

Maljutins Argumente waren ganz nach dem Geschmack der Bauern, die ihrer Natur nach jeder Reform mißtrauten. Es gab zutiefst kulturelle Gründe für sie, sich gegen das Aufbrechen der Dorfgemeinde zu wenden, die doch seit Jahrhunderten Zentrum ihres Lebens gewesen war. Denn wenn einige Bauern das Recht erhielten, einen Teil des Gemeindelandes zu besitzen oder auf Dauer privat zu bebauen, so würde das ja die anderen ihrer Rechte auf Zugang zu diesem Land als Grundlage ihres Lebensunterhalts berauben. Diese Angst war unter den jüngeren Familienmitgliedern, vor allem den Frauen, am stärksten: war doch ein Haushalt, dessen Landanteile als Privatbesitz zusammengelegt wurden, nicht länger Eigentum der ganzen Familie, sondern wurde rechtmäßiger Besitz des Haushaltsvorstands. Er konnte es einem oder mehreren seiner Söhne vermachen, konnte es ganz verkaufen und so die anderen Mitglieder des Haushalts ihres Erbes berauben. Wie ein Beamter erklärte: »Die Bauern stehen dem Gesetz vom 9. November ablehnend gegenüber ... weil sie fürchten, daß die Ältesten das Land verkaufen und ihre Kinder dann verarmen. Sie sagen, niemand sollte Land verkaufen – laßt sie handeln, womit sie wollen, aber nicht mit Land.«[30] Viele Bauern fürchteten, wenn Gemeindeland Privatbesitz werden dürfe, dann könnten die reichsten Gemeindeglieder alles aufkaufen. Weit verbreitet war auch die Sorge, daß die Landvermesser der Regierung, die die Anweisung hatten, den Prozeß der Loslösung zu fördern, die Einzelbauern mit mehr als dem ihnen zustehenden Anteil an gutem Boden belohnen würden.

Tatsächlich hatten die Bauern allen Grund, skeptisch zu sein, wie das alte Flickwerk von Landstreifen, die häufig auch innerhalb der Gemeinde ein Durcheinander bildeten, überhaupt entwirrt werden könnte. Zu welchen Bedingungen sollte ein gutes Stück Land an einem Ort gegen ein schlechtes an einem anderen getauscht werden? Wie sollten die Wiesen, die Wälder und Flüsse aufgeteilt werden, die immer gemeinschaftlich genutzt worden waren? Und wenn die neuen abgeschlossenen Höfe ihre eigenen Wege anlegen mußten, würden sie nicht bestehende Grenzen und private Wegerechte verletzen? Die Bauern waren in einem sehr speziellen Sinn mit ihrem Land verbunden. Die meisten hatten viele Jahre lang dieselben Streifen bebaut, kannten deren Eigentümlichkeiten und waren nicht einfach von ihnen zu trennen. Keiner hatte ihnen je beigebracht, wie man die Fläche von einem Stück Land berechnet, indem man Länge und Breite multipliziert, so daß sie kein verläßliches Mittel hatten, um einander zu überzeugen, daß zwei gleiche Parzellen tatsächlich dieselbe Größe hatten. Ihre Felder hatten sie »nach Augenmaß« aufgeteilt oder indem sie die Breite der Streifen abschritten und dort, wo die Länge oder die Qualität des Bodens nicht übereinstimmten, in groben Zügen anglichen. Sie zweifelten nicht daran, daß diese primitive Methode, die schon ihre Vorväter benutzt hatten, um einiges genauer war als die komplizierten wissenschaftlichen Methoden der Regierungs-Landvermesser mit ihren Anzügen, ihren Richtmaßen und Stativen. Erstens konnten die Landvermesser nicht all die Unterschiede in der Qualität eines jeden Streifens im Detail mit einberechnen, wie das die Bauern selbst in endlosen Debatten bei der Landverteilung machten. Und zweitens konnten sie die verschiedenen sozialen Faktoren nicht mitberücksichtigen, die die Zuweisung der Streifen durch die Bauern unweigerlich beeinflußt hatten: war es doch ein wichtiges Mittel zur Erhaltung traditioneller Bauernhierarchien gewesen, das beste Land an die mächtigsten Familien zu geben. Gewöhnlich waren es die größten Bauern, jene, die durch die Auflösung der Gemeinde am meisten zu verlieren hatten, die die Kampagne gegen die Landreform anführten. Und es fiel ihnen nicht schwer, eine allgemeine Furcht vor der Reform unter den Bauern zu schüren, denn die bestehende Ordnung war Teil ihres alltäglichen Lebens, ihrer Familiengeschichten und der Sozialstruktur des Dorfs geworden.[31]

All diese Faktoren spielten eine Rolle in Semjonows Kampf, sich aus der Gemeinde zu lösen. Zunächst versuchten er und seine Anhänger – meistens jüngere und lesekundige Bauern – das übrige Dorf zu überreden, das ganze Land gemeinsam festzulegen oder zumindest eine gemeinschaftliche Neuverteilung des Landes durchzuführen, um die Anzahl schmaler Streifen zu reduzieren. Doch Maljutin und seine Anhänger erhoben alle möglichen Einwände, und die übrigen Bauern hatten zuviel Angst vor ihnen oder vor Veränderung, als daß sie Semjonow und seinen Leuten die Zweidrittelmehrheit verschafften, die nötig war, um eine allgemeine Zusammenlegung durchzusetzen. Also begann Semjonows Gruppe damit, für das Recht der Zusammenlegung ihrer eigenen Parzellen als *otruba* zu kämpfen.

Doch erneut stießen sie auf die Opposition von Maljutin und den anderen Ältesten. Das Dorf zerbrach in zwei einander befehdende Minderheitenlager – die einen bemühten sich darum, sich aus der Gemeinde zu lösen, die anderen versuchten, sie daran zu hindern –, während die Mehrheit der Bauern nicht wußte, was sie davon halten sollte, und sich wie Schafe an die größere Gruppe hielt. Um Semjonow einzuschüchtern, schlossen die Ältesten seine Kinder von der Dorfschule aus und verwehrten ihm den Zugang zu den Gemeindeweiden und -wäldern. Maljutins Anhänger verprügelten seine Frau, töteten sein Vieh und brannten die Häuser seiner Anhänger nieder. Sie drohten sogar, die Landvermesser zu töten, als diese ins Dorf kamen, und 18 Monate lang traute sich kein Landvermesser wiederzukommen.

Solche Einschüchterungen waren keineswegs ungewöhnlich (in vielen Dörfern mußte man Militär einrücken lassen und das Kriegsrecht verhängen, um der Gewalt ein Ende zu bereiten). Und sie waren wirkungsvoll und schreckten viele potentielle Bauernpioniere ab. Von den sechs Millionen Einzelanträgen auf Landzusammenlegung, die vor 1915 eingingen, wurde mehr als ein Drittel von den Antragstellern später wieder zurückgezogen, größtenteils auf Druck der Nachbarn. Von denen, die genehmigt wurden (insgesamt etwa eine Million individuelle Zusammenlegungen), mußten zwei Drittel von der Regierung gegen den Widerstand der Gemeinde durchgesetzt werden.[32] Und dennoch machte Semjonow die Erfahrung, daß es selbst mit dem Beistand des Staats bei denen, die sich lösen wollten, beträchtlicher Entschlossenheit bedurfte, um die Sache bis zum Ende durchzufechten.

Bürokratisch gesehen, lag das Schicksal von Stolypins Reformen in der Hand der örtlichen Landeshauptleute. Sie waren damit beauftragt, den Bauern die Vorteile der neuen landwirtschaftlichen Verfahren zu erläutern und ihre Bittschriften an die Landkommission, die Bauernbank und andere Quellen für finanzielle Unterstützung zu befürworten. Semjonows Landeshauptmann, Makarow, war ein liberaler und gebildeter Adliger, der durch einen Bankrott und eine tragische Liebesaffäre zu diesem eher bescheidenen Amt gekommen war. Wie der Provinzgouverneur stand er der Ablösungsbewegung durchaus wohlwollend gegenüber. Das war ungewöhnlich. Die Mehrheit seiner Kollegen in der Provinzbürokratie lehnte die Reformen ab. Sie sahen die Ablösungsbewegung als Teil einer allgemeinen Kampagne, mit der Stolypin die Dominanz des Adels auf dem Lande beenden wollte, und versuchten deren Durchführung zu verzögern oder durch Untätigkeit zu blockieren. Daß der Landeshauptmann hinzugezogen werden mußte, war, wie sich herausstellte, an sich schon ein größeres Abschreckungsmittel für potentielle Einzelbauern. Denn in vielen Gebieten hatte der Landeshauptmann eine Schlüsselrolle bei der Niederwerfung der Agrarunruhen von 1905–1907 gespielt, und das Mißtrauen der Bauern ihm wie überhaupt allen Regierungsbeamten gegenüber saß nach wie vor sehr tief.[33]

Doch es war immer noch nicht viel, was selbst Makarow tun konnte oder wollte, um Semjonow zu helfen. Der Adelsmarschall und die anderen Landeshauptleute in Wolokolamsk waren strikte Gegner der Reformen, und Makarow war nicht bereit, aus der Reihe zu tanzen, weil er fürchtete, sonst seine Stelle zu verlieren. Und er war auch nicht tapfer genug, seine Machtmittel zu gebrauchen und Semjonows Rechte angesichts des feindlichen Widerstands seiner dörflichen Mitbewohner durchzusetzen. Tatsächlich kam er aus Angst um sein Leben nicht ein einziges Mal in das Dorf. All das spielte den Gegnern Semjonows in die Hände, die nun ihren Widerstand verstärken konnten. Angeführt von Maljutin, bombardierten sie die örtliche Verwaltung mit kleinlichen Beschwerden gegen Semjonow. Diese Beschwerden waren schlau ausgeheckt, um der Verwaltung Ausreden für endlose bürokratische Verzögerungen der Landreform zu geben. Sie denunzierten Semjonow bei der Kreispolizei, er habe ein Porträt des Zaren verunglimpft, so daß eine detaillierte Ermittlung durchgeführt werden mußte, ehe Semjonow für würdig erachtet wurde, eine eigene Parzelle zu besitzen. Sie brachten die Frage, ob Semjonow oder sein Vater Stimmrecht in der Dorfversammlung hätte, vor das Bezirksgericht, und als sie dort keine Entscheidung erwirkten, weiter vor die Kreisgerichte. All das dauerte nahezu zwei Jahre. Auch Maljutin zerrte ihn mit einer Scheinforderung an seine Parzelle vor Gericht, so daß Semjonow, solange der Fall noch bei Gericht lag, seine Landstreifen nicht einzäunen konnte, da er kein eindeutiges Recht auf sie besaß.

Semjonows Entschlossenheit, all diese Hindernisse zu überwinden, war ungewöhnlich. Die meisten Bauern ließen sich durch weitaus geringere Schwierigkeiten abschrecken, und die Ablösungsbewegung verlor in der Folge viel von ihrem Elan. Die Zahl der Zusammenlegungen fiel nach einem anfänglich starken Aufschwung nach 1909/10 steil ab. Zwischen 1906 und dem Vorabend der Revolution legten etwa 15 Prozent aller Bauernhaushalte im europäischen Rußland ihr Land als Privatparzellen zusammen, entweder in Gruppen oder einzeln, und brachten so etwa zwischen 27 und 33 Prozent sämtlicher Bauernhöfe in Erbbesitz.[34] Und doch gab es für jeden Haushalt, der sein Land abgrenzte, einen anderen, der es versucht hatte und gescheitert war, entweder wegen des Widerstands der Gemeinde oder wegen bürokratischer Verzögerungen, mit dem Ergebnis, daß er das Interesse verloren hatte. Die meisten Ablösungen fanden im Westen, Süden und Südosten des Landes statt, wo der Markt am weitesten entwickelt war. Einzelbauern waren tendenziell entweder die mehr marktorientierten oder, im Gegenteil, die ärmsten Bauern, die ihre Privatparzellen schleunigst verkauften und häufig in die Großstädte zogen. Die Masse der Bauern in der zentralen Region Rußlands – also genau diejenigen, die 1917 die Agrarrevolution anführen sollten – war von alldem nicht betroffen. Stolypins Reform hatte es nicht vermocht, ihre Lebensweise in der Dorfgemeinde zu ändern.

Schließlich, nach zwei Jahren Streitereien, kamen die Landvermesser in Andrejewskoje mit bewaffneten Leibwächtern an, um die letzten Details der Landzusammenlegung abzuschließen. Von den 45 Haushalten, die ursprünglich beantragt hatten, ihre Streifen mit Semjonow zusammenzulegen, blieben nur noch acht übrig. Um ihre Gegner zu beschwichtigen, mußten sie sich mit einem Stück kargen, von Gestrüpp überwucherten Landes am Rande des Dorfes zufriedengeben. Da es keine passende Weide gab, waren sie weiterhin von der Erlaubnis der Dorfgemeinde abhängig, ihr Vieh auf deren Land weiden zu dürfen. Solche Kompromisse waren durchaus üblich. Die meisten Einzelbauern zogen es vor, einen Fuß im Dorf zu behalten, und das konnten sie, wenn sie sich einen *otrub* hielten (was ihnen das Recht zur Benutzung der Gemeindeweiden und -wälder gab), anstatt das Risiko einzugehen, einen abgeschlossenen, aber gefährlich isolierten Einzelhof einzurichten. Die große Mehrheit von Stolypins Landablösungen bestand aus Zusammenlegungen in *otruba*, und obwohl die Regierung die *chutora* vorzog, hatte sie kaum eine andere Wahl, als ersteren ihren Segen zu geben.

Trotz der fortdauernden Opposition der Gemeindebauern, die ihnen gelegentlich den Besitz verwüsteten, verwandelten Semjonow und seine Mitstreiter das Ödland nach und nach in vorbildliche private Betriebe. Sie führten große quadratische Felder ein mit moderner Fruchtfolge, Markensaatgut, chemischen Düngemitteln und modernem Gerät. Ihre Getreide- und Flachserträge stiegen fast um die Hälfte. Sie bauten Winterställe für ihre Kühe, importierten besseres Zuchtvieh aus Europa, lieferten Milch nach Moskau und gründeten eine Milchbauerngenossenschaft. Sie züchteten außerdem Obst und Gemüse, das sie mit der Bahn jeden Samstag zum Verkauf nach Moskau brachten. »Meine Erfahrung in den vergangenen drei Jahren hat mich davon überzeugt, daß die Bauern eine strahlende Zukunft vor sich haben«, schrieb Semjonow 1913.[35] Und diese neuen Einzelbauern waren die Pioniere einer kurzen landwirtschaftlichen Revolution in Rußland vor dem Ersten Weltkrieg. Sie vor allem waren für den merklichen Anstieg im bäuerlichen Lebensstandard verantwortlich, wie er neuerdings von Historikern vermerkt wird. Die *chutor*-Bauern, generell die Stärksten der Starken, besaßen drei oder vier Pferde und vielleicht ein Dutzend Kühe, verglichen mit je einem für die meisten der Dorfgemeindebauern. Sie stellten Arbeiter ein, kauften mehr Land vom Adel und begannen, Handel zu treiben. Hier waren die Gewinner der Politik, die »auf die Starken setzte«.

Doch es gab auch andere, vor allem unter den *otrubniki*, die es allein nicht schafften. Bei vielen war die *otruba* faktisch kleiner als die benachbarten Parzellen der Dorfgemeinde, was darauf schließen ließ, daß sie zu den schwächeren Bauernhaushalten gehörten. Zweifellos hatten sich einige von ihnen in der Absicht selbständig gemacht, das Land zu verkaufen und in die Großstädte zu ziehen: zwischen 1908 und 1915 taten das über eine Million Bauern. Andere aber versuchten, ihre abgegrenzten Parzellen zu bebauen, in dem Glauben, sie könnten, sowie sie unabhängig von der Dorfgemeinde wären, erfolgreiche Bauern werden. In Wahrheit brachte natürlich die Landwirtschaft auf einer eingegrenzten Parzelle viel mehr Kosten und Risiken mit sich, als den Bauern innerhalb der Dorfgemeinde entstanden waren, und der Versuch, sie mit unzulänglichen Mitteln zu betreiben, endete zwangsläufig in einem Desaster. Die Einzelbauern mußten Zinsen für Bankkredite zahlen und in Wege, Zäune und Wasserversorgung investieren. Außerdem mußten sie für Transportmittel und Arbeitsgeräte sowie für Nutzholz, Weideland und Saatgut- und Kornvorräte sorgen, wovon sie früher manches mit ihren Nachbarn in der Dorfgemeinde geteilt hätten. Ein ganzes Spektrum an Gemeindediensten, die das Dorf immer zum Zentrum bäuerlichen Lebens gemacht hatten – die Kirche, die Schule, die Läden und kleinen Gewerbe wie auch die persönlichen Beziehungsgeflechte zwischen Nachbarn –, war ihnen jetzt verschlossen, zumindest teilweise. Bis 1917 waren viele der privaten Bauern in verzweifelte Armut geraten und nur allzu bereit, ihre Höfe aufzugeben, um wieder der Gemeinde beizutreten und sich an der Verteilung der Beute zu beteiligen, als die Gemeinde ihren Krieg gegen die adligen Güter erneuerte.

Westliche Historiker neigen meist zu der Annahme – und zwar eher auf der Grundlage ihrer eigenen ideologischen Vorurteile als auf der empirischer Beweise –, daß Stolypins Landreform erfolgreich »gewesen sein müsse«. Wäre nicht der Erste Weltkrieg ausgebrochen, der die Loslösungsbewegung beendete, so das Argument, dann hätte die Reform die Agrarrevolution vielleicht abwenden können, indem sie aus den Bauern eine Klasse von kleinbäuerlichen Landbesitzern gemacht hätte. Das paßt zu der anderen Behauptung, daß das zaristische Rußland nach 1905 infolge seiner Entwicklung hin zu einer modernen Gesellschaft stabiler und stärker geworden sei und daß es, wäre da nicht der Krieg gewesen, niemals eine Revolution gegeben hätte. Die schlimmen alten Tage der Autokratie seien gezählt gewesen, eine parlamentarische Ordnung habe Gestalt angenommen, und Rußland, so das Argument, sei rasch zu einer wirklichen Industriemacht aufgestiegen mit einer Bauernschaft, die nicht nur sich selbst ernährte, sondern dank der Stolypinschen Reformen auch Lebensmittel exportieren konnte.

Tatsächlich waren Stolypins Landreformen lange vor 1914 zum Erliegen gekommen. Stolypin hatte behauptet, daß sie mindestens zwanzig Jahre brauchten, um das ländliche Rußland umzuwandeln. Aber selbst wenn sie in demselben Maße weitergeführt worden wären wie vor dem Ersten Weltkrieg, hätte es für das Regime den größten Teil des Jahrhunderts gedauert, um jene starke agrarische Bourgeoisie zu schaffen, auf die es offenbar seine Zukunft stützen wollte. Die Landablösungsbewegung kam wie jede andere Reform des zaristischen Regimes zu spät.

Ein Teil des Problems war das Fehlen einer angemessenen bürokratischen Struktur zur Umsetzung der Reformen, so daß sie unter endlosen Verzögerungen litten. Die Regierung versuchte ohne jeden realen politischen Einfluß auf dem Land, die Lebensweise der Bauern zu verändern. Die meisten Adligen, von den Provinzgouverneuren bis hinab zu den örtlichen Landeshauptleuten, waren gegen die Reformen und setzten alles daran, um sie zu stoppen. Unterdessen gab es auf Dorfebene überhaupt keine staatliche Administration, obgleich man gerechterweise sagen muß, daß Stolypin versucht hatte, ein Bezirkssemstwo zu schaffen, in dem die neuen bäuerlichen Landbesitzer dominierten, und daß seine Vorschläge abgelehnt wurden, lag nur am politischen Widerstand des Adels, der seine traditionelle Hegemonie über die örtliche Verwaltung verteidigte. Für bäuerliche Pioniere wie Semjonow gab es somit keine politische Autorität, an die sie sich in ihrem mühseligen Kampf, aus der Dorfgemeinde auszuscheiden, wenden konnten, und wer nicht wie Semjonow außerordentliche Beharrlichkeit bewies, hatte kaum Aussicht auf Erfolg. Ohne die Demokratisierung der lokalen Verwaltung waren Stolypins Reformen zum Scheitern verurteilt.

Vielleicht waren die Reformen vor allem deshalb dem Untergang geweiht, weil sie zu ehrgeizig waren. Wie sich herausstellte, war es viel schwieriger, der rückständigen russischen Provinz ausländische kapitalistische Methoden aufzuzwingen, als die hohen Bürokraten in ihren Büros in St. Petersburg zugeben wollten. Die Dorfgemeinde war eine alte Institution, in vieler Hinsicht vollkommen überlebt, entsprach aber andererseits immer noch den Grundbedürfnissen der Bauern, die nun einmal am Rande der Armut lebten und argwöhnisch gegenüber Veränderungen und feindlich gegen Außenstehende waren. Stolypin ging davon aus, daß die Bauern arm waren, weil sie die Dorfgemeinde hatten: wenn er sie dazu brächte, sich daraus zu lösen, könnte er ihr Leben verbessern. Doch das Gegenteil war näher an der Wahrheit: Die Dorfgemeinde existierte, *weil* die Bauern arm waren, sie diente dazu, die Last ihrer Armut zu verteilen, und solange sie arm waren, gab es wenig Anreiz für sie, die Dorfgemeinde zu verlassen. Jedenfalls waren die Grundvorstellungen der Bauern von sozialer Gerechtigkeit in den egalitären Bräuchen der Dorfgemeinde verkörpert, und wie die Ereignisse von 1917 zeigen sollten, waren das Ideale, für die sie lang und hart kämpfen würden.

## FÜR GOTT, ZAR UND VATERLAND

In den Hügeln, von denen aus man die westlichen Bezirke von Kiew überblickt, gibt es einige Höhlen, wo vor der Revolution die Kinder spielten und wohin an schönen Sommersonntagen Familien zum Picknicken kamen. Eines Tages im Frühjahr 1911 fanden Kinder in einer der Höhlen den Leichnam eines Schuljungen. Er hatte 47 Stichwunden in Kopf, Hals und Oberkörper, und seine Kleidung war steif von getrocknetem Blut. In der Nähe lagen seine Schülermütze und einige Hefte, mit deren Hilfe das Opfer als Andrej Juschtschinski identifiziert wurde, ein dreizehnjähriger Schüler des geistlichen Sophienkollegs.

Kiew war empört über den Mord. Er füllte die Zeitungen der Stadt. Wegen der großen Anzahl von Wunden auf dem Körper des Opfers sagten einige Gruppen Schwarzhunderter, es müsse sich um einen Ritualmord durch die Juden handeln. Bei der Beerdigung verteilten sie Handzettel an die Trauergemeinde, auf denen behauptet wurde, daß »die Juden jedes Jahr vor ihrem Passahfest mehrere Dutzend Christenkinder zu Tode foltern, um deren Blut in ihre Matzen zu mischen«. Sie riefen die »Christen dazu auf, alle Juden zu töten, bis kein einziger Jid in Rußland mehr übrig ist«.[36]

Die Theorie vom Ritualmord schien durch die sogenannten *Protokolle der Weisen von Zion* untermauert zu werden, eine Fälschung der zaristischen Polizei, die erstmals 1902 in St. Petersburg veröffentlicht worden waren und die lange vor ihrem enormen Erfolg in Hitlers Europa in Rußland die populäre Grundlage für den Mythos von der Verschwörung des Weltjudentums zur Verderbnis und Unterjochung der christlichen Nationen lieferten. Doch erst nach 1917, als viele Russen die Juden für die Katastrophen des Krieges und der Revolution verantwortlich machten, wurden die *Protokolle* weithin gelesen. Ein Exemplar fand sich unter den letzten Habseligkeiten von Nikolai II. nach seiner Ermordung im Juli 1918. Zwischen 1905 und dem Mord an Andrej waren sie jedoch bereits in mehreren Auflagen erschienen, weshalb die Behauptung der Schwarzhunderter, Andrej sei von Juden zu rituellen Zwecken ermordet worden, für Zigtausende Bürger vertraut und damit halbwegs überzeugend klingen konnte. Außerdem war in jenen Jahren eine umfangreiche »wissenschaftliche« Literatur über jüdische Ritualmorde, Vampirismus und Mädchenhandel erschienen, die die Beschuldigungen der Schwarzhunderter gleichsam salonfähig machte. Kurz, wie Witte es ausdrückte, Antisemitismus »war Mode« in der Elite.[37]

Während der Wochen nach Andrejs Beerdigung kursierte in Kiew das Gerücht von einer organisierten Ritualmord-Kampagne der jüdischen Bevölkerung der Stadt. Die rechtsgerichtete Presse wiederholte die Anschuldigung und benutzte sie, um gegen die Verleihung bürgerlicher und religiöser Rechte an die Juden zu polemisieren. »Das jüdische Volk«, so behauptete *Russkoje snamja* (»Russisches Banner«), sei durch seine Religion zu einer »kriminellen Spezies von Mördern, rituellen Folterern und Trinkern von Christenblut« geworden. 37 Duma-Abgeordnete des rechten Flügels, einschließlich der elf orthodoxen Priester, unterzeichneten eine Petition, in der sie verlangten, daß die Regierung die »kriminelle Sekte der Juden« vor Gericht stellen solle. Die Minister der Justiz (Iwan Schtscheglowitow) und des Inneren (Nikolai Maklakow) waren beide von der Ritualmord-Theorie überzeugt, wie die meisten in der Regierung und am Hofe, und so begaben sie sich nun mit dem Segen des Zaren auf die Suche nach einem jüdischen Verdächtigen.[38]

Der Mann, den sie schließlich auswählten, hieß Mendel Bejlis, ein Bürodiener mittleren Alters in einer Fabrik in jüdischem Besitz, die zufällig in der Nähe der Höhle lag, in der man Andrejs Leiche gefunden hatte. Es gab nichts Ungewöhnliches an diesem ruhigen Familienvater von mittlerer Größe und Statur mit dem kurzen schwarzen Bart und der Brille. Er war nicht einmal besonders religiös und ging selten zur Synagoge. Doch in den folgenden zwei Jahren, in denen er im Gefängnis saß und auf seine Verhandlung wartete, zeichnete die Polizei ein wahrhaft schreckenerregendes Porträt von ihm. Man zahlte Zeugen dafür, daß sie aussagten, sie hätten ihn gesehen, als er Andrej gewaltsam entführte, oder sie hätten gehört, wie er den Mord und seine Teilnahme an geheimen jüdischen Kulthandlungen gestanden habe. Die beiden Ärzte, die die Autopsie vorgenommen hatten, wurden gezwungen, ihren Bericht so abzuändern, daß er zur Ritualmord-Theorie paßte. Ein berühmter Psychiater, Professor Sikorski, wurde sogar dazu überredet, gestützt auf »sicherstes anthropologisches Beweismaterial« zu bestätigen, daß Andrejs Ermordung »typisch« sei für die Ritualmorde, die Juden regelmäßig begingen. Die Presse hatte einen großen Tag mit phantastischen Geschichten über »Mendel Bejlis, den Trinker von Christenblut« und Artikeln verschiedener »Experten« über den historischen und wissenschaftlichen Hintergrund des Falls.[39]

Inzwischen war die wahre Ursache der Ermordung Andrejs von zwei einfachen Polizisten aufgedeckt worden. Andrej war der Spielkamerad von Jewgeni Tscheberjak gewesen, dessen Mutter Vera zu einer Bande Krimineller gehörte, die in jüngster Zeit eine Serie von Einbrüchen in Kiew ausgeführt hatte. Das Diebesgut wurde in ihrem Haus gelagert, ehe man es zum Weiterverkauf in andere Städte transportierte. Eines Tages hatte Andrej das Versteck entdeckt. In einem Streit mit seinem Freund hatte er gedroht, alles der Polizei zu melden, die bereits Verdacht schöpfte. Als Jewgeni seiner Mutter davon erzählte, bekam die Bande es mit der Angst zu tun, sie ermordeten Andrej und warfen seinen Leichnam in eine der Höhlen. All das wurde von dem Staatsanwalt vertuscht, der die Ermittlungen leitete, einem fanatischen Antisemiten namens Tschaplinski, der auf seine Beförderung hoffte, wenn er Schtscheglowitow mit Bejlis' Kopf zufriedenstellte. Die beiden einfachen Polizisten wurden entlassen, und andere, die Zweifel äußerten, wurden zum Schweigen gezwungen. Tschaplinski vertuschte sogar die Tatsache, daß Vera, die bei der Verhandlung bezeugen sollte, sie habe gesehen, wie Bejlis Andrej entführte, ihren eigenen Sohn vergiftet hatte, aus Angst, er könne ihre Rolle in der Angelegenheit aufdecken. Jewgeni war schließlich der einzige Zeuge, der die Anklage verderben konnte.

Als 1917 das ganze Ausmaß dieser Verschwörung bekannt wurde, stellte sich heraus, daß sowohl der Justizminister als auch der Zar selbst über Bejlis' Unschuld längst informiert waren, bevor er vor Gericht gestellt wurde. Sie hatten die Anklage aber aufrechterhalten in der Überzeugung, daß seine Verurteilung gerechtfertigt sei, um zu »beweisen«, daß der jüdische Kult des Ritualmords eine Tatsache sei. Als das Verfahren im September 1913 eröffnet wurde, war die Identität der wahren Mörder von der liberalen Presse bereits enthüllt worden, die sich dabei auf die Informationen der beiden Polizisten stützte, die Tschaplinski an die Luft gesetzt hatte. Es gab riesige Demonstrationen gegen das Verfahren. Dutzende Anwälte, darunter auch der junge Kerenski, brachten einen Protest vor das Petersburger Gericht, wofür sie ihrer Ämter enthoben wurden. Gorki, der inzwischen auf Capri lebte, schrieb einen leidenschaftlichen Aufruf gegen die »jüdische Hexenjagd«, der von Thomas Mann, Anatole France, H. G. Wells, Thomas Hardy, den Universitätsspitzen von Oxford und Cambridge und Dutzenden führender Politiker in ganz Europa unterschrieben wurde. In den Vereinigten Staaten kämpfte die jüdische Lobby dafür, daß die Geldkredite an Rußland eingestellt wurden. Doch trotz des internationalen Skandals blieb die zaristische Regierung ungerührt und verstärkte sogar noch ihre Anstrengungen, Bejlis zu verurteilen. Am Vorabend des Prozesses wurde eine Reihe von Zeugen der Verteidigung verhaftet und in geheimes Exil geschickt. Der Richter wurde vom Zaren empfangen, der ihm eine goldene Uhr schenkte und ihn zu befördern versprach, falls es zu einem »Sieg der Regierung« käme. Und so unterbrach der Richter mehrfach die Verhandlung und unterwies die Geschworenen, in der viele Bauern aus einer für ihre antijüdischen Pogrome berüchtigten Region saßen, sie sollten gelten lassen, was die Staatsanwaltschaft ihnen gerade als »erwiesene Tatsache« erzählt habe. Doch nicht einmal das war genug, um die Verurteilung sicherzustellen. Die Zeugen der Anklage – Landstreicher, verurteilte Kriminelle und Prostituierte – stellten sich alle als von der Polizei bezahlte Lügner bloß. In den fünf Wochen des Prozesses wurde der Name des Angeklagten kaum je erwähnt, da die Anklage ausschließlich auf der Verunglimpfung seiner Religion beruhte. »Wie können wir Bejlis verurteilen«, fragte einer der Geschworenen, der offenbar erkannte, daß es das war, was von ihnen erwartet wurde, »wenn nicht das geringste über ihn gesagt wird?«[40]

Schließlich wurde Bejlis zur großen Freude im In- und Ausland freigesprochen. Sechs Monate später wanderte er nach Palästina aus und ging von dort in die Vereinigten Staaten, wo er 1934 starb. Gegen die Verbrecherbande, die für den Mord an Andrej verantwortlich war, wurde nie Anklage erhoben. Vera Tscheberjak wurde von einem Zirkus aufgefordert, in einer Posse über die Bejlis-Affäre aufzutreten – und mehr oder weniger war die ganze Angelegenheit ja auch eine Posse. Die Frau lebte bis 1918 weiter in Kiew, wo sie während des Roten Terrors von den Bolschewiki verhaftet und erschossen wurde (eines der wenigen gerechtfertigten Opfer, könnte man fast sagen). Was die zaristische Regierung anbelangt, so verfuhr sie weiter, als ob nichts geschehen wäre, und vergab Titel, Beförderungen und wertvolle Geldgeschenke an diejenigen, die auf »ihrer Seite« an dem Prozeß teilgenommen hatten. Tschaplinski wurde auf eine höhere Position im Senat befördert, während der Prozeßrichter zum Obersten Richter des Appellationsgerichts ernannt wurde. In den Augen der westlichen Welt jedoch sollte die Bejlis-Affäre den Kampf zwischen dem Despotismus des mittelalterlichen Rußland und der neuen Gesellschaft europäischen Stils im Rußland des 20. Jahrhunderts symbolisieren, die auf den bürgerlichen Freiheiten der Duma-Ära aufgebaut war. Da sich das zaristische Regime an ersteren hielt, hatte es in den Augen der zivilisierten Welt moralischen Selbstmord begangen.

Weshalb war die Monarchie bereit, im Bejlis-Prozeß so weit zu gehen? Die Antwort liegt in der allgemeinen politischen Situation. 1911 war das Duma-System zusammengebrochen. Die beiden wichtigsten Parteien, die gewillt waren, mit der Regierung zusammenzuarbeiten, die Oktobristen und die Nationalisten, waren zutiefst zerstritten und mußten 1912 bei den Wahlen zur Vierten Duma schwere Stimmenverluste hinnehmen. Die alte Mitte-Rechts-Mehrheit war zerfallen, und die Duma war durch eine Folge fragiler Bündnisse geschwächt und nicht in der Lage, einen tragfähigen Konsens herzustellen.* Kokowzows Regierung (1911–1914) ignorierte die Duma und legte ihr zur »Wahrung der Fassade« nur Bagatellgesetze vor. Allmählich leerte sich das Taurische Palais, je mehr das Parlament an Einfluß verlor. Inzwischen erlebte die Arbeiterbewegung, die seit 1906 mehr oder weniger untätig gewesen war, einen neuen Aufschwung durch eine Racheaktion auf das Massaker im April 1912, bei dem 500 demonstrierende Bergarbeiter an der Lena in der nördlichen Wildnis Sibiriens getötet worden waren. In den beiden folgenden Jahren waren drei Millionen Arbeiter in 9000 Streiks verwickelt, von denen immer mehr unter den militanten Losungen der Bolschewiki organisiert wurden, die die Arbeiter der behutsameren Führung durch ihre menschewistischen Rivalen vorzogen. Bei den Duma-Wahlen von 1912 gewannen die Bolschewiki sechs der neun Arbeiterkurien und hatten 1914 alle großen Gewerkschaften in Moskau und St. Petersburg unter Kontrolle. Ihre Zeitung, die *Prawda*, die 1912 mit finanzieller Unterstützung unter anderem von Gorki gegründet worden war, hatte mit täglich etwa 40 000 von Arbeitern gekauften (und von viel mehr gelesenen) Exemplaren die größte Verbreitung der gesamten sozialistischen Presse.[41]

Für den Zaren und seine Anhänger bei Hofe, in der Kirche und in den rechtsgerichteten Kreisen schien dies zweifellos der gegebene Augenblick (da die Duma geschwächt war) und ein zwingender dazu (angesichts des Aufstiegs der militanten Linken), die Errungenschaften der konstitutionellen Ära zurückzunehmen und die städtischen Massen hinter einer volkstümlichen Autokratie zu mobilisieren. Maklakow und Schtscheglowitow, die beiden wichtigsten Schutzherren der Regierung in der Bejlis-Affäre, hatten den Zaren schon lange gedrängt, die Duma ganz zu schließen oder sie wenigstens in den Status einer beratenden Körperschaft zurückzuversetzen. Nur der Druck aus dem Westen und die Furcht vor einer Reaktion der Bevölkerung hielten den Zaren zurück. Besonders diesen beiden Ministern, aber zweifellos auch dem Zaren, der naiv und leicht irrezuleiten war, muß die Bejlis-Affäre als einzigartige (und vielleicht letzte) Gelegenheit erschienen sein,

* Die Parteien der Rechten (Nationalisten und Rechte) hatten in der Vierten Duma 154 Abgeordnete, die des Zentrums (Oktobristen und Zentrum) 126 und die der Linken (Kadetten, Fortschrittler und Sozialisten) 152.

Fremdenfeindlichkeit für monarchistische Zwecke auszunützen. Sie hofften offenbar, sie könnten das »loyale russische Volk« für die Verteidigung des Zaren und der traditionellen Gesellschaftsordnung gegen die Übel der Moderne mobilisieren – die Verderbtheit städtischen Lebens, den schleichenden Einfluß der Intelligenzija und die Militanz der Linken –, die viele Russen schlichten Gemüts bereitwillig mit den Juden assoziierten. Wie schon die Pogrome von 1905/06 gezeigt hatten, war der weitverbreitete Antisemitismus eine starke Waffe im Arsenal der Konterrevolution. Ihr führender Exponent, der Bund des Russischen Volks, hatte zu den ersten Schwarzhundertergruppen gehört, die die Beschuldigung des Ritualmords vorbrachten, und er sorgte während des gesamten Bejlis-Prozesses für eine antijüdische Claque der Anklage. Der Zar war Schirmherr des Bundes des Russischen Volks (und die Regierung finanzierte ihn heimlich), weil er hoffte, der Bund könne eines Tages eine volkstümliche monarchistische Partei werden, die in der Lage wäre, den Sozialisten Anhänger wegzunehmen. Das Manifest des Bundes war Ausdruck eines plebejischen Mißtrauens gegen alle politischen Parteien, die Intelligenzija und die Bürokratie, von denen es behauptete, sie seien ein Hindernis für die »unmittelbare Gemeinschaft des Zaren mit seinem Volk«. Das war Musik in Nikolais Ohren: auch er teilte das Wunschdenken von einer Wiederherstellung der persönlichen Herrschaft des Zaren, wie sie im 17. Jahrhundert bestanden hatte. War doch das mystische Band zwischen dem Zaren und seinem Volk das Leitmotiv der Dreihundertjahrfeier der Romanows. Selbst Rasputins Erfolg beruhte weitgehend auf Nikolais vorsätzlicher Selbsttäuschung, daß der »heilige Mann bloß ein einfacher Bauer« sei. Um Zutritt zu den höchsten Regierungskreisen zu bekommen, wurde es also notwendig, der Phantasie des Zaren von einer volkstümlichen Autokratie zu schmeicheln; und dem Bund des Russischen Volks Unterstützung zu versprechen war der leichteste Weg, das zu erreichen. Die führenden Mitglieder der Kirche, des Hofs und der Regierung einschließlich des Innenministers Maklakow unterstützten den Bund des Russischen Volks.[42]

Der Bund des Russischen Volks war nichts anderes als eine großrussisch-nationalistische Bewegung. Ihr erklärtes Ziel war das »eine und unteilbare Großrußland«. Doch es war riskant für das zaristische Regime, die nationalistische Karte auszuspielen. Die Folgen waren schwer abzuschätzen. Der Begriff der »Nation« spielte in der Politik von 1905–1907 eine Schlüsselrolle. Sowohl die Monarchisten als auch die Duma-Parteien benutzten ihn im Wettstreit um öffentliche Unterstützung immer häufiger in ihrer Rhetorik. In dieser Übergangszeit, in der es so aussah, als würden die alten politischen Gewißheiten untergraben, während die neuen erst noch geschaffen werden müßten, diente die Idee »Rußland« als wesentlicher Bezugspunkt. Sie fungierte als Nordpol auf dem Kompaß, den die Russen benutzten, um ihren Kurs durch die neue Politik zu steuern – ähnlich wie im postkommunistischen Rußland. Jede Richtung politischen Denkens hatte ihren eigenen Nationalismus. Im Fall des Bundes des Russischen Volks gründete er sich auf

Rassismus und Fremdenfeindlichkeit. Die Hegemonie der Großrussen im Reich mußte verteidigt werden. Für die rechtsgerichteten Kirchenführer basierte er entsprechend auf der Hegemonie der Orthodoxie. Doch solch großrussischer Chauvinismus beschränkte sich nicht auf die Rechte. Alle Mitte-Rechts-Parteien der Duma teilten nach 1907 die Überzeugung, daß Rußlands primäre Interessen als Imperium, das zunehmend mit den Großmächten des Westens rivalisierte, von der Förderung eines Nationalgefühls im Volk abhingen (denn wie sonst sollte man eine starke Armee aufstellen?) und davon, daß Rußlands Dominanz über die nichtrussischen Grenzgebiete aufrechterhalten bliebe. Stolypins Regierung sah sich gezwungen, ihr Programm zu modifizieren, um den Forderungen dieses Nationalismus zu entsprechen, vor allem nach 1909, als die Unterstützung durch die Oktobristen nachließ und die Regierung sich für Mehrheiten in der Duma an die Nationalistische Partei halten mußte. Die Abtrennung Cholms von Polen (1909), die Finnland aufgebürdete russische Oberhoheit in den meisten Angelegenheiten (1910) und die Maßnahmen zur Sicherung des Übergewichts der russischen Minderheit über die polnische Mehrheit im Semstwo-Gesetz für den Westen (1911) – all das waren Zeichen dieser neuen offiziellen Linie im großrussischen Nationalismus. Viele Konzessionen, die man den Nichtrussen im Zuge der Revolution von 1905 gemacht hatte, wurden in diesen Jahren zurückgenommen. Stolypin rechtfertigte seine Politik mit der Verteidigung des Reichs. Bernard Pares erklärte er, daß die finnische Grenze schließlich nur 35 Kilometer von St. Petersburg entfernt sei, und auch England würde wohl kaum einen autonomen Staat dulden, der so nahe sei wie Gravesend.[43]

* * *

In Europa wuchs die Kriegsgefahr. Die beiden großen Balkanreiche – das ottomanische und das österreichisch-ungarische – brachen beide unter dem Druck nationalistischer Bewegungen auseinander. Deutschland und Rußland stellten sich schon auf zum Kampf um die Beute, denn beide wollten ihre Interessen in der Region geltend machen. Seit den Zeiten Peters des Großen waren Rußlands wichtigste imperialistische Ziele die Besetzung Konstantinopels und die Kontrolle über die Dardanellen, durch die die Hälfte seines Exports ging. Aber es hegte auch weitergespannte Hoffnungen auf ein eigenes slawisches Reich auf dem Balkan, Hoffnungen, die von den nationalistischen Bewegungen in Serbien, Bulgarien und Bosnien-Herzegowina geschürt wurden.

Lange Zeit galten solche panslawischen Träume als Stoff für die Dichtung und nicht als praktische Politik. Die militärische und ökonomische Schwäche des Landes erforderte eine behutsame Außenpolitik. Wie es Polowzow 1885 formulierte: »Rußland braucht Straßen und Schulen, nicht Siege oder Ehren, sonst werden wir ein zweites Lappland.«[44] Es blieb den Diplomaten überlassen, die russischen Interessen in Europa zu verteidigen, was in erster Linie hieß, die Gunst seiner beiden mächtigen Nachbarn in Berlin und Wien zu gewinnen. Der Hof der Romanows hatte diese prodeutsche Politik lange favorisiert, teils wegen der engen dynastischen Beziehungen zwischen den Herrscherfamilien, teils wegen der Opposition beider gegen den europäischen Liberalismus. Es war sogar die Rede davon, den alten Drei-Kaiser-Vertrag wiederzubeleben.

Doch nach 1905 konnte Außenpolitik nicht länger ohne Rücksicht auf die öffentliche Meinung betrieben werden. Die Duma und die Presse zeigten aktives Interesse an Reichsangelegenheiten und riefen immer lauter nach einer aggressiveren Politik zur Verteidigung der russischen Interessen auf dem Balkan. Vorreiter waren die Oktobristen, die den Verfall ihrer politischen Fortune aufzuhalten suchten, indem sie einen nationalistischen Kreuzzug förderten. Die Entscheidung der Diplomaten, Österreich nach der Annexion Bosnien-Herzegowinas im Jahr 1908 nicht den Krieg zu erklären, verurteilte Gutschkow, der Führer der Oktobristen als Verrat an Rußlands historischer Mission, die Balkanslawen zu verteidigen. Das russische Volk sei im Gegensatz zur »schlaffen Trägheit des offiziellen Rußland« zum »unvermeidlichen Krieg mit den deutschen Rassen« bereit, und es seien seine patriotischen Gefühle, mit denen »ausländische und in der Tat auch unsere Diplomaten rechnen müssen«. Um sich von dieser Prahlerei nicht übertrumpfen zu lassen, entwarfen die Kadetten vom rechten Flügel ihre eigene liberale Version eines slawischen Imperialismus. Struwe prangerte die Bosnien-Affäre als eine »nationale Schande« an. Rußlands Schicksal sei es, wie er in einem gefeierten Essay jenes Jahres argumentierte, seine Zivilisation »über das gesamte Schwarzmeerbecken zu verbreiten«. Das müsse (so widersprüchlich das scheinen mag) durch eine Kombination von imperialer Macht und dem freien Zusammenschluß aller slawischen Nationen erreicht werden – die seiner Meinung nach in Rußland den konstitutionellen Rettungshafen vor der teutonischen Unterdrückung sähen. In gleicher Weise war die liberale Geschäftselite von Moskau bemüht, die patriotische Fahne zu schwingen, angeführt von Alexander Konowalow und den Rjabuschinskis, die 1912 ihre eigene Fortschrittspartei gründeten, weil für die Bourgeoisie die Zeit gekommen sei, die Führung der Nation zu übernehmen. Rußlands Kontrolle über das Schwarze Meer und die Schiffahrtsrouten durch die Meerengen war ein Hauptziel ihrer Handelsambitionen.[45]

Viel von diesem bürgerlichen Patriotismus wurde von der Vorstellung gespeist, daß Europa unweigerlich auf einen titanischen Zusammenprall zwischen den Teutonen und den Slawen zusteuere. Panslawismus und Pangermanismus waren zwei sich wechselseitig rechtfertigende Credos: das eine konnte ohne das andere nicht existieren. Die Furcht vor Rußland einte alle deutschen Patrioten, während die Furcht vor Deutschland dasselbe in Rußland bewirkte. Die Germanophobie saß äußerst tief in der russischen Gesellschaft. Die Revolution baute teilweise darauf auf – als Reaktion gegen den Krieg und als eine Zurückweisung des von Deutschen beherrschten Hofs der Romanows. Diese Furcht vor Deutschland leitete sich zum Teil aus der kulturellen Unsicherheit der Russen her – dem Gefühl, daß sie am Rande einer rückständigen, halbasiatischen Gesellschaft lebten und daß alles Moderne und Progressive aus dem Westen zu ihnen kam. Dominic Lieven meint, es habe »ein instinktives Gefühl gegeben, daß die germanische Arroganz gegenüber den Slawen zugleich dem russischen Volk die eigene Würde, seine Gleichberechtigung mit den anderen führenden Rassen Europas abspreche«. Der Reichtum der Deutschen in Rußland, ihre Bedeutung im Staatsdienst und die wachsende Dominanz deutscher Exporte auf Rußlands traditionellen Märkten unterstrichen nur noch dieses Gefühl einer rassischen Bedrohung. »In den vergangenen zwanzig Jahren«, erklärte 1914 ein Leitartikel in *Nowoje Wremja*, »hielt unser westlicher Nachbar die wichtigsten Quellen unseres Wohlstands fest in seinen Fängen und trank das Blut des russischen Bauern wie ein Vampir.« Viele fürchteten, daß der »Drang nach Osten« Teil eines weiterreichenden deutschen Plans sei, die slawische Zivilisation zu vernichten, und schlossen daraus, daß Rußland eine lange Periode des Niedergangs und der Unterjochung durch Deutschland durchmachen müsse, wenn es jetzt nicht im Namen seiner Verbündeten auf dem Balkan entschieden Stellung bezöge. Diese panslawistischen Gefühle wuchsen, je mehr die Öffentlichkeit von der versöhnlichen Haltung der Regierung gegenüber den »deutschen Aggressoren« frustriert war. *Nowoje Wremja* ging voran und verurteilte den auf Druck aus Berlin zustande gekommenen Regierungsbeschluß, die Annexion Bosniens anzuerkennen, als ein »diplomatisches Tsushima«*. Die Zeitung rief die Regierung dazu auf, dem wachsenden Einfluß Deutschlands auf dem Balkan mit einer eigenen slawischen Kampagne entgegenzuwirken. Zahlreiche slawische Gesellschaften wurden nach 1908 gegründet. Sogar ein Slawenkongreß wurde in Prag einberufen, auf dem die Russen versuchten, ihre skeptischen »Brüder« aus den tschechischen Gebieten davon zu überzeugen, daß sie es unter dem Zaren besser hätten. Durch die Balkankriege von 1912/13 hatte dieses proslawische Gefühl viele Kreise der russischen Gesellschaft zusammengebracht. Hunderte öffentlicher Organisationen erklärten ihre Unterstützung für die Slawen, die Hauptstädte waren Schauplatz riesiger Demonstrationen, und auf einer Reihe politischer Bankette forderten Persönlichkeiten des öffentlichen Lebens ein selbstbewußteres Auftreten der imperialen Macht Rußlands. »Die Meerengen müssen unser werden«, sagte Michail Rodsjanko, der Präsident der Duma, dem Zaren im März 1913. »Ein Krieg würde freudig begrüßt und würde das Ansehen der Regierung heben.«[46]

Es besteht kein Zweifel, daß der Druck der öffentlichen Meinung eine bedeutende Rolle in der komplexen Reihe von Ereignissen spielte, die zu Rußlands Verwicklung in den Ersten Weltkrieg führten. Anfang 1914 hatte die proslawische Kampfstimmung den Hof, das Offizierskorps und einen Großteil des Staats selbst

* Tsushima war der Ort der größten Niederlage Rußlands im Krieg gegen Japan.

erfaßt. Fürst G. N. Trubezkoi, dem im Sommer 1912 die Ressorts Balkan und ottomanisches Reich im Außenministerium übertragen wurden, war ein bekannter Panslawist und entschlossen, die Kontrolle über Konstantinopel und sein Balkan-Hinterland zu erringen. Ähnliche Ansichten vertrat Großfürst Nikolai Nikolajewitsch, ein Offizier mit mächtigem Einfluß auf den Zaren, der im August 1914 zum Oberbefehlshaber ernannt wurde. Sein Vater hatte in den Balkankriegen von 1877/78 gekämpft, und seine Frau, eine glühende slawische Patriotin, war die Tochter des Königs von Montenegro. Viele Generäle teilten die slawischen Sympathien des Großfürsten. Brussilow war ein typisches Beispiel. Da er sich wegen Rußlands mangelnder moralischer Vorbereitung auf den kommenden Krieg sorgte, sah er im panslawischen Nationalismus ein Mittel, das Volk hinter der Armee zu einen. »Hätte der Zar [...] alle Untertanen [...] zum gemeinsamen Wirken zur Rettung des Vaterlandes und zur Befreiung der Slawen vom deutschen Joch auf[gefordert]«, schrieb er später, »so wäre der Enthusiasmus groß gewesen und seine Popularität enorm gestiegen.«[47]

Der Zar selbst schloß sich nur langsam dem panslawischen Lager an. Anfang 1914 vertrat er die Ansicht, daß die Zeit gekommen sei, eine Haltung der Stärke gegen Österreich, wenn nicht gar gegen den mächtigeren Verbündeten in Berlin, einzunehmen. »Wir werden nicht dulden, daß man auf uns herumtrampelt«, sagte er im Januar zu Delcassé. Ausländische Botschafter erklärten diese neue Entschlossenheit mit dem Druck der öffentlichen Meinung. Doch zunächst einmal unterstützte Nikolai die behutsame Taktik seines Außenministers, Sergej Sasonow. In der Erkenntnis, daß ein Krieg mit den Mittelmächten nahezu unvermeidlich war, suchten sie ihn durch diplomatische Mittel hinauszuzögern. Rußlands Armee war nach Auskunft der Militärexperten nicht vor 1917 bereit für einen Krieg. Zudem waren noch nicht die diplomatischen Grundlagen geschaffen: wohl war die Unterstützung Frankreichs garantiert, nicht aber die Großbritanniens. Doch die bei weitem drückendste Sorge war die Gefahr einer Revolution, falls Rußland im Schlamassel eines langen und erschöpfenden Feldzugs versank. Die Erinnerung an 1904/05 war noch frisch, und nichts hätten die revolutionären Führer jetzt mehr begrüßt als einen Krieg. »Ein Krieg zwischen Rußland und Österreich wäre etwas sehr Nützliches für die Revolution«, sagte Lenin 1913 zu Gorki, »aber die Chancen sind gering, daß Franz Joseph und Nicky uns einen solchen Gefallen tun.«[48]

All das stärkte die Argumente der prodeutschen Fraktion bei Hofe gegen die voreiligen Kriegstreiber. In einem prophetischen Memorandum vom Februar 1914 warnte Durnowo den Zaren, Rußland sei zu schwach, um den langen Zermürbungskrieg durchzustehen, den die englisch-deutsche Rivalität vermutlich auslösen würde. Eine gewalttätige soziale Revolution wäre dann das Ergebnis in Rußland, denn die liberale Intelligenzija hätte nicht das Vertrauen der Massen und wäre somit nicht in der Lage, die Macht in einer rein politischen Revolution lange zu halten. Durnowo skizzierte den Verlauf dieser Revolution in bemerkenswert vorausschauender Weise:

*Die Unruhen werden damit beginnen, daß man die Regierung für alle Katastrophen verantwortlich macht. In den gesetzgeberischen Institutionen wird eine erbitterte Kampagne gegen die Regierung beginnen, gefolgt von revolutionärer Agitation im ganzen Land, mit sozialistischen Losungen, die die Massen in Aufruhr zu versetzen und zusammenzuschließen vermögen, beginnend mit der Verteilung des Landes und gefolgt von einer Verteilung aller Wertgegenstände und allen Eigentums. Die besiegte Armee, die ihre zuverlässigsten Männer verloren hat und die von der primitiven bäuerlichen Gier nach Land mitgerissen wird, wird zu demoralisiert sein, als daß sie als Bollwerk für Gesetz und Ordnung dienen könnte. Die gesetzgeberischen Institutionen und die intellektuellen Oppositionsparteien, die in den Augen des Volks keine wirkliche Autorität haben, werden machtlos sein, sich gegen die Flut der Massen zu stemmen, die sie doch selbst gerufen haben, und Rußland wird in hoffnungslose Anarchie stürzen, deren Ausgang nicht vorauszusehen ist.*[49]

Vorsicht war das Schlüsselwort der prodeutschen Fraktion bei Hofe. Doch von Deutschlands Standpunkt aus war ein Krieg mit Rußland, wenn es denn dazu kommen sollte, besser früher als später zu führen. »Rußland wächst und wächst und lastet auf uns wie ein Alptraum«, erklärte der deutsche Kanzler von Bethmann-Hollweg. Als Erzherzog Ferdinand von serbischen Nationalisten ermordet wurde, lag es nicht in Deutschlands Interesse, seinen österreichischen Verbündeten davon abzuhalten, Rußlands letztem wirklichen Verbündeten auf dem Balkan mit Krieg zu drohen. Das empfindliche Gleichgewicht von Rußlands Außenpolitik war erschüttert. Die russische Presse verlangte lautstark den Krieg zur Verteidigung Serbiens, und vor der österreichischen Botschaft in St. Petersburg kam es zu riesigen Demonstrationen. Am 24. Juli 1914 empfahl der Ministerrat militärische Vorbereitungen. Sonst, so argumentierte Alexander Kriwoschein, der einflußreiche Landwirtschaftsminister, »würde die öffentliche Meinung nicht mehr verstehen, warum die kaiserliche Regierung in dem kritischen, russische Interessen betreffenden Moment zögerte, mannhaft zu handeln«. Wichtiger »als jedes zufällige Vorbereitetsein oder Unvorbereitetsein auf einen Krieg« sei es, »an das russische Volk und seine jahrhundertealte Liebe zum Vaterland zu glauben«.[50]

Das brachte Nikolai in eine prekäre Lage. Wenn er in den Krieg eintrat, riskierte er eine Niederlage und eine soziale Revolution; wenn er es aber nicht tat, konnte es zu einer plötzlichen Aufwallung patriotischer Gefühle gegen ihn kommen, was ebenfalls zu einem völligen Verlust der politischen Kontrolle führen konnte. Es blieb wenig Zeit, um eine Entscheidung zu treffen, denn wenn Rußland seine Streitkräfte mobilisieren mußte, brauchte es einen Vorsprung vor seinen Feinden, die dazu sehr viel schneller in der Lage waren. Am 28. Juli schließlich erklärte Österreich Serbien den Krieg. Nikolai ordnete die Teilmobilmachung seiner Truppen an und appellierte ein letztes Mal an den deutschen Kaiser, einen Angriff Österreichs auf Belgrad zu verhindern. »Ich sehe voraus«, warnte er, »daß ich sehr bald von dem Druck auf mich überwältigt und gezwungen sein werde, zu äußersten Mitteln zu greifen, die zum Krieg führen werden.« Zwei Tage später antwortete der Kaiser und kündigte Deutschlands Neutralität in der serbischen Frage auf. Sasonow empfahl die Generalmobilmachung, weil er erkannte, daß die deutsche Kriegserklärung gegen Rußland unmittelbar bevorstand (sie erfolgte am 1. August). Er warnte den Zaren, wenn er nicht der öffentlichen Forderung nach Krieg nachgebe und das Schwert im Namen Serbiens ziehe, werde er eine Revolution und vielleicht den Verlust seines Throns riskieren. Nikolai erbleichte. »Denken Sie nur, was für eine Verantwortung Sie mir auferlegen!« sagte er zu Sasonow. Aber das Argument seines Ministers war schwer zu widerlegen, und der Zar ordnete widerstrebend am 31. Juli die Generalmobilmachung an.[51]

Brussilow behauptete später, der Zar sei durch die Stärke der patriotischen Leidenschaft seines Volks gezwungen worden, in den Krieg zu ziehen, »denn andernfalls hätte ihn die öffentliche Entrüstung vom Thron gestürzt, und die Revolution hätte mit Unterstützung der gesamten Intelligenzija nicht 1917, sondern schon 1914 begonnen«. Das ist zweifellos eine übertriebene Darstellung. Die Patrioten der Mittelschicht, die sich vor dem Winterpalais versammelten, um die Kriegserklärung des Zaren am Sonntag, dem 2. August, zu begrüßen – Bürodiener, Beamte, Schüler und Hausfrauen –, waren kaum die Menschen, die eine Revolution beginnen. Viele von ihnen waren ausländischen Beobachtern zufolge von ihren Arbeitgebern und Meistern geschickt worden. Als aber Nikolai an diesem sonnigen Nachmittag auf dem Balkon des Winterpalais stand und auf dem Platz unter sich die riesige fahnenschwingende und jubelnde Menge sah, die dann wie ein Mann vor ihm niederkniete und die Nationalhymne sang, muß ihm der Gedanke durch den Kopf gegangen sein, daß der Krieg endlich seine Untertanen mit ihm vereint habe und daß vielleicht doch Grund zur Hoffnung bestand. »Sehen Sie«, sagte er dem Erzieher seiner Kinder kurz danach sehr bewegt, »jetzt wird es in Rußland eine Nationalbewegung geben wie die, die im großen Krieg von 1812 stattgefunden hat.«[52]

Und in der Tat gab es in jenen ersten berauschenden Augustwochen alle möglichen äußeren Zeichen einer nationalen *Vereinigung*. Die Arbeiterstreiks wurden beendet. Sozialisten schlossen sich zur Verteidigung des Vaterlands zusammen, während Pazifisten, Defätisten und Internationalisten ins Exil gezwungen wurden. Patriotische Demonstranten griffen deutsche Geschäfte und Büros an. Sie plünderten die deutsche Botschaft am Marienplatz, schlugen die Fenster ein und warfen die Möbel, die Gemälde und sogar des Botschafters Privatsammlung von Renaissance-Skulpturen in ein Feuer auf der Straße. Dann stürzten sie unter dem

Jubel der Menge zwei riesige Bronzepferde krachend vom Dach der Botschaft. In dieser Woge antideutscher Gefühle änderten manche Leute sogar ihre Namen, um sie russischer klingen zu lassen: so wurde zum Beispiel aus dem Orientalisten Wilhelm Wilhelmowitsch Struwe Wassili Wassiljewitsch Struwe. Die Regierung, die sich der Heftigkeit dieses Fremdenhasses beugte, änderte auch den deutsch klingenden Namen von St. Petersburg in das slawischere Petrograd. Nikolai begrüßte den Wechsel, hatte er doch St. Petersburg und seine westlichen Traditionen nie gemocht und sich schon lange bemüht, sein Erscheinungsbild zu russifizieren, indem er die klassizistischen Gebäude der Stadt mit moskowitischen Motiven versah.

»Alle haben den Verstand verloren«, klagte Sinaida Gippius, die Dichterin, Philosophin und Salondame von St. Petersburg. »Wie kommt es, daß Krieg allgemein ein Übel und nur dieser allein irgendwie gut ist?« Die meisten führenden Schriftsteller des Landes unterstützten den Krieg, und nicht wenige meldeten sich freiwillig zur Armee. In der Intelligenzija, die sich wie immer nach einem Gefühl der Zugehörigkeit sehnte, herrschte generell die Vorstellung, daß der Krieg zur geistigen Erneuerung Rußlands führen werde, indem er den einzelnen dazu zwang, sich für das Wohl der Nation zu opfern. Die Bedeutung des Krieges, so ein Moskauer Philosophieprofessor in seiner Vorlesung, liege »in der Erneuerung des Lebens dadurch, daß man den Tod fürs Vaterland akzeptierte«. Der Krieg sollte als eine Art »Jüngstes Gericht« gesehen werden. Nur wenige Intellektuelle hätten wohl das düstere Verdikt Gorkis geteilt, der gerade erst aus seinem ausländischen Exil zurückgekehrt war: »Eines ist klar: wir befinden uns im ersten Akt einer Welttragödie.«[53]

Die Presse verbreitete sich lyrisch über diese neugefundene Einheit des russischen Volks. *Utro Rossii*, die Zeitung der Fortschrittlichen, behauptete, daß »es jetzt weder Rechte noch Linke gibt, weder Regierung noch Gesellschaft, sondern nur eine Vereinigte Russische Nation«. Schließlich, am 8. August, löste sich die Duma, als ob sie diese *union sacrée* vollkommen machen wollte, in einer einzigen Sitzung voller patriotischen Pomps auf, um, wie es in ihrer Resolution hieß, die Regierung nicht mit »unnötiger Politik« während der Kriegsanstrengungen zu belasten. »Wir würden Ihnen nur im Wege sein«, teilte Rodsjanko, der Duma-Präsident, den Ministern im Taurischen Palais mit. »Daher ist es besser, wenn wir uns bis zum Ende der Feindseligkeiten ganz auflösen.«[54]

Doch solche Loyalitätserklärungen waren trügerisch. Die Masse des Volks mußte erst noch mit dem Krieg in Berührung kommen, und die Millionen Bauern und Arbeiter, die an die Front zogen, spürten wenig von dem Patriotismus der Mittelschicht, der so viel dazu beigetragen hatte, die Hoffnungen des Zaren zu nähren. Bei ihrer Verabschiedung auf den Bahnhöfen gab es keine Fahnen oder Militärkapellen, und wie ausländische Beobachter berichteten, lag auf den Gesichtern der meisten Soldaten ein düsterer und resignierter Ausdruck. Ihre schrecklichen Kriegserlebnisse waren es, die die Revolution entzünden sollten. Das verzweifelte Hasardspiel des Zaren war dazu bestimmt, sein Regime zu vernichten.

# 7 EIN KRIEG AN DREI FRONTEN

## METALL GEGEN MENSCHEN

General Alexej Brussilow am 10. August 1914:

*Meine liebe, unschätzbare kleine Frau, Nadjuschenka!*
*Es war äußerst hart, Dich zu verlassen, meine liebe Sonne. Doch meine Pflicht gegenüber meinem Land und meinem Zaren, die große Verantwortung, die mir auferlegt wurde, und meine Liebe zum Militär, das ich mein Leben lang studiert habe, nötigen mich, keiner Willensschwäche nachzugeben und mich mit dreifacher Energie auf die blutige Prüfung vorzubereiten, die uns erwartet. Bisher geht, Gott sei Dank, alles gut. An diesem Morgen fahren wir mit dem Automobil, um die tapfere Vierte Schützenbrigade zu inspizieren. Sie bietet ein schönes Bild, hervorragende Offiziere mit ihren Regimentskommandeuren und Brigadeführern. Sehr zuverlässige Truppen.*
*Der Kampfgeist der Truppen ist ausgezeichnet. Sie alle sind durchdrungen vom festen Glauben daran, daß sie für eine gerechte und ehrenvolle Sache kämpfen, so daß glücklicherweise kein Grund zu Nervosität oder Besorgnis besteht. Das ist außerordentlich beruhigend.*
*Ich bete zu unserem Herrn Jesus Christus, er möge uns, seinen orthodoxen Christen, den Sieg über den Feind gewähren. Ich selbst bin guten Muts. Sorge Dich nicht, meine Liebste, sei tapfer, habe Zutrauen und bete für mich …*
*Ich küsse Dich leidenschaftlich.*
*Alexis*[1]

Für die Männer, die Rußland in den Krieg führten, schien es im August 1914 gute Gründe für Optimismus zu geben. Die Erinnerung an die schändliche Niederlage gegen Japan war in den letzten Jahren in den Sitzungen über die Militärausgaben ausgelöscht worden. 1914 gab Rußland für seine Armee mehr als Deutschland aus: über ein Drittel des gesamten Regierungsbudgets.[2] Es stimmt nicht – was Historiker später behaupteten –, daß die russische Armee nicht auf einen Krieg vorbereitet war. An Truppenstärke und Material war sie zumindest der deutschen ebenbürtig und brauchte, dank der jüngsten Verbesserungen an Rußlands westlichem

Eisenbahnsystem, nur drei Tage länger als der Feind, um die Mobilisierung abzuschließen. Somit war der Schlieffen-Plan widerlegt – der davon ausging, daß Rußland drei Wochen länger benötigen würde, so daß die deutschen Streitkräfte Frankreich ausschalten könnten, ehe sie von Rußland angegriffen würden –, und die Deutschen gerieten in einen Zweifronten-Krieg. Doch das bedeutete auch das Ende der weitverbreiteten Hoffnung, daß es nur ein kurzer Krieg würde – »an Weihnachten ist alles vorbei«, wie man sagte –, und dadurch sollte sich Rußlands Schwäche zeigen. Denn wenn es vielleicht auch für einen kurzen Feldzug von bis zu sechs Monaten gerüstet war, so hatte es doch für einen möglichen Zermürbungskrieg keine konkreten Pläne. Mit einer solchen Feuerprobe hatten auch nur wenige gerechnet. Während es den anderen europäischen Mächten gelang, sich der Lage anzupassen und zu improvisieren, erwies sich das zaristische System als zu rigide und unbeholfen, zu unflexibel und starr, zu autoritär und ineffizient, um sich auf die veränderte Situation einzustellen. Der Erste Weltkrieg war eine gigantische Prüfung für die Staaten Europas – eine Prüfung, an der der Zarismus auf einzigartige und katastrophale Weise scheiterte. Nur wenige Menschen sahen das schon in den ersten Tagen des Konflikts voraus. Erst im Herbst, als aus den Eröffnungskämpfen ein blutiger Stellungskrieg geworden war und die beiden gegnerischen Armeen sich eingruben, traten die Schwächen der russischen Seite erstmals deutlich zutage.

Brussilow war das Kommando über die 8. Armee an der Südwestfront übertragen worden. Mit seinem Fuchsgesicht und Kavalleristen-Schnurrbart, seinen eleganten Manieren und seiner schneidigen Sprechweise entsprach er in vieler Hinsicht genau dem Bild eines aristokratischen Generals. Andererseits aber war er ein professioneller, in der neuen Kriegstechnik versierter Militär. Zunächst war sein Name bei den Truppen kaum bekannt, denn er hatte den größten Teil seiner Karriere an der Eliteschule für Kavallerieoffiziere verbracht. Doch bald schon sollte er mit seiner hervorragenden Führung und seiner unermüdlichen Fürsorge das Vertrauen seiner Soldaten gewinnen, und im Herbst 1916 war sein Name nicht nur in Rußland, sondern auch bei den Alliierten in aller Munde. Als Kommandeur achtete Brussilow auf strikte Disziplin. Er war davon überzeugt, daß die einzige Garantie für militärische Erfolge der innere Zusammenhalt einer Armee sei. In dieser Hinsicht stellte er ungewöhnlich hohe Anforderungen an seine Männer. Trinken war beispielsweise strikt verboten, sogar unter den Offizieren. Andererseits arbeitete er Tag und Nacht, um sicherzustellen, daß die Soldaten genug zu essen hatten, ordentlich eingekleidet und bewaffnet waren, und er zögerte nie, den Offizier zu bestrafen, der beim Verteilen von Proviant nicht korrekt war oder knauserte. Wenn er sich mit seinen Soldaten unterhielt, war er gelöst, eine Gabe, die nur wenige Generäle teilten, und er wußte auch, wie man sie am Abend vor einer Schlacht aufmunterte. Manche Beobachter meinten, seine tiefreligiöse Überzeugung, daß Rußland den Krieg gewinnen müsse, färbe auf seine Männer ab.[3]

Ursprünglich hatte das russische Oberkommando eine Offensive an der Südwestfront gegen die schwächeren österreichischen Streitkräfte geplant, während die Nordwestfront gegen die stärkeren Deutschen verteidigt werden sollte. Doch Frankreich drängte statt dessen auf eine Großoffensive an beiden Fronten, damit die Deutschen gezwungen wären, ihre Truppen vom Schauplatz im Westen abzuziehen und so die Franzosen zu entlasten. Dieser französischen Bitte entsprachen die russischen Kommandeure gerne. Sie waren noch der Militärdoktrin des 19. Jahrhunderts verhaftet und glaubten, daß ein kühner Angriff mit vielen Kavallerieattacken und großzügigem Gebrauch der Bajonette die Tapferkeit des russischen Charakters am besten zeigen würde. Dabei bedachten sie aber nicht die gewaltigen Verluste an Menschenleben, die eine solche Offensive vermutlich kostete, wenn sie auf moderne Artillerie und Maschinengewehre stieß.

An der Front im Südwesten entwickelte sich die Lage einigermaßen vielversprechend. Mitte August durchbrachen die Russen in Galizien die feindlichen Linien und zwangen die Österreicher zum Rückzug. Hier wurde Brussilows Ruf als brillanter Frontkommandeur begründet. Seine 8. Armee rückte im Laufe der nächsten vierzehn Tage 220 Werst (etwa 235 Kilometer) vor und eroberte nach schweren Kämpfen Lemberg (210 000 Russen und 300 000 Österreicher fielen oder wurden verwundet). Brussilow schrieb seiner Frau von der Front bei Grodek:

*Das ganze Schlachtfeld war über eine Länge von etwa hundert Werst mit Leichen übersät, die Verwundeten wurden mit Mühe eingesammelt, es waren nicht genug Leute da, sie wegzutragen, und auch das Verbandsmaterial reichte nicht aus […]. Es war nicht einmal möglich, allen Verwundeten zu trinken und zu essen zu geben. Das ist die schreckliche Kehrseite des Krieges […]. Doch wir müssen unsere schwierige und schreckliche Aufgabe zum Wohle des Vaterlands geduldig fortsetzen, ich bete, daß Gott mir die Kraft des Verstandes und die Festigkeit des Sinnes verleiht, um meine Pflicht zu erfüllen. Wenn nur das Herz es aushält, dann wird alles gut. Ich sitze und schreibe Dir, dabei hört man in der Ferne den Geschützdonner der Truppen, die den Feind verfolgen. Wie Du siehst, fließt die ganze Zeit Blut in Strömen, aber ohne das kann man keinen Krieg führen. Je mehr vergossen wird, desto bessere Ergebnisse und desto eher wird der Krieg enden. Wie Du siehst, ist es eine schwere und bittere Pflicht, aber ohne das gibt es keinen Sieg. Doch ist mir furchtbar schwer ums Herz.*[4]

An der Nordwestfront dagegen endete der russische Vormarsch schon bald in einer Katastrophe. Ein ehrgeiziger, aber hastig zusammengeschusterter Plan hatte vorgesehen, daß die 1. Armee unter General von Rennenkampf in das Herzstück des Junkerlands Ostpreußen einmarschieren sollte, während General Samsonows 2. Armee von Südosten vorrückte, um sich bei den Masurischen Seen mit ihnen zu vereinigen und dann gemeinsam gegen Berlin vorzumarschieren. Der Plan erforderte Kühnheit, taktische Präzision und genaue Informationen über die Bewegungen des Feindes. Keine dieser Voraussetzungen wurde erfüllt. Am 15. Tag der Mobilisierung bewegten sich 408 Infanteriebataillone und 235 Kavallerieschwadronen rasch westwärts und drängten die deutsche 8. Armee zurück, der sie zahlenmäßig fast um das Doppelte überlegen waren. General Prittwitz, der deutsche Befehlshaber, geriet in Panik, trieb zum Rückzug aufs westliche Weichselufer und überließ so Ostpreußen den Russen. Hätten die Russen ihre raschen Erfolge fortgesetzt, sie hätten die Deutschen vielleicht zurückschlagen können. Doch die russischen Kommandeure verzögerten den Vormarsch und verlegten wichtige Truppen und Artillerie, um zu verteidigen, was sich als nutzlose Bollwerke an ihren Flanken und ihrer Nachhut erweisen sollte.

Inzwischen wurde der demoralisierte Prittwitz durch Hindenburg und Ludendorff ersetzt, die den Russen sowohl taktisch als auch nachrichtendienstlich weit überlegen waren, so daß sie deren größere Armeen aus dem Hinterhalt überfallen und vertreiben konnten. Aus abgefangenen drahtlosen Nachrichten, die die Russen leichtsinnigerweise unverschlüsselt geschickt hatten, wußten sie, daß Rennenkampfs Armee angehalten hatte, um sich mit Nachschub zu versorgen, und bauten darauf, daß sie nicht weiter vorrücken würde. Zur Tarnung ließen die Deutschen einen kleinen Truppenverband zurück, um Rennenkampf zu täuschen, und verlagerten den Rest ihrer Streitkräfte per Bahn nach Süden, um sich Samsonows vorrückender Armee entgegenzustellen. Hätte Rennenkampf erkannt, was vorging, und angegriffen, er hätte einen entscheidenden Sieg gegen die linke Flanke der Deutschen errungen und möglicherweise den Krieg beendet. Doch die Russen verfügten nur über ein primitives Aufklärungssystem, und keiner ahnte etwas von den deutschen Truppenbewegungen. Samsonows Armee war nicht auf die massiven Streitkräfte vorbereitet, die im Hinterhalt in den Wäldern bei Tannenberg auf sie warteten – sie wurde eingekreist und innerhalb von vier Tagen in einem der blutigsten Gemetzel vernichtet, das die Welt bis dahin erlebt hatte. Am Ende der Schlacht, am 31. August, hatten die Deutschen 70 000 Russen getötet oder verwundet und 100 000 gefangengenommen, bei eigenen Verlusten von 15 000 Mann. Sie nannten es die Schlacht von Tannenberg, als symbolische Vergeltung für die Niederlage des Deutschen Ordens durch die Slawen 500 Jahre zuvor. Samsonow, der diese Demütigung nicht ertragen konnte, erschoß sich daraufhin.

Hindenburg und Ludendorff verlegten ihre Truppen per Bahn zurück nach Norden, und mit frischer Verstärkung von der Westfront manövrierten sie in der Schlacht bei den Masurischen Seen die Russen noch einmal aus. Rennenkampf, der ein zweites Tannenberg befürchtete, befahl nun in Panik den Rückzug. Die Deutschen scherzten, er sollte nicht länger »von Rennenkampf« genannt werden, sondern »Rennen von Kampf«. Seine Inkompetenz und Feigheit kosteten 60 000 russischen Soldaten das Leben.[5]

Was bei diesem Debakel besonders auffiel, war die gefühllose Reaktion der russischen Kommandeure auf diese enormen Verluste an Menschenleben. Offenbar wurde jeder Ausdruck des Bedauerns für den unnötigen Verlust von einer Viertelmillion Menschen in den aristokratischen Kreisen des Obersten Hauptquartiers als ein Zeichen der Schwäche angesehen. Als der dortige Vertreter Frankreichs dem Großfürsten Nikolai wegen der Verluste kondolierte, antwortete der Oberbefehlshaber beiläufig: »Nous sommes heureux de faire de tels sacrifices pour nos alliées.«[6] Hatte doch der russische Vormarsch in der Tat den Schlieffen-Plan durchkreuzt – die Deutschen mußten Truppen vom westlichen Schauplatz abziehen – und damit den Franzosen ermöglicht, ihre Gegenoffensive an der Marne zu starten. Aber zu welchem Preis!

Mit dem Herbst begann sich die östliche Front zu stabilisieren, und der Bewegungskrieg ging in einen Stellungskrieg über. Keine Seite war stark genug, um den Feind zurückzuschlagen: es entstand eine Pattsituation. Die stürmischen Offensiven der ersten Monate wurden eingestellt, als die Armeen die Vorzüge eines Verteidigungskriegs erkannten und sich eingruben. Ein einziger Mann mit seinem Maschinengewehr im Schützengraben reichte aus, um hundert Infanteristen zurückzuschlagen, und Eisenbahnen vermochten viel rascher den Nachschub für die Verteidigung zu bringen, als die vorrückenden Truppen die Löcher in der Frontlinie auffüllen konnten.

Zu diesem Zeitpunkt machten sich Rußlands militärische Schwächen deutlich bemerkbar. Auf einen Abnutzungskrieg war es nicht vorbereitet. Sein einziger Vorteil, nämlich der scheinbar unerschöpfliche Vorrat an Bauernsoldaten, war nicht so groß, wie seine Alliierten geglaubt hatten, als sie von der »russischen Dampfwalze« sprachen, die unaufhaltsam gen Berlin rollte. Zwar hatte Rußland die bei weitem größte Bevölkerung aller Kriegsbeteiligten, doch war es auch das erste Land, das unter einem Mangel an Menschenpotential litt. Wegen der hohen Geburtenrate hatte ein großer Teil der Bevölkerung noch nicht das Mindestalter für die Einberufung erreicht. Insgesamt verfügte das Land nur über 27 Millionen rekrutierbarer Männer, von denen 48 Prozent nicht in Frage kamen: Entweder handelte es sich um einzige Söhne oder den einzigen erwachsenen männlichen Arbeiter in der Familie, oder die ethnische Zugehörigkeit war ein Hinderungsgrund (Muslims z. B. waren ausgenommen). Während 12 Prozent der deutschen und 16 Prozent der französischen Bevölkerung zum Militärdienst eingezogen wurden, standen dem in Rußland nur 5 Prozent gegenüber.

Noch ernster war die Schwäche der russischen Reserveeinheiten. Rußland hatte das deutsche Reservistensystem übernommen: Nach drei Jahren aktiven Dienstes, angefangen vom 21. Lebensjahr, verbrachten die Rekruten sieben Jahre im Ersten Reserveaufgebot, danach acht Jahre im Zweiten und fünf Jahre bei der nationalen Miliz. Um Geld zu sparen, führte die Armee über das Erste Reserveaufgebot hinaus nur selten regelmäßige Übungen durch. Nun übertrafen die Verluste von 1914 aber die schlimmsten Erwartungen (etwa 1,8 Millionen), so daß sich die Armee bald gezwungen sah, ungeübte Rekruten des Zweiten Reserveaufgebots einzuberufen. Die Schlacht von PrzemyÊl im Oktober war für Brussilow die letzte, bei der er »eine reguläre, noch in Friedenszeiten ausgebildete und vorbereitete Armee« befehligte.

> *In den mehr als drei Monaten seit Kriegsbeginn waren die meisten Berufsoffiziere und -soldaten ausgefallen, übriggeblieben nur wenige Kader. Die Verluste mußten wir in aller Eile durch Leute ergänzen, die aus Reserveregimentern und -bataillonen kamen und völlig unzureichend ausgebildet waren [...]. Seit dieser Zeit hatten die Truppen ihren regulären Charakter eingebüßt, und unsere Armee glich mehr und mehr einem schlecht ausgebildeten Milizheer [...]. Und schließlich konnten die zur Auffüllung eintreffenden Soldaten meist nur marschieren [...] oft genug kam es vor, daß sie nicht einmal die Gewehre laden konnten, von ihren Schießkünsten ganz zu schweigen [...]. Natürlich konnten solche Leute [...] nicht als Soldaten gelten.*[7]

Für den einfachen Soldaten der russischen Armee war das Gefühl von Patriotismus in der Regel etwas Fremdes. Vielleicht konnte er sich bis zu einem gewissen Grad mit Krieg als Verteidigung des Zaren oder der Religion identifizieren, aber die Verteidigung der russischen Nation, noch dazu, wenn er selbst kein Russe war, bedeutete ihm nur wenig. Er war ein Bauer, der die Welt außerhalb seines Dorfes kaum kannte, und sein Selbstbewußtsein als »Russe« war nur schwach entwickelt. Er fühlte sich als Einheimischer seiner Region, und solange der Feind nicht drohte, in dieses Gebiet einzudringen, sah er kaum einen Grund, ihn zu bekämpfen. »Wir sind von Tambow«, brachten die widerstrebenden Rekruten vor. »So weit werden die Deutschen nicht kommen.« Ein Gutsmakler aus Smolensk, der in einer Kaserne der Nachhut diente, hörte in den ersten Kriegswochen von den einfachen Soldaten folgende Kommentare:

> »Welcher Teufel hat diesen Krieg über uns gebracht? Wir mischen uns nur in anderer Leute Angelegenheiten ein.«
> »Wir haben es untereinander besprochen. Wenn die Deutschen Geld wollen, wäre es besser, ihnen zehn Rubel pro Kopf zu zahlen, als Menschen zu töten.«
> »Ist es nicht vollkommen egal, unter welchem Zaren wir leben? Unter dem deutschen kann es nicht schlimmer sein.«
> »Laß sie doch allein kämpfen. Warte ein bißchen, dann werden wir schon miteinander abrechnen.«

Eine solche Einstellung wurde unter den gemeinen Soldaten immer üblicher, je länger der Krieg dauerte, was Brussilow Anlaß zur Beschwerde gab:

*Selbst nach der Kriegserklärung begriffen die aus den inneren Gebieten Rußlands eintreffenden Soldaten aus den Ergänzungen ganz und gar nicht, was für ein Krieg da gleichsam mir nichts, dir nichts über sie hereingebrochen war. Wie oft fragte ich in den Schützengräben, weshalb wir Krieg führten, und erhielt immer unvermeidlich die Antwort, irgendein Erz-Herz-Perz und seine Frau seien von irgend jemandem ermordet worden, und darum wollten sich die Österreicher an den Serben rächen. Doch wer die Serben waren, wußte kaum jemand, und was das war – die Slawen – war gleichfalls unklar. Warum aber die Deutschen Serbiens wegen plötzlich auf den Gedanken gekommen waren, Krieg zu führen, war völlig unbekannt [...] [Es war so, daß der einfache Soldat] nichts von den deutschen Plänen wußte und überhaupt nicht ahnte, daß ein solches Land existierte.*[8]

All das verhieß nichts Gutes für eine Armee, deren Kommandeure vorhatten, nach Berlin zu marschieren, ganz zu schweigen von ihrer Absicht, Konstantinopel zu erobern. Der russische Bauer empfand wegen derlei imperialistischer Eroberungen seines Landes keinen Stolz, war er doch von Natur aus ein Pazifist.

Das Fehlen einer klaren Kommandostruktur war eine der größten Schwächen der Armee. Die militärische Autorität teilten sich das Kriegsministerium, das Oberste Hauptquartier (*Stawka*) und das Frontkommando. Alle drei verfolgten ihre eigenen Ziele, so daß kein klarer Plan ersichtlich war. Brussilow beklagte, daß er »seit Kriegsbeginn nirgendwo über den Plan des Feldzuges informiert wurde«. Das Ganze war, wie General Besobrasow einmal witzelte, nichts als »Anordnung, Gegenanordnung und Unordnung«.[9] Die bitteren Konflikte zwischen den beiden wichtigsten Frontkommandos, dem Nordwesten und dem Südwesten, waren besonders verhängnisvoll. Die hartnäckige Weigerung des ersteren, letzterem Verstärkung zu schicken, war ein Hauptgrund für den Zusammenbruch der Karpaten-Offensive im Winter 1914/15.

Der Gegensatz zwischen der aristokratischen Elite der Gardekavallerie und den neuen professionellen Militärs – Brussilow stand mit je einem Bein in beiden Lagern – spielte bei diesen Konflikten eine wichtige Rolle. Die obersten Kommandeure gehörten zu einem kleinen Kreis aristokratischer Kavalleristen und Höflinge mit geringer militärischer Sachkenntnis. Der Oberbefehlshaber selbst, Großfürst Nikolai, hatte nie an ernsteren Kämpfen teilgenommen und war kaum mehr als eine Galionsfigur im Hauptquartier. Er unterhielt ausländische Besucher, unterzeichnete die Papiere, die man ihm vorlegte, und umgab sich mit Adjutanten, einschließlich seiner Brüder, die er seine »Schlaftabletten« nannte. Doch in Fragen der Strategie zeigte er keinerlei Führung. Bei einer Besprechung der Frontkommandeure im September hielt er sich abseits von den Generälen in einem separaten Zimmer, »um ihnen nicht im Weg zu sein«. General Januschkewitsch, sein Stabschef, verfügte über keine Qualitäten, die ihn empfohlen hätten, außer der Gunst des Zaren, der ihn als jungen Gardesoldaten vor dem Palais entdeckt hatte. Er hatte nie auch nur ein Bataillon befehligt. Colonel Knox, der britische Militärattaché im Hauptquartier, meinte, er mache »eher den Eindruck eines Höflings als den eines Soldaten«. Die ganze Atmosphäre im Hauptquartier, das in Baranowitschi, einem kleinen weißrussischen Eisenbahnknotenpunkt, untergebracht war, hätte nicht weniger kriegerisch sein können. »Wir befanden uns inmitten eines zauberhaften Fichtenwaldes, und alles war ruhig und friedlich«, erinnerte sich Knox. Die höheren Offiziere hatten viel Zeit für behagliche Unterhaltungen, eine Zigarre nach dem Mittagessen und einen Spaziergang im Wald. Viele fanden die Zeit, ausführlich Tagebuch zu schreiben oder, wie Brussilow, täglich lange Briefe an ihre Frauen.[10]

Dieselben gepflegten Sitten legten die meisten Spitzenkommandeure an den Tag. Seit 1909, als General Suchomlinow (das perfekte Beispiel eines militärischen Höflings) Kriegsminister wurde, verfolgte man bewußt die Politik, höhere Offiziere aufgrund ihrer persönlichen Loyalität zum Zaren zu befördern. Aristokratische, aber inkompetente Kavalleristen der alten Suworow-Schule wurden den professionellen Militärs vorgezogen, die weit mehr Verständnis für die Bedürfnisse der modernen Kriegsführung hatten. Mit seinen ständigen Interventionen bei der Ernennung höherer Offiziere, manchmal auf Drängen seiner Frau, stellte der Zar sicher, daß weiterhin Beziehungen und Ergebenheit ihm gegenüber Vorrang vor militärischer Kompetenz hatten. Selbst im Krieg bestand Nikolai nachdrücklich auf seiner patrimonialen Autokratie.

Im Frühjahr 1915 stattete Nikolai der Armee Brussilows in Galizien einen Besuch ab und ernannte ihn zu einem seiner Generaladjutanten. Brussilow glaubte, diese Ehre sei ihm in Anerkennung seiner Verdienste im Feld zuteil geworden, wurde aber vom Zaren persönlich darüber aufgeklärt, daß es aus keinem anderen Grund geschehen sei als »wegen seines Besuches und des Mittagessens im Stab meiner Armee«. Die Nachricht dieser Ehrung wurde unterdrückt, denn der Hof war nicht völlig überzeugt von Brussilows Ergebenheit (er hatte die Armeeführung kritisiert). Poliwanow, der stellvertretende Kriegsminister, räumte später gegenüber Brussilows Frau ein, daß während des Krieges »geheime Arrangements« getroffen worden seien, um den Namen ihres Mannes »zu vertuschen«, damit ihn seine militärischen Erfolge nicht zum Fixpunkt einer allgemeinen Opposition gegen den Hof und dessen Oberbefehl über die Streitkräfte machten. Diese erbärmliche Geschichte faßt die Art und Weise zusammen, wie die herrschende Elite Rußlands Krieg führte.[11]

Solange Kommandeure wegen ihrer Loyalität zum Hof und nicht aufgrund ihrer Fähigkeiten ernannt wurden, bestand wenig Aussicht auf eine wirksame militärische Führung. Die aristokratischen Generäle begingen endlos Fehler (einer zeichnete sich sogar dadurch aus, daß er seiner Artillerie befohlen hatte, auf die Schützengräben der eigenen Infanterie zu schießen). Sie führten Krieg nach dem Muster eines Feldzugs des 19. Jahrhunderts und ließen ihre Truppen ohne Rücksicht auf Opfer feindliche Artilleriepositionen stürmen, verschwendeten Ressourcen für die teure und untaugliche Kavallerie, verteidigten nutzlose Festungen im Hinterland und vernachlässigten die technischen Erfordernisse eines modernen Artilleriekriegs. Sie verschmähten die Kunst, Schützengräben zu bauen, da sie meinten, der Stellungskrieg sei unter ihrer Würde. Die primitive Bauweise der russischen Schützengräben, die in Wirklichkeit nichts anderes als Gräber waren, verursachte gewaltige Verluste an Menschenleben, als der Krieg sich zu einem Schlagabtausch von schwerem Artilleriebombardement entwickelt hatte. Brussilow, einer der wenigen Kommandeure, der die große Bedeutung des Grabenkriegs erkannt hatte, wunderte sich über die Fahrlässigkeit seiner Offiziere, denen er befohlen hatte,

> *sich […] gründlich einzugraben und mindestens drei Schützengräben mit zahlreichen Laufgräben anzulegen. Daraufhin erhielt ich ständig Meldungen, es sei unmöglich, diese Forderungen zu erfüllen. Als ich jedoch nachdrücklich darauf bestand, wurde schließlich Vollzug gemeldet. [Dann suchte ich] die Korps auf, um die Arbeiten zu kontrollieren. Dabei mußte ich feststellen, daß im Grunde genommen fast nichts getan worden war. Die wenigen Gräben, die man zuwege gebracht hatte, waren so gründlich vom Schnee verweht, daß es schwer fiel, sie überhaupt zu erkennen. Auf meine Fragen, wie die Stellungen bei einem Angriff denn bezogen werden sollten, wurde mir erwidert, dann werde man sie säubern. […] In einem Korps erlebte ich sogar, daß weder der Korpskommandeur selbst noch ein Divisionskommandeur, weder ein Brigade- noch ein Regimentskommandeur und schließlich nicht einmal der Chef Pionierwesen mir im Gelände zeigen konnten, wo bereits Schützengräben ausgehoben worden waren.*[12]

Offensichtlich war die mangelnde Beweglichkeit der russischen Armee ein Grund für das ostpreußische Debakel. Knox verglich sie mit einem »schwergewichtigen, muskelstrotzenden Preisboxer, dem es wegen seiner enormen Masse an Beweglichkeit und Schnelligkeit fehlte und der deshalb einem leichteren, aber drahtigeren und intelligenteren Gegner ausgeliefert war«. Bei der Primitivität des russischen Eisenbahnsystems war es ausgeschlossen, dem Beispiel der Deutschen zu folgen, die ihre Truppen je nach Kriegsverlauf per Bahn rasch von einem Frontabschnitt zum anderen bewegen konnten. Rußlands Militärzüge konnten nicht mehr als etwa 320 Kilometer pro Tag zurücklegen, und außerdem waren die meisten von ihnen mit Pferden und Futter besetzt, so sehr kümmerten sich die Kommandeure um die Kavallerie. Als die Armee auf deutsches Territorium vordrang, war sie von eroberten Wagen abhängig, denn russische Züge fuhren auf einer anderen Spurweite. Der Transport mit Motorfahrzeugen war sogar noch primitiver. 1914 standen der gesamten Armee nicht mehr als 679 Autos (und zwei motorisierte Ambulanzen!) zur Verfügung. Die militärische Ausrüstung, das hochrangige Personal und die Verwundeten mußten mit Bauernkarren vom Verladebahnhof über die schlammigen Landstraßen weggebracht werden. Doch der wahre Grund für Rußlands Niederlage war das primitive Niveau seiner militärischen Kommunikation. Samsonows 2. Armee hatte 25 Telefone, ein paar Morseapparate, eine Art primitives Telex namens Hughes-Apparat und einen Teledrucker, der 1200 Wörter in der Stunde drucken konnte, aber häufig ausfiel, was bedeutete, daß der Kommandeur herumreiten mußte, um sich über die aktuelle Lage zu informieren. Die telegrafischen Verbindungen zwischen dem Hauptquartier, dem Frontkommando und den Armeen brachen immer wieder zusammen, so daß Befehle mit dem Zug oder dem Motorrad geschickt werden mußten, was oft Tage dauerte. Am Vorabend der Schlacht von Tannenberg stellte die Nordwestfront die Verbindung mit Samsonow her, indem sie ein Telegramm an das Warschauer Hauptpostamt schickte, wo ein Adjutant sie einmal pro Tag abholte und mit dem Auto über 100 Kilometer weit zum Hauptquartier der 2. Armee brachte. Häufig lag die Unterbrechung der Kommunikation an Fehlern von schlecht ausgebildeten Soldaten. Zu oft waren die Telefonisten nicht in der Lage, eine zusammengebrochene Leitung zu reparieren, zu oft konnten die Fahrer keine Landkarte lesen. Als zum Beispiel einmal die Telegrafen plötzlich nicht mehr funktionierten, wurde bei der Untersuchung der Leitung zur Nachhut entdeckt, daß eine Gruppe Soldaten ihren Tee auf einem Feuer kochten, das mit abgesägten Telegrafenmasten gemacht war.[13]

Als sich der Krieg über den Winter in die Länge zog, begann die Armee unter katastrophalem Materialmangel zu leiden. Teilweise war der Zusammenbruch des Nachschubsystems in der Nachhut dafür verantwortlich: Das Verkehrsnetz konnte die massiven Lieferungen von Munition, Nahrung, Kleidung und medizinischer Ausrüstung an die Front nicht mehr bewältigen. Doch daneben wirkte sich nun auch das Fehlen jeder realistischen Planung vor dem Krieg aus. Das Kriegsministerium hatte nur mit einem kurzen Feldzug gerechnet und folglich keine Vorsorge für die Produktion von Kriegsmaterial in Kriegszeiten getroffen, in der Annahme, die vorhandenen Vorräte seien ausreichend. Wie sich zeigte, reichten die Vorräte nicht länger als die ersten Kriegswochen.

Besonders akut wurde das Problem bei der Munition. Man war davon ausgegangen, daß man mit einer Reserve von sieben Millionen Granaten – genug für tausend Salven je Feldgeschütz oder zehn Tage Kämpfe auf dem Niveau von 1916 – den ganzen Krieg über auskommen müßte. Die russische Waffenindustrie, die sehr wohl die Armee hätte ausrüsten können, wurde durch das Kriegsministerium bewußt heruntergefahren (in den ersten sieben Monaten des Jahres 1914 bestellte das Ministerium gerade mal 41 Gewehre), so daß die Bestellungen, als sich die Engpässe abzeichneten, ans Ausland gehen mußten und Verzögerungen nicht zu vermeiden waren. Gegen Kriegsende waren in der russischen Armee zehn verschiedene Modelle importierter Gewehre, jedes mit einem anderen Kaliber, in Gebrauch. Teil des Problems war die Verschwendung durch die Soldaten selbst: Sie benutzten die Gewehre, um improvisierte Dächer über ihren Schützengräben abzustützen, zerhackten sie zu Brennholz, und nur allzu häufig warfen sie sie mitsamt den schweren Munitionsvorräten weg, wenn sie verwundet oder plötzlich zum Rückzug gezwungen waren. Doch wäre die Krise zweifellos weniger fatal gewesen, hätte das Kriegsministerium rascher auf die Alarmrufe der Generäle reagiert, statt sie zu entlassen. Als General Karawajew, Chef der Artillerieabteilung, Mitte Oktober den Kriegsminister warnte, Rußland müsse aus Mangel an Munition bald um Frieden bitten, meinte Suchomlinow, er solle sich zum Teufel scheren und sich beruhigen. Und doch herrschte bis zum nächsten Frühjahr so große Materialknappheit, daß ganze Bataillone ohne Gewehre ausgebildet werden mußten, während viele Truppen der zweiten Frontlinie auf die Gewehre angewiesen waren, die sie von den Gefallenen vor ihnen auflasen. Man befahl den Soldaten, sich auf zehn Schuß pro Tag zu beschränken, und häufig, wenn die schwere Artillerie der Deutschen ihre Schützengräben bombardierte, wurde den russischen Schützen verboten, das Feuer zu erwidern. »Unsere Lage ist schlecht«, schrieb ein Soldat seinem Vater, »und alles nur, weil wir keine Munition haben. So weit ist es mit uns gekommen dank unserer Kriegsminister, die unbewaffnete Menschen den Geschützen des Feindes entgegentreten lassen, weil wir keine eigenen haben. Das hat man mit uns getan!«[14]

Brussilows Armee, die sich ihren Weg auf die Gipfel der Karpaten erkämpft hatte, wurde dort die meiste Zeit des Winters festgehalten, weil sie nicht über genug Munition verfügte, um hinunter in die ungarische Ebene vorzustoßen. »Ich wurde zu meiner Verzweiflung vom Frontstab davon unterrichtet«, schrieb Brussilow später, »daß eine Besserung kaum vor dem Spätherbst des Jahres 1915 zu erwarten sei. Aber auch das waren Versprechungen, auf die ich mich nicht verlassen konnte ... Daher versuchte ich gar nicht erst, weitere Erfolge an meiner Front zu erringen, sondern achtete nur darauf, uns mit möglichst geringen Verlusten in unseren Stellungen zu behaupten.« Doch den Winter im Gebirge zu verbringen war eine grausame Belohnung für seine Männer, ohne warme Kleidung und Stiefel oder ausreichend Nahrung, um den Frost zu überstehen. Brussilow verbrachte den Monat Dezember damit, das Kriegsministerium mit Forderungen nach Winterausrüstung zu bombardieren, doch seine Appelle waren nur eine Stimme in einem wachsenden Chor aus allen Teilen der Armee, und die traurige Wahrheit war, daß das Ministerium, das geglaubt hatte, der Krieg sei bis Weihnachten vorbei, keinerlei Vorkehrungen für den gewaltigen Bedarf getroffen hatte, mit dem es jetzt konfrontiert wurde. Nicht einmal für die Massenherstellung von Stiefeln gab es Pläne, und als sich das Ministerium endlich um das Schuhwerk seiner Soldaten kümmerte, mußte es feststellen, daß nur eine Fabrik im ganzen Russischen Reich Gerbstoff herstellen konnte und daß vor 1914 praktisch der gesamte Gerbstoff des Landes aus Deutschland importiert worden war. Nun wurden neue Stiefel aus den

Vereinigten Staaten bestellt, aber in der Zwischenzeit kämpften Tausende von Soldaten barfuß. »Sie haben uns immer noch keine Mäntel ausgegeben«, schrieb ein frierender Soldat seiner Mutter. »Wir laufen in dünnen Überziehern herum ... Es gibt nicht viel zu essen, und was wir bekommen, ist verdorben. Vielleicht ginge es uns besser, wenn wir tot wären!« Ein anderer Soldat schrieb nach einem Besuch des Zaren bei seiner Einheit nach Hause: »Zur Inspektion durch den Zaren putzte man eine Kompanie heraus, für die die besten Uniformen aus den anderen Regimentern gesammelt wurden, die übrigen Männer blieben in den Schützengräben ohne Stiefel, Tornister, Patronengurte, Hosen, Uniformen, Hüte oder sonst etwas.«[15]

Es dauerte nicht lange, und die Armee wurde von Seuchen heimgesucht. Cholera, Fleckfieber, Typhus, Skorbut und Ruhrepidemien dezimierten die Truppen. Die unerwartet hohe Verlustrate brachte die Ärzte in allergrößte Nöte. Brussilow schrieb seiner Frau, nachdem er ein Feldlazarett im Rückzugsgebiet seiner Armeestellung besucht hatte:

> *Statt der 200 Patienten, für die das Lazarett gebaut worden ist, waren da über 3000 Kranke und Verwundete. Was konnten die vier Ärzte für sie tun? Sie arbeiteten Tag und Nacht, aßen im Stehen und konnten doch nicht alle verbinden ... Ich ging durch mehrere Stationen, Räume in freigeräumten Häusern, wo die Kranken und Verwundeten auf dem Boden auf Stroh lagen, angekleidet, ungewaschen und blutbedeckt. Ich dankte ihnen im Namen des Zaren und des Vaterlandes und gab Geld aus und St. Georgs-Orden, aber mehr konnte ich nicht tun. Ich konnte nur versuchen, ihre Evakuierung ins Hinterland zu beschleunigen.*

Eine Evakuierung war jedoch keine Garantie für bessere Behandlung. Auf dem Warschauer Bahnhof sah Rodsjanko 17 000 Verwundete unversorgt »in Schmutz und Kot, im kalten Regen, auf dem blanken Boden« liegen. Der Duma-Präsident beschwerte sich tief empört bei der örtlichen Sanitätsverwaltung, mußte aber feststellen, daß ihre herzlose Gleichgültigkeit gegenüber dem Schicksal dieser leidenden Männer durch einen Wust bürokratischer Vorschriften gestützt wurde.[16]

Als sich die Bedingungen an der Front verschlechterten und das Gemetzel zunahm, begannen Moral und Disziplin der Armee zu bröckeln. So gesehen war der Krieg der gesellschaftliche Architekt von 1917, denn die Armee verwandelte sich zunehmend in einen gigantischen revolutionären Mob. Teilweise lag das an der sinkenden Autorität der Offiziere bei ihren Männern. Die Armee vergrößerte sich zu rasch, so daß die Offiziere die Kontrolle verloren (neun Millionen Mann wurden in den ersten zwölf Kriegsmonaten eingezogen). Inzwischen waren die Verluste auch unter den Offizieren (etwa 60 000) ungewöhnlich hoch, was zweifellos mit an ihren farbenfrohen Uniformen und ihrer altmodischen Praxis lag, Frontalattacken zu führen. Das alte Offizierskorps unterhalb des Hauptmannsrangs war fast vollständig ausgelöscht, und um es zu ersetzen, wurde hastig eine neue Generation niederrangiger Offiziere ausgebildet. Ihre Zahl reichte nie aus – die Handwerkerklasse, die diese Schicht in der Armee gewöhnlich stellte, war in Rußland generell schwach –, und nach dem ersten Kriegsjahr war es die große Ausnahme, wenn ein Frontregiment von 3000 Mann mehr als ein Dutzend Offiziere hatte. Zudem waren 60 Prozent dieser Unteroffiziere bäuerlicher Herkunft, nur wenige verfügten über eine mehr als vierjährige Schulbildung, und fast alle waren erst Anfang Zwanzig.[17] Der Krieg war somit ein großer Demokratisierer, der Millionen von Bauernsöhnen Wege zum Aufstieg öffnete. Die Sympathien der Unteroffiziere lagen stets bei den einfachen Soldaten, und jede Hoffnung, sie könnten eine Brücke zwischen den adligen Offizieren und den einfachen Truppen bilden, war umsonst. Es handelte sich um eine radikale Militärkohorte – des Lesens und Schreibens kundig, nach oben strebend, sozial entwurzelt und durch den Krieg brutalisiert –, die 1917 die Meuterei im Februar, die revolutionären Soldatenkomitees und schließlich die Übernahme der Rätemacht anführen sollte. Viele der besten Kommandeure der Roten Armee (z. B. Tschapajew, Schukow und Rokossowski) waren Unteroffiziere der zaristischen Armee gewesen, so, wie häufig die Marschälle der Napoleonischen Kriege als Subalterne in der königlichen Armee begonnen hatten. Die Feldwebel des Ersten Weltkriegs sollten die Marschälle des Zweiten werden.

Dmitri Oskin (1892–1934), dessen Geschichte im Rahmen dieses Buches erzählt wird, war ein typisches Beispiel dieser vom Krieg geschaffenen Offiziersklasse. Für einen Bauernjungen wie ihn – der trotz seines ländlich-provinziellen Aussehens lesen und schreiben konnte und gescheit war – bot die Armee eine Möglichkeit, der Armut des Dorfes zu entfliehen. Im Sommer 1913 meldete er sich in seiner Heimatstadt Tula als Freiwilliger für das Infanterieregiment und nahm bald an einem Ausbildungskurs für Unteroffiziere teil. Als der Krieg ausbrach, wurde er Zugführer. Oskin war ein tapferer und gewissenhafter Soldat, der die vier Georgs-Kreuze, die er im Lauf des Krieges erhielt, wahrlich verdiente.[18] Ein Element seines Charakters, Selbstdisziplin oder Ehrgeiz, nötigte ihn dazu, die Befehle seiner vorgesetzten Offiziere auszuführen, trotz seiner »Bauern«-Animosität gegenüber allen Autoritätspersonen. Vielleicht war es auch die Erkenntnis, daß seine Männer auf dem Schlachtfeld niedergemetzelt würden, wenn er nicht für eine gewisse Disziplin unter ihnen sorgte. Sicher wurde es für Unteroffiziere wie ihn eine immer schwerere Bürde, die Mannschaften zusammenzuhalten, je mehr Blutzoll der Krieg bei den höheren Offizieren forderte.

Oskins Vorgesetzte waren ein übles Pack. Mehrfach brachten ihre rücksichtslosen Befehle seine Männer an den Rand der Katastrophe, und nur dank seiner Geistesgegenwart und seinem Improvisationstalent gelang es ihnen, mit dem Leben davonzukommen. Hauptmann Zizeron, ein Spieler und syphilitischer, schamloser Feigling, war auf dem Schlachtfeld immer wieder in Schwierigkeiten. Als er sich einmal mit einigen wohlverschanzten österreichischen Kanonen auf einem Hügel konfrontiert sah, befahl er Oskins Männern, direkt im Schußfeld der feindlichen Artillerie einen Weg durch die Stacheldrahtreihen zu hauen. Die Soldaten gerieten beim Vorankriechen bald unter schweren Beschuß, und als Oskin aufblickte, sah er zahllose russische Leiber in den Drähten hängen. Er verfluchte Zizeron und brachte seine Männer zurück in Sicherheit. Hauptmann Samfarow, ein anderer Kommandeur Oskins, ein Vielfraß, der zu fett war für seine Uniform, brachte sich, wann immer Beschuß einsetzte, in seinem privaten Unterstand in Sicherheit. Er »hielt seine Leute gern auf Trab«, indem er mitternächtliche Attacken befahl, obgleich offensichtlich keine strategischen Vorbereitungen für nächtliche Kämpfe getroffen waren. Als ein solcher Angriff einmal fast das ganze Bataillon vernichtete und Oskins Männer am nächsten Tag in schlimmer Verfassung zurückkehrten, ließ Samfarow sie antreten und schrie sie eine halbe Stunde lang an, weil sie versäumt hatten, ihre Stiefel zu putzen.[19]

Nicht alle Kommandeure waren so inkompetent oder grausam. Doch unter den Soldaten wuchs das Gefühl, daß nicht so viel Blut hätte vergossen werden müssen, wenn nur die Offiziere weniger an sich und mehr an die Sicherheit ihrer Männer gedacht hätten. Die Tatsache, daß die Masse der Soldaten Bauern und viele ihrer Offiziere adlige Gutsbesitzer waren (häufig aus derselben Gegend wie ihre Soldaten), fügte dem Ganzen noch das Element eines sozialen Konflikts hinzu. »Sehen Sie sich nur an, wie unsere hochgestellten Offiziere leben, die Gutsbesitzer, denen wir immer gedient haben«, schrieb ein bäuerlicher Soldat an seine Lokalzeitung zu Hause. »Sie bekommen gutes Essen, ihre Familien erhalten alles, was sie brauchen, und auch wenn sie vielleicht an der Front leben, so doch nicht in den Schützengräben wie wir, sondern vier oder fünf Werst entfernt.« Für intelligente Bauern wie Oskin war dies ein starker Impuls zur politischen Radikalisierung, die Erkenntnis, daß den Krieg zwei sehr verschiedene Rußlands in sehr unterschiedlicher Weise führten: das Rußland der Reichen und der höheren Offiziere und das Rußland der Bauern, deren Leben verschwendet wurden. Oskins Tagebuch, April 1915:

> *Was machen wir bloß in diesem Krieg? Bereits mehrere hundert Mann haben allein meinen Zug durchlaufen, und für mindestens die Hälfte von ihnen waren die Schlachtfelder die Endstation – als Gefallene oder als Verwundete. Was werden sie am Schluß des Krieges bekommen?*[20]

Andere, die nicht unbedingt solche politischen Schlüsse ziehen konnten, votierten einfach mit den Füßen. Die Disziplin brach zusammen, als immer mehr Soldaten sich weigerten, ihre Stellungen einzunehmen, sich Finger und Hände abschlugen, um entlassen zu werden, sich dem Feind ergaben und ins Hinterland desertierten.

In den Rekrutierungsstellen kam es zu Aufständen und Plünderungen, als die älteren Reservisten eingezogen wurden, von denen viele Familien zu ernähren hatten. Ihre Verlegung an die Front trug erst recht zu Unruhe und Rebellion bei, da sie schlimme Nachrichten und manchmal auch revolutionäre Propaganda von zu Hause mitbrachten. Nur allzuoft reagierten die Offiziere darauf mit noch größerer Gewalt. Widerspenstige Soldaten wurden ausgepeitscht oder, mit der eigenen Artillerie im Rücken, in die Schlacht geschickt. Dieser interne Kampf zwischen den Offizieren und ihren Leuten begann den eigentlichen Krieg zu überschatten. »Die Offiziere versuchen, unseren Mut zu brechen, indem sie uns terrorisieren«, schrieb ein Soldat seiner Frau im Frühjahr 1915. »Sie wollen uns zu willenlosen Marionetten machen.« Ein anderer schrieb, daß eine Gruppe Offiziere »fünf Männer vor einer Truppe von 28 000 Mann ausgepeitscht hat, weil sie ihre Kaserne ohne Erlaubnis verlassen hatten, um Brot zu kaufen«.[21]

Nach einem langen demoralisierenden Winter sah sich die Armee nun der größten deutschen Offensive des Krieges ausgesetzt. Nachdem die Westfront im Stahlgewitter festgefahren war, setzten die Deutschen ihre Hoffnung auf einen entscheidenden Durchbruch im Osten. Es begann in der Nacht des 2. Mai 1915 mit einem vierstündigen massiven Bombardement der unvorbereiteten 3. Armee in der Nähe von Görlitz. Tausend Granaten pro Minute legten die russischen Schützengräben in Schutt und Asche. Als die deutsche Infanterie sie am nächsten Morgen stürmte, fand sie nur noch eine Handvoll völlig verstörter Überlebender. Der Rest war weggelaufen. Die Russen »sprangen auf und rannten ohne Waffen weg«, erinnerte sich ein deutscher Soldat. »In ihren grauen Fellmützen und flatternden offenen grauen Uniformmänteln [sahen sie aus] wie eine Herde Schafe in wildem Durcheinander.« Ohne eine Verteidigungsstrategie (Dmitrijew, der Befehlshaber der 3. Armee, hatte sein Hauptquartier verlassen, um an der Jahresfeier des Ordens der Ritter von St. Georg teilzunehmen) waren die Russen zum überstürzten Rückzug gezwungen. General Denikin beschrieb ihn als »eine riesige Tragödie für die russische Armee. Keine Patronen, keine Granaten. Blutige Kämpfe und schwierige Märsche Tag für Tag.« Innerhalb von zehn Tagen waren die verstreuten Reste der 3. Armee bis zum Fluß San zurückgefallen, der letzten natürlichen Grenze zwischen den Deutschen und PrzemyÊl. Als sie an seinem Ufer einen Unterstand bauen wollten, mußten sie feststellen, daß korrupte Offiziere die Spaten, den Stacheldraht und das Holz, das sie für den Bau der Gräben brauchten, verkauft hatten. Ohne Artillerie oder Munitionsnachschub hielten sie unter hohen Verlusten die Stellung, so gut sie konnten. Viele Männer kämpften mit nichts als ihrem Bajonett, das sie auf ihr leeres Gewehr gesteckt hatten. Doch gegen Ende Mai mußten sie schließlich PrzemyÊl aufgeben. Bald sollte Lemberg folgen, als sich die Deutschen der russischen Grenze selbst näherten. Das Ganze war, wie es Knox ausdrückte, ein Sperrfeuer von »Metall gegen Menschen«.[22]

Der deutsche Durchbruch entblößte die Nordflanke von Brussilows Armee in den Karpaten. Um nicht abgeschnitten und umzingelt zu werden, mußte sie sich zurückziehen und die mühsam eroberten Höhen im Stich lassen, die sie den Winter über verzweifelt verteidigt hatte. »Meine liebe Nadjuschenka«, schrieb Brussilow am 11. Juni:

*Wir mußten PrzemyÊl und Lemberg aufgeben. Wie schmerzlich das ist, kannst Du Dir kaum vorstellen [...]. Ich bemühe mich, so zu tun, als ob mich das nicht weiter berührte, aber in meinem Inneren quält es mich, das Herz schmerzt, und mir ist schwer zumute. Selbst wenn ich zutiefst davon überzeugt wäre, daß wir zurückkehrten und alles wieder eroberten und daß wir den Krieg gewinnen könnten und nur jetzt vorübergehend eine schwere Prüfung erleben, ist mir doch sehr schwer ums Herz. Aber die Willenskraft muß sich nicht nur dann erweisen, wenn alles gut geht, das ist ja leicht, sondern wenn es schlecht geht, und das ist schwierig, aber doch möglich und unbedingt nötig, um den Kleinmütigen und Schwankenden, von denen es so viele gibt, Mut zu machen.*[23]

Mitte Juli starteten die Deutschen auch in Ostpreußen eine Offensive. Sie drangen im Norden gegen Riga vor, im Osten gegen Wilna und gen Süden, um sich mit den anderen deutschen Streitkräften, die durch Polen vorrückten, zu vereinigen. Die »uneinnehmbaren« Festungen Kowno, Grodno, Osowiec, Nowogeorgijewsk und Iwangorod, die die Russen ins Zentrum ihrer Verteidigungsstrategie gestellt und mit kostbaren Munitionsvorräten ausgestattet hatten, wurden eine nach der anderen aufgegeben, als die Deutschen mit ihrer schweren Artillerie heranrückten. Es war ein weiteres Beispiel dafür, daß Rußlands militärische Elite versuchte, einen Konflikt im 20. Jahrhundert mit einer Taktik auszufechten, die eher im Krimkrieg angemessen gewesen wäre. Die riesigen steinernen Bastionen entpuppten sich als nutzlos und museumsreif, als Betonfallen für Menschen und Vorräte, und Hindenburg und Ludendorff, die sich an der Westfront mit der Erstürmung der Festung Lüttich einen Namen gemacht hatten, hatten kaum Schwierigkeiten, ihren Erfolg im Osten zu wiederholen. Die Befestigungsanlagen in Kowno (Kaunas) waren so kümmerlich, daß Großfürst Nikolai meinte, der Name müsse in »Gowno« (russisch für »Scheiße«) geändert werden. Ihr betagter Kommandeur hatte sich zu allem Übel auch noch am Vorabend ihrer Eroberung aus dem Staub gemacht. Er wurde schließlich an der Bar im Hotel Bristol in Wilna aufgespürt und zu 15 Jahren Arbeitslager verurteilt.[24]

Da sämtliche Armeen durch die Stärke des deutschen Stahls zurückgeschlagen worden waren, blieb dem russischen Oberkommando kaum eine andere Wahl, als den allgemeinen Rückzug zu befehlen. Dafür waren aber keine konkreten Pläne ausgearbeitet. Es gab verschwommen-romantische Überlegungen, die Taktik der verbrannten Erde von General Kutusow zu wiederholen, die zumindest nach Tolstois Version Napoleons Truppen in den winterlichen Einöden Rußlands so brillant in die Falle gelockt hatten. »Der Rückzug wird so weit – und so lange – wie nötig fortgesetzt«, sagte der Zar Ende Juli zu Maurice Paléologue. »Das russische Volk ist in seinem Siegeswillen ebenso einmütig wie 1812.« Ansonsten herrschte aber in jeder Hinsicht nur Verwirrung und Panik – egal, ob das die Reihenfolge der Evakuierung betraf, die Auswahl der zu zerstörenden Objekte oder die Planung strategischer Positionen, an denen Widerstand geleistet werden sollte. Die Truppen zerstörten willkürlich Gebäude und Brücken und vernichteten Tiere und Getreide. Häufig artete das in Plünderungen aus, besonders von jüdischem Besitz. Hunderttausende von Flüchtlingen, deren Häuser und Bauernhöfe zerstört waren, schleppten sich an den Bahngleisen entlang ostwärts mit ihrem bißchen Habe, das sie auf Karren hinter sich herzogen, während an ihnen Züge vorbeirasten, in denen höhere Offiziere mit ihren Geliebten saßen und die, nach den Worten eines Offiziers, »allen möglichen nutzlosen Plunder einschließlich Käfigen mit Kanarienvögeln« transportierten. Man hatte keinerlei Vorkehrungen für die Versorgung der Flüchtlinge getroffen, und so strandeten die meisten in Bahnhöfen, wo sie auf dem Boden hausten, oder auf den Straßen der russischen Städte. »Krankheit, Elend und Armut breiten sich über ganz Rußland aus«, warnte Landwirtschaftsminister Kriwoschein im August den Ministerrat. »Die hungernden und abgerissenen Massen säen überall Panik. Sicherlich hat sich noch nie ein Land gerettet, indem es sich selbst zerstörte.«[25]

Die Sommermonate dieses endlosen Rückzugs versetzten der Moral der Truppen einen weiteren vernichtenden Schlag. Es war für die Soldaten schlimm, mit ansehen zu müssen, wie Territorium, um das sie gekämpft und für das viele von ihnen ihr Leben gelassen hatten, so ohne weiteres dem Feind geopfert wurde. Die Zerstörung militärischer Lager im Rücken der Armee, die mit den so dringend benötigten Kleidervorräten und Nahrungsmitteln gefüllt waren, war besonders schwer zu ertragen. »Jeden Tag«, schrieb Oskin, »stießen wir im einen oder anderen Dorf auf ein weiteres Munitions- und Nahrungsmittellager. Sie waren dort einfach zurückgelassen und zerstört worden.« Das war der letzte erdrückende Beweis für die Inkompetenz der militärischen Führung. »Sie haben alles vermasselt«, hörte Brussilow einen seiner Soldaten murmeln, »und jetzt sind wir da hineingeraten und müssen das Ganze ausbaden.« Im Hinterland war die Demoralisierung noch weiter fortgeschritten. Nadeschda Brussilowa schrieb ihrem Mann:

> *Du bist so naiv, wenn Du immer noch an einen Sieg glaubst. Wir im Hinterland haben eine viel klarere Vorstellung von dem, was vorgeht, und sind bereits überzeugt, daß die Deutschen den Krieg gewinnen werden. Sie werden 1916 in Moskau sein. Das ist die Katastrophe und der Zusammenbruch Rußlands.*

Im Hinterland kursierten Gerüchte über einen Verrat in Regierungskreisen und erreichten schon bald die Front. Die deutsche Herkunft der Zarin und anderer Regierungspersönlichkeiten sowie die Hinrichtung von Oberst Mjassojedow, einem der Protegés von Suchomlinow, im März 1915 wegen Spionage für Deutschland schienen solche Verschwörungstheorien zu bestätigen. Ein bolschewistischer Soldat erinnerte sich zum Beispiel an die Bemühungen eines Unteroffiziers, seinen Soldaten den Grund für den Rückzug zu erklären: »Es gibt viele Verräter und Spione im Oberkommando unserer Armee, wie den Kriegsminister Suchomlinow, der schuld daran ist, daß wir keine Granaten haben, und Mjassojedow, der die Festungen an den Feind verraten hat.« Als er geendet hatte, zog ein Soldatenkoch daraus den Schluß: »Der Fisch beginnt immer am Kopf zu stinken. Was ist das für ein Zar, der sich mit Dieben und Betrügern umgibt? Es ist doch sonnenklar, daß wir den Krieg verlieren werden.«[26]

Für viele Soldaten war das psychologisch der wichtigste Augenblick der Revolution – der Augenblick nämlich, in dem ihre Loyalität zur Monarchie endgültig zerbrach. Eine Regierung, die sie in einen Krieg gezerrt hatte, auf dessen Sieg sie nicht hoffen konnten, die es versäumt hatte, sie angemessen mit Waffen und Nachschub zu versorgen, und die jetzt mit dem Feind im Bunde war, war sicherlich weiterer Opfer nicht wert. Eine Million Soldaten ergab sich während des Großen Rückzugs den deutschen und österreichischen Streitkräften, denn die meisten von ihnen zogen es vor, den Rest des Kriegs in den Gefangenenlagern des Feindes zu verbringen, als aussichtslos gegen überlegene Armeen zu kämpfen. Eine unbekannte Zahl von Soldaten, mit Sicherheit aber Zehntausende, desertierten ins Hinterland, wo viele von ihnen ihre Gewehre anderweitig benutzten und sich als Banditen durchschlugen. Selbst Feldwebel Oskin, der am Knie verwundet und schließlich (nachdem man ihn gezwungen hatte, mit seinem verletzten Bein zu marschieren) in ein Moskauer Krankenhaus evakuiert worden war, fühlte sich durch den Großen Rückzug so gedemütigt, daß er, nachdem sein Bein amputiert worden war, von seinem Regiment desertierte und den Bauernhof eines Freundes in Sibirien aufsuchte. Der Hof war allerdings von den Kosaken niedergebrannt worden, die darüber hinaus das ganze Vieh für die Regierung requiriert und die Frau und die Mutter seines Freundes vergewaltigt hatten. Damit war Oskin auch die letzte Hoffnung genommen, er schloß sich jetzt in Sibirien der Sozialrevolutionären Partei im Untergrund an und beobachtete mit wachsendem Interesse die politische Krise, die sich infolge des Großen Rückzugs ausweitete. In einer letzten verzweifelten Anstrengung, die Moral der Truppen zu heben, nötigte der Stabschef General Januschkewitsch dem Zaren das Versprechen ab, daß jeder loyale Soldat im Falle eines russischen Sieges 16 Desjatinen (etwa 17 Hektar) Land erhalten würde. Doch es war zu spät für solche Maßnahmen, und selbst Januschkewitsch sprach von »Strohdreschen«. Die Armee zerfiel. Im September, als der feindliche Vormarsch endlich im russischen Schlamm steckenblieb, waren die russischen Fronttruppen auf ein Drittel ihrer Stärke zu Beginn des Krieges geschrumpft.[27]

* * *

»So kann es nicht weitergehen«, schrieb Nikolai in sein Tagebuch, als er die Nachricht vom Fall Warschaus empfangen hatte. Drei Wochen später traf er die nach Meinung vieler Menschen damals verhängnisvollste Entscheidung seiner gesamten Regierungszeit. Am 22. August entließ er den Großfürsten Nikolai und übernahm selbst das Oberkommando des Heeres. Das Hauptquartier wurde um etwa 320 Kilometer östlich nach Mogiljow verlegt, eine schmutzige und trübselige Provinzstadt, deren Name sich von dem russischen Wort für »Grab« herleitet. Hier hat sich das Zarenregime selbst begraben.

Es gab offenbar zwei Gründe für diese Entscheidung Nikolais (beide gleich falsch), das Oberkommando zu übernehmen – und es war seine eigene Entscheidung. Erstens, daß in diesem kritischen Augenblick der oberste Herrscher an der Spitze der Streitkräfte stehen müsse. Darin lag eine gewisse Logik. Seit dem Beginn des Krieges hatte es in der Tat ein System der Doppelherrschaft gegeben – des Großfürsten einerseits und des Zaren andererseits –, ohne die geringste Koordination untereinander. Doch indem er sich an die Front begab, untergrub Nikolai lediglich seine Autorität im Hinterland, wo sich in seiner Abwesenheit eine Art bürokratischer Anarchie entwickelte, weil sich die Zarin, die Minister und die Duma-Abgeordneten, die Semstwos und die Kriegsindustrie alle in den Haaren lagen. Zweitens hatte der Zar gehofft, er könne, wenn er sich an die Spitze der Armee stellte, dazu beitragen, deren Moral wiederherzustellen: wenn die Soldaten nicht für »Rußland« kämpfen wollten, vielleicht würden sie es dann für ihn tun. Aber Nikolai hatte keinerlei Erfahrung in militärischer Führung, und obgleich die wichtigen Entscheidungen alle von seinem neuen Stabschef, General Michail Alexejew, getroffen wurden, der ein begabter Stratege war, wirkte sich die Gegenwart des Zaren katastrophal aus, vor allem auf die Moral der Truppe. Denn nach den Worten Brussilows: »Es war ein offenes Geheimnis, daß Nikolai II. vom Militärwesen überhaupt nichts verstand«, und obgleich das Wort »Zar« immer noch eine magische Wirkung auf die Truppen hatte, habe es ihm vollkommen an Charisma gemangelt, um diesen Zauber mit Leben zu füllen. Wenn er einer Gruppe Soldaten begegnete, »geriet er gleichsam in Verlegenheit und wußte nicht, was er sagen, wohin er gehen und was er tun sollte«.[28]

Der Ministerrat verhandelte in einem einzigartigen Akt loyaler Kritik mit dem Zaren, um ihn zu einem Meinungswechsel zu bringen. »Die Entscheidung, die Sie getroffen haben«, warnte man ihn, »bedroht Rußland, Sie und Ihre Dynastie mit den ernstesten Konsequenzen.« Aber Nikolai ließ sich nicht umstimmen. Zweifellos trug der Einfluß seiner Frau, die ihn zu diesem Handstreich verleitet hatte, dazu bei, ihn in seinem Entschluß zu bestärken. Er mag diesen Schritt sehr wohl als seine letzte Chance gesehen haben, die wachsende öffentliche Kritik am Krieg zum Schweigen zu bringen, und das bedrängende Gefühl, daß sein Thron in Gefahr war, trieb ihn dazu, dieses gewaltige Risiko einzugehen. Da das Ganze mit seiner Entscheidung zusammenfiel, die Duma zu schließen, die seit Juli Sitzungsperiode hatte, signalisierte er damit erneut seine Entschlossenheit, seine persönliche Herrschaft zu behaupten. Vielleicht gab er sich immer noch der Illusion hin, sein »mystischer Bund« mit »dem Volk« könne das Land vor der Katastrophe retten. Kriwoschein jedenfalls glaubte, daß der Entschluß des Zaren »voll in Einklang mit seiner inneren Grundüberzeugung und seinem mystischen Verständnis der kaiserlichen Berufung« war.[29] Die Unterstützung, die er von der Zarin und von Rasputin erhielt, die ihn in seinem Wahn von persönlicher Herrschaft bestärkten, lag auf derselben Linie, obgleich ihr wahrer Beweggrund zweifellos auch war, ihn aus dem Weg zu haben. Solange der Zar an der Front weilte, würde die Macht in der Hauptstadt auf sie übergehen.

## DER WAHNSINNIGE CHAUFFEUR

Bei Kriegsausbruch stand Fürst Lwow an der Spitze des Semstwo-Verbands. Wie im Krieg gegen Japan hatten die Nöte der Front eine patriotische Bewegung öffentlicher Organisation ausgelöst. Bürgerkomitees und Klubs stellten freiwillige Helfer, um in den Stunden nach der Arbeit Leinen-, Nahrungsmittel- und Medikamentensendungen zu packen, während Hunderte von jungen Frauen sich als Schwestern meldeten und, so gut sie konnten, versuchten, mit den unzähligen Verwundeten und Sterbenden fertig zu werden. Die Zarin wandelte einen Teil des Winterpalais in eine Fabrik für Verbandsmaterial um, und die vornehmsten Damen kamen in Scharen, um die Ärmel hochzukrempeln und zu arbeiten. Brussilows Frau Nadeschda meldete sich in der Ukraine freiwillig zum Roten Kreuz. »Ich arbeite Tag und Nacht«, schrieb sie ihm im August 1914, »und danke Gott dafür, denn es hält mich vom Nachdenken ab und gibt mir das Gefühl, nützlich zu sein.«[30]

Lwows Allrussischer Semstwo-Verband, der wie seine Schwesterorganisation, der Verband der Stadträte, während der ersten Kriegswochen gegründet worden war, übernahm bei den meisten dieser Aktivitäten die Führung. Faktisch leitete er die Nachschubkampagne, da die Regierung zu keinerlei wirksamen logistischen Maßnahmen in der Lage war. Ohne die Bemühungen Lwows wären Rußlands Kriegsanstrengungen rasch vollkommen zusammengebrochen. Zunächst wurde der Verband durch Geld- und Vermögensgeschenke aus der Bevölkerung unterstützt. Ein Adliger stiftete seinen gesamten Gutsbesitz, eine fruchtbare Fläche von etwa 4000 Hektar. Bauern lieferten Wagenladungen von Kohl, Kartoffeln und selbstgesponnenem Leinen an die Depots im Hinterland. Doch es zeigte sich bald, daß die Finanzierung größtenteils von der Regierung übernommen werden mußte, die auf den Verband angewiesen war, als die Versäumnisse ihrer Bürokratie offen zutage traten. Mehr und mehr organisierten die Freiwilligen des Verbandes die Einrichtung von Feldkantinen und Sanitätsabteilungen an der Front, die Evakuierung der Verwundeten und ihre Versorgung in Krankenhäusern, den Kauf von Kriegsmaterial, die Bekämpfung der Epidemien, die Hilfe für die Flüchtlinge und die Unterstützung für die von Armut betroffenen Soldatenfamilien. 1916 verfügte der Verband über eine riesige nationale Infrastruktur und war zu einem Staat im Staate angewachsen, mit 8000 angeschlossenen Institutionen, einigen hunderttausend Angestellten (den sogenannten *semgussary*) und einem Budget von zwei Milliarden Rubel. Lwow, der an der Spitze dieser inoffiziellen Regierung stand, arbeitete unermüdlich von 8 Uhr morgens bis 2 oder 3 Uhr nachts. Die Warteschlange vor seinem Amt erstreckte sich bis in die Moskauer Straßen hinein. Wie ein Minister im Herbst 1915 widerwillig zugab, war Lwow »faktisch der Vorsitzende einer Sonderregierung. An der Front reden sie nur von ihm und sagen, er habe das Land gerettet. Er beliefert die Armee, versorgt die Hungernden mit Nahrung, heilt die Kranken, richtet Friseurläden für die Soldaten ein – mit einem Wort, er ist so etwas wie ein allgegenwärtiger Miur und Merelis*. Das muß entweder ein Ende haben, oder man muß ihm die Macht übertragen.«[31]

Diese Bemerkung war prophetisch. Denn Lwow sollte im März 1917 der erste Premierminister des demokratischen Rußland werden. Vor allem befähigte ihn dazu seine Erfahrung im Semstwo-Verband, die administrativen Mut und Improvisationstalent erforderte. Der bürgerliche Geist der Februarrevolution hatte seine Wurzeln in den Aktivitäten der Freiwilligenorganisationen zu Kriegszeiten. Die meisten demokratischen Führer der Revolution, einschließlich aller Minister der Ersten Provisorischen Regierung außer dreien, sollten aus diesen Organisationen aufsteigen. Und doch war Lwow immer nur widerstrebend Revolutionär gewesen. Hätte der Zar seine Herrschaft liberalisiert und eine Regierung des öffentlichen Vertrauens ernannt, Lwow wäre nicht in die Opposition gegangen. Politik interessierte ihn viel weniger als die unmittelbare Wirkung, die er auf das Leben »des Volks« haben konnte. Es war dieser Wunsch nach praktischer Betätigung, der ihn in den neunziger Jahren zur Semstwo-Bewegung gebracht hatte, und obgleich er sich den Kadetten angeschlossen hatte, war er nie im reinen mit der Partei. Kurzum, er war für öffentliche Aufgaben in Kriegszeiten wie geschaffen.

Ausgangspunkt für Lwows Leitung des Semstwo-Verbands waren dieselben wesentlich praktischen Ziele (zum Wohle der »Nation«), die er schon im Tulaer Semstwo (zum Wohle »des Volks«) angestrebt hatte. Im Zentrum seiner politischen Existenz stand, was ein Bekannter als »einen bodenständig-organischen Patriotismus« beschrieb, der in seiner Liebe zu den Bauern und seinem Glauben an

* größtes Kaufhaus Moskaus

ihre schöpferischen Fähigkeiten als der eigentlichen Stärke Rußlands wurzelte. Ein ähnlicher Patriotismus lag auch seinem Engagement für den Semstwo-Verband zugrunde. 1914 sah er es als seine Pflicht an, das Volk mit der Regierung zu versöhnen, indem er beide in den Kriegsanstrengungen vereinte. Sitzungen der Exekutive beendete er damit, daß er mit seinem Tenor die Nationalhymne anstimmte.[32]

Im folgenden Herbst jedoch konnte sich selbst Lwow nicht länger der wachsenden politischen Opposition gegen die Regierung und ihre Armeeführung entziehen, deren ungeheuerlichem Mißmanagement von einer wütenden Öffentlichkeit die jüngsten vernichtenden Niederlagen angelastet wurden. Seine eigene Organisation hatte lange gegen die ständige Behinderung durch die Bürokratie angekämpft, und mittlerweile war er am Ende seiner Geduld. Maklakow, der reaktionäre Innenminister, berühmt für den Bejlis-Prozeß, sah im Semstwo-Verband nichts Geringeres als ein Trojanisches Pferd, das dabei war, die Regierungsfunktionen zu übernehmen, und setzte alles daran, dessen unabhängige Macht einzuschränken. Er lehnte sogar dessen Arbeitsbrigaden ab, die etwa 80 000 Mann stark waren und im Hinterland Schützengräben und Gräber aushoben, mit der Begründung, einer öffentlichen Organisation könne nicht erlaubt werden, über eine eigene »Armee« zu verfügen. Trotz der Klarstellung, daß sie mit nichts Gefährlicherem als Äxten und Spaten ausgerüstet würden, blieb Maklakow bei seinem Standpunkt und befahl Lwow, die Brigaden aufzulösen. Nachdem die Duma sich im September vertagt hatte, war selbst der gutmütige Fürst soweit, den Kampf aufzunehmen. »Wir sind nicht länger bereit, uns passiv regieren zu lassen«, sagte er vor dem Dritten Kongreß des Semstwo-Verbands. Das russische Volk, fuhr er fort, entwickele sich zu einer »staatsähnlichen Kraft« und könne mit seinem Dienst an der Nation am Ende des Krieges von der Regierung zu Recht ein konstitutionelles System verlangen. Die Arbeit der öffentlichen Organisationen diente somit nicht länger dem Zweck, das Volk hinter dem Zaren zu einen, wie er es zuvor gesehen hatte, sondern dem Übergang zur Selbstverwaltung des Volks.[33]

Ein solcher Prozeß der politischen Radikalisierung im Laufe des Krieges wie bei Fürst Lwow war in den liberalen begüterten Schichten nicht ungewöhnlich. Die *union sacrée* vom August 1914, als die Duma in einer symbolischen Geste patriotischer Solidarität mit der Regierung sich selbst auflöste, hatte nicht einmal den Winter über gehalten. Dafür sorgten die Granatenkrise und der Mjassojedow-Skandal. In Wirklichkeit war keines von beiden so schlimm, wie die Bevölkerung glaubte – weder war Mjassojedow ein deutscher Spion, noch war der Mangel an Granaten allein die Ursache für die militärischen Rückschläge des Landes –, und doch bildete beides zusammen gewissermaßen den Kernpunkt. Denn die Granatenkrise wie Mjassojedows befleckter Ruf wurden zum emotionalen Symbol für die verräterische und inkompetente Kriegsführung der Regierung. Das »anständige Rußland« schloß sich zusammen und forderte immer lauter die Wiedereinberufung der Duma und die Einsetzung einer Regierung des nationalen Vertrauens.

Miljukows Kadetten waren bereit, sich mit einer dreitägigen Duma-Sitzung Ende Januar zur Billigung des Militärhaushalts zu begnügen. Doch die Radikalen unter der Führung von Kerenski setzten die Kampagne öffentlicher Kritik fort. Am 11. Juni schließlich wurde Mjassojedows Förderer, Suchomlinow, aus dem Amt entfernt. Der in Ungnade gefallene Kriegsminister wurde im Schnellverfahren verhaftet und vor ein Hohe Ermittlungskommission gestellt, die ihn als Verräter zu einer Haftstrafe in der Peter-Pauls-Festung verurteilte. Bald folgte die Entlassung von Maklakow (Inneres), Schtscheglowitow (Justiz) und Sabler (Heiliger Synod), denn Nikolai wollte die wachsende öffentliche Opposition beschwichtigen, indem er seinen reaktionären Ministern den Laufpaß gab.

Das war allerdings nur der Anfang in einem Sommer des politischen Rückzugs für den Zaren. Dem Ruf nach Reformen von seiten der Duma und öffentlicher Organisationen schloß sich bald auch die liberale Geschäftswelt an. Die Granatenkrise und die militärischen Niederlagen des Frühjahrs zwangen die Regierung, im Juni eine Sonderkommission zur Verbesserung des Nachschubs für die Artillerie zu bilden. Sie setzte sich aus drei Oktobristen von der Duma, den Besitzern von Petrograds größten Waffenfabriken sowie aus Beamten des Kriegsministeriums zusammen. Das war für die führenden liberalen Geschäftsleute Moskaus ein Schlag ins Gesicht. Seit 1908 hatten sie energisch darum gekämpft, ihre Rolle in Wirtschaft und politischem Leben der Nation zu stärken (»Der Kaufmann ist im Kommen«, wie es Rjabuschinski formulierte). Sie hatten ihre eigene nationale Zeitung finanziert (*Utro Rossii*), ihre eigene politische Partei gegründet (die Fortschrittspartei) und für die Künste großzügig Geld gespendet (die Tretjakow-Galerie und Schechtels großartige Jugendstilgebäude waren z. B. von diesen Industriellen in Auftrag gegeben worden), um ihre eigene moskowitische Version eines liberalen Manchestertums zu fördern. Aus ihrer Sicht war die Sonderkommission ein kleiner Klüngel von Petrograder Industriebaronen und ihren Gönnern in der Regierung (das, was eines Tages den Titel »militärisch-industrieller Komplex« tragen sollte), dazu bestimmt, die kleineren Geschäftsleute in der Provinz von den lukrativen Verträgen für Waffenlieferungen auszuschließen. Es gab manches an der Zusammensetzung, was das Ressentiment der Moskauer Industriellen rechtfertigte. Viel zu viele Aufträge gingen an die großen regierungsfreundlichen Petrograder Metallwerke, während die kleineren Provinzbetriebe nicht angemessen genutzt wurden. Das riesige Putilow-Werk zum Beispiel erhielt Aufträge für Granaten in Höhe von 113 Millionen Rubel – weit mehr, als es fristgerecht liefern konnte, und das Ganze zum sechsfachen Marktpreis. Putilow verwendete das Geld, um die mit Verlust arbeitenden Teile seines Betriebs sowie seinen eigenen sagenhaften Lebensstil zu subventionieren, so daß seine Gesellschaft schließlich Bankrott machte und 1916 vom Staat konfisziert werden mußte. Mittelgroße Produzenten gaben unterdessen ihr Geschäft auf, weil sie sich ohne Regierungsaufträge den Kauf von Brenn- und Rohstoffen nicht leisten konnten. Die Petrograder Bürokratie zeigte sich ihrem Schicksal gegenüber gleichgültig, wie ein Geschäftsmann feststellte, als er ans Kriegsministerium schrieb, um die Dienste seines Familienbetriebs anzubieten: Seinen Brief erhielt er ein paar Wochen später mit einer kurzen Notiz zurück, in der er darauf hingewiesen wurde, sein Schreiben sei nicht mit dem notwendigen Regierungsstempel versehen.

Um das Monopol der großen Rüstungsproduzenten zu brechen, organisierten die Moskauer Geschäftsleute die Kriegsindustrie-Komitees. Über ihr zentrales Büro, das im Juli 1915 eingerichtet wurde, gelang es ihnen, einen bescheidenen, aber lebensrettenden Anteil an den militärischen Aufträgen der Regierung für ihre Firmen in der Provinz zu gewinnen. Doch die wahre Bedeutung der Komitees war weniger ökonomisch als politisch. Sämtliche Leiter der Zentralen Kriegsindustrie-Komitees waren liberale Kritiker der Autokratie. Die Hälfte der Minister der Ersten Provisorischen Regierung von 1917 sollte aus ihren Reihen kommen. Sie wollten sich selbst mehr Gehör bei den Kriegsvorschriften für die Industrie verschaffen und sich um mehr Mitspracherecht für ihre Verbündeten in der Duma und anderen öffentlichen Organisationen innerhalb der Regierungsstruktur bemühen. Zwischen diesen verschiedenen Gremien bestanden enge Beziehungen. Lwow war zum Beispiel Vorsitzender des Semstwo-Verbands, Ex-Duma-Abgeordneter und Mitglied des Zentralen Kriegsindustrie-Komitees. Mit ihren gemeinsamen Initiativen bildeten diese Gremien eine wirkungsvolle politische Kraft. Unterstützt wurden sie von verschiedenen liberaleren Ministern, die inzwischen die Notwendigkeit eines politischen Wandels erkannt hatten, außerdem von einigen höheren Generälen wie Brussilow, die den Wert ihrer Arbeit selbst erfahren hatten.[34] Gemeinsam zogen sie in den Kampf um die Macht.

Unter dem wachsenden Druck willigte der Zar schließlich ein, die Duma am 19. Juli 1915 wiedereinzuberufen. Die liberale Opposition hatte nun eine Plattform, von der aus sie ihre Forderung nach einer Regierung des nationalen Vertrauens erneuern konnte. Zwei Drittel der Duma-Abgeordneten, von der gemäßigten Rechten bis zur gemäßigten Linken, schlossen sich mit gleichgesinnten Mitgliedern des Reichsrats zum Progressiven Block zusammen, um diese Kampagne zu stärken. Es war ein »dreifarbiger« Bund, wie eines seiner Mitglieder bemerkte, dazu bestimmt, politische Reformen mit der kaiserlichen Flagge zu drapieren. Ziel des Blocks war es, das Land vor dem Abgleiten in eine Revolution zu bewahren (die seine wohlsituierten Mitglieder ebenso fürchteten wie jeder andere), indem er den Zaren zu überzeugen suchte, er solle eine neue Regierung ernennen, die in der Lage sei, die Unterstützung der Bevölkerung zu gewinnen. Nur das, so ihr Argument, könne das Land zum Sieg führen. Nach vier Monaten der Hoffnungslosigkeit, mit täglichen Nachrichten von Niederlagen an der Front, von Industriestreiks und wachsendem sozialem Chaos, sahen die Führer des Blocks in ihrem Programm mit einiger Berechtigung die letzte wirkliche Chance zu einer politischen Lösung für die Autoritätskrise des Regimes. Sie verrenkten sich förmlich, um ihre Vorschläge für den Zaren annehmbar zu machen. Der Ruf der radikaleren Elemente – der Kadetten vom linken Flügel, der Trudowiki Kerenskis und der Sozialisten – nach einer parlamentarischen, der Duma verantwortlichen Regierung wurde von Miljukow, dem Kadettenführer und eigentlichen Architekten des Blocks, rundweg abgelehnt, obgleich er damit das Risiko einer Spaltung seiner Partei einging. Lwow versprach sogar, der Block werde »den Weg des parlamentarischen Kampfes« während des Krieges nicht weitergehen, sowie eine Regierung des Vertrauens ernannt worden sei.[35]

Im Ministerrat gab es eine wachsende Mehrheit, die einen Kompromiß mit dem Progressiven Block befürwortete. Den Anfang machten Kriwoschein und Poliwanow, der anstelle Suchomlinows ernannt worden war. Doch bald schon folgten ihnen acht weitere Minister, besonders nachdem der Zar seinen Entschluß zur Übernahme des militärischen Oberkommandos verkündet hatte und die Regierung folglich der Zarin und Rasputin auf Gedeih und Verderb auslieferte. Am 28. August erreichte die »Revolte der Minister« ihren Höhepunkt mit einem direkten Appell an den Zaren, er möge eine neue Regierung einsetzen, die das Vertrauen der Duma genieße. Nur »der alte Mann« Goremykin, der diskreditierte Premier, lehnte es ab, sich der Forderung nach Reformen anzuschließen, bis zum Ende blind von seiner absoluten Pflicht überzeugt, dem Zaren zu gehorchen. Am nächsten Tag eilte er nach Mogiljow und drängte Nikolai, die Duma zu schließen und seine ungehorsamen Minister an die Luft zu setzen, um seine autokratische Macht wieder geltend zu machen. Dem schloß sich die Zarin an, die immer geglaubt hatte, es sei die Mission ihres Mannes, das Land »wie Iwan der Schreckliche« zu regieren, und sie verurteilte die rebellischen Minister als »Teufel, schlimmer als die Duma«, die man »verprügeln müßte«.

In diesem Stadium fiel es nicht schwer, den Zaren davon zu überzeugen, daß er seine autokratische Autorität wieder geltend machen sollte. Das vor allem hatte ihn ja wohl veranlaßt, das Oberkommando zu übernehmen. Aus seiner Sicht hatte keines seiner Zugeständnisse an die liberale Opposition die öffentliche Kritik an seiner Regierung beschwichtigt, vielmehr war sie sogar noch lauter geworden, und jetzt war es an der Zeit, jedem weiteren Verfall seiner Autorität Einhalt zu gebieten. Er empfand es als unerträglich, daß seine Minister es in diesem für das Reich so kritischen Augenblick, da die starke Hand der Autokratie mehr denn je gebraucht wurde, für angebracht hielten, ihn zum Verzicht auf seine persönliche Herrschaft aufzufordern. Am 2. September ordnete er die Auflösung der Duma an und sprach der Regierung seines alten und getreuen Dieners Goremykin erneut sein Vertrauen aus. Als der Premier nach Petrograd zurückkehrte und dem Ministerrat diesen Beschluß ankündigte, kam es zu Tumulten. »Il est fou, ce vieillard«, hörte man Sasonow, den Außenminister, sagen.[36]

Es folgte ein zweitägiger Generalstreik in Petrograd gegen die Schließung der Duma. Ansonsten aber war die Reaktion der Opposition gedämpft. Lwow wurde zum Führer einer Delegation der öffentlichen Organisationen gewählt, die sich beim Zaren dafür einsetzen sollte, »die schwere Bürde der Macht auf die Schultern von Männern zu laden, die durch das Vertrauen der Nation gestärkt seien«. Doch Nikolai lehnte es ab, sie zu empfangen. Sie wurden statt dessen ins Innenministerium zitiert, wo man ihnen sagte, ihre »Einmischung in die Staatspolitik« sei vermessen gewesen. Der Zar habe beschlossen, als Autokrat zu herrschen, und kein Rat, wie weise oder loyal er auch immer sei, könne ihn dazu bringen, seine Meinung zu ändern. Am 16. September wurden die Minister zu einer letzten Standpauke nach Mogiljow gerufen. »Zeig ihnen die Faust«, hatte die Zarin ihren willensschwachen Mann bedrängt. »Du bist der *Autokrat*, und wehe, sie vergessen das.« Sie beschwor ihn sogar, sich das Haar mit Rasputins Kamm zu kämmen, um so seinen Willen zu stärken.[37] Der Zauber muß Wirkung gezeigt haben. Denn die Minister, die mit dem festen Entschluß gekommen waren, ihren Reformkurs durchzufechten, verloren die Nerven, als sie dem Zaren gegenübertraten. Die »Revolte der Minister« war vorbei und damit die letzte Chance der Monarchie vertan, sich mit politischen Mitteln zu retten.

Die Auflösung der Duma warf ein Schlaglicht auf die Hilflosigkeit der Liberalen. Die Macht lag fest beim Hof der Romanows, und selbst mit zehn der höchsten Regierungsbeamten auf ihrer Seite gab es nichts – außer einer Revolution –, womit die Liberalen den Zaren daran hindern konnten, die Regierungsgewalt in die Hand zu nehmen. Der Kadettenpolitiker Wassili Maklakow zog im September in einem vielzitierten Artikel die Bilanz aus dem liberalen Dilemma. Darin verglich er Rußland mit einem Automobil, das von einem wahnsinnigen Chauffeur (Nikolai) mit unkontrollierbarer Geschwindigkeit einen steilen und gefährlichen Hang hinabgefahren wird. Unter den Insassen befinden sich seine Mutter (Rußland) sowie fähige Fahrer, die merken, daß sie in den unvermeidlichen Untergang gefahren werden. Doch keiner wagt es, das Steuer an sich zu reißen, aus Angst, einen tödlichen Unfall zu verursachen. Der Chauffeur weiß das und spottet über die Hilflosigkeit und Angst der Passagiere: »Sie werden nicht wagen, mich anzufassen«, sagt er ihnen. Und tatsächlich, in dieser schrecklichen Situation, heißt es bei Maklakow,

> *werden Sie nicht wagen, ihn anzufassen, denn auch wenn Sie Ihr eigenes Leben riskieren würden – Sie reisen doch mit Ihrer Mutter und werden ihr Leben nicht in Gefahr bringen aus Angst, sie könnte ebenfalls getötet werden. Also lassen Sie das Steuer in der Hand des Chauffeurs. Ja, Sie werden ihn nicht einmal zu hindern versuchen, sondern ihm mit Rat und Tat und Warnungen helfen. Und Sie werden recht haben, denn das ist es, was getan werden muß.*[38]

Die Liberalen waren gelähmt, vor allem deshalb, weil sie fürchteten, Gewalt auf den Straßen auszulösen. Sie waren zwischen die Skylla der Autokratie und die

Charybdis einer sozialen Revolution geraten, die auch sie zweifellos in den Abgrund reißen würde. Für den Fall, daß die Duma den offenen Konflikt mit dem Regime wagen und eine allgemeine Revolte unterstützen würde – was einige vom linken Flügel seiner Partei befürworteten –, befürchtete Miljukow eine »Orgie des Mobs«.[39] Puschkins Alptraum vom »russischen Aufstand, sinnlos und ohne Gnade«, würde schließlich Wirklichkeit werden. Um dieses Risiko nicht einzugehen, spielten die Liberalen auf Zeit: Wenn sie bis zu einem Sieg der Alliierten durchhalten könnten, würden sich neue Wege für Reformen auftun. Das war nicht gerade eine würdevolle Haltung (eine »Revolte auf Knien« hat es Stalin genannt), doch blieb ihnen kaum eine andere Wahl, wenn sie nicht auf die Barrikaden gehen wollten. Genau besehen, war es eine Rückkehr zur Position von 1906: Nach dem Scheitern des Wyborg-Manifests, dem zufolge die Massen zur Verteidigung der Duma zusammenzuschließen seien, war den Liberalen nichts als die Hoffnung geblieben, das Regime zu einer Liberalisierung seiner selbst zu überreden. Zehn Jahre später und mit der Erinnerung an die Lektion von Wyborg fürchteten sie die Massen sogar noch mehr, denn auf dem Höhepunkt des Krieges mit seinem ganzen Elend war es nun noch unwahrscheinlicher, daß sie sich auf eine rein politische Revolution beschränken würden, wie sie die Liberalen vorhatten.

Vom Erfolg seiner Demonstration der Stärke ermutigt, ließ Nikolai eine Serie weiterer Maßnahmen folgen, mit denen er die liberale Herausforderung seiner Autokratie zurückwies. Die für November versprochene Sitzung der Duma, die er zugestanden hatte, um die Kritik an ihrer Vertagung im September zu beschwichtigen, wurde auf unbestimmte Zeit verschoben. Nach und nach wurden die Kriegsindustrie-Komitees in ihrem Status zurückgestuft, da die Regierung zu ihrem alten Bündnis mit den Interessen der Großindustrie von Petrograd zurückkehrte. Und einer nach dem anderen wurden die rebellischsten Minister entlassen. Samarin, der neue Oberprokuror des Heiligen Synod und prominente Kritiker von Rasputin, war der erste, der hinausgedrängt wurde, sehr zum Zorn der Kirche und der Konservativen. Kriwoschein, der Landwirtschaftsminister, folgte ihm bald nach. Als nächstes wurde Innenminister Schtscherbatow durch Chwostow ersetzt, einen Verbündeten Rasputins, den nichts als sein unglaublich dicker Bauch auszeichnete und der sofort versprach, jede öffentliche Kritik an der Regierung zum Schweigen zu bringen. Er verstärkte die polizeiliche Überwachung der Duma-Politiker, verbot Zusammenkünfte öffentlicher Organisationen, verschärfte die Zensur und verteilte Regierungsgelder an die Schwarzhunderter, die die Juden für die Niederlagen der Armee und alle Übel des Krieges verantwortlich machten.

Bei all diesen personellen Veränderungen hatte die Zarin die Hand im Spiel. Nun, da der Zar an der Front war, wurde sie zum wahren Autokraten (soweit es einen gab) in Petrograd. »Lovy«, schrieb sie ihrem Mann, »ich bin Dein Schutzwall im Hinterland. Ich bin da, lach nicht über Dein dummes altes Frauchen, aber sie hat ›Hosen‹ an, ohne daß man es sieht.« Das Haupttelefon im Winterpalais befand sich in ihrem Salon, wo sie an ihrem Schreibtisch vor einem Porträt von Marie-Antoinette saß. Sie brüstete sich gern damit, daß sie die erste Frau in Rußland seit Katharina der Großen sei, die Minister der Regierung empfange, und in diesem Wahn wurde sie von Rasputin bestärkt, der sie geschickt als Sprachrohr für seine eigenen Machtansprüche benutzte. Ihre Briefe an Nikolai waren voller Ratschläge von »unserem Freund«, wie sie den »heiligen« Bauern gern nannte. »Es ist nicht meine Weisheit«, schrieb sie etwa, »sondern ein gewisser Instinkt, der mir unwillkürlich durch Gott eingegeben wurde, damit ich Dir Hilfe sein kann.« Oder: »Wir, die wir gelernt haben, alles von einer anderen Seite aus zu betrachten, sehen, worum der Kampf hier wirklich geht und was er bedeutet – daß Du Deine Herrschaft zeigst und Dich als der Autokrat erweist, ohne den Rußland nicht bestehen kann.« Offenbar hat es nahezu keine Staatsangelegenheit gegeben, die Rasputins Sachverstand überstiegen hätte. Sie schrieb dem Zaren seine Empfehlungen bezüglich Nahrungsmittelnachschub, Transport, Finanzen und Landreform, obgleich sie selbst zugab, daß diese Dinge ihr Schwindel verursachten. Sie versuchte sogar, ihren Mann zu überreden, seine militärische Strategie auf das zu stützen, was Rasputin »in der Nacht gesehen« habe – hier allerdings widersetzte sich Nikolai energisch.[40]

Am meisten Tinte benötigte die Zarin für Empfehlungen zu Ernennungen. Sie teilte die Welt in Freunde und Feinde der »geheimen Sache«, die von Rasputin und ihr unternommen wurde. Minister, Kommandeure der Streitkräfte und Mitglieder des Hofs – sie alle stiegen oder fielen in ihrer Gunst, je nachdem, wie sie zur »Sache« standen. Förderte man Rasputin, so war das der rascheste Weg nach oben, kritisierte man ihn – der rascheste Weg nach unten. In den 17 Monaten der »Herrschaft der Zarin«, von September 1915 bis Februar 1917, hatte Rußland vier Premierminister, fünf Innenminister, drei Außenminister, drei Kriegsminister, drei Verkehrsminister und vier Landwirtschaftsminister. Dieses »Minister-Bockspringen«, wie es später genannt wurde, entfernte nicht nur kompetente Männer von der Macht, sondern brachte auch die gesamte Regierungsarbeit durcheinander, weil keiner lange genug im Amt war, um seine jeweiligen Verantwortlichkeiten bewältigen zu können. Die bürokratische Anarchie nahm zu, je mehr die Amtsketten miteinander konkurrierten: Einige Minister fügten sich der Zarin oder Rasputin, während andere gegenüber dem Zaren oder dem, was sie für den Zaren hielten, loyal blieben. Wenn es allerdings hart auf hart ging, schien der Zar nie zu wissen, wofür er stand, jedenfalls wagte er nie wirklich, sich seiner Frau zu widersetzen. Boris Stürmer, der im Januar 1916 den senilen Goremykin ablöste und am längsten Premierminister unter der »Herrschaft der Zarin« war, war allgemein bekannt als Provinzgouverneur, der der Korruption beschuldigt wurde, und als stellvertretender Innenminister, dem man Inkompetenz vorwarf. Nach Sasonows denkwürdigem Satz war er »ein Mann, der in schlechter Erinnerung blieb, wo immer er einen Verwaltungsposten innehatte«. In Staatsangelegenheiten erwies er sich als hoffnungslos überfordert. Er lief so oft zur Zarin und zu Rasputin, um sich Rat zu holen, daß selbst der extreme Monarchist Purischkewitsch anfing, diese lächerliche Figur mit Tschitschikow aus Gogols *Toten Seelen* zu vergleichen, der, nachdem er alle Würdenträger der Provinzstadt besucht hatte, lange in seiner Kutsche saß und überlegte, wen er als nächstes besuchen solle.[41]

* * *

Der vielleicht verhängnisvollste Personalwechsel war die Entlassung Poliwanows im März 1916. Mehr als jeder andere zeichnete er für den Wiederaufbau der russischen Armee nach den schweren Verlusten des Großen Rückzugs verantwortlich. Generalmajor Knox, der britische Militärattaché in Rußland, hielt ihn »zweifellos für den fähigsten militärischen Organisator in Rußland« und nannte seine Entlassung »eine Katastrophe«. Poliwanows Verbrechen bestand nach Ansicht der Zarin in seiner Bereitschaft, bei der Verbesserung der Nachschublieferungen für die Armee mit den öffentlichen Organisationen zusammenzuarbeiten. »Oh, wie sehr ich wünschte, Du könntest Poliwanow loswerden«, schrieb sie im Januar an ihren Mann. »Er ist einfach ein Revolutionär.« Vor allem seine Freundschaft mit Gutschkow, dem Vorsitzenden der Kriegsindustrie-Komitees, sah man bei Hofe mit Sorge, weil der Oktobristenführer im November gewählte Arbeiterabgeordnete eingeladen hatte, mit ihm im zentralen Leitungsgremium der Komitees zu sitzen. »Ich wünschte«, beschwor die Zarin im März ihren Mann, »Du könntest dieses gemeine Kriegsindustrie-Komitee schließen, da sie für ihre Sitzungen schlichtweg antidynastische Fragen vorbereiten.« Was Gutschkow betrifft, so fragte sie, »ob man ihn nicht aufhängen könnte«.[42]

Die Ernennung von General Schuwajew, Poliwanows Nachfolger, bewies zweifelsfrei, daß für einen Kriegsminister gedankenloser Gehorsam jetzt weit mehr galt als militärischer Sachverstand. Schuwajew selbst sagte einmal zu Knox, er würde, sollte der Zar ihm befehlen, aus dem Fenster zu springen, dem mit Freuden nachkommen. Und als sein krasses Mißmanagement des Krieges den Verdacht des »Verrats höheren Orts« in der Bevölkerung schürte, war alles, was er zu seiner Verteidigung vorbringen konnte: »Ich mag ja ein Dummkopf sein, aber ein Verräter bin ich nicht.«[43]

Mit Hilfe der öffentlichen Organisationen hatte Poliwanow den Nachschub verbessert und die Moral der Armee erheblich gestärkt. Nirgends war dies offensichtlicher als an der Südwestfront, wo Brussilow im März zum Frontkommandeur ernannt worden war. Er führte in die Fronthauptquartiere einen neuen Stil militärischer Professionalität ein und förderte begabte Offiziere wie Klembowski und Welitschko (die später selbst dabei halfen, der Roten Armee eine ähnliche Professionalität einzuimpfen). Brussilow stellte sofort eine gut funktionierende Verbindung zu den öffentlichen Organisationen her, was an seiner Front bald zu spüren war. Später erinnerte er sich:

> *Allmählich verbesserte sich auch der technische Zustand, da wir zunehmend Gewehre erhielten, unterschiedliche Systeme zwar, aber mit einer ausreichenden Menge von Patronen. Granaten, besonders für die leichte Artillerie, wurden gleichfalls in großer Menge zugeführt. […] Wir durften durchaus hoffen, den Gegner zu bezwingen und aus unserem Land zu werfen.*[44]

Beim Kriegsrat am 15. April, als Rußlands Frontkommandeure sich mit dem Zaren im Hauptquartier trafen, um die Sommeroperationen zu planen, hob sich Brussilow durch seinen Optimismus von den anderen ab. Die Generäle Kuropatkin und Ewert, Befehlshaber der Nordwest- und der Westfront, waren pessimistisch, was die Aussichten für eine Offensive betraf. Doch Brussilow versprach, ihnen ihre Lage mit einer Attacke gegen die Österreicher an seiner eigenen Südwestfront zu erleichtern, obgleich man ihn warnte, daß sich vom Norden keine zusätzlichen Soldaten oder Lieferungen erübrigen ließen. Die anderen Befehlshaber waren schockiert und von seiner Kühnheit unangenehm berührt. »Sie sind eben erst zum Oberbefehlshaber ernannt worden«, sagte ihm einer von ihnen, als sie sich zum Mittagessen begaben, »und Ihnen wird überdies das Glück zuteil, keine Offensive eröffnen und folglich auch nicht Ihren Kriegsruf aufs Spiel setzen zu müssen […]. Was reizt Sie nur, sich so großen Unannehmlichkeiten auszusetzen?« Diese selbstgefällige Haltung, so typisch für die Lieblingsgeneräle des Zaren, war weit entfernt von Brussilows Entschlossenheit und seinem vielleicht naiven Optimismus. Er war sicher, daß Gott Rußland zum Sieg führen werde, ein Glaube, der sich den ganzen Krieg über in seinen Briefen an seine Frau spiegelt. »Ich bin überzeugt«, schrieb er ihr auf dem Höhepunkt des Großen Rückzugs, »daß wir den Krieg gewinnen und irgendwie doch alles gutgeht.«[45]

Auch zogen Brussilows Kollegen in ihrer Arroganz die Genialität seiner Taktik gar nicht erst in Betracht, die seine Offensive, nach den Worten Norman Stones, des wichtigsten Historikers der Ostfront, »zum brillantesten Sieg des Krieges« machen sollte.[46] Was Brussilows militärische Begabung auszeichnete, war seine Bereitschaft, aus den taktischen Lektionen von 1914/15 zu lernen. Seit die Fronten erstarrt waren und der Bewegungskrieg von einem Stellungskrieg abgelöst worden war, hatten Europas Generäle versucht, die feindlichen Linien zu durchbrechen, indem sie Menschen und Munition an einem einzigen Punkt der Front konzentrierten. Der deutsche Durchbruch in Görlitz war ein klassisches Beispiel dieser »Phalanx«-Methode, dem Rußlands Generäle danach sklavisch folgten. Brussilow war die einzige Ausnahme. Er argumentierte, daß die Russen mit ihren primitiven Eisenbahnen nicht darauf bauen konnten, ihre Kräfte an einem einzigen Ort zu konzentrieren, ohne daß der Feind es erfuhr und Zeit genug hatte, Verteidigungsreserven heranzubringen. Solange das Überraschungsmoment weiterhin auf dem Altar der Stärke geopfert werde, bestehe keine Hoffnung für Rußland, einen entscheidenden Durchbruch zu schaffen. Brussilow schlug dagegen vor, an verschiedenen Stellen entlang der Front gleichzeitig anzugreifen und es dem Feind damit schwerzumachen – selbst wenn er die Angriffspositionen kannte –, zu erraten, wo die Verteidigungsreserven am nötigsten gebraucht würden.

Für die Offensive wurden intensive Vorbereitungen getroffen. Nichts Vergleichbares hatte es je zuvor gegeben. Der Schlüssel zu Brussilows Plan war das Überraschungsmoment, und so wurde alles getan, um die Geheimhaltung zu sichern (selbst die Zarin konnte nicht herausfinden, wann oder wo der Angriff beginnen würde). Die Angriffsgräben wurden tiefer als gewöhnlich gegraben und durch einen neuen Trick getarnt, indem man den Boden mit Farbe bespritzte. Angriffstunnel wurden unter dem österreichischen Stacheldraht hindurch fast hundert Meter weit hinter ihre Linien angelegt, so daß, als der Sturm begann, die erste Welle von Angreifern die österreichischen Gräben mit einem Vorstoß erreichen konnten. Die feindlichen Positionen wurden mit Hilfe von Luftaufnahmen sorgfältig studiert. Das ermöglichte es Brussilow, Modelle der österreichischen Schützengräben in Originalgröße zu bauen und seine Angriffstruppen an ihnen auszubilden. Es bedeutete auch, daß die Russen bei ihrer Offensive über den genauen Standort der österreichischen Batterien und mancherorts sogar der einzelnen Maschinengewehre Bescheid wußten. Die russische Artillerie, obgleich an Zahl unterlegen, hatte so den einen entscheidenden Vorteil, daß sie die Ziele kannte, und das sollte den Anfangserfolg der Offensive sichern.[47]

Die Offensive startete am 4. Juni, nach Brussilows Worten mit »heftigem Artilleriefeuer der gesamten Südwestfront«. »Die ganze Gefechtszone war von einer riesigen, dicken Staub- und Rauchwolke bedeckt«, schrieb ein österreichischer Offizier, was es »den Russen ermöglichte, in dichten Wellen über die vernichteten Drahthindernisse und in unsere Schützengräben vorzudringen.« Innerhalb von 48 Stunden hatten die Russen die österreichischen Verteidigungslinien entlang einer Front von 80 Kilometern durchbrochen und mehr als 40 000 Gefangene gemacht. Nach neun Tagen war die Zahl auf 200 000 gestiegen, mehr als die Hälfte der habsburgischen Streitkräfte an der Ostfront, und Conrad, der österreichische Stabschef, sprach bereits von der Notwendigkeit, um Frieden zu bitten.[48]

Wären Ewert und Kuropatkin, wie versprochen, Brussilows Vorstoß mit ihren eigenen Angriffen an der West- und Nordwestfront gefolgt, der Feind wäre möglicherweise zurückgedrängt und der Kriegsverlauf vollkommen verändert worden. Hindenburg räumte später ein, mit einer zweiten Offensive »wären wir mit der Gefahr eines völligen Zusammenbruchs konfrontiert gewesen«. Nach dem ursprünglichen Kriegsplan galt Brussilows Front als sekundär neben der Front von Ewert und Kuropatkin. Und doch war keiner von beiden darauf vorbereitet anzugreifen. Fairerweise muß gesagt werden, daß ihre Aufgabe auch weitaus schwieriger als die Brussilows gewesen wäre. Denn sie hätten gegen die deutschen Truppen kämpfen müssen, die viel stärker waren als die österreichisch-ungarischen Streitkräfte, welche Brussilow an der Südwestfront überrannt hatte. Doch spielte dabei auch ihre Eitelkeit eine Rolle: Das erhöhte Risiko einer Niederlage verstärkte ihre Sorge, sie könnten ihren guten Ruf verlieren. Vielleicht lag aber die wahre Schuld beim Hauptquartier. Alexejew hatte im japanischen Krieg unter Kuropatkin und Ewert gedient und hatte immer noch zuviel Angst vor ihnen, um sie zum Angriff zu zwingen. Auch der Zar ließ seine feigen Generäle gewähren – sie waren die Lieblinge seines Hofes – und ignorierte Brussilows tägliche Bitte, die Offensive anzuordnen. Teilweise stand auch die Zarin dahinter. Sie bombardierte ihren unentschlossenen Mann mit Rasputins »Experten«-Rat gegen eine Offensive im Norden, »denn«, so dessen Worte, »wenn unsere Erfolge im Süden sich fortsetzen, dann werden sie [die Deutschen] sich im Norden von selbst zurückziehen«.[49]

Vor allem diese militärische Dummheit war schuld daran, daß Brussilows Vormarsch ins Stocken geriet. Anstatt eine zweite Offensive zu starten, verlegte das Hauptquartier Truppen aus dem Norden an Brussilows Front. Sie genügten jedoch nicht, um die Stoßkraft seiner Offensive aufrechtzuerhalten, da die Deutschen, deren Situation durch die Tatenlosigkeit Ewerts und Kuropatkins erleichtert worden war, ebenfalls Verstärkung in den Süden verlegen konnten. Im Bewußtsein seines schwindenden Vorteils kehrte Brussilow jetzt zu orthodoxen Taktiken zurück und rückte in Richtung Kowel vor, jedoch, wie er es ausdrückte, um »meine Leute möglichst zu schonen, führte ich die Kampfhandlungen nicht mehr mit der früheren Intensität«. Langsam, aber sicher kam der russische Vormarsch zum Stillstand. In acht Wochen des Kampfes hatten Brussilows Armeen 425 000 Gefangene gemacht und einen großen Teil Galiziens erobert. Der Feind war gezwungen worden, Truppen von der Westfront abzuziehen und so den Druck auf Italien und die Franzosen bei Verdun zu mildern, während Rumänien schließlich überzeugt wurde, auf seiten der Russen in den Krieg einzutreten. Ludendorff nannte es »die Krise im Osten«. 1918 sollte er Brussilows Taktik ein letztes Kompliment machen, indem er sie selbst an der Westfront benutzte.[50]

Brussilows Offensive, die nach einem langen Jahr der Niederlagen im Osten und der blutigen Stahlgewitter im Westen erfolgte, machte ihn über Nacht nicht nur in Rußland, sondern auch überall bei den Alliierten zum Helden. Giljarowski schrieb eine Reihe von panegyrischen Gedichten »An Brussilow«, die zu Zehntausenden als lose Blätter verkauft wurden. Französische und italienische Komponisten widmeten dem Kriegshelden Kantaten, Märsche und Lieder. Und in ganz Europa kamen die Menschen in Scharen, um den Film *Brussilow* zu sehen. Der General selbst schrieb später:

> *In dieser ganzen Zeit bekam ich Hunderte von Glückwunsch- und Danktelegrammen aus den verschiedensten Kreisen der russischen Bevölkerung. Alles*

*war in Bewegung geraten. Bauern, Arbeiter, Adel, Geistlichkeit, Intelligenz, studierende Jugend – alle wollten mir mit dem endlosen Telegrafenband sagen, daß […] ihre Herzen im Einklang mit meinen teuren, um der Heimat willen blutenden, aber siegreichen Armeen schlügen.*

Brussilow hatte gezeigt, daß die kaiserliche Armee unter kompetenter Führung immer noch in der Lage war, militärische Erfolge zu erringen. Wäre sie nicht durch das Hauptquartier untergraben worden, die Offensive hätte möglicherweise als Ausgangspunkt für die Wiederherstellung der Moral der Armee dienen, ja vielleicht sogar eines Tages zu ihrem endgültigen Sieg führen können. Doch selbst dann ist zu bezweifeln, ob das zaristische Regime hätte gerettet werden können – angesichts des Ausmaßes der politischen Krise im Land. Mit dem Scheitern der Offensive wurde jedenfalls deutlicher denn je, selbst für einen Monarchisten wie Brussilow, daß »Rußland bei dieser Kriegsführung den Krieg offensichtlich nicht gewinnen konnte«.[51] Ein Sieg konnte die Revolution nicht aufhalten, aber nur eine Revolution konnte den Sieg herbeiführen.

* * *

Brussilows Ungeduld mit der Regierung wurde mehr und mehr von der übrigen Gesellschaft geteilt, je länger sich 1916 das dritte lange Kriegsjahr hinzog. Patriotische Adlige wie Brussilow und Lwow hatten gehofft, ein erfolgreicher Feldzug könnte Regierung und Gesellschaft wieder vereinen und so der Notwendigkeit radikaler Reformen vorbeugen. Jetzt erkannten sie, daß das Gegenteil zutraf: Radikale Reformen waren eine notwendige Voraussetzung für militärischen Erfolg. Die wachsenden Engpässe bei Nahrung, Brennstoff und den elementarsten Haushaltswaren, die rapide steigende Inflationsrate, der Zusammenbruch des Verkehrsnetzes, die weitverbreitete Korruption der Regierung und ihrer militärischen Lieferfirmen sowie schließlich die enorme Zunahme von Kriminalität und sozialen Unruhen – all das mußte, zusammen mit dem endlosen Gemetzel des Krieges, ein wachsendes Gefühl allgemeiner Panik und Hysterie hervorrufen. Gorki schrieb im November 1915 einem Freund: »Die Menschen werden immer mehr zu Tieren und verlieren aus Angst vor dem Krieg den Verstand […] sie werden immer dümmer, strotzen vor Gemeinheit und schaffen eine Atmosphäre, die selbst diejenigen vergiftet, die eigentlich nicht so dumm sein sollten.« Unter den besitzenden Klassen war das Gefühl verbreitet, daß Rußland am Rande einer schrecklichen Katastrophe stand, einer gewalttätigen sozialen Explosion, und daß die Regierung vollkommen unvorbereitet war, sie dagegen zu verteidigen. Die Menschen redeten über den Zaren und seine Regierung mit offener Verachtung. Das Wort »Revolution« war in aller Munde. »Eine Sintflut wird kommen«, schrieb Gutschkow im August 1916 an Alexejew, »und eine erbärmliche, gemeine und schwache Regierung bereitet sich darauf vor, dieser Katastrophe zu begegnen, indem sie Maßnahmen ergreift, die gerade einmal taugen, sich vor einem Regenguß zu schützen. Sie zieht Galoschen an und spannt einen Schirm auf!«[52]

In ihrer Vorahnung des nahenden Unheils stürzten sich die Reichen und Hochgeborenen in ein letztes verzweifeltes Gelage privater Vergnügungen. Sie tranken ihre Champagnervorräte, gaben auf dem Schwarzmarkt Riesensummen für Kaviar, Stör und andere Delikatessen aus Friedenszeiten aus, veranstalteten aufwendige Feste, betrogen ihre Frauen und Männer und verspielten ganze Vermögen in Spielkasinos. Ausländer waren schockiert von ihrem luxuriösen Lebensstil und mehr noch von der Schamlosigkeit, mit der sie ihr Vergnügen zur Schau stellten. »Ihr Reichtum und der verschwenderische Gebrauch, den sie davon machten, verwirrten mich nach den angespannten Verhältnissen des Kriegslebens in England«, schrieb Sir Samuel Hoare, der britische Geheimdienstoffizier in Petrograd.[53]

Viel von der allgemeinen Hysterie richtete sich gegen den Hof, wo man eine deutschfreundliche Clique um die Zarin weithin in Verdacht hatte, sie schmiede ein Komplott, um Rußlands Niederlage herbeizuführen. Die Vorstellung von Verrat an höchster Stelle, die mit der Mjassojedow-Affäre und dem Großen Rückzug aufgekommen war, gewann 1916 an Stoßkraft, als sich das Gerücht von der Existenz eines »Schwarzen Blocks« bei Hofe verbreitete, von dem behauptet wurde, er strebe einen Separatfrieden mit Berlin an. Die wachsende Dominanz der Zarin (»die Deutsche«), die Antikriegs-Gefühle Rasputins, die große Zahl deutscher Namen bei Hofe und die Tatsache, daß Stürmer durch den Zaren gleichsam in den Rang eines »Diktators« befördert wurde (im Juni hatte er die Zuständigkeiten des Premierministers, des Innenministers, des Außenministers und des Obersten Verteidigungsministers übernommen) – all das schürte noch die Spekulationen. Weit verbreitet war die Behauptung, die Zarin und Rasputin arbeiteten für die Deutschen, sie hätten einen direkten Draht nach Berlin, und Nikolai warne regelmäßig seinen Cousin, Kaiser Wilhelm, vor den Bewegungen seiner Truppen. Solche Gerüchte wurden, bis sie schließlich die Front erreichten, noch weiter ausgestaltet. Betrachtet man ihre Briefe nach Hause, so waren die demoralisierten Soldaten bereit zu glauben, Stürmer sei von den Deutschen bezahlt, um die Bauern verhungern zu lassen, und Graf Fredericks, der kaiserliche Hofminister, habe zugestimmt, die Westhälfte Rußlands an den Feind zu verkaufen.

Ähnlich glaubte man auch Gerüchten über verschiedene Sexskandale um die Zarin und ihre Hofdame Anna Wyrubowa. Tatsächlich entbehrten all diese Gerüchte jeder Grundlage, aber Alexandras »sexuelle Verderbtheit« wurde zu einer Art Metapher für den krankhaften Zustand des zaristischen Regimes.

Es ging bei diesen Gerüchten nicht um ihre Wahrheit oder Unwahrheit, sondern um ihre Macht, eine wütende Bevölkerung gegen die Dynastie zu mobilisieren. In einer revolutionären Krise zählen Wahrnehmungen und Meinungen mehr als Realitäten. Die Dämonisierung des Romanow-Hofs ermöglichte es seinen Gegnern, anklagend auf die Schuldigen am Kriegselend der Menschen zu deuten. Den Hof als »deutsch« zu verdammen war eine Art, diesen revolutionären Zorn als patriotische Stimmung »der Nation« zu definieren und zu legitimieren, als ob sämtliche Probleme des Landes am schlechten Einfluß einiger hochstehender Ausländer lägen und dadurch gelöst werden könnten, daß man diese Ausländer los wurde. Die Februarrevolution von 1917 wurde als eine patriotische Revolution erkannt. In dem neuen demokratischen Bewußtsein, das die Februarführer als Basis für Rußlands nationale Erneuerung zu kultivieren suchten, waren die antideutsche und die antimonarchistische Einstellung aufs engste miteinander verflochten. In diesem Sinne waren die antideutschen Krawalle vom Juni 1915 auf dem Höhepunkt des Großen Rückzugs das erste Anzeichen dafür, daß die allgemeine revolutionäre Stimmung Auftrieb erhielt. Ein wütender Moskauer Mob legte Feuer in deutschen Geschäften und Büros und plünderte sie aus. Klavierläden wurden angegriffen und Bechstein- und Blüthner-Flügel aus den Fenstern geworfen. Jeder, der im Verdacht stand, Deutscher zu sein (was häufig in nichts anderem bestand, als gut gekleidet zu sein), wurde angegriffen und ausgeraubt. Auf dem Roten Platz schrien Menschenmengen Beleidigungen gegen »die Deutsche« und verlangten, sie solle in ein Kloster gesperrt werden. Es waren auch Rufe zu hören, der Zar solle zugunsten des Großfürsten Nikolai abdanken. Die hysterische Bevölkerung war entschlossen, in allem deutsche Sabotage zu sehen, von den Engpässen bei Granaten bis zur Korruption niedriger Beamter, und die neuen Anwärter auf die Macht, die »Verrat höheren Orts« zu ihrem Schlachtruf machten, wurden populäre Nationalhelden.[54]

Den Liberalen fiel es trotz ihrer Furcht vor den Massen schwer, dieser Gelegenheit zu politischem Gewinn zu widerstehen. Wenn sie für »die Nation« und gegen die Dynastie sprachen, konnten sie sich vielleicht noch einmal an die Spitze der oppositionellen Bewegung stellen. Das schien immer wichtiger – jetzt, da die Proteste gegen den Krieg und seine ökonomischen Härten radikalere Formen annahmen, mit Massenstreiks und Demonstrationen, die häufig von Sozialisten angeführt wurden. »Ich fürchte«, sagte ein Kadettenführer später im Herbst 1916 seinen Kollegen, »daß die Politik der Regierung zu einer Situation führen wird, in der die Duma machtlos ist, irgend etwas zur Beschwichtigung der Massen zu tun.« Aus den Berichten der Geheimpolizei ging deutlich hervor, daß »die breite Masse der Bevölkerung« immer feindlicher gegen die Duma eingestellt war und sie beschuldigte, »sich bewußt zu weigern, den Massen zu Hilfe zu kommen. Die bittersten Beschuldigungen in dieser Hinsicht richteten sich nicht nur gegen die Oktobristen, sondern auch gegen die Kadetten.« Wollte die Duma vermeiden, überflüssig und wirkungslos zu werden, so mußte sie mehr auf die Stimmung der Straße hören und sich der revolutionären Bewegung anschließen. So sahen es die linken Kadetten, Kerenskis Trudowiki und eine wachsende Anzahl von Persönlichkeiten des öffentlichen Lebens, darunter auch Fürst Lwow, der bei einer Zusammenkunft des Progressiven Blocks sagte, die einzige Hoffnung Rußlands auf Rettung liege in einer Revolution. »Unterlaßt jeden weiteren Versuch einer konstruktiven Zusammenarbeit mit der gegenwärtigen Regierung«, schrieb er im Dezember; »sie sind sämtlich zum Scheitern verurteilt und nur ein Hindernis für unser Ziel. Schwelgt nicht in Illusionen, wendet Euch ab von Gespenstern. Es gibt keine Regierung mehr, die wir anerkennen können.«[55]

Solche Argumente wurden durch die fortdauernde Unnachgiebigkeit des Regimes noch verstärkt. Die Ernennung von Alexander Protopopow im September zum geschäftsführenden Innenminister hatte Hoffnungen bei den moderaten Liberalen geweckt, Männern wie Miljukow, die immer noch versuchten, durch einen versöhnlichen Kurs Reformen bei der Regierung durchzusetzen. Protopopow war Oktobrist, Gutsbesitzer und Textilfabrikant, ein Mitglied des Progressiven Blocks und stellvertretender Vorsitzender der Duma. Seine Ernennung wurde weithin als Kapitulation der Regierung vor der liberalen Opposition angesehen – eine Kapitulation, auf die bald die Bildung einer Duma-Regierung folgen würde. In Wahrheit jedoch war es nichts als ein schlaues politisches Manöver des Hofs. Die Duma sollte am 1. November zusammentreten, und mit Protopopow als einem »Duma-Mann« meinte man, die beste Gewähr für ihre Kontrolle zu haben. »Bitte nimm Protopopow als Innenminister«, hatte die Zarin ihren Mann bedrängt. »Da er zur Duma gehört, wird das sehr wirkungsvoll sein und ihnen den Mund stopfen.« Protopopow war ein fanatischer Mystiker (zu Kerenski sagte er einmal, er regiere mit Hilfe von Jesus Christus) und, was die Liberalen nicht wußten, ein Protegé Rasputins (der, wie er einmal zu Brussilow sagte, »Rußland vor einer Revolution retten« werde). Er war ehrgeizig und lächerlich eitel – offensichtlich überwältigt von der Ehre, die ihm der Zar zuteil werden ließ – und würde somit wohl kaum seine Position dadurch gefährden, daß er mit der Opposition gemeinsame Sache machte. Als deutlich wurde, welche Rolle er in Wahrheit spielen sollte – er kleidete sich schon bald in die Uniform der kaiserlichen Gendarmerie, ein archetypisches Symbol zaristischer Unterdrückung –, bat ihn ein alter Duma-Kollege zurückzutreten. Protopopow antwortete: »Wie können Sie mich auffordern zurückzutreten? Mein Leben lang war es mein Traum, Vizegouverneur zu werden, und jetzt bin ich ein Minister.«[56]

Bald schon machte sich Enttäuschung über den neuen Minister breit. Anstelle von Hoffnung wuchs nun Haß in den Duma-Kreisen. Protopopows Servilität gegenüber dem kaiserlichen Paar war abstoßend. Statt eine Brücke zwischen der liberalen Opposition und der Regierung zu bauen, machte er sich zum Lakaien des Hofs und wurde rundheraus als Verräter an der Sache des Parlaments verdammt. Auf Rasputins Bitte hin ordnete er die Entlassung Suchomlinows aus dem Gefängnis an – den die meisten im Lande am liebsten als Verräter gehängt haben wollten – und verbot den öffentlichen Organisationen, sich ohne Beisein der Polizei zu treffen.

Als die Duma am 1. November wieder zusammentrat, mußte schließlich sogar der gemäßigte Miljukow zugeben, daß die Zeit für eine Zusammenarbeit mit der Regierung rapide dahinschwand. Weil die Radikalen in seiner Kadettenpartei zu offener Revolte aufriefen, beschloß er jetzt, die Initiative zu ergreifen und die Regierung in seiner Eröffnungsrede vor der Duma zu verurteilen. Er listete die Fälle ihres Machtmißbrauchs auf, wobei er jeden einzelnen anprangerte und jedesmal mit der Frage endete: »Ist das Torheit oder Verrat?« Die Wirkung seiner Rede war, wie Miljukow sich später erinnerte, »als ob eine dicke Eiterbeule geplatzt wäre und das Grundübel, das allen bekannt, aber noch nie öffentlich benannt worden war, jetzt klar aufgezeigt worden wäre«. Es gelang ihm, das Taurische Palais noch einmal zur Tribüne der Revolution zu machen. Es gab andere, hitzigere Reden in der Duma an diesem Tag – von Kerenski zum Beispiel –, doch die Tatsache, daß ein so besonnener Staatsmann wie Miljukow, noch dazu einer mit so engen Verbindungen zu Alliierten-Diplomaten, offen das Wort »Verrat« gebraucht hatte, reichte der Bevölkerung, um daraus den Schluß zu ziehen, daß es tatsächlich Verrat gegeben habe. Das hatte Miljukow nicht beabsichtigt. Auf seine rhetorische Frage würde er selbst wohl »Torheit« geantwortet haben. Doch die Bevölkerung war emotional so aufgeheizt, daß sie, als sie seine Rede las, fast nicht anders konnte, als »Verrat« zu antworten. Die Tatsache, daß die Rede nicht in der Presse erscheinen durfte und in abgegriffenen Typoskripten von Hand zu Hand ging, verstärkte nur die Tendenz in der Bevölkerung, sie als noch radikaler zu lesen, als sie eigentlich war. In einigen Versionen des Typoskripts tauchte mitten in die Rede eingeschoben eine spezielle soziale Beschwerde auf (etwa die Behauptung, daß die Regierung über anderen Mißbrauch hinaus auch die Lehrer schlecht behandelte). »Meine Rede gewann den Ruf eines Sturmsignals für die Revolution«, erinnerte sich Miljukow. »Das war nicht meine Absicht. Doch die Stimmung, die im Land herrschte, diente als Megaphon für meine Worte.«[57] Es sollte eine heilsame Lektion für zukünftige Liberale sein – vor allem die des Jahres 1917 –, die versuchten, eine soziale Revolution durch die Macht der Worte aufzuhalten: Miljukow, der seine Rede angeheizt hatte, um seinen Duma-Kollegen zu ermöglichen, Dampf abzulassen, war es gelungen, die Maschinen des radikalen Protests im ganzen Land in Gang zu setzen.

Was Miljukow nicht richtig eingeschätzt hatte, war, in welchem Maße inzwischen nicht bloß die Radikalen, sondern auch die Konservativen die Revolution als unaufhaltbar, ja sogar als wünschenswert ansahen. Seine Strategie des Vermittelns und des parlamentarischen Kampfes mit dem Ziel, einen Kompromiß mit der Regierung zu erreichen, verlor rasch an Rückhalt. Wie ein General im Hauptquartier bemerkte, war »die Überzeugung verbreitet, daß etwas zerbrochen und zunichte gemacht werden mußte, eine Überzeugung, die die Menschen quälte und sie nicht in Frieden ließ«.[58] Selbst die unmittelbare Verwandtschaft des Zaren reihte sich jetzt hinter der liberalen Opposition ein. Am 7. November drängte Großfürst

Nikolai den Zaren, eine neue Regierung durch die Duma ernennen zu lassen. Die Moskauer und Petrograder Zweige des Vereinigten Adels, die seit 1905 die sichersten Stützen der Autokratie gewesen waren, rieten ihm in ähnlicher Weise. Außerhalb der engsten herrschenden Clique bei Hof gab es also praktisch niemanden mehr, der nicht die Notwendigkeit eines fundamentalen Wandels in der Struktur der Regierung gesehen hätte.

Und doch versuchte Nikolai erneut, sich mit halbherzigen Kompromissen aus der Bedrängnis herauszumanövrieren. Zur Freude der Duma wurde Stürmer am 8. November entlassen und Alexander Trepow zum neuen Premierminister ernannt. Das war eine letzte Chance für die Liberalen, ihren Frieden mit der Regierung zu machen, denn Trepow, der sich als einen modernen Stolypin betrachtete, war entschlossen, mit Zugeständnissen die Unterstützung der gemäßigten Elemente in der Duma zu gewinnen. Miljukow war bereit, diesen Ölzweig anzunehmen (und ohne Zweifel auch einen Sitz in seinem Kabinett). Doch die radikalen und die sozialistischen Abgeordneten, durch die flammenden Reden des Trudowiken Kerenski und des Menschewiken Nikolai Tschcheidse aufgehetzt, waren entschlossen, die Regierung zu stürzen, und forderten eine Allianz mit »den Massen« zur Vorbereitung einer allgemeinen Revolte.

Vor allem deshalb blieb die Duma in den Wochen des komplizierten politischen Manövrierens von November bis zur Februarrevolution gespalten. Nach Informationen der Geheimpolizei betrachteten Miljukows Kadetten die Aussicht auf eine Revolution »mit Gefühlen des Horrors und der Panik«, und »falls die Regierung auch nur das leiseste Entgegenkommen erkennen ließ, würden sie es mit Freuden begrüßen«. Doch die Hoffnung auf Zugeständnisse schwand rasch. Denn die Zarin lehnte Trepow kategorisch ab (wie bei Gutschkow wollte sie, daß er gehängt würde), während die Bedrohung durch die radikale Linke ständig zunahm. Damit wurde die Initiative mehr und mehr Kerenski und den anderen Duma-Radikalen zugeschoben, die die Tore des Taurischen Palais zwar nicht direkt den Massen von der Straße öffnen wollten, aber doch zumindest deren höflicheren Vertretern. Die Sprache ihrer Reden wurde immer hitziger, weil sie die Stimmung der Straße ausdrücken – und damit zu ihren Gunsten beeinflussen – wollten. Offen riefen sie das Volk dazu auf, das Regime zu stürzen, und verspotteten den Aufruf der Gemäßigten, Ruhe zu bewahren, als Vorwand, um, wie Kerenski behauptete, in ihren »warmen Sesseln« sitzen bleiben zu können. Doch auch die Duma-Radikalen hatten Grund zur Sorge, daß die allgemeine Stimmung über sie hinweggehen könnte, daß die Massen von der Straße die Duma immer mehr verachteten und sich anderswo nach Führern umsahen. Wie Wassili Schulgin, der Führer der Nationalisten, es ausdrückte – »keiner glaubt mehr an Worte«.[59]

Von da an war es nur noch eine Frage, ob die Revolution von unten oder von oben beginnen würde. Der Gedanke einer »Palastrevolte« war eine Zeitlang umgegangen. Im Zentrum einer solchen Verschwörung stand Gutschkow. Sie sollte sich des kaiserlichen Zuges *en route* vom Hauptquartier nach Zarskoje Selo bemächtigen und den Zaren zur Abdankung zugunsten seines Sohnes zwingen, für den Großfürst Michail, Nikolais Bruder, die Regentschaft übernehmen sollte. Auf diese Weise hofften die Verschwörer, einer sozialen Revolution zuvorzukommen, indem sie eine neue Regierung des Vertrauens einsetzten. Doch mit nur beschränkter Unterstützung des Militärs, der Liberalen und der kaiserlichen Familie verschoben sie diese Umsturzpläne bis März 1917 – als es bereits zu spät war. Inzwischen wurde mit Hilfe des Stabschefs, General Alexejew, eine zweite Verschwörung von Fürst Lwow ausgeheckt. Sie planten, die Zarin zu verhaften und Nikolai zu zwingen, die Macht an Großfürst Nikolai abzugeben. Lwow sollte dann zum Premier einer neuen Regierung des Vertrauens ernannt werden. Diesen Plan unterstützten einige liberale Politiker und Generäle, darunter auch Brussilow, der dem Großfürsten sagte: »Wenn ich zwischen dem Zaren und Rußland zu wählen habe, dann marschiere ich für Rußland.« Doch auch dieses Komplott wurde blockiert, da der Großfürst nicht involviert werden wollte. Es gab noch verschiedene andere Umsturzpläne, von denen einige bei den entfernten Verwandten des Zaren entstanden, um eine Abdankung zugunsten eines anderen Romanows zu erzwingen, der in der Lage wäre, die Duma zu beschwichtigen. Die Meinung der Historiker über diese Komplotte gehen weit auseinander – die einen sehen darin den Auftakt zur Februarrevolution, die anderen nichts weiter als leeres Geschwätz. Wahrscheinlich ist beides falsch. Denn selbst wenn die Verschwörer es mit ihren Absichten ernst gemeint und sie erfolgreich durchgeführt hätten – sie hätten doch kaum erwarten können, sich längere Zeit an der Macht zu halten, bis nicht auch sie von der Revolution der Straße hinweggefegt worden wären.[60]

Die einzige Verschwörung, die Erfolg haben sollte, war die Ermordung Rasputins. Schon vorher waren einige Anstrengungen unternommen worden, um ihn aus dem Weg zu räumen. Chwostow hatte versucht, seinen ehemaligen Gönner ermorden zu lassen, nachdem er im Januar 1916 als Innenminister entlassen worden war. Trepow hatte ihm 200 000 Rubel in bar geboten, wenn er nach Sibirien zurückkehrte und sich aus der Politik heraushielt. Aber die Zarin hatte beide Pläne vereitelt, und infolgedessen war Rasputins Prestige bei Hofe nur noch weiter gestiegen. Das war es, was schließlich eine Gruppe mächtiger Verschwörer im Umfeld des Hofes überzeugte, Rasputin zu ermorden. Im Mittelpunkt dieser Verschwörung stand Fürst Felix Jussupow, ein neunundzwanzigjähriger Oxford-Absolvent, Sohn der reichsten Frau Rußlands und, obwohl homosexuell, seit kurzem mit Großfürstin Irina Alexandrowna, Tochter der Lieblingsschwester des Zaren, verheiratet. Daneben waren noch zwei weitere Homosexuelle des Romanow-Hofs – Großfürst Dmitri Pawlowitsch, ein Lieblingsneffe des Zaren, und Großfürst Nikolai Michailowitsch – in den Fall verwickelt. Rasputin hatte sich zunehmend mit den homosexuellen Kreisen der Hocharistokratie eingelassen. Er mochte es ebenso gern, »mit Männern zu liegen« wie mit Frauen. Jussupow hatte sich nach seiner Hochzeit an ihn gewandt in der Hoffnung, Rasputin könne ihn von seiner sexuellen »Krankheit heilen«. Doch Rasputin hatte statt dessen versucht, ihn zu verführen. Jussupow wurde nun zum leidenschaftlichen Gegner Rasputins und schmiedete heimlich mit den Großfürsten Dmitri und Nikolai Pläne zu seinem Sturz. Neben ihrer homosexuellen Vendetta (und vielleicht, um diese zu verbergen) machten sie sich ernsthafte politische Sorgen und brachten sie gegenüber Purischkewitsch zum Ausdruck, dem Duma-Führer vom rechten Flügel und freimütigen Kritiker Rasputins, der sich daraufhin ihrem Komplott anschloß. Sie waren empört über Rasputins Einfluß auf den Zaren und über die Gerüchte, wonach Rußland einen Separatfrieden mit Deutschland unterzeichnen würde. Sie gelobten, Rasputin zu »eliminieren« und die Zarin in eine Nervenheilanstalt zu sperren, wobei sie naiverweise glaubten, der Zar würde daraufhin zur Besinnung kommen und sich zu einem guten konstitutionellen Monarchen entwickeln.

Gemeinsam planten die Verschwörer, Rasputin in Jussupows Palast am Newa-Ufer zu locken, unter dem Vorwand, daß er dort Jussupows schöne Frau, die Großfürstin Irina, treffen werde. Dort wollten sie ihn vergiften und seinen Leichnam im Fluß versenken, so daß er als vermißt und nicht als tot gelten würde. Die Verschwörer waren alles andere als diskret: Die Hälfte von Petrograds Journalisten kannte offenbar sämtliche Details der Ermordung, Tage bevor sie stattfand. Es ist schlicht ein Wunder, daß trotz der Immunität der Verschwörer, die sie vor polizeilichen Ermittlungen bewahrte, nichts unternommen wurde, um sie an der Tat zu hindern.

An jenem verhängnisvollen 16. Dezember wurde Rasputin ausdrücklich gewarnt, ins Jussupow-Palais zu gehen. Es scheint, als habe er sein Schicksal geahnt, denn er verbrachte die meiste Zeit des Tages damit, seine Korrespondenz zu vernichten, Geld auf dem Konto seiner Tochter zu deponieren und zu beten. Doch die irdischen Reize der Großfürstin Irina waren zu stark, als daß er hätte verzichten können. Kurz nach Mitternacht fuhr er in Jussupows Wagen vor, nach billiger Seife duftend, mit geöltem Haar und in seine verführerischsten Kleider gekleidet: schwarze Samthosen, Lederstiefel und ein weißes Seidenhemd mit einem Gürtelband aus Goldsatin, das ihm die Zarin geschenkt hatte. Jussupow führte seinen Gast in einen Salon im Keller und behauptete, seine Frau habe noch immer Gäste im Hauptteil des Palastes und werde später zu ihnen stoßen. Rasputin trank mehrere vergiftete Gläser seines Lieblingsgetränks, süßer Madeira, und aß ein paar mit Zyankali präparierte Kuchen. Doch beides zeigte auch über eine Stunde später noch keine Wirkung, und Jussupow, dessen Geduld erschöpft war, griff nun zu verzweifelten Maßnahmen. Er nahm eine Browningpistole von seinem Schreibtisch im Obergeschoß, kehrte zur Kellergesellschaft zurück, schlug Rasputin vor, sich ein Kristallkruzifix anzusehen, das auf einer Kommode stand, und als sich der »heilige Mann« hinunterbeugte, schoß er ihm in die Seite. Mit einem wilden Schrei fiel Rasputin zu Boden. Die Verschwörer hielten ihn für tot und gingen hinaus, um seinen Mantel zu beseitigen. Doch inzwischen kam Rasputin wieder zu Bewußtsein und machte sich durch einen Seitenausgang davon, der auf den Hof und hinaus zum Flußufer führte. Purischkewitsch fand ihn im Hof, wie er durch den Schnee zum Außentor taumelte und schrie: »Felix, Felix, ich werde alles der Zarin sagen!« Purischkewitsch schoß und verfehlte ihn zweimal. Doch zwei weitere Schüsse brachten sein Opfer zu Fall, und um sich zu vergewissern, daß er tot war, trat ihn Purischkewitsch in die Schläfe. Die Verschwörer beschwerten Rasputins Leiche mit Eisenketten, fuhren sie in eine abgelegene Gegend der Stadt und warfen sie in die Newa, wo sie schließlich am 18. Dezember ans Ufer gespült wurde. Danach kamen mehrere Tage lang Scharen von Frauen zu der Stelle, um »heiliges Wasser« aus dem Fluß zu schöpfen, das durch Rasputins Fleisch geheiligt sei.[61]

Die Nachricht von der Ermordung Rasputins wurde in den aristokratischen Zirkeln freudig begrüßt. Großfürst Dmitri wurden Ovationen bereitet, als er am Abend des 17. Dezember im Michailowski-Theater erschien. Die Schwester der Zarin, Großfürstin Jelisaweta, schrieb an Jussupows Mutter und bot für ihres »lieben Sohnes patriotische Tat« Dankgebete an. Sie und 15 andere Mitglieder der kaiserlichen Familie setzten sich beim Zaren dafür ein, er solle Dmitri nicht bestrafen. Doch Nikolai wies ihren Appell zurück und sagte, daß »niemand das Recht hat, sich an einem Mord zu beteiligen«.[62] Dmitri wurde nach Persien verbannt. Auf besondere Anordnung des Zaren durfte ihn niemand auf dem Bahnhof verabschieden, und Großfürstin Maria Pawlowna wurde unter Hausarrest gestellt, weil sie es dennoch versucht hatte.

Entgegen den Absichten der Verschwörer brachte Rasputins Tod Nikolai seiner gramgebeugten Frau näher. Er war jetzt entschlossener denn je, allen Befürwortern von Reformen zu widerstehen. Er verbannte sogar vier Großfürsten, die anderer Meinung waren, aus Petrograd. Je näher die Revolution rückte, desto mehr zog er sich in das stille Leben mit seiner Familie in Zarskoje Selo zurück und brach alle Verbindungen zur Außenwelt, selbst zum Rest des Hofes ab. Beim letzten Weihnachtsfest der Dynastie 1916 gab es nicht den üblichen Austausch von Geschenken zwischen dem Kaiserpaar und den Romanows.

Rasputins einbalsamierter Leichnam wurde schließlich an einem frostigen Januartag 1917 in Zarskoje Selo, nicht weit vom Schloßpark entfernt, begraben. Nach der Februarrevolution exhumierte eine Gruppe Soldaten seinen Leichnam, packte ihn in einen Klavierkasten und brachte ihn zu einer Lichtung im Pargolowo-Wald, wo sie ihn mit Petroleum übergossen und auf einem Scheiterhaufen verbrannten. Seine Asche wurde in alle Winde verstreut.

## AUS DEN SCHÜTZENGRÄBEN AUF DIE BARRIKADEN

An einem kalten und regnerischen Sonntagabend im Januar 1917 kam Trotzkis Schiff im Hafen von New York an. Es war eine schreckliche Überfahrt gewesen, 17 Sturmtage auf einem kleinen Dampfer von Spanien aus, und der Revolutionsführer sah abgespannt und müde aus, als er an der Quai-Seite unter den Blicken einer wartenden Menge von Genossen und Presseleuten von Bord ging. Er war deprimiert. Als Kämpfer gegen den Krieg war er aus Frankreich, seit 1914 seine Wahlheimat, ausgewiesen worden und hatte nun das Gefühl, daß man »die Türen Europas« endgültig »hinter ihm geschlossen« habe und daß er nie zurückkehren werde, genausowenig wie seine Mitreisenden an Bord der *Montserrat*, ein bunter Haufen von Deserteuren, Abenteurern und Unerwünschten, die man ins Exil gezwungen hatte. »Das ist das letzte Mal«, schrieb er am Silvesterabend, als sie an Gibraltar vorbeifuhren, »daß ich der alten Kanaille Europa einen Blick zuwerfe.«[63]

Es zeigte den Mißerfolg der Partei, daß drei der führenden Sozialdemokraten – Trotzki, Bucharin und Kollontai – sich am Vorabend der Revolution von 1917 in New York, 8000 Kilometer von Rußland entfernt, zusammenfinden sollten. Nikolai Bucharin war im Herbst davor aus Oslo gekommen und hatte die Redaktion von *Nowy mir* (»Neue Welt«) übernommen, der wichtigsten sozialistischen Tageszeitung der russischen Emigrantengemeinde. Mit 29 Jahren hatte er sich bereits einen Namen als führender bolschewistischer Theoretiker gemacht und mit Lenin über einige heikle Punkte der Parteiideologie gestritten, ehe er Europa mit der Klage verließ: »Lenin kann keine andere Person mit Hirn neben sich dulden.« Klein und schmächtig, mit einem jungenhaften, sympathischen Gesicht und einem dünnen roten Bart stand er am Quai und wartete auf Trotzki. Anders als der dogmatische Lenin, der den Menschewiken vom linken Flügel mit Beleidigungen überhäuft hatte, wollte er Trotzki unbedingt in eine breite sozialistische Kampagne gegen den Krieg miteinbeziehen. In Wien hatte er die Trotzkis flüchtig kennengelernt und teilte ihre Liebe zur europäischen Kultur. Er begrüßte sie mit einem Bierkrug, erzählte ihnen, wie sich Trotzkis Frau erinnert, »von einer öffentlichen Bibliothek, die bis spätabends offen war, und bestand darauf, daß wir sie sofort besuchten«. Obgleich es spät war und die Trotzkis sehr müde waren, schleppte er sie durch die Stadt, damit sie »seine große Entdeckung« bewunderten.[64] So begann die enge, aber am Ende tragische Freundschaft zwischen Trotzki und Bucharin.

Trotzki sah Alexandra Kollontai seltener. Sie verbrachte viel Zeit in der Stadt Paterson, New Jersey, wo ihr Sohn sich niedergelassen hatte, um die Wehrpflicht zu umgehen. Es war ihre zweite Amerikareise. Im Jahr davor hatte sie das Land bereist und für Lenins Ansichten vom Krieg geworben. Eine überschwengliche und emotionale Frau mit dem Hang, sich in junge Männer und utopische Ideen zu verlieben, hatte sie sich mit dem ganzen Fanatismus einer Neubekehrten auf die bolschewistische Sache gestürzt. »In der New Yorker Periode war ihr nichts revolutionär genug«, erinnerte sich ein immer noch verbitterter Trotzki 14 Jahre später daran, daß sie ihn in einem Brief an Lenin als jemanden denunziert hatte, der dem Krieg gegenüber unschlüssig sei.[65] Trotzki stand den Bolschewiki näher, als Kollontai zu würdigen wußte, und die Motive für seine Linksabweichung von den Menschewiki ähnelten den ihren.

Wie viele Revolutionäre im Exil waren Trotzki und Kollontai von ihrem Engagement für den internationalen Sozialismus getrieben. Beide sprachen mehrere europäische Sprachen fließend, waren von der klassischen Kultur durchdrungen und sahen sich daher weniger als Russen – Kollontai war halb finnischer, halb ukrainischer Abstammung, während Trotzki Jude war – denn als Genossen der internationalen Sache. Sie waren gleichermaßen im Britischen Museum, der Bibliothèque Nationale in Paris oder in den Cafés von Wien, Zürich und Berlin zu Hause wie in den Zellen des revolutionären Untergrunds von St. Petersburg. Die russische Revolution war für sie nicht mehr als ein Teil des internationalen Kampfs gegen den Kapitalismus. Deutschland, die Heimat von Marx und Engels, war das intellektuelle Zentrum ihrer Welt. »Für uns Russen«, erinnerte sich Trotzki, »war die deutsche Sozialdemokratie die Mutter, die Lehrerin, das lebendige Beispiel. Wir idealisierten sie aus der Entfernung. Die Namen von Bebel und Kautsky sprach man andächtig aus.«[66]

Doch der deutsche Zauber fand mit dem August 1914 ein abruptes Ende. Die Sozialdemokraten stellten sich hinter den Kaiser und unterstützten den Krieg. Für die Führer der russischen Revolution, die sich als Schüler einer europäisch-marxistischen Tradition ansahen, war »der Verrat der Deutschen«, wie Bucharin es ausdrückte, »die größte Tragödie unseres Lebens«. Lenin, der sich damals in der Schweiz aufhielt, war vom Engagement der deutschen Genossen für die Sache des Internationalismus so überzeugt gewesen, daß er die Presseberichte über ihre Unterstützung des Krieges zunächst als Teil eines deutschen Komplotts zur Täuschung der Sozialisten im Ausland abgetan hatte. Trotzki hatte die Nachricht auf dem Weg nach Zürich erfahren, und sie erschütterte ihn »mehr als die Kriegserklärung«. Was die Kollontai anbelangt, so war sie im Reichstag Zeugin, als ihre Helden ihre Zustimmung für den deutschen Militäretat gaben. Ungläubig hatte sie verfolgt, wie sie sich hintereinander aufstellten, einige sogar in Soldatenuniform, um ihre Treue zum Vaterland zu erklären. »Wenn man ihnen so zuhört, begreift man gar nichts mehr«, schrieb sie am Abend in ihr Tagebuch. Entweder haben sie alle den Verstand verloren, oder ich bin nicht mehr normal.« Nach der verhängnisvollen Abstimmung war sie verzweifelt in die Lobby gelaufen – nur um dort von einem sozialistischen Abgeordneten angesprochen zu werden, der sie ärgerlich fragte, was eine Russin im Reichstagsgebäude zu suchen habe. Plötzlich dämmerte ihr, daß die alte Solidarität der Internationale begraben und die Sache des Sozialismus im Chauvinismus untergegangen war, und »es schien mir«, schrieb sie ins Tagebuch, »daß jetzt alles verloren war«.[67]

Es waren nicht nur die europäischen Genossen, die die Sache des Internationalismus aufgegeben hatten. Auch die meisten russischen Sozialisten hatten sich beim Ruf ihres Vaterlands zusammengeschlossen. Die menschewistische Partei, Heimat und Schule sowohl von Trotzki als auch von Kollontai, war gespalten in eine große, vom ältlichen Plechanow geführte Mehrheit, die die Kriegsanstrengungen des Zaren mit der Begründung unterstützte, Rußland habe das Recht, sich gegen einen ausländischen Aggressor zu verteidigen, und eine kleine internationalistische Minderheit, geführt von Martow, die eine demokratische Friedenskampagne bevorzugte. Ähnlich gespalten war die Sozialrevolutionäre Partei, in der die Befürworter einen militärischen Sieg der Alliierten noch über die Revolution stellten, während die Internationalisten für die Revolution eintraten – als einzigen Weg, einen in ihren Augen imperialistischen Krieg zu beenden, an dem alle Beteiligten gleichermaßen schuld waren. Diese Spaltungen sollten beide Parteien während der entscheidenden Machtkämpfe 1917 schwächen. Ihnen lag ein prinzipieller weltanschaulicher Unterschied zwischen denjenigen zugrunde, die die Rechtmäßigkeit von Nationalstaaten anerkannten, zwischen denen Konflikte unvermeidlich seien, und denjenigen, die Klassenunterschiede für wichtiger hielten als nationale Interessen. Die Debatte über diese Frage konnte sehr emotional werden. Gorki zum Beispiel, der sich für einen leidenschaftlichen Internationalisten hielt, brach alle Beziehungen zu seinem Adoptivsohn, Sinowi Peschkow, ab, als der sich zur Französischen Legion meldete. Gorki weigerte sich sogar dann zu schreiben, als Sinowi in seiner ersten Schlacht bei einer Attacke auf deutsche Stellungen die Hand abgeschossen wurde.* In den Augen der Patrioten schien die Opposition der Internationalisten gegen den Krieg einer Unterstützung des Feindes gefährlich nahe zu kommen. Für die Internationalisten hingegen schien der Ruf der Patrioten zu den Waffen gleichbedeutend mit der Übernahme der Losung »Proletarier aller Länder, geht einander an die Gurgel!«[68]

* Sinowi Peschkow (1884–1966) war Bruder von Jakow Swerdlow, dem Bolschewikiführer und ersten sowjetischen Präsidenten. Nachdem er von seiner Verwundung genesen war, meldete er sich zum französischen militärischen Geheimdienst. Er unterstützte die Kornilow-Bewegung gegen die Provisorische Regierung. 1918 schloß er sich Semjonows antibolschewistischer Armee in Fernost und später Koltschaks Weißer Regierung in Omsk an. 1920 wurde er als französischer Militäragent in Wrangels Regierung auf die Krim geschickt und verließ Rußland mit Wrangels Armee. Später wurde er ein enger Mitarbeiter von Charles de Gaulle und ein prominenter französischer Politiker. Seltsamerweise unterhielt Peschkow bis 1933 gute Beziehungen zu Gorki in Rußland, und Gorki wußte von seiner Spionagetätigkeit. Vgl. Delmas, »Légionnaire et diplomate«.

Die Bolschewiki waren die einzige sozialistische Partei, die im großen und ganzen einig war in ihrer Opposition gegen den Krieg, obgleich es auch unter ihnen in den ersten Tagen, ehe Lenin seine Ansicht durchgesetzt hatte, Befürworter gab. Lenins Opposition gegen den Krieg war kompromißlos. Anders als die menschewistischen und sozialrevolutionären Internationalisten, die den Krieg durch friedliche Demonstrationen und Verhandlungen zu einem Ende bringen wollten, rief Lenin die Arbeiter der Welt dazu auf, die Waffen gegen ihre eigenen Regierungen zu richten und den Krieg dadurch zu beenden, daß sie ihn in eine Reihe von Bürgerkriegen oder Revolutionen in ganz Europa verwandelten. Es sollte ein »Krieg dem Kriege« sein.

Für Trotzki und Kollontai, die beide zu dem Schluß gekommen waren, die russische Revolution als Teil eines europaweiten Kampfes gegen den Imperialismus zu sehen, besaß Lenins Losung eine eiserne Logik, die ihrem eigenen links-menschewistischen Internationalismus immer mehr zusagte. Zunächst, im ersten Kriegsjahr, hatten beide ähnliche Zweifel am Führer der Bolschwiki. Während Lenin argumentiert hatte, daß Rußlands Niederlage das »kleinere Übel« wäre, verglichen mit einer Niederlage des fortgeschritteneren Deutschlands, waren sie überhaupt gegen jede Vorstellung von militärischen Siegern und Verlierern. Der Streit, an sich zwar geringfügig, hing mit einem tieferen Meinungsunterschied zusammen. Lenin betonte seit kurzem das revolutionäre Potential nationalistischer Bewegungen innerhalb kolonialer Systeme und argumentierte, daß Rußlands Niederlage dazu dienen könnte, den Zusammenbruch des Zarenreichs herbeizuführen. Trotzki und Kollontai hingegen glaubten (wie in diesem Fall auch Bucharin), daß der Nationalstaat bald der Vergangenheit angehören werde, weshalb sie ihn als revolutionäre Kraft verwarfen. Sie konnten sich auch noch nicht dazu durchringen, Lenins Ruf nach einem »Krieg dem Kriege« zu übernehmen. Sie zogen die pazifistischen Losungen ihrer alten Freunde und Verbündeten unter den menschewistischen Internationalisten vor. Weder Trotzki noch Kollontai waren bereit, sich von den Menschewiki zu lösen, deren Zweifel an Lenis rigidem Dogma über die Parteiorganisation sie nach wie vor teilten. Zwar bewegten sich beide auf die Bolschewiki zu, doch hatten sie noch immer nicht die Hoffnung aufgegeben, die beiden Flügel der Sozialdemokratischen Partei mit einer breiten Kampagne für den Frieden wiederzuvereinigen.

Trotzki hatte sich im November 1914 in Paris Martow angeschlossen und mit ihm für *Nasche slowo* (»Unser Wort«) zusammengearbeitet, zweifellos dem brillantesten pazifistischen Organ in Europa. Bei der Zimmerwald-Konferenz im September 1915, einem Geheimtreffen von 38 Internationalisten aus verschiedenen Ländern in einem kleinen Bergdorf außerhalb Berns, vertrat er dessen Ansichten. Das aufrüttelnde Manifest gegen den Krieg, das dort gegen Lenins Bürgerkriegsresolution gebilligt wurde, hatte Trotzki selbst entworfen:

*Arbeiter und Arbeiterinnen! Mütter und Väter! Witwen und Waisen! Verwundete und Verkrüppelte! Euch allen, die ihr am Kriege und durch den Krieg leidet, rufen wir zu: Über die Grenzen, über die rauchenden Schlachtfelder, über die zerstörten Städte und Dörfer hinweg, »PROLETARIER ALLER LÄNDER, VEREINIGT EUCH!«*[69]

In diesem Stadium hatte Kollontai bereits beschlossen, sich auf Gedeih und Verderb mit Lenin zusammenzutun. Ihre Liebesaffäre mit Alexander Schljapnikow, einem gutaussehenden Arbeiter-Bolschewiken, der zwölf Jahre jünger war als sie, hatte zweifellos etwas damit zu tun. Er hatte sich ihr im Herbst 1914 in Stockholm angeschlossen und den Rest des Krieges damit verbracht, für Lenin Botengänge nach Rußland zu übernehmen. Doch war es vielleicht nicht so sehr diese Romanze als vielmehr ihr eigenes emotionales Engagement für die Sache des Internationalismus und die Beendigung des Krieges um jeden Preis, was sie in Lenins Bannkreis zog. Die bedrückende Wirkung des Krieges war überall zu spüren. Er schien die Zivilisation an den Rand eines Abgrunds zu treiben. »So viel Blut wird vergossen, so viele Verbrechen werden täglich, stündlich begangen«, schrieb sie in ihr Tagebuch an Weihnachten 1915:

*Und der Krieg – er beherrscht alles. Ungesehen entscheidet er das Schicksal eines jeden von uns. Vor ihm ist der Wille des einzelnen machtlos. Es war genau dieses Gefühl der Hilflosigkeit angesichts des Krieges, dieses Gefühl des Krieges als nicht aufzuhaltende Kraft, das mich von den allerersten Tagen an, als ich noch in Berlin war, überkommen hat.*

Kollontai glaubte, daß nur Lenins Ruf nach einem bewaffneten Aufstand den Krieg beenden könnte. Er allein stellte in Aussicht, daß die Macht des menschlichen Willens und der Aktion über die objektiven Kräfte wiederhergestellt wurde. »Das ist nicht bloß ›Analyse‹«, schrieb sie über Lenins Kriegs-*Thesen* in ihr Tagebuch. »Das ist *Aktion*. Das ist ein politisches Programm ... Laßt die Barrikaden dem Krieg antworten.«[70]

Auch für Trotzki war es die Tatsache, daß Lenin die Macht des proletarischen Willens und der Aktion so betonte, was ihn den Bolschewiki allmählich näherbrachte. Es schien ihm immer deutlicher, daß sein alter Freund und Lehrer Martow und die anderen menschewistischen Internationalisten in der Falle ihrer eigenen Analyse der objektiven Umstände saßen – die damals alle *gegen* die Revolution arbeiteten – und daß sie dadurch übersehen hatten, daß man den revolutionären Willen (die »subjektive« Seite der Revolution) pflegen konnte, um diese Umstände zu überwinden. Durch exzessive Studien hatten sich die Menschewiki zu Gefangenen ihres eigenen Sozialdeterminismus gemacht. Ihre revolutionären Losungen liefen Gefahr, zu leeren Phrasen zu verkommen. Aktion war es, wonach verlangt wurde, eine »proletarische Revolution« in ganz Europa, um den Krieg zu beenden. Martow hatte dem zunächst zugestimmt und damit bei Trotzki Hoffnungen auf eine breite Antikriegs-Kampagne geweckt, mit der die linken Menschewiki und die Bolschewistische Partei wiedervereint werden könnten. Doch im Herbst 1915, als sich die Kriegsbefürworter unter den Menschewiki der Kriegskampagne anschlossen, hatte sich Martow bereits vom Ruf zu den Waffen distanziert und passivere und pazifistischere Ansichten übernommen, die auf der Linie der übrigen Partei lagen. Nun konnte Trotzki sich nur noch nach links wenden. Anders, als er später behauptete, war es kein geradliniger Übergang. Nach wie vor hegte er die typisch menschewistischen Zweifel an Lenins striktem Zentralismus und Extremismus. Erst im Juli 1917 schloß er sich endgültig der Bolschewistischen Partei an, und auch damals nur, wie er es ausdrückte, weil die Bolschewiki »weniger bolschewistisch« wurden. Allerdings bewegte er sich langsam auf die Bolschewiki zu und umgab sich mit künftigen bolschewistischen Führern. Die wichtigsten Mitarbeiter von *Nasche slowo*, mit Ausnahme Martows, sollten sich im Laufe des Jahres 1917 Lenin anschließen. Einige wurden in der ersten Sowjetregierung Volkskommissare, wie Kollontai (Soziales), Anatoli Lunatscharski (Kultur), Wladimir Antonow-Owsejenko (Militär) und Trotzki selbst (Äußeres).[71]

Aus diesem Grunde war die Reise nach New York 1917 und die Zusammenarbeit mit Bucharin und Kollontai eine wichtige Wegmarke auf Trotzkis Kurs nach links. Er mietete eine Dreizimmerwohnung in der Bronx, die ihm, obwohl nach amerikanischen Maßstäben billig, den ungewohnten Luxus von elektrischem Licht, einem Müllschlucker und einem Telefon verschaffte. Später gab es Gerüchte, daß Trotzki in New York als Tellerwäscher, als Schneider und sogar als Schauspieler gearbeitet habe. In Wirklichkeit hielt er sich mit Emigranten-Journalismus und Vorlesungen über die Notwendigkeit einer Weltrevolution (auf englisch und deutsch) vor halbleeren Sälen über Wasser. Er aß in jüdischen Feinkostläden und machte sich bei den Kellnern unbeliebt, weil er sich weigerte, ihnen Trinkgeld zu geben, mit der Begründung, das sei ihrem Ansehen schädlich. Er kaufte Mobiliar auf Raten, wovon noch 200 Dollar zu zahlen waren, als die Familie im Frühjahr nach Rußland abreiste. Als ihn die Kreditgesellschaft schließlich stellen wollte, war Trotzki inzwischen Außenminister des größten Landes der Welt geworden.[72]

* * *

In der bolschewistischen Führung bestand, was von Historikern nur selten berücksichtigt wird, eine fundamentale Teilung in solche, die die Kriegsjahre im Ausland verbracht hatten, und solche, die in Rußland geblieben waren. Die Exilierten (z. B. Trotzki, Lunatscharski, Bucharin und Kollontai) neigten zu internationaleren, kosmopolitischeren Ansichten. Durchdrungen von europäischer Kultur, waren sie sich nur allzusehr der relativen Rückständigkeit Rußlands bewußt. Viele von ihnen waren zunächst Menschewiki gewesen, erkannten also sehr wohl das theoretische Problem, das sich ergab, wenn man in Rußland den Sozialismus einzuführen versuchte, ohne daß gleichzeitig in den fortgeschritteneren Ländern des Westens eine Revolution stattfand. Jene Bolschewiki dagegen, die die Kriegsjahre in Rußland verbracht hatten (z. B. Stalin und Dserschinski), entwickelten eher eine begrenzte Sichtweise. Viele von ihnen hatten keinen Intelligenzija-Hintergrund, und nur wenige kannten Europa, seine Kultur oder seine Sprachen. Da sie den Krieg in Untergrundorganisationen, im Gefängnis oder in sibirischer Verbannung verbracht hatten, tauchten sie daraus häufig mit einer Art aggressiver Festungsmentalität gegen die Partei, das Land und seine Beziehungen zur Außenwelt auf. Viele hatten eine fremdenfeindliche Einstellung – nicht zuletzt gegen die jüdischen Intellektuellen in der Partei (vor allem Trotzki). Nach dem Februar 1917 ließen viele von ihnen in ihren Reden durchblicken, daß die zurückgekehrten bolschewistischen Exilanten (allerdings bemerkenswerterweise nicht Lenin) während des Krieges alles andere als patriotisch gewesen seien. Hier, in diesem Konflikt zwischen den (wenn man so will) »Nativisten« und den »Kosmopoliten«, lagen die sozialen Wurzeln für die ideologischen Kämpfe der zwanziger Jahre in der Partei, zwischen »Sozialismus in einem Lande« und »Weltrevolution«. Es ist kein Zufall, daß die wichtigsten Verbündeten Stalins bei seinem Aufstieg zur Macht (Molotow, Woroschilow, Kaganowitsch, Kalinin, Kirow, Kuibyschew und Ordschonikidse) die Kriegsjahre in Rußland verbracht hatten und daß die meisten seiner Opfer in der Partei (Trotzki, Bucharin, Sinowjew, Antonow-Owsejenko) während des Krieges im Ausland gewesen waren.

Während die Exilrevolutionäre ideologische Debatten führten, waren ihre gepeinigten Genossen zu Hause mit praktischeren Problemen befaßt. Verhaftungen, Deportationen und Exil hatten die Bolschewistische Partei in Rußland (ebenso wie die Untergrundorganisationen der Menschewiki und der Sozialrevolutionäre) lahmgelegt. Ihre Organisationen waren ohne ihre Führer verwaist, ihre Zeitung *Prawda* war verboten, und so war ihnen wenig geblieben, wonach sie sich richten konnten. Schljapnikow hielt die letzte dünne Verbindung zu Lenin aufrecht, indem er Propagandamaterial in seinen Schuhsohlen nach Rußland schmuggelte. Es war wie eine Rückkehr zu den konspirativen Praktiken der Periode vor 1905. Die Bolschewiki in Petrograd zählten weniger als 500 Mitglieder, nachdem Massenverhaftungen im Herbst 1914 ihren Tribut gefordert hatten. Die Netzwerke in der Provinz verfügten jeweils nur über eine Handvoll Mitglieder. Die größte Schwäche der Partei war ihr Mangel an intellektuellen Fähigkeiten: Nach Schljapnikows Ansicht gab es in der Hauptstadt niemanden, der auch nur ein Flugblatt hätte schreiben können. Zudem war besorgniserregend, daß die Arbeiter die Partei moralisch wie finanziell immer weniger unterstützten, und zwar hauptsächlich wegen der Überwachung und der Schikanen durch die Polizei. Gewerkschaften und Bildungsgesellschaften wurden für ungesetzlich erklärt und militante Arbeiter in die

Armee gesteckt. Die Verhaftung von fünf bolschewistischen Duma-Abgeordneten im November 1914 und ihr Prozeß wegen Volksverhetzung im folgenden Februar riefen bei der Masse der Arbeiter kaum Protest hervor. Zweifellos hatten sich einige der herrschenden patriotischen Stimmung hingegeben. Die meisten jedoch fürchteten ihre Entlassung oder, schlimmer noch, eine Haftstrafe, falls sie sich den 2000 Streikenden zur Unterstützung der Abgeordneten anschlössen. Schließlich war es eine Zeit, in der die Polizei Banden von Schwarzhundertern dazu ermutigte, durch die Arbeiterviertel zu ziehen, »Schütze den Zaren, Gott« zu singen und jeden zu verprügeln, der nicht seinen Hut abnahm.[73]

Doch als sich der Krieg in die Länge zog und die ökonomische Krise sich verschärfte, kehrte die Mehrheit der Arbeiter zur militanten Linken zurück und nahm die Art der Arbeitsproteste wieder auf, die sie 1912–1914 begonnen hatte. Die Krise bestand weniger in ökonomischem Niedergang und Stagnation als in einer rapide steigenden Inflation. Der Krieg hatte zu einem industriellen Boom geführt, in erster Linie zur Befriedigung der Bedürfnisse der Armee. Die Zahl der Eisenbahnarbeiter stieg um eine halbe Million, die Bauindustrie wuchs um ein Drittel, und eine Million der ärmsten Bauern, zumeist Frauen und Jugendliche, strömten in die Fabriken, wo sie an automatischen Fließbändern für weniger Lohn und mehr Stunden beschäftigt werden konnten als ältere und besser ausgebildete Arbeiter. Die Regierung druckte Rubel, um ihren immensen Kriegsbedarf zu bezahlen: die Geldmenge stieg zwischen 1914 und 1917 um das Achtfache. Die daraus resultierende Konjunktur bei der Konsumentennachfrage überstieg bei weitem die nachlassende Versorgung mit Konsumgütern, weil die Fabrikation auf Kriegsproduktion umgestellt wurde. Die Arbeiter hatten zuviel Geld in der Tasche, und es gab zuwenig, wofür sie es ausgeben konnten, so daß die Preise in die Höhe schnellten. Das Verbot des Wodkaverkaufs – ein Regierungsmonopol, das vor 1914 etwa 10 Prozent vom Lohn der Arbeiter aufgesogen hatte – machte den monetären Überhang (den wir Inflation nennen) nur noch schlimmer. Außerdem kam es bei den Trinkgewohnheiten der Russen zu allen möglichen Mißbräuchen wie etwa dem Trinken von Eau de Cologne, Methylalkohol, Hautölen, Möbelpolitur, Schwarzgebranntem (*samogon*) und dem berüchtigten, *chanscha* genannten Schnaps, den chinesische Arbeiter herstellten und verkauften und an dem Hunderte starben.[74] Das Wodkaverbot war ein Hauptgrund für die Beschwerden der Unterschicht über die Regierung und für ihre Ressentiments gegen die Wohlhabenden, denn teure Weine und Liköre unterlagen nicht der Prohibition. Alles in allem war das Wodkaverbot – wenn man den geringen Rückgang des Alkoholmißbrauchs gegen die bedeutenden Verluste bei Steuereinnahmen, Inflationskontrolle, Volksgesundheit und politischer Autorität abwägt – eine Katastrophe, die nicht wenig zum Zusammenbruch des alten Regimes beitrug.

Das Grundproblem bestand allerdings darin, daß es für die Arbeiter zunehmend unmöglich wurde, ihren Lohn in Nahrung umzusetzen. Es war ein schockierendes

Paradox, daß Rußland vor dem Krieg Getreide exportiert hatte und dabei noch seine städtische Bevölkerung ernähren konnte, jedoch im Krieg, als alle Exporte eingestellt waren, selbst die Ernährung der Bevölkerung nicht immer gewährleisten konnte. Das Problem war weniger die landwirtschaftliche Produktion als die Verteilung und der Warenaustausch. Teilweise lag es an den chronisch unterbrochenen Verkehrswegen. Während die Eisenbahnen nach Plan von Osten nach Westen fuhren, um der Armee Nachschub zu liefern, wurden die Nahrungsmittel für die wichtigsten Industriezentren vom Süden in den Norden transportiert, und weil die Armee immer Vorrang hatte, blieben diese Lieferungen häufig liegen und verrotteten auf Nebengleisen, während sie auf eine Lokomotive warteten, die sie nach Moskau oder Petrograd bringen sollten. Teilweise hing das Ganze aber auch mit der Verlagerung von kommerziellen Landwirtschaftsbetrieben auf bäuerliche zusammen. Die großen Güter und kommerziellen landwirtschaftlichen Betriebe waren durch den Krieg schwer getroffen. Mit der Einberufung der Soldaten fehlte es ihnen an Lohnarbeitern, während die Verlagerung der Industrie auf Rüstungsgüter Engpässe bei Werkzeug und Maschinen verursachte. Alles in allem nahm die landwirtschaftliche Produktion zwar nicht ab, doch wurden große Teile des Gutsherrenlands an wohlhabendere Bauern verpachtet, die weniger unter Arbeitsmangel litten (die Armee holte generell nur die überzählige Bauernbevölkerung) und sich im allgemeinen ihr primitives Werkzeug selbst anfertigten. So reduzierten beispielsweise die privaten Gutsbetriebe der zentralen landwirtschaftlichen Zone zwischen 1913 und 1916 die bearbeitete Fläche von 21 auf 7 Millionen Desjatinen, während die Bauernhöfe die ihre von 47 auf 64 Millionen Desjatinen vergrößerten. Mehrere Jahre vor der Agrarrevolution von 1917/18 war das Sterben der adligen Gutsbetriebe und ihr Ersatz durch Bauernhöfe bereits voll in Gang.

Diese Verlagerung auf Kleinbetriebe führte zu einer Senkung der Getreiderate für den Markt, da die meisten Bauern nur für die Bedürfnisse ihres eigenen Betriebs produzierten und gewöhnlich nur einen kleinen Teil ihrer Ernte verkauften. Der sich verstärkende Mangel an Verbraucherwaren auf dem Lande – und deren inflationäre Preise – förderten noch diese Tendenz zur Autarkie. Von 1913 bis 1915 ging der bäuerliche Anteil an Getreide, der auf dem Markt verkauft wurde, von 16 auf 9 Prozent zurück. Weil immer weniger für Geld zu kaufen war, wechselten die Bauern zunehmend von Produkten, die für den Verkauf bestimmt waren (Weizen, Gerste und Zuckerrüben), zu solchen für den Eigenbedarf (Roggen, Hafer und Kartoffeln). Sie aßen mehr, fütterten ihr Vieh besser, füllten ihre Scheunen auf und brannten lieber Wodka aus ihrem Korn, als daß sie es bei sinkendem Gewinn auf dem Markt verkauften. Einige Kleinbauern stellten ihre Produktion auch auf Heimarbeit um (Wolle, Felle und Baumwolle) und wurden so nahezu autark. Viele Bauern hatten noch nie so gut gelebt wie auf dem Höhepunkt des Krieges. Selbst ihre Kühe waren besser genährt als viele Arbeiter in der Stadt.[75]

Im August 1915 bildete die Regierung aus Sorge über die wachsenden Probleme bei der Versorgung der Städte mit Nahrungsmitteln einen Sonderrat mit umfassenden Vollmachten für den Kauf von Getreide zu Festpreisen durch lokale Kommissionäre. Doch der Versuch, den Markt zu kontrollieren, schreckte die Bauern nur noch mehr davon ab, ihr Getreide zu verkaufen: Die unregulierten Preise von Textilien stiegen jetzt viel schneller als die festen Nahrungsmittelpreise. Es war eine »Scherenkrise«. Auf den Moskauer Märkten zum Beispiel stieg der Preis für Roggen in den beiden ersten Kriegsjahren um 47 Prozent, während der Preisanstieg für ein Paar Stiefel bei 334 Prozent und der für eine Schachtel Streichhölzer sogar bei 500 Prozent lag.[76] Es entwickelte sich ein Wirtschaftskrieg, da die Bauern ihre Lebensmittel vom Markt abzogen und die Regierung zu immer stärkeren Zwangsmaßnahmen griff, um ihnen Vorräte abzulocken. Im November 1916 schließlich, als die Nahrungsmittelversorgung der Armee und der Städte ein kritisches Niveau erreicht hatte, führte die Regierung ein System der Zwangsrequisition ein, ähnlich dem der Provisorischen Regierung. Doch wenn sie nicht einen massiven Terrorstaat errichten wollte, wie es die Bolschewiki mit ihrer »Nahrungsdiktatur« machen sollten, erwies es sich als unmöglich, den Bauern Getreide abzuzwingen. Nur die Schwarzmarkthändler (die Zugriff auf schwer erhältliche Waren hatten) und die Soldaten (die mit ihren Uniformstiefeln und -mänteln handeln konnten) schafften es, die Bauern zu überreden, ihre Scheunen zu öffnen.

Seit dem Herbst 1915 erlebten die Städte des Nordens wachsende Nahrungsmittelknappheit. Vor den Bäckereien und Metzgereien standen lange Schlangen. Nach einer zehnstündigen Schicht in den Fabriken stellten Frauen Klappstühle und Bänke auf, um in einer Warteschlange für jämmerlich geringe Mengen Brot oder Zucker anzustehen. Im folgenden Herbst brachten sie bereits ihre Betten mit, um vor den Lebensmittelgeschäften zu schlafen, denn viele kleine Geschäfte schlossen aus Mangel an Vorräten, und so hatten sie häufig keine Zeit, am selben Abend durch die Stadt zu laufen und wieder heimzukehren. Am Vorabend der Ereignisse von 1917 verbrachte eine arbeitende Frau in Petrograd vermutlich im Durchschnitt vierzig Stunden in der Woche damit, für Lebensmittel anzustehen.[77] Besonders die Schlangen für Brot wurden zu einer Art politischem Forum oder Klub, wo Gerüchte, Informationen und Ansichten ausgetauscht wurden. Just in diesen Warteschlangen begann sich die Straße für die kommende Revolution zu organisieren. Die Februarrevolution wurde in der Brot-Warteschlange geboren. Sie begann, als eine Gruppe Textilarbeiterinnen auf der Wyborger Seite von Petrograd des Wartens müde wurde und wegging, um ihre Männer in den benachbarten Metallfabriken aufzufordern, sich einem Protestmarsch ins Zentrum der Stadt anzuschließen.

Die schlimmsten Folgen hatte die ökonomische Krise für Niedriglohnempfänger. Gelernte Metallarbeiter erhielten bei der großen Nachfrage in Munitionsfabriken bis 1916 eine durchschnittliche Reallohnsteigerung von 30 Prozent. Ungelernte Arbeiter und kleine Beamte mit festen Gehältern wie Lehrer, Bürodiener und

Polizisten mußten dagegen feststellen, daß ihre Löhne hinter den steigenden Kosten für Ernährung und Mieten immer weiter zurückfielen. Zwischen 1914 und 1916 sank die Kalorienzufuhr bei ungelernten Arbeitern um ein Viertel, während sich die Kindersterblichkeit verdoppelte, die Kriminalitätsrate verdreifachte und die Zahl der Prostituierten um das Vier- bis Fünffache zunahm. Aus Petrograd, wo er seit Beginn des Krieges wohnte, schrieb Gorki im November 1915 an Jekaterina:

> *Wir bekommen bald eine Hungersnot. Ich rate Dir, zehn Pfund Brot zu kaufen und es zu verstecken. In den Vororten von Petrograd kannst Du gutgekleidete Frauen auf den Straßen betteln sehen. Es ist sehr kalt. Die Menschen haben kein Brennmaterial für ihre Öfen. Hier und da reißen sie nachts Holzzäune ein. Was ist mit dem Zwanzigsten Jahrhundert geschehen! Was ist mit der Zivilisation geschehen! Die Anzahl von Kinderprostituierten ist erschreckend. Wenn man nachts irgendwohin geht, sieht man sie die Trottoirs entlangschlurfen, wie Kakerlaken, blau vor Kälte und Hunger. Am letzten Dienstag sprach ich eine an. Ich legte etwas Geld in ihre Hand und eilte weg, in Tränen, in einer solchen Traurigkeit, daß ich am liebsten den Kopf gegen die Wand geschlagen hätte. Zur Hölle mit allem, wie schwer ist das Leben doch geworden.*[78]

Nach einem Jahr des industriellen Friedens brach der Krieg zwischen Arbeit und Kapital im Sommer 1915 erneut mit einer Serie von Streiks aus. Zunächst waren es meist kleinere Arbeitsniederlegungen wegen der Bezahlung und den Arbeitsbedingungen, doch allmählich wuchsen sie sich zu größeren politischen Streiks aus, als den Arbeitern immer deutlicher wurde, daß der einzige Weg, um ihre wirtschaftliche Misere zu beheben, darin bestand, den Krieg zu beenden und die Regierung zu wechseln. Die wichtigsten Jahrestage im revolutionären Kalender – der Blutsonntag am 9. Januar, der Internationale Frauentag am 23. Februar und der Tag der Arbeit am 18. April (1. Mai) – wurden feste Daten für Streiks und Kundgebungen im ganzen Land. Gewöhnlich begannen sie mit dem Ruf nach Brot, gingen dann aber über zur Forderung nach einem Achtstundentag, der Beendigung des Krieges und dem Sturz des Zaren.

Die revolutionären Parteien spielten bei diesen Streiks nur eine untergeordnete Rolle. Zwar waren einige der größten und militantesten Streiks von 1916, zum Beispiel der in der Neuen Lessner-Fabrik im Frühjahr, weitgehend der Führung der Bolschewistischen Partei zu verdanken, deren Organisation sich allmählich wieder festigte. Schljapnikow, der im Herbst 1916 nach Rußland zurückkehrte, schätzte, daß die Partei Anfang 1917 etwa 10 000 Mitglieder hatte, davon allein 3000 in Petrograd. Gorkis Wohnung am Kronwerkski-Prospekt war ein »einzigartiges Zentrum« der revolutionären Untergrundorganisation, und Schljapnikow besuchte sie täglich, um die neuesten Informationen zu erhalten. Die wahren

Streikführer waren jedoch die Facharbeiter und die Arbeiter mit Schulbildung, wagemutige junge Männer in den Zwanzigern und Dreißigern wie Kanattschikow, wenn auch die meisten, anders als er, nicht einer politischen Partei angehörten. Zwar war für viele Arbeiter im Krieg der Reallohn gestiegen, doch lehnten sie die riesigen Kriegsgewinne ihrer Arbeitgeber ab;* mehr und mehr bestimmte das ihr Gefühl der Klassensolidarität mit den ungelernten Arbeitern, viele von ihnen frisch vom Lande zugewandert, die ihnen in den Industriekampf folgten.[79] Hier waren die namenlosen Führer der Massen in den Februartagen in Petrograd zu finden.

Es hatte eine Zeit gegeben, in der solche Helden der Arbeiterklasse dem Aufruf der Menschewiki gefolgt wären, sich der Arbeitergruppe anzuschließen – einer im Herbst 1915 eingerichteten Beigabe der Kriegsindustrie-Komitees. Ihr Ziel war es, die Streiks zu beenden, indem sie Vertretern der Arbeiter die Chance bot, sich mit ihren Arbeitgebern an einen runden Tisch zu setzen und ihre Beschwerden zu artikulieren. Die Arbeitergruppe stellte das perfekte Produkt jener liberaldemokratischen, 1915 noch so lebendigen Hoffnung dar, daß eine breite Front aller Klassen die Nation zum Sieg und die Regierung zu Reformen lenken könnte. Zwar war noch immer eine große Anzahl Arbeiter bereit, den Weg der Versöhnung zu versuchen, besonders in den großen staatlichen Munitionsfabriken, in denen der menschewistische Einfluß stark geblieben war. Doch anderswo kümmerte sich kaum die Hälfte der Arbeiter darum, Fabrikdelegierte in die Arbeitergruppe zu wählen, was aber vermutlich mehr mit ihrer allgemeinen Apathie zusammenhing als damit, daß sie die Aufrufe der Bolschewiki oder der Sozialrevolutionäre zum Boykott der Wahlen bewußt befolgt hätten. In jedem Fall zeigte sich, daß ihr mangelnder Enthusiasmus gerechtfertigt war, da es der Arbeitergruppe nicht gelang, auch nur eine ihrer Hauptforderungen durchzusetzen – einen nationalen Arbeiterkongreß und ein System von Schlichtungsausschüssen, die bei den Arbeitskämpfen vermitteln sollten. Grund dafür war, daß ein Block von Unternehmern und Bürokraten die Arbeitergruppe dominierte und kontinuierlich von der Idee abrückte, der Arbeiterklasse Zugeständnisse zu machen. Die Arbeitergruppe, deren Schlichtungspolitik somit in den Augen der Arbeiter diskreditiert war – sie wandten sich zunehmend militanten Streiks zu –, sah sich in einer immer tieferen Kluft zwischen den beiden Fronten des industriellen Kriegs gefangen. Da sie die Streiks nicht länger abwenden konnte, beschloß sie, sich ihnen im Herbst 1916 mit einer Losung anzuschließen, die nach einer »revolutionären provisorischen Regierung« rief.[80]

Am 17. Oktober legten die Arbeiter der Neuen Lessner-Fabrik und von Renault Rußland auf der Wyborger Seite von Petrograd ihre Arbeit nieder, gingen auf die Straße und sangen revolutionäre Lieder. Als sie sich den Kasernen des 181. Infanterieregiments näherten, rückte die Polizei mit Säbeln und Peitschen gegen sie vor.

* Die großen Metallfabriken Petrograds, um nur das extremste Beispiel zu nennen, konnten ihren Reingewinn während des Krieges um das Fünffache steigern.

Die Soldaten, die den Demonstranten durch den Kasernenzaun zugesehen und zugejubelt hatten, kamen heraus, um sie zu verteidigen, indem sie Steine und Ziegel auf die Polizei warfen, und erst nachdem ein Ausbildungstrupp berittener Kosaken auf dem Schauplatz auftauchte, wurde die Ordnung wiederhergestellt. Die militärische Führung verhaftete 130 Soldaten und verlegte das aufmüpfige Regiment aus der Hauptstadt. Doch am nächsten Tag gingen aus Solidarität mit ihnen noch mehr Arbeiter auf die Straße, und bis zum 19. Oktober hatten sich 75 000 Arbeiter von 63 Fabriken aus allen Teilen der Stadt dem politischen Streik angeschlossen.[81]

Für das Zarenregime war die Abneigung der Armee, gegen die wachsende Rebellion der Straße vorzugehen, ein bedrohliches Zeichen. Am heftigsten widersetzte sich die Petrograder Garnison, die der Quelle der revolutionären Propaganda am nächsten war. Sie bestand hauptsächlich aus älteren Reservisten, meistens Familienvätern, und evakuierten Verwundeten von der Front, vielleicht den beiden stärksten Antikriegs-Gruppen in der ganzen Armee, was den Beschluß des Regimes, sich im Falle einer Revolution nahezu ausschließlich auf sie zu stützen, um so verhängnisvoller machte. Die militärische Führung hatte offensichtlich keine Ahnung von den Gefühlen der Soldaten. Die Geheimpolizei hatte ihre Agenten, die über die politische Stimmung berichteten, in nahezu jeder zivilen Institution, jedoch – kaum zu glauben – keinen in der Armee selbst, die man der winzigen Abteilung des Armee-Geheimdienstes überlassen hatte. Als Generalmajor Chabalow, Chef des Petrograder Militärbezirks, kurz vor der Februarrevolution über die Zuverlässigkeit seiner Garnisonstruppen befragt wurde, versicherte er Protopopow, daß sie alle Befehle ausführen würden. Selbst die Empfehlung des Innenministers, einige unzuverlässige Einheiten aus der Hauptstadt zu entfernen, lehnte er ab. Oberst Engelhardt dagegen, ein Oktobristen-Abgeordneter der Duma, der Chabalow schon bald als Militärkommissar der Provisorischen Regierung ersetzen sollte, behauptete von den Reservisten der Petrograder Garnison, sie seien nichts als »bewaffneter Mob« und eher »feuergefährliches Material als eine Stütze des Regimes«. Viktor Schklowski, der in einer der bewaffneten Abteilungen der Garnison als Ausbilder diente, bemerkte, die Rasputin-Affäre habe bei den Soldaten die Loyalität zum Zaren endgültig zerstört. Sie verachteten die Polizei – die sie »Zweikopekenleute« (*semischniki*) nannten, weil sie glaubten, daß sie für jeden Verhafteten zwei Kopeken bekämen –, und alle erwarteten die Revolution als »eine feststehende Tatsache – jeder wußte, sie würde kommen«.[82]

Die Petrograder Garnison war nicht der einzige unzuverlässige Teil der Armee. In vielen Einheiten an der Nord- und an der Westfront und noch mehr in den Garnisonen im Hinterland verfiel die Disziplin der Truppen rapide. Immer häufiger weigerten sich Soldaten, in Angriffsstellung zu gehen, verbrüderten sich mit dem Feind, wiesen die Autorität ihrer Offiziere zurück, in denen sie, die doch als Bauern erpicht darauf waren, auf ihre Bauernhöfe zurückzukehren, jetzt deutlicher denn je ihren alten Klassenfeind, den Gutsbesitzer in Uniform, sahen. Nur an der

Südwestfront, 1600 Kilometer von der Hauptstadt der Revolution entfernt, gab es ganze Armee-Einheiten, auf die sich das zaristische Regime ohne weiteres verlassen konnte. Doch selbst dort empfing Brussilow, der Frontkommandeur, regelmäßig nicht unterschriebene Briefe von seinen Soldaten, die ihn warnten, sie »wollten nicht mehr kämpfen, und wenn nicht bald Frieden geschlossen würde, werde man mich umbringen«.[83]

Als der dritte und bei weitem kälteste Kriegswinter einbrach, nahm die Moral der Soldaten eine plötzliche Wende zum Schlechteren. Nun handelte es sich nicht länger um eine Versorgungskrise: Wenigstens die Versorgung mit Kleidung und Munition hatte sich, dank der steigenden heimischen Produktion und der Bestellungen im Ausland, seit dem Vorjahr verbessert, um die Ernährung allerdings stand es schlecht wie eh und je. Inzwischen war das Ganze eher eine Krise der Autorität, der äußersten Verzweiflung und Erschöpfung: Für die Soldaten war kein Ende des Gemetzels abzusehen, solange die gegenwärtige Regierung im Amt blieb. Wie ein Soldat im November 1916 seiner Frau schrieb:

*Jeder gibt vor, daß der Krieg bald zu Ende geht und der langersehnte Frieden kommt, aber das alles nur, um uns bei Laune zu halten. Die Menschen sind so erschöpft und kaputt, sie haben so viel gelitten, daß sie nichts anderes mehr tun können, als zu verhindern, daß ihnen das Herz bricht und sie den Verstand verlieren ... Vielleicht habe ich unrecht, vielleicht verstehe ich nicht die Stimmung der Leute, und es scheint mir nur so zu sein, weil ich selbst erschöpft bin und mir in den letzten Tagen deutlich geworden ist, daß ich in all diesem Chaos den Verstand verlieren könnte ... Ljulja, ich habe Dir all das geschrieben, damit Du verstehen kannst, was für einen Mann Du liebst.*[84]

# TEIL III
# REVOLUTION IN RUSSLAND
# (FEBRUAR 1917 – MÄRZ 1918)

# 8 DER RUHMREICHE FEBRUAR

## DIE MACHT DER STRASSE

Mit dem Brot fing es an. Mehrere Wochen lang waren den Bäckereien in Petrograd die Vorräte ausgegangen, vor allem in den Arbeitervierteln, und so bildeten sich lange Warteschlangen nach Brot. Das Problem waren nicht etwa mangelnde Vorräte. Nach Aussage von Balk, dem Gouverneur der Stadt, führten die Lager genügend Mehl, um die Bevölkerung für mindestens eine Woche zu ernähren, als sich das, was mit einer Serie von Brotkrawallen begonnen hatte, zu einer Revolution auswuchs. Die Geschäfte quollen wahrlich nicht über – ging doch bereits der dritte Kriegswinter dem Ende zu, und die Verknappung war allgemein zu spüren. Brötchen, Piroggen, Kuchen und Kekse wurden nicht mehr gebacken. »In den Geschäften gibt es nicht mehr dieses breite Sortiment an Waren und Lebensmittelvorräten«, schrieb ein Engländer am 13. Februar nach Hause. »Und die feinen Torten in den Restaurants werden aufgrund des Zuckermangels nicht mehr hergestellt.« Außerdem erlebte Rußland den kältesten Winter seit mehreren Jahren. In Petrograd betrug die Durchschnittstemperatur im Februar 15 Grad unter Null. »Hier ist es so kalt wie in Lappland«, schrieb Gorki am 4. Februar an Jekaterina. Arktische Fröste und Schneestürme hatten den Eisenbahnverkehr so gut wie lahmgelegt. Fabriken wurden geschlossen. Tausende vorübergehend entlassene Arbeiter trieben sich auf den Straßen herum.[1]

Das war es auch, was das Nachschubproblem zu einer Krise machte. Mit dem Zusammenbruch des Verkehrssystems war Petrograd von regelmäßigen Lieferungen von Mehl und Brennmaterial abgeschnitten. Aus Mangel am einen oder anderen mußten die Bäckereien häufig schließen. Frauen standen die ganze Nacht für einen Laib Brot an, nur um in den frühen Morgenstunden zu erfahren, daß es an diesem Tag keines zu kaufen gab. Die ständigen Unterbrechungen in der Brotversorgung schürten natürlich Gerüchte in den Warteschlangen. Die Leute behaupteten, »Spekulanten« und »Kapitalisten« – was in der fremdenfeindlichen Atmosphäre des Kriegs gewöhnlich soviel wie deutsche oder jüdische Kaufleute bedeutete – trieben bewußt die Brotpreise nach oben, indem sie Vorräte zurückhielten. Viele beschuldigten die Regierung (war nicht auch sie voller Deutscher?). Selbst gebildete Liberale neigten dazu, die Engpässe als üble Machenschaften einer verräterischen Regierung anzusehen. Am 19. Februar kündigte die Petrograder Stadtverwaltung an, daß Brot vom 1. März an rationiert werde. Gerüchte kursierten, wonach es bald überhaupt keine Brotvorräte mehr geben würde und die Arbeitslosen ihrem Hunger überlassen blieben. Bei den Hamsterkäufen, die darauf folgten, wurden die Regale geleert, es gab Handgemenge, und in mehreren Bäkkereien wurden die Fenster eingeschlagen.[2]

Am Donnerstag, dem 23. Februar, stieg die Temperatur in Petrograd auf frühlingshafte 5 Grad unter Null. Die Menschen erwachten aus ihrem Winterschlaf, um die Sonne zu genießen und sich an der Jagd nach Nahrungsmitteln zu beteiligen. Auf dem Newski-Prospekt wimmelte es von Leuten, die etwas kaufen wollten. Das milde Wetter sollte bis zum 3. März anhalten – dem Tag, an dem das zaristische Regime stürzte. Nicht zum ersten Mal in der russischen Geschichte spielte das Wetter eine entscheidende Rolle.

Der 23. Februar war der Internationale Frauentag, ein wichtiges Datum im sozialistischen Kalender, und gegen Mittag begannen Frauen in großen Scharen ins Stadtzentrum zu marschieren, um für Gleichberechtigung zu demonstrieren. Nach Balks Beschreibung handelte es sich dabei um »Damen der Gesellschaft, noch mehr Bauersfrauen, Studentinnen und im Vergleich zu früheren Demonstrationen weniger Arbeiterinnen«. Fotos zeigen, daß die Frauen guter Laune waren, als sie über den Newski-Prospekt marschierten.

Am Nachmittag begann die Stimmung jedoch umzuschlagen. Textilarbeiterinnen aus dem Wyborg-Bezirk hatten an jenem Morgen aus Protest gegen die Brotknappheit einen Streik begonnen. Gemeinsam mit den Arbeitern der benachbarten Metallfabriken waren sie ins Stadtzentrum marschiert, hatten unterwegs Arbeiter anderer Fabriken mitgezogen, manchmal sogar zum Mitgehen gezwungen, und immer wieder »Brot!« und »Nieder mit dem Zaren!« skandiert. Am Spätnachmittag befanden sich etwa 100 000 Arbeiter im Streik. Es kam zu Zusammenstößen mit der Polizei, als die Arbeiter versuchten, die Litejny-Brücke zu überqueren, die die Wyborger Seite mit dem Stadtzentrum verbindet. Da sie zurückgedrängt wurden, gingen die meisten Arbeiter auseinander und kehrten nach Hause zurück, wobei einige unterwegs Geschäfte plünderten. Doch mehrere tausend überquerten den Fluß auf dem Eis und marschierten zum Newski-Prospekt, wo sie sich den Frauen mit dem Ruf »Brot!« anschlossen. Am dichtesten drängte sich die Menge um die Stadtduma. Balks Kosaken konnten sie nicht vertreiben und ließen auch wenig Bereitschaft erkennen, das zu tun: Sie ritten auf die Frauen zu, um kurz vor ihnen anzuhalten und zurückzuweichen. Später stellte sich heraus, daß die meisten Kosaken Reservisten waren, ohne Erfahrung im Umgang mit Menschenansammlungen und auf Pferden, die noch nicht die Straßen der Großstadt gewohnt waren. Versehentlich waren sie nicht mit den üblichen Peitschen ausgerüstet worden, was sich als verhängnisvoller Fehler der Führung erweisen sollte. Denn diese zur Schau gestellte Schwäche der Kosaken ermutigte die Arbeiter an den folgenden Tagen.[3]

Am nächsten Morgen schien die Sonne. Arbeiter in der ganzen Stadt hielten Fabrikversammlungen ab und beschlossen auf Drängen sozialistischer Agitatoren, erneut ins Stadtzentrum zu marschieren. Viele bewaffneten sich mit Messern, Schraubenschlüsseln, Hämmern und Eisenstangen, teils, um sich den Weg freizukämpfen, vorbei an den Kosaken- und Polizeischwadronen, die über Nacht in die Stadt verlegt worden waren, um ihnen den Weg zu verstellen, teils, um die mit reichen Vorräten versehenen Lebensmittelgeschäfte der wohlhabenden Innenstadtbezirke zu plündern. Das Ganze hatte etwas von einer Armee hungriger Arbeiter an sich, die in den Krieg zogen. »Genossen«, drängte ein Fabrik-Agitator, »wenn wir auf rechtmäßige Weise keinen Laib Brot bekommen können, dann bleibt uns nichts anderes übrig, als unser Problem mit Gewalt zu lösen ... Genossen, bewaffnet euch mit allem, was Ihr habt – Bolzen, Schrauben, Pflastersteinen. Kommt raus aus der Fabrik und schlagt dem erstbesten Geschäft die Scheiben ein.«

Am späten Vormittag waren etwa 150 000 Arbeiter auf die Straße gegangen. Sie zogen zu den Brücken, die die Industrievorstädte mit dem Verwaltungszentrum der Stadt verbinden. Einige warfen Fensterscheiben ein, plünderten Geschäfte und stürzten Straßenbahnen und Wagen um. An der Litejny-Brücke überrannte eine Menge von 40 000 Wyborger Arbeitern eine kleine Kosakenbrigade, die offensichtlich nicht auf sie vorbereitet war. »Und mir hat keiner gesagt, daß es eine Revolution gibt!« soll ein Polizist ausgerufen haben, als er die riesige Arbeiterarmee anrücken sah. Auf der Troizki-Brücke kämpften sich die Arbeiter an der berittenen Polizei vorbei und bewarfen sie mit Eisbrocken und Pflastersteinen. Riesige Menschenmengen strömten auf dem Newski-Prospekt zusammen. Die berittenen Kosaken waren nicht in der Lage, sie auseinanderzutreiben: Immer wieder ritten sie quer über die Straßen und auf die Bürgersteige und zwangen so die Demonstranten auseinanderzulaufen, aber sobald sie anhielten, schlossen sich die Arbeiter wieder zusammen und begannen sich ihnen zu nähern, boten ihnen Brot an und redeten auf sie ein. In diesem Stadium erhielten die Arbeitermassen Verstärkung durch Studenten, Ladenbesitzer, Bankangestellte, Taxifahrer, Kinder, gutgekleidete Damen und Herren – teils Sympathisanten, teils bloß Schaulustige. Balk schrieb über die Menge auf dem Newski-Prospekt, es habe sich um »einfaches Volk« gehandelt. Auf den Straßen herrschte Feiertagsstimmung, sicher auch wegen des schönen Wetters. Ein Augenzeuge verglich das Schauspiel mit »einem gewaltigen Zirkus«. Arthur Ransome, damals Korrespondent für die *Daily News*, beschrieb die Atmosphäre dieses Tages als »ziemlich bedrohlich erregt wie an einem Feiertag mit Gewitter in der Luft«. Auf dem Snamenskaja-Platz gab es einen Massenauflauf. Revolutionäre Redner eroberten sich die Reiterstatue Alexanders III., dieses furchteinflößende Monument autokratischer Prinzipien. Nur wenige in der Menschenmenge konnten hören, was sie sagten, aber das spielte keine Rolle. Das Volk wußte, was es hören wollte, und allein schon diesen tapferen Akt der freien Rede zu sehen – von einem solchen Denkmal herab und vor den Augen der Polizei – genügte, um ihnen die Gewißheit zu geben: Hier fand eine Revolution statt. Später an diesem Abend, nachdem die Massen sich schließlich verzogen hatten, fand die Polizei das Wort »NILPFERD« – den volkstümlichen Spitznamen der Statue – in großen Buchstaben auf dem Sockel eingraviert.[4]

Ermutigt von der Tatsache, daß keine energischen Gegenmaßnahmen getroffen wurden, gingen am nächsten Tag, am Samstag, dem 25. Februar, noch größere Menschenmengen auf die Straßen, was faktisch einem Generalstreik gleichkam. Alle größeren Fabriken der Stadt standen still, weil sich etwa 200 000 Arbeiter an den Demonstrationen beteiligten. Es erschienen keine Zeitungen. Straßenbahnen und Taxis waren kaum zu sehen. Viele Geschäfte und Restaurants machten zu. Alle möglichen Menschen schlossen sich den Reihen der ins Stadtzentrum marschierenden Arbeiter an. Balk meinte, die Bewegung »trage den Charakter einer Volkserhebung«. Verglichen mit den beiden vorangegangenen Tagen, hatten die Demonstrationen jetzt einen eher politischen Charakter. Rote Fahnen und Banner tauchten auf, und in den Losungen wurde nun nicht so sehr nach »Brot!« als nach dem Sturz der Autokratie gerufen: »Nieder mit dem Zaren!« und »Nieder mit dem Krieg!« lauteten jetzt die Hauptforderungen.

Erneut kam es zu Zusammenstößen mit der Polizei, als die Demonstranten versuchten, die Brücken zu überqueren, die die Vororte mit dem Stadtzentrum verbinden. An der Litejny-Brücke unternahm der Polizeichef, Schalfejew, einen letzten verzweifelten Versuch, die Menge dadurch aufzuhalten, daß er in sie hineingaloppierte. Die Marschierer wichen zur Seite und schlossen dann wieder die Reihen um Schalfejew herum, der sich noch seinen Rückzug zu erzwingen versuchte, indem er nach allen Seiten mit seiner Peitsche hieb. Doch die Demonstranten zerrten ihn vom Pferd, ein Arbeiter schlug ihn mit einer Holzlatte zu Boden, ein anderer ergriff Schalfejews Revolver und schoß ihm ins Herz. Keiner der Kosaken, die die Brücke verteidigten, machte Anstalten einzuschreiten.

Gewalttätige Zusammenstöße mit der Polizei, verbunden mit den Bemühungen der Demonstranten, die Soldaten für sich zu gewinnen – das wurde immer häufiger das Muster, als die Massen das Stadtzentrum übernahmen. Die Polizisten gehörten zu »denen« – sie waren verhaßte Handlanger des Regimes. Das Volk nannte sie »Pharaos« (so, wie manche heute die Polizisten »Bullen« schimpfen), und niemand zweifelte daran, daß die Polizei bis zuletzt kämpfen würde.* Die Soldaten dagegen wurden als »unsere« angesehen – als Bauern und Arbeiter in Uniform –, und es bestand die Hoffnung, sie würden sich auf die Seite des Volks schlagen, falls ihnen befohlen würde, gegen die Menge Gewalt einzusetzen. Als sich dann abzeichnete, daß das tatsächlich geschah – am Zögern der Soldaten, die Demonstranten auseinanderzutreiben, am Ausdruck auf ihren Gesichtern oder

* Es ging das Gerücht, Protopopow habe den Polizisten für jede Wunde, die ihnen von der Menge zugefügt würde, 500 Rubel versprochen.

# DRAMATIS PERSONAE

29 General Brussilow im Jahr 1917, kurz nach seiner Ernennung zum Oberbefehlshaber der russischen Armee.

30 Maxim Gorki im Jahr 1917. »Es war unmöglich, mit Gorki zu streiten. Man konnte ihn von nichts überzeugen, denn er verfügte über eine erstaunliche Fähigkeit: nicht auf das zu hören, was er nicht mochte, und nicht zu antworten, wenn eine Frage gestellt wurde, auf die er keine Antwort hatte.« (Nina Berberowa). Zweifellos war es diese Fähigkeit, die es Gorki ermöglichte, in Lenins Rußland zu leben.

31 Fürst Lwow, der erste Premierminister
des demokratischen Rußlands, im März 1917.
Im Verlauf seiner vier Amtsmonate wurde sein Haar weiß.

32 Sergej Semjonow im Jahr 1917.
Der Bauernaktivist war in seinem Heimatkreis bekannt genug, daß für dieses Porträtfoto garantiert werden kann.

33 Dmitri Oskin (in der Mitte sitzend) mit dem Tulaer Militärkommissariat im Jahr 1919. Die Geschichte seines Aufstiegs vom Bauern zu einem der Führer der Roten Armee schilderte er in zwei autobiographischen Büchern von 1926 und 1931.

34 Alexander Kerenski im Jahr 1917.
Dies ist nur eines von vielen Kerenski-Fotos, die im Postkartenformat im Volk zirkulierten und Teil des Personenkults um ihn waren.

35 Lenin hält eine flammende Rede an die Menge (1918).
Der Fotograf Pjotr Ozup war einer der Pioniere des sowjetischen Bildjournalismus.

36 Trotzki in der Peter-Pauls-Festung (1906). Selbst im Gefängnis legte Trotzki Wert auf gute Kleidung. Nach Isaak Deutscher gleicht er hier eher einem »wohlhabenden *fin-de-siècle*-Intellektuellen aus Westeuropa, der sich gerade zu einem formellen Empfang begeben will, als einem Revolutionär, der in der Peter-Pauls-Festung auf seinen Prozeß wartet. Lediglich die Nüchternheit der nackten Wand und das Guckloch in der Tür geben einen Hinweis auf den realen Hintergrund.«

37 Alexandra Kollontai im Jahr 1921, als sie ihr Schicksal mit dem der Arbeiteropposition verband. Kollontais Bruch mit Lenin war besonders bedeutsam, weil sie die einzige hochrangige Bolschewikin war, die Lenins *Aprilthesen* von Anfang an unterstützte.

auch durch ein gelegentliches Zwinkern zur Menge –, ging die Initiative an das Volk über. Es war ein psychologisch entscheidender Augenblick innerhalb der Revolution.[5]

Für die Offiziere wurde es immer schwieriger, ihre Leute dazu zu bringen, den Befehlen zu gehorchen. Oberst Chodnew, ein Kommandeur des Finnländischen Reserveregiments, beschwerte sich bitter über die Kosaken. Sie seien »äußerst lasch und unentschlossen«, und ihre »Untätigkeit war besonders offensichtlich, wenn sie eine Streife oder einen Zug unter dem Befehl eines jungen Feldwebels oder eines Leutnants bildeten. Mehr als einmal hörte ich sie sagen: ›Wir haben nicht mehr 1905. Wir wollen keine Peitschen tragen. Gegen die Unseren, das Volk, gehen wir nicht vor.‹« Zwar gab es einige, die immer noch bereit waren, mit Gewalt gegen die Massen vorzugehen – gewöhnlich auf eigene Faust oder auf Befehl eines Unteroffiziers, wenn sie Angst hatten oder sich provoziert fühlten. In der Nähe einer Ladenreihe am Gostiny Dwor eröffnete ein Dragonerzug das Feuer und tötete drei Menschen und verwundete zehn, während in der Nähe der Stadtduma neun weitere Demonstranten erschossen wurden. Aber immer mehr Soldaten weigerten sich, dem Schießbefehl zu gehorchen, oder sie zielten bewußt über die Köpfe der Menschen. Einige schlossen sich ihnen sogar gegen die Polizei an. Bei einem Zwischenfall auf dem Snamenskaja-Platz kamen die Kosaken der Menge zu Hilfe, als berittene Polizisten, die sich vergeblich bemüht hatten, einer roten Fahne habhaft zu werden, damit drohten, die Leute niederzuschießen. Die Kosaken ritten mit gezogenen Säbeln in die Menge und begannen die berittene Polizei zu attackieren, die daraufhin davongaloppierte, verfolgt von Steine schleudernden Demonstranten. Der Polizeichef lag tot am Boden, und sein Körper war mit Wunden von Kosakensäbeln und Revolverschüssen übersät.[6]

* * *

Selbst zu diesem Zeitpunkt, am Abend des 25. Februar, hätte die Regierung die Situation immer noch in den Griff bekommen können, trotz der zunehmend selbstbewußten Massen. Vor allem mußte sie den offenen Konflikt mit den Massen vermeiden, wie der Ministerrat bei seiner mitternächtlichen Zusammenkunft offenbar erkannte, denn andernfalls würde sie nur Öl in die Flammen gießen und eine Meuterei der Soldaten in der Garnison riskieren. Noch immer konnte sie vermuten, oder zumindest entsprechend handeln, daß sich der Zorn der Demonstranten vor allem gegen die Brotknappheit richtete und daß sie des Protests müde würden und zur Arbeit zurückkehrten, sobald dieses Problem gelöst wäre. So hatten schon mehrere Brotkrawalle in der jüngeren Vergangenheit geendet, und obgleich dieser nun bedrohlicher schien, bestand noch kein wirklicher Grund zur Annahme, er könne anders verlaufen. So dachten offenbar die sozialistischen Führer in der Hauptstadt. Nikolai Suchanow, vielleicht der berühmteste Memoirenschreiber der

Revolution, glaubte, bis dahin seien es nur »›Unruhen‹« gewesen, »aber noch keine Revolution«.[7]

Doch alle Chancen, die es gegeben haben mag, um der Unruhen Herr zu werden, wurden noch am selben Abend durch den Zaren zunichte gemacht. Nachdem man ihn im Hauptquartier in Mogiljow über die Situation informiert hatte, sandte er ein Telegramm an General Chabalow, den Leiter des Petrograder Militärdistrikts, und befahl ihm, unter Einsatz des Militärs »die Unruhen bis morgen zu unterdrücken«.[8] Nichts hätte besser illustrieren können, wie sehr der Zar den Bezug zur Realität verloren hatte, noch hätte es eine bessere Garantie für den Ausbruch der Revolution geben können. Fairerweise muß jedoch gesagt werden, daß Nikolai von Anfang an schlecht beraten worden war. Er hatte die Hauptstadt am 22. Februar verlassen, um nach Mogiljow zu fahren, nachdem ihm Protopopow versichert hatte, es gäbe keinen Grund zur Beunruhigung. Seitdem hatten die Polizei und Chabalow den Ernst der Lage in ihren Berichten an Nikolai heruntergespielt: es war ihnen peinlich, zugeben zu müssen, daß das Ganze ihrer Kontrolle entglitten war. Somit hatte der Zar kaum eine Ahnung von dem prekären Gleichgewicht der Kräfte oder dem Risiko, das der Einsatz von Gewalt bedeutete, als er seinen verhängnisvollen Befehl an Chabalow schickte. Andererseits verlangte es sein Amt zu wissen, was in der Hauptstadt vorging, und es war die Aufgabe seiner Berater, ihn darüber zu informieren. Nur der Zar konnte den endgültigen Befehl zum Einsatz von Gewalt gegen die Massen erteilen, und war dies erst einmal geschehen, dann konnte ihn keiner seiner Berater mehr anfechten. Mit anderen Worten, wenn das Regime stürzte, weil die interne Kommunikation nicht mehr funktionierte, dann bleibt nur zu sagen, daß es seinen Sturz verdiente.

Am Sonntag morgen, dem 26. Februar, hatte sich das Zentrum von Petrograd in ein Feldlager verwandelt. Soldatenposten und bewaffnete Polizisten standen an den wichtigsten Kreuzungen und strategischen Gebäuden, Patrouillen ritten durch die Straßen, Offiziere hielten über Feldtelefon miteinander Kontakt, auf dem Schloßplatz aufgestellte Maschinengewehre waren auf den Newski-Prospekt gerichtet, und in den Seitenstraßen standen Ambulanzen bereit. Den Morgen über blieb alles ruhig: es war Sonntag, und die Leute schliefen aus. Gegen Mittag aber versammelten sich wieder riesige Arbeitermassen in den Vororten und marschierten Richtung Stadtzentrum. Als sie auf dem Newski-Prospekt zusammentrafen, feuerten Polizei und Soldaten von verschiedenen Standorten aus in die Menge. An der Kreuzung Newski- und Wladimir-Prospekt wurden mehrere Demonstranten vom Semjonowski-Regiment erschossen – demselben, das 1905 den Moskauer Aufstand niedergeschlagen hatte. Auf dem Newski, in der Nähe des Gostiny Dwor, schoß eine Ausbildungsabteilung des Pawlowski-Regiments einige Salven in die Luft und eröffnete dann das Feuer auf die Menge. Die Leute stoben auseinander, suchten hinter Gebäuden und in Geschäften Deckung, um gleich darauf wieder aufzutauchen und Steine und Eisbrocken gegen die Truppen zu schleudern.

Dutzende von Menschen wurden verwundet oder getötet. Der blutigste Zwischenfall ereignete sich auf dem Snamenskaja-Platz, wo mehr als fünfzig Personen von einer Ausbildungsabteilung des Wolynski-Regiments erschossen wurden. Es war ein schreckliches Blutbad. Ein Offizier, der seine jungen und offensichtlich nervösen Soldaten nicht dazu bringen konnte, auf die Demonstranten zu schießen, ergriff das Gewehr eines seiner Männer und begann wild in die Menge zu feuern. Unter den Toten, die später um das »Nilpferd« herum aufgehäuft wurden, befanden sich zwei Soldaten dieses Regiments, die sich auf die Seite des Volks geschlagen hatten.[9]

Dieses Blutvergießen – Rußlands zweiter Blutsonntag – war ein kritischer Wendepunkt. Von diesem Augenblick an wußten die Demonstranten, daß sie sich in einem Kampf auf Leben und Tod mit dem Regime befanden. Doch nun, da das Schlimmste passiert war und einige ihrer Kameraden getötet worden waren, fürchteten sie paradoxerweise weniger um ihr eigenes Leben. Was die Soldaten betrifft, so standen sie jetzt vor der Wahl zwischen ihrer moralischen Pflicht gegenüber dem Volk und ihrem Treueeid gegenüber dem Zaren. Folgten sie ersterer, so würde es eine regelrechte Revolution geben. Hielten sie sich aber an ihren Treueeid, dann gelang es dem Regime möglicherweise doch zu überleben, wie schon 1905/06.

Nach der Schießerei auf dem Newski-Prospekt brachen wütende Demonstranten in die Kaserne des Pawlowski-Regiments in der Nähe des Marsfeldes ein und beschimpften die Soldaten, weil einige ihrer Rekruten in die Menge geschossen hätten. Sichtlich erschüttert von der Nachricht, beschloß die 4. Kompanie, sofort zum Newski-Prospekt zu marschieren, um das Massaker zu beenden. »Sie schießen auf unsere Mütter und Schwestern!« lautete ihr Schlachtruf bei der Meuterei. Etwa hundert Soldaten brachen in das Waffenlager der Kaserne ein, nahmen sich dreißig Gewehre und marschierten los in Richtung Newski, um schon bald auf eine berittene Polizeipatrouille am Katharinenkanal zu treffen. Sie eröffneten das Feuer und töteten einen Polizisten. Als ihnen die Patronen ausgingen, beschlossen sie, in die Kaserne zurückzukehren und die restlichen Soldaten zu holen. Doch dort warteten schon Chabalows Truppen auf sie, entwaffneten sie und stellten sie unter Arrest. 19 Rädelsführer wurden verhaftet und in die Peter-Pauls-Festung gesperrt. Sie sollten die letzten Gefangenen dort sein – zumindest unter dem zaristischen Regime.[10]

Für repressive Maßnahmen war es in diesem Stadium allerdings zu spät. Sämtliche Gefängnisse Rußlands zusammengenommen hätten nicht ausgereicht für die Revolutionäre auf den Straßen. Die Ausbildungsabteilung des Wolynski-Regiments, die in die Schießerei auf dem Snamenskaja-Platz verwickelt war, kehrte wie ihre Kameraden vom Pawlowski-Regiment am Abend in ihre Kaserne zurück, voller Zweifel und Reue über das, was sie getan hatten. Einer der Soldaten behauptete, er habe seine eigene Mutter unter den Menschen erkannt, die sie getötet hatten. All diese jugendlichen Rekruten waren durch das Massaker schwer erschüttert, und es bedurfte keiner großen Überredungskunst von ihrem jungen Feldwebel, einem Bauern wie Oskin namens Sergej Kirpitschnikow, sie zu einem eigenen Protest zu bewegen. Kirpitschnikow erinnerte sich:

*Ich sagte ihnen, es wäre besser, ehrenvoll zu sterben, als auch nur einem weiteren Befehl zu gehorchen und in die Menge zu schießen: »Unsere Väter, Mütter, Schwestern, Brüder und Bräute bitten um Brot«, sagte ich. »Sollen wir sie töten? Habt Ihr heute das Blut auf den Straßen gesehen? Ich meine, wir sollten morgen nicht in Stellung gehen. Ich für meinen Teil weigere mich zu gehen.« Und wie ein Mann riefen die Soldaten: »Wir bleiben bei dir!«*

Nachdem die Soldaten Kirpitschnikow Gefolgschaft geschworen hatten, waren sie entschlossen, sie ihrem kommandierenden Offizier zu verweigern, sollte er ihnen am nächsten Morgen noch einmal befehlen, gegen die Demonstranten vorzugehen. Zu diesem Zeitpunkt planten die Soldaten noch keine richtige Meuterei, sie wollten nur lautstark und unverblümt gegen ihren Offizier protestieren, weil er ihnen befohlen hatte, in die Menge zu schießen, und sich seinen Befehlen widersetzen. Als der Offizier sich jedoch seinen wütenden Soldaten gegenübersah, machte er den verhängnisvollen Fehler, wegzugehen und dann, noch schlimmer, über den Kasernenhof zu rennen. Im Gefühl ihrer Macht über ihn richteten die Soldaten die Gewehre auf ihn, und einer schoß ihm in den Rücken. Plötzlich waren sie Meuterer. Sie liefen durch die Kaserne, ebensosehr in Panik wie in revolutionärem Eifer, und riefen die anderen Soldaten dazu auf, sich ihrer Meuterei anzuschließen. Vom Wolynski-Regiment folgten ihnen relativ wenige, aber in den benachbarten Kasernen des Preobraschenski-Regiments, des Litauischen Regiments und des 6. Pionierbataillons waren wesentlich mehr dazu bereit. Dann brachen Kämpfe zwischen loyalen und rebellischen Soldaten aus. Die siegreichen Meuterer stürmten die Regimentsarsenale, töteten einige ihrer Offiziere und strömten zu Tausenden auf die Straßen, wo sie in alle Himmelsrichtungen auseinanderliefen, einige zum Stadtzentrum, andere hinüber auf die Wyborger Seite, um dort das Moskauer Regiment aufzustacheln und sich mit den Arbeitern zusammenzutun.[11]

Die entscheidende Rolle bei all diesen Meutereien spielten die Unteroffiziere, von denen die meisten aus den unteren Schichten kamen oder demokratische Sympathien hegten. Fjodor Linde (1881–1917), ein Feldwebel des Finnländischen Regiments, war in dieser Hinsicht typisch. Er hatte einen oft verkannten, aber entscheidenden Anteil daran, im Gang der Ereignisse der Februarrevolution die Wende herbeizuführen. Linde, ein großer, blonder und gutaussehender junger Mann, war der Sohn eines deutschen Apothekers und einer polnischen Bäuerin, der auf einem kleinen Bauernhof in der Nähe von St. Petersburg am Finnischen Meerbusen aufgewachsen war. Dort betrieb seine Mutter ein kleines Gasthaus, das unter den Revolutionären der Hauptstadt beliebt war, wenn sie den Blicken der

Polizei entgehen wollten. Durch seinen Umgang mit den Hotelgästen wurde der Teenager Linde, der von Natur aus ein romantischer Idealist war, erstmals in die Umtriebe des revolutionären Untergrunds verwickelt. 1899 immatrikulierte er sich an der Mathematischen Fakultät der Petersburger Universität und wurde sofort einer der führenden Köpfe in der studentischen Protestbewegung. Während der Revolution von 1905 arbeitete Linde Seite an Seite mit den Sozialdemokraten in der Hauptstadt und organisierte die Studenten in einer »akademischen Legion«, die Propaganda bei der arbeitenden Klasse verbreiten sollte. Er wurde verhaftet, kam ins Kresty-Gefängnis und mußte dann ins Exil nach Europa gehen, ehe er infolge der Amnestie von 1913 aus Anlaß der Dreihundertjahrfeier der Romanow-Dynastie wieder nach Rußland zurückkehren durfte. Im nächsten Jahr wurde er zum Finnländischen Regiment eingezogen, wo ihm seine Tapferkeit bei der Führung der Soldaten bald die Beförderung zum Feldwebel eintrug. Es war genau diese Fähigkeit, die Linde bei der Meuterei in den Februartagen auszeichnete. In einem Brief an den Sozialrevolutionär Boris Sokolow vom Frühjahr 1917 erinnerte sich Linde, wie er die 5000 Soldaten des Preobraschenski-Regiments, in deren Kaserne unweit des Taurischen Palais er damals stationiert war, dazu überredete, sich der Meuterei anzuschließen:

> *Ich weiß nicht, was mit mir geschah. Ich lag auf dem Sofa in der Kaserne und las ein Buch von Haldane. Ich war so vertieft, daß ich das Schreien und das Getöse von der Straße nicht hörte. Ein Querschläger zerbrach die Fensterscheibe in der Nähe meiner Couch ... Die Kosaken feuerten auf wehrlose und unbewaffnete Menschen, schlugen sie mit ihren Peitschen, zertrampelten die Gestrauchelten mit ihren Pferden. Dann sah ich, wie ein junges Mädchen dem galoppierenden Pferd eines Kosakenoffiziers zu entkommen suchte. Sie war zu langsam. Ein heftiger Schlag auf ihren Kopf brachte sie zu Fall und unter die Pferdehufe. Sie schrie. Es war ihr unmenschlicher, markerschütternder Schrei, der etwas in mir bersten ließ. Ich sprang auf zum Tisch und schrie wild: »Freunde! Freunde! Lang lebe die Revolution! Zu den Waffen! Zu den Waffen! Sie bringen unschuldige Menschen um, unsere Brüder und Schwestern!«*
> *Später sagte man, es sei etwas in meiner Stimme gewesen, das es unmöglich gemacht habe, meinem Ruf zu widerstehen ... Sie folgten mir, ohne sich klarzumachen, wohin oder um welcher Sache willen sie gingen ... Sie alle schlossen sich mir an in der Attacke gegen die Kosaken und die Polizei. Wir töteten einige von ihnen. Die übrigen zogen sich zurück. Mit Einbruch der Nacht war der Kampf vorbei. Die Revolution war Realität geworden ...*[12]

* * *

Die Meuterei der Petrograder Garnison verwandelte die Unruhen der vorausgegangenen vier Tage in eine ernstzunehmende Revolution. Die zaristische Regierung hatte die militärische Herrschaft über die Hauptstadt so gut wie eingebüßt. »Nun war mir klargeworden«, schrieb Balk später über den 27. Februar, »daß wir alle Autorität verloren hatten.« Zudem verliehen die auf die Straßen ausschwärmenden Soldaten den revolutionären Massen militärische Stärke und Organisation. Statt vager und zielloser Proteste konzentrierte man sich jetzt auf die Eroberung strategischer Punkte und den bewaffneten Kampf gegen das Regime. Soldaten und Arbeiter kämpften Seite an Seite um die Einnahme des Arsenals, wo sie sich mit 40 000 Gewehren und 30 000 Revolvern bewaffneten; dem folgten die größeren Waffenfabriken, wo ihnen mindestens weitere 100 000 Gewehre in die Hände fielen. Sie besetzten die Artillerie-Abteilung, die Telefonzentrale und einige (wenn auch nicht alle) Bahnhöfe. Sie trugen die Meuterei in die übrigen Kasernen (Linde selbst führte einen Trupp Wachsoldaten des Preobraschenski- und des Litauischen Regiments, um sein eigenes Finnländisches Regiment zu holen). Dank der Soldaten und Offiziere wie Linde waren erste Anzeichen von wirklicher Organisation auf den Straßen bemerkbar – bewaffnete Streikposten auf Brücken und wichtigen Kreuzungen sowie Barrikaden, Feldtelefone und Befehlsstrukturen. Viele Soldaten waren außerdem damit beschäftigt, ihre Kommandeure zu verhaften, sie manchmal auch zu prügeln oder gar zu töten. Das Ganze war eine Revolution in den Mannschaften.[13]

Das Hauptaugenmerk der Aufständischen konzentrierte sich jetzt allerdings auf den blutigen Straßenkrieg gegen die Polizei. Hunderte von Heckenschützen der Polizei, manche mit Maschinengewehren bewaffnet, hatten sich auf den flachen Dächern der Gebäude versteckt und schossen in die Menge auf der Straße und auf jeden, der sich in den gegenüberliegenden Fenstern zeigte. Andere Heckenschützen hatten auf Kirchtürmen Stellung bezogen, in der Hoffnung, die Menschen würden aus Respekt vor der Religion nicht zurückschießen. Sie verwendeten bewußt rauchlose Munition, damit sich nicht so leicht feststellen ließ, von wo die Schüsse jeweils gekommen waren. Plötzlich krachte dann Gewehrfeuer, die Massen rannten in Deckung, und auf den Straßen blieben Verwundete oder Tote liegen. Arbeiter und Soldaten begannen dann »gewöhnlich wie wild mit Gewehren auf das betreffende Haus zu schießen«, wo sie die feindlichen Schützen vermuteten, aber das erwies sich meist als kontraproduktiv, wie sich Viktor Schklowski erinnert, der eine solche gegen die Polizei kämpfende Gruppe anführte. Sie hielten »den Staub des Verputzes, der an den Einschlagstellen aufgewirbelt wurde, für gegnerisches Feuer«, was zu weiteren Schußwechseln und Durcheinander führte. Viele Leute wurden »von unseren eigenen Kugeln getroffen«, die von den Gebäuden abprallten, oder von herabstürzendem Mauerwerk getötet.[14]

Noch weniger wirkungsvoll waren die Autos, die hupend durch die Straßen fuhren, voller Soldaten, die rote Fahnen schwangen und wild in die Luft schossen.

Nahezu jedes Auto und jeder Lastwagen wurde von den Massen beschlagnahmt, gleichgültig, wem sie gehören mochten. Linde und seine Männer hatten sich einen Lastwagen gekapert, an den sie eine Fahne mit der Aufschrift »Der erste fliegende revolutionäre Streifenwagen« hängten. Dem Großfürsten Gawriil Konstantinowitsch wurde sogar sein Rolls-Royce abgenommen. Später sah man den Wagen über den Newski-Prospekt fahren, zwei Soldaten lagen auf der Motorhaube, einige hielten sich an den Seiten fest, und zwei mit Maschinengewehren bewaffnete waren aufs Dach geklettert, was sich jedoch als wenig sinnvoll erwies, weil das Auto zu sehr schlingerte, als daß man hätte richtig zielen und schießen können. Einen noch seltsameren Anblick boten kleinere Autos, die vor Bajonetten starrten. Gorki erinnerten sie an »wütend gewordene Riesenigel, die ihre Stacheln sträuben«. Viele Kämpfe wurden von diesen Autos aus geführt: es war die erste Revolution auf Rädern.[15]

Viel von der zerstörerischen Gewalt der Massen richtete sich gegen die Einrichtungen des Polizeiregimes. Bewaffnete Menschenmengen griffen Polizeiwachen an und setzten sie in Brand, nicht ohne sich zu vergewissern, daß die Polizeiberichte vernichtet wurden. Manchmal wurde das Inventar der Gebäude auf Scheiterhaufen auf der Straße verbrannt. Gorki, der beauftragt war, die Polizeihauptwache am Kronwerkski-Prospekt zu besetzen, fand sie verwüstet vor, die meisten Akten gestohlen oder vernichtet. Ähnlich verfuhr die Menge mit den Gerichtsgebäuden. Gorki traf auf eine Menschenansammlung, die zusah, wie der Justizpalast in Flammen aufging:

*Niemand löscht. [...] Wie ein Wachtposten geht ein großer gebückter Mann in einer zottigen Schaffellmütze [...] umher [...]. Er bleibt stehen und fragt jemanden mit dumpfer Stimme: »Es ist also beschlossen, die Gerichtsbarkeit abzuschaffen? Es soll keine Strafen mehr geben?« Er bekommt keine Antwort.*

Nicht zuletzt richtete sich die Zerstörungswut der Menge gegen die Gefängnisse: Sie rissen die Tore ein, öffneten die Zellen, und zusammen mit den befreiten Gefangenen verwüsteten sie die Gebäude oder brannten sie nieder. Die Zerstörung der Gefängnisse war für die revolutionäre Masse von enormer symbolischer Bedeutung: Es war ein Zeichen, daß das alte Regime tot war, daß die ersehnten Tage der Freiheit – »ohne Gefängnis und ohne Verbrechen« – anbrachen.[16]

Kein Gefängnis war symbolträchtiger als die Peter-Pauls-Festung. Die Massen waren überzeugt, die Festung sei immer noch voller »Politischer«, voller Helden des revolutionären Kampfes, die in ihren dunklen und feuchten Zellen schmachteten: so lautete schließlich der etablierte Mythos der revolutionären Propaganda. Es kursierten auch Gerüchte, wonach die Festung von den zaristischen Streitkräften als Stützpunkt genutzt wurde (Balk hatte das vorgeschlagen). Am 28. Februar drohte eine riesige und aufgebrachte Menschenmenge, diese »russische Bastille« zu stürmen. Sie fuhren Laster mit schwerer Artillerie auf, bereit, auf die dicken Steinmauern zu schießen. Der Festungskommandant rief die Duma telefonisch um Hilfe an, worauf Schulgin (für die Duma) und Skobelew (für den Rat) geschickt wurden, um mit ihm zu verhandeln. Anschließend berichteten sie, daß das Gefängnis vollkommen leer sei – abgesehen von den 19 Meuterern des Pawlowski-Regiments, die am 26. dort gefangengesetzt worden waren –, und schlugen vor, zur Beschwichtigung der Menge sollten deren Vertreter die Zellen inspizieren. Doch selbst das genügte noch nicht, um die Menge davon zu überzeugen, daß die Festung »für die Revolution« war. Einige der Meuterer beschuldigten Schulgin, er arbeite für die Konterrevolution. Es kam zu Kämpfen zwischen ihnen und den Festungswachen. Doch schließlich wurde die rote Fahne über dieser Bastion des alten Regimes gehißt.[17]

* * *

Während all dieser Aktionen zeigten die Massen ein außerordentlich hohes Maß an Organisation und Solidarität. »Die gesamte ›zivile‹ Bevölkerung fühlte sich geschlossen einem zum militärisch-polizeilichen Feind in Opposition stehenden Lager zugehörig«, schrieb Suchanow. »Unbekannte begannen miteinander Gespräche auf der Straße, fragten sich aus nach Neuigkeiten, nach den Zusammenstößen, nach den Diversionen des Gegners.« Die Londoner *Times* war gleichermaßen beeindruckt. »Die erstaunliche und – für den mit dem russischen Charakter wenig vertrauten Ausländer – geradezu unheimliche Ordnung und Gutmütigkeit der Massen: das sind vielleicht die verblüffendsten Züge an dieser großen russischen Revolution.« Die Menschen trugen rote Armbinden oder befestigten rote Bänder an ihren Knopflöchern, um ihre Unterstützung für die Revolution zu zeigen. Wer das nicht tat, forderte die Verfolgung als »Konterrevolutionär« geradezu heraus. Überall in der Stadt gab es Feuerstellen, so daß sich die Leute in den langen Stunden der Straßenkämpfe wärmen konnten. Anwohner brachten den Revolutionären aus ihren Küchen zu essen und erlaubten ihnen, auf ihren Fußböden zu schlafen – sofern überhaupt jemand schlafen konnte. Café- und Restaurantbesitzer teilten den Soldaten und Arbeitern kostenloses Essen aus oder stellten Büchsen vors Haus, damit Passanten für die Mahlzeiten spenden konnten. Ladenbesitzer verwandelten ihre Geschäfte in Stützpunkte für die Soldaten und Zufluchtsorte für das Volk, wenn die Polizei in den Straßen schoß. Taxifahrer erklärten, sie würden »nur die Führer der Revolution« transportieren. Studenten und Kinder erledigten Botengänge – und Veteranen gehorchten ihren Befehlen. Wer immer konnte, meldete sich freiwillig, um den Ärzten bei der Versorgung der Verwundeten zu helfen. Es war, als ob die Menschen auf der Straße plötzlich durch ein weites Netzwerk von unsichtbaren Fäden miteinander verbunden wären, und das war es auch, was ihren Sieg gewährleistete.[18]

Die zaristische Regierung ging davon aus, daß die sozialistischen Parteien die Massen organisierten, aber obgleich sich in der Menge einfache Parteimitglieder befanden, waren die sozialistischen Führer überhaupt nicht darauf vorbereitet, diese Rolle zu übernehmen, und folgten höchstens den Leuten. Die Straße brachte ihre eigenen Führer hervor: Studenten, Arbeiter und Unteroffiziere wie Linde oder Kirpitschnikow, deren Namen den Geschichtsbüchern meistens verborgen geblieben sind. In den ersten Wochen nach dem Februar wurden ihre Fotos in den Schaufenstern ausgestellt – oft mit der Überschrift »Helden der Revolution«. Ein Foto von Kirpitschnikow stand im Schaufenster des Awanzo-Warenhauses.[19] Doch dann verschwanden diese Volksführer aus dem Blickfeld und gerieten in Vergessenheit.

Zum Teil mag dieser außergewöhnliche Zusammenhalt der Massen durch die lokalen Gegebenheiten erklärt werden. Zunächst einmal gab es einen längst eingebürgerten räumlich-kulturellen Code für Straßendemonstrationen in der Hauptstadt, mit einer Anzahl eindeutiger Orientierungspunkte für die Menge (etwa die Kasaner Kathedrale oder das Taurische Palais), die bis zu den Studentendemonstrationen von 1899 zurückreichten. Außerdem waren Petrograds Industrievororte durch ein Netz von Kanälen und Flußarmen vom wohlhabenderen Regierungsbezirk in der Stadtmitte getrennt. Der Marsch ins Zentrum wurde so zum Ausdruck von Solidarität und Selbstbewußtsein der Arbeiterklasse, zum Mittel, die Straßen für sich zu beanspruchen. Das mag einige der karnevalesken Züge der revolutionären Masse erklären helfen: den förmlich zelebrierten Vandalismus und die Verwüstung der Symbole staatlicher Macht und Autorität, des Wohlstands und der Privilegien; den Spott und die Erniedrigung, die verbalen Beleidigungen sowie das Drohgebaren, die häufig in mutwilligen Gewaltakten gegen Gutgekleidete und Wohlhabende endeten, als sei das Ganze ein Sport; die selbstbewußte Körpersprache und Kleidung der Soldaten (die entgegen dem militärischen Komment ihre Mützen verkehrt herum oder schief trugen und weder Mäntel noch Uniformröcke zuknöpften); die Frauen, die Männerkleidung trugen (Soldatenmützen, -stiefel und Reithosen), als ob sie mit der Umkehrung der geschlechtsspezifischen Kleiderordnung auch die soziale Ordnung umstürzten; und schließlich die sexuellen Handlungen, angefangen von Küssen und Liebkosungen bis hin zum Geschlechtsverkehr, denen die Leute in der Euphorie der Februartage ungeniert auf offener Straße nachgingen.[20]

Und doch waren die Massen, anders als es der sowjetische Mythos will, durchaus nicht ausschließlich proletarisch geprägt, auch wenn es stimmt, daß die Arbeiter sich an die Spitze der Bewegung setzten und am meisten an den Straßenkämpfen beteiligt waren. Balk beschrieb die Februartage als einen allgemeinen Volksaufstand. Harold Williams vom *Daily Chronicle* meinte, am 24. Februar hätten die Massen »meist aus Frauen und Jungen« bestanden mit lediglich »vereinzelten Arbeitern«. Robert Wilton von der *Times* berichtete, daß am 26. das schöne

Wetter »jedermann nach draußen gelockt« habe und daß »Massen jeder Altersgruppe und Provenienz« ihren Weg zum Newski-Prospekt genommen hätten.[21]

Die meisten Leute auf der Straße waren überhaupt keine »Revolutionäre«, sondern einfach Schaulustige oder solche, die zwischen Mitmachen und Zuschauen hin- und hergerissen waren. Sie jubelten den meuternden Soldaten zu, als die in ihren Autos vorbeirasten oder wenn ein Heckenschütze der Polizei vom Dach heruntergeworfen wurde. Sie sammelten sich in kleinen Gruppen um die toten Menschen und Pferde, die damals gleichsam noch den Reiz des Neuen hatten (bald würde man sich an sie gewöhnt haben und gleichgültig an ihnen vorübergehen). Sie trugen rote Bänder, schwenkten rote Fahnen und erklärten ihre Sympathie für »die Revolution«. Aber nur selten nahmen sie an den Kämpfen selbst teil, stoben vielmehr gewöhnlich auseinander, wenn die Schießereien begannen. »Das ist die Psychologie der Massen«, schrieb ein Zeuge,

> *alles, was sie sehen, ist faszinierend und schreckenerregend. Sie starren unverwandt – und plötzlich rennen sie weg. Schau, da an der Ecke steht ein vornehmer Herr, dick und mit kurzen Beinen. Auf einmal läuft die Menge hinter das Gebäude – er folgt ihnen, läuft, so schnell es seine kurzen Beine erlauben, sein dicker Bauch wackelt, der Mann ist deutlich außer Atem. Er rennt ein paar Meter, blickt noch einmal auf den Schauplatz zurück und läuft dann weiter.*

Viele dieser Schaulustigen waren Kinder. Kleine Jungen spielten begeistert mit den Gewehren, die auf den Straßen liegengeblieben waren. Sie machten sich einen Spaß daraus, Patronen in die Feuerstellen zu werfen und zu beobachten, wie sie explodierten. Dutzende Menschen wurden so versehentlich getötet.[22]

Vom 27. Februar an wurde die Stimmung der Massen immer bedrohlicher. Mit der Meuterei nahmen das soldatische Element und dementsprechend die Gewalt drastisch zu. Das gleiche galt mit der Öffnung der Gefängnisse für das kriminelle Element, was die Kriminalitätsrate nach oben trieb. Mit dem Ergebnis, wie es der englische Journalist Stinton Jones ausdrückte,

> *daß die Straßen sich von den besorgteren und ängstlicheren Bürgern leerten. Der Mob hatte ein seltsames, fast groteskes Erscheinungsbild. Einzelne Trupps Soldaten, Arbeiter, Studenten, Randalierer und freigelassener Krimineller wanderten ziellos herum, alle bewaffnet, allerdings mit einem seltsamen Waffensortiment: Hier ein Hooligan mit einem Offiziersschwert, das er an seinem Mantel befestigt hat, in der einen Hand ein Gewehr und in der anderen einen Revolver, dort ein kleiner Junge, der ein großes Metzgermesser geschultert trug. Nicht weit davon ein Arbeiter, der in der einen Hand ungeschickt ein Offiziersschwert hielt, in der anderen ein Bajonett. Ein Mann hatte zwei Revolver, ein anderer ein Gewehr in der einen und einen Straßenschienen-Reiniger*

*in der anderen Hand. Ein Student mit zwei Gewehren und einem Gürtel Maschinengewehrpatronen um die Hüfte lief neben einem anderen mit einem Bajonett, das er auf einen Stock gesteckt hatte. Ein betrunkener Soldat hielt nur noch den Gewehrlauf, den Kolben hatte er beim gewaltsamen Eindringen in ein Geschäft abgebrochen. Ein gesetzter ruhiger Geschäftsmann ergriff ein großes Gewehr samt furchterregendem Patronengürtel.*

Etwa 8000 Gefangene wurden am 27. Februar befreit, zumeist einfache Kriminelle. Sie hatten ein persönliches Interesse an der Zerstörung der Polizeiwachen mitsamt ihren Akten, des Justizpalastes, der Gerichtsgebäude und der Gefängnisse und übernahmen dabei die Führung. Sie vor allem waren schuld an den Verbrechen, die von diesem Zeitpunkt an die Straße beherrschten. »Heute nacht hallt die Stadt von den schrecklichsten Geräuschen wieder: zerbrochene Fensterscheiben, Schreie und Schüsse«, schrieb der Direktor der Eremitage in den frühen Morgenstunden des 28. Februar. Bewaffnete Banden plünderten Geschäfte und Schnapsläden. Sie brachen in die Häuser der Reichen ein und beraubten und vergewaltigten deren Bewohner. Gutgekleidete Passanten wurden auf der Straße überfallen. Selbst das Tragen einer Brille oder eines weißen gestärkten Kragens genügte, um den Betreffenden als *burschui* zu kennzeichnen. Ein pensionierter Professor, seit fast fünzig Jahren Narodnik, ging am Abend des 27. auf die Straße, um den »Sieg der Revolution« zu feiern, und im Nu wurden ihm die Brille zerschlagen und seine goldene Uhr von ebendem »Volk« gestohlen, das er zu befreien gedacht hatte. Das war keineswegs der unblutige Sieg von Freiheit, Gleichheit und Brüderlichkeit, auf den die demokratische Intelligenzija so lange gehofft hatte und den man später als »Ruhmreiche Februarrevolution« feierte, sondern eher eine russische Bauernrevolte – »sinnlos und grausam«, wie Puschkin prophezeit hatte –, die alle Zeichen von Privilegien zu zerstören suchte. Die Vorstellung, im Februar habe es eine »unblutige Revolution« gegeben und die Gewalt der Massen sei im Grunde nicht vor Oktober ausgebrochen, war ein liberaler Mythos. Die demokratischen Führer von 1917 brauchten ihn, um ihre eigene brüchige Macht zu legitimieren. Tatsächlich wurden im Februar viel mehr Menschen durch die Massen getötet als bei dem Oktoberputsch der Bolschewiki. In Helsingfors und Kronstadt war die Februarrevolution besonders gewaltsam, und Hunderte von Marineoffizieren wurden von den Matrosen grausam umgebracht. Nach offiziellen Angaben der Provisorischen Regierung wurden allein in Petrograd 1443 Personen getötet oder verwundet. Doch ein Freund von Fürst Lwow sagte zu Claude Anet, dem französischen Journalisten, daß die wahren Zahlen bei etwa 1500 Toten und ungefähr 6000 Verwundeten lägen.[23]

In Gorkis Augen verhieß diese ganze Gewalt und Zerstörung nichts Gutes. Am 28. Februar traf ihn Suchanow in finsterer Laune an:

> *Eine geschlagene Stunde lang fauchte und schimpfte er auf das Chaos, das Durcheinander, die Ausschreitungen, die Erscheinungen mangelnden Bewußtseins und auf die jungen Damen, die auf Fahrzeugen, von denen niemand wußte, wem sie gehörten, mit unbekanntem Ziel kreuz und quer durch die Stadt fuhren. Er sagte der Bewegung einen sicheren, unserer asiatischen Barbarei würdigen Untergang voraus.*

Gorki erkannte in alldem nichts als »Chaos« und keinerlei »Revolution«. Am nächsten Tag schrieb er an Jekaterina:

> *Zu viele Menschen halten für revolutionär, was in Wahrheit nichts anderes ist als ein Mangel an Disziplin und Ordnung bei den Massen ... Das alles hier ist viel eher absurd als heroisch. Jetzt hat das Plündern begonnen. Wie wird es weitergehen? Ich weiß es nicht ... Es wird viel Blutvergießen geben, viel mehr als je zuvor.*[24]

Das waren natürlich, wie Suchanow bemerkte, »die Eindrücke eines Schriftstellers«, eines Mannes, der Gewalt in jeder Form verabscheute. Auch heutzutage würden sicherlich viele Menschen ähnlich reagieren und das »unnötige Morden« der Massen verurteilen, wie dies neuerdings als Tendenz bei konservativen Historikern beider Revolutionen, der russischen wie der französischen, zu beobachten ist.[25] Doch könnte man auch Suchanows Ansicht vorziehen,

> *daß die Ausschreitungen, die Dummheit einzelner Bürger, all die Falschheit und Feigheit, das Durcheinander, die Automobile, die jungen Damen nur die äußeren Attribute waren, ohne die die Revolution gar nicht denkbar war, Attribute, die ähnliche Vorgänge stets und überall begleitet haben.*[26]

Das heißt nicht, die Gewalt zu entschuldigen, sondern sie als fast unvermeidliche Reaktion eines Volks zu verstehen, das aufgebracht ist und sich für vieles zu rächen hat. Es heißt anzuerkennen, daß alle sozialen Revolutionen ihrer Natur nach Blut vergießen müssen, und sie dafür zu verurteilen wäre gleichbedeutend mit der Behauptung, jede Form sozialen Protests, die in Gewalt ausufert, wäre moralisch falsch. Natürlich gilt es, Unterschiede zu machen: Das Blut, das durch das Volk auf der Straße vergossen wird, ist etwas anderes als das von Parteien, Bewegungen oder Armeen vergossene, die für sich beanspruchen, in seinem Namen zu handeln, und muß auch anders analysiert und beurteilt werden.

Die Gewalt der Massen in den Februartagen war nicht etwa durch irgendeine revolutionäre Partei oder Bewegung inszeniert worden. Vielmehr handelte es sich dabei um eine spontane Reaktion auf die blutigen Repressalien des 26. Februar und um einen Ausdruck des langgehegten Hasses, den das Volk dem alten Regime entgegenbrachte. Die Symbole der alten Staatsmacht wurden zerstört, die Zarenstatuen zertrümmert oder geköpft. Eine Kamera filmte eine Gruppe lachender Arbeiter, die den steinernen Kopf Alexanders II. wie einen Fußball in die Luft warfen. Polizeiwachen, Gerichtsgebäude und Gefängnisse wurden attackiert. Die Menge übte gewalttätige Rache an den Beamten des alten Regimes. Polizisten wurden gejagt, gelyncht und brutal ermordet. Sorokin beobachtete einen Haufen Soldaten, die einen Polizisten mit ihren Revolverkolben schlugen und ihm mit den Absätzen gegen den Kopf traten. Einen anderen stürzte man aus einem Fenster im vierten Stock, und als sein Körper leblos auf dem Boden aufschlug, eilten Menschen herbei, um ihn zu treten und mit Stöcken zu schlagen.

Als klar wurde, daß jeder weitere Widerstand zum Scheitern verurteilt war, versuchten viele Polizisten, sich freiwillig dem Taurischen Palais zu stellen, wo Duma und Arbeiterrat sich bemühten, die Ordnung wiederherzustellen, denn lieber wollten sie von der neuen Regierung ins Gefängnis geworfen werden, als dem »Gesetz der Straße« zum Opfer zu fallen. Andere versuchten, aus der Hauptstadt zu fliehen, weil sie wußten, daß ihre Überlebenschancen in der Provinz besser waren. Zwei stämmige Polizisten wurden entdeckt, als sie in Frauenkleidern zum Finnländischen Bahnhof eilten. Nur ihre Statur und ihr ungeschickter Gang sowie die schweren Polizeistiefel unter den Röcken verrieten der Menge ihre Identität.[27]

## REVOLUTIONÄRE WIDER WILLEN

Die Revolution überraschte uns, die damaligen Parteimitglieder, im tiefen Schlaf, gerade wie die törichten Jungfrauen des Evangeliums«, schrieb Sergej Mstislawski, einer der Führer der Sozialrevolutionäre, im Jahr 1922. Mehr oder weniger dasselbe ließe sich von allen revolutionären Parteien in der Hauptstadt behaupten. »Fast keine der damaligen Parteien verfügte über Männer mit Autorität«, erinnerte sich Suchanow. »Diese waren verbannt, saßen in Gefängnissen oder lebten in der Emigration.« Lenin und Martow waren in Zürich, Trotzki in New York, Tschernow in Paris, Zereteli, Dan und Goz in Sibirien. Sie waren vom Leben der Hauptstadt abgeschnitten und spürten daher nichts von dem, was Mstislawski »den in den immer höher aufbrandenden Wogen der Februar-Unruhen nahenden Sturm« nannte. Ihr ganzes bisheriges Leben hatten sie mit Warten auf die Revolution verbracht, und jetzt, wo sie kam, erkannten sie sie nicht. Lenin selbst hatte im Januar prophezeit: »Wir, die Alten, werden vielleicht die entscheidenden Kämpfe dieser kommenden Revolution nicht erleben.« Selbst noch am 26. Februar hatte sich Schljapnikow, der führende Bolschewik in Petrograd, vor einer Versammlung von Sozialisten in Kerenskis Wohnung geäußert: »Wir haben keine

Revolution und werden auch so bald keine bekommen. Wir müssen uns auf eine lange Phase der Reaktion einstellen.«[28]

Weil keiner der wichtigen Parteiführer zur Stelle war, fiel die Aufgabe, die Führung der Revolution zu übernehmen, an die aus der zweiten Reihe. Sie waren jedoch nicht nur zweitrangig, sondern auch zweitklassig und jagten in den Februartagen hinter den Ereignissen her. Sie telefonierten von einer Wohnung zur anderen und versuchten herauszufinden, was auf den Straßen vor sich ging. Gorkis Wohnung am Kronwerkski-Prospekt diente als Telefonzentrale. Dort kamen die Führer zusammen, um Eindrücke auszutauschen und Erkundigungen einzuziehen. Gorki selbst hatte Verbindungen in ganz Petrograd. Erst am 27. Februar, als die Revolution längst eine Tatsache war, wurden die Parteiführer aktiv und übernahmen die Führung des Aufstands auf den Straßen. Es war das klassische Beispiel von »Wir sind ihre Führer, also folgen wir ihnen.«

Alles konzentrierte sich auf das Taurische Palais, den Sitz der Duma und die Bastion der Demokratie. Am frühen Nachmittag des 27. Februar hatte sich eine Menge von 25 000 Menschen – darunter viele Soldaten der nahe gelegenen Preobraschenski- und Wolynski-Kasernen – vor dem Palais versammelt. Sie warteten auf politische Führer. Als erste erschienen die Menschewiki Chrustaljow-Nossar (1905 Vorsitzender des Petrograder Arbeiterrats), Gwosdjow und Bogdanow (Führer der Arbeitergruppe des Zentralen Kriegsindustrie-Komitees), begleitet von einer Menge, die sie gerade aus dem Kresty-Gefängnis befreit hatte. Im Palais trafen sie Tschcheidse, Skobelew und Kerenski und verkündeten anschließend der Menge draußen, daß ein »Provisorisches Exekutivkomitee des Rats der Arbeiterdeputierten« gebildet worden sei. Sie appellierten an die Arbeiter, ihre Vertreter zu wählen und in die erste, für den Abend angesetzte Versammlung des Arbeiterrats zu entsenden. Der Appell wurde in einer ersten Notausgabe der *Iswestija* veröffentlicht, der einzigen Zeitung, die an diesem Tag erschien, und überall auf den Straßen in Umlauf gebracht.

Trotz seines Namens gab es nur wenige Arbeiter unter den fünfzig abstimmenden Delegierten und den 200 Beobachtern, die sich im rauchgeschwängerten Saal Nr. 12 im Taurischen Palais zu dieser ersten chaotischen Sitzung des Arbeiterrats drängten. Die meisten Arbeiter befanden sich noch immer auf den Straßen und waren entweder betrunken oder hatten keine Ahnung von der Existenz dieses Rats. Ihr Stimmrecht wurde weitgehend von sozialistischen Intellektuellen besetzt. Sokolow übernahm den vorläufigen Vorsitz der Versammlung, die sofort daranging, ein Exekutivkomitee aus sechs Menschewiki, zwei Bolschewiki, zwei Sozialrevolutionären und fünf parteilosen Intellektuellen zu bilden. Es war weniger ein demokratisches als ein von den verschiedenen sozialistischen Splittergruppen selbsternanntes Gremium, das man dann dem Arbeiterrat überstülpte. Am nächsten Tag, als die Arbeiter und Soldaten Petrograds 600 Deputierte gewählt hatten, kamen noch je zwei weitere Vertreter der größeren sozialistischen Parteien – der Trudowiki, der Volkssozialisten, der Sozialrevolutionäre, des Bundes, der Menschewiki, der Meschraionzen* und der Bolschewiki – ins Exekutivkomitee, mit dem Effekt, daß der rechte Flügel, der sich am stärksten einer Machtübernahme widersetzte, gestärkt wurde. Die Stimme der Arbeiter, die die Machtübernahme sehr wohl hätten fordern können, wurde nicht gehört. Es gab keinen einzigen Fabrikdelegierten im Exekutivkomitee – und das in einem Gremium, das vorgab, die Arbeiterklasse zu repräsentieren.

Tschcheidse wurde zum Vorsitzenden des Exekutivkomitees gewählt, Skobelew und Kerenski zu seinen Stellvertretern. Allerdings gab es keinerlei Geschäftsordnung. Ständig wurden Mitglieder des Komitees zu Delegationen nach draußen vor den Saal gerufen, oder die Tagesordnung wurde durch »außerplanmäßige Erklärungen« oder »Sondermitteilungen« unterbrochen. Verschiedenste nicht gewählte Gruppen – Post- und Telegrafenbeamte, Semstwo-Angestellte, Vertreter der Ärzte und Lehrer – verlangten Zutritt oder drangen einfach ein, um dem Arbeiterrat ihre Loyalität zu bekunden. Oder Soldatendelegationen verlangten das Wort, um Bericht zu erstatten, was von den Deputierten wärmstens begrüßt wurde. Sie stiegen auf Stühle und erzählten, das Gewehr in der Hand, in schlichten Worten, was in ihren Garnisonen vorgefallen war, und erklärten dem Rat die Loyalität ihrer Regimenter. Die Deputierten waren so gebannt, während sie jede Delegation mit donnerndem Applaus begrüßten, daß sie einhellig und sogar ohne formale Abstimmung beschlossen, einen vereinigten Rat zu bilden, der seither als der Petrograder Rat der Arbeiter- und Soldatendeputierten bekannt wurde.

Für diejenigen, die einen echten Arbeiterrat gewollt hatten, bedeutete das den Todesstoß. Die in ihren Zügen und Kompanien organisierten Soldaten waren bei der Wahl ihrer Deputierten für den Rat in einer viel besseren Position als die Arbeiter. Zudem stellte sich häufig heraus, daß ein einziger Zug von etwa einem Dutzend Soldaten seinen eigenen Vertreter entsandte, der gleichberechtigt war mit dem Vertreter einer Fabrik mit mehreren tausend Arbeitern. Eine Kontrolle der Wahlvorgänge fand kaum statt. Als man am Abend des 28. Februar zur ersten gemeinsamen Sitzung des Arbeiter- und Soldatenrats im Katharinensaal zusammentrat, ging das Blau der Arbeiterkittel im Meer der grauen Uniformen unter. Von den 3000 Deputierten waren mehr als zwei Drittel Soldaten, und das in einer Stadt, in der die Arbeiter an Zahl die Soldaten um das Drei- bis Vierfache übertrafen. Die Tatsache, daß die meisten Soldaten Bauern waren, mag zusammen mit dem allgemeinen Wirrwarr der Ereignisse das Chaos dieser ersten Sitzungen erklären.

»Eine Massenversammlung! Wer will, redet, und jeder redet, was er will«, so beschrieb ein Deputierter die erste Sitzung des Arbeiter- und Soldatenrats. Es gab

* Die Zwischenbezirks-Gruppe oder Meschraionka war eine linke Fraktion der Sozialdemokraten in Petrograd. Sie setzte sich für die Wiedervereinigung des menschewistischen und bolschewistischen Flügels der Partei ein. Trotzki und Lunatscharski gehörten bis zum Sommer 1917 dazu, dann schlossen sie sich den Bolschewiki an.

keine formale Tagesordnung, kein Konzept oder ein formales Prozedere für die Beschlußfassung. Jede Entscheidung wurde über eine offene Debatte getroffen, mit Sprechern von überall aus dem Saal, die alle gleichzeitig redeten. Die Resolutionen wurden per allgemeine Akklamation gebilligt, ganz wie in der Dorfversammlung. Weil ein solches Gremium zu keiner konstruktiven Arbeit in der Lage war, spielte es bald nur noch eine rein symbolische Rolle, während die eigentlichen Beschlüsse vom Exekutivkomitee und den sozialistischen Parteiausschüssen getroffen wurden, denen die meisten seiner Mitglieder angehörten. Die Arbeiter und Soldaten, die die Revolution gemacht hatten, hatten im Grunde ihre politische Stimme an die sozialistische Intelligenzija verloren, die behauptete, in ihrem Namen zu sprechen.[29]

Inzwischen trafen sich drüben im rechten Flügel des Taurischen Palais die Duma-Abgeordneten des Progressiven Blocks und der Ältestenrat, um zu entscheiden, ob sie dem Befehl des Zaren aus der vergangenen Nacht, die Duma zu vertagen, gehorchen oder sich darüber hinwegsetzen und an die Spitze der revolutionären Bewegung stellen sollten. Die Radikalen und Sozialisten, deren Sprecher Kerenski war, drängten auf letzteren Kurs. Doch die gemäßigteren Duma-Mitglieder, vor allem Miljukow, der als ihr »Boß« agierte, waren spürbar entsetzt angesichts der Massen. Im Inneren des Palais hörte man den Lärm des »Mobs«, wie sie die Massen gerne nannten, immer lauter und bedrohlicher. Eine Zeitlang versuchten diese gemäßigten Duma-Abgeordneten, auf Zeit zu spielen, indem sie sich gewissermaßen hinter den dicken Bänden des Verfassungsrechts versteckten. Es wäre illegal, so ihre dogmatische Sicht, die Macht des Zaren zu usurpieren und aus eigener Kraft ein Kabinett zu bilden, aber man könne ja den Souverän telegrafisch um Erlaubnis bitten. In einem streng rechtlichen Sinn entbehrte diese Überlegung nicht einer gewissen Logik: Die Massen auf der Straße besaßen keine Autorität, die Macht an die Duma zu übergeben, und jeder auf dieser Basis gebildeten Regierung würde die formale Legitimation fehlen. Doch solche legalistischen Finessen waren jetzt fehl am Platz. Schließlich handelte es sich um eine Revolution, und Revolutionen sind ihrer Natur nach illegal. Die einzig wahre Macht – die Macht der Gewalt – lag jetzt auf der Straße, und die Weigerung der Duma-Gemäßigten, diese Tatsache anzuerkennen, war feige und kurzsichtig. Zweifellos fürchteten sie, im Falle ihrer Machtergreifung würden die Massen versuchen, ihnen ein sozialistisches Programm für Reformen und Frieden aufzuzwingen. Mit anderen Worten: Es widerstrebte ihnen, sich an die Spitze einer revolutionären Regierung zu stellen, obgleich doch gerade eine Revolution stattgefunden hatte. Rodsjanko, Duma-Präsident und nach eigener Einschätzung »der dickste Mann in Rußland«, sprach immer noch lieber von einer »Regierung des allgemeinen Vertrauens« (was auch eine vom Zaren ernannte Regierung bedeuten konnte) als von einer Regierung des Volks oder der Duma.

Im Laufe des Nachmittags jedoch, als sich im linken Flügel des Palais der Petrograder Rat als Konkurrent beim Anspruch auf die Macht konstituierte, unternahmen zwölf Duma-Abgeordnete des Progressiven Blocks mit Kerenski und Tschcheidse einen weiteren vorsichtigen Schritt hin zur Machtübernahme. Sie schlossen sich zu einem »Provisorischen Komitee von Duma-Abgeordneten zur Wiederherstellung der Ordnung in der Hauptstadt und zum Aufbau von Beziehungen zu Individuen und Institutionen« zusammen. Die Länge des Namens sollte über die Ängstlichkeit ihrer Absichten hinwegtäuschen. Es war ein »privates« Gremium von Duma-Abgeordneten, das bei der »Wiederherstellung der Ordnung« in der Hauptstadt helfen sollte, nicht ein Duma-Organ zur Machtübernahme. Erst später in der Nacht, als das Plenum des Rats tagte und Berichte eintrafen, daß die Hauptstadt immer tiefer in Anarchie versank, ergriffen diese Revolutionäre wider Willen schließlich die Initiative, nachdem es ihnen auch in einer letzten Anstrengung nicht gelungen war, Großfürst Michail dazu zu überreden, Diktator zu werden, und erklärten sich selbst als oberste Autorität. Es gab schlicht keine Alternative – außer der Rätemacht.[30]

Am 28. Februar waren also zwei rivalisierende Machtzentren entstanden: im rechten Flügel des Taurischen Palais das Provisorische Duma-Komitee, das der formalen Macht am nächsten stand, aber über keine Autorität auf der Straße verfügte, und im linken Flügel der Arbeiter- und Soldatenrat, der der Macht der Straße am nächsten stand, aber über keine formale Autorität verfügte.

* * *

Unterdessen waren immer noch einige Kämpfe zu führen. Obgleich die Menge den größten Teil der Stadt erobert hatte, bestand nach wie vor die Gefahr, daß Generalmajor Chabalow die Erhebung mit Truppen von der Front niederwerfen könnte, wie es der Zar am 27. Februar befohlen hatte. »Nach den üblichen militärischen Kategorien«, erinnert sich Mstislawski, »war unsere Situation ziemlich katastrophal. Wir hatten weder Artillerie noch Maschinengewehre, weder Kommandeure noch ein Fernmeldewesen«, und wenn Chabalow mit disziplinierten Truppen angreifen sollte, »war unsere Chance nicht größer als die eines Schneeballs in der Hölle«. Alles hing vom Kampfgeist der meuternden Soldaten und von ihrer Bereitschaft ab, die Befehle des Rats auszuführen. Etliche Soldaten schienen weit weniger daran interessiert, dafür zu kämpfen, als sich »den Menschen anzuschließen« und sich zu betrinken. Schklowski, der für die Bewachung der Bahnhöfe eingesetzt war, fand es fast unmöglich, die Truppen, die nach Petrograd kamen, zu überzeugen, auch nur die geringsten Wachdienste zu übernehmen. Die Wache des Nikolai-Bahnhofs, wo die wichtigen Züge aus Moskau ankamen, waren gerade mal »ein einarmiger Student und ein uralter Marineoffizier in der Uniform eines Unterleutnants«. Am Taurischen Palais standen die Dinge etwas besser. Das elegante Palais von Katharina der Großen war jetzt in das militärische Hauptquartier des roten Petrograd verwandelt. Der Rat setzte eine Militärkommission ein, die Befehle an *ad hoc* gebildete Brigaden an strategischen Punkten der Stadt erteilte. Hunderte von Soldaten kampierten in den Gängen des Taurischen Palais und warteten auf den Befehl, diese Bastion der Revolution zu verteidigen. Linde, der nun sein Buch von Haldane weggelegt hatte, übernahm das Kommando der Wachen am Tor. Er war von seinem Finnländischen Regiment zum Deputierten im Rat gewählt worden, hatte also einen zusätzlichen Grund, das Palais mit dem Gewehr in der Hand zu verteidigen. Hier war der neue Politiker bewaffnet. In den Zimmern und Gängen des Palais waren Waffen- und Nahrungsmittelvorräte hoch aufgestapelt. Nabokow beschreibt die Szene im Inneren des Palais:

> *Soldaten, Soldaten, Soldaten – mit müden, stumpfen [...] Gesichtern; überall Spuren eines improvisierten Feldlagers, Schmutz, Stroh und dicke Luft. Ein drückender Dunst stand im Raum, es roch nach Soldatenstiefeln, Tuch und Schweiß. Von weitem hörte man hysterische Redner, die im Katharinensaal Kundgebungen abhielten; überall herrschte Gedränge und heilloses Durcheinander.*[31]

* * *

Hauptziel der Führer im Taurischen Palais – sowohl im linken als auch im rechten Flügel – war es, die Ordnung auf der Straße wiederherzustellen. Es bestand die reale Gefahr, daß die Revolution in Anarchie ausartete. »Wenn das nicht verhindert wird«, warnte ein Deputierter im Rat, »dann endet die Revolution in Niederlage und Schande.«

Sorge bereitete unter anderem die Frage, wie man die zaristischen Minister und Beamten sicher und ordnungsgemäß verhaften könnte. Am Abend des 27. Februar hatte der Ministerrat seine letzte Sitzung im Marienpalais abgehalten und dem Zaren formell seinen Rücktritt erklärt. Mitten in der Sitzung war plötzlich das Licht ausgegangen, und man fürchtete schon, die Revolutionäre seien im Begriff, das Palais zu stürmen. Doch es handelte sich nur um einen kurzen Stromausfall, und als das Licht nach ein paar Minuten wieder anging, sah man, daß sich mehrere Minister unter dem Tisch versteckt hatten. Dennoch war ihre Panik nicht unbegründet. Etwa 4000 Regierungsbeamte wurden in den Februartagen von der Menge ergriffen, und viele von ihnen erlitten ein alles andere als beneidenswertes Schicksal. Das Duma-Komitee befahl die Verhaftung aller Exminister und höheren Beamten und ihre Auslieferung an die Duma »um der Gerechtigkeit willen«, aber auch, um sie vor den Schrecken der Lynchjustiz zu schützen. Es war von großer Symbolkraft, daß Schtscheglowitow, der frühere Justizminister, als erster von der Menge zum Taurischen Palais gebracht wurde. Dort empfing ihn Kerenski, der bald darauf Justizminister werden sollte, und eröffnete dem Gefangenen im vollen Bewußtsein der dramatischen Situation: »Iwan Grigorjewitsch Schtscheglowitow, Sie sind verhaftet! Ihr Leben ist nicht in Gefahr!«, um dann ironisch hinzuzufügen: »Die Duma vergießt kein Blut.« Einige Exminister stellten sich sogar der Duma, um nicht zu riskieren, von der Menge gefaßt zu werden. Zu ihnen zählte Protopopow. Er versuchte, sich dadurch zu retten, daß er gegen den Zaren aussagte, und als das mißlang, brach er in Tränen aus und winselte erbärmlich. Exkriegsminister Suchomlinow kam am 1. März mit seiner eigenen bewaffneten Eskorte, was für große Aufregung unter den Soldaten sorgte. Sie konnten gerade noch davon abgehalten werden, ihn auf der Stelle zu exekutieren. Doch es gelang ihnen, ihm zum Zeichen ihrer Zurückweisung der alten Militärordnung die Epauletten abzureißen.[32]

All diese gestürzten Beamten wurden im Minister-Pavillon festgesetzt und anschließend zu Verhör und Haft in die Peter-Pauls-Festung überführt. Es war eine dieser kleinen, aber symbolbehafteten Ironien der Revolution, daß der Mann, der die Minister in die Peter-Pauls-Festung zu begleiten hatte, Viktor Sensinow, dort selbst einmal als Gefangener gesessen hatte. Er erinnerte sich seiner äußerst merkwürdigen Gefühle, als er, nunmehr selbst Regierungsbeamter, mit Schtscheglowitow, dem ehemaligen Justizminister persönlich, der jetzt aber bloß noch irgendein »Politischer« war, am Gefängnistor ankam:

*Wir fuhren durchs Tor, fuhren ein paar Kurven, kamen unter dem Säulenvorbau an und hielten vor der Tür. Da standen genau dieselben Wachen, wie ich sie von vor sieben Jahren in Erinnerung hatte. Um uns zu empfangen, kam dann – ich traute kaum meinen Augen – Hauptmann Iwanischin heraus, derselbe Iwanischin, der sieben Jahre zuvor die Trubezkoi-Bastion befehligt hatte, wo die Gefangenen in Einzelhaft gehalten wurden und wo ich 1910 unter ihm sechs Monate lang im feuchten Gemäuer einer Zelle eingesperrt war … Jetzt verhielt er sich mir gegenüber höflich. Ich zweifle nicht, daß er mich sofort erkannte, genauso wie ich ihn erkannte, aber er ließ sich nicht das geringste anmerken.*[33]

Ein weiterer Grund zur Besorgnis war, wie man die Truppen dazu bewegen sollte, in die Kasernen zurückzukehren. Das war notwendig, um die Ordnung wiederherzustellen. Am 28. Februar befahl die Militärkommission – die jetzt der Kontrolle des Duma-Komitees unterstand – den Soldaten, die gemeutert hatten, in ihre Garnisonen zurückzukehren und die Autorität ihrer Offiziere anzuerkennen. Doch die Soldaten fürchteten, man werde sie wegen ihrer Beteiligung an der Meuterei bestrafen, und verlangten deshalb Garantien für ihre Straffreiheit, ehe sie zurückkehrten. Die meisten von ihnen mißtrauten dem Duma-Komitee – einige nannten es »konterrevolutionär«, weil es die Offiziere unterstützte – und wandten sich an den Arbeiter- und Soldatenrat, er möge sie beschützen. Das Ergebnis war der Befehl Nr. 1, vielleicht das folgenschwerste Dokument, das nach der Februarrevolution geschrieben wurde. Es handelte sich um eine Liste von Forderungen und Bedingungen der Soldaten für ihre Rückkehr in die Garnisonen, etwa die Einrichtung von Soldatenkomitees als demokratisches Gegengewicht zur Autorität der Offiziere oder die Erklärung, die Soldaten würden allein die Autorität des Petrograder Rats anerkennen und die Befehle der Militärkommission der Duma nur befolgen, sofern sie nicht mit denen des Rats kollidierten. Soldaten sollten außerhalb der Dienstzeiten die vollen Bürgerrechte genießen, einschließlich des Rechts, ihren Offizieren nicht zu salutieren. Grobes Verhalten der Offiziere gegenüber den Soldaten, einschließlich der Verwendung des üblichen »Du« (*ty*), sollte fortan verboten sein, weil es die Würde des Soldaten verletzte. Ehrentitel der Offiziere wie »Exzellenz« und »Hochwohlgeboren«, die vor allem von den Soldaten vom Land als Relikt aus den Zeiten der Leibeigenschaft abgelehnt wurden, sollten durch neue und demokratische Formen der Anrede wie »Herr General« oder »Herr Hauptmann« ersetzt werden.

Der Befehl Nr. 1 war im wahrsten Sinne des Wortes eine Volksschöpfung. Suchanow schildert, wie Sokolow am Tisch saß,

> *von allen Seiten von sitzenden, stehenden und sich über ihn hängenden Soldaten umringt, die ihm entweder etwas diktierten oder ihm suggerierten, was er schreiben sollte. […] Es gab weder Ordnung noch irgendeine Beratung; alle sprachen auf einmal, alle waren zutiefst in ihre Arbeit versunken und formulierten ihre kollektive Meinung ohne jede Abstimmung. […] Als die Arbeit beendet war, setzte man an den Kopf des Blattes die Überschrift: »Befehl Nr. 1«.*

Ein paar Minuten später wurde der Befehl im Arbeiter- und Soldatenrat verlesen, der zur selben Zeit im Katharinensaal tagte, und unter dem donnernden Beifall der Soldaten einstimmig angenommen. Dieses entscheidende Dokument, das mehr als alles andere dazu beitrug, die Disziplin der Armee zu zerstören, und so gewissermaßen die Bolschewiki an die Macht brachte, war in nur wenigen Minuten angenommen worden.[34]

* * *

Die Wortführer im Arbeiter- und Soldatenrat wollten zwar die Ordnung wiederherstellen, doch die meisten von ihnen hatten keine Ambitionen, die Macht zu übernehmen. Grundlage ihrer Strategie war, Druck auf die Duma-Führer auszuüben, damit sie eine »bürgerliche Regierung« bildeten. So kam es zu dem, was Trotzki später das »Paradox« des Februar nannte: daß eine Revolution, die auf der Straße gemacht wurde, eine Regierung hervorbrachte, die in den Salons gebildet wurde. Das war ein immer wiederkehrendes Muster in der Politik des Jahres 1917: Es gab mehrere Zeitpunkte (Februar, April, Juli, September), da die führenden

Ratsmitglieder die Macht hätten ergreifen können und die Massen mit der ausdrücklichen Forderung, daß sie genau das tun sollten, auf die Straße gingen, doch bei jeder dieser Gelegenheiten schreckten sie vor der Regierungsverantwortung zurück. Damit verpaßten sie die Chance, die Revolution auf demokratische und sozialistische Weise zu beenden. Die Bolschewiki hatten den Nutzen davon.

Wie ist dieses politische Scheitern zu erklären? Aus dem Kontext des Februar, der viel zum Verständnis der späteren Politik beiträgt, ergeben sich drei Hauptlinien in der Argumentation.

Zunächst bestand da das Problem des Parteiendogmas. Sowohl Menschewiki als auch Sozialrevolutionäre hielten strikt an dem Glauben fest, daß es in einem zurückgebliebenen Bauernland wie Rußland zunächst eine »bürgerliche Revolution« geben müsse (d. h. eine lange Periode des Kapitalismus und der Demokratie), bevor die russische Gesellschaft und besonders die Arbeiterklasse für den Übergang zu einer sozialistischen Ordnung genügend fortgeschritten wäre. Wie Plechanow einst formuliert hatte, fehlte es noch an der proletarischen Hefe im bäuerlichen Teig Rußlands, um den sozialistischen Kuchen zu backen. Bei den Menschewiki leitete sich dieser Glaube an die zwei Stadien der Revolution aus der Marxschen Theorie her, bei den Sozialrevolutionären weitgehend von den Menschewiki. Der Glaube beruhte auf zwei weiteren Annahmen, die abstrakt betrachtet beide sinnvoll schienen, sich jedoch als haltlos erwiesen, wenn man sie in die Realität umsetzte. Wieder einmal versuchte man, der Wirklichkeit Rußlands des 20. Jahrhunderts westliche Dogmen des 19. Jahrhunderts aufzuzwingen: Zum einen wurde behauptet, die Bauern (und generell die Provinz) würden eine sozialistische Regierung in den Städten nicht unterstützen, weil sie zu sehr an dem hingen, was die Menschewiki ihre »kleinbürgerlichen« Vorstellungen von Kleinbesitz nannten. Folglich würde eine sozialistische Revolution in der Stadt entweder wie die Pariser Kommune ausgehungert oder, sogar noch schlimmer, von einer bäuerlichen Konterrevolution wie in der Vendée oder den europäischen royalistischen Armeen von 1849 besiegt werden. Tatsächlich warteten die russischen Bauern aber sogar noch ungeduldiger auf eine soziale Revolution als berechtigterweise die Arbeiter. Alles, was sie wollten, war Land, und wenn »Sozialismus« bedeutete, daß man den Bauern Land gab, dann waren sie »Sozialisten«. Damit war klar, was auch die Sozialrevolutionäre hätten erkennen müssen, daß die Bauern sich einer Konterrevolution nicht anschließen würden, solange diese – was in Rußland fast unvermeidlich war – eine Restauration des Adels auf dem Lande zur Folge hätte. Daneben wurde aber auch behauptet, die Massen seien zu ungebildet und politisch zu unerfahren, als daß sie Regierungsaufgaben übernehmen könnten; und solange das nicht behoben sei, seien sie auf die Unterstützung und Führung durch die gebildeten Klassen angewiesen. Wohl könnten die Räte als auf Klassenbasis gebildete Organe in der lokalen Verwaltung eine Rolle spielen, doch wären sie nicht in der Lage, den Staat zu führen. Zur Vorbereitung auf den Übergang zum Sozialismus müßten die Massen erst die Schule der Demokratie durchlaufen – was speziell für die Arbeiter bedeutete, dem Beispiel der europäischen Arbeiterbewegungen zu folgen –, und das war nur innerhalb eines liberalen Systems politischer Freiheit zu erreichen. Das hieß aber erneut, einem Land ein westliches Demokratiemodell aufzuzwingen, dem die Grundlage dafür fehlte. Die »direkte Demokratie« der Räte stand den Erfahrungen der russischen Massen viel näher – sie erinnerte an die Dorfgemeinde – und hätte als Ausgangspunkt für einen neuen und anderen Typus demokratischer Ordnung dienen können: weitaus stärker dezentralisiert als die westliche liberale Demokratie – vorausgesetzt, man hätte die Räte irgendwie mit den allgemein repräsentativen Gremien (den Stadtdumas, den Semstwos und der Konstituierenden Versammlung) in einem nationalen politischen System verbunden.

Zweifellos war das strikte Festhalten der Wortführer in den Räten an diesem Dogma teilweise eine Folge ihrer Unerfahrenheit in Regierungsangelegenheiten. Die bürgerlichen Führer hatten jahrelang in der Legislative Erfahrungen sammeln können – sei es in der Duma oder in den Semstwos. Die Sozialisten besaßen dagegen keine wirkliche Erfahrung in Regierungsarbeit und blickten lediglich auf die langen und fruchtlosen Jahre politischer Arbeit in der halblegalen Opposition und im Untergrund zurück. Zudem waren ihre Führer immer noch im Exil, und man hätte es als »Unteroffiziers-Revolte« auslegen können, wenn sie nun die Macht übernahmen. Doch ob das wirklich ein solches Hindernis war? Bei all ihrem Gerede von »Prinzipien« und »Ideologie« – letztlich waren es ihr Instinkt und ihr Temperament, was die Räteführer davon abhielt, die Macht zu ergreifen. Sie hatten so lange in feindlicher Opposition zu jeder Regierungsautorität gestanden, daß viele von ihnen nicht plötzlich Staatsmänner werden oder sich auch nur als solche vorstellen konnten. Sie klammerten sich an die Verhaltensweisen und die Kultur des revolutionären Untergrunds und zogen Opposition jeder Regierungsarbeit vor.

Zweitens fürchteten sie, falls sie die Macht übernähmen, könnte es zur Konterrevolution, vielleicht sogar zum Bürgerkrieg kommen. Die Lage war äußerst prekär; noch war nicht klar, ob Alexejew und die Frontkommandeure den Befehlen des Zaren folgen und die Revolution in der Hauptstadt niederwerfen würden, und ebensowenig, ob die Revolution auf die Provinz und die Streitkräfte an der Front übergreifen würde. Wie sich dann bald zeigte, hatte man im Rat die tatsächliche Gefahr einer Konterrevolution gewaltig überschätzt. Alexejew blies die geplante Expedition zur Niederschlagung der Revolution in der Hauptstadt umgehend ab, teils weil man ihm versicherte, die Duma-Führer und nicht die Sozialisten würden wohl die Macht übernehmen, teils weil er die Gefahr erkannte, daß bei einem Einsatz der Truppen die Meuterei auf die Armee an der Front übergreifen würde. Außerdem griff die Revolution schon nach kurzer Zeit auf die Marinebasis in Kronstadt, einige weitere nördliche Garnisonen und Moskau selbst über. Innerhalb weniger Tage sollte die Monarchie stürzen, zusammen mit ihrem Apparat in der Provinz, und Armee und Kirche sollten ihre Unterstützung für die Revolution erklären. Natürlich war am 1. März von alledem noch nichts klar. Die Ereignisse überstürzten sich so, daß alle davon überrascht wurden. Wie Juri Steklow, eines der führenden Ratsmitglieder, im April 1917 erklärte:

> *Zu dem Zeitpunkt, als man darüber [über die Bildung der Provisorischen Regierung] beriet, war es keineswegs klar, ob die Revolution sich als siegreich erweisen würde – sei es in revolutionär-demokratischer oder in gemäßigt-bürgerlicher Form. Diejenigen von euch, Genossen, die nicht hier in Petrograd waren und das revolutionäre Fieber miterlebten, können sich nicht vorstellen, wie es uns erging … Wir erwarteten jeden Augenblick, daß sie [die Truppen, die loyal zum Zaren standen] kämen.*[35]

Doch fairerweise muß man wohl sagen, daß sich die führenden Ratsmitglieder bei ihrer Analyse der Situation wieder einmal zu sehr von den Erfahrungen Europas im 19. Jahrhundert beeinflussen ließen. Alle Sozialisten waren von der Geschichte der europäischen Revolutionen durchdrungen und interpretierten die Ereignisse von 1905 und 1917 mit Blick auf die Geschichte von 1789, 1848 und 1871, was sie zu der Überzeugung brachte, es müsse nun unweigerlich eine Konterrevolution folgen.

Und drittens schließlich waren sie sich nicht einmal ihrer eigenen Autorität bei den Massen auf der Straße sicher. Sie waren entsetzt über die Gewalt und den Haß, das anarchische Plündern und den Vandalismus der Massen in den Februartagen. Sie befürchteten, falls sie die Macht übernähmen und selbst »die Regierung« würden, könnte sich dieser unkontrollierbare Zorn dann gegen sie richten. Mstislawski behauptete, die große Mehrheit der Deputierten sei sich »von der ersten Stunde der Revolution an« mit den Mitgliedern des Duma-Komitees »in einem einzigen charakteristischen Merkmal« einig gewesen, »das alles andere bestimmte: das war ihre Furcht vor den Massen«:

> *Und wie sie die Massen fürchteten! Als ich unsere »Sozialisten« beobachtete, wie sie in jenen Tagen zur Menge sprachen … schmerzte und widerte es mich an, wie sie innerlich zitterten und welche Willensanstrengung es sie kostete, den vertrauensvoll offenen Blicken der Arbeiter und Soldaten, die sich um sie drängten, ihrem klaren, gläubigen, »kindlich«-erwartungsvollen Blick standzuhalten. […] Gestern noch war es relativ einfach gewesen, »Repräsentant und Führer« dieser arbeitenden Massen zu sein, konnten die friedfertigsten sozialistischen Parlamentarier noch die schlimmsten Dinge »im Namen des Proletariats« äußern, ohne mit der Wimper zu zucken. […] Doch als dieser theoretische Proletarier dann plötzlich in voller Größe vor ihnen stand, ganz erschöpftes Fleisch und aufrührerischer Geist, […] als auch dem gefühllosesten Beobachter diese wahrhaft elementare Kraft spürbar wurde, die in einem einzigen Aufwal-*

*len zu erheben wie auch zu vernichten vermochte, da stammelten die erbleichenden »Führer« unwillkürlich beruhigende Worte statt der gestrigen Aufrufe zum Kampf. Sie hatten Angst – und das nicht ohne Grund.*[36]

Wer wollte ihnen diese Angst vorwerfen? Und doch war sie auch symptomatisch für eine generelle Feigheit, sobald es um die Verantwortung der Macht ging. Es war eine Absage an staatsmännisches Verhalten. Jahre später sagte Zereteli, die Deputierten hätten sich im Februar kindisch und unverantwortlich benommen. Viele begrüßten sogar das System der Doppelherrschaft – die Ursache von Rußlands chronischer politischer Schwäche 1917 –, weil es sie in eine gute Position versetzte. Sie erhielten Macht ohne Verantwortung, während die Provisorische Regierung Verantwortung ohne Macht hatte.

Für die Mehrheit der Deputierten gab es noch einen besonderen Grund, weshalb ihnen die Verhandlungen über eine Duma-Regierung so besonders dringlich erschienen. Am 1. März verlangte die linke Minderheit des Exekutivkomitees (drei Bolschewiki, zwei linke Sozialrevolutionäre und ein Meschraionze) die Bildung einer »provisorischen Revolutionsregierung« auf der Basis der Räte. Diese Resolution wurde vom bolschewistischen Komitee im Wyborg-Bezirk, dem proletarischsten in Petrograd, unterstützt. Falls nicht die Mehrheit im Arbeiter- und Soldatenrat den Duma-Führern die Regierung aufzwang, bestand also eine realistische Gefahr, daß die Straße ihnen eine Regierung aufzwingen könnte.

Gegen Mitternacht des 1. März kam eine Delegation des Arbeiter- und Soldatenrats (Suchanow, Tschcheidse, Sokolow und Steklow) vom linken zum rechten Flügel des Taurischen Palais, um mit dem Duma-Komitee Regierungsverhandlungen aufzunehmen. »Hier herrschten nicht das Chaos und die Verwirrung, die man bei uns antraf«, erinnerte sich Suchanow, »dennoch machte das Zimmer einen unordentlichen Eindruck. Es war verraucht, schmutzig, man sah überall Zigarettenreste, Flaschen, unaufgeräumte Gläser, zahlreiche Teller, die einen leer, die anderen noch mit allen möglichen Speisen darauf, bei deren Anblick unsere Augen von Begierde gepackt wurden.« Suchanow und Miljukow, »der Boß des rechten Flügels«, redeten am meisten. Der hünenhafte Rodsjanko, der Duma-Präsident, saß schmollend in einer Ecke und trank Mineralwasser. Weder Lwow noch Kerenski, der erste und der letzte Premier der Provisorischen Regierung, äußerten sich in irgendeiner Weise zu ihrer Bildung.

Beide Seiten – die Duma und der Rat – waren angenehm überrascht von den Gemeinsamkeiten zwischen ihnen. Beide waren auf eine größere Auseinandersetzung vorbereitet. Wie sich jedoch zeigte, gab es nur einen wirklichen Streitpunkt. Miljukow wollte die Monarchie erhalten wissen, allerdings mit Alexej als Zaren und Großfürst Michail als Regenten. Tschcheidse unterstrich demgegenüber »nicht nur die Unannehmbarkeit, sondern sogar den utopischen Charakter des Planes von Miljukow« und verwies »auf den allgemeinen Haß gegen die Monarchie«. Aber

Miljukow beharrte nicht auf seinem Standpunkt – für den sich bei den Duma-Führern wenig Unterstützung fand –, und schließlich kam man überein, über die Regierungsform nicht vor der Einberufung einer Konstituierenden Versammlung zu entscheiden. Außer diesem Punkt gab es wenig zu diskutieren. Alle waren sich darin einig, daß die Ordnung wiederhergestellt und eine Duma-Regierung gebildet werden mußten.

Die Verhandlungen wurden in den frühen Morgenstunden abgeschlossen. Der Arbeiter- und Soldatenrat wollte es »dem großbürgerlichen Element« überlassen, eine Regierung zu bilden, wie es bei Suchanow heißt, »weil er der Ansicht sei, daß es der augenblicklichen allgemeinen Konjunktur und den Interessen der Revolution entspräche«. Doch »als das einzige Organ, das zur Zeit in der Hauptstadt über reale Macht verfügte«, stelle er als Vorbedingung für seine Unterstützung die folgenden Regierungsprinzipien auf:

1. Sofortige Amnestie aller politischen Gefangenen;
2. Sofortige Garantie der Rede-, Presse- und Versammlungsfreiheit;
3. Sofortige Aufhebung aller Diskriminierungen von Angehörigen anderer Klassen, Religionen und Nationalitäten;
4. Sofortige Maßnahmen zur Einberufung einer Konstituierenden Versammlung (die auf der Grundlage des allgemeinen, direkten, geheimen und gleichen Wahlrechts gewählt werden sollte), um die Regierungsform und die Verfassung des Landes festzulegen;
5. Ersetzung der Polizei durch eine Volksmiliz mit gewählter Leitung, die den Organen der lokalen Selbstverwaltung verantwortlich ist;
6. Wahlen zu diesen Organen auf der Grundlage des allgemeinen, direkten, geheimen und gleichen Wahlrechts;
7. Die Garantie, daß die Militäreinheiten, die sich an der Revolution beteiligt haben, weder entwaffnet noch an die Front geschickt werden;
8. Anerkennung der vollen Bürgerrechte für nicht im Dienst befindliche Soldaten.[37]

Die beiden wichtigsten Themen (Krieg und Land), bei denen die Wortführer des Rats Ziele verfolgten, die denen der Duma diametral entgegengesetzt waren, wurden nicht erwähnt. Bedenkt man die schweren politischen Konflikte, die später über diese beide Fragen entstanden (und zum Sturz der drei ersten Kabinette führten), so war das wohl ein entscheidender Fehler.

Das also war das System der Doppelherrschaft. Der Rat wollte die Provisorische Regierung nur unterstützen, »sofern« (*postolku poskolku*) – um die berühmte Formulierung zu zitieren – sie sich an seine Prinzipien hielt, und als »Wächter« der Regierung wollte er sicherstellen, daß sie das auch tat. Damit war die Provisorische Regierung letztlich gelähmt, denn ohne die Unterstützung des Rats vermochte sie nichts. Gleichzeitig schufen diese Bedingungen ein Klima derart unkontrollierter Freiheit, daß eine stärkere Regierung dringend notwendig wurde. Wie Lenin es formulierte, war Rußland »das freieste Land der Welt« geworden – und er war der erste, der das ausnutzte.

* * *

Das neue Kabinett wurde am 2. März von Miljukow zusammengestellt und am nächsten Tag in den Zeitungen bekanntgegeben, zusammen mit einem Appell des Arbeiter- und Soldatenrats »An die Genossen und Bürger«, der zur Ordnung und zur Unterstützung der Regierung durch das Volk aufrief. Den Massen außerhalb des Taurischen Palais waren die Namen ihrer neuen Herrscher zumeist unbekannt. Alle kamen aus der besitzenden Elite. Die meisten waren für die verschiedenen »Regierungen des Vertrauens« benannt worden, die man in den Kreisen der liberalen Opposition seit 1915 vorgeschlagen hatte. Bei acht der zwölf Minister handelte es sich um Abgeordnete der Vierten Duma (zwei weitere waren aus früheren Dumas), sieben waren Mitglieder entweder des Semgor oder des Kriegsindustrie-Komitees gewesen, während sechs zu denselben Freimaurerkreisen* gehörten, deren genaue Rolle in der Februarrevolution lange Zeit Gegenstand historischer Spekulation, aber ein wenig konkretes Faktum war.

Fürst Lwow, Premier und Innenminister, tauchte in all diesen Zusammenhängen auf. Seine Arbeit in den Semstwos während des Krieges hatte ihm in den gebildeten liberalen Kreisen allgemein Respekt verschafft und ihn zu einer echten nationalen Persönlichkeit gemacht, und das verlieh der Regierung zumindest den Anschein, eine breitere Basis als nur die Duma zu haben. Es war keine Regierung nur einer einzigen Partei – sie enthielt Elemente von den Oktobristen bis zu den Sozialrevolutionären –, sondern eine Regierung der nationalen Rettung. Dieser überparteiliche Aspekt in Verbindung mit der Milde seines Charakters machte Lwow zur idealen Persönlichkeit, um zwischen den wirklichen Machtpokerern in seinem Kabinett – Miljukow und Kerenski – zu vermitteln, die sonst herausgefallen wären und die Regierung von vornherein gespalten hätten. Beide waren bereit, Lwow zu akzeptieren, und sei es auch nur, um zu verhindern, daß der jeweils andere Premier würde. Und doch schrien einige, als Lwows Name der Menge bekanntgegeben wurde: »Die privilegierte Klasse!« Ein Soldat rief: »Glaubt ihr denn, wir wollten bloß den Zaren durch einen Fürsten ersetzen?«

Der Name Tereschtschenkos, des neuen Finanzministers, wurde von der Menge mit brüllendem Gelächter begrüßt. »Wer ist Tereschtschenko?« fragten die Leute. Und ihre Frage war berechtigt, denn selbst die Zeitungen wußten wenig über ihn. Alles, was sie sagen konnten, war, daß er aus der Ukraine stammte, 29 Jahre alt

* Lwow, Kerenski, Nekrassow, Tereschtschenko, Konowalow und Gutschkow

und Multimillionär war. Schingarjow, der Landwirtschaftsminister, war aus ähnlicher Unbekanntheit aufgestiegen. Bei diesem Provinzarzt und Duma-Abgeordneten der Kadetten mußten selbst seine nächsten Freunde zugeben, daß er kaum mehr als ordentliches Mittelmaß war. Nicht viel mehr wußte man über Konowalow (Handel und Industrie), Nekrassow (Verkehr) oder Manuilow (Bildung), wohingegen Gutschkow (Krieg und Marine) und Miljukow (Auswärtiges) sicherlich bekannte Namen waren und zunächst scheinbar auf allgemeinen Beifall stießen.[38]

Nur der Name Kerenskis, des einzigen Sozialisten im Kabinett, erfuhr die Zustimmung der Massen. Stankewitsch erinnerte sich, daß »die Masse der Soldaten Kerenski als ›ihren Minister‹ empfand«. Als stellvertretender Vorsitzender des Exekutivkomitees hätte er nie das Portefeuille eines Justizministers akzeptieren und schon gar nicht darum bitten dürfen. Denn es war die offizielle Politik des Arbeiter- und Soldatenrats, sich nicht an der Regierung zu beteiligen. Tschcheidse hatte bereits das Angebot des Arbeitsministeriums zurückgewiesen. Kerenski dagegen wollte unbedingt Minister werden. Jung und ehrgeizig (er war erst 35 Jahre alt), war er überzeugt von seiner Berufung zu Großem und konnte es nicht ertragen, diese Chance vorübergehen zu lassen. In den vorausgegangenen Tagen hatte er eine Schlüsselrolle hinter den Kulissen gespielt. Er allein gehörte sowohl dem Exekutivkomitee als auch dem Duma-Komitee an. Er war von einem Flügel des Taurischen Palais zum anderen gelaufen und hatte sich bei beiden Gremien unentbehrlich gemacht. Und doch war offensichtlich, wo seine Sympathien lagen: Die meiste Zeit hatte er im rechten Flügel verbracht, und nur selten war er zum Arbeiter- und Soldatenrat gekommen, um eine hochtrabende Rede über die »Revolution des Volkes« zu halten. Nicht ein einziges Mal wagte er sich auf die Straße. Kerenski war zwar überzeugt, ein Sozialist zu sein, in Wahrheit jedoch war er ein bürgerlicher Radikaler, ein Duma-Abgeordneter und demokratischer Anwalt, der sich als »Mann des Volks« verkleidet hatte. Formal gehörte er zu den Trudowiki. Später, als das opportun war, schloß er sich den Sozialrevolutionären an. Doch im Herzen war er kein Sozialist. In der Duma trug er immer einen Cutaway mit gestärktem Hemd und Kragen. Wenn er aber im Rat auftrat, legte er Cut und Kragen ab, um sich ein »proletarischeres« Äußeres zu geben. Das war kein Revolutionär, sondern nach Trotzkis Worten jemand, der sich bloß »in der Revolution herumgetrieben hat«.

Am 2. März kam Kerenski kurz nach 14 Uhr in den Arbeiter- und Soldatenrat, um die vielleicht wichtigste Rede seines Lebens zu halten. Er war darauf angewiesen, daß die Versammlung seine am selben Vormittag ohne vorherige Absprache getroffene Entscheidung, das Justizministerium zu übernehmen, billigte. »Kameraden! Haben Sie Vertrauen zu mir?« fragte er mit einer Stimme voller theatralischem Pathos. »Wir haben Vertrauen, wir haben Vertrauen!« schrien die Deputierten. »Ich spreche zu Ihnen, Kameraden, aus meiner ganzen Seele … aus der

Tiefe meines Herzens, und wenn ich das beweisen soll ... wenn Sie mir nicht vertrauen ... bin ich bereit ..., hier vor Ihren Augen ..., zu sterben.« Eine Woge der Emotionen ging durch den Saal. Die Deputierten brachen in anhaltenden Beifall aus, der in stehende Ovationen überging. Kerenski nutzte diese Gelegenheit, um zu behaupten, er sei gezwungen gewesen, das Portefeuille anzunehmen, weil die zaristischen Minister sich in seinen Händen befunden hätten und er sie nicht habe entwischen lassen können. Er sagte, sein »erster Schritt« als Justizminister sei die Anweisung gewesen, sofort alle politischen Gefangenen zu entlassen und ihnen bei der Rückkehr in die Hauptstadt einen würdigen Empfang zu bereiten. Die Deputierten waren von Gefühlen überwältigt und begrüßten diese Nachricht mit stürmischen Hochrufen. Nun fragte Kerenski, ob sie mit seiner Entscheidung einverstanden seien, sich an der Regierung zu beteiligen, und bot an, als Präsident des Rats zurückzutreten, falls die Antwort ein Nein sein sollte. Doch es folgte wildes Geschrei »Wir sind einverstanden, ja, ja!«, und ohne formelle Abstimmung wurden seine Schritte gebilligt. Es war ein glänzender *coup de théâtre*. Was sein Sturz hätte werden können, war in der Tat zum Augenblick seines Triumphs geworden. Kerenski war jetzt der einzige Politiker mit einer Position sowohl in der Regierung als auch im Rat. Er war der unbestrittene Führer des Volks.[39]

Das sollte der Anfang des »Kerenski-Kults« werden. Seine Popularität war wirklich enorm. »Es gibt nur einen Namen, der alle vereint«, schrieb Gippius am 1. März, »und das ist der Name Kerenskis. [...] Wir liebten Kerenski. Es war in ihm etwas Lebendiges, Stürmisches und Kindliches.« Mit seinem blassen und jungen Gesicht, seinen hellen, stechenden Augen und seiner Nervosität gab er das perfekte Bild des radikalen Studenten ab.

Diese fast allseitige Bewunderung läßt sich nicht mit den üblichen Tugenden eines Politikers erklären. Kerenski besaß wenig davon. In seiner Duma-Karriere war er nicht besonders aufgefallen: er verfügte weder über die Statur Miljukows noch über den Stil Maklakows oder Fjodor Roditschews. Und es gab andere Anwälte, die für das Amt des Justizministers besser geeignet waren. Aber Kerenski war der ideale Mann für den Februar. In den Worten von Gippius: »Er ist der rechte Mann am rechten Platz.« Kerenski war ein begabter Redner – nicht so sehr im parlamentarischen Rahmen, wo Eloquenz und intellektuelles Gleichmaß erforderlich waren, als vielmehr durch seine Gabe, auf die Menge zu wirken. Seine Reden waren feurig und emotional. Sie befaßten sich nicht mit politischen Einzelheiten, sondern mit Moralprinzipien und geistigen Werten. Oft klangen sie mehr wie Predigten eines Priesters als wie Rezepte eines Politikers und waren voll von dramatischem Pathos, theatralischen Gesten und sogar Ohnmachtsanfällen (die echt waren, nur gelang es Kerenski irgendwie, sie zeitlich mit dem Höhepunkt seiner Rede zusammenfallen zu lassen). Kerenski drückte das Gefühl nationaler Einheit aus und trat dafür ein, für die Auferstehung des Volks, die die Februarrevolution verkörpern sollte. Er wurde der »Dichter der Freiheit« genannt, das »Herz der Nation«, der

»Geist des Volkes«, der »Retter des Vaterlands« und die »Erste Liebe der Revolution«.[40]

Es ist vielleicht nicht überraschend, daß in diesen ersten euphorischen Tagen der Revolution ein solcher Persönlichkeitskult aufkam. Die Menschen verliebten sich in »die Revolution«, und das färbte auf ihren »Führer«, Kerenski, ab. Die Institutionen, die Psychologie und selbst die Sprache der Demokratie mußten erst noch Wurzeln schlagen in Rußlands jungfräulichem politischem Boden. Die meisten Menschen stellten sich Politik immer noch in Begriffen der Monarchie vor. Dies war schließlich ein Land der Zaren. Sogar noch vor Nikolais Abdankung hatte das russische Volk seinen neuen »Zaren«.

## NIKOLAI DER LETZTE

Aus dem Tagebuch des Zaren, am 26. Februar 1917:

> *Um zehn Uhr ging ich zum Gottesdienst. Der Rapport wurde rechtzeitig beendet. Zum Frühstück waren viele Menschen und alle ausländischen Repräsentanten da. Schrieb an Alix und fuhr die Bobruiski-Chaussee zur Kapelle, wo ich spazierenging. Es war klares Frostwetter. Nach dem Tee las ich und empfing vor dem Diner Senator Tregubow. Spielte abends Domino.*

Während Petrograd im Chaos versank und die Monarchie sich am Rande des Zusammenbruchs bewegte, ging Nikolai weiter der friedlichen Routine seines Lebens im Hauptquartier nach. Nach den Worten eines seiner Bediensteten glich dort »ein Tag dem anderen wie zwei Tropfen Wasser«. Nach Nikolais Briefen zu urteilen, bereitete ihm die Masernerkrankung zweier seiner Töchter weitaus größere Sorgen als die jüngsten Berichte über den Aufruhr in der Hauptstadt. Allerdings hatte ihn Chabalow auch nicht über den Ernst der Lage aufgeklärt. Doch ob die Wahrheit etwas geändert hätte, ist zu bezweifeln. Am Morgen des 27. Februar kam ein Telegramm des Duma-Präsidenten, das den Zaren über die wahre Situation informierte und ihn beschwor, »sofortige Schritte zu unternehmen«, denn »morgen ist es zu spät«. Nikolai warf einen flüchtigen Blick auf die Botschaft und rief, an Graf Fredericks gewandt: »Rodsjanko, dieser fette Kerl, hat mir wieder allen möglichen Unsinn geschrieben, den ich nicht einmal beantworten werde.«[41]

Seit dem Tod Rasputins hatte Nikolai der Hauptstadt den Rücken gekehrt und sich in die stille Tagesroutine des Hauptquartiers und seines Familienlebens in Zarskoje Selo zurückgezogen. Mehr denn je lebte er in einer Welt von Selbsttäuschungen und umgab sich mit Höflingen, die seinen Phantasien von patrimonialer

Macht schmeichelten. In den letzten Wochen seiner Regierung setzten sich zahlreiche Berater bei ihm dafür ein, eine neue Regierung des Vertrauens zu bilden, die der Duma verantwortlich sein sollte. Aber keiner vermochte es, die unsichtbare Mauer der Gleichgültigkeit zu durchdringen, die Nikolai um sich aufgebaut hatte. Doch trotz dieser äußeren Ruhe steckte er offenbar in einer tiefen seelischen Krise. Kokowzow, der den Zaren ein Jahr lang nicht gesehen hatte, fand ihn Anfang Februar »nicht wiederzuerkennen«. Er war überzeugt, daß Nikolai »am Rande eines Nervenzusammenbruchs« stand. Paléologue war ähnlich entsetzt »über die ernsten, abgespannten Züge des Zaren und seinen abwesenden Blick, die Undurchdringlichkeit seiner Gedanken und die vollkommene Ausdruckslosigkeit und Rätselhaftigkeit seiner Person«. Das bestätigte den französischen Botschafter in seinem langgehegten »Verdacht, daß Nikolai II. sich von den Ereignissen überwältigt und beherrscht fühlt, daß er allen Glauben an seine Sendung oder sein Werk verloren hat und daß er sozusagen innerlich abgedankt und sich dem Unglück ergeben hat«.[42] Es war, als ob seine innere Krise in der Erkenntnis bestand, daß der autokratische Weg, den er die letzten 22 Jahre beschritten hatte, nun zu Ende war und seine Dynastie an den Rand des Abgrunds geführt hatte und daß andererseits der Rat, den ihm jetzt alle gaben – nämlich die Krone zu retten, indem er die Exekutivgewalt der Duma überließ –, etwas war, was er einfach nicht zu tun vermochte. Hatte er doch sein ganzes Leben dem Erhalt der Autokratie geweiht, und nun, wo er erkannte, daß sie nicht länger zu bewahren war, gab er das Leben überhaupt auf. Hier lagen die Wurzeln seines allbekannten Fatalismus in den Tagen kurz vor seiner Abdankung.

Am Abend des 27. Februar erreichte den Zaren schließlich die Nachricht von der Meuterei in Petrograd. Er befahl General Iwanow, den er jetzt anstelle von Chabalow zum Chef des Petrograder Militärbezirks ernannte, er solle ein Strafbataillon in die Hauptstadt führen und dort eine Diktatur errichten. Nikolai selbst reiste noch in derselben Nacht mit dem Zug nach Zarskoje Selo und ignorierte damit Alexejews Einwände, dies würde nur die Konterrevolution behindern und sein Leben in Gefahr bringen. Es scheint, als ob es Nikolai nur noch darum ging, wieder mit Frau und Kindern vereint zu sein. Der kaiserliche Zug fuhr nicht direkt nach Norden, weil sich auf dieser Strecke Iwanows Truppen befanden, sondern machte einen großen Umweg nach Osten und erreichte am frühen Morgen des 1. März Malaja Wischera, etwa 200 Kilometer südöstlich der Hauptstadt. Dann kam er nicht mehr weiter, weil die Strecke zur Hauptstadt von Revolutionären erobert worden war. Also fuhr der Zug nach Westen in Richtung Pskow und kam dort am selben Tag um 19 Uhr an. Wegen der überstürzten Vorbereitungen gab es für den Zaren keine formelle Begrüßungszeremonie in der Stadt, in der es ihm bestimmt war, auf seinen Thron zu verzichten. General Russki, der Kommandeur der Nordfront, traf mit Verspätung ein, um ihn auf dem Bahnhof zu empfangen. Er trug Gummistiefel.[43]

Zu diesem Zeitpunkt hatte sich jedoch einiges ereignet, was die Pläne für eine Konterrevolution unterminierte. Die letzten noch loyalen Truppen in der Hauptstadt waren auf einzigartige Weise dabei gescheitert, den Widerstand zu organisieren. General Chabalow fehlte offensichtlich der Mut zu einem ernsteren Kampf, und er unternahm so gut wie nichts, obgleich es für ihn immer noch viele Möglichkeiten gegeben hätte. Von der Admiralität, wo er und sein Gefolge sich in Sicherheit gebracht hatten, gab es einen direkten Weg zu den drei wichtigsten Bahnhöfen (dem Baltischen, dem Warschauer und dem Nikolai-Bahnhof): Loyale Truppen, von der Front in die Hauptstadt gebracht, hätten sich durchkämpfen können. Doch Chabalow dachte nicht einmal daran. Er trank mehrere Cognacs, damit seine Hände nicht zitterten, und schrieb eine Proklamation, in der er lediglich das Offensichtliche erklärte – daß die Stadt sich im Belagerungszustand befinde. Aber es fand sich niemand, der den Mut gehabt hätte – ganz zu schweigen von Pinsel und Leim –, um die gedruckte Version in den Straßen aufzuhängen. Statt dessen wurden die Blätter aus den Fenstern der Admiralität geworfen und landeten zum größten Teil im Garten darunter. Die Bemühungen von Chabalows Leuten, sich mit den loyalen Truppen in anderen Teilen des Stadtzentrums zusammenzuschließen, endeten als ähnliche Farce. Eine Abteilung kämpfte sich durch bis zum Winterpalais – nur um vom Palastkommandanten wieder zurückbeordert zu werden, den beim Anblick ihrer schmutzigen Stiefel auf seinen frisch gebohnerten Böden die Wut packte. Später stellte sich heraus, daß Großfürst Michail, der sich zu der Zeit im Palais aufhielt, den Abzug der Soldaten befohlen hatte, weil er fürchtete, sie könnten sein Porzellan beschädigen. Und dafür verlor er sein ganzes Reich! Demoralisiert und seit mehreren Tagen ohne Essen, liefen die meisten Soldaten auf die Seite des Volks über, statt in die Admiralität zurückzukehren.

Inzwischen hatte das Duma-Komitee in Petrograd beschlossen, daß Nikolai abdanken müsse. Früh am Morgen des 2. März fuhren Gutschkow und Schulgin nach Pskow ab mit der Anweisung, die Abdankung zu erzwingen und die rechtmäßige Nachfolge mit Alexej als Zaren und Großfürst Michail als Regenten sicherzustellen. Unterdessen wurde Rodsjanko, der immer noch hoffte, den Zaren zu Konzessionen bewegen zu können, durch eine von den Räten errichtete Bahnblockade an der Fahrt gehindert.[44]

Die wichtigste Entwicklung war indes die Entscheidung von General Alexejew als amtierendem Oberkommandierenden, den konterrevolutionären Feldzug zu stoppen. Einer der Gründe dafür war die Zusicherung, die Rodsjanko ihm am 1. März gegeben hatte, daß in Petrograd die Duma-Führer und nicht die Ratsführer die neue Regierung bilden würden. Alexejew selbst war schon lange an der Palastverschwörung des Progressiven Blocks beteiligt. Instinktiv vertraute er Rodsjanko und schien zu glauben, daß die Liberalen immer noch bereit sein könnten, ein politisches Abkommen auszuhandeln, mit dem die Monarchie als Fundament Rußlands bewahrt würde. Doch es gab noch ein weiteres Motiv für Alexejews

Meinungswandel: Er fürchtete, wenn die Armee für den Angriff auf die revolutionäre Hauptstadt eingesetzt würde, könnte sie in eine allgemeine Meuterei verwickelt werden, die zur Niederlage des Landes im Krieg führen würde. Er zog es vor, seine Frontsoldaten vom Roten Petrograd fernzuhalten, anstatt sie dorthin zu schicken und zu riskieren, daß sie unter revolutionären Einfluß gerieten. Am 1. März befahl er General Iwanow, seinen Feldzug gegen Petrograd zu stoppen. Dann schickte er dem Zaren ein Telegramm mit der Bitte, er möge der Duma gestatten, eine Regierung zur Wiederherstellung der Ordnung zu bilden. »Eine Revolution in ganz Rußland«, warnte er prophetisch, »würde eine unehrenhafte Beendigung des Krieges bedeuten. Man kann die Armee nicht kämpfen lassen, während im Hinterland eine Revolution stattfindet.«[45]

Die Streitkräfte hatten immer einen besonderen Platz im Herzen Nikolais gehabt, und es war der Rat seiner obersten Militärs, der ihn jetzt zur Abdankung überredete. Während Alexejew noch am Morgen des 1. März die Ernennung einer Duma-Regierung für ausreichend gehalten hatte, um die Hauptstadt zu befrieden, war er am Morgen des 2. März davon überzeugt, daß nun nicht weniger als die Abdankung des Zaren notwendig sei. In den frühen Morgenstunden, während Nikolai sich schlaflos in seinem Bett herumwarf, sprach General Russki über den Hughes-Apparat mit Rodsjanko in Petrograd und erfuhr von ihm, daß sich die Hauptstadt in einem solchen Chaos befand, daß nur der Akt der Abdankung ausreichen könnte, die Massen zu befriedigen. Alexejew war entsetzt über das, was er in der Abschrift ihres Gesprächs lesen konnte. Um 9 Uhr telegrafierte er nach Pskow mit der Anweisung, den Zaren sofort zu wecken – »ohne Rücksicht auf Etikette« – und ihn vom Inhalt der Russki-Rodsjanko-Bänder zu informieren. Jetzt war ihm und den anderen Generälen im Hauptquartier klar, daß Nikolai keine Wahl hatte, als Rodsjankos Rat zu befolgen. Aber er kannte den Zaren auch gut genug, um zu wissen, daß Nikolai nur unter dem Druck seiner führenden Generäle zur Abdankung bereit sein würde. Er schickte ein Rundtelegramm an die Frontkommandeure mit einer zusammenfassenden Darstellung der Situation und forderte sie auf, ihre Antwort in Übereinstimmung mit seiner Ansicht nach Pskow zu senden, daß Nikolai zugunsten seines Sohnes abtreten solle, um die Armee, den Feldzug, die Nation und die Dynastie zu retten.[46]

Um 10 Uhr kam Russki zum Eisenbahnwaggon des Zaren und überreichte ihm die Abschrift der Bänder seines Gesprächs mit Rodsjanko. Nikolai las sie, stand auf und blickte zum Fenster hinaus. Es herrschte ein unheimliches Schweigen. Schließlich kehrte er zu seinem Schreibtisch zurück und sprach ruhig von seiner Überzeugung, »daß er für das Unglück geboren sei«. In der Nacht zuvor, als er in seinem Bett lag, sei er zu der Erkenntnis gelangt, daß es für Konzessionen zu spät war. »Wenn es nötig sein sollte, daß ich zum Wohle Rußlands abdanke, dann bin ich bereit, es zu tun«, sagte er. »Ich fürchte aber, das Volk wird es nicht verstehen.« Wenige Minuten später kam Alexejews Telegramm an. Russki verlas es dem Zaren und schlug vor, die Entscheidung aufzuschieben, bis er gesehen habe, was die anderen Kommandeure zu sagen hätten. Nikolai vertagte das Gespräch, um zu speisen. Was sonst konnte er tun? Er war ein Mann der Gewohnheit.

Etwa um 14.30 Uhr trafen die Telegramme der Kommandeure ein, und Russki wurde in den kaiserlichen Waggon zurückgerufen. Nikolai rauchte ununterbrochen, während er die Telegramme las. Alle waren genau der Meinung wie Alexejew, daß er abdanken müsse. Brussilow, der schon seit langem von dem Schaden überzeugt war, den der Zar der Armee zufügte, erklärte unverblümt, daß das jetzt der einzige Weg sei, die Ordnung im Hinterland wiederherzustellen und den Krieg fortzusetzen. Großfürst Nikolai beschwor seinen Neffen »auf den Knien«, die Krone aufzugeben. Als er die Lektüre beendet hatte, fragte Nikolai nach der Meinung der drei anwesenden Generäle im kaiserlichen Zug. Es war dieselbe. Einen Augenblick herrschte Schweigen, ehe Nikolai das Wort ergriff. »Ich habe meine Entscheidung getroffen. Ich habe beschlossen, zugunsten meines Sohnes Alexej auf den Thron zu verzichten.« Er bekreuzigte sich, auch die Generäle machten das Kreuzzeichen, dann zog er sich in sein Abteil zurück.[47]

Viele, die sich mit Nikolai im kaiserlichen Zug aufhielten, waren befremdet von der seltsamen Emotionslosigkeit des Zaren während dieser schweren Prüfung. Bis zum bitteren Ende behielt er seine steifen Edwardinischen Manieren und seinen untrüglichen Sinn für Anstand. Nachdem er den entscheidenden Beschluß abzudanken gefaßt hatte, machte er seinen Nachmittagsspaziergang und erschien dann wie üblich zum Abendtee im Büffetwaggon. Nicht ein Wort wurde über die Ereignisse des Tages verloren. Seine Höflinge setzten ihren üblichen Smalltalk über das Wetter fort, während livrierte Diener um den Tisch herumgingen und Tee einschenkten, als ob nichts geschehen wäre. »Der Zar saß friedlich und ruhig da«, erinnerte sich einer seiner Adjutanten. »Er hielt die Unterhaltung in Gang, und nur seine Augen, die traurig und nachdenklich waren und in die Ferne starrten, und seine nervösen Bewegungen, wenn er zu einer Zigarette griff, verrieten seine innere Verstörtheit.«[48]

Die Wahrheit war, daß die Abdankung vermutlich als Erlösung für ihn kam. In der folgenden Nacht sollte Nikolai so gut wie schon lange nicht mehr schlafen. Als junger Mann hatte er nie wirklich Zar werden wollen. Das fröhliche Leben eines jungen Gardeoffiziers und anschließend die gemütliche häusliche Routine eines Gutsbesitzers waren viel mehr nach seinem Geschmack. Als aber das Unglück ihn auf den Thron gebracht hatte, schwor er, die autokratische Macht, die er von seinem geliebten und gefürchteten Vater übernommen hatte, zu bewahren und an seinen Sohn weiterzureichen. An diesen Krönungseid klammerte er sich mit einer verbissenen Engstirnigkeit, als habe er Angst, Gott (oder die eigene Frau) könnten ihn strafen, wenn es ihm nicht gelang, wie Iwan der Schreckliche zu herrschen. Solange er Zar blieb, konnte ihn nichts von seinem Weg abbringen. 22 Jahre lang hatte er die Lektionen der Geschichte ebenso ignoriert wie die Bitten zahlreicher

Berater, die alle darauf hinausliefen, daß sein Thron nur zu retten sei, wenn er eine dem Volk verantwortliche Regierung zuließ. Sein Motiv war immer das gleiche: sein »Gewissen« verbiete es ihm. Selbst noch im Januar 1917, als ihn Großfürst Pawel in einem letzten verzweifelten Versuch, die Katastrophe abzuwenden, drängte, eine Duma-Regierung zuzulassen, antwortete Nikolai: »Ich habe am Tag meiner Krönung einen Eid auf die Autokratie geleistet, und ich muß diesen Eid meinem Sohn unversehrt weitergeben.«[49] In gewisser Weise war es wohl leichter für ihn abzudanken, als sich selbst in einen konstitutionellen Monarchen zu verwandeln. Das war Nikolais Tragödie.

Während der ganzen Affäre bestand Nikolais Hauptsorge darin, wieder mit seiner Familie vereint zu sein. »In meinen Gedanken bin ich immer bei Dir«, schrieb er am 28. Februar an Alexandra. Das war es auch, was zu einer letzten merkwürdigen Wendung in der Geschichte seiner Abdankung führte. Am Abend des 2. März ließ Nikolai, während er Gutschkow und Schulgin aus der Hauptstadt erwartete, Professor Fjodorow, seinen Hofarzt, kommen und fragte ihn nach den Aussichten für eine Genesung seines Sohnes. Er erzählte ihm von Rasputins Prophezeiung, daß Alexej im Alter von 13 Jahren geheilt sein werde, ein Alter, das er durch eine Ironie des Schicksals just 1917 erreichen sollte. Fjodorow zerstreute alle derartigen Hoffnungen: Es gebe medizinisch keine Heilung für die Bluterkrankheit und Alexej habe nicht mehr lange zu leben. Fjodorow äußerte auch Zweifel, daß man dem Zaren erlauben werde, bei seinem Sohn zu bleiben, wenn er erst auf den Thron verzichtet habe, denn sicherlich erwarte man von ihm, daß er ins Exil ginge. Als Nikolai das hörte, beschloß er, nicht nur für sich, sondern auch für seinen Sohn zugunsten seines jüngeren Bruders, des Großfürsten Michail, abzudanken. »Ich kann mich nicht von ihm trennen«, sagte er dann später zu Gutschkow und Schulgin. »Ich hoffe, Sie werden die Gefühle eines Vaters verstehen.«[50]

Juristisch gesehen war das ungültig. Das Thronfolgegesetz machte klar, daß der russische Thron »nicht Privatbesitz des Kaisers noch sein Patrimonium« war, »worüber er nach Belieben verfügen kann«, sondern automatisch an seinen ältesten Sohn überging. Zu allem Übel hatte sich Michail auch noch juristisch von der Thronfolge ausgeschlossen, indem er eine Bürgerliche geheiratet hatte, die bereits geschieden war. Doch Gutschkow und Schulgin ging es jetzt mehr um die Tatsache der Abdankung des Zaren als um ihre strikte Legalität, und um sie zu erreichen, waren sie bereit, dieses letzte Zugeständnis an seinen patrimonialen Willen zu machen. Das Abdankungsmanifest, das Nikolai am selben Abend in seinem Privatwaggon entwarf, war technisch gesehen illegal. Später wurde behauptet, daß das als Vorwand für seine Wiedereinsetzung hätte dienen können. Damals jedoch schien es nicht mehr zu sein als ein geringfügiges Zugeständnis an sein natürliches Recht als Vater.[51]

* * *

Die Menge vor dem Taurischen Palais reagierte auf die Ankündigung, daß Nikolai zugunsten des Großfürsten Michail abdanken werde, mit einem Ausbruch wütender Empörung. Der Katharinensaal hallte wider von den Rufen von der Straße »Lang lebe die Republik!« und »Nieder mit der Dynastie!«. Als Gutschkow von Pskow zurückkehrte, begab er sich siegesgewiß zu einer Versammlung von Eisenbahnarbeitern, um ihnen zu berichten, was geschehen war. Als er seine Rede mit dem Ruf »Lang lebe Kaiser Michail!« beendete, wurde er auf der Stelle von den Arbeitern verhaftet und mit der Exekution bedroht. Überall in der Stadt attakkierte die Menge Anhänger und Symbole der zaristischen Ordnung. Eine riesige Demonstration von Soldaten marschierte zum Taurischen Palais und verlangte den Sturz der Dynastie. Politisch war die Monarchie offenbar dem Untergang geweiht. Doch im Palais verteidigte Miljukow weiterhin ihre Existenz unter dem Gesichtspunkt der Legalität. Es sei wesentlich, so argumentierte der Professor, die Monarchie als ein Symbol des Staates zu erhalten. Denn nur sie könne der Machtübergabe Legitimität und eine historische Kontinuität verleihen. Das war ein Triumph der Hoffnung über die Realität. Die Stimmung der Massen machte das Überleben der Monarchie eindeutig unmöglich. Sie wollten keinen neuen Zaren dulden, und würde man ihnen einen aufzwingen, dann käme es zu weiteren Unruhen, ja vielleicht sogar zu einem Bürgerkrieg. Die republikanischen Minister, angeführt von Kerenski und Nekrassow, setzten sich schließlich durch. Die Provisorische Regierung beschloß, den Großfürsten zu überreden, daß er die Krone ablehnte und damit die Dynastie beendete.[52]

Es bedurfte keiner großen Überredungskunst. Michail war ein scheuer und bescheidener Mann, an Politik nicht sehr interessiert und sogar noch weniger intelligent als sein älterer Bruder. Unter anderen Umständen hätte er vielleicht einen guten, wenn auch recht blassen, konstitutionellen Monarchen abgegeben, ähnlich seinem englischen Vetter, George V. Doch der Aufruhr in der Hauptstadt, den er persönlich miterlebt hatte, hatte ihm den Appetit auf monarchische Macht verdorben. Er hatte nicht das geringste Interesse daran, den Kopf in die Schlinge zu legen – weder im übertragenen noch im wörtlichen Sinne –, und war verständlicherweise überrascht wie auch verärgert, als sein Bruder plötzlich und unerwartet beschlossen hatte, ihm die Krone aufzubürden, ohne ihn auch nur zu fragen.

Am 3. März traf er sich mit den Führern der Provisorischen Regierung in der Residenz der Fürstin Putjatina, nicht weit vom Winterpalais, wo er sich vor der Revolution in Sicherheit gebracht hatte. Lwow und Kerenski trugen die Meinung der Mehrheit der Regierung vor, daß es, falls Michail den Thron annähme, zu einem gewaltsamen Aufstand käme, der zum Bürgerkrieg führen würde. Miljukow war anderer Meinung und behauptete, allein die Monarchie werde vom Volk als ein Symbol der Autorität anerkannt und man bedürfe ihrer jetzt, um das Land vor dem Chaos zu bewahren. »Die Provisorische Regierung allein«, so sein Argument, »ohne einen Monarchen, ist nur ein ›leckes Boot‹, das im Ozean der Volksmassen sinken kann.« Das alles machte den Großfürsten ziemlich verlegen, und er erbat sich eine Stunde Zeit, um sich mit Rodsjanko zu besprechen. Seine Hauptsorge galt laut Rodsjanko der Frage, ob die Duma seine persönliche Sicherheit garantieren könne, falls er Zar würde. Als Rodsjanko das verneinte, traf er schließlich seine Entscheidung, kehrte zu der Versammlung zurück und verkündete seinen Entschluß, die Krone abzulehnen. Er hatte Tränen in den Augen. Kerenski, der selbst oft von seinen Emotionen überwältigt wurde, eilte zum Großfürsten, schüttelte ihm die Hand und gratulierte ihm mit einem erstaunlichen Selbstbewußtsein: »Kaiserliche Hoheit haben edel und patriotisch gehandelt. Ich nehme die Verpflichtung auf mich, die Entschließung bekanntzugeben und Kaiserliche Hoheit gegen jeden Übergriff zu schützen.«[53]

* * *

Das Ende der Monarchie wurde im ganzen Russischen Reich mit Freudenszenen gefeiert. Begeisterte Menschenmengen versammelten sich in den Straßen Petrograds und Moskaus. Rote Fahnen wurden auf den Dächern gehißt und aus den Fenstern nahezu jeden Gebäudes gehängt. In Helsingfors, Kiew, Tiflis und den anderen nichtrussischen Hauptstädten, wo man mit dem Sturz des Zaren die Befreiung der Nation assoziierte, wurden daneben häufig die Nationalfahnen aufgezogen. Es gab kaum eine Stadt, und sei sie noch so klein, die die Revolution nicht mit Jubelprozessionen, patriotischen Ansprachen und dem Singen der Marseillaise gefeiert hätte. Konstantin Paustowski erinnert sich an die Nacht, in der seine verschlafene Kleinstadt Jefremow in der Provinz Tula zuerst von der Revolution hörte:

> *Inzwischen war es ein Uhr nachts geworden, eine Stunde, da für gewöhnlich ganz Jefremow in tiefem Schlaf lag. Auf einmal erklang zu dieser ungewöhnlichen Stunde ein weithin hallender kurzer Schlag der Kirchenglocke. Dann ein zweiter, ein dritter. Die Glockenschläge wurden häufiger, schon dröhnte starkes Geläut über dem Städtchen, und bald schlossen sich die Glocken aller Kirchen in der näheren Umgebung der Stadt dem Läuten an.*
> *In allen Fenstern flammten Lampen auf. Die Straßen füllten sich mit Einwohnern. Viele Haustüren standen weit offen. Unbekannte fielen einander weinend in die Arme. […] Irgendwo am Ende der Straße erklang erst leise, dann immer lauter der Gesang der Arbeiter-Marseillaise.*[54]

Auf dem Lande sickerte die Nachricht von der Abdankung langsamer durch. Einige der abgelegeneren Dörfer erfuhren von den Ereignissen in der Hauptstadt erst Ende März, und mancherorts, wo die zaristischen Truppen die Oberhand behielten, wie in den Provinzen Kasan und Mogiljow, nicht vor April. Viele Bauern waren durch den Sturz des Zaren zunächst verwirrt. »Die Kirche war voller weinender Bauern«, erinnert sich ein Zeuge. »›Was soll aus uns werden?‹ wiederholten sie immer wieder, ›Sie haben uns den Zaren weggenommen?‹« Vor allem einige der älteren Bauern verehrten den Zaren als einen Gott auf Erden und sahen in seiner Absetzung einen Angriff auf die Religion – eine Tatsache, die viele Priester bei ihrer konterrevolutionären Agitation ausnutzten. Selbst unter den mehr ländlichen Arbeitern wurde der Sturz des Zaren manchmal als Sünde angesehen.

In den Dörfern sprachen die Menschen zunächst nur hinter vorgehaltener Hand von den »großen Ereignissen« in der Hauptstadt. Solange nicht die Landeshauptleute und die Polizei entmachtet waren, was nach und nach im März und April geschah, hatten die Bauern keine Gewähr, daß sie nicht verhaftet würden, wenn sie ihre Meinung äußerten. Doch je mehr Zeit verging, desto mehr wuchs ihre Zuversicht, und sie machten aus ihrer Opposition gegen den Zaren kein Hehl mehr. Ein Gutachten der Duma, das sich auf Berichte ihrer Provinzagenten über die ersten drei Monate der Revolution stützte, faßte diesen Prozeß so zusammen:

> *Die weitverbreitete Überzeugung, daß der russische Bauer dem Zaren verbunden ist und ohne den Zaren »nicht leben kann«, wurde Lügen gestraft durch die einhellige Freude, die Seufzer der Erleichterung, als die Bauern erfuhren, daß sie ohne den leben konnten, ohne den sie angeblich »nicht leben konnten«. Jetzt sagen sie: »Der Zar hat sich selbst zu Fall gebracht und uns ins Verderben gestürzt.«*[55]

Sobald ihre anfängliche Furcht erst einmal beseitigt war, begrüßten die Bauern die Revolution. Die Neuigkeiten aus der Hauptstadt wurden von riesigen Versammlungen auf dem Feld freudig aufgenommen. »Unser Dorf«, erinnerte sich ein Bauer, »war voller Lebens- und Festfreude. Jeder fühlte große Erleichterung, als ob ihm mit einem Mal ein schwerer Felsbrocken von den Schultern genommen sei.« Ein anderer Bauer schilderte die Festlichkeiten in seinem Dorf an dem Tage, als man dort von der Abdankung des Zaren erfuhr: »Die Menschen küßten einander vor Freude und sagten, daß nunmehr das Leben besser würde. Jeder zog seine besten Sachen an, wie an einem großen Feiertag. Das Fest dauerte drei Tage lang.« Viele Dörfer veranstalteten Prozessionen, um Gott für die neugewonnene Freiheit zu danken, und beteten für die neue Regierung. Vielen Bauern erschien die Revolution als etwas Heiliges, und diejenigen, die ihr Leben für die Freiheit des Volkes hingegeben hatten, wurden von ihnen als moderne Heilige angesehen. So feierten die Dorfbewohner des Bolsche-Dworskaja-Bezirks im Kreis Tichwinsk der Provinz Petrograd einen »Dankgottesdienst für die Gottesgabe des Volkssiegs und zum ewigen Gedenken an jene Heiligen, die im Kampf für die Freiheit gefallen sind«. Die Gemeindemitglieder des Dorfes Oswyschi, Provinz Twer, brachten, wie sie es ausdrückten, »glühende Dankgebete dar, um Gott für das göttliche Geschenk des Volkssieges zu danken ... und da dieser große Sieg auch Opfer gefordert hatte, hielten wir eine Totenmesse für alle unsere gefallenen Brüder«. Häufig wollte man sich ausdrücklich für dieses Opfer revanchieren, und so schickten Dörfer Spenden an die Regierung in Petrograd, die sich nicht selten auf mehrere hundert Rubel beliefen, zugunsten derjenigen, die in den Februartagen Verluste erlitten hatten.[56]

Die Februarrevolution war ihrem Wesen nach eine Revolution gegen die Monarchie. Die neue Demokratie, die sie hervorbrachte, definierte sich durch die Negation alles Zaristischen. In der Rhetorik ihrer Führer wurde der Zar mit der finsteren Unterdrückung des alten Rußlands gleichgesetzt, während seine Absetzung mit Aufklärung und Fortschritt assoziiert wurde. Die Symbole und Embleme der Revolution – wie sie in Presse und Flugblättern gedruckt wurden – waren Bilder einer zerbrochenen Kette, einer strahlenden Sonne, die hinter den Wolken hervorbricht, und eines gestürzten Throns samt Krone.[57]

Die Revolution ging einher mit der Zerstörung aller Zeichen und Symbole kaiserlicher Macht im ganzen Land. In den Februartagen rissen die Massen in Petrograd den kaiserlichen Doppeladler, der an vielen Gebäuden hing, herunter, beseitigten kaiserliche Insignien von Ladenfronten und Straßen, zertrümmerten Zarenstatuen, entfernten Zarenporträts aus den Regierungsgebäuden (Repins berühmtes Porträt Nikolais II. wurde von der Rednertribüne des Taurischen Palais herabgerissen) und verbrannten alles in Feuern auf den Straßen. In Moskau wurde die riesenhafte Statue Alexanders III. von einer Gruppe Arbeiter mit Hilfe von Seilen und Dynamit demontiert. Auch in den Provinzstädten wurden die Zarenstatuen zerstört, allerdings kam es hier manchmal zu Konflikten, wenn diese Statuen mit öffentlichen Geldern bezahlt worden waren und damit einen gewissen Bürgerstolz repräsentierten. In Wladimir zum Beispiel gab es einen Streit zwischen Sozialisten und Kaufleuten wegen einer Statue Alexanders II. »Nach etlichen langen Straßendebatten«, erinnert sich ein Bewohner der Stadt, »entschloß man sich zu einem Kompromiß: Die Statue sollte nicht zerstört werden, doch um die Menschen nicht in ihrer revolutionären Moral zu verletzen, sollte die Figur des Zaren mit einem großen braunen Sack verhüllt werden.«[58]

Diese symbolische Revolution vollzog sich auch auf der persönlichen Ebene. Die Menschen bemühten sich bewußt, sich vom alten Regime zu distanzieren und mit der neuen Demokratie zu identifizieren. Soldaten legten ihre schwer erkämpften zaristischen Orden ab und schickten sie häufig an den Petrograder Rat, der sie einschmelzen und das Silber für die Sache des Volks nutzen sollte. Hunderte von Bürgern mit Nachnamen wie Romanow, Njemez (Deutscher) oder Rasputin stellten bei den Behörden den Antrag, ihre Namen ändern zu dürfen. Ein solcher Romanow, Fjodor Andrejewitsch, ein Bauer aus dem Dorf Koltowsk in der Provinz Pensa, behauptete, daß sein Nachname »ein Grund zur Scham« für ihn geworden sei, und wollte ihn in Lwow verändern – den Nachnamen des Premierministers.[59]

Eine Begleiterscheinung der Revolution war der Boom von antizaristischen Flugschriften, Postkarten, Theaterstücken und Filmen, sobald die alten Zensurgesetze beseitigt waren. Vor allem Flugblätter waren sehr populär, manche wurden millionenfach verkauft. Sie alle operierten mit den Gerüchten der Kriegsjahre: daß die Zarin für die Deutschen gearbeitet habe, daß sie die Geliebte Rasputins gewesen sei, daß der Zar seinen Thron diesem »heiligen Teufel« ausgeliefert habe und ähnliches. Meistens waren die Titel voller sexueller Anspielungen – *Die Geheimnisse der Romanows*; *Die lustigen Tage Rasputins*; *Die nächtlichen Orgien Rasputins* –, ebenso ihre Dialoge.[60] Viele dieser Pamphlete waren teilweise pornographisch und mit Zeichnungen von den Romanows illustriert, die sich mit Rasputin im Bett wälzten. Indem diese Propaganda eine deutliche Verbindung zwischen der sexuellen Verderbtheit des Hofes und der kranken Situation Rußlands herstellte, spielte sie eine wichtige Rolle (die immer noch der historischen Untersuchung harrt) bei der Demontage des Mythos und der Aura des Zaren als eines Gottkönigs. Im Laufe des Jahres 1917 schuf sie so das weitverbreitete Bild von der Monarchie als einer fremden Kraft der Finsternis und Korruption, ein Bild, das die Möglichkeit einer Restauration ausschloß und damit die Konterrevolution in den folgenden Jahren weitgehend unterminierte.

So war die Monarchie, politisch gesehen, tot. Die wichtigsten Institutionen zu ihrer Unterstützung – die Bürokratie, die Polizei, die Armee und die Kirche – brachen faktisch über Nacht zusammen. Es war ein Zeichen dafür, wie sehr sie geschwächt waren und wie weit sie sich in den Jahren vor 1917 dem Zaren entfremdet hatten. Der Zar war die Stütze der Monarchie – er war gleichzeitig Offizier, Priester, Distriktgouverneur und Polizist –, und sowie er beseitigt war, stürzte das ganze System ein. Die Armeekommandeure erklärten schon bald ihre Loyalität gegenüber der Provisorischen Regierung. Viele waren mit deren Führern durch die Oppositionsbewegung im Krieg verbunden, während die anderen, die gegen die Revolution eingestellt waren, wußten, daß ihr Widerstand ein Auseinanderbrechen der Armee bedeuten würde. Die Kirche wurde durch ihre eigene interne Revolution zersetzt. Auf dem Land gab es eine starke antiklerikale Bewegung: Dorfgemeinden nahmen das Kirchenland weg, setzten die Gemeindepriester ab und weigerten sich, für den Gottesdienst zu zahlen. Vielen der örtlichen Priester gelang es, diesem Los zu entgehen, indem sie ihr Schicksal mit dem der Revolution verbanden. Die restliche Kirchenhierarchie wurde dagegen in die Defensive gedrängt. Der Heilige Synod, von seinen Rasputin-Anhängern befreit, appellierte an die Priester, die neue Regierung zu unterstützen. Man führte Religionsfreiheit ein, unterstellte die kirchlichen Schulen der Kontrolle des Staats und traf Vorbereitungen für die Trennung von Kirche und Staat. Der Verwaltungsapparat in der Provinz brach fast überall zusammen wie ein Kartenhaus, und nur sehr selten bedurfte es bewaffneter Truppen, um ihn zu beseitigen. Die Leute gingen einfach auf die Straße, die Gouverneure, die über keinerlei militärische Mittel zur Unterdrückung des Aufruhrs verfügten, mußten zurücktreten, und *ad hoc* gebildete Bürgerkomitees erklärten, sie würden die Macht übernehmen. In Moskau fiel das Regime nach knapp zweitägigen Straßendemonstrationen. »Es gab keine Schießereien auf der Straße, keine Barrikaden«, erinnerte sich ein begeisterter Geschäftsmann. »Das alte Regime in Moskau fiel von selbst, und keiner machte auch nur den Versuch, es zu verteidigen.« In ähnlicher Weise brach der Polizeistaat zusammen – die Polizei wurde praktisch über Nacht durch Bürgermilizen ersetzt. Selbst die Ochrana wurde aufgelöst, obgleich später das Gerücht umging, daß viele ihrer Agenten bei der neuen Regierung Anstellung gefunden hätten.[61]

Niemand versuchte ernstlich, die Monarchie wiederzubeleben. Es ist zum Beispiel bezeichnend, daß keiner der Führer der Weißen im Bürgerkrieg sich der Sache der Monarchie annahm, trotz der Bemühungen vieler Monarchisten in ihren Reihen: Sie alle hatten erkannt, daß es den politischen Selbstmord bedeutet hätte. Denn wie es Trotzki, unverblümt wie üblich, formulierte: »Das Land hatte die Monarchie so radikal erbrochen, daß sie dem Volk nicht mehr durch die Kehle gehen wollte.«[62] Seine Prognose stimmt vermutlich immer noch, ungeachtet der postsowjetischen Romanze mit der zaristischen Vergangenheit.*

Wenn auch die Monarchie politisch tot war, so war sie in einem erweiterten Sinne noch lebendig. Die Masse der Bauern dachte in monarchischen Begriffen über Politik. Für sie war der Staat im Monarchen verkörpert, und so projizierten sie ihr Ideal der Revolution auf einen »Bauern-König« oder einen anderen autoritären Befreier, der gekommen war, um ihnen ihr geliebtes »Land und Freiheit« zu bringen. Hier lagen die Wurzeln des Kerenski-, Kornilow- und Lenin-Kults, alles Versuche, die Lücke des entthronten Zaren oder eher noch das Vakuum, das der Mythos des Befreierzaren hinterlassen hatte, zu füllen. George Buchanan, der britische Botschafter, bemerkte diese monarchistische Mentalität gleich in den ersten Tagen der Revolution, als ein Soldat zu ihm sagte: »O ja, wir müssen eine Republik haben, aber an der Spitze muß ein guter Zar stehen!« Offenbar fanden die Bauern es schwierig, zwischen der Person des Monarchen (*gossudar*) und den abstrakten Institutionen des Staats (*gossudarstwo*) zu unterscheiden. Ihre Vorstellung von demokratischer Ordnung war in ähnlich personalisierte Begriffe gekleidet. Das erfuhr ein menschewistischer Deputierter des Moskauer Arbeiter- und Soldatenrats, der im März zur Agitation bei einem Regimentstreffen in der Nähe von Wladimir gereist war. Er sprach von der Notwendigkeit des Friedens, davon, daß das ganze Land den Bauern gegeben würde, und von den Vorzügen einer Republik gegenüber der Monarchie. Die Soldaten jubelten und stimmten ihm laut zu, und einer rief: »Wir wollen dich zum Zaren wählen«, worauf die anderen Soldaten applaudierten. »Ich lehnte die Romanow-Krone ab«, erinnerte sich der Menschewik, »und ging

* Nach einer Meinungsumfrage im Jahre 1995 traten nur 7 Prozent der russischen Bevölkerung für eine Rückkehr zur Monarchie ein.

weg mit dem bedrückenden Gefühl, wie leicht es für einen Abenteurer oder Demagogen wäre, Herr dieses einfachen und naiven Volks zu werden.«[63]

* * *

Alexander Block schrieb am 23. März seiner Mutter, »daß ein Wunder geschehen ist und folglich noch weitere Wunder geschehen werden«. In den ersten Tagen der Revolution befanden sich die Menschen in wilder Aufregung und Euphorie. Das lag teilweise an dem Gefühl absoluter Freiheit – »dem außerordentlichen Empfinden«, wie es bei Blok in seinem Brief heißt, »daß alles erlaubt ist« und »nahezu alles geschehen kann«. Es lag auch an der Tatsache, daß alles so rasch passiert war: eine mächtige Dynastie, 300 Jahre alt, war innerhalb weniger Tage gestürzt. In seinem Tagebuch schrieb er am 25. Mai von dem »›Wunder‹«, das für die meisten überraschend gekommen sei, »wie ein Zugunglück in der Nacht, wie eine Brücke, die einem unter den Füßen einbricht, wie der Einsturz eines Hauses«. Es herrschte ein merkwürdiges Gefühl des Unwirklichen. Die Menschen meinten, »einen Traum oder ein Märchen zu durchleben«. Die Dinge geschahen zu rasch, als daß man das Alltagsleben hätte anhalten und als daß die Menschen hätten alles begreifen können. »Wirklich merkwürdig war«, schrieb die Malerin Julia Obolenskaja einem Freund, »sein Päckchen mit getrockneten Früchten und Kaffee am ersten Tag der Revolution zu bekommen, während draußen auf der Straße wilde Freude herrschte und Lafetten mit roten Fahnen vorbeirollten ... Draußen tobte ein Orkan ... Plötzlich ertönte die Klingel, und ein Päckchen mit Heidelbeeren wurde gebracht!«[64]

Das waren die »Flitterwochen« der Revolution. Die Menschen verliebten sich in den »Februar«. Fast augenblicklich wurde die Geschichte der Revolution wiedererfunden, um sie mit den demokratischen Idealen und mythischen Erwartungen in Übereinstimmung zu bringen. Von der »Ruhmreichen Februarrevolution«, wie man sie dann nennen sollte, hieß es, sie sei unblutig verlaufen. »Stell Dir nur vor«, schrieb ein Zeitgenosse, »es hat eine große Revolution in Rußland gegeben, bei der nicht ein einziger Blutstropfen vergossen wurde.« Es wurde außerdem behauptet, sie sei ein einziger nationaler Akt ohne Opposition. »Unsere Revolution«, so teilte ein Duma-Agitator den Matrosen von Helsingfors mit, »ist die einzige in der Weltgeschichte, die den Geist des gesamten Volkes ausdrückt.« Die Revolution wurde als geistige Erneuerung, als moralische Auferstehung des Volks gefeiert. Mereschkowski nannte sie »den vielleicht christlichsten Akt in der Weltgeschichte«. Die Revolution selbst wurde in eine Art Kult umgewandelt. Riesige Menschenmengen sammelten sich auf den Straßen, um Gebete und Zeremonien zur Feier des Ruhmreichen Februars abzuhalten. Die Beisetzung der Märtyreropfer der Revolution am zweiten Sonntag der neuen Ordnung (12. März) hatte ebenfalls den Charakter, wenn auch nicht das Ritual, einer religiösen Messe. Viele Menschen verglichen die Revolution mit den Osterfeiertagen. Die Leute auf der Straße gratulierten einander zur Revolution mit dem Ostergruß »Christus ist auferstanden!« (manchmal wurde das in »Rußland ist auferstanden!« abgeändert). Vom Zarismus hieß es, er habe für das Übel und die Sünde gestanden (ein Priester nannte ihn sogar »eine Institution des Teufels«); er habe die Menschen in Arm und Reich gespalten, aber mit seinem Sturz werde die Gesellschaft auf der Grundlage christlicher Einstellungen neu organisiert. Einige Idealisten dachten sogar, daß Lügen und Stehlen, Spiele und Fluchen mit einem Schlag verschwinden würden. »Die Trunksucht in Rußland«, erklärte ein Bauernkongreß in der Provinz Tomsk, »war eine Quelle nationaler Schande unter dem alten Regime. Aber jetzt, im freien und demokratischen Rußland, kann es keinen Raum mehr geben für Trunkenheit.« Viele Intellektuelle meinten nun, das russische Volk werde lernen, in einer neuen *sobornost* – einer universalen geistigen Gemeinschaft – zusammenzuleben und sich über Klassen- oder Parteidifferenzen hinwegzusetzen. Nach den Worten von Gippius: »Die Atmosphäre ist gereinigt – Gott sei Dank, daß *sobornost* über *partijnost* [Parteilichkeit] triumphiert.«[65]

Derselbe christliche Populismus war es auch, der die Revolution als einen Prozeß nationalen und patriotischen Wiedererwachens zeichnete. Die Menschen meinten wie Alexander Herzen, der Zarismus sei dem einfachen Volk »fremd«, er sei »die Dynastie Holstein-Gottorp«. Deutsche hätten am Hof dominiert. Die Kaiserin (»die Deutsche«) habe Rußland verraten. Das Volk aber habe sich erhoben, und durch diese wahrhaft nationale Revolution habe Rußland eine wahrhaft nationale Regierung erhalten, hinter der es sich zur Überwindung des äußeren Feindes zusammenschließen könne. Es sollte eine »patriotische Revolution« sein. Oder wie es einmal formuliert wurde: »Jetzt haben wir die Deutschen hier geschlagen, dann schlagen wir sie auch im Feld.«[66]

Viele dieser Ideale wurden von Fürst Lwow in seinem ersten Interview mit der freien Presse ausgesprochen. »Ich glaube an die Lebenskraft und Weisheit unseres großen Volkes, wie sie in der nationalen Erhebung zutage getreten sind, die das alte Regime gestürzt hat. Sie äußert sich in der gemeinsamen Bemühung um Freiheit, die gegen innere wie äußere Feinde verteidigt werden muß. Ich glaube an das große Herz des russischen Volkes, das voller Liebe zu seinen Nachbarn ist, und bin überzeugt, daß es die Grundlage unserer Freiheit, Gerechtigkeit und Wahrheit ist.«[67] Derart hohe Erwartungen sollten bald zunichte gemacht werden.

# 9 DAS FREIESTE LAND DER WELT

## EIN FERNER LIBERALER STAAT

Nichts von seinen früheren Erfahrungen hatte Fürst Lwow wirklich auf die Aufgaben vorbereitet, die sich ihm jetzt als Premierminister der Provisorischen Regierung stellten. Zwar waren die langen Arbeitsstunden, die ein solch hohes Amt von ihm verlangte, für ihn nichts Neues. Daran hatte ihn bereits seine Arbeit im Semstwo-Verband während des Krieges gewöhnt, und trotz seiner permanenten Übermüdung konnte er die zusätzliche Belastung durchaus bewältigen. Vom frühen Morgen bis mindestens Mitternacht war Lwow im Marienpalais anzutreffen, wo er Delegationen aus ganz Rußland empfing, ausländische Diplomaten traf, Kabinettsitzungen leitete, Beamten instruierte und der Presse Interviews gab.[1]

Es wäre auch falsch zu behaupten, der Fürst sei von der gewaltigen neuen Bürde der Administration überfordert gewesen. Gerade seine administrative Begabung war es ja, die ihm den allgemeinen Respekt bei der Opposition während des Krieges verschafft und ihn an die Spitze von praktisch jedermanns Liste für die künftige Führung des Landes gesetzt hatte. Sein praktischer Gemeinsinn und seine gelassene Art machten ihn zu einem guten Teamarbeiter. Fürst Sergej Urussow, der frühere Gouverneur von Bessarabien, der Lwows Nummer Zwei im Innenministerium wurde, sagte von ihm, er könne hervorragend Menschen führen, sie ermutigen, Initiativen zu ergreifen, und ihre Streitigkeiten geschickt schlichten. Obgleich Historiker schon bald Lwow als Staatsmann herabwürdigten – Samuel Hoare beschrieb ihn 1930 als »einen Mann, der eher zum Vorsitzenden des Londoner Country Council taugte als zum Führer einer instabilen Regierung mitten in einer großen Revolution« –, galt er in Wirklichkeit damals weithin als eine der fähigsten Führungspersönlichkeiten Rußlands. Zereteli hielt ihn für einen »begabten Organisator mit weit mehr Erfahrung in der Regierungsarbeit als alle Sozialisten«. Gorki sah in ihm einen der »drei wirklich begabten Politiker in der Regierung«, neben Kerenski und Nekrassow.[2]

Und doch war der Fürst in der neuen Welt der Parteipolitik fehl am Platz. Seine frühere Arbeit war immer praktischer Art gewesen, Semstwo-Arbeit, bei der alle, ungeachtet ihrer Klassen- oder Parteiinteressen, für »das Wohl der Nation« zusammenarbeiteten. Zunächst bestand noch die Hoffnung, daß sich die Provisorische Regierung vom selben Geist leiten ließ. Sie sollte eine Kriegsregierung des nationalen Vertrauens und der Rettung sein, nicht die Regierung irgendeiner Partei oder gesellschaftlichen Klasse, und das war auch der Grund, weshalb Lwow als eine wahrhaft nationale Persönlichkeit an ihre Spitze berufen worden war. Doch die Revolution hatte der Parteipolitik, vor allem der linken Politik, Tür und Tor geöffnet, und daß sie die Regierungsarbeit durchdringen würde, war nahezu unausweichlich. Darauf war Lwow nicht vorbereitet. Von Parteipolitik hatte er so gut wie keine Ahnung. Selbst nach mehreren Monaten als Premier konnte er nicht wirklich zwischen Sozialrevolutionären und Bolschewiki unterscheiden. Zudem ließ ihn sein milder Charakter praktisch macht- und hilflos mit den heftigen Wortgefechten zwischen den Parteien umgehen. Er, der von der alten Welt der adligen Semstwo-Aktivitäten herkam, zog es immer vor, nach Kompromissen zu suchen, wie sie jedoch weder die Parteiführer in der Hauptstadt noch die unversöhnlichen Konflikte auf dem Lande je zuließen. Wenn seine Minister über die Politik aneinandergerieten (was häufig vorkam), war seine instinktive Reaktion darauf das Bemühen, sie durch »praktische und konstruktive« politische Arbeit auszusöhnen. Das trug ihm das Image eines Unentschiedenen ein, und es stimmt, daß er durch andere Politiker mit stärkerem Willen leicht zu beeinflussen war. Nabokow, der das Regierungs-Sekretariat leitete, erinnert sich an »keinen einzigen Fall [...], wo seitens des Ministerpräsidenten ein Machtwort ergangen wäre, wo er sich einmal entschieden und bestimmt geäußert hätte. [...] Er war die Verkörperung der Passivität.« Der Duma-Politiker Bublikow verspottete Lwow, der immer »bestürzt aussah« und sich »ständig bemühte, zu jedermann freundlich zu sein«, als ein »wandelndes Symbol der Impotenz der Provisorischen Regierung«.[3]

Das einzige, was Lwow in den vier Monaten seiner Amtszeit angesichts all dieser politischen Probleme aufrechthielt, war sein unerschütterlicher Optimismus, der auf seinem slawophilen und populistischen Glauben an die »Weisheit und Güte des russischen Volks« beruhte. »Die Seele des russischen Volks«, erklärte er in einer Rede im März, »stellte sich als eine in ihrem Wesen universale demokratische Seele heraus. Sie will sich mit der Demokratie der ganzen Welt nicht nur verschmelzen, sondern sich an ihre Spitze stellen und sie auf dem Weg des Fortschritts der Menschheit führen, ganz den Prinzipien von Freiheit, Gleichheit und Brüderlichkeit entsprechend.« Aus seiner kurzen Bekanntschaft mit den Bauern, vor allem mit seinen bäuerlichen Nachbarn in Popowka, hatte er den naiven Schluß gezogen, alle Bauern seien ebensogut. Wenn das Volk erst einmal von der zaristischen Unterdrückung befreit wäre, so erklärte er einmal seinem Sekretär, dann würde es lernen, sich selbst im liberaldemokratischen Geist des Westens zu regieren. Es kam ihm wohl kaum der Gedanke, zumindest nicht in diesen frühen hoffnungsvollen Wochen, daß der Haß der Menschen auf die besitzende Elite und die Ungeduld, mit der sie auf eine soziale Revolution warteten, als erstes das Land in Blut ertränken würden.[4]

Lwows Glaube an »das Volk« war typisch für die Einstellung der Intelligenzija, die die politische Philosophie der ersten Provisorischen Regierung (vom 2. März bis zum 5. Mai) kennzeichnete. Nicht jeder Minister erlag solch hochgespannten Erwartungen. Miljukow und Gutschkow setzten sich von Anfang an für einen mächtigen Staat ein, um die anarchistischen Instinkte der Menschen im Zaum zu halten und das Land vor dem Chaos zu bewahren. Ihr kalter Rationalismus wurde jedoch immer von den wärmeren Gefühlen Kerenskis, Nekrassows und Lwows überlagert. Die vorherrschende Meinung der Regierung wurde von den liberalen Werten der Intelligenzija geprägt, die sich wiederum im Kampf der Menschen für die Freiheit und gegen die Autokratie herausgebildet hatten. Vor allem zwei Glaubenssätze standen im Zentrum dieser demokratisch-politischen Kultur: das instinktive Mißtrauen gegenüber dem Staat als Zwangseinrichtung und der Glaube an die lokale Selbstverwaltung. Daraus folgte, daß allein ein liberaler Staat auf Distanz erforderlich war, um Rußland zur zivilisierten Welt der freien Nationen durchzugeleiten. Rußlands liberale Führer sprachen lieber davon, »mit« dem Volk, als »über« das Volk zu regieren. Sie sahen sich selbst als »klassenlos« – als Regierende im Interesse »des ganzen Volks« und nicht einer einzelnen Klasse – und hofften, aus dieser universalen Verheißung eine gewisse Legitimation beziehen zu können. Sie präsentierten sich als vorübergehende Sachwalter eines »neutralen Staats«, der über Partei- oder Klasseninteressen stand, bis zur Wahl der neuen souveränen Macht, der Konstituierenden Versammlung, die allein den sozialen und politischen Reformen den Segen des Gesetzes geben konnte. Das bedeutete letztlich, daß sie den Menschen zutrauten, sich bis zu einer juristischen Lösung ihrer Probleme zu gedulden, und daß sie die »Verteidigung des Staates« über die Klassen- oder Parteiinteressen der Revolution stellten. Doch als dieser Staat selbst durch Unruhen bedroht wurde, wie es im April, Juli und Oktober der Fall war, waren sie nicht willens, zu seiner Verteidigung Gewalt einzusetzen. Ihre ehrbaren liberalen Absichten und ihr angeborenes Mißtrauen gegen staatlichen Zwang hinderten sie daran, die notwendigen Maßnahmen zur Verteidigung ihrer geschätzten konstitutionellen Freiheiten gegen die extremistische Bedrohung zu ergreifen. Sie waren entschlossen, das alte Polizeiregime, die Gerichte und den Strafvollzug abzubauen – was ihnen im Kampf gegen wachsende Kriminalität und Gewalt nur die Hände band. Selbst wenn diese Gewalt bolschewistisch inspiriert war, widerstrebte es ihnen, sie zu unterdrücken. Die Männer des Februar – die ihrer eigenen Ansicht nach durch eine »unblutige Revolution« an die Macht gekommen waren – wollten ihre Hände nicht mit dem Blut »des Volks« beflecken. Diese Schwäche sollte schließlich ihren Sturz bewirken.

Die Führer der Provisorischen Regierung glaubten von sich, sie würden die Französische Revolution auf russischem Boden wiederholen. Sie verglichen sich mit den Helden von 1789. Ob es die Provinzkommissare, die Soldatenkomitees und Armeekommissare, die Provinzkomitees für die öffentliche Sicherheit oder die Konstituierende Versammlung selbst waren – sie alle waren Kopien ihrer französischen Entsprechungen. Die alten respektvollen Anredeformen wurden durch Begriffe wie *graschdanin* und *graschdanka* (»Bürger« und »Bürgerin«) ersetzt. Die Marseillaise – die die Russen fälschlich Marsiliusa aussprachen und der sie ihre eigenen Unterscheidungsmerkmale hinzufügten (es gab eine »Arbeiter«-, eine »Soldaten«- und eine »Bauern«-Marseillaise) – wurde zur Nationalhymne der Revolution. Sie wurde bei allen öffentlichen Versammlungen, Straßendemonstrationen, Konzerten und Theateraufführungen gespielt.

*Wir sagen uns los von der alten Welt,*
*Wir schütteln ihren Staub von unseren Füßen.*
*Wir brauchen nicht das goldene Idol,*
*Und wir verachten den zaristischen Teufel.*

Buchläden machten große Geschäfte mit populären Darstellungen der Französischen Revolution, eine regelrechte Frankophilie brach aus. Schließlich war Frankreich Rußlands nächster westlicher Verbündeter gegen Deutschland – die letzte Bastion der Autokratie – und Gründungsmitglied des europäischen Klubs demokratischer Nationen, dem Rußland jetzt beitreten wollte.[5]

Doch Rußland konnte kein zweites Frankreich werden. Die konstitutionelle Phase der russischen Revolution – in der klassischen europäischen Tradition von 1789 und 1848 – war bereits in den Jahren 1905–1914 durchgespielt worden. Da war nichts mehr, was politische Reformen noch hätten bieten können. Nur eine fundamentale soziale Revolution – eine Revolution ohne Vorläufer in der europäischen Geschichte – konnte die Machtfrage lösen, wie sie der Sturz des alten Regimes aufgeworfen hatte. Das war der grundlegende Fehler der Männer des Februar: Berauscht von ihrem Selbstverständnis als Erben von 1789, ließen sie sich zu dem Glauben verleiten, sie könnten die Probleme von 1917 lösen, indem sie westliche Verfassungspraxis und Politik importierten, für die es in Rußland weder echte Vorgänger noch die notwendige kulturelle Basis gab.

In den ersten Wochen der Provisorischen Regierung präsidierte Fürst Lwow bei der Verabschiedung einer verwirrenden Fülle von politischen Reformen, als ob er sich selbst als Erbe Lafayettes erweisen wollte. Rußland wurde praktisch über Nacht in »das freieste Land der Welt« verwandelt. Versammlungs-, Presse- und Redefreiheit wurden garantiert. Gesetzliche Diskriminierungen von Religionen, Klassen oder Rassen wurden beseitigt. Eine allgemeine Amnestie wurde erlassen. Das allgemeine Wahlrecht für Erwachsene wurde eingeführt. Die Polizei wurde der lokalen Verwaltung unterstellt. Gerichte und Strafvollzug wurden überprüft. Die Todesstrafe wurde abgeschafft. Demokratische Organe einer lokalen Selbstverwaltung wurden gebildet und die Wahlen zur Konstituierenden Versammlung vorbereitet. Ein Gesetz folgte auf das andere in einem Tempo, daß Rußlands neue

Bürger kaum mitkommen konnten. An einem Tag in der zweiten Märzhälfte kam eine Delegation von Frauenrechtlerinnen zu Lwows Amtssitz, um sich für das Stimmrecht der Frauen bei den Wahlen zur Lokalverwaltung einzusetzen. Offensichtlich erwarteten sie einen harten Kampf. Einige der Frauen hatten lange und leidenschaftliche Reden vorbereitet. Sie glaubten, das Schicksal von halb Rußland hinge vom Erfolg ihrer Mission ab. Doch sowie sie Lwow gegenüberstanden, wurde deutlich, daß sie offene Türen einrannten. »Warum sollten Frauen nicht wählen?« fragte er sie ehrlich erstaunt. »Ich verstehe das Problem nicht. Bei allgemeinem Wahlrecht gibt es doch keinen Grund, die Frauen auszuschließen.«[6]

Diese Reformen förderten den Aufbau einer neuen demokratischen Kultur. Nun wurde es politisch korrekt, sich einen »Demokraten« zu nennen – manchmal sogar im buchstäblichen Sinne: Es gab einen Bauern namens Durakow (»Dummkopf«), der seinen Namen in Demokratow umänderte. Doch war in Rußland das Wort »Demokratie« nicht bloß ein politisches, sondern auch ein soziales Etikett. Vor allem die Linke benutzte es, um das »einfache Volk« im Gegensatz zur »Bourgeoisie« zu bezeichnen. Die Sprache von 1789 wurde, sobald sie 1917 in Rußland Eingang gefunden hatte, in die Sprache der Klassen übersetzt. Das war nicht nur eine Frage der Semantik. Es zeigte, daß für die breite Masse des Volks die Ideale der »Demokratie« eher in Begriffen einer sozialen Revolution als in solchen politischer Reformen ausgedrückt wurden. Die Bauern und die Arbeiter verstanden unter Macht gewöhnlich etwas, was sich auf gesellschaftliche Dominanz und auf Zwang stützte und nicht auf die Ausübung von Recht. In der Revolution sahen sie vor allem die Chance, Autonomie zu gewinnen und den Spieß gegen ihre früheren Herren umzudrehen, anstatt das Machtsystem auf universalen Rechtsprinzipien neu aufzubauen. Vergeltung und nicht eine Verfassung hatte oberste Priorität bei den Menschen.

In der Tat sollte die Revolution von 1917 als eine allgemeine Autoritätskrise verstanden werden. Nicht nur der Staat, sondern sämtliche Autoritätspersonen wie Richter, Polizisten, Beamte, Armee- und Marineoffiziere, Priester, Lehrer, Unternehmer, Vorarbeiter, Gutsbesitzer, Dorfälteste, patriarchalische Väter und Ehemänner wurden abgelehnt. Damals hieß es oft – und Historiker haben das unterstrichen –, daß nur der Arbeiter- und Soldatenrat über wirkliche Autorität verfügte. Gutschkow schrieb am 9. März an Alexejew:

> *Die Provisorische Regierung hat keine wirkliche Macht irgendwelcher Art, und ihre Befehle werden nur so weit ausgeführt, wie es vom Rat der Arbeiter- und Soldatendeputierten gestattet wird. Letzterer kontrolliert die wichtigsten Schaltstellen der Macht, insofern als die Truppen, die Eisenbahnen und der Post- und Telegrafendienst in seiner Hand sind. Man kann blankweg sagen, daß die Provisorische Regierung nur so lange existiert, wie es ihr vom Rat gestattet wird.*[7]

Sicherlich besaß der Arbeiter- und Soldatenrat weit mehr Macht als jedes andere Gremium. Er hatte faktisch das Monopol auf die Mittel der organisierten Gewalt, und die Masse der Arbeiter und Soldaten betrachtete ihn als die einzig legitime Autorität im Land. Zwischen Februar und Oktober hätte er nahezu jederzeit die Macht ergreifen können, und obgleich dies leicht zu einem Bürgerkrieg hätte führen können, hätte er genügend Unterstützung gefunden, um seinen Sieg zu sichern. Und doch hatte selbst der Rat mit seiner Basis in Petrograd nur eine sehr begrenzte Kontrolle über die Revolution in der Provinz. Die gesamte Zentralmacht war zusammengebrochen: Kleinstädte und ganze Regionen erklärten ihre »Unabhängigkeit« von der Hauptstadt, Dörfer ernannten sich zu »autonomen Republiken«, Nationalitäten und ethnische Gruppen übernahmen die Kontrolle von Gebieten und erklärten sich zu »unabhängigen Staaten«. Die soziale Revolution fand in dieser Dezentralisierung der Macht statt: Kleine Gemeinden verteidigten ihre Interessen und unterstrichen ihre Autonomie durch *ad hoc* gewählte Komitees (öffentliche Exekutivkomitees, städtische Komitees, Revolutionskomitees, Komitees öffentlicher Organisationen, Dorfkomitees und Räte), die sich kaum um Anweisungen des Zentrums kümmerten und ihre eigenen »Gesetze« erließen, um die Neuordnung der lokalen Gesellschaftsstruktur zu legitimieren.

Die Politik von 1917 sollte daher nicht so sehr als Konflikt der »Doppelherrschaft« (*dwojewlastije*) verstanden werden – die Teilung der gesamten Macht zwischen der Regierung und dem Arbeiter- und Soldatenrat, die die Historiker so sehr beschäftigt hat –, sondern vielmehr als tieferes Problem der Verbreitung einer »Vielzahl örtlicher Machtzentren« (*mnogowlastije*). In den Provinzstädten gab es quasi überhaupt keine »Doppelherrschaft«: Die liberale und die sozialistische Intelligenzija, die sich in Petrograd in Regierung und Rat geteilt hatte, arbeitete in den demokratischen Bürgerkomitees zwischen Februar und Oktober fast immer zusammen (und vielerorts auch noch später). Kurz gesagt, Rußland wurde balkanisiert. Es war das alte Muster, daß Rußland, wann immer die Staatsmacht beseitigt wurde, in Anarchie und Chaos stürzte. Das geschah nach dem Zusammenbruch des zaristischen Staats ebenso wie später nach dem Zusammenbruch des Kommunismus. Wenn mit dem Jahr 1917 irgend etwas bewiesen wurde, dann daß die russische Gesellschaft weder stark genug war noch genügend inneren Zusammenhalt besaß, um eine demokratische Revolution durchzustehen. Abgesehen vom Staat selbst, gab es nichts, was Rußland zusammengehalten hätte.

»Wer hat Sie gewählt?« Das war die unangenehme Frage, die jemand aus der Menge rief, als Miljukow die Einsetzung der Provisorischen Regierung verkündete. Die Antwort mußte natürlich »Niemand« lauten. Die Provisorische Regierung war keine demokratische Regierung in dem Sinne, daß sie vom Volk gewählt worden wäre, sondern eine Regierung des »nationalen Vertrauens«. Sie besaß nie die Legitimation, die nur von der Wahlurne herkommen kann. Ihre liberalen Führer waren wegen des mangelnden Mandats in großer Sorge und glaubten, sie könnten mehr Achtung erringen, wenn sie sich »provisorisch« nannten. Sie stellten die Regierung als einen lediglich zeitweiligen Hüter des Staates bis zur Wahl der Konstituierenden Versammlung dar und betonten immer, daß ihre Gesetzgebung letztlich von der Billigung durch die Konstituierende Versammlung abhänge. Und dennoch fragte sich die Bevölkerung aus diesem Grund, warum sie der Regierung gehorchen sollte: das Wort »provisorisch« gebot keinen Respekt.

Im Rückblick fällt es schwer, den Führern der Provisorischen Regierung den Vorwurf zu ersparen, daß sie die Einberufung der Konstituierenden Versammlung, die allein ihnen das erforderliche demokratische Mandat hätte geben können, nicht rasch genug veranlaßten. Zwar sah jedermann ein, wie dringend diese Einberufung war, doch mit ihren überhöhten Idealen verstellten sich die liberalen Führer den gesunden Menschenverstand. Sie waren eingeschüchtert von der Größe ihrer Aufgabe – dem Aufbau eines nationalen Parlaments, das den »Willen des Volkes« repräsentierte – und bestanden auf den detailliertesten juristischen Vorbereitungen, um ein möglichst faires Wahlrecht zu gewährleisten. Ende März wurde ein Rat von Vertretern der verschiedenen politischen Gruppen einberufen. Es dauerte zwei Monate, bis dieser sich über die Zusammensetzung eines zweiten Sonderrats von über sechzig Mitgliedern einigte, der das Wahlrecht entwerfen sollte; der wiederum verzettelte sich in langwierigen Beratungen über die verschiedenen Möglichkeiten proportionaler Vertretung, die fairsten Methoden zur Festlegung der Wahlbezirke und die bestmögliche Organisation von Wahlen in der Armee und den ethnischen Grenzgebieten.

Im Frühsommer machte sich wachsende Sorge über die langsamen Fortschritte des Sonderrats in der Bevölkerung breit, je mehr das Land im Chaos versank und je dringender es einer stärkeren rechtmäßigen Autorität bedurfte. Manche meinten, es wäre schneller gegangen, wenn man eine kleinere Kommission für den Entwurf des Wahlrechts ernannt hätte. Doch der Kadett Kokoschkin, Anwalt und Vorsitzender des Sonderrats, verteidigte sein vorsichtiges Taktieren damit, daß das neue Wahlgesetz den »Wünschen und Interessen der gesamten Bevölkerung« entsprechen müsse. Mit Sicherheit gab es praktische Probleme, die überstürzte Wahlen nicht ratsam erscheinen ließen: Millionen Menschen waren nicht seßhaft, und es war unklar, wie ihre Stimmen gezählt werden sollten. Doch wurden diese Vorbehalte bis zu einem gewissen Grad zu einem Vorwand für die Verzögerung. Vor allem die Kadetten waren für einen Aufschub der Wahlen, zweifellos weil sie wußten, daß sie sie verlieren würden. Fürst Lwow unterstützte Kokoschkins Verzögerungstaktik. Er vor allem war überzeugt von dem Ideal eines perfekten Parlaments.[8]

Das bedeutete sicherlich, daß man mit unrealistischen Erwartungen überfrachtete, was eigentlich nichts anderes als ein Behelfsparlament der nationalen Rettung hätte werden sollen. Wie unvollkommen auch immer ein solches Parlament am Anfang gewesen wäre, zumindest hätte es ein Zentrum und eine Basis der Legitimität für Rußlands zerbrechliche neue Demokratie geschaffen. Es finden sich in der Geschichte wenig Beispiele für ein dauerhaftes revolutionäres Parlament, und die Führer der Provisorischen Regierung, die sich so sehr mit der europäischen Geschichte identifizierten, hätten sich dieser Tatsache bewußt sein und ihre Erwartungen in realistischen Grenzen halten müssen. Statt dessen ließen sie sich den Blick von ihren hohen Idealen vernebeln. Vielleicht lag es daran, daß allzu viele Juristen zu wenigen Staatsmännern gegenüberstanden. Mit dem Versäumnis der Regierung, Wahlen abzuhalten, konnten die Bolschewiki im Volk ernsthafte Zweifel schüren, ob die Regierung diese Wahlen überhaupt abhalten wollte; und das wiederum verlieh ihren propagandistischen Behauptungen, die Regierung sei in die Hände der »Konterrevolution« gefallen, das nötige Gewicht, um ihre eigene Machtergreifung zu rechtfertigen. Unter wachsendem öffentlichem Druck kündigten die Führer der Provisorischen Regierung Mitte Juni an, daß die Wahlen endgültig am 17. September durchgeführt würden. Doch jedermann wußte, daß das bei dem Tempo, mit dem die Vorbereitungen getroffen wurden, ausgeschlossen war, denn das Wählerregister war noch nicht erstellt und die örtlichen Regierungsorgane, die das bewerkstelligen sollten, waren noch nicht einmal ernannt. Im August war man kaum weitergekommen, und das Datum der Wahl wurde noch einmal auf den 12. November verschoben. Zu dem Zeitpunkt aber waren die Bolschewiki bereits an der Macht.

## ERWARTUNGEN

Wir erleben wilde Zeiten«, schrieb Sergej Semjonow einem alten Freund im Frühjahr 1917. »Den Menschen unserer Region fällt es schwer, sich an die neue Situation zu gewöhnen. Aber durch diese Revolution wird unser Leben gereinigt, und für die jungen Menschen wird alles besser werden.«[9] Der Bauernreformer knüpfte all seine Hoffnungen an die zivilisierende Kraft der Revolution und glaubte, daß endlich die Zeit für das rückständige russische Dorf gekommen sei, in den Genuß der Segnungen der modernen Welt zu gelangen. Er begrüßte den Sturz des alten Regimes und war voller Optimismus und versöhnlicher Gefühle gegenüber seinen mißtrauischen Bauernnachbarn in der Dorfgemeinde von Andrejewskoje. Volle sechs Jahre war es nunmehr her, daß er den langen, bitteren Kampf um die Loslösung aus der Dorfgemeinde beendet und seinen eigenen privaten Bauernbetrieb am Rande des Dorfes aufgebaut hatte.

In diesem ersten hoffnungsvollen Frühjahr intensivierte Semjonow noch einmal seine Reformen, die er im Jahr 1905 begonnen hatte. Er erweiterte seine Arbeit in den landwirtschaftlichen Kooperativen, erneuerte den örtlichen Bauernbund, eröffnete einen »Volksklub« in der Marktstadt Bucholowo und organisierte Vorträge für die Bauern über eine ganze Reihe von fortschrittlichen Themen, von republikanischer Philosophie bis hin zu neuesten Methoden, Kühe durch den Winter zu bringen. Er machte sogar einen Entwurf für die Elektrifizierung des gesamten Distrikts von Wolokolamsk, den er der Moskauer Stadtduma vorstellte. Semjonows Tochter Tatjana erinnert sich an die neuen Hoffnungen und Energien ihres Vaters im Frühjahr 1917:

> *Wir staunten über die Kräfte unseres Vaters – sie hatten sich buchstäblich über Nacht verdoppelt, und er blickte mit hohen Erwartungen in die Zukunft. Er arbeitete nicht nur auf dem Feld, sondern reiste auch in den Dörfern herum und kümmerte sich um jeden Aspekt der bäuerlichen Angelegenheiten. Er las über alles und schrieb ständig. Manchmal arbeitete er noch in seinem Zimmer, wenn wir schon alle schliefen. Am nächsten Morgen war er als erster auf.*[10]

Die Revolution erhöhte Semjonows Ansehen unter den Dorfbewohnern von Andrejewskoje und beschränkte außerdem die Macht Grigori Maljutins, des patriarchalischen Ältesten der Dorfgemeinde und Erzfeindes der Reformen Semjonows. Die alte Machtstruktur, auf die sich Maljutin gestützt hatte – der Bezirksälteste, die örtliche Polizei und der Landeshauptmann –, war fast über Nacht aufgelöst worden. Innerhalb des Dorfs gewannen die Stimmen der jüngeren und progressiveren Bauern an Gewicht, während die der älteren Bauern immer weniger beachtet wurden. Diese Demokratisierung der Dorfgemeinde beruhte auf dem sozialen Wandel der vergangenen Jahre: Immer mehr Haushalten standen infolge der Haushaltsteilungen jüngere Bauern vor. Und in den Kriegsjahren führten häufig Frauen in Abwesenheit ihrer Männer den Bauernhaushalt, in vielen Regionen bis zu einem Drittel der Haushalte und in Andrejewskoje selbst über ein Viertel. Die jüngeren Bauern sahen in Semjonow den Streiter für Reformen. Auf den Dorfversammlungen sprach er sich immer gegen die Kirche und die patriarchalische Ordnung aus. Als den Gebildetsten im Dorf bat man ihn auch, die Resolutionen zu schreiben, wenn der Dorfschreiber, ein Lakai Maljutins, sich weigerte, »für die Revolution zu arbeiten«. Was aber Semjonows Ansehen wirklich hob, war der Erfolg seiner langen Kämpfe um die Freistellung von sechs der ärmsten Dorfbewohner von der Armee, die die einzigen Ernährer in ihren Familien waren. Im Herbst 1916 war Semjonow zu sechs Wochen Gefängnis verurteilt worden, nachdem ihn Maljutin bei den Behörden denunziert hatte, weil er »zur Desertion ermutige«. Doch die Dorfbewohner hatten sich geweigert, ihn gehen zu lassen, und ihn bis zum Sturz des alten Regimes festgehalten – als Geisel und Helden der Bauernrevolution. Zwei Wochen später kehrten alle sechs Bauern heim. Maljutin war diskreditiert, und Semjonow ging aus dem Konflikt als Führer des Dorfes hervor.[11]

In diesem Frühjahr löste Semjonow seinen privaten Einzelhofbetrieb auf und kehrte in die bäuerliche Flurgemeinschaft zurück. Die meisten von Stolypins Bauernpionieren entschieden sich 1917 ähnlich. Während am Vorabend der Revolution noch bis zu einem Drittel der Bauernhaushalte in Rußland privat bewirtschaftet wurden, waren es vier Jahre später weniger als zwei Prozent. Nur eine kleine Minderheit von vollkommen autarken Einzelhöfen mußte gewaltsam zurückgeführt werden. Die halb selbständigen *otruba* waren ökonomisch meist viel schwächer und wie der Hof von Semjonow im allgemeinen kleiner als die benachbarten Gemeindeparzellen. Die Aussicht, an der Ausbeute des von der Gemeinde geführten »Kriegs gegen die Herrenhäuser«, der im Frühjahr erneut aufflammte, beteiligt zu werden, reichte aus, um die meisten von ihnen zur freiwilligen Rückkehr zu bewegen.[12]

In dieser Rückkehr der »Aussteiger« spiegelte sich ein allgemeines Streben der Bauern nach Solidarität innerhalb der Dorfgemeinde. »Heute, im freien Rußland, sollten alle Menschen gleich und einig sein«, erklärten die Bauern von Dubowo-Pobedimow in Bugulma. »Die Gemeindemitglieder sollten die Aussteiger zu gleichen Rechten wieder in ihre Familie aufnehmen und alle Unterdrückungsmaßnahmen gegen sie beenden, denn die spielen nur den Feinden des Volks in die Hände.« Die Dorfgemeinde wurde infolge der Revolution sehr gestärkt. Sie erwachte aus ihrem vorrevolutionären Zustand der Apathie und des Verfalls zu neuem Leben und sollte zur wichtigsten organisierenden Kraft der Bauernrevolution auf dem Land werden. All die politischen Organe der Revolution auf dem Land – die Dorfkomitees, die Bauernbünde und die Räte – waren im Grunde nichts anderes als die Dorfgemeinde in revolutionärerer Form. Die Dorfgemeinde stand für die Ideale von Land und Freiheit, die die Bauern immer zur Revolte inspiriert hatten. Sie bildete einen Kreis von »Insidern« und verteidigte deren Interessen in Zeiten großer Unsicherheit gegen »Außenseiter« – Gutsbesitzer, Städter, Kaufleute, Staatsbeamte, sogar Bauern der Nachbargemeinden.

Seit den Tagen der Leibeigenschaft hatte die Dorfgemeinde als Bindeglied zwischen den Mitgliedern ihrer bäuerlichen Haushalte (gewöhnlich innerhalb eines einzigen Dorfes) und dem Gutsbesitz eines bestimmten Adligen gedient. Aus diesem Grund verlieh sie den Dorfbewohnern 1917 das historische und moralische Recht auf diesen Gutsbesitz nach dem so häufig zitierten Bauernprinzip: »Unser war der Herr, unser ist das Land.« Während der Inbesitznahme der adligen Güter zeigten die Gemeindeglieder ein bemerkenswertes Maß an Solidarität und Organisation. Es war üblich, daß die Gemeindeversammlung eine Resolution verabschiedete, die alle ihre Mitglieder aufforderte, sich am Marsch auf das Herrenhaus oder an anderen Formen bäuerlichen Widerstands wie Pachtstreik und Boykott zu beteiligen, sonst drohte der Ausschluß aus der Gemeinde. Es war eine Frage der zahlenmäßigen Sicherheit. Im Gegensatz zu dem alten sowjetischen Mythos kam es innerhalb eines Dorfs zwischen den reicheren und ärmeren Bauern nur selten zu Konflikten. Zwischen Nachbargemeinden ergaben sich dagegen etliche Konflikte über die Kontrolle der Güter und arteten manchmal in regelrechte Dorfkriege aus.[13]

Und so vollzog sich die Revolution auf dem Land: Zu einer vorbestimmten Zeit läuteten die Kirchenglocken, und die Bauern versammelten sich mit ihren Karren mitten im Dorf. Dann fuhren sie in Richtung Herrenhäuser los wie eine Bauernarmee, bewaffnet mit Gewehren, Mistgabeln, Äxten, Sicheln und Spaten. Der Gutsbesitzer und seine Verwalter wurden, wenn sie nicht schon geflohen waren, verhaftet oder zumindest gezwungen, eine Resolution zu unterzeichnen, die alle Forderungen der Bauern erfüllte. Im Frühjahr waren diese Forderungen in der Regel noch ziemlich maßvoll: eine Senkung des Pachtzinses, die Neuverteilung der Kriegsgefangenenarbeit, der obligatorische Verkauf von Getreide, Werkzeug und Vieh an die Gemeinde zu Preisen, die den Bauern als »fair« galten. Zur massenhaften Konfiszierung von Adelsland kam es nicht vor dem Sommer. Die meisten Bauern waren immer noch bereit zu warten, bis die Provisorische Regierung ein neues Bodengesetz erließ, das die Güter auf sie übertragen sollte, genauso wie sie einst gewartet hatten, daß der Zar ein »Goldenes Manifest« erließ. Sie scheuten sich, die Güter anzugreifen, ehe sie sicher sein konnten, daß nicht das alte Regime wiederhergestellt werden würde wie 1906/07 mit den darauffolgenden Massenexekutionen von Bauern. Faktisch erhielten die Bauern erst Anfang Mai mit der Ernennung des Sozialrevolutionärs Tschernow zum Landwirtschaftsminister eine solche Garantie, und von diesem Zeitpunkt an wurde die völlige Konfiszierung der adligen Güter zu einer landesweiten Erscheinung. Anfang Mai begann auch die sommerliche Anbausaison. Wenn die Bauern die Felder der Adligen im Herbst abernten wollten, mußten sie sie jetzt pflügen und säen.[14]

Die wachsende bäuerliche Militanz hatte viel mit der Rückkehr von Soldaten zum Osterurlaub – faktisch Deserteure von der Armee – zu tun. Die Bauern-Soldaten führten häufig die Märsche gegen die Herrenhäuser an. Manchmal ermutigten sie die Bauern zu brutalem Vandalismus. Sie setzten die Herrenhäuser in Brand, um die Adligen zu vertreiben, zertrümmerten die landwirtschaftlichen Maschinen (die in jüngster Zeit die bäuerliche Lohnarbeit weitgehend überflüssig gemacht hatten), schafften den Inhalt der Scheunen auf ihren Karren weg und zerstörten und verwüsteten mutwillig alles, was nach Reichtum roch, wie Gemälde, Bücher oder Skulpturen. Es kam darüber hinaus nicht selten vor, daß diese Soldaten die Bauern dazu anstachelten, ihre Gutsherren anzugreifen. Im Dorf Bor-Poljanschtschina in der Provinz Saratow zum Beispiel drang eine Bande von Bauern, die von Soldaten angeführt wurde, in das Herrenhaus des Fürsten W. W. Saburow ein und zerhackte ihn mit Äxten und Messern. Das war die blutige Vergeltung für die Rolle, die sein Sohn 1906 als örtlicher Landeshauptmann gespielt hatte, als man zwölf Bauernrebellen im Dorf vor den Augen ihrer schreienden Frauen und Kinder aufhängen ließ. Nach dem Mord verwüsteten die Dorfbewohner das Saburow-Gut drei Tage lang. Das Herrenhaus, in dem eine der erlesensten

Privatbibliotheken Rußlands gestanden hatte, brannte bis auf die Grundmauern nieder.[15]

Die in Angst und Schrecken versetzten Adligen bombardierten Fürst Lwow mit Eingaben zur Wiederherstellung von Recht und Ordnung. Isoliert in ihren Herrenhäusern, mit nichts, was sie gegen das Heer feindlicher Bauern um sie herum schützte, warfen sie seiner Regierung bald vor, sie unternehme nichts, um die wachsende Flut von Anarchie aufzuhalten, die ihren Toren immer näher kam. »Das Vaterland versinkt täglich tiefer in Chaos, Raub und Pogromen, und Sie sitzen ruhig in Piter in ihrem Arbeitszimmer«, schrieb ihm im April ein Adliger aus Tambow. »Ihre örtlichen Komitees sind machtlos und wiegeln die bäuerlichen Plünderer sogar noch auf. Die Miliz schläft, während die Bauern rauben und brandschatzen. Die alte Regierung wußte besser, wie man mit diesen Hooligans umgeht, die Sie ›das Volk‹ nennen.«[16]

Lwow war angesichts solcher Briefe kaum vorzuwerfen, daß er die Nöte der Adligen als Strafe für ihre »Grobheit und Brutalität in den Jahrhunderten der Leibeigenschaft« ansah. Die Revolution sei die »Rache der Leibeigenen«, erklärte er im Juni einigen seiner Minister. Sie sei das »Ergebnis unserer – und jetzt spreche ich als Gutsbesitzer –, unserer ureigensten Sünde. Hätte es bei uns doch nur eine wirkliche Landaristokratie gegeben wie die in England, die menschliches Taktgefühl besaß und die Bauern als Menschen und nicht wie Hunde behandelte, dann vielleicht wäre alles anders verlaufen.«[17] Das war eine bemerkenswerte Äußerung für einen Menschen seiner Klasse und seiner Herkunft, ein Eingeständnis, wenn man so will, daß die gesamte Zivilisation des Adels, dem er selbst ja angehörte, nur mehr wie eine hauchdünne Schicht über der brutalen Ausbeutung der Bauern gelegen hatte, aus der die Revolution entstanden war.

Was immer Lwow im Privatgespräch gesagt haben mag, es war doch die Politik seiner Regierung, die Besitzrechte des Adels zu verteidigen. Die Landfrage, wie er sie sah, mußte mit gesetzlichen Mitteln gelöst werden, und das bedeutete, daß der Status quo bei den Besitzverhältnissen erhalten blieb, bis von der Konstituierenden Versammlung ein neues Bodengesetz beschlossen würde. Die Regierung hatte allerdings keine rechte Handhabe, um die Bauern daran zu hindern, das Gesetz – und das Adelsland – in die eigene Hand zu nehmen. Die alte Polizei war abgeschafft worden, und die Armee-Einheiten in der Provinz reichten nicht annähernd aus – selbst wenn deren Bauernrekruten ihrem Einsatz für derartige Unterdrückungsmaßnahmen zustimmten –, um auch nur einen Bruchteil der Adelsgüter zu beschützen. Die provisorischen Bezirkskomitees, die am 20. März von der Regierung zur Aufrechterhaltung der Ordnung eingesetzt wurden, verwandelten sich bald in revolutionäre Organe, die ihre eigenen »Gesetze« erließen, um die Inbesitznahme der adligen Güter durch die Bauern zu legitimieren. Dasselbe geschah mit den Bezirks-Landkomitees. Die Provisorische Regierung hatte sie dazu bestimmt, die gesetzlichen Rechte des Adels zu schützen, während sie selbst die Agrarbeziehungen bis zur Konstituierenden Versammlung regelte. Doch auch diese Komitees wurden von den örtlichen Bauern übernommen und bald zu revolutionären Organen auf dem Land gemacht, die dabei halfen, dem Adel einen festen Pachtzins für ihr Land und ihren Besitz aufzuerlegen und diesen unter den Bauern zu verteilen.

Diese Revolution auf dem Land erhielt ihre pseudolegale Bestätigung durch die Bauernversammlungen, die im Frühjahr in den meisten Provinzen des zentralen Schwarzerdegebiets zusammentraten, sowie durch die Erste Allrussische Bauernversammlung vom 4. bis zum 25. Mai. Nichts hat mehr dazu beigetragen, die Autorität der Regierung auf dem Land zu untergraben. Die Aktivisten der Sozialrevolutionären Partei, die die Exekutive dieser Versammlungen dominierten, forderten, die Bauern sollten bei der Lösung der Landfrage Geduld zeigen. Aber die radikale Stimmung der Delegierten am Rednerpult nötigte sie bald, die Aktionen der Dorfgemeinden und sogar die Inbesitznahme des adligen Landes als eine Interimslösung zu dulden. Die Bauernversammlung der Provinz Kasan beschloß am 13. Mai, alles Land der Kontrolle der Bauernkomitees zu unterstellen. Zwölf Tage später folgte ihnen die Bauernversammlung von Samara unter direkter Mißachtung einer Anweisung von Lwow, wonach der Provinzkommissar jede weitere Landnahmen durch die Bauern verhindern sollte. Die Bauern glaubten, diese Resolutionen ihrer Versammlungen besäßen den Status von »Gesetzen«, und benutzten sie, um in den Sommermonaten weitere Landnahmen zu autorisieren. Den Unterschied zwischen der Erklärung eines allgemeinen Prinzips durch ihre eigene Bauernversammlung, die ja eigentlich nur eine öffentliche Organisation war, und der vollen Bekanntgabe eines Regierungsgesetzes verstanden sie nicht. Sie schienen zu glauben, um Land zu »sozialisieren« oder um es der Kontrolle der Gemeinden zu unterstellen, sei es ausreichend, wenn eine Bauernversammlung zu diesem Zweck eine Resolution verabschiedete. Die Erwartungshaltung der Bauern verwandelte diese Versammlungen in Pseudogremien der Regierung, die durch bloße Erklärung »Gesetze« verabschiedeten. Und diese »Gesetze« erhielten dann Vorrang vor den Statuten der Regierung. So beschwerte sich der Kommissar von Nischni Nowgorod, daß »die Bauern vor Ort die fixe Idee haben, alle bürgerlichen Gesetze seien außer Kraft gesetzt und alle gesetzlichen Beziehungen sollten nun durch Bauernorganisationen geregelt werden«.[18] Das war die Bauernrevolution.

* * *

Wie bei den Bauern, so war es auch bei den Arbeitern: ihre Erwartungen wuchsen im Frühjahr 1917 rasend schnell. Über eine halbe Million Arbeiter streikten zwischen Mitte April und Anfang Juli, und die soziale Bandbreite der Teilnehmer war viel größer als bei allen früheren Streikwellen. Handwerker und Kunsthandwerker, Waschfrauen, Färber, Barbiere, Küchenarbeiter, Kellner, Lastträger, Chauffeure und Hauspersonal – nicht nur aus den beiden Hauptstädten, sondern auch aus den Provinzstädten im gesamten Reich – standen neben Streikveteranen wie den Metall- und Textilarbeitern.[19] Sogar die Prostituierten traten in den Ausstand.

Die meisten Forderungen der Streikenden waren wirtschaftlicher Art. Sie wollten höhere Löhne, um die Inflation auszugleichen, und eine zuverlässigere Lebensmittelversorgung. Sie wollten bessere Arbeitsbedingungen. Vor allem der Achtstundentag hatte eine geradezu sakramentale Bedeutung gewonnen. Die Arbeiter sahen in ihm das Symbol all ihrer Rechte und ihres Siegs in der Revolution. In vielen Fabriken wurde er von den Arbeitern einfach erzwungen, indem sie am Ende einer Achtstundenschicht ihr Werkzeug niederlegten und gingen. Aus Angst, die Produktion in Gefahr zu bringen, oder weil sie von ihren Arbeitern eingeschüchtert wurden, waren die meisten Unternehmer bald einverstanden, den Achtstundentag (ohne Lohnabzug) zu respektieren, obgleich man in den Munitionsfabriken oft obligatorische Überstunden als eine Möglichkeit einführte, das Produktionsniveau zu halten. Bereits am 10. März verkündeten 300 Petrograder Fabrikbesitzer, daß sie nach Verhandlungen mit dem Rat den Achtstundentag angenommen hätten, und auf dieser Grundlage wurde er in den meisten anderen Städten eingeführt.[20]

Doch im Kontext von 1917, in dem man die gesamte Struktur von Staat und Kapitalismus neu definierte, wurden diese ökonomischen Forderungen unweigerlich politisiert. Der Teufelskreis von Streik und Inflation und von höheren Löhnen, die die Preise in die Höhe treiben, veranlaßte viele Arbeiter zu der Forderung, der Staat solle den Markt stärker kontrollieren. Mit dem Kampf der Arbeiter um die Kontrolle ihrer Arbeitsbedingungen, vor allem aber darum, die Unternehmer an einer Drosselung der Produktion zur Aufrechterhaltung ihres Profits zu hindern, wurde auch ihre Forderung nach einer Übernahme der Fabriken durch den Staat immer lauter.

Neu war auch, daß die Arbeiter das Gefühl ihrer Würde stärker betonten. Sie waren sich jetzt ihrer selbst als »Bürger« bewußt, als diejenigen, die »die Revolution gemacht hatten« (oder zumindest eine führende Rolle darin gespielt hatten), und waren nicht länger bereit, sich mit Mißachtung behandeln zu lassen, weder von Vorarbeitern noch von Managern. Das lieferte oft Zündstoff für Gewalt: Vertreter der Fabrikleitung, die sich im Ton vergriffen hatten, wurden symbolisch »weggekarrt«, manchmal buchstäblich in einem Schubkarren, und dann verprügelt oder in den Kanal oder die Senkgrube geworfen. Viele Streikende verlangten, daß man sie respektvoll behandelte. Kellner in Petrograd demonstrierten mit Spruchbändern mit der Aufschrift:

*Wir fordern, Kellner als Menschen zu achten!*
*Nieder mit den Trinkgeldern: Kellner sind Bürger!*

Hauspersonal zog mit der Forderung auf die Straße, daß es mit dem formellen »Sie« statt dem familiären »Du« angesprochen werden sollte, mit dem man früher die Leibeigenen anredete. Die Hausknechte verlangten, daß ihr degradierender Titel in »Hausdirektor« verändert werden sollte. Arbeiterinnen forderten gleichen Lohn wie Arbeiter, ein Ende der »erniedrigenden Leibesvisitationen«, Mutterschaftsurlaub bei voller Bezahlung und die Abschaffung von Kinderarbeit. Nach Ansicht der Arbeiter waren dies Grundforderungen der Moral. Wie Kanattschikows Geschichte zeigt, waren ihre revolutionären Ambitionen unauflöslich mit ihrem persönlichen Streben nach menschlicher Würde und individuellem Wert verbunden. Viele Arbeiter wollten ein »neues moralisches Leben« beginnen, das auf Gesetz und Persönlichkeitsrechten beruhte und in dem es weder Trunksucht noch Fluchen, Spielen oder das Schlagen von Frauen geben sollte.[21]

Ein Teil der neugefundenen Würde der Arbeiter drückte sich in einem neuen Selbstbewußtsein aus. Die Arbeiter beanspruchten die Geschäftsstraßen als die »ihren«, indem sie dort Massenaufmärsche und Meetings abhielten. Die Stadt wurde zur politischen Bühne, auf der sich verschiedene Arbeitergruppen trafen, um ihre Forderungen zu diskutieren. Das ganze städtische Rußland schien von dieser plötzlichen Manie für politische Zusammenkünfte – genannt *mitingowanije* – gepackt zu sein. Alle redeten über Politik. »Man kann nicht einmal einen Hut oder eine Schachtel Zigaretten kaufen oder in einem Taxi fahren, ohne in eine politische Diskussion verwickelt zu werden«, klagte Harold Williams vom *Daily Chronicle*. Es war, als ob ganz Rußland, das Hunderte von Jahren ruhig gehalten worden war, nun alles, was ihm in den Sinn kam, in möglichst kurzer Zeit aussprechen müßte. »Vom Februar bis zum Herbst 1917«, so Paustowski, »war im ganzen Lande Tag und Nacht ein pausenloses, planloses Meeting im Gange.«[22]

Dieses wachsende politische Bewußtsein und Selbstvertrauen bei den Arbeitern spiegelte sich in einer rapiden Zunahme von Arbeiterorganisationen im Laufe des Jahres 1917. Die Gewerkschaften und die Räte machten dort weiter, wo sie 1905/06 aufgehört hatten. Allerdings wurden sie rasch von den Fabrikkomitees überholt – einer Neuerung von 1917 –, die auf Fabrikebene gewählt wurden und sich daher rascher entwickeln und auf die unmittelbaren Forderungen der Arbeiter reagieren konnten als Gewerkschaften oder Räte, welche auf der Ebene eines ganzen Industriezweigs bzw. der Städte organisiert und deshalb in der Regel stärker bürokratisiert waren. Hauptziel der Fabrikkomitees war es, die kontinuierliche Produktion im Werk sicherzustellen. Täglich kam es zu Fabrikschließungen, Tausende von Arbeitern wurden entlassen, und viele von ihnen hatten ihre Unternehmer im Verdacht, daß sie die Produktion absichtlich drosselten, um »die Revolution auszuhungern« (oder, wie es der Kapitalist Rjabuschinski in einem Satz ausdrückte, der diese Ängste zu bestätigen schien: es bedürfe nur »der knöchernen Hand des Hungers«, um die Arbeiter »wieder zur Besinnung zu bringen«). Die Komitees entstanden, um gegen »Sabotage« zu kämpfen, indem sie die Arbeit der Leitung prüften, für Nachschub an Rohstoffen sorgten und Einstellungen und Entlassungen regelten. Sie übernahmen es, die Arbeitsdisziplin aufrechtzuerhalten, kämpften gegen Fehlzeiten und Trunkenheit und organisierten Milizen, um die Fabrik nachts zu schützen. Sie setzten sich die »Arbeiterkontrolle« zum Ziel, obgleich damit weniger die unmittelbare Leitung der Produktion durch die Arbeiter gemeint war als ihre direkte Überwachung einschließlich der Beteiligung am kollektiven Vorstand. Wie Steve Smith überzeugend gezeigt hat, machte sie das nicht zu den anarcho-syndikalistischen Organisationen, wie sie von vielen Historikern dargestellt werden. Es war nie das Ziel der Fabrikkomitees, die Werke in Arbeiterkommunen zu verwandeln, und nichts an ihrer Arbeit wies darauf hin, daß sie staatliche Gewalt oder eine zentrale Planwirtschaft abgelehnt hätten. Im Gegenteil, als Organe, die in erster Linie zum Schutz der Arbeiter geschaffen worden waren, um deren Fabriken trotz einer ökonomischen Krise in Gang zu halten, forderten sie am Ende häufig die Verstaatlichung ihrer Unternehmen. Deshalb – und weil die Gewerkschaften von den Menschewiki dominiert waren – wurden die Fabrikkomitees 1917 zum bevorzugten Mittler bolschewistischer Aktivitäten.[23]

Keine Organisation spiegelte die wachsende Selbstsicherheit der arbeitenden Klasse besser wider als die Roten Garden. Sie waren wie die Fabrikkomitees eine Neuerung von 1917, deren Einrichtung im wesentlichen auf Initiative »von unten« erfolgte. Während der Februarrevolution waren überall verschiedenste bewaffnete Arbeiterbrigaden gebildet worden, um die Fabriken zu verteidigen. Sie weigerten sich, die Waffen abzugeben, als die Regierung in den Städten eigene Milizen bildete. So gab es mit den städtischen Milizen in den Mittelschicht-Bezirken und den Arbeiterbrigaden in den Industrievorstädten ein doppeltes Polizeisystem, worin sich die Struktur der Doppelherrschaft in Petrograd spiegelte. Nach und nach wurden die Arbeiterbrigaden, wenn auch nur lose, unter der Leitung der Bezirksräte vereinigt. Doch von Anfang an waren es die Bolschewiki, die den beherrschenden Einfluß auf sie ausübten, und es war ein Bolschewik, Wladimir Bontsch-Brujewitsch, der als erster den Begriff »Rote Garden« benutzte. Während die Führung des Rats die Roten Garden als gefährlichen Präzedenzfall ansah, der die Regierung zu stürzen drohte, förderten die Bolschewiki seit Lenins Rückkehr nach Kräften die Bewaffnung der Arbeiter und bestärkten die Roten Garden in ihrem Selbstbild als einer stets wachsamen Arbeiterarmee zur Verteidigung »der Revolution« gegen jede Bedrohung. Die Bewaffnung der Arbeiter – bis zum Juli waren allein in Petrograd bereits etwa 20 000 Arbeiter bei den Roten Garden – war ein wichtiger Aspekt ihrer Psychologie. Das waren die Arbeiter, die Lenin im Sinn hatte, als er sagte, die Arbeiter stünden »links« von den Bolschewiki. Sie waren jung (über die Hälfte der Rotgardisten war unter 25 Jahren), alleinstehend, gut ausgebildet, und die meisten hatten am industriellen Krieg während der militanten Streiks von 1912 bis 1914 teilgenommen, als die Bolschewiki erstmals Einfluß auf die Arbeiterklasse von Petrograd und Moskau gewonnen hatten. Die meisten von ihnen gehörten einer der maximalistischen Parteien an – gewöhnlich den Bolschewiki oder den Anarchisten – oder sympathisierten zumindest mit ihnen und sahen sich selbst als »Avantgarde des Proletariats«.[24]

Die Provisorische Regierung war außerstande, diese wachsende Arbeitermilitanz zu zügeln. Sie war durch die liberale Industrieethik der Kriegsindustrie-Komitees irregeleitet, in denen der Minister für Handel und Industrie, Konowalow, sowie der Finanzminister, Tereschtschenko, damals führend gewesen waren. Im Mittelpunkt dieser Ethik stand die (in Wahrheit ziemlich illusionäre) Vorstellung von der Regierung als der Hüterin eines »neutralen Staats«, die über allen Partei- oder Klasseninteressen stand und deren Rolle bei der Industrie es war, zwischen Arbeiterschaft und Kapital zu vermitteln und zu schlichten. Wichtig war, daß die Produktion im Interesse der Kriegsführung in Gang blieb. Der Klassenkampf mußte beendet werden, damit man den Krieg gegen Deutschland gewinnen konnte.

In den ersten Wochen von Konowalows Amtszeit gab es einige Anzeichen dieses neuen Geistes industrieller Partnerschaft. Als Teil der Vereinbarung über den Achtstundentag, die von Konowalow am 10. März ausgehandelt worden war, wurden in vielen Fabriken Schlichtungsausschüsse gebildet, die paritätisch mit Unternehmern und Arbeitern besetzt waren und Konflikte ohne die teuren Streiks lösen sollten. Die Verwaltung der Eisenbahnen wurde örtlichen Eisenbahnkomitees übertragen, an denen Arbeiter neben den Technikern und Beamten beteiligt waren. Konowalow selbst vermittelte bei vielen Konflikten und setzte die Unternehmer unter Druck, im Interesse der Kriegswirtschaft Zugeständnisse zu machen, die er häufig jedoch auf andere Weise kompensierte. Wladimir Groman, der menschewistische Ökonom, begann sogar, Richtlinien für eine »Planwirtschaft« zu entwerfen, in der Arbeiter, Techniker und Unternehmer gemeinsam unter der Leitung des Rats und des Staates für die Regelung der Wirtschaft zuständig waren.[25]

Dieser Waffenstillstand im Klassenkampf konnte freilich nicht lange halten. Die angeblich »neutrale« Haltung der Regierung war selbst ein Hauptgrund für das Wiederaufflammen der Feindseligkeiten. Beide Seiten verdächtigten die Regierung, die jeweils andere zu begünstigen. Einerseits wurden die Arbeiter durch rasch steigende Gewinne ermutigt – es gab Berichte von Arbeitern, die den fünf- oder sechsfachen Lohn erhielten –, und das weckte bei ihnen unrealistische Erwartungen bezüglich dessen, was durch Industriekampf erreichbar war. Diese Erwartungen wurden durch den Eintritt der Menschewiki am 5. Mai in die Regierung (mit Skobelew, einem Menschewiken, als Arbeitsminister) noch verstärkt. Damit glaubten sie, grünes Licht für weitere Streiks zu erhalten sowie die Sicherheit zu haben, daß sie über Helfer in der Regierung verfügten. Arbeiter traten mit neuen und häufig exzessiven Streikforderungen auf, waren enttäuscht, wenn sie damit keinen Erfolg hatten, und beschuldigten dann die Regierung, sie unterstütze die Unternehmer. Für die Menschewiki war es ein Desaster.

Die Unternehmer andererseits verloren mehr und mehr die Geduld angesichts der Forderungen der Arbeiter und des Versagens der Regierung, sie zu zügeln. Für die industrielle Krise machten sie den inflationären Lohnanstieg der Arbeiter, den verkürzten Arbeitstag und die ständigen Unterbrechungen der Produktion durch Streiks und Fabrikmeetings verantwortlich. Durch den Eintritt der Menschewiki in die Regierung waren sie äußerst alarmiert: Das schien noch mehr Regulierung sowie einen Schwenk hin zur Perspektive der Arbeiter zu signalisieren. Seit Anfang Mai begannen sie, von Konowalows Weg des industriellen Kompromisses abzurücken. Sie schlossen die Reihen und fingen an, sich den Streikforderungen der Arbeiter zu widersetzen, selbst auf Kosten von Aussperrungen und Fabrikschließungen. Während vorher Streiks auf dem Verhandlungswege abgewendet wurden, waren nunmehr beide Seiten kampfbereiter, und die daraus resultierenden Streiks waren gewalttätig und dauerten lange, da keine Seite bereit war nachzugeben. Der erbitterte Streik in dem riesigen Sormowo-Werk in Nischni Nowgorod, der den größten Rüstungsproduzenten des Landes während der Vorbereitungen für die Junioffensive ins Chaos stürzte, war ein erstes deutliches Zeichen für dieses neue Klima.[26] Er bereitete den liberalen Hoffnungen des Frühjahrs ein Ende und gab das Signal für einen Sommer des industriellen Kriegs.

* * *

Die Führer der Provisorischen Regierung als selbsternannte Hüter des russischen Staates waren sich über einen Punkt einig: daß die Reichsgrenzen vorläufig intakt bleiben mußten. Sie sahen es als ihre vornehmste Pflicht an, die »Einheit des russischen Staats« bis zum Ende des Krieges und dem Beschluß der Konstituierenden Versammlung über die Reichsordnung zu wahren. Das schloß nicht aus, daß den nichtrussischen Gebieten als Interimsmaßnahme das Recht auf lokale Selbstverwaltung oder kulturelle Freiheiten zugestanden wurde. Die Liberalen hielten das sogar für wesentlich, denn sie glaubten, daß die Klagen der nichtrussischen Völker vor allem aus der zaristischen Diskriminierung und Unterdrückung resultierten und daß man sie folglich mit bürgerlicher und religiöser Gleichstellung befriedigen könnte. Sie warfen die Frage der nationalen Rechte mit der der individuellen Rechte in einen Topf und meinten, damit könne das Russische Reich zusammengehalten werden. Nach Meinung der Kadetten schloß die Verteidigung der »Einheit des russischen Staats« allerdings aus, daß man nationalistischem Druck, der zu »einer Aufteilung des Landes in souveräne, unabhängige Einheiten« führen würde, nachgab. Selbst die Defensisten unter den Sozialrevolutionären und Menschewiki, die als Revolutionäre ihre Unterstützung für das Prinzip der nationalen Selbstbestimmung erklärt hatten, schlossen sich 1917 bei ihrem Eintritt in die Regierung der Position der Kadetten an. Als Sozialisten unterstützten sie immer noch den Föderalismus, aber als Patrioten widerstrebte es ihnen, das Auseinanderbrechen des Staats mitten im Krieg mitverantworten zu müssen. Mark Wischnjak, der Führer der Sozialrevolutionäre, der im Mai auf dem Dritten Kongreß der Sozialrevolutionäre sprach, verglich Rußland mit einer riesigen Schweiz: eine dezentralisierte Föderation, in der die Kantone oder Republiken ein Maximum an nationalen Rechten haben würden (einschließlich des Rechts auf eine eigene Währung), aber innerhalb eines einzigen vereinten Staates.[27]

Diese Haltung war – genau wie Gorbatschows Position während der Perestroika – als Reaktion auf den wachsenden Druck des Nationalismus nach dem Februar völlig unangemessen. Zwar drängten nicht überall die Nichtrussen darauf, aus dem Reich auszubrechen. Einige der eher bäuerlichen Völker waren sich kaum bewußt, eine »Nation« im Unterschied zu einer ethnischen Gruppe zu sein (z. B. die Weißrussen, die Litauer, die Aseris, und mancher würde auch die Ukrainer anführen). Andere Völker waren mit ihren bürgerlichen und religiösen Rechten im großen und ganzen zufrieden (z. B. die Juden). Und wieder andere verbanden ihre ethnischen und sozialen Klagen zu einer einzigen national-sozialistischen Revolution, die von Rußland die Führung erwartete (nämlich die Letten und die Georgier). Armenien erhoffte sich aus rein nationalistischen Erwägungen bei Rußland Schutz vor den Türken. Doch anderswo – und in bestimmten Klassen dieser Völker – hatte der Kollaps des zaristischen Systems den Aufstieg von nationalistischen Massenbewegungen zur Folge, die als erstes Autonomie von Rußland forderten und danach, wenn diese nicht gewährt wurde, zum Ruf nach Unabhängigkeit übergingen.

Das Aufkommen der Unabhängigkeitsbewegungen lag teilweise an der günstigen Gelegenheit. Die Zwangsgewalt des alten Staats war zusammengebrochen, die Überzeugungsgewalt der Provisorischen Regierung war, vorsichtig gesagt, äußerst begrenzt, während die Deutschen und die Österreicher, deren Armeen die westlichen Grenzgebiete besetzt hielten, die Nationalisten beim Aufbau ihrer Ministaaten nur allzu bereitwillig unterstützten, weil sie sie leicht kontrollieren und gegen Rußland benutzen konnten. Doch waren die Nationalisten, selbst in jenen Ländern, in denen die Unabhängigkeit in einem Separatfrieden erlangt und zum Preis eines deutschen Marionettenstaats gewonnen wurde (Ukraine und Litauen), mehr als bloß »Agenten der Deutschen«. Viele der nationalistischen Parteien erhielten massenhafte Unterstützung durch die Wähler. In der Ukraine zum Beispiel gingen bei den Wahlen zur Konstituierenden Versammlung im November 1917 auf dem Land 71 Prozent der Stimmen an die ukrainischen Sozialrevolutionäre und den Allukrainischen Bauernbund. Auch sozialistische Parteien mit einer nationalistischen Plattform bekamen 1917 bei Wahlen in Estland, Georgien, Finnland und Armenien die Mehrheit der Stimmen.[28]

Allerdings ist es keineswegs klar – und das bleibt eine der größten unbeantworteten Fragen der russischen Revolution –, was diese Massenunterstützung an der Wahlurne wirklich über das Nationalbewußtsein der Bauern aussagt, der großen Mehrheit der Bevölkerung in allen diesen Gesellschaften. Wie man erwarten würde, kamen die aktivsten und bewußtesten Nationalisten aus dem Kleinbürgertum, der kleinbürgerlichen Intelligenzija und von den wohlhabendsten Bauern mit Schulbildung, vor allem den bäuerlichen Soldaten. Schließlich hing ja, wie wir bereits gesehen haben, die Entstehung eines bäuerlichen Nationalbewußtseins von der Verbreitung ländlicher Institutionen wie Schulen und Leseklubs, Bauernbünden und Kooperativen ab, die die Bauern dem Einfluß der nationalen städtischen Kultur aussetzten, und es war dieser Typus gebildeter Bauer, unter dem diese Institutionen am weitesten entwickelt waren. In der traditionellen politischen Kultur der ländlichen Gebiete der Ukraine oder Georgiens war zu erwarten, daß die Masse der Bauern – und mehr noch der Bauersfrauen, die zum ersten Mal zur Wahl gingen – der Führung dieser ländlichen Eliten folgte und für die Nationalisten stimmte. Das war einer der Hauptgründe, warum die Sozialrevolutionäre bei den Wahlen zur Konstituierenden Versammlung so gut abschnitten: Viele der Dorfältesten hatten in der Vergangenheit Beziehungen zu den Sozialrevolutionären gehabt, und häufig empfahlen sie, das ganze Dorf solle für die Liste der Sozialrevolutionäre stimmen; und die Bauern willigten lieber ein, geschlossen für die Sozialrevolutionäre zu stimmen, als das Dorf zu spalten. Außerdem propagierten die erfolgreichsten nationalistischen Parteien Programme, in denen nationalistische mit sozialistischen Forderungen kombiniert wurden, und so läßt sich nicht eindeutig sagen, ob die Bauern erstere überhaupt eigens wahrnahmen. Wie Ronald Suny im Falle der Ukraine nahelegt, hatten die Bauern zwar ein »kulturelles oder ethnisches Bewußtsein« und bevorzugten »Führer ihrer eigenen Ethnie, Leute, die in ihrer Sprache zu ihnen reden konnten und versprachen, ihre lokalen Interessen zu wahren«, empfanden sich selbst aber wahrscheinlich nicht »als eine einzige Nation« und waren »noch nicht von einer Leidenschaft für die Nation angetrieben«.[29] Mit anderen Worten, sie interpretierten die Losungen der Nationalisten eher anhand ihrer eigenen beschränkten Interessen – der Verteidigung des Dorfs, seiner Kultur und seines Landes (gegen die fremden Städte und die landbesitzenden Eliten) – als in nationalstaatlichen Begriffen.

Sicher waren die Nationalisten am erfolgreichsten, wo es ihnen gelang, die Bauern davon zu überzeugen, daß nationale Autonomie die beste Garantie ihrer Revolution im Dorfe sei. Besonders erfolgreich war ihre Politik der Verstaatlichung des Bodens. In vielen Regionen war der Kampf um Land auch der Kampf einer bodenständigen Bauernschaft gegen eine fremde landbesitzende Elite; wenn also die Nationalisten von der Notwendigkeit sprachen, »den Boden zu verstaatlichen«, so war das nachvollziehbar und sinnvoll. In den nördlichen Provinzen der Ukraine, wo sich ukrainische und russische Dörfer stark mischten, konnten die Nationalisten die ukrainischen Bauern zur Verteidigung ihrer Traditionen des erblichen Bodenbesitzes gegen eine drohende russische Landreform, die auf dem Prinzip des Gemeindebesitzes beruhte, mobilisieren. Mykola Kowalewsky, der Führer der ukrainischen Sozialrevolutionäre, erinnerte sich, wie ihre Propaganda wirkte:

*Die Russen wollen euch eine Sozialisierung des Bodens aufzwingen, sagte ich den Bauern, das heißt das Eigentum an Land auf die Dorfgemeinde übertragen und auf diese Weise eure privaten Bauernhöfe abschaffen. Ihr werdet nicht länger Herren auf eurem eigenen Land sein, sondern Arbeiter auf Gemeindeland.*

Ebenso wichtig für die Bauern war die nationalistische Kampagne für das Recht auf die Muttersprache: Ihre Erwartungen gesellschaftlichen Aufstiegs hingen davon ab, daß sie ihre eigene Sprache lesen lernten und sie im öffentlichen Leben benutzen konnten. Von gleicher Bedeutung war die Bewegung für die Autokephalie der nationalen Kirchenhierarchie (in Georgien und der Ukraine): Mit Gottesdiensten in der Muttersprache würden die Priester den Bauern näherkommen, und es würden auch mehr Bauern zu Priestern ausgebildet. Schließlich würde die Aufstellung nationaler Armee-Einheiten, wie es die Militärkongresse nahezu aller wichtigen nichtrussischen Soldaten forderten, diese Möchtegernnationalstaaten nicht nur mit einer fertigen nationalen Armee ausstatten, sondern damit würde auch mehr Nichtrussen der Aufstieg ins Offizierskorps ermöglicht.[30]

Die Anziehungskraft der Nationalisten war, was auch immer ihre wahre Natur oder ihr Ausmaß gewesen sein mag, sehr viel stärker, als die Führer der Provisorischen Regierung akzeptieren wollten. Nur im Falle Polens machten sie einen vollen Rückzieher vor den Nationalisten, indem sie bereits am 16. März ihre Unterstützung für die Unabhängigkeit Polens erklärten, doch das auch nur, weil das von Deutschen und Österreichern besetzte Polen durch solche Erklärungen nicht verlorenging und weil im Gegenteil die Möglichkeit bestand, die Unterstützung der polnischen Bevölkerung gegen die Mittelmächte zu gewinnen. Selbst der großrussische Patriot Brussilow, der damals auf umstrittenem russisch-ukrainisch-polnischem Boden kämpfte, erkannte, daß »wir keine andere Wahl hatten, als Polen die Freiheit anzubieten«.[31] Doch in den beiden anderen bedeutenderen Konflikten – mit den finnischen und den ukrainischen Nationalisten – weigerte sich die Provisorische Regierung, irgendwelche konkreten Zugeständnisse zu machen. Vor allem wegen dieser Kompromißlosigkeit wuchs die Anziehungskraft beider Bewegungen auf die Massen, und als die Regierung sichtlich schwächer wurde, schlug die Forderung nach mehr Autonomie um in die Forderung nach vollständiger Unabhängigkeit.

Das finnische Problem ging auf die umstrittene russische Herrschaft in Finnland nach dem Sturz der Monarchie zurück. Die Finnen argumentierten mit gewissem Recht, daß der Zar lediglich auf der Basis seiner persönlichen Autorität als Großfürst von Finnland über das Großfürstentum geherrscht habe, und folglich habe die Souveränität nach seinem Sturz an das finnische Parlament (den Sejm) zurückzugehen. Doch in ihrem Manifest vom 7. März erklärte sich die Provisorische Regierung zum rechtmäßigen Erben der Autorität des Zaren in Finnland, und während sie einerseits die finnische Verfassung wiederherstellte und damit 13 Jahre direkter russischer Herrschaft beendete, bestand sie andererseits weiterhin darauf, daß die Regierung in Helsingfors bis zur Klärung des künftigen Status von Finnland durch die Konstituierende Versammlung dem russischen Generalgouverneur und nicht dem Sejm verantwortlich sei.

Das war der Anfang eines langen und komplizierten Verfassungsgerangels zwischen den Finnen (die sich weigerten, die Souveränität der Provisorischen Regierung anzuerkennen) und den Russen (die sich weigerten, die Autorität des Sejm anzuerkennen). Tokois Koalitionsregierung in Helsingfors, eine Mischung aus föderal gesinnten Sozialisten und liberal gesinnten Nationalisten, verfolgte die Strategie, durch Verhandeln zu einer Kompromißlösung zu kommen, wobei Finnland volle innere Autonomie im Austauch gegen ein russisches Veto bei seiner Außen- und Militärpolitik erlangen sollte. Hätte die Vernunft sich durchgesetzt, die Provisorische Regierung hätte das wohl als eine akzeptable zeitweilige Beilegung des Konflikts anerkannt. Da aber der Vorschlag eine kleinere finnische Armee für den russischen Feldzug vorsah, fürchtete sie, das könnte sich als ein erster Schritt zu Finnlands Ausscheiden aus dem Krieg erweisen, und so blockierte sie den Fortgang der Verhandlungen.

Diese Blockade hielt das ganze Frühjahr an, denn die Regierung Tokoi geriet unter wachsenden Druck der eigenen Bevölkerung, einseitig die finnische Unabhängigkeit zu erklären, was Petrograd wiederum zum Anlaß nahm, sich noch starrer gegen die finnischen Forderungen zu stellen. Beide Positionen waren weitgehend durch die Tatsache bestimmt, daß die Bolschewiki, die die finnische Sache in der Hoffnung aufgegriffen hatten, einen Verbündeten gegen die Provisorische Regierung zu gewinnen, unter den Matrosen von Helsingfors, wo sie ihr eigenes Räteorgan der Baltischen Flotte (Zentrobalt) kontrollierten, eine starke Anhängerschaft aufbauten. Tokoi unterstrich diese bolschewistische Bedrohung in der Hoffnung, damit Druck auf die Provisorische Regierung ausüben und sie zu Konzessionen bewegen zu können. Doch die Regierung war fest entschlossen, hart zu bleiben. Selbst Kerenski, der im Mai als neuer Kriegsminister wie ein echter großrussischer Patriot redete, warnte die Finnen, sie sollten nicht die Geduld des »ehrlichen russischen Volks« auf die Probe stellen und versuchen, »es seiner Rechte an seinem eigenen nationalen Territorium zu berauben«.[32]

Im Juni und Juli gerieten die Beziehungen zu Rußland in eine Krise. Eine Resolution des Allrussischen Rätekongresses, die die Provisorische Regierung aufforderte, am Ende des Krieges einen Unabhängigkeitsvertrag mit Finnland auszuhandeln, wurde vom Sejm so interpretiert, als gebe man ihm grünes Licht, um am 23. Juni eine eigene Unabhängigkeitserklärung (*valtalaki*) zu verabschieden. Die *valtalaki* wurde mit Festlichkeiten landesweit gefeiert. Die Bevölkerung nahm fälschlicherweise an, daß die Erklärung durch das »russische Parlament« unterstützt worden sei. Der Rat war jedoch ebenso wütend darüber wie die Provisorische Regierung. Die *valtalaki* war eine einseitige Erklärung der Unabhängigkeit Finnlands, wohingegen die Räteresolution sie als Ergebnis bilateraler Verhandlungen mit der Provisorischen Regierung angestrebt hatte. Eine Rätedelegation versuchte die Finnen zu überreden, die *valtalaki* wieder zurückzuziehen, und als sie damit scheiterte, unterstützten die Räteführer den Regierungsbeschluß, die finnische Bewegung mit militärischer Gewalt zu unterdrücken. Im Laufe des Juli stellten die Russen ihre Truppen auf finnischem Boden auf und drohten, sie gegen den Sejm einzusetzen, falls er die *valtalaki* nicht zurückziehe. Am 21. Juli wurde der Sejm aufgelöst. Die meisten russischen Sozialisten fanden sich mit der Notwendigkeit dieser repressiven Maßnahme ab, obwohl sie Finnlands Recht auf Selbstbestimmung anerkannten, und schoben die Schuld dafür auf den Sejm und seine Taktik. Andere, wie etwa Gorki, warnten davor, daß die finnische Entschlossenheit durch diese Aktion zwangsläufig gestärkt würde und zu einer »Verschärfung des Konflikts« sowie zum Verlust von Rußlands demokratischem Ansehen im Westen führe. Tatsächlich bewirkte die Auflösung des Sejm noch viel mehr als das: Indem sie Verhandlungen über eine friedliche Regelung unmöglich machte, unterminierte sie wirkungsvoll die Regierung in Helsingfors und drängte Finnland auf den Weg, der im Bürgerkrieg endete. Denn der Unabhängigkeitskampf verband sich mit einem breiteren sozialen Konflikt zwischen den liberalen besitzenden Klassen, die vor dem endgültigen Bruch mit Rußland zurückschreckten, und einer zunehmend bolschewisierten Masse von Fabrikarbeitern, Matrosen und landlosen Arbeitern, die darauf brannten, das unabhängige Finnland endlich für rot zu erklären.[33]

In der Ukraine löste die Februarrevolution sogleich eine nationalistische Bewegung um das Parlament, die Rada, aus, die am 4. März in Kiew gebildet wurde. Die Rada hatte sich zwar letztlich dem Selbstbestimmungsrecht der Ukraine verschrieben, sah jedoch ihre unmittelbare Aufgabe darin, kulturelle Freiheit, größere politische Autonomie und eine radikale Landreform innerhalb eines föderalen russischen Staates auszuhandeln. Das Thema Landreform war besonders wichtig, denn obgleich sich die Rada der Unterstützung durch die ukrainische Intelligenzija sicher sein konnte, konnte sie sich auf die Bauern, die große Mehrheit der ukrainischen Bevölkerung, nicht ganz so fest verlassen, auch wenn die meisten ukrainischen Soldaten, die nichts als Bauern in Uniform waren, fest hinter der nationalen Sache standen.

Mitte Mai überreichte eine Rada-Delegation der Provisorischen Regierung ihre Forderungen. Diese Forderungen waren moderat – die Anerkennung der Autonomie der Ukraine, ein Sitz für die Ukraine bei den Friedensverhandlungen, ein Kommissar für ukrainische Angelegenheiten, separate ukrainische Armee-Einheiten im Hinterland und die Ernennung von Ukrainern auf die meisten zivilen Posten –, und die Provisorische Regierung hätte sie leicht akzeptieren können, ohne eine Entscheidung der ukrainischen Frage durch die Konstituierende Versammlung vorwegzunehmen. Doch Regierung und Rat übergingen die Rada – deren Erklärung wurde von keiner einzigen russischen Zeitung veröffentlicht – und glaubten allem Anschein nach, daß sich das Problem erübrigte, wenn sie es ignorierten. Fürst Lwow versuchte, die Angelegenheit zu begraben, indem er eine Sonderkommission von lauter russischen Juristen einsetzte, die gelehrte Haarspaltereien über die Rechtmäßigkeit jeder einzelnen Rada-Forderung anstellten, ehe sie zu dem von vornherein feststehenden Schluß kamen, daß vor der Konstituierenden Versammlung nichts beschlossen werden könne. Das zeigte nur ein weiteres Mal, wie die russischen Liberalen juristische Spitzfindigkeiten nutzten, um sich vor der Politik zu drücken.

Doch im Endergebnis stärkten sie mit dieser Vogel-Strauß-Politik nur die Sache der Nationalisten und drängten diese zu der radikaleren Forderung nach Unabhängigkeit von Rußland. Unter dem Druck des Zweiten Ukrainischen Militärkongresses, eine einseitige Autonomieerklärung abzugeben, veröffentlichte die Rada am 10. Juni ihre Erste Erklärung. Diese Erklärung der Freiheit der Ukraine war ganz nach den Privilegien der Kosaken-Hetmane des 17. Jahrhunderts gestaltet. Sie verlangte die Einberufung eines Sejms oder einer souveränen Nationalversammlung und verkündete die Gründung eines Generalsekretariats, das die Autorität der Provisorischen Regierung in der Ukraine ersetzen sollte. Erst damit rückte die ukrainische Krise ganz oben auf die politische Tagesordnung, zumal sie mit der finnischen Unabhängigkeitserklärung zusammenfiel. Gerade als die Armee eine neue Offensive im Westen beginnen sollte, drohte Rußland der Verlust zweier lebenswichtiger Regionen hinter der Front. Lwow beschuldigte sogleich die Rada, sie wolle »dem Staat einen verhängnisvollen Schlag versetzen«, während die *Wolja naroda* die weitverbreitete Rätemeinung vertrat, daß die Unabhängigkeitserklärung »der Revolution in den Rücken« falle.[34]

Dennoch war klar, daß man eine Art Kompromiß finden mußte, und so entsandte die Regierung am 28. Juni eine Dreier-Delegation (Tereschtschenko, Kerenski und Zereteli) zu Verhandlungen mit der Rada. Am 2. Juli schlossen beide Seiten einen behelfsmäßigen Kompromiß: Die Provisorische Regierung erkannte die nationale Autonomie der Ukraine, die Legitimität der Rada und die Exekutivgewalt des Generalsekretariats weitgehend an. Das reichte aus, um die ukrainischen Leidenschaften für den Rest des Sommers etwas abzukühlen, empörte aber die russischen Nationalisten in Kiew, besonders Schulgins chauvinistische Anhänger, die nun auf den Straßen gegen die Ukrainer zu kämpfen begannen. Die Kadetten vom rechten Flügel in Lwows Kabinett nahmen sich der Sache der russischen Minderheit in der Ukraine an. Sie weigerten sich, die Vereinbarung zu billigen, mit der Begründung, daß nur die Konstituierende Versammlung legitimiert sei, solche Angelegenheiten zu regeln, was in Wahrheit nichts anderes war als ein Vorwand für die Verteidigung der imperialen Interessen Rußlands in der Ukraine.[35] Am 4. Juli traten drei Kadetten im Kabinett zurück. Das war der Auslöser für den Beginn einer politischen Krise, die sich in die Länge zog und schließlich zum Zusammenbruch der Provisorischen Regierung führen sollte.

* * *

Brussilow schrieb am 1. März an seine Frau:

*Du weißt sicher, was zur Zeit geschieht. Ich bin natürlich ziemlich gut unterrichtet, kann Dir aber nicht schreiben. Ich bete zu Gott, daß diese schreckliche Krise während eines so furchtbaren Krieges möglichst rasch beendet wird, damit der äußere Feind nicht von unserer Zerrüttung profitieren kann. Ein Glück, daß wir jetzt eine Jahreszeit haben, in der es sehr schwer, ja fast unmöglich ist, anzugreifen, denn das wäre furchtbar. Dennoch müssen wir, koste es was es wolle, diesen Krieg gewinnen, sonst ist Rußland verloren …*

Brussilows unerschütterlicher Glaube an Rußlands siegreiches Schicksal war jetzt mehr denn je etwas, wo eine Hoffnung gegen die andere stand. Es war, wie er später zugab, vollkommen unrealistisch, mitten in einer sozialen Revolution einen längeren Feldzug durchzuhalten. Und doch glaubte er immer noch an den Willen des Volks, den Kampf bis zum Ende fortzusetzen, und anders als die meisten Generäle des Zaren verknüpfte er sein Schicksal mit dem der Revolution in der Hoffnung, daß die Verteidigung von Rußlands Freiheit schließlich den allgemeinen Patriotismus beflügeln könnte.[36]

In Wirklichkeit war die Armee des Freien Rußland viel weniger bereit, weiter Krieg zu führen, als der optimistische General angenommen hatte. Befehl Nr. 1 vermittelte der Masse der Soldaten ein neues Selbstbewußtsein als »Bürger«, die den Offizieren gleichberechtigt waren, und das führte bald zum Zusammenbruch jeglicher Disziplin. Einige Soldaten lehnten es ab, länger als acht Stunden am Tag zu kämpfen, und forderten dieselben Rechte wie die Arbeiter. Viele weigerten sich, vor ihren Offizieren zu salutieren, oder wählten statt dessen ihre eigenen Offiziere. Es wurde üblich, Offiziere einzuschüchtern. Brussilow selbst erhielt viele Briefe von seinen Soldaten, die ihm androhten, ihn umzubringen, falls er den Vormarsch befehlen sollte. Als Brussilow im Mai das Oberkommando übernahm und die Einheiten der Nordfront inspizierte, wo der Geist der Meuterei am stärksten ausgeprägt war, stellte er fest, daß Hunderte von Offizieren bereits von ihren Posten geflohen und nicht wenige in den Selbstmord getrieben worden waren.[37]

Am 11. März schrieb ein junger Offizier seinem Vater:

*Zwischen uns und den Soldaten liegt ein Abgrund, den man nicht überbrücken kann. Was immer sie von uns als einzelne denken mögen, wir bleiben in ihren Augen die* barins *(Herren). Wenn wir von »dem Volk« sprechen, denken wir an die Nation als Ganzes, aber sie verstehen darunter nur das einfache Volk. Nach ihrer Meinung hat nicht eine politische, sondern eine soziale Revolution stattgefunden, bei der wir die Verlierer und sie die Gewinner sind. Sie glauben, daß das Leben für sie besser und für uns schlechter werden muß. Sie glauben uns nicht, wenn wir von unserer Zuneigung für die Soldaten sprechen. Sie sagen, wir seien in der Vergangenheit die* barins *gewesen, und nun sei es an ihnen, die* barins *uns gegenüber zu sein. So rächen sie sich für die langen Jahrhunderte der Leibeigenschaft.*

Die Bauernsoldaten teilten offensichtlich nicht die »staatsbürgerliche« Sprache ihrer Offiziere. Sie betrachteten die Revolution nicht in denselben Begriffen von bürgerlichen Rechten und Pflichten. Ihre Revolution in den Schützengräben war eine andere Version der sozialen Revolution auf dem Land. Die Bauernrekruten glaubten ganz einfach, wenn sie nur ihre adligen Offiziere stürzen könnten, dann gäbe es Frieden, Brot und Land. Oder wie es im März ein Soldat bei einem Treffen seines Regiments ausdrückte, als man über die Abdankung des Zaren diskutierte:

*Habt ihr nicht verstanden? Was da geschieht, ist eine* rywaluzija*! Wißt ihr nicht, was eine* rywaluzija *ist? Das ist, wenn das Volk die ganze Macht übernimmt. Und was ist das Volk ohne uns, die Soldaten, und unsere Gewehre? Bah! Das sieht man doch – es bedeutet, daß die Macht uns gehört. Und solange wir dran sind, gehört das Land uns und der Boden uns, und ob wir kämpfen oder nicht, geht auch nur uns was an. Versteht ihr jetzt? Das ist eine* rywaluzija.[38]

Diese Betonung der »Soldatenmacht« war für den Geist des »Schützengraben-Bolschewismus« wesentlich, der 1917 über die Streitkräfte hinwegfegte. Brussilow beschrieb das so:

*Sie wollten nur das eine: Frieden, damit sie nach Hause gehen, die Gutsbesitzer ausrauben und frei leben konnten, ohne Steuern oder Abgaben zu zahlen oder irgendeine Autorität anzuerkennen. Sie hatten nicht die leiseste Ahnung von der Partei der Bolschewiki noch von irgendeinem Kommunismus oder der Internationalen* oder der Unterteilung in Arbeiter und Bauern, aber sie träumten davon, zu Hause ohne Gesetz oder Gutsbesitzer zu leben. Diese anarchische Freiheit nannten sie Bolschewismus.*

Seit Beginn der Revolution stieg die Zahl der Desertionen rapide, vor allem bei den nichtrussischen Soldaten. Zwischen März und Oktober verließen etwa eine Mil-

* Laut General Polowzow hielten einige Soldaten die Internationale für eine Art Gottheit.

lion Soldaten ihre Einheiten. Bei den meisten handelte es sich um »unentschuldigt fehlende« Soldaten, Männer, die es einfach satt hatten, zu kämpfen oder ohne Nahrung in den Schützengräben und Kasernen herumzuhängen, und die in die nächste Stadt gelaufen waren, wo sie sich satt aßen und betranken, ins Bordell gingen und häufig die Bevölkerung terrorisierten. »Die Straßen sind voller Soldaten«, klagte Mitte März ein Beamter in Perm: »Sie belästigen Damen auf der Straße mit unsittlichen Anträgen, tauchen auf dem Bahnhof in der ersten Klasse mit Prostituierten auf und benehmen sich in der Öffentlichkeit äußerst anstößig, ja schamlos und lasterhaft. Das Ganze ist unerträglich und müßte unterbunden werden, bleibt aber ungestraft, als wäre man machtlos gegen sie.«[39]

* * *

Rußlands Kriegsziele standen im Frühjahr 1917 im Zentrum der Politik. Tatsächlich könnte man das ganze Jahr 1917 als einen politischen Kampf zwischen denjenigen betrachten, die die Revolution als ein Mittel zur Beendigung des Krieges, und denjenigen, die den Krieg als ein Mittel zur Beendigung der Revolution ansahen. Das war nicht nur ein politischer, sondern auch ein sozialer Konflikt. Linke Propaganda stellte klar, daß der Krieg für unterschiedliche Klasseninteressen geführt wurde. Mit Geschichten von kriegsgewinnlerischen Industriellen, Kaufleuten, »Kulaken« und Schwarzmarkthändlern konnte enormes Mißtrauen, ja Haß auf die »Bourgeoisie« und das »imperialistische« oder »kapitalistische« System angeheizt werden. Befürworter des Krieges wurden sofort mit dem Stigma versehen, sie stellten ihre eigenen »imperialistischen« Interessen über die des Volks. »Wir sehen«, erklärte eine Arbeiterresolution der Dynamofabrik in Moskau, »daß das sinnlose Gemetzel und die Zerstörungen des Krieges im Grunde keinem anderen nützten als der parasitären Bourgeoisie.«[40]

Die Provisorische Regierung war bisher vor der Gretchenfrage nach ihrer Politik in bezug auf den Krieg zurückgeschreckt. Zu viele gegensätzliche Ansichten waren im Kabinett vertreten. Miljukow, von Gutschkow lose unterstützt, sah keinen Grund, Rußlands imperiale Ambitionen bezüglich der Kontrolle über Konstantinopel aufzugeben, wie sie in den »Geheimverträgen« mit den Alliierten festgehalten waren. Als Rußlands neuer Außenminister machte er das gegenüber der Presse und den Botschaften im Ausland deutlich. Doch seine Vorstellungen standen in scharfem Gegensatz zu der Friedenskampagne des Arbeiter- und Soldatenrats, die am 14. März mit einem »Appell an die Völker der Welt« begann, worin die Kriegsziele des zaristischen Rußlands widerrufen und die Völker aller kriegführenden Nationen aufgefordert wurden, gegen den »imperialistischen Krieg« zu protestieren. Diese Kampagne wurde umgehend durch eine Reihe von Militärkongressen gebilligt; die meisten Soldaten erklärten dem Rat ihre Loyalität, weil er den Frieden versprochen hatte. Auch die liberaleren Minister in der Provisorischen Regierung unterstützten die Kampagne, sobald auf dem linken Flügel der Plan von einem Separatfrieden, den gewisse Kreise im Rat befürworteten, aufgegeben war und der Rat statt dessen am 21. März die gemäßigte Linie eines Revolutionären Defensismus übernahm (nationale Einheit für die Verteidigung Rußlands in Verbindung mit einer internationalen Friedenskampagne für eine demokratische Regelung »ohne Annexionen oder Reparationen«).

Am 27. März gab die Provisorische Regierung ihre eigene Erklärung zu den Kriegszielen ab, die weitgehend mit der Friedenskampagne des Arbeiter- und Soldatenrats übereinstimmte. Miljukow aber sagte gegenüber dem *Manchester Guardian*, daß sich damit nichts an Rußlands Verpflichtungen gegenüber seinen imperialen Verbündeten ändere. Damit entbrannte ein heftiger politischer Streit um die Kontrolle der Außenpolitik der Provisorischen Regierung. Miljukow wurde in demokratischen Kreisen beschuldigt, ohne Vollmacht des Kabinetts zu sprechen. Nach den Worten einer liberalen Zeitung war er nicht mehr als ein »Minister für persönliche Meinung«. Die Wortführer im Rat, die die Erklärung vom 27. März als eine heilige Errungenschaft der Revolution ansahen, drängten die Provisorische Regierung, sie in Form einer diplomatischen Note an die Alliierten zu übergeben, was sie letztlich als Rußlands praktische Außenpolitik darstellen würde, wenn auch ohne die Zustimmung seines Außenministers. Nach etlichem Hin und Her mußte Miljukow schließlich diesem Plan zustimmen: Die Billigung des Friedensprogramms des Rates durch eine Besuchsdelegation französischer und britischer Sozialisten hatte sein wichtigstes Gegenargument entkräftet, daß es für die Alliierten nicht akzeptabel sei. Als er aber schließlich die Erklärung an die ausländischen Botschaften weiterleitete, fügte er eine eigene Begleitnote hinzu, in der er im Widerspruch zu der Erklärung betonte, daß Rußland immer noch an einem »entscheidenden Sieg« festhalte, was, zumindest implizit, die imperialen Kriegsziele der zaristischen Regierung einschloß.[41]

Miljukows Note wirkte wie ein rotes Tuch auf die Räte. Gorki, der bei der Abfassung des Räteappells vom 14. März geholfen hatte, verurteilte sie als Teil eines »bürgerlichen Anschlags auf die Demokratie zum Zweck einer Fortsetzung des Krieges«. Miljukows Aktion verstärkte in den Köpfen der Arbeiter und Soldaten natürlich die Botschaft des Rats – daß nur »die Bourgeoisie« am »imperialistischen Krieg« gewinnen würde. Am 20. April gingen Tausende von bewaffneten Arbeitern und Soldaten auf die Straßen Petrograds, um zu demonstrieren. Viele trugen Spruchbänder mit Losungen, die die Entlassung der »zehn bürgerlichen Minister«, die Beendigung des Krieges und die Ernennung einer neuen revolutionären Regierung forderten. Linde, der die Meuterei im Februar angeführt hatte, war außer sich über die Miljukow-Note und sah darin einen Verrat an dem Grundversprechen der Revolution, den Krieg zu einem demokratischen Ende zu bringen. Mit seiner Neigung zu spontanem Protest (der Februar hatte das bewiesen) führte er ein Bataillon des Finnländischen Regiments in einer bewaffneten Demonstration zum

Marienpalais mit der Erwartung, daß der Arbeiter- und Soldatenrat die Verhaftung der Regierung und die Errichtung der Rätemacht verlangen werde. Bis sie das Palais erreicht hatten, hatten sich Lindes Straßenarmee Scharen von wütenden Soldaten des Moskauer und des Pawlowski-Regiments angeschlossen, so daß sie auf 25 000 Mann angewachsen war. Lindes Kraftprobe war vollkommen improvisiert – er hatte sie mit niemandem abgesprochen –, doch machte er sich offensichtlich Illusionen, daß das Exekutivkomitee (dessen Mitglied er war) seinen Aktionen volle Zustimmung geben würde. Er irrte sich. Das Exekutivkomitee verabschiedete eine Resolution, in der Lindes Demonstration verurteilt wurde, weil er, der Arbeiter- und Soldatenrat, noch nicht bereit sei, die Macht zu übernehmen, sondern im Gegenteil der Provisorischen Regierung helfen müsse, ihre eigene Autorität wiederherzustellen. Nur die extreme Linke, die Wyborg-Bolschewiki und die Anarchisten, ermutigten die Demonstranten und gaben ihnen die wilden Ideen ein, sie sollten »die Bourgeoisie loswerden«. Die rechte Presse verurteilte Linde sofort als einen »Bolschewiken« und beschrieb seine bewaffnete Demonstration – obwohl sie sich friedlich auflöste, sobald die Räteführer es ihnen befahlen – als den blutigen Versuch, einen Staatsstreich zu machen. General Kornilow, der Kommandeur der Petrograder Garnison, wollte die Demonstranten mit seinen Truppen vertreiben, doch das Kabinett zögerte, Gewalt gegen »das Volk« einzusetzen, und verweigerte ihm die Erlaubnis. Am 21. April fanden erneut Demonstrationen statt. Wütende Protestierer umringten Miljukows Wagen und hämmerten mit den Fäusten dagegen. Mehrere Menschen wurden getötet, als am Newski-Prospekt zwischen Demonstranten und einer Gegendemonstration rechter Patrioten und Monarchisten Straßenkämpfe ausbrachen.[42] Die Kriegsfrage hatte die Hauptstadt gespalten und an den Rand eines blutigen Bürgerkriegs gebracht.

Der drohende Bürgerkrieg schließlich drängte die Räteführer dazu, sich der Regierung anzuschließen und ihre Autorität zu stützen. Sie hatten sich schon eine Zeitlang mit der Idee einer Koalition befaßt. Dem lagen zwei Hauptfaktoren zugrunde. Der eine war Irakli Zereteli, der Mitte März aus dem sibirischen Exil zurückgekehrt war und der Führung des Rats sofort seine Autorität aufgeprägt hatte. Zereteli war nach Lwows Einschätzung »der einzig wirkliche Staatsmann im Rat«. In seinen rigoros intellektuellen Reden appellierte er immer eher an die Interessen des Staats als an die einer Klasse oder einer Partei und weckte damit in den Räteführern allmählich ein wachsendes Bewußtsein ihrer Verantwortung. Sie hörten auf, wie Revolutionäre zu denken und zu handeln, und begannen sich als »Männer der Regierung« zu sehen. Es war Zereteli, der das politische Programm des Revolutionären Defensismus formuliert hatte, das die Wortführer des Rats mit den Liberalen in der Frage des Krieges einte und die Basis ihrer Koalition bildete. Der andere Faktor war der Einfluß der sozialistischen Parteibasis, vor allem in der Provinz, wo die Aussicht auf eine Koalition mit den Liberalen auf breite Zustimmung stieß. Zunächst einmal hatten sie sich nie durch dieselbe ideologische Obsession wie ihre Parteiführer in der Hauptstadt von der Notwendigkeit abhalten lassen, eine »bourgeoise Regierung« zu bilden. Sie hatten Pragmatismus vor Parteidogma gestellt (was blieb ihnen auch anderes übrig angesichts der verschwindend kleinen Provinzintelligenzija?) und sich seit den ersten Tagen der Revolution den Liberalen in den Rathausregierungen angeschlossen. Die Basis erkannte außerdem, daß ihre Führer, wenn sie sich an der Regierung beteiligten, mehr Einfluß gewinnen würden. Viele Arbeiter glaubten, sie würden bald besser bezahlt, wenn die Menschewiki für die Industrie verantwortlich wären. Viele Soldaten meinten, es werde bald Frieden geben, wenn die Sozialrevolutionäre für den Krieg zuständig wären.[43]

Die Einsetzung der Koalition ging wie die Bildung der Regierung im März auf die vereinten Bemühungen der Räteführer und der Liberalen zurück, die Ordnung auf Petrograds Straßen wiederherzustellen. Die Räteführer waren entsetzt über die gewalttätigen Demonstrationen und die Aussicht auf einen Bürgerkrieg. Sie waren es auch, die die Unruhen maßgeblich beendeten, indem sie am 21. April die Kontrolle der Garnisonen übernahmen und jede weitere Demonstration verboten. Im Grunde übernahmen sie damit bereits die Regierungsverantwortung. Am nächsten Tag veröffentlichten sie eine gemeinsame Erklärung mit den Ministern, in der die Miljukow-Note verurteilt wurde. Das beendete die unmittelbare Krise. Aber Lwow war nun entschlossen, die Räteführer an seiner Regierung zu beteiligen, um ihr Glaubwürdigkeit beim Volk zu verleihen. Miljukows Anwesenheit im Kabinett bildete das größte Hindernis – die Zusammenarbeit mit ihm würde die Räteführer dem Vorwurf der extremen Linken aussetzen, daß sie den »imperialistischen Krieg« unterstützten –, und das war es auch, was sie dazu veranlaßte, den Plan einer Koalition am 28. April zurückzuweisen. Doch zwei Tage später hatte sich die Lage verändert: Gutschkow, der Kriegsminister und einzige Verbündete Miljukows im Kabinett, trat aus Protest gegen die Bestätigung der Rechte der Soldaten durch eine Regierungskommission und die Kampagne des Arbeiter- und Soldatenrats gegen Miljukow zurück. Unterdessen begann Lwow die Entlassung Miljukows einzufädeln. Er versprach Zereteli, er werde Miljukow zum Verlassen des Kabinetts zwingen, falls die Räteführer einverstanden wären, sich an einer Koalitionsregierung zu beteiligen. Das, zusammen mit Lwows Drohung, selbst zurückzutreten, falls Zereteli seine Zustimmung verweigerte, genügte, um den Führer der Menschewiki davon zu überzeugen, daß nunmehr eine Koalition möglich und notwendig sei, um die Autoritätskrise zu beenden, die die extreme Rechte oder Linke leicht ausnutzen könnte. Es war vor allem die Stärke seiner Argumente, die schließlich das Exekutivkomitee überzeugte und am 2. Mai mit 44 zu 19 Stimmen für eine Koalition stimmen ließ.[44]

Drei Tage später wurde das neue Kabinett vorgestellt. Man war mit Rücksicht auf das menschewistische Dogma übereingekommen, daß die Sozialisten nur eine Minorität der Kabinettsposten besetzen sollten (sie übernahmen 6 der 16). Zudem sollten sie, um die liberale Konzeption der Regierung als einer nationalen, überparteilichen und klassenübergreifenden Institution zu wahren, dem Kabinett als Privatpersonen und nicht als Mitglieder des Arbeiter- und Soldatenrats beitreten. Tschernow übernahm das Landwirtschaftsministerium, Kerenski das Kriegsministerium, Skobelew das Arbeitsministerium, während man Zereteli, der seine Zeit meistens im Arbeiter- und Soldatenrat zubrachte, dazu überredete, den kleineren Posten eines Ministers für Post- und Fernmeldewesen zu übernehmen, der es ihm erlauben würde, einen Fuß in beiden Lagern zu behalten. Tschernow nannte Zereteli den »Minister für Allgemeine Angelegenheiten«, während Suchanow ihn den »Regierungskommissar im Arbeiter- und Soldatenrat« titulierte. Es ist sicherlich richtig, daß Zereteli zur zentralen Figur der Koalition wurde. Lwow war auf ihn angewiesen, um die Sozialistenführer bei der Stange zu halten, und er holte ihn in sein »inneres Kabinett« (zusammen mit den fünf Freimaurer-Ministern: Kerenski, Tereschtschenko, Nekrassow, Konowalow und Lwow), wo über die allgemeine Strategie entschieden wurde.[45]

Die Bildung der Koalition, die das demokratische Zentrum stärken sollte, hatte den entgegengesetzten Effekt. Sie beschleunigte die politische und soziale Polarisierung, die im Oktober zum Ausbruch des Bürgerkriegs führte. Einerseits wandelte sie die Parteibasis der Kadetten in der Provinz mit ihrem Parteiführer Miljukow, der am 4. Mai zurückgetreten war, zu einer rechten Opposition gegen die Koalitionsregierung. Sie rückte mehr und mehr von ihrem Selbstverständnis als Partei der gesamten Nation ab und begann sich als eine Partei zur Verteidigung bürgerlicher Klasseninteressen, von Eigentumsrechten, Gesetz und Ordnung und des Russischen Reichs darzustellen. Innerhalb des Lagers der Räte gab es andererseits einen ständigen Drang hin zur Linken, weil die Masse der Arbeiter und Bauern vom Scheitern der Sozialisten, ihre Stellung in der Regierung zur Beschleunigung des Prozesses einer sozialen Reform zu nutzen oder einen demokratischen Frieden herbeizuführen, zunehmend enttäuscht war. Die Linken Sozialrevolutionäre und die Menschewiki, die sich gegen die Koalition ausgesprochen hatten, behielten recht mit ihrer Warnung an die Parteikollegen, daß sie, wenn sie sich an der Regierung beteiligten und die Schande ihrer Fehler mittrügen, zwangsläufig an Unterstützung in der Bevölkerung verlieren würden. Denn die Sozialisten mußten von nun an »Staatsmänner« sein und konnten nicht länger wie »Revolutionäre« handeln. Das verpflichtete sie, sich im Interesse des Staats dem zu widersetzen, was sie als wachsende »Anarchie« bezeichneten – den Landnahmen der Bauern, den Arbeiterstreiks und dem Zusammenbruch der Disziplin in der Armee. Statt ihr »Volks«-Mandat zur Übernahme der Macht zu nutzen, wie sie es während der Aprilkrise hätten tun können, zogen die Räteführer es vor, eine liberale Regierung zu unterstützen, die bereits diskreditiert war. Sie galten zunehmend als Hüter eines »bourgeoisen« Staats, und die Initiative zur Revolution, für Brot, Land und Frieden, wurde nun von den Bolschewiki ergriffen.

## LENINS RAGE

Im Finnländischen Bahnhof auf der Wyborger Seite von Petrograd, kurz vor Mitternacht am 3. April 1917: Arbeiter und Soldaten mit roten Fahnen und Spruchbändern füllen die Bahnhofshalle, auch eine Militärkapelle ist da. Auf dem Platz vor dem Bahnhof drängen sich die Automobile und gepanzerten Wagen, die kalte Nachtluft ist ganz blau vom Rauch. Ein Scheinwerfer streicht über die Gesichter der Menge und die Fassaden der Gebäude, beleuchtet für einen kurzen Augenblick die Oberleitungen der Straßenbahn und die Silhouette der Stadt dahinter. Allgemein herrscht erwartungsvolle Unruhe: Lenins Zug soll kommen. Endlich schiebt sich der Zug in den Bahnhof, donnernd ertönt die Marseillaise durch die Bahnhofshalle, und die kleine gedrungene Gestalt Lenins steigt aus dem Wagen, sein Schweizer Wollmantel und der Homburg merkwürdig unpassend inmitten der zu seiner Begrüßung versammelten Menge von grauen Uniformröcken und Arbeitermützen. Eine bewaffnete bolschewistische Eskorte bringt ihn in militärischer Formation zum ehemaligen Warteraum des Zaren, wo eine Rätedelegation steht, um ihn, den letzten heimkehrenden Helden des revolutionären Kampfes, nach über einem Jahrzehnt ausländischen Exils willkommen zu heißen.[46]

Für Lenin war dies das Ende einer unerwarteten Reise. Während der Februarrevolution war er noch in Zürich gewesen; sie hatte ihn wie die meisten Sozialistenführer überrascht. »Das ist phantastisch!« sagte er zu Nadjeschda Krupskaja, als er die Nachricht erhielt. »Es ist so unglaublich unerwartet!« Lenin war entschlossen, so rasch wie möglich nach Rußland zurückzukehren. Aber wie sollte er durch die deutschen Linien kommen? Zuerst dachte er daran, per Schiff über die Nordsee zu reisen, wie es Plechanow bereits getan hatte. Doch die Briten waren den russischen Marxisten feindlich gesinnt: Trotzki und Bucharin waren beide auf ihrer Rückreise von New York nach Rußland in Kanada festgehalten worden. Dann wollte Lenin verkleidet als taubstummer und blinder Schwede durch Deutschland reisen – bis die Krupskaja ihn verspottete, er werde sich sicherlich verraten, weil er im Schlaf über die Menschewiki fluchen würde. In einem Augenblick der Verzweiflung dachte er sogar daran, ein Privatflugzeug zu mieten, um über Osteuropa zu fliegen, aber die damit verbundenen Gefahren ließen ihn von diesem verrückten Plan Abstand nehmen. Wann immer Gefahr für sein Leben bestand, war Lenin ein Feigling.*[47]

* Walentinow, der Lenin in der Schweiz gut gekannt hatte, schreibt: »Er wäre niemals auf die Straße gegangen, um sich ›zu schlagen‹, auf den Barrikaden zu kämpfen, sich den Kugeln

Martow war es, der die Idee hatte, die russischen Exilmarxisten in der Schweiz gegen die in Rußland internierten deutschen Bürger auszutauschen. Mit Hilfe ihrer Schweizer Genossen nahmen die Exilrussen Kontakt zur deutschen Regierung auf, die augenblicklich ihre Chance darin erkannte, die Bolschewiki und andere sozialistische Gruppen, die gegen den Krieg waren, nach Rußland zurückkehren zu lassen, damit sie dort Unruhen schüren sollten. Sie förderte ihre Aktivitäten sogar finanziell, was man allerdings nicht unbedingt so interpretieren sollte, wie später vielfach behauptet, daß die Bolschewiki deutsche Agenten gewesen seien.[48] Die Provisorische Regierung war nicht begeistert von der Idee eines Austauschs – Miljukow war entschieden dagegen angesichts der wohlbekannten defätistischen Meinungen Lenins – und ließ sich Zeit mit den Verhandlungen. Martow und die meisten Exilmenschewiki waren bereit zu warten. Aber Lenin und 31 seiner Genossen waren so ungeduldig, daß sie auch ohne die Billigung der russischen Regierung den deutschen Plan weiterverfolgten. Am 27. März fuhren sie mit einem deutschen Zug von Gottmadingen an der Schweizer Grenze los und reisten über Frankfurt, Berlin und Stockholm nach Petrograd. Der Zug, der nur einen Wagen hatte, war »versiegelt«, das heißt, daß die Deutschen unterwegs keine Paß- oder Gepäckkontrollen durchführten. Lenin arbeitete allein in seinem Abteil, während seine Mitreisenden, sehr zu seinem Verdruß, auf dem Gang und in den anderen Abteilen tranken und sangen. Rauchen war auf die Toilette beschränkt, und Lenin ordnete an, daß alle Nichtraucher einen Paß »erster Klasse« bekommen sollten, der ihnen den Vortritt bei der Toilettenbenutzung vor den Rauchern mit ihrem »Zweiter-Klasse«-Paß ließ. Wie Radek witzelte, konnte man an diesem kleinen Stückchen Sozialplanung erkennen, daß Lenin sich bereits darauf vorbereitete, »die Führung der revolutionären Regierung zu übernehmen«.[49] Der »versiegelte Zug« war ein frühes Modell von Lenins Staatsdiktatur.

Lenin kam als ein Fremder nach Rußland. Abgesehen von einem sechsmonatigen Aufenthalt 1905/06, hatte er die vergangenen 17 Jahre im ausländischen Exil verbracht. Die meisten Arbeiter, die zu seinem Empfang auf den Finnländischen Bahnhof gekommen waren, konnten ihn unmöglich schon einmal früher gesehen haben.** »Ich kenne Rußland kaum«, sagte Lenin einmal zu Gorki. »Simbirsk,

auszusetzen. Das konnten und sollten die anderen, die einfacheren, machen, doch nicht er! […] Selbst aus Versammlungen von Emigranten stürzte Lenin, wenn es nach einem beginnenden Gerangel roch, Hals über Kopf davon. Sein Grundsatz lautete, vor jeder ihm bedrohlich erscheinenden Gefahr ›abhauen zur rechten Zeit‹ – so seine eigenen Worte. Wir wissen zum Beispiel von seinem Aufenthalt in Petersburg (1906/07) – er lebte damals unter falschem Namen –, daß er diese Gefahren so übertrieb und seinen ängstlichen Selbsterhaltungstrieb so auf die Spitze trieb, daß man fragen mußte: Ist das nicht bloß ein Mangel an persönlichem Mut?«

** Viele der Arbeiter, die zum Empfang Lenins gekommen waren, hatten das möglicherweise in der Hoffnung auf Freibier getan. Willkommensempfänge für heimkehrende Parteiführer waren seit der Revolution zu einem normalen Bestandteil des Lebens in der Hauptstadt ge-

Kasan, Petersburg, die Verbannung – das ist fast alles!« Im Laufe des Jahres 1917 behauptete er häufig, daß die Masse des einfachen Volks sogar noch weiter links stehe als die Bolschewiki. Doch hatte er mit diesem Volk keine Erfahrung und wußte nur, was ihm seine Parteigenossen erzählten (was häufig das war, was er hören wollte). Zwischen dem 5. Juli und der Machtergreifung im Oktober trat Lenin nicht ein einziges Mal öffentlich in Erscheinung. Er setzte kaum einen Fuß in die Provinz. Der Mann, der der Diktator Rußlands werden sollte, hatte so gut wie keine unmittelbare Kenntnis von der Lebensweise seiner Bevölkerung. Abgesehen von zwei Jahren als Anwalt, hatte er nie einen Beruf ausgeübt. Er war ein »Berufsrevolutionär«, der abseits von der Gesellschaft lebte und seinen Unterhalt aus dem Vermögen der Partei und dem Einkommen vom Gut seiner Mutter bestritt (das er bis zu ihrem Tod 1916 bezog). Nach Gorkis Meinung war es diese Unkenntnis der alltäglichen Mühen und des damit verbundenen menschlichen Leids, die in Lenin ein ausgesprochen »herrisches, mitleidloses Verhältnis zum Leben der Volksmassen« hatte entstehen lassen. »Die Kompliziertheit des Lebens ist Lenin unbekannt, er kennt die Volksmassen nicht, er hat nie mit ihnen zusammengelebt.«[50]

»Sei's drum!« schrieb Lenin am 2. März an Kollontai. »Diese ›erste Etappe der ersten (durch den Krieg hervorgerufenen) Revolution‹ wird weder die letzte Etappe sein noch sich lediglich auf Rußland beschränken.« Lenin dachte bereits an eine zweite – seine eigene – Revolution. In seinen fünf »Briefen aus der Ferne«, die zwischen dem 7. und dem 26. März geschrieben sind, entwarf er sein Parteiprogramm des Übergangs von dieser »ersten Etappe der Revolution zur zweiten Etappe«: keine Unterstützung der Provisorischen Regierung, ein klarer Bruch mit den Menschewiki und der Zweiten Internationale, die Bewaffnung der Arbeiter, die Gründung der Sowjetmacht (die »revolutionär-demokratische Diktatur des Proletariats und der armen Bauernschaft«) und der sofortige Friedensschluß. Auf der Zugreise von der Schweiz faßte Lenin das alles in zehn wuchtigen Thesen – seinen berühmten Aprilthesen – zusammen und begann gleich bei der Ankunft auf dem Finnländischen Bahnhof in diesem Sinne zu agitieren. Der zurückgekehrte Exilant überging die formelle Begrüßung durch die Räteführer und verkündete den Beginn einer »sozialistischen Weltrevolution!«, dann ging er hinaus auf den Bahnhofsvorplatz, stieg aufs Dach eines Wagens und hielt der wartenden Menge eine Rede. Über all dem Lärm konnte Suchanow nur ab und zu Satzfetzen verstehen, wie: »... die Teilnahme an der schändlichen imperialistischen Menschenschlächterei ... mit Betrug und Lüge ... die kapitalistischen Räuber ...« Dann bestieg Lenin einen Panzerwagen, der hinter einer Militärkapelle und rote Fahnen

worden, und für viele Arbeiter waren sie ein Vorwand für ein Straßenfest. Das war besonders relevant im Falle von Lenins Rückkehr aus dem Exil, denn sie fiel mit den Osterfeiertagen zusammen.

schwingenden Arbeitern und Soldaten durch die Wyborger Straßen zum Hauptquartier der Bolschewiki fuhr, dem Palais der Kschessinskaja, der ehemaligen Ballerina und zeitweiligen Geliebten des Zaren.[51]

Am folgenden Tag kam Lenin mit seiner eigenen bewaffneten Eskorte zum Taurischen Palais und stellte seine Thesen einer überwältigten Versammlung von Sozialdemokraten vor. Er hatte das Parteiprogramm auf den Kopf gestellt. Statt die Notwendigkeit einer »bürgerlichen Etappe« der Revolution zu akzeptieren, wie es die Menschewiki und die meisten Bolschewiki taten, forderte Lenin eine neue Revolution, »die die Macht in die Hände des Proletariats und der ärmsten Schichten der Bauernschaft« legen müsse. Unter den gegenwärtigen revolutionären Bedingungen wäre eine parlamentarische Demokratie »ein Schritt zurück«, verglichen mit der Macht der Räte, der direkten Selbstherrschaft des Proletariats. Theoretisch wurzelten die Aprilthesen in den Lektionen, die Lenin aus dem Scheitern der Revolution von 1905 gezogen hatte: daß die russische Bourgeoisie zu schwach sei, selbständig eine demokratische Revolution zu machen, weshalb die Revolution durch das Proletariat vollendet werden müsse. Daneben waren die Thesen auch durch den Krieg beeinflußt, der Lenin zu dem Schluß gebracht hatte, daß die russische Revolution sich nicht auf bürgerlich-demokratische Ziele beschränken müsse, weil ganz Europa am Rande einer sozialistischen Revolution stehe.* Doch die praktischen Implikationen der Thesen – daß die Bolschewiki aufhören sollten, die Februarrevolution zu unterstützen, und auf die Errichtung einer Diktatur des Proletariats hinarbeiten sollten – gingen bei weitem über das hinaus, was die meisten außer den extrem Linken in der Partei je zuvor in Betracht gezogen hatten. Noch war nicht klar, ob Lenin den gewaltsamen Sturz der Provisorischen Regierung im Sinn hatte, und wenn ja, wann das geschehen sollte. Im Augenblick schien er es zufrieden zu sein, die Aufgaben der Partei auf Massenagitation zu beschränken. Die Bolschewiki verfügten immer noch über keine Mehrheit in den Räten, und Rußland war »*gegenwärtig* das freieste aller kriegführenden Länder der Welt«, wie Lenin darlegte. Allein schon die Unverfrorenheit seiner Rede, die er bei einem gemeinsamen sozialdemokratischen Meeting zur Wiedervereinigung der Partei hielt, führte zu einem wilden Tumult im Saal. Die Menschewiki buhten und pfiffen, Zereteli beschuldigte ihn, die Lektionen von Marx zu ignorieren, und zitierte Engels über die Gefahren einer vorzeitigen Machtergreifung. B. O. Bogdanow verurteilte die Thesen als »Delirien eines Verrückten«. Selbst Semjon Kanatschikow, dem in Kapitel 3 vorgestellten bolschewistischen Arbeiter, der die ganze Reise vom Ural unternommen hatte, um Lenin reden zu hören, verschlug es die Sprache, denn »die Gedanken und Ansichten, die Lenin vortrug, schienen vielen von uns unmöglich realisierbar«. Allem Anschein nach hatte Lenin, der so viele

* Trotzki war zu demselben Schluß gekommen, und es ist durchaus möglich, daß seine Theorie der »Permanenten Revolution« die Aprilthesen teilweise beeinflußte.

Jahre im ausländischen Exil verbracht hatte, die Verbindung zu den Realitäten des politischen Lebens in Rußland verloren. Der Menschewik Skobelew versicherte noch am selben Abend nach seiner Rückkehr vom Taurischen Palais dem Fürsten Lwow, Lenin sei »ein Ding der Vergangenheit«.[52]

Was er in der Tat hätte werden können, hätte dem nicht eines entgegengestanden: die Tatsache, daß er Lenin war. Alle Anzeichen sprachen gegen ihn bei seinem Kampf für die Übernahme der Aprilthesen durch die Partei. Die Mehrheit der Bolschewiki hatte bereits vor seiner Ankunft der Provisorischen Regierung vorsichtig ihre Unterstützung erklärt (Kollontai war die einzige der führenden Bolschewiki, die die Aprilthesen von Anfang an unterstützte). Nur das Wyborg-Komitee, Bollwerk des bolschewistischen Extremismus in der Hauptstadt, sprach sich für die Rätemacht aus. Stalin und Kamenew, die Mitte März aus dem sibirischen Exil zurückkehrten und die Kontrolle der *Prawda* übernahmen, verstärkten den vorsichtigen Ansatz. Wie die Menschewiki gingen sie davon aus, daß die »bürgerliche« Etappe der Revolution immer noch einen langen Weg vor sich habe, daß das System der Doppelherrschaft somit aufgrund der objektiven Bedingungen erforderlich sei und daß die vordringlichen Aufgaben für die Bolschewiki in konstruktiver Arbeit innerhalb der sozialdemokratischen Bewegung bestünden. Trotzki beschuldigte sie später, sie handelten eher wie eine loyale Opposition und nicht wie die Vertreter einer revolutionären Arbeiterpartei. Die gemäßigten Schritte von Kamenew und Stalin – unter gewissen Bedingungen die Provisorische Regierung zu unterstützen, den Krieg fortzusetzen und die Räteführer zu unterstützen – wurden auf der Allrussischen Konferenz der Bolschewiki Ende März angenommen. Die Bolschewiki waren sogar einverstanden, Möglichkeiten für eine Wiedervereinigung mit den Menschewiki zu sondieren. In den meisten Provinzräten arbeiteten sie bereits zusammen, ebenso mit den Sozialrevolutionären und anderen Sozialisten. Die alte Kameradschaft aus den Zeiten des Untergrunds blieb in der Provinz, weit weg von den Fraktionsstreitereien der Parteiführer in der Hauptstadt, von großer Bedeutung, und Lenins kämpferischer Fraktionalismus stieß bei jenen Provinzbolschewiki auf heftige Ablehnung und Widerstand, die nicht willens oder einfach unfähig waren, ihre Bindungen an die anderen Gruppen des linken Flügels zu kappen.[53]

Lenin war immer kampfeslustig. Es schien, als wäre sein ganzes Leben eine Vorbereitung auf den Kampf gewesen, der ihn 1917 erwartete. »Das ist mein Schicksal!« hatte er 1916 Inessa Armand gestanden. »Eine Kampagne nach der anderen.« Die Kampagne gegen die Narodniki, die Kampagne gegen die Ökonomisten, die Kampagne für eine zentralistische Parteiorganisation, die Kampagne für den Boykott der Duma, die Kampagne gegen die menschewistischen »Liquidatoren«, die Kampagne gegen Bogdanow und Mach, die Kampagne gegen den Krieg – das waren die bestimmenden Momente seines Lebens, und er investierte viel von seiner Persönlichkeit in diese politischen Kämpfe. Über den Privatmann Lenin gibt es nicht viel zu sagen: er widmete sich voll und ganz der Politik. Es gab keinen »privaten Lenin« hinter dem Politiker. Alle Biographien des Bolschewistenführers werden unweigerlich zu Erörterungen seiner politischen Ideen und seiner Wirkung. Lenins Privatleben war außerordentlich fade. Er lebte und kleidete sich wie ein Provinzbeamter mittleren Alters, mit exakt festgelegten Zeiten für Mahlzeiten, Schlaf, Arbeit und Muße, hielt auf Sauberkeit und Ordnung und war pedantisch bei seinen Finanzen, notierte auf Zettel alles, was er für Essen, Bahnfahrten, Schreibmaterial usw. ausgab. Jeden Morgen räumte er seinen Schreibtisch auf. Seine Bücher standen alphabetisch geordnet. Er nähte die Knöpfe an seinem Nadelstreifenanzug an, entfernte Flecken darauf mit Benzin und hielt sein Fahrrad penibel sauber.[54]

Lenins Charakter hatte einen stark puritanischen Zug, der sich später auch in der politischen Kultur seines Regimes zeigen sollte. Askese war bei den Revolutionären von Lenins Generation ein verbreitetes Phänomen. Sie alle waren von der Selbstverleugnung des revolutionären Helden Rachmetow aus Tschernyschewskis Roman *Was tun*? inspiriert. »Das Schreckliche an Lenin«, schrieb Struwe einmal, »war diese Verbindung in einer Person von Selbstkasteiung, die das Wesentliche an aller echten Askese ist, mit der Kasteiung anderer Menschen, wie sie sich im abstrakten sozialen Haß und in kalter politischer Grausamkeit ausdrückt.« Selbst noch als Führer des Sowjetstaates behielt Lenin den spartanischen Lebensstil des revolutionären Untergrunds bei. Bis März 1918 bewohnten er und Krupskaja ein spärlich möbliertes Zimmer im Smolny-Institut, einem ehemaligen Mädchenpensionat, sie schliefen auf zwei schmalen Feldbetten und wuschen sich mit kaltem Wasser in einer Waschschüssel. Das Zimmer ähnelte eher einer Gefängniszelle als der Suite des Diktators des größten Landes der Welt. Wie Rachmetow betrieb Lenin Hanteltraining, um seine Muskeln zu stärken. All das war Teil der Macho-Kultur (die schwarzen Lederjacken, die militante Rhetorik, der Glaube an die Aktion und der Kult der Gewalt), der Essenz des Bolschewismus. Lenin rauchte nicht, trank auch kaum und zeigte, abgesehen von seiner romantischen Freundschaft zu Inessa Armand, kein Interesse an schönen Frauen. Krupskaja nannte ihn »Iljitsch« – so sein volkstümlicher Name in der Partei –, und er redete sie mit »Genossin« an. Sie war eher Lenins persönliche Sekretärin als seine Ehefrau, und vermutlich war es kein Mißgeschick, daß ihre Ehe kinderlos blieb. Lenin ließ Gefühlen keinen Raum in seinem Leben. »Ich kann diese Musik nicht oft hören«, gestand er einmal nach einer Aufführung von Beethovens *Appassionata*, »denn sie versetzt mich in eine Stimmung, in der ich den Menschen den Kopf streicheln möchte, [...] jedoch heutzutage [...] müssen [wir] zuschlagen, erbarmungslos zuschlagen.«[55]

Lenins Interesse für Literatur war wie alles von deren gesellschaftlichem und politischem Gehalt bestimmt. Er kümmerte sich nur um Bücher, von denen er glaubte, sie könnten ihm nützlich sein. Er bewunderte an Puschkin das, was er simplifizierend für dessen Opposition gegen die Autokratie hielt, und Nekrassow mochte er wegen dessen realistischer Beschreibung der unterdrückten Massen. Er hatte Goethes *Faust* gelesen, als er in Sibirien Deutsch im Selbststudium betrieb, und hatte sogar einige der Reden des Mephisto auswendig gelernt, aber er zeigte nie das geringste Interesse an anderen Werken Goethes. Er weigerte sich, Dostojewski zu lesen, und tat dessen Roman *Die Dämonen*, in dem die psychotische Natur des Revolutionärs angeprangert wird, als »reaktionär und niederträchtig« ab – »ich habe absolut keine Lust, meine Zeit darauf zu verschwenden. Ich habe das Buch durchgeblättert und weggeworfen. Solche Literatur brauche ich nicht – was könnte sie mir bringen?«[56]

Die Triebkraft dieses spießbürgerlichen Lebens war brennender Machthunger. Die Menschewiki spotteten, es sei unmöglich, mit einem Menschen wie Lenin zu wetteifern, der täglich 24 Stunden über die Revolution nachdenke. Lenin war vom absoluten Glauben an seine historische Mission getrieben und bezweifelte keinen Augenblick, wie er einmal sagte, daß er der Mann war, der in der Partei das Steuer in die Hand nehmen sollte. Das war auch die Botschaft, die er im April 1917 nach Rußland zurückbrachte. Diejenigen, die ihn vor dem Krieg gekannt hatten, bemerkten eine dramatische Veränderung in seiner Persönlichkeit. »Wie er gealtert war«, erinnerte sich Roman Gul, der ihm 1905 kurz begegnet war. »Lenins ganze Erscheinung war verändert. Und nicht nur das. Da war nichts mehr von der alten Herzlichkeit, der Freundlichkeit oder dem kameradschaftlichen Humor in seinen Beziehungen zu anderen Menschen. Der neue Lenin, der da angekommen war, war zynisch, verschwiegen und grob, ein Verschwörer ›gegen alles und jeden‹, der niemandem traute, jeden verdächtigte und entschlossen war, zu seinem Griff nach der Macht anzusetzen.«[57]

Lenin ist nie tolerant gegenüber abweichenden Meinungen innerhalb seiner Partei gewesen. Bucharin beschwerte sich einmal, daß er sich nicht im geringsten um die Meinung anderer kümmerte. Lunatscharski behauptete, Lenin umgebe sich bewußt mit Narren, die es nicht wagten, ihn in Frage zu stellen. Bei seinem Kampf für die Aprilthesen steigerte sich seine dominierende Haltung zu fast megalomanischen Dimensionen. Krupskaja nannte das seine »Rage« – die Besessenheit ihres Mannes, wenn er Konflikte mit seinen politischen Rivalen austrug –, und es war ein Lenin in Rage, mit dem sie die nächsten fünf Jahre zusammenleben mußte. Während solcher Anfälle agierte Lenin voller Haß und Wut wie ein Besessener, dessen Körper sich in einem Zustand extrem nervöser Spannung befand. Er konnte dann weder schlafen noch essen, wurde vulgär und grob in seinem Verhalten – kaum zu glauben, daß das ein kultivierter Mann sein sollte. Über seine Gegner innerhalb wie außerhalb der Partei machte er sich in grober und verletzender Weise lustig. Sie seien »Holzköpfe«, »Bastarde«, »Abschaum«, »Huren«, »Fotzen«, »Scheißer«, »Kretins«, »russische Narren«, »Windbeutel«, »dumme Hühner« und »törichte alte Weiber«. Wenn die Rage abflaute, fiel Lenin erschöpft, teilnahmslos und depressiv in sich zusammen, bis zu einem erneuten Ausbruch. Dieser manische Stimmungswechsel war charakteristisch für Lenins psychische Veranlagung. Er hielt zwischen 1917 und 1922 fast ununterbrochen an und muß zu der Gehirnblutung beigetragen haben, an der Lenin schließlich starb.[58]

Viel von Lenins Erfolg 1917 läßt sich zweifellos durch seine maßlose Dominanz in der Partei erklären. Keine andere politische Partei war je so eng an die Persönlichkeit eines einzigen Mannes gebunden. Lenin war der erste moderne Parteiführer, der zum Status eines Gottes aufstieg: Stalin, Mussolini, Hitler und Mao Tse-tung waren alle in dieser Hinsicht seine Nachfolger. Ein Bolschewik zu sein schloß nun auch den Gefolgschaftseid auf Lenin sowohl als »Führer« wie auch als »Lehrer« der Partei ein. Das vor allem unterschied die Bolschewiki von den Menschewiki (die keinen eindeutigen eigenen Führer hatten). Im Vergleich zu Lenin waren alle anderen führenden Bolschewiki politische Zwerge. Man denke nur an Sinowjew, der ein brillanter Redner war, aber sonst nichts, wie sein großer Rivale Trotzki behauptete. Wenn seine Reden Ergebnisse zeitigen sollten, dann »brauchte er die beruhigende Gewißheit, daß ihm die politische Verantwortung von einer verläßlichen und starken Hand abgenommen würde. Lenin gab ihm diese Sicherheit.« Oder auch Kamenew. Er war es, der die Opposition gegen die Aprilthesen anführte und mehr als jeder andere Bolschewik für eine gemäßigte politische Alternative zu Lenins revolutionärer Strategie eintrat. Doch war er viel zu weich für einen wirklichen Führer. Lunatscharski nannte ihn »schwammig«, Stankewitsch fand, er sei »so liebenswürdig, daß es wirkte, als ob er sich für seine Position schäme«.[59]

Lenins beherrschende Stellung in der Partei hatte mehr mit der Kultur der Partei als mit seinem Charisma zu tun. Seine Rhetorik war bescheiden, ihr fehlten die brillante Eloquenz, das Pathos, der Humor, die lebendigen Metaphern, die Farbigkeit oder Dramatik der Reden eines Trotzki oder Sinowjew. Zudem hatte Lenin einen Sprachfehler, er konnte das »r« nicht richtig aussprechen. Dennoch waren seine Reden von eiserner Logik, hatte er ein Talent, griffige Losungen zu prägen, die er den Köpfen seiner Zuhörer durch endlose Wiederholungen einhämmerte. Gorki, der Lenin zum ersten Mal 1907 reden hörte, meinte, er spreche am Anfang schlecht, »doch schon nach einer Minute war ich wie alle anderen vollkommen im Banne seiner Rede. Zum ersten Male hörte ich, daß man über die äußerst komplizierten Fragen der Politik so einfach sprechen kann. Der hier versuchte nicht, schöne Phrasen zu dreschen, sondern bot einem jedes Wort auf der flachen Hand dar und legte erstaunlich leicht seinen genauen Sinn bloß.« Potressow, der Lenin seit 1894 kannte und mit ihm zusammenarbeitete, erklärte seine Wirkung durch eine nachgerade »hypnotische Kraft«:

> *Nur Lenin folgten wir widerspruchslos als dem einzig unumstrittenen Führer, denn nur er verkörperte dieses vor allem in Rußland so seltene Phänomen eines*

*Menschen von eisernem Willen und unbezwingbarer Energie, in der sich der fanatische Glaube an die Bewegung, die Sache, mit einem nicht weniger intensiven Glauben an sich selbst verband. Auch mich hat einst diese exzeptionelle Willensstärke Lenins beeindruckt.*[60]

Und zugleich war es mehr als die Dominanz von Lenins Persönlichkeit, was den Sieg seiner Ideen in der Partei sicherte. Die einfachen Parteimitglieder der Bolschewiki waren nicht bloße Marionetten Lenins – dafür war er zu lange im Exil gewesen –, und ihre anfänglichen Vorbehalte gegen seinen Ruf nach einer zweiten Revolution waren immerhin so stark, daß er, um ihre Unterstützung zu gewinnen, mehr tun mußte, als bloß die Parteilinie festzulegen. Die Vorstellung, daß die Bolschewistische Partei 1917 eine monolithische, von Lenin straff kontrollierte Organisation war, ist ein Mythos – ein Mythos, den das sowjetische Establishment propagierte und dem rechtsgerichtete Historiker im Westen immer noch (aus ganz unterschiedlichen Motiven) anhängen. In Wahrheit war die Partei ziemlich undiszipliniert, hatte die verschiedensten Fraktionen, sowohl ideologisch als auch geographisch, und die Führung, die selbst geteilt war, war häufig nicht in der Lage, ihnen ihren Willen aufzuzwingen. Zwischen April und Oktober und noch danach in den erbitterten Auseinandersetzungen über Brest-Litowsk spaltete eine ganze Reihe ideologischer Konflikte die Partei von der Spitze bis zur Basis, wobei sich Lenin zumindest anfangs oft bei einer kleinen Minderheit wiederfand. Und wenn er am Ende immer seinen Willen durchsetzte, so lag das nicht einfach daran, daß er die Partei beherrschte, sondern auch an seinen vielen politischen Talenten, die Überzeugungskraft, taktische Rückzieher und Kompromisse, Rücktrittsdrohungen und Ultimaten, Demagogie und Appelle an die Basis mit einschlossen.

Drei Faktoren arbeiteten für Lenin bei seinem Kampf für die Aprilthesen – einer auf der Rechten, einer im Zentrum und einer auf der Linken der Bolschewistischen Partei. Auf der Rechten war die Wirkung der Thesen so, daß sie eine Reihe bolschewistischer Veteranen ins menschewistische Lager trieb, wo sie die Prinzipien des orthodoxen Marxismus besser respektiert glaubten. Einige fanden auch in der Gruppe um Gorkis Zeitung *Nowaja schisn* Zuflucht. Das Zentrum, das sich zunächst um Kamenew geschart hatte, zog Lenin nach und nach auf seine Seite, indem er die radikalen Aspekte seiner Aprilthesen abmilderte. Bei der Allrussischen Parteikonferenz vom 24. bis zum 29. April gewann er eine Mehrheit gegen Kamenew, indem er akzeptierte, daß eine »längere Periode der Agitation« notwendig sein werde, ehe die Massen bereit seien, den Bolschewiki zur nächsten Etappe der Revolution zu folgen. Damit ließ er die Forderung nach dem sofortigen Sturz der Provisorischen Regierung fallen, die viele Bolschewiki als logische Konsequenz seiner Aprilthesen angesehen hatten und die, wie sie fürchteten, das Land in einen Bürgerkrieg stürzen würde. Unterdessen wurde der linke Flügel der Partei im Frühjahr durch den massenhaften Beitritt von Arbeitern und Soldaten als neuen

Mitgliedern gestärkt. Ebendiese Parteimitglieder aus den unteren Klassen stellten die Mehrheit der bolschewistischen Delegierten bei der Parteikonferenz im April – alles in allem 149, die fast 80 000 Mitglieder im ganzen Land repräsentierten. Sie vertraten in der Regel radikalere Ansichten als ihre Parteiführer, wußten wenig von der marxistischen Theorie und konnten daher nicht verstehen, weshalb eine »bürgerliche Revolution« notwendig sein sollte. Warum wollten ihre Führer den Sozialismus in zwei Etappen erreichen, wenn sie ihn in einer bekommen konnten? War nicht bereits im Februar genug Blut geflossen? Und weshalb sollten sie zulassen, daß die Bourgeoisie ihre Kräfte sammelte, wenn das die Aufgabe, sie später zu beseitigen, nur noch schwieriger machte? Die Aprilthesen mit ihrer Forderung nach sofortiger Rätemacht leuchteten ihnen mehr ein, und Lenin setzte alles daran, um das auszunutzen, indem er auf zahlreichen lokalen Partei- und Fabrikmeetings in der Hauptstadt sprach. Er vertauschte sogar seinen Homburg gegen eine Arbeitermütze in dem Bemühen, sich ein »proletarischeres« Aussehen zu geben.[61]

Die Aprilkrise unterstrich noch Lenins Botschaft bei den einfachen Parteimitgliedern aus den Unterschichten. Miljukows Verhalten schien seinen Standpunkt zu bestätigen, daß der Friede nicht durch die »imperialistischen« Kriegsziele der Provisorischen Regierung zu erreichen sei. Die Krise verstärkte die »Wir-und-sie«-Einstellung der radikalen Arbeiter und Soldaten gegenüber den »bürgerlichen Ministern«. Einige Bolschewiki in der Petrograder Parteiorganisation versuchten, die Demonstrationen vom 20./21. April als Sprungbrett für den Sturz der Provisorischen Regierung zu benutzen. Ein bolschewistischer Aktivist vom Putilow-Werk, S. Ja. Bogdatjew, führte die Demonstranten mit revolutionären Spruchbändern auf die Straßen. Es ist nicht geklärt, welche Rolle die bolschewistische Führung bei alledem spielte. Die spätere sowjetische Version lautete, daß Bogdatjew und seine Kameraden auf eigene Initiative handelten. Einige westliche Historiker haben dagegen behauptet, daß das Zentralkomitee ihre Aktionen autorisiert haben muß und sich erst von ihnen distanzierte, als der Putsch scheiterte. Es gibt keinen konkreten Beweis für diese Behauptung, und die ihr zugrunde liegende Annahme – daß die Partei eine straff disziplinierte Organisation war – ist jedenfalls unbegründet. Das Zentralkomitee war immer gegen eine Machtergreifung gewesen und von den Demonstrationen offenbar überrascht. Zwar setzte sich Lenin dafür ein, sie zu einer Demonstration der Stärke zu machen, er konnte sich aber, falls es zu einem Machtkampf kommen sollte, weder auf die Unterstützung der Partei noch auf die der Massen verlassen und bezog daher eine abwartende Haltung. Wäre die Provisorische Regierung gestürzt worden, er hätte zweifellos den Sieg für sich beansprucht. Doch sobald die Ordnung wiederhergestellt war, verurteilte er das »Abenteurertum« der Petersburger »Hitzköpfe«.[62]

Lenins Dilemma bestand darin: Sollten die Bolschewiki versuchen, die Macht zu ergreifen, ehe die Partei oder ihre Anhänger unter den Massen dafür richtig organisiert wären, dann riskierten sie Niederlage und Isolation wie die Pariser Kommune von 1871, deren Schicksal die bolschewistischen Führer in den Jahren 1917/18 verfolgte. Wenn sie aber andererseits nicht Schritt hielten mit ihrer revolutionären Avantgarde – den Kronstädter Matrosen, den Wyborger Arbeitern und der Petrograder Garnison –, liefen sie Gefahr, ihre wirkungsvollste Streitkraft zu verlieren, die sich dann in fruchtlosen Ausbrüchen anarchischer Gewalt verzetteln würde. Die Geschichte der Bolschewistischen Partei und ihrer faktionellen Streitigkeiten im Jahr 1917 drehte sich um das Problem, wie die Energien dieser revolutionären Avantgarde in Einklang mit den übrigen Massen gehalten werden konnten.

Die Kronstädter Marinebasis, eine Insel militanter Matrosen im Finnischen Meerbusen unmittelbar vor Petrograd, war bei weitem die rebellischste Hochburg dieser bolschewistischen Avantgarde. Die Matrosen waren junge Rekruten und hatten nur wenig von den Kriegshandlungen gesehen. Sie hatten das Jahr davor an Bord ihrer Schiffe eingesperrt mit ihren Offizieren verbracht, die sie mit mehr als der üblichen sadistischen Brutalität behandelten, da die normalen Regeln der Disziplin in der Marine nicht für Rekruten galten. Jedes Schiff war ein Pulverfaß von Haß und Gewalt. In den Februartagen meuterten die Matrosen mit furchtbarer Grausamkeit. Admiral Wiren, der Kommandeur der Basis, wurde mit Bajonetten erstochen, und Dutzende anderer Offiziere wurden ermordet, gelyncht oder in die Inselkerker gesperrt. Die alte Marinehierarchie wurde vollständig beseitigt, und die eigentliche Macht ging an den Kronstädter Soldatenrat über. Es war ein Oktober im Februar. Die Autorität der Provisorischen Regierung wurde nie wirklich durchgesetzt, noch wurde die militärische Ordnung wiederhergestellt. Kerenski, der Justizminister, erwies sich als vollkommen machtlos bei seinen wiederholten Anstrengungen, die gerichtliche Zuständigkeit für die gefangenen Offiziere zu erlangen, trotz der Gerüchte in der bürgerlichen Presse, sie seien brutal gefoltert worden.

Die Kronstädter Matrosen waren also jung (die Hälfte unter 23 Jahren), fast alle konnten lesen und schreiben, und die meisten waren durch die Propaganda der Parteien der äußersten Linken politisiert. Bis Anfang Mai hatten die Bolschewiki über 3000 Mitglieder in der Marinebasis rekrutiert. Zusammen mit den Anarchisten und den Sozialrevolutionären kontrollierten sie den Kronstädter Soldatenrat. Am 16. Mai erklärte sich der zur souveränen Macht und lehnte die Autorität der Provisorischen Regierung und des von ihr ernannten Kommissars der Marinebasis ab. Das war im Grunde die einseitige Ausrufung einer »Kronstädter Räterepublik«. Der Petrograder Rat verurteilte die Rebellen als »Abtrünnige von der revolutionären Demokratie«. Das Bürgertum Petrograds lebte in Angst und Schrecken bei dem Gedanken, der Gnade dieser militanten Festung ausgeliefert zu sein, die jeden Augenblick die Hauptstadt angreifen konnte. »In ihren Augen«, erinnert sich Raskolnikow, einer der bolschewistischen Führer der Matrosen, »war Kronstadt ein Symbol des wilden Schreckens, die Verkörperung des Teufels, das furchterregende Gespenst der Anarchie, die alptraumartige Wiedergeburt der Pariser Kommune auf russischem Boden.« Die Kronstädter Bolschewiki spielten eine wichtige Rolle beim Entwurf der Erklärung vom 16. Mai, doch ihre Aktion wurde von den bolschewistischen Führern in der Hauptstadt nicht unterstützt. Lenin war wütend über seine Kronstädter Stellvertreter, die sich nicht an die Parteidisziplin gehalten hätten. Es sei voreilig, an eine Machtergreifung *gegen* die Autorität des Arbeiter- und Soldatenrats zu denken, und er befahl ihnen, sich täglich bei ihm ihre Instruktionen einzuholen, bis die Krise beigelegt sei. Zereteli wurde vom Petrograder Rat geschickt, um eine Übereinkunft mit den Kronstädter Führern auszuhandeln, die sich bereit erklärten, die Autorität der Provisorischen Regierung anzuerkennen, wenn dafür im Gegenzug der von ihnen gewählte Kommissar anerkannt würde. Am 24. Mai war der Aufstand vorbei. Die Matrosen von Kronstadt blieben allerdings weiterhin eine bedrohliche Quelle der Militanz, wie die Ereignisse vom Juni, Juli und Oktober zeigen sollten.[63]

Die andere bedeutende Bastion bolschewistischer Militanz war der Wyborg-Bezirk Petrograds. Die Wyborger Parteiorganisation hatte Anfang Mai über 5000 Mitglieder. In Wyborg lagen die streikanfälligsten Metallfabriken – Renault Rußland, Nobel, Neu-Lessner, Erickson, Pusyrjow, Vulkan, Phoenix und die Metallwerke –, und die meisten standen unter dem Einfluß der Bolschewiki. In diesen Fabriken arbeitete eine leicht entzündliche Mixtur von jungen, ausgebildeten Metallarbeitern, die sich schnell von den militanten Losungen der Bolschewiki beeinflussen ließen, und weniger gut ausgebildeten, zugewanderten Arbeitern, die während des industriellen Booms im Krieg die Städte überschwemmt und folglich am meisten unter dem doppelten Druck niedriger Löhne und hoher Mieten zu leiden hatten. Beide Gruppen neigten zu Gewalt auf den Straßen. Die Wyborger Seite war auch vom 1. Maschinengewehrregiment als Basis gewählt worden, der am besten ausgebildeten und zugleich am stärksten bolschewisierten Truppe in Petrograd mit etwa 10 000 Mann und 1000 Maschinengewehren. In den Februartagen waren diese Soldaten von ihren Kasernen in Oranienbaum nach Petrograd marschiert, um an der Meuterei teilzunehmen. Militant und selbstbewußt, betrachteten sie sich als die Helden der Revolution und weigerten sich, in ihre Kasernen zurückzukehren, solange die »Bourgeoisie an der Macht« sei. Das bedeutete im Grunde, wie allen klar war, daß sie die Provisorische Regierung erpreßten.[64]

Die Bolschewiki des linken Flügels, die sich durch diese militanten Gruppen in ihrer Kampfbereitschaft bestärkt sahen, brachten den Plan vor, am 10. Juni einen bewaffneten Aufmarsch als Demonstration der Stärke gegen die Provisorische Regierung zu veranstalten. Die Idee stammte von der Militärorganisation, die die Bolschewiki in der Petrograder Garnison eingerichtet hatten und die versprach, 60 000 Mann an Truppen zu stellen. Schon bald erhielten sie Unterstützung von den Kronstädter Matrosen, die am 4. Juni als Generalprobe eine Parade in militärischer Ordnung zur Ehrung der gefallenen Helden der Februartage durchführten. Auch das Petrograder bolschewistische Komitee signalisierte Zustimmung. Man argumentierte, den Soldaten und Arbeitern müsse ein Ventil für ihren Zorn über die Vorbereitungen der Regierung auf die neue Offensive im Krieg gegeben werden, und falls es den Bolschewiki nicht gelingen sollte, die Demonstration anzuführen, könnten sie außer Kontrolle geraten und ihren Zorn in ungelenkter Gewalt austoben. Die Partei könne es sich nicht leisten, die Energien ihrer revolutionären Avantgarde zu verschwenden. Doch das Zentralkomitee war gespalten, wobei Lenin, Swerdlow und Stalin (der seit Lenins Rückkehr nach Rußland eine Wendung um 180 Grad vollzogen hatte) für die Demonstration, und Kamenew, Sinowjew und Nogin dagegen votierten, weil die Partei noch immer nicht genügend Rückhalt bei den Massen habe, um das Risiko eines Beinahe-Aufrufs zur Machtergreifung einzugehen. Die endgültige Entscheidung wurde bis zum 9. Juni vertagt.

Zu der Zeit hatte sich eine Mehrheit im Zentralkomitee entschlossen, den Plan einer bewaffneten Demonstration zu unterstützen. Am 8. Juni waren 28 Fabriken in der Hauptstadt in den Streik getreten, um gegen den Versuch der Regierung zu protestieren, die Anarchisten aus ihrem Hauptquartier in der Villa des ehemaligen zaristischen Ministers Durnowo auf der Wyborger Seite zu vertreiben. Fünfzig bewaffnete Kronstädter Matrosen eilten den Anarchisten gegen die Regierungstruppen zu Hilfe. Die Hauptstadt befand sich am Rande einer blutigen Konfrontation, und der Augenblick für eine organisierte Machtdemonstration schien gekommen. Die Menschewiki argumentierten später, daß die Bolschewiki bereit gewesen seien, die Gelegenheit für eine Machtergreifung zu nutzen. Suchanow behauptete sogar, Lenin habe detaillierte militärische Pläne für einen bolschewistischen Staatsstreich ausgearbeitet, bis hin zur genauen Rolle der einzelnen Regimenter bei der Eroberung strategischer Anlagen. Dafür gibt es allerdings keine Beweise. Es stimmt zwar, daß Lenin auf dem Ersten Allrussischen Rätekongreß am 4. Juni erklärt hatte, seine Partei sei »jede Minute bereit, die Gesamtheit der Macht zu übernehmen«. Falls er aber wirklich eine Erhebung plante, hätte er wohl kaum eine öffentliche Vorwarnung gegeben. Einige zweitrangige bolschewistische Führer wie M. Ja. Lazis vom Wyborger Komitee, der enge Beziehungen zum 1. Maschinengewehrregiment unterhielt, wollten sicherlich die Demonstration in einen wirklichen Aufstand verwandeln. Doch die meisten in der Führungsspitze sahen darin wohl eher einen Testversuch der Stärke und ein Mittel, den Rätekongreß selbst zur Übernahme der Macht zu drängen. Als der Petrograder Rat am Abend des 9. Juni die Demonstration verbot, traten fünf der bolschewistischen Führer (Lenin, Swerdlow, Sinowjew, Kamenew und Nogin) noch einmal zusammen, um sie abzusagen. Ihre militanteren Genossen protestierten wütend. Stalin drohte mit Rücktritt (ein Angebot, das leider abgelehnt wurde) und beschuldigte das Zentralkomitee der »unerträglichen Unschlüssigkeit«. Doch Lenin beharrte auf dem Standpunkt, es sei verfrüht für die Partei, *gegen* den Petrograder Rat alles auf eine Karte zu setzen. Im allgemeinen bestand 1917 seine Strategie, wie nicht zuletzt bei der Machtergreifung im Oktober zu sehen war, darin, daß er den Mantel der Legitimation durch den Rat nutzte, um die Ambitionen seiner Partei zu verbergen. Wäre die bewaffnete Demonstration durchgeführt worden, hätte man die Bolschewiki fast mit Sicherheit aus dem Rat ausgeschlossen, und der wichtigere strategische Vorstoß von Lenins Aprilthesen – die Massenagitation für die Rätemacht – wäre vollständig untergraben worden.[65]

Am 18. Juni fand dann eine vom Arbeiter- und Soldatenrat geförderte Demonstration statt. Sie sollte mit der Losung von der »revolutionären Einheit« um die Unterstützung der Massen werben, was zwar nur eine Umschreibung für die weitere Teilnahme des Rats an der Koalition, doch vom Gesichtspunkt der Radikaleren vermutlich die akzeptablere Losung als die der bedingungslosen Unterstützung der Regierung war. Die Bolschewiki beschlossen, sich mit Spruchbändern mit der Losung »Alle Macht den Räten!« an dem Marsch zu beteiligen, die dann auch von den meisten der 400 000 Demonstranten skandiert wurde.[66] Vielleicht waren die Anhänger der Räteführer bewußt ferngeblieben, wie einige Pressestimmen später vermuteten. Oder, was wahrscheinlicher ist, die Demonstranten verstanden nicht die ideologischen Differenzen zwischen den Bolschewiki und den Räteführern und marschierten unter den Losungen der ersteren in der falschen Annahme, dies sei ein Zeichen ihrer Loyalität für letztere. Auf alle Fälle war es ein bedeutender propagandistischer Sieg für die Bolschewiki, der sie maßgeblich zu ihren Plänen für eine weitere, sehr viel folgenreichere bewaffnete Konfrontation mit der Provisorischen Regierung im Juli ermutigte.

## GORKIS VERZWEIFLUNG

Gorki schrieb an Jekaterina am 18. Juni 1917:

> *Die Demonstration heute war eine der Machtlosigkeit der loyalen demokratischen Kräfte. Nur die »Bolschewiki« marschierten.* Ich verachte und hasse sie immer mehr. *Das sind wirklich russische Idioten. Die meisten ihrer Losungen forderten »Nieder mit den 10 bürgerlichen Ministern!« Aber es sind ja nur acht! Mehrmals brach Panik aus – widerlich. Zwischen Marsfeld und Sommergarten sprangen Damen in den Kanal, wateten in Stiefeln durchs Wasser, schürzten die Röcke und entblößten die Beine, manche dick, manche krumm. Der Wahnsinn geht weiter, aber offenbar beginnt er die Leute zu ermüden. Obgleich ich Pazifist bin, begrüße ich die kommende Offensive in der Hoff-*

*nung, daß sie wenigstens eine gewisse Ordnung ins Land bringt, das unverbesserlich faul und zerrüttet ist.*[67]

Der Sozialismus war für Gorki eigentlich immer vor allem ein kulturelles Ideal. Er stellte für ihn den Aufbau einer humanen Zivilisation auf den Prinzipien der Demokratie dar, verbunden mit der Entwicklung der moralischen, seelischen wie intellektuellen Kräfte der Menschen. »Die neue Struktur des politischen Lebens verlangt von uns eine neue Struktur der Seele«, schrieb er im April. Und doch hatte die Revolution, wie er sie sah, eine »anarchische Welle plebejischer Gewalt und Rache« ausgelöst, die die russische Zivilisation zu zerstören drohte. Es hatte keine »soziale Revolution« gegeben, so, wie Gorki den Begriff verstand, sondern nur einen »zoologischen« Ausbruch von Gewalt und Zerstörung. Statt eine neue Zivilisation anzukündigen, hatte die russische Revolution das Land an den Rand eines »neuen finsteren Zeitalters des barbarischen Chaos« gebracht, in dem Rache- und Haßgefühle alles, was am Menschen gut ist, überwältigt haben. Die Aufgabe der demokratischen Intelligenzija, wie Gorki sie 1917 sah, war die Verteidigung der Zivilisation gegen die zerstörerische Gewalt der Masse. Für ihn war das ein Kampf von »Kultur gegen Anarchie«.[68]

Die gewaltsame Zurückweisung von allem, was mit der alten Zivilisation assoziiert wurde, war ein integraler Bestandteil der Februarrevolution. Symbole des kaiserlichen Regimes wurden zerstört, Statuen zaristischer Helden zertrümmert, Straßennamen geändert. Die Bauern verwüsteten Herrenhäuser, Kirchen und Schulen. Sie brannten Bibliotheken nieder und zerschlugen unschätzbare Kunstwerke.

Viele romantische Sozialisten sahen diese bilderstürmerische Gewalt als den »natürlichen« (also positiven) revolutionären Impuls eines unterdrückten Volkes, das viel zu vergelten hatte. Blok zum Beispiel idealisierte das Niederbrennen des alten Rußlands als den Exorzismus seiner sündigen Vergangenheit und glaubte, daß mit dieser Zerstörung der alten Welt eine neue und brüderlichere, vielleicht sogar christlichere Welt geschaffen würde. Deshalb stellte er in seinem berühmten Poem »Die Zwölf« vom Januar 1918 Christus an die Spitze der Roten Garden. Andere wie Woloschin, Mandelstam und Bely waren eher zwiespältig in ihrer Einstellung zur revolutionären Gewalt: Sie begrüßten sie einerseits als eine gerechte und elementare Kraft, äußerten aber andererseits ihr Entsetzen angesichts der barbarischen Grausamkeit.[69]

Gorki dagegen sah in der Gewalt nichts als Finsternis. Er war entsetzt über die seiner Ansicht nach unvermeidlichen Folgen dieser Gewalt, nämlich die moralische Korrumpierung der Revolution und den Abstieg der Menschen in die Barbarei. Kompromißlos und offen wie immer verdammte er die Gewalt in seiner bekannten Kolumne »Unzeitgemäße Gedanken«, die er in den Jahren 1917 und 1918 in seiner Zeitung *Nowaja schisn* veröffentlichte. Er verurteilte die Flut pornographischen Schunds über die Zarenfamilie als »giftigen Schmutz«, dessen einzig wirklicher Effekt es sei, die »dunklen Instinkte in den Menschen« zu wecken. Später, während des Roten Terrors, sollte er sich für einige Romanows einschließlich eines Großfürsten einsetzen, in denen er »unschuldige Opfer der Revolution und des in dieser Zeit herrschenden Fanatismus« sah. Noch größer war sein Entsetzen über den »wachsenden Antisemitismus, die Pogromstimmung der Arbeiterklasse«, einer Klasse, in die er wie alle Marxisten große Hoffnungen als Kraft der Befreiung und Moral gesetzt hatte. Gorki verdammte außerdem den Vandalismus der Bauernrevolution und sah in der Verwüstung der adligen Herrenhäuser mit ihren Bibliotheken und Kunstschätzen nichts weniger als einen Angriff auf die Zivilisation. Im März 1917, als ihm zu Ohren kam, daß die Massen gerade die Statue Alexanders III. auf dem Snamenskaja-Platz zerschlagen wollten, lud er fünfzig führende Persönlichkeiten aus der Kultur in seine Wohnung ein, um eine aus zwölf Personen bestehende Kommission zu bilden, die sich für den Erhalt aller künstlerischen Monumente und historischen Gebäude einsetzen sollte: die »Gorki-Kommission«, wie sie häufig genannt wurde.[70]

Das Rußland des 20. Jahrhunderts schien in die Barbarei des Mittelalters zurückzufallen. Gorki geriet besonders über die sich ausbreitende Lynchjustiz (*samosudy*) in den Städten außer sich. Im Dezember 1917 behauptete er, er habe seit dem Zusammenbruch des alten Regimes 10 000 Fälle gezählt, bei denen man kurzen Prozeß gemacht habe. Er meinte, diese Verfahren, bei denen der Mob auf der Straße einen verhafteten Verbrecher verurteilte und exekutierte, verrieten aufs schändlichste das Ideal der Gerechtigkeit, für das die Revolution erkämpft worden sei. Das russische Volk, das jahrhundertelang geschlagen worden sei, schlage nun seine eigenen Feinde mit geradezu morbider Lust.

> *Die Demokratie richtet ihre Sünder auf folgende Weise: In der Nähe des Alexandermarktes wurde ein Dieb erwischt; die Menge verprügelte ihn sofort und stimmte darüber ab, wie man ihn hinrichten solle, durch Ertränken oder Erschießen. Man entschied sich für das Ertränken und warf den Mann in das eiskalte Wasser. Er schaffte es aber, wieder aufzutauchen und an das Ufer zu schwimmen. Da ging einer aus der Menge hin und erschoß ihn.*
> *Das russische Mittelalter war eine Epoche abscheulicher Grausamkeit. Wenn aber ein Verbrecher, den ein Gericht zum Tode verurteilt hatte, vom Galgen herunterfiel, weil der Strick gerissen war, ließ man ihn leben.*
> *Welchen Einfluß hat die Lynchjustiz auf die heranwachsende Generation? Soldaten führen einen halbtot geprügelten Dieb ab, um ihn in der Moika zu ertränken. Er ist blutüberströmt, sein Gesicht ist völlig zerschlagen, ein Auge ausgelaufen. Er wird von einem Haufen Kinder begleitet. Danach kommen einige von ihnen von der Moika zurück und schreien fröhlich, auf einem Bein hüpfend: »Sie haben ihn ersäuft, sie haben ihn ersäuft.«*

*Das sind unsere Kinder, sie bauen das zukünftige Leben auf. Das Leben eines Menschen wird bei ihnen nicht hoch im Kurs stehen, der Mensch jedoch – das darf man nicht vergessen – ist die wunderbarste und wertvollste Schöpfung der Natur.*[71]

Gorkis Pessimismus war natürlich die Ansicht eines Literaten, der von Gewalt in jeder Form abgestoßen ist. Er beurteilte die Revolution nicht nach ihren eigenen Maßstäben, sondern danach, wie weit sie seinen eigenen kulturellen Werten und moralischen Idealen entsprach. Das brachte er in einer mutigen und gewagten, noch nie veröffentlichten Rede zum Jahrestag der Februarrevolution deutlich zum Ausdruck:

*Eine Revolution ist nur dann vernünftig und großartig, wenn sie der natürliche und machtvolle Ausbruch aller schöpferischen Kräfte eines Volkes ist ... Wenn sie jedoch nur jene Gefühle und Gedanken befreit, die sich im Volk während seiner Versklavung und Unterdrückung angestaut haben, wenn es sich nur um einen Ausbruch von Erbitterung und Haß handelt, dann haben wir keine Revolution, sondern einen Aufruhr, der unser Leben nicht verändern kann und nur die Grausamkeit und das Übel vergrößert. Können wir guten Gewissens behaupten, daß im Jahr der Revolution das russische Volk, das sich von der Gewalt und dem Zorn des Polizei- und Beamtenstaats befreit hat, damit auch besser, freundlicher, weiser, ehrlicher geworden wäre? Nein, wer ehrlich ist, würde das nicht behaupten. Wir leben weiterhin so, wie wir in der Monarchie gelebt haben, mit denselben Bräuchen, Gewohnheiten und Vorurteilen, genauso dumm und schmutzig. [...] Das russische Volk, das die volle Freiheit erlangt hat, vermag nicht, ihren großen Segen für sich zu nutzen, sondern sie nur zum Schaden für sich und seinen Nächsten zu mißbrauchen, und so riskiert es, endgültig zu verlieren, was es sich nach leidvollen Jahrhunderten erkämpft hat. Nach und nach wird all das Großartige vernichtet, was seine Vorfahren erarbeitet haben, verschwinden die nationalen Reichtümer und die Möglichkeiten, die Schätze dieser Erde zu mehren, werden Industrie, Verkehr und Post zerstört und die Städte verwüstet, die in Schmutz versinken.*[72]

Vieles an Gorkis mutigem Auftreten gegen die Zerstörungen der Revolution kann man nur bewundern. Er war ein einsamer Rufer in seiner Verzweiflung – was es um so edler und tragischer machte. Was die Linke anbelangt, so waren seine »Unzeitgemäßen Gedanken« die reine Häresie – »politisch unkorrekt« –, weil allgemein akzeptiert war, daß Gewalt und Zerstörung natürlich und durch die höheren Ziele der Revolution sogar gerechtfertigt waren. Und doch waren die »Unzeitgemäßen Gedanken« bei den Rechten wegen Gorkis Kontakten zu den Bolschewiki ebensowenig willkommen. Sein eigener Kreis um *Nowaja schisn* war weniger eine politische Faktion als ein loser Zusammenschluß von unzufriedenen Marxisten, die sich zu keiner Partei hingezogen fühlten. »Ich sollte meine eigene Partei gründen«, schrieb Gorki an Jekaterina am 19. März, »aber ich wüßte nicht, wie ich sie nennen sollte. *In dieser Partei gibt es nur ein Mitglied, und das bin ich.*«[73]

Und doch war Gorkis Position, wie er selbst zugab, voller Vorurteile und Widersprüche, wie sie sich nur ein Intellektueller leisten konnte. Er fällte vernichtende moralische und kulturelle Urteile über die Gewalt der revolutionären Menge, ohne je den Versuch zu machen, diese Gewalt in ihrem historischen oder sozialen Kontext zu begreifen. In seinen zahlreichen Texten über die Lynchjustiz beispielsweise bedachte er nie die einfache gesellschaftliche Tatsache, daß diese Akte von Straßenjustiz in Städten voller Verbrechen und Gewalt und ohne jede Polizei, die das Gesetz aufrechterhalten hätte, für gewöhnliche Bürger die einzige Möglichkeit geworden waren, ihren Besitz und sich selbst zu schützen. Gorki verstand das Problem nicht wirklich und beurteilte es einfach von einem moralischen Standpunkt aus.

Gorkis kulturelle Vorurteile wurden nirgendwo offensichtlicher als in seinen Bemühungen, die Ursprünge dieser Gewalt zu erklären. Natürlich sah er die Notwendigkeit, sie in den Zusammenhang des Vermächtnisses des Zarismus zu bringen:

> *Die Bedingungen, unter denen das russische Volk lebte, konnten es weder Achtung vor der Person noch Bewußtsein der Bürgerrechte noch Gerechtigkeitsgefühl lehren.*
> *Diese Bedingungen waren: totale Gesetzlosigkeit, Unterdrückung des Menschen, schamloseste Lüge und tierische Grausamkeit. Es ist ein Wunder, daß sich das Volk unter diesen Umständen einige menschliche Gefühle und ein gewisses Maß an Menschenverstand bewahrt hat.*

Gorki war auch der erste, der betonte, daß die Barbarei der Revolution in der Barbarei des Ersten Weltkriegs entstanden sei. Die Massenschlächterei in den Schützengräben und die Entbehrungen des Hinterlands hätten die Grausamkeit und Brutalität der Menschen zum Vorschein gebracht, erklärte Gorki Romain Rolland, und sie gegenüber dem Leid ihrer Mitmenschen abgestumpft. Die Menschen hätten Geschmack an der Gewalt gefunden, und nur wenige seien durch das Morden in den Februartagen schockiert gewesen. Sie hätten die ungeschriebenen Gesetze zivilisierten Verhaltens vergessen und die dünne Schicht der Zivilisation in der revolutionären Explosion abgestreift.[74]

Und doch tendierte Gorki immer eher dazu, diese Gewalt mit dem russischen Nationalcharakter als aus dem Kontext heraus zu erklären, in dem sie sich ereignete. »Das Milieu [...], in dem sich die Tragödie der russischen Revolution abgespielt hat und noch abspielt«, schrieb er 1922, »ist ein Milieu von Halbwilden.

Die grausamen Formen, welche die russische Revolution angenommen hat, erkläre ich aus der beispiellosen Grausamkeit des russischen Volkes.« Er dachte nie anders, als daß alle sozialen Revolutionen ihrer Natur nach gewaltsam seien. Hier war Gorkis Ansicht durch seine großen Sympathien für den Westen vorgeprägt. Es war seine Überzeugung, daß der gesamte Fortschritt der Menschheit und der Zivilisation aus dem Westen gekommen sei und alle Barbarei aus dem Osten. Gesellschaftlich, historisch und geographisch sei Rußland zwischen Europa und Asien gefangen. Die Tradition des petrinischen Staats und die russische Intelligenzija seien beide verwestlichende Einflüsse, die Bauern hingegen asiatisch, während die arbeitende Klasse dazwischenstehe und zwar von den Bauern abstamme, aber doch bereit sei, sich unter Anleitung der Intelligenzija zivilisieren zu lassen. Die russische Revolution, die im wesentlichen aus dem bäuerlichen Urgrund komme, wie Gorki 1917 erkannte, sei eine »veröstlichende«, barbarische Kraft. Er machte sich, anders als Lwow, keine Illusionen über die Güte oder die Weisheit des einfachen russischen Volks. »Ich werde zum Pessimisten und offenbar zum Misanthropen«, schrieb er Mitte März an Jekaterina. »Meiner Ansicht nach ist die überwältigende Mehrheit der Bevölkerung in Rußland sowohl schlecht als auch dumm wie die Schweine.«[75]

Vor allem die »wilden Instinkte« der russischen Bauern, die Gorki mit seinem Haß verfolgte, seien schuld an der Gewalt der Revolution. Das einzige Bestreben der Bauern sei es gewesen, wie Gorki mehrfach behauptete, grausame Rache an ihren ehemaligen Herren und an der gesamten wohlhabenden und privilegierten Schicht zu üben, zu der sie auch ihre selbsternannten Führer aus der Intelligenzija zählten. Viel von der revolutionären Gewalt in den Städten – die Lynchjustiz, die anarchischen Plünderungen und das »Wegkarren« der Fabrikleiter – schob er wie etliche Menschewiki auf den plötzlichen Zustrom ungelernter Bauernarbeiter in die Städte während des Krieges. Es schien, als weigere er sich zu glauben, daß die Arbeiterklasse, die er wie alle Marxisten als eine Kraft des kulturellen Fortschritts ansah, sich verhalten könnte wie Bauern oder Hooligans. Und doch äußerte er häufig seine tiefe Besorgnis, daß sich die städtische Kultur der Arbeiterklasse »in der Bauernmasse auflöste« und daß die Welt der Schule und der Industrie an die barbarischen Sitten des Dorfes verlorenging.[76]

Daran trugen in Gorkis Augen die Bolschewiki einen Großteil der Schuld. Lenins Aprilthesen hatten seiner Ansicht nach vorzeitig zu einer neuen Revolution aufgerufen, und bei der Rückständigkeit Rußlands wurde gerade dadurch das Land zur Geisel der Bauern. Wie er 1924 schrieb, dachte er, daß Lenin

> *mit diesen Thesen das ganze quantitativ verschwindend kleine, qualitativ heldenhafte Heer politisch erzogener Arbeiter und die ganze ehrlich revolutionäre Intelligenz der russischen Bauernschaft zum Opfer bringt. Diese einzige aktive Kraft in Rußland wird wie eine Handvoll Salz in den Süßwassersumpf des*

*Dorfes geworfen und löst sich spurlos in ihm auf, wird aufgesaugt, ohne etwas im Geist, in der Lebensweise, in der Geschichte des russischen Volkes verändert zu haben.*[77]

Gorki meinte, daß die kulturellen Ideale der sozialistischen Intelligenzija von den Bolschewiki im Interesse ihrer eigenen politischen Ziele geopfert würden. Es sei die Schuld der Bolschewiki, daß sie den Klassenhaß schürten und die »nihilistischen Massen« ermutigten, die alte Ordnung mit Stumpf und Stiel auszurotten.

Die gewalttätigen Zusammenstöße auf dem Newski-Prospekt während der Demonstrationen vom 20./21. April, für die viele die Bolschewiki verantwortlich machten, erfüllten Gorki mit tiefem Abscheu.[78] Auch die Rolle der Bolschewiki bei den verfehlten Demonstrationen vom 10. Juni erzürnten ihn. Am 14. Juni schrieb er an Jekaterina:

*Ich bin seelisch erschöpft – bis zum Wahnsinn. Physisch halte ich noch durch. Aber mit jedem Tag verstärkt sich die Unruhe, und ich glaube, daß die Wahnsinnspolitik Lenins bald zu einem Bürgerkrieg führen wird. Er ist vollkommen isoliert, aber bei den Massen der ungelernten Arbeiter und bei einigen Einheiten der Soldaten sind seine Losungen populär.*[79]

In gewissem Sinne waren es nicht nur die Bolschewiki, sondern alle politischen Parteien, an denen Gorki 1917 verzweifelte. »Politik«, schrieb er am 20. April, »ist die Brutstätte sozialer Feindschaften, von Verdächtigungen, schamlosen Lügen, des pathologischen Ehrgeizes und der Mißachtung des Individuums. Man nenne irgend etwas Schlechtes am Menschen, und genau das gedeiht auf dem Boden des politischen Kampfes im Überfluß.« Sein *cri de cœur* beruhte auf seinem Glauben, daß es Aufgabe der Intelligenzija sei – zu der er alle politischen Parteien zählte –, die Moral und die kulturellen Werte der Aufklärung gegen die destruktive Gewalt der Menge zu verteidigen. Sie habe die Revolution als konstruktiven und kreativen Prozeß der nationalen Zivilisation zu schützen. Gorki näherte sich in dieser Hinsicht dem Standpunkt der Liberalen und der Räteführer, die über die wachsende Flut der Anarchie genauso besorgt waren. Und genau wie sie betrachtete er im Frühjahr und Frühsommer eine neue Offensive an der Front mehr und mehr als galvanisierende und disziplinierende Kraft. Denn, wie Gorki am 18. Juni schrieb, »obgleich ich Pazifist bin, begrüße ich die kommende Offensive in der Hoffnung, daß sie dem Land zumindest etwas Ordnung bringen wird«.[80] Wie er sich täuschen sollte!

# 10 DIE AGONIE DER PROVISORISCHEN REGIERUNG

## DIE ILLUSION EINER NATION

Bei ihrer ersten Begegnung machte Kerenski Brussilow zum Oberbefehlshaber der russischen Armee. Der neue Kriegsminister war an die Südwestfront gereist, um Brussilow in seinem Hauptquartier zu besuchen, und nach einer Truppeninspektion fuhr er mit ihm in der Nacht nach Tarnopol. Ein schweres Gewitter ging nieder, und das einsame Auto schien bei dieser Fahrt über die aufgeweichten Landstraßen in ständiger Gefahr. Als der Regen gegen die Scheiben prasselte und über ihnen die Blitze zuckten, fühlten sich die beiden Männer in der Abgeschlossenheit des Wagens enger miteinander verbunden. Sie begannen, sich ungezwungener zu unterhalten, und erzählten einander persönliche Gedanken, als wären sie alte Freunde. Beide waren sich einig, daß eine Sommeroffensive gestartet werden mußte, und das führte dann dazu, daß Kerenski, wie er in seinen Memoiren schrieb, »an Ort und Stelle entschied [...], daß zum Zeitpunkt der Eröffnung der Offensive Brussilow [...] das Kommando über die gesamten Streitkräfte erhalten sollte«.[1]

Die Ernennung Brussilows bezeugte den Glauben an die Kampfkraft der neuen revolutionären Armee. Es war vor allem Brussilows Optimismus, der ihm den Posten verschafft hatte. »Ich brauchte Männer, die nicht glaubten, daß die russische Armee vernichtet war«, schrieb Kerenski später, »[Ich konnte] keine Leute brauchen, die die vollendete Tatsache der Revolution nicht voll anerkannten oder die daran zweifelten, daß wir in der neuen psychologischen Atmosphäre die Moral der Armee wiederaufbauen konnten. [...] Ich brauchte Männer, die die ganze Bedrängnis der Kriegsjahre unter dem alten Regime miterlebt hatten und volles Verständnis für die Umwälzung zeigten, die stattgefunden hatte.«[2] Da war Brussilow der rechte Mann. Er war vielleicht der einzige hohe zaristische General, der ehrenvoll aus dem Krieg hervorgegangen war – und einer der ersten, der sein Schicksal mit dem der Revolution verbunden hatte. Wie Kerenski hoffte er, die Verteidigung der Freiheit werde endlich die Art von bürgerlichem Patriotismus hervorbringen, die Rußland brauchte, um den Krieg fortzusetzen.

Brussilows Unterstützung der Demokratie, besonders der Soldatenkomitees, hatte ihm wenig Freunde bei den übrigen hohen Generälen verschafft. Sie beschuldigten ihn, ein »Opportunist« und ein »Verräter« der Armee zu sein. Am 22. Mai empfing der Generalstab den neuen Oberbefehlshaber im Hauptquartier mit offener Feindseligkeit. »Gleich bei der Ankunft im Hauptquartier spürte ich die frostige Atmosphäre mir gegenüber«, erinnerte sich Brussilow. Statt mit den üblichen Massenovationen, an die er sich gewöhnt hatte, wurde Brussilow auf dem Bahnhof von Mogiljow von einer kleinen und ziemlich formellen Delegation von düster dreinblickenden Generälen begrüßt. Zu allem Unglück sorgte Brussilow auch noch sogleich für ernsthafte Verstimmung, weil er sich, statt eine Gruppe hoher Offiziere zu begrüßen, die zu seinem Empfang gekommen waren, in einer demokratischen Geste den einfachen Soldaten zuwandte, um ihnen die Hand zu schütteln. Die ersten Soldaten waren so verwirrt – üblicherweise salutierten sie den Generälen –, daß sie ihre Gewehre fallen ließen oder ungeschickt unter den linken Arm klemmten, als sie ihrem neuen Oberbefehlshaber die Hand gaben.[3]

Anders als die meisten höheren Kommandeure glaubte Brussilow an die Zusammenarbeit mit den demokratischen Organen der Soldaten, denn er war der Ansicht, daß die Wiederherstellung der Kampfmoral in der Armee und die Eröffnung einer neuen Offensive nur in Partnerschaft mit den Soldaten gelingen konnten. Dieser optimistische Glaube an die demokratische Ordnung stand in scharfem Gegensatz zur Skepsis von General Alexejew, dem vorigen Oberbefehlshaber, der bis dahin bezweifelt hatte, daß eine erfolgreiche Offensive mit den Streitkräften in ihrer gegenwärtigen revolutionären Verfassung überhaupt gestartet werden könnte. Brussilow jedoch war nach wie vor überzeugt, daß Gott ihn auserwählt habe, die russischen Armeen zum Sieg zu führen. »Trotz aller Schwierigkeiten«, schrieb er seinem Bruder kurz nach der Ankunft in Mogiljow, »werde ich niemals verzweifeln, weil ich weiß, daß Gott diese Bürde auf meine Schultern geladen hat und daß das Schicksal des Vaterlands in seiner Hand liegt. Ich hege einen tiefen Glauben, so tief, wie mein Glaube an Gott selbst ist, daß wir siegreich aus dieser gigantischen Schlacht hervorgehen.«[4]

Seit der Interalliierten Konferenz in Chantilly im Dezember 1915 hatte Rußland unter wachsendem Druck der Alliierten gestanden, eine neue Offensive an der Ostfront zu beginnen. Die Führer der Entente wollten, daß das Jahr 1917 das Jahr des endgültigen Sieges würde, und man nahm an, daß eine kombinierte Offensive im Osten und im Westen zum Sieg über die Mittelmächte genügte. Die Legitimität der Provisorischen Regierung bei den Westmächten – und die finanzielle Unterstützung, die sie von ihnen erhielt – beruhte größtenteils auf ihrer erklärten Absicht, dieser Verpflichtung gegenüber den Alliierten nachzukommen. Gleichzeitig aber waren die sowieso schon erheblichen Zweifel an Rußlands Kampfkraft durch die Revolution noch verstärkt worden. Bei einer Zusammenkunft seiner Frontkommandeure am 18. März hatte Alexejew die französische Forderung nach einer neuen Offensive im Frühjahr zurückgewiesen: Die Straßen seien immer noch vereist, der Nachschub an Pferden und Futter sei knapp, die Reserveeinheiten zerfielen, die militärische Disziplin sei dabei zusammenzubrechen und der Soldatenrat, der die eigentlichen Machthebel in der Hand habe, sträube sich noch immer, irgend etwas zu unterstützen, was über eine rein defensive Strategie hinausging. Die meisten Kommandeure stimmten mit ihm überein, daß man unmöglich vor Juni oder sogar Juli eine neue Offensive eröffnen könne. Brussilow war der einzige, der den Plan einer Frühjahrsoffensive unterstützte. In einem Telegramm an die versammelten Kommandeure behauptete er, daß seine Soldaten begierig seien zu kämpfen. Das war eine so ungewöhnlich optimistische Behauptung – und sicher vor allem Ergebnis seines Wunschdenkens –, daß Alexejew den General-Quartiermeister bat, die Echtheit des Telegramms zu überprüfen. »Was für ein Glück wäre es«, kritzelte er an den unteren Rand des Telegramms, »wenn die Wirklichkeit diese Hoffnungen rechtfertigte.« Da Brussilows Botschaft von der entscheidenden Südwestfront kam, von der aus jeder Angriff begonnen werden mußte, trug sie sicherlich dazu bei, dem vorsichtigen Alexejew den Gedanken einer früheren Offensive im Mai näherzubringen. Am 30. März skizzierte er Gutschkow gegenüber seine Gründe:

> *Auch wenn wir den Angriff nicht wagen, wird uns der Kampf nicht erspart bleiben, nur werden wir dann zu einem für unseren Feind günstigen Zeitpunkt und an einem für ihn vorteilhaften Ort kämpfen müssen. Und wenn wir nicht mit unseren Verbündeten kooperieren, können wir auch nicht von ihnen erwarten, daß sie uns zu Hilfe kommen, wenn wir sie brauchen. Unruhen in der Armee werden einen nicht minder nachteiligen Effekt auf die Verteidigung wie auf den Angriff haben.* Selbst wenn wir von unserem Erfolg nicht gänzlich überzeugt sind, sollten wir in die Offensive gehen. *Die Folgen einer gescheiterten Defensive sind schlimmer als die einer gescheiterten Offensive … Je rascher wir unsere Truppen in Aktion versetzen, desto schneller wird sich ihre Leidenschaft für die Politik abkühlen. General Brussilow hat seine Unterstützung auf diese Überlegungen gegründet …* Man kann sagen, je unsteter die Truppen sind, desto unwahrscheinlicher ist der Erfolg bei der Defensive; deshalb ist es um so wünschenswerter, aktive Operationen einzuleiten.[5]

Es war ein schlimmes Hasardspiel. Es gab keine Garantie dafür, daß die Risiken einer Attacke geringer waren als die der Verteidigung, und es bestand sogar noch weniger Grund, mit Alexejew und Brussilow anzunehmen, daß der Kampfgeist der Truppen durch den Beginn einer Offensive angespornt werden könnte. Im Rückblick wird klar, daß die militärischen und die politischen Führer der Provisorischen Regierung von ihrem eigenen Optimismus irregeleitet wurden. Sie unterschätzten die wahrscheinlichen Kosten einer neuen Offensive gewaltig. Alexejew

# ZWISCHEN DEN REVOLUTIONEN

38 Barrikaden in Moskau während des Dezemberaufstands von 1905.

39 Soldaten des Zaren schießen am 9. Januar 1905 (»Blutsonntag«) auf demonstrierende Arbeiter vor dem Winterpalais.

40 Eröffnung der Staatsduma im April 1906 in der Krönungshalle des Winterpalais am 27. April 1906. Die beiden Rußlands – das autokratische und das demokratische – stehen einander auf beiden Seiten des Throns gegenüber. Links diejenigen, die vom Zaren ernannt wurden; rechts die gewählten Duma-Abgeordneten.

41 Das Taurische Palais, zwischen 1906 und 1917 die Zitadelle von Rußlands zerbrechlicher Demokratie.

42 Pjotr Stolypin im Jahr 1909. Vieles an diesem Premierminister – seine Herkunft aus der Provinz und sein brillanter Verstand – machte ihn zum Außenseiter in seiner eigenen Bürokratie.

43 Patriotische Freiwillige packen Pakete für die Front, Petrograd 1915. Die Kriegsereignisse aktivierten und politisierten die Öffentlichkeit.

44 Vornehme Petrograder Dinnerparty am Neujahrstag 1917. Ein derartig zur Schau gestellter Hedonismus war in den oberen Gesellschaftsschichten gang und gäbe und wurde von den Arbeitern in diesen harten und entbehrungsreichen Kriegsjahren voller Erbitterung gesehen. Man beachte die Anglophilie.

45 Truppen entwässern einen Schützengraben an der Nordfront.
Da der zaristische Heeresstab es nie für nötig gehalten hatte, den Bau der Gräben ernsthaft zu üben, war deren schlechter Zustand ein Hauptgrund für die riesigen russischen Verluste im Ersten Weltkrieg.

46 Kosaken patrouillieren Anfang Februar 1917 in den Straßen Petrograds. Sie waren aus den ärmsten Regionen des Kuban und des Don rekrutiert worden und schlossen sich bald den revolutionären Massen an.

47 Ein »Pharao« – so die saloppe Bezeichnung für einen Polizisten – wird während der Februartage in Petrograd von einer Gruppe Soldaten verhaftet.

48-49 Zerstörung zaristischer Symbole.
48 Moskauer Arbeiter spielen vor einer Filmkamera mit dem Steinkopf Alexanders II.

49 Auf dem Petrograder Newski-Prospekt steht die Menge um ein Feuer und verbrennt zaristische Embleme, die während der Februartage heruntergerissen wurden. Die Aufstellung für die Kamera war wichtiger Bestandteil des Ereignisses.

50 Menschenmenge vor dem Taurischen Palais
am 27. Februar 1917.

51 Soldaten an der Westfront erfahren
von der Abdankung Nikolais II.

beispielsweise veranschlagte die voraussichtlichen russischen Verluste auf etwa 6000 Mann, doch wie sich dann zeigen sollte, lag die tatsächliche Zahl knapp unter 400 000 Mann und die Zahl der Deserteure vermutlich noch höher. Dieser Preis an Menschenleben für ein Stück Wunschdenken war allzu hoch. Politisch war der Schaden sogar noch größer, denn es besteht kein Zweifel, daß die Eröffnung der Offensive – ganz zu schweigen von ihrem Scheitern – direkt zur Sommerkrise führte, die dann im Sturz der Provisorischen Regierung und schließlich in der bolschewistischen Machtergreifung im Oktober ihren Höhepunkt erreichte. Sicher hatten die militärischen Führer geglaubt, durch eine frühzeitige Offensive könnten sie dem deutschen Angriff zuvorkommen, der angeblich – eine Fehlinformation ihrer Aufklärung – für den Sommer geplant war. In Wirklichkeit aber hatten sich die Deutschen für eine gewisse Zeit auf eine »Friedensoffensive« im Osten festgelegt, so daß sie dort Truppen freisetzen und in den Westen verlegen konnten. Eine Verteidigungsstrategie wäre also angesichts der Schwäche der russischen Armee und ihrer Nachhut viel sinnvoller gewesen. Doch im Juni, als die Offensive begann, waren die russischen Führer besessen von der Vorstellung einer Attacke – die Offensive war zum Symbol des »nationalen Geistes« der Revolution geworden –, und sie waren blind gegenüber der Möglichkeit, daß sie in einer Katastrophe enden könnte.

Mehr als alles andere trieb die Sommeroffensive die Soldaten auf die Seite der Bolschewiki, der einzigen bedeutenderen Partei, die kompromißlos für ein sofortiges Ende des Krieges eintrat. Hätte die Provisorische Regierung eine ähnliche Politik vertreten und Verhandlungen mit den Deutschen aufgenommen, zweifellos wären die Bolschewiki niemals an die Macht gekommen. Warum wurde dieser entscheidende Schritt nie getan? Der Patriotismus der demokratischen Führer – der für sie faktisch gleichbedeutend war mit einer Verpflichtung gegenüber den Verbündeten als Demokratien – liefert einen Teil der Antwort. Kerenski zog für kurze Zeit die Option eines Separatfriedens in Betracht, als er nach den Julitagen und dem Zusammenbruch der Offensive das Amt des Premierministers übernahm. Aber er ließ den Gedanken wieder fallen, denn, so behauptete er später, damit wäre ihm die Verantwortung für Rußlands nationale Demütigung zugefallen. Am 20. Oktober, fünf Tage vor der bolschewistischen Machtergreifung, erklärte der Kriegsminister, General Werchowski, die Armee für nicht einsatzbereit. Als einzige Möglichkeit, der wachsenden Drohung durch die Bolschewiki entgegenzuwirken, empfahl er, »ihnen den Boden zu entziehen, mit anderen Worten, sofort die Frage eines Friedensschlusses aufzuwerfen«. Doch Kerenski, der die bolschewistische Gefahr nicht erkannte, lehnte es erneut ab zu handeln. 14 Jahre später fragte ihn Lord Beaverbrook bei einem Lunch in London, ob die Provisorische Regierung die Bolschewiki durch einen Separatfrieden mit Deutschland hätte stoppen können. »Selbstverständlich«, erwiderte Kerenski, »und wir säßen heute noch in Moskau.« Beaverbrook staunte über diese Antwort und fragte, weshalb sie es dann nicht getan hätten. »Weil wir naiv waren«, lautete Kerenskis Erklärung.[6]

Nachträgliche Einsichten sind der Luxus der Historiker. Bedenkt man die Zwänge und Grundsätze der Zeit, dann ist es nicht schwer zu verstehen, warum die Offensive eröffnet wurde. Die Führer der Provisorischen Regierung nahmen die Verpflichtungen Rußlands gegenüber den Alliierten ernst. Sie hätten gerne einen allgemeinen Frieden ohne Annexionen oder Kontributionen ausgehandelt, wie man damals sagte, doch Rußlands militärische Schwäche machte auch ihre Verhandlungsposition äußerst schwach. Die Alliierten gelangten allmählich zu der Erkenntnis, daß der Krieg mit oder ohne Rußland gewonnen werden konnte, vor allem nach dem Kriegseintritt der Vereinigten Staaten im April. Sie blockierten die Stockholmer Friedenskonferenz, die von den Führern des Arbeiter- und Soldatenrats organisiert worden war, um alle sozialistischen Parteien Europas an einen Tisch zu bringen, und ließen sich Zeit mit den russischen Vorschlägen für eine Revision der alliierten Kriegsziele. So trugen die Alliierten ihren Teil dazu bei, den Bolschewiki zur Macht zu verhelfen, obwohl das die Frage offenläßt, ob ein allgemeiner Frieden hätte erreicht werden können.

So paradox es scheinen mag, die Führer der Provisorischen Regierung unterstützten demnach die Offensive, um ihren Bemühungen um eine generelle Beilegung des Konflikts mehr Nachdruck zu verleihen. Sie zogen in den Krieg, um Frieden zu schließen. Mit der gleichen Logik unterstützten auch die Räteführer die Offensive. Zeretelis Revolutionärer Defensismus vor allem, die Parole von der Demokratie zu Zwecken der nationalen Verteidigung, war die wichtigste Rechtfertigung für ihre Beteiligung an der Koalition. Man könnte natürlich dagegenhalten, daß die nationale Verteidigung noch längst keine Offensive erforderlich machte. Indem sie die Grundsatzerklärung der Koalition vom 5. Mai mitunterzeichneten, wonach die Bedürfnisse der Armee Priorität hatten, gerieten die Räteführer in Gefahr, ihr eigentliches Ziel – das Aushandeln eines allgemeinen Friedens – aus den Augen zu verlieren und sich damit dem bolschewistischen Vorwurf auszusetzen, sie hätten sich den Kriegstreibern angeschlossen. Sie ließen sich jedoch von der Hoffnung mitreißen, mit der Verteidigung des demokratischen Rußlands könnten sie die Bevölkerung für sich gewinnen.

Kerenski, der Kriegsminister der Koalitionsregierung, sollte die Rolle des Helden dieses neuen Bürgerpatriotismus spielen. Als populäre und überparteiliche Persönlichkeit verkörperte er das Ideal der Koalition von nationaler Einheit. Der Kerenski-Kult, der zum ersten Mal in den Februartagen aufgekommen war, erreichte seinen Höhepunkt mit der Junioffensive, für die er eigentlich selbst gesorgt hatte. Alle Hoffnungen und Erwartungen der Nation ruhten auf den schwachen Schultern Kerenskis, »des ersten Kriegsministers des Volkes«. Dichtende Schuljungen wie Leonid Kanegisser (der später den Bolschewiken Urizki ermorden sollte) porträtierten Kerenski als einen russischen Bonaparte.[7]

Kerenski schwelgte in dieser Rolle. Er hatte sich immer als Führer der Nation gesehen, der über Partei- oder Klasseninteressen stand. Die Schmeichelei stieg ihm zu Kopfe. Besessen von der Vorstellung, er könne die Armee zum Ruhme führen und sich selbst mit Ehren überhäufen, begann er sich nach dem Vorbild Napoleons zu stilisieren. Auf seinem Schreibtisch im Kriegsministerium stand eine Büste des französischen Kaisers. Obgleich er selbst nie gedient hatte, zog Kerenski, als er Kriegsminister wurde, einen maßgeschneiderten khakifarbenen Uniformrock, Offiziersreithosen und kniehohe Lederstiefel an (ein halbmilitärischer Aufzug, den später viele Führer einschließlich Stalin von ihm übernehmen sollten). Bei seinen berühmten Frontbesuchen trug Kerenski sogar seinen rechten Arm in einer Schlinge, obgleich nirgendwo belegt ist, daß der Arm je verletzt wurde (einige Leute spotteten, er habe den Arm einfach durch zuviel Händeschütteln überanstrengt). Das Ganze war zweifellos der bewußte Versuch, so zu tun, als sei auch er wie die einfachen Soldaten verwundet. Vielleicht wollte er auch nur dem Bild Napoleons gerecht werden, der die Hand vorne in seine Uniformjacke steckte.[8]

Am Vorabend seiner Ernennung hatte Kerenski auf einem Kongreß von Delegierten von der Front eine melodramatische Vorstellung gegeben. »Ich bedaure, daß ich nicht vor zwei Monaten umgekommen bin«, verkündete er und legte die Hand feierlich auf sein Herz, »denn dann wäre ich mit dem größten aller Träume gestorben: daß von nun an und für allezeit die Morgenröte eines neuen Lebens über Rußland aufgegangen sei, wo wir einander respektieren und unseren Staat ohne Peitschen oder Knüppel regieren könnten.« Er appellierte an die Soldaten, sie sollten ihre »Bürgerpflicht« über ihre eigenen beschränkten Klasseninteressen stellen und ihre Entschlossenheit zum Kampf stärken, da Rußlands Freiheit nur »als ein starker und geordneter Staat« gewonnen werden könne, und das bedeute, daß »ein jeder Bürger« der Nation Opfer bringen müsse. Unter dem »alten und verhaßten Regime« hätten die Soldaten gewußt, wie sie ihre Pflichten erfüllen mußten – weshalb sollten sie nicht dasselbe im Namen der Freiheit fertigbringen? »Oder sollte der freie russische Staat«, fragte er in einem bedeutungs- und emotionsgeladenen Satz die Soldaten, »sollte der freie russische Staat in Wahrheit ein Staat rebellischer Sklaven sein?«[9] Daraufhin entstand Tumult im Saal, denn die Soldaten hatten sich in der Tat vor dem Befehl Nr. 1 als »Sklaven« gesehen, und Kerenski schien nun in Frage zu stellen, ob sie ihrer Freiheit als »Bürger« überhaupt würdig seien, wenn sie nicht in den Krieg ziehen wollten. Die Formulierung »rebellische Sklaven« war noch wochenlang im ganzen Land zu hören und trug viel dazu bei, die Soldaten gegen Kerenski aufzubringen. In den Augen der Patrioten und Reichen war es genau der Appell an Disziplin und Pflichtbewußtsein, den sie so lange gefordert hatten, und so scharten sie sich nun um Kerenski und den Plan einer Offensive an der Front. Es schien beinahe, als ob sie spürten, daß nur ein Sieg sie jetzt noch retten konnte.

Die liberale Presse verband sich jetzt mit der Rechten in einem nationalen Chor marktschreierischer Schlagzeilen, mit denen sie die Armee aufforderten: »Geht in die Offensive!« Die Partei der Kadetten hielt die nationale Fahne hoch. Zweifellos hofften sie, indem sie sich als Patrioten ausgaben, könnten sie den alarmierenden Abwärtstrend bei den Wahlergebnissen umkehren. Bei den Wahlen zur Stadtduma im Mai hatten sie weniger als 20 Prozent der Stimmen erhalten. Da sie nicht länger mit den Sozialisten um Unterstützung durch die Massen konkurrieren konnten, versuchten sie, die Mittelschicht für sich zu gewinnen, indem sie zur Verteidigung des Vaterlandes und der Wiederherstellung der Ordnung aufriefen. Patriotismus wurde zur Grundlage ihres Anspruchs, eine Partei zu sein, die »über den Klassen« stand. Die demokratische Intelligenzija, die immer die wichtigste gesellschaftliche Basis der Kadetten gewesen war, folgte ihnen größtenteils ins chauvinistische Lager. Die Liga für Russische Kultur, die mitten in dieser patriotischen Welle von einer Gruppe Kadetten des rechten Flügels gegründet wurde, rief alle Klassen dazu auf, sich um das Banner Rußlands zu scharen. Sogar Block, der sich selbst einen Sozialisten nannte, erlag dieser neuen patriotischen Stimmung, während Gorki die Offensive als ein Mittel begrüßte, »etwas Ordnung ins Land zu bringen«. Es gab ein wachsendes Gefühl, daß »Rußland« über alles gestellt werden sollte, sogar über die Revolution. »Es ist nicht Rußland, das für die Revolution existiert«, schrieb Dmitri Mereschkowski, »sondern die Revolution, die für Rußland existiert.« Das kam der Idee von einem national-bourgeoisen Rußland nahe, für die sich Struwe und die *Wechi*-Gruppe nach 1905 stark gemacht hatten, und es gab tatsächlich eine ähnliche Gleichsetzung der Nation mit ihrer Mittelschicht. Patriotische Reiche zeichneten Freiheitsanleihen, die die Regierung zur Finanzierung der Offensive aufnahm. Nikolai Tschaikowski, der Präsident der Freien Ökonomischen Gesellschaft, erklärte, es sei »die Pflicht eines jeden gegenüber dem Vaterland, seinen Mitbürgern und der Zukunft Rußlands, seine Ersparnisse für die große Sache der Freiheit herzugeben«.[10]

Dieser neue Bürgerpatriotismus reichte aber nicht über den städtischen Mittelstand hinaus, obgleich die Führer der Provisorischen Regierung in der Illusion lebten, daß es so wäre. Der Besuch der alliierten Sozialisten – Albert Thomas aus Frankreich, Emile Vandervelde aus Belgien und Arthur Henderson aus Großbritannien – war dafür ein typisches Beispiel. Sie waren nach Rußland gekommen, um bei »dem Volk« dafür zu werben, daß Rußland sich nicht vom Krieg zurückziehen solle – aber nur wenige Menschen hörten ihnen überhaupt zu. Konstantin Paustowski erinnert sich, wie Thomas vom Balkon des Gebäudes, das später der Moskauer Sowjet werden sollte, vergeblich eine Rede hielt. Thomas sprach französisch, und die kleine Menge, die sich versammelt hatte, konnte nicht verstehen, was er sagte. »Aber Thomas' Rede konnte man auch ohne Worte verstehen. Thomas hüpfte mit gekrümmten Beinen auf dem Balkon umher und zeigte anschaulich, was seiner Meinung nach mit Rußland geschehen würde, wenn es aus dem Krieg ausschiede. Er zwirbelte den Schnurrbart à la Wilhelm auf, machte raubgierige Augen, sprang hoch und packte das in seiner Einbildung vor ihm in der Luft schwebende Rußland ungestüm am Hals.« Der Franzose setzte diesen Zirkus einige Minuten lang fort, indem er den Leib Rußlands zu Boden schleuderte und auf ihm herumsprang, bis die Menge zu zischen und zu buhen anfing und lachte. Thomas mißdeutete das als Zeichen der Zustimmung und grüßte die Menge mit seiner Melone. Doch das Gelächter und die Buhrufe wurde lauter: »Bringt den Clown weg!« schrie ein Arbeiter. Schließlich erschien jemand auf dem Balkon und brachte Thomas höflich zurück ins Haus.[11]

Einige Mittelschicht-Zivilisten meldeten sich freiwillig für die neuen Stoßtrupps, die aufgestellt wurden, um die Moral der Armee zu heben. Die meisten dieser Bataillone wurden von verängstigten Offizieren gebildet, die alles daransetzten, ihren meuternden Regimentern zu entkommen. Bernard Pares, der mehrere patriotische Kundgebungen zur Aufmunterung dieser Freiwilligen besuchte, verglich die hysterische Atmosphäre mit der einer (religiösen) Erweckungsversammlung. Bei einer solchen Gelegenheit wurde er den Soldaten als »unser englischer Genosse, der Professor« vorgestellt, der große Kriegsheld, der das Georgskreuz dafür erhalten habe, daß er die Deutschen eigenhändig besiegt hatte. Das war natürlich die reine Erfindung, als aber Pares seinen Gastgeber drängte, den Mund zu halten, wurde ihm gesagt, daß man solche Geschichten brauche, um die Moral der Truppen zu heben.[12]

Eine der bekanntesten Freiwilligeneinheiten war von Frauen gebildet worden. Das »Todesbataillon der Frauen« war von Maria Botschkarjowa organisiert worden, einer wahrlich bemerkenswerten Frau, die vor dem Krieg als Vorarbeiterin auf Fabrikbaustellen gearbeitet hatte. Nach 1914 hatte sie darum gekämpft, als Freiwillige in die Armee eintreten zu dürfen, und aufgrund einer Bittschrift an den Zaren persönlich hatte man ihr erlaubt, unter General Gurko zu kämpfen. Im Februar 1917 war sie bis zum Rang eines Feldwebels aufgestiegen, nachdem sie zwei Jahre in Schützengräben verbracht hatte, was mehrere Verwundungen und einige Orden belegten. Aus Sorge über den Zusammenbruch der militärischen Disziplin wandte sie sich mit der Bitte an Brussilow, ein Stoßbataillon von Frauen aufstellen zu dürfen, in der Hoffnung, damit die übrigen Soldaten so zu beschämen, daß sie weiterkämpften. Tatsächlich sollte es jedoch den gegenteiligen Effekt haben: Die Soldaten sahen in der Bildung eines Frauenbataillons ein Zeichen für die hoffnungslose Situation der Regierung, was sie nur noch darin bestärkte, nicht mehr weiterzukämpfen; außerdem weigerten sich viele Soldaten, vor allem die Kosaken, neben Frauen in den Kampf zu ziehen. Brussilow jedoch, der das nicht vorausahnte, sah keinen Grund, sich dem Vorhaben zu widersetzen. Er war fasziniert von der damals viel diskutierten Idee, eine neue Armee aufzustellen, die ausschließlich aus Freiwilligeneinheiten bestand. Denn dann konnte man den Krieg aus patriotischem Pflichtgefühl führen und die alte Trennlinie zwischen Offizieren und Truppen überwinden. Da seine eigene Frau bei den Sanitätern an der Front arbeitete, sah er nicht ein, weshalb andere Frauen nicht auch dorthin gehen und kämpfen sollten. Das Bataillon wurde hastig zusammengestellt und vor der Abreise an die Front im Juni von Metropolit Nikon auf dem Roten Platz in Moskau gesegnet. Die Frauen rasierten sich den Kopf und trugen die üblichen Uniformhosen; eine allerdings war zu dick dafür und mußte im Rock in den Kampf ziehen.[13]

Die andere große Hoffnung dieses Bürgerpatriotismus waren die Armeekommissare, meistens Unteroffiziere demokratischer oder sozialistischer Gesinnung. Sie genossen das Vertrauen ihrer Truppen, hatten aber auch Verständnis dafür, daß militärische Disziplin notwendig war. Linde war ein entsprechendes Beispiel: er wurde während der Sommeroffensive Kommissar einer Spezialarmee. Auch Dmitri Oskin wurde Kommissar. Die Institution der Kommissare war am 19. März vom Arbeiter- und Soldatenrat ins Leben gerufen und am 6. Mai der Provisorischen Regierung unterstellt worden. Sie sollten zwischen den Offizieren und den Soldatenkomitees vermitteln und wurden daher als Basis einer neuen patriotischen Partnerschaft zwischen Demokratie und Armee angesehen.

Dieselbe Hoffnung formulierte die Deklaration »Über die Rechte der Soldaten«, die Kerenski am 11. Mai veröffentlichte. Kerenski behauptete – sicherlich zu Recht –, daß die russischen Streitkräfte nunmehr die »freiesten in der Welt« seien, und rief die Soldaten dazu auf, in der kommenden Offensive zu beweisen, »daß in der Freiheit Stärke, nicht Schwäche« liege. Die Deklaration behielt die Rechte von Befehl Nr. 1 bei, stellte aber auch die Autorität der Offiziere an der Front wieder her, einschließlich der Anwendung von Körperstrafen. Das wurde in Regierungskreisen als wesentliches Zugeständnis an die militärische Führung zur Vorbereitung auf die kommende Offensive angesehen. Brussilow beharrte standhaft darauf – sonst werde er nicht kämpfen. Doch zweifellos sahen viele Soldaten darin den Versuch der Regierung, das alte disziplinarische System wiedereinzusetzen, und das spielte den Bolschewiki in die Hände. Die *Prawda* witzelte, daß die Deklaration doch besser »Über die Rechtlosigkeit der Soldaten« genannt werden sollte.[14]

Um die Moral der Truppen zu heben, machte Kerenski im Mai eine Rundreise an die Front. Hier erreichte seine hysterische Redekunst einen Höhepunkt. Mit seiner piepsigen Stimme und fuchtelnden Armen rief er die Soldaten dazu auf, für die ruhmreiche Zukunft ihres Vaterlands das höchste Opfer zu bringen. Am Ende solcher Tiraden brach er gewöhnlich vor nervöser Erschöpfung zusammen und mußte mit Hilfe von Baldriantropfen wieder zu sich gebracht werden. Obgleich diese Ohnmachtsanfälle nicht gespielt waren, wenigstens anfangs nicht, verliehen sie Kerenskis Auftritt einen besonderen theatralischen Effekt. Überall feierte man ihn als Helden. Die Soldaten trugen ihn auf den Schultern, überschütteten ihn mit Blumen und warfen sich ihm zu Füßen. Eine englische Krankenschwester beobachtete voller Staunen, wie sie »ihn, seine Uniform, sein Auto und den Boden, über den er ging, küßten. Viele beteten auf den Knien, andere weinten.«[15] So etwas hatte man seit den Tagen des Zaren nicht mehr gesehen.

Trotz allem vermittelte diese Begeisterung Kerenski nur den falschen Eindruck, daß die Soldaten unbedingt kämpfen wollten. Noch fünfzig Jahre später bestand er in seinen Memoiren darauf, daß die »gesunde patriotische Stimmung an der Front« zu einer eindeutigen Kraft geworden sei.* Doch das war weit von der Wahrheit entfernt. Kerenskis Besuchstour brachte ihn mit einem keineswegs repräsentativen Querschnitt der Armee in Kontakt. Die Soldatenversammlungen, zu denen er sprach, wurden hauptsächlich von den Offizieren, der uniformierten Intelligenzija und den Mitgliedern der Soldatenkomitees besucht. Kerenskis Reden bei diesen Versammlungen hatten einen faszinierenden Effekt: Sie beschworen die süße Illusion eines durch eine einzige weitere heroische Anstrengung siegreichen Kriegsendes herauf. Nun mochte ein erschöpfter Soldat wohl versucht sein, das alles zu glauben, weil er es glauben wollte, selbst wenn er im tiefsten Inneren wußte, daß es nicht stimmte. Aber die Ernüchterung folgte, sobald er in den Schützengraben zurückkehrte. Darüber hinaus war die Stimmung außerhalb dieser Versammlungen bei der großen Mehrheit der einfachen Soldaten viel negativer. Von solchen Truppen wurde Kerenski bei seiner Frontreise häufig durch Zwischenrufe in die Enge getrieben, doch die Warnung, die damit übermittelt wurde, schien er nie zu registrieren. In der Nähe von Riga wurde ein Soldat einmal von seinen Kameraden nach vorn geschoben, damit er dem Minister eine Frage stellte. »Sie erzählen uns, wir sollen gegen die Deutschen kämpfen, damit die Bauern Land bekommen. Aber was nützt es mir, daß die Bauern Land bekommen, wenn ich tot bin und kein Land kriege?« Kerenski wußte keine Antwort – es gab auch keine – und wies den befehlshabenden Offizier dieser Einheit an, den Soldaten heimzuschicken: »Alle Bewohner seines Dorfes sollen wissen, daß wir in der russischen Armee keine Feiglinge gebrauchen können.« Der Soldat konnte sein Glück nicht fassen und wurde ohnmächtig, während der Offizier sich ungläubig den Kopf kratzte. Wieviel mehr Männer hätte man aus diesem Grund nach Hause schicken müssen? Es war klar, daß Kerenski den Soldaten als Ausnahme betrachtete, an der er ein Exempel statuieren konnte. Offenbar begriff er nicht, daß Millionen anderer Soldaten genauso dachten wie jener.[16]

Brussilow hingegen kam allmählich zu einem ganz anderen Urteil über die Moral der Truppen. »Die Soldaten sind müde«, schrieb er seiner Frau Ende April, »und in mancherlei Hinsicht nicht länger tauglich, an der Offensive teilzunehmen.« Nach der Übernahme des Oberbefehls über die Armee machte er selbst eine Reise an die Nord- und die Westfront. Dort fand er die Truppen in einem Zustand

* Die Führer des Rats und der Provisorischen Regierung wurden durch die Tatsache getäuscht, daß die Soldaten wie das gemeine Volk sich extrem feindlich gegen alles »Deutsche« verhielten. Doch der Begriff »Deutsch« war für die Soldaten nur das generelle Symbol für alles, was sie haßten – die Kaiserin, die verräterische zaristische Regierung, den Krieg und alle Ausländer –, und bezog sich nicht unbedingt auf die deutschen Soldaten (für die sie häufig sogar Sympathie äußerten) auf der anderen Seite der Front.

völliger Demoralisierung vor, im Unterschied zu den Soldaten seiner eigenen Südwestfront, die vom Einfluß der revolutionären Städte weit entfernt waren. Wie einer seiner Adjutanten berichtete, mußte Brussilow den Gebrauch der Wörter »Offensive« oder »Vorstoß« vermeiden, wenn ihn die Soldaten attackierten. Brussilow war kein geborener Redner. Gewöhnlich scharte er die Soldaten um sich, nahm seine Schirmmütze ab, zog seine Uniformjacke aus und trug sie – »demokratisch« – über dem linken Arm, um eine zwanglose Atmosphäre zu schaffen. Doch seine Ansprachen konnten die Soldaten nicht davon überzeugen, daß er – wie sie es von Kerenski hätten sagen können – »einer von uns« sei. Als er einmal zu einer Gruppe von besonders bolschewisierten Soldaten in der Nähe von Dwinsk sprach, behauptete er, die Deutschen hätten »eines der schönsten Besitztümer des französischen Volks« zerstört, »die wunderbaren Weinberge, von denen der Champagner stammt«. Das mußte die Soldaten befremden und in Wut bringen, und sie begannen ihren Oberbefehlshaber anzuschreien: »Schämen Sie sich! Sie wollen unser Blut vergießen, damit Sie Champagner trinken können!« Brussilow erschrak, setzte seine Mütze wieder auf, als ob er sich seiner alten Autorität versichern wollte, und bat seine Leibwächter, ihn zu schützen. Als die Rufe abflauten, ließ er einen der am lautesten brüllenden Soldaten vortreten und seine Ansichten darlegen. Der Soldat, ein junger rotbärtiger Bauer, stand nahe bei Brussilow, stützte sich mit beiden Armen auf sein Gewehr, blickte mißtrauisch auf den Kommandeur und hielt eine Rede, in der er feststellte, die Soldaten hätten »genug vom Kämpfen« – »drei lange Jahre hat das russische Volk sein Blut für die imperialistischen und kapitalistischen Klassen vergossen«, und »falls der General weiterkämpfen will, dann soll er doch gehen und sein eigenes Blut vergießen«. Die Truppen ließen ihn hochleben, Brussilow verschlug es die Sprache, und als er aufbrechen wollte, verlas der Soldat, offensichtlich ein Bolschewik, eine Erklärung des Soldatenkomitees, in der der sofortige Friedensschluß verlangt wurde. Dem Oberbefehlshaber der russischen Armee war durch einen einfachen Soldaten die Schau gestohlen worden.[17]

Das war nur einer von vielen Vorfällen, die Brussilow davon überzeugten, daß er mit einer erneuten Offensive schlecht beraten wäre.[18] Seiner Ansicht nach waren die Soldaten so besessen von dem Gedanken an Frieden, daß sie selbst den Zaren unterstützt hätten, wenn er versprochen hätte, den Krieg zu beenden. Und das allein, so behauptete er, erklärte viel mehr als der Glaube an einen abstrakten »Sozialismus«, weshalb sie sich von den Bolschewiki angezogen fühlten. Bei der Masse der Soldaten handelte es sich um einfache Bauern, die Land und Freiheit wollten und das dann »Bolschewismus« zu nennen begannen, weil nur diese Partei ihnen Frieden versprach. Dieser »Schützengraben-Bolschewismus«, wie es Allan Wildman in seiner Studie über die russische Armee im Jahr 1917 bezeichnet hat, wurde nicht unbedingt durch offizielle Parteikanäle gesteuert oder gar von Agenten der Bolschewiki angeheizt. Zwar waren beide an der Front präsent, doch keineswegs so sichtbar, wie es die meisten Kommandeure annahmen, wenn sie »die Bolschewiki« oder »bolschewistische Agenten« für nahezu jeden Rückschlag im Feld verantwortlich machten.* Es war eher so, daß die müden und aufgebrachten Soldaten die Losungen der bolschewistischen Presse aufgriffen und benutzten, um ihren wachsenden Widerstand gegen den Krieg zu rechtfertigen. 1917 gehörten nur wenige Soldaten einer politischen Partei an, und dann auch eher den Sozialrevolutionären als den Bolschewiki.[19]

Die Soldatenkomitees, die so viele Kommandeure als wichtigsten Einflußkanal für diesen »Schützengraben-Bolschewismus« verurteilten, diskutierten die bevorstehende Offensive und beschlossen, nicht zu kämpfen. »Wozu sollen wir denn in Galizien einmarschieren?« fragte ein Soldat. »Warum zum Teufel müssen wir noch einen Berggipfel erobern«, fuhr ein anderer fort, »wenn wir an seinem Fuße Frieden machen können?« Viele Soldaten waren überzeugt, daß der Friedensplan des Arbeiter- und Soldatenrats weiteres Blutvergießen sinnlos machte, und konnten nicht verstehen, warum ihre Offiziere ihnen zu kämpfen befahlen, wo doch die Führer des Petrograder Rats sich über die Notwendigkeit des Friedens geeinigt hatten. Die Frage eines demokratischen Friedens, »ohne Annexionen oder Kontributionen« war für die meisten von ihnen viel zu kompliziert. Viele einfache Soldaten schienen zu glauben, daß *Annexija* und *Kontribuzija* zwei Länder auf dem Balkan seien.[20]

Je näher die Offensive kam, desto stärker schwoll die Flut der Deserteure an. Knox stellte fest, daß die Züge von der Front von Soldaten auf ihrem Weg nach Hause »ständig gestürmt wurden«. Sie reisten auf den Waggondächern und hängten sich an die Puffer. Die Zahl der Deserteure während der Offensive war in Wirklichkeit viel höher als die offiziell angegebenen 170 000. Ganze Einheiten von Deserteuren übernahmen Gebiete im Hinterland und lebten dort als Banditen. Viele von ihnen waren Familienväter über Vierzig, die glaubten, man habe ihnen eine Sondergenehmigung versprochen, damit sie zur Ernte nach Hause fahren könnten. In vielen Einheiten waren es diese älteren Soldaten, die den Widerstand gegen die Offensive anführten (einige müssen schon an den Meutereien und Bauernaufständen von 1905 teilgenommen haben).[21]

Eines der beunruhigendsten Symptome für den Pazifismus der Soldaten, mit dem Brussilow fertig werden mußte, war ihr Fraternisieren mit den feindlichen Truppen. Es war Teil der deutschen Kampagne, die Ostfront abzubauen, um Truppen in den Westen verlegen zu können. Sie lockten die russischen Soldaten mit Wodka, Konzerten und improvisierten Bordellen, die sie zwischen den beiden Linien einrichteten, aus ihren Schützengräben und sagten ihnen – in Formulierungen, die der bolschewistischen Propaganda bemerkenswert ähnelten –, sie sollten kein weiteres

* Tatsächlich vermittelten die Kommandeure, die jede militärische Niederlage auf »die Bolschewiki« schoben, den Eindruck, die Bolschewiki wären viel einflußreicher, als sie es in Wahrheit waren, und das wiederum sorgte dafür, daß sie für die Masse der Soldaten noch anziehender wurden.

Blut mehr vergießen, denn damit würden sie nur die imperialistischen Interessen Großbritanniens und Frankreichs vorantreiben. Während der österlichen Kampfpause verließen Tausende Russen ihre Schützengräben und überschritten mit weißen Fahnen die feindlichen Linien, viele schwammen sogar durch den Dnjestr und die Düna, um sich an dem Vergnügen zu beteiligen. Deutsche Kundschafter wurden hinter den russischen Linien wie Helden empfangen. Einen riesigen Propagandasieg errang zum Beispiel Leutnant Bauermeister im 33. Armeekorps südlich von Galitsch, genau dort also, wo laut Plan der entscheidende Schlag der Russen in der Junioffensive stattfinden sollte. Während die machtlosen Offiziere vor Wut schäumten, erzählte er den Soldaten, daß Deutschland nicht länger kämpfen wolle und daß man die ganze Schuld an der kommenden Offensive der Provisorischen Regierung anlasten müsse, die ein Mietling der alliierten Bankiers sei. »Wenn das der Fall ist, was Sie sagen«, antworteten die Delegierten der Soldaten, »werden wir die Regierung stürzen! Wir werden eine Regierung ans Ruder bringen, die dem russischen Volk baldigst den versprochenen Frieden bringt.« Die Soldaten waren sogar einverstanden, ein Waffenstillstandsabkommen für ihren ganzen Frontabschnitt zu unterzeichnen. Bauermeister war überrascht. Er erinnerte die Russen daran, daß sie dazu nicht autorisiert seien. Doch die Soldaten meinten, wenn sie den Beschluß faßten, nicht weiterzukämpfen, dann habe niemand die Macht, sie zum Kampf zu zwingen. Einige Wochen lang, bis unmittelbar vor der Offensive, blieb der Waffenstillstand in Kraft. Die Geschütze wurden außer Betrieb gestellt und über den russischen Linien weiße Fahnen gehißt. Der pompöse Bauermeister mit seiner weißen Mütze wurde so etwas wie ein Held, und es gelang ihm sogar, in einem Dorf fünf Kilometer hinter der russischen Front zu sprechen: Es war das Hauptquartier der 7. Armee.[22]

Am Vorabend der Offensive erzählte Brussilow Kerenski warnend von seinen wachsenden Zweifeln. Truppen weigerten sich, zur Front vorzurücken. In den Garnisonen im Hinterland hätten sich Dutzende von Meutereien zugetragen, und selbst dort, wo Einheiten zu den Schützengräben vorverlegt würden, desertierten unterwegs in der Regel drei Viertel der Männer. Auch die Frontsoldaten hätten gemeutert, als sie merkten, was ihnen bevorstand. Brussilow sei gezwungen gewesen, einige seiner verläßlichsten Einheiten aufzulösen. In der 5. Armee an der Nordfront weigerten sich die Soldaten, die Befehle auszuführen, und erklärten, Lenin sei die einzige Autorität, die sie anerkannten: 23 000 von ihnen hätten in andere Einheiten verlegt oder für Militärgerichtsverfahren ins Hinterland geschickt werden müssen. Kerenski jedoch ignorierte alle Warnungen seines Armeechefs. »Er kümmerte sich nicht im geringsten um meine Worte«, erinnerte sich Brussilow. »Damals wurde mir klar, daß ich in meiner Funktion als Oberbefehlshaber überflüssig war.«[23] Kerenski und seine Kabinettskollegen hatten sich entschieden: Die Offensive sollte eröffnet werden, und so war für Zweifel im letzten Augenblick kein Platz.

Die Offensive begann am 16. Juni mit einem zweitägigen schweren Artilleriefeuer. Kerenski eilte von Regiment zu Regiment, gab Befehle aus und versuchte, die Moral zu heben. Am 18. Juni rückten die Truppen vor, ermutigt durch den Anblick der unter dem Beschuß verlassenen deutschen Schützengräben. Der Hauptangriff zielte auf Lemberg im Süden, während auch an den Fronten im Westen und Norden unterstützende Offensiven gestartet wurden. Zwei Tage lang wurde der Vormarsch fortgesetzt. Die deutschen Linien waren durchbrochen, und in der patriotischen Presse wurde dementsprechend ein ruhmreicher »Sieg der Freiheit!« verkündet. Doch dann, am dritten Tag, geriet der Vormarsch ins Stocken, die Deutschen setzten zum Gegenangriff an, und die Russen flohen in Panik. Teilweise handelte es sich um die üblichen militärischen Versäumnisse: Man hatte Einheiten ohne Maschinengewehre in die Schlacht geworfen, hatte unausgebildeten Soldaten befohlen, unter Einsatz von Handgranaten komplizierte Manöver auszuführen, mit dem Ergebnis, daß sie die Granaten warfen, ohne zuvor den Stift zu ziehen. Doch der Hauptgrund für das Fiasko war ganz einfach die Tatsache, daß die Soldaten nicht mehr kämpfen wollten. Nachdem sie drei Kilometer vorgerückt waren, meinten die Fronttruppen, sie hätten damit ihren Teil getan, und weigerten sich, weiter vorzurücken, während die Soldaten der zweiten Linie ihren Platz nicht übernehmen wollten. Demnach brach der Vormarsch zusammen, weil die Männer wegzulaufen begannen. In einer einzigen Nacht verhafteten die Sturmbataillone der 11. Armee in der Nähe von Wolotschinsk 12 000 Deserteure. Viele Soldaten richteten ihre Gewehre eher auf ihre Offiziere, als daß sie gegen den Feind gekämpft hätten. Der Rückzug artete in Chaos aus: die Soldaten plünderten Geschäfte und Lagerhäuser, vergewaltigten Bauernmädchen und ermordeten Juden. Der entscheidende Vormarsch auf Lemberg brach bald zusammen, als die Truppen in der verlassenen Stadt Konjuchy ein großes Alkoholdepot entdeckten und dort haltmachten, um sich zu betrinken. Als sie schließlich nach drei Tagen und einem Kater wieder in der Lage waren zu kämpfen, war inzwischen feindliche Verstärkung angekommen, so daß die Russen schwere Verluste erlitten und sich zurückziehen mußten.[24]

Inmitten dieses Chaos hatten selbst die Stoßtruppen wenig Erfolgschancen. Botschkarjowas Frauenbataillon schlug sich besser als die meisten anderen. Die weiblichen Freiwilligen durchbrachen die beiden ersten deutschen Linien, und ihnen folgten ein paar eingeschüchterte männliche Zwangsrekruten. Doch dann gerieten sie unter schweren deutschen Beschuß. Die Frauen rannten in Panik auseinander, während die meisten Männer in den deutschen Schützengräben blieben, wo sie große Schnapsvorräte gefunden hatten und sich betranken. Trotz der Verwüstungen um sie herum kämpfte Botschkarjowa weiter. Plötzlich stieß sie auf eine ihrer Soldatinnen, die es in einem Granattrichter mit einem Soldaten trieb. Sie durchbohrte sie mit ihrem Bajonett, aber der Soldat entkam. Schließlich, nachdem die meisten ihrer Freiwilligen entweder gefallen oder verwundet waren, mußte selbst Botschkarjowa den Rückzug antreten.[25] Die Offensive war vorbei. Es war Rußlands letzte.

* * *

Der Zusammenbruch der Offensive versetzte der Provisorischen Regierung und der persönlichen Autorität ihrer Führer einen verhängnisvollen Schlag. Hunderttausende Soldaten waren gefallen, Millionen Quadratkilometer Terrain verloren. Die Führer der Regierung hatten alles auf die Offensive gesetzt in der Hoffnung, damit das Land in der nationalen Verteidigung der Demokratie wieder hinter sich zu scharen. Auf diese Hoffnung hatte man die Koalition gegründet – und diese hielt, solange es eine Chance auf militärischen Erfolg gab. Als sich aber der Zusammenbruch der Offensive abzeichnete, zerbrach auch die Koalition.

Seit einiger Zeit schon hatte es in der Luft gelegen. Gott allein weiß, was Lwow durchgemacht haben muß, um seine Regierung wenigstens bis zum Beginn der Offensive zusammenzuhalten. Nach dem Eintritt der Sozialisten ins Kabinett orientierten sich die meisten Kadetten nach rechts. Sie hatten ihren alten Anspruch, »über den Klassen« zu stehen, aufgegeben und sich gegen die Forderungen der Nationalisten auf die Verteidigung der Eigentumsrechte, der militärischen Disziplin, von Gesetz und Ordnung und des Russischen Reichs verlegt. All das hatte sie in wachsenden Gegensatz zu den Sozialisten gebracht, die unter den Druck ihrer eigenen Anhänger gerieten, die Regierungspolitik mehr nach links zu lenken. Formal war es die Frage nach der ukrainischen Autonomie, die die Koalition zerbrechen ließ und das Land in eine Krise stürzte. Als die Regierungsdelegation am 2. Juli der Rada in Kiew eine Reihe von Autonomierechten zugestand, traten drei Kadetten-Minister aus Protest zurück. Die Kadetten waren dagegen, den »Kleinrussen« über kulturelle Freiheiten hinaus irgend etwas zu garantieren, und beharrten auf ihrem Standpunkt, das könne nur durch die Konstituierende Versammlung erfolgen. Somit waren die Konzessionen vom 2. Juli in ihren Augen illegal und liefen laut Miljukow darauf hinaus, »Rußland unter der Losung der Selbstbestimmung zu zerhacken«.[26] Die ukrainische Frage war jedoch nur der letzte Streich. Die Koalition brach auch wegen der fundamentalen Konflikte über soziale Reformen im Land auseinander, an erster Stelle wegen Tschernows Bodenpolitik, der die Kadetten vorwarfen, sie legitimiere die Bauernrevolution dadurch, daß sie den Landkomitees das vorübergehende Kontrollrecht über den adligen Grundbesitz einräume. Daneben gab es noch das Problem militanter Streiks, für die die Kadetten die Menschewiki verantwortlich machten, die das Arbeitsministerium kontrollierten. Die alten Klassendifferenzen, die im Interesse der Offensive übertüncht worden waren, brachen offenbar mit Macht wieder auf.

Für Lwow war das Auseinanderbrechen dieser »nationalen Allianz« eine bittere Enttäuschung. Mehr als alle anderen hatte er sich für die liberale Hoffnung, das

Land einigen zu können, eingesetzt. Als Leitfigur hatte er das Regierungsideal von konstruktiver Arbeit im Interesse der Nation verkörpert. Parteipolitik war ihm fremd, und in den Fraktionskonflikten seiner eigenen Kabinettssitzungen geriet er zunehmend ins Schwimmen. »Ich fühle mich wie ein Stück Treibholz, das von den revolutionären Wellen weggespült wird«, sagte er seinem alten Freund aus dem japanischen Krieg, General Kuropatkin. Er verfluchte Kadetten wie Sozialisten, weil sie Klassen- und Parteiinteressen über die der Nation stellten. Bei einer Unterhaltung mit seinem Sekretär schimpfte Lwow über die Kadetten, die sich in der ukrainischen Frage »wie die übelsten Schwarzhunderter« benähmen und nicht einsehen könnten, daß man einige Zugeständnisse machen müsse, wenn der Staat gerettet werden solle. Ebenso empört war er aber über die Sozialisten, die seiner Ansicht nach versuchten, der Provisorischen Regierung das Programm des Rats aufzuzwingen. Tschernows Politik gegenüber den Landkomitees schien ihm als Grundbesitzer nicht weniger zu sein als ein »bolschewistisches Programm organisierter Konfiszierung«. In seinen Augen wurden die allgemeinen Interessen des Staates den Partikularinteressen der Parteien und Klassen geopfert, infolgedessen bewegte sich Rußland immer mehr auf einen Bürgerkrieg zu. Lwow fühlte sich politisch machtlos, gefangen im Kreuzfeuer zwischen Links und Rechts, und beschloß schließlich am 3. Juli zurückzutreten. »Ich habe das Ende des Weges erreicht«, sagte er seinem Sekretär, »und ich fürchte, das gilt auch für meine Art Liberalismus.« Später in derselben Nacht schrieb er seinen Eltern in einer extremen Stimmung dunkler Vorahnungen:

> *Meine lieben Eltern,*
> *schon vor etwa einer Woche ist mir schrecklich klar geworden, daß es keinen Ausweg gibt. Ein allgemeines Gemetzel, Hungersnot, der Zusammenbruch der Front, von wo weniger als die Hälfte zurückkehren werden, und der Untergang der Stadtbevölkerung stehen uns fast sicher bevor. Alle geistigen Reichtümer der Menschen und der Nation werden vernichtet. Massen, dann nur noch kleinere Scharen, dann vielleicht nur noch einzelne hungernde Menschen werden durch Rußland ziehen und gegeneinander mit Gewehren und dann nur noch mit Knüppeln kämpfen. Aber ich werde das nicht mehr erleben, und ich hoffe, Ihr auch nicht.*[27]

Als er mitten in der Julikrise diese prophetischen Worte schrieb, bereiteten sich die Bolschewiki auf eine entscheidende Konfrontation mit der Provisorischen Regierung vor.

## DAS ROT WIRD DUNKLER

Am Vorabend des Juliaufstands nahm der Journalist Claude Anet den neuen französischen Botschafter, Joseph Noulens, mit auf eine Besichtigungstour durch die russische Hauptstadt. Vom Newaufer, außerhalb der französischen Botschaft, zeigte er auf den gegenüberliegenden Wyborger Stadtteil mit seinen Fabrikschloten und Kasernen und erklärte, daß dort die Bolschewiki das Sagen hätten: »Falls Lenin und Trotzki Petrograd einnehmen wollen, gibt es nichts, was sie zurückhalten könnte.« Der französische Botschafter hörte erstaunt zu: »Wie kann die Regierung so einen Zustand dulden?« fragte er. »Was soll sie denn machen?« antwortete Anet, »Sie müssen bedenken, daß die Regierung über keine Macht außer einer moralischen verfügt, und selbst die scheint mir sehr schwach zu sein.«[28]

Die Kaserne des 1. Maschinengewehrregiments war zweifellos die bedrohlichste Bastion der regierungsfeindlichen Macht auf der Wyborger Seite. Mit 10 000 Mann und 1000 Maschinengewehren stellte es die bei weitem größte Einheit in der Hauptstadt dar. Die meisten ihrer Soldaten waren wegen Aufsässigkeit aus ihren Fronteinheiten ausgeschlossen worden und als hochqualifizierte und militante Soldaten für die Propaganda der Bolschewiki ebenso wie die der Anarchisten sehr empfänglich. Die von diesem Regiment übernommene Kaserne auf der Wyborger Seite lag mitten zwischen den streikwilligsten Metallfabriken der Hauptstadt, direkt neben dem Hauptquartier der Bolschewiki. Das Regiment war für die Bolschewiki so wichtig, daß ihre Militärorganisation dort eine eigene Zelle hatte.

Am 20. Juni erhielt das 1. Maschinengewehrregiment den Befehl, 500 Maschinengewehre samt Mannschaft an die Front zu schicken, wo sie zur Unterstützung der Offensive bitter nötig seien, wie es hieß. Seit der Februarrevolution war nicht eine einzige Einheit der Petrograder Garnison an die Front verlegt worden. Das war eine der Bedingungen gewesen, die der Petrograder Rat bei der Bildung der Provisorischen Regierung gestellt hatte. Die Soldaten glaubten, daß sie »die Revolution gemacht« und daher auch das Recht hätten, in Petrograd zu bleiben, um die Stadt gegen eine »Konterrevolution« zu verteidigen. Die Provisorische Regierung wußte nur allzugut, daß sie sich in der Gewalt der Garnison mit ihren 250 000 Mann umfassenden Truppen befand. Bisher hatte sie nicht gewagt, Truppen aus der Hauptstadt zu entfernen. Im Juni jedoch mußte sie sich von der Anwesenheit dieser Maschinengewehrschützen in ihrer Existenz bedroht fühlen, weshalb eines der Hauptziele der Offensive zweifellos war, das Regiment an die Front zu verlegen. Außenminister Tereschtschenko gab das jedenfalls gegenüber dem britischen Botschafter zu, als er im Juni behauptete, daß die Offensive »uns ermöglichen wird, Maßnahmen gegen die Garnison in Petrograd zu ergreifen, die bei weitem die schlimmste und den anderen ein schlechtes Beispiel« ist, während Kerenski wiederholt betonte, daß es das Ziel der Offensive sei, die Ordnung im Hinterland wiederherzustellen.[29] Lwows private Aufzeichnungen, die vor kurzem in den russischen Archiven entdeckt worden sind, bestätigen, daß die Regierung im Mai und Juni ernsthaft überlegte, die Hauptstadt nach Moskau zu verlegen.[30] Immer wieder kamen Gerüchte auf, daß Petrograd den Deutschen überlassen werden sollte, und in der »patriotischen« Mittelschicht beteten viele darum, sie mögen sich bewahrheiten (es war ein Gemeinplatz bei Abendgesellschaften, daß nur der deutsche Kaiser die Ordnung wiederherstellen könne). Sollte es tatsächlich die Absicht der Regierung gewesen sein, die Offensive als Vorwand zu nutzen, um die Maschinengewehrschützen zu verlegen, dann hatte sie dies sehr plump und töricht eingefädelt. Sie hätte die Soldaten leicht ins Hinterland verlegen können, etwa in eine ferne Provinz wie Tambow, um dort »die Revolution zu verteidigen«. Indem man sie aber an die Front schickte und damit die Bedingungen des Petrograder Rats überging, verlieh man der Behauptung der Soldaten Glaubwürdigkeit – wie sie von Agitatoren der Bolschewiki und der Anarchisten in ihrem Regiment vorgebracht wurde –, daß die Regierung die Offensive nutze, um die Garnison aufzulösen, folglich »konterrevolutionär« sei. Seit der Aprilkrise hatten die Soldaten die Anstrengungen der Regierung, den Krieg fortzusetzen, mit wachsendem Mißtrauen verfolgt – machte sie das nicht zu »Imperialisten«? –, und in diesem Klima des Mißtrauens wirkten solche Verschwörungstheorien überzeugend.

Am 21. Juni beschlossen die Maschinengewehrschützen, die Provisorische Regierung zu stürzen, falls sie weiterhin bei ihrer Drohung blieb, »dieses und andere revolutionäre Regimenter aufzulösen«, indem sie sie an die Front schickte. Dutzende anderer Einheiten, die Befehl hatten, sich an der Offensive zu beteiligen, verabschiedeten ähnliche Resolutionen. Die bolschewistische Militärorganisation unterstützte den Plan eines bewaffneten Aufstands und verwandelte sich tatsächlich in den Operationsstab für die Eroberung der Hauptstadt. Das Zentralkomitee bestand allerdings weiterhin auf Zurückhaltung. Es war derselbe taktische Konflikt wie am 10. Juni, bei dem die ultralinken Führer des Wyborg-Komitees und die Militärorganisation, die begierig waren, über die Gewalttätigkeiten der Petrograder Avantgarde an die Macht zu gelangen, den vorsichtigeren nationalen Parteiführern gegenüberstanden, die fürchteten, daß ein gescheiterter Aufstand einen antibolschewistischen Gegenschlag im ganzen Land auslösen könnte. Die Provinz, so behaupteten sie, sei noch nicht bereit für eine sozialistische Revolution, und die vorzeitige Machtergreifung in der Hauptstadt würde wahrscheinlich zu einem Bürgerkrieg führen, in dem das rote Petrograd, wie die Pariser Kommune, durch die Provinzen besiegt würde. So argumentierte selbst Lenin am 20. Juni auf einer Konferenz der bolschewistischen Militärorganisationen. Er betonte die Notwendigkeit, den bewaffneten Aufstand zu vertagen und allen Provokationen durch die

»Konterrevolutionäre« zu widerstehen, bis die Offensive vorbei sei und die Bolschewiki eine Mehrheit in den Räten gewonnen hätten:

> *Eine falsche Bewegung unsererseits kann alles zerstören [...] wenn wir jetzt die Macht ergreifen könnten, wäre es naiv zu glauben, wir könnten sie auch halten [...] Selbst in den Sowjets beider Hauptstädte, ganz zu schweigen von den anderen, sind wir in einer unbedeutenden Minderheit. [...] Das ist eine Grundtatsache, und sie bestimmt das Verhalten unserer Partei [...]. Ereignisse sollten nicht vorweggenommen werden. Die Zeit ist auf unserer Seite.*[31]

Doch Lenin hatte seine Stellvertreter kaum unter Kontrolle. Am 29. Juni klagte er über Kopfschmerzen und Erschöpfung und brach zu einem Besuch der Datscha eines Freundes in Finnland auf. Die Kontrolle der Partei entglitt ihm, als die Militärorganisation die Erhebung vorbereitete. Bolschewistische und anarchistische Agitatoren drängten die Maschinengewehrschützen, am 3. Juli in einer bewaffneten Demonstration auf die Straße zu gehen. Ein Regimentskonzert im Volkshaus am 2. Juli zur Verabschiedung der Soldaten, die für die Front vorgesehen waren, wurde in eine regierungsfeindliche Versammlung umfunktioniert, auf der Trotzki und Lunatscharski (die eigentlich beide formell noch keine Bolschewiki waren) die Übergabe aller Macht an die Räte forderten. Als die Truppen in ihre Kasernen zurückkehrten, waren sie zu erregt, um schlafen zu können. Sie verbrachten die ganze Nacht und den folgenden Morgen mit Diskussionen darüber, ob sie sich dem Aufstand anschließen sollten oder nicht. Viele lehnten es ab, entgegen den Anweisungen des Petrograder Rats Gewalt einzusetzen. Andere wiederum wollten unbedingt am Aufstand teilnehmen, weil sie darin ihre letzte Chance sahen, sich der Einberufung an die Front zu widersetzen, oder vielleicht einfach weil sie einer ihrer Losungen – »Schlagt die *burschuis*!« – Folge leisten wollten. Sie wählten ein Provisorisches Revolutionskomitee, an dessen Spitze der Bolschewik A. I. Semaschko von der Militärorganisation stand, das die Führung des Aufstands übernahm und Boten aussandte, die die übrigen Einheiten der Garnison, die Fabriken in Wyborg und die Marinebasis in Kronstadt zur Unterstützung mobilisieren sollten.[32]

Am Nachmittag bewegte sich eine riesige graue Masse von Arbeitern und Soldaten aus den äußeren Bezirken ins Zentrum der Stadt. Die Straßen sahen wieder aus wie in den Februartagen, obgleich die Stimmung nun viel düsterer und die Zusammensetzung der Menge sehr viel proletarischer war. Die Demonstranten trugen Transparente mit bolschewistischen Losungen und waren meistens bewaffnet, die Soldaten mit Bajonetten an ihren Gewehren, die von den Roten Garden mobilisierten Arbeiter mit Patronengürteln, um den Oberkörper gewickelt wie bei lateinamerikanischen Banditen. Einen gewichtigen Teil der Menge machten Soldaten über Vierzig aus, die auch früher schon mehrfach in bewaffneten Reihen durch die Stadt marschiert waren. Die Demonstranten kippten Straßenbahnen um und stellten an mehreren Kreuzungen Vorposten auf. Bei einem dieser Posten am eleganten Ende des Newski-Prospekts brachten die Roten Garden ein Maschinengewehr in Stellung. Dessen Wachposten wurde es bald langweilig, und so schossen sie zum Zeitvertreib auf *burschuis* in den Straßen und Häusern. Lastwagen und gepanzerte Autos voller Soldaten, die in die Luft schossen, rasten in der Stadt herum. Gruppen Bewaffneter hielten vorbeifahrende Autos an, zwangen die entsetzten Insassen zum Aussteigen und fuhren dann durch die Straßen, wobei sie ihre Bajonette in alle Richtungen streckten. Ein Beamter versuchte die Aufständischen daran zu hindern, sein Auto zu konfiszieren, indem er ihnen einen von Kerenski unterschriebenen Passierschein zeigte. Die Soldaten lachten nur und behaupteten (fälschlich), daß Kerenski bereits verhaftet sei: »Genausogut könnten Sie uns einen von Nikolai II. unterschriebenen Passierschein zeigen.«[33]

Der Menge fehlten allerdings noch Führung oder Anweisungen. Sie wußte nicht recht, wohin sie ziehen sollte oder warum. Sie hatte nichts als eine »Stimmung«, was nicht ausreichte, um eine Revolution zu machen. Die bolschewistischen und anarchistischen Agitatoren, die die aufständische Armee zum Mitmachen veranlaßt hatten, versäumten es, ihr strategische Ziele zu setzen. »Die Straße selbst wird uns organisieren«, hatte der Anarchist Bleichman behauptet. Man nahm wohl an, daß eine Demonstration der Stärke, wenn sie nur groß genug war, die Regierung stürzen müsse und daß man die Machtfragen im einzelnen irgendwie sich selbst überlassen oder auf später verschieben konnte. Schließlich war das doch die Erfahrung der Februartage gewesen.[34]

Die große Masse bewegte sich wie im Februar zum Taurischen Palais. Einige wurden unterwegs in Schießereien mit Loyalisten und rechtsgerichteten Kräften verwickelt. Es roch förmlich nach Bürgerkrieg. Das Stadtratsgebäude am Newski-Prospekt war Schauplatz eines besonders blutigen Kampfes. Lunatscharski, führender Bolschewik, sah mit Entsetzen vom Inneren des Gebäudes aus zu. »Die Bewegung entwickelte sich spontan«, schrieb er seiner Frau am nächsten Tag. »Schwarzhunderter, Hooligans, Provokateure, Anarchisten und Desperados brachten ein großes Maß an Chaos und Absurdität in die Demonstration.« Am frühen Abend hatte sich eine dichte Menschenmenge vor dem Taurischen Palais angesammelt. Die Wortführer des Rats hatten dort Sitzung und stritten darüber, ob sie nach dem Auseinanderbrechen der Koalition eine sozialistische Regierung bilden sollten. Zweifellos hoffte die Menge, sie könne sie unter Druck setzen, die Macht zu übernehmen. »Alle Macht den Räten!« tönte es laut von der Straße. Als Sprachrohr für ihre Forderungen diente die Arbeitersektion des Rats. Am Nachmittag war sie von den Bolschewiki übernommen worden, die, wenn auch immer noch eine Minderheit in der Sektion, in geschlossener Formation zu einer hastig einberufenen Dringlichkeitssitzung aufgekreuzt waren und – in einer Vorahnung auf den Oktober – die Menschewiki und die Sozialrevolutionäre dadurch zum

Verlassen des Saals veranlaßten, daß sie eine Resolution verabschiedeten, die die Rätemacht forderte. Man wählte eine Sonderkommission, die für die politische Organisation der Massen draußen sorgen sollte, sich jedoch als untauglich erwies – Suchanow, der die Julitage im Taurischen Palais verbrachte, konnte sich an keinerlei Aktivitäten der Kommission erinnern. So war die Straße jeden wirklichen Einflusses auf den Rat beraubt. Wütende Demonstranten forderten lautstark die Verhaftung der Räteführer, die sich »den Grundbesitzern und der Bourgeoisie zur Verfügung gestellt« hätten. Eine Delegation des 1. Maschinengewehrregiments informierte Tschcheidse, sie seien »beunruhigt durch Gerüchte, das Exekutivkomitee beabsichtige, eine neue Koalition mit den reaktionären Kapitalisten einzugehen«, und könnten »für so eine Politik nicht einstehen«, weil »sie schon zuviel erduldet« hätten. Einige Soldaten drangen in den Katharinensaal ein, um die Debatte zu verfolgen. Doch keiner von ihnen dachte daran, die völlig schutzlosen Führer des Rats zu verhaften. Es war niemand da, der es den Soldaten befohlen hätte.[35]

Mit Einbruch der Dunkelheit begann sich die Menge aufzulösen. Der Aufstand schien zu Ende zu gehen. Es kursierten Gerüchte, die Provisorische Regierung sei bereits verhaftet. Aber nichts dergleichen war geschehen. Die übriggebliebenen Kabinettsmitglieder hatten eine Zusammenkunft in Fürst Lwows Wohnung. Etwa um 22 Uhr stürzte eine Gruppe bewaffneter Arbeiter und Soldaten in die Eingangshalle, wo sie dem Pförtner mitteilten, sie seien gekommen, um die Minister zu verhaften. Zereteli wurde herbeigerufen, um mit ihnen zu verhandeln, aber ehe er den Eingang erreichte, hatten die Aufständischen die Nerven verloren und waren mit seinem Wagen geflohen.[36]

Genau zu diesem Zeitpunkt trat das Zentralkomitee der Bolschewiki in der Villa der Kschessinskaja zusammen, um über seine Strategie für den Aufstand zu entscheiden. Obgleich sie bisher aus Angst, in einem vorzeitigen Putsch alles aufs Spiel zu setzen, zur Zurückhaltung gedrängt hatten, schien die Bewegung jetzt nicht mehr aufzuhalten zu sein. Die Arbeiter und Soldaten hatten faktisch die Stadt in ihrer Gewalt, die Kronstädter Matrosen waren schon unterwegs, und die große Mehrheit der einfachen Bolschewiki in Petrograd überging das Zentralkomitee und schloß sich der Erhebung an. Kurz vor Mitternacht kam man überein, zu weiteren Demonstrationen am nächsten Tag aufzurufen. Die Titelseite der *Prawda*, auf der ein Artikel von Kamenew und Sinowjew erscheinen sollte, in dem zur Zurückhaltung ermahnt wurde, mußte im letzten Moment geändert werden und erschien mit einer großen Leerstelle. Hastig wurden Flugblätter gedruckt und auf den Straßen verteilt, die »organisierte« Demonstrationen forderten und eine »neue Macht«, die sich auf den Arbeiter- und Soldatenrat stützte. Inzwischen raste ein Bote des Zentralkomitees mit dem Auto nach Finnland, um Lenin in die Hauptstadt zurückzuholen.[37]

Die genauen Absichten der führenden Bolschewiki sind seither Gegenstand heftiger Kontroversen gewesen. Einige Historiker vertreten die Ansicht, die Bolschewiki hätten den Sturz der Provisorischen Regierung mit Waffengewalt geplant. Richard Pipes zum Beispiel behauptet, der Juliaufstand sei von Anfang an durch die bolschewistischen Führer als eine »Machtergreifung« inszeniert worden, und erst als das peinliche Scheitern des Putsches offensichtlich wurde, hätten sie versucht, ihre Absichten zu verheimlichen und den Aufstand als eine »spontane Demonstration darzustellen, der sie angeblich einen friedlichen Charakter geben wollten«. Diese letzte Version der Ereignisse als einer »spontanen Demonstration« war die sowjetische Standardansicht, die auch von dem amerikanischen Gelehrten Alexander Rabinowitch in seiner klassischen Darstellung der Julitage vertreten wurde. Er meinte, das Zentralkomitee habe sich nur unter dem Druck der einfachen Parteimitglieder der Erhebung angeschlossen und dabei nie mehr als eine Demonstration der Stärke beabsichtigt, um den Arbeiter- und Soldatenrat unter Druck zu setzen, die Macht zu ergreifen.[38]

Der einzig konkrete Beweis für die These eines »mißlungenen Putsches« stammt aus den 1920 verfaßten Memoiren Suchanows. Suchanow behauptet, daß Lunatscharski ihm am 7. Juli gesagt habe, in der Nacht vom 3. auf den 4. Juli sei es durchaus Lenins Absicht gewesen,

> *einen Staatsstreich auszuführen. Die Macht, die tatsächlich in die Hände des bolschewistischen Zentralkomitees übergehen sollte, sollte offiziell in einem »sowjetischen« Kabinett verkörpert werden, das man aus hervorragenden und populären Bolschewiki bilden wollte. Für den Anfang waren drei Minister in Aussicht genommen: Lenin, Trotzki und Lunatscharski. […] Der Staatsstreich selbst sollte sich folgendermaßen abspielen. Das aus Krasnoje Selo* eingetroffene 176. Regiment […] sollte das Zentrale Exekutivkomitee festnehmen. Um die gleiche Zeit sollte Lenin auch dort eintreffen und die neue Macht verkünden.*

Suchanow selbst räumte als erster ein, daß »einige elementare Fakten« gegen diese Version sprachen – nämlich, daß es den Bolschewiki am 4. Juli nicht gelungen war, die Macht zu ergreifen, obgleich sie zahlreiche Gelegenheiten dazu hatten. So betrachtet scheint es, als habe das Zentralkomitee alles, nur keinen klaren Plan gehabt. In einem von Historikern generell unterschätzten Maße zeichneten sich die Ereignisse des 4. Juli durch ihr heilloses Durcheinander aus. Die bolschewistischen Führer reagierten nur von Fall zu Fall. Der Massenauflauf am 3. Juli hatte sie unvorbereitet getroffen, und noch dazu war ihr oberster Führer auf Urlaub in Finnland. Sie waren sich selbst nicht einig, ob sie versuchen sollten, die Demonstration in einen Sturz der Provisorischen Regierung zu verwandeln, oder ob sie sie auf eine politische Demonstration beschränken sollten, damit der Druck auf die Füh-

* das ehemalige Zarskoje Selo

rer des Rats ausgeübt würde, ihrerseits die Macht zu ergreifen. Als Lenin in den frühen Morgenstunden zurückkehrte, bestürmten ihn die Bolschewiki, diese Frage zu beantworten. Laut Kalinin war Lenins Taktik »abwarten, was passiert«, wobei er sich die Möglichkeit offenhielt, »Regimenter in den Kampf zu schicken, falls sich das Kräfteverhältnis als günstig erweisen sollte«. Das mag so gewesen sein, aber der Führer der Bolschewiki erwies sich als völlig unfähig zu erkennen, ob dieser Augenblick gekommen war. Sinowjew, der den ganzen 4. Juli an seiner Seite verbrachte, erinnerte sich an einen Lenin, der vor Unentschlossenheit wie gelähmt war. Immer wieder fragte er sich, ob jetzt die Gelegenheit gekommen sei, »die Macht zu versuchen«.[39] Während der kritischen Stunden des Aufstands warteten die führenden Bolschewiki weiterhin darauf, was wohl geschehen würde. Doch der geordnete Teil der Menge, die von den örtlichen bolschewistischen Organisationen auf die Straße geschickt worden war, wollte nicht selbst, ohne genaue Instruktionen von ihnen, die Macht ergreifen. Wegen dieses Durcheinanders erschienen die Demonstrationen so schlecht organisiert wie ein Putschversuch und endeten in einem Fiasko.

Der 4. Juli, ein Dienstag, begann mit einem unheimlichen Schweigen über der Stadt. Schwere Gewitterwolken hingen tief, und der Fluß war schwarz und träge. Die Geschäfte waren geschlossen und die Straßen verlassen – ein sicheres Zeichen, daß sich Unruhe in den Arbeitervierteln zusammenbraute. Im Verlauf des Vormittags bemächtigten sich dann erneut Scharen von Arbeitern und Soldaten des Stadtzentrums. Inzwischen legte ein buntes Gemisch von Schleppern, Schleppnetzfischern, Lastkähnen und Kanonenbooten von der Kronstädter Marinebasis in der Nähe der Nikolai-Brücke an: 20 000 Matrosen, mit Gewehren und Revolvern bis an die Zähne bewaffnet, stiegen mit ihren eigenen Sanitätstrupps und mehreren Marschkapellen an Land. Das war zweifellos die Hauptwaffe der Bolschewiki, falls sie die Machtergreifung planten. Die Matrosen waren auf Streit mit der Provisorischen Regierung aus. Seit Februar hatten sie immer wieder versucht, ihre eigene halbanarchistische Version von Rätemacht in Kronstadt zu etablieren. Raskolnikow, der bolschewistische Führer der Matrosen, sagte, sie seien nach Petrograd gekommen und »jeden Augenblick bereit, die Demonstration in einen bewaffneten Aufstand zu verwandeln«. Es war jedoch klar, daß die Matrosen keine Strategie geplant hatten und nur eine vage Vorstellung davon besaßen, was sie tun sollten, sowie sie an Land waren. Bernard Pares, der die Szene mitbekam, gewann den Eindruck, die meisten von ihnen seien für einen Urlaubstag gekommen und wollten mit ihren Mädchen flanieren, von denen während der Julitage besonders viele zu sehen waren. »Matrosen mit ihren Damen in engen Kleidern und mit hohen Absätzen sah man überall.«[40]

Auf der Suche nach einem Führer begaben sich die Kronstädter Matrosen zum Hauptquartier der Bolschewiki, der Villa der Kschessinskaja, wo sie sich unter dem Balkon sammelten und auf Instruktionen von Lenin warteten. Doch der wußte nicht, wohin er sie führen sollte. Zu diesem Zeitpunkt hätte er nur zu befehlen brauchen, und die Matrosen wären sofort zum Taurischen Palais marschiert, hätten die Führer des Rats dort verhaftet, die Kabinettsminister zusammengetrieben und die Rätemacht verkündet. Doch Lenin zögerte, was ganz untypisch für ihn war, wollte nicht sprechen, und als man ihn schließlich überredet hatte, sich auf dem Balkon zu zeigen, hielt er eine undurchsichtige Ansprache von wenigen Sekunden, worin er seine Zuversicht ausdrückte, daß die Rätemacht käme, die Matrosen jedoch ohne Anweisungen ließ, wie das zu bewerkstelligen sei. Er machte nicht einmal deutlich, ob er eine Fortsetzung der Demonstration wünschte, und wußte es nach Meinung derjenigen, die damals bei ihm waren, wohl selbst nicht.[41]

Es sollte Lenins letzte öffentliche Ansprache vor der Machtergreifung im Oktober sein. Es war ein vielsagender Augenblick, einer der wenigen in seiner langen Karriere, wo er mit der Aufgabe konfrontiert wurde, eine revolutionäre Menge, die vor ihm stand, zu führen. Andere Bolschewiki waren viel geschickter im Umgang mit der Menge. Lenins öffentliche Auftritte beschränkten sich dagegen meistens auf den Kongreßsaal. Wie seine Frau schreibt, wurde er sehr nervös, wenn er vor einer Massenversammlung sprechen mußte.[42] Vielleicht verlor er in diesem entscheidenden Augenblick angesichts der rohen Gewalt der Straße die Nerven. Was sollte er auch sagen? Zweifellos brachte er keinen Ton heraus, weil er erkannte, daß die Bolschewiki, selbst wenn sie Petrograd eroberten, immer noch gegen den Rest Rußlands stünden. Nichtsdestoweniger besiegelte sein Zögern im entscheidenden Augenblick das Schicksal des Juliaufstands.

Verwirrt und enttäuscht über das Fehlen eines klaren Aufrufs zur Erhebung, begannen die Matrosen in Richtung Taurisches Palais abzuziehen, wo sich bereits Tausende von bewaffneten Arbeitern und Soldaten versammelten. Auf dem Newski-Prospekt verbanden sie sich mit einer weiteren riesigen Menge von Arbeitern vom Putilow-Werk, etwa 20 000 insgesamt. Petrograder Bürger der Mittelschicht, die auf dem Prospekt bummelten, blickten voller Schrecken auf ihre massiven grauen Reihen. Plötzlich, als die Kolonne in den Litejny-Prospekt einbog, gaben Kosaken und Marinekadetten von den Dächern und den oberen Fenstern der Gebäude Schüsse ab, so daß die Demonstranten in Panik auseinanderliefen. Einige von ihnen schossen zurück, wahllos in alle Richtungen, weil sie nicht wußten, wo die Heckenschützen sich versteckt hielten. Dutzende ihrer Kameraden wurden von den eigenen verirrten Kugeln getötet oder verwundet. Die anderen ließen ihre Gewehre und Fahnen im Stich und begannen die Türen und Fenster der Häuser aufzubrechen. Als das Schießen aufhörte, bemühten sich die Anführer der Demonstration, die Ordnung wiederherzustellen, bildeten erneut Reihen und marschierten zu beschwingten Melodien der Militärkapellen weiter. Doch die Menschen waren verstört, und als sie durch die anliegenden Wohnstraßen marschierten und sich dem Taurischen Palais näherten, verwandelten sich die Kolonnen in einen aufrührerischen Mob, schossen wie wild in die Fenster, verprügelten gutgekleidete Passanten und plünderten Geschäfte und Häuser. Bis 16 Uhr waren Hunderte verwundet oder getötet, hier und da lagen tote Pferde, und die Straßen waren mit Gewehren, Hüten, Schirmen und Fahnen übersät. Gorki, der Zeuge dieser schrecklichen Szenen war, schrieb voller Abscheu an Jekaterina:

> *Aber das allerschlimmste war die Menge – Spießer und diese »Arbeiter«, Soldaten, die am 3. und 4. mitmachten: Das war Gesindel, feige, hirnlos, ohne die geringste Selbstachtung, das überhaupt nicht wußte, weshalb es auf die Straße gegangen war, was es wollte, wer es führte und wohin. Hast du nicht gesehen, warfen ganze Rotten von Soldaten beim ersten Schuß ihre Gewehre und Fahnen weg und zertrümmerten die Schaufenster. Und das soll eine revolutionäre Armee, ein freies Volk sein? Es war offensichtlich, daß die Masse überhaupt keine Vorstellung hatte, weshalb sie auf die Straße gegangen war – es war ein absoluter Alptraum. Die Motive des Aufruhrs verstand niemand, nicht einmal ihre Führer. Ja, gab es die überhaupt? Ich bezweifle es sehr. Ja, Trotzki und Lunatscharski und* tutti grandi, *sie quasselten etwas, aber immer der Stimmung der Menge angepaßt ...*[43]

Bei 50 000 bewaffneten und wütenden Menschen, die sich um das Taurische Palais drängten, gab es nichts mehr, was einen bolschewistischen Staatsstreich hätte verhindern können. W. S. Woitinski, dem die Verteidigung des Palais übertragen war, standen nur 18 Soldaten vom Pawlowski-Regiment zur Verfügung. Er hatte nicht einmal genügend Soldaten, um die Posten am Eingang des Gebäudes zu schützen, und so griff Woitinski zu einer List und plazierte alle seine Männer an den riesigen Balkontüren entlang der Fassade des Palais, so daß es aussah, als sei das Gebäude ordentlich bewacht. Den Führern des Petrograder Rats, die im Innern des Palais über die Machtfrage debattierten, schien es »vollkommen klar«, daß sie in Kürze gestürmt würden. »Jeden Augenblick«, erinnerte sich der Menschewik Bogdanow, »konnte der bewaffnete Mob hereinbrechen, das Palais verwüsten und uns verhaften oder erschießen, wenn wir uns weigerten, die Macht in die Hand zu nehmen.«[44] Die Provisorische Regierung oder das, was davon übriggeblieben war, war gleichermaßen wehrlos. Am Morgen hatten die Kabinettsminister im Gebäude des Generalstabs gegenüber dem Winterpalais Zuflucht gesucht. Abgesehen von ein paar Dutzend Kosaken waren keine Truppen mehr verfügbar, die zu ihrer Verteidigung bereit gewesen wären. Kerenski war an die Front geflohen und hatte den Warschauer Bahnhof verlassen, nur Minuten bevor die Verfolger dort angekommen waren. Das Marienpalais, der Sitz der Regierungsmacht, stand weit offen für die Übernahme. Die strategischen Punkte in der Stadt – die Waffenlager, die Telefonvermittlung, die Nachschubdepots und die Bahnhöfe – waren sämtlich unbewacht. Mit einem einzigen Befehl von Lenin hätten die Aufständischen sie leicht erobern können – als erster Schritt zur Machtergreifung.

Doch dieser Befehl blieb aus, und in der Menge vor dem Taurischen Palais, die nicht recht wußte, was sie tun sollte, war bald jede Ordnung dahin. Schließlich trug auch noch höhere Gewalt in Form von Regen zum Zusammenbruch des Aufstands bei. Um 17 Uhr öffnete der Himmel alle Schleusen, und ein tosendes Gewitter entlud sich. Die meisten Menschen rannten weg, um sich unterzustellen, und dachten nicht daran zurückzukehren. Zurück blieben die aufsässigsten Elemente. Vielleicht weil sie vom Regen durchnäßt waren, verloren sie jede Selbstkontrolle und begannen wild auf das Taurische Palais zu feuern. Das sorgte wiederum dafür, daß der Rest der Menge schreiend und in Panik davonstürmte, wobei Dutzende zu Tode getrampelt wurden. Einige Matrosen versuchten, in das Palais einzudringen, indem sie durch die geöffneten Fenster kletterten. Sie verlangten, die sozialistischen Minister sollten herauskommen und erklären, weshalb sie zögerten, die Macht zu übernehmen. Tschernow wurde hinausgeschickt, um die Menge zu beruhigen. Doch kaum erschien er auf der Treppe, hörte man wütende Rufe von den Matrosen. Die Menge drängte nach vorn, ergriff ihn und durchsuchte ihn nach Waffen. Ein Arbeiter hob die Faust und schrie ihn wütend an: »Übernimm die Macht, du Hurensohn, wenn man sie dir gibt!« Ein paar Bewaffnete verfrachteten den Führer der Sozialrevolutionäre in ein offenes Auto. Sie erklärten ihn für verhaftet und sagten, sie würden ihn erst freilassen, wenn der Rat die Macht übernommen hätte. Tschernow hatte seinen alten Rivalen Kerenski noch übertroffen: er war jetzt wirklich eine »Geisel der Demokratie«.

Eine Gruppe Arbeiter drang in den Katharinensaal ein und unterbrach die Sitzung: »Genosse Tschernow wurde von der Menge festgenommen. Man wird ihn gleich in Fetzen zerreißen! Rettet ihn schnell! Geht alle auf die Straße!« Tschcheidse schlug vor, Kamenew, Martow und Trotzki zur Rettung des Ministers hinauszuschicken. Trotzki war der erste dort. Er kämpfte sich durch die schreiende Menge, ging geradewegs zu dem Auto, in dem der verhaftete Tschernow auf dem Rücksitz saß – ohne Hut, mit zerzaustem Haar und verängstigt –, und kletterte auf die Motorhaube. Die Kronstädter kannten alle Trotzki und warteten auf seine Instruktionen. Hätten die Bolschewiki die Machtergreifung geplant, dies wäre sicherlich der Moment gewesen, die Matrosen zum Sturm auf das Taurische Palais, zur Verhaftung der Führer des Rats und zur Proklamation einer sozialistischen Regierung zu veranlassen. Raskolnikow, der an Trotzkis Seite stand, fragte die Matrosen, die Tschernow verhaftet hatten, wo sie ihre Geisel hinbringen wollten. »Das wissen wir nicht«, antworteten sie. »Wohin Sie wollen, Genosse Raskolnikow. Er steht Ihnen zur Verfügung.« Doch Trotzki verlangte die Freilassung Tschernows. »Rote Kronstädter, […] der Ruhm und der Stolz der Revolution!« begann er mit seiner klaren metallischen Stimme. »Ihr seid hierhergekommen, um euren Willen zu bekunden und dem Rat zu zeigen, daß die Arbeitermasse nicht länger die Bourgeoisie an der Macht sehen will. Aber warum wollt ihr eurer eigenen Sache schaden, warum wollt ihr durch kleinliche Gewaltakte gegen einzelne, zufällige Menschen einen Schatten auf eure eigenen Positionen werfen? Einzelne Menschen sind eurer Aufmerksamkeit nicht wert.« Die Matrosen schrien wütend auf Trotzki ein: Sie konnten nicht verstehen, warum sie Tschernow gehen lassen sollten, wenn es das Ziel ihrer Mission war, die Regierung zu stürzen. Aber da sie nicht wußten, was sie allein tun sollten, gaben sie widerwillig nach und ließen den Minister frei. »Bürger Tschernow, Sie sind frei«, erklärte Genosse Trotzki, öffnete die Wagentür und forderte ihn auf auszusteigen. Der halbtote Tschernow konnte überhaupt nicht begreifen, wie ihm geschah. Man mußte ihm aus dem Auto heraushelfen und ihn wie einen gebrechlichen alten Mann zurück ins Taurische Palais geleiten.[45] Ein kritischer Augenblick war vorbei, einer der berühmtesten in der Geschichte der Revolution, und mit ihm war auch die Initiative für eine Machtergreifung verpaßt worden.

Nach Suchanows Bericht von seiner Unterhaltung mit Lunatscharski war der Schlüssel zum »Plan« der Bolschewiki für die Machtergreifung das 176. Regiment aus Krasnoje Selo. Es sollte zum Taurischen Palais kommen und die Führer des Rats verhaften. Etwa um 18 Uhr tauchte es endlich auf, angeführt von der Regimentskapelle. Die Soldaten waren müde und vom Regen durchnäßt. Mit ihren Tornistern und den über die Schultern geworfenen Militärmänteln, den Feldflaschen und dem Kochgeschirr, die beim Laufen klapperten, ließen sie sich vor dem Palais nieder und begannen, ihre nassen Sachen auszupacken und ihre Gewehre vorzubereiten. Sie hatten nicht die leiseste Ahnung, was man von ihnen erwartete, und wußten nur, daß man sie »für die Verteidigung der Revolution« gerufen hatte. Doch wo waren ihre Führer? Ein Offizier und sechs Mann stiegen die Stufen zum Palais hinauf und verlangten, einen Vertreter des Rats zu sprechen. Der Menschewik Dan kam heraus, um sie zu empfangen. Er wußte weder, um welches Regiment es sich handelte, noch, weshalb es zum Palais gekommen war, hatte dafür aber bald eine Beschäftigung. Die »aufständischen« Soldaten wurden als Wachposten an verschiedenen Stellen des Gebäudes aufgestellt, um den Rat gegen den Aufstand zu schützen.[46] Sie waren gekommen, um gegen die Führung des Rats zu demonstrieren, und endeten damit, daß sie sie gegen die Demonstranten verteidigten. Solche Dinge ereignen sich in einer Revolution, wenn die Menge ihre Führer nicht kennt.

Von diesem Punkt an war der Aufstand im Grunde vorbei. Die Masse war nicht in der Lage, aus eigener Kraft einen politischen Wechsel herbeizuführen. Um so entschlossener waren die Räteführer, die die Frage einer Machtübernahme diskutierten, sich nicht vom Mob der Straße dazu drängen zu lassen. »Die Entscheidung der revolutionären Demokratie darf nicht von Bajonetten diktiert werden«, erklärte Zereteli.[47] Als der Rat erst einmal den Beschluß gefaßt hatte, die Macht noch nicht zu übernehmen, gab es nichts mehr, was die Menge hätte tun können. Sie wußte nicht, wie sie den Rat dazu zwingen sollte, seine Meinung zu ändern, oder wie sie eine Räterevolution ohne die Führer vollenden sollte. Wenn die Räteführer sich sträubten, die Macht zu übernehmen, wie konnten sie dann »Alle Macht den Räten« geben?

Ein letztes Ereignis an diesem Tag symbolisierte die Machtlosigkeit der Menge. Etwa um 19 Uhr drang eine Gruppe bewaffneter und wütender Arbeiter vom Putilow-Werk in den Katharinensaal ein. Die Deputierten sprangen von ihren Sitzen auf. Einige warfen sich in Panik zu Boden. Einer der Arbeiter, ein »klassischer Sansculotte« mit Arbeitermütze und kurzer blauer Bluse ohne Gürtel, sprang auf die Rednertribüne. Er fuchtelte mit dem Gewehr herum und schrie unzusammenhängende Sätze in Richtung der Deputierten:

*Genossen! Wie lange müssen wir Arbeiter den Verrat noch dulden?! Ihr seid hier zusammengekommen, beratet euch, schließt Abmachungen mit der Bourgeoisie und den Gutsbesitzern ... Ihr seid damit beschäftigt, die Arbeiterklasse zu verraten. Dann wißt also, die Arbeiterklasse wird es nicht dulden! Wir sind hier dreißigtausend Putilow-Arbeiter, keiner fehlt! ... Wir werden unseren Willen durchsetzen! [...] Alle Macht den Räten! Unsere Gewehre sind fest in unserer Hand! Wir werden auf eure Kerenski und Zereteli nicht hereinfallen ...*

Tschcheidse, der Ratsvorsitzende, saß dem hysterischen Arbeiter am nächsten. Er beugte sich ruhig zu ihm hinüber und drückte ihm ein Stück Papier in die Hand. Es war ein Manifest, am Abend zuvor gedruckt, das besagte, die Demonstranten sollten nach Hause gehen, andernfalls hätten sie als Verräter an der Revolution zu gelten. »Hier, Genosse, nehmen Sie das bitte und lesen Sie es«, sagte ihm Tschcheidse energisch. »Hier steht, was Sie und Ihre Putilow-Kameraden zu tun haben. Lesen Sie das bitte und stören Sie unsere Arbeit nicht.«[48] Der verwirrte Arbeiter, der nicht wußte, was er tun sollte, nahm das Manifest und verließ mit den übrigen Putilow-Arbeitern den Saal. Zweifellos schäumte er vor Wut und Frustration über diese schwere Demütigung, und doch konnte er keinen Widerstand leisten, nicht weil es an Gewehren gefehlt hätte, nein, sondern weil es ihm am Willen fehlte. Jahrhunderte der Sklaverei und Unterwerfung hatten ihn nicht darauf vorbereitet, sich gegen seine politischen Lehrmeister zu erheben – und darin lag die Tragödie des russischen Volks. Das war eine der beeindruckendsten Szenen der gesamten Revolution – einer dieser seltenen Momente der Geschichte, wo hinter den Ereignissen plötzlich die verborgenen Machtverhältnisse deutlich werden und die allgemeine Tendenz der Entwicklung sich abzeichnet.

Bei Einbruch der Dunkelheit zerstreute sich die Menge. Die meisten gingen naß und niedergeschlagen nach Hause in die Arbeiterviertel und die Kasernen. Die Kronstädter Matrosen wanderten in der Stadt herum und wußten nicht, wohin. Die ganze Nacht hindurch hörte man in den wohlhabenden Wohnvierteln das Klirren zerbrochener Fensterscheiben, sporadisch auch Schüsse und Schreie, als die letzten von dem mißlungenen Aufstand Übriggebliebenen ihre Wut mit Plünderei und Gewalt an den *burschuis* ausließen. Das Petrograder Militär-Hauptquartier konnte sich nicht vor Telefonanrufen verängstigter Ladenbesitzer, Bankiers und Hausfrauen retten. In einem letzten verzweifelten Versuch der Provokation besetzten 2000 Kronstädter die Peter-Pauls-Festung. Sie wußten nicht, was sie mit der eroberten Festung anfangen sollten – sie war einfach ein Symbol des alten Regimes, und es schien eine gute Idee, sie als eine letzte Geisel des Aufstands zu erobern. Die Matrosen schliefen in den leeren Zellen und waren am nächsten Tag damit einverstanden, die Festung zu verlassen, unter der Bedingung, daß sie selbständig nach Kronstadt zurückkehren und alle Waffen behalten durften.[49]

Inzwischen strömten scharenweise loyale Truppen zur Verteidigung des Taurischen Palais herbei. Das Ismailow-Regiment kam als erstes am Abend des 4. Juli unter den donnernden Klängen der Marseillaise, die von seiner Militärkapelle – gleichsam als Antwort auf die Internationale der Kronstädter – gespielt wurde. Die Führer des Petrograder Rats fielen einander mit Tränen der Erleichterung in die Arme, als sie das Geräusch der sich nähernden Truppen hörten: endlich war die Belagerung des Taurischen Palais vorbei. Sie hielten sich an den Händen und sangen spontan das aufwühlende »Aux armes, citoyens« mit. Es war, wie Martow verärgert murmelte, »das klassische Bild einer beginnenden Gegenrevolution«.[50]

* * *

Wie die meisten loyalen Truppen war auch das Ismailow-Regiment durch Flugblätter, die an jenem Abend durch den Justizminister Perewersew ausgegeben worden waren, gegen die Bolschewiki aufgehetzt, die darin beschuldigt wurden, Agenten der Deutschen zu sein. Am nächsten Tag, dem 5. Juli, war die rechte Presse voller sogenannter »Beweise« in dieser Richtung. Vieles davon beruhte auf der dubiosen Aussage eines Leutnants Jermolenko, der behauptete, als Kriegsgefangener von den Deutschen erfahren zu haben, daß Lenin für sie arbeite. Es besteht kein Zweifel, daß die Deutschen die bolschewistische Partei finanzierten – die Provisorische Regierung wußte das seit April. Doch damit war Perewersews Behauptung – die immer noch von vielen Historikern wiederholt wird – noch nicht bestätigt, daß die Bolschewiki auch deutsche Agenten waren. Zum einen war der tatsächliche Geldbetrag der Deutschen nicht sehr groß, wenn man die finanziellen Probleme der Partei im Sommer bedenkt, und zum anderen gibt es keinen Hinweis darauf, daß die Bolschewiki ihre Strategie Berlin zu Gefallen planten. Die zeitlich geschickte Veröffentlichung dieser Anklagen besaß gleichwohl eine explosive Wirkung und brachte viele Soldaten gegen die Bolschewiki auf. Auf Befehl von Perewersew verwüstete im Morgengrauen des 5. Juli eine große Abteilung militärischer Kadetten die *Prawda*-Redaktion. Sie verpaßten Lenin nur knapp, der Minuten zuvor ins erste seiner Verstecke vor dem Oktober aufgebrochen war, die Wohnung des bolschewistischen Arbeiters Sergej Allilujew.[51]

Lenin war über eine geheime Verbindung zum Justizministerium vor dem Verratsvorwurf gewarnt worden. In der Hoffnung, die fremdenfeindliche Reaktion mildern zu können, die nun folgen mußte, rief er in einem Artikel auf der Rückseite der *Prawda* dazu auf, die Demonstrationen zu beenden. Aber es war zu spät. Am Morgen des 5. Juli war die Hauptstadt von antibolschewistischer Hysterie gepackt. Die rechte Boulevardpresse schrie nach bolschewistischem Blut und gab den »deutschen Agenten« sofort die Schuld an den Rückschlägen an der Front. Es schien selbstverständlich, daß die Bolschewiki ihren Aufstand so geplant hatten, daß er mit dem deutschen Vormarsch zusammenfiel. General Polowzow, der als Chef des Petrograder Militärbezirks für die Unterdrückungsmaßnahmen verantwortlich war, gab später zu, daß die Hetzjagd auf die Bolschewiki »eine stark antisemitische Tendenz« hatte, doch in der Art, wie Russen seiner Klasse gewöhnlich Pogrome rechtfertigten, schob er die Schuld daran »den Juden selbst zu, weil sie nahezu 100 Prozent der führenden Bolschewiki stellten. Es begann die Soldaten zu ärgern, mitansehen zu müssen, daß Juden alles bestimmten, und die Bemerkungen, die ich in den Kasernen hörte, zeigten deutlich, was die Soldaten darüber dachten.«[52]

Früh am Morgen des 6. Juli rückte ein massiver Kampfverband loyaler Truppen mit acht Panzerwagen und mehreren Batterien schwerer Artillerie aus, um die Kschessinskaja-Villa zu befreien. Inmitten der ganzen antibolschewistischen Hysterie hatte sich die rechte Presse bei dem Gedanken empört, daß ungewaschene bolschewistische Arbeiter und Soldaten im Boudoir der Kschessinskaja mit ihrer Samt- und Seidenausstattung herumwühlten. Bei der Rückeroberung der ehemaligen Villa der Ballerina wurde nicht ein einziger Schuß abgegeben. Die 500 Bolschewiki, die sich immer noch in der Villa aufhielten, ergaben sich widerstandslos, trotz des großen Waffenlagers, über das sie verfügten. Die führenden Bolschewiki waren zu sehr damit beschäftigt, Parteidokumente zu verbrennen, als daß sie hätten Widerstand organisieren können.[53]

Später am selben Tag befahl Perewersew die Verhaftung Lenins und elf weiterer führender Bolschewiki. Ihnen allen wurde Hochverrat vorgeworfen. Die meisten von ihnen verbargen sich nicht und riskierten damit die Verhaftung, einige stellten sich sogar freiwillig. Nur Lenin war in den Untergrund geflohen – zuerst in eine Reihe sicherer Häuser in der Hauptstadt, um dann, am 9. Juli, mit Sinowjew über Land nach Finnland zu reisen. Lenin rasierte den Bart ab und trug Arbeiterhemd und -mütze, um sich zu maskieren. In den folgenden Tagen wurden bei der Suche nach ihm Dutzende von Häusern in der Hauptstadt von Truppen durchkämmt. Selbst Gorkis Wohung wurde gestürmt. Etwa 800 Bolschewiki wurden verhaftet, einschließlich Kamenew, Lunatscharski, Kollontai und Trotzki – letzterer war noch nicht Mitglied der Partei, obwohl er ihr seine Loyalität erklärt hatte.[54] Die Peter-Pauls-Festung, deren Zellen seit der Februarrevolution leergestanden hatten, begann sich wieder mit »Politischen« zu füllen.

Als Lenin in die nördliche Wildnis reiste, muß er den Eindruck gehabt haben, daß die Sache der Bolschewiki am Ende sei. Bevor er die Hauptstadt verließ, übergab er Kamenew noch das Manuskript des späteren Buches *Staat und Revolution*, mit der Anweisung, es zu veröffentlichen, falls er getötet werden sollte. Lenin war immer geneigt, die physische Gefahr für sich zu überschätzen: in dieser Hinsicht war er ein Feigling. Es läßt sich nicht behaupten, daß sein Leben in diesem seinem Sommer auf der Flucht je in unmittelbarer Gefahr gewesen wäre: Einmal wohnte er sogar bei dem Polizeichef in Helsingfors, der zufälligerweise ein Sympathisant der Bolschewiki war. Nach Lenins Tod sollten im Lenin-Kult die phantastischsten Geschichten über seinen persönlichen Mut erzählt werden, wie er bei unzähligen Gelegenheiten der Polizei knapp entkommen war. Doch keine davon ist wahr. Ein einziger Vorfall in diesem Sommer, der allerdings kaum für Lenins Mut sprach, trug sich in einem Dorf in der Nähe von Sestorezk am Finnischen Meerbusen zu, wo Lenin und Sinowjew mehrere Wochen auf dem Heuboden eines Parteigenossen verbrachten. Eines Tages sahen sie, wie sich zwei Männer mit Gewehren näherten, und nahmen an, es handele sich um Polizisten, die sie verhaften wollten. Die beiden Führer der Weltrevolution vergruben sich in einem Heuhaufen, um sich zu verstecken. »Das einzige, was uns jetzt noch bleibt«, flüsterte Lenin Sinowjew zu, »ist, einen ehrenvollen Tod zu sterben.« Die Fremden jedoch gingen vorbei: wie sich herausstellte, waren sie auf Entenjagd.[55]

Wenn man allerdings die aufgeheizte antibolschewistische Atmosphäre bedenkt, fällt es nicht schwer zu verstehen, warum Lenin sich so sehr um seine persönliche Sicherheit sorgte. War es doch eine Zeit der Lynchjustiz, und die Boulevardpresse war voller Karikaturen, die Lenin auf dem Schafott zeigten. Einige der führenden Bolschewiki, vor allem Kamenew, wollten, daß Lenin aufgeben und sich einem Prozeß stellen sollte. Sie glaubten, er könne sein Erscheinen vor Gericht nutzen, um die Verratsvorwürfe zurückzuweisen und die Regierung anzuprangern. Mit seiner Flucht ins Ausland, so ihr Argument, könne er bei den Arbeitern den Verdacht schüren, er müsse tatsächlich etwas zu verbergen haben. Außerdem gab es bei den Sozialisten eine lange Tradition, die Anklagebank zu Propagandazwecken zu nutzen: Trotzki hatte das 1906 überaus brillant demonstriert, und schon Lenins eigener Bruder hatte es bei seinem Prozeß 1887 getan. Doch Lenin war nicht bereit, die Rolle eines Märtyrers der Revolution zu spielen: sein Leben war dafür viel zu wichtig. Seiner Meinung nach stand es außer Zweifel, daß er keinen fairen Prozeß bekäme (das sei, wie er es ausdrückte, eine »konstitutionelle Illusion«), da die Herrschaft des Rechts abgeschafft und der Staat selbst von der »Konterrevolution« übernommen worden sei. »Es handelt sich gar nicht um ein ›Gericht‹, sondern um eine *Episode des Bürgerkriegs.*« Dem lag ein fundamentaler Meinungswandel bei Lenin zugrunde, der bedeutende Konsequenzen haben sollte. Seit den Aprilthesen hatte er akzeptiert, daß die Partei ihre Arbeit auf friedliche oder politische Mittel stützen müsse. Doch im Gefolge der Julitage, als der Staat seiner Ansicht nach in die Hände einer »Militärdiktatur« geraten war, machte er sich mehr und mehr den Gedanken eines bewaffneten Aufstands zur Machtergreifung zu eigen.[56] Lenins Weigerung, vor Gericht zu erscheinen, war im Grunde seine eigene Erklärung eines Bürgerkriegs.

Die Führer des Petrograder Rats fürchteten ebenfalls einen rechten Gegenschlag und waren geneigt, die Bolschewiki gegen die Strafmaßnahmen der Regierung zu verteidigen, obgleich sie den Juliaufstand und ihre Rolle dabei verurteilten. Gorki faßte die ambivalenten Ansichten der revolutionären Intelligenzija in einem Brief an Jekaterina vom 10. Juli zusammen:

> *Aus den Zeitungen wirst Du erfahren haben, was für Greuel hier geschehen sind. Mein unmittelbarer Eindruck davon läßt sich unendlich schwer in Worte fassen. Was geschehen ist und immer noch weiter passiert, ist in seiner Dummheit, Feigheit und Gemeinheit abstoßend … Es wäre falsch zu glauben, daß an allem nur Bolschewiki und deutsche Agenten schuld seien, deren Beteiligung an den Ereignissen durchaus nicht eindeutig ist; schuld an diesem wahnsinnigen Durcheinander sind alle, auch die Kadetten, die Spießer und überhaupt die ganze Masse Petersburgs. Ich will die »Bolschewiki« nicht rechtfertigen – sie wissen selbst, daß es für ihr Tun keine Rechtfertigung gibt … Der emotionale Bolschewismus, der auf die finsteren Instinkte der Massen wirkt, hat sich selbst den Todesstoß versetzt, das läßt sich nicht mehr abwenden. Das ist gut. Aber die Demokratie, England, Frankreich, Deutschland könnten die Zerschlagung des Bolschewismus als Niederlage der gesamten Revolution ansehen, und das ist äußerst schlecht, denn es wird die revolutionäre Stimmung im Westen schwächen und den Krieg endlos verlängern …*
>
> *Ich fürchte, Lenin ist da in eine miese Geschichte hineingeraten, er selbst ist natürlich in Ordnung, aber seine nächsten Genossen sind offenbar wirklich Gauner und Schurken. Man hat sie alle verhaftet. Jetzt stürzt sich die bürgerliche Presse auf* Nowaja schisn *und wird die Zeitung wohl kaputtmachen. Und dann folgt der Feldzug gegen Euch Sozialrevolutionäre … Die Konterrevolution ist jetzt keine Mutmaßung mehr, sondern Tatsache. An ihrer Spitze stehen die Kadetten, Stammtischpolitiker, die nicht zimperlich sind in der Wahl ihrer Kampfmittel.*[57]

Das Exekutivkomitee des Petrograder Rats protestierte gegen die Verhaftung der bolschewistischen Führer und wies den Verratsvorwurf gegen sie als Verleumdung der Schwarzhunderter zurück, mit der die Spaltung der revolutionären Demokratie betrieben werden solle. Die alten Traditionen sozialistischer Kameraderie, in der es »keine Feinde auf der Linken!« gab, waren zählebig. Die meisten Wortführer des Rats sahen in den Bolschewiki weiterhin »Genossen«. Auch sie meinten, daß eine Hexenjagd gegen die Bolschewiki zu einem Gegenschlag der Rechten gegen sämtliche Sozialisten ausarten könnte. Wie es in *Nowaja schisn* heißt: »Heute beschuldigen sie die Bolschewiki, morgen werden sie den Rat verdächtigen, und dann werden sie den Heiligen Krieg gegen die Revolution ausrufen.«[58] Die linken Menschewiki, von denen immer noch viele auf eine Wiedervereinigung ihrer Partei mit den Bolschewiki hofften, waren besonders eifrig in ihrer Opposition gegen Repressionen der Regierung, und es war vor allem ihren Bemühungen zu verdanken, daß der öffentliche Prozeß und die Kommission, die zur Untersuchung der Verratsvorwürfe eingesetzt worden war, an Stoßkraft verloren und scheiterten. Mehr als alles andere war es das, was das Überleben der Bolschewiki sicherte. Aufgrund der Abneigung der Räteführer, ihre Beziehungen zu ihnen abzubrechen, wurde eine einzigartige Gelegenheit versäumt, die leninistische Bedrohung ein für allemal zu beenden. Zwölf Monate später, als viele derselben Führer des Rats in bolschewistischen Gefängnissen saßen, sollten sie das bereuen.

Auf die Bedrohung einer »Konterrevolution« hatten sie zweifellos überreagiert, als sie ihre Reihen mit den Bolschewiki schlossen. Wie im Februar hatten sie die Wirklichkeit im Zerrspiegel der Geschichte gesehen: die Schatten von 1849 und 1906 hatten ihnen den Blick verstellt. Es war teilweise dieselbe Furcht vor Konterrevolution, die sie wie schon im Februar daran hinderte, selbst die Macht zu übernehmen. Das sollte sich ebenfalls als verhängnisvoller Fehler erweisen – denn nur eine Räteregierung hätte das Machtvakuum füllen können, das der Zusammenbruch der Koalition hinterlassen hatte. Zwar hätte sie vielleicht noch nicht Frieden, Brot und Land bringen und auch nicht die zu Gewalt und Chaos führende Spirale im Land beenden können, doch sie hätte zumindest den Bolschewiki die Chance nehmen können, sich unter der Losung »Alle Macht den Räten!« die Unterstützung der Massen zu sichern. In den Julitagen hatten die Massen der Straße die Führer des Petrograder Rats gebeten, die Macht zu übernehmen. Doch die hatten das als lediglich bolschewistische Demagogie abgetan. Es kam ihnen gar nicht in den Sinn, daß solche Rufe die Wünsche der restlichen Demokratie ausdrücken könnten. War es denn nicht an ihnen als deren selbsternannten Führern, das zu entscheiden? »Ich bin in der Provinz und an der Front gewesen«, versicherte Zereteli den Deputierten des Petrograder Rats am 4. Juli. »Und ich stelle fest, daß die Autorität der Provisorischen Regierung im Land sehr groß ist.«[59] Ihr rigides Parteidogma sagte den Menschewiki und den Sozialrevolutionären, daß keine sozialistische Regierung gebildet werden könne, solange die »bürgerliche Etappe der Revolution« noch nicht abgeschlossen sei. Solcherart höhere Logik brachte diese Philosophen zu dem Schluß, daß eine neue Koalition, koste es, was es wolle, zusammengeschustert werden müsse und daß, falls die Kadetten ihre Teilnahme immer noch verweigerten, ein Block mit anderen bürgerlichen Gruppierungen gebildet werden müsse. »Die Koalition ist tot! Lang lebe die Koalition!«

Die Neugestaltung der Koalition wurde mit der Ernennung Kerenskis zum neuen Premierminister unvermeidlich. Er war am 6. Juli in die Hauptstadt zurückgekehrt und auf eigenen Wunsch von einer aufwendigen Ehrengarde von Kosaken und Kavallerie entlang der Straßen vom Warschauer Bahnhof empfangen worden. Es sollte der triumphale Einzug eines Nationalhelden sein, des Mannes, von dem es hieß, er habe das Land vor der bolschewistischen Gefahr gerettet, indem er loyale Truppen an der Front zusammengezogen hatte. Am nächsten Tag trat Fürst Lwow zurück und benannte Kerenski als seinen Nachfolger. Für Lwow bedeutete dieser Schritt eine große Erleichterung. Er war der Politik müde und konnte es nicht über das Herz bringen, die Repressionen durchzuführen, die im Gefolge der Julitage erforderlich waren. »Der einzige Weg, das Land jetzt zu retten«, sagte er seinem alten Freund T. I. Polner am 9. Juli, »wäre, den Petrograder Rat zu schließen und auf die Menschen zu schießen. Das kann ich nicht. Kerenski kann es.« Bis zum Schluß konnte der milde Fürst keine Gewalt gegen »das Volk« einsetzen. Das verbot ihm sein lebenslanger Glaube an die »Güte und Weisheit« der Menschen, wie verfehlt er jetzt auch erscheinen mochte. Vier Tage später verließ Lwow die Hauptstadt und zog sich in ein Kloster zurück.[60]

Kerenski wurde als der Mann bejubelt, der das Land wieder vereinen und sein Abgleiten in einen Bürgerkrieg stoppen konnte. Er war der einzige bedeutendere Politiker, der sich auf breite Zustimmung im Volk stützen konnte und doch für die militärische Führung und die Bourgeoisie akzeptabel war. Zereteli war zwar der ranghöhere Räteführer, doch genau das machte ihn unannehmbar. Denn falls es wieder zu einer Koalition kommen sollte, mußten ihre Verbindungen zum Programm des Rats gelöst werden, sonst würden die Kadetten sich nicht beteiligen. Kerenski war die ideale Persönlichkeit für eine Wiederherstellung der Koalition: Als Mitglied sowohl des Rats als auch derjenigen Duma-Kreise, die die Provisorische Regierung gestellt hatten, bildete er eine Brücke zwischen den Lagern der Sozialisten und der Liberalen. Das verlieh ihm eine einzigartige Stellung, und das Schicksal Rußlands schien jetzt allein von diesem jungen Mann abzuhängen. Die Situation war an sich tragisch, denn die Last war zweifellos viel zu groß für einen so unerfahrenen Mann mit doch eher bescheidenen Gaben wie Kerenski.

Kerenski hatte sich immer gern als »nationaler Führer« gesehen, der es mit Rechts wie Links hielt, und sein Aufstieg zur Macht spornte diese Eitelkeit nur noch an. Er begann sein Image als Mann des Schicksals zu pflegen, der von »dem Volk« gerufen worden sei, um »Rußland zu retten«. Das war der Höhepunkt des Kerenski-Kults, der mit Hilfe seiner Freunde in der Petrograder literarischen Intelligenzija – den Mereschkowskis, Filossofow, Stanislawski und Nemirowitsch-Dantschenko* – inszeniert wurde, die alle den jungen Premierminister als »den

* Dmitri Mereschkowski (1865–1941), Dichter, Romancier und Religionsphilosoph; seine Ehefrau Sinaida Gippius (1869–1945), Dichterin und Essayistin; Dmitri Filossofow (1872 bis 1940), Literaturkritiker, der bei den Mereschkowskis lebte; Konstantin Stanislawski (1863–1938), zusammen mit Wladimir Nemirowitsch-Dantschenko (1858–1943) Begründer des Moskauer Künstlertheaters.

idealen Bürger« und die »Verkörperung der russischen Freiheit« feierten.[61] Erfolg und Schmeichelei stiegen Kerenski zu Kopf. Er begann in komischer Selbstüberschätzung herumzustolzieren, seine schmale Brust aufzublasen und die Pose eines Bonaparte zu imitieren. Sein Amtszimmer wurde ins Winterpalais verlegt, wo er die luxuriöse Suite Alexanders III. übernahm. Er schlief in dem riesigen Bett des Zaren und ließ eine Fotografie von sich an seinem überdimensionalen Schreibtisch aufnehmen und zur Werbung als Postkarte verteilen. Der geliebte Billardtisch Nikolais II., der bereits zum Transport nach Tobolsk verpackt war, wurde von Kerenski zu seiner eigenen Unterhaltung zurückbehalten. Darüber hinaus behielt er das alte Palastpersonal bei und ließ die Wache vor seiner Suite mehrmals am Tage ablösen. Die rote Fahne auf dem Dach des Winterpalais wurde gehißt oder eingeholt, je nachdem, ob er anwesend war oder nicht, genau wie bei den Zaren. War das der Mann, der sich als die »Geisel der Demokratie« bezeichnet hatte?

Während des dreiwöchigen Interregnums zwischen dem Zusammenbruch der Ersten Koalition und der Bildung der Zweiten löste Kerenski jedenfalls seine Verbindungen zur Rätebewegung. Als Makler der Macht bei den Parteigesprächen war er bereit, die meisten Grundforderungen des Rats zu opfern, um – wie es in der Regierungserklärung vom 8. Juli hieß – die Kadetten zur Teilnahme an der Koalition zu überreden. Auf Drängen der Kadetten erließ er Dekrete, die öffentlichen Versammlungen strenge Beschränkungen auferlegte, führte die Todesstrafe an der Front wieder ein und war einverstanden, den Einfluß der Soldatenkomitees zurückzuschrauben. Das Programm der neuen Koalition, das am 25. Juli endgültig formuliert wurde, sollte nicht länger auf den Grundsätzen des Rats beruhen, wie im Februar vereinbart worden war. Die neun sozialistischen Minister gehörten, obwohl sie eine Mehrheit bildeten, dem Kabinett als Privatpersonen und nicht als Repräsentanten des Rats an, womit sie zumindest formal die alleinige Autorität der Provisorischen Regierung anerkennen mußten. Alle sozialistischen Minister mit Ausnahme von Tschernow kamen von den rechten Flügeln ihrer Parteien und standen den liberalen Duma-Kreisen viel näher als der Rätebewegung. Zereteli, der als unumstrittener Führer des Rats dieses Schwinden seines Einflusses nicht akzeptieren konnte, hatte keine Wahl als zurückzutreten. Bereits tuberkulosekrank, ging er praktisch in den Ruhestand. Sein Rücktritt markierte das Ende des Rats. Am 18. Juli, demselben Tag, an dem Kerenskis Regierung ins Winterpalais umzog, wurde der Petrograder Arbeiter- und Soldatenrat aus dem Taurischen Palais verwiesen und ins Smolny-Institut verlegt, eine Schule für adlige Töchter am Rand der Hauptstadt. Es war symbolisch sowohl für den Niedergang des Rats als auch für den Aufstieg von Kerenskis Regierung in eine Position, die wie ihre zaristische Vorgängerin über dem Volk und abseits vom Volk lag.

# DER MANN AUF DEM WEISSEN PFERD

Nach allgemeiner Auffassung lag es an Lindes naivem Idealismus, daß er so brutal ermordet wurde. Man hatte den jungen Kommissar bei seiner Ankunft an der Front gewarnt, daß die Deserteure äußerst gefährlich seien. Mehrere Wochen lang hatten sie ein Banditenleben geführt und überall in dem Gebiet um Luzk Terror verbreitet. Jeder, der sie kannte, war überzeugt, es wäre besser, die Kosaken gegen das Rebellenlager einzusetzen. General Krasnow hatte 500 Mann Kavallerie der Reserve gestellt, und obgleich es sich um nahezu zehnmal so viele Deserteure handelte, war er sicher, daß der eindrucksvolle Anblick der Kosaken genügen würde, um sie zu entwaffnen. Doch Linde beharrte stur auf der Macht des revolutionären Wortes. Die Kosaken seien ein Überbleibsel der zaristischen Vergangenheit, meinte er, und sollten prinzipiell nicht gegen die »freieste Armee der Welt« eingesetzt werden: »Wissen Sie, General, ich werde es erreichen, daß sie auf die Vernunft hören. Man muß mit den Soldaten reden können. Alles ist nur eine Frage der Psychologie.«[62] Der junge Kommissar ließ sich nicht von seinem törichten Plan abbringen – er war erfüllt von seinem Glauben an die Macht des revolutionären Willens –, und so erlaubte man ihm, in das Lager zu gehen und zu versuchen, die Deserteure zur Rückkehr aufs Schlachtfeld zu überreden.

Der Konvoi von Autos, Lastern und berittenen Kosaken bewegte sich durch menschenleeres Gebiet auf den Wald zu, wo die Rebellen ihr bewaffnetes Lager auf einer Lichtung aufgeschlagen hatten. Es war ein sonniger Augustnachmittag, und auf den Feldern hätte normalerweise das Getreide gestanden, doch nach dreijähriger kriegsbedingter Vernachlässigung waren sie von Unkraut überwuchert. Sie hielten am Waldrand an, und Linde ging allein auf das Lager zu, während eine Gruppe Offiziere in einiger Entfernung folgte und die Kosaken weiterritten, um das Lager zu umzingeln. Die Soldaten der beiden meuternden Regimenter, des 443. und des 444. der 3. Infanteriedivision, saßen oder lagen bei ihren Zelten auf der Lichtung. Als die Offiziere sich näherten, wurden sie unruhig, erhoben sich wie ein riesiges prähistorisches Tier und entsicherten ihre Gewehre. Linde bemerkte zwei verschiedene Gruppen, die eine, zerstreut und unübersichtlich, umfaßte die Masse der Soldaten, die andere, viel kleiner und kompakter, stellte den harten Kern der bolschewisierten Truppen dar, wie er an ihrem drohenden Blick erkannte. Er sprang auf einen Holzstapel und begann zur ersten Gruppe zu sprechen. Es war eine aufwühlende Rede, voller demokratischen Pathos. »Ich, der ich die Soldaten angeführt habe, die zaristische Regierung zu stürzen und euch die Freiheit zu geben, eine Freiheit, die bei keinem anderen Volk in der Welt ihresgleichen hat, verlange jetzt, daß ihr mir diejenigen ausliefert, die euch überredet haben, euch den Befehlen der Kommandeure zu widersetzen.« Während er sprach, hörte man das Pfeifen der deutschen Granaten über den Wald hinweg, was der rhetorischen Leidenschaft Lindes einen zusätzlichen dramatischen Effekt verlieh. Er wies in die Richtung der feindlichen Kanonen und rief die Soldaten auf, ihr Vaterland zu verteidigen. Doch die Soldaten hatten all das schon früher gehört, und jahrelange schönfärberische Propaganda hatte sie zynisch werden lassen. Sie hatten zuviel vom Krieg gesehen, als daß sie noch weiter den schön klingenden Phrasen hätten glauben können, vor allem von diesem Jungen mit dem weichen Gesicht, dem maßgeschneiderten Offiziershemd, den feinen Reithosen und Lederstiefeln und dem ausländischen Akzent.

Als Linde merkte, daß seine Worte keine Wirkung zeigten, begann er die Männer anzuschreien, hieß sie »faule Schweine« und »Bastarde«, die die Freiheit nicht verdient hätten. Die Deserteure wurden unruhig, und einige Männer der bolschewistischen Gruppe fingen an, ihm zuzusetzen. Sie schimpften ihn einen deutschen Spion und sagten, er benähme sich wie im alten Regime. General Krasnow, der die Szene von ferne beobachtete, spürte, daß sich etwas Schlimmes anbahnte, und schickte einen Wagen, um den gestrandeten Kommissar zu retten. Doch Linde war von der Macht seiner eigenen Worte so begeistert und von seinem heroischen Selbstbild so berauscht, daß er sich weigerte wegzugehen. Erst als die Soldaten ihm näherrückten, versuchte er zu entkommen. Aber da war es zu spät. Ein stämmiger Soldat der bolschewistischen Gruppe trat vor und hieb mit dem Gewehrkolben gegen Lindes Schläfe, ein zweiter schoß ihn nieder, und dann fielen die schreienden Soldaten über ihn her und stachen mit ihren Bajonetten auf ihn ein. Krasnow und die anderen Offiziere fürchteten um ihr Leben und versuchten, sich in Sicherheit zu bringen, aber die Soldaten, durch den Mord angefeuert, liefen ihnen durch den Wald nach, während die Kosaken sich mühten, die Ordnung wiederherzustellen. Einem der Offiziere, Oberst Girschfeldt, wurden die Kleider heruntergerissen, er wurde kopfüber an einem Baum aufgehängt und brutal gefoltert, ehe ihn der Mob erschoß. Noch zwei weitere Offiziere wurden ermordet, bevor der Konvoi sich aus dem Wald in Sicherheit bringen konnte.

Lindes Leichnam wurde nach Petrograd zurückgebracht und erhielt ein Heldenbegräbnis. Die demokratische Presse porträtierte den »gefallenen Kämpfer für die Sache des Volks« als ein leuchtendes Beispiel für den patriotischen revolutionären Geist, den die russische Armee jetzt so bitter nötig hatte. Linde war nicht der erste Räteführer, der von bolschewisierten Truppen umgebracht wurde. In den Wochen zuvor hatte es mehrere ähnliche Morde gegeben. Selbst Sokolow, der berühmte Räteführer und Autor des Befehls Nr. 1, der Gründungscharta der Soldatenrechte, war von einem Mob meuternder Soldaten verprügelt und als Geisel genommen worden, nachdem er sie zur Rückkehr in die Schlacht zu überreden versucht hatte. Dem brutalen Mord an Linde auf dem Höhepunkt der Sommerkrise maß man indes besondere Bedeutung bei. Er symbolisierte das Ende der idealistischen Hoffnungen aus den ersten revolutionären Monaten – des Ideals eines freien Staates von Bürgern, die man überreden konnte, ihre Bürgerpflichten gegenüber Rußland und der Revolution zu erfüllen. Der Tod Lindes hatte endgültig bestätigt, daß die Zeiten des Überredens vorbei waren. Das russische Volk war nicht bereit, zu Bürgern zu werden, und Kerenskis berüchtigter Tadel, wonach der freie russische Staat ein »Staat rebellischer Sklaven« sein werde, schien durch das wachsende Chaos landesweit bestätigt zu werden. Die russische Armee zerfiel und wich Hals über Kopf von der Front zurück. Am 21. August eroberten die Deutschen Riga, und, wie Sinaida Gippius in ihr Tagebuch schrieb, sah es so aus, als ob »sie jeden Augenblick Petrograd erobern könnten«. Das Reich brach auseinander, die selbsternannten nationalen Regierungen in Finnland und der Ukraine erklärten ihre Unabhängigkeit, während jeder Tag neue Presseberichte über militante Arbeiterstreiks, Anarchie bei den Eisenbahnen, Bauernüberfälle auf adlige Güter und Verbrechen und Chaos in den Städten brachte. Immer mehr Menschen schienen aus dem Ganzen allmählich die Lehre zu ziehen, daß Rußland nur mit Gewalt zu regieren sei. Selbst Zereteli mußte zugeben, daß die Sommerkrise das Ende der »rosigen Traumjugend« der Revolution und der Anfang einer neuen und »grausamen Periode« sei, in der man Zwangsmaßnahmen ergreifen müsse, um die Welle der Anarchie aufzuhalten.[63]

Als erste riefen die besitzenden Klassen nach Ordnung. »Das Vaterland ist in Gefahr!« wurde ihre Parole. Hysterisch vor Angst, verspielten sie riesige Summen Geldes, verschleuderten ihren Besitz und lebten ein wüstes Leben für den Augenblick, als sei es der letzte Sommer der russischen Zivilisation. Immer mehr machte sich eine konterrevolutionäre Stimmung breit. Zeitungen forderten, die Bolschewiki zu hängen und den Petrograder Rat zu schließen. In Abwesenheit der führenden Bolschewiki wurde Tschernow der neue »deutsche Spion« und die *bête noire* der Rechten. Bolschewistische Arbeiter wurden vom Schwarzhunderter-Mob verprügelt. Ehrbare Bürger der Mittelschicht fanden sich in verschiedenen rechtsgerichteten Gruppen zusammen, die Rußlands Unglück auf die Juden schoben und nach der Wiedereinsetzung des Zaren oder eines anderen Diktators riefen, der Rußland vor der Katastrophe retten solle.[64]

Brussilow, der an der Spitze der russischen Armee stand und somit für die gescheiterte Offensive verantwortlich war, geriet schon bald in den Sog dieses Rechtsrucks. Im Hauptquartier war er nach wie vor unbeliebt, dort hatten die reaktionären Generäle seine demokratischen Tendenzen immer mißtrauisch verfolgt, und das Mißlingen der Offensive gab ihnen nun Gelegenheit, eine Kampagne für seine Entlassung anzuzetteln. Man drängte darauf, ihn durch General Kornilow zu ersetzen, einen wohlbekannten Verfechter der Rückkehr zur militärischen Disziplin traditionellen Stils. Die Kadetten machten dies sogar zu einer Vorbedingung für ihre Beteiligung an Kerenskis Regierung. Obgleich der neue Premierminister selbst für die Strategie verantwortlich war, die Brussilow verfolgte, war er durchaus bereit, beide fallenzulassen, wenn das denn der Preis der Macht sein sollte. Am 18. Juli wurde Brussilow schließlich entlassen.[65] Erst nachdem die Bolschewiki an die Macht gekommen waren, kehrte er unter äußerst ungewöhnlichen Umständen zur Armee zurück.

Der Mann, der ihn ersetzte, General Lawr Kornilow, hatte sich in rechtsgerichteten Kreisen bereits den Status eines Retters der Nation erworben. Kornilow, der klein war und agil, mit einem kurzgeschorenen Kopf, Mongolenschnurrbart und kleinen Mausaugen, kam aus einer Familie sibirischer Kosaken. Sein Vater war Kleinbauer und Soldat gewesen und hatte es bis zu einem niederen Offiziersrang gebracht. Seine Mutter soll eine Burjätin gewesen sein. Dieser vergleichsweise plebejische Hintergrund unterschied Kornilow von den übrigen russischen Generälen, von denen die meisten aus dem Adel stammten. In der demokratischen Atmosphäre von 1917 war es der ideale Hintergrund für einen Nationalhelden und Soldaten. Kornilow hatte den Anfang seiner Armeekarriere in Mittelasien verbracht. Er hatte die Turksprachen der Region erlernt und seine eigene, in scharlachrote Roben gekleidete Leibwache von Tekke-Turkmenen aufgebaut, die ihn ihren »Großen Bojaren« nannten. Kornilows Ernennung war von seinen militärischen Verdiensten her kaum gerechtfertigt. 1914, im Alter von 44 Jahren, hatte er es noch nicht weiter als bis zum Divisionskommandeur in der 8. Armee gebracht. Brussilow, sein Armeebefehlshaber, hatte ihn als tapferen und schneidigen Soldaten in Erinnerung, der bei seinen Leuten beliebt war, jedoch dazu neigte, Befehle zu verweigern. Er behauptete nicht zu Unrecht, daß Kornilow seinen eigenen »Tapferkeitskult« gepflegt habe, und dieser Kult stand sicherlich hinter seinem kometenhaften Aufstieg zu Ruhm. 1915 war Kornilow von den Österreichern verwundet und gefangengenommen worden, nachdem er sich geweigert hatte, Brussilows Befehl zum Rückzug seiner Division von der Front auszuführen. Im folgenden Jahr war er aus dem Gefängnis geflohen und hatte sich, als österreichischer Soldat verkleidet, zu Fuß nach Rußland durchgeschlagen, wo man ihm, statt ihn vor Gericht zu stellen, wie einen Helden empfing.[66]

Es war zu dieser Zeit, daß Kornilow mächtige politische Förderer in Gestalt von Rodsjanko und Gutschkow gewann. Sie sicherten ihm im März 1917 die Ernennung zum Kommandeur des Petrograder Militärbezirks. Während der Aprilunruhen hatte Kornilow gedroht, seine Truppen auf die Straße zu schicken. Der Petrograder Rat hatte sich dem widersetzt, die Kontrolle über die Garnison übernommen und Kornilow zum Rücktritt gezwungen. Mehrere rechte Gruppierungen waren über die Einmischung des Rats in Armeeangelegenheiten empört und betrachteten Kornilow als Verfechter ihrer Sache. Was sie einte, war ihre Opposition gegen den wachsenden Einfluß des Rats auf die Regierung, vor allem in der Außen- und Militärpolitik, im Gefolge der Aprilkrise. Miljukow, der gezwungen worden war, als Außenminister zurückzutreten, begann mit konterrevolutionären

Ideen zu liebäugeln. »Offensichtlich lenken uns die Führer des Rats der Arbeiterdeputierten ganz bewußt in die Niederlage und den finanziellen wie ökonomischen Ruin«, schrieb er Ende Juni an einen Freund. »Im Innersten wissen wir beide, daß die Rettung Rußlands in der Rückkehr zur Monarchie besteht, wissen, daß alle Ereignisse der beiden letzten Monate klar erwiesen haben, daß das Volk unfähig ist, die Freiheit zu nutzen.«[67] Führende Geschäftsleute, die sich mehr und mehr der Politik Skobelews, des menschewistischen Arbeitsministers, widersetzten, und der Adel, der sich gleichermaßen ablehnend gegen Tschernow, den sozialrevolutionären Landwirtschaftsminister, verhielt, begannen sich ebenfalls gegen den Petrograder Rat zu stellen. Der Offiziersbund und die Kosakenunion traten für die Abschaffung der Soldatenkomitees und die Wiederherstellung der militärischen Disziplin ein. All diese Gruppierungen kamen durch das Republikanische Zentrum zusammen, eine Geheimorganisation bürgerlicher Patrioten, Offiziere und Kriegsveteranen, die im Mai über einer Bank am Newski-Prospekt gegründet wurde.[68]

Kornilow war eher der Diener als der Meister dieser politischen Interessen. Er selbst hatte kaum ausgeprägte politische Vorstellungen. Als typischer Soldat war er ein Mann der sparsamen Worte und der noch sparsameren Ideen. »Das Herz eines Löwen und das Hirn eines Schafs«, lautete Alexejews Verdikt über ihn. Während seiner Kriegsgefangenschaft hatte er über das Leben Napoleons gelesen und schien zu glauben, daß sein Schicksal ihm eine ähnliche Rolle für die Rettung Rußlands zugedacht habe.[69] Alles, was man zum Eindämmen der anarchischen Flut brauche, sei ein General auf einem weißen Pferd.

Die meisten politischen Erklärungen Kornilows waren von Boris Sawinkow, Kerenskis stellvertretendem Kriegsminister, für ihn geschrieben worden. Sawinkow – Dichter, »Freiheitskämpfer« und Spieler – war in seiner Jugend eine legendäre Figur im terroristischen Flügel der Sozialrevolutionäre gewesen. Um die Jahrhundertwende war er in die Ermordung mehrerer Regierungsbeamter einschließlich Plehwes verwickelt. Und wie viele Terroristen hatte er einen stark autoritären Zug: »Sie sind ein Lenin, aber von der anderen Seite«, sagte Kerenski einmal zu ihm. Nach einer gewissen Zeit im ausländischen Exil kehrte Sawinkow 1917 nach Rußland zurück und schloß sich der Bewegung gegen den Arbeiter- und Soldatenrat an (den er den »Rat der Ratten-, Hunde- und Hühnerdeputierten« nannte).[70] Er war es, der Kornilows Ernennung einfädelte, zunächst, am 8. Juli, zum Kommandeur der Südwestfront, und dann, zehn Tage später, zum Oberbefehlshaber.

Es ist nicht klar, ob Kerenski wußte, wen er mit seinem neuen Befehlshaber über den bekannten Befürworter militärischer Disziplin hinaus bekam. Kerenski hegte natürlich seine eigenen bonapartistischen Ambitionen, und zweifellos hoffte er, in Kornilow einen starken Mann zu seiner Unterstützung zu finden. Aber ob ihm bewußt war, daß Kornilow und seine Verbündeten Kerenski für ähnliche Pläne nutzen wollten? Brussilow behauptete später, daß er bereits von Kerenski gefragt worden sei, »ob ich [ihn] unterstützen würde, falls er es für notwendig erachten sollte, die Revolution durch seine Diktatur abzulösen«. Brussilow hatte abgelehnt, weil er Kerenski für zu »hysterisch« für diese Rolle hielt. Daraufhin hatte ihn Kerenski gefragt, ob er bereit sei, selbst Diktator zu werden. Doch noch einmal hatte Brussilow abgelehnt und diese Idee mit einem Vergleich illustriert: »Wer baut schon einen Damm, wenn ein Fluß Hochwasser führt!« Brussilows Weigerung war sicherlich ein Faktor bei Kerenskis Entscheidung, ihn durch einen Befehlshaber mit primitiveren Instinkten zu ersetzen. Um Kornilows Ernennung sicherzustellen, hatte Sawinkow diesem in weiser Voraussicht geraten, am 16. Juli auf der Konferenz im Hauptquartier die Funktion der Kommissare als Hindernis für die Macht der Soldatenkomitees zu unterstreichen. Das war eine viel gemäßigtere Haltung als die Denikins und der anderen Generäle, die die sofortige Abschaffung der Soldatenkomitees befürworteten, und damit würde er es Kerenski ermöglichen, die Rechte zufriedenzustellen und zugleich die Grundstruktur seiner demokratischen Reformen zu retten.[71] So hatte Kornilow den Eindruck vermittelt, daß er bereit sei, sich in Kerenskis Pläne zu fügen.

Doch unmittelbar nach seiner Ernennung begann Kornilow Kerenski seine eigenen Bedingungen zu diktieren. Während der kurzen Zeit als Befehlshaber der Südwestfront schaffte er es, Kerenski zur Wiedereinführung der Todesstrafe an der Front zu zwingen (Kornilow hatte sie bereits auf eigene Verantwortung praktiziert und befohlen, alle Deserteure zu erschießen). Nun verlangte er als Bedingung für die Übernahme des Oberkommandos die Ausweitung des Geltungsbereichs der Todesstrafe aufs Hinterland, während er sich selbst als Kopf der Armee lediglich seinem »Gewissen und der Nation insgesamt« verantwortlich fühlen werde. Das war im Grunde eine Herausforderung an die Autorität der Provisorischen Regierung, die Kornilow eindeutig für eine Gefangene des Petrograder Rats hielt, und obgleich er unter dem Druck Kerenskis schließlich genötigt wurde, dieses Ultimatum zurückzuziehen, blieb die Stoßrichtung seiner Absichten klar. An den folgenden Tagen legte er Kerenski eine Reihe von Reformen vor, die Sawinkow entworfen hatte. Die erste davon beschränkte sich strikt auf das Militär und schlug folgendes vor: der Macht der Soldatenkomitees eine Ende zu bereiten, Meetings der Soldaten an der Front zu verbieten und die revolutionären Regimenter aufzulösen. Nach dem 3. August aber wurde der Rahmen der Reformen drastisch erweitert und umfaßte nun auch die Verhängung des Ausnahmezustands im ganzen Land, die Wiedereinführung der Todesstrafe für Zivilisten, die Militarisierung der Eisenbahnen und der Rüstungsindustrie mit einem Verbot von Streiks und Arbeitermeetings unter Androhung der Höchststrafe sowie obligatorische Produktionsquoten, wobei diejenigen, die sie nicht erfüllten, sofort entlassen werden sollten.[72] Das Ganze war praktisch die Forderung nach der Errichtung einer Militärdiktatur.

Einer der unverwüstlichsten Mythen der russischen Revolution ist die Vorstellung, daß Kornilow einen Staatsstreich gegen die Provisorische Regierung geplant habe. Das war Kerenskis Version der Ereignisse. Nach seinem Sturz verbrachte er den Rest seines langen und frustrierten Lebens im Exil mit dem Versuch, diese Version in seinen umfangreichen und verlogenen Memoiren zu beweisen. Sie wurde auch von sowjetischen Historikern vertreten, weil sie Lenins Ansicht bestätigte, daß sich die »Militärdiktatur« nach dem Juli in einen reinen Machtkampf gestürzt habe. Doch das vorliegende Material legt nahe, daß Kornilow alles andere als den Sturz der Provisorischen Regierung plante, vielmehr sie eigentlich retten wollte. Indem er Druck auf Kerenski ausübte, seine Reformen zu verabschieden, versuchte er, die Regierung dem Einfluß des Rats zu entziehen und in seinen Augen damit Rußland vor der drohenden Katastrophe »zu retten«. Anders gesagt, Kornilow glaubte, daß die Diktatur dann »legitim« wäre, wenn Kerenski sie unterstützte. Erst als Kerenski selbst Zweifel zu hegen begann, weil nämlich die Pläne des Generals seine eigene Position untergraben könnten, deckte er die »Verschwörung zum Staatsstreich« auf. Kerenski war entschlossen, die Rolle eines Bonaparte selbst zu spielen, und fürchtete, daß Kornilow ein Rivale werden könnte. Wenn man so will, war es eine Frage von zwei Männern und nur einem weißen Pferd.

Nichts von alledem sollte jedoch in Abrede stellen, daß Kornilow von vielen seiner Förderer gedrängt wurde, die Provisorische Regierung insgesamt abzuschaffen. Der Offiziersbund zum Beispiel schmiedete Pläne für einen militärischen Staatsstreich, und Mitte August drängte eine »Konferenz von Männnern der Öffentlichkeit«, die vorwiegend aus Kadetten und rechtsgerichteten Geschäftsleuten bestand, Kornilow deutlich in dieser Richtung. Im Zentrum dieser rechten Kreise stand Wassili Sawoiko, eine ziemlich dubiose Gestalt – Immobilienmakler, Industriefinanzier, Journalist und politischer Intrigant –, der nach Ansicht General Martynows als Kornilows »persönlicher Führer, man könnte sogar sagen, Mentor in allen staatlichen Angelegenheiten« handelte. Sawoikows Pläne für einen Umsturz waren so gut bekannt, daß sogar Whitehall davon gehört hatte: Bereits am 8. August informierte das Außenministerium in London Buchanan, seinen Botschafter in Petrograd, darüber, daß Sawoiko laut militärischer Quellen eine Verschwörung zum Sturz der Provisorischen Regierung plane. Auch läßt sich nicht leugnen, daß Kornilow seine eigenen Ambitionen auf dem Feld der Politik hatte – der Kornilow-Kult, dessen Entstehung er selbst gefördert hatte, war ein deutliches Zeichen dafür –, und durch das ständige Drängen von Anhängern wie Sawoiko muß er versucht gewesen sein, seine enorme Popularität auszunützen, um sich zum Diktator zu machen. Der Oberbefehlshaber verachtete Kerenski als »weich und weibisch« und glaubte, dessen gesamte Administration sei von den Räten hoffnungslos abhängig. Stepun traf vermutlich den Nagel auf den Kopf, als er den Konflikt zwischen Kornilow und Kerenski als einen Konflikt zwischen zwei völlig verschiedenen Welten beschrieb – der Welt des Offizierskorps und der Welt der Intelligenzija –, von denen keine die andere verstehen konnte.[73]

Kornilows Mißtrauen gegenüber der Provisorischen Regierung konnte durch Kerenskis Schwanken bei der Annahme seiner Reformen nur noch wachsen. Am 10. August erschien Kornilow uneingeladen mit seiner persönlichen Leibwache, die mit zwei Maschinengewehren ausgerüstet war, vor dem Winterpalais, um Kerenski zu überreden, seine Vorschläge anzunehmen. Man gestattete Kornilow nicht, zum ganzen Kabinett zu sprechen, sondern nur zum inneren »Triumvirat« – Kerenski, Tereschtschenko und Nekrassow –, das ihn warnte, nicht auf eine rasche Verwirklichung seiner Reformen zu bauen. Daraufhin schrien er und Kerenski sich gegenseitig an, und jeder beschuldigte den anderen, das Land in den Ruin zu steuern. Beim Abendessen erzählte Kornilow Rodsjanko, falls Kerenski sich weigere, seine Reformen zu verabschieden, werde er die Armee gegen ihn einsetzen. Am nächsten Tag wies er tatsächlich das 3. Kavalleriekorps an, in die Gegend von Welikije Luki vorzurücken, von wo aus es gegen die Hauptstadt in Marsch gesetzt werden konnte. Es war nicht ganz klar, ob Krymows Truppen die Provisorische Regierung, sowie sie Kornilows Reformen verabschiedet hätte, gegen eine mögliche bolschewistische Revolte schützen oder ob sie ihr mit einem Militärputsch drohen sollten, falls sie die Reformen schließlich doch nicht verabschiedete. Vermutlich ist die Antwort »sowohl als auch«. Kornilow teilte General Lukomski mit, daß er »keine Absicht habe, gegen die Provisorische Regierung vorzugehen«, vielmehr hoffe, »im letzten Augenblick eine Übereinkunft mit ihr zu treffen«, daß es aber, falls er damit scheitere, »nötig sein könnte, einen Schlag gegen die Bolschewiki ohne die Billigung der Regierung zu führen«.[74] Das war kein Geständnis seiner Absichten, die Regierung zu stürzen, aber es war eine Drohung, sie vor der Linken zu retten, und das nötigenfalls auch gegen Kerenskis Willen.

Zum Zeitpunkt von Sawinkows Besuch im Hauptquartier vom 22. bis 24. August war Kornilow allerdings überzeugt, daß das nicht nötig sei. Der stellvertretende Kriegsminister hatte ihm versichert, daß Kerenski seinen Forderungen innerhalb »der nächsten Tage« nachkommen werde. Er ging davon aus, daß das zur Umbildung der Provisorischen Regierung in eine kollektive Diktatur führen würde – mit Kerenski selbst an der Spitze sowie Sawinkow, Kornilow und verschiedenen »Männern der Öffenlichkeit« aus patriotischen Kreisen. Sawinkow forderte Kornilow auch auf, das 3. Kavalleriekorps von Welikije Luki nach Petrograd selbst zu verlegen, weil er eine bolschewistische Revolte gegen die Verhängung des Kriegsrechts fürchtete, der sich die Streitkräfte des Petrograder Rats anschließen könnten. Es kursierten Gerüchte über einen bolschewistischen Putsch, der für Ende August geplant sei, und es war vereinbart worden, »gnadenlos« dagegen vorzugehen. Am 25. August befahl Kornilow Krymows Truppen, die Hauptstadt zu besetzen, den Petrograder Rat aufzulösen und die Garnison zu entwaffnen, falls es zu einem bolschewistischen Aufstand käme. Er glaubte, damit auf Kerenskis Anweisung zu handeln und die Provisorische Regierung zu schützen, nicht sie zu stürzen.

Doch Kerenski war immer noch unentschlossen. Seine eigene politische Strategie seit Februar gründete auf der Idee, es mit Rechts wie Links zu halten: Das hatte ihn zur zentralen Figur der Koalititon gemacht und fast dahin gebracht, selbst Diktator zu werden. Doch die Sommerkrise und die sich verschärfende Polarisierung zwischen Rechts und Links machten dies immer schwieriger: Die politische Mitte, auf die sich Kerenski stützen wollte, verschwand rapide. Der Rat mißtraute zusehends Kerenskis Fähigkeit – und eigentlich auch seiner Entschlossenheit –, die Errungenschaften der Revolution gegen die »Konterrevolution« zu verteidigen, während die Rechte ihm vorwarf, er sei nicht standhaft genug gegenüber den Bolschewiki. Kerenski war unfähig zu entscheiden, welchen Weg er gehen sollte, und geriet hoffnungslos ins Schwanken, weil er fürchtete, die eine oder andere Seite vor den Kopf zu stoßen.

Kornilows Reformvorschläge nun zwangen ihn, sich zwischen Rechts und Links zu entscheiden – für ihn eine schwierige Entscheidung. Einerseits würden die Kadetten vermutlich seine zerbrechliche Koalition verlassen, falls er sich weigerte, sich auf Kornilow einzulassen. Außerdem bestand auch die Gefahr eines Militärputsches, die die Männer des Februar wie Kerenski immer überschätzten, denn die Armee war ihrer Erfahrung nach stets gegen die Revolution gewesen. Andererseits riskierte er, falls er einer Billigung von Kornilows Reformen zustimmte, den vollständigen Bruch mit der Linken und würde seinen Anspruch verlieren, »Geisel der Demokratie« zu sein. Die Wiedereinführung der Todesstrafe hatte seine revolutionären Referenzen bereits ernstlich befleckt. Der Petrograder Rat kämpfte verbissen gegen Kornilows Vorschläge und konnte, anders als im Juli, eine bolschewistische Erhebung glattweg gutheißen, falls diese Vorschläge verwirklicht würden. Im übrigen bezweifelte Kerenski, daß das Kriegsrecht überhaupt Wirkung zeigen würde. Wo waren die Kräfte, um einen solchen Plan auszuführen? Wie viele Offiziere hatten den Mut, meuternde Soldaten hinzurichten? Wer würde die Militarisierung der Eisenbahnen und Fabriken erzwingen und Arbeiter erschießen, die es wagten, zu streiken? Die ganze Idee schien vollkommen unausführbar.

In einem letzten verzweifelten Versuch, die Nation hinter sich zu bringen, rief Kerenski eine Staatsberatung in Moskau ein. Sie fand vom 12. bis 14. August im Bolschoi-Theater statt. Kerenski hoffte, die Konferenz werde Links und Rechts versöhnen, und wies in dem Bemühen, die politische Mitte zu stärken, von der er abhing, den gemäßigten Delegierten der Semstwos und Kooperativen eine große Anzahl Sitze zu. Sergej Semjonow nahm als deren Delegierter aus Wolokolamsk an der Staatsberatung teil. Kerenski muß allerdings beim Anblick der Eröffnungssitzung der Mut verlassen haben: Die Polarisierung Rußlands spiegelte sich genau in der Sitzordnung im Auditorium – auf der rechten Seite der Logen saßen die Parteien der Mittelschicht, die Bankiers, Industriellen und Duma-Vertreter in ihren Gehröcken und gestärkten Kragen, während links, ihnen gegenüber wie in einer Schlacht, die Rätedeputierten in ihren Arbeiterhemden und Soldatenuniformen saßen. Die Szene erinnerte an die Eröffnung der Duma 1906; in der Zwischenzeit waren sich die beiden Rußlands nicht nähergekommen. Die Bolschewiki hatten beschlossen, die Konferenz zu boykottieren, und riefen zu einem stadtweiten Streik auf. Die Straßenbahnen fuhren nicht, und Restaurants und Cafés, einschließlich dessen im Bolschoi-Theater selbst, hatten geschlossen, so daß sich die Konferenzdelegierten um ihre Erfrischungen selbst kümmern mußten.

Kerenski hatte bei der Konferenz im Mittelpunkt des Geschehens stehen wollen, doch zu seinem Ärger stahl ihm Kornilow die Schau: Nach der Hälfte der Konferenz hielt der General einen triumphalen Einzug in die Hauptstadt. Auf dem Alexander-Bahnhof bewarfen ihn Damen der Mittelschicht mit Blumen. Gräfin Morosowa fiel vor ihm auf die Knie, während der Kadett Roditschew ihm zurief: »Rettet Rußland, und ein dankbares Volk wird Euch krönen.« Der Mann auf dem weißen Pferd war angekommen. Offiziere trugen ihn auf den Schultern vom Bahnhof, und auf der Straße ließ ihn eine jubelnde Menge rechtsgerichteter Patrioten hochleben. Er stieg in ein offenes Auto an der Spitze einer Wagenkolonne, um die ihn jeder Diktator des 20. Jahrhunderts beneidet hätte, und unternahm seine Wallfahrt zur Iberischen Gottesmutter, wo die Zaren bei ihren Moskaubesuchen gewöhnlich ein Gebet verrichtet hatten. Am nächsten Tag betrat er unter den Ovationen der Rechten die Konferenz, während die Linke schweigend und versteinert sitzen blieb. Seine Rede war kümmerlich – Worte waren nicht gerade Kornilows Stärke –, aber offenbar machte das nichts: Es war das, wofür er stand, nicht, was er sagte, was ihn zum Helden der Patrioten machte, und Kerenski mit all seiner blumigen Beredsamkeit konnte nicht verhindern, daß er daneben verblaßte.[75]

Die Moskauer Konferenz markierte Kerenskis moralischen Sturz: Die beiden Monate bis zur Machtergreifung durch die Bolschewiki waren im Grunde nicht mehr als der lange Todeskampf der Provisorischen Regierung. Das war auch für die demokratische Intelligenzija, die so viel dazu beigetragen hatte, den Kerenski-Kult zu schaffen, der Zeitpunkt, sich endgültig von ihm zu trennen. Gippius schrieb am 14. August in ihr Tagebuch: »Kerenski ist ein entgleister Eisenbahnwaggon. Er schwankt und taumelt bedenklich und ohne die leiseste Überzeugung. Er ist dem Ende nah, und es sieht so aus, als ob es ein ehrloses Ende würde.« Kerenski selbst war sich seines Abstiegs vollkommen bewußt. »Ich bin ein kranker Mann«, sagte er drei Tage später zu Sawinkow. »Nein, nicht ganz. Ich bin gestorben, lebe nicht mehr. Bei der Konferenz bin ich gestorben.«[76] Es schien nur noch eine Frage der Zeit zu sein, bis er Kornilow unterlag. Unter dem wachsenden Druck versprach er Sawinkow, dessen Reformen zu verabschieden, in dem Bewußtsein, daß sie ihn auf eine Galionsfigur reduzierten, mit der die Militärdiktatur ihre Legitimation erhielt.

Doch dann, plötzlich, entdeckte Kerenski einen unverhofften Ausweg aus der verfahrenen Situation. Er tat sich ihm in Gestalt einer Intervention von W. N. Lwow auf, einem einstigen Abgeordneten der Oktobristen in der Vierten Duma und dann Oberprokuror des Heiligen Synod, der es auf sich genommen hatte, zwischen Kerenski und Kornilow zu vermitteln. Lwow war eine jener zahlreichen Personen in der russischen Geschichte, die einem Roman von Gogol oder Dostojewski entsprungen zu sein scheinen. Als Adliger ohne besondere Talente oder einen Beruf war er überzeugt von seiner Berufung zu Höherem, endete jedoch 1920 verarmt und wahnsinnig geworden auf den Straßen von Paris. Im Juli, nach seiner Entlassung als Prokuror des Heiligen Synod, geriet er in rechtsgerichtete Kreise, die Kornilow drängten, diktatorische Macht zu übernehmen. Diesbezüglich wandte er sich am 22. August an Kerenski und bot ihm an, in seinem Namen mit Kornilow zu verhandeln, weil er hoffte, damit den Weg zur Bildung einer »starken Regierung« zu ebnen. Kerenski wurde häufig von solchen selbsternannten »Rettern« des Landes aufgesucht und schenkte ihnen gewöhnlich wenig Aufmerksamkeit. Aber diesmal war es anders. Lwow hatte ihn gewarnt, der Generalstab plane seine Ermordung. Kerenskis Gedanken waren in letzter Zeit viel um diese potentielle Bedrohung gekreist. Er hatte sogar befohlen, die Wachen vor seiner Unterkunft stündlich zu wechseln. Später behauptete er, er habe Lwow nicht geschickt, um mit Kornilow zu verhandeln; Lwows Eindruck aber war, und das scheint nicht unglaubwürdig, daß er ihn, und sei es nur aus Furcht um sein Leben, beauftragte herauszufinden, was Kornilow im Sinn habe. Es ist auch möglich, daß Kerenski bereits plante, Lwow für das zu benutzen, was dann geschehen sollte.

Lwow kam am 24. August in Mogiljow an und stellte sich Kornilow als Abgesandter des Premierministers vor. Kornilow fragte nicht nach Beglaubigungsschreiben, und das sollte sich als verhängnisvoller Fehler erweisen (später sagte er, er habe geglaubt, Lwow sei ein »anständiger Mann«). Lwow behauptete, er habe Anweisung herauszufinden, wie nach Ansicht des Generals die Regierung zu stärken sei, und unterbreitete dann eigenmächtig drei Vorschläge: die Übernahme diktatorischer Vollmachten durch Kerenski; ein Direktorium bzw. eine kollektive Diktatur mit Kornilow als Mitglied oder schließlich Kornilow selbst als Diktator und Minister-Portefeuilles für Kerenski und Sawinkow. In der Annahme, daß Kerenski ihm hiermit die Macht anbot, sagte Kornilow, er ziehe die dritte dieser Optionen vor, sei aber bereit, sich Kerenski unterzuordnen, falls das als die beste Lösung angesehen würde. Er beauftragte Lwow, Kerenski nach Mogiljow zu bitten, um dieses Thema zu diskutieren und weil er gesagt habe, im Falle eines Putsches der Bolschewiki in Petrograd fürchte er um sein Leben. Sobald das Gespräch beendet war, brach Lwow in die Hauptstadt auf. Kornilow stand offensichtlich unter dem Eindruck, er sei in Verhandlungen mit Kerenski eingetreten, um die Provisorische Regierung in eine Diktatur umzuwandeln.

Am nächsten Tag, dem 26. August, begab sich Lwow erneut zu Kerenski ins Winterpalais. Er behauptete, Kornilow *fordere* jetzt diktatorische Vollmachten für sich (nichts dergleichen hatte er getan), und zählte auf Kerenskis Wunsch hin die drei Punkte von Kornilows »Ultimatum« auf: die Verhängung des Kriegsrechts in

Petrograd; die Übertragung aller staatlichen Autorität auf den Oberbefehlshaber; den Rücktritt aller Minister einschließlich Kerenskis selbst bis zur Bildung eines neuen Kabinetts durch Kornilow. Kerenski hat später immer behauptet, ihm sei angesichts dieser Forderungen schlagartig klargeworden: Kornilow plane einen Militärputsch. In Wirklichkeit war gar nichts klar. Zum einen hätte man sich fragen müssen, warum Kornilow sich für die Übermittlung seines Forderungskatalogs einen solchen Niemand wie Lwow ausgesucht haben sollte. Zum anderen wäre es sinnvoll gewesen, sich bei Kornilow zu vergewissern, ob er wirklich fordere, zum Diktator ernannt zu werden. Solche Kleinigkeiten interessierten Kerenski jedoch nicht. Im Gegenteil, er erkannte auf einmal – und das war es zweifellos, was er wirklich mit seiner plötzlichen Offenbarung meinte –, solange alles in der Schwebe bliebe, könnte es ihm gelingen, Kornilow als Verräter zu entlarven, der eine Verschwörung gegen die Provisorische Regierung plane. Seine eigene politische Fortune könnte er dadurch wiederherstellen, weil die Revolution sich dann auf seine Seite stellen würde, um seinen Rivalen zu besiegen.

Um Beweise für die »Verschwörung« zu bekommen, war Kerenski damit einverstanden, Lwow später am selben Abend im Kriegsministerium zu empfangen, um über den Hughes-Apparat direkt mit Kornilow in Verbindung zu treten. Lwow erschien nicht rechtzeitig, so daß Kerenski seine Unterhaltung mit Kornilow allein begann, sich aber für den abwesenden Lwow ausgab. Er bat Kornilow, zu bestätigen, was Lwow ihm (Kerenski) erzählt habe – ohne genauer zu sagen, was das war –, und wiederholte den Wunsch im Namen Lwows. Kornilow tat es, ohne zu wissen, was er eigentlich bestätigen sollte, und drängte Kerenski, sofort nach Mogiljow zu kommen. Er muß geglaubt haben, daß das Gespräch bloß der Auftakt zu Verhandlungen über eine Reformierung der Regierung war, und hatte keine Ahnung, daß das, was er äußerte, von Kerenski bald dazu benutzt werden sollte, ihn des Verrats anzuklagen. Später am selben Abend diskutierte er die Lage mit General Lukomski und stimmte zu, daß Kerenski und Sawinkow ins Kabinett miteinbezogen werden müßten. Außerdem verschickte er Telegramme an verschiedene Persönlichkeiten des öffentlichen Lebens und lud sie zur Teilnahme an diesen Verhandlungen nach Mogiljow ein.[77] Das war kaum das Verhalten eines Möchtegerndiktators.

Versehen mit den Abschriften des Gesprächs über den Hughes-Apparat und mit Kornilows »Forderungen«, wie sie von Lwow aufgelistet worden waren, berief Kerenski für Mitternacht eine Kabinettssitzung ein, bei der er die »konterrevolutionäre Verschwörung« als feststehende Tatsache darstellte und »alle Vollmachten« verlangte, um die kritische Situation zu bewältigen. Zweifellos hoffte er, als Verfechter des freien Rußlands dazustehen, die Revolution für gefährdet zu erklären und die Nation im Kampf gegen Kornilow hinter sich zu bringen. Nekrassow erinnerte sich, Kerenski habe gesagt: »Ich werde ihnen die Revolution nicht überlassen« – als wäre das an ihm gewesen. Neben anderen erkannte auch Sawinkow, daß da ein Mißverständnis vorliegen mußte, und drängte Kerenski, noch einmal mit Kornilow zu sprechen und ihn um eine Bestätigung der drei spezifischen »Forderungen«, wie von Lwow dargestellt, zu bitten. Doch Kerenski lehnte ab, und die übrigen Minister pflichteten ihm bei, daß es für eine Versöhnung zu spät sei. Sie traten alle gemeinsam zurück und machten Kerenski so faktisch zum Diktator – genau zu dem also, was er Kornilow vorwarf, mit der Verschwörung für sich erstrebt zu haben. Nachdem er die Kabinettssitzung vertagt hatte, schickte er aus eigener Machtbefugnis Kornilow telegrafisch die Entlassung; dann, am 27. August um 4 Uhr früh, zog er sich in seine Suite im Winterpalais zurück. Doch Rußlands neuer »Zar« war zu aufgeregt, um schlafen zu können, und wie Lwow berichtet, der im benachbarten Zimmer unter Bewachung gestellt worden war, ging er auf und ab und trällerte Opernarien.[78]

Als Kornilow das Telegramm mit der Nachricht seiner Entlassung erhielt, schloß er daraus, Kerenski sei bereits von den Bolschewiki verhaftet worden. Denn nur das vollständige Kabinett war legitimiert, den Oberbefehlshaber zu entlassen, wohingegen das Telegramm einfach mit »Kerenski« unterschrieben war. Im Lichte der Übereinkunft, von der er fälschlich annahm, daß er sie gerade über den Hughes-Apparat getroffen hatte, war das vollkommen unverständlich. Kornilow weigerte sich zurückzutreten und befahl Krymows Truppen den Vormarsch auf die Hauptstadt, die unter Kriegsrecht gestellt werden sollte. Obgleich dieser Befehl später als Beweis für Kornilows Schuld angeführt wurde, ist doch deutlich, daß er ihn in der Meinung – und in Übereinstimmung mit Sawinkows Instruktionen – erteilt hatte, daß Krymows Truppen die Provisorische Regierung vor den Bolschewiki retten sollten. Mehrfach wurde um Klarstellung dieses Punkts durch direkte Gespräche mit Kornilow gebeten, und hätte man sie geführt, dann hätte die ganze Krise wohl abgewendet werden können. Aber Kerenski war entschlossen, Kornilow ohne Verfahren zu verurteilen. Er war außer sich vor Aufregung und stürmte durch das Palais mit der Behauptung, Rußland sei auf seiner Seite. Auf Kerenskis Befehl hin erschien eine Sonderausgabe der Zeitungen, die Kornilow als Verräter an der Revolution verurteilte. Kornilow antwortete mit seinem eigenen Appell an alle Frontkommandeure, in dem er den Vorfall mit Lwow als eine »Riesenprovokation« durch eine Regierung anprangerte, die offenkundig unter die Kontrolle der Bolschewiki und des deutschen Generalstabs geraten sei. Er, General Kornilow, »Sohn eines Kosaken«, werde »Rußland retten«.[79]

Das schließlich war Meuterei: Nachdem man ihn als Rebellen verurteilt hatte, beschloß Kornilow zu rebellieren. Einige hohe Generäle erklärten ihm ihre Loyalität. Nunmehr hatte es Kerenski mit einer wirklichen »Konterrevolution« zu tun. Am 29. August krönte er sich zum neuen Oberbefehlshaber, mit Alexejew als seinem Stabschef, trotz dessen geringer Meinung von Kerenski (den er »einen Popanz, Hanswurst und Scharlatan« nannte).[80] Er schickte Krymow den telegrafischen Befehl, den Vormarsch seiner Truppen zu stoppen, von denen einige bereits die südlichen Vororte der Hauptstadt erreicht hatten. Das Exekutivkomitee des Petrograder Rats, das über die Frage, ob man den revolutionären Diktator unterstützen solle oder nicht, geteilter Meinung war, entschied sich bei der Nachricht von Krymows Vormarsch, Kerenski zu verteidigen. Es rief seine Anhänger dazu auf, sich für den Kampf gegen die »Konterrevolution« zu rüsten, und machte den Smolny zur Kommandozentrale, die die Operationen leiten sollte. Es war eine Rückkehr zur Atmosphäre der Februartage im Taurischen Palais, als müde Soldaten im Ratsgebäude herumlagen und darauf warteten, daß die Generäle angriffen.

Der Petrograder Rat richtete ein »Sonderkomitee zum Kampf gegen die Konterrevolution« mit je drei Vertretern der Parteien der Menschewiki, der Sozialrevolutionäre und der Bolschewiki ein, das die Streitkräfte für die Verteidigung der Hauptstadt mobilisieren sollte. Das bedeutete die politische Rehabilitation der Bolschewiki nach den Julitagen – und mehrere prominente Bolschewiki einschließlich Trotzki wurden kurz danach aus dem Gefängnis entlassen. Das Sonderkomitee vertrat eine Einheitsfront der gesamten sozialistischen Bewegung, hing aber letztlich von der Militärorganisation der Bolschewiki ab, ohne die es, wie es bei Suchanow heißt, »die Zeit nur mit Appellen und leeren Reden von Rednern zugebracht hätte, die ihre Autorität verloren hatten«. Nur die Bolschewiki waren in der Lage, die Massen der Arbeiter und Soldaten zu mobilisieren und zu bewaffnen, und jetzt arbeiteten sie eng mit ihren Rivalen in den Räten zusammen. In den nördlichen Industrieregionen wurden *ad hoc* Revolutionskomitees nach den Grundsätzen des Sonderkomitees gebildet. Einige nannten sich »Komitees der öffentlichen Sicherheit« nach dem Vorbild der Jakobiner. Diese spontane Bewegung verfügte über keine richtige Führung. Garnisonen waren in Alarmbereitschaft und setzten Soldatenkommandos »zur Verteidigung der Revolution« in Marsch. Die Kronstädter Matrosen, die während der Julitage zum letzten Mal nach Petrograd gekommen waren, um die Provisorische Regierung zu stürzen, kamen erneut – diesmal, um sie zu verteidigen. Die Roten Garden und Gewerkschaften organisierten die Verteidigung der Fabriken. Wikschel, die Eisenbahnergewerkschaft, richtete ein Büro für den Kampf gegen Krymow ein, und es gelang ihr, dessen Vormarsch auf Petrograd aufzuhalten, indem sie Loks zurückhielt und die Strecken blockierte.[81]

Inzwischen wurden Krymows Truppen durch Räteagitatoren bearbeitet. Sie hatten nicht den Wunsch, die Provisorische Regierung zu stürzen – Kornilow hatte sie angewiesen, die Provisorische Regierung gegen die Bolschewiki zu verteidigen –, und als sie erfuhren, daß die Regierung von der Linken nicht bedroht war, legten sie bald ihre Waffen nieder. Anders als es der sowjetische Mythos will, fand eigentlich kein Kampf statt, um Kornilow zurückzuschlagen. Was hätte er auch für einen Sinn gehabt? Beide Seiten waren ausgezogen, um die Provisorische Regierung zu verteidigen, und sobald das erreicht war, begannen sie sich zu verbünden. Krymow konnte nichts dagegen tun – die Kosaken schlossen sich in Scharen den

Räten an. Am 30. August willigte er ein, mit einem Regierungsvertreter nach Petrograd zu reisen, und traf dort am folgenden Tag Kerenski. Krymow versuchte zu erklären, daß er seine Truppen zur Verteidigung der Regierung eingesetzt habe. Doch Kerenski wollte nichts davon wissen und ordnete an, ihn vor ein Militärgericht zu stellen. Krymow verließ ihn verzweifelt und ging zur Wohnung eines Freundes, wo man ihn sagen hörte: »Die letzte Karte zur Rettung des Vaterlands ist verspielt – das Leben ist nicht länger lebenswert.« Dann zog er sich allein in ein Zimmer zurück, schrieb eine kurze Nachricht an Kornilow und schoß sich ins Herz.[82]

* * *

Kornilows Revolte war vorbei. Am nächsten Tag, dem 1. September, übernahm Alexejew die Kontrolle im Hauptquartier, Kornilow selbst wurde unter Hausarrest gestellt und dann in das Bychow-Kloster in der Nähe von Mogiljow verlegt, wo man ihn mit dreißig anderen Offizieren gefangenhielt, die im Verdacht standen, in die »konterrevolutionäre Verschwörung« verwickelt gewesen zu sein. Doch wenn Kerenski gehofft hatte, seine eigene Autorität durch den Sieg über Kornilow zu stärken – erreicht hatte er genau das Gegenteil. Die Kornilow-Affäre, als die sie später bekannt wurde, erwies sich als Nagel zu seinem Sarg. Sie beschleunigte nur noch die soziale und politische Polarisierung, die die Basis der Provisorischen Regierung seit dem Frühsommer ausgehöhlt hatte, und in diesem Sinne brachte sie die Revolution ihrem Oktoberende noch näher.

Einerseits hatte Kerenski seine Beziehungen zur Rechten in verhängnisvoller Weise verdorben, denn die blieb zumeist Kornilow gegenüber loyal und beschuldigte Kerenski des Verrats an seiner Sache. Kornilow wurde zum politischen Märtyrer für alle diejenigen, die Kerenskis Regime für das wachsende Chaos im ganzen Land verantwortlich machten. In dieser Hinsicht war die politische Wirkung der Kornilow-Affäre nach ihrem Ende am stärksten. Das Wort »Kornilowist« tauchte im politischen Vokabular auf und bezeichnete die absoluten Gegner der *Kerenschtschina* (»Kerenski-Herrschaft«). Das Bychow-Kloster wurde offensichtlich von Sympathisanten der Kornilow-Bewegung geführt, denn die Haftbedingungen waren äußerst locker. »Wir hatten den Eindruck, daß es allen ziemlich peinlich war, als unsere ›Gefängnisaufseher‹ zu fungieren«, erinnerte sich Anton Denikin. Kornilow durfte seine ergebenen turkmenischen Leibwächter behalten, er erteilte den übrigen Gefängnisinsassen »militärische Befehle«, die Offiziersfamilien kamen zweimal täglich zu Besuch (Denikins Braut lebte praktisch im Gefängnis), und es gab sogar geheime Verbindungen zum Generalstab, in dem die Kornilow-Bewegung weiterhin starken Rückhalt genoß.[83] Die Bychow-Gefangenen sollten später den Gründungskern der Freiwilligenarmee, der bedeutendsten Weißen Streitmacht des Bürgerkriegs, bilden – mit Kornilow und Denikin als ihren Führern. In Bychow wurde das Programm der Freiwilligenarmee geschrieben. Es war ebensosehr eine Ablehnung Kerenskis wie der Bolschewiki. Und tatsächlich kam bei der bolschewistischen Machtergreifung keiner dieser beiden, um die Provisorische Regierung zu verteidigen.

Kerenskis Ansehen bei der Linken war inzwischen ebenfalls geschwächt. Die Masse der Soldaten und Arbeiter, die sich während der Kornilow-Krise zur Verteidigung der Provisorischen Regierung zusammengeschlossen hatten, argwöhnten, daß Kerenski selbst irgendwie in die Kornilow-Bewegung verwickelt gewesen sei. Viele sahen die ganze Affäre als eine persönliche Fehde zwischen zwei Möchtegern-Napoleons (und das war nicht weit von der Wahrheit). Andere glaubten, Kerenski sei mit Kornilow verbündet gewesen oder habe versucht, seine eigenen »konterrevolutionären« Pläne durch ihn durchzusetzen. Diese Überzeugung wurde noch dadurch verstärkt, daß Kerenski es unterließ, nach dem Ende der Krise einen demokratischeren Kurs einzuschlagen. Zum einen fand keine richtige Untersuchung der Affäre statt, und allein das heizte den verbreiteten Verdacht an, daß Kerenski etwas zu verbergen habe. Seine fortgesetzte Unterstützung einer Koalition mit den Kadetten (die eindeutig Verbindungen zur Kornilow-Bewegung hatten) und seine Ernennung von Alexejew (der weithin in Verdacht stand, damit sympathisiert zu haben) galten als zusätzlicher Grund, seinen Absichten zu mißtrauen. Daß diese »Konterrevolution« eigentlich ein Phantom war, ließ sie nur noch mächtiger erscheinen, als eine geheime Kraft hinter der Regierung, nicht unähnlich dem Schatten des Verrats, der 1916 über dem zaristischen Regime gelegen hatte.

Die Masse der Soldaten hatte ihre Offiziere im Verdacht, Kornilow unterstützt zu haben, und aus diesem Grund verschlechterte sich die Disziplin der Armee erheblich. Hunderte von Offizieren wurden wegen angeblicher Verwicklung in die »Konterrevolution« von ihren Soldaten verhaftet – einige wurden exekutiert oder brutal ermordet. Die Soldatenversammlungen verabschiedeten Resolutionen für die Rätemacht und für den Frieden. Es gab ein wachsendes Bewußtsein unter den einfachen Truppen – zu dessen Entstehung die Kornilow-Krise beigetragen hatte –, daß der Frieden nicht erreicht würde, ehe nicht die Natur des Staates selbst geändert worden wäre. Die Soldaten waren nicht länger bereit, den Versprechungen ihrer »demokratischen« Führer zu trauen, und begannen das Recht zu fordern, selbst Entscheidungen zu treffen. Das spiegelte sich in dem wachsenden Druck von unten, mit dem die Armeekongresse zu einer Debatte über die Machtfrage und die Frage eines Friedens gedrängt wurden. Doch für das Gros der Soldaten gab es auch eine einfachere Lösung – die Abstimmung mit den Füßen, indem sie desertierten. In den Wochen nach der Kornilow-Krise stieg die Desertionsrate rapide an, Zehntausende verließen jeden Tag ihre Einheiten. Die meisten dieser Deserteure waren Bauern, die unbedingt in ihre Dörfer zurückkehren wollten, wo die Erntesaison in vollem Gange war. Sie führten oft die Attacken auf die Herrenhäuser an und setzten sich für die Errichtung einer lokalen Rätemacht ein. Demnach erfuhr auch die Agrarbewegung in diesen Wochen einen plötzlichen Aufschwung. Hochrangige Kommandeure begannen einzusehen, daß der Krieg mit solchen Desertionsraten unmöglich weitergeführt werden konnte. Die Kornilow-Bewegung, die die Armee hatte retten wollen, endete damit, daß sie sie endgültig zerstörte.

In den großen Industriestädten fand in der Folge der Kornilow-Krise ein ähnlicher Prozeß der Radikalisierung statt. Hauptnutznießer waren die Bolschewiki, als sie am 31. August zum ersten Mal die Mehrheit im Petrograder Rat erhielten. Ohne die Kornilow-Bewegung wären sie vielleicht nie an die Macht gekommen. Am 4. September wurde Trotzki schließlich aus dem Gefängnis entlassen, zusammen mit zwei anderen führenden Bolschewiki, die eine wichtige Rolle bei der Machtergreifung spielen sollten: Wladimir Antonow-Owsejenko und Pawel Dybenko. Die Militärorganisation der Bolschewiki, die nach den Julitagen in den Untergrund gedrängt worden war, konnte jetzt ihre subversiven Aktivitäten unter dem Deckmantel ihrer führenden Rolle im Sonderkomitee verstärken. Ja, das Militärische Revolutionskomitee, das die bolschewistische Machtergreifung anführte, war teilweise nach dem Vorbild des letzteren aufgebaut. Die Roten Garden und die Kronstädter Matrosen, die im Oktober die Fußsoldaten sein sollten, gingen ebenfalls gestärkt aus dem Kampf gegen Kornilow hervor. Die ganze Affäre war eine Generalprobe für die Machtergreifung, bei der besonders die Arbeiter in der Kunst, mit Gewehren umzugehen, ausgebildet wurden. Etwa 40 000 wurden bei der Kornilow-Krise bewaffnet, und die meisten von ihnen behielten ihre Waffen zweifellos auch, nachdem die Krise vorüber war. Wie Trotzki sagte: »Jene Armee, die sich gegen Kornilow erhob, war die zukünftige Armee des Oktoberumsturzes.«[84]

Kerenskis Sieg über Kornilow war zugleich auch seine eigene politische Niederlage. Er hatte zwar diktatorische Vollmachten gewonnen, aber alle echte Autorität verloren. »Das Ansehen Kerenskis und der Provisorischen Regierung«, schrieb Kerenskis Frau, »wurde durch die Kornilow-Affäre vollständig zerstört, und er ging nahezu ohne Anhänger daraus hervor.«[85] Das fünfköpfige Direktorium, das am 1. September eingesetzt wurde und als zerbrechliche Struktur für Kerenskis Diktatur diente, bis die Machtfrage auf der Demokratischen Konferenz Mitte September gelöst wurde, setzte sich aus unbekannten mittelmäßigen Persönlichkeiten zusammen. Die einzige Leistung dieser Operettenregierung bestand darin, Rußland zur »Republik« zu erklären, obgleich dieser Schritt formal das Vorrecht der Konstituierenden Versammlung war. Es war typisch für eine Regierung, die nur auf dem Papier existierte: Niemand beachtete sie. Jenseits der Korridore des Winterpalais wurden alle Dekrete Kerenskis ignoriert. Es bestand ein Machtvakuum – die Frage war nur noch, wer es zu füllen wagte.

## DIE HAMLETS DES DEMOKRATISCHEN SOZIALISMUS

On s'engage et puis on voit.« Lenin zitierte gerne Napoleons Maxime, drückte sie doch perfekt seine eigene revolutionäre Philosophie aus: daß Revolutionen nicht von selbst entstehen, sondern von ihren Führern gemacht werden müssen. Geschichtsschreibung ist schon lange nicht mehr eine Darstellung der Leistungen außergewöhnlicher Menschen: Heutzutage sind wir alle Sozialhistoriker. Und doch ist der Lauf der Geschichte voller unerwarteter Wendungen, die nur durch die Taten großer Führer erklärt werden können. Das ist besonders bei Revolutionen der Fall, wo die Flut der Ereignisse so leicht umgekehrt werden kann. Die Machtergreifung vom Oktober ist ein gutes Beispiel: Wenige historische Ereignisse der Moderne vermögen besser die entscheidende Wirkung eines einzelnen Menschen auf den Lauf der Geschichte zu illustrieren. Ohne Lenins Intervention wäre sie vermutlich niemals geschehen – und die Geschichte des 20. Jahrhunderts wäre ganz anders verlaufen.

Wie so vieles andere an der Machtergreifung der Bolschewiki ist die Tatsache bemerkenswert, daß sie so lange schon erwartet wurde, ohne daß irgend jemand die notwendigen Maßnahmen ergriffen hätte, sie zu verhindern: so sehr war die Provisorische Regierung gelähmt. Am Abend des 25. Oktober, als die Minister der Provisorischen Regierung im Winterpalais saßen und auf das Ende warteten, waren viele von ihnen versucht, Kerenski zu verfluchen, weil er nach den Julitagen versäumt habe, die Partei der Bolschewiki zu zerschlagen. Mit den legalen Unterdrückungsmaßnahmen habe man ihren wachsenden Einfluß offensichtlich nicht verhindern können. In Wahrheit jedoch verfügte die Regierung weder über die Mittel noch über die Autorität, um ihre Repressionen gegenüber einer Bewegung wirksam durchzusetzen, die dabei war, tiefe Wurzeln in den Organisationen mit Massenbasis zu schlagen.

Die gesellschaftliche Polarisierung im Sommer gab den Bolschewiki ihre erste wirkliche Massengefolgschaft als einer Partei, deren Anziehungskraft hauptsächlich auf der plebejischen Ablehnung aller übergeordneten Autorität beruhte. Die Kornilow-Krise war der kritische Wendepunkt, denn sie schien die Botschaft der Bolschewiki zu bestätigen, daß durch eine Politik des Kompromisses mit der Bourgeoisie weder Frieden noch ein radikaler gesellschaftlicher Wandel erreicht werden konnten. Die größeren Fabriken in den Großstädten, in denen das Gefühl der Klassensolidarität unter den Arbeitern am stärksten entwickelt war, waren die ersten, die in großer Zahl zu den Bolschewiki überliefen. Ende Mai hatte die Partei bereits die Kontrolle über das Zentrale Büro der Fabrikkomitees erlangt, und obgleich die menschewistischen Gewerkschaftler bis 1918 den bestimmenden Einfluß ausübten, erreichte sie immer häufiger, daß ihre Resolutionen auf wichtigen Gewerkschaftsversammlungen verabschiedet wurden. Bolschewistische Aktivisten waren in den Fabriken eher die Jüngeren, eher Vertreter der Arbeiterklasse und außerdem viel militanter als ihre menschewistischen oder sozialrevolutionären Rivalen. Das machte sie für jene Gruppen von Facharbeitern und ungelernten Arbeitern so attraktiv, die zunehmend zu gewaltsamen Streiks bereit waren, und zwar nicht nur für bessere Bezahlung und Arbeitsbedingungen, sondern auch für die Kontrolle über das gesamte Umfeld der Fabrik. Da ihr Netzwerk von Parteizellen auf Fabrikebene immer größer wurde, konnten die Bolschewiki auch ihre Mitgliederzahl unter der Arbeiterklasse ausbauen, und folglich verbesserten sich durch die Beiträge ihrer neuen Mitglieder auch ihre Finanzen. Zum Zeitpunkt der Sechsten Parteikonferenz Ende Juli gab es vermutlich bereits 200 000 Parteimitglieder, bis zum Vorabend des Oktober war die Zahl auf etwa 350 000 angewachsen, wovon die große Mehrheit Fabrikarbeiter waren.[86]

Bei den Wahlen zur Stadtduma im August und September gewannen die Bolschewiki deutlich hinzu. In Petrograd steigerten sie ihren Stimmenanteil von 20 Prozent im Mai auf 33 Prozent am 20. August. In Moskau, wo die Bolschewiki im Juni nur 11 Prozent erringen konnten, gelang ihnen ein überwältigender Sieg mit 51 Prozent der Wählerstimmen, während der Stimmenanteil der Sozialrevolutionäre von 56 auf 14 Prozent und der der Menschewiki von 12 auf 4 Prozent fiel. Andererseits vergrößerten die Kadetten als einzige Partei, die die Interessen der Bourgeoisie vertrat, ihren Stimmenanteil von 17 auf 31 Prozent. Diese Wahlen warfen ein Schlaglicht auf die politische Polarisierung im Land insgesamt – Dan nannte sie die »Bürgerkriegswahlen« –, da die Wähler sich den beiden extremen Parteien mit offenkundigem Klassenanspruch zuwandten. Viel hatten die Erfolge der Bolschewiki auch mit der Apathie derer zu tun, die wie die kleinen Angestellten, Händler und Ladengehilfen nicht eindeutig an eine Klasse oder Partei gebunden waren, die sie wählen konnten. Sechs Monate fruchtloser Politik und ständiger Kabinettskrisen hatten sie nicht gerade ermutigt, viel vom Gang zur Wahlurne zu erwarten. Die demokratischen Parteien führten nur zurückhaltend Wahlkampf, und eine gewaltige Anzahl von Wählern blieb den Wahlen überhaupt fern. Bei den Petrograder Wahlen ging die Wahlbeteiligung seit Mai um ein Drittel zurück, während es in Moskau fast die Hälfte war.[87] Das spielte natürlich den Bolschewiki in die Hände, die weit begieriger – und viel besser organisiert – als jede andere Partei waren, Macht zu gewinnen. Wie viele kommunistische Machtübernahmen mögen wohl an der Apathie der Wähler in einer Demokratie gelegen haben?

Eine ähnliche Verschiebung zugunsten der Bolschewiki vollzog sich auch in den Räten. Auch hier beraubte die Apathie der Basis die Menschewiki und die Sozialrevolutionäre ihrer früheren Überlegenheit, was sie aber nur sich selbst vorzuwerfen hatten. Zunächst waren die Räte offene und demokratische Organe gewesen, in denen durch die gewählte Versammlung wichtige Entscheidungen getroffen wurden. Das machte ihr Vorgehen etwas chaotisch, verlieh ihnen aber auch einen Hauch von Erregung und allgemeiner Kreativität. Als sich jedoch ihre Führer an der Regierungsverantwortung beteiligten, begannen sie die Arbeit der Räte zu bürokratisieren, und das entfremdete sie den Massen der Arbeiter. Die Versammlungen fanden seltener und mit geringeren Teilnehmerzahlen statt, als die Initiative auf die Exekutivkomitees und ihre regierungsähnlichen Kommissionen überging, deren Mitglieder zunehmend von den Parteiversammlungen ernannt wurden. Aus volksnahen Organen einer direkten Selbstverwaltung wurden die Räte somit allmählich in komplexe bürokratische Strukturen umgewandelt, obgleich dieser Prozeß gewöhnlich eher mit der Zeit nach 1917 verbunden wird. Damals schien dies eine natürliche Entwicklung zu sein: Die Arbeiter selbst, so glaubte man, verfügten nicht über die erforderliche politische Erfahrung, um die Regierungsverantwortung zu übernehmen, während man von den Räteparteien wegen ihrer alten Kameraderie innerhalb der revolutionären Bewegung automatisch annahm, daß sie für den parteipolitischen Machtmißbrauch nicht anfällig seien, der durch solch eine Zentralisierung möglich wurde. Das war natürlich naiv – und nützte letztlich nur den Bolschewiki, den unstrittigen Meistern solcher Politik, die diese Taktik zunehmend einsetzten, um sich die Kontrolle über die Exekutivkomitees der Räte zu sichern. In Dutzenden von Provinzräten gelang es ihnen, eine Mehrheit in den Exekutivkomitees zu erringen, obwohl sie in der Versammlung nur über eine Minderheit verfügten. Besonders verbreitet war das dort, wo eine von den Bolschewiki kontrollierte Arbeitersektion sich mit einer Sektion von Soldaten oder Bauern verband und wegen ihrer »führenden Rolle« in der revolutionären Bewegung mehr Sitze im Exekutivkomitee erhielt: Im Provinzrat von Samara zum Beispiel stellten die Bolschewiki 75 Prozent des Exekutivkomitees, aber nur 26 Prozent der Versammlung.[88]

Doch die wachsende Dominanz der Bolschewiki in den Räten lag nicht nur an ihren parteipolitischen Intrigen: sie arbeiteten nicht nur von oben, sondern auch von unten. Die Bürokratisierung hatte die Räte vom Leben der gewöhnlichen Arbeiter abgehoben, die daraufhin in ihrem Engagement für diese Organe nachließen und entweder alles Interesse an Politik verloren oder statt dessen von ihren eigenen spontan gebildeten Organen wie den Fabrikkomitees erwarteten, daß sie die Initiative ergriffen. Das bedeutete eine weitere Stärkung der größtenteils über diese Basisorganisationen geführten Kampagne der Bolschewiki zur Abberufung der menschewistischen und sozialrevolutionären Führer aus den Räten als Teil von Lenins Vorstoß zur Rätemacht. Die Wiederbelebung der Räte im Gefolge der Kornilow-Krise fiel daher mit ihrer Radikalisierung von unten zusammen, da Fabriken und Garnisonen die Menschewiki und Sozialrevolutionäre, die für die Koalition eintraten, zugunsten jener Maximalisten (Bolschewiki, Anarchisten und Linke Sozialrevolutionäre) abberiefen, die die Übernahme der Rätemacht verlangten.

Bereits im August hatten die Bolschewiki die Kontrolle über die Räte in Iwanowo-Wosnessensk (dem »russischen Manchester«), Kronstadt, Jekaterinburg, Samara und Zarizyn gewonnen. Doch nach der Kornilow-Krise folgten rasch viele andere Räte: Riga, Saratow und selbst Moskau. Sogar der Petrograder Rat fiel an die Bolschewiki. Am 31. August verabschiedete er einen Antrag der Bolschewiki, der die Koalitionspolitik der Räteführung verurteilte und die Errichtung einer Räteregierung verlangte. Die Hälfte der wahlberechtigten Deputierten war bei dieser historischen Sitzung nicht anwesend, allerdings stimmten auch einige der menschewistischen und sozialrevolutionären Deputierten gegen ihre Parteiführer. Die Führer drohten zurückzutreten, falls die Wahl nicht bei einer zweiten Sitzung am 9. September rückgängig gemacht würde. Doch auch ein zweites Mal kam der bolschewistische Antrag durch. Trotzki, der zum ersten Mal seit seiner Freilassung aus dem Gefängnis erschienen war, holte zum entscheidenden rhetorischen Schlag aus, indem er die Führer des Rats zu dem Eingeständnis zwang, daß Kerenski, der zu diesem Zeitpunkt weithin als »Konterrevolutionär« angesehen wurde, immer noch Mitglied ihrer Exekutive sei. Am 25. September war die Führung des Petrograder Rats vollkommen umgekrempelt, wobei die Bolschewiki vier der sieben Sitze im Exekutivkomitee besetzten und Trotzki Tschcheidse als Vorsitzenden ablöste. Das war der Anfang vom Ende. Wie Suchanow über den Petrograder Rat sagte: »Jetzt war er Trotzkis Garde, bereit, auf sein Zeichen hin die Koalition [...] zu stürmen.«[89]

Die Sache der Bolschewiki wurde durch Trotzkis Eintritt in die Partei sehr gestärkt. Niemand sonst in der Führung konnte ihm als öffentlichem Redner das Wasser reichen, und für einen Großteil der revolutionären Periode war es das, was Trotzki, vielleicht sogar mehr als Lenin, zum landesweit bekanntesten Führer der Bolschewiki machte.* Während Lenin der Meisterstratege der Partei blieb, der hauptsächlich hinter den Kulissen wirkte, wurde Trotzki zu ihrem Hauptakteur, der die Öffentlichkeit begeisterte. In den Wochen vor der Machtergreifung sprach er nahezu jeden Abend vor überfülltem Haus im berühmten Cirque Moderne. Mit seiner scharfen, klingenden Stimme, seiner bestechenden Logik und seinem brillanten Witz faszinierte er seine Zuhörer, wenn er die Provisorische Regierung anprangerte. Seine Rhetorik besaß eine literarische, fast homerische Qualität (einige seiner Ansprachen sind aufgezeichnet). Sie ergab sich aus seiner Formulierungskunst, dem Reichtum seiner Bilder, dem Rhythmus und dem Pathos seiner Rede und vielleicht vor allem aus dem einfachen Erzählstil, den er verwendete, um seine

* Es war größtenteils persönliche Rivalität gewesen, was Trotzki daran gehindert hatte, sich früher der Bolschewistischen Partei anzuschließen, obwohl es 1917 eigentlich keine wirklichen ideologischen Unterschiede zwischen ihm und Lenin gab. Er konnte sich nicht überwinden, sich »Lenins Partei« zu ergeben – einer Partei, an der er früher so viel Kritik geübt hatte. Als Lenin einmal gefragt wurde, was ihn und Trotzki immer noch trenne, antwortete er: »Verstehen Sie das denn nicht? Ehrgeiz, Ehrgeiz, Ehrgeiz.« (Balabanoff, *My Life*, 175 f.).

Zuhörer in das moralische Drama einzubeziehen, woraus er dann seine politischen Schlüsse zog. Er bemühte sich immer sehr um Beispiele und Vergleiche aus dem realen Leben seines Publikums. Das verlieh seinen Reden eine gewisse Vertraulichkeit und erwarb ihm den weitverbreiteten Ruf, »einer von uns« zu sein.[90]

Trotzki brachte die Meschraionka mit in die Partei. Die Meschraionka war eine Fraktion sozialdemokratischer Internationalisten mit guten Kontakten zur Petrograder Garnison. Ihre Bedeutung lag weniger in der Größe ihrer Gefolgschaft (die sicherlich unter 4000 Mitgliedern lag) als im Kaliber ihrer Führer. Es handelte sich nämlich um nichts anderes als eine Ansammlung brillanter Generäle ohne Armee, mit denen die Bolschewiki indes einige ihrer begabtesten Organisatoren, Theoretiker, Polemiker und Agitatoren gewannen: Trotzki, Lunatscharski, Antonow-Owsejenko, Rjasanow, Urizki, Manuilski, Pokrowski, Joffe und Wolodarski. Viele von ihnen sollten eine herausragende Rolle bei der Machtergreifung und der späteren Entwicklung des Sowjetregimes spielen.

Die wachsende Bedeutung der Bolschewiki im Sommer und Herbst ergab sich vor allem aus der Tatsache, daß sie die einzige größere politische Partei waren, die kompromißlos für die Macht der Räte eintrat. Dieser Punkt muß betont werden, denn eines der grundlegendsten Mißverständnisse der russischen Revolution besteht darin, daß die Bolschewiki auf einer Woge von Massenunterstützung für die Partei selbst an die Macht gespült worden seien. Der Oktoberaufstand war ein Staatsstreich, aktiv nur von einer kleinen Minderheit der Bevölkerung unterstützt (und sogar von mehreren führenden Bolschewiki abgelehnt). Doch er fand mitten in einer sozialen Revolution statt, die sich auf die allgemeine Verwirklichung von Rätemacht als Aufhebung des Staates gründete und auf die direkte Selbstverwaltung des Volkes, ganz ähnlich dem alten bäuerlichen Ideal der *wolja*. Das politische Vakuum, das durch diese soziale Revolution entstanden war, ermöglichte es den Bolschewiki, in den Städten die Macht zu ergreifen und ihre Diktatur im Herbst und Winter zu konsolidieren. Die Losung »Alle Macht den Räten!« war eine nützliche Waffe, ein Banner allgemeiner Legitimation, hinter dem sich der nackte Ehrgeiz Lenins verbarg (den man besser durch »Alle Macht der Partei!« ausgedrückt hätte). Später, als die wahre Natur bolschewistischer Diktatur deutlich wurde, sah sich die Partei der wachsenden Opposition genau jener Gesellschaftsgruppen ausgesetzt, die 1917 der Rätelosung gefolgt waren.

Die Forderung des Volks nach Rätemacht hatte sich nie in der Bevorzugung der Diktatur einer bestimmten Partei ausgedrückt. Der Schwall von Resolutionen, Petitionen und Deklarationen aus Fabriken, Armee-Einheiten und Dörfern, die nach der Kornilow-Krise für eine Räteregierung eintraten, rief ausnahmslos alle sozialistischen Parteien dazu auf, an deren Bildung teilzunehmen, und ließ oft deutliche Ungeduld mit ihren Fraktionsstreitereien erkennen. Ihre politische Sprache war seit 1905 im großen und ganzen unverändert: Bei allen dominierte das Bild vom »Volk« (*narod*), das sich in einem Freiheitskampf gegen ein Unterdrückungsregime, die *Kerenschtschina*, befand. Letzteres wurde jetzt allerdings als »bourgeois« beschrieben, worin sich zweifellos der wachsende Einfluß von marxistischen Agitatoren, besonders der Bolschewiki, widerspiegelte. Doch die Grundvorstellung der Resolutionen, die diese Agitatoren nur in der Sprache der Klasse artikulierten, blieb im wesentlichen die eines Kampfes zwischen »uns« und »ihnen«, den *nizy* und den *werchi* oder dem einfachen Volk und der privilegierten Elite an der Spitze der Regierung. Vorherrschend war ein Gefühl des Zorns und der Frustration darüber, daß sechs Monate nach der Februarrevolution nichts Konkretes erreicht war – weder Frieden noch Brot oder Land – und daß es nur einen weiteren Winter der Stagnation geben würde, falls nicht ein entschiedener Bruch mit der Bourgeoisie in der Koalition vollzogen wurde.[91]

Was die Arbeiter unter Rätemacht verstanden, war vor allem die Chance, ihre eigene Fabrik mit deren gesamtem Umfeld zu kontrollieren. Sie wollten ihre eigenen Belegschaftsverhältnisse regeln, ihre eigenen Löhne und Arbeitsbedingungen festlegen und die »Sabotage« bekämpfen, das konspirative Herunterfahren der Produktion durch profitbewußte Unternehmer, das von vielen Arbeitern für die industrielle Krise verantwortlich gemacht wurde. In dieser erhitzten Atmosphäre des Klassenkampfs wuchs die Ungeduld gegenüber der menschewistischen Führung der Arbeiterbewegung: Ihre Politik, Arbeitskonflikte durch Vermittlung beizulegen und die Unternehmer versöhnlich zu stimmen, hatte es nicht vermocht, der wachsenden Arbeitslosigkeit Einhalt zu gebieten. Viele Arbeiter, vor allem diejenigen, die unter dem Einfluß der Bolschewiki standen, sahen die Lösung in der Sequestration (oder Verstaatlichung) ihrer Fabrik durch einen Arbeiterstaat, genannt »Rätemacht«, der dann ein Leitungsgremium von Arbeitern, Technikern und Rätefunktionären einsetzen würde, um den Betrieb aufrechtzuerhalten. Das Ganze war Teil des wachsenden politischen Bewußtseins der Arbeiter, die Erkenntnis, daß ihre Forderungen nur erfüllt werden konnten, indem man das Wesen des Staates selbst änderte.

Diese Politisierung manifestierte sich in der dramatischen Zunahme von Streiks, die das Land von September an lähmten. Wegen der allgemeinen Auswirkungen der Inflation waren sie viel weiter verbreitet als bei früheren Streikwellen: Ungelernte Arbeiter und mittlere Intelligenzija-Gruppierungen wie Krankenhauspersonal, städtische und kirchliche Arbeiter sahen sich bei ihrem Kampf, mit den steigenden Lebenshaltungskosten Schritt zu halten, gezwungen, ihre übliche Abneigung gegen Streiks zu überwinden. Weil aber Streiks bei der Inflationsbekämpfung wirkungslos – und sogar kontraproduktiv – waren, gingen sie häufig einher mit weiterreichenden politischen Forderungen nach einer Umstrukturierung der gesamten Wirtschaft. Industriestreiks, immer noch die üblichsten, arteten darüber hinaus immer häufiger in Gewalttätigkeiten aus und waren nichts Geringeres als ein Kampf um die Kontrolle des Arbeitsplatzes und der städtischen Wirtschaft insgesamt. Die Gewerkschaften und Fabrikkomitees, die im allgemeinen einen mäßigenden Einfluß ausübten, verloren bald die Kontrolle über diese militanten Streiks. Die Streiks griffen auf die Straße über und endeten manchmal sogar in blutigen Konflikten zwischen den Arbeitern – die von den Roten Garden bewaffnet, ausgebildet und organisiert waren – und den Regierungsmilizen. Unternehmer und Fabrikdirektoren wurden attackiert, und wo sie zum Mittel der Aussperrungen griffen, wurden die Fabrikgebäude von den Arbeitern gestürmt und besetzt. Einige Streiks weiteten sich aus und bezogen die Bewohner ganzer Stadtviertel mit ein in Angriffe auf Bäckereien und Geschäfte, Hausdurchsuchungen und Verhaftungen der *burschuis*, die die Menge verdächtigte, Lebensmittel zu horten. Zudem gab es im September und Oktober eine rapide Zunahme an Plünderungen und Verbrechen, Trunkenheit und Vandalismus, ethnischen Konflikten und antijüdischen Pogromen.[92] Dem Besitzbürgertum erschienen diese letzten Wochen vor der bolschewistischen Machtergreifung wie ein Absinken in die Anarchie.

Im September verschärfte sich plötzlich auch wieder der Bauernkrieg gegen die Gutsbesitzer. Mit dem Herannahen der Herbstarbeiten schien die Zeit für eine endgültige Abrechnung mit der alten Agrarordnung gekommen. Die Bauern waren es leid zu warten, bis die Provisorische Regierung ihre Landversprechungen einlöste; inzwischen verfügten die meisten Dörfer über ihre eigenen Banden von Soldaten aus der Armee, die bereit waren, beim Marsch auf die Herrenhäuser die Führung zu übernehmen. Pogrome oder gewaltsame Plünderungen von Herrenhäusern durch den Mob wurden zu einer verbreiteten Erscheinung im zentralen Schwarzerdegebiet, während die Bauernbewegung sich in den vorausgegangenen Monaten hauptsächlich auf Streitigkeiten über Pacht, die Konfiszierung von Vieh und die organisierte Inbesitznahme von Ackerland durch die Dorfkomitees beschränkt hatte. In der Provinz Tambow wurden Hunderte von Herrenhäusern niedergebrannt und verwüstet – mit dem vorgeblichen Ziel, wie die Bauern behaupteten, »die Adligen zu vertreiben«. Diese Welle von Gewalt und Zerstörung scheint mit der Ermordung von Fürst Boris Wjasemski eingesetzt zu haben, dem Besitzer von mehreren tausend Hektar Land im Usman-Gebiet von Tambow. Die dortigen Bauern hatten seit dem Frühjahr gefordert, Wjasemski solle die Pacht senken und ihnen die hundert Hektar besten Weidelands zurückgeben, die er ihnen zur Strafe für ihre Beteiligung an der Revolution von 1905 weggenommen hatte. Doch in beiden Punkten hatte Wjasemski abgelehnt. Am 24. August besetzten etwa 5000 Bauern aus den benachbarten Dörfern das Gut. Nachdem sie sich mit Wodka aus den Kellern des Fürsten Mut angetrunken und mit Mistgabeln und Flinten bewaffnet hatten, vertrieben sie ein Kosakenkommando, verhafteten Wjasemski und organisierten ein Femegericht, das beschloß, ihn an die Front zu schikken, »damit er kämpfen lernen kann, wie es die Bauern getan haben«. Aber es gab auch Rufe: »Töten wir den Fürsten, er widert uns an!«, und so wurde er vom betrunkenen Mob ermordet, noch bevor er den nahe gelegenen Bahnhof erreichen konnte. Anschließend wurden Wjasemskis Herrenhaus zerstört, das Vieh und die

Geräte aufgeteilt und in die Dörfer gekarrt und sein Ackerland von den Bauern unter den Pflug genommen.[93]

Ähnliche Pogrome folgten auf Dutzenden anderer Güter, nicht nur in Tambow, sondern auch in den Nachbarprovinzen Pensa, Woronesch, Saratow, Kasan, Orjol, Tula und Rjasan. In der Provinz Pensa wurden allein im September und Oktober etwa 250 Herrenhäuser (ein Fünftel) niedergebrannt oder zerstört. Ein Agronom hinterließ eine lebendige Beschreibung der im Herbst 1917 ausgeplünderten Güter in der Provinz Saratow:

*Was die Herrenhäuser anbelangt, so wurden sie sinnlos zerstört, so daß nur noch die Mauern übrigblieben. Am stärksten haben Fenster und Türen gelitten, in den meisten Gütern ist keine Spur mehr von ihnen vorhanden. Die Wagen wurden alle zerstört oder weggeholt, unhandliche Maschinen wie Dampfdrescher, Lokomotiven und Binder ohne jeden Grund hinausgefahren und an den Wegen oder auf den Feldern stehengelassen. Auch das landwirtschaftliche Gerät wurde geraubt. Was nur irgendwie in den Bauernhaushalten gebraucht werden konnte, verschwand einfach von den Gütern.*

Nicht einmal Jasnaja Poljana, Tolstois Gut bei Tula, entging der Wut der Bauern, die er doch einst vergöttert hatte. Sonja, Tolstois Witwe, die jetzt alt war und erblindet, telegrafierte an Kerenski und bat um Hilfe, während ihre Töchter die Bücher und Manuskripte ihres Vaters in Holzkisten verpackten und im Salon aufstapelten, wo sie in der Dunkelheit auf die Ankunft des plündernden Mobs warteten. Sie hatten sich mit Messern und Hämmern bewaffnet, um notfalls um ihr Leben zu kämpfen. Doch weil das Haus nicht erleuchtet war, nahmen die marodierenden Bauern an, es sei bereits zerstört, und zogen weiter zum nächsten Gut.[94]

Diese letzte Abrechnung mit den Adligen fand gewöhnlich zur selben Zeit statt wie die Bildung des Rats im jeweiligen Dorf oder Kreis. Die Bauern erblickten in den Räten die Verwirklichung ihrer lang ersehnten *wolja*, der direkten Selbstverwaltung ihrer Dörfer, frei von jeder Einmischung des Adels oder des Staats. Die Dorfräte waren in der Tat nichts anderes als die Dorfgemeinden in revolutionärerer Form. Die Ratsversammlung war von der öffentlichen Versammlung der Dorfgemeinde, dem *schod*, nicht zu unterscheiden, außer vielleicht darin, daß die weißbärtigen Patriarchen jetzt von jüngeren und besser ausgebildeten Bauern wie Semjonow, der den Rat in Andrejewskoje mit einrichtete, in den Schatten gestellt wurden. Oft benahmen sich die Bauernräte wie Dorfrepubliken und kümmerten sich kaum um die Anweisungen aus der Zentralregierung. Sie beschäftigten eigene Polizisten, richteten eigene Gerichte ein, und manche besaßen sogar ihre eigenen Fahnen und Embleme. Fast alle verfügten über eine eigene Freiwilligenmiliz oder Rote Garde, die von den direkt aus der Armee kommenden jüngeren Bauern zur

Verteidigung des revolutionären Dorfes und seiner Grenzen zusammengestellt wurde.[95]

* * *

Die Masse der Arbeiter und Bauern bewegte sich unaufhaltsam auf ihre eigenen auf ihr Dorf beschränkten Vorstellungen von Räteherrschaft zu. Landesweit hatte nur eine Räteregierung gewisse Aussicht darauf, als Autorität anerkannt zu werden. Das galt so seit der Februarrevolution. Doch immer wieder hatten die Führer des Petrograder Rats diese Stimmung ignoriert – ihr dogmatischer Glaube an die Notwendigkeit einer »bürgerlichen Etappe der Revolution« hatte sie an die hoffnungslose Aufgabe gebunden zu verstehen, die Koalition am Leben zu erhalten –, und wann immer die Straße mit dem Ruf nach Rätemacht rebellierte, hatten sie es vorgezogen, sich die Ohren zuzuhalten. Dennoch schien nun im Gefolge der Kornilow-Krise für die sozialistischen Parteien endlich der Augenblick gekommen, den entscheidenden Bruch zu vollziehen und eine eigene Regierung zu bilden. Die Kadetten, der wichtigste bürgerliche Partner in der Koalition, waren durch ihre Unterstützung des »konterrevolutionären« Generals vollständig diskreditiert, während die sozialistischen Parteien von ihrer eigenen Basis zur Rätemacht gezerrt wurden. In der ersten Septemberhälfte begann sich die Möglichkeit abzuzeichnen, daß die großen sozialistischen Parteien, von den Volkssozialisten auf der Rechten bis zu den Bolschewiki auf der Linken, sich zusammentun könnten, um eine Regierung zu bilden, die sich ausschließlich auf die Räte und die anderen demokratischen Organisationen stützte. Es war ein einzigartiger historischer Moment, eine flüchtige Chance für die Revolution, doch noch einen anderen Verlauf zu nehmen. Hätte man diese Gelegenheit genutzt, dann hätte Rußland zu einer sozialistischen Demokratie und nicht zu einer kommunistischen Diktatur werden können, und möglicherweise hätte auch der blutige Bürgerkrieg – der im Herbst 1917 wohl unvermeidlich geworden war – nur Wochen statt Jahre gedauert.

Die drei wichtigsten Räteparteien bewegten sich in den Wochen nach der Kornilow-Krise alle auf die Idee einer sozialistischen Regierung, mindestens aber eines endgültigen Bruchs mit der Bourgeoisie zu. Martows linke menschewistische Fraktion, die eine gesamtsozialistische Regierung favorisierte, gewann bei der Basis der Partei immer mehr Rückhalt. Auf deren Druck hin verpflichtete sich das Zentralkomitee der Menschewiki am 1. September selbst zur Bildung einer »homogenen demokratischen Regierung«. Auch die Linken Sozialrevolutionäre gewannen an Boden und traten nach der Krise faktisch als eigenständige Partei auf. Ihre drei wichtigsten Programmpunkte – eine sozialistische, auf den Rat gestützte Regierung, die sofortige Konfiszierung der adligen Güter und die Beendigung des Krieges – hätten nicht besser formuliert sein können, um den Forderungen der sozialrevolutionären Basis, der Masse der Bauern und Soldaten, zu entsprechen, obgleich deren Enttäuschung über Kerenski und Tschernow so groß war, daß viele von ihnen die Sozialrevolutionäre endgültig verließen und direkt zu den Bolschewiki überliefen. Der Provinzrat in Saratow, der Heimat der Sozialrevolutionäre, ging im September an die Bolschewiki.[96]

Auch die Bolschewiki freundeten sich mit der Idee einer sozialistischen, auf den Räten aufgebauten Koalition an. Kamenew hatte sich natürlich immer dafür eingesetzt. Er hatte die ganze Zeit dafür gekämpft, daß sich die bolschewistische Kampagne im Rahmen der Rätebewegung und der demokratischen Institutionen der Februarrevolution bewegte. Seiner Ansicht nach war das Land noch nicht reif für eine bolschewistische Erhebung, und jeder Versuch, einen Aufstand zu inszenieren, müsse in Bürgerkrieg und in der Niederlage der Partei enden. Es wäre nur eine Wiederholung der Pariser Kommune. Kamenew meinte, den Bolschewiki bleibe nichts anderes übrig, als sich weiterhin durch demokratische Wahlen um Unterstützung in den Räten, den städtischen Dumas und schließlich der Konstituierenden Versammlung zu bemühen. Sie müßten darüber hinaus die Menschewiki und die Sozialrevolutionäre dazu überreden, die Koalition aufzukündigen und sich ihnen in einer sozialistischen Regierung anzuschließen.

Bis zur Kornilow-Krise hatte sich Lenin jedem Gedanken an einen Kompromiß mit den Führern des Petrograder Rats widersetzt. Nach den Julitagen hatte er alle Hoffnung aufgegeben, durch die Räte an die Macht zu gelangen: Für ihn war die Provisorische Regierung durch eine »Militärdiktatur« erobert worden, die sich in einem »Bürgerkrieg« gegen das Proletariat befinde. Die Räte hätten ihr revolutionäres Potential verloren und ließen sich »gleich Hammeln, die zur Schlachtbank geführt« werden, von einigen Führern leiten, die nur die Beschwichtigung der »Konterrevolution« im Sinn hätten. Jetzt bliebe keine Wahl mehr, als die Losung »Alle Macht den Räten!« aufzugeben und einen bewaffneten Aufstand zu inszenieren, um die Macht an die rivalisierenden proletarischen Organe unter der Führung der Bolschewistischen Partei zu übergeben. Es war bezeichnend für Lenins Einstellung zu den Räten, in deren Namen sein Regime gegründet werden sollte, daß er bereit war, ihnen den Laufpaß zu geben, wenn sie nicht mehr den Interessen seiner Partei dienten. Es ist gänzlich verfehlt, wenn man wie einst Isaac Deutscher behauptet, Lenin habe geplant, daß die souveräne Macht per Verfassung vom Rätekongreß ausgehen solle wie beim englischen Unterhaus und daß die Bolschewiki durch diesen Kongreß in der Art einer westlichen parlamentarischen Partei regieren sollten. Lenin war kein Räte-Konstitutionalist – und all sein Agieren nach dem Oktober bestätigte das. Die Räte sollten nach seinem Schema immer der Partei untergeordnet sein. Selbst in *Staat und Revolution* – seinem wohl »libertärsten« Werk über politische Theorie, das er zu jener Zeit abschloß – betonte er die Notwendigkeit eines starken und repressiven Parteistaats, einer Diktatur des Proletariats, in der Übergangsphase zur kommunistischen Utopie, in der der »bürgerliche Staat« zerschlagen werden sollte. Die Räte erwähnte er so gut wie gar nicht.[97]

Im Gefolge der Kornilow-Krise, in der die Führer des Petrograder Rats einen Linksruck vollzogen, war jedoch selbst Lenin bereit, die Möglichkeit eines Kompromisses mit ihnen zu bedenken. Nicht daß er sein letztes Ziel einer bolschewistischen Diktatur aufgegeben hätte. In seinem Artikel *Über Kompromisse* vom 1. September versicherte er dem linken Flügel: »Unsere Partei erstrebt [...] die politische Herrschaft *für sich*.« Doch der Linksruck der Räte, der sich zugunsten der Partei auswirkte, eröffnete die Aussicht, sich noch einmal mit friedlichen Mitteln in Richtung Rätemacht zu bewegen. Schließlich waren die Bolschewiki jetzt vermutlich in jeder auf die Räte gestützten Regierung die beherrschende Kraft – und das ermöglichte es Lenin, sich über einen Kompromiß Gedanken zu machen, der im Kern bedeutete: »unserseits die Rückkehr zu der Forderung, die wir bis zum Juli stellten: Alle Macht den Räten«. In den zwei Wochen vor der Eröffnung der Demokratischen Konferenz am 14. September, auf der die Machtfrage entschieden werden sollte, unterstützte Lenin Kamenews Bemühungen, die Menschewiki und die Sozialrevolutionäre dazu zu überreden, mit der Koalition zu brechen und sich den Bolschewiki in einer sozialistischen, auf die Räte gestützten Regierung anzuschließen. Falls die Führer des Petrograder Rats einverstanden wären, die Macht zu übernehmen, würden die Bolschewiki ihre Kampagne für einen bewaffneten Aufstand aufgeben und sich innerhalb der Rätebewegung um die Macht bewerben. Lenins stillschweigende Folgerung blieb dennoch klar: Falls sich die Führer des Petrograder Rats weigern sollten, sollte die Partei sich auf die Machtergreifung vorbereiten.[98]

Das Schicksal Rußlands hing also von dem Verhalten der Führer des Petrograder Rats bei der Demokratischen Konferenz ab. Das war der Augenblick, wo sie in ihrer nationalen Führungsqualität auf die Probe gestellt wurden – und versagten. Die Konferenz fand im Alexander-Theater statt, das sich als passender Schauplatz erwies, denn die Zusammenkunft endete als Farce. Von Anfang an zeichneten sich deutlich drei politische Gruppierungen ab: die Rechte, die für eine Koalition mit den Kadetten eintrat, die Mitte, die eine Koalition mit der Bourgeoisie, aber ohne die Kadetten vorzog, und die Linke, die eine sozialistische Regierung befürwortete, die sich entweder auf die Räte stützte oder erweiterter auf die demokratischen Gruppierungen, wie sie auf der Konferenz vertreten waren. Als es aber zur Abstimmung kam, herrschte ein totales Durcheinander. Zunächst verabschiedete die Konferenz eine Resolution (mit 766 gegen 688 Stimmen), in der das allgemeine Prinzip einer Koalition mit der Bourgeoisie befürwortet wurde. Dann jedoch verabschiedete sie zwei Zusatzerklärungen, die die Kadetten von einer solchen Koalition ausschlossen. Das verärgerte die Rechten so sehr, daß sie sich anschließend in einer zweiten Abstimmung über die ursprüngliche Resolution den Linken anschlossen und die Resolution mit 813 zu 183 Stimmen ablehnten. Nach viertägiger Debatte endete die Konferenz, ohne bei dem wichtigsten Thema, dessentwegen sie überhaupt einberufen worden war, zu einer Entscheidung gekommen zu sein. In der kurzen und mehrfach unterbrochenen Geschichte der russischen demokratischen Bewegung geschah es nicht zum ersten Mal, daß ihre Führer von der elementaren Aufgabe, parlamentarische Entscheidungen herbeizuführen, überfordert waren; es war auch nicht das letzte, wohl aber das verhängnisvollste Mal, wenn man die Folgen bedenkt.

Hastig stellte man eine außerordentliche Delegation von Konferenzteilnehmern zusammen, die die Regierungskrise lösen sollte. Sie wurde von den Führern der Sozialrevolutionäre und der Menschewiki beherrscht, die für eine Koalition eintraten und entgegen dem klaren Votum der Konferenz sofort in Verhandlungen mit den Kadetten eintraten. Am 24. September hatte man sich geeinigt, und am nächsten Tag benannte Kerenski sein Kabinett. Es war im wesentlichen der gleiche politische Kompromiß wie die Zweite Koalition im Juli, wobei die gemäßigten Sozialisten formal eine Mehrheit der Ministerposten hatten, die Kadetten jedoch die Schlüsselpositionen besetzten. Die Dritte Koalition verfügte allerdings über keines der ministeriellen Talente ihrer Vorgängerin – so schwach diese gewesen sein mochten. Sie setzte sich aus zweitrangigen Kadetten und obskuren Provinz-Trudowiki ohne jede Regierungserfahrung auf nationaler Ebene zusammen. Die Sozialisten hatten gefordert, daß die Koalition dem Vorparlament verantwortlich sein sollte – einem letztlich machtlosen Pseudogremium, das von der Demokratischen Konferenz in der vergeblichen Hoffnung ernannt worden war, es könnte der Republik bis zur Einberufung der Konstituierenden Versammlung eine gewisse Legitimität geben. Doch die Kadetten hatten die Sozialisten als Preis für ihre Beteiligung an der Koalition zum Verzicht auf diese Forderung gezwungen. Die Provisorische Regierung sollte so *de jure* die souveräne Macht bleiben, bis die Konstituierende Versammlung zusammentrat.[99] Würde aber dieses neue Operettenkabinett überhaupt so lange durchhalten? Faktisch ohne Macht, erwies es sich als unfähig, eine nennenswerte Gesetzgebung zu praktizieren, und hegte nur die Hoffnung, sich bis zu den Wahlen im November im Amt halten zu können. Ein sechswöchiges Überleben – so weit reichten seine winzigen Ambitionen –, und doch hielt es sich nur vier.

Mit dem Scheitern der Demokratischen Konferenz gestanden die Führer des Petrograder Rats öffentlich den politischen Bankrott ein. Nach diesem letzten Eingeständnis ihrer Abneigung gegen die Übernahme der Macht brach die Unterstützung für Menschewiki und Sozialrevolutionäre rasch und heftig weg. Ende September hatte die Partei der Menschewiki in Petrograd praktisch aufgehört zu existieren: Die letzte Parteikonferenz für die ganze Stadt konnte nicht zusammentreten, weil sie keine beschlußfähige Teilnehmerzahl hatte. Nicht bloß ihr rigides marxistisches Dogma hatte die Menschewiki in der Koalition gehalten, sondern ein viel grundsätzlicheres Unvermögen, die sozialen und politischen Kräfte zu erkennen, die sich im Laufe des Jahres 1917 herausgebildet hatten. Leo Haimson, der prominenteste Historiker der Menschewiki, schreibt: »Fast von Anfang an kämpften sie heldenhaft gegen ein Chaos an, das sie mehr und mehr überwältigte. An dieser Erfahrung war ihnen nichts vertraut oder lief so, wie sie es erwartet hatten.« Sie hatten nicht gesehen, daß die Basis ihrer Anhängerschaft, die Industriearbeiter, sich radikalisierte und daß nur eine Räteregierung hoffen konnte, über wirkliche Autorität bei ihnen zu verfügen. Geblendet von ihrer Bindung an den Staat, die sie das Koalitionsprinzip um jeden Preis hatte verteidigen lassen, hörten sie auf, wie Revolutionäre zu handeln oder zu denken, und taten den wachsenden Radikalismus der Arbeiter und deren Unterstützung für die Bolschewiki ab als einen Ausdruck ihrer »Ignoranz« und »Unreife«. Und das bestätigte sie auch in ihrem dogmatischen Glauben, daß die Räte nicht reif seien für die Macht.[100] Einer ähnlichen Selbsttäuschung machten sich die sozialrevolutionären Führer mit ihrem naiven Glauben schuldig, daß die Forderung der Bauern nach einer grundlegenden Landreform, auf der ja die Partei der Sozialrevolutionäre aufgebaut worden war, bis zum Ende des Krieges und der Lösung der Machtfrage in der Konstituierenden Versammlung vertagt werden könnte. Die Bauern waren zunehmend gleichgültig gegenüber dem Kriegsausgang und der Form der nationalen Regierung: Alles, was sie wollten, waren Frieden, Land und Freiheit, wie es sich in der *wolja* ihrer eigenen autonomen Dorfkomitees und der Räte ausdrückte. Das sollte sich 1918 in dem vergeblichen Bemühen der Sozialrevolutionäre erweisen, eine Revision des Vertrags von Brest-Litowsk durchzusetzen und die Wolgabauern für die Verteidigung der Konstituierenden Versammlung zu gewinnen, nachdem diese von den Bolschewiki geschlossen worden war.

Das Scheitern der Sozialrevolutionäre wie der Menschewiki war vor allem ein Scheitern in der Führung. Beide Parteien waren über die beiden fundamentalen Themen von 1917 hoffnungslos zerstritten: wie es mit dem Krieg weitergehen und wie man die Balance zwischen politischer und sozialer Revolution halten sollte. Ihre Führer vom rechten Flügel waren Defensisten und legten mehr Gewicht auf die politische Revolution, während ihre Genossen vom linken Flügel sich entschieden auf Frieden und radikale soziale Reformen festgelegt hatten. Bedenkt man Rußlands historisches Erbe und die tiefe kulturelle Kluft zwischen der Intelligenzija und den Massen, dann gab es vielleicht keine reale Aussicht – jedenfalls nicht 1917 –, daß man eine politische Revolution nach europäischem Vorbild durchführen könnte. Doch eine sozialistische Demokratie hätte gefestigt werden können, wenn die Räteführer eingewilligt hätten, im September eine Koalition mit den Bolschewiki zu bilden – und wenn Lenin anschließend einverstanden gewesen wäre, eine solche Koalition zu respektieren. Das waren natürlich sehr große »Wenn«. Die Linken Sozialrevolutionäre bildeten schließlich im Oktober allein eine Allianz mit den Bolschewiki, obgleich Lenin zu diesem Zeitpunkt nicht mehr beabsichtigte, sie als gleichberechtigten Partner zu behandeln. Was die Menschewiki des linken Flügels anbelangt, so waren sie hoffnungslos gescheitert. Martow, ihr Führer, konnte sich zu keinerlei Allianz mit seinem alten Rivalen Lenin überwinden, obgleich das die logische Folge seines Streits mit den Defensisten gewesen wäre, wie die meisten seiner Anhänger erkannten. Martow, der Partei bis zum Ende treu, blieb an Bord des sinkenden Schiffs des Menschewismus.

Trotzki beschrieb Martow als einen »Hamlet des demokratischen Sozialismus« – und das trifft die Sache ziemlich genau. Wie so viele Veteranen der sozialistischen Bewegung, die sich 1917 an der Spitze der Rätebewegung wiederfanden, war Martow viel zu sehr Intellektueller, als daß er ein erfolgreicher Politiker hätte werden können. Immer wieder hielten ihn seine Integrität und seine philosophische Einstellung zur Politik zurück, und er neigte dazu, seine Verbündeten eher aufgrund der Schlüssigkeit ihrer allgemeinen Weltsicht zu wählen als wegen der Aktualität oder selbst der Umsetzbarkeit ihrer Politik. Das war es auch, was ihn im September bei den Menschewiki bleiben und nicht eine taktische Allianz mit den Bolschewiki eingehen ließ: Ihm waren die marxistischen Grundprinzipien der Menschewiki wichtiger als die rein politischen Argumente für solch eine Allianz. Diese Gesinnung hat Martow seither bei der sozialistischen Intelligenzija viel Beifall eingebracht – selbst Lenin soll 1921 sein größtes Bedauern geäußert haben: »Martow ist nicht mit uns, sehr schade! Was für ein bewundernswürdiger Genosse, was für ein reiner Mensch!« Doch solch noble Prinzipien sind eine verhängnisvolle Bürde für einen revolutionären Führer, und in Martows Fall ließen sie ihn nachgiebig und unentschlossen werden, während doch genau das Gegenteil erforderlich war.[101]

Dieselbe intellektuelle Unentschlossenheit war 1917 für viele Führer des Petrograder Rats charakteristisch – und in diesem Sinne könnte man sie alle als Hamlets des demokratischen Sozialismus beschreiben. Tschernow in der Partei der Sozialrevolutionäre war eine ähnlich tragische Figur. Wie Martow war er ein brillanter Intellektueller und Parteitheoretiker, doch jene Eigenschaften, deren es bedurfte, um ein erfolgreicher Revolutionsführer zu werden, fehlten ihm vollständig. Er verfügte nicht über die Härte an innerer Entschlußkraft und Willen, die zielstrebige Entschlossenheit, die eigene Politik durchzuführen, selbst wenn das die Spaltung der eigenen Partei bedeutete, und auch nicht über das instinktive Gespür für den richtigen Augenblick, den Griff nach der Macht zu wagen. Das war der entscheidende Unterschied zwischen einem Tschernow und einem Lenin – und wegen dieses Unterschieds nahm das Schicksal Rußlands eine Wende.

* * *

Nachdem Kamenews Plan für eine sozialistische Koalition durch das Scheitern der Demokratischen Konferenz geplatzt war, kehrte Lenin zu seiner Kampagne innerhalb der Partei für einen sofortigen bewaffneten Aufstand zurück. Bereits am Vorabend der Konferenz hatte er in zwei Briefen aus dem Exil in Finnland an das Zentralkomitee begonnen, dafür zu plädieren. Die Bolschewiki, so sein Argument, »können und *müssen* [...] die Staatsmacht in ihre Hände nehmen«. Können – weil die Partei schon eine Mehrheit in den Räten von Moskau und Petrograd gewonnen habe, die in jedem Bürgerkrieg »genügt, um die Massen mitzureißen«, vorausgesetzt, die Partei, die an der Macht sei, schlage einen sofortigen Frieden vor und übergebe den Bauern das Land. Müssen – denn wenn sie auf die Einberufung der Konstituierenden Versammlung wartete, würden »Kerenski und Co.« Präventivmaßnahmen gegen die Übergabe der Macht ergreifen und entweder Petrograd den Deutschen ausliefern oder die Einberufung der Konstituierenden Versammlung hinauszögern. Die Demokratische Konferenz sei zu verdammen, da sie »*nur die paktierererischen kleinbürgerlichen Spitzen*« der Bourgeoisie vertrete. »Man darf sich nicht durch Wahlziffern täuschen lassen, nicht auf die Wahlen kommt es an.« Und: »Die Mehrheit des Volkes ist *für* uns.« Er erinnerte seine Genossen an Marx' Worte »*Der Aufstand ist eine Kunst*« und schloß dann: »Es wäre naiv, eine ›*formelle*‹ Mehrheit der Bolschewiki abzuwarten: keine Revolution wartet *darauf* [...]. Die Geschichte wird es uns nicht verzeihen, wenn wir jetzt nicht die Macht ergreifen.«[102]

Diese beiden Briefe erreichten das Zentralkomitee am 15. September. Sie kamen für den Rest der führenden Bolschewiki, gelinde gesagt, äußerst ungelegen (»Wir waren alle schockiert«, erinnerte sich Bucharin), denn die Demokratische Konferenz hatte gerade begonnen, und sie fühlten sich immer noch Kamenews versöhnlicher Taktik verpflichtet. Es wurde sogar beschlossen, alle Kopien der Briefe außer einer zu verbrennen, damit sie nicht in die Hände der bolschewistischen Basis gerieten und eine Revolte auslösten. Das Zentralkomitee ignorierte weiterhin Lenins Rat und druckte statt dessen seine früheren Artikel, in denen er die Linie Kamenews bestätigt hatte. Lenin war außer sich vor Wut. Er fürchtete sich zwar immer noch, nach Petrograd zurückzukehren (Kerenski hatte auf der Demokratischen Konferenz Lenins Verhaftung angeordnet), wollte aber dem Geschehen näher sein und zog von Finnland in den Kurort Wyborg, 130 Kilometer von der Hauptstadt entfernt. In den folgenden Wochen bombardierte er das Zentralkomitee und die nachgeordneten Parteiorganisationen mit einem Schwall ungeduldiger Briefe voller heftiger und ausfallender Formulierungen, die er dick unterstrichen hatte und in denen er sie drängte, die bewaffnete Erhebung sofort zu beginnen. Er verurteilte die »parlamentarische Taktik« der führenden Bolschewiki und begrüßte die Aussicht auf einen Bürgerkrieg (»die schärfste Form des Klassenkampfes«), die sie in der fälschlichen Annahme abzuwenden suchten, sie würden wie die Pariser Kommunarden sicher besiegt. Lenin bestand im Gegenteil darauf, daß es nicht mehr antibolschewistische Kräfte gebe als diejenigen, die sich der Kornilow-Bewegung angeschlossen hätten, und durch »Ströme von Blut« werde garantiert, daß der Sieg der Partei sicher sei.

Schließlich, am 29. September, auf dem Höhepunkt seiner Frustration, schrieb Lenin eine wüste Tirade gegen die führenden Bolschewiki, in denen er sie als »*erbärmliche Verräter* an der Sache des Proletariats« beschimpfte. Sie hätten die Übergabe der Macht bis zum Rätekongreß aufschieben wollen, der am 20. Oktober zusammentreten sollte, während doch der Zeitpunkt für die Machtergreifung bereits gekommen sei; jede Verzögerung würde es Kerenski nur ermöglichen, militärisch gegen sie vorzugehen. Die Arbeiter, darauf beharrte Lenin, stünden geschlossen hinter der bolschewistischen Sache, die Bauern hätten ihren eigenen Krieg gegen die Herrenhäuser begonnen und würden so die Gefahr eines 18. Brumaire oder einer »kleinbürgerlichen« Konterrevolution wie 1848 vereiteln. Die Streiks und Meutereien im übrigen Europa seien »unzweifelhafte Anzeichen [...] *des Vorabends der Revolution* im Weltmaßstab«. Und »einen solchen Augenblick verpassen und den Sowjetkongreß ›abwarten‹ ist *vollendete Idiotie* oder *vollendeter Verrat*«. Falls die Bolschewiki das täten, würden sie sich »*mit Schmach* bedecken und als Partei *erledigt* sein«. Als letztes Ultimatum drohte er sogar mit seinem Austritt aus dem Zentralkomitee und nahm sich damit die Freiheit, seine Kampagne für einen bewaffneten Aufstand in die bolschewistische Basis zu tragen, die sich zu einer Parteikonferenz am 17. Oktober zusammenfinden sollte. »Denn es ist meine tiefste Überzeugung, daß wir die Revolution *zugrunde richten*, wenn wir den Sowjetkongreß ›abwarten‹ und jetzt den Augenblick verpassen.«[103] Lenins berüchtigte »Rage« hatte ihren Höhepunkt erreicht.

Warum bestand Lenin so hartnäckig auf der Notwendigkeit eines bewaffneten Aufstands *vor* dem Rätekongreß? Alle Zeichen standen damals günstig für die Bolschewiki: Das Land brach auseinander, die Räte rückten zunehmend nach links, und der bevorstehende Kongreß würde nahezu sicher die bolschewistische Forderung einer Übergabe der Macht an die Räte bestätigen. Warum also einen vorzeitigen Aufstand inszenieren und das Risiko eines Bürgerkriegs und einer Niederlage riskieren? Viele führende Bolschewiki hatten betont, daß die Machtergreifung unbedingt mit dem Rätekongreß zusammenfallen müsse. Das war die Ansicht von Trotzki und mehreren anderen Bolschewiki im Petrograder Rat – und da sie genau über die Stimmung in der Hauptstadt informiert waren und in jeder Erhebung eine führende Rolle spielen müßten, hatte ihre Meinung großes Gewicht in der Partei. Sie bezweifelten zwar, daß die Partei über genügend Unterstützung verfügte, um eine Erhebung im eigenen Namen zu rechtfertigen, glaubten aber, die Erhebung könnte im Namen der Räte erfolgreich durchgeführt werden. Da die Bolschewiki ihre Kampagne mit der Losung der Rätemacht geführt hatten, hieß es, sie brauchten den Kongreß, um eine solche Erhebung zu legitimieren und als Werk der Räte insgesamt und nicht bloß einer Partei erscheinen zu lassen. Lenin hätte bei einer Übernahme dieser Linie, die den Aufstand um höchstens ein paar Tage verzögert hätte, breite Unterstützung in der Partei gegen Leute wie Kamenew und Sinowjew gewinnen können, die die Idee eines Aufstands rundweg ablehnten. Doch Lenin war eisern – die Machtergreifung mußte durchgeführt werden, *bevor* der Kongreß zusammentrat. Darauf bestand er bis unmittelbar zum Vorabend des Kongresses.

Seine Ungeduld rechtfertigte Lenin mit der Ansicht, daß jede Verzögerung bei der Machtergreifung Kerenski die Gelegenheit gebe, Gegenmaßnahmen zu ergreifen: Petrograd würde an die Deutschen verloren gegeben, der Sitz der Regierung nach Moskau verlegt und der Rätekongreß selbst verboten. Das war natürlich Unsinn. Kerenski war zu solch entschlossenem Handeln überhaupt nicht in der Lage, auf jeden Fall war die Regierung, wie Kamenew darlegte, ohnmächtig, irgendwelche konterrevolutionären Absichten in die Tat umzusetzen. Es sieht eher so aus, als habe sich Lenin bewußt die Gefahr eines scharfen Vorgehens von Kerenski ausgedacht, um seine eigenen Argumente für eine vorzeitige Erhebung zu untermauern, obgleich es auch möglich ist, daß er so sehr die Verbindung zur realen Situation in Rußland verloren hatte – er hielt sich ja seit Juli in Finnland auf –, daß er selbst daran glaubte. Sicherlich gab es Gerüchte in der Presse, die Regierung plane, Anfang Oktober die Hauptstadt zu verlagern, und das bestärkte ihn zweifellos in seiner Überzeugung, ein Bürgerkrieg habe bereits begonnen und der militärische Sieg werde derjenigen Seite zufallen, die den Erstschlag wagte. »On s'engage et puis on voit.«

Doch es existierte noch ein weiteres Motiv dafür, die Erhebung vor dem Kongreß zu wollen, von aller militärischen Taktik ganz abgesehen. Falls die Übergabe der Macht durch eine Abstimmung des Kongresses stattfände, dann würde das Ergebnis mit großer Sicherheit eine Koalitionsregierung aller Räteparteien sein. Die Bolschewiki könnten zwar die meisten Ministerposten erringen, wenn diese nach den Mehrheitsverhältnissen verteilt würden, müßten aber immer noch zumindest mit den linken Flügeln der Sozialrevolutionäre und Menschewiki regieren, vielleicht aber auch mit den gesamten Parteien. Das wäre ein triumphaler politischer Sieg für Kamenew, Lenins Erzrivalen in der Bolschewistischen Partei, der dann zweifellos zur zentralen Persönlichkeit in einer solchen Koalition aufstiege. Unter seiner Führung würde das Zentrum der Macht im Rätekongreß und nicht in der Partei bleiben, und es könnte sogar einen erneuten Versuch geben, die Bolschewiki mit den Menschewiki wiederzuvereinen. Und was Lenin selbst betraf, so riskierte er, ohne Amt zu bleiben, entweder weil Menschewiki und Sozialrevolutionäre darauf bestünden oder wegen seiner eigenen Abneigung, mit ihnen zusammenzuarbeiten. Damit bliebe er auf den äußersten Rand des linken Flügels seiner eigenen Partei beschränkt. Falls jedoch eine Machtergreifung durch die Bolschewiki stattfände, ehe der Kongreß zusammentrat, dann ginge Lenin dabei als der politische Meister hervor. Die Kongreßmehrheit würde vermutlich die Aktion der Bolschewiki gutheißen und damit der Partei das Recht zugestehen, eine eigene Regierung zu bilden. Wenn die Menschewiki und Sozialrevolutionäre sich dazu überwinden könnten, diese erzwungene Machtergreifung als *fait accompli* zu akzeptieren, dann ließen sich zweifellos ein paar unbedeutendere Ämter für sie in Lenins Kabinett finden. Andernfalls hätten sie keine andere Wahl, als in die Opposition zu gehen und die regierenden Bolschewiki sich selbst zu überlassen. Kamenews

Bemühungen um eine Koalition wären damit untergraben, Lenin hätte seine Diktatur des Proletariats erreicht, und obgleich das Land dann unausweichlich in einen Bürgerkrieg stürzen würde, war das etwas, was Lenin selbst als einen Teil des revolutionären Prozesses akzeptierte – und vielleicht sogar begrüßte.

Als Lenin in die Hauptstadt zurückkehrte, wo er sich in der Wohnung einer Parteifunktionärin, Margarita Fofanowa, versteckt hielt, berief er für den 10. Oktober ein geheimes Treffen des Zentralkomitees der Bolschewiki ein. Bei diesem Treffen fiel der Beschluß zur Vorbereitung eines bewaffneten Aufstands. Es war eine jener Ironien der Geschichte, daß dieses historische Ereignis im Hause des Menschewiken Nikolai Suchanow stattfand. Seine Frau, Galina Flaxerman, eine bolschewistische Veteranin (man stelle sich nur die häuslichen Streitereien vor!), hatte ihrem Ehemann gesagt, er brauche an diesem Abend nicht von seinem Büro im Smolny heimzukommen, wie es offenbar seine Gewohnheit war. Lenin kam spät und mit einer Perücke verkleidet – Kollontai erinnerte sich, daß »er gänzlich aussah wie ein lutheranischer Pfarrer« –, die er beim Betreten der Wohnung kurz abnahm und dann während der Sitzung ständig zurechtrückte: In der Eile hatte er vergessen, das Puder mitzunehmen, ohne das die Perücke auf seinem kahlen Kopf immer verrutschte. Von den 21 Mitgliedern des Zentralkomitees waren nur zwölf anwesend. Die wichtigste Entscheidung in der Geschichte der Bolschewistischen Partei – den bewaffneten Aufstand zu beginnen – wurde also von einer Minderheit des Zentralkomitees gefällt: sie wurde mit zehn Stimmen gegen zwei (Kamenew und Sinowjew) angenommen. Im Grunde war dies ein »Putsch« Lenins innerhalb der Bolschewistischen Partei.* Wieder einmal hatte es Lenin geschafft, den übrigen Parteiführern seinen Willen aufzuzwingen. Ohne seinen entscheidenden persönlichen Einfluß läßt sich die Machtergreifung durch die Bolschewiki kaum vorstellen.

In den frühen Morgenstunden des folgenden Tages, als das Treffen zu Ende ging, kritzelte Lenin hastig seine historische Resolution auf einen Fetzen Papier, den er aus einem Kinderzeichenblock herausgerissen hatte. Zwar legte die Resolution keine genauen Daten oder Taktiken fest, doch sie konstatierte, »daß ein bewaffneter Aufstand unvermeidlich und die Zeit dafür reif« sei, und wies die Parteiorganisationen an, ihn als »Tagesbefehl« vorzubereiten. Nach diesem Abschluß brachte Suchanows Frau den Samowar und deckte den Tisch mit Käse, Salami und

* Die Parteikonferenz der Bolschewiki, die für den 17. Oktober vorgesehen war, wurde seltsamerweise etwa zu diesem Zeitpunkt abgesagt – zweifellos ebenfalls auf Lenins Drängen. Die Stimmung in der Parteibasis ließ vermuten, daß es eine starke Opposition gegen den Plan einer bewaffneten Erhebung geben würde. In den folgenden Tagen bildeten Kamenew und Sinowjew die Spitze dieser Opposition, indem sie forderten, die Parteikonferenz einzuberufen. Leider verfügen wir immer noch nicht über das vollständige Archivmaterial, um die ganze Geschichte dieses parteiinternen Machtkampfes darzustellen. (Vergleiche dazu Rabinowitch, »Bol'sheviki«, 119 f.)

Schwarzbrot. Die Bolschewiki stürzten sich sofort darauf.[104] Die Verschwörung hatte sie hungrig gemacht.

# 11 LENINS REVOLUTION

## DIE KUNST DES AUFSTANDS

Einige der dramatischsten Szenen der Revolution sollten sich in einer Schule für Adelstöchter abspielen. Das Smolny-Institut, ein riesiger ockerfarbener klassizistischer Bau am Rande der Hauptstadt, hatte seit dem Sturz des Zaren mehr oder weniger leer gestanden. Nach den Juliereignissen war das Exekutivkomitee der Räte gezwungen gewesen, sein Hauptquartier aus dem renommierteren Taurischen Palais dorthin zu verlegen. Von diesem Zeitpunkt an wurde das Smolny-Institut, wie Suchanow sagte, zur »internen Arena der Revolution«. Der Zweite Allrussische Rätekongreß im Oktober, auf dem die Macht der Räte proklamiert wurde, fand im Ballsaal mit den weißen Säulen statt, in dem früher die Schülerinnen das Walzer- und Polkatanzen geübt hatten.

Der Smolny besaß nicht die ruhige architektonische Grazie des Taurischen Palais. Wie die meisten Bildungsanstalten für Mädchen im 19. Jahrhundert war er schmucklos und praktisch und glich eher einem Gefängnis als einem Ort zur Horizonterweiterung und geistigen Erbauung. Diese Strenge schien den Stimmungsumschwung seiner revolutionären Besetzer widerzuspiegeln. Im Smolny herrschte im allgemeinen eine Atmosphäre der Ernsthaftigkeit, der schlaflosen Nächte und des fieberhaften Improvisierens. John Reed erzählte, dort »summte es wie in einem riesigen Bienenkorb«. Das Außentor wurde von wohlbewaffneten Posten bewacht, die sorgfältig die Passierscheine aller Passanten kontrollierten. (Einmal verweigerte man sogar Trotzki den Zutritt, als er seinen Ausweis nicht finden konnte.) In den endlosen, gewölbten und von Glühbirnen nur schwach erleuchteten Gängen schliefen Soldaten und lagerten Packen von Zeitungen. Es herrschte ein geschäftiges Hin und Her, und die schweren Stiefel hallten auf dem Steinfußboden wider. In der Luft hingen dichte Schwaden von Zigarettenrauch, der Boden war mit Abfall übersät, und überall verbreitete sich der Geruch von Urin. Vergeblich mahnten Plakate an der Wand: »Genossen, im Interesse eurer Gesundheit, achtet auf Reinlichkeit!« Doch niemand kümmerte sich darum. Die kasernenartigen Klassenzimmer hatten sich mit den Büros der verschiedenen revolutionären Organisationen gefüllt. An ihren Türen, die ständig auf- und zugingen, klebten immer noch die alten Emailleschilder zur Bezeichnung der Klassenräume;

doch darüber hingen einfache Hinweiszettel, die den Vorübergehenden über die neuen Bewohner aufklären sollten: Exekutivkomitee des Petrograder Rats, Büro der Fabrikkomitees oder Ausschuß irgendeiner politischen Partei. Mittelpunkt des Lebens im Smolny war der mit Kronleuchtern geschmückte Ballsaal, in dem die tumultartigen Sitzungen des Rats abgehalten wurden. An der Wand hinter dem Podium, auf dem das Exekutivkomitee saß, befand sich eine leere Fläche; dort hatte man das Porträt des Zaren entfernt. Im Erdgeschoß, im früheren Speisesaal der Mädchen, hielten sich immer Scharen hungriger Arbeiter und Soldaten auf; viele kamen nur wegen des Essens in den Smolny. Sie verschlangen ihre Mahlzeit, schlürften heißen Tee aus Konservendosen und rissen Zoten, die sich die adligen jungen Mädchen der Smolny-Schule nicht einmal hätten träumen lassen.[1]

Damit, daß auch das Zentralkomitee der Bolschewiki in den Raum 36 einzog, wurde der Smolny zu einer physischen Herausforderung für den Fortbestand der Provisorischen Regierung. Auf ihrer entscheidenden Sitzung am 10. Oktober hatten die Bolschewiki den bewaffneten Aufstand auf ihre Tagesordnung gesetzt. Doch war das Datum dafür noch nicht bestimmt. Vorläufig lehnten die meisten führenden Bolschewiki Lenins Forderung nach einem sofortigen Aufstand ab, manche wollten ihn sogar auf die ferne Zukunft verschieben. »Die Resolution vom 10. Oktober ist eine der besten, die das Zentralkomitee jemals angenommen hat«, erklärte Michail Kalinin, »doch wann diese Erhebung stattfinden wird, ist unklar – vielleicht in einem Jahr.« Die Hauptsorge galt der ambivalenten Stimmung auf der Straße. Alle empfanden eine allgemeine Ermüdung und Unzufriedenheit mit der *Kerenschtschina*. Der Krieg währte schon zu lange, die Menschen hatten es satt, die halbe Nacht um Brot anzustehen, und in den Fabriken und Kasernen hatte sich das Gefühl breitgemacht, der Status quo sei nicht länger zu ertragen. Würden die Petrograder Arbeiter und Soldaten aber für einen Aufstand eintreten? Viele erinnerten sich an die Ereignisse im Juli, als Arbeiter ihre Stellen verloren, und an die Repressionen, die folgten, und es widerstrebte ihnen, sich der Gefahr einer neuerlichen Niederlage auszusetzen. Die bolschewistische Militärorganisation, die die Stimmung in den Elendsvierteln der Hauptstadt genau beobachtete, warnte mehrfach, daß die Arbeiter und Soldaten zwar zutiefst verstimmt seien und mit den bolschewistischen Parolen sympathisierten, daß sie aber noch nicht bereit seien, dem Aufruf der Partei zu folgen, wohingegen sie auf den Ruf der Räte hin, falls diese sich in Gefahr befänden, auf die Straße gingen.

Lenin war nicht gewillt, bis zum Allrussischen Rätekongreß zu warten, denn er setzte seine Hoffnungen auf den Gebietskongreß der Räte des Nordbezirks, der vom 11. bis zum 13. Oktober in Petrograd stattfinden sollte. Wie sich Lazis erinnerte, »bestand der Plan darin, daß [der Rat] sich zur Regierung erklären und das der Anfang sein sollte«. Lenin stand in enger Verbindung mit den bolschewistischen Parteiführern der baltischen Region: Sie hatten den Gebietskongreß der Räte des Nordbezirks einberufen und dafür gesorgt, daß er in Petrograd und nicht in Helsingfors stattfand. Lenin war den Sommer über im Baltikum gewesen und zu der Überzeugung gelangt, daß diese Region eine ebenso wichtige Ausgangsbasis für die Revolution in Rußland wie im übrigen Europa sei. Besonders beeindruckte ihn der revolutionäre Eifer der Letten: Diese stellten seine persönliche Leibwache und in den ersten Tagen der Sowjetherrschaft einen Großteil der führenden Tschekisten und der Elite der Roten Armee (Lazis, Eiduck, Peters, Smilga). Die Rigaer Bolschewiki hatten den dortigen Rat praktisch bereits seit August unter ihrer Kontrolle, und Lenin nahm sie nun zum Vorbild, als er das Prinzip der Rätemacht nach Rußland* importieren wollte. In einem Brief an Smilga, einen seiner engsten Mitarbeiter in diesem Sommer im Exil, hatte Lenin klargestellt, daß er den Petrograder Aufstand als eine Militärinvasion aus der baltischen Region verstand. »Es scheint«, schrieb er am 17. September, »das einzige, was wir *ganz* in unseren Händen haben können und was eine *ernste* militärische Rolle spielt, das sind die finnländischen Truppen und die Baltische Flotte.« Der Gebietskongreß der Räte des Nordbezirks sollte das Signal zu dieser Invasion geben. Smilga hatte ihn auf Lenins Drängen hin organisiert und die Rolle des Vorsitzenden übernommen. Die bolschewistischen Delegierten erschienen vollbewaffnet und nahmen wie selbstverständlich an, dieser Kongreß werde zum Ausgangspunkt eines Aufstands werden. Doch Lenin wurde wieder enttäuscht: Die Mehrheit der Delegierten stimmte für die vorsichtige Resolution Kamenews, wonach die Schaffung einer Räteregierung dem Allrussischen Kongreß überlassen blieb, der für den 20. Oktober einberufen werden sollte. Offenbar war nicht einmal im Baltikum, der von Lenin selbst bevorzugten, fortschrittlichen Region, mit einer massenhaften Unterstützung zu rechnen, wenn die Partei zum Aufstand aufriefe.[2]

Denselben Schluß legten auch die Berichte nahe, die bei einer Sitzung des Zentralkomitees am 16. Oktober vorgetragen wurden. Die Vertreter der bolschewistischen Militärorganisation, des Petrograder Rats, der Gewerkschaften und der Fabrikkomitees, die an dieser Versammlung teilnahmen, warnten alle vor den Gefahren, die ein Aufstand vor Beginn des Rätekongresses mit sich bringen würde. Krylenko legte die Ansicht der Militärorganisation dar, wonach der Kampfgeist der Soldaten abnehme: »Sie brauchten einen konkreten Anstoß, wie etwa die Auflösung der Garnison, damit sie sich erheben.« Wolodarski vom Petrograder Rat bestätigte den »allgemeinen Eindruck [...], daß niemand von sich aus auf die Straße gehen wird, daß aber alle kommen werden, wenn der Rat dazu aufruft«. Die hohe Arbeitslosigkeit und die Angst vor Entlassung hielten nach Auffassung des Gewerkschaftlers Schmidt die Arbeiter zurück. Schljapnikow fügte hinzu, daß selbst in der Gewerkschaft der Metallarbeiter, in der der Einfluß der Partei dominierte, »eine bolschewistische Erhebung nicht populär ist und Gerüchte darüber

* Soviel nur zu der Vorstellung, Rätemacht sei etwas, das immer aus Rußland exportiert worden sei.

sogar Panik hervorrufen«. Kamenew zog daraus den logischen Schluß: »Es gibt keinerlei Beweis dafür, daß wir vor dem 20. losschlagen müßten.« Doch Lenin bestand auf der Notwendigkeit sofortiger Vorbereitungen und sah keinen Grund, wegen der vorsichtigen Meldungen über die Stimmung der Petrograder Massen zu zögern: Für einen militärischen Staatsstreich – so verstand er die Machtübernahme – brauchte man nur eine kleine Kampftruppe, vorausgesetzt, sie war gut bewaffnet und ausreichend diszipliniert. Lenins Einfluß war in der Partei derartig dominierend, daß er sich durchsetzte. Eine Gegenresolution von Sinowjew, die verbieten wollte, daß tatsächlich eine Erhebung inszeniert würde, bevor man die bolschewistischen Delegierten auf dem Rätekongreß konsultiert hatte, wurde mit 15 gegen 6 Stimmen abgelehnt. Vergleicht man dieses relativ knappe Abstimmungsergebnis mit der kurz darauf erzielten Mehrheit von 19 zu 2 bei dem viel unbestimmteren Aufruf Lenins zu einer Erhebung in allernächster Zukunft, so ist daraus zu ersehen, daß einige führende Bolschewiki sich ernsthaft Sorgen machten, ob ein Aufstand vor dem Rätekongreß wirklich sinnvoll sei. Allerdings reichten diese Sorgen nicht aus, um offen gegen den großen Diktator aufzutreten.[3] Das hätte schließlich einigen Mut erfordert.

Am Ende der Sitzung erklärte Kamenew, er könne deren Resolution, die seiner Meinung nach die Partei in den Ruin treibe, nicht akzeptieren; um seinen Schritt öffentlich kundzutun, reichte er beim Zentralkomitee seinen Rücktritt ein. Außerdem forderte er die Einberufung der Parteikonferenz, deren Verschiebung Lenin gelungen war, denn es bestand kaum Zweifel, daß sie es ablehnen würde, vor dem Rätekongreß zur Erhebung aufzurufen. Am 18. Oktober brachte Kamenew seine Ansicht in Gorkis Zeitung *Nowaja schisn* an die Öffentlichkeit. »Gegenwärtig«, schrieb er, »wäre es unzulässig, ja für das Proletariat und die Revolution sogar fatal, auf einen bewaffneten Aufstand vor dem und unabhängig vom Rätekongreß hinzuarbeiten.« Damit war natürlich die Katze aus dem Sack: Gerüchte über einen Coup der Bolschewiki liefen schon seit Wochen um, und jetzt war die Verschwörung endgültig aufgedeckt. Trotzki sah sich gezwungen, die Gerüchte im Petrograder Rat zu dementieren, doch diesmal war seine Darstellung alles andere als überzeugend. Lenin war wütend und rügte Kamenew und Sinowjew in der bolschewistischen Presse in einer Weise, die die späteren Säuberungen erahnen ließ. Seine zornigen Briefe vom 18. und 19. Oktober sind übersät mit Wörtern wie »Streikbruch«, »Verrat«, »Streikbrecher«, »verlogene Denunziation« und »Gaunerei«. »Diese beiden Personen« (das war die schlimmste Beleidigung, galten sie ihm doch nicht einmal mehr als »Genossen«) sollten »aus der Partei ausgeschlossen werden«.[4] Das war das Verhalten eines Tyrannen.

Mit der Publikation dieser Briefe verlegte Lenin die Kampagne für eine Erhebung in die Öffentlichkeit. Er hatte sein Eintreten für eine vorzeitige Machtübernahme immer damit begründet, daß – von ihm entweder überbewertet oder (eher) erfunden – die Gefahr bestehe, die Provisorische Regierung könne die Einberufung des Kongresses verbieten. Alle örtlichen Parteiberichte besagten eindeutig, daß die Petrograder Arbeiter und Soldaten zwar auf den Aufruf der Partei allein nicht auf die Straße gehen würden, wohl jedoch bei einer Bedrohung des Rats. Das galt seit der Kornilow-Krise, seit sich in der Öffentlichkeit zum ersten Mal die Vorstellung festgesetzt hatte, im Schatten des Kerenski-Regimes lauere immer noch eine »Konterrevolution«. Wenn die Bolschewiki ihre Anhänger noch einmal auf die Straße holen wollten, mußten sie sie davon überzeugen, daß der Rat gefährdet sei. Ihre Gegner taten das für sie.

Nachdem die bolschewistische Verschwörung nun allgemein bekannt war, beschlossen die Räteführer, den Rätekongreß auf den 25. Oktober zu verschieben. Sie hofften, in den damit gewonnenen fünf Tagen Gelegenheit zu haben, ihre Anhänger in den abgelegenen Provinzen zu sammeln. Doch verschafften sie damit auch den Bolschewiki die nötige Zeit, um ihre letzten Vorbereitungen für den Aufstand zu treffen. Außerdem verlieh es ihrer Anschuldigung Glaubwürdigkeit, die Räteführer beabsichtigten, den Rätekongreß ganz fallenzulassen. Sicherlich bedauerten diese es, ihn damals einberufen zu haben, denn als sie das zur Zeit der Demokratischen Konferenz taten, hatte sich der Umschwung zu den Bolschewiki noch nicht so deutlich abgezeichnet; als aber der Kongreß näher rückte, wurde ihnen klar, daß ihnen eine Niederlage bevorstand.

Vielleicht wären die Räteführer besser beraten gewesen, wenn sie ihre Anstrengungen darauf konzentriert hätten, starke Unterdrückungsmaßnahmen zu fordern, um der bolschewistischen Bedrohung zu begegnen. Tatsächlich aber reichten, trotz ihrer Mehrheit auf dem Rätekongreß, ihre papiernen Resolutionen nicht aus, um die Bajonette der Bolschewiki abzuwehren. Die Menschewiki und Sozialrevolutionäre aber fühlten sich als Genossen der Bolschewiki und damit nicht in der Lage, solche Maßnahmen gegen die Bolschewistische Partei zu ergreifen. Sie konnten nicht vergessen, daß sie noch Monate zuvor mit ihnen im revolutionären Untergrund gekämpft hatten (und sie konnten nicht sehen, daß sie nur Monate später zu Opfern des bolschewistischen Terrors werden würden). Sie beschränkten sich darauf, Fragen zu stellen, die die Bolschewiki in Verlegenheit bringen sollten. Sie stampften mit dem Fuß auf und forderten, die Bolschewiki sollten vor den Räten ihre Pläne offenlegen. »Ich will ein Ja oder Nein«, beharrte Dan, als wäre anzunehmen, daß die Bolschewiki einlenken würden.[5]

Kerenskis Verhalten war ebenso kurzsichtig. Während der letzten Wochen der Provisorischen Regierung ähnelte es immer mehr dem des letzten Zaren: Beide Männer weigerten sich einzusehen, daß ihre Autorität von der Revolution bedroht war. Bei Nikolai hatte diese Selbstgefälligkeit von seiner hoffnungslosen Verzweiflung und fatalistischen Resignation hergerührt; bei Kerenski war sie eher die Folge seines eigenen törichten Optimismus. Ihm war seine landesweite Popularität in den ersten Revolutionstagen zu Kopf gestiegen. Er hatte begonnen zu glauben, »das Schicksal habe ihn dazu bestimmt«, »sein Volk« in die Freiheit zu führen, und wie der Zar auf sein Winterpalais beschränkt war, so war auch er von der wirklichen Lage weit genug entfernt, um seine Überzeugung nicht in Frage zu stellen. Wie Nikolai umgab er sich mit treuen Bewunderern, die es nicht wagten, ihm offen ihre Meinung zu sagen, und hielt sein Kabinett schwach, indem er beständig von dessen Umbildung sprach. Er hatte keine Ahnung vom Ausmaß seiner eigenen Unpopularität oder wollte nichts von ihr wissen.

Zweifellos war der Witz, der in den letzten Wochen seiner Regierung im Land kursierte, nicht bis zu ihm gedrungen: »Frage: Was ist der Unterschied zwischen dem heutigen Rußland und dem Rußland Ende letzten Jahres? Antwort: Damals hatten wir Alexandra Fjodorowna [die Kaiserin], jetzt aber haben wir Alexander Fjodorowitsch [Kerenski].« Der Ministerpräsident war nahezu völlig isoliert. Der Volksheld des Frühlings war bis zum Herbst zum Antihelden geworden. Es verbreiteten sich Gerüchte über seinen »moralischen Verfall« (solche Gerüchte hatte es auch über die Romanows gegeben): Er mache sich im Winterpalais ein schönes Leben, habe eine Liebesaffäre mit Jelena Birjukowa, der Cousine seiner Frau, die mit den Kerenskis im Winterpalais lebte; außerdem sei er ständig betrunken und morphium- und kokainsüchtig. Freunde und Bekannte riefen daraufhin Kerenskis Frau an, um ihr ihr wärmstes Mitgefühl auszudrücken. »Ich konnte nicht verstehen, warum sie so besorgt waren«, erinnerte sie sich später, »doch dann kam heraus, daß es in der linken Presse irgendeine Geschichte gab, wonach Kerenski seine Frau verlassen habe und mit einer Schauspielerin davongelaufen sei.« Es wurde fälschlicherweise verbreitet, Kerenski sei Jude, was in dem antisemitischen Klima, das die gesamte Epoche der Revolution begleitete, für sein Ansehen in der Öffentlichkeit außerordentlich schädlich war. Kerenski selbst erinnerte sich, als er unmittelbar vor der bolschewistischen Machtübernahme aus dem Winterpalais floh, das folgende Graffito an einer Mauer gesehen zu haben: »Nieder mit dem Juden Kerenski, lang lebe Trotzki!« Die Leute erzählten sich auch, Kerenski ziehe gern Frauenkleider an. In Kerenskis Statur und Gestik lag tatsächlich viel Feminines (Sinaida Gippius nannte ihn ihren »mädchenhaften Revolutionär«), wodurch er vielen Arbeitern schwächlich vorkam, vor allem denen, die ihn zu seinen Ungunsten mit der harten Männlichkeit der Bolschewiki verglichen. Später ging sogar das Gerücht, Kerenski habe sich, als er aus dem Winterpalais floh, als Krankenschwester verkleidet.[6]

Aber Kerenski verlor seine Glaubwürdigkeit nicht nur auf der Straße. Auch die westlichen Alliierten, die ihn immer am stärksten unterstützt hatten, wandten sich nach der Kornilow-Krise von ihm ab. Das britische Außenministerium ließ sich offensichtlich durch die Gerüchte über sein Privatleben täuschen. Es hatte den absurden Eindruck, Kerenskis Sekretär David Soskice sei ein deutscher Agent und Bolschewik und Kerenski selbst sei drauf und dran, einen Separatfrieden mit Deutschland zu schließen. Wladimir Nabokow, der Vertreter der Provisorischen Regierung in London, glaubte, die Briten wollten mit Kerenski nichts mehr zu tun haben, weil sie meinten, er stehe auf verlorenem Posten, seit die Kornilowschen Reformen über Bord geworfen worden waren.[7]

Sogar in der demokratischen Intelligenzija, in der er einst als Volksheld bejubelt worden war, wurde Kerenski jetzt geschmäht. Seine langjährige Gönnerin Sinaida Gippius schrieb am 24. Oktober in ihr Tagebuch: »Niemand will die Bolschewiki, aber es gibt auch niemanden, der bereit wäre, für Kerenski zu kämpfen.« Das ist ein ziemlich treffendes Resümee. Brussilow, der seit seiner Entlassung als Oberbefehlshaber der russischen Armee dafür eintrat, es müsse eine zivile Miliz geschaffen werden, um gegen die Bolschewiki anzukämpfen, mußte feststellen, daß er weder Freiwillige noch Geld für Söldner auftreiben konnte. Alle fluchten über die Bolschewiki, aber niemand war bereit, etwas gegen sie zu tun. Die Bourgeoisie und die rechten Gruppierungen versprachen sich nichts mehr von der Provisorischen Regierung und begrüßten sogar deren Auflösung. Niemand wollte sie verteidigen, am wenigsten die Monarchisten. Letztere zogen es sogar vor, die Bolschewiki die Macht ergreifen zu lassen, weil sie meinten, diese würden sich ohnehin nicht lange halten können und das Land derart ruinieren, daß *alle* Sozialisten diskreditiert wären. Dann könnten die Rechten ihre eigene Diktatur etablieren.[8]

Kerenski war sich weiterhin über den Niedergang seines Sterns nicht im klaren. Immer noch glaubte er, er werde vom »Volk« unterstützt – war er nicht dessen Geisel? –, und lehnte es ab, irgendeine Vorsorge gegen die bolschewistische Bedrohung zu treffen. Es gab nicht einen Versuch, den Smolny unter Kontrolle zu bekommen, die führenden Bolschewiki zu verhaften oder in der ersten Oktoberhälfte, als solche Maßnahmen zumindest gewisse Chancen auf Erfolg versprachen, die Verteidigungskräfte der Stadt zu stärken. Kerenski schien zu glauben, jeder bolschewistische Aufstand werde eine Wiederholung des Fiaskos der Julitage sein. Er betete sogar darum, daß die Bolschewiki endlich losschlügen, in dem naiven Glauben, das werde ihm Gelegenheit geben, mit ihnen ein für allemal abzurechnen. »Ich wäre bereit, einen Bittgottesdienst abhalten zu lassen, damit es zu einer solchen Aktion käme«, erzählte er Nabokow am 20. Oktober. »Ich verfüge über mehr Kräfte, als dafür nötig sind. Sie werden endgültig zermalmt werden.«*[9]

Siegessicher erklärte Kerenski den Bolschewiki den Krieg. Er kündigte an, er werde den größten Teil der Petrograder Garnison an die Nordfront verlegen, an der die Deutschen in Richtung Hauptstadt vorrückten. Wie schon einmal am Vorabend der Julikrise, betrachtete er die deutsche Bedrohung zweifellos als eine hervorragende Entschuldigung, um die Hauptstadt von den aufmüpfigen Soldaten zu befreien; zugleich muß er wohl wie im Juli darauf gesetzt haben, daß die Auflösung der Garnison zu einer schlecht geplanten bolschewistischen Erhebung füh-

* Als Kerenski am 25. Oktober aus der Hauptstadt floh, hinterließ er ein kleines Vermögen auf seinem Bankkonto. Die Tatsache, daß er beim letzten Mal, am 24. Oktober, nur eine bescheidene Summe abgehoben hatte, zeigt, daß er selbst in diesen letzten Stunden seinen Sturz nicht erwartete. Seine Bankauszüge befinden sich in: GARF, f. 1807, op. 1, d. 452.

ren werde. Aber das war natürlich eine fatale Fehlkalkulation. Es verlieh nur der bolschewistischen Anschuldigung, in den Regierungskreisen gebe es ein »konterrevolutionäres Komplott«, mehr Glaubwürdigkeit – einer Anschuldigung, die die Bolschewiki brauchten, um für die sofortige Erhebung Unterstützung zu finden. Die Bolschewiki behaupteten, Kerenski plane, die Hauptstadt aufzugeben, um den Rätekongreß zu schließen und die Revolution zugrunde zu richten. Solche Ängste erreichten ihren Höhepunkt, als Rodsjanko, der frühere Duma-Präsident, in einer Rede, die in der Presse unter der Schlagzeile »Zum Teufel mit Petrograd!« allgemein verbreitet wurde, Kerenski drängte, ebendies zu tun.

In dieser angespannten politischen Atmosphäre konnte das Militärische Revolutionskomitee der Provisorischen Regierung die Befehlsgewalt in der Petrograder Garnison abnehmen und selbst zur führenden Organisationskraft des bolschewistischen Aufstands werden. Das alles geschah innerhalb weniger Tage – und das Geheimnis des Erfolgs lag darin, daß das Militärische Revolutionskomitee sich als ein Organ zur Verteidigung der *Räte* darstellte. Das Militärische Revolutionskomitee war Mitte Oktober gebildet worden und hatte am 20. seine erste organisatorische Sitzung. Wie das Rätekomitee zur Bekämpfung der Konterrevolution, das während der Kornilow-Krise entstanden war, wurde auch dieses Komitee als eine *ad hoc* gebildete Körperschaft zur Verteidigung der Revolution angesehen (ebensosehr gegen die Deutschen wie gegen die »Konterrevolution«). Sein Büro, das seine Sitzungen im dritten Stock des Smolny abhielt, bestand aus drei Bolschewiki und zwei Linken Sozialrevolutionären, wobei Pawel Lasimir, ein Linker Sozialrevolutionär, nominell Vorsitzender war. Das sollte dem Ganzen den Anstrich einer Räteorganisation geben, was insofern wichtig war, als die Soldaten nur dem Ruf der Räte folgen würden. Faktisch war das Militärische Revolutionskomitee jedoch eine bolschewistische Einrichtung. Seine wahren Führer waren Trotzki, Antonow-Owsejenko und der baltische Matrose Dybenko, der hünenhafte, schwarzbärtige Liebhaber von Alexandra Kollontai (die ihrem Alter nach seine Mutter hätte sein können). Die Linken Sozialrevolutionäre dienten, wie Trotzki sagte, zur »Tarnung«, um die Pläne für den bolschewistischen Coup geheimzuhalten. Daß sich die Linken Sozialrevolutionäre derart benutzen ließen, sagt genug über ihre politische Naivität aus. Sie ließen sich bei ihren strategischen Entscheidungen von einer unbestimmten revolutionären Stimmung leiten, die für Studenten charakteristisch gewesen wäre. Sie waren die Lämmer neben dem bolschewistischen Wolf. Als das Militärische Revolutionskomitee am frühen Morgen des 25. Oktober beschloß, die Macht zu ergreifen, waren die beiden Linken Sozialrevolutionäre nicht einmal anwesend.

Die Androhung, die Petrograder Garnison an die Front zu verlegen, löste in ihr eine allgemeine Meuterei aus. Ein Großteil der Soldaten weigerte sich, den Befehlen des Generalstabs Folge zu leisten, und übertrug seine Loyalität auf das Militärische Revolutionskomitee, dessen Kommissare nun die Kommandeure der Einheit ersetzten. Soldatenversammlungen äußerten ihre Bereitschaft, gegen die Provisorische Regierung »anzutreten«, wenn der Petrograder Rat sie dazu aufforderte. Sogar die ehedem loyalen Kosakenregimenter beteiligten sich an der Meuterei oder blieben neutral. Am 21. Oktober erklärte das Militärische Revolutionskomitee sich selbst zum Befehlshaber der Garnison. Das war der erste Akt des Aufstandes. Der Generalstab unternahm eine letzte verzweifelte Anstrengung, etwas von seiner Macht zu retten, indem er versuchte, mit dem Militärischen Revolutionskomitee zu einem Kompromiß zu gelangen. Aber es war zu spät. Die Einheiten in der Garnison befanden sich bereits in der Hand der Kommissare. Am 23. Oktober erweiterte das Militärische Revolutionskomitee seine Macht auf die Peter-Pauls-Festung, deren Kanone auf das Winterpalais blickte. Die Provisorische Regierung hatte, bereits ganze zwei Tage bevor der bewaffnete Aufstand begann, die eigentliche militärische Kontrolle über die Hauptstadt verloren. Das war entscheidend für den gesamten Aufstand, und ohne dies wäre nicht zu erklären, wieso die Bolschewiki einen so leichten Sieg davontrugen. Am 25. Oktober war die wichtigste Aufgabe jeder erfolgreichen Revolution – die Einnahme der hauptstädtischen Garnison – bereits vollzogen; die Provisorische Regierung war schutzlos, und die Bolschewiki brauchten nur noch ins Winterpalais hineinzuspazieren und die Minister zu verhaften.

Das Bemerkenswerte am bolschewistischen Aufstand ist, daß, noch wenige Stunden bevor er anfing, kaum einer der führenden Bolschewiki ihn haben wollte. Bis zum späten Abend des 24. Oktober hatte die Mehrheit des Zentralkomitees und des Militärischen Revolutionskomitees den Sturz der Provisorischen Regierung noch vor der Eröffnung des Rätekongresses am nächsten Tag nicht für wahrscheinlich gehalten. Trotzki, der in Lenins Abwesenheit praktisch die Parteiführung übernommen hatte, betonte mehrfach, wie notwendig Disziplin und Geduld seien. Am Morgen des 24. verfügte Kerenski die Einstellung zweier bolschewistischer Zeitungen. Trotzki weigerte sich, auf diese »Provokation« einzugehen: Das Militärische Revolutionskomitee sollte in Alarmbereitschaft gesetzt werden; zur Abwehr aller weiteren »konterrevolutionären« Bedrohungen seien die strategischen Anlagen der Stadt einzunehmen; allerdings, das betonte er am Nachmittag auf einer Sitzung der bolschewistischen Kongreßdelegierten, »wäre es ein Fehler, zur Festnahme der Regierung auch nur einen der Panzerwagen einzusetzen, die jetzt das Winterpalais verteidigen [...]. Das ist Verteidigung, Genossen. Das ist Verteidigung.« Am selben Abend erklärte Trotzki vor dem Petrograder Rat – und er hatte gute Gründe, das auch zu glauben –, daß »ein bewaffneter Konflikt heute oder morgen, am Vorabend des Rätekongresses, nicht unseren Plänen entspricht«.[10]

Es gab plausible Gründe, in dieser letzten Stunde die Ereignisse nicht zu forcieren. Die Bolschewiki brauchten die Zustimmung des Rätekongresses, um ihre Machtergreifung zu legitimieren. Ohne sie konnten sie sich nicht sicher auf die Unterstützung der Arbeiter und Soldaten verlassen und liefen vielleicht sogar Gefahr, gegen diese kämpfen zu müssen. Zur Eröffnung des Rätekongresses am 25. trafen bereits die Delegierten ein, und aufgrund ihrer Zusammensetzung schien es sehr wahrscheinlich, daß die Rätemacht eine sichere Mehrheit auf sich vereinen könnte. Und die Provisorische Regierung? – Sie sah in der Tat immer provisorischer aus und würde bestimmt beim leisesten Stoß fallen. Am Abend des 24. hatte das Vorparlament praktisch einen Mißtrauensantrag gegen sie verabschiedet. Sogar Dan und Goz, die früher zu den hartnäckigsten Verfechtern der Koalition gehört hatten, wandten sich von Kerenski ab und verlangten eine demokratische Regierung, die für Frieden und radikale Reformen einträte. Sie wollten das als eine historische Proklamation noch in derselben Nacht überall in der Stadt öffentlich anschlagen, in der Hoffnung, das könne die potentiellen Aufständischen beschwichtigen und die Kampagne für eine friedliche Entscheidung der Machtfrage durch die Bildung einer sozialistischen Koalition stärken. Doch dafür war es wohl schon zu spät: Es sah so aus, als versuchte man mit papiernen Dekreten die bolschewistischen Kanonen abzuwehren. Doch selbst in diesen letzten Stunden gab es noch einen Funken Hoffnung, man könnte zu einer Einigung gelangen. Noch am Abend des 24. lief Kamenew im Smolny umher auf der Suche nach Unterstützung für eine Resolution, die an den Kongreß appellieren sollte, aus allen linken Rätegruppierungen eine sozialistische Regierung zu bilden; und die Sozialrevolutionäre und Menschewiki, deren Kongreßdelegierte noch spät in der Nacht tagten, beschlossen schließlich, den Plan zu unterstützen.

Inzwischen war der bolschewistische Aufstand jedoch bereits in vollem Gang. Obwohl Trotzki zu Disziplin aufrief, war es schwer, das Militärische Revolutionskomitee daran zu hindern, die Verteidigungsmaßnahmen in eine Generaloffensive entgleisen zu lassen. Mit einbrechender Dunkelheit strömten bewaffnete bolschewistische Arbeiter und Soldaten in Massen ins Stadtzentrum. Die Blockaden, die die Regierung an den Brücken aufgebaut hatte, um die Zufahrtswege aus den Elendsvierteln der Außenbezirke zu kontrollieren, wurden von den Roten Garden übernommen. Diese errichteten Straßensperren und patrouillierten in Panzerwagen durch die Straßen, während späte Theaterbesucher nach Hause eilten. In den frühen Morgenstunden kontrollierten die bolschewistischen Streitkräfte bereits die Bahnhöfe, die Post und das Telegrafenamt, die Staatsbank, die Telefonzentrale und das Elektrizitätswerk. Die Roten Garden hatten die örtlichen Polizeistationen besetzt und übernahmen jetzt selbst Polizeifunktionen. Die Aufständischen hatten fast die gesamte Stadt unter Kontrolle, mit Ausnahme des zentralen Bereichs um das Winterpalais und des Platzes vor der Isaaks-Kathedrale. Kerenskis Minister, die sich im Winterpalais verbarrikadiert hatten, besaßen nicht einmal die Verfügungsgewalt über Licht und Telefone.[11]

Diese frühen Erfolge stärkten Lenins Aufruf zur sofortigen Machtübernahme. Die führenden Bolschewiki wollten eine Wiederholung der Juliereignisse vermeiden, als ihr anfängliches Zögern, die Initiative der Straße zu unterstützen, zu einem

Fiasko geführt hatte. Als sie nun von den bolschewistischen Erfolgen erfuhren, wuchs der Druck, die Sache in die Hand zu nehmen und mit dem Aufstand zu beginnen. Lenins Intervention war entscheidend. In der Wohnung der Fofanowa war er von allem abgeschnitten, und so wuchs seine Frustration, als er beobachtete, wie sich die Ereignisse des Tages entwickelten. Um 18 Uhr kritzelte er einen verzweifelten Appell an die Petrograder Parteiorganisationen, in dem er sie drängte, innerhalb der nächsten Stunden zum Aufstand überzugehen, und er befahl Fofanowa, seinen Zettel im Smolny abzugeben. Der Rätekongreß sollte am folgenden Nachmittag eröffnet werden, und wenn die Bolschewiki nicht bis dahin die Macht ergriffen hatten, wäre seine gesamte politische Strategie zum Scheitern verurteilt. Um 22 Uhr konnte sich Lenin nicht mehr zurückhalten. Er setzte seine Perücke und eine Arbeitermütze auf, wickelte sich einen Verband um den Kopf und begab sich in Begleitung des finnischen Bolschewiken Eino Rakhia zum Smolny. Auf der Fahrt durch den Wyborger Bezirk in einer leeren Straßenbahn überschüttete er die arme Schaffnerin mit Fragen über die neueste Situation; und als er entdeckte, daß sie zu den Linken gehörte, bedrängte er sie mit Ratschlägen für ihr revolutionäres Handeln. Vom Finnländischen Bahnhof aus setzten die beiden Männer ihren Weg zu Fuß fort. In der Nähe des Taurischen Palais wurden sie von einer Regierungswache angehalten, doch, wie Rakhia berichtete, hielt man Lenin, der seine schlechteste Kleidung trug, fälschlich für einen harmlosen Betrunkenen und ließ die beiden durch.[12] Man kann sich fragen, welchen Weg die Geschichte genommen hätte, wenn Lenin verhaftet worden wäre.

Kurz vor Mitternacht erreichten die beiden schließlich den Smolny. Das Gebäude war hell erleuchtet wie ein Ozeandampfer auf nächtlich dunkler See. Lastwagen und Panzerwagen huschten hin und her, voll beladen mit Soldaten und Waffen. Vor den Toren hatte man Maschinengewehre aufgestellt; dort scharten sich die Rotgardisten um ein Feuer und kontrollierten die Passierscheine derer, die das militärische Hauptquartier der Aufständischen betreten wollten. Lenin kam ohne Ausweis und wurde von den Rotgardisten in seiner Verkleidung nicht erkannt; es gelang ihm nur hineinzukommen, weil er sich inmitten einer Menschenmenge hindurchdrängte. Sofort ging er in den Raum Nummer 36, wo das Gremium der Bolschewiki tagte, und beschwor seine Genossen, unbedingt mit der Machtergreifung zu beginnen. In aller Eile wurde eine Sitzung des Zentralkomitees anberaumt, und obwohl kein Protokoll davon überliefert ist, stimmen die Aussagen aller Anwesenden darin überein, daß es Lenin war, der entscheidend dazu beitrug, die herrschende Stimmung von Abwehr auf Angriff umschlagen zu lassen. Das Zentralkomitee gab schließlich den Befehl, mit dem Aufstand zu beginnen. Ein Stadtplan wurde hervorgeholt, und die Bolschewiki beugten sich darüber, um die Hauptangriffslinien zu markieren und die militärischen Aufgaben zu verteilen.

Während einer Beratungspause schlug Lenin vor, eine Liste der bolschewistischen Regierung zu erstellen, um sie am nächsten Tag dem Rätekongreß vorzulegen. Es kam die Frage auf, wie die neue Regierung und ihre Mitglieder denn genannt werden sollten. Die Bezeichnung »Provisorische Regierung«, fand man, klinge überholt, während es viel zu bürokratisch und respekteinflößend schien, sich selbst als »Minister« zu titulieren. Schließlich verstanden sich die Bolschewiki gern als Kampforganisation: Sie liebten es, sich in machohafte schwarze Lederjacken und Militärstiefel zu kleiden, wohingegen man in den meisten anderen politischen Parteien ministerhafte Anzüge trug.* Es war Trotzki, der auf die Idee kam, die Minister nach dem Vorbild der Jakobiner »Volkskommissare« zu nennen. Allen gefiel der Vorschlag. »Ja, das ist sehr gut«, sagte Lenin, »es riecht nach Revolution. Und die Regierung selbst können wir ›Rat der Volkskommissare‹ nennen.« Für die verschiedenen Kabinettsposten wurden Nominierungen vorgenommen, obwohl das, noch bevor Kerenski überhaupt gestürzt war, reichlich voreilig wirkte und auf eher unbekümmerte Art vonstatten ging. Lenin streckte sich entspannt und triumphierend auf dem Boden aus. Er machte ein paar Witze auf Kosten Kamenews, der gewarnt hatte, die Partei könne die Macht nicht länger als zwei Wochen halten. »Macht nichts«, witzelte Lenin, »wenn wir in zwei Jahren immer noch an der Macht sind, dann wirst du sagen, wir könnten uns nicht länger als zwei Jahre halten.«[13]

* * *

Kaum ein historisches Ereignis ist gründlicher durch Mythen verfälscht worden als das des 25. Oktober 1917. Das populäre Bild vom bolschewistischen Aufstand als einem blutigen Kampf Zehntausender, bei dem einige tausend Helden fielen, geht weniger auf historische Fakten zurück als vielmehr auf *Oktober*, den glänzenden, aber weitgehend auf Fiktionen beruhenden Propagandafilm Eisensteins anläßlich des zehnten Jahrestages dieses Ereignisses. Die Große Sozialistische Oktoberrevolution, wie sie dann in der Sowjetmythologie genannt wurde, war in Wirklichkeit ein so unbedeutendes Ereignis – letztlich nicht mehr als ein militärischer Staatsstreich –, daß sie von der Mehrheit der Einwohner Petrograds gar nicht wahrgenommen wurde. Theater, Restaurants, Straßenbahnen funktionierten wie üblich, während die Bolschewiki an die Macht kamen. Der ganze Aufstand hätte in sechs Stunden beendet sein können, wenn nicht die haarsträubende Inkompetenz der Aufständischen selbst weitere 15 Stunden gekostet hätte. Der legendäre »Sturm« auf das Winterpalais, in dem das Kerenski-Kabinett seine letzte Sitzung abhielt, ähnelte mehr einer gewöhnlichen häuslichen Festnahme, denn die meisten Soldaten, die den Palast zu verteidigen hatten, waren bereits hungrig und deprimiert nach Hause gegangen, bevor der Angriff begann. Der einzig wirkliche Scha-

* Erst unter Stalin, als die Bolschewiki anfingen, sich »Minister« zu nennen, kehrten sie zu den schwarzen Anzügen zurück.

den, den die kaiserliche Residenz bei der ganzen Sache zu verzeichnen hatte, war ein abgestoßenes Gesims und ein zersplittertes Fenster im dritten Stock.

Der Plan der Bolschewiki war einfach: Die Soldaten der Garnison, die Rotgardisten und die Kronstädter Matrosen sollten zunächst das Marienpalais einnehmen und das Vorparlament auflösen, dann die Provisorische Regierung auffordern, sich zu ergeben, und, wenn sie sich weigerte, auf ein Signal aus der Peter-Pauls-Festung und vom baltischen Panzerkreuzer *Aurora* hin das Winterpalais besetzen. Das Militärische Revolutionskomitee ging davon aus, die Operationen bis Mittag abzuschließen, zeitig genug, damit Lenin dem Rätekongreß die Machtübernahme als *fait accompli* präsentieren könne. In Erwartung des schnellen Sieges legte der Führer der Bolschewiki bereits um 10 Uhr morgens letzte Hand an sein Manifest »An die Bürger Rußlands!«, in dem er den Sturz der Provisorischen Regierung und den Übergang der Macht an das Militärische Revolutionskomitee verkündete.[14]

Der erste Teil des Plans verlief geradezu reibungslos: Kurz vor Mittag fiel eine Gruppe bolschewistischer Soldaten und Matrosen ins Marienpalais ein und befahl den Deputierten auseinanderzugehen. Doch danach war das Militärische Revolutionskomitee aufgrund elementarer technischer Fehler gezwungen, die Operationen um das Winterpalais auf 15 Uhr, dann auf 18 Uhr zu verschieben; später hörte es auf, sich überhaupt noch auf irgendwelche Zeiten festzulegen. Die erste größere Verzögerung entstand durch das verspätete Eintreffen der baltischen Matrosen, ohne die das Militärische Revolutionskomitee nicht vorrücken wollte. Dann gab es ein weiteres, noch frustrierenderes Problem. Der Sturm auf das Winterpalais sollte mit dem schweren Feldgeschütz der Peter-Pauls-Festung eröffnet werden, aber im letzten Augenblick entdeckte man, daß dort nur verrostete Museumsstücke lagen, die sich nicht abfeuern ließen. Eilig sandte man Soldaten aus, um andere Kanonen auf den Festungswall zu schaffen, doch als diese eintrafen, stellte sich heraus, daß es keine passende Munition für sie gab. Noch grotesker war die Panik, die die scheinbar einfache Aufgabe auslöste, an der Spitze des Fahnenmastes in der Festung eine rote Laterne aufzuhängen, als Startsignal für den Sturm auf das Winterpalais. Im entscheidenden Augenblick war keine rote Laterne aufzutreiben. Der bolschewistische Kommissar der Festung, Blagonrawow, ging, eine passende Laterne zu suchen, verlief sich aber in der Dunkelheit und fiel in eine Schlammgrube. Als er endlich zurückkehrte, ließ sich die Lampe, die er mitbrachte, nicht am Fahnenmast befestigen, und die am Sturm Beteiligten haben sie nie gesehen. Jedenfalls war sie nicht rot.[15]

Aus Lenins Sicht waren alle diese Verzögerungen überaus ärgerlich. Für ihn war es lebenswichtig, die Machtübernahme vor Eröffnung des Kongresses vollzogen zu haben, und obwohl sich auch dieser verzögert hatte, galt es, keine Zeit zu verlieren. Etwa um 15 Uhr teilte Lenin einer überfüllten Versammlung des Petrograder Rats mit, daß die Provisorische Regierung bereits gestürzt sei. Natürlich war das eine Lüge – die Minister befanden sich noch verbarrikadiert im Winterpalais –, aber das war nur eine Kleinigkeit. Die Tatsache der Machtergreifung würde während der nächsten paar Stunden für seine politische Strategie so wichtig sein, daß er sogar bereit war, sie zu erfinden. Als aus dem Nachmittag Abend wurde, schrie er die Kommandeure des Militärischen Revolutionskomitees an, sie sollten das Winterpalais unverzüglich einnehmen. Podwoiski erinnert sich, wie Lenin damals in einem kleinen Raum im Smolny auf und ab lief »wie ein Löwe im Käfig. Er brauchte das Winterpalais um jeden Preis [...], er war bereit, auf uns zu schießen.«[16]

Tatsächlich hätten die bolschewistischen Streitkräfte, die sich im Stadtzentrum gesammelt hatten, zu diesem Zeitpunkt einfach ins Winterpalais hineinspazieren können, da es so gut wie unbewacht war. Wegen der Meuterei der Petrograder Garnison hatte Kerenski versucht, loyale Truppen von der Nordfront herbeizuholen. Sein Befehl in der Nacht des 24. Oktober trug die gefälschte Unterschrift der Räte, denn die Soldaten hätten einer Anordnung der Provisorischen Regierung kaum Folge geleistet. Am nächsten Morgen war von den Truppen immer noch nichts zu sehen, und er beschloß, nach ihnen zu suchen. Da sich die Eisenbahn in den Händen der Bolschewiki befand, war er gezwungen, mit dem Auto zu reisen; die Hilflosigkeit der Provisorischen Regierung war indes so groß, daß ihr nicht einmal ein Taxi zur Verfügung stand. Militärbedienstete wurden nach einem Wagen losgeschickt. Sie beschlagnahmten vor der amerikanischen Botschaft einen Renault (was später eine diplomatische Protestnote zur Folge hatte); einen zweiten Wagen fand man im Kriegsministerium, doch der hatte kein Benzin, und weitere Leute mußten los, um vom Englischen Krankenhaus welches zu »leihen«. Gegen 11 Uhr rasten die beiden Autos aus dem Winterpalais und zur Stadt hinaus. Kerenski saß im zweiten Wagen, der das Sternenbanner trug, was ihm zweifellos erleichterte, an den Streikposten des Militärischen Revolutionskomitees vorbeizukommen, die bereits dabei waren, sich am Schloßplatz zu formieren.[17]

Nach Kerenskis Abfahrt verfielen die übrigen Minister in Panik (eine Zeitlang wußten sie nicht einmal, wo er war). Mittags versammelten sie sich im Malachitsaal, bereit, die Verteidigung des Palastes zu organisieren. Doch das war ein hoffnungsloses Unterfangen. Sie waren in militärischen Aktionen gänzlich unerfahren und verwandten ein Großteil der nächsten vier Stunden auf eine nutzlose und chaotische Diskussion über mögliche Kandidaten für das Amt des »Diktators« (Diktator wovon?), bevor sie sich für den Arzt und Kadetten Nikolai Kischkin, den Minister für staatliche Fürsorge, entschieden. Der Ingenieur Paltschinski, dem die Verantwortung für die Palastverteidigung übergeben wurde, konnte nicht einmal einen Plan des Gebäudes finden oder jemanden, der mit dessen Topographie vertraut war. So blieb eine der Seitentüren unbewacht, und bolschewistische Späher konnten sie ungehindert passieren. Einige loyale Streitkräfte befanden sich bereits im Palast und weitere außerhalb, die den Nachmittag damit verbrachten, aus Stapeln von Holz Barrikaden zu bauen. Seit Kerenski ins Winterpalais eingezogen war, hatte er einige wenige Einheiten im Erdgeschoß stationiert, zu denen sich jetzt zwei Kosakenkompanien, einige junge Militärschulkadetten und 200 Frauen vom »Todesbataillon« gesellten, alles in allem etwa 3000 Soldaten. John Reed, einer der zahlreichen ausländischen Journalisten, denen es im Laufe des Nachmittags gelang, an den Wachen vorbeizuschlüpfen, beschrieb die Szenerie:

> *Am Ende des Korridors war ein großer, prunkvoller Saal mit goldenen Verzierungen und riesigen Lüstern. [...] Auf dem Parkettboden lagen zu beiden Seiten lange Reihen schmutziger Matratzen und Decken, auf denen sich Soldaten ausgestreckt hatten. Überall waren Abfälle verstreut, Zigarettenstummel, Brotreste, Lumpen und leere Flaschen teurer französischer Marken. Immer mehr Soldaten [...] bewegten sich durch die muffige Atmosphäre von Tabakrauch und ungewaschenen Menschenmassen. Einer hatte eine Flasche weißen Burgunder, die offenbar aus den Palastkellern entwendet war. [...] Der Ort glich einer riesigen Kaserne.*[18]

Der Kampfgeist der Soldaten, die das Winterpalais verteidigen sollten, war allerdings außerordentlich schwach, und je länger sie auf den Angriff der Bolschewiki warteten, desto größer wurde ihre Angst. Beständig erinnerte sie die feindliche Propaganda daran, daß sie hoffnungslos in der Minderzahl waren, so daß es schwer war, ihre Kampfmoral zu erhalten. Alexander Sinegub, einer der diensthabenden Offiziere, berichtete, daß die Soldaten rauchten, sich betranken und über ihre aussichtslose Lage fluchten, während die Minister an sie appellierten, unbedingt Disziplin zu bewahren. Die Kosaken verstimmte besonders die Vorstellung, an der Seite von »bewaffneten Frauen« kämpfen zu müssen. Es gab kein richtiges Munitionslager im Palast, und die Lebensmittelversorgung reichte nicht aus, um allen Soldaten auch nur eine warme Mahlzeit zu geben. Im Laufe des Spätnachmittags wuchs die Zahl der hungrigen Soldaten, die demoralisiert den Palast verließen: Das Gebot ihrer Mägen war stärker als die Gebote der Pflicht. Am frühen Abend hatten bis auf 300 Mann alle Soldaten ihre Waffen niedergelegt und waren in die Restaurants der Stadt entwichen.[19]

Während dieser letzten Stunden in Erwartung des Unvermeidlichen richteten die Minister einige sinnlose Hilfsappelle an das Volk. Obwohl alle ihre Telefonleitungen gekappt waren, hatten sie noch eine Geheimleitung zum Militärtelegrafenbüro auf dem Dachboden des Kriegsministeriums. Unbemerkt von den Bolschewiki, die das restliche Gebäude besetzt hielten, saß dort ein junger Offizier und sandte die letzten Appelle der Regierung in verschiedene Landesteile. (Als er später hörte, daß der Palast erobert war, zog er seinen Mantel an, setzte seinen Hut auf und ging ruhig aus dem Gebäude hinaus.) John Reed, der den mit grünem Tuch bezogenen Beratungstisch kurz nach der Verhaftung der Minister gesehen hatte, fand ihn mit Dutzenden hingekritzelter Entwürfe bedeckt, die meisten durchgestrichen, nachdem sich herausgestellt hatte, daß sie nutzlos waren. Es scheint, als ob niemand darauf vorbereitet war, sich zur Verteidigung der Provisorischen Regierung einzufinden. Der einzige derartige Versuch durch die Deputierten der Petrograder Stadtduma glich einem surrealistischen Theaterstück und endete als Farce: Dem Hilferuf der Minister folgend, erklärten sich die Deputierten bereit, »sich vor die bolschewistische Kanone zu stellen«, und marschierten in Viererreihen zum Winterpalais, wobei sie die Marseillaise sangen. Der weißbärtige Bürgermeister von Petrograd, Schreider, führte diese Rettungsarmee zusammen mit Prokopowitsch, dem Ernährungsminister, der einen Schirm trug, um sich vor dem einsetzenden Regen zu schützen, und eine Laterne, um den Weg zu beleuchten. Die 300 Deputierten in ihren Gehröcken und Offiziersuniformen trugen alle stolz Pakete mit Brot und Salami für die hungrigen Verteidiger des Winterpalais bei sich. Sie waren ein wandelndes Symbol für das anständige, aber dem Untergang geweihte liberale Rußland, das im Verschwinden begriffen war. Die Deputierten waren vom Duma-Gebäude aus kaum einen Häuserblock weit gekommen, als sie unweit des Kasaner Platzes von einer Patrouille bolschewistischer Matrosen angehalten wurden. Schreider entblößte seine Brust vor ihren Gewehren und erklärte, er sei bereit zu sterben, wenn sie ihn nicht passieren ließen. Doch die Matrosen, die zweifellos die komische Seite dieses kraftlosen Protestes erkannten, drohten, ihnen den Hintern zu versohlen, wenn sie nicht nach Hause gingen. Prokopowitsch erklomm daraufhin eine Kiste und hielt, mit seinem Schirm in der Luft herumfuchtelnd, eine Rede: »Genossen und Bürger! […] Gegen uns wird Gewalt angewandt! Wir können unser unschuldiges Blut nicht den Händen dieser Ignoranten überlassen! Es ist unter unserer Würde, hier auf der Straße niedergeschossen zu werden. […] Laßt uns zur Duma zurückgehen und besprechen, wie man das Land und die Revolution am besten retten kann!« Woraufhin die entrüsteten Deputierten kehrtmachten und trotz ihrer Niederlage in würdevollem Schweigen den Newski-Prospekt wieder hinaufmarschierten.[20]

Inzwischen, es war 18.50 Uhr, schickte das Militärische Revolutionskomitee ein Ultimatum ins Winterpalais und forderte die Kapitulation der Provisorischen Regierung. Die Minister, die um diese Zeit beim Abendessen – Borschtsch, gedämpftem Fisch und Artischocken – saßen, empfanden es alle als ihre heilige Pflicht, tapfer zu sein und so lange wie möglich Widerstand zu leisten. Allerdings machten sich einige von ihnen Sorgen, der Palast könnte zerstört werden, falls ihn der Panzerkreuzer *Aurora*, der am Englischen Ufer* vor Anker lag, wie angedroht unter Beschuß nähme. Sie meinten, die Bolschewiki würden allgemein verurteilt werden, wenn man sie dazu veranlaßte, die Provisorische Regierung gewaltsam zu stürzen;

* Die genaue »historische Stelle«, an der die *Aurora* vor Anker lag, war neben einer hübschen kleinen Kapelle in der Nähe der Nikolai-Brücke. Einige Jahre später beschloß man, daß diese christliche Verbindung zum Ausgangspunkt der Großen Sozialistischen Oktoberrevolution beseitigt werden sollte, und so verwandelten die Bolschewiki die Kapelle in eine öffentliche Toilette!

also wurde das Ultimatum abgelehnt. Lange Zeit geschah nichts – die Bolschewiki bastelten immer noch in der Peter-Pauls-Festung an defekten Geschützen und Laternen herum –, doch um 21.40 Uhr ertönte schließlich das Signal, und die *Aurora* feuerte einen Blindschuß ab. Bei dem gewaltigen Knall, der viel lauter war als der eines scharfen Schusses, ließen sich die erschreckten Minister sofort auf den Boden fallen. Die Mitglieder des Frauenbataillons verfielen in Hysterie und mußten in einen auf der Rückseite des Palastes gelegenen Raum gebracht werden, während die noch verbliebenen Militärschulkadetten ihre Posten im Stich ließen. Nach einer kurzen Pause, die denen, die das wollten, Gelegenheit geben sollte, den Palast zu verlassen, erließ Blagonrawow den Befehl, das eigentliche Feuer von der Peter-Pauls-Festung, der *Aurora* und vom Schloßplatz aus zu eröffnen. Die meisten Geschosse aus der Festung waren ungefährlich, denn sie landeten in der Newa. George Buchanan, der britische Botschafter, der den Palast am nächsten Tag inspizierte, fand nur drei Schrapnellspuren auf der Flußseite des Gebäudes, wenngleich »auf der Stadtseite die Mauern von Tausenden von Maschinengewehrkugeln durchsiebt« waren.[21]

Gerade als die Bombardierung in Gang kam, um 22.40 Uhr, begann endlich der Rätekongreß. Der große Saal im Smolny war überfüllt; die Delegierten standen in den Gängen und hockten auf den Fensterbänken. Die Luft war schwer vom blauen Tabakrauch, trotz mehrfach wiederholter Bitten von der Rednerbühne an »die Genossen«, nicht zu rauchen. Die Mehrzahl der Delegierten waren Arbeiter und Soldaten in Hemdblusen und Überziehern; ihr ungewaschenes und schmuddeliges Aussehen stand in starkem Kontrast zu den sauberen Anzügen der älteren Mitglieder des Exekutivkomitees, der Menschewiki und Sozialrevolutionäre, die zum letzten Mal auf dem Podium saßen. Suchanow stellte fest, daß die »grauen Züge der bolschewistischen Provinzen« unter den Kongreßdelegierten deutlich überwogen. Er war erschrocken über ihr »finsteres«, »mißmutiges« und »primitives« Aussehen und hielt es für den Ausdruck grober und gleichgültiger Menschen, deren »Ergebenheit der Revolution gegenüber« in »Verbitterung und Verzweiflung« bestehe, während ihr »Sozialismus« ihren Hunger und eine unerträgliche Sehnsucht nach Ruhe zum Ausdruck bringe. Das war natürlich eine menschewistische Sicht, aber selbst wenn wir die Bewertung Suchanows beiseite lassen, besteht kein Zweifel, daß die Masse dieser Delegierten tatsächlich weniger Kultur besaß als die städtischen, gelernten und gebildeten Typen, die bis dahin die Mehrheit der Rätebewegung ausgemacht hatten.

Die Bolschewiki verfügten über keine absolute Mehrheit, wie Suchanow glaubte, obwohl sie mit Unterstützung der Linken Sozialrevolutionäre praktisch nach Belieben jeden Antrag durchbringen konnten. Auch wenn genaue Zahlen nur schwer zu ermitteln sind, waren nach dem Bericht des Ausweiskomitees des Kongresses von den 670 Delegierten 300 Bolschewiki, 193 Sozialrevolutionäre (davon wiederum mehr als die Hälfte Linke Sozialrevolutionäre) und 82 Menschewiki (darunter

14 Internationalisten). Den Bolschewiki war es aufgrund der laxen Regeln für die Auswahl der Delegierten und der Überlegenheit ihrer Parteiorganisation gelungen, sich weit mehr Sitze zu sichern, als ihnen zustanden. Die Fabrikräte im Norden, in denen der Einfluß der Bolschewiki sowohl in den Städten als auch in den teilindustrialisierten Dörfern vorherrschte, schickten mehr Vertreter, als ihrer Größe entsprach, wohingegen die Räte von der Wolga und aus dem agrarischen Süden, wo die Sozialrevolutionäre dominierten, schwächer vertreten waren und in manchen Fällen den Kongreß auch ganz boykottierten. Ein ähnliches Ungleichgewicht bestand bei den Delegierten der Streitkräfte – hier war der bolschewisierte Norden viel stärker repräsentiert als der nicht bolschewisierte Süden. Die Letten als die am stärksten bolschewisierten Truppen stellten mehr als 10 Prozent der Delegierten.[22]

Entsprechend dieser Stimmenverteilung räumten die alten Räteführer ihre Sitze auf dem Podium; sie wurden von 14 Bolschewiki und 7 Linken Sozialrevolutionären ersetzt. Die Menschewiki lehnten es ab, die 4 Sitze, die ihnen zugeteilt wurden, in Anspruch zu nehmen.

Die Mandate der Delegierten zeigten eine überwältigende Mehrheit zugunsten einer Räteregierung. Es gehörte nun zu den Aufgaben des Kongresses zu entscheiden, wie diese zusammengesetzt sein sollte. Martow schlug die Bildung einer vereinigten demokratischen Regierung auf der Basis aller im Rat vertretenen Parteien vor. Das sei die einzige Möglichkeit, einen Bürgerkrieg abzuwenden. Der Vorschlag fand tosenden Beifall. Sogar Lunatscharski mußte zugeben, daß die Bolschewiki nichts dagegen hatten – sie konnten die Parole von der »Macht der Räte« nicht fallenlassen –, und der Vorschlag wurde sofort einstimmig angenommen. Aber gerade als es so aussah, als ob endlich eine sozialistische Koalition zustande käme, beklagten sich einige Menschewiki und Sozialrevolutionäre über den gewaltsamen Angriff auf die Provisorische Regierung. Sie erklärten, daß ihre Parteien, oder zumindest deren rechte Flügel, mit diesem »kriminellen Unternehmen« nichts zu tun haben wollten, welches das Land unweigerlich in den Bürgerkrieg treibe; danach verließen sie unter Protest den Kongreßsaal, während die bolschewistischen Delegierten mit den Füßen trampelten, sie auspfiffen und wüst beschimpften.[23]

Lenins geplante Provokation – die vorzeitige Machtübernahme – hatte gewirkt. Durch ihren Auszug aus dem Kongreß machten die Menschewiki und Sozialrevolutionäre alle Hoffnungen auf einen Kompromiß mit den gemäßigten Bolschewiki und auf die Bildung einer Koalitionsregierung aller Räteparteien zunichte. Jetzt war der Weg frei zu einer auf den Räten gründenden bolschewistischen »Sowjet«-Diktatur, die Lenin ohne Zweifel die ganze Zeit schon beabsichtigt hatte. Es ist leicht zu verstehen, warum die Menschewiki und Sozialrevolutionäre in der belasteten politischen Atmosphäre jener Zeit so handelten. Zugleich kann man sich aber kaum dem Schluß entziehen, daß sie selbst mit ihrem Handeln geradezu Lenin in die Hände spielten und so politischen Selbstmord begingen. Suchanow, der 1921 darüber schrieb, gab das bis zu einem gewissen Grad zu:

*Wir entfernten uns und ließen den Bolschewiki völlig freie Hand; wir machten sie zu den Herren der gesamten Lage, indem wir ihnen die Arena der Revolution vollständig überließen. Es hätte erfolgversprechend sein können, wenn wir im Kongreß für eine vereinigte demokratische Front gekämpft hätten. [...] Doch indem wir den Kongreß verließen, haben wir selbst den Bolschewiki das Monopol über die Räte, die Massen und die Revolution gegeben. Durch unsere eigene irrationale Entscheidung haben wir dafür gesorgt, Lenins gesamte »Linie« zu sichern.*[24]

Ihr Auszug aus dem Kongreß hatte unmittelbar zur Folge, daß die oppositionellen Kräfte sich spalteten und Martow sowie die anderen Linken, die für eine Koalition eintraten, isoliert waren. Martow rief verzweifelt noch einmal zu einer gesamtdemokratischen Regierung auf. Aber die Stimmung im Saal schlug um. Nach Ansicht der meisten Delegierten hatten sich Menschewiki und Sozialrevolutionäre durch ihren Auszug selbst als »Konterrevolutionäre« diskreditiert. So war man nun bereit, sich der Führung der Bolschewiki zu überlassen und die Idee eines Kompromisses mit den aus der Sitzung Ausgezogenen abzulehnen. Trotzki ergriff die Initiative und verurteilte in einer der am häufigsten zitierten Reden des 20. Jahrhunderts Martows Resolution für eine Koalition:

*Die Volksmassen sind unserem Banner gefolgt, und unser Aufstand hat gesiegt. Und jetzt schlägt man uns vor: Verzichtet auf euren Sieg, macht Zugeständnisse, Kompromisse. Wem gegenüber? Ich frage: Wem sollen wir Zugeständnisse machen? Jenen erbärmlichen Gruppen gegenüber, die davongelaufen sind? [...] Niemand in Rußland steht mehr hinter ihnen. Kompromisse werden zwischen Ebenbürtigen ausgehandelt. [...] Hier jedoch ist kein Kompromiß möglich. Denen, die weggegangen sind, und denen, die solche Vorschläge machen, sagen wir: Ihr seid elende Bankrotteure, ihr habt ausgespielt; schert euch hin, wohin ihr von nun an gehört: auf den Kehrichthaufen der Geschichte!*

In einem Augenblick der Wut, über den er sich den Rest seines Lebens den Kopf zermartert haben dürfte, schrie Martow: »Dann gehen wir!« und schritt wortlos zum Ausgang, ohne sich umzublicken. Da trat ein Bolschewik, der ein mit einem Ledergürtel zusammengehaltenes schwarzes Hemd trug, in den Gang und sagte zu Martow: »Und wir dachten, daß wenigstens Martow bei uns bleiben würde.« Von diesen Worten sichtlich erschüttert, antwortete Lenins alter Genosse: »Eines Tages wirst du verstehen, an welchem Verbrechen du hier teilnimmst.« Damit ging er hinaus – in die politische Wüste.[25]

Es war nach 2 Uhr morgens; jetzt mußte Trotzki, der nun eindeutig Lenins Arbeit übernahm, nur noch eine Resolution einbringen, in der er die »verräterischen« Versuche der Menschewiki und Sozialrevolutionäre anprangerte, die Macht der bereits bolschewisierten Räte zu untergraben. Das sollte im Grunde der bolschewistischen Diktatur das Prüfsiegel der Räte aufdrücken. Die meisten Delegierten, wahrscheinlich zu naiv, um die politische Tragweite dessen, was sie da taten, zu begreifen, hoben zum Zeichen ihrer Zustimmung die Hand (waren sie denn nicht für die Rätemacht?). Aber die Linken Sozialrevolutionäre, die es hätten besser wissen müssen, wurden ebenso zum Narren gehalten; und auch sie hoben – wie ihr Vorsitzender Boris Kamkow später erklärte, in der naiven Überzeugung die Hand, »ihr Platz sei auf der Seite der Revolution« und sie würden, wenn sie das bolschewistische Abenteuer mitmachten, imstande sein, es zu zügeln.[26]

Inzwischen war der letzte Angriff auf das Winterpalais nahezu beendet. Praktisch alle loyalen Kräfte hatten die Verteidigung des Palastes aufgegeben, und bolschewistische Truppen konnten nach Belieben ein und aus gehen. Die Minister, die sich jetzt auf den Sofas ausgestreckt hatten oder in Sesseln herumlümmelten und auf das Ende warteten, konnten aus dem darunterliegenden Stockwerk die herumlaufenden Soldaten, ihre Rufe und Gewehrschüsse hören. Schließlich – es war schon weit nach 2 Uhr – wurden diese Geräusche lauter: Die bolschewistischen Angreifer kamen die Treppe herauf und näherten sich der Tür. Es war klar, daß der Augenblick der Kapitulation gekommen war. Die Minister sprangen auf und griffen (aus unerfindlichen Gründen) nach ihren Mänteln, als plötzlich die Tür aufging und der kleine, bescheidene Antonow-Owsejenko eintrat. »Sie sind alle verhaftet«, verkündete der Bolschewik. Man erstellte eine Liste der Minister. Als die Angreifer merkten, daß Kerenski fehlte, machte sich Ärger breit; einer von ihnen rief: »Spießt diese Hundesöhne mit dem Bajonett auf!« Im übrigen aber wurde Disziplin gewahrt. Die Minister wurden zu Fuß (Autos standen nicht zur Verfügung) in die Peter-Pauls-Festung abgeführt, wo sie unter tristen Bedingungen für ein paar Wochen eingesperrt blieben. Die bolschewistischen Eskorten mußten auf diesem Weg einige Male verhindern, daß man sie gleich auf der Straße lynchte, und die Minister dürften wohl einigermaßen erleichtert gewesen sein, als sie schließlich den sicheren Ort ihres Gefängnisses erreicht hatten. Vielleicht atmeten manche von ihnen auch insgeheim auf, nun nicht mehr unter der Last der schier unlösbaren Aufgabe zu stehen, Rußland regieren zu müssen. Als die Zellentür hinter Alexej Nikitin, dem abgesetzten Innenminister, ins Schloß fiel, fand er in seiner Tasche ein halbvergessenes Telegramm von der ukrainischen Rada. »Ich habe das gestern erhalten«, sagte er zu Antonow-Owsejenko, als er ihm das zerknüllte Papier übergab, »das ist jetzt Ihr Problem.«[27]

Es entbehrt nicht einer gewissen Ironie, daß es Kamenew zufiel, dem Rätekongreß die Verhaftung der Minister mitzuteilen. Die Bolschewiki jubelten, als die Namen verlesen wurden. Nur ein großer Bauer mit wutverzerrtem Gesicht erhob sich im Namen der Sozialrevolutionäre und verurteilte die Verhaftung der sozialistischen Minister. »Wißt ihr, daß vier Genossen von uns, die im Kampf gegen die Tyrannei des Zaren ihr Leben und ihre Freiheit aufs Spiel gesetzt haben, ins Peter-

Pauls-Gefängnis – das historische Grab der Freiheit – geworfen worden sind?« Darauf brach ein Chaos und Geschrei aus, während Trotzki, der Zeichen machte zu schweigen, die vier in seiner Antwort als falsche »Genossen« bezeichnete und behauptete, es gebe keinen Grund, »sie mit Samthandschuhen anzufassen«. Seit den Juliereignissen »haben sie mit uns nicht viel Federlesens gemacht«. Dann gab Kamenew bekannt, das Radfahrerbataillon sei »auf die Seite der Revolution« übergeschwenkt. Es kamen Meldungen, wonach sich weitere aktive Truppen von der Nordfront angeschlossen hätten. Und schließlich verlas Lunatscharski Lenins Manifest »An alle Arbeiter, Soldaten und Bauern«, in dem die »Macht der Sowjets« proklamiert und das Versprechen angekündigt wurde, Land, Brot und Frieden zu bringen. Das Verlesen dieser historischen Proklamation, das ständig vom donnernden Jubel der Delegierten unterbrochen wurde, spielte eine enorme symbolische Rolle. Es vermittelte die Illusion, der Aufstand sei der Höhepunkt einer Revolution der »Massen« gewesen. Danach, es war kurz nach 5 Uhr früh, verließen die Delegierten an diesem 26. Oktober müde, aber in Hochstimmung das Taurische Palais. »Es war noch ganz dunkel und kalt«, schreibt John Reed. »Nur ein schwaches, kaum merkliches Dämmern stahl sich über die stillen Straßen, ließ die Wachtfeuer matter erscheinen. Der Vorbote eines schrecklichen Morgengrauens, das über Rußland heraufzog.«[28]

* * *

Wie viele Menschen haben am Aufstand teilgenommen? An dieser Frage schieden sich immer die Geister der Historiker: Die einen auf der Linken zeichneten den Oktober als Volksrevolution, die ihren Antrieb von unten erhielt, die anderen auf der Rechten als einen Staatsstreich ohne jede Unterstützung der Massen. Im Kern geht es dabei um das Wesen – und folglich die Legitimität – des Sowjetsystems. So gesehen, ist das eine der grundlegenden Fragen des 20. Jahrhunderts.

Die Zahl der aktiven Teilnehmer am Aufstand war nicht sehr groß, obwohl man sich bewußt machen muß, daß man für diese Aufgabe auch nicht viele Leute brauchte, da fast keine Militärkräfte in der Hauptstadt stationiert waren, die zur Verteidigung der Provisorischen Regierung bereit gewesen wären. Trotzki behauptete selbst, es seien »höchstens« 25 000–30 000 Menschen aktiv beteiligt gewesen – also 5 Prozent aller Arbeiter und Soldaten der Stadt. Dies wiederum stimmt ungefähr mit den Berechnungen überein, die sich auf die Zahlen der mobilisierten Einheiten der Rotgardisten sowie der Mannschaften der Flotte und der Regimenter stützen. Die meisten von ihnen waren nur begrenzt eingesetzt: etwa als Wachen von Fabriken und strategisch wichtigen Gebäuden, zur Besetzung von Streikposten und im Bereitschaftsdienst. Am Abend des 25. Oktober dürften es um die 10 000–20 000 Menschen gewesen sein, die auf dem Schloßplatz umherliefen, aber nicht alle von ihnen waren am »Sturm« auf den Palast beteiligt, auch wenn viele später behaupteten, sie hätten mitgemacht. Natürlich stießen größere Menschenmengen hinzu, nachdem der Palast eingenommen war, allerdings ging es dabei, wie wir sehen werden, mehr darum, dessen Weinkeller zu plündern.[29]

Auf den wenigen Fotografien, die von den Oktobertagen erhalten sind, ist zu sehen, wie klein die Gruppe der Aufständischen war: eine Handvoll Rotgardisten und Soldaten, die auf halbleeren Straßen herumstehen. Nichts zeugt von den vertrauten Bildern einer Volksrevolution, von Menschenmassen auf den Straßen, von Barrikaden und Kämpfen. Der ganze Aufstand ist, wie Trotzki selbst eingesteht, als Staatsstreich durchgeführt worden, mit »einer Reihe kleiner Operationen, die im voraus kalkuliert und vorbereitet wurden«. Die unmittelbare Umgebung des Winterpalais war der einzige Teil der Stadt, der am 25. Oktober ernsthaft in Mitleidenschaft gezogen wurde. Im übrigen ging das Leben in Petrograd seinen gewohnten Gang. Straßenbahnen und Taxis verkehrten wie immer, auf dem Newski-Prospekt herrschte das übliche Gedränge, und am Abend blieben die Geschäfte, Restaurants, Theater und Kinos geöffnet. Im Marientheater wurde weiter programmgemäß *Boris Godunow* aufgeführt, während der berühmte Baß Schaljapin vor vollbesetztem Haus im Narodny Dom in *Don Carlos* sang. Gegen 21 Uhr konnte John Reed im Hotel France, in einer Seitenstraße des Schloßplatzes, speisen, wenngleich ihn der Kellner nach der Suppe bat, sich in den Hauptspeisesaal im hinteren Teil des Gebäudes zu begeben, da man den Beginn einer Schießerei erwarte und das Licht im Café ausmachen wolle. Selbst der Höhepunkt des Aufstandes ging also weitgehend unbemerkt vorüber. Wolodja Awerbach ging ungefähr um 23 Uhr, keine hundert Meter vom Schloßplatz entfernt, zu Fuß durch die Gogolstraße nach Hause, als die Bolschewiki sich eben für ihren letzten Sturm auf das Winterpalais rüsteten. »Die Straße war vollkommen menschenleer«, erinnerte sich Awerbach. »Die Nacht war ruhig, und die Stadt schien wie tot. Wir konnten sogar das Echo unserer eigenen Schritte auf dem Pflaster hören.«[30]

In den Arbeiterwohnvierteln war es, nach den Polizeiberichten zu urteilen, die vor kurzem in den sowjetischen Archiven ausgegraben wurden, ebenso ruhig. Als in der ersten Novemberwoche die Polizeikommissare in den Polizeibezirken der Stadt gefragt wurden, ob es in den Oktobertagen irgendwelche bewaffneten Bewegungen gegeben habe, verneinten sie das ausnahmslos. »Alles war ruhig«, antwortete der Chef des Ochtinski-Polizeibezirks. »Die Straßen waren leer«, fügte sein Kollege vom Dritten Spasski-Bezirk hinzu. Im Ersten Wyborger Polizeibezirk, jenem Teil der Stadt, der am stärksten bolschewistisch beeinflußt war, gab der Polizeichef den folgenden Bericht über den 25. Oktober: »Die Rotgardisten halfen der Polizei, Ordnung zu wahren, während der Nacht ist nichts vorgefallen, nur zwei randalierende, betrunkene Soldaten wurden festgenommen; sie wurden beschuldigt, einen Mann angeschossen und verwundet zu haben, der, wie es scheint, ebenfalls betrunken war.«[31] So begann die Große Sozialistische Oktoberrevolution auf der Wyborger Seite, der Hochburg der Bolschewiki.

Und wie verhielt sich die Menge während des Aufstandes? Das folgende Ereignis sagt uns einiges darüber.

Als die Bolschewiki das Winterpalais unter ihre Kontrolle brachten, entdeckten sie einen der größten jemals bekannten Weinkeller. Während der folgenden zehn Tage verschwanden Zehntausende alter Flaschen aus den Gewölben. Die bolschewistischen Arbeiter bedienten sich beim Château d'Yquem, Jahrgang 1847, der vom letzten Zaren bevorzugten Lage, und verkauften den Wodka an die Menge draußen. Der betrunkene Mob randalierte. Das Winterpalais wurde schwer beschädigt. Geschäfte und Schnapsläden wurden geplündert. Matrosen und Soldaten zogen durch die wohlhabenden Viertel, raubten Wohnungen aus und töteten Menschen einfach so zum Spaß. Wer auch immer gut angezogen war, konnte zur Zielscheibe werden. Sogar der bolschewistische Führer Urizki kam, wenn auch ohne seine Kleider, so doch knapp mit dem Leben davon, als sein Schlitten in einer frostigen Nacht auf dem Heimweg vom Smolny angehalten wurde. In seinem warmen Mantel, mit Zwicker und jüdisch-intellektuellem Aussehen hielt man ihn fälschlich für einen *burschui*.

Die Bolschewiki versuchten vergeblich, die Anarchie einzudämmen, indem sie die Schnapsversorgung sperrten. Sie ernannten einen Kommissar für das Winterpalais – doch der war ständig betrunken im Dienst. Sie stellten am Keller Wachen auf – doch die genehmigten sich selbst den Verkauf der Schnapsflaschen. Sie pumpten den Wein auf die Straße – doch die Menge sammelte sich, um ihn aus den Rinnsteinen zu trinken. Sie versuchten, den kostbaren Stein des Anstoßes zu vernichten, ihn in den Smolny zu verlagern, ihn gar nach Schweden zu verschiffen – aber all ihre Anstrengungen führten zu nichts. Hunderte Betrunkener wurden ins Gefängnis geworfen – in einem einzigen Polizeibezirk nahm man in der Nacht zum 4. November 182 Personen wegen Trunkenheit und Plünderei fest –, bis in den Zellen kein Platz mehr war. Maschinengewehre wurden in Anschlag gebracht, um die Plünderer durch Schüsse in die Luft (und manchmal auch auf sie) von ihrem Tun abzuhalten, aber die Plünderer kamen dennoch. Einige Wochen hielten diese anarchischen Zustände an – es wurde sogar das Kriegsrecht verhängt –, bis schließlich mit dem zur Neige gehenden Jahr auch der Alkohol versiegte und die Hauptstadt mit dem größten Katzenjammer der Geschichte erwachte.

Die Bolschewiki gaben »den Provokationen der Bourgeoisie« die Schuld an diesem Bacchanal. Es fiel ihnen schwer, zuzugeben, daß ihre eigene Anhängerschaft, die doch die »disziplinierte Avantgarde des Proletariats« sein sollte, an einem solchen anarchischen Treiben beteiligt war. Doch die seit kurzer Zeit zugänglichen Akten des Militärischen Revolutionskomitees zeigen, daß viele, die sich an der Machtergreifung beteiligt hatten, Anstifter dieser Krawalle waren. Manche von ihnen hatten zweifellos nur deshalb am Aufstand teilgenommen, *weil* er Beute versprach. Die ganze Erhebung war für sie ein großes Abenteuer, ein freier Tag in der Stadt mit den anderen Kumpel und mit der Genehmigung, zu rauben und zu morden. Das soll nicht heißen, daß die Bolschewiki einfach Hooligans und Kriminelle waren, wie manche Begüterten damals schlossen. Aber es besagt, daß die Erhebung zwangsläufig ins Chaos führte, weil die Bolschewiki nur sehr wenige disziplinierte Kämpfer zu ihrer Verfügung hatten und weil die Machtergreifung an sich, als ein Akt der Gewalt, die Menge zu solchen Taten ermutigte. Ähnliche Plünderungen und Gewalttaten wurden in Dutzenden von Städten während und nach dem Oktober verzeichnet. Tatsächlich sind sie oft ein integraler Bestandteil des Machtwechsels gewesen.[32]

Das alles deutet darauf hin, daß der bolschewistische Aufstand weniger der Höhepunkt einer sozialen Revolution war, wenngleich es natürlich mehrere verschiedene soziale Revolutionen gab: in den Städten und Metropolen, auf dem Land, in den Streitkräften und in den Grenzgebieten, wobei überall militante Kräfte am Werk waren, die in irgendeiner Weise mit den Bolschewiki in Verbindung standen. Der bolschewistische Aufstand war vielmehr die Folge der Entartung der städtischen Revolution und insbesondere der Arbeiterbewegung als einer organisierten und konstruktiven Kraft; in Vandalismus, Kriminalität, grassierender Gewalt und den Plünderungen Betrunkener drückte sich hauptsächlich der soziale Zusammenbruch aus. Gorki, der wie immer schnell bei der Hand war, diese anarchische Gewalt zu verurteilen, legte Wert darauf zu zeigen, daß das, »was sich im Augenblick ereignet, […] nicht der Prozeß einer sozialen Revolution« sei, sondern ein Pogrom von »Habgier, Haß und Rachsucht«.[33] An dieser zerstörerischen Gewalt nahm nicht die organisierte »Arbeiterklasse« teil, sondern die Opfer des Zusammenbruchs dieser Klasse und der Verwüstungen der Kriegsjahre: das wachsende Heer der städtischen Arbeitslosen, die Flüchtlinge aus den besetzten Gebieten, Soldaten und Matrosen, die sich in den Metropolen sammelten, Banditen und Kriminelle, die aus den Gefängnissen entlassen wurden, und die ungelernten Arbeiter vom Land, die stets am ehesten zu Ausbrüchen anarchischer Gewalt in den Städten neigten. Es waren diese halbbäuerlichen Gestalten, denen Gorki die Schuld an der städtischen Gewalt im Frühjahr geben hatte und deren Unterstützung seiner Meinung nach für die wachsenden Erfolge der Bolschewiki verantwortlich war. Am Vorabend ihrer Machtübernahme kam er auf dieses Thema zurück:

*Sie werden zu wüten beginnen und die Menge, die ohnedies aufgebracht ist über den Zusammenbruch des Lebens, über die Lüge und den Schmutz in der Politik, mit Bosheit, Haß und Rachsucht verseuchen und alle dunklen Instinkte der Masse aufpeitschen. Die Menschen werden sich gegenseitig umbringen, wenn sie ihrer eigenen tierischen Dummheit nicht Herr werden können. Eine unorganisierte Menge, die kaum weiß, was sie will, wird sich auf die Straße wälzen, und in ihrem Gefolge werden Abenteurer, Diebe und professionelle Mörder »die Geschichte der russischen Revolution machen«.*[34]

Was die Petrograder Arbeiter anging: Sie nahmen an dem Aufstand kaum teil. Um diese Zeit war die Wirtschaftskrise auf ihrem Höhepunkt angelangt, und die Angst der Arbeiter, ihre Stellen zu verlieren, war groß genug, um die allermeisten von ihnen davon abzuhalten, auf die Straße zu gehen. Daher funktionierten Fabriken und Verkehrsmittel weitgehend normal. Ohnehin fühlten sich die Arbeiter mehr den Räten als den Bolschewiki verbunden. Die meisten kannten die Unterschiede in den Lehren der verschiedenen sozialistischen Parteien nicht oder wollten sie gar nicht kennen. Sie votierten eher nach Klassen- als nach Parteienzugehörigkeit; sie neigten dazu, so zu wählen, wie ihre Fabrik früher gewählt hatte, oder sie stimmten für diejenige Partei, deren Kandidat am ehesten wie ein Arbeiter aussah und die Sprache ihrer Klasse sprach. Besonders unter den Ungelernten war die Überzeugung verbreitet, die Bolschewiki seien eine Partei der »Großen« (nach der ländlichen Bezeichnung für Familienoberhaupt, *bolschak*).

So erhielten die Führer der Eisenbahnergewerkschaft Wikschel breite Zustimmung, als sie am 29. Oktober ein Ultimatum stellten, in dem sie die Bolschewiki aufforderten, mit den anderen sozialistischen Parteien über die Bildung einer gemeinsamen Räteregierung Gespräche aufzunehmen. Für die Masse der Arbeiter schien das eigentliche Ziel der Revolution – wie es auch auf dem Rätekongreß zum Ausdruck kam – in der Bildung einer Regierung des gesamten arbeitenden Volkes und nicht nur einer einzelnen Partei zu liegen. Hunderte von Fabriken, Garnisonen, Versammlungen an der Front und in der Flotte schickten Petitionen in den Smolny zur Unterstützung des Wikschel-Plans. Die Obuchow-Fabrik in Petrograd drohte, »alle Parteimitglieder mit den Köpfen zusammenzuschlagen«, falls sie keine Einigung zustande brächten. Die Arbeiter in Moskau und in anderen Städten in der Provinz, in denen die Zersplitterung der Parteien viel weniger stark ausgeprägt war als in der Hauptstadt, brachten ebenfalls ihre starke Unterstützung zum Ausdruck. Allgemein herrschte die Meinung, daß die Parteiführer mit ihren Streitereien untereinander die Ideale der Revolution verrieten und das Land in den Bürgerkrieg trieben. »Unter den Soldaten«, erklärte eine Petition der 35. Division, »gibt es keine Bolschewiki, Menschewiki oder Sozialrevolutionäre, sondern nur Demokraten.«[35]

Es gab, zumindest am Anfang, für die Bolschewiki gute Gründe, die Forderungen des Wikschel zu beachten. Die Gewerkschaftsführer hatten gedroht, den gesamten Eisenbahnverkehr zum Erliegen zu bringen, falls die Gespräche zwischen den Parteien nicht aufgenommen würden. Dann würde sich die Versorgung mit Lebensmitteln und Brennmaterial in der Hauptstadt, die ohnehin an einem kritischen Punkt angelangt war, noch verschlechtern, Plünderungen und Krawalle würden zunehmen und außer Kontrolle geraten, und Tausende von Arbeitern würden streiken. Wie lange würden die Bolschewiki sich in einer solchen Situation halten können? In ihren Militäraktionen an zwei Fronten waren die Bolschewiki noch stärker auf die Unterstützung durch die Eisenbahner angewiesen; in den

Außenbezirken der Hauptstadt kämpften sie gegen die Truppen Kerenskis und in Moskau gegen die Truppen der Loyalisten um die Macht auf der Straße.

Nach seiner hastigen Abreise von Petrograd am Morgen des 25. Oktober hatte Kerenski sein Hauptquartier in Gattschina aufgeschlagen, der alten kaiserlichen Sommerresidenz außerhalb der Stadt. Die meisten Befehlshaber der Armee, an die er sich um Hilfe wandte, wollten sich nicht auf ein militärisches Abenteuer gegen die Bolschewiki einlassen; die Soldaten würden das unvermeidlich als »konterrevolutionär« ansehen, und das würde, wie schon bei der Kornilow-Krise, nur den Zusammenbruch der Armee beschleunigen. General Tscheremissow, Befehlshaber der Nordfront, annullierte sogar Kerenskis Anforderung von Truppen, weil die Provisorische Regierung nicht mehr bestehe. Nur General Krasnow stellte Kerenski seine Streitkräfte, 18 Kosakenkompanien, zur Verfügung; man sah vor, daß eine kleine Einheit von Militärschulkadetten und Offizieren, die im Umfeld des von Sozialrevolutionären geführten »Komitees zur Rettung Rußlands und der Revolution« organisiert worden war, sich rechtzeitig zu deren Ankunft in der Hauptstadt erheben sollte. Auf der Seite der Bolschewiki standen allerdings noch weniger kampfbereite Truppen als auf der Kerenskis. Die Petrograder Garnison zerfiel schnell, als nach der Übernahme der Macht ein Großteil der Soldaten betrunken randalierte oder in die Heimatdörfer floh. Die bolschewistischen Führer hatten keine direkte Verbindung zu den revolutionären Truppen an der Front, und selbst wenn sie sie gehabt hätten, wäre es zweifelhaft gewesen, ob die Truppen ihrem Aufruf gefolgt wären. Nach Reed rechnete Lenin ernsthaft mit seiner Niederlage. Günstigstenfalls würden die Truppen Krasnows, die in der Nähe von Pskow stationiert waren, von den Eisenbahnarbeitern aufgehalten werden, wie das während der Kornilow-Krise geschehen war. Daher die Notwendigkeit, auf das Wikschel-Ultimatum zu antworten.

In Moskau herrschte inzwischen zehn Tage lang ein Gleichgewicht der Kräfte. Die Truppen des Militärischen Revolutionskomitees kämpften in blutigen Straßenschlachten – dem Auftakt des Bürgerkriegs – gegen Militärkadetten und studentische Freiwillige, die der Provisorischen Regierung treu geblieben und von der Moskauer Stadtduma und deren »Komitee für öffentliche Sicherheit« organisiert worden waren. Die heftigsten Gefechte fanden um den Kreml herum statt, wobei viele der bedeutendsten architektonischen Kunstwerke der Stadt schwer beschädigt wurden. Für gewöhnliche Moskauer, die aus Angst ihre Häuser nicht verließen, waren dies schreckliche Tage. Die Wohnung Brussilows geriet ins Kreuzfeuer und wurde von Soldaten beider Seiten benutzt, um aus ihren Fenstern Schüsse oder Signale abzugeben. Der alte Mann wurde selbst schwer am Bein verletzt, als eine Handgranate durchs Fenster ins Zimmer flog. Er mußte auf der Tragbahre zur Behandlung ins Krankenhaus gebracht werden – während »um mich her Granatsplitter, Bomben, Gewehrschüsse [Menschen] verstümmelten, ging meine arme Frau neben mir, und ich betete zu Gott, daß sie unverletzt bliebe, nicht verwundet würde und nicht umkäme«.[36] Die Moskauer Bolschewiki kämpften nur widerwillig; sie hätten die Machtfrage lieber auf dem Verhandlungsweg gelöst, wie Wikschel vorgeschlagen hatte. Und sie waren keine guten Kämpfer: Der Kreml wurde in der Eröffnungsschlacht am 27. schnell verloren, zwei Tage später waren die bolschewistischen Truppen in die Industrievororte zurückgedrängt, und die Lage hatte sich so verschlechtert, daß die Bolschewiki über die Feuerpause, die durch die Intervention des Wikschel erzwungen wurde, sichtlich erleichtert waren. Ohne einen Sieg in Moskau, das sah sogar Lenin ein, konnten die Bolschewiki die Macht nicht alleine halten. Die Gespräche zwischen den Parteien mußten weitergehen.

Am 29. Oktober bevollmächtigte das Zentralkomitee der Bolschewiki Kamenew, die Partei bei den zwischenparteilichen Wikschel-Gesprächen zu vertreten, und zwar gemäß der Plattform über die Macht der Sowjets, wie sie vom Zweiten Rätekongreß angenommen worden war. Es würde in jedem Fall schwierig sein, die Rechten Menschewiki und Sozialrevolutionäre zu überreden, Gespräche oder überhaupt irgendeine Partnerschaft mit den Bolschewiki zu akzeptieren, seit sie aus Protest gegen die Machtergreifung der Bolschewiki aus dem Rätekongreß ausgezogen waren. In der Überzeugung, die Bolschewiki stünden vor der Niederlage, stellten sie bei der ersten Sitzung unmögliche Bedingungen für ihre Beteiligung an einer Regierung: die Freilassung der bei der Machtübernahme im Winterpalais verhafteten Minister, einen Waffenstillstand mit den Truppen Kerenskis, die Abschaffung des Militärischen Revolutionskomitees, die Unterstellung der Petrograder Garnison unter die Kontrolle der Duma und die Einbeziehung von Kerenski bei der Bildung der neuen Verwaltung, was hieß, daß Lenin ausgeschlossen wäre. Kurz gesagt, sie forderten, die Uhren auf den 20. Oktober zurückzudrehen. Kein Wunder, daß Kamenew an diesem Abend bei seinem Bericht an den Rätekongreß niedergeschlagen wirkte.

Am nächsten Tag gerieten die Dinge jedoch in Bewegung. Kerenskis Offensive war über Nacht zusammengebrochen, ähnlich wie während der Kornilow-Krise Krymows Sturm auf Petrograd. Krasnows Kosaken, die sich immer geweigert hatten, ohne Unterstützung durch Infanterie zu kämpfen, gaben unter dem Redeschwall bolschewistischer Agitatoren größtenteils einfach auf, während die übrigen vor der Stadt, auf den Höhen von Pulkowa, von den baltischen Truppen leicht zurückgeschlagen werden konnten. Die Menschewiki und Sozialrevolutionäre waren gezwungen, bei ihren Bedingungen zurückzustecken, und erklärten sich nun einverstanden, an einer Koalition mit den Bolschewiki teilzunehmen, vorausgesetzt, das Führungsgremium des Rates werde so erweitert, daß auch Mitglieder des Ersten Rätekongresses, der Stadtdumas, des Bauernrats (der noch einberufen werden mußte) und der Gewerkschaften einbezogen wurden. Kamenew stimmte zu und deutete in einem Augenblick naiver Leichtgläubigkeit sogar an, die Bolschewiki würden nicht darauf bestehen, Lenin oder Trotzki ins Kabinett zu bringen. Die aber hatten andere Vorstellungen.

Lenin und Trotzki standen den Wikschel-Gesprächen von Anfang an ablehnend gegenüber; nur die Aussicht auf eine militärische Niederlage führte sie an den Verhandlungstisch. Angesichts der Niederlage Kerenskis und der Tatsache, daß sich nun sogar der Kampf in Moskau zu ihren Gunsten entwickelte, so daß ein Großteil des Stadtzentrums wieder in bolschewistische Hände kam und der Kreml unter schweren Beschuß geriet, begannen sie erneut, die Gespräche zwischen den Parteien zu torpedieren. Bei einer Sitzung des Zentralkomitees am 1. November verurteilte Trotzki den Kompromiß, dem Kamenew zugestimmt hatte, und forderte mindestens 75 Prozent der Kabinettssitze für die Bolschewistische Partei: »Wozu haben wir den Aufstand gemacht, wenn wir nicht die Mehrheit bekommen?« Lenin war dafür, die Gespräche ganz einzustellen oder sie höchstens fortzusetzen, um einen »diplomatischen Deckmantel für die militärischen Operationen [in Moskau]« zu haben. Er forderte sogar die Verhaftung der Wikschel-Führer als »Konterrevolutionäre« – eine typische Provokation in der Absicht, Gespräche unmöglich zu machen. Zugleich ließ er die Führer der Sozialrevolutionäre, Goz und Sensinow, von bolschewistischen Matrosen zusammenschlagen und verhaften, die Zeitungen der Kadetten einstellen und bei menschewistischen und sozialrevolutionären Zeitungsredaktionen Razzien durchführen. Trotz der Einwände einiger gemäßigter Mitglieder des Zentralkomitees kam man überein, die bolschewistische Plattform bei den Gesprächen zwischen den Parteien als Ultimatum einzubringen und diese Gespräche zu verlassen, falls das Ultimatum abgelehnt würde. Die Sozialrevolutionäre und Menschewiki würden das natürlich niemals akzeptieren; das wußten Lenin und Trotzki sehr gut. Die Machtergreifung hatte die sozialistische Bewegung in Rußland unwiderruflich gespalten, und wieviel auch immer verhandelt wurde – eine Überbrückung der Kluft war nicht in Sicht. Die Wikschel-Gespräche mußten somit scheitern und wurden schließlich auch am 6. November abgebrochen.[37]

Die Aussichten auf eine Koalition waren außerordentlich begrenzt. Höchstwahrscheinlich war es zu spät, die Machtfrage mit politischen Mitteln zu lösen. Die Ereignisse des 25. Oktober markierten den Anfang des Bürgerkriegs. Und dennoch kann man sich kaum der Schlußfolgerung entziehen, daß Lenin gerade den Bürgerkrieg die ganze Zeit schon wollte. Er war der Meinung, der Bürgerkrieg habe bereits im August begonnen, nur sei das »Gerede« all dieser Beschwichtiger dazwischengekommen.

Nachdem Lenin die Diktatur seiner Partei sichergestellt hatte, machte er sich an die nächste Aufgabe – seine eigene Diktatur über die Partei zu sichern. Am 2. November wurde das Zentralkomitee genötigt, eine Reihe erstaunlicher Resolutionen zu verabschieden: Kamenew wurde beschuldigt, »unmarxistische« Machenschaften gegen die Oktoberrevolution betrieben zu haben, und seinen Anhängern wurde befohlen, aus dem Zentralkomitee auszutreten; für den Fall, daß sie nicht bereit waren, sich der Parteipolitik (die die Gespräche zwischen den Parteien ablehnte) zu beugen, drohte ihnen der Parteiausschluß. Alle Mitglieder des Zentralkomitees wurden in Lenins Büro zitiert, um das Ultimatum zu unterzeichnen, auch hier drohte widrigenfalls der Parteiausschluß. Wie Lunatscharski bei einer Sitzung der Petrograder Bolschewiki am 1. November gewarnt hatte, konnte Lenins Nötigungstaktik bald dahin führen, daß »nur noch ein Mann in der Partei ist – der Diktator«. Das war ein bedrohliches Echo der berühmten Warnung, die Trotzki bereits 14 Jahre zuvor ausgesprochen hatte: Die Parteiorganisation werde sich an die Stelle der gesamten Partei setzen, dann das Zentralkomitee an die Stelle der Parteiorganisation und schließlich ein einzelner Diktator an die Stelle des Zentralkomitees. Am 4. November trat die fünfköpfige Minderheit (Kamenew, Sinowjew, Rykow, Miljutin und Nogin) schließlich aus dem Zentralkomitee aus. Ihr offener Protestbrief erschien am folgenden Tag in der *Iswestija*. Daneben war ein zweiter Protestbrief von fünf Volkskommissaren (einem Drittel von Lenins Kabinett), vier der Zurückgetretenen und sechs anderen prominenten bolschewistischen Führern abgedruckt. Darin wurde festgestellt, daß eine rein bolschewistische Regierung nur durch »politischen Terror« aufrechterhalten werden könne und daß dieser Weg, wenn er denn eingeschlagen würde, ein »unberechenbares Regime etablieren und zur Vernichtung der Revolution und zur Zerstörung des Landes führen würde«.[38]

Das war ohne Zweifel einer der kritischsten Augenblicke in der Geschichte der Bolschewistischen Partei. Obwohl Lenins Revolution stattgefunden hatte, ging die Partei hoffnungslos zerstritten und von der übrigen revolutionären Bewegung isoliert daraus hervor. In dieser zweiten Woche glaubten nur wenige, daß das bolschewistische Regime überleben könnte.

## DIE SMOLNY-AUTOKRATEN

Fünf Tage nach der bolschewistischen Machtübernahme fuhr Alexandra Kollontai, die neue Volkskommissarin für Staatliche Fürsorge, am Eingang eines großen Regierungsgebäudes in der Kasaner Straße vor. Bisher hatte dieses Gebäude das Ministerium für Staatliche Fürsorge der Provisorischen Regierung beherbergt, und nun kam sie, um es in Besitz zu nehmen. Ein alter livrierter Pförtner öffnete die Tür und musterte Kollontai von Kopf bis Fuß. Noch nie zuvor war in Rußland eine Frau zum Chef eines Ministeriums ernannt worden, und das mag ihn entschuldigen, wenn er sie jetzt ansah und dachte, da käme schon wieder eine dieser verarmten Kriegerwitwen, um Regierungshilfe zu beantragen. Kollontai wünschte den ranghöchsten Beamten im Hause zu sprechen, doch der Alte antwortete, die Besuchszeit sei für heute vorbei. Als sie mitteilte, sie sei die Volkskommissarin und fordere, eingelassen zu werden, antwortete er bloß, Bittsteller würden zwischen eins und drei empfangen und es sei bereits fünf Uhr. Kollontai versuchte, den Zutritt zu erzwingen, doch der Pförtner versperrte ihr den Weg und schloß die Tür vor ihrer Nase.

Das war kaum ein vielversprechender Beginn für das neue Regime. Die Angestellten des Ministeriums hatten sich aus Protest gegen die bolschewistische Machtergreifung einem allgemeinen Streik der Staatsbediensteten angeschlossen. Und als Kollontai am nächsten Morgen mit einer kleinen Abordnung Soldaten wiederkam, um das Gebäude zu übernehmen, fand sie es fast menschenleer. Nahezu alle Beamten hatten sich dem antibolschewistischen Ausstand angeschlossen; nur die Pförtner, das Reinigungspersonal und die Boten, die es sich nicht leisten konnten, zu streiken, waren wie üblich zur Arbeit gekommen. Da es sinnlos war, von diesem leeren Haus aus tätig zu werden, kehrte Kollontai in den Smolny zurück und richtete sich dort in einem kleinen Raum ein Büro ein. Der alte Pförtner in der Kasaner Straße dirigierte die zerlumpten Kinder und Witwen, die Flüchtlinge und verarmten Bauern um, die nun im bolschewistischen Hauptquartier um Unterstützung baten.

Ähnliche Streiks und Sabotageakte machten dem neuen Regime in den ersten Wochen in allen wichtigen Ministerien und Abteilungen zu schaffen; auch Banken, Post- und Telegrafenämter, die Eisenbahnverwaltung, städtische Organe, Gerichte, Schulen, Universitäten und andere wichtige Institutionen streikten. Wenn diese öffentlichen Angestellten auch unterschiedliche politische Meinungen vertraten, waren sie sich doch praktisch alle darin einig, daß das bolschewistische Regime illegal sei und abgelehnt werden müsse. Trotzki wurde mit ironischem Gelächter empfangen, als er im Außenministerium ankam und sich auf einer Sitzung der dortigen Beamten als ihr neuer Minister vorstellte; als er sie aufforderte, wieder an ihre Arbeit zu gehen, verließen sie aus Protest das Gebäude. Im Anitschkow-Palais, wo die Verwaltung für die Lebensmittelversorgung des Landes untergebracht war, räumten die Bediensteten sämtliche Büromöbel aus und schlossen die Rechnungsbücher in den Palastsafe ein. Auf der Post und im Telegrafenamt ließen die Mitarbeiter alle Telefonbücher und Stöße von Telegrammformularen mitgehen. (Manche schrieben später ihre Memoiren auf diesem Papier.) Die streikenden Beamten der Medizinischen Abteilung gingen sogar so weit, aus allen Federhaltern die Federn zu entfernen.[39]

Nach Meinung ihrer Gegner waren diese ersten stockenden Versuche der Bolschewiki, die wichtigsten Staatsinstitutionen in den Griff zu bekommen, ein Zeichen ihrer fundamentalen Schwäche. Kaum jemand glaubte, daß das neue Regime sich halten könnte. »Kalifen für eine Stunde«, urteilte ein Großteil der Presse. Abram Goz, der Leiter der Sozialrevolutionäre im Petrograder Rat, gab ihnen »nicht mehr als ein paar Tage«, Gorki immerhin zwei Wochen und Zereteli bis zu drei, während Nabokow sich weigerte, auch nur »eine Minute an die Stärke des bolschewistischen Regimes zu glauben, und dessen baldigen Rücktritt erwartete«. Von den weniger optimistischen Bolschewiki waren viele kaum zuversichtlicher. »Alles ist so instabil«, schrieb Lunatscharski am 29. Oktober an seine Frau, »daß ich jedesmal, wenn ich einen Brief beende, nicht einmal weiß, ob dies mein letzter sein wird. Jeden Augenblick könnte ich ins Gefängnis geworfen werden.«[40]

Doch nicht nur der Widerstand der Beamten oder der Mangel an Fachkenntnissen bei den Bolschewiki, wie die komplizierte Staatsmaschinerie zu betreiben sei, schienen den nahe bevorstehenden Regierungssturz anzuzeigen. Den Bolschewiki fehlten auch die Mittel, um die Städte zu ernähren oder den Zusammenbruch der Wirtschaft aufzuhalten. Sie waren von den Bauern, der überwältigenden Mehrheit der Bevölkerung, abgeschnitten, und diese würden aller Wahrscheinlichkeit nach bei den kommenden Wahlen zur Konstituierenden Versammlung gegen sie stimmen. Wie die Pariser Kommune von 1871, so erschien auch Petrograd wie ein winziges rotes Eiland inmitten eines riesigen grünen Ozeans. Zudem mußten die Bolschewiki mit der Kritik der Westmächte und der übrigen sozialistischen Intelligenzija fertig werden. Das bekannteste und deutlichste Sprachrohr dieser Opposition im Herbst und Winter war Gorkis Zeitung *Nowaja schisn*, und es spricht für Gorkis politische Geschicklichkeit, daß diese Zeitung nicht wie der größte Teil der oppositionellen Presse den bolschewistischen Zensoren zum Opfer fiel. Gorkis eigene Kolumne, »Unzeitgemäße Gedanken«, mit ihrer bitteren Anprangerung der neuen Autokratie mußte die nachsichtige Zuneigung, die Lenin für den Schriftsteller empfand, gefährlich strapaziert haben. Gorki äußerte sich selbst oft erstaunt darüber, daß die Zeitung nicht verboten wurde. »Lenin und Trotzki«, warnte er bereits am 7. November, hätten »keinerlei Vorstellung von der Freiheit der Person und den Menschenrechten. [... Sie] sind bereits vom faulen Gift der Macht infiziert, davon zeugt schon ihre schändliche Einstellung zur Freiheit der Rede, der Person und zu allen Rechten, für deren Sieg die Demokratie gekämpft hat.«[41]

Dennoch gelang es den Bolschewiki trotz ihrer scheinbar fatalen Isoliertheit, ihre Diktatur in den ersten drei Regierungsmonaten zu konsolidieren. Als die Konstituierende Versammlung, auf die die demokratische Opposition all ihre Hoffnungen richtete, im Januar 1918 einberufen wurde, war sie durch den aufkommenden Einparteienstaat und die Verbreitung der Sowjetherrschaft in der Provinz faktisch bereits machtlos. Wie haben die Bolschewiki das erreicht? Zweifellos kann die Tatsache, daß es in dieser kritischen Phase, als die bolschewistische Macht am labilsten war, keine ernstzunehmende militärische Opposition gab, ihren Erfolg erklären helfen. Die starken Bürgerkriegsarmeen der Weißen mußten erst noch aufgebaut werden, und die antibolschewistischen Kräfte bestanden hauptsächlich aus kleinen Kosakeneinheiten, die an der Peripherie des Reiches in lokale Kämpfe verstrickt waren. Im Inneren Rußlands gab es so gut wie keine antibolschewistischen Streitkräfte. Die Sozialrevolutionäre und Kadetten, die noch am ehesten eine solche Kampftruppe hätten anführen können, waren so von dem unmittelbar bevorstehenden Zusammenbruch des Regimes überzeugt, daß sie es versäumten, ihren Widerstand dagegen zu organisieren. Jeder nahm selbstverständlich an, das Regime werde aus eigener innerer Schwäche untergehen, und so unternahm niemand etwas, um diesen Untergang herbeizuführen. Das Komitee zur Rettung Rußlands und der Revolution, das von den Sozialrevolutionären schon in den ersten Tagen nach der bolschewistischen Machtergreifung gebildet wurde, konnte sich auf keine wirkliche Militärmacht stützen; zugleich schmiedete Tschernow im alten Hauptquartier der Armee Pläne für eine sozialistische Gegenregierung unter seinem Vorsitz, die allerdings nie konkrete Gestalt annahmen.

Entscheidend für den Erfolg der Bolschewiki war jedoch ein zweifacher Prozeß: Sie bauten den Staat sowohl auf als auch ab. Auf der einen Seite suchten sie auf höchster staatlicher Ebene, alle Macht in den Händen der Partei zu konzentrieren und durch den Einsatz von Terror jegliche politische Opposition auszulöschen. Andererseits betrieben sie die Zerstörung der alten staatlichen Hierarchien an der Wurzel, indem sie die ganze Verfügungsgewalt den örtlichen Räten, den Fabrikorganisationen, den Soldatenkomitees und den anderen dezentralen Gremien der Klassenherrschaft überließen. Das Machtvakuum, das auf diese Weise zustande kam, sollte dazu beitragen, die Demokratie im Zentrum zu unterminieren, während die Massen dadurch neutralisiert wurden, daß sie über ihre alten Klassenfeinde oder ethnischen Feinde in ihrer unmittelbaren Umgebung Macht ausüben konnten. Dafür gab es natürlich keinen Generalstabsplan, alles war improvisiert, wie es sich für eine Revolution gehörte; doch besaß zumindest Lenin instinktiv ein Gefühl für die allgemeine Richtung, für das, was er »revolutionäre Dialektik« nannte, und in vielerlei Hinsicht bestand darin sein politischer Genius. Die lokale Räteherrschaft auf dem Land, die im Grunde bedeutete, daß die Dorfversammlung die unbeschränkte Macht hatte, sich selbst zu verwalten und das Adelsland unter sich zu verteilen, mußte in den Köpfen der Bauern das Bedürfnis nach einer Konstituierenden Versammlung schwinden lassen und damit die politische Basis der Sozialrevolutionäre zerstören. Daß die »Arbeiterkontrolle« von den Fabrikkomitees durchgeführt wurde, mußte die alte industrielle Infrastruktur – die die Bolschewiki das »kapitalistische System« nannten – demontieren und zugleich die Schuld an der Industriekrise den Arbeitern selbst zuschieben. Die Verbreitung von soldatischer Macht und von örtlichen Friedensinitiativen an der Front, wozu die Bolschewiki ermunterten, mußte die Pläne der alten Armeekommandeure durchkreuzen, die die Truppen gegen das neue Regime mobilisieren und den Kampf neu entfachen wollten. Und schließlich mußte das von den Bolschewiki in dieser Zeit ebenfalls unterstützte Wegbrechen der ethnischen Randgebiete aus dem Russischen Reich vollends zur Fragmentierung des alten Imperiums führen und nach Ansicht Lenins das Ende der Feudalbeziehungen beschleunigen.*

* Die Deklaration der Rechte der Völker Rußlands, die am 2. November verkündet wurde, garantierte den nichtrussischen Völkerschaften das volle Selbstbestimmungsrecht ein-

Zweifellos betrachtete Lenin alle diese Bewegungen als Mittel, um das alte politische System zu zerstören und so den Weg für die Errichtung seiner eigenen Parteidiktatur freizumachen. Dafür gibt es natürlich keinen Beweis, nur die Wahrnehmung dessen, was tatsächlich stattfand, und praktisch alles anderen, was wir über Lenins frühere Gedanken und Handlungen wissen. Es fällt schwer zu akzeptieren, was einige linke Historiker propagiert haben: Lenin sei im Grunde seines Herzens libertär gewesen und habe alle diese lokalen Machtinstanzen unterstützt, um einen neuen dezentralisierten Staatstyp aufzubauen, wie er ihn in *Staat und Revolution* entworfen hatte; dieser Plan habe sich nur später aufgrund der Erfordernisse des Bürgerkriegs in Luft aufgelöst. Lenins Konzeption des revolutionären Staates war im wesentlichen immer zentralistisch. Er benutzte die Energie dieser lokalen Bewegungen nur, um das Ancien régime mitsamt der zerbrechlichen Demokratie von 1917 zu zerstören, hatte zugleich aber immer vor, auch diese Bewegungen als eigenständige politische Kräfte nach und nach zu zerstören. Während er die Bauernbewegung gegen die Güter der Adligen unterstützte, zielte er letztlich darauf ab, das System des kleinbäuerlichen Landbesitzes durch kollektive Landwirtschaft zu ersetzen. Während er die Rufe nach »Arbeiterkontrolle« unterstützte, tat er das zweifellos in dem Wissen, daß sie zu einem Chaos führen müßte, wodurch sich die Notwendigkeit verstärken würde, zu zentralistischen Verwaltungsmethoden unter der Kontrolle der Partei zurückzukehren. Während er die Macht der Soldaten insoweit unterstützte, als sie die alte Reichsarmee zersetzte, war er wohl immer gewillt, die Rote Armee nach konventionellen Regeln aufzubauen. Und während er die verschiedensten nationalen Unabhängigkeitsbewegungen förderte, war sein Ziel letzten Endes, die Nationalstaaten ganz abzuschaffen. Alles, was Lenin tat, diente letztlich seinem Machtstreben. Macht war für ihn kein Mittel – Macht war das eigentliche Ziel.

* * *

Oberste Priorität besaß für die Bolschewiki die Einrichtung einer starken Kontrollinstanz. Sie benötigten mehrere Wochen, um den Widerstand der Staatsbeamten zu brechen. Die Streikführer und einige ältere Staatsbeamte wurden verhaftet, politische Kommissare zur Überwachung der Bürokratie eingestellt und jüngere Beamte, die bereit waren, den bolschewistischen Herrschern zu dienen, auf höhere Posten befördert. Allgemein gilt, daß die meisten Beamten von 1918 schon vor 1917 Beamte gewesen waren, vor allem in den höheren Rängen der Bürokratie. Wo

schließlich der Freiheit, sich von Rußland zu trennen und einen eigenen unabhängigen Staat zu bilden. Finnland machte als erstes von diesem Recht Gebrauch und erklärte sich am 23. November 1917 für unabhängig. Es folgten Litauen (am 28. November), Lettland (am 30. Dezember), die Ukraine (am 9. Januar 1918), Estland (am 24. Februar), Transkaukasien (am 22. April) und Polen (am 3. November).

man aber den alten Staatsdienern mißtraute (besonders im Außenministerium), fand gewöhnlich eine gründliche Säuberung statt.[42] Das begründete ein Verfahrensmuster, das sich in den frühen Jahren der sowjetischen Staatsbildung ständig wiederholen sollte. Es war ein Zweckbündnis zwischen der bolschewistischen Forderung nach Loyalität und dem Ehrgeiz der wachsenden Parteibasis. Unter anderem hatte es zur Folge, daß drittklassige Parteigänger, korrupte Opportunisten und nahezu ungebildete Elemente aus den Unterschichten in wirkliche Machtpositionen aufstiegen. Das niedrige kulturelle Niveau der Sowjetbürokratie wurde zu einem Dauererbe des Oktober, das den bolschewistischen Führern noch zu schaffen machen sollte.

Wegen des Beamtenstreiks, der es unmöglich machte, ein funktionierendes Kabinett einzurichten, bestand das Militärische Revolutionskomitee als regierendes Organ bis Mitte November weiter. Zu diesem Zeitpunkt hatten die meisten Volkskommissare in ihren jeweiligen Ministerien genügend Autorität gewonnen, so daß die Exekutivgewalt dem *Sownarkom*, dem Rat der Volkskommissare, übertragen werden konnte. Dieser Rat war jedoch keine gewöhnliche Kabinettsregierung. Zum einen fehlte eine klare Trennung zwischen Partei- und Regierungsinteressen. Die Sitzungen des Sownarkom fanden unter Lenins Vorsitz in der Parteizentrale der Bolschewiki im Smolny statt und behandelten sowohl Partei- als auch Regierungsangelegenheiten; Resolutionen des Zentralkomitees der Partei wurden als Dekrete der Sowjetregierung ausgeführt. Alles, was der Sownarkom in dieser ersten Zeit tat, trug den Stempel überstürzter Improvisation. Seine Sitzungen liefen ohne formelle Tagesordnung ab, und alles wurde als »dringende Angelegenheit« behandelt, wobei Lenin die passenden Resolutionen entwarf und sie im richtigen Augenblick der Versammlung präsentierte. Gewöhnlich wurden sie ohne weitere Diskussion angenommen, da sich kaum jemand traute, Lenins Urteil in Frage zu stellen.

Auf diesen Sitzungen herrschte, wie viele Beobachter berichteten, eine konspirative Atmosphäre. Es war, als seien die Bolschewiki psychisch nicht imstande, den Übergang von einer Kampforganisation im Untergrund zu einer verantwortlichen Partei der Staatsregierung zu vollziehen.[43]

Ebenso, wie die Partei die Arbeit des Sownarkom überschattete, so überschattete der Sownarkom auch die Arbeit des Exekutivkomitees der Räte. Obwohl die bolschewistische Machtergreifung im Namen des Rätekongresses erfolgt war, hatte Lenin durchaus nicht die Absicht, mittelbar durch den Kongreß oder sein ständiges Exekutivkomitee zu regieren. Er glaubte nicht an das Prinzip parlamentarischer Souveränität, selbst wenn das Parlament, um das es hier ging, zumindest formal ein Räteparlament war, in dem die Bolschewiki über eine sichere Mehrheit verfügten. In den ersten Wochen nach dem Oktoberputsch wirkte das Exekutivkomitee der Räte für den Sownarkom regelrecht als eine parlamentarische Bremse. Die Linken Sozialrevolutionäre, die Anarchisten und die kleine Gruppe menschewistischer Internationalisten, die sich um Gorkis *Nowaja schisn* scharten, waren eine lautstarke Opposition, die, wenn sie sich mit den gemäßigten Bolschewiki verbündete, fast die Leninsche Mehrheit kippen konnte. Mitte November, als die Führer des Bauernrats (oder besser gesagt dessen linken Flügels) zum Exekutivkomitee der Räte hinzukamen, wuchs die potentielle Stärke dieser Opposition noch mehr. Am 24. November brachte sie tatsächlich mit einer Stimme Mehrheit einen Antrag durch, mit dem die bolschewistische Schließung der Petrograder Stadtduma acht Tage zuvor verurteilt werden sollte; allerdings wurde die Entscheidung nach neuerlicher Stimmenzählung revidiert.

Die Fusion mit dem Bauernrat bezeichnete aber auch einen kritischen Wendepunkt auf dem Weg zur Entmachtung des Exekutivkomitees der Räte als Organ der Legislative (was Lenin ziemlich sicher beabsichtigt hatte). Zu den 108 Bauerndeputierten kamen weitere 100 Delegierte aus den revolutionären Institutionen in Armee und Marine hinzu und noch einmal halb so viele aus den Gewerkschaften. Damit hatte sich die Mitgliederzahl in diesem Gremium – mit jetzt 366 – mehr als verdreifacht und war viel zu groß, um tatsächlich noch als ausführendes Organ dienen zu können. Die Last der Entscheidungen fiel daher dem Sownarkom zu. Seit Mitte November versammelte sich das Exekutivkomitee der Räte seltener (einoder zweimal in der Woche), während die Sitzungen des Sownarkom zunahmen. Auch die Zahl der Gesetzesentwürfe, die beim Exekutivkomitee eingebracht wurden, ging stark zurück, als der Sownarkom begann, aufgrund von Dekreten zu regieren. Am 4. November dekretierte sich der Sownarkom selbst das Recht, dringende Gesetze ohne die Bestätigung durch die Räte zu verabschieden – ein klarer Bruch mit dem Prinzip der Rätemacht. Die gemäßigten Bolschewiki stimmten zusammen mit der Opposition gegen dieses Dekret, das dennoch mit zwei Stimmen Mehrheit im Exekutivkomitee durchkam. Kamenew trat als Vorsitzender dieses Komitees zurück und schloß sich der Opposition an, um gemeinsam mit ihr die Souveränität der Räte zu verteidigen. Aber die Leninisten drängten weiter. Swerdlow, der Kamenews Platz einnahm, war ein leidenschaftlicher Verfechter der Parteidiktatur und führte Lenins Anweisungen zur Errichtung dieser Diktatur gewissenhaft aus, indem er die Macht durch den Sownarkom zentralisierte. Am 17. November legte er dem Exekutivkomitee der Räte eine »Verfassungsinstruktion« vor: Während darin offiziell wiederholt wurde, daß der Sownarkom den Räten verantwortlich sei und alle Gesetzesentwürfe der Zustimmung ihres Exekutivorgans bedürften, spezifizierte sie nicht, wann dies zu geschehen habe. Der Sownarkom konnte also ein rechtlich bindendes Dekret auch ohne vorherige Billigung durch die Räte erlassen, was immer häufiger geschah. Am 12. Dezember trat das Exekutivkomitee zum ersten Mal nach zwei Wochen wieder zusammen. Während seiner Sitzungspause hatte der Sownarkom mit den Mittelmächten Friedensverhandlungen aufgenommen, der Ukraine den Krieg erklärt und Petrograd und Moskau unter Kriegsrecht gestellt. Als Suchanow dagegen protestierte, waren alle diese Maßnahmen bereits ausgeführt, ohne daß sie im bolschewisierten Rat, dem Sowjet, diskutiert worden wären. Das Prinzip der Rätemacht, auf das die Bolschewiki ihr Recht zu herrschen stützten, hatte man begraben; das Exekutivkomitee der Räte war zur »traurigen Parodie eines revolutionären Parlaments« verkommen.[44]

Seit den ersten Tagen ihres neuen Regimes hatten die Bolschewiki es darauf angelegt, all jene Parteien als »konterrevolutionär« zu vernichten, die im Oktober ihre Machtübernahme abgelehnt hatten. Am 27. Oktober verbot der Sownarkom die oppositionelle Presse. Das Verbot wurde mit Empörung aufgenommen. Bei der Sitzung des Exekutivkomitees der Räte am 4. November stimmten die gemäßigten Bolschewiki dagegen; die fünf Rücktritte im bolschewistischen Zentralkomitee am selben Tag, denen eine ebenso große Zahl an Rücktritten im Sownarkom folgte, geschahen gleichfalls zum Teil aus Protest gegen das Verbot; zur selben Zeit drohte die Druckergewerkschaft mit einem landesweiten Streik, falls die Pressefreiheit nicht wiederhergestellt werde. Doch das alles hinderte das Militärische Revolutionskomitee nicht daran, bolschewistische Einheiten zu schicken, um viele oppositionelle Zeitungen zu zerschlagen, ihr Papier zu beschlagnahmen und ihre Herausgeber zu verhaften. Die meisten oppositionellen Zeitungen wurden einfach in den Untergrund gedrängt und erschienen unter leicht geänderten Namen bald wieder. Die sozialrevolutionäre Zeitung *Wolja naroda* erschien am nächsten Tag als *Wolja* und später als *Narod*. Die sozialistische Zeitung *Den* (»Der Tag«), kam als *Morgen*, *Mittag*, *Nachmittag*, *Abend* und *Mitternacht* heraus.[45]

* * *

Die oppositionellen Parteien klammerten sich an die Hoffnung, die Konstituierende Versammlung werde die politische Rettung bringen. Sie werde gewiß die wahre Stimme der Demokratie sein. In ihr werde jeder Bürger, ungeachtet seiner Klassenzugehörigkeit, vertreten sein, während die bolschewistischen Sowjets ja nur die Arbeiter, Bauern und Soldaten vertraten. Die Opposition war überzeugt, daß die Konstituierende Versammlung unbedingt als höchste souveräne Macht im Land anerkannt werde; nicht einmal die Bolschewiki könnten es wagen, das in Frage zu stellen. Tatsächlich waren die führenden Bolschewiki in ihrer Haltung zur Konstituierenden Versammlung gespalten – allerdings wissen wir immer noch nicht genug über ihre internen Diskussionen in dieser Frage. Lenin hatte sich immer abfällig über diese Wahlgremien geäußert, und bereits aus seinen Aprilthesen ist zu entnehmen, daß er die Rätemacht für eine höhere Form der Demokratie hielt als die Konstituierende Versammlung. Für die »Bourgeoisie« war in den Räten kein Platz und nach Meinung Lenins auch nicht in der Revolution. Die Machtergreifung hatte man aber teilweise damit gerechtfertigt, daß durch sie die Einberufung der Konstituierenden Versammlung sichergestellt werde: Es war viel Aufhebens davon gemacht worden, wie die Provisorische Regierung plane, diese Versammlung zu verhindern, und wie nur eine Räteregierung das Land zu ihr hinführen könne. Die Bolschewiki konnten ihr Versprechen nicht brechen, ohne dadurch das Gesicht zu verlieren. Überdies fühlten sich alle gemäßigten Bolschewiki im Grunde mehr oder weniger der Konstituierenden Versammlung verpflichtet. Kamenew zum Beispiel war ein konsequenter Verfechter der Idee, die Bolschewiki sollten dort um die Macht kämpfen, und wie manche Linken Sozialrevolutionäre favorisierte er sogar die Vorstellung, die Rätemacht auf lokaler Ebene mit der Konstituierenden Versammlung als einem souveränen Staatsparlament zu verbinden.

Angesichts dessen hatte Lenin kaum eine Alternative, er mußte die Wahlen zulassen. Die Stimmabgabe begann am 12. November und dauerte zwei Wochen, da die ungeheuren Ausmaße des Landes eine Staffelung der Wahlen erforderlich machten. Der Wahlkampf war heftig, zuweilen gewaltsam und die Beteiligung hoch. Die meisten Menschen wußten, daß es sich eigentlich um ein landesweites Referendum über das Regime der Bolschewiki handelte. Die Sozialrevolutionäre erhielten 16 Millionen Stimmen (38 Prozent der insgesamt abgegebenen Stimmen), die meisten stammten von den Bauern aus dem zentralen Landwirtschaftsgebiet und aus Sibirien. Aber auf den Wahlzetteln war nicht zwischen den Linken Sozialrevolutionären, die die bolschewistische Machtergreifung guthießen, und den Rechten Sozialrevolutionären, die das nicht taten, unterschieden worden. Die Spaltung innerhalb dieser Partei war noch zu neu, als daß sie beim Druck der Wahlzettel hätte berücksichtigt werden können; das geschah nur an ein oder zwei Orten. Es ist demnach gar nicht klar, wie viele der Stimmen für die Sozialrevolutionäre sich gegen das bolschewistische Regime aussprachen, obwohl das doch die entscheidende Frage dieser gesamten Wahl war. Mit relativer Sicherheit läßt sich nur sagen, daß die Linken Sozialrevolutionäre am stärksten von den jüngeren Bauernsoldaten unterstützt wurden, während die Rechten Sozialrevolutionäre ihre Hochburg unter den älteren Dorfbauern hatten. Nach Oliver Radkey, dem besten Kenner dieser Materie, waren die Bauern etwa zu gleichen Teilen zwischen den beiden Parteien gespalten, obwohl die Rechten Sozialrevolutionäre wahrscheinlich bei den Wahlen die erste Stelle einnahmen, weil sie den größten Teil der Parteiorganisationen in der Provinz hinter sich hatten und daher für den Wahlkampf besser gerüstet waren. Die traditionellen Wahlgewohnheiten der Bauern, wonach die ganze Dorfversammlung beschloß, alle Stimmen ein und derselben Partei zu geben, kamen sicherlich den Rechten Sozialrevolutionären zugute, da die meisten Dorfältesten auf ihrer Seite standen. Doch auch wenn die Rechten Sozialrevolutionäre die meisten Bauernstimmen auf sich vereinigten, erzielten sie nicht die absolute Mehrheit in der Konstituierenden Versammlung. Nur mit Unterstützung der Menschewiki (die 3 Prozent der Stimmen erhielten), der Kadetten (mit 5 Prozent) und der ukrainischen Sozialrevolutionäre (mit 12 Prozent) hätten sie die Mehrheit erreichen können; da jedoch zwischen den russischen und den ukrainischen Sozialrevolutionären in der Frage der nationalen Unabhängigkeit ganz unterschiedliche Auffassungen herrschten, war auch diese Unterstützung überaus zweifelhaft.[46]

Für den Anspruch der Regierung, im Namen des Volkes zu regieren, waren die Wahlergebnisse gleichwohl niederschmetternd. Die Bolschewiki erhielten nur 10 Millionen Stimmen (24 Prozent der abgegebenen Voten), die meisten von Soldaten und Arbeitern des industrialisierten Nordens. In Petrograd und Moskau gewannen sie die Mehrheit; im agrarischen Süden, wo ihre Organisationen außerordentlich schwach waren, erhielten sie dagegen kaum eine Stimme. Die Bolschewiki erklärten sofort, die Ergebnisse seien falsch. Sie sammelten und zitierten peinlich genau alle örtlichen Berichte über Wahlmißbräuche, die in einem so großen und rückständigen Land wie Rußland unvermeidlich waren, um damit die Notwendigkeit einer Wahlwiederholung zu belegen. Inzwischen verstärkten sie ihre Einschüchterungs- und Drohkampagne gegen die Verfechter der Konstituierenden Versammlung. Am 20. November wurde die Eröffnung der Konstituierenden Versammlung vom Sownarkom auf unbestimmte Zeit verschoben, nur acht Tage bevor sie zusammentreten sollte. Am nächsten Tag erließ der Sownarkom ein Dekret, das den Wählern das Recht gab, ihre Deputierten aus allen Vertretungskörperschaften, auch aus der Konstituierenden Versammlung, abzuberufen, wenn mehr als die Hälfte der Wähler eines entsprechenden Wahlkreises die Abberufung unterstützte. Das bedeutete letztlich, daß bolschewistische Aktivisten das Recht hatten, die Ergebnisse demokratischer Wahlen zu revidieren, indem sie in den Fabriken und Garnisonen Unterstützung für eine Abberufung zusammentrommelten. Das Ganze zielte offenbar auf die Kadetten ab, die in den Städten ganz gut abgeschnitten hatten, weil sie die Mitte-Rechts-Stimmen auf sich vereinen konnten. Trotzki verteidigte die Vorlage im Exekutivkomitee der Räte als eine »schmerzlose« Alternative zur gänzlichen Schließung der Konstituierenden Versammlung für den Fall, daß sie den Prinzipien der Rätemacht widerspräche. Darin schwang die offene Drohung mit, daß die Bolschewiki ein feindliches Parlament nicht tolerieren würden. »Wenn die Kadetten die Mehrheit bekommen«, warnte er, »dann wird die Konstituierende Versammlung natürlich keine Macht erhalten.«[47] Um dieser Drohung Nachdruck zu verleihen, brach das Militärische Revolutionskomitee am 23. November ins Taurische Palais ein und verhaftete die drei Wahlleiter der Konstituierenden Versammlung. Sie wurden sechs Tage lang im Smolny festgehalten und verhört, bevor man sie entließ und durch den Bolschewiken Urizki ersetzte.

Die oppositionellen Parteien waren über diese Einschüchterungsversuche empört. Für sie sah es so aus, als gelangten die Bolschewiki allmählich zu der Ansicht, die Konstituierende Versammlung sollte entweder in eine ferne Zukunft verschoben oder, weil ihre Partei bei den Wahlen so schlecht abgeschnitten hatte, gänzlich geschlossen werden. Die oppositionellen Parteien bildeten sogleich eine Vereinigung zur Verteidigung der Konstituierenden Versammlung und riefen ihre Befürworter zu einer Demonstration am 28. November vor dem Taurischen Palais auf, um so die Eröffnung des Parlaments zu erzwingen. Große Menschenmengen erschienen an diesem Tag, wenngleich nicht annähernd 200 000, wie die oppositionelle Presse behauptete. Ein Viertel davon wäre wohl eine angemessenere Schätzung, darunter vor allem Studenten, Offiziere und streikende Beamte, obwohl es auch einige Arbeiter gab, wie die Drucker und gelernten Handwerker. Eine Gruppe von 45 Deputierten der Konstituierenden Versammlung, angeführt von Schreider, dem rastlosen Bürgermeister von Petrograd, erkämpfte sich durch bolschewistische Streikposten und Lettische Schützen hindurch den Zugang zum Palast. Bei ihrer Sitzung kam sie dann bis zum ersten Tagesordnungspunkt, der Wahl eines Präsidiums. Natürlich wußten sie, daß ihnen das nötige Quorum von 400 Deputierten fehlte, aber es war wenigstens eine symbolische Geste. Am nächsten Tag fanden sie das Taurische Palais von Truppen umgeben. Die Menge wurde ferngehalten, und obwohl den Deputierten noch einmal der Zutritt gewährt wurde, befahl man ihnen bald, wieder zu gehen.

Die Demonstration wurde sofort als ein von den Kadetten organisierter, »konterrevolutionärer Akt« gebrandmarkt, die Kadettenpartei für ungesetzlich erklärt und ihre Mitglieder nach der jakobinischen Tradition als »Volksfeinde« angeprangert. Dutzende ihrer Führer wurden verhaftet, darunter auch einige Delegierte für die Konstituierende Versammlung: Schingarjow, Kokoschkin, Dolgorukow, Panina, Astrow und Roditschew. Revolutionäres Recht kannte keine parlamentarische Immunität. Die meisten wurden in die Peter-Pauls-Festung gebracht, wo man sie drei Monate lang unter halbwegs erträglichen Bedingungen festhielt. Die Linken Sozialrevolutionäre verurteilten die Festnahmen als Terrorakte, während Gorki sie als »eine Schande für die Demokratie« anprangerte. Die führenden Bolschewiki waren indes offenbar fest entschlossen, die Kadetten als die »organisierte Kraft der bürgerlichen Konterrevolution« zu zerschlagen. Dabei handelte es sich weniger um das Verbot einer politischen Partei als um die Erklärung des Bürgerkriegs gegen eine ganze gesellschaftliche Klasse. Als Trotzki im Exekutivkomitee der Räte die Verhaftungen rechtfertigte, behauptete er sogar: Da die Bourgeoisie ohnehin bereits dabei sei, von der Bühne der Geschichte abzutreten, geschähen die bolschewistischen Gewaltmaßnahmen zu ihren eigenen Gunsten, denn sie trügen dazu bei, ihrem Elend schneller ein Ende zu bereiten. »Es liegt nichts Unmoralisches darin, daß das Proletariat mit einer Klasse Schluß macht, die ohnehin niedergeht: das ist sein gutes Recht.«[48]

Die Verhaftungen der mutmaßlichen »Volksfeinde« machten nicht bei den Kadetten halt. Wie der jakobinische Terror, auf den sich die bolschewistischen Führer ständig zu ihrer Rechtfertigung beriefen, griffen sie bald auch auf die revolutionäre Bewegung selbst über. Zu den Kadetten in der Peter-Pauls-Festung gesellten sich noch manche sozialrevolutionären und menschewistischen Parteiführer (Awxentjew, Goz, Sorokin, Argunow) sowie einige Führer der Bauernräte. Es ergingen sogar Befehle, Zereteli, Dan und Tschernow zu verhaften. Ende Dezember waren die Gefängnisse mit diesen neuen »Politischen« so überfüllt, daß die Bolschewiki begannen, gewöhnliche Kriminelle zu entlassen, um mehr Platz zu schaffen. Einige reichere politische Häftlinge, wie der Geschäftsmann Tretjakow und der frühere Minister für Handel und Industrie, Konowalow, wurden gegen Lösegeldzahlungen freigelassen.[49]

Langsam, aber sicher nahm der neue Polizeistaat Gestalt an. Am 5. Dezember wurde das Militärische Revolutionskomitee endgültig abgeschafft, und zwei Tage später übertrug man seine Aufgaben der Tscheka*, dem neuen Sicherheitsorgan, das eines Tages zum KGB werden sollte. Von Anfang an arbeitete die Tscheka außerhalb des Gesetzes: Es gab nicht einmal ein veröffentlichtes Dekret, das über ihre Organisation Mitteilung machte, nur die Geheimprotokolle des Sownarkom, dem die Tscheka formal unterstellt sein sollte, obwohl sie ihm gegenüber in Wirklichkeit nicht politisch rechenschaftspflichtig war. Lenin hatte betont, man brauche »einen überzeugten proletarischen Jakobiner« an der Spitze der neuen »Ochrana«, und er fand ihn in Felix Dserschinski, einem vierzigjährigen Polen aus der litauischen Stadt Wilna, der sein halbes Erwachsenenleben in verschiedenen zaristischen Gefängnissen verbracht hatte und vielleicht seine eigenen besonderen Motive besaß, sicherzustellen, daß all diese »Volksfeinde« genauso im Gefängnis zu leiden hatten. Als Kind wollte Dserschinski Jesuitenpriester werden, und obwohl er längst aufgehört hatte, an Gott zu glauben, setzte er sich mit demselben fanatischen Eifer für seine politischen Verfolgungskampagnen ein. Auf der Sownarkom-Sitzung, bei der die Tscheka gegründet wurde, beschrieb er deren Aufgabe als gnadenlosen Kampf gegen die inneren Feinde der Revolution:

> *An diese Front – die gefährlichste und grausamste aller Fronten – müssen wir entschlossene, harte, hingebungsvolle Genossen schicken, die bereit sind, für die Verteidigung der Revolution alles einzusetzen. Glauben Sie nicht, daß ich nach revolutionärer Gerechtigkeit suche; jetzt bedürfen wir nicht der Gerechtigkeit. Jetzt herrscht Krieg – von Angesicht zu Angesicht, ein Kampf bis zum Ende. Leben oder Tod!*[50]

Man könnte durchaus fragen, warum die gemäßigten Bolschewiki, die offen gegen den Einsatz von politischem Terror waren und sich an der Basis der Partei breiter Unterstützung erfreuten, es versäumt haben, die leninistischen Fanatiker wirkungsvoll zu bremsen. Die Antwort liegt sicher in der psychischen Schwäche der Gemäßigten und in Lenins autokratischer Stellung unter den Parteiführern seit seinem »Sieg« im Oktober. Mehr oder weniger ausgeprägt stand allen Gemäßigten

* Abkürzung für Allrussische Außerordentliche Kommission beim Rat der Volkskommissare zur Bekämpfung von Konterrevolution, Spekulation und Sabotage

ihr Intellektualismus als eine fundamentale Schwäche im Wege. Einerseits hatten sie ihre Schwierigkeit mit dem Terror, andererseits hinderte sie ihr Intellektualismus daran, ihn mit mehr als nur mit Worten zu bekämpfen. Lunatscharski war ein ausgezeichnetes Beispiel dafür. Am 2. November, bei einer Sitzung des Sownarkom, brach er in Tränen aus und trat als Volkskommissar für Bildung zurück, als er hörte, die Bolschewiki hätten bei den Gefechten in Moskau den Kreml bombardiert und die Kathedrale des Heiligen Basilius zerstört. »Ich ertrage es nicht mehr«, schrieb er in *Nowaja schisn*. »Das Maß ist voll. Es steht nicht in meiner Macht, diese Barbarei zu stoppen.« Als sich die Meldungen als falsch erwiesen, widerrief er seinen Rücktritt, litt aber weiterhin an seiner Machtlosigkeit gegenüber dem bolschewistischen Terror. Gorki, einer seiner ältesten politischen Freunde, der ihn später mit seinen Bitten plagte, er möge die Schriftsteller und Künstler des Landes vor Verfolgung bewahren, resümierte die Situation der Gemäßigten in einem Neujahrsbrief an Jekaterina:

> *Und jetzt ist es sogar offensichtlich, daß Rußland wieder auf die Verhältnisse unter den rauhen Warägern zusteuert. Gestern abend war ich beim »Justizkommissar«, einem anscheinend anständigen, aber, wie alle Vertreter der »Macht«, hilflosen Menschen. Ich setzte mich dafür ein, daß Wernadski freigelassen wird – wie es scheint, ohne Erfolg. […] Erstaunlich unsinnig und lächerlich verhält sich Lunatscharski, eine komische und unglückliche Figur! Ja überhaupt, alle sind bis zur Widerwärtigkeit kläglich und unglücklich.*[51]

Eine ähnliche Machtlosigkeit lähmte die Linken Sozialrevolutionäre, die dem Sownarkom am 12. Dezember beitraten. Sie waren die einzige größere Gruppe, die nach der Machtergreifung der Bolschewiki nicht aus dem Rätekongreß ausgezogen war, und das hatte zu ihrem endgültigen Bruch mit den Rechten Sozialrevolutionären geführt. Von da an gab es zwei getrennte Parteien, die in den regionalen Organisationen der Sozialrevolutionäre und in den Bauernräten um die Vorherrschaft kämpften. Während die Rechten Sozialrevolutionäre entschlossen waren, die Bolschewiki zu isolieren, und all ihre Hoffnungen auf die Konstituierende Versammlung setzten, glaubten die Linken Sozialrevolutionäre, sie könnten, indem sie sich den Bolschewiki in der Regierung – und der Tscheka – anschlossen, deren schlimmste Exzesse verhindern. Die meisten Führer der Linken Sozialrevolutionäre waren noch so jung, daß man ihnen einen derart törichten Idealismus nachsehen kann: Steinberg, Karelin und Kalegajew standen in den Zwanzigern, und Spiridonowa und Kamkow waren erst 32. Die Linken Sozialrevolutionäre beeindruckte, was sie für die revolutionäre Sponaneität der Räte hielten. Sie versuchten, eine extrem libertäre Einstellung mit dem Einsatz extremen Terrors zur Förderung dieses Ideals zu vereinbaren. Nach dem Oktober strömten sie in die örtlichen Räte und wurden dort zur führenden Partei der radikalisierten Bauern und Soldaten. Das

Dekret über Grund und Boden, das Lenin am 26. Oktober auf dem Zweiten Rätekongreß erließ, enthielt, wie er selbst zugab, im Grunde das Agrarprogramm der Linken Sozialrevolutionäre. Es stellte den örtlichen Bauernkommunen einen Freibrief aus, alles private Land in Besitz zu nehmen und neu zu verteilen. Das genügte, um die Linken Sozialrevolutionäre davon zu überzeugen, daß sie mit den Bolschewiki zu einer Übereinstimmung gelangen konnten; und so begannen sie Mitte November, nachdem sie den Bauernrat zu einer Fusion mit dem Allrussischen Exekutivkomitee der Räte bewegt hatten, über ihren eigenen Beitritt zum Sownarkom zu verhandeln. Kalegajew wurde Volkskommissar für Landwirtschaft, Steinberg der »hilflose« Justizkommissar, den Gorki besucht hatte, und fünf andere übernahmen niedrigere Posten. Die Bolschewiki behielten jedoch die Schlüsselstellungen in der Regierung für sich, und die Linken Sozialrevolutionäre waren tatsächlich nicht mehr als ein Feigenblatt, mit dem Lenin die Blöße seiner Diktatur bedeckte. Entgegen ihren naiven Erwartungen waren die Linken Sozialrevolutionäre nicht in der Lage, die despotischen Auswüchse der Leninschen Politik zu mildern, die sich in fast jeder Hinsicht als ihren eigenen revolutionären Idealen diametral entgegengesetzt erwiesen. Das halbanarchistische System dezentraler Räte, das ihnen vorschwebte, war mit der zentralistischen Struktur der Leninschen Diktatur des Proletariats unmöglich zu erreichen. Auch ihr Eintreten für die Bauerngemeinde, die Organisation der Fabriken nach anarcho-syndikalistischen Grundsätzen und die politische Autonomie der nationalen Minderheiten – all das ließ sich mit den langfristigen Zielen des Bolschewismus nicht in Einklang bringen; und ihr leidenschaftliches Engagement für bürgerliche Freiheiten (Spiridonowa hatte einmal den Abriß der Peter-Pauls-Festung gefordert, weil sie ein Symbol des Polizeistaates sei) war kaum mit den bolschewistischen Regierungsmethoden zu vereinbaren.

Mit den Linken Sozialrevolutionären an seiner Seite verstärkte Lenin seine Kampagne gegen die Konstituierende Versammlung. Trotz ihres Einsatzes für demokratische Freiheiten waren die Linken Sozialrevolutionäre genauso entschlossen wie die Bolschewiki, das Prinzip der parlamentarischen Souveränität nicht an die Stelle der Sowjetmacht treten zu lassen. Nach den Ereignissen vom 28. November sprachen sich viele Bolschewiki und Linke Sozialrevolutionäre dafür aus, die Kadetten aus der Konstituierenden Versammlung zu vertreiben, um diese dann auf der Basis ihrer beiden Parteien zu einer Revolutionären Versammlung umzuorganisieren. Bucharin hatte das dem Zentralkomitee am 29. November vorgeschlagen. Wie der Französische Konvent von 1792, der an die Stelle der Gesetzgebenden Versammlung getreten war, würde die Revolutionäre Versammlung für die sowjetische Diktatur ein viel fügsameres Instrument sein und dennoch nach außen alle Zeichen eines Staatsparlaments aufweisen, um, wie Bucharin es nannte, die »konstitutionellen Illusionen, die bei den Massen immer noch lebendig sind«, zu befriedigen.[52]

Lenin hatte es sich inzwischen anders überlegt und war nun dafür, die Konstituierende Versammlung gänzlich abzuschaffen. Am 12. Dezember veröffentlichte er seine »Thesen« darüber, in denen er den Standpunkt vertrat, die Notwendigkeit für eine »bürgerlich-demokratische« Versammlung sei durch die Sowjetmacht überholt. Ohnehin sei die Konstituierende Versammlung durch die Spaltung innerhalb der Sozialrevolutionären Partei und wegen des Linksrucks der Massen seit Oktober nicht mehr repräsentativ. Der »Klassenkampf« und die Bekämpfung der »Konterrevolution« erforderten eine Konsolidierung der Sowjetmacht, und wenn die Versammlung nicht bereit sei, das anzuerkennen, werde »das gesamte Volk« dafür eintreten, daß sie »unweigerlich zum politischen Tod verurteilt« werde. Das war eine Absichtserklärung, die Versammlung aufzuheben, falls sie nicht selbst ihrer Aufhebung zustimmte. Lenins Ultimatum wurde zur Politik seiner Partei und diese wiederum wurde zur Politik des Sownarkom. Zehn Tage später, bei einer Sitzung des Exekutivkomitees der Räte, forderten die Bolschewiki und die Linken Sozialrevolutionäre die Schließung der Konstituierenden Versammlung, es sei denn, sie faßte auf ihrer Eröffnungssitzung am 5. Januar den Beschluß, sich selbst den Räten zu unterwerfen. Ein dritter Rätekongreß war inzwischen für den 8. Januar einberufen, zwei Wochen früher als ursprünglich geplant, damit, wie Sinowjew das formulierte, »das unterdrückte Volk sein Urteil über die Konstituierende Versammlung fällen kann«. Lenin entwarf eine »Deklaration der Rechte des werktätigen und ausgebeuteten Volkes«, die bei der Eröffnungssitzung der Konstituierenden Versammlung angenommen werden sollte. Diese verfälschte Nachbildung der Menschenrechte erklärte Rußland zu einer Republik der Sowjets und bestätigte alle Dekrete des Sownarkom, einschließlich der Abschaffung von Privateigentum an Grund und Boden, der Verstaatlichung der Banken und der Einführung einer allgemeinen Arbeitspflicht.[53] Das war das Todesurteil für die Konstituierende Versammlung.

Am 5. Januar, dem Eröffnungstag der Konstituierenden Versammlung, befand sich Petrograd im Belagerungszustand. Die Bolschewiki hatten die Hauptstadt unter Kriegsrecht gestellt, öffentliche Versammlungen verboten und die Innenstadt mit Truppen überschwemmt, von denen sich die meisten um das Taurische Palais konzentrierten, wo die Konstituierende Versammlung zusammentreten sollte. Der Palast war durch Barrikaden abgeriegelt und von bolschewistischen Streikposten bewacht. Der Vorhof, wo der Mob einst Tschernow festgehalten hatte, war voller Biwaks, Artillerie, Maschinengewehre und Feldküchen. Er sah aus wie ein Heerlager. Die Bolschewiki hatten eine militärische Spezialeinheit aufgeboten und ihre treuesten Verteidiger – die Kronstädter Matrosen, die Lettischen Schützen und die Roten Garden herbeigeholt, um mit jeglichen »konterrevolutionären« Aktionen seitens der Vereinigung zur Verteidigung der Konstituierenden Versammlung fertig zu werden.

Diese Vereinigung hatte in einer bestimmten Phase eine Erhebung geplant, doch da ihr im Grunde keine militärischen Kräfte zur Verfügung standen, hatte sie die Idee im letzten Augenblick fallengelassen und sich lieber für eine Massendemonstration mit der Losung »Alle Macht der Konstituierenden Versammlung« entschieden. Am Morgen versammelte sich eine beträchtliche Menschenmenge auf dem Marsfeld, die gegen Mittag in mehreren Kolonnen zum Taurischen Palais zog. In manchen Quellen ist von 50 000 Demonstranten die Rede, ihre tatsächliche Zahl war aber wahrscheinlich niedriger, sicher nicht so groß, wie die Organisatoren gehofft hatten. Es kamen viel weniger Arbeiter und Soldaten als erwartet, und so bestand die Menge überwiegend aus ein und derselben kleinen aktiven Bürgerschaft – Studenten, Beamten und Akademikern der Mittelschicht –, die schon an der Demonstration des 28. November teilgenommen hatte. Als sich die Demonstranten dem Litejny-Prospekt näherten, wurden sie von bolschewistischen Truppen unter Beschuß genommen, die sich mit ihren Maschinengewehren auf den Dächern versteckt hatten. Einige andere Demonstrantengruppen – zu einer gehörten auch Arbeiter der Obuchow-Munitionsfabrik – wurden beschossen. Mindestens zehn Menschen wurden getötet und einige Dutzend verwundet.

Es war das erste Mal seit den Februartagen, daß Regierungstruppen auf eine unbewaffnete Menschenmenge schossen. Die Opfer wurden am 9. Januar, dem Jahrestag des Blutsonntags, neben den Opfern jenes Massakers auf dem Preobraschenski-Friedhof beerdigt. Die historische Parallele blieb nicht unbemerkt. Einige Arbeiterdelegationen erschienen zum Begräbnis, und eine legte einen Kranz nieder mit der Inschrift: »Den Opfern der Smolny-Autokraten«. Gorki, der beide Massaker erlebt hatte, hob die Parallele in *Nowaja schisn* hervor. Das war der emotionale Höhepunkt seiner bitteren Desillusionierung über die Revolution:

*Als am 9. Januar 1905 die gequälten und gepeinigten Soldaten auf kaiserlichen Befehl auf die unbewaffneten und friedlichen Arbeitermassen schossen, liefen die Intellektuellen und die Arbeiter zu den Soldaten – den unfreiwilligen Mördern – und schrien ihnen ins Gesicht: »Verdammt, was macht ihr? Wen bringt ihr um? […]«*
*Die Mehrheit der zaristischen Soldaten antwortete auf Vorwürfe und Überredungsversuche mit trostlosen und sklavischen Worten: »Wir schießen auf Befehl. Wir wissen nichts – wir gehorchen.« Und sie schossen wie Maschinen in die Menschenmenge. Vielleicht taten sie es ungern, widerstrebend, aber sie schossen.*
*Am 5. Januar 1918 demonstrierte die Petersburger Demokratie – Arbeiter und Angestellte – friedlich zu Ehren der Konstituierenden Versammlung.*
*Die besten russischen Menschen haben fast hundert Jahre für die Idee der Konstituierenden Versammlung gelebt. […] Ströme von Blut flossen auf dem Opferaltar dieser heiligen Idee, und jetzt haben die »Volkskommissare« befohlen, die Demokratie zu erschießen, die zu Ehren dieser Idee demonstrierte. […]*
*Am 5. Januar wurden also die unbewaffneten Arbeiter Petrograds zusammengeschossen. Sie wurden ohne vorherige Warnung zusammengeschossen, und*

> *man erschoß sie so feige, wie es nur Mörder tun: aus dem Hinterhalt und durch Zaunritzen.*
> *Und genauso wie am 9. Januar 1905 fragten Leute, die noch nicht den Verstand verloren hatten, die Schützen: »Was macht ihr, ihr Idioten? Marschieren da nicht eure eigenen Leute? Seht doch, überall sind rote Fahnen [...].«*
> *Und ebenso wie die Soldaten des Zaren antworteten diese Mörder »auf Befehl«: »Es ist Befehl. Wir schießen auf Befehl.«*
> *Ich frage die »Volkskommissare«, unter denen es doch ehrliche und einsichtige Leute geben muß: Begreifen sie nicht, daß sie die gesunde russische Demokratie unvermeidlich ersticken und alle Errungenschaften der Revolution vernichten?*
> *Verstehen sie dies? Oder denken sie vielmehr: Entweder wir haben die Macht, oder alles und alle sollen zugrunde gehen?*[54]

Um 16 Uhr, als die Eröffnungssitzung der Konstituierenden Versammlung beginnen sollte, war die Atmosphäre im Taurischen Palais äußerst gespannt. Viele sozialrevolutionäre Deputierte hatten an den morgendlichen Demonstrationen teilgenommen und waren über die Schießereien erbost. Was das Ganze noch schlimmer machte: Alle Delegierten waren, als sie den Palast betraten, von den bolschewistischen Garden einer Leibesvisitation unterzogen worden. Entgegen den Behauptungen der bolschewistischen Presse hatte man nicht alle verhafteten Abgeordneten für die Eröffnungssitzung freigelassen. Von Argunow, Awxentjew und Sorokin hieß es später sogar, sie hätten im Taurischen Palais Reden gehalten, obwohl sie immer noch in der Peter-Pauls-Festung saßen. Im Katharinensaal, in dem die Versammlung stattfand, waren fast ebenso viele Soldaten wie Delegierte. Sie standen im rückwärtigen Teil des Saales, saßen oben auf den Galerien, tranken Wodka und warfen den sozialrevolutionären Abgeordneten Beschimpfungen an den Kopf. Lenin beobachtete die Szene von der alten Regierungsloge aus, in der bei den Duma-Sitzungen die zaristischen Minister gesessen hatten. Er sah aus wie ein General unmittelbar vor der entscheidenden Schlacht – und gerade darum handelte es sich ja auch.

Die Sozialrevolutionäre versuchten die Initiative zu ergreifen, indem sie die Sitzung mit einer eigenen Debatte eröffneten, aber die Bolschewiki machten einen solchen Lärm, daß der erste Redner, Michailow, das älteste Mitglied der Versammlung, sich kein Gehör verschaffen konnte. Tschernow, der gewählte Vorsitzende der Versammlung, hielt wie gewöhnlich eine lange und wirkungslose Rede; sie trug nichts zum Ansehen des damaligen, einzig wirklich demokratischen Staatsparlaments in der russischen Geschichte bei, das seiner Exekution entgegensah. Dann trat Zereteli auf, trotz des bolschewistischen Haftbefehls gegen ihn, und machte seine Sache viel besser, indem er das Regime so leidenschaftlich angriff, daß sogar die Zwischenrufer auf der Linken verstummen und zuhören mußten. Aber die

Bolschewiki trieben den Konflikt bald auf die Spitze. Raskolnikow, der Anführer der Kronstädter Matrosen, brachte die Deklaration der Rechte des werktätigen und ausgebeuteten Volkes vor. Als sie mit 237 gegen 146 Stimmen abgelehnt wurde, erklärten die Bolschewiki, die Versammlung befinde sich in den Händen der »Konterrevolutionäre«, und verließen den Saal. Eine Sitzungspause wurde anberaumt, während die Bolschewiki und die Linken Sozialrevolutionäre diskutierten, was zu tun sei. Die letzteren schwankten wie gewöhnlich und wollten die Auflösung verschieben, doch Lenin blieb hart: »Die Situation ist jetzt klar, und wir können die anderen loswerden.« Man beschloß, die Versammlung aufzulösen; mit Rücksicht auf die Linken Sozialrevolutionäre, die kurz zu der Sitzung zurückkehrten, wies Lenin die Rotgardisten allerdings an, keine Gewalt anzuwenden; sowie die Deputierten das Palais verlassen hätten, sollte es verschlossen werden, und auch am nächsten Tag sollte dort keinerlei Versammlung gestattet sein. Um 2 Uhr nachts kehrte Lenin, nachdem er sich davon überzeugt hatte, daß alles unter Kontrolle war, in den Smolny zurück und ging zu Bett.[55]

Es blieben nur noch zwei Stunden bis zur endgültigen Schließung der Konstituierenden Versammlung. Nach dem Auszug der Bolschewiki hatten verschiedene sozialrevolutionäre Redner ihre wie gewöhnlich langatmigen Reden gehalten, während die Rotgardisten immer betrunkener wurden und von der Galerie aus störten. Manche machten sich einen Spaß daraus, mit ihren Gewehren auf die Redner zu zielen. Die Sozialrevolutionäre beschlossen, die letzten Minuten darauf zu verwenden, hastig Dekrete über Land und Frieden zu verlesen, damit die Versammlung, wenn sie schon unterginge, wenigstens symbolisch eine Volksgesetzgebung hinterließe. Sie sahen bereits den sich schnell entwickelnden Bürgerkrieg heraufziehen, in dem sie die Unterstützung der Demokratie würden mobilisieren müssen, um die Konstituierende Versammlung wiederzubeleben. Nachts um 2.30 Uhr verließen die Linken Sozialrevolutionäre schließlich den Saal, ohne daß es ihren alten Parteigenossen, die sich verzweifelt darum bemühten, gelungen wäre, sie in wenigen Minuten von etwas zu überzeugen, von dem sie sie in sechs Monaten, in denen sie unter der Provisorischen Regierung an der Macht waren, nicht hatten überzeugen können. Dann gab der Bolschewik Dybenko dem Befehlshaber der Roten Garden, einem anarchistischen Matrosen namens Schelesnjakow, die Anweisung, die Sitzung zu beenden. Um 4 Uhr trat dieser auf die Tribüne, tippte Tschernow auf die Schulter und meldete, »alle Anwesenden möchten den Versammlungssaal verlassen, die Garde ist müde«. Tschernow antwortete, die Mitglieder der Konstituierenden Versammlung seien auch müde, das hindere sie aber nicht daran, »ein Gesetz zu erlassen, auf das ganz Rußland warte«. Die Garden wurden ärgerlich und schrien: »Nieder mit Tschernow!«, dann sammelten sie sich bedrohlich mit ihren Gewehren im Hauptteil des Saales. Tschernow fuhr mit der Sitzung noch zwanzig Minuten fort; aber er war noch nie für persönlichen Mut angesichts des Mobs berühmt gewesen, und so akzeptierte er schließlich, die Sitzung auf den nächsten Nachmittag zu vertagen.[56] Damit war die einzige Sitzung der Konstituierenden Versammlung definitiv zu Ende: am 6. Januar, um 4.40 Uhr. Wie Schafe trotteten die Delegierten einer nach dem anderen hinaus. Das Taurische Palais wurde abgeschlossen, und so ging die zwölfjährige Geschichte dieser Zitadelle der Demokratie vorzeitig zu Ende. Als die Deputierten am folgenden Tag wiederkehrten, wurde ihnen der Zutritt verwehrt und ein Dekret vorgelegt, das die Konstituierende Versammlung für aufgelöst erklärte.

Zwei Tage später, am 8. Januar, trat der Dritte Rätekongreß zusammen. Bolschewiki und Linke Sozialrevolutionäre hatten den Kongreß mit ihren Anhängern vollgepackt: Neun von zehn Delegierten kamen aus diesen beiden Parteien. Dementsprechend verabschiedete der Kongreß alle von den Regierungsvertretern vorgeschlagenen Maßnahmen, einschließlich der verlogenen Deklaration der Rechte des werktätigen und ausgebeuteten Volkes, die dann als erste Verfassung des Sowjetstaates diente. Dies war das einzige »Parlament«, mit dem Lenin zusammenzuarbeiten bereit war – eines, das alle seine Dekrete unbesehen genehmigte.

* * *

Kurz nach der Schließung der Konstituierenden Versammlung fragte Boris Sokolow einen Abgeordneten der Sozialrevolutionäre von der Wolga, ob seine Partei versuchen werde, sie mit Gewalt zu verteidigen. »Sind Sie sich im klaren, was Sie da sagen?« fragte der Deputierte. »Sind Sie sich bewußt, daß wir die Vertreter des Volkes sind, daß uns die Ehre zuteil wurde, vom Volk gewählt zu werden, um die Gesetze einer neuen demokratischen Republik zu verfassen? Die Konstituierende Versammlung zu verteidigen, uns, ihre Mitglieder, zu verteidigen, das ist Sache des Volkes.«[57] Die meisten Sozialrevolutionäre waren ebenso gelähmt durch ihr Idealbild von sich; sie sahen sich als Führer »des Volkes« und hatten die Vorstellung, das Volk werde kommen, um sie zu retten. Folglich gab es keine Militärkampagne, die die Schließung der Konstituierenden Versammlung rückgängig gemacht hätte. Zweifellos wäre eine solche Kampagne auch von Anfang an zum Scheitern verurteilt gewesen, denn den demokratischen Führern Rußlands standen keine richtigen Streitkräfte zur Verfügung. Die Vereinigung zur Verteidigung der Konstituierenden Versammlung bestand vornehmlich aus sozialrevolutionären Intellektuellen und fand nur wenige Kadetten, die sie unterstützte. Aber ihr naiver Glaube, »das Volk« werde ihr zu Hilfe eilen, war ebenso beunruhigend, denn er bewies, daß sie überhaupt nicht begriffen, welche revolutionären Kräfte hier am Werk waren, und das verhieß nichts Gutes für ihre Chancen im nachfolgenden Bürgerkrieg.

Sokolow, selbst ein Rechter Sozialrevolutionär, glaubte, die Passivität seiner Genossen sei auf ihre Wandlung von einer revolutionären Untergrundgruppe zur Führungsriege der Provisorischen Regierung zurückzuführen. Das stimmt sicherlich. Die Tatsache, daß sie nun Verantwortung für den Staat übernahmen (und bestimmt auf ihren neuen Ministerstatus auch ein bißchen stolz waren), brachte die Sozialrevolutionäre dazu, ihre früheren terroristischen Methoden im revolutionären Kampf abzulegen und sich ausschließlich parlamentarischer Verfahrensweisen zu bedienen. Das hatte sie mit den Kadetten zusammengebracht und davon abgehalten, 1917 eine reine Räteregierung zu bilden. »Wir dürfen nur mit legalen Mitteln vorgehen«, charakterisierte Sokolow ihre Auffassung, »wir müssen das Gesetz mit den einzigen Mitteln verteidigen, die den Vertretern des Volkes erlaubt sind: mit parlamentarischen Mitteln.« Bestimmt meinten sie es ernst, und gewiß waren sie fest davon überzeugt, daß sie Rußland vor dem Trauma eines Bürgerkrieges bewahren würden, wenn sie sich weigerten, die Bolschewiki mit bolschewistischen Mitteln zu bekämpfen. Mark Wischnjak, Rechter Sozialrevolutionär und Sekretär der Konstituierenden Versammlung, gestand später, daß ihnen damals die Hände gebunden waren, weil sie an der Notwendigkeit festhielten, um jeden Preis einen Bürgerkrieg zu vermeiden. Doch darin lag auch ein großes Maß an törichter Eitelkeit. Die Rechten Sozialrevolutionäre waren wie hypnotisiert von der »Heiligkeit« und »Ehrwürdigkeit« der Konstituierenden Versammlung, dieses ersten demokratischen Parlaments in der Geschichte Rußlands, sowie von der »Ehre«, die ihnen als dessen Repräsentanten zuteil wurde. Von solchen Idealvorstellungen beseelt, ließen sie sich zu dem Glauben verleiten, Rußland sei auf dem besten Wege, eine ebensolche Demokratie zu werden wie England oder Amerika, und der »Wille des Volkes« allein reiche aus, um Rußlands demokratische Institutionen zu verteidigen. Sie glaubten so sehr an ihre eigenen demokratischen Methoden, daß sie nicht sahen, wie die undemokratischen Methoden der Bolschewiki auf weite Sicht erfolgreich sein konnten.[58]

Doch handelte es sich hier um mehr als nur um ein Methodenproblem: Schon das Vertrauen der Sozialrevolutionäre in »das Volk« war fehl am Platze. Die Reaktion der Massen auf die Schließung der Konstituierenden Versammlung blieb aus. Die Demonstration am 5. Januar war viel kleiner und weitaus stärker von den Mittelschichten getragen, als die Rechten Sozialrevolutionäre gehofft hatten. Sokolow fand, die Stimmung in der Hauptstadt sei vorwiegend passiv gewesen. Es war verständlich, daß die Menschen nach fast einem Jahr politischer Auseinandersetzungen, die allesamt keine Wende in der ökonomischen Krise brachten, eine zynische Gleichgültigkeit gegenüber der Politik und den Politikern entwickelt hatten. Viele waren die meiste Zeit mit drängenderen Problemen beschäftigt: der täglichen Jagd nach Lebensmitteln und Heizmaterial. Selbst Gorki – wenn es überhaupt je ein *Zoon politicon* gab, so war er ein solches – erlag der allgemeinen Stimmung. Am 26. Januar schrieb er an Jekaterina:

> *Wir leben hier in der Gefangenschaft der »Bolschewiki«, wie die Franzosen die ehrenwerten Mitarbeiter Lenins nennen. Das Leben macht wenig Spaß! Und es ist überaus ärgerlich, doch was soll man tun. Nichts kann man tun. »Wer aber*

> *bis an das Ende beharrt, der wird selig.« Haben wir die Autokratie von Romanow hingenommen, vielleicht ertragen wir ja auch die von Uljanow. Das Leben ist der reinste Witz geworden – und sehr tragisch. Lach nicht!* Nowaja schisn, *so scheint es, geht ein. Meine Stimmung ist scheußlich, dazu kommt, daß ich mich auch körperlich schlecht fühle. Es gab Tage, an denen es hell wurde, ohne daß ich arbeiten wollte. Ja, ich will überhaupt nichts mehr – da ist eine Apathie, die mir ganz fremd ist.*[59]

Eine noch größere Gleichgültigkeit herrschte unter den Bauern, der traditionellen Anhängerschaft der Sozialrevolutionäre. Die sozialrevolutionäre Intelligenzija hatte immer zu Unrecht geglaubt, die Bauern teilten ihre Verehrung für die Konstituierende Versammlung. Gebildete Bauern oder solche, die lange der Propaganda der Sozialrevolutionäre ausgesetzt waren, sahen in der Versammlung vielleicht ein politisches Symbol »der Revolution«. Aber die Masse der Bauern, deren politischer Blick auf die engen Grenzen ihres eigenen Dorfes und ihrer Felder beschränkt war, sahen in ihr nur etwas, das weit weg in der Stadt vor sich ging, das von den Bossen der verschiedenen Parteien, die sie nicht verstanden, beherrscht war und das sich von ihren eigenen politischen Organisationen erheblich unterschied. Die Intelligenzija hatte sich seit langem für eine Nationalversammlung eingesetzt, aber die Bauern teilten ihren Begriff der politischen Nation nicht; die Rede von »Staatlichkeit« und »Demokratie«, von »bürgerlichen Rechten und Pflichten« war ihnen fremd, und wenn sie von dieser städtischen Rhetorik Gebrauch machten, verliehen sie solchen Wörtern eine spezifisch »bäuerliche« Bedeutung, die zu den Bedürfnissen ihrer eigenen Gemeinden paßte.[60] Die Dorfräte standen den politischen Idealen der Masse der Bauern viel näher, waren sie doch nichts anderes als die frühere Dorfversammlung, nur in revolutionärer Form. Über die Dorf- und Bezirksräte verwirklichten die Bauern bereits ihre eigene Revolution auf dem Land, und um das zu tun, brauchten sie nicht den Segen eines Dekrets der Konstituierenden Versammlung (oder in diesem Fall der Sowjetregierung selbst). Die Rechten Sozialrevolutionäre konnten nicht verstehen, daß die Autonomie, die die Bauern durch ihren Dorfrat besaßen, aus deren Sicht im Grunde die Bedeutung jeder Konstituierenden Versammlung herabsetzen mußte, hatten sie doch ihren Willen (*wolja*), das alte Bauernideal der Selbstbestimmung, bereits erreicht. Natürlich würde die Masse der Bauern aus Gewohnheit oder Respekt gegenüber den Dorfältesten bei den Wahlen zur Konstituierenden Versammlung ihre Stimme den Sozialrevolutionären geben. Aber sehr wenige wären bereit gewesen, mit den Sozialrevolutionären um die Wiederherstellung der Versammlung zu kämpfen, wie das klägliche Versagen des Komutsch im Sommer 1918 zeigen sollte. So gut wie alle Resolutionen, die zu dieser Frage aus den Dörfern kamen, machten deutlich, daß die Bauern es ablehnten, die Nationalversammlung als »politisches Herrschaftsinstrument über das russische Land« wiedereinzurichten, wie das jemand ausdrückte, der mehr zu sagen hatte als die lokalen Räte. Mit anderen Worten, sie wollten nicht von einem zentralen Staat regiert werden. Das bestätigte auch Sokolow später aus seiner Erfahrung als sozialrevolutionärer Propagandist in der Armee:

> *Die Konstituierende Versammlung war der Masse der Soldaten an der Front völlig unbekannt und für sie undurchschaubar, eine* terra incognita. *Ihre Sympathien galten eindeutig den Räten. Das waren die Institutionen, die ihnen lieb und teuer waren und sie an ihre eigenen Dorfversammlungen erinnerten. [...] Ich hatte mehr als einmal Gelegenheit zu hören, wie Soldaten, manchmal sogar die intelligentesten, gegen die Konstituierende Versammlung Einwände erhoben. Die meisten von ihnen verbanden sie mit der Staatsduma, einer Institution, die ihnen fernlag. »Wozu brauchen wir eine solche Konstituierende Versammlung, wenn wir schon unsere Räte haben, in denen unsere Delegierten zusammenkommen und alles entscheiden können?«*[61]

Nach ihrer Niederlage in der Hauptstadt kehrten die Sozialrevolutionäre in ihre alten Hochburgen in der Provinz zurück, um Unterstützung für die Wiederherstellung der Demokratie zu sammeln. Das sollte für sie eine schmerzhafte Lektion zum Thema neue Wirklichkeit des Provinzlebens werden, denn sie mußten feststellen, daß die Bauern in den Dörfern der Schließung der Konstituierenden Versammlung weitgehend gleichgültig gegenüberstanden und daß ihre eigenen Parteiorganisationen vor Ort allmählich zerfielen. Die Sozialrevolutionäre mußten erkennen, daß sie, indem sie ihre Partei auf die Unterstützung der Bauern gründeten, auf Sand gebaut hatten. In einem Gebiet nach dem anderen hatten die Rechten Sozialrevolutionäre die Räte an die extreme Linke verloren. In den nördlichen und zentralen Industrieregionen, wo die Bolschewiki und die Linken Sozialrevolutionäre auf die meisten Arbeiter und Soldaten in den Garnisonen und auch auf einen Großteil der halbindustrialisierten Bauern zählen konnten, waren die meisten Räte bereits Ende Oktober in bolschewistischer Hand, und zwar gewöhnlich aufgrund von Abstimmungsergebnissen; nur in Nowgorod, Pskow und Twer fanden ernste Kämpfe statt. In einigen dieser Städte, besonders dort, wo es eine Garnison gab, nutzten die Bolschewiki einfach ihre militärische Stärke, um die Opposition aus den Räten hinauszudrängen und ihre eigene »sowjetische Mehrheit« zu etablieren. In den landwirtschaftlichen Gebieten weiter im Süden war der Übergang der Macht bis Neujahr noch nicht ganz abgeschlossen; dort verlief er häufig ziemlich blutig, mit Straßenkämpfen in den größeren Provinzstädten (Orjol, Kursk, Woronesch, Astrachan, Tschernigow, Odessa, Cherson, Jekaterinoslaw, Sewastopol und anderen). In den meisten Orten organisierte die extreme Linke ihre Anhänger aus der Soldaten- und Arbeiterschaft in Form Militärischer Revolutionskomitees, die, sobald sie die der Stadtduma treuen Streitkräfte der Kadetten oder Kosaken besiegt hatten, die Regierungsorgane unter ihre Kontrolle brachten. Anschließend wurden Neuwahlen für den regierenden Sowjet durchgeführt, die gewöhnlich in der einen oder anderen Weise manipuliert waren. Wie in Petrograd spielten die Sozialrevolutionäre und Menschewiki häufig der extremen Linken dadurch in die Hände, daß sie diese »Neuwahlen« boykottierten. Ohne eigene Streitkräfte und ohne eine große und aktive Bürgerschaft, die auch bereit war, zur Verteidigung der Demokratie zu den Waffen zu greifen, blieb ihnen jedoch kaum eine andere Wahl. In den Provinzstädten war die politische Bildung kaum weiter entwickelt als im rückständigen bäuerlichen Rußland, und außerhalb der Hauptstädte gab es keine wirkliche städtische Mittelklasse, die die demokratische Revolution hätte aufrechterhalten können. Das war die Tragödie von 1917.

## DIE PLÜNDERER WERDEN GEPLÜNDERT

Zum ersten Mal seit vielen Jahren befand sich General Denikin unter einfachen Russen, als er, als polnischer Adliger verkleidet, auf dem Weg zum Don in einem Waggon dritter Klasse saß:

> *Jetzt war ich einfach ein* burschui, *den man herumschubste und verfluchte, manchmal böswillig, manchmal einfach beiläufig; aber glücklicherweise achtete niemand auf mich. Jetzt sah ich das wirkliche Leben klarer und war entsetzt. Ich sah einen grenzenlosen Haß auf Ideen und auf Menschen, auf alles, das sozial oder intellektuell höher stand als die breite Masse, auf alles, das auch nur eine Spur von Wohlstand besaß, sogar auf tote Gegenstände, die auf eine gewisse Kultiviertheit hinwiesen, die der Masse fremd und unzugänglich war. In diesem Gefühl drückte sich ein über Jahrhunderte angesammelter Haß aus, die Bitterkeit von drei Jahren Krieg und die Hysterie, die die revolutionären Führer erzeugt hatten.*

Der zukünftige Oberbefehlshaber der Weißen Armee war nicht der einzige Flüchtling aus dem bolschewistischen Rußland, der in diesem schrecklichen Winter 1917/18 den Zorn der breiten Masse spürte. Die Memoirenliteratur ist voller ähnlicher Berichte von Fürsten, Gräfinnen, Künstlern, Schriftstellern und Geschäftsleuten, die traumatische Reisen durch das revolutionäre Rußland machen mußten, um dem bolschewistischen Regime zu entfliehen. Sie alle drücken aus, welchen Schock die Grobheit und Feindseligkeit, die ihnen jetzt aus dem gewöhnlichen Volk entgegenschlug, bei ihnen ausgelöst hatte. Waren das nicht die Brüder und Schwestern ihrer Kinderfrauen und Dienstmädchen, ihrer Köche und Diener, die noch gestern so freundlich und ehrerbietig schienen? Es war, als hätte die Klasse der Diener die ganze Zeit eine Maske des Wohlwollens und der Beflissenheit getragen, die die Revolution ihnen jetzt abgerissen hatte, so daß nun darunter das wahre Gesicht des Hasses zum Vorschein kam.

Für die überwiegende Mehrheit des russischen Volkes ging es bei der Revolution im Grunde um die Aufhebung aller gesellschaftlichen Privilegien. Die Russen besaßen eine lange Tradition sozialer Gleichmacherei, die bis auf die Bauerngemeinde zurückging. Sie drückte sich in den populären Vorstellungen von sozialer Gerechtigkeit aus, dem Kern der Revolution von 1917. Die im russischen Volk verbreitete Überzeugung, übermäßiger Reichtum sei unmoralisch, Eigentum sei Diebstahl und Handarbeit die einzig wirkliche Quelle der Wertschöpfung, geht viel weniger auf die Lehren von Marx zurück als auf die egalitären Gepflogenheiten der Dorfgemeinde. Diese Ideale sozialer Gerechtigkeit waren auch ein Bestandteil jener speziellen Spielart des Christentums geworden, die sich die russischen Bauern zu eigen gemacht hatten. Nach dem Verständnis des russischen Bauern lag die christliche Tugend in der Armut. »Die Sanftmütigen [...] werden das Erdreich besitzen.« Ebendas hatte der Revolution im Bewußtsein des Volkes einen quasireligiösen Status verliehen. Den Kampf gegen Reichtum hielt man für eine Läuterung auf dem Weg zu den Toren eines Himmels auf Erden.

Wenn es 1917 an den Bolschewiki irgend etwas gab, das für das Volk reizvoll sein konnte, dann ihr Versprechen, allen Privilegien ein Ende zu setzen und die ungerechte Gesellschaftsordnung durch eine Republik gleicher Menschen zu ersetzen. Die utopische Vision eines alles umfassenden sozialistischen Staates gehörte wesentlich zum populären Idealismus der Revolution. Ein Bauernarbeiter schrieb beispielsweise im Mai 1917 an den Allrussischen Bauernrat: »Für alle Menschen, ob arm oder reich, sollte gesorgt werden; jeder sollte sein gerechtes und gleiches Teil über ein Komitee erhalten, so daß es für alle reicht. Nicht nur Lebensmittel, auch Arbeit und Wohnraum sollten von Komitees gleichmäßig verteilt werden; alles sollte zu öffentlichem Eigentum erklärt werden.« Die Ablehnung jeglicher übergeordneten Autorität (sei es von Richtern, Offizieren, Priestern, Gutsherren, Unternehmern oder anderen) war die eigentlich treibende Kraft der sozialen Revolution. Indem die Bolschewiki diesen Kampf gegen Privilegien institutionalisierten, konnten sie sich auf die revolutionäre Energie zahlreicher Elemente aus der Armut stützen, die mit Vergnügen zusahen, wie die Reichen und Mächtigen vernichtet wurden, ganz gleich, ob das für ihr eigenes Los eine Verbesserung brachte oder nicht. Wenn die Sowjetmacht auch nur wenig tun konnte, um das Elend der Armen zu erleichtern, so konnte sie doch wenigstens das Leben der Reichen noch elender machen als ihr eigenes – und ihnen so eine beträchtliche seelische Genugtuung verschaffen. Nach 1918, als die revolutionären Ideale sich erschöpft hatten und die Menschen immer mehr verarmten, neigte das bolschewistische Regime zunehmend dazu, fast ausschließlich an diese vulgäre Rachsucht zu appellieren. In einem Leitartikel zum Jahresbeginn 1919 verkündete die *Prawda* stolz:

# BILDER VON 1917

52 Die Erste Provisorische Regierung im Marienpalais.
Fürst Lwow sitzt in der Mitte, Miljukow ist der zweite von rechts, hinter ihm steht Kerenski. Die Zarenporträts (von Alexander II. und Alexander III.) sind bemerkenswerterweise nicht entfernt worden.

53 Ein seltener Augenblick nationaler Einheit: das Begräbnis der Opfer der Februarrevolution auf dem Marsfeld in Petrograd am 23. März 1917.

54 Eine Versammlung des Rats der Soldatendeputierten im Katharinensaal des Taurischen Palais.

55 Kellner aus Petrograd beim Streik. Auf dem großen Transparent steht: »Wir fordern, Kellner als Menschen zu achten«. Die drei übrigen Spruchbänder fordern ein Ende der erniedrigenden Praxis, Bedienungspersonal Trinkgeld zu geben. Diese Forderung nach Achtung der Arbeiter als Bürger fand sich häufig bei den Streiks. Bemerkenswert ist hier, daß die abgebildeten Streikenden zur Demonstration ihrer Würde gut gekleidet sind – man könnte sie fälschlicherweise für Vertreter des Bürgertums halten.

56 Allrussischer Kongreß der Bauerndeputierten am 4. Mai im Volkshaus in Petrograd. Eine Soldatendelegation (stehend im Saal) grüßt die Deputierten (auf den Balkonen). Auf dem zweiten Balkon links stehen (v.l.n.r.) die vier Veteranenführer der Sozialrevolutionäre: Viktor Tschernow, Vera Figner, Jekaterina Breschko-Breschkowskaja und N. D. Awxentjew.

57 Am 20. April führt Fjodor Linde das Finnländische Regiment zum Marienpalais, um gegen die Fortsetzung des Krieges für imperiale Zwecke zu protestieren.

58 In der für Napoleon typischen Haltung spricht Kerenski Mitte Mai zu den Soldaten an der Front.

59 Metropolit Nikon segnet das Todesbattaillon der Frauen auf dem Roten Platz in Moskau, ehe es im Juni zur Front aufbricht.

60 Bei seiner Ankunft in Moskau zur Staatskonferenz am 12. April wird General Kornilow von rechtsgerichteten Mitgliedern der Offiziersunion als Held begrüßt.

61 Mitglieder des Frauenbattaillons der erwarten den Angriff auf das Winterpalais am 25. Oktober 1917.
Als die *Aurora* die erste Salve abfeuerte, wurden die Frauen so hysterisch, daß man sie in einen Kellerraum sperren mußte.

62 Kerenskis letzte Verteidiger erwarten den Angriff der bolschewistischen Kräfte auf das Winterpalais am 25. Oktober.

63 Das Smolny-Institut, Sitz des Rats und Kommandozentrale der Partei der Bolschewiki (Anfang Oktober).

64 Die Rotgardisten der Vulkan-Fabrik in Petrograd. Bemerkenswerterweise tragen viele von ihnen Krawatten und Anzüge.

*Wo sind die reichen, modischen Damen, die teuren Restaurants und privaten Villen, die prächtigen Eingänge, die verlogenen Zeitungen, all das korrupte »goldene Leben«? All das ist hinweggefegt. Sie können auf der Straße keinen reichen* barin *[Herrn] mehr im Pelzmantel sehen, der die* Russkije wedomosti *liest [eine liberale Zeitung, die nach dem Oktober 1917 verboten wurde]. Es gibt keine* Russkije wedomosti *und keinen Pelzmantel mehr für den* barin*; er lebt in der Ukraine oder im Kuban, oder er ist erschöpft und dünn geworden, seit er von Rationen dritter Klasse leben muß; ja, er sieht nicht einmal mehr wie ein* barin *aus.*[62]

Dieser plebejische Krieg gegen Privilegien war zum Teil eine Fortsetzung der auf die Februarrevolution folgenden Gewalt und Zerstörung, die Gorki verurteilt hatte. Da waren derselbe Haß, dasselbe Mißtrauen gegenüber den besitzenden Klassen, dasselbe grausame Verlangen nach Umverteilung und derselbe Drang, die alte Zivilisation zu zerstören. Für die besitzenden Klassen schien das alles zu ein und demselben revolutionären Sturm zu gehören. Sie verglichen die Gewalt von 1917 mit der *Pugatschowschtschina*, jener anarchischen Welle bäuerlicher Zerstörungswut, die Rußland seit dem 18. Jahrhundert – nach Puschkins Beschreibung »sinnlos und gnadenlos« – verfolgt hatte. Sie sprachen von den »dunklen« und »wilden« Trieben des Volkes, welche die Bolschewiki entzündet hatten, so, wie ihre Vorfahren im 19. Jahrhundert über die Anhänger Pugatschows gesprochen hatten. Doch solche groben und wertenden Stereotype sagen uns wahrscheinlich mehr über die, die sie benutzten, als über die, die mit ihnen charakterisiert werden sollten. Mit anderen Worten, nur die soziale Anmaßung derer, die sich selbst für »zivilisiert« und »ehrbar« hielten, definierte die Gewalt der Masse als »anarchisch«, »dunkel« und »wild«. Betrachtet man die Gewalt als solche, dann entdeckt man wichtige Unterschiede zwischen dem Kampf gegen Privilegien nach dem Oktober und früheren Formen der Gewalt gegen die besitzenden Klassen.

Zum einen wurde die Gewalt nach dem Oktober in einer neuen Sprache artikuliert und legitimiert, die sich im Laufe des Jahres 1917 in den sozialistischen Parteien entwickelt hatte; nun war von Klassen und Klassengegensätzen die Rede. Die alten und abgrenzenden Anredeformen für die Angehörigen der besitzenden Klassen (*gospodin* und *barin*) verschwanden allmählich. Bald wurden sie zu Schimpfwörtern oder zu sarkastisch-spöttischen Bezeichnungen für Leute, die Titel und Reichtum verloren hatten. Das waren die »Leute von gestern« (*bywschije ljudi*), wie die Bolschewiki sie nannten. Die Verbreitung egalitärer Anredeformen – wie »Genosse« (für Parteimitglieder und Arbeiter) und »Bürger« (für alle anderen) – schien eine neue republikanische Gleichheit zu signalisieren, obwohl in Wirklichkeit natürlich die Genossen, um mit Orwell zu sprechen, gleicher waren als die anderen. Das Wort »Genosse« (*towarischtsch*) hatte für die klassenbewußtesten Industriearbeiter schon lange einen Anklang von Brüderlichkeit und Solidarität besessen. Es wurde zum Kennzeichen proletarischen Stolzes, ein unterscheidendes und einigendes Merkmal des sich rächenden Heeres der Armen im Klassenkampf gegen die Reichen.

In den Köpfen gewöhnlicher Leute, die nie ihren Marx gelesen hatten, beruhte die Abgrenzung der einzelnen Klassen voneinander viel mehr auf Gefühlen als auf objektiven gesellschaftlichen Kriterien. Der verbreitete Ausdruck *burschui* zum Beispiel besaß keine festen Klassenkonnotationen, obgleich er offensichtlich von dem Wort »Bourgeois« abstammte. Er wurde generell als Schimpfwort gebraucht für Unternehmer, Offiziere, Gutsbesitzer, Priester, Kaufleute, Juden, Studenten, gehobene Berufe oder auch alle gutgekleideten, ausländisch aussehenden oder scheinbar wohlhabenden Personen. Hungrige Arbeiter verurteilten die Bauern als *burschuis*, weil sie meinten, diese horteten Nahrungsmittel, während Bauern – die dieses Wort oft mit *barschui* (dem Besitzer eines Frachtkahns) und *birscheje* (nach Aktienbörse) verwechselten – ihrerseits die Arbeiter und generell alle Städter verurteilten, weil sie glaubten, diese horteten Industrieprodukte. Mit anderen Worten, die *burschuis* waren weniger eine gesellschaftliche Klasse als eine Kategorie populärer Sündenböcke oder Feinde im eigenen Volk, die fast beliebig für den Zusammenbruch des Marktes, für die Entbehrungen des Krieges oder für die allgemeine Ungleichheit in der Gesellschaft verantwortlich gemacht werden konnten. Dorfbewohner beschrieben den *burschui* häufig als einen »verborgenen« und »schlauen« Feind der Bauern, der an all ihren Problemen schuld sei; er konnte ein Städter, ein Geschäftsmann oder ein Beamter sein. In den Einkaufsschlangen in der Stadt, in denen endlose Sabotagetheorien zur Erklärung der Brotknappheit ausgesponnen wurden, waren die Wörter *burschui*, »Spekulant«, »Deutscher« und »Jude« praktisch synonym. Diese Gesellschaft stand mit sich selbst auf Kriegsfuß – auch wenn alle glaubten, sie kämpften gegen den *burschui*.[63]

Die sozialistische Presse förderte derlei gängige Einstellungen, indem sie die *burschuis* als »Volksfeinde« darstellte. Die meistverkaufte Broschüre von 1917, die mehr als alle anderen Publikationen das politische und klassenspezifische Bewußtsein der Masse der gewöhnlichen Leute geprägt hat, war *Spinnen und Fliegen* von Wilhelm Liebknecht (nicht zu verwechseln mit Karl Liebknecht). Mehrere Millionen Exemplare wurden davon in mehr als zwanzig verschiedenen Auflagen mit der Unterstützung aller größeren sozialistischen Parteien verkauft. *Spinnen und Fliegen* unterteilte Rußland in zwei sich bekriegende Arten:

> *Die Spinnen sind die Meister, die Geldscheffler, die Ausbeuter, die Adligen, die Reichen, die Priester, die Zuhälter und Parasiten aller Art! […] Die Fliegen sind die unglücklichen Arbeiter, die all den Gesetzen gehorchen müssen, die der Kapitalist sich ausdenkt – denn der Arme hat nicht einmal eine Krume Brot.*

Die Reichen und Gebildeten, denen das Etikett *burschui* angeheftet wurde, waren automatisch als unsozial diffamiert. »Der *burschui*«, schrieb ein sozialistischer Verfasser von Pamphleten, »ist jemand, der nur an sich selbst, an seinen Bauch denkt. Er ist unnahbar und, wenn es um sein Geld oder Essen geht, bereit, jedem an die Kehle zu springen.« Als sich die soziale Krise verschärfte, wurden die *burschuis* zunehmend als »Parasiten« und »Blutsauger« verdammt, und immer häufiger war zu hören, ihr Sturz müsse gewaltsam herbeigeführt werden, nicht nur von seiten der extrem linken Parteien, sondern auch von der Straße, aus den Betrieben und Kasernen. »Wir sollten alle *burschuis* ausrotten«, verkündete ein Fabrikarbeiter im Januar 1918, »damit das Leben für das ehrliche russische Volk leichter wird.«[64]

Die Bolschewiki förderten diesen Kampf gegen Privilegien, ja, sie machten ihn sogar zu ihrer eigenen populären Lebensphilosophie. Lenin hatte immer den Einsatz von Massenterror gegen die Feinde seiner Revolution befürwortet. In seinem Artikel »Wie soll man den Wettbewerb organisieren?«, den er im Dezember 1917 verfaßte, rief er zu einem »Kampf auf Leben und Tod gegen die Reichen und ihre Kostgänger [... und] Müßiggänger« auf. Jedem Dorf und jeder Stadt sollte es überlassen bleiben, eigene Methoden »zur Erreichung des gemeinsamen, einheitlichen Ziels« zu entwickeln, nämlich

> *der Säuberung der russischen Erde von allem Ungeziefer, von den Flöhen – den Gaunern, von den Wanzen – den Reichen usw. usf. An einem Ort wird man zehn Reiche, ein Dutzend Gauner, ein halbes Dutzend Arbeiter, die sich vor der Arbeit drücken [...] ins Gefängnis stecken. An einem anderen Ort wird man sie die Klosetts reinigen lassen. An einem dritten Ort wird man ihnen nach Abbüßung ihrer Freiheitsstrafe gelbe Pässe aushändigen [wie den Prostituierten], damit das ganze Volk sie bis zu ihrer Besserung als schädliche Elemente überwache. An einem vierten Ort wird man einen von zehn, die sich des Parasitentums schuldig machen, auf der Stelle erschießen. [...] Je mannigfaltiger, desto besser, [...] desto leichter wird die Praxis – denn nur die Praxis ist dazu imstande – die besten Methoden und Mittel des Kampfes herausarbeiten.*[65]

Bei vielen Gelegenheiten betonte er, daß der »proletarische Staat« ein »System organisierter Gewalt« gegen die Bourgeoisie sei; in diesem Sinne hatte er immer die »Diktatur des Proletariats« verstanden. Wenn er die Plünderung und Umverteilung durch das Volk guthieß, so deshalb, weil sie ein integraler Bestandteil dieses Systems waren, ein Mittel, um die Bourgeoisie durch »Terrorisierung« zur Unterwerfung unter den proletarischen Staat zu zwingen. Hier lagen die Ursprünge des Roten Terrors.

Historiker neigten bislang dazu, den Zusammenhang zwischen diesem plebejischen Kampf gegen Privilegien und den Ursprüngen des Roten Terrors zu vernachlässigen. Zumeist betrachteten sie den Terror ausschließlich politisch. Sie zeigten, wie die Bolschewiki Terror ausübten: entweder willkürlich, um die eigene Macht aufzubauen, wodurch (aus der Sicht der Rechten) der Terror zu einer wesentlichen Grundlage ihres Regimes wurde, oder (aus der Sicht der Linken) als eine weitgehend pragmatische Antwort auf die Bedrohungen und Probleme des Bürgerkriegs. Keine der beiden Erklärungen ist befriedigend. Der Terror brach von unten aus und war von Anfang an ein integraler Bestandteil der sozialen Revolution. Die Bolschewiki förderten den Massenterror zwar, aber sie schufen ihn nicht. Die wichtigsten Terroreinrichtungen hatten sich alle zumindest teilweise infolge des Drucks von unten gebildet. Die anarchische Beraubung der Bourgeoisie, der Kirche und des Adels wurde durch die bolschewistischen Dekrete über die revolutionäre Konfiszierung und Besteuerung legitimiert und institutionalisiert und dann durch die örtlichen Organe der Tscheka umgesetzt, die die »bourgeoisen« und »konterrevolutionären« Geiseln verhaftete. Der Mob machte mit bürgerlichen Unternehmern, Offizieren, Spekulanten und anderen »Feinden des Volkes« kurzen Prozeß, und diese Verfahren wurden von den Volksgerichten mit ihrem kruden System der »revolutionären Gerechtigkeit« institutionalisiert, die dann wiederum einen Teil des Tscheka-Terrors bildeten.

Das Tscheka-System als zentral organisierter politischer Terror begann nicht vor dem Spätsommer 1918. In den ersten Monaten der bolschewistischen Herrschaft war das Tscheka-System ähnlich wie der übrige Staatsapparat extrem dezentralisiert; das bedeutete häufig, daß der Druck von seiten der Gesellschaft – etwa der Wunsch der Bewohner einer Gegend, die Reichen und Mächtigen zu berauben, oder sogar der Wunsch einer Gemeinde, gegen eine andere eine Fehde auszutragen – bestimmen konnte, wen die lokalen Tscheka-Chefs zur Verhaftung oder Exekution auswählten. Um diesen »Massenterror« geht es hier, und durch seine Analyse sollen die gesellschaftlichen Wurzeln des Tscheka-Terrors verständlich gemacht werden. Denn wie sehr man ihn auch verurteilen mag und wie schwer es auch sein mag, das zuzugestehen: Der Terror hat zweifellos eine Saite der russischen Bürgerkriegsmentalität zum Schwingen gebracht und einen merkwürdigen Reiz auf die Massen ausgeübt. Die Parole »Tod der Bourgeoisie!«, die in den Vernehmungsräumen der Tscheka an den Wänden stand, war auch die Parole der Straße. Manch einer nannte sogar seine Tochter Terrora.

* * *

Im Januar 1918 erklärte Lenin auf einer Sitzung von Parteiagitatoren, die in die Provinz reisen sollten, der Übergriff auf bürgerliches Eigentum sei als eine Form sozialer Gerechtigkeit durch Rache zu unterstützen. Plünderung der Plünderer also? Unter dieser Losung, die sich die Bolschewiki bald zu eigen machten, fand in den nächsten Monaten eine Orgie von Raub und Gewalt statt. Gorki beschrieb sie als Massenpogrom. Bewaffnete Banden beraubten die Begüterten – und dann beraubten sie einander. Gauner, Diebe und Banditen wurden reich, während Recht und Ordnung schließlich untergingen. »Man raubte […] geradezu artistisch«, schrieb Gorki am 16. März in einem bitteren Leitartikel:

> *Die Geschichte wird zweifellos mit großer Begeisterung davon berichten, wie Rußland sich selbst ausgeplündert hat. Kirchen und Kriegsmuseen werden ausgeraubt, Kanonen und Gewehre verkauft, die Armeevorräte werden weggeschleppt. Die Paläste der ehemaligen Großfürsten werden ausgeraubt; es wird alles geraubt, was man nur rauben kann, und alles verkauft, was sich irgendwie verkaufen läßt. In Feodossija handeln die Soldaten sogar mit Menschen: Sie haben Türkinnen, Armenierinnen und Kurdinnen aus dem Kaukasus gebracht und verkaufen sie, »das Stück« für 25 Rubel. Das ist sehr originell, wir können stolz darauf sein – selbst während der großen Französischen Revolution hat es nichts Ähnliches gegeben.*[66]

Auf dem Land ging die Etablierung der Sowjetmacht oft mit solchen Plünderungen und Gewalttaten einher. Meist wurden sie von aufrührerischen Elementen in der Menge begangen, obwohl die örtlichen Parteiführer nicht selten mitbeteiligt waren oder zumindest aus dem Hintergrund die Masse drängten. In Jekaterinoslaw forderte der bolschewistische Führer seine Anhänger auf, »der Bourgeoisie die Millionen zu entreißen, die sie den Massen genommen und schlau in seidene Unterwäsche, Pelze, Teppiche, Gold, Mobiliar, Gemälde und Porzellan umgesetzt hat. Wir müssen es ihnen abnehmen, es dem Proletariat geben und dann die Bourgeoisie zwingen, für ihren Unterhalt zugunsten der Sowjetregierung zu arbeiten.« In Stawropol plünderten bolschewisierte Soldaten systematisch Geschäfte und Wohnhäuser und nahmen Geiseln aus der Bourgeoisie. Der örtliche Rat, der sich mit den Vorsitzenden der Duma und der Semstwos die Macht teilte, war zu schwach, diesem Terror Einhalt zu gebieten, und entschied sich statt dessen, ihn als einen ersten Schritt auf dem Weg zur völligen Machtergreifung zuzulassen. Die Gewalt sprang bald auf das Umland über, als die russischen Bauern-Soldaten ihren alten Klassen- und Völkerhaß an den landreichen kalmückischen Hirten ausließen, indem sie deren Häuser in Brand steckten und mit unaussprechlicher Grausamkeit ihre Familien töteten (schwangeren Frauen schnitt man den Fötus aus dem Leib). Die Kalmücken vergalten das dann mit Überfällen auf russische Bauernhöfe. Auf diese Weise schaukelte sich der Terror gewöhnlich hoch, weil lange unterdrückte ethnische und soziale Konflikte plötzlich aufbrachen und keine neutrale Kraft da war, sie zu stoppen. In der Industriestadt Taganrog am Don übten Rotgardisten grausame Rache an Militärschulkadetten, zumeist Söhnen aus der Bourgeoisie, die sie bei ihrer Machtergreifung besiegt hatten. Fünfzig Kadetten, die sich ergeben hatten, weil man ihnen freien Abzug zugesichert hatte, wurden an Händen und Füßen gefesselt, in eine Metallfabrik abgeführt und einer nach dem anderen in den brennenden Hochofen geworfen. In Jewpatoria, einer Küstenstadt auf der Krim, gestatteten die Sowjetführer den bolschewisierten Matrosen zu randalieren: In drei Tagen metzelten sie 800 Offiziere und Zivilisten nieder. Die meisten wurden gefoltert und dann, nachdem man ihnen die gebrochenen Arme und Beine um den Kopf gefesselt hatte, ins Meer geworfen. Ähnliche Massaker fanden in Jalta, Feodossija und Sewastopol statt.[67]

Diesen Krieg gegen die Bourgeoisie begleiteten eine Reihe bolschewistischer Dekrete, in denen die »Plünderung der Plünderer« sanktioniert wurde. Sowjetbeamte mit fadenscheinigen Durchsuchungsbefehlen inspizierten bürgerliche Häuser und konfiszierten dort Schreibmaschinen, Möbel, Textilien und Wertgegenstände »für die Revolution«. Fabriken wurden ihren privaten Besitzern entzogen, Aktien und Pfandbriefe für ungültig erklärt und später das Erbrecht abgeschafft. Banken wurden verstaatlicht, und Kontobesitzer durften nicht mehr als 1000 Rubel im Monat von ihren Konten abheben (eine Summe, die durch die Hyperinflation bald wertlos war). Die Inhaber von Banksafes mußten mit ihren Schlüsseln kommen, damit die Schließfächer kontrolliert werden konnten: Valuten, Gold und Silber sowie alle anderen Wertgegenstände unterlagen der Konfiszierung. In den ersten sechs Monaten des Jahres 1918 wurden mehr als 35 000 Schließfächer überprüft. Die Gräfin Meschtscherskaja liefert eine eindrucksvolle Beschreibung des Matrosen, der bei ihrer Bank für die Durchführung verantwortlich war:

> *Er trug den Patronengurt für sein Maschinengewehr um die Brust gewickelt, und am Halfter an seiner Seite konnte man den Griff seines Revolvers gerade noch erkennen. Jung und breitschultrig, im Vollbewußtsein seiner wichtigen Aufgabe die Augen weit aufgerissen, bemühte er sich, sein großes, freundliches Gesicht drohend erscheinen zu lassen, indem er uns finster anblickte. Er hatte nicht die leiseste Ahnung von wertvollen Juwelen und wußte nur eines: Der Staat brauchte Gold.*

Dem geöffneten Safe entnahm er einige Handvoll Schmuckstücke – Edelsteine, Diamanten-Monogramme, silberne Kruzifixe und sogar ein Fabergé-Ei – und häufte alles auf den Tisch. Ein paarmal hielt er inne, um »voller Bewunderung auf seine Ausbeute zu blicken«.[68]

Die Sowjets belegten die Bourgeoisie mit extrem hohen Sondersteuern. Damit begann oft der bolschewistische Terror, denn die örtlichen Tscheka-Organe neigten dazu, der Eintreibung solcher Abgaben mit der Verhaftung von Geiseln nachzuhelfen. In Nischni Nowgorod erhob der Sowjet zum Beispiel eine Revolutionssteuer von 22 Millionen Rubel, während die Tscheka 105 Bürgerliche festnahm und sie gefangenhielt, bis die Steuern entrichtet waren.[69] Manche dieser Steuerforderungen ergingen an Menschen, die sie unmöglich bezahlen konnten: Emigration und Inflation hatten die russische Bourgeoisie zahlenmäßig und hinsichtlich ihres

Reichtums stark dezimiert, und viele, die als »Reiche« verfolgt wurden, waren bloß Kleinhändler oder halb verarmte Lehrer, Ärzte und Angestellte. Von ihrer eigenen Propaganda überzeugt, daß diese Phantombourgeoisie gewiß ihren Reichtum verberge, ließen die lokalen Tscheka-Organe noch mehr Verhaftungen vornehmen und nun auch Geiseln erschießen.

Das gleiche geschah bei der Konfiszierung des Kirchenbesitzes. Sie begann mit einem plumpen Versuch von Alexandra Kollontai, der Volkskommissarin für Staatliche Fürsorge, das Alexander-Newski-Kloster in ein Heim für Kriegsinvaliden umzuwandeln. Am 19. Januar schickte sie eine Abordnung Matrosen, die diese berühmte heilige Stätte im Zentrum Petrograds besetzen sollten. Sie wurden von einer Menge wütender Kirchgänger empfangen, und in dem Handgemenge, das folgte, kam ein Priester zu Tode. Lenin war außer sich: Das letzte, was er jetzt brauchen konnte, war eine offene Konfrontation mit der Kirche, die sich bis dahin mit Bedacht aus der Politik herausgehalten hatte. Doch da Kollontai nun schon die Geistlichkeit aufgebracht hatte, sah er keinen Grund mehr, den Konflikt zu vermeiden, der seiner Meinung nach ohnehin früher oder später kommen mußte. So veröffentlichte man das Dekret über die Trennung von Kirche und Staat viel früher als geplant, nämlich schon am nächsten Tag, dem 20. Januar. Es erklärte den gesamten Kirchenbesitz zum Eigentum des Staates. Unter dem Schutz dieses Freibriefes zogen bolschewistische Trupps durch die Kirchen und Klöster des Landes und plünderten deren Silber, tranken deren Wein und terrorisierten die Geistlichkeit. Patriarch Tichon, das Oberhaupt der Russisch-Orthodoxen Kirche, rief in einem Hirtenbrief, in dem er das bolschewistische Regime mit dem Kirchenbann belegte, den Klerus dazu auf, »diesen Ungeheuern des Menschengeschlechts« zu widerstehen. Nicht alle Priester wählten den Weg des offenen Widerstands. Manche Mitglieder des niederen Klerus, die die Revolution als eine Chance begrüßt hatten, mit ihrer Gemeinde engere Kontakte zu knüpfen, versuchten die Bolschewiki zu beschwichtigen. Das Preobraschenski-Kloster in Wjatka zum Beispiel verwandelte sich in eine Arbeitskommune mit einer Tagesstätte für die Kinder der Arbeiter und einer Werkstatt, in der die Nonnen Kleidung und Schuhe für Waisenkinder herstellten. Doch die meisten Geistlichen folgten mit ihren Gemeinden Tichons Aufruf. Das erlaubte es den Bolschewiki, sie als »Konterrevolutionäre« abzustempeln und das Plündern und Terrorisieren gegen sie zu verstärken. Beispielsweise wurden die Mönche des Alexander-Swirski-Klosters in Olonez, nachdem sie versucht hatten, den bolschewistischen Kommandotrupps Widerstand entgegenzusetzen, von der lokalen Tscheka ins Gefängnis geworfen und später erschossen.[70]

Zu den traumatischsten Demütigungen der besitzenden Klassen in diesen ersten Monaten der Sowjetherrschaft gehörte, daß sie gezwungen wurden, ihren Lebensraum ganz oder partiell mit anderen zu teilen. Die Bolschewiki waren stolz und betonten das auch in ihrer Propaganda, daß sie die Reichen dazu zwangen, ihre geräumigen Häuser den Armen der Stadt zu öffnen. Manche hielten das für durchaus gerecht. Daß einige Menschen in Palästen gelebt hatten, während andere in feuchten und schmutzigen Kellern hausten, war zu einem Symbol für die ungerechte Sozialordnung des alten Regimes geworden. Viele reiche Familien bemühten sich sehr, ein sauberes und bescheidenes Ehepaar als Mitbewohner zu finden, das sie vielleicht dazu überreden konnten, sich mit ein, zwei kleinen Räumen im Haus zufriedenzugeben. Aber die Wachsamkeit der Hauskomitees, die für die Wohnraumbelegung zuständig waren, erschwerte solche Absprachen erheblich. Diese Komitees setzten sich gewöhnlich aus den alten Pförtnern und Hausdienern zusammen, deren Rachegelüste oft sehr stark ausgeprägt waren. Wer dem Hauskomitee und mehr noch, wer der Partei beitrat, sah sich berechtigt, den früheren Vorgesetzten gegenüber den Spieß umzukehren. Er besetzte die besten Zimmer im Haus, richtete sie mit dem edelsten Mobiliar ein, während die früheren Arbeitgeber in die Kammern der Bediensteten ziehen mußten. Hier im häuslichen Leben fand eine ganz eigene verborgene Revolution statt, bei der Diener und Herren buchstäblich ihre Plätze tauschten: Es war die gesellschaftliche Transformation, die sich im Land insgesamt ereignete, nur im Kleinen.

»Ich habe mein ganzes Leben in den Ställen verbracht«, beklagte sich ein früherer Diener bei einer politischen Versammlung im Cirque Moderne, »während sie in ihren herrlichen Wohnungen leben, auf weichen Sofas liegen und mit dem Pudel spielen. Schluß damit, sage ich! Jetzt bin ich dran, mit dem Pudel zu spielen; und was sie angeht, jetzt ist es an ihnen, in den Ställen zu arbeiten.« Die Vorstellung, die feinen Leute zum Arbeiten zu bringen, gehörte wesentlich zum Kampf gegen gesellschaftliche Privilegien – und die Bolschewiki waren schnell bei der Hand, diesen Kampf zu institutionalisieren. Lenin hatte versprochen, die Grundregel der Sowjetordnung werde lauten: »Wer nicht arbeitet, der soll auch nicht essen.« Die allgemeine Arbeitspflicht war Bestandteil der Erklärung der Rechte des arbeitenden Volkes (praktisch einer Erklärung der Pflichten des nichtarbeitenden Volkes), die die Bolschewiki in der Konstituierenden Versammlung vorgelegt hatten. Trotzki bereitete schon in den ersten Tagen der Roten Armee den Weg für die Massenrekrutierung der Bourgeoisie zum Militärdienst, wobei sie außerhalb der Wehraufgaben für Hilfsarbeiten eingesetzt wurde, etwa zum Ausheben von Schützengräben oder zum Putzen der Baracken. Doch bald wurde das auch bei den Stadtsowjets allgemein üblich. Aristokraten, frühere Fabrikdirektoren, Börsenmakler, Rechtsanwälte, Künstler, Priester und ehemalige Beamte wurden zusammengetrommelt und gezwungen, solche Arbeiten wie Straßenkehren oder Schneeschippen zu verrichten, während Kommissare und untätige Arbeiter in Gruppen herumstanden, rauchten und mit sichtlichem Vergnügen beobachteten, wie die wohlgekleideten Damen und Herren, die niemals zuvor auch nur einen einzigen Tag körperlich gearbeitet hatten, sich abmühten, um mit Schaufeln und Hacken fertig zu werden. Diese Arbeitspflicht für die Bourgeoisie hatte keinen wirklichen ökonomischen Nutzen; sie diente einzig dem Zweck, die gehobenen Klassen zu demütigen und physisch zu vernichten. Trotzki drückte das in einer Rede, die ganz der Psychologie des Mobs entsprach, so aus: »Jahrhundertelang haben unsere Väter und Großväter den Dreck der herrschenden Klasse weggemacht, jetzt werden wir dafür sorgen, daß sie unseren Dreck wegmachen. Wir müssen ihnen das Leben so unbequem machen, daß sie die Lust verlieren, bourgeois zu bleiben.«[71]

Enteignet und erniedrigt, lebten diese »Leute von gestern« bald in einem mühseligen Alltagskampf. Stundenlang standen sie mit den anderen Armen der Stadt um Brot und Brennmaterial Schlange. Als die Inflation hochschnellte, waren sie gezwungen, ihre letzten wertvollen Besitztümer zu verkaufen, nur um sich zu ernähren. Die Baronin Meyendorff verkaufte eine Diamantbrosche für 5000 Rubel, was gerade mal für einen Sack Mehl reichte. Aus bedeutenden Nachfahren der Aristokratie wurden kleine Straßenhändler: Die Fürstin Golizyna verkaufte selbstgemachte Piroggen, Baronin Wrangel Strickwaren, Gräfin Witte Kuchen und Süßigkeiten, während Brussilows Frau Streichhölzer verkaufte, geradeso, wie es Hunderte kriegsversehrter Veteranen aus der Armee taten, die ihr Mann früher befehligt hatte. Ein ehemaliger Kammerherr am Hof des Zaren wurde Pförtner eines Museums, in dem kuriose Lebewesen in Spiritus aufbewahrt waren; er ersetzte den Spiritus durch Wasser und verkaufte den schauerlichen Alkohol auf der Straße. Auf den Flohmärkten in Petrograd und Moskau fand sich massenweise das frühere Hab und Gut gestürzter Plutokraten: Ikonen, Gemälde, Teppiche, Klaviere, Grammophone, Samoware, Cuts und Ballkleider – das alles konnte man zum Preis von ein, zwei Mahlzeiten erwerben. Die wertvolleren Gegenstände pickten sich die Neureichen des Sowjetregimes heraus, Kommissare und Beamte, plündernde Soldaten und Matrosen, Kleinhändler und Gauner, die auf diese Weise die Statussymbole einer herrschenden Klasse zu erwerben suchten. Die neuen Herren Rußlands waren leicht daran zu erkennen, wie sie ihre langen und schmutzigen Haare mit Pomade zurückgekämmt trugen, an ihren blitzenden Goldzähnen, an ihrem Eau-de-Cologne-Geruch und an der Art und Weise, wie sie mit herausgeputzten leichten Mädchen am Arm durch Geschäfte und Hotels flanierten.[72]

Viele gestürzte Reiche und Mächtige Rußlands verkauften ihr gesamtes Hab und Gut und gingen entweder ins Ausland, obwohl das sehr schwer war, oder sie flohen in den Süden, in die Ukraine oder in den Kuban, oder auch nach Sibirien, wo die Weißen Garden ihre wichtigsten Stützpunkte hatten. Andere suchten auf ihren Landgütern Zuflucht in der Hoffnung, ihre Bauern, die ihnen immer bescheiden und ehrerbietig vorgekommen waren, würden freundlicher zu ihnen sein als die bolschewisierten Arbeiter in den Städten. Aber auch hier war der Kampf gegen die Reichen in vollem Gang, und vom Oktoberdekret über den Grund und Boden gedeckt, vollzogen die Bauern ihre eigene Machtergreifung, in diesem Fall am Land und Eigentum des Adels.

Die gleiche Verteilung aller Produktionsmittel, des Bodens, der landwirtschaftlichen Geräte und des Viehbestands war lange schon das Grundideal der Bauernrevolution gewesen. Die Bauern betrachteten diese »schwarze Umteilung« als den Willen Gottes und glaubten, die übrige Revolution beruhe auf denselben Grundprinzipien. Im Allrussischen Sowjet sahen sie so etwas wie eine riesenhafte Dorfgemeinde, die im ganzen Land den Besitz umverteilte. Nach den Worten eines ihrer etwas gebildeteren Vertreter waren viele Bauern überzeugt, daß der Sozialismus, von dem sie nur vage gehört hatten, »eine Art mystisches Mittel sei – mystisch, weil wir uns nicht vorstellen konnten, wie das gemacht werden sollte –, das ganze Eigentum und Geld der Reichen aufzuteilen; nach der Rechnung unseres Dorfschneiders hieße das, daß jeder Bauernhaushalt 200 000 Rubel bekäme. Das war offenbar die größte Summe, die er sich vorstellen konnte.«[73]

Die Bauern selbst besaßen für die Aufteilung des Landes keine mystischen Mittel. Ihnen standen nicht einmal die einfachsten technischen Hilfsmittel wie Landkarten und Lineale zur Verfügung. Das Land wurde aufgeteilt, wie es immer aufgeteilt wurde – indem man die Breite der Landstreifen abschritt oder die Gesamtgröße der Grundstücke nach Augenmaß einschätzte und sie dann den Bauernhaushalten nach der örtlich geltenden Norm zuwies. Die Norm richtete sich gewöhnlich nach der Zahl der Esser oder, seltener, nach der Zahl der erwachsenen Arbeitskräfte eines jeden Haushaltes. Da man keine genauen Methoden zur Landvermessung besaß, gingen diese Aufteilungen selten ohne Streitereien ab, die manchmal in Faustkämpfen darum endeten, wer welches Stück Land bekommen sollte. Doch im großen und ganzen verlief die »Umteilung« von Grund und Boden, gemessen an ihrer entscheidenden Bedeutung für die Bauernkommune, bemerkenswert friedlich – dank der guten Selbstverwaltung der Dorfgemeinden, die sie durchführten.

Die konfiszierten Adels- und Kirchenländereien wurden gewöhnlich getrennt verteilt, denn man befürchtete, wenn die Revolution rückgängig gemacht würde, könnten die Bauern gezwungen sein, dieses Land an die früheren Eigentümer zurückzugeben. Viele Kommunen verlangten, daß jeder Haushalt einen Streifen dieses Landes zur Bearbeitung übernehmen müsse, damit sich das Risiko verteilte. Dem Adel selbst, auch denjenigen, die aus den Städten auf ihre Landgüter zurückkehrten, überließ man gewöhnlich ein großzügig bemessenes Stück Land und Werkzeug, genug, um das Gut in einen ansehnlichen Familienhof zu verwandeln, der sich mit den übrigen Bauernhaushalten messen konnte. Obwohl die Bauern nicht daran zweifelten, daß der Adel als übergeordnete Klasse vernichtet werden mußte, waren sie doch auch überzeugt, man solle den Gutsherren erlauben, sich in »Bauern« zu verwandeln und aus eigener Kraft mit ihren Familien ein Teil von »Gottes Land«, wie sie das ausdrückten, zu bearbeiten. Das Recht auf Land und Arbeit, ein Grundgedanke der Bauerngemeinde, galt als ein Grundrecht des Menschen. Soweit die »Verbäuerlichung« der Gutsbesitzer mit dem bäuerlichen Ideal übereinstimmte, eine Gesellschaft zu schaffen, die völlig aus kleinen landwirtschaftlichen Familienbetrieben bestand, war das sogar zu begrüßen. Viele, vor allem kleinere Landbesitzer blieben nach 1917 auf dem Land; hinzu kamen jene, die normalerweise in den Städten wohnten, nun aber auf ihren Gütern vor dem bolschewistischen Terror Zuflucht suchten. Noch Mitte der zwanziger Jahre lebten neben den Bauern etwa 10 000 frühere Gutsherren auf ihren Landgütern. Das waren, gemessen an Rußland vor 1917, 10 Prozent aller Landbesitzer.

Die Rudnews, eine mittelgroße Landbesitzerfamilie in der Provinz Simbirsk, waren ein typisches Beispiel. Sie hatten beschlossen, auf ihrem Familiengut zu bleiben, weil sie meinten, wie Semjon Rudnew sagte, »die revolutionären Unruhen würden auf dem Land weniger heftig sein als in den Städten und die wirtschaftlichen Bedingungen des Dorfes mit seiner fast ausschließlichen Naturalwirtschaft besser«. Ihr Dorf blieb vom Aufruhr von 1917 weitgehend verschont. Die Rudnews verbrachten den Sommer und den Herbst in gewohnter Muße: »Die Männer tranken und gingen auf die Jagd, Gäste aus Simbirsk kamen uns besuchen, und wir fuhren zum Picknick und zum Pilzesammeln nach Naschim und zum Milchhof.« Im darauffolgenden Winter entsprachen sie der Forderung der benachbarten Dorfgemeinde, ihr Land und Eigentum auf die Bauern zu übertragen. Sie behielten nur ein kleines Landstück von 20 Desjatinen (etwa 22 Hektar) in der Nähe ihres Gutshauses, in dem sie weiterhin wohnten. Das Vieh und die Geräte wurden zu Sonderpreisen versteigert, obwohl die meisten Bauern sich nicht einmal das Futter für ihre neuen reinrassigen Pferde leisten konnten und diese immer wieder um Heu zu ihren alten Besitzern zurückliefen. Die Bauern arbeiteten im Frühjahr auf den Rudnew-Feldern und wurden in Wodka und Fruchtlikör bezahlt. Die Ernte war größer als die der Bauern, und so befahl die Gemeinde den Rudnews, ihren Getreideüberschuß zu Festpreisen an die Dorfarmen zu verkaufen. Doch kurz bevor die Ernte eingebracht werden konnte, wurde das Gutshaus von einer örtlichen Abordnung der Roten Garden überfallen und geplündert, und die Rudnews wurden zur Flucht gezwungen.[74]

Das war ein gängiges Muster. Zwar kamen auch Gewalttaten, Plünderungen und Brandstiftungen durch die Bauern vor, aber gewöhnlich waren es die jungen, aus dem Kriegsdienst entlassenen Soldaten, die solche Übergriffe anzettelten. Die Devise »Plündert die Plünderer!« wurde von denen in die Dörfer getragen, die von der Front und aus den Garnisonen zurückkehrten, wo sie ein starkes militantes Gemeinschaftsgefühl entwickelt hatten und der Propaganda der Bolschewiki ausgesetzt waren. Sie bildeten häufig eine paramilitärische Fraktion innerhalb des Dorfes, nicht unähnlich den *fascisti* im ländlichen Italien dieser Zeit. Sie besaßen ihre eigenen regionalen Organisationen wie die Vereinigung der Frontsoldaten oder die Vereinigung der kriegsversehrten Veteranen sowie ihre eigenen Abordnungen der Roten Garde, die dem örtlichen Sowjet angegliedert waren. Auf diese Weise konnten sie auf das Dorf starken Einfluß ausüben und dieses zu einem gewalttätigeren Verhalten gegenüber dem Adel aufhetzen.[75]

* * *

Man könnte meinen, die Russen seien zu solchen grausamen und wilden Racheakten besonders geneigt gewesen. »Besonders mißtrauisch und argwöhnisch bin ich aber«, schrieb Gorki, »wenn ein Russe die Macht in der Hand hat: Dieser Sklave von gestern wird zum zügellosesten Despoten, wenn er selbst die Möglichkeit erhält, Herr zu sein über seinen Nächsten.«[76] Am häufigsten drückte sich diese öffentliche Rache sowohl auf dem Land wie in der Stadt in Lynchjustiz durch den Mob auf der Straße aus. Als ein Massenphänomen hatte sie als Reaktion auf den katastrophalen Anstieg der Kriminalität und den Zusammenbruch von Recht und Gesetz im Laufe des Jahres 1917 begonnen. (Damals sagte Gorki, er habe mehr als 10 000 Fälle von Mobjustiz gezählt.) Seit die Polizei und die alten Strafgerichte praktisch verschwunden waren, herrschte allgemein der Eindruck, daß einzig der Mob auf der Straße mit dem Problem der Kriminalität fertig werden könne. Mancher arme Dieb wurde von der Menge ergriffen, im Schnellverfahren verurteilt und gleich an Ort und Stelle exekutiert. Als sich die sozioökonomische Krise verschärfte und die Öffentlichkeit zu der Überzeugung kam, die *burschuis* seien für diese Krise verantwortlich, begann die Mobjustiz offen Klassencharakter anzunehmen. Sie wurde zu einer Waffe im Kampf gegen Privilegien und konzentrierte sich weniger auf die kleinen Diebe unter den städtischen Armen als auf Kaufleute und Ladenbesitzer, Fabrikeigentümer und Unternehmer, Offiziere der Armee, ehemalige zaristische Beamte und andere führende Persönlichkeiten.

Mit den neuen Volksgerichten, an denen die »revolutionäre Gerechtigkeit« im Schnellverfahren auf jegliche Strafprozesse angewandt wurde, verliehen die Bolschewiki der Mobjustiz eine institutionelle Form. Das alte Strafrechtssystem mit seiner formalen Rechtsstaatlichkeit war als Relikt der »bürgerlichen Ordnung« abgeschafft worden. Die zwölf gewählten Richter, die jeweils ein Volksgericht bildeten, bedurften keiner formaljuristischen Ausbildung – sie sollten sich von ihrem »revolutionären Bewußtsein« leiten lassen – und stammten hauptsächlich aus der Arbeiterschaft, der Bauernschaft und aus dem Kreis der kleinen Angestellten an den alten Gerichten. Die Hälfte von ihnen besaß nicht mehr als Grundschulbildung, und jeder fünfte war Mitglied der Bolschewistischen Partei. Die Sitzungen der Volksgerichte waren kaum mehr als formalisierte Mobjustiz. Es fand kein rechtsgültiges Beweisaufnahmeverfahren statt; ohnehin wurde auf eine Beweisaufnahme meist verzichtet. Die Verurteilungen geschahen gewöhnlich aufgrund von Denunziationen, die ihrerseits häufig auf persönlichen Fehden beruhten; und das Strafmaß wurde so gefaßt, daß es der Stimmung der Menge entsprach, die ihre Meinung vom Zuschauerraum aus ungehindert zum Ausdruck brachte.

Das System der revolutionären Justiz, wie es von den Volksgerichten gehandhabt wurde, ähnelte in mancher Hinsicht dem alten bäuerlichen Gewohnheitsrecht mit seinem einfachen System: Auge um Auge, Zahn um Zahn. Nehmen wir das Strafgesetz, das im Mai 1918 im Dorf Lubny, Provinz Tambow, eingeführt wurde:

> *Wenn einer einen anderen schlägt, dann soll das Opfer den Täter zehnmal schlagen. Wenn einer einen anderen schlägt und ihm dabei eine Wunde zufügt oder einen Knochen bricht, dann soll dem Täter das Leben genommen werden. Wenn jemand Diebstahl begeht oder Hehlerware annimmt, soll ihm das Leben genommen werden. Wenn einer einen Brand stiftet und erwischt wird, soll ihm das Leben genommen werden.*

Schon lange galt als Grundsatz bäuerlichen Rechtsbewußtseins, daß ein Reicher, der einen Armen bestahl, viel schuldiger war als ein Armer, der einen Reichen bestahl – und dasselbe Prinzip einer »Klassenjustiz« wandten auch die Volksgerichte an. Das Strafmaß richtete sich jeweils nach dem sozialen Stand der Angeklagten und ihrer Opfer. In einem solchen Volksgericht pflegten die Geschworenen die Hände des Angeklagten zu inspizieren und ihn, wenn sie sauber und weich waren, schuldig zu sprechen. Spekulanten erhielten schwere Strafen, manchmal sogar die Todesstrafe, während Räuber und zuweilen sogar Mörder, deren Opfer Reiche waren, nicht selten mit einem leichten Schuldspruch davonkamen oder sogar ganz freigesprochen wurden, wenn sie sich auf ihre Armut als Grund für ihr Verbrechen beriefen.[77] Die Plünderung der Plünderer war legalisiert und dabei die Gesetzlichkeit selbst abgeschafft worden: Es herrschte nur noch Gesetzlosigkeit.

Lenin hatte immer darauf bestanden, das Rechtssystem als Waffe im Massenterror gegen die Bourgeoisie zu nutzen. Das Recht des Mobs, das sich mit den Volksgerichten entwickelte, gab ihm diese Terrorwaffe an die Hand, ebenso die revolutionären Tribunale, die sich nach dem Modell ihrer jakobinischen Namensvettern mit einer ganzen neuen Sparte, den »Verbrechen gegen den Staat« befaßten. Im Februar 1918, zum Zeitpunkt der deutschen Invasion in Rußland, erließ Lenin ein Dekret: »Das sozialistische Vaterland ist in Gefahr!«, in dem er den revolutionären Tribunalen befahl: »Feindliche Agenten, Spekulanten, Plünderer, Rowdys, konterrevolutionäre Agitatoren und deutsche Spione sind am Tatort zu erschießen.«[78] Zu seiner großen Enttäuschung erwies sich das revolutionäre Tribunal als ein für den bolschewistischen Terror höchst unwirksames Instrument, denn viele seiner Richter ließen sich allzuleicht bestechen, was kaum überrascht, kamen doch die meisten von ihnen direkt aus den Fabrikhallen. Doch war das nur der Anfang einer neuen Staatsmaschinerie des Massenterrors; die Arbeit der Tribunale wurde allmählich von den örtlichen Tscheka-Organen übernommen, denen es nicht an revolutionärem Eifer mangelte. Lazis, Chef der ukrainischen Tscheka, instruierte seine Mitarbeiter, *nicht nach Beweisen dafür zu suchen, daß der Angeklagte gegen die Sowjets gehandelt oder geredet hat. Erst müßt ihr ihn fragen, zu welcher Klasse er gehört, welche soziale Herkunft er hat, welche Bildung und welchen Beruf. Diese Fragen müssen das Schicksal des Angeklagten bestimmen. Das ist die Bedeutung des Roten Terrors.*[79]

In der Frühphase ihrer Entwicklung war die Tscheka extrem dezentralisiert: Jede lokale Tscheka-Organisation handelte nach ihren eigenen Regeln. Das machte den Tscheka-Terror sowohl willkürlich als auch anfällig für den Druck von unten. Praktisch jedermann konnte verhaftet werden, und nahezu alles konnte als »konterrevolutionäres« Verhalten ausgelegt werden. Die internen Tscheka-Anweisungen verzeichneten Privathandel, Trunkenheit und sogar Verspätungen bei der Arbeit als »konterrevolutionäres« Verhalten. Auf dieser Basis hätte freilich die gesamte Bevölkerung im Gefängnis sitzen müssen. Viele frühen Opfer des Roten Terrors hatte man lediglich aufgrund einer einzigen Denunziation von seiten irgendeines persönlichen Feindes verhaftet. Die Tscheka in Omsk klagte im April darüber, daß von den bislang gemeldeten 1000 Fällen von »Konterrevolution« mehr als 200 fallengelassen werden mußten, weil der einzige Beweis gegen den Angeklagten auf dem Hörensagen irgendeiner Person oder Gruppe beruhte, die, wie sich später herausstellte, persönlichen Groll gegen ihn hegte. Manche weniger skrupulösen Tschekisten ließen sich durch so etwas nicht von einer Verurteilung abhalten. Die Justizverwaltung in Pensa zum Beispiel klagte im April darüber, daß in ihren Gefängnissen »lauter unschuldige Menschen sitzen, die die Tscheka aufgrund falscher Anschuldigungen festgenommen hatte«. Besonders verbreitet war es, daß ein Schuldner seinen Gläubiger als »Kulaken-Wucherer« und damit als »Konterrevolutionär« denunzierte.[80] Auf diese Weise entledigte er sich seiner Schulden.

Das geschah also in der Frühphase des Terrors, bevor die Zentrale die Führung übernahm und den Terror gegen ihre eigenen sogenannten politischen Feinde richtete. Teile der Gesellschaft schürten den Terror von unten als ein Werkzeug der Vergeltung gegen die, die sie für ihre Feinde hielten, was in ihren Augen dasselbe war wie »die Feinde der Revolution«. Inwieweit sie das tun konnten, hing natürlich davon ab, welche Stellung sie in der lokalen bolschewistischen Machtstruktur innehatten. Doch das heißt wohl kaum, daß der Terror von oben kam. Vielmehr dürfte eine enge, aber komplizierte Verbindung zwischen dem politischen Terror und dem Massenterror bestanden haben. Wie Dserschinski selbst 1922 schrieb, lenkte die Tscheka nur den »durch Jahrhunderte genährten Haß des revolutionären Proletariats gegen seine Unterdrücker« in »geordnete Bahnen«, einen Haß, der sonst »in eine Reihe ungeordneter und unsystematischer blutiger Episoden ausarten würde«.[81]

Viele Menschen sahen voraus, daß dieser Massenterror zu einem sozialen Holocaust führen würde, in dem nicht nur die Bourgeoisie, sondern auch viele einfache Leute vernichtet werden würden. Mit einem Zitat des anarchistischen Matrosen Schelesnjakow, daß man »zum Wohl des russischen Volkes [...] ruhig eine Million Menschen umbringen« könne, warnte Gorki am 17. Januar die Leser von *Nowaja schisn*:

> *[...] ich glaube trotzdem, daß man es bei uns fertigbringen wird, eine Million »freier Bürger« umzubringen. Vielleicht noch mehr. Warum sollte man sie nicht umbringen? In Rußland gibt es viele Menschen und auch viele Mörder. Und wenn es darum geht, sie vor Gericht zu bringen, stößt die Macht der Volkskommissare auf irgendwelche geheimnisvollen Hindernisse, wie das bei der Untersuchung des abscheulichen Mordes an Schingarjow und Kokoschkin* offensichtlich der Fall war. Die Massenvernichtung Andersdenkender ist eine alte erprobte Methode der russischen Innenpolitik. Von Iwan dem Schrecklichen bis Nikolai II. haben unsere politischen Führer diese einfache und bequeme Methode, Aufstände niederzuwerfen, großzügig angewandt. Warum sollte Wladimir Lenin auf diese höchst einfache Methode verzichten?*

Steinberg, der Linke Sozialrevolutionär und Volkskommissar für Justiz, war ebenfalls ein früher Kritiker des Terrors, obwohl all seine Anstrengungen, die Tscheka-Organe den Gerichten zu unterstellen, sich als vergeblich erwiesen. Als Steinberg im Februar zum ersten Mal das Dekret »Das sozialistische Vaterland ist in Gefahr!« und den Befehl darin sah, wonach alle »Plünderer, Rowdys, konterrevolutionären Agitatoren« auf der Stelle zu erschießen seien, eilte er sofort zu Lenin und protestierte: »Wozu haben wir dann überhaupt ein Volkskommissariat für Justiz? Nennen wir es doch einfach ›Kommissariat für soziale Ausrottung‹ und kümmern wir uns nicht mehr darum!« Lenin strahlte, als er antwortete: »Gut ausgedrückt, genau das soll es sein, aber das können wir nicht sagen.«[82]

* Die Kadettenführer Schingarjow und Kokoschkin wurden nach den Demonstrationen zur Verteidigung der Konstituierenden Versammlung am 28. November von den Bolschewiki verhaftet und in der Peter-Pauls-Festung inhaftiert. Am 6. Januar überführte man sie, nachdem sie schwer krank geworden waren, ins Marienhospital, wo sie in der folgenden Nacht von einer Gruppe baltischer Matrosen, die in das Krankenhaus eindrangen, brutal ermordet wurden. Das Volkskommissariat für Justiz entdeckte später, daß die Morde mit dem stillschweigenden Einverständnis der bolschewistischen Roten Garden und des Kommandanten des Krankenhauses, Stepan Bassow, stattgefunden hatten. Dieser rechtfertigte die Morde mit der Begründung, jetzt gebe es »zwei Bourgeois-Mäuler weniger zu füttern«. Bassow wurde vor Gericht gestellt und verurteilt, aber die Mörder wurden nie gefaßt, und die bolschewistischen Parteiführer, die den Mord zunächst verurteilt hatten, suchten ihn später als einen Akt des politischen Terrors zu rechtfertigen.

## SOZIALISMUS IN EINEM LAND

Kein Dekret, das die Bolschewiki in den ersten Tagen ihrer Herrschaft erließen, besaß eine deratige emotionale Verführungskraft wie das »Dekret über den Frieden«. Die Revolution war ein Kind des Krieges oder zumindest der Sehnsucht, er möge zu Ende gehen. Drei lange Jahre des totalen Krieges hatten Rußland in die Knie gezwungen, das Volk aber wollte vor allem Frieden. Als Lenin auf der Sitzung des Petrograder Rats am 25. Oktober seine unsterbliche Ankündigung machte: »In Rußland müssen wir jetzt den Aufbau des proletarischen sozialistischen Staates in Angriff nehmen«, da hatte er bereits die Frage des Friedens angesprochen, denn darauf gründete ja ursprünglich der Machtanspruch seiner Partei, und das war auch die Forderung, die alle Delegierten aus ihren Kasernen und Fabriken auf den Zweite Rätekongreß am 26. Oktober mitbrachten. Als Lenin dann dort sein Dekret über den Frieden verlas – eine schwülstige Proklamation an »alle kriegführenden Völker und ihre Regierungen«, in der er einen »gerechten und demokratischen Frieden« nach der alten Räteformel »ohne Annexionen und ohne Kontributionen« vorschlug, ging eine Welle der Emotion durch den Smolny-Saal. »Und plötzlich«, erinnerte sich John Reed, »einem gemeinsamen Impulse folgend, hatten wir uns erhoben und sangen die Internationale. Ein alter graubärtiger Soldat schluchzte wie ein Kind. Alexandra Kollontai unterdrückte rasch die Tränen. Mächtig brauste der Gesang durch den Saal, durch Fenster und Türen zum stillen Nachthimmel empor. ›Der Krieg ist zu Ende, der Krieg ist zu Ende‹, jubelte leuchtenden Antlitzes ein junger Arbeiter neben mir.«[83]

Natürlich war der Krieg überhaupt noch nicht zu Ende. Das Dekret über den Frieden drückte eine Hoffnung aus, nicht eine bestehende Tatsache. Es war eine Sache, zum Frieden aufzurufen, und eine andere, ihn herbeizuführen. Die übrigen kriegführenden Mächte hatten nicht die Absicht, einen allgemeinen Frieden zu unterzeichnen. Beide Seiten waren mehr denn je dafür, den Krieg bis zum blutigen Ende durchzufechten. Die Alliierten waren durch die Intervention der Vereinigten Staaten angespornt und die Mittelmächte durch die Aussicht, ihre Truppen nach Westen verlegen zu können, zumal die Ostfront abbröckelte. Es gab keinen wirklichen Grund, weshalb diese beiden Seiten Rußlands Friedensappell folgen sollten, vor allem jetzt, da Rußlands militärische Position so geschwächt war. Es hatte seinen Status unter den Großmächten verloren, und sein Ruf nach einem Frieden ohne Annexionen und Kontributionen klang wie die Argumentation eines Verlierers.

Nach Ansicht der Bolschewiki hing die Friedenskampagne unlösbar mit der Ausweitung der Revolution auf den Westen zusammen. Erst diese, so meinten sie, konnte den Krieg zu einem Ende bringen – oder ihn, wie Lenin prophezeit hatte, in eine Reihe von Bürgerkriegen verwandeln, in denen die Arbeiter aller Länder sich vereinigten, um ihre imperialistischen Herrscher zu stürzen. Der Glaube an eine bevorstehende Weltrevolution bildete im Herbst 1917 den Mittelpunkt des bolschewistischen Denkens. Als Marxisten konnten die Bolschewiki sich nicht vorstellen, daß die sozialistische Revolution in einem rückständigen Agrarland wie Rußland ohne die Unterstützung des Proletariats der fortgeschrittenen Industrieländer des Westens von langer Dauer sein könnte. Auf sich selbst gestellt, ohne ein ausreichendes Industrieproletariat, das ihre Revolution hätte verteidigen können, und umgeben von einer feindseligen Bauernschaft, glaubten die Bolschewiki, daß sie unvermeidlich scheitern müßten. Die Machtergreifung im Oktober war, so naiv das heute auch klingen mag, unter der Voraussetzung erfolgt, daß eine weltweite sozialistische Revolution unmittelbar bevorstünde. Jeder Streikbericht, jede Meuterei im Westen wurde von den Bolschewiki als ein sicheres Zeichen begrüßt, daß »es losging«.

Solange diese Erwartung lebendig blieb, brauchten die Bolschewiki keine Außenpolitik im herkömmlichen Sinne. Sie mußten nur die Flamme der Weltrevolution weiter anfachen. »Was für eine diplomatische Arbeit werden wir denn schon haben?«, hatte Trotzki zu einem Freund gesagt, als dieser von Trotzkis Ernennung zum Volkskommissar für Auswärtige Angelegenheiten hörte. »Ich werde ein paar revolutionäre Proklamationen an die Völker erlassen und dann die Bude schließen.« Die sowjetische Friedenskampagne diente vor allem der revolutionären Propaganda, und so gesehen war sie überhaupt keine Friedenskampagne. Das Dekret über den Frieden war ein populärer Aufruf zur Revolution. Es forderte die Völker der kriegführenden Länder auf, gegen den Krieg zu revoltieren und ihre Herrscher zu Friedensgesprächen zu zwingen. »Der Friedensvorschlag wird auf den Widerstand der imperialistischen Regierungen stoßen. Wir machen uns darüber keine Illusionen«, warnte Lenin den Rätekongreß. »Aber wir hoffen auf den baldigen Ausbruch der Revolution in allen kriegführenden Ländern. Das ist der Grund, weswegen wir uns an die Arbeiter Frankreichs, Englands und Deutschlands im besonderen wenden.«[84]

Was aber, wenn die Weltrevolution nicht stattfand? In diesem Fall stünden die Bolschewiki ohne eine Armee da, nachdem sie ja deren revolutionäre Zerstörung betrieben hatten, und sie wären einer drohenden deutschen Invasion schutzlos ausgeliefert. Die Revolution würde niedergeschlagen und Rußland der imperialistischen Herrschaft des deutschen Kaisers anheimfallen. Als dieses Szenarium im Laufe der Zeit immer wahrscheinlicher wurde, kam es zu einer Spaltung unter den Bolschewiki. Für die Linken in der Partei, wie Bucharin, bedeutete ein Separatfrieden mit dem imperialistischen Deutschland einen Verrat an der internationalen Sache, der alle Hoffnung auf eine Revolution im Westen zunichte machte. Sie plädierten dafür, einen revolutionären Krieg gegen die deutschen Invasoren zu führen; das, so behaupteten sie, werde die russischen Arbeiter und Bauern in der Verteidigung der Revolution zusammenschweißen und so, unmittelbar im Kampf, eine Rote Armee entstehen lassen – was wiederum für die revolutionären Massen im Ausland Vorbild und Inspiration sein könne.

Lenin dagegen zweifelte zunehmend sowohl an den Chancen eines solchen Krieges als auch an der Wahrscheinlichkeit, daß sich daran eine Revolution im Westen entzünden könnte. Obwohl er selbst in seinen Aprilthesen die Idee eines revolutionären Krieges vorgeschlagen hatte, kamen ihm nun Zweifel, ob die Arbeiter und Bauern, die bisher Rußland nur widerwillig verteidigt hatten, sich bereiter zeigen würden, ihr sozialistisches Vaterland zu verteidigen. Ohne eine Armee hatten die Bolschewiki keine andere Wahl, als einen Separatfrieden zu schließen, denn sollten sie versuchen weiterzukämpfen, dann würden »die Überreste der Bauernarmee, vom Krieg unerträglich erschöpft, die Regierung der sozialistischen Arbeiter stürzen«. Ein Separatfrieden mit Deutschland konnte den Bolschewiki hingegen die »Atempause« verschaffen, die sie brauchten, um ihre Machtbasis zu festigen, die Wirtschaft wiederherzustellen und ihre eigene revolutionäre Armee aufzubauen. Das bedeutete natürlich, der Stärkung der Revolution im eigenen Land Priorität gegenüber einer Politik einzuräumen, die die Revolution im Ausland zu schüren hätte. »In unserer Taktik«, schrieb Lenin, »müssen [wir] davon ausgehen, wie man am sichersten und besten der sozialistischen Revolution die Möglichkeit geben kann, sich zu festigen oder sich wenigstens in einem Lande so lange zu halten, bis andere Länder sich anschließen werden.« Überdies könnte eine solche Politik – sofern ein Separatfrieden im Osten den Mittelmächten die Möglichkeit gäbe, ihren Einsatz im Westen zu verstärken und auf diese Weise den Krieg zu verlängern – an sich auch als ein Mittel angesehen werden, die Chancen einer europäischen Revolution zu *erhöhen*. Denn gewiß würde eher die Fortsetzung des Krieges, weniger die Aussicht auf Frieden die revolutionäre Krise verschärfen, und obwohl Lenin selbst das nie gesagt hat, lag es im Interesse seiner Partei, das Gemetzel auf den Schlachtfeldern in Frankreich und Belgien zu verlängern, selbst auf die Gefahr hin, daß dadurch ein deutscher Sieg über die westlichen Demokratien zustande käme.

Mit dieser Auffassung, das muß man sagen, schätzte Lenin die Lage viel zutreffender ein, als es der naive Internationalismus der bolschewistischen Linken tat. Die russische Armee fiel auseinander, als die Bauernsoldaten, von den Bolschewiki ermutigt, sich selbst demobilisierten und in ihre Dörfer zurückkehrten, um bei der Verteilung des Adelslandes berücksichtigt zu werden. Selbst Kerenskis Kriegsminister, General Werchowski, war zu dem Schluß gekommen, daß sich der Krieg unmöglich fortsetzen ließ und daß Rußland keine andere Wahl hatte, als um Frieden zu bitten. Es gab keinen Grund anzunehmen, daß das Nationalbewußtsein der Bauern stärker geworden war, seit man Mütterchen Rußland rot angestrichen hatte. Schließlich waren dies dieselben Leute, die schon 1914 nicht einsehen konnten, warum sie einberufen wurden – hatte doch ihr eigenes Dorf keinen Streit mit den Deutschen, jedenfalls würden diese wohl kaum bei ihnen einmarschieren. Wenn irgend etwas durch die Unsicherheiten von 1917 verstärkt wurde, dann solche engstirnigen Ansichten. Der Bauer, ja die Gesamtheit der sozialen Revolution hatte sich weitgehend von diesem kleinkarierten Lokalpatriotismus leiten lassen. Die Roten Garden, die die Grundlage für die neue Rote Armee bilden sollten, waren in Wirklichkeit nichts anderes als eine Reihe schlechtorganisierter Partisaneneinheiten zur Verteidigung der Revolution in den einzelnen Dörfern und Fabriken; sie wollten durchaus nicht ihre Gegend verlassen und waren zu kaum mehr in der Lage als zu unspektakulären Guerillataktiken. Es war eine linksgerichtete romantische Phantasie, der die Linken Sozialrevolutionäre und die Linken unter den Kommunisten anhingen, zu meinen, diese Garden könnten einen revolutionären Krieg gegen die deutsche Kriegsmaschinerie durchstehen oder gar gewinnen.

Doch die meisten bolschewistischen Führer widersetzten sich weiterhin Lenins eiserner Logik. Es fiel ihnen schwer, ihr Ideal einer Weltrevolution aufzugeben, vor allem weil für viele von ihnen der Reiz des Bolschewismus in erster Linie in seinem internationalen messianischen Kreuzzug zur Befreiung der Welt bestand. Für Leute wie Bucharin und bis zu einem gewissen Grad auch Trotzki, die einen großen Teil ihres Lebens im westlichen Exil verbracht hatten, war die Revolution in Rußland nur ein Teil, und zwar ein geringerer Teil, des weltweiten Kampfes zwischen Imperialismus und Sozialismus. Den Sieg des Sozialismus auf ein Land zu begrenzen, zudem auf ein so rückständiges wie Rußland, erschien ihnen wie ein Eingeständnis ihrer Niederlage. Je schlechter die Aussichten auf einen allgemeinen Frieden wurden, desto tiefer wurde die Spaltung zwischen den beiden gegensätzlichen bolschewistischen Standpunkten: revolutionärer Krieg oder Separatfrieden mit Deutschland. Das war ohne Zweifel einer der kritischsten Augenblicke in der Parteigeschichte.

* * *

Am 13. November wandte sich Trotzki wegen eines Waffenstillstands an die deutsche Oberste Heeresleitung in der Absicht, Gespräche für einen demokratischen Frieden zu eröffnen. Drei Tage später reiste eine sowjetische Delegation von Petrograd in die vom Krieg zerstörte Stadt Brest-Litowsk, wo sich das deutsche Hauptquartier befand, um über den Waffenstillstand zu verhandeln. Der Delegation ging es nicht minder um Propaganda als um Frieden. Neben den bolschewistischen Unterhändlern unter der Leitung von Joffe, Kamenew und Karachan gehörten der Delegation symbolisch noch Repräsentanten der Soldaten, der Matrosen, der Arbeiter, der Frauen und der Bauern des proletarischen Rußlands an. Mit diesem grotesken Einfall wollte man den Eindruck erwecken, die bolschewistische Regierung bestehe aus Elementen der revolutionären Demokratie.

Tatsächlich hätte man den Bauern fast vergessen, was einiges darüber aussagt, welcher Platz den Bauern im bolschewistischen Revolutionsschema in Wirklichkeit eingeräumt wurde. Auf dem Weg zum Warschauer Bahnhof merkten Joffe und Kamenew plötzlich, daß in ihrer Delegation der Bauernvertreter noch fehlte. Ihr Wagen jagte durch die dunklen und menschenleeren Straßen Petrograds, und es herrschte Bestürzung über das Versäumnis. Um eine Ecke biegend, erspähten sie plötzlich einen alten Mann im Bauernrock, der mit einem Beutel auf dem Rücken durch den Schnee trottete. Mit seinem langen grauen Bart und dem verwitterten Gesicht war er der russische Bauer, wie er im Buche steht. Kamenew ließ das Auto anhalten. »Wohin gehst du, *towarischtsch*?« – »Zum Bahnhof, *barin*, ich wollte sagen, *towarischtsch*«, antwortete der Bauer. »Steig ein, wir nehmen dich mit.« Der Alte schien sich über die unerwartete Gunst zu freuen, als sie sich aber dem Warschauer Bahnhof näherten, wurde ihm klar, daß etwas nicht stimmte. Er wollte zum Nikolai-Bahnhof, wo die Züge nach Moskau und ins Innere Rußlands abfuhren. Das wird nicht reichen, dachten Kamenew und Joffe, die anfingen, den Bauern nach seiner politischen Einstellung auszufragen. »Zu welcher Partei gehörst du?« fragten sie. »Ich bin Sozialrevolutionär, Genossen. Wir sind alle Sozialrevolutionäre bei uns im Dorf.« – »Linke oder Rechte?« wollten sie weiter wissen. »Linke natürlich, Genossen, so links, wie Sie es sich nur vorstellen können.« Das genügte der russischen Friedensdelegation, um mit der diplomatischen Glaubwürdigkeit ihres letzten Rekruten zufrieden zu sein. »Du brauchst nicht in dein Dorf zu fahren«, sagten sie ihm, »komm mit uns nach Brest-Litowsk und mach Frieden mit den Deutschen.« Der Bauer weigerte sich zunächst noch, änderte aber schnell seine Meinung, als man ihm eine Belohnung versprach. Roman Staschkow, ein einfacher Dorfbewohner, ging ordnungsgemäß als »bevollmächtigter Vertreter der russischen Bauern« in die Annalen der Diplomatiegeschichte ein. Mit seinen primitiven bäuerlichen Tischmanieren, denen Rasputins nicht unähnlich, sollte er bei den üppigen Banketten, die für die Diplomaten veranstaltet wurden, zum Mittelpunkt der Aufmerksamkeit werden. Er überwand bald seine anfängliche Verlegenheit, weil er nicht wußte, was er mit seiner Gabel anfangen sollte, und begann die Sache durchaus zu genießen. Was würde er alles zu erzählen haben, wenn er ins Dorf zurückkehrte! Vor allem genoß er die guten Weine und entlockte am ersten Abend sogar dem versteinerten Gesicht des deutschen Kellners ein Lächeln, als er sich auf dessen Frage, ob er zum Hauptgang lieber Rotwein oder Weißwein haben wolle, an seinen Nachbarn, Prinz Ernst von Hohenlohe, wandte und fragte: »Welcher ist stärker?«[85]

Der erste Punkt der Verhandlungen, der Beschluß eines separaten Waffenstillstands, war einfach. Alle drei kriegführenden Parteien hatten gute Gründe, ihm zuzustimmen: die Deutschen, weil sie auf diese Weise Truppen für die Westfront freibekamen, wo Ludendorff drängte, alles auf eine Karte zu setzen; die Österreicher, weil sie damit ihre erschöpfte Armee und die Zivilbevölkerung entlasten konnten, die unter der Bürde des Krieges zunehmende Unzufriedenheit zeigte; und die Russen nicht minder, weil sie mit einer Atempause auch Zeit für ihre Friedenskampagne gewannen, mit der sie die Revolution im Westen entfachen wollten. Anfangs bestand die russische Delegation entschlossen auf dem Grundsatz eines allgemeinen Waffenstillstands. Lenin hoffte, ein solcher Standpunkt könnte die Entente-Mächte unter dem Druck ihrer Völker an den Verhandlungstisch bringen. Die bolschewistische Politik, die ihre eigenen Soldaten aufforderte, sich mit den Kriegsgegnern zu verbrüdern und lokale Waffenstillstände an der Front auszuhandeln, verfolgte eine ähnliche propagandistische Absicht. Auf diese Weise sollte sowohl die Autorität der alten (möglicherweise konterrevolutionären) russischen Kommandeure untergraben als auch pazifistisches Gedankengut unter den feindlichen Truppen verbreitet werden. Die Bolschewiki publizierten eine Unmenge Kriegspropaganda auf deutsch, ungarisch, tschechisch und rumänisch, die sie hinter den feindlichen Linien verteilten. Doch da die Entente-Mächte entschlossen wie eh und je den Krieg fortsetzen wollten, war die russische Delegation schließlich am 2. Dezember gezwungen, an der Ostfront einen einmonatigen separaten Waffenstillstand zu schließen.

Den Russen wäre ein sechsmonatiger Waffenstillstand, wie sie ihn vorgeschlagen hatten, lieber gewesen. Ihre Strategie bestand darin, auf Zeit zu spielen, weil sie hofften, ihre Friedenskampagne werde im Westen eine Revolution entfachen. Deshalb hatten sie auf Verhandlungen für einen allgemeinen Frieden bestanden, weniger weil sie glaubten, die Alliierten ließen sich überreden, unter diesen Bedingungen an den Gesprächen teilzunehmen (was extrem unwahrscheinlich war), sondern weil sie wußten, daß ihr Bemühen, sie zu einer Teilnahme zu überreden, die Gespräche erheblich in die Länge ziehen und ihnen den nötigen Vorwand liefern würde, ihre revolutionäre Propaganda in der internationalen Arena weiterzuführen. Mit Joffes Ablösung als Leiter der russischen Delegation durch Trotzki Mitte Dezember bestätigte Lenin, daß es ihm vor allem darauf ankam, die Friedensgespräche so weit wie möglich in die Länge zu ziehen, solange keine unmittelbare Aussicht auf eine Revolution im Westen bestand. »Für die Verschleppung der Verhandlungen ist ein Verschlepper nötig«, hatte Lenin Trotzki bei dessen Ernennung gesagt. Und natürlich war die Wahl auf Trotzki gefallen. Mit seinen hervorragenden rhetorischen Fähigkeiten, sowohl im Russischen wie im Deutschen, schlug er die ausländischen Diplomaten und Generäle in seinen Bann, wenn er in den Gesprächen subtil die Themen wechselte: von den Details der territorialen Grenzen – da war die Position der Russen schwach – zu den Grundsatzfragen, bei denen er die Deutschen in die Tasche stecken konnte. Baron Kühlmann, der Leiter der kaiserlichen Delegation, der eine typisch deutsche Schwäche für hegelianisches Philosophieren hatte, stolperte schnell in Trotzkis Falle. Mehrere Tage wurden damit vergeudet, daß die beiden Männer über den abstrakten Prinzipien der Diplomatie die Klingen kreuzten. An einer Stelle unterbrach Trotzki die Gespräche, um dem Baron, wie er es nannte, »eine Lektion in Marxismus für Anfänger« zu erteilen. Als sie die Präambel des Vertragsentwurfs durchgingen, hielt er den Prozeß sogar dadurch auf, daß er gegen die übliche Formulierung, die Vertragsparteien wünschten in Frieden und Freundschaft zu leben, Einwände erhob. »Ich möchte mir die Freiheit nehmen«, sagte er ironisch, »vorzuschlagen, daß der zweite Satz [über die Freundschaft zwischen den Vertragsmächten] gestrichen wird [...] Solche Erklärungen [...] haben noch nie die wirklichen Beziehungen zwischen Staaten zum Ausdruck gebracht.«[86]

Ende Dezember verlor die deutsche Oberste Heeresleitung, die mit Kühlmanns Verhandlungspolitik um einen allgemeinen Frieden nie einverstanden gewesen war, schließlich die Geduld mit ihren Diplomaten. Die Friedensverhandlungen waren in einer Pattsituation zu Weihnachten abgebrochen worden, als die Deutschen sich weigerten, die von Rußland beanspruchten Territorien Kurland, Litauen und Polen zurückzugeben, denn dort besaßen sie wichtige Militärstützpunkte. Zudem gab es immer noch keine Anzeichen, daß die Entente-Mächte ihre Meinung hinsichtlich eines allgemeinen Friedens geändert hätten. Ludendorff und Hindenburg waren beide überzeugt, daß die Bolschewiki versuchen würden, die Verhandlungen so lange wie möglich hinauszuziehen, in der Hoffnung, sie könnten eine deutsche Revolution anstacheln. (Es gab erste Hinweise, daß die Entmutigung, die 1918 Deutschland lähmen sollte, schon anfing, um sich zu greifen.) Sie überzeugten den Kaiser, der ebenfalls mit Kühlmann die Geduld verlor, daß es notwendig sei, den Russen gegenüber hart zu sein und einen Separatfrieden im Osten abzuschließen. Das biete die Möglichkeit, Truppen nach Westen zu verlegen, wo der Krieg nach der Überzeugung Ludendorffs im Frühjahr mit ausreichender Verstärkung gewonnen werden konnte, und es eröffne die Aussicht, Rußland in eine deutsche Kolonie zu verwandeln.

»Der Drang nach Osten« war lange schon ein Hauptziel der deutschen »Weltpolitik« gewesen. Als Kolonialreich konnte sich Deutschland nicht mit Großbritannien oder Frankreich messen, weshalb es die Ressourcen, die es brauchte, um eine imperiale Großmacht zu werden, in Rußland suchte. Für die deutschen Bankiers und Industriellen war die riesige eurasische Landmasse in ihrem Rücken ein Ersatz für Afrika. Damit Deutschland seine Interessen im Osten verwirklichen konnte, mußte Rußland schwach gehalten werden und das Russische Reich auseinanderbrechen. Die meisten Politiker in Deutschland hatten die bolschewistische Machtergreifung begrüßt, trotz der dynastischen Beziehungen des Kaiserhauses zu den Romanows. Sie glaubten, die Bolschewiki würden Rußland in den Ruin treiben, den Zerfall des Reiches zulassen und einen Separatfrieden mit Deutschland schließen. Die deutsche Zerstückelungspolitik gegenüber Rußland verließ sich allerdings noch mehr auf die ukrainischen Nationalisten. Die ukrainische Unabhängigkeitsbewegung eröffnete Aussichten auf einen Separatfrieden mit Kiew und die Umleitung der reichen ukrainischen Ressourcen (vor allem Nahrungsmittel, Eisen und Kohle) zu den Armeen der Mittelmächte. Die Deutschen hatten seit 1915 mit den selbsternannten ukrainischen Führern verhandelt. Während der Weihnachtspause in den Friedensverhandlungen war eine Delegation der Rada in Brest-Litowsk eingetroffen. Die ukrainischen Nationalisten hielten die ökonomische Unterwerfung ihres Landes unter Berlin für das geringere Übel im Vergleich zur politischen Unterwerfung unter Petrograd. Die Mittelmächte zeigten sich als einzige wirkliche Streitmacht bereit, der Rada beizustehen. Sie erkannten die Rada als rechtmäßige Regierung der Ukraine an und unterzeichneten am 9. Februar, als die bolschewistischen Streitkräfte – teilweise als Reaktion darauf – Kiew einnahmen, ein separates Abkommen mit den Führern der Rada. Dieser Vertrag machte die Ukraine praktisch zu einem deutschen Protektorat, indem er den Weg zu ihrer Okkupation durch die Deutschen und Österreicher ebnete und die Bolschewiki zwang, Kiew nach nur drei Wochen wieder aufzugeben und nach Osten, zurück nach Charkow, zu fliehen.

Die Loslösung der Ukrainer von den Russen stärkte die deutsche Position in den Gesprächen von Brest-Litowsk ungemein. Die Aussicht auf eine Besetzung der Ukraine gab ihnen ein starkes militärisches Drohinstrument an die Hand, das dazu benutzt werden konnte, den Russen einen Frieden zu diktieren; und als man die Friedensgespräche mit den Russen Ende Dezember wiederaufnahm, präsentierte Deutschland eine Reihe neuer territorialer Forderungen einschließlich der Abtrennung Polens von Rußland und der deutschen Annektierung Litauens und eines Großteils von Lettland. Trotzki beantragte eine Vertagung und kehrte in die russische Hauptstadt zurück, um sich mit den anderen bolschewistischen Führern zu beraten.

Bei der entscheidenden Sitzung des Zentralkomitees am 11. Januar bildeten sich drei Fraktionen. Die Bucharin-Fraktion, die größte, hatte bei einer Sondersitzung der Parteispitze am 8. Januar 32 von 63 Stimmen erhalten und besaß die Unterstützung sowohl des Petrograder als auch des Moskauer Parteikomitees: Sie war für einen revolutionären Krieg gegen Deutschland. Das, so hieß es, sei der sicherste Weg, um eine Erhebung im Westen zu entfachen, auf die es ja ankäme. »Wir müssen die sozialistische Republik vom internationalen Standpunkt aus betrachten«, sagte Bucharin vor dem Zentralkomitee. »Lassen wir die Deutschen doch kämpfen. Lassen wir sie ruhig noch hundert Kilometer weiter vorrücken; was uns interessiert, ist, welche Auswirkungen das auf die internationale Bewegung hat.« Die Trotzki-Fraktion, bei der Sitzung am 8. Januar mit 16 Stimmen die zweitgrößte, wollte ebenfalls die Hoffnung auf eine Revolution im Westen nicht aufgeben (in Deutschland und in Wien zeichnete sich bereits eine erhebliche Zunahme an Streiks ab), doch sie bezweifelte, daß die bäuerlichen Freischärler, auf die Bucharin baute, einer deutschen Invasion wirklich standhalten könnten. Deshalb gab Trotzki die ungewöhnliche Losung »Weder Krieg noch Frieden« aus, die im Grunde dazu gedacht war, Zeit zu gewinnen. Die sowjetische Delegation sollte den Krieg für beendet erklären, die Gespräche von Brest-Litowsk verlassen, sich aber weigern, einen annexionistischen Frieden zu unterzeichnen. Falls die Deutschen einmarschierten, was die Bolschewiki ohnehin nicht verhindern konnten, dann sähe es zumindest für die übrige Welt so aus, als handle es sich eindeutig um einen Akt der Aggression gegen ein friedliebendes Land.

Nach Lenins Auffassung, der die dritte und kleinste Fraktion anführte, war Trotzkis Parole »eine politische Effekthascherei auf internationaler Ebene«, die die Deutschen nicht davon abhalten werde vorzurücken. Ohne eine kampfbereite Armee sei Rußland nicht in der Lage, auf Zeit zu spielen. Rußland habe keine andere Wahl, als einen Separatfrieden zu unterzeichnen, dann aber besser früher als später. »Jetzt ist nur die Frage, wie das Vaterland zu verteidigen ist«, sagte Lenin in einem bei ihm ganz neuen patriotisch-pathetischen Ton. »Das wird zweifellos ein schmachvoller Friede sein, aber wenn wir uns auf den Krieg einlassen, dann wird unsere Regierung hinweggefegt werden.« Es habe keinen Sinn, die gesamte Revolution für den Fall aufs Spiel zu setzen (an dem er nun selbst zu zweifeln begann), daß eine deutsche Revolution ausbreche. »Deutschland geht vorläufig nur mit der Revolution schwanger, wir aber haben bereits ein völlig gesundes Kind geboren.« Der Wiederaufbau Rußlands wie die Erfordernisse des Bürgerkriegs verlangten einen sofortigen Frieden, oder wie Lenin das mit seiner üblichen Unverblümtheit ausdrückte: »Die Bourgeoisie muß erwürgt werden, und dafür müssen wir beide Hände frei haben.«[87]

Da nur Stalin, Sinowjew und drei andere im Zentralkomitee hinter Lenin standen und er auf der erweiterten Sitzung am 8. Januar nur 15 Stimmen erhielt, war er gezwungen, sich mit Trotzki gegen die Bucharin-Fraktion zu verbünden. Die Gefahr, das sozialistische Estland an die Deutschen zu verlieren oder von ihnen mit vorgehaltener Waffe gezwungen zu werden, ihren Forderungen zu entsprechen (was wahrscheinlich die Folge von Trotzkis internationaler Effekthascherei sein würde), schien Lenin ein vertretbarer Preis, wenn dafür das, was er als selbstmörderische Politik eines revolutionären Krieges ansah, vermieden werden konnte. Trotzkis listige Parole »Weder Krieg noch Frieden« wurde vom Zentralkomitee abgesegnet und Trotzki mit der Order nach Brest-Litowsk zurückgeschickt, die Gespräche in die Länge zu ziehen.

Weitere drei Wochen spielte Trotzki auf Zeit, während das deutsche Oberkommando immer ungeduldiger wurde. Schließlich spitzte sich die Sache zu: Am 9. Februar traf ein Telegramm vom Kaiser aus Berlin ein, in dem Kühlmann angewiesen wurde, die deutschen Forderungen als Ultimatum vorzulegen. Wenn sie nicht bis zum nächsten Tag unterschrieben seien, werde den deutschen und österreichischen Armeen befohlen vorzurücken. Der Kaiser hatte sich schließlich von der deutschen Obersten Heeresleitung überzeugen lassen, daß die Friedensgespräche vergeudete Zeit seien, daß die Russen sie nur dazu benutzten, um die kaiserlichen Truppen zum Aufstand aufzuwiegeln, und daß der Vertrag mit der Rada, der dasselbe Datum trug wie das Telegramm des Kaisers, die Tür geöffnet habe, um den Russen durch die Besetzung der Ukraine einen Separatfrieden militärisch aufzuzwingen. Jetzt gab es offensichtlich keinen Spielraum mehr, um zu zögern, und Trotzki war gezwungen, die Karten auf den Tisch zu legen. Am nächsten Tag teilte er der erstaunten Konferenz mit, Rußland ziehe sich aus dem Krieg zurück, weigere sich aber, den deutschen Friedensvertrag zu unterzeichnen. So etwas hatte es in der Geschichte der Diplomatie noch nicht gegeben: ein Land, das seine Niederlage anerkannte und erklärte, es werde den Kampf einstellen, das sich aber zugleich weigerte, die Bedingungen zu akzeptieren, unter denen der Sieger zu einer Beendigung des Krieges bereit ist. Als Trotzki seine Rede beendet hatte, saßen die Diplomaten wortlos da, verblüfft von diesem *Coup de théâtre*. Dann unterbrach schließlich der empörte Ausruf des Generals Max von Hoffmann die Stille: »Unerhört!«[88]

Nachdem der erste Schock überwunden war, begriff das deutsche Oberkommando, daß man es darauf ankommen lassen mußte. Da kein Friedensvertrag unterzeichnet war, befand Deutschland sich noch mit Rußland im Krieg, der Waffenstillstand war beendet, also war der Weg frei für eine deutsche Invasion in Rußland. Trotz seiner wachsenden Befürchtungen, in Berlin könne es eine Revolution geben, mußte Kühlmann auf Druck Ludendorffs am 16. Februar erklären, Deutschland werde am 18. Februar die Feindseligkeiten gegen Rußland wiederaufnehmen. In Panik versammelte sich das Zentralkomitee am 17. im Smolny. Lenins Forderung, den deutschen Friedensvertrag sofort anzunehmen, wurde mit 6 zu 5 Stimmen abgelehnt. Statt dessen stimmte man für die Taktik Trotzkis, zu warten, bis die Deutschen mit ihrem Angriff begonnen hätten, und erst dann zu unterschreiben, in der verzweifelten Hoffnung, es werde die deutsche Arbeiterklasse schließlich doch auf die Barrikaden bringen, wenn sie sehe, wie deutsche Truppen das wehrlose russische Volk angriffen.[89]

Jedenfalls rückten die deutschen Truppen am 18. Februar vor. Dwinsk und Luzk wurden sofort und ohne Gegenwehr eingenommen. Die letzten russischen Truppen lösten sich gänzlich auf. Ihnen war der Aufruf zum revolutionären Krieg ziemlich gleichgültig. Am Ende des fünften Tages waren Hoffmanns Soldaten bereits 250 Kilometer vorgerückt – so viel, wie die gesamte deutsche Armee in den drei vorausgegangenen Kriegsjahren vorgerückt war. »Das ist der komischste Krieg, den ich kenne«, schrieb Hoffmann in sein Tagebuch. »Er findet fast ausschließlich in Zügen und Automobilen statt. Wir setzen eine Handvoll Infanterie mit Maschinengewehren und einer Kanone in einen Zug und schicken sie zur nächsten Bahnstation; sie nimmt diese ein, macht unter den Bolschewiken ein paar Gefangene, greift noch ein paar Soldaten auf und fährt weiter. Jedenfalls hat dieses Vorgehen den Reiz des Neuen.«[90]

Als die Nachricht über das deutsche Vordringen einging, trat das Zentralkomitee am 18. Februar zu zwei Krisensitzungen zusammen. Lenin war wütend. Durch ihre Weigerung, den deutschen Friedensvertrag zu unterzeichnen, hatten seine

Gegner im Zentralkomitee es dem Feind geradezu ermöglicht, vorzudringen. Lenin fürchtete natürlich, daß die Deutschen Petrograd einnehmen und die Bolschewiki von der Macht verdrängen könnten; also war es notwendig, ein Telegramm zu schicken und den Frieden unverzüglich zu akzeptieren. Als Trotzki und Bucharin vorschlugen, damit zu warten, war Lenin außer sich vor Zorn. Aber ihm fehlten immer noch die nötigen Stimmen, um seine Politik durchzusetzen; mit 7 zu 6 wurde sie in der Morgensitzung des Zentralkomitees abgelehnt. Die bolschewistische Führung schien im Angesicht der militärischen Niederlage kurz vor einer fatalen Spaltung zu stehen. Als am Nachmittag aber Gerüchte aufkamen, die Deutschen marschierten in der Ukraine ein, schloß Trotzki sich Lenins Auffassung an. Nach drei weiteren Stunden hitziger Debatten erfolgte die entscheidende Abstimmung über Lenins Vorschlag, den Deutschen sofort ein Friedensangebot zu schicken. Es wurde denkbar knapp, mit 7 gegen 5 Stimmen, angenommen, wobei Trotzki im letzten Moment auf Lenins Seite übergeschwenkt war.[91] Auch wenn wir wahrscheinlich nie erfahren werden, was hinter den Kulissen ablief, so scheint es doch, daß Trotzkis entscheidender Sinneswandel hauptsächlich der Notwendigkeit Rechnung trug, die sonst unvermeidliche, fatale Spaltung der Partei abzuwenden. Hätte Trotzki mit Bucharin zusammen gegen den Frieden gestimmt, so hätte Lenin sich wahrscheinlich, wie bereits angedroht, aus dem Zentralkomitee zurückgezogen und unter den einfachen Parteimitgliedern Anhänger gesammelt. Damit wäre die Partei gespalten und Trotzkis Position als Leiter der Fraktion gegen den Frieden um so schwächer gewesen. Ohne Lenin war Trotzkis Stellung an der Spitze der Partei außerordentlich verwundbar, wie spätere Ereignisse zeigen sollten.

Um Mitternacht, nach der entscheidenden Abstimmung im Zentralkomitee, schickte Lenin persönlich ein Telegramm nach Berlin, in dem er die deutschen Friedensbedingungen von Brest-Litowsk annahm. Doch die feindlichen Truppen drangen noch mehrere Tage lang tiefer auf russischem und ukrainischem Gebiet vor, ohne daß Lenins Telegramm bestätigt wurde. Es schien ziemlich klar, daß die Deutschen entschieden hatten, Petrograd einzunehmen und das bolschewistische Regime zu stürzen. Nun beschloß Lenin – ganz entgegen seiner früher vertretenen Auffassung –, zu kämpfen und Freiwillige zu werben. Man bat die Alliierten um militärische Hilfe. Und da es diesen mehr darauf ankam, Rußland im Krieg zu halten, als daß sie mit der russischen Regierung sympathisiert hätten, entsprachen sie bereitwillig dieser Bitte.* Auf Lenins Befehl hin bereiteten die Bolschewiki die Räumung der Hauptstadt und den Regierungsumzug nach Moskau vor, was in Petrograd eine Panik auslöste. Die Bahnhöfe waren voller Menschen, die zu fliehen versuchten, und täglich verließen Tausende die Stadt zu Fuß. Recht und Ordnung

* Die Weigerung der Alliierten, die Lage in Rußland unter anderen als militärischen Gesichtspunkten zu betrachten, trug in diesem kritischen Augenblick zweifellos dazu bei, die Bolschewiki an der Macht zu halten. Die Entscheidung der französischen Regierung, den Bolschewiki Militärhilfe zu gewähren, fiel mit der Streichung ihrer Unterstützung für die

brachen völlig zusammen, als bewaffnete Banden verlassene Läden und Häuser plünderten und zornige Arbeiter angesichts der Evakuierung ihrer Fabriken sich dadurch für die wochenlang nicht ausgezahlten Löhne schadlos zu halten versuchten, daß sie die Fabrikläden bestahlen. In diesem Augenblick, als die Hauptstadt in Anarchie abglitt, erließ Lenin sein Dekret »Das sozialistische Vaterland ist in Gefahr!«, das den Roten Terror noch verstärkte.

Am 22. Februar trat das Zentralkomitee erneut zusammen, um zu besprechen, ob die alliierte Militärhilfe angenommen werden solle. Mit der Unterstützung von Trotzki und Lenin (*in absentia*) wurde dem Antrag formal zugestimmt – allerdings nur knapp, denn Bucharin und die anderen Befürworter eines revolutionären Krieges waren entschieden dagegen, von imperialistischen Mächten Hilfe anzunehmen. Als abgestimmt wurde, drohte Bucharin aus Protest mit seinem Rücktritt aus dem Zentralkomitee. »Wir verwandeln die Partei in einen Misthaufen«, klagte er Trotzki gegenüber und brach dann in Tränen aus.[92]

Wie sich herausstellte, war die Frage der alliierten Hilfe bedeutungslos. Am 23. Februar stellten schließlich die Deutschen ihre endgültigen Friedensbedingungen. Berlin verlangte jetzt all die Gebiete, die die deutschen Truppen im Laufe des Krieges eingenommen hatten, einschließlich derer, die in den letzten fünf Tagen besetzt worden waren. Das bedeutete praktisch die deutsche Annexion der Ukraine und eines Großteils des Baltikums. Das Zentralkomitee trat sogleich wieder zusammen. Lenin drohte zurückzutreten, falls die Friedensbedingungen nicht akzeptiert würden. So drakonisch die neuen Bedingungen auch waren, wenigstens ließen sie die Bolschewiki an der Macht. »Die Frage ist«, warnte Lenin, »ob wir heute die Friedensbedingungen oder in drei Wochen das Todesurteil der Sowjetregierung unterschreiben.« Trotzki überzeugte das nicht, aber er wußte, daß eine gespaltene Partei – was die Folge von Lenins Rücktritt wäre – keinen revolutionären Krieg führen konnte, und deshalb enthielt er sich der entscheidenden Stimme, als es um Lenins Vorschlag ging; dieser wurde mit 7 zu 4 Stimmen bei 4 Enthaltungen angenommen. Nur die Bucharin-Fraktion, die, wie Lomow das ausdrückte, bereit war, »auch ohne Ilitsch [Lenin] die Macht zu ergreifen und an die Front zu gehen, um zu kämpfen«, blieb bis zum Schluß in Opposition; sie trat aus dem Zentralkomitee aus, um für eine Kampagne gegen den Frieden frei zu sein, die sie sowohl unter den Parteimitgliedern als auch im ganzen Land führen wollte. Noch in derselben Nacht legte Lenin dem Exekutivkomitee der Räte die Friedensvorschläge vor, die es entsprechend mit 116 zu 85 Stimmen annahm. Während seiner Rede wurde Lenin immer wieder durch Zwischenrufe unterbrochen: »Verräter!« und »Judas!« schrien Linke Sozialrevolutionäre und viele Linke in seiner eigenen

Freiwilligenarmee zusammen, die gebildet worden war, um das bolschewistische Regime zu stürzen. Die alliierten Regierungen waren durchweg über die wahre Situation in Rußland schlecht informiert und vertrauten viel zu sehr und viel zu lange darauf, daß das revolutionäre Rußland wieder am Krieg teilnehmen werde.

Partei. In den frühen Morgenstunden des nächsten Tages sandte er die bedingungslose Annahme der deutschen Forderungen nach Berlin.[93]

* * *

Der Vertrag von Brest-Litowsk wurde schließlich am 3. März unterzeichnet. Keiner der bolschewistischen Führer wollte nach Brest-Litowsk fahren und seinen Namen unter einen Vertrag setzen, der in ganz Rußland als »schmachvoller Friede« angesehen wurde. Joffe weigerte sich schlichtweg; Trotzki entzog sich dem Streit, indem er als Volkskommissar für Auswärtige Angelegenheiten zurücktrat; Sokolnikow nominierte Sinowjew, woraufhin Sinowjew Sokolow nominierte. Zum Schluß mußte eine Delegation aus zweitrangigen Parteiführern gebildet werden, zu der auch Georgi Tschitscherin gehörte, der Enkel eines Adligen und hohen zaristischen Diplomaten, der Trotzkis Nachfolger im Amt des Volkskommissars für Auswärtige Angelegenheiten wurde.

Laut Vertrag war Rußland gezwungen, auf den größten Teil seiner in Europa liegenden nichtrussischen Gebiete zu verzichten. Polen, Kurland, Finnland, Estland und Litauen erhielten alle nominell die Unabhängigkeit und unterstanden deutschem Protektorat. Die sowjetischen Truppen mußten die Ukraine verlassen. Alles in allem verlor die Sowjetrepublik etwa 34 Prozent ihrer Bevölkerung (insgesamt 55 Millionen Menschen), 32 Prozent ihres Agrarlandes, 54 Prozent ihrer Industriebetriebe und 89 Prozent der Kohlebergwerke.[94] Als eine europäische Macht war Rußland ökonomisch und territorial auf den Stand Moskowiens im 17. Jahrhundert zurückgefallen.

Als unmittelbare Folge des Vertrags konnte Deutschland ungehindert die Erfüllung seiner imperialistischen Interessen im Osten vorantreiben. Sofort besetzte eine halbe Million deutscher und österreichischer Soldaten die Ukraine. Diese wurden von den begüterten Städtern, zumeist Russen, die von der nationalistischen und sozialistischen Politik der Rada-Regierung die Nase voll hatten, großenteils willkommen geheißen. Man freute sich, daß die Städte nun von den »ordentlichen Deutschen« verwaltet würden. Auf dem Land dagegen, wo die Truppen rücksichtslos Nahrungsmittel für die hungrigen österreichischen Bürger requirierten, wehrten sich die ukrainischen Bauern entschieden gegen die deutsche Präsenz. Zunächst hatte man die Verantwortung für die Requirierung des Getreides der Rada überlassen. Sie mußte täglich 300 Waggonenladungen Getreide auf den Weg schikken – eine Art Tribut an Berlin gemäß dem Friedensvertrag vom 9. Februar – als Gegenleistung dafür, daß die deutschen Truppen die Unabhängigkeit der Ukraine gegenüber Rußland schützten. Die ukrainischen Bauern hatten 1917 die Rada-Parteien im allgemeinen unterstützt, aber ihr Nationalismus ging nicht so weit, daß sie den Export ukrainischen Getreides in ein fremdes Land guthießen. Sie reduzierten allmählich ihre Aussaat und verbargen die Ernteerträge vor den Beauftragten der

Rada. Als die Rada mit ihren Tributzahlungen nicht mehr nachkam, übernahmen es die deutschen Truppen selbst, in die Dörfer zu gehen und das Getreide einzuziehen. Sie taten das willkürlich, konfiszierten auf vielen Bauernhöfen lebenswichtige Bestände an Nahrungsmitteln und Saatgut und ließen in ihren Militärgerichten ohne Genehmigung der Rada jene Bauern bestrafen, die sich weigerten, die Abgaben zu entrichten. Millionen Hektar unbestelltes Bauernland wurden an die früheren Landbesitzer zurückgegeben, um die bäuerlichen Saboteure zu bestrafen. Das löste eine Welle von Bauernrevolten und Freischärlerkämpfen aus, mit denen versucht wurde, die deutschen Requirierungen zu stoppen: Brücken und Bahnstrecken wurden zerstört und deutsche Einheiten von den Wäldern aus überfallen. In den ukrainischen landwirtschaftlichen Gebieten entstand ein Chaos. Die Aktionen der Bauern waren größtenteils von den Linken Sozialrevolutionären organisiert, und zwar sowohl von russischen wie von ukrainischen (die sich bald von der ukrainischen Sozialrevolutionären Partei trennen und die Borotbisten oder Sozialrevolutionäre Kampfpartei bilden sollten). Die Deutschen beschuldigten jedoch die Rada, die Situation nicht im Griff zu haben. Ende April, in einem von russifizierten Landbesitzern unterstützten Coup – denn diese waren ebenfalls gegen die Bauernkriege – nahmen die Deutschen die Rada-Regierung fest und ersetzten sie durch eine eigene Marionettenregierung unter Hetman Skoropadski, einem General in einem der ersten ukrainisierten Armeekorps und einem der reichsten ukrainischen Landbesitzer, der Adjutant Nikolais II. gewesen war. Nun spielte er eine ähnlich servile Rolle bei den neuen Herren der Ukraine in Berlin.

In Rußland sicherte der Friedensvertrag den deutschen Wirtschaftsinteressen eine Vorrangstellung. Deutsches Eigentum war von der Verstaatlichung ausgenommen, sogar Land und Unternehmen, die nach 1914 konfisziert worden waren, konnten von ihren deutschen Besitzern zurückverlangt werden. Außerdem ermöglichte der Vertrag den Deutschen, russische Vermögenswerte aufzukaufen und sie so dem russischen Dekret über die Verstaatlichung zu entziehen. Auf diese Weise wurden Hunderte russischer Unternehmen an deutsche Staatsbürger verkauft, die dann im privaten Sektor einen dominierenden Einfluß gewannen.

Für russische Patrioten, die längst von dem Gedanken besessen waren, die Slawen könnten ökonomisch der Herrschaft der Teutonen anheimfallen, war der Frieden von Brest-Litowsk eine nationale Katastrophe. Fürst Lwow, der zu dieser Zeit in Tjumen lebte, wollte beinahe Selbstmord begehen und blieb nach Aussage seiner Tante einige Tage im Bett. General Brussilow, ein treuer Anhänger der panslawischen Idee, verfiel bei dieser Nachricht in tiefe Depression. Das war sehr untypisch für den großen Optimisten, der es immer geschafft hatte, selbst in den dunkelsten Augenblicken des Krieges guten Mutes zu sein. Mit einem Bein in Gips erholte er sich noch von der Verletzung, die er sich bei den Gefechten in Moskau zugezogen hatte, lag im Bett und beklagte den Untergang Rußlands. Seine Frau sagte nachher, er habe Trost in der Religion gefunden: Gott nahm den Raum in seiner geistigen Welt ein, den sein Vaterland frei gemacht hatte. So konnte er auch eher akzeptieren, was er jetzt als »das tragische Schicksal Rußlands« ansah. Gewiß hatte er keinerlei Ambition, sich an dem Bürgerkrieg gegen den Vertrag zu beteiligen – obwohl die Tscheka, die nicht verstehen konnte, wieso ein solcher Aristokrat sich nicht den Weißen anschloß, ihn später in der Annahme inhaftierte, er habe just das getan. Brussilows Weigerung, gegen das Sowjetregime die Waffe zu ergreifen, beruhte (nach einem Brief, den er an seinen Bruder schrieb) auf der Überzeugung, »das Volk habe Rußlands Schicksal entschieden«. Obgleich Brussilows Herz zweifellos auf seiten der Weißen war, wußte er nur zu gut, daß sie auf verlorenem Posten standen, weil sie die Wiederaufnahme des Krieges propagierten. Wenn Brussilow aus der Erfahrung von 1917 eines gelernt hatte, dann, daß das russische Volk den Frieden um jeden Preis wollte und daß das Gerede der patriotischen Parteien, man müsse Mütterchen Rußland und seine Grenzen verteidigen, ihm vollkommen fremd war.[95]

Nicht nur antisowjetische Kreise waren gegen den Friedensvertrag. Die Bucharin-Fraktion und die Linken Sozialrevolutionäre fanden sich in ihrer Ablehnung des »schmachvollen Friedens« zusammen und verbündeten sich im Exekutivkomitee der Räte zu einer starken Opposition. Die Linken Sozialrevolutionäre verließen aus Protest gegen den Friedensvertrag den Sownarkom und verübten später Terrorakte (wie zum Beispiel das Attentat auf den deutschen Botschafter), in der vergeblichen Hoffnung, diesen Vertrag aufheben und den revolutionären Krieg wieder beginnen zu können. Die Entstehung der Bucharin-Fraktion, der sogenannten Linken Kommunisten um die Zeitschrift *Kommunist*, spaltete die Bolschewistische Partei mittendurch. Für viele dieser jungen Idealisten, wenn auch nicht so sehr für Bucharin selbst, war die Unterstützung des revolutionären Krieges damit verknüpft, daß man die Versöhnung mit der Bourgeoisie ablehnte, die Lenin im Frühjahr im Zusammenhang mit seinem Programm des »Staatskapitalismus« gefordert hatte. Sie waren gegen jede Nachgiebigkeit im Krieg gegen die Bourgeoisie, sei es in Form von Frieden mit den ausländischen Imperialisten, sei es in Form eines Kompromisses mit den Kapitalisten im eigenen Land. Sie betrachteten die Revolution als einen internationalen Kreuzzug gegen den Kapitalismus und glaubten, anders als Lenin, daß dieser von den revolutionären Energien der Bauern und Arbeiter innerhalb eines wirklich demokratischen und dezentralisierten Systems der Rätemacht getragen werden könne.

* * *

Der Frieden von Brest-Litowsk bezeichnete den Abschluß der Leninschen Revolution: er war der Tiefpunkt des Oktober. Lenin war in seinem Einsatz für den Friedensvertrag wie in seinem Kampf um die Macht immer kompromißlos gewesen. Für die Sicherung der Revolution nach seinen Vorstellungen war er zu jedem

Opfer bereit. Durch seine Unnachgiebigkeit hatte er die Bolschewiki von den übrigen revolutionären Parteien isoliert und sie in etlichen wichtigen Fragen gespalten. Die Machtergreifung, die Schließung der Konstituierenden Versammlung und die Unterzeichnung des Friedensvertrages von Brest-Litowsk, all das war auf Lenins Betreiben hin geschehen und hatte das Land tiefer und tiefer in den Bürgerkrieg getrieben. Rußland hörte auf, in der Welt eine Großmacht zu sein. Es mußte sich vom europäischen Kontinent zurückziehen, sich auf sich selbst besinnen und nach Osten blicken. Nach dem Vertrag von Brest-Litowsk bestand keine realistische Aussicht mehr, daß sich die Revolution nach Westen ausbreiten würde. Lenin beharrte weiterhin hartnäckig darauf, und all sein Reden über »die unausweichliche Revolution in Deutschland«, die alle Verluste durch den Friedensvertrag wettmachen werde, war nicht mehr als ein Bluff um der Parteimoral und der Propaganda willen.[96] Zwar liebäugelte Lenin in den Jahren 1919 und 1920 mit der Idee, über die Komintern den Kommunismus zu verbreiten; doch daraus wurde nicht viel. Im Grunde war die »permanente Revolution« an einem Endpunkt angelangt, und von nun an beschränkte sich die Herrschaft, in Lenins berühmten Worten gesprochen, auf die Konsolidierung des Sozialismus in einem Land.

Die Verlegung der Hauptstadt nach Moskau symbolisierte die wachsende Entfernung vom Westen. Petersburg war immer eine westliche Stadt gewesen, »Rußlands Fenster zum Westen«; Moskau hingegen erinnerte schon äußerlich an die asiatischen Traditionen. Der gefangene Zar dürfte den Umzug wohl als Ironie der Geschichte empfunden haben, denn er hatte die alte Hauptstadt immer Petersburg vorgezogen. Den Bolschewiki war der Rückzug nach Osten, ins Herz des moskowitischen Rußlands, weitgehend durch das fortgesetzte deutsche Vordringen nach der Ratifizierung des Friedensvertrages aufgezwungen worden. Am 2. März warfen deutsche Flieger Bomben auf Petrograd. Lenin war überzeugt, daß die Deutschen vorhatten, die Stadt zu besetzen und die Bolschewiki aus dem Weg zu räumen. Wieder rief man alliierte Hilfe an – Kamenew wurde nach London entsandt, und britische Truppen landeten in Murmansk, während die Bolschewiki nach Moskau flohen.

Bald bezogen Lenin und Trotzki die früheren Gemächer des Zaren im Kreml. Das Glockenspiel auf dem Spasski-Turm, durch den sie mit ihren Automobilen in den Kreml hineinfuhren, wurde umgebaut, so daß es statt »Erhalte den Zaren, Gott« die Internationale intonierte. Zunächst behielt man das Dienstpersonal des Zaren weitgehend bei. Einer der Lakaien, der betagte Stupischin, hatte schon unter mehreren Zaren gedient und zeigte bald eine starke Anhänglichkeit für Lenin und später für Trotzki, nachdem er offenbar gemerkt hatte, daß sie, wie Trotzki später schrieb, »Ordnung schätzten und seine Bemühungen achteten«. Während der Mahlzeiten bewegte sich der »Mann der Pflicht« wie »ein Schatten hinter den Sesseln herum« und drehte schweigend die Teller mal in die eine, mal in die andere Richtung, so daß »der doppelköpfige Adler am Rande des Tellers vor dem Gast in der Mitte zu stehen« kam. Trotzki bemerkte: »Mit seiner mittelalterlichen Mauer und seinen zahllosen goldenen Kuppeln schien der Kreml als eine Festung der revolutionären Diktatur ein völliges Paradoxon.«[97] Tatsächlich war es jedoch ein sehr passendes Gebäude, sogar ein symbolisches, und das nicht nur, weil die Bolschewiki sich wie die neuen »Zaren« Rußlands benahmen, sondern auch, weil die nun beginnende Bürgerkriegsherrschaft in mehrfacher Hinsicht Rußland wieder zu den Sitten seiner moskowitischen Vergangenheit zurückführen sollte.

# TEIL IV
# DER BÜRGERKRIEG UND DIE SCHAFFUNG DES SOWJETSYSTEMS (1918–1924)

# 12 DIE LETZTEN TRÄUME DER ALTEN WELT

## ST. PETERSBURG IN DER STEPPE

In seinem bekannten Roman *Die Weiße Garde* beschreibt Michail Bulgakow das surreale Leben in Kiew während des Frühlings 1918, als Füchtlinge aus dem bolschewistischen Norden in die Stadt strömten. Es flüchteten grauhaarige Bankiers mit ihren Frauen, es flüchteten erfolgreiche Geschäftsleute, die in Moskau Vertrauenspersonen zurückgelassen hatten und ihnen aufgetragen hatten, Verbindung zu halten mit dem Neuen, das im Moskauer Reich im Entstehen war, es flüchteten Hausbesitzer, die ihre Häuser treuen geheimen Verwandten überlassen hatten, Industrielle, Kaufleute, Juristen, Politiker. Es flüchteten Journalisten aus Moskau und Petersburg, käuflich, habgierig, feig. Es flüchteten Kokotten, anständige Damen aus aristokratischen Familien, ihre verwöhnten Töchter, blasse Petersburger Halbweltdamen mit karminrotgefärbten Lippen. Es flüchteten Sekretäre der Departementsdirektoren, junge, passive Päderasten. Es flüchteten Fürsten und Knauser, Dichter und Wucherer, Gendarmen und Schauspielerinnen der kaiserlichen Theater.[1]

Doch nicht nur Kiew wurde derart überrollt. Bulgakows Beschreibung hätte auch auf fast jede andere größere Stadt im Süden zutreffen können. Die Anwesenheit der Deutschen jedoch und ihrer ukrainischen Marionettenregierung unter Hetman Pawel Skoropadski, die sich dafür verbürgt hatte, das Eigentum der Flüchtlinge zu schützen und ihnen Arbeitsmöglichkeiten zu geben, ließ Kiew zweifellos zum bevorzugten Anziehungspunkt werden. Jedes Haus war zum Bersten gefüllt. Russische Fürsten schliefen auf dem Fußboden oder auf Sofas. In der Stadt herrschte eine Atmosphäre ekstatischer Erregung, jedermann lebte, als würde es kein Morgen geben. Man speiste in exklusiven Restaurants, verspielte Vermögen in Klubs und Casinos und stürzte sich in wilde Affären. Cafés machten gute Geschäfte mit ihrem Angebot an Cocktails und Frauen. Kabaretts und Theater waren jeden Abend ausverkauft – man lachte die Angst fort. Schaufenster quollen über vor französischem Parfüm, Seidenstoffen, Stör, Kaviar und Jahrgangsflaschen von Abrau-Champagner mit dem doppelköpfigen Adler auf den Etiketten.

Diese Flüchtlinge haßten die Bolschewiki leidenschaftlich, die wenigsten jedoch waren bereit, gegen sie zu kämpfen. »Aber das war kein offener Haß«, schrieb Bulgakow, »der den Hassenden befähigt zu kämpfen und zu töten, sondern ein feiger, zischender, sich im Dunkeln hinter der Ecke versteckender Haß.«[2] In den Restaurants führten sie haßerfüllte Reden, wenn sie von den neuesten Schrecken im Norden lasen. Ihren Luxus jedoch aufzugeben und in den Krieg zu ziehen waren sie nicht bereit: es war eine Bourgeoisie auf der Flucht.

Lediglich die Offiziere, Söhne von Gutsbesitzern oder Studenten, deren Studium durch den Krieg unterbrochen worden war, haßten die Roten derart, daß sie gegen sie kämpfen wollten. Diese jungen Männer hatten ihre verstreuten Regimenter an der Front verlassen und ihr Leben aufs Spiel gesetzt, als sie das Land in Richtung auf die Städte im Süden durchquerten. Tagsüber zogen sie mittellos und unrasiert durch die Straßen, nachts schliefen sie bei Leuten auf Stühlen und Fußböden, mit nichts als ihren Mänteln als Decke. Es war eine enteignete Generation, die in einem Bürgerkrieg nichts mehr zu verlieren hatte. Viele hatten bereits mit ansehen müssen, wie ihre Familien die Güter an die Bauern verloren, anderen waren Karriere, Hoffnungen und Erwartungen durch die Revolution zerstört worden. Sie tranken zuviel, schäumten vor Wut und dachten nur an eines – Rache.

Einer dieser Studenten, der Offizier Roman Gul, war auf dem Weg zu den Weißen Garden am Don, als er im Winter 1917 durch Kiew kam. Im Oktober hatte er von seinem Vater folgendes Telegramm erhalten: »Das Gut ist zerstört. Reiche den Abschied ein.« Seitdem war er auf der Flucht vor den Bolschewiki. Auf seiner Zugfahrt durch Rußland in einem Abteil dritter Klasse fühlte er sich abgestoßen von dem Groll und Mißtrauen auf den Gesichtern der vielen Bauern um ihn herum. »Das sind die Leute, die unsere alten Mahagonistühle zertrümmert haben«, schrieb er von unterwegs an einen Freund. »Das sind die Leute, die meine Lieblingsbücher zerrissen haben, Bücher, die ich als Student auf der Sucharewka* kaufte. Das sind die Leute, die unseren Obstgarten abgeholzt und die Rosen ausgerissen haben, die Mama einst gepflanzt hat. Das sind die Leute, die unser Haus niedergebrannt haben.« Auch um diese Schmach zu rächen, hatte Gul wie so viele andere junge Männer seiner Klasse beschlossen, sich den Weißen anzuschließen. »Ich sah, daß unter der roten Mütze von dem, was sie für die Schönheit der Revolution gehalten hatten, tatsächlich eine häßliche Schweineschnauze steckte. Mich quälten Zweifel und Bedenken, doch ich kam zu dem Schluß, daß man, um all dies wieder zurechtzurücken, Verantwortung übernehmen und sogar bereit sein müsse, die Sünde des Mordes zu begehen.«[3]

Guls Ziel Nowotscherkassk war das Hauptquartier der gerade gegründeten Freiwilligenarmee unter der Führung von Alexejew und Kornilow. Nach der Machtergreifung durch die Bolschewiki und Kornilows Befreiung aus dem Bychow-

* Sucharewka – Flohmarkt in Moskau

Kloster waren beide Männer in die verschlafene Stadt in der Steppe geflohen, wo die Donkosaken, von denen die Weißen annahmen, daß sie bedingungslose Anhänger der alten Ordnung seien, kurz zuvor General Kaledin zum Ataman ihrer traditionellen Versammlung, des Krugs, gewählt hatten. Der wortkarge und düstere Kaledin war ein typischer Kosakengeneral alter Schule. 1917 hatte er Kornilow beim Kampf gegen die Räte zur Seite gestanden und im August auf der Moskauer Konferenz unumwunden zur Abschaffung aller demokratischen Armeeorganisationen aufgerufen.

Der Don-Krug hatte am 20. November seine Unabhängigkeit erklärt. Die Hauptsorge der Führer der Donkosaken galt der Verteidigung dieser Entscheidung, die Freiwilligen hatten sie aber davon überzeugen können, daß diese Unabhängigkeit nur aufrechterhalten werden könne, wenn sie sich ihren Truppen gegen die Bolschewiki anschlössen. Letztere hatten weite Teile der nichtkosakischen Bevölkerung im Dongebiet – russische Bauern (*inogorodnyje*), Industriearbeiter und Matrosen der Schwarzmeerflotte – für eine Offensive gegen Rostow, die bedeutendste Stadt des Dongebiets, mobilisiert. Aus diesem Grunde begrüßte Kaledin am 17. November zunächst die Ankunft der Freiwilligen, einer kleinen Gruppe von vierzig Offizieren, die sich Alexejews Organisation nannte. Seine eigenen Truppen waren rasch zerfallen, da die jungen und radikaleren Kosaken, die nicht gegen die Roten kämpfen wollten, von der Front zurückgekehrt waren und begonnen hatten, sich seiner Führung zu widersetzen. Viele der ortsansässigen Kosaken fürchteten, die Anwesenheit der Freiwilligen würde Nowotscherkassk, die Don-Hauptstadt, zur Zielscheibe der Bolschewiki machen. Aufgrund dieses Mißtrauens gegen die Weißen mußten Alexejews Offiziere zunächst in einem Krankenhaus versteckt werden. Als die Roten sich jedoch näherten und klar wurde, daß der Don ohne die Unterstützung der Offiziere nicht gehalten werden konnte, ließ Kaledin sie ohne ernsthafte Einwände von seiten der Kosaken aufstellen. Anfang Dezember nahmen die Roten Garden Rostow endgültig ein. Kaledin verhängte das Kriegsrecht und rief die Freiwilligen auf, die Stadt zurückzuerobern (seine eigenen Kosaken hatten sich geweigert weiterzukämpfen). Alexejews Armee war zu diesem Zeitpunkt bereits auf etwa 500 Offiziere angewachsen und stark genug, die zahlenmäßig überlegenen, doch hoffnungslos undisziplinierten Roten Garden zu schlagen. Die sechs Tage währende Schlacht begann am 9. Dezember, dem Sankt-Georgs-Tag, dem Tag des Schutzheiligen Rußlands. Es war die erste große Schlacht des Bürgerkriegs.[4]

Die Schlacht um Rostow war typisch für die Kämpfe der ersten zwölf Kriegsmonate (von Oktober 1917 bis September 1918). Es gab keine feststehenden »Fronten«, da keine Seite über genügend Männer oder Versorgungskanäle verfügte, so daß die Kampfhandlungen mal hier und mal da aufflammten. Große Städte konnten von winzigen Armeen eingenommen werden, die kaum diesen Namen verdienten. Die meisten Truppenbewegungen geschahen per Eisenbahn, weswegen diese frühen Konfrontationen unter der Bezeichnung »Eisenbahnkrieg« bekannt geworden sind. Man verlud eine Handvoll Männer und einige Maschinengewehre in einen Zug und ließ ihn zum nächsten Bahnhof fahren, der dann ebenso wie die jeweilige Stadt »eingenommen« wurde. Der »Kampf« in diesen Gefechten war oft genug nur eine Farce, da viele der einfachen Soldaten, besonders auf seiten der Roten, überhaupt nicht kämpfen wollten (viele hatten sich den Truppen lediglich angeschlossen, um einen Armeemantel oder eine tägliche Mahlzeit zu erhalten). Häufig kam es vor, daß die gegnerischen Seiten plötzlich in einem Dorf oder einer Kleinstadt aufeinandertrafen und dann nach einer kurzen Beratung übereinkamen, sich wieder zurückzuziehen, statt weiterzukämpfen. Vor allem die Roten flohen oft in Panik, wenn die ersten Schüsse fielen; und obgleich die Weißen als »Freiwillige« weitaus weniger Probleme dieser Art hatten, kam es doch häufig genug zu Situationen, in denen die Offiziere Zwangsmaßnahmen gegen die eigenen Truppen ergreifen mußten. Auf beiden Seiten spielten die Offiziere in den Lageberichten das Fehlverhalten ihrer Männer herunter und übertrieben dafür die erzielten »Erfolge«. Wie Trotzki einmal klagte, wurde jede Stadt angeblich »nach heftiger Schlacht« eingenommen, während jeder Rückzug lediglich wegen »des Ansturms eines überlegenen Gegners« erfolgt war. Am besten bringt Jaroslav Ha‰ek in seinem humoristischen Roman *Der Rote Kommissar* diese absurden Aspekte des Bürgerkriegs auf den Punkt. Der schwejksche Held befiehlt seinen Truppen, sich nach links zurückzuziehen, wenn seine Linien am rechten Flügel durchbrochen werden. Anschließend sendet er dem Kommandostab ein Telegramm, in dem er einen »großen Sieg« und die Einkesselung der Weißen meldet.[5]

Das Anwachsen der Freiwilligenarmee war in hohem Maße auf die charismatische Ausstrahlung von General Kornilow zurückzuführen. Gemeinsam mit seinen Anhängern war er aus dem Gefängnis im Bychow-Kloster geflohen, nachdem Duchonin im November die Kontrolle über das Hauptquartier an die Bolschewiki verloren hatte. Da dies die Möglichkeit ausschloß, die Bolschewiki aus dem Inneren Sowjetrußlands heraus zu Fall zu bringen, und sie selbst der Gefahr der Exekution aussetzte, beschlossen die Bychow-Generäle, zum Don zu fliehen. Die meisten verkleideten sich und fuhren im Zug durch das bolschewistische Rußland. Lukomski nahm sich den Bart ab und sprach mit deutschem Akzent; Romanowski gab sich als Fähnrich aus und Markow als einfacher Soldat. Denikin gab vor, polnischer Adliger zu sein, und reiste dritter Klasse: Hier wurde er zum ersten Mal Zeuge des »grenzenlosen Hasses« der einfachen Menschen gegenüber »jedermann, der sozial oder intellektuell über der Masse stand«. Kornilow jedoch weigerte sich, stolz wie er war, seine Identität zu verleugnen, und führte statt dessen das ihm loyal ergebene Tekke-Regiment in einem Gewaltmarsch durch feindliches, von den Bolschewiki kontrolliertes Gebiet. Sie wurden schließlich von einem roten Panzerzug aufgehalten und in eine Schlacht verwickelt. Kornilows Schimmel wurde unter ihm weggeschossen. Es gelang ihm, zu fliehen und den größten Teil seiner Truppen wieder zu sammeln, doch sie waren bereits zu demoralisiert, um weitermarschieren zu können. Kornilow, der erkannte, daß er nur ohne sie durchkommen würde, beschloß daher, sie zu verlassen und seine Reise allein, als Bauer verkleidet, fortzusetzen. Die Ironie der Geschichte wollte es, daß er in einem Zug der Roten Garde zum Don fuhr.[6]

Nowotscherkassk, wo Gul am Silvestertag eintraf, war ein Mikrokosmos des alten Rußlands im Exil, St. Petersburg in der Steppe. Die gestürzten Großen und Mächtigen drängten sich auf den morastigen Straßen der Stadt. »Hier begegnete man Generälen mit ihren Streifen und Epauletten, geschlagenen Kavallerieoffizieren in ihren farbenprächtigen Röcken, den weißen Hauben der Kindermädchen und den hohen kaukasischen Pelzmützen der turkmenischen Krieger«, erinnerte sich Gul. Zahlreiche Duma-Abgeordnete wie Miljukow, Rodsjanko, Struwe, Sawoiko, G. N. Trubezkoi, Nikolai Lwow und selbst der Sozialrevolutionär Boris Sawinkow waren nach Nowotscherkassk gekommen, um einen Versuch zu wagen und sich an die Spitze der Weißen Bewegung zu stellen. Auch führende Intellektuelle wählten den Don als Zuflucht, im direkten wie im übertragenen Sinne. Marina Zwetajewa, deren Mann Sergej Efron sich als einer der ersten den Freiwilligen angeschlossen hatte, schrieb in ihrer Moskauer Dachstube den Gedichtzyklus *Das Lager der Schwäne*, in dem sie die Aufständischen vom Don als »die Jugend und den Stolz« Rußlands idealisierte. Für Zwetajewa wie für so viele ihrer Klasse und Herkunft stellte der Don die letzte Hoffnung dar, Rußlands Zivilisation zu retten. Es war, wie sie es ausdrückte, »der letzte Traum der alten Welt«.

In Nowotscherkassk gingen die offiziellen Uhren nach Petersburger Zeit – eine Stunde hinter der Ortszeit –, als wäre man jederzeit bereit, die Regierungsarbeit in der zaristischen Hauptstadt wiederaufzunehmen. Nichts könnte die nostalgische Haltung der Weißen besser illustrieren. Sie versuchten im wahrsten Sinne des Wortes die Uhren zurückzustellen. Alles, von der zaristischen Uniform bis zur förmlichen Morgengarderobe, signalisierte ihre Sehnsucht, das alte Regime wiederzuerrichten. Als sie später Rückschau auf den Bürgerkrieg hielten, gestanden sich alle vernünftigeren Leute auf seiten der Weißen – ob in Südrußland oder Sibirien – ein, daß diese Identifikation mit der Vergangenheit ein Hauptgrund für ihr Scheitern gewesen sei. Wie sehr die Weißen auch ihren Glauben an demokratische Prinzipien beteuert haben mögen, sie waren zu sehr im alten System verwurzelt, um als echte Alternative zu den Bolschewiki anerkannt zu werden. Und das galt erst recht für die weißen Offiziere und die örtlichen Beamten, die mit der einfachen Bevölkerung zu tun hatten und deren Bild von weißer Herrschaft prägten. Astrow, der Kadett, der sich den Freiwilligen angeschlossen hatte, schrieb 1920: »Mit unserer überlebten Etikette, unserer überlebten Mentalität und den überlebten Lastern unserer Bürokratie einschließlich der Rangklassen Peters des Großen konnten wir es nicht mit den Roten aufnehmen.« Der Nationalist Schulgin schrieb 1919: »Die Konterrevolution hat keinen einzigen neuen Namen hervorgebracht ... Das war der Hauptgrund unseres tragischen Scheiterns.« Struwe betonte 1921, daß diese »Psychologie des alten Regimes« die Weißen daran gehindert habe, sich jene revolutionären Methoden zu eigen zu machen, die notwendig seien, um einen Bürgerkrieg zu gewinnen:

> *Psychologisch verhielten sich die Weißen, als wäre nichts geschehen, während in Wirklichkeit die ganze Welt um sie herum zusammengebrochen war, und um den Feind zu besiegen, hätten sie selbst in gewissem Sinne eine Wiedergeburt erleben müssen ... Nichts schadete der »weißen« Bewegung so sehr wie gerade dieser Zustand,* seelisch unbewegt in früheren Verhältnissen zu verharren, *Verhältnisse, die zu bestehen aufgehört hatten. [...] Männer mit dieser »altväterlischen« Psychologie wurden in das tosende Meer der revolutionären Anarchie gestoßen und konnten sich darin nicht mehr zurechtfinden. [...] In dem revolutionären Sturm, der Rußland 1917 erfaßte, mußten selbst die eingefleischtesten Reaktionäre zu Revolutionären im psychologischen Sinne werden, weil sich in einer Revolution nur Revolutionäre zurechtfinden können.*[8]

Seine Abneigung gegen diese restaurative Haltung wie auch eine Knieverletzung hielten Brussilow davon ab, an den Don zu kommen, obwohl sein alter Freund Alexejew ihn mehrmals dazu aufforderte. Zwar sympathisierte Brussilow durchaus mit den Weißen, aber er war überzeugt, daß ihre Sache »zum Scheitern verurteilt« sei, »da sich das russische Volk in jedem Fall für die Roten entschieden« habe. Es habe keinen Sinn, die Uhr zurückstellen zu wollen, erklärte er im April gegenüber einem Freund. »Meiner Ansicht nach hat das alte Regime schon vor langer Zeit ausgedient.« Kornilows Kampf gegen die Bolschewiki möge »tapfer und edel« gewesen sein, doch er sei auch ein »sinnloser Akt« gewesen, der »zwangsläufig dazu geführt« habe, daß »das Leben zahlreicher junger Männer geopfert wurde«. Zweifellos kann man diesen Äußerungen Brussilows Abneigung gegen Kornilow entnehmen. Es war aber auch Resignation, was ihn einen Bürgerkrieg ablehnen ließ – als sei für ihn die Revolution von Gott geplant und Teil einer göttlichen Komödie, deren Ausgang noch ungewiß war. Brussilow hielt es für seine Pflicht als Patriot, »auf der Seite des Volkes zu stehen«, was bedeutete, daß er keinerlei Partei im Bürgerkrieg ergriff, selbst wenn er damit seine eigene gesellschaftliche Klasse und Ideologie verriet. Meineckes Bekenntnis aus dem Jahr 1919: »Ich bleibe, der Vergangenheit zugewandt, Herzensmonarchist und werde, der Zukunft zugewandt, Vernunftrepublikaner« könnte ebensogut von Brussilow stammen.[9]

Die Freiwilligenarmee war eine Armee von Offizieren, und darin bestand auch ihr größtes Problem: Es gelang ihr nie, die Unterstützung der Zivilbevölkerung zu erlangen, nicht einmal die der einfachen Soldaten. Als man Kornilow zum ersten Mal die Liste der Freiwilligen vorlegte, rief er ärgerlich aus: »Das sind ja alles Offiziere, wo sind denn die Soldaten?« Unter den ersten 3000 Freiwilligen waren lediglich ein Dutzend einfache Soldaten. Wohl nie hat es in der Militärgeschichte eine derart »kopflastige« Armee gegeben. Hauptleute und Oberste waren gezwungen, als Gemeine Dienst zu tun. Generalmajore mußten sich mit dem Kommando einer Schwadron begnügen. Ständiges Gerangel um die Befehlsgewalt bereitete dem Generalstab großes Kopfzerbrechen. Altgediente Generäle lehnten es ab, sich jüngeren Offizieren unterzuordnen, die streng nach ihren Verdiensten befördert wurden. Monarchisten verweigerten jenen Befehlshabern den Gehorsam, die in Opposition zum Zaren gestanden hatten. Einige lehnten es ab, unter dem Rang zu dienen, den sie in der zaristischen Armee innegehabt hatten, da sie es für unter ihrer Würde hielten. Die Cafés waren voll von derlei untätigen Offizieren, die die Freiwilligen ironisch als »Spielzeugsoldaten« bezeichneten. Der Stolz auf ihren einstigen Rang und Status überwog ihr Bedürfnis zu kämpfen.[10]

Selbst die beiden Männer an der Spitze der Bewegung verloren sich in kleinlichen Streitereien. Kornilow war das Kommando über die Freiwilligenarmee übertragen worden, während Alexejew für die politischen und finanziellen Angelegenheiten zuständig war. Diese Aufteilung funktionierte jedoch nie wirklich, und beide gerieten einander immer wieder in die Quere. Die Spannungen basierten weniger auf ideologischen Differenzen, sondern hatten vielmehr mit Taktik, Stil und persönlicher Rivalität zu tun. Beide Männer hatten die Februarrevolution begrüßt und sich dafür verwendet, die Konstituierende Versammlung wiedereinzusetzen. Kornilow jedoch war den Politikern der Kadetten feindlich gesinnt, wie überhaupt allen Politikern, um die sich Alexejew bemühte. Im Gegensatz zum konservativen Alexejew befürwortete er auch unorthodoxe Taktiken – bis hin zu Terror innerhalb Sowjetrußlands. »Selbst wenn wir halb Rußland niederbrennen und das Blut von drei Vierteln der Bevölkerung vergießen müssen, wir werden es tun, wenn es zu Rußlands Rettung notwendig sein sollte«, sagte Kornilow einmal. Alexejew und die altgedienten Generäle betrachteten Kornilow als einen Aufrührer und Demagogen, der erst nach der Februarrevolution in den Rang eines Generals aufgestiegen war. Doch ebendieses Image des »Selfmademan«, ein Image, das Kornilow kultiviert hatte, machte ihn zum Idol der jungen Offiziere. Es war ein Konflikt zwischen den alten zaristischen Prinzipien der Rangfolge nach Dienstalter und der Massenpolitik von 1917.[11]

Als Armee russischer Offiziere erwuchsen den Freiwilligen auch stets Probleme mit ihren Gastgebern, den Kosaken. Die Führer der Weißen hatten den Don zu ihrer Basis gemacht, weil sie davon ausgingen, die Kosaken würden die alte Ordnung bedingungslos unterstützen. Diese Annahme beruhte jedoch mehr auf Mythen des 19. Jahrhunderts als auf der Wirklichkeit des 20. Jahrhunderts. Tatsächlich waren die Kosaken selbst untereinander gespalten – sowohl regional als auch nach Generationen. In den nördlichen Bezirken lebten sie als Kleinbauern wie die dortigen Russen und unterstützten im allgemeinen die von den jüngeren und demokratischeren Kosakenoffizieren vertretenen Ideen einer sozialistischen Republik, die sie mit den Bauern vereinen würde. Sie verübelten den Kosaken im Süden ihren Wohlstand sowie den Anspruch ihrer Ältesten, für das gesamte Gebiet zu sprechen. Die jüngeren und kriegsmüden Kosaken, die von der Front kamen und unter dem Einfluß derer standen, die es zum Offizier gebracht hatten, waren eher geneigt, sich mit dem bolschewistischen Rußland zu arrangieren, als gegen es zu kämpfen. Lediglich im südlichen Dongebiet – dort, wo die Kosaken wohlhabender waren und deshalb entschlossener, ihre überkommenen Landprivilegien gegen die Forderungen der russischen Bauern nach einer Landreform zu verteidigen –, waren sie demnach auch bereit, gegen die Bolschewiki zu kämpfen. Im Gegensatz dazu stellte sich die Mehrheit der Kosaken des nördlichen Don hinter den Militärischen Revolutionsrat in Kamenskaja unter der Führung des Offiziers Filip Mironow, der den Donkosaken-Aufstand von 1905/06 organisiert hatte. Mironows Ziel war eine unabhängige sozialistische Republik, die die Kosaken mit den russischen Bauern vereinen sollte. Tatsächlich wurde sein Militärischer Revolutionsrat dann aber zur fünften Kolonne der bolschewistischen Truppen bei deren Invasion des Don von der Ostukraine aus. Inzwischen hatten die meist russischen Arbeiter in den Industriestädten des Dongebiets, die vor allem die Bolschewiki unterstützten, eine Reihe von Proteststreiks gegen die Präsenz der Freiwilligen ausgerufen. Sie metzelten all diejenigen nieder, die sie für Anhänger der Weißen hielten – also letztlich alle *burschuis* –, woraufhin die Weißen entsprechend brutale Vergeltungsschläge durchführten und Hunderten von Streikenden die Augen ausstachen oder die Nasen abschnitten. Es kam zu einer Spirale der Gewalt, je mehr Donstädte in den Bürgerkrieg hineingezogen wurden.

Immer mehr Kosaken hielten diese Vorgänge für einen aus Rußland importierten Konflikt. Die jüngeren unter ihnen, die die vergangenen drei Jahre an der Front verbracht hatten, lehnten den Gedanken, auf seiten der Weißen zu kämpfen, besonders heftig ab. In den Kosakenfamilien wurde die Kluft zwischen Vätern und Söhnen tiefer, wie sich die Leser von Scholochows Roman *Der stille Don* erinnern werden, und Kaledins Truppen lösten sich auf, da die jüngeren Kosaken dem Krieg den Rücken kehrten. Demzufolge blieb die Verteidigung des Dongebiets der Freiwilligenarmee und einer schrumpfenden Zahl meist älterer Kosaken überlassen, die loyal zu Kaledin hielten. Ohne ausreichend Nachschub und Geldmittel – der Rostower Mittelstand weigerte sich, die Freiwilligen zu unterstützen – hatten sie nur wenig Chancen, die Roten aufzuhalten.[12]

Sechs Tage nach einem Arbeiteraufstand in Taganrog eroberten die Roten am 8. Februar diese Stadt. Nun standen sie kaum 80 Kilometer von Rostow entfernt. Kaledins Regierung war dem Untergang geweiht. Die Freiwilligen, die keinen Sinn darin sahen, ihre Armee der Verteidigung von Rostow zu opfern, bereiteten sich auf den Abzug vor und marschierten schließlich nach Süden zum Kuban, wo sie die über den Vormarsch der Roten beunruhigten Kosaken vielleicht dazu überreden konnten, sich ihnen anzuschließen. Kaledin trat als Ataman zurück und erschoß sich noch am selben Tag. Zehn Tage darauf, am 23. Februar, eroberte die Rote Armee Rostow zum zweiten Mal innerhalb dreier Monate. Die Hauptstadt des Dongebiets, Nowotscherkassk, fiel am 25. Februar. Mit der Eroberung des Dongebiets war Rußland nahezu vollständig unter sowjetischer Kontrolle. Lediglich am Kuban hielt sich noch erbitterter Widerstand. Lenin erklärte den Bürgerkrieg für beendet. Tatsächlich jedoch hatte er gerade erst begonnen.

* * *

Der Eismarsch, wie man den Rückzug der Freiwilligen vom Don zum Kuban später nennen sollte, war *das* heroische Kapitel des russischen Bürgerkriegs. Die Tragödie des Eismarsches wurde unter den Weißen zu einer Legende und später in zahllosen Erinnerungen von Emigranten nacherzählt. Es war dies der entscheidende Augenblick der Weißen Bewegung, der Augenblick, an dem sich die Freiwilligen zu einer wahren Armee formierten, als ob allein die Tatsache, daß sie allen Unkenrufen zum Trotz überlebten, sie zusammenschweißte und ihnen eine Stärke verlieh, die ihre faktische Truppenstärke bei weitem übertraf.

Als die Sowjettruppen am 23. Februar Rostow erreichten, führte Kornilow seine Freiwilligen, etwa 4000 bestens ausgebildete Soldaten und Offiziere, bewaffnet lediglich mit einem Gewehr pro Mann und einigen Geschützen, durch die zugefrorenen Donsteppen. Sie marschierten einer hinter dem andern, ein schmaler schwarzer Strich in den schneebedeckten Weiten der Steppe. Die Zivilisten, die sich ihnen angeschlossen hatten – Bankiers, Politiker, Universitätsprofessoren, Journalisten, Krankenschwestern sowie die Frauen und Kinder der Offiziere –, verlangsamten das Tempo beträchtlich. Das Rostower Bürgertum nahm diese entbehrungsreiche Reise auf sich, um nicht das Risiko einzugehen, den Bolschewiki in die Hände zu fallen. Sie marschierten Tag und Nacht, mieden Eisenbahnlinien und Siedlungen, deren Bewohner ihnen aller Wahrscheinlichkeit nach feindlich gesinnt waren. Verwundete und Kranke wurden zurückgelassen, und viele von ihnen erschossen sich lieber, als von den Roten gefaßt zu werden. Die Einwohner des russischen Dorfes Guljai-Borissow nahmen General Lukomski, dessen Truppe sich von der Hauptkolonne abgespalten hatte, gefangen und stellten ihn vor ein Revolutionstribunal. Lukomski versuchte die Dorfbewohner davon zu überzeugen, daß er nur ein reisender Geschäftsmann sei, doch das war kaum dazu angetan, ihr Vertrauen zu gewinnen, im Gegenteil – sie forderten, den *burschui* zu erschießen. Lukomski jedoch gelang die Flucht, als kurz vor seiner geplanten Hinrichtung Chaos ausbrach, nachdem die Dörfler zwei Freiwillige zu Tode geprügelt hatten und sich anschließend um deren Stiefel stritten. Während er auf seine Hinrichtung wartete, hatte Lukomski mit ansehen müssen, wie sein Grab ausgehoben wurde, und einige Zyankalitabletten geschluckt, die er seit seiner Inhaftierung im Bychow-Kloster bei sich trug. Glücklicherweise hatten sie keinerlei Wirkung.[13]

Je tiefer die Weißen in die Steppe vordrangen, desto häufiger griffen sie zu gewaltsamen Mitteln gegen die feindselige Bevölkerung. Ihr Eismarsch zog eine Blutspur nach sich. Möglicherweise war dies unvermeidlich, angesichts des Widerstands der Bauern, dem verzweifelten Bedürfnis der Freiwilligen nach Lebensmitteln zu entsprechen. Die Weißen waren in einem roten Meer von Bauern gestrandet. Doch in ihrer Gewalttätigkeit lag auch ein Element reinen Klassenkampfs und der Rache, wie überhaupt der Weiße Terror ein Spiegelbild des Klassenressentiments und des Hasses war, die den Roten Terror antrieben. Terror lag beiden Regimes zugrunde. Die Weißen waren die Rächer all jener, die unter der Revolution gelitten hatten. Wrangel schrieb später: »Wir brachten weder Verzeihung noch Frieden, sondern allein das grausame Schwert der Rache.« Die meisten der Offiziere waren Söhne von Gutsbesitzern, die wie Gul ihr Erbe an die Bauern verloren hatten. Sie hatten allen Grund, Vergeltung zu suchen, nicht nur bei den verachteten Bauern, sondern auch bei »bolschewistischen« Juden und Intellektuellen, die die Bauern aufgewiegelt hatten. Eine der schrecklichsten Greueltaten der Weißen während des Eismarsches ereignete sich im Dorf Leschanka, das für seine mit der Revolution sympathisierenden russischen Bauern bekannt war. Roman Gul sah entsetzt mit an, wie seine Offizierskameraden sechzig Bauern als Vergeltung für den Roten Terror in Rostow brutal abschlachteten, darunter viele alte Männer und Frauen. Hunderte von Bauern wurden nackt ausgepeitscht, während die Freiwilligen lachend zusahen. Gul lernte eine arme Bauersfrau kennen, die ihm in ihrer Hütte ein Frühstück bereitete; sie hatte ihren Mann und drei Söhne verloren. Alle waren sie als »Bolschewiki« erschossen worden. All dies war eine grausame Ernüchterung für Gul, der sich der Weißen Bewegung in der Hoffnung angeschlossen hatte, in ihren Reihen für demokratische Ideale kämpfen zu können, die von den Bolschewiki verraten worden waren. Nun begann er sich zu fragen, ob »die Weißen tatsächlich besser waren als die Roten«.[14]

Nachdem sie mehrere Wochen durch die Steppe gezogen waren und die Roten mit ihren letzten Munitionsvorräten zurückgeschlagen hatten, gab Kornilow den Freiwilligen den Befehl, Jekaterinodar anzugreifen, die Hauptstadt der erst kurz zuvor gegründeten Nordkaukasischen Sowjetrepublik. Am 23. März hatte sich ihnen die Kuban-Armee angeschlossen, etwa 3000 Kosaken unter der Führung von General Pokrowski, die aus Jekaterinodar geflohen und in den nahe gelegenen Tscherkessischen Bergen auf die Truppe vom Don gestoßen war. Bei einem geradezu surrealistischen Gipfeltreffen im Bergdorf Schendsi mit all dem Protokoll des alten Regimes vereinigten Kornilow und Pokrowski ihre Armeen, um den Kuban zurückzuerobern. Kornilow, der Oberbefehlshaber, gab den vereinten Streitkräften von 7000 Mann am 10. April den Befehl zum Angriff auf die Hauptstadt. Sie trafen auf erbitterten Widerstand der Roten, die über etwa 18 000 Mann verfügten. Kornilow mußte bald erkennen, daß die Belagerung zum Scheitern verurteilt war und die gesamte Armee aufzureiben drohte, doch er weigerte sich, seine

Truppen zurückzuziehen. So etwas entsprach schließlich nicht seinem Charakter. »Wenn wir Jekaterinodar nicht einnehmen«, sagte er am 12. April zu Denikin, »bleibt mir nichts anderes übrig, als mir eine Kugel in den Kopf zu schießen.«[15]

Schließlich zahlte Kornilow tatsächlich mit dem Leben für sein selbstmörderisches Unternehmen. Am frühen Morgen des folgenden Tages schlug eine Granate in seinem Hauptquartier, einem Bauerngehöft, ein und begrub ihn unter den Trümmern.* General Denikin, der sogleich das Oberkommando übernahm, versuchte, die Nachricht von Kornilows Tod vor der Truppe geheimzuhalten, da er nicht allein der Befehlshaber, sondern vielmehr *das* Symbol ihrer Sache gewesen war und sein Tod die Moral der Soldaten an diesem kritischen Punkt der Schlacht gebrochen hätte. Der große Held der Weißen wurde auf einem bescheidenen Friedhof im Dorf Jelisawetinskaja beerdigt. Die Roten machten das Grab jedoch später ausfindig und schafften seinen verwesenden Leichnam nach Jekaterinodar, wo sie ihn erst durch die Stadt trugen und anschließend auf dem Hauptplatz verbrannten.

Ironischerweise bedeutete Kornilows Tod vermutlich die Rettung der Weißen. Wäre er am Leben geblieben, so hätte er zweifellos den Sturm auf Jekaterinodar befohlen, was aller Wahrscheinlichkeit nach die endgültige Niederlage zur Folge gehabt hätte. Am Abend vor seinem Tod hatte er sich geweigert, auf den Rat seiner Generäle zu hören und das Bauernhaus zu verlassen, das bereits mehrere Tage unter schwerem Beschuß gestanden hatte. Seiner Ansicht nach war es »die Mühe nicht wert; morgen werden wir zum entscheidenden Schlag ausholen«.[16] Denikin, der nie vom Plan der Belagerung überzeugt gewesen war, befahl der Armee, sich unter Zurücklassung von 200 Verwundeten, die das Marschtempo verlangsamt hätten, schnellstens nach Norden zurückzuziehen. Hätten die Roten ernsthafte Anstrengungen unternommen, sie zu verfolgen, statt auf Kornilows Grab zu tanzen, sie hätten den Bürgerkrieg bereits damals gewinnen können. So jedoch konnten die Freiwilligen zurück zum Don fliehen, von wo sie zu ihrem harten Marsch aufgebrochen waren. 4000 hatten sich auf den Weg gemacht, und mindestens ebenso viele kehrten auch schließlich zurück. Und was noch wichtiger ist – sie kehrten mit gestärktem Kampfgeist zurück.

* * *

Während ihrer zehnwöchigen Abwesenheit war der Don von den Bolschewiki terrorisiert worden. Der Sowjetischen Donrepublik war endlich gelungen, was Kaledin immer versucht und nie erreicht hatte – die Kosaken gegen die Roten aufzuhetzen. Nachdem die Bolschewiki Rostow erobert hatten, errichteten die Führer der Roten Armee ein Schreckensregime am Don. Den Kosakensiedlungen wurden

* Später behaupteten die Roten, sie seien über den Standort von Kornilows Hauptquartier durch einen Überläufer der Freiwilligen informiert gewesen.

Sowjets aufgezwungen, und mit Waffengewalt requirierte man ihre Nahrungsmittel. Den *burschuis* wurden Strafabgaben abgepreßt und Geiseln zu Hunderten wahllos erschossen. Die Roten Garden, die sich vor dem Vormarsch der Deutschen in Richtung Taganrog zurückzogen und die Erlaubnis der Bolschewiki hatten, »die Plünderer zu plündern«, durchstreiften die *stanizas*, die Kosakensiedlungen, und fuhren blutige Ernte ein. Kirchen wurden überfallen und Priester hingerichtet. Einem Priester wurden während des Ostergottesdienstes vor seiner Gemeinde Nase und Ohren abgeschnitten und die Augen ausgestochen.

Diese Ereignisse hatten eine Welle von Kosakenaufständen zur Folge, aus Angst vor dem, was die Roten noch alles tun würden, ebenso wie aus Zorn darüber, was sie bereits getan hatten. Sie nahmen ihren Ausgang in den Dörfern um Nowotscherkassk, die stets zu den reichsten der Donregion gehört hatten und demzufolge nun Requirierung und Terror am stärksten ausgesetzt waren. Die Kosaken wurden zum Aufstand gedrängt, da die Bolschewiki ihre schlimmsten Befürchtungen und Vorurteile über das Verhältnis zwischen ethnischen Minderheiten und dem russischen Staat verkörperten. Jede *staniza* hatte ihre eigene Rebellenarmee, meist von Offizieren aufgestellt und ausgestattet durch die Kosakenhöfe. Sie vereinigten sich im April in der *staniza* Saplawskaja bei Nowotscherkassk, wo sich eine starke Streitmacht von Offizieren und Soldaten befand, um den Befreiungsschlag gegen die Hauptstadt vorzubereiten. Gegen Ende April war ihre Truppenstärke auf 10 000 Kavalleristen angewachsen. Die Kosaken eroberten Nowotscherkassk ohne größeren Widerstand von seiten der entkräfteten Roten zurück, die durch den Vormarsch der Deutschen von Taganrog nach Rostow Anfang Mai abgelenkt waren. Sie wählten einen »Krug zur Rettung des Don« unter der Führung von General Krasnow, ihrem neuen Ataman, der in den Oktobertagen den Feldzug nach Petrograd zur Wiedereinsetzung der Regierung Kerenski angeführt hatte.[17]

Krasnow war ein Kosakenataman, wie er im Buche steht. Er stammte aus einer berühmten Kosakenfamilie und spielte, da er ein großer Verfechter des Kosakentums war, häufig auf seine Herkunft an. Vor dem Krieg war er Journalist gewesen, und später im Exil sollte er seinen Lebensunterhalt als Romancier bestreiten. Der Politiker Krasnow vereinte diese beiden Facetten in sich. Seiner historischen Phantasie waren keine Grenzen gesetzt. Er würzte seine Reden mit archaischen Ausdrücken, um auf diese Weise die Illusion einer alten Kosakennation zu schaffen, die bis ins Mittelalter zurückreichte. Indem er den Blick auf die Heldentaten der Vergangenheit richtete, schwor er die Kosaken auf ihren Kampf gegen die Bolschewiki als nationalen Befreiungskrieg ein. Es war ein karnevalesker Nationalismus, der mehr auf Mythen als auf historischen Tatsachen basierte, nichtsdestotrotz aber sehr wirkungsvoll war. Der »Allergrößte Don-Herrscher«, ein Titel, der seit dem 17. Jahrhundert in offiziellen Dokumenten außer Gebrauch war, wurde auf Anordnung Krasnows wiedereingeführt. Der persönliche Führungsanspruch des Atamans wurde ebenso vom Grundgesetz des Don-Krugs gebilligt wie die Rechte und Privilegien der Kosaken über die nichtkosakische Bevölkerung (die nun ohne Ausnahme als »Bolschewiki« verdammt wurden). Das Ganze war ein kitschiger Versuch, das Goldene Zeitalter der Kosaken aus den russischen Märchen wiederaufleben zu lassen. Öffentliche Gebäude hißten die Kosakenfahne, Schulkinder mußten Kosakenlieder singen, und es gab sogar ein spezielles Gebet für Kosaken.[18]

Nachdem die Kosaken – mit Unterstützung der Deutschen im Westen und der Freiwilligen im Süden – den Don kontrollierten, war die Voraussetzung für die antibolschewistischen Streitkräfte geschaffen, ihren militärischen Einfluß über die gesamte Region zu konsolidieren. Dies geschah zwischen Mai und August.

Mitte Juni belief sich die Truppenstärke von Krasnows Don-Armee auf 40 000 Mann. Von den Deutschen wurden sie im Tausch gegen Weizen mit Waffen versorgt. Da die Roten an der Wolga gefordert waren, konnte die Rückeroberung des Don erfolgreich abgeschlossen und eine Pufferzone im Norden nach Woronesch und Zarizyn hin geschaffen werden. Unterdessen hatte die Freiwilligenarmee durch das Eintreffen von 2000 Soldaten von der rumänischen Front unter Oberst Drosdowski Verstärkung erhalten. Nun war sie in der Lage, eine neue Offensive zu beginnen, doch in welche Richtung? Alexejew und Krasnow wollten beide, daß Denikin gegen Zarizyn an der Wolga vorstieß – Alexejew, um sich mit den Tschechen und den Komutsch-Streitkräften wolgaaufwärts bei Samara zu vereinigen; Krasnow, um die Bedrohung der Donregion durch die roten Streitkräfte in Zarizyn zu beenden. Wäre dies geschehen, so hätten die vereinten Streitkräfte aus Freiwilligen, Krasnow-Kosaken, Tschechen und Komutsch-Truppe durch einen Vormarsch von ihrem Brückenkopf an der Wolga aus auf Moskau möglicherweise den Bürgerkrieg gewinnen können. Denikin weigerte sich jedoch hartnäckig und ließ seine Freiwilligen nach Süden in die Wildnis der Kubansteppe marschieren. Er wollte den Weißen den Rücken stärken, indem er eine Armee von Kubankosaken aufstellte. Dadurch vergab er eine reelle Chance, seine Armee mit den anderen antibolschewistischen Armeen zu verbinden. Im Herbst griffen Krasnows Kosaken Zarizyn auf eigene Faust an, konnten es jedoch nicht einnehmen. Als Denikin im darauffolgenden Sommer schließlich die Wolga erreichte, befanden sich seine östlichen Verbündeten bereits auf dem endgültigen Rückzug, und die Chance, die Streitkräfte zu vereinigen, war für immer vertan.

In diesem Lichte betrachtet, hatten die Freiwilligen eigentlich nie auch nur die geringste Chance auf einen Sieg in diesem Zweiten Kubanfeldzug gehabt. Zu Beginn der Offensive im Juni standen lediglich 9000 Freiwillige einer Streitmacht von 80 000 Roten gegenüber. Die Roten waren allerdings von ihrem Nachschub im Norden abgeschnitten und von einer weitgehend feindselig eingestellten Bevölkerung umgeben, so daß ihre zwangsrekrutierten Soldaten entsprechend demoralisiert waren. Die Freiwilligen waren dagegen überaus diszipliniert und angespornt von der Erinnerung an den Eismarsch. Am Anfang der Offensive bestand ein Drittel ihrer Truppen aus exilierten Kubankosaken, die für die Befreiung ihrer Heimat kämpften. Dieser Anteil stieg noch an, als die Freiwilligen den Kuban erreichten, wo die ortsansässigen Kosaken, die unter den Roten gelitten hatten, der Freiwilligenarmee entweder beitraten oder mit eigenen Abteilungen an ihrer Seite kämpften. Nach mehreren Wochen eroberten sie schließlich am 18. August Jekaterinodar. Die Roten flohen nach Süden in Richtung Pjatigorsk im Kaukasus, während die Weißen ihre Kontrolle über den nördlichen und westlichen Kuban ausdehnten, im November auch über Stawropol. Von einer kleinen Offiziersgruppe während des Eismarsches war die Freiwilligenarmee zu einer 40 000 Mann starken Streitmacht angewachsen, die über eine territoriale Basis von der Größe Belgiens verfügte, von wo aus sie ihren Kreuzzug gegen die Bolschewiki führen konnte.[19]

* * *

General Denikin hätte wohl nie damit gerechnet, eines Tages oberster Herrscher über diese Territorien zu sein. Nach Kornilows Tod war er lediglich Befehlshaber der Freiwilligen gewesen, während Alexejew der politische Führer der Bewegung geblieben war. Noch immer nannte man die Freiwilligen »Alexejews Armee«. Alexejew jedoch war krank und starb im Oktober, so daß Denikin der unangefochtene militärische und politische Führer der Konterrevolution im Süden wurde. Die Verfassung der Freiwilligenarmee, die nach der Okkupation von Jekaterinodar entworfen worden war, verlieh ihm die Vollmachten eines Militärdiktators. Kornilows Traum war also doch noch in Erfüllung gegangen. Denikin war jedoch nicht Kornilow, nicht die Persönlichkeit, den Generalissimus zu spielen, und dies erklärt teilweise die Niederlage der Weißen.

Denikin war Berufssoldat: er entstammte einer Soldatenfamilie und hatte sein ganzes Leben in der Armee verbracht. Politik war unbekanntes Terrain für ihn, dem er sich vom beschränkten militärischen Blickwinkel her näherte. Die Akademie des Generalstabs hatte ihn nicht angeregt, über die drei wichtigsten Glaubensartikel Autokratie, Orthodoxie und Volkstümlichkeit hinauszudenken. »Für die Offiziere«, schrieb er in seinen Erinnerungen, »war die Struktur des Staates für alle Zeiten festgelegt, daran gab es nichts zu rütteln, und sie weckte weder Zweifel noch Meinungsverschiedenheiten.« Die Erfahrung von 1917, die gezeigt hatte, daß die Armee auseinanderfiel, wenn sie sich in das politische Geschehen einmischte, verstärkte Denikins apolitische Haltung noch. Wie bei vielen anderen Offizieren folgte daraus Verachtung gegenüber allen Politikern. Er wollte die Armee »vor zänkischen Politikern« schützen und »ein eigenes Programm auf der Grundlage einfacher nationaler Symbole« schaffen, »das alle miteinander einigen könnte«.[20]

Die Verfassung war Denikin dabei hilfreich. In ihrer Weitschweifigkeit stellte sie einen Sieg der Form über den Inhalt dar, voller Gesetzesideale, die während eines Bürgerkriegs kaum anwendbar waren. Kurzum, sie war genau das, was man von einer von den Kadetten entworfenen Verfassung erwarten würde. Sie versprach allen alles und gab letztlich niemandem etwas. Alle Bürger genossen gleiche Rechte, und doch waren den Kosaken »Sonderrechte und Privilegien« vorbehalten. Der Staat wurde zwar per Gesetz regiert, aber Denikins Diktatur (man nannte ihn »Zar Anton«) waren keine gesetzlichen Grenzen gesetzt. Keines der grundlegenden politischen Probleme, mit denen Rußland konfrontiert war, wurde ernsthaft angegangen. Welche Staatsform sollte Rußland haben? Sollten das Kaiserreich wiederbelebt, die Rechte der Gutsbesitzer wiederhergestellt werden? All diese Fragen wurden zugunsten des Feldzugs zurückgestellt.

Dies war vielleicht verständlich, wenn man die Zersplitterung in Jekaterinodar bedenkt. Eine Vielzahl von Gruppierungen und Faktionen, von den Schwarzhundertern auf dem rechten Flügel bis zu den radikalen Demokraten auf dem linken, rangen miteinander um politischen Einfluß auf die Weiße Bewegung. Keine dieser Gruppierungen hatte Rückhalt in der Bevölkerung, aber dennoch strebten alle nach einer »historischen Rolle«. Sie waren völlig zerstritten und trieben Politik als Spiel. Lediglich der Reichseinheitsrat und das Nationale Zentrum verfügten tatsächlich über einen gewissen Einfluß in Denikins Regierung, in deren Ämter sie sich teilten. Der Reichseinheitsrat war monarchistisch und leugnete die Rechtmäßigkeit der Februarrevolution ab. Das Nationale Zentrum bestand aus Kadetten, die sich dafür einsetzten, die Konstituierende Versammlung wiederherzustellen. Es verwundert unter diesen Umständen nicht, daß Denikin es vorzog, sich aus der Politik herauszuhalten. Er sah sich von ränkeschmiedenden Politikern umgeben, die jeweils versuchten, ihn in die ihnen genehme Richtung zu ziehen, und versuchte deshalb, einen mittleren Kurs zu steuern, seine Äußerungen so vage und unverbindlich wie möglich zu halten und auf diese Weise niemanden zu beleidigen.[21]

Zunächst schien diese Vernachlässigung der Politik keine Rolle zu spielen. Es genügte, den Militäraktionen Priorität zu verleihen und die Aufmerksamkeit auf die Förderung vager nationaler Symbole als Alternative zur Propaganda der Roten zu konzentrieren. Später jedoch, als für die Weißen die Eroberung Rußlands nicht mehr nur theoretisch möglich war, sondern sie auch zum Handeln und Regieren zwang, erwies sich ihre Vernachlässigung der Politik als verhängnisvolle Schwäche. Sie verloren den Bürgerkrieg ebensosehr aufgrund ihrer politischen Unfähigkeit wie wegen ihrer Niederlagen auf dem Schlachtfeld.

Die Führer der Weißen – und dies trifft sowohl für Sibirien als auch für den Süden zu – hatten es versäumt, sich auf die neue revolutionäre Welt einzustellen, in der der Bürgerkrieg geführt werden mußte. Sie unternahmen keine wirklichen Anstrengungen, eine Politik zu entwickeln, die den Bauern oder den nationalen Minderheiten entsprechen könnte, obwohl deren beider Unterstützung unentbehrlich war. Sie waren zu fest im alten Rußland verwurzelt. Wie wichtig Propaganda und lokale politische Strukturen waren, übersahen sie beinahe gänzlich, und von ihrem engen militärischen Blickwinkel aus konnten sie nicht begreifen, wie notwendig die Mobilisierung der Massen in einem Bürgerkrieg war. Erst 1919, und auch da nur unter dem Druck der Alliierten, begannen die Weißen ihre eigene Propagandamaschinerie in Gang zu setzen. Aber selbst dann ging man das Ganze halbherzig und dilettantisch an, verglichen mit der brillanten Propaganda der Roten. OSWAG, Denikins Propagandaabteilung, war zunächst innerhalb der Abteilung für auswärtige Angelegenheiten eingerichtet worden, denn man sah ihre Hauptaufgabe darin, eher die Alliierten als die russische Bevölkerung von den Vorzügen der weißen Sache zu überzeugen. Die wenigsten ihrer Materialien gelangten je in die Fabriken oder die Dörfer. Die Abteilung war finanziell schlecht ausgestattet und auch von den Führern der Weißen geringgeschätzt, nicht zuletzt, weil sie sich gegen deren rechte Ansichten wandte, weshalb die Generäle oft behaupteten, die Abteilung sei mit Drückebergern, »Sozialisten« und »Juden« besetzt.[22]

Den Weißen fehlte schlicht das Verständnis für das Wesen des Krieges, in den sie verwickelt waren. Sie nahmen an, er könne wie ein konventioneller Krieg des 19. Jahrhunderts geführt werden, indem die Armee über die Politik gestellt würde. Dabei ließen sie aber die grundlegende Tatsache außer acht, daß in jeglichem Bürgerkrieg oder totalem Krieg die Fähigkeit der Armee, die Ressourcen der Bevölkerung der von ihnen besetzten Gebiete zu mobilisieren, zwangsläufig den Ausgang des Kampfes bestimmte. Und genau da war die Politik gefragt, Terror allein genügte nicht. Ebenso wichtig war es, die Unterstützung der Massen zu gewinnen oder wenigstens ihren Widerstand gegen den Feind zu nutzen. Dies traf besonders auf die großen Feldzüge des russischen Bürgerkriegs im Jahr 1919 zu, in deren Verlauf sowohl die Roten als auch die Weißen von kleinen Partisanengruppen zu großen Armeen von Zwangsverpflichteten anwuchsen, die von der Mobilisierung der Bauernschaft und ihren Ressourcen abhingen. Keine Seite konnte nämlich auf die Unterstützung der Bauern zählen, und beide waren durch Desertion und Bauernaufstände im Hinterland geschwächt, was den politischen Mißerfolgen ebenso zuzuschreiben war wie den Zwangseintreibungen.

Den Weißen gelang es nicht, eine praktikable Politik zu entwerfen, die eine demokratische Mobilisierung bewirkt hätte. Zu den wichtigsten politischen Problemen – Landbesitz und Nationalitätenfrage – verfaßten sie umfangreiche, aber unverbindliche bürokratische Entwürfe für künftige Erörterungen. Alles wurde bis zur Einberufung der Konstituierenden Versammlung aufgeschoben, die dann ihrerseits unter dem Einfluß der rechtsgerichteten Kräfte zurückgestellt wurde. Die Weißen konnten sich von den bürokratischen Mechanismen des alten Regimes nicht frei machen. Mit überlebten, legalistischen Vorstellungen versuchten sie, eine revolutionäre Situation in den Griff zu bekommen, die nach kühnen, populären Reformen verlangte. Sie betrachteten sich als Vertreter des alten russischen Staats im Exil und stellten alles politische Handeln zurück, bis sie nach einem militärischen Sieg in die alte Hauptstadt zurückkehren könnten. Nie haben sie begriffen, daß dieser Sieg davon abhing, daß ein neuer Typus Staat geschaffen wurde.

* * *

Eines der drängendsten Probleme für die Freiwilligen war ihr Verhältnis zu den Kosaken. Die Generäle der Weißen waren russische Zentralisten. Die Don- bzw. Kubankosaken wollten dagegen jeweils unabhängige Staaten gründen. Sie entsandten sogar eine eigene inoffizielle Abordnung zur Versailler Friedenskonferenz in der vergeblichen Hoffnung auf Unterstützung durch die Westmächte. Da die Weißen militärisch von den Kosaken abhingen, hätten sie versuchen müssen, sie zu beschwichtigen. Doch sie dachten nie ernsthaft daran, deren Forderungen zu erfüllen, denn sie betrachteten die Kosaken als Russen wie alle anderen auch und taten ihren Nationalismus als Werk einiger weniger Extremisten ab. Die Kubanregierung dagegen, die im wesentlichen von Chauvinisten und Demagogen geführt wurde, ließ die Muskeln spielen, um sich als souveräne Macht aufzuspielen. Sie verweigerte den Zuflucht suchenden Russen die Einreise ins Kubangebiet, machte die Grenzen für den Export dicht und unterstellte die Eisenbahnstrecken ihrer Kontrolle. Derartige Aktionen waren den Freiwilligen ein ständiger Dorn im Auge. Um die Armee verpflegen und ausrüsten zu können, sahen sich die Weißen gezwungen, Lebensmittel in den Kosakensiedlungen zu requirieren, wobei sie keinerlei Rücksicht auf die örtlichen Selbstverwaltungsorgane nahmen und damit Wasser auf die Mühlen der nationalen Kosakenführer gossen.

Vielleicht bedeutete die Kompromißlosigkeit der Weißen Glück im Unglück, denn der Nationalismus der Kosaken war alles andere als erfreulich. Die Kubankosaken vertrieben Tausende Menschen nichtkosakischer Herkunft (meist Russen und Ukrainer) von ihren Höfen und aus ihren Dörfern, schlossen ihre Kinder vom Schulbesuch aus und ermordeten Hunderte von ihnen als »Bolschewiki«. Im Krug wurde sogar der Plan diskutiert, alle »Nichtkosaken« aus dem Kubangebiet auszuweisen. Es war eine Art »ethnische Säuberung«, die auf dem Gedanken basierte, daß die Kosaken eine den nichtkosakischen Bauern überlegene Rasse seien. Die Kosakenführer vertraten immer wieder die Meinung, ihre Menschen seien die einzigen Russen von Wert, alle übrigen seien »Dreck«. Der Krug unternahm nichts, die Verfolgungen zu stoppen. In einem Dorf ergriffen kosakische Soldaten die Lehrerin, eine zugewanderte Russin, die die Kosakenkinder am Ort seit mehr als zwanzig Jahren unterrichtet hatte, und schlugen sie tot. Kein einziger ihrer kosakischen Nachbarn kam ihr zu Hilfe. Die Weißen hatten also ein eindeutiges Interesse am Schutz der nichtkosakischen Bevölkerung, denn diese stellte immerhin 52 Prozent der Einwohner des Kubangebiets. Würde man die Kosaken gewähren lassen, triebe man die übrige Bevölkerung den Roten in die Arme. Doch die Kompromißlosigkeit der Weißen gegenüber den Unabhängigkeitsbestrebungen der Kosaken fachte die Flammen dieses Rassenhasses nur noch an und führte dazu, daß sich die Beziehungen zur Kubanregierung ständig verschlechterten. Wären die Weißen den

Autonomievorstellungen der Kosaken wenigstens ein Stück entgegengekommen, wenn auch nur für den Fall eines Sieges über die Roten, sie hätten das Unheil aufhalten können. Statt dessen versäumten sie es, einen Kompromiß zu suchen. Gefangen in den Vorstellungen des 19. Jahrhunderts vom Russischen Imperium, waren sie für die nationalen Bestrebungen der Kosaken ebenso unempfänglich wie für alle anderen Nationalismen, ausgenommen ihren eigenen.[23]

Ebenfalls erfolglos blieben die Kubankosaken in ihrem Bestreben, eine unabhängige Armee aufzustellen. Militärisch betrachtet, wäre dies für die Weißen eine Katastrophe gewesen, denn die Kubankosaken stellten den größten Teil ihrer Truppen und praktisch die gesamte Kavallerie. Die Donkosaken-Armee, die unabhängig war, konnte ihnen als ermutigendes Beispiel dienen, denn ihre losen, jeweils von einzelnen Kosakensiedlungen aufgestellten Abteilungen entzogen sich der Kontrolle des zentralen Kommandos. Sie kämpften tapfer, um ihren heimatlichen Boden zu verteidigen, sträubten sich aber, ihn zu verlassen. Diese Einstellung weitete sich zu einem ernsthaften Problem aus, als die Weißen im Laufe des Jahres 1919 nach Zentralrußland vorrückten. Die Kosaken kümmerten sich nicht weiter darum, wer in Moskau an der Macht war, solange man sie in Ruhe ließ. »Rußland geht uns nichts an«, faßte Denikin ihren Standpunkt zusammen. Das Scheitern der Don-Armee bei der Einnahme Zarizyns – trotz zweimonatiger Belagerung Ende 1918 – hatte bereits gezeigt, wie begrenzt die Kampfmoral der Kosaken außerhalb ihres Heimatlands war. Wenn man sie erst einmal auf russischem Bauernland gewähren ließ, begannen sie immer wieder mit Plünderungen, und in jüdischen Siedlungen entfesselten sie häufig Pogrome. Dies sollte sich als ein Hauptgrund für die Niederlage der Weißen erweisen, denn mehr als alles andere trieben Plünderungen und Gewalt von seiten der Kosakenkavallerie 1919 die Bevölkerung Zentralrußlands den Roten in die Arme. Auch aus diesem Grund widersetzte sich Denikin den Forderungen der Kosaken nach einer unabhängigen Armee und zog nicht einmal eigenständige Kosakenabteilungen in Betracht.[24]

Genauso unflexibel waren die Weißen gegenüber den Forderungen der nationalen Minderheiten. Ein »großes, vereintes und unteilbares Rußland« war der Dreh- und Angelpunkt ihrer Ideologie. Ohne klare soziale Zielsetzung bauten sie auf die Idee der russischen Nation und des Imperiums, um ihre disparaten Elemente zusammenzuhalten. Ihre imperiale Politik entsprach den Idealen der Kadetten und Oktobristen ebenso wie den Werten des alten Regimes. Miljukow und Struwe verteidigten Großrußland jetzt nicht weniger entschlossen als die reaktionärsten Monarchisten. Diese Verpflichtung auf das Russische Reich stellte eine der größten Schwächen der Weißen Bewegung dar, da ihre Armeen hauptsächlich in jenen Gebieten stationiert waren (in der Ukraine, dem Kaukasus und dem Baltikum), deren nichtrussische Bevölkerung zumindest mehr Autonomie, wenn nicht gänzliche Unabhängigkeit von Rußland erwartete. Die Weißen übersahen, daß ein Kompromiß hinsichtlich dieser nationalen Bestrebungen unabdingbar war, wenn sie sich eine breite Basis der Unterstützung in der nichtrussischen Bevölkerung schaffen wollten. Doch statt die Nationalisten als Verbündete für sich zu gewinnen, machten sie sie sich zu Feinden.

Als Armee, die sich hauptsächlich aus Söhnen adliger Familien zusammensetzte, standen die Freiwilligen sogar noch mehr mit den Bauern auf Kriegsfuß. Denikin, der doch selbst Sohn eines ehemaligen Leibeigenen war, erkannte nicht, wie lebenswichtig es war, die Revolution auf dem Land zu akzeptieren, wenn seine Armee das bäuerliche Rußland erobern wollte. Die Weißen nahmen an, sie könnten den Bürgerkrieg ohne die Unterstützung der Bauern gewinnen, zumindest jedoch schienen sie zu glauben, die Frage der Landreform könne für die Zeit nach dem Sieg aufgeschoben werden. Ihre Ansicht vom Bürgerkrieg – daß sein Ausgang allein durch militärische Gewalt entschieden würde –, verstellte ihnen den Blick für die Notwendigkeit, eine volkstümliche Politik als Teil ihres Feldzugs zu vertreten. Nicht, daß ihre Agrarpolitik je hätte populär sein können, denn die Dominanz der landbesitzenden Klasse in Denikins Anhängerschaft machte es den Weißen in Südrußland unmöglich, ein Bodenprogramm zu entwickeln, das ihnen die Unterstützung der Bauernmassen hätte gewinnen können. Die beiden von Denikin eingesetzten Kommissionen, die Vorschläge für eine Bodenreform unterbreiten sollten, setzten sich für den Verkauf von überschüssigem Gutsbesitzerland ein (allerdings erst drei Jahre nach Ende des Bürgerkriegs), schlossen aber jegliche Zwangsenteignung aus. Es war im Grunde das minimalistische Bodenprogramm der Kadetten von 1917. Man weigerte sich, die Tatsache der Revolution auf dem Lande anzuerkennen, und fuhr fort, die formalen Eigentumsrechte der Gutsbesitzer zu verteidigen, weil man sich wohl ebensosehr dem Buchstaben des Gesetzes wie den Interessen des Adels verpflichtet fühlte. Statistiker haben errechnet, daß die Bauern drei Viertel des Landes, das sie dem Adel seit 1917 abgenommen hatten, hätten zurückgeben müssen, wenn auf der Grundlage der Kommissionspläne ein entsprechendes Programm umgesetzt worden wäre. Folglich hatten die breiten Bauernmassen allen Grund, sich den Weißen zu widersetzen.[25]

Dies um so mehr, als Denikins Armeen und seine lokalen Statthalter dafür berüchtigt waren, daß sie in den Gebieten, die sie zurückeroberten, den Gutsbesitzern halfen, ihr Land zurückzufordern. Häufig wurde diese Politik damit gerechtfertigt, daß von Adligen bewirtschaftete Güter produktiver seien, doch das war nur ein fadenscheiniger Vorwand für die Restaurierung der alten Ordnung. Jedenfalls wurde das meiste Land, das den ursprünglichen Besitzern zurückgegeben worden war, wieder an die Bauern verpachtet (meist zu einer festgelegten Zahlung von einem Drittel der Ernteerträge). Das System der örtlichen Verwaltung, falls es ein solches überhaupt gab – im Gegensatz zu Militärherrschaft und Terror –, wurde den ortsansässigen Gutsbesitzern und der ehemaligen zaristischen Polizei bzw. den anderen Beamten übertragen, die im Namen von Bezirkshauptleuten handelten. Daraus ließ sich nun der Schluß ziehen, daß die Weißen versuchten, den diskreditierten lokalen Verwaltungsapparat des alten Regimes wiedereinzuführen. Die Funktion der Bezirkshauptleute beispielsweise hatte eine bemerkenswerte Ähnlichkeit mit jener der zaristischen Landeshauptleute, die wie kleine Zaren über die Dörfer geherrscht hatten. Es gab mehrere Fälle, wo dieselben Landeshauptleute als Bezirkshauptleute zu ihrem einstigen Lehen zurückkehrten und dort grausame Rache an der Dorfbevölkerung übten, indem sie ihre Führer hinrichten oder auspeitschen ließen. Die Versuche der Liberalen, die Bezirkssemstwos wiederherzustellen, trafen auf erbitterten Widerstand bei den Rechten in Denikins Regime, die der Ansicht waren, dies würde den Status des örtlichen Adels untergraben. Die schlimmste Form adliger Reaktion – jene, die unter Stolypin die Bezirkssemstwos bekämpft hatte – lebte im Zentrum des weißen Regimes weiter. Wie Denikin selbst einräumte, hatten die Machthaber auf dem Land unter seinem Regime zwar vielleicht den Vorteil größerer Erfahrung,

> *ihrer Psychologie und Weltanschauung, ihren Sitten und Gewohnheiten nach waren sie jedoch derart weit von den Veränderungen, die im Lande vor sich gegangen waren, entfernt und befremdet, daß sie nicht wußten, wie sie in der neuen revolutionären Epoche handeln sollten.*
> *Für sie gab es nur eines – die Rückkehr zur Vergangenheit –, und sie trachteten, die Vergangenheit sowohl dem Geiste als auch der Form nach zu restaurieren.*[26]

In diesem Versagen der Weißen, die Bauernrevolution zu akzeptieren, lag der Grund für ihre endgültige Niederlage. Denikin selbst gab das später zu. Erst 1920, nach ihrem vergeblichen Versuch, ins ländliche Herz Zentralrußlands vorzudringen, sahen die Freiwilligen schließlich die Notwendigkeit ein, die Bauern für sich einzunehmen, doch da war es bereits zu spät. Für die Bolschewiki war die Bodenreform die erste Amtshandlung, für die Weißen war es die letzte: In einem Bauernland sagt das alles.

* * *

Im November 1918, mit dem Ende der Kämpfe in Europa, trat der Bürgerkrieg in eine neue Phase. Der Bruch des Friedensvertrages von Brest-Litowsk nach der Niederlage der Deutschen und der Abzug der deutschen Truppen aus dem Baltikum, der Ukraine und von der Krim ermöglichten es den Bürgerkriegsarmeen, in dieses Vakuum, das nach dem Rückzug entstanden war, vorzudringen.

Die Freiwilligen hatten allen Grund zum Optimismus. Nach der Niederlage der Deutschen erwarteten sie von den Alliierten verstärkte Unterstützung für die Sache der Weißen im Süden. Bis dahin hatten die Alliierten den Bürgerkrieg aus der Distanz beobachtet. Ihr Hauptinteresse hatte dem Norden und Sibirien gegolten, wo sie hofften, eine russische Armee zum Leben zu erwecken, die den Krieg gegen

Deutschland fortsetzen könnte. Einige hundert britische Marinesoldaten hielten die Nordmeerhäfen Murmansk und Archangelsk besetzt, um den alliierten militärischen Nachschub zu gewährleisten. Nach dem Vertrag von Brest-Litowsk waren sie sogar in kleinere Scharmützel mit den Roten hineingezogen worden. Die Okkupation der Ukraine durch die Deutschen und deren Kontrolle über das Schwarze Meer hatten es den Alliierten erschwert, die Freiwilligen militärisch zu unterstützen. All dies war nun anders geworden. Die Alliierten erkannten Denikin als wichtigsten Führer der Weißen im Süden an und sagten ihm materielle Unterstützung zu, einschließlich zwölf Divisionen, um die Besetzung der Ukraine zu forcieren. Darüber hinaus versprachen sie den Freiwilligen das alliierte militärische Versorgungsmaterial, das von der russischen Armee an der rumänischen Front zurückgelassen worden war, und sei es nur, damit sie es in die Hände bekämen. Diese Welle der Euphorie erreichte ihren Höhepunkt, als am 23. November ein britisch-französischer Flottenverband in Noworossijsk eintraf. General Poole und Kapitänleutnant Erlich gingen an Land und wurden von einer begeisterten Menschenmenge begrüßt. Sie versicherten, daß Großbritannien und Frankreich denselben Zielen verpflichtet seien wie die Freiwilligen. Nun, da die Alliierten ihnen zur Seite standen, erwartete jeder von den Weißen, daß sie siegreich gegen Moskau marschierten. Für sie, die die starken deutschen Streitkräfte geschlagen hatten, müßte es ein leichtes sein, die Bolschewiki zu verjagen. Dieser Optimismus wurde durch den Aufstieg von Admiral Koltschak an der Ostfront noch verstärkt.

In Wirklichkeit erwies sich die Hilfszusage der Alliierten als leeres Versprechen. Das Engagement der Westmächte schlug sich kaum in materieller Unterstützung nieder und litt stets unter einem Mangel an eindeutigen Zielen oder einer klaren Verpflichtung. Die öffentliche Meinung des Westens schwankte in ihren Sympathien zwischen den Roten und den Weißen, während die meisten in Mitteleuropa nach vier Kriegsjahren müde waren und es ablehnten, weitere Truppen ins Ausland zu schicken. Die Mehrzahl der alliierten Politiker verstand nicht, warum sie nun, da der Weltkrieg vorüber war, in einen fremden Bürgerkrieg verwickelt werden sollten. Die wenigsten hatten eine konkrete Vorstellung von Rußland – so glaubte beispielweise Lloyd George, daß Charkow ein General sei und nicht eine Stadt. Und wie immer in internationalen Angelegenheiten erwuchs aus Ignoranz Indifferenz. Einige Politiker, wie Churchill, wollten einen westlichen Kreuzzug gegen den Kommunismus beginnen, andere wiederum befürchteten, ein Sieg der Weißen hätte ein gestärktes Rußland zur Folge, dessen imperialistische Bestrebungen wieder aufflammen würden, und sahen es lieber rot und schwach. Die westlichen Politiker lavierten unentschlossen zwischen diesen beiden Ansichten. Sie waren unfähig zu entscheiden, ob sie mit den sowjetischen Machthabern Frieden schließen oder weiter Krieg führen sollten. Im Endeffekt taten sie beides. Einerseits gewährten sie den Weißen militärische Unterstützung, andererseits versuchten sie sie zu Friedensverhandlungen zu zwingen.

Wie so oft in derartigen Situationen, war die Politik des Westens von Ziellosigkeit gekennzeichnet. Gewährten beispielsweise die Briten den Weißen Hilfe, folgten Frankreich und die anderen Westmächte unverzüglich ihrem Beispiel. Das Ganze ähnelte dem Pokerspiel eines armen Mannes: Jeder der Mitspieler wollte mitbieten, da der Gewinn (Einfluß in Rußland) allzu verlockend war, aber keiner von ihnen wollte mit sonderlich hohem Einsatz spielen. Demzufolge entsandten die Hauptmächte (Großbritannien, Frankreich, Italien, Kanada, Japan und die Vereinigten Staaten) lediglich kleine Truppenkontingente, gerade genug, um ihre Hand im Spiel zu behalten. Die Intervention erreichte nie das bedrohliche Ausmaß, wie es später von sowjetischen Historikern dargestellt wurde. Sie war gerade ausreichend, um die Weißen vor einer Niederlage zu bewahren, jedoch untauglich, ihnen eine reale Chance auf einen Sieg zu verschaffen. Denikins Truppen erhielten beispielsweise während der ersten Monate der westlichen Hilfe einige hundert Tarnuniformen sowie Marmeladenkonserven.

Da die Weißen derart dürftige Unterstützung erhielten, hatten die ukrainischen Nationalisten unter Petljura leichtes Spiel, das Vakuum zu füllen, das nach dem Abzug der Deutschen aus der Ukraine entstanden war. Bald darauf wurden sie von den von Norden her angreifenden Roten aus Kiew vertrieben und tief in die westlichen Provinzen gedrängt. Aber auch die Roten hatten die Ukraine nur lose in ihrer Gewalt, während das Land immer tiefer im Chaos versank. Auf dem Land traf die Politik der Bolschewiki überall auf Widerstand bei den Bauern, die sich den lokalen Nationalisten, den verschiedenen Armeen der Grünen, die sich in den Wäldern versteckt hielten, und den Anarchisten um Machno anschlossen. Währenddessen sammelten die Weißen ihre eigenen Streitkräfte. Der Abzug der Deutschen hatte Krasnows Donkosaken-Armee ihres wichtigsten Beschützers beraubt und ihre linke Flanke den Roten ausgeliefert, die nun aus der Ukraine vorrückten. Die Don-Armee war bereits durch ihren Winterfeldzug gegen Zarizyn stark angeschlagen. Sie fiel auseinander, denn die Kosaken desertierten in großer Zahl, als die Roten anrückten. Krasnow sah sich gezwungen, Denikin um Unterstützung zu bitten, obwohl er wußte, daß der Führer der Weißen von ihm verlangen würde, die Don-Armee unter sein, Denikins, Kommando zu stellen. Da die Alliierten Denikin unterstützten, blieb Krasnow keine andere Wahl. Am 8. Januar 1918 ging die Don-Armee schließlich in der Freiwilligenarmee auf. Sie nannten sich nun Vereinte Streitkräfte von Südrußland, obwohl sie in Wahrheit alles andere als eine vereinte Streitmacht war.

Die konterrevolutionären Armeen des Südens standen nun unter dem Kommando von Männern, die sich einem nationalen Kurs verpflichtet fühlten. Im darauffolgenden Frühling sollten sie aus ihrer kosakischen Heimat ausbrechen, Südrußland und weite Teile der Ukraine besetzen und sogar Moskau selbst bedrohen. Dabei sollten ihre Streitkräfte anwachsen und sich in eine Armee von Wehrpflichtigen verwandeln, die von der Rekrutierung von Bauernsoldaten abhing. Das war die Ursache ihres endgültigen Niedergangs: Ihre Vernachlässigung der Politik hatte dazu geführt, daß sie auf die Aufgaben, mit denen sie sich nun bei der Beherrschung der neueroberten Gebiete konfrontiert sahen, nicht vorbereitet waren.

## DAS GESPENST DER KONSTITUIERENDEN VERSAMMLUNG

Verglichen mit den hungernden Städten des bolschewistischen Nordens, war Samara, die Hauptstadt des Wolgagebiets, ein Paradies für Gourmands. Bauernwagen, über und über beladen mit Mehlsäcken, Fleisch, Milch und Gemüse, trafen täglich auf dem geschäftigen Markt der Stadt ein. Es gab Lebensmittel im Überfluß, was sich in den rosigen Gesichtern der Bürger widerspiegelte. Die Kaufleute profitierten von dem blühenden Handel: Sie trugen die Roben und den Schmuck, die einst den wohlhabenden Petrogradern und Moskauern gehört hatten. Selbst die Pferde sahen wohlgenährt aus.

Tausende sogenannter »Ehemaliger« suchten Zuflucht in der Wolgastadt. Unter den Flüchtlingen waren Reste der zerschlagenen Rechten Sozialrevolutionäre, die nach ihrer Niederlage in Petrograd und Moskau eine neue Basis in der Provinz suchten. Die Wolgaregion war eine Hochburg ihrer Partei – hatte doch die überwältigende Mehrzahl der bäuerlichen Bevölkerung bei den Wahlen zur Konstituierenden Versammlung für sie gestimmt. Die Führer der Sozialrevolutionäre nahmen natürlich an, daß die Bevölkerung an der Wolga sich ihnen im Kampf gegen Lenins Diktatur anschließen würde. Wenn die Machtübernahme durch die Bolschewiki auf dem Hunger der Städter basierte, so dachten sie, würde die Wiedereinsetzung der Demokratie von einer gutgenährten Bauernschaft abhängen – Brot und Freiheit Hand in Hand.

Ihre Pilgerfahrt durch die Provinzen desillusionierte die Rechten Sozialrevolutionäre jedoch schnell. Ihre örtlichen Parteiorganisationen waren in völlig desolatem Zustand. Nachdem die bäuerlichen Soldaten, durch die Armee häufig radikalisiert, nach Hause zurückgekehrt waren, hatten die Wolgasowjets eine Wendung ins extrem linke Lager vollzogen. Die Sowjetmacht hatte in den Dörfern als System der örtlichen Selbstverwaltung Fuß gefaßt, und die Konstituierende Versammlung war nur mehr ein weit entferntes Parlament. Die Bauern hatten ihre Schließung durch die Bolschewiki mit »ohrenbetäubendem« Schweigen quittiert. Dies entsprach kaum dem Ausbruch allgemeiner Empörung, den die Sozialrevolutionäre erwartet hatten. »Wenn es nicht bald einen Anstoß von außen gibt«, erklärte Anfang Mai Klimuschkin, einer der führenden Sozialrevolutionäre in Samara, »können wir all unsere Hoffnungen auf einen Staatsstreich aufgeben.«[27]

Durch einen jener merkwürdigen Zufälle der Geschichte kam dieser Anstoß jedoch noch Ende desselben Monats des Jahres 1918, als eine Legion tschechischer Soldaten in einen Konflikt mit den Sowjets entlang der Transsibirischen Eisenbahn verwickelt wurde. Die Tschechische Legion war nach Ausbruch des Ersten Weltkriegs von tschechischen Nationalisten ins Leben gerufen worden, die in Rußland arbeiteten. Während des Krieges wurde sie durch tschechische und slowakische Kriegsgefangene sowie Deserteure der österreichischen Armee vergrößert und stellte 1917 eine Streitmacht von etwa 35 000 Mann dar, die meisten von ihnen Studenten und Offiziere. Als Nationalisten, die für die Unabhängigkeit von der österreichisch-ungarischen Monarchie kämpften, hatten sie sich den Russen gegen die Mittelmächte angeschlossen. Thomas Masaryk und Eduard Bene‰, die Führer der tschechischen Nationalisten, hatten der Bildung der Legion als unabhängigem Korps der russischen Armee an der Südwestfront zugestimmt. Nach dem Vertrag von Brest-Litowsk beschloß die Legion, den Kampf als Teil der tschechischen Armee fortzusetzen, die in Frankreich kämpfte. Um dem Risiko aus dem Weg zu gehen, feindliche Linien überwinden zu müssen, beschlossen sie, ostwärts zu ziehen, die Welt zu umrunden und via Wladiwostok und die Vereinigten Staaten nach Europa zu gelangen. Am 26. März trafen sie in Pensa eine Vereinbarung mit den sowjetischen Behörden, der zufolge ihnen gestattet wurde, als »freie Bürger« mit einer »festgesetzten Anzahl Waffen zur Selbstverteidigung« mit der Transsibirischen Eisenbahn zu reisen.

Wäre diese Vereinbarung von beiden Seiten eingehalten worden, der Bürgerkrieg hätte einen völlig anderen Verlauf genommen. Die Durchreise der Tschechen stand jedoch unter dem Zeichen wachsenden Mißtrauens und steigender Spannungen. Die Züge wurden von den örtlichen Sowjets aufgehalten, die die Tschechen mit Propaganda überschwemmten und versuchten, ihre Waffen zu konfiszieren. Die Tschechen ihrerseits argwöhnten nun, daß die Bolschewiki ihre Auslieferung an die Deutschen vorbereiteten. Dieses Mißtrauen wurde noch verstärkt durch den Befehl aus Moskau vom April, der besagte, die Hälfte der Legion solle umkehren und über Archangelsk evakuiert werden (ironischerweise war dieser Befehl auf Geheiß der Alliierten erfolgt, wovon die Tschechen jedoch nichts wußten). Die Tschechen beschlossen daraufhin, sich ihren Weg nötigenfalls durch Sibirien nach Wladiwostok freizukämpfen. Am 14. Mai kulminierten die Ereignisse, als der Sowjet der Uralstadt Tscheljabinsk einige Tschechen verhaftete, die in eine Schlägerei mit ungarischen Kriegsgefangenen verwickelt worden waren. Die tschechischen Soldaten besetzten daraufhin die Stadt, befreiten ihre Kameraden und entwaffneten die kleine Einheit der Roten Garde. Daraufhin befahl Moskau den örtlichen Sowjets, die Tschechen ihrerseits zu entwaffnen. »Jeder bewaffnete Tscheche, der in der Eisenbahn aufgegriffen wird, ist auf der Stelle zu erschießen«, heißt es in dem Telegramm Trotzkis vom 25. Mai.[28] Dies kam einer Kriegserklärung an die Tschechen gleich und sorgte nur dafür, daß sie ihre Bemühungen, sich nach Osten durchzuschlagen, verstärkten. Aus Sicht der Bolschewiki war das Ganze eine Schande, denn es hatte keinen Grund gegeben, sich die Tschechen zu Feinden zu machen, und es lag in jedermanns Interesse, sie so schnell wie möglich aus Rußland zu entfernen. Trotzkis Überreaktion auf die Ereignisse von Tscheljabinsk schuf dagegen eine feindliche Armee im Herzen Sowjetrußlands.

Die Tschechische Legion, die in sechs Gruppen entlang der gesamten Strecke der Transsibirischen Eisenbahn zerfallen war, eroberte eine Stadt nach der anderen: am 26. Mai Nowonikolajewsk, am 28. und 29. Mai Pensa und Sysran, am 31. Mai Tomsk, am 6. Juni Omsk und schließlich am 29. Juni Wladiwostok. Da die Rote Armee noch nicht ausreichend organisiert war und die schlecht ausgebildeten und undisziplinierten Roten Garden, die aus ortsansässigen Arbeitern bestanden, oft genug beim ersten Anzeichen von Gefahr flohen, hatten die gut ausgebildeten Tschechen leichtes Spiel.

So war es auch bei der Eroberung von Samara am 8. Juni. Als die Tschechen in der nahe gelegenen Stadt Pensa standen, wandten sich die Führer der Sozialrevolutionäre aus dem Untergrund in Samara an sie mit der Bitte um Unterstützung bei der Niederwerfung der Sowjetmacht in der Wolga-Hauptstadt. Dies stand im Widerspruch zur Politik der Rechten Sozialrevolutionäre (die auf dem Achten Parteitag der Sozialrevolutionäre im Mai verabschiedet worden war), der zufolge ausländische Truppen nicht in den »Kampf des Volkes« gegen den Bolschewismus einbezogen werden sollten. Die Führer der Sozialrevolutionäre in Samara gelangten jedoch zu der Auffassung – ebenso wie die Tschechen, die selbst die fromme Absicht bekundet hatten, nicht in den russischen Bürgerkrieg einzugreifen –, daß eine Intervention in diesem Falle gerechtfertigt werden könne. Ihr Ziel, den Krieg gegen Deutschland fortzusetzen, konnten sie nur verfolgen, wenn sie die Bolschewiki entmachteten. Zweifellos kam auch den Alliierten, nachdem sie gesehen hatten, wie leicht der Legion der Sieg in Sibirien gefallen war, die Idee, die Tschechen gegen die Bolschewiki zu verwenden. Später in jenem Sommer würden sie ihnen Hilfe zukommen lassen. Indessen waren es die vermeintlich guten Beziehungen der Sozialrevolutionäre zur französischen Regierung – die völlig überschätzt wurden, wie sich herausstellen sollte –, die schließlich die Tschechen überzeugten, ihnen in Samara zu Hilfe zu kommen. Die Wolgastadt befand sich nach einem Aufstand der dort ansässigen Garnison Mitte Mai in einem von Streiks erschütterten chaotischen Zustand. Der Sowjet konnte lediglich 2000 Rotgardisten ausheben, meist lettische Arbeiter, die während des Krieges evakuiert worden waren, und das bei einer Bevölkerung von 200 000 – derart kurzlebig war die Macht der Bolschewiki in den Provinzstädten. Die Roten Garden hatten gegenüber den 8000 gut ausgerüsteten Tschechen kaum Chancen, und die meisten von ihnen flohen, als die Legion anrückte. Lediglich sechs Tschechen und dreißig Rotgardisten wurden in der »Schlacht um Samara« getötet.[29]

Die neue Regierung bezog Namen und Legitimation von der Konstituierenden

Versammlung. Das Komitee der Mitglieder der Konstituierenden Versammlung – kurz Komutsch – betrachtete sich als Allrussisches Parlament im Exil in der Provinz. Es forderte alle Mitglieder der aufgelösten Versammlung auf, ihm beizutreten, ausgenommen natürlich die Bolschewiki. Die fünf Gründungsmitglieder waren für die Sozialrevolutionäre in der Konstituierenden Versammlung gewesen, drei von ihnen stammten direkt aus Samara. Am Ende seiner viermonatigen Regierungszeit waren die Reihen des Komutsch auf 100 Mitglieder des aufgelösten Parlaments angewachsen, einschließlich Viktor Tschernows, des Vorsitzenden seiner ersten und einzigen Sitzung am 5./6. Januar 1918. Dieser »Führer der Demokratie« wurde als VIP behandelt, seine Suite im Hotel National von einem bewaffneten Posten bewacht, und ihm zu Ehren gab man eine Reihe von Banketten. Man hoffte, er würde die künftige Leitfigur eines nationalen Kreuzzugs werden.

Das Komutsch war im Grunde eine Regierung der Sozialrevolutionäre, an der einige wenige Vertreter nationaler Minderheiten beteiligt waren (vor allem Tataren und Baschkiren, die in großer Zahl in der Wolgaregion lebten) sowie Menschewiki und Kadetten, die sich ihm trotz des Widerstands ihrer jeweiligen Zentralkomitees angeschlossen hatten. Die meisten der führenden Rechten Sozialrevolutionäre kamen in diese Bastion der Freiheit, darunter Sensinow, Awxentjew und Breschko-Breschkowskaja, die »Großmutter der Revolution«. In vielerlei Hinsicht war das Ganze eine Auferstehung der Kerenski-Regierung, nur daß Kerenski sich zu jener Zeit bereits im Pariser Exil befand. Das Komutsch war ein gespenstisches Laboratorium, das jenen zentralen Leitsatz einer Prüfung unterwarf, mit dem die Provisorische Regierung gestanden hatte und gefallen war – nämlich die Überzeugung, daß die Provinz für den Sozialismus noch nicht reif sei und daß die Revolution daher das demokratische Stadium nicht überspringen dürfe. Sozialrevolutionäre und Menschewiki waren so fixiert auf diese Theorie, daß es sie 1917 davon abgehalten hatte, die Rätemacht einzuführen, und auch nun stützten sie sich darauf bei ihrem gleichermaßen zum Scheitern verurteilten Versuch, die Provinz gegen die Bolschewiki zu sammeln.

»Es kann keine Rede von wie auch immer gearteten sozialistischen Experimenten sein«, verkündete die Presse in Samara. Das Ziel des Komutsch war die Wiederherstellung der Demokratie, was bedeutete, daß die soziale Revolution verschoben wurde auf eine Zeit nach der erneuten Einberufung der Konstituierenden Versammlung, denn allein diese konnte soziale Fragen entscheiden. Wie die Provisorische Regierung verstand sich auch das Komutsch als vorübergehende Administration, die bis zur Wiederherstellung der parlamentarischen Ordnung tätig war. Seine Verlautbarungen begannen stets mit so einschränkenden Formulierungen wie: »Bis zur Wiedereinsetzung der rechtmäßigen Organe«, »Bis zur Rückkehr zu normalen Verhältnissen« oder ähnlichen. Sein Programm war schematisch mit dem liberalen Anspruch auf politische Neutralität gestaltet. Obwohl Rede-, Presse- und Versammlungsfreiheit wiedereingeführt wurden, erschwerten es die Bürgerkriegsbedingungen dem Komutsch, sie auch zu respektieren, so daß sich die Gefängnisse von Samara bald mit Bolschewiki füllten. Der menschewistische Arbeitsminister Iwan Maiski zählte 4000 politische Gefangene. Die städischen Dumas und Semstwos wurden wieder in ihre Rechte eingesetzt und die Räte als Klassenorgane von der Politik ausgeschlossen. Außerdem erklärte das Komutsch, daß es eine »demokratische Föderation« unterstützen werde, was ihm den Beifall von den Gemeinden der Baschkiren und der Tataren der Wolgaregion einbrachte.[30]

Im Bereich der Industrie versuchte das Komutsch, wie die Provisorische Regierung einen mittleren Kurs zwischen Arbeit und Kapital zu steuern, und konnte damit letztlich keine Seite befriedigen, die Klassengegensätze waren zu groß. Die Arbeiter lehnten das Komutsch als »bourgeois« ab und verabschiedeten trotzig bolschewistische Resolutionen im Rat. Die Fabrikkomitees wurden entmachtet und die Kontrolle über die Betriebe ihren ehemaligen Besitzern bzw. (falls sie nicht anwesend waren) von der Regierung ernannten Verwaltern übertragen. Banken wurden wieder in Privatbesitz überführt, der freie Handel wieder zugelassen und ein von Industriellen dominierter Rat für Handel und Industrie gegründet, der dazu beitragen sollte, die künftige Wirtschaftspolitik zu bestimmen. Doch selbst dies reichte nicht aus, die Mittelschicht davon zu überzeugen, daß das Komutsch keine »sozialistische« Gefahr darstellte. Sie sah lediglich, daß der Achtstundentag garantiert blieb, daß die Gewerkschaften und der Rat weiterhin tätig waren und die rote Fahne noch immer aus den Gebäuden des Komutsch hing. Weshalb, so fragten sie, sollten die Bolschewiki durch ein »semibolschewistisches« Regime wie das Komutsch ersetzt werden? Weshalb die Roten durch diese »Rosafarbenen« ersetzen, wenn man statt dessen die Weißen haben konnte?

Zu Beginn der Komutsch-Regierung hatte die Mittelschicht von Samara aus Dankbarkeit für den Sturz des Rats eine Staatsanleihe gebilligt. Bald jedoch ließ sie ihre Hilfe der weißen Konterrevolution im Osten zukommen. Das Komutsch sah sich gezwungen, die Besteuerung des Wodkaverkaufs anzuheben, eine bei den Arbeitern stets unpopuläre Maßnahme. Außerdem druckte man Geld, was die Inflation in die Höhe trieb. Als das Geld seinen Wert zu verlieren begann, verringerten die Bauern den Verkauf von Nahrungsmitteln an die Städte und zwangen so das Komutsch, die Brotrationierung einzuführen. In den Städten verlor das Komutsch sogar noch mehr an Rückhalt. Lediglich die winzige Gruppe der Provinzintelligenzija stand bis zuletzt zu ihm. Bei den Wahlen zur Duma im August machte der Anteil der regierungsfreundlichen Parteien nur lächerliche 15 Prozent aus. Zwei Drittel der Wahlberechtigten gingen gar nicht erst zur Wahl. Die Demokratie hüllte sich in Schweigen.[31]

Entgegen der Annahme der Sozialrevolutionäre erwiesen sich die Bauern an der Wolga nicht mehr als Stütze für ihre Regierung. Wären die Sozialrevolutionäre bereit gewesen, die Revolution auf dem Lande zu unterstützen, es hätte vielleicht anders ausgesehen. Doch dann hätten sie die Bauernräte anerkennen müssen – und so weit wollten die Komutsch-Führer nicht gehen. Sie waren entschlossen, die Räte durch Bezirkssemstwos zu ersetzen, in denen alle auf dem Lande vertretenen Klassen, einschließlich des Adels, gleichberechtigt vertreten sein sollten. Wie aber schon 1917 wurden die Semstwo-Wahlen von den meisten Bauern boykottiert, die sich bereits an ihre Räte als Organe der direkten dörflichen Selbstverwaltung gebunden fühlten. Und selbst wenn Semstwos gewählt wurden, so war es oft schwierig für sie, ihre Arbeit aufzunehmen, da die ländliche Intelligenzija und die Beamten seit der Revolution die Dörfer größtenteils verlassen hatten und die Bauerngemeinden sich weigerten, Steuern zu zahlen.

Das Komutsch sträubte sich auch dagegen, die Inbesitznahme des Gutsbesitzerlandes durch die Bauern anzuerkennen. Es hielt zwar die Bodenreform aufrecht, die auf der ersten und einzigen Sitzung der Konstituierenden Versammlung verabschiedet worden war und die Abschaffung jeglichen privaten Landbesitzes anerkannt hatte; ein am 22. Juli verabschiedetes Zusatzdekret gestattete es den ehemaligen Landbesitzern jedoch, jedes bereits bestellte Winterfeld zurückzufordern. Letztlich bedeutete dies, daß ein Drittel des von den Bauern requirierten Ackerlandes zurückgegeben werden mußte. Nicht selten konnte dieses Dekret nur mit Waffengewalt durchgesetzt werden. Es sollte dazu dienen, nach der »anarchischen« Landnahme der Bauern im vorangegangenen Winter und Frühling »die Herrschaft des Rechts« wiederherzustellen. In Wirklichkeit aber wurde insbesondere unter den ärmsten Bauern, die das meiste Adelsland erhalten hatten, der Eindruck erweckt, daß das Komutsch das alte Regime auf dem Land wiedereinführen wolle. Man könnte den Bauern diese Auslegung verzeihen, denn einige der örtlichen Adligen betrachteten das Dekret tatsächlich als Freibrief, um das Gesetz in die eigenen Hände zu nehmen. Mit Hilfe einer Militärbrigade oder ihrer privaten Miliz eigneten sie sich ihren Besitz wieder an. Mitunter ließen sie dabei sogar die Bauernführer öffentlich auspeitschen, um ihnen »eine Lektion zu erteilen«.[32]

* * *

Von all den Komutsch-Maßnahmen war jedoch keine so unpopulär wie der Aufruf zu einer Volksarmee. In jedem Bürgerkrieg hängt der Erfolg der Beteiligten von ihrer jeweiligen Fähigkeit ab, die lokale Bevölkerung zu mobilisieren. Diese Prüfung hat das Komutsch eindeutig nicht bestanden.

Den Sommer über hatten Komutsch und tschechische Streitkräfte fast nach Belieben Land erobern können. Die Roten waren chronisch schwach, ohne genügend Nachschub und ohne eine richtige Armee. Ufa fiel am 6. Juli an die Tschechen, Simbirsk, Lenins Geburtsstadt, am 22. Juli und Kasan mit seiner gewaltigen zaristischen Goldreserve am 6. August. Zwei Tage darauf erhoben sich die Rüstungsarbeiter in Ischewsk, 240 Kilometer nördlich von Kasan, gegen den Sowjet und erklärten sich mit dem Komutsch solidarisch. Es war der größte Arbeiteraufstand gegen die Bolschewiki, den es je gegeben hatte, und er verstörte das Regime außerordentlich. Die Revolte breitete sich bald auf das benachbarte Land aus, wo immer noch viele Familien der Arbeiter lebten. Man stellte Freiwilligenabteilungen auf, um die Roten zu bekämpfen. Es war dies die Blütezeit des Komutsch, das inzwischen ein Gebiet von der Größe Italiens mit einer Bevölkerung von 14 Millionen Menschen kontrollierte.

Das militärische Potential des Komutsch war jedoch stets sehr instabil. Die Tschechische Legion weigerte sich, endlos in Rußland zu kämpfen. Ihre Soldaten waren müde und wollten nach Hause zurückkehren, und ihre Moral sank in dem Maße, in dem sich die Roten besser organisierten. Mitte August begannen die tschechischen Einheiten auseinanderzubrechen. Einige der Soldaten waren sozialistisch orientiert und wechselten zu den Roten über, die sie mit Propaganda überhäuften. Andere hörten einfach zu kämpfen auf und verkauften ihren Proviant an die örtliche Bevölkerung. Die Tschechische Legion degenerierte zu Banden von kleinen Schiebern.

Unter diesen Bedingungen war es nun um so wichtiger für das Komutsch, eigene Truppen aus der Wolgabevölkerung zu rekrutieren. Eine seiner ersten Handlungen war demzufolge der Appell, sich freiwillig zu melden. In den Städten folgten etwa 8000 Männer diesem Aufruf, meistens Studenten und Kadetten, aber auch Flüchtlinge und Arbeitslose ohne andere Lebensgrundlage. Auf dem Land dagegen war die Anzahl der Freiwilligen verschwindend gering. Die Mehrheit der Bauern wollte mit dem »brudermörderischen« Bürgerkrieg nichts zu tun haben. Während sie bereit waren, die Revolution in ihren eigenen Ortschaften zu verteidigen – und dafür entsprechende Bauernwehren aufstellten –, betrachteten die meisten von ihnen den Krieg als einen Kampf zwischen den städtischen Parteien, der sie nichts anging. »Die Bauern verhalten sich gleichgültig«, erklärte ein Rekrutierungsoffizier der Volksarmee. »Sie wollen einfach in Ruhe gelassen werden. ›Die Bolschewiki waren hier – und das ist gut‹, sagen sie. ›Die Bolschewiki sind wieder abgezogen, das macht nichts‹, sagen sie. ›Solange wir Brot haben, laßt uns zu Gott beten. Wer braucht da die Garden?‹« Auf der Bauernversammlung, die im September vom Komutsch in Samara abgehalten wurde, erklärten die Delegierten, sie würden »nicht gegen ihre eigenen Brüder kämpfen, nur gegen Feinde«. Sie »weigerten sich, einen Krieg zwischen den politischen Parteien zu unterstützen«, und bedrängten das Komutsch, »eine Übereinkunft mit den Bolschewiki zu treffen«. Ein Delegierter unterbreitete den Vorschlag, die Fortsetzung des Bürgerkriegs von einem Referendum abhängig zu machen. »Bevor wir nicht die Einstellung der Bevölkerung dazu kennen, haben wir nicht das moralische Recht, diese Resolution [den Krieg zu unterstützen] zu verabschieden.«[33]

Den meisten Bauern, deren politischer Horizont sich auf die engen Grenzen ihrer Dörfer beschränkte, blieben die nationalen Ziele des Komutsch ziemlich fremd. Da sie bereits das Land und ihre Freiheit gewonnen hatten, bedeutete ihnen die Wiedereinsetzung der Konstituierenden Versammlung wenig. Die Forderung des Komutsch nach einer Wiederaufnahme des Krieges gegen Deutschland, sechs Monate nachdem die Kämpfe eingestellt worden waren, kollidierte mit dem beschränkten Pazifismus der Bauern. »Der Krieg gegen Deutschland ist schlecht – wie alle Kriege«, konstatierten die Bauern eines Dorfes. Und in einem anderen Dorf hieß es, »wenn wir nicht kämpfen, werden die deutschen Soldaten uns auch nicht unser Land wegnehmen«. Der Bezirkspolizeichef von Samara schloß daraus, daß »die Bevölkerung über die Ziele der Volksarmee zu schlecht informiert« sei. »Inzwischen hat sich die Meinung durchgesetzt, daß die ›Bourgeois‹ einen neuen Krieg begonnen hätten, weil der ›Frieden‹, den die Bolschewiki unterschrieben haben, für sie unvorteilhaft sei; die Bauern hätten jedoch ›keinen Schaden erlitten‹ und würden auch keinen erleiden, wenn sie die Bourgeoisie allein kämpfen ließen.«[34]

Derlei Klassengegensätze wurden durch die Haltung der Offiziere der Volksarmee noch verstärkt. Das Schicksal des Komutsch hätte anders verlaufen können, wäre es in der Lage gewesen, sein eigenes, loyales, demokratisches Offizierskorps aufzustellen. Die Armeekommissare von 1917 hätten dieser Forderung perfekt entsprochen, doch nur wenige waren übriggeblieben: Einige waren von der Revolution verschlungen worden, wie beispielsweise Linde. Andere, wie Oskin, hatten sich den Roten angeschlossen. Es gab keine Bürger-Patrioten mehr wie diejenigen, die Kerenski unterstützt hatten. Der Begriff des »demokratischen Offiziers« war nunmehr nur ein Widerspruch in sich. Das Komutsch hatte keine andere Wahl, als die Offiziere zu akzeptieren, die sich freiwillig meldeten. Oberst Galkin, einem typischen Militärbürokraten der zaristischen Ära, wurde das Kommando über die Volksarmee übertragen. Sein Hauptquartier wurde eine Hochburg rechter und monarchistischer Offiziere, ein trojanisches Pferd der weißen Konterrevolution innerhalb der demokratischen Festung. Die Komutsch-Führer waren sich dessen durchaus bewußt, »vertrauten jedoch«, wie Klimuschkin es formulierte, »so sehr auf die Kraft der Demokratie, daß wir die Pläne der Offiziere nicht fürchteten«. Unter Galkin wurde das zaristische System der Militärdisziplin wiedereingeführt. Die Offiziere trugen sogar eine abgewandelte Version ihrer Epauletten. Viele von ihnen waren Söhne ortsansässiger Gutsbesitzer und übten mitunter gewaltsam Rache an den Dörfern, die sich ihres Familienbesitzes bemächtigt hatten.[35] Unter diesen Umständen ist es wenig verwunderlich, daß die Bauern von der sogenannten Volksarmee nicht begeistert waren.

Die schwache Reaktion auf den Aufruf, sich freiwillig zu melden, zwang das Komutsch, Ende Juni zum Mittel der Zwangsaushebung zu greifen. Aus Angst, die älteren Bauern könnten vom Bolschewismus infiziert sein, der 1917 die Armee erfaßt hatte, beriefen sie lediglich all jene unter 21 Jahren ein. Doch selbst diese Männer zeigten die bereits bekannten Zeichen von Aufsässigkeit. Lediglich jeder dritte der eingezogenen Männer meldete sich bei den Rekrutierungsstellen, die übrigen waren »Deserteure«. Am niedrigsten war die Rate in den westlichen, an die Front grenzenden Gebieten, was viel über die Gründe für den Sieg der Bolschewiki aussagt. Anders als ihre Gegner, versuchten die Bolschewiki gewöhnlich, zumindest in den kritischsten Momenten des Bürgerkriegs, die Bauern unmittelbar hinter der Front zu mobilisieren. Wie sehr die Bauern die Roten auch ablehnten, noch weit mehr fürchteten sie die Wiedererrichtung des alten Gutsbesitzerregimes. Weder Komutsch noch Weiße waren jemals in der Lage, in das zentrale Gebiet der Sowjetmacht vorzudringen, wo die Bauernrevolution am stärksten verankert war.

Alle Bürgerkriegsarmeen litten chronisch unter dem Problem der Desertion, am stärksten jedoch die Volksarmee, hauptsächlich weil sie gezwungen war, eine Armee an der Front zu improvisieren. Während die Bolschewiki bereits zehn Monate an der Macht waren, bevor die großen Kämpfe begannen, war das Komutsch kaum zehn Wochen alt, als es sich mit dem ersten Ansturm der Roten konfrontiert sah. Nie war ausreichend Zeit, eine gut funktionierende militärische Infrastruktur aufzubauen. Nur allzuoft gab es nicht einmal ausreichend Uniformen oder Waffen für die neuen Rekruten. Die Soldaten erhielten kaum eine notdürftige Ausbildung, ehe sie in den Kampf geschickt wurden, so daß im Falle von Gefahr häufig Panik unter den Mannschaften ausbrach. Im August und September, auf dem Höhepunkt der Erntesaison, liefen Tausende Soldaten zurück zu ihren Höfen, ausgerechnet zu dem Zeitpunkt, als die Roten ihre Offensive starteten. Das Komutsch bemühte sich, der Desertion Herr zu werden, indem es Kosaken-Strafkommandos in die Dörfer entsandte. Standgerichte, die an die berüchtigten Tribunale Stolypins von 1905/06 erinnerten, erhielten umfassende Vollmachten, um die Deserteure und ihre Familien zu bestrafen. Bauernführer wurden öffentlich ausgepeitscht und gehenkt, man nahm Geiseln, um die Deserteure aus ihrem Versteck zu zwingen, und brannte ganze Dörfer nieder, wenn Soldaten sich nicht ergaben. Den Bauern muß all dies wie eine Rückkehr des rachsüchtigen alten Regimes erschienen sein.

Die Repressalien bewirkten das Gegenteil von dem, was sie beabsichtigten: Sie stärkten den Widerstand der Bauern und trieben viele von ihnen den Roten in die Arme. Die Dorfbewohner bildeten – häufig vom Rat organisiert – Brigaden, um der Volksarmee und ihren Strafbataillonen Widerstand zu leisten. Diese Dorf-»Armeen« zogen mit rostigen Gewehren, Mistgabeln, Äxten und vereinzelten, auf Bauernwagen montierten Kanonen in den Kampf. Einige von ihnen kämpften als Partisaneneinheiten an der Seite der Roten Armee und wurden später reguläre Truppenabteilungen in ihr.

* * *

Ohne schlagkräftige Armee war es lediglich eine Frage der Zeit, bis das Komutsch im Wolgagebiet an Einfluß verlor. Den Sommer über hatten die Roten ihre Truppen nach und nach auf eine Schlacht an der Wolga vorbereitet, und ebendabei nahm die Rote Armee die Gestalt einer regulären Armee von Wehrpflichtigen an. Arbeiterbataillone wurden in Moskau und anderen Städten des zentralen Sowjetgebiets aufgestellt und zur Ostgruppe der Armee am rechten Wolgaufer entsandt. Auf Anordnung Lenins wurden 30 000 Mann von den antideutschen Stellungen im Westen abgezogen. Er vermutete (zu Recht, wie sich herausstellen sollte), daß die Mittelmächte zu sehr in Europa involviert seien, um diese Schwachstelle auszunutzen. Anfang September 1918 hatten die Roten 70 000 Mann an der Ostfront zusammengezogen – doppelt so viele wie das Komutsch. Dies war der Beginn der tatsächlichen Kämpfe des Bürgerkriegs. Bis zu diesem Zeitpunkt waren lediglich kleinere Einheiten, keine mehr als 10 000 Mann stark, in die Kämpfe verwickelt gewesen. Kasan wurde am 10. September von den Roten eingenommen. Oberst Vatsetis, der den Angriff geführt hatte, wurde für seine Verdienste zum Oberbefehlshaber der gesamten Roten Armee befördert. Im Falle einer Niederlage wäre ihm ein anderer »Lohn« zuteil geworden – Lenin hatte befohlen, ihn zu erschießen, falls die Eroberung dieser strategisch wichtigen Stadt nicht gelungen wäre. Zwei Tage darauf brach die 1. Rote Armee unter Michail Tuchatschewski nach Simbirsk durch. Von diesem Zeitpunkt an war der Widerstand der Volksarmee erfolgreich gebrochen. Die tschechischen Truppen lösten sich auf. Samara fiel am 7. Oktober.

Die Sozialrevolutionäre lösten das Komutsch auf und flohen nach Ufa. Dort sahen sie sich auf die Gnade der weißen Konterrevolutionäre angewiesen, die von Osten her in die Stadt strömten. Unter dem Schutz der Tschechen waren in Sibirien verschiedene rivalisierende Machtzentren entstanden: Die eurasische Landmasse bestand aus einem Flickenteppich unterschiedlichster regionaler Regime. In Jekaterinburg wurde eine Ural-Regierung installiert, die sich auch für die Stadt Perm zuständig erklärte. Die verschiedenen Kosakenheere – Orenburg und Uralsk waren die westlichsten – erkannten das Komutsch zwar formal an, verhielten sich aber wie unabhängige »Mächte«. Auch Baschkiren und Kirgisen hatten ihre eigenen »Staaten«, und daneben existierte auf dem Komutsch-Gebiet eine nationale Regierung der turko-tatarischen Stämme. Das wichtigste all dieser rivalisierenden Machtzentren war zweifellos die sibirische Regierung in Omsk. Sie war noch vor der Einführung der Rätemacht von Kadetten und sozialrevolutionären Politikern der Tomsker Duma gebildet und unter dem Eindruck der tschechischen Revolte von ihnen reformiert worden.[37]

Die Omsker Regierung geriet bald unter den beherrschenden Einfluß der rechten und monarchistischen Offiziere in der sibirischen Armee. Obwohl sie nur in loser Verbindung zu den Tschechen stand, war sie auf deren militärische Unterstützung angewiesen. Im September verfügte die sibirische Armee über 38 000 meist bäuerliche Rekruten. Unter der sibirischen Fahne – grün für Sibiriens Wälder und weiß für seinen Schnee – wurde sie von jenen älteren sibirischen Siedlern unterstützt, die für die Unabhängigkeit Sibiriens vom übrigen Rußland eintraten. Auch rechte Offiziere von der Wolga stießen zur sibirischen Armee, die sie als Alternative zum »sozialistischen« Komutsch ansahen. Das Übergewicht dieser rechten Elemente in Omsk reichte aus, um die sibirische Regierung an einer erneuten Einberufung der Duma zu hindern. Was die Rechten wollten, war nicht weniger als eine Diktatur.

Zwischen Samara und Omsk hatte schon immer eine starke Rivalität bestanden, die sich nun in einem Zollkrieg und verschiedenen Gebietsstreitigkeiten Bahn brach. Doch auch der Druck, eine Übereinkunft zu erreichen, nahm zu, denn die militärische Position des Komutsch wurde immer schwächer, und die Alliierten befürchteten, derartige geringfügige Konflikte könnten die vereinten Anstrengungen beeinträchtigen, den Vormarsch der Roten zurückzuschlagen. Eine solche Übereinkunft wurde schließlich auf der Staatskonferenz in Ufa vom 8. bis 23. September getroffen. Dabei mußten die Komutsch-Führer feststellen, daß ihre Stimmen immer mehr von den Rechten in den eigenen Reihen übertönt wurden, die ihrerseits jene Art von Diktatur forderten, für die sich die Sibirier stark machten. Der Kasaner Industrielle Kropotkin verlangte eine »starke und geeinte Militärmacht, um Rußland vor jenen Politikern zu retten [d. h. den Sozialisten], die es in den Ruin getrieben haben«. W. N. Lwow, der Drahtzieher im Kornilow-Fiasko, meinte gar, ein neuer »Militärdiktator« sei unabdingbar.[38]

Um die Komutsch-Führer zu beschwichtigen, wurde eine Art Kompromiß gefunden. Die Konferenz in Ufa erkannte die letztliche Souveränität der Konstituierenden Versammlung an – vorausgesetzt, daß sich ein Quorum von 250 Mitgliedern finden ließe. In der Zwischenzeit verlor das Komutsch jedoch seinen Anspruch, die rechtmäßige Regierung ganz Rußlands zu sein. An seiner Stelle wurde ein fünfköpfiges Direktorium als ausführendes Organ der Provisorischen Allrussischen Regierung mit Sitz in Omsk installiert. Es war eine Allianz aus zwei Sozialrevolutionären (Awxentjew und Sensinow), zwei sibirischen Liberalen (Wologodski und Winogradow) und General Boldyrew, der den Sozialrevolutionären nahestand und Oberbefehlshaber der Streitkräfte war. Obwohl die Sozialrevolutionäre damit nominell über die Mehrheit in der neuen Regierung verfügten, waren sie de facto die Verlierer, denn angesichts der zersplitterten Politik des Bürgerkriegs würde es eine Sisyphusarbeit sein, das Quorum zustande zu bringen, das für die Wiedereinsetzung der Konstituierenden Versammlung nötig war. Trotz aller Wünsche und Absichten lag ihre Bastion der Freiheit in Trümmern.

Das Direktorium war nur ein schwacher Abglanz der französischen Revolutionsregierung, nach der es benannt worden war. Es war eine Regierung, die lediglich auf dem Papier bestand und weder über eine entsprechende Struktur noch Mittel zu ihrer Finanzierung verfügte. Bis kurz vor Ende seines achtwöchigen Bestehens residierte das Direktorium in einem Eisenbahnwaggon auf einem Nebengleis unweit von Omsk – schwerlich ein repräsentativer »Regierungssitz« für eine Institution, die für sich in Anspruch nahm, die einzig rechtmäßige Regierung Rußlands zu sein. Awxentjew, der Vorsitzende, war ein Dilettant, für den Politik ein Spiel war. Er »umgab sich mit Adjutanten, führte die alten Titel wieder ein« und trat, einem Zeitgenossen zufolge, »mit einem lächerlichen Pomp auf, hinter dem sich keinerlei Substanz verbarg«. Es war ein Rückfall in die letzten Tage Kerenskis. Dieses Direktorium besaß noch weniger Autorität als die Provisorische Regierung – es genoß noch nicht einmal das Vertrauen jener Fraktionen, die es vertrat. Sowohl Sozialrevolutionäre als auch die rechten Kreise intrigierten von Anfang an dagegen. Jede Seite verdächtigte diese Allianz, sie überließe der anderen Seite zuviel Macht. In Omsk waren Intrigen und Gerüchte über eine Verschwörung an der Tagesordnung. »Mexiko inmitten von Schnee und Eis«, wie Boldyrew es beschrieb.[39]

Die rechten Offiziere handelten zuerst. Am 17. November drang eine Kosakenabteilung in eine Versammlung der Sozialrevolutionäre in Omsk ein und verhaftete mehrere ihrer Führer – darunter auch die beiden Vorsitzenden Awxentjew und Sensinow. Sie wurden beschuldigt, den Sturz des Direktoriums geplant zu haben. Tatsächlich hatte die Gruppe um Tschernow von Anfang an gegen das Direktorium intrigiert. Das gleiche läßt sich aber auch von den Rechten sagen, die nun das Komplott der Sozialrevolutionäre als Vorwand für ihren eigenen Staatsstreich nutzten. Am folgenden Morgen segnete der Ministerrat des Direktoriums den Putsch ab und bot Admiral Koltschak an, die Macht zu übernehmen und »Oberster Herrscher« zu werden. Es gab kaum Truppen, die zur Verteidigung des Direktoriums bereit waren: Die Tschechen hatten seit der Ausrufung der tschechischen Unabhängigkeit am 28. Oktober jede Kampfbereitschaft verloren und wollten nur noch nach Hause. Und was die Volksarmee betrifft, so befand sie sich in fortschreitender Auflösung.

Für die nächsten 14 Monate war Alexander Koltschak – neben Denikin – der oberste Führer der Konterrevolution. Irgendwie war es bezeichnend, daß ein Admiral ohne Flotte eine Regierung führte, die ihren Sitz in einer über 6000 Kilometer vom nächsten Hafen entfernten Stadt hatte. Koltschak war eines der Stiefkinder der Geschichte: Klein, doch von imposanter Erscheinung, mit schwarzen, durchdringenden Augen, war er ein Sonderling. Er war Bergbauingenieur und Nordpolforscher im vom Landadel dominierten zaristischen Marinestab gewesen. Als er 1916 zum Befehlshaber der Schwarzmeerflotte ernannt wurde, war Koltschak mit seinen 41 Jahren so jung, daß er der Sohn der meisten wesentlich älteren Truppenkommandeure hätte sein können. 1917 weigerte er sich, sich den Flottenkomitees anzuschließen, und dankte unter dramatischen Umständen ab, die ihn politisch bekannt machten: Er zerbrach seinen Säbel und warf ihn über Bord. General Budberg beschrieb Koltschak als »großes, krankes Kind«:

*Er ist unzweifelhaft ein Neurotiker, der schnell aufbraust und überaus heftig und unbeherrscht ist …*

> *Er ist ein reiner Idealist, völlig von seinem Pflichtgefühl und der Idee besessen, Rußland zu dienen, es vor der roten Unterdrückung zu retten ... Im Namen dieser Idee kann man ihn dazu bewegen, alles zu tun. Er hat keinerlei persönliche Interessen, keinen* amour propre, *in dieser Hinsicht ist er kristallklar ... Er kennt das Leben in seiner harten Wirklichkeit nicht und lebt in einer Welt der Illusionen und der an ihn herangetragenen Ideen. Er hat keine eigenen Pläne, kein System, keinen Willen und gleicht einem weichen Wachsklumpen, aus dem seine Berater und Vertrauten alles formen können, was sie wollen.*[40]

All diese Eigenschaften kamen in Koltschaks Verhalten während des Sturzes des Direktoriums zum Ausdruck. Er spielte eine passive, beinahe zufällige Rolle bei dem Putsch. Er war lediglich zur rechten Zeit am rechten Ort und diente den Verschwörern als Galionsfigur. Während der bolschewistischen Machtergreifung hatte sich Koltschak auf einer militärischen Mission in die Vereinigten Staaten befunden. Nach einjährigem Aufenthalt in der Mandschurei kehrte er mit der Transsibirischen Eisenbahn nach Rußland zurück und traf Mitte Oktober in Omsk ein, wo Boldyrew ihn überredete, das Amt des Kriegsministers zu übernehmen. Es gibt keinen Beleg für die Annahme, daß Koltschak beim Sturz des Direktoriums unmittelbar beteiligt war, obgleich Historiker diesen bis heute als »Koltschak-Putsch« bezeichnen. Nach dem, was wir inzwischen über dieses dunkle Kapitel wissen, scheint es, daß die Rechten in Omsk den Putsch ohne Wissen Koltschaks anzettelten, um ihn dann zur Übernahme der Macht zu zwingen. Früher am selben Tag hatten verschiedene rechte Offiziere ihn dringend gebeten, Diktator zu werden. Koltschak war diesem Gedanken kaum abgeneigt, hatten ihn seine Inspektionsreisen an die Front doch davon überzeugt, daß »das Direktorium keinerlei Rückhalt besaß«. Außerdem werden ihm die Pläne für einen Staatsstreich nicht verborgen geblieben sein, denn in den Salons und Kasernen von Omsk sprach man in diesen Tagen immer wieder von der Notwendigkeit einer eisernen Faust – sogar in den Behörden des Direktoriums wurde darüber geredet. Und auch Koltschaks enger Verbündeter, General Knox, Leiter der britischen Militärmission in Sibirien, sprach sich für eine Diktatur aus. Zunächst jedoch, am 17. November, lehnte es der Admiral ab, die Macht zu übernehmen: Boldyrew sei Chef der Armee, und außerdem sei er sich nicht sicher, ob er die Unterstützung der Sibirier und der Alliierten gewinnen könne. Kaum aber hatten die Offiziere die Macht für ihn errungen, änderte er seine Meinung. Am Morgen des 18. November glaubte er, daß ein Diktator das Vakuum füllen müsse, wenn man Straßenkämpfe vermeiden wolle. Auf der Sitzung des Ministerrats schlug er Boldyrew für dieses Amt vor, doch dieser war abwesend, und die Minister zogen in jedem Fall den Admiral dem »sozialistischen« Boldyrew bei weitem vor. Von Knox gedrängt, seine Pflicht zu tun, willigte Koltschak ein und akzeptierte den Titel eines »Obersten Herrschers«.[41]

* * *

Dies war das Ende der Rechten Sozialrevolutionäre und ihrer »demokratischen Konterrevolution«, wie Iwan Maiski sie bezeichnete. Koltschak ließ die Sozialrevolutionäre verhaften und dann zur chinesischen Grenze eskortieren und ausweisen. Einige von ihnen begaben sich zurück nach Westeuropa, wo sie ein zwar komfortables, aber trauriges Leben im Exil führten. Andere kehrten nach Rußland zurück, organisierten sich im Untergrund neu und waren Weißen wie Roten gegenüber gleichermaßen feindlich gesinnt. Für einige Wochen nach dem Putsch führte Koltschaks Polizei blutige Vergeltungsschläge gegen Aktivisten der Sozialrevolutionäre. Hunderte von ihnen wurden verhaftet, viele als »Geiseln« festgehalten, die im Falle sozialrevolutionärer Terroranschläge gegen die Diktatur zu erschießen seien. Unter den Geiseln in Omsk befanden sich zwanzig Abgeordnete der Sozialrevolutionäre der Konstituierenden Versammlung, von denen zehn im Dezember erschossen wurden, als in der Stadt Arbeiterunruhen ausbrachen.

Unterdessen umriß Koltschak die Ziele seines Regimes nach rein militärischen Gesichtspunkten. Wie Denikin war er ein engstirniger Soldat, der sich nicht für Politik interessierte. Neben der Beseitigung des Bolschewismus und der »Rettung Rußlands« hatte er keine klaren Vorstellungen, wofür er kämpfen sollte. Zwar äußerte er sich vage zur Wiedereinsetzung von Recht und Ordnung sowie der Konstituierenden Versammlung, letzteres sollte jedoch eindeutig nicht in der demokratischen Form von 1917 geschehen. Jede Politik sei zugunsten der militärischen Kampagne zu unterlassen. Denikin verfiel demselben Irrtum. Politik war für sich der entscheidende Faktor des militärischen Konflikts. Ohne eine Politik, die die ortsansässige Bevölkerung hätte mobilisieren oder wenigstens neutralisieren können, mußte seine Armee fast zwangsläufig scheitern. Indem er seine Politik nicht klar umriß, ließ es Koltschak außerdem zu, daß andere sie für ihn vertraten. Das hatte zur Folge, daß die Bevölkerung Ostrußlands – sowohl durch die Propaganda der Roten als auch durch das Verhalten seiner eigenen rechten Offiziere – den fatalen Eindruck gewann, Koltschaks Bewegung wolle die Monarchie wiedereinführen.

Die Mitte zwischen Roten und Weißen war somit zerschlissen und verschwand schließlich ganz. Das gesamte Land versank nun im Bürgerkrieg. Für das empfindliche Pflänzchen Demokratie, dessen Wurzeln 1917 zu wachsen begonnen hatten, gab es darin keinen Platz mehr. Rußland war zu polarisiert und die überwiegende Mehrheit der Bevölkerung zu ungebildet, um demokratische Institutionen gegen Feinde aus beiden extremen Lagern bewahren zu können. Erst im Herbst 1920 sollte die antibolschewistische Bewegung wieder demokratische Formen annehmen, doch zu diesem Zeitpunkt war es bereits zu spät, um die neue Autokratie abzuschaffen. Die Tragödie der russischen Revolution bestand darin, daß das Volk politisch zu schwach war, um über ihr Ergebnis mitzubestimmen.

# 13 DIE REVOLUTION ZIEHT IN DEN KRIEG

## DIE BEWAFFNUNG DER REVOLUTION

Seit fünf Jahren war Dmitri Oskin nicht mehr in Tula gewesen. Damals, 1913, war er noch der einfache Bauernjunge frisch vom Lande gewesen, der sich als Soldat zur zaristischen Armee gemeldet hatte. Jetzt, im Frühjahr 1918, kehrte er als Kommissar in Trotzkis Armee in die Stadt zurück, um die Revolution mit eiserner Faust durchzusetzen.

Krieg und Revolution waren Oskin wohlgesinnt gewesen – er war aufgestiegen, hatte viermal das St. Georgs-Kreuz erhalten, während die alte Offizierskaste zerstört worden war. Im Jahr 1917 stieg sein Glücksstern, als er sich für linke Politik zu interessieren begann: er ritt auf der Welle der Soldatenrevolution. Seine sozialrevolutionären Referenzen brachten ihm das Kommando über ein Regiment ein, und bald darauf wurde er ins Zentralkomitee des Soldatenrats der Südwestfront gewählt. Im Oktober nahm er als sozialrevolutionärer Delegierter am Zweiten Rätekongreß teil – einer aus jener »grauen Masse« ungewaschener Soldaten im Smolny, die Suchanow für den Sieg der Bolschewiki verantwortlich gemacht hatte. Als Trotzki Anfang 1918 begann, das Offizierskorps der neuen Roten Armee aufzubauen, wandte er sich zunächst an Unteroffiziere wie Oskin, die ihr Handwerk in der zaristischen Armee erlernt hatten. Es war eine Vernunftehe, die die Wünsche der Bauernsöhne ebenso berücksichtigte wie die militärischen Bedürfnisse des Regimes. Wie Napoleon einst gesagt hat: Jeder Soldat trägt in seinem Tornister einen Marschallstab – nur so schuf man eine *armée révolutionaire*.

Das 160 Kilometer südlich von Moskau gelegene Tula war das Waffenarsenal der Revolution. Nach der Evakuierung Petrograds war es zum Zentrum der Waffenindustrie der Sowjetrepublik avanciert. Auf dem Höhepunkt des Ersten Weltkriegs hatten die Fabriken dort über 60 000 Arbeiter beschäftigt, allerdings waren wegen der allgemeinen Flucht aus den Städten nur noch 15 000 übriggeblieben, als Oskin in der Stadt eintraf. Der neue Militärkommissar schlug sein Quartier im Sowjetgebäude auf, das in der einstigen Bauernbank untergebracht war. Wie um die neue soziale Ordnung zu symbolisieren, war es von Metallfabriken umgeben.[1]

Die örtlichen Roten Garden, die Oskin neu organisieren sollte, waren 1917 zumeist von Arbeitern gebildet worden, um die Fabriken vor einer drohenden »Konterrevolution« zu schützen. Nach der Machtergreifung durch die Bolschewiki hatte es lange Debatten darüber gegeben, ob man diese Garden nicht für einen neuen Typ von »proletarischer Armee« nutzen sollte, statt auf die Überreste der alten (hauptsächlich bäuerlichen) zurückzugreifen. Den Bolschewiki behagte die Vorstellung eines stehenden Heeres nicht. Sie hielten die Armee für ein Unterdrükkungsinstrument, das vom alten Regime gegen die Revolution eingesetzt worden war. Eine Arbeitermiliz würde egalitärer sein, und die Roten Garden sollten die Grundlage derartiger Streitkräfte bilden. Sie stellten die Einheiten der neuen Roten Armee, deren Schaffung am 15. Januar per Dekret verkündet wurde. Neben ihren ideologischen Bedenken gegen ein stehendes Heer hatten die Bolschewiki auch praktische Gründe, zu diesem Zeitpunkt das Prinzip der Freiwilligkeit zu bevorzugen: Die Auflösung der alten Armee und das komplette Fehlen eines Apparats zur Durchführung der Rekrutenaushebung ließen ihnen keine andere Wahl. Die einzigen Truppen, auf die sie sich während der ersten Monate ihrer Herrschaft tatsächlich stützen konnten, waren die 35 000 Mann starken drei Brigaden lettischer Schützen.

Nun, als die Arbeiter aus den Städten flohen, bestanden die neuen roten Rekruten hauptsächlich aus arbeitslosen ehemaligen Soldaten und all jenen »Vagabunden und labilen Elementen, die es« Trotzki zufolge »damals so zahlreich gab«. Einige unter ihnen hatten zweifellos das Armeeleben schätzen gelernt oder zogen es zumindest der Mühsal des zivilen Lebens in den Nachkriegsjahren vor. Die meisten jedoch wußten nicht, wohin – der Krieg hatte sie ihres Heims und ihrer Familien beraubt. Sie waren in Städten wie Tula gestrandet – auf halbem Wege zwischen der Front und ihren vor langer Zeit verlassenen Häusern. Viele dieser Wanderer traten den Roten Garden lediglich bei, um einen anständigen Mantel oder ein Paar Schuhe zu bekommen, die sie dann verkauften, um in einer anderen Stadt dasselbe von vorn zu beginnen. Die neue proletarische Miliz diente den Gescheiterten der Gesellschaft als Altkleiderhandel.[2]

Eine solche Armee war natürlich denkbar ungeeignet für das Schlachtfeld. Das Bild von den Roten Garden als disziplinierten Stoßtruppen gehört ins Reich der sowjetischen Legende. Die Roten Garden waren irreguläre Abteilungen mit zusammengewürfelter Kleidung und ebensolcher Bewaffnung, wenig diszipliniert und mit starker Neigung zum Alkohol. Die Gepflogenheiten des Komitees von 1917 lebten in ihren Reihen fort. Die Offiziere wurden gewählt, und über ihre primitiven Einsatzpläne stimmten die Soldaten gewöhnlich per Handzeichen ab. Die militärischen Folgen waren katastrophal. Angriffe wurden ohne gründliche Aufklärung durchgeführt, oft lediglich mit Hilfe eines Schulatlas. Die Soldaten kämpften planlos und undiszipliniert, und allzuoft gerieten sie bei der ersten Feindberührung in Panik. Die vernichtenden Niederlagen durch die Deutschen im

Februar und März, gefolgt von denjenigen durch die Tschechen im Mai und Juni, ließen Trotzki erkennen, daß so kein Erfolg zu erzielen war. Da das Sowjetsystem am Rande des Ruins stand, mußte die Rote Armee nach dem Vorbild der alten zaristischen Armee reformiert werden – mit regulären Einheiten anstelle der Abteilungen, angemessener Disziplin unter den Soldaten, mit Berufsoffizieren und einer zentralisierten Kommandohierarchie. Dies genau war Oskins Aufgabe in Tula.

Eine der ersten Maßnahmen, die Trotzki ergriff, bestand darin, die Dienste ehemaliger zaristischer Offiziere einzufordern. Man nannte sie »Militärspezialisten« und nicht Offiziere, um sie vom alten Regime abzuheben (aus demselben Grunde wurden die Soldaten jetzt »Angehörige der Roten Armee« genannt). Etwa 8000 ehemals zaristische Offiziere hatten sich den Bolschewiki nach deren Machtergreifung freiwillig zur Verfügung gestellt. Die Soldaten und ihre Komitees, für die die Revolution vor allem das Ende der Autorität der Offiziere bedeutete, begegneten ihnen äußerst feindselig. Der Mangel an Unteroffizieren sowie an sogenannten roten Kommandeuren, deren Ausbildung eben erst begonnen hatte, bewirkte, daß schiere militärische Notwendigkeit über revolutionäre Begeisterung siegte. Nun suchte Trotzki das Prinzip durch Massendienstverpflichtung ehemaliger zaristischer Offiziere auszuweiten, wobei er die Einwände der Soldaten einfach dadurch beiseite wischte, daß er ihre Komitees auflöste. Am 29. Juli erließ er seinen berühmten Befehl Nr. 228 über die Einberufung aller Offiziere. Gegen Ende des Jahres waren 22 000 ehemals zaristische Offiziere eingezogen. Im Verlauf des Bürgerkriegs erhöhte sich ihre Zahl auf 75 000, nicht eingerechnet Ärzte, Veterinäre und andere Zivilangestellte. Schließlich stammten drei Viertel der höheren Ränge in der Roten Armee aus dem zaristischen Offizierskorps.[3]

Welche Motivation hatten diese Offiziere? Einige ließen sich von einem Gefühl patriotischer Pflicht leiten, wie Brussilow, der der Roten Armee 1920 beitreten sollte. Das Land hatte nun einmal – auf Gedeih und Verderb – die Roten gewählt, so schien es ihnen jedenfalls, und ihre Pflicht war es, ihm zu dienen. Viele veranlaßte auch ihr angeborenes militärisches Pflichtgefühl – dies waren Berufssoldaten, die der Institution Armee ohne Rücksicht auf deren Politik dienten. Einige der jüngeren Offiziere lockte wohl auch die Aussicht auf einen höheren Posten in der neuen Armee, als sie in der alten hätten erreichen können. Der häufigste Beweggrund jedoch war die schlichte Notwendigkeit, eine Arbeit zu finden. Es war eine Frage des Überlebens und nicht des Aufstiegs, was die Offiziere zur Sache der Sowjets zog. Die meisten hatten ihre Pension verloren, häufig die einzige Existenzgrundlage, und waren daher in einer noch schlechteren Lage als die anderen ruinierten Klassen des alten Rußlands. Inmitten des Terrors von 1918 waren sie überdies gut beraten, sich dem Regime nützlich zu erweisen. Wie Trotzki es in einer Notiz an Lenin formulierte, sollte sich durch Verpflichtung der ehemals zaristischen Offiziere »die Belastung der Gefängnisse verringern«. Die Offiziere, die in den Dienst der Roten Armee traten, wurden von Kommissaren wie Oskin streng überwacht und gewarnt, daß jeglicher Verrat an der Roten Armee die Inhaftierung ihrer Familien nach sich ziehen würde. »Die Abtrünnigen sollen wissen«, ließ Trotzki in einem Sonderbefehl vom 30. September verlauten, »daß sie dann zugleich ihre eigenen Familien verraten, ihre Väter, Mütter, Schwestern, Brüder, Ehefrauen und Kinder.«[4]

Die Dienstverpflichtung dieser Offiziere löste einen Sturm der Empörung aus. Viele Soldaten sahen darin die Rückkehr zur alten Militärordnung und einen Verrat am Befehl Nr. 1. Ganz besonders opponierten sie gegen die Wiedereinführung von unterschiedlichem Sold je nach Rang, der Pflicht zu grüßen sowie besonderer Abzeichen und Uniformen, ganz zu schweigen von Sonderverpflegung und Privilegien für die Offiziere. Die Parteiarbeiter in der Armee betrachteten dies als Angriff auf ihre Machtposition, während die Unteroffiziere und die roten Kommandeure auf die »Männer mit den goldenen Epauletten« eifersüchtig waren und fürchteten, sie könnten ihren eigenen Aufstieg behindern. Oskins Haltung zu den zaristischen Offizieren war zwiespältig. Als Militär sah er den dringenden Bedarf an kompetenten Kommandeuren sehr wohl – militärische Leistungfähigkeit hatte in jedem Fall Vorrang vor revolutionärer Gleichheit. Die Mätzchen der Linken Sozialrevolutionäre und Anarchisten in Tula – jugendlichen Fanatikern des Milizprinzips – hatten genug Chaos verursacht, um ihn von der Notwendigkeit bolschewistischer Disziplin und Organisation zu überzeugen (er trat der Partei im Juli 1918 bei). Als bäuerlicher Unteroffizier und Mann mit einigem Ehrgeiz ärgerte er sich dennoch gleichzeitig über die Privilegien der ehemals zaristischen Offiziere. Während er seinen Dienstgrad durch Mut im Kampf verdient hatte, waren die meisten dieser Offiziere durch Geburt und Bildung zu dem ihrigen gekommen. Er spürte, daß ihre Einstellung sich nicht geändert hatte – »Ihre Gesichtsmuskeln zuckten, wann immer sie von den Soldaten als ›Genosse Kommandeur‹ angesprochen wurden« –, und fürchtete, dies könnte sie dazu bringen zu revoltieren.[5]

Die militärischen Rückschläge des Sommers wurden von den Kritikern Trotzkis sofort den exzaristischen Offfizieren angelastet. Der Verlust von Simbirsk an das Komutsch im Juli war tatsächlich teilweise durch die Befehlsverweigerung von M. A. Murawjow verursacht worden, einem Oberstleutnant der zaristischen Armee, der als Linker Sozialrevolutionär Befehlshaber der Ostfront war. In den darauffolgenden Monaten wurde innerhalb der Partei eine konzertierte Aktion gegen Trotzkis Politik gestartet. Zwei *Prawda*-Artikel brachten diesen Konflikt in Gang. Sorin, Mitglied des Moskauer Parteikomitees, beschuldigte Trotzki, den ehemals zaristischen Offizieren »zuviel Macht« verliehen zu haben, während ungerechterweise die Kommissare »mit ihrem Leben bezahlen müßten«, wenn die Soldaten sich weigerten, ihren Befehlen nachzukommen. Tatsächlich war ein Kommissar namens Pantelejew auf Anordnung Trotzkis erschossen worden, nachdem seine Abteilung während der Schlacht um Kasan geflohen war. Dies wurde zum Präzedenzfall für all diejenigen, die entschlossen waren, die Unabhängigkeit der Partei und ihrer Kommissare gegen die Kommandeure zu verteidigen. Im anderen *Prawda*-Artikel behauptete Kamenski, ein Kommissar in Woroschilows Armee an der Südfront, die ehemaligen zaristischen Offiziere träten wie wahre »Autokraten« auf, während die Kommissare lediglich dazu da seien, unter deren Befehle »eine dekorative Unterschrift zu setzen«.[6]

Kliment Woroschilow, ein alter Bolschewik und Rotgardistenkommandeur, war der führende Kopf dieser »Militärischen Opposition«, wie man sie bald nennen sollte. In Zarizyn stationiert, weigerte sich Woroschilow, den Befehlen von Trotzkis zentralem Kommandoorgan, dem Revolutionären Kriegsrat der Republik (RWSR), und seinem Befehlshaber an der Südfront, dem ehemals zaristischen General Sytin, Folge zu leisten, der seine Basis in Koslow hatte. Stalin stärkte Woroschilow den Rücken, obwohl er stets leugnete, der Militärischen Opposition anzugehören. Dieser direkte Angriff auf Trotzkis Autorität von einem so hohen Parteigenossen war im wesentlichen der Ursprung für die persönliche Feindschaft zwischen Trotzki und Stalin in den folgenden Jahren.

Trotzki nahm die Kritik an seiner Politik zum Anlaß, die Frage nach dem generellen Vertrauen der Partei in ihn als Kriegskommissar zu stellen. Er verlangte, daß die Redakteure der *Prawda* für den Abdruck der Artikel von Sorin und Kamenski gemaßregelt würden. Außerdem forderte er die Abberufung Stalins von der Südfront, wo der Georgier als Sonderkommissar für Proviantbeschaffung Dutzende von Beamten erschießen ließ und Verwüstungen anrichtete. Es war für Trotzki ein Spiel mit dem Feuer. Die Haltung der Militärischen Opposition war wie die der Linken Kommunisten, von denen sie teilweise herrührte, unter den seit 1917 der Partei beigetretenen einfachen Soldaten weit verbreitet. In deren Augen bezweckte die Revolution nichts anderes, als die alten »bürgerlichen Spezialisten« durch der Partei ergebene Proletarier zu ersetzen. Ihr Kommunismus war der von Karrieristen, der eine egalitäre Ablehnung der alten Autoritäten mit der Forderung verband, daß sie als Kommunisten entsprechende Machtpositionen und Privilegien im neuen Regime erhalten müßten. Sie betrachteten Partei- und Klassenzugehörigkeit als die einzigen nötigen Voraussetzungen für den militärischen Aufstieg. Schlachten würden durch den »revolutionären Kampfgeist« der Genossen und ihrer Soldaten gewonnen und nicht durch die überholten Lehren der zaristischen Militärakademie.

Diesem Mißtrauen gegen die Offiziere lagen instinktive Vorurteile der unteren Klassen gegenüber allen Privilegierten sowie ein tiefsitzender Antiintellektualismus zugrunde. Dieselben Einstellungen kamen auch gegenüber den anderen sogenannten »bürgerlichen Spezialisten« zum Vorschein, die das Sowjetregime in Bürokratie und Industrie beschäftigte (z. B. Staatsbeamte, Führungskräfte und Techniker, die diese Stellen bereits vor 1917 bekleidet hatten). Viele Intellektuelle in der

Parteiführung waren persönlich Zielscheibe dieser demagogischen Animosität der breiten Massen. Trotzki, Kamenew und Sinowjew, Stalins drei große Rivalen in den zwanziger Jahren, litten in dieser Hinsicht besonders.* Zweifellos hatte auch ihr jüdisches Aussehen viel damit zu tun. Die meisten Vertreter der Militärischen Opposition stammten aus Unterschichtfamilien und besaßen nur eine elementare Bildung. Woroschilow beispielsweise war der Sohn eines Gelegenheitsarbeiters bei der Eisenbahn und hatte lediglich zwei Jahre lang eine Schule besucht. Diese »Söhne des Proletariats« nahmen es übel, daß sie Offiziere vorlassen mußten, die alle Privilegien einer standesgemäßen Geburt und einer entsprechenden Ausbildung an der Militärakademie genossen hatten. Viele ihrer Vorurteile als rangniedere Kommandeure rührten von dem her, was sie als Trotzkis Arroganz und seine bonapartistischen Gepflogenheiten als Führer der Roten Armee betrachteten. Er kam nie anders als in seinem reich ausgestatteten Zug an die Front (Trotzki war als Gourmet bekannt, und sein Zug verfügte über ein eigenes hervorragendes Restaurant). Seine Kommissare trugen stets makellose Uniformen mit goldglänzenden Knöpfen und teure Lederstiefel. Mit ein wenig mehr Feingefühl hätte Trotzki vielleicht die Militärische Opposition neutralisieren können. Doch er ist nie für seinen Takt bekannt gewesen – Trotzki selbst gab einmal zu, daß man ihn in der Partei wegen seines »aristokratischen Benehmens« nicht mochte –, und sein Stolz war durch den Angriff der Opposition auf seinen Posten und seine Autorität verletzt worden. Trotzki beschloß, dort zurückzuschlagen, wo es am meisten weh tat, und verspottete seine Kritiker als »Parteiignoranten«. Der gelegentliche Treuebruch der militärischen Spezialisten sei nicht so schlimm wie der Verlust »ganzer Regimenter« durch die Inkompetenz »halbgebildeter« kommunistischer Kommandeure, die »nicht einmal eine Landkarte lesen« könnten.[7]

Der Konflikt schwelte den Winter hindurch weiter bis zum März 1919 – Koltschak stand an der Wolga – , als Lenin in einem Appell zu Parteieinigkeit aufrief und auf dem VIII. Parteikongreß eine Art Kompromiß gefunden wurde. Die Beschäftigung der ehemals zaristischen Offiziere durch Trotzki sollte aufgrund der militärischen Notlage unterstützt, die Aufsichtsfunktion der Kommissare sowie die allgemeine Machtstellung der Partei in der Armee aber verstärkt werden, bei gleichzeitiger Ausbildung roter Kommandeure für künftige Führungspositionen in der Armee. Mit diesem Beschluß wurde der Streit jedoch nur übertüncht. Die Kompetenzen in der Armee gerieten noch mehr durcheinander, denn Kommandeure, Kommissare und örtliche Parteizellen befanden sich nun in einem Gerangel um die Autorität.[8] Außerdem sollte es im folgenden Sommer zum Konflikt

* Stalins Aufstieg zur Macht war teilweise darauf zurückzuführen, daß es ihm gelang, diesen Antiintellektualismus der kommunistischen Massen gegen die alten Bolschewiki (die bereits vor 1917 der Partei beigetreten waren) zu mobilisieren. Viele seiner wichtigsten Verbündeten in den zwanziger Jahren waren ehemalige Mitglieder der Militärischen Opposition. So wurde Woroschilow beispielsweise 1925 Mitglied des Politbüros.

zwischen Trotzki und der Militärischen Opposition kommen, als Stalin erneut einen Generalangriff gegen die Armeeführung startete.

* * *

Im Sommer 1918, als die Roten auf allen Seiten Niederlagen erlitten, wurde die Sowjetrepublik zu einem »einzigen Militärlager« erklärt. Im ganzen Land wurde das Kriegsrecht verhängt und der Revolutionäre Kriegsrat der Republik unter Trotzkis Vorsitz zum höchsten Staatsorgan bestimmt. Die gesamte Wirtschaft wurde auf die Bedürfnisse der Armee ausgerichtet und das Land in drei Hauptfronten (Ost-, Süd- und Nordfront) sowie fünf Armeen und eine befestigte Zone im Westen aufgeteilt. Die Führer der Bolschewiki hielten aufrüttelnde Reden, und die Presse brachte fette Schlagzeilen mit Aufrufen an das Volk, seine Pflicht zu tun und das Vaterland zu verteidigen.

In dieser angespannten Situation blieb Trotzki keine andere Wahl, als die allgemeine Wehrpflicht einzuführen. Die roten Freiwilligen waren zahlenmäßig zu schwach und zu undiszipliniert, um den Deutschen in der Ukraine, den Engländern im Norden, den Tschechen an der Wolga, den Japanern im Fernen Osten und den von den Alliierten unterstützten Weißen am Don wirksamen Widerstand entgegensetzen zu können. Die Einführung einer allgemeinen Wehrpflicht war nach der Dienstverpflichtung der ehemals zaristischen Offiziere Trotzkis zweite große Reform, und sie war ebenso umstritten wie die erste.

Während die Roten Garden als Armee der Arbeiterklasse angesehen wurden, mußte die allgemeine Wehrpflicht zwangsläufig eine Bauernarmee schaffen. Die meisten Bolschewiki betrachteten die Bauern als eine fremde und feindliche gesellschaftliche Kraft. Die Wehrpflicht war für sie daher gleichbedeutend mit der Bewaffnung des Feindes. Eine »Verbäuerlichung« der Roten Armee wäre die Folge, und die Dominanz der Arbeiterklasse in ihr würde beendet, was eine folgenreiche Abkehr von den Prinzipien der Partei bedeutete. Da sich aber die Revolution selbst auf dem Rückzug befand und die Roten am Rand der Niederlage standen, blieb ihnen, wenn sie überleben wollten, keine andere Wahl, als die Bauern zu mobilisieren.

Zunächst jedoch zog man weiterhin vor allem Rekruten aus den Städten ein. Von den 15 Zwangsmobilisierungen zwischen Juni und August richteten sich elf ausschließlich an Arbeiter in den Städten. Da jeden Monat Hunderte von Fabriken geschlossen wurden, war es kein großes Problem, Arbeiter für die Armee anzuwerben: 200 000 meldeten sich allein in Moskau und Petrograd. Auch schickten die örtlichen Parteiorgane 40 000 ihrer Mitglieder. Semjon Kanattschikow, der bolschewistische Arbeiter, der inzwischen zum »Wanderkommissar« geworden war, traf in Tula ein, um die Entsendung der Kommunisten an die Ostfront zu überwachen. Oskin hielt ihn für einen »harten Zuchtmeister« und äußerte seine Befürchtung, falls die besten Genossen eingezogen würden, könnten in Tula nicht genügend übrigbleiben, um die Revolution in der Stadt zu verteidigen. Das war ein großes Problem für die Parteiorganisationen in der Provinz: Viele der engagiertesten Mitglieder fielen im Kampf, so daß die übelsten Elemente, die Egoisten und Korrupten, die Kontrolle über die örtlichen Parteizellen übernahmen.[9]

In diesen ersten Kampagnen, als die Rote Armee dringend Rekruten benötigte, galt es als absoluter Beweis der Ergebenheit an die Partei, daß man für sie an der Front kämpfte. Die Bolschewiki hatten schon immer ein martialisches Machoimage gepflegt. Sie zogen Lederjacken an – eine Militärmode aus dem Ersten Weltkrieg – und trugen alle Waffen.* Während des Bürgerkriegs trat eine halbe Million Parteimitglieder der Roten Armee bei. Trotzki, der diese kommunistischen Kämpfer mit japanischen Samurais verglich, sorgte dafür, daß sie gleichmäßig auf alle Armee-Einheiten verteilt wurden. Falls sie nicht zu Kommissaren ernannt wurden, erwartete man von Parteimitgliedern in jedem Fall, daß sie an vorderster Front standen. Viele von ihnen kämpften mit verzweifeltem Mut, und sei es auch nur aus Angst, den Weißen, und damit fast sicher ihren Folterknechten, in die Hände zu fallen. Der Mut der kommunistischen Soldaten wurde Bestandteil der Bürgerkriegsmythen der Roten. Es war dies die »heroische Periode« der Revolution, wie sie der bolschewistische Historiker L. N. Krizman später bezeichnen sollte. Dieses romantische Selbstbild – das Bild einer Partei von Waffenbrüdern, die unerschrokken vorrückten und jede Festung bezwangen – prägte viele ihrer grundlegenden Einstellungen als Herrscher.

Die Zwangsrekrutierung der Bauern stellte eine Festung dar, die erst noch erobert werden mußte. 1918 besaß das Sowjetregime noch keinen funktionierenden Militärapparat auf dem Land. Nur wenige Bezirkssowjets hatten ein Kriegskomitee (*wojenkom*), das wichtigste Organ, das für die Aushebung zur Roten Armee verantwortlich war. Doch selbst dort, wo es ein solches Komitee gab, wurde seine Arbeit meist durch die Dorfgemeinde behindert, die allein ein Register der wehrfähigen Bauern führte. Der erste einigermaßen umfassende Militärzensus war erst 1919 abgeschlossen, was natürlich bedeutete, daß bis zu diesem Zeitpunkt jede Einberufung zwangsläufig nicht mehr als ein Aufruf war, sich freiwillig zu melden. Unter diesen Umständen überrascht es nicht, daß von den 275 000 bäuerlichen Rekruten, die man sich nach dem ersten Aufruf im Juni erhoffte, lediglich 40 000 auch tatsächlich erschienen.[10]

Die Bauern weigerten sich aus verschiedenen Gründen, sich für die Rote Armee rekrutieren zu lassen. Der zwingendste war die erste Ernte nach der Revolution, die zeitlich mit dem Aufruf zusammenfiel. Rekrutierung und Desertion der Bau-

* Alle Parteimitglieder besaßen das Recht, eine Waffe zu tragen. Dies wurde als Zeichen von Gleichheit unter den Genossen betrachtet. Erst nach dem Mord an Kirow wurde dieses Recht 1935 abgeschafft.

ern veränderten sich in allen Bürgerkriegsarmeen entsprechend dem landwirtschaftlichen Zyklus. Im Winter schlossen sich die Bauern der Armee an, um im darauffolgenden Sommer wieder zu desertieren. In den zentralen landwirtschaftlichen Gebieten war die wöchentliche Desertionsrate im Sommer zehnmal höher als im Winter. Als die Rote Armee im nationalen Maßstab wuchs, wurden diese Desertionen immer üblicher und erreichten im Jahr 1919 zwei Millionen, da die Rekruten mehr als zuvor fürchteten, in Einheiten entsandt zu werden, die weit von ihren Bauernhöfen entfernt stationiert waren.[11]

Im Herbst 1918 appellierten viele Dorfgemeinden an beide Seiten, den Bürgerkrieg auf dem Verhandlungswege zu beenden. Viele erklärten sich sogar zu »neutralen Republiken« und bildeten Brigaden, die die Armeen von ihrem »unabhängigen Gebiet« fernhalten sollten. Die Bauern waren sich darin einig, daß sie schon viel zu lange Krieg führten, daß man ihnen 1917 Frieden versprochen hatte und daß man sie nun wieder zwingen wollte, in den Krieg zu ziehen. Ganze Provinzen wie Tambow, Rjasan, Tula, Kaluga, Smolensk, Witebsk, Pskow, Nowgorod, Mogiljow und selbst Teile von Moskau wurden von Bauernaufständen gegen die Zwangsrekrutierungen durch die Rote Armee und die damit oft einhergehende Requirierung von Lebensmitteln und Pferden erschüttert. In Tula sah sich Oskin im November mit einer der größten Revolten konfrontiert. Banden von Bauern, die sich mit Harken, Spaten und Äxten bewaffnet hatten, zogen gegen die Städte, wo sie die Rekrutierungsämter der Sowjets plünderten und in Brand steckten. Viele der Aufständischen waren einberufen worden, andere hatten ihr einziges Pferd an die Sonderkommandos verloren (eine Katastrophe für jeden Bauernhof). Bäuerliche Rekruten aus den örtlichen Kasernen schlossen sich aus Verbitterung über die dort herrschenden harten Bedingungen häufig den Aufständischen an. Tula wurde von einer Horde von 500 Bauern umzingelt. Oskin und Kanattschikow mobilisierten die Partei und 2000 Fabrikarbeiter, wobei sie allen Drückebergern mit sofortiger Erschießung drohten, und unterstützt von einer Brigade der Roten Armee aus Moskau, trieben sie die Rebellen in ihre Dörfer zurück, wo sie dann brutale Vergeltung übten. Oskin schrieb später lakonisch: »Wir haben einige hundert Bauern erschossen.« Er saß als Richter und Geschworener über die Rädelsführer der Aufstände zu Gericht und verurteilte Dutzende dazu, öffentlich gehängt zu werden. So sahen die Machtbefugnisse und Verantwortlichkeiten eines bolschewistischen Kommissars aus.[12]

Während der ersten Monate des Jahres 1919 stieg die Zahl der rekrutierten Bauern beträchtlich. Die Pause nach der landwirtschaftlichen Saison und die wachsende Gefahr eines Vormarsches der Weißen von Wolga und Don, mit dem der Verlust jenes Landes drohte, das die Bauern durch die Revolution gewonnen hatten, spielten hierbei eine bedeutende Rolle, doch ebenso die allgemeine Stärkung der Sowjetmacht auf dem Land. Ende April, auf dem Höhepunkt von Koltschaks Offensive im Osten, hatte sich die Truppenstärke der Roten Armee gegenüber den

800 000 Soldaten im Januar verdoppelt. Die meisten der neuen Rekruten kamen aus dem Wolgagebiet, der roten Barriere gegen Koltschak, wo die Bauern einen Sieg der Weißen am meisten zu fürchten hatten.[13]

»Wir hatten uns vorgenommen, bis zum Frühjahr über eine Armee von einer Million Mann zu verfügen«, erklärte Lenin im Oktober 1918, »jetzt brauchen wir eine Armee von drei Millionen. Das können wir schaffen. Und wir werden es schaffen!« Und sie schafften es. Die Rote Armee wuchs 1919 auf drei Millionen Soldaten an und erreichte am Ende des folgenden Jahres eine Stärke von fünf Millionen. Die Ironie der Geschichte wollte es aber, daß eine Armee solchen Ausmaßes ein ernstes Hindernis für das militärische Potential des Regimes darstellte. Denn die Armee wuchs viel zu schnell, als daß die darniederliegende Sowjetwirtschaft sie mit Waffen, Kleidung, Fahrzeugen, Treibstoff, Lebensmitteln und Medikamenten hätte versorgen können. Entsprechend sanken auch Moral und Disziplin der Soldaten. Sie desertierten zu Tausenden, wobei sie ihre Waffen und Uniformen mitnahmen, so daß neue Rekruten ohne genügende Ausbildung in den Kampf geschickt werden mußten, die dann mit noch größerer Wahrscheinlichkeit desertierten. Die Rote Armee geriet in einen Teufelskreis von Massenrekrutierung, Versorgungsengpässen und Massendesertion. Und dies zwang die gesamte Wirtschaft in das drakonische System des Kriegskommunismus, dessen Hauptzweck darin bestand, sämtliche Produktionszweige auf die Bedürfnisse der Armee auszurichten.

Im Rückblick betrachtet, hätten die Bolschewiki gut daran getan, sich für eine kleinere, diszipliniertere, besser ausgebildete und ausgestattete Armee zu entscheiden, die die Wirtschaft nicht derart belastete. Ein roter Kommandeur faßte diese Tatsache im Dezember 1918 Lenin gegenüber in folgende Worte: »Es ist tausendmal zweckmäßiger, über eine Armee von nicht mehr als einer Million Soldaten zu verfügen, die gut genährt und gekleidet sind und gutes Schuhwerk besitzen, als über drei Millionen halb verhungerter, halbnackter Soldaten mit unzureichendem Schuhwerk.« Eine derartige, in der Hauptsache aus Arbeitern bestehende Armee wäre viel schlagkräftiger gewesen als die bäuerlichen Rekruten, die kaum wußten, wie sie mit dem Gewehr umgehen sollten, und nach Hause liefen, sobald die Erntezeit begann. Die Roten hatten genaugenommen kaum eine Chance im Kampf gegen die Weißen, deren Truppen wesentlich besser ausgebildet und disziplinierter waren, es sei denn, sie übertrafen sie zahlenmäßig um das Vierfache oder mitunter sogar um das Zehnfache. Auf jeden aktiven roten Kämpfer auf dem Schlachtfeld kamen acht weitere, die aufgrund mangelnder Ausbildung, Kleidung, Gesundheit oder Munition nicht eingesetzt werden konnten.[14] Eine kleinere Armee, die weniger Druck auf die Wirtschaft ausgeübt hätte, hätte darüber hinaus nicht zu solchen Exzessen geführt wie der gewaltsamen Requirierung, der Einführung der Arbeitspflicht und der Militarisierung der Fabriken, die wesentlich dazu beitrugen, Arbeiter und Bauern dem Sowjetsystem zu entfremden. Doch als Lenin überstürzt eine Massenarmee forderte, schien das Regime am Rande der Niederlage zu stehen, und so ist es verständlich, warum er sich für Sicherheit durch zahlenmäßige Überlegenheit entschied.

Als Lenin anläßlich des ersten Jahrestages der Oktoberrevolution auf dem Roten Platz die Parade abnahm, war er schockiert von dem desolaten Erscheinungsbild der Truppen. »Seht sie euch an«, rief er, »sie marschieren wie die Sandsäcke.« Die meisten Einheiten besaßen keine einheitlichen Uniformen, so daß die Soldaten das trugen, was gerade zur Hand war. Viele hatten Uniformen an, die sie gefangenen Weißen abgenommen hatten (welche wiederum Uniformen aus den Beständen der britischen Armee trugen). Lederstiefel wurden nur von Kommandeuren, Kommissaren und Kavalleristen der Roten Armee getragen. Die bäuerliche Infanterie marschierte in groben Bastschuhen, *lapti*, die in den Dörfern hergestellt wurden. Doch selbst sie waren Mangelware, und es gab Zeiten, in denen ganze Regimenter aus Mangel an entsprechendem Schuhwerk die Kasernen nicht verlassen konnten. Auch die Versorgung mit Waffen war nicht viel besser. Es fehlte hauptsächlich an Munition: Während die Armee monatlich 70–90 Millionen Kugeln verschoß, produzierte die wichtigste Waffenfabrik in Tula lediglich 20 Millionen. »Es gab Zeiten«, schrieb Trotzki, »wo jede einzelne Patrone im Vorrat eines Soldaten zählte und wo die verspätete Ankunft eines Sonderzuges, der Munitionsnachschub brachte, zum Rückzug von ganzen Divisionen führte.«[15]

»Genossen«, verkündete ein schlecht gelaunter Trotzki 1919 auf einer Armeekonferenz, »wenn auch Denikin oder Koltschak uns nicht in die Knie zwingen konnten, so könnten wir immer noch durch Mäntel oder Stiefel bezwungen werden.« Wenn allerdings etwas die Rote Armee buchstäblich niedergestreckt hat, so waren es Krankheiten und Seuchen. Im Bürgerkrieg starben mehr Soldaten an Krankheiten als auf dem Schlachtfeld. Fleckfieber, Grippe, Pocken, Cholera, Typhus und Geschlechtskrankheiten waren die Haupttodesursachen, doch noch viel mehr Soldaten litten unter Läusen, Mageninfektionen, Ruhr und Zahnschmerzen. An einem normalen Tag waren in einer durchschnittlichen Einheit 10–15 Prozent der Soldaten zu krank, um kämpfen zu können, und mußten ihrem Schicksal in der Etappe überlassen werden. Einige Einheiten wurden gar durch einen Krankenstand von bis zu 80 Prozent außer Gefecht gesetzt. Dies war insbesondere 1920 der Fall, als 30 Prozent der Roten Armee – das heißt mehr als eine Million Soldaten – an Typhus erkrankten. Schuld daran waren vor allem die unhygienischen Bedingungen des Armeelebens, wo man wochenlang weder Seife noch Badewasser zu Gesicht bekam. Verschlimmert wurde die Lage noch durch den chronischen Mangel an Ärzten und Krankenschwestern, Desinfektionsmitteln, Verbandsmaterial und Medikamenten. Die raschen Frontverschiebungen, die so charakteristisch für den Bürgerkrieg waren, erschwerten zusätzlich die Einrichtung entsprechender Feldlazarette oder die Organisation von Krankentransporten ins Hinterland. Die Kranken und Verwundeten konnten daher weder an der Front ausreichend versorgt noch ohne weiteres ins Hinterland evakuiert werden. Die Schmerzen, die sie haben erleiden müssen, kann man wohl nur erahnen. Trotzki selbst, der im Juni 1919 die Südfront bereiste, war schockiert, als er sah, wie die Verwundeten behandelt wurden:

> *Auf dem Bahnhof von Liski trafen per Eisenbahn Transporte mit Verwundeten ein, die in schrecklicher Verfassung waren. In den Güterwaggons gab es keine Schlafplätze. Viele der Männer lagen krank und verwundet ohne Kleidung, lediglich mit ihrer Unterwäsche, die sie lange nicht gewechselt hatten. Viele von ihnen litten unter ansteckenden Krankheiten. Es gab kein medizinisches Personal, weder Krankenschwestern noch jemanden, der für die Züge verantwortlich war. Einer der Züge mit mehr als 400 verwundeten und kranken Rotarmisten stand vom frühen Morgen bis in die Abendstunden auf dem Bahnhof, ohne daß die Männer etwas zu essen bekommen hätten. Etwas Kriminelleres und Schändlicheres läßt sich kaum vorstellen.*[16]

Unter derart höllischen Bedingungen konnte niemand verlangen, daß die Soldaten sich wie Heilige benahmen. Saufexzesse, Schlägereien und Plünderungen waren die verbreitetsten und vergleichsweise harmlosen Fälle von Disziplinlosigkeit. Doch es gab täglich auch Berichte über Befehlsverweigerungen, über Soldaten, die es ablehnten, neue Rekruten aufzunehmen, weil das die Versorgung zusätzlich belastete, die Urlaub und bessere Bedingungen forderten, und über solche, die drohten, ihre Kommandeure zu lynchen, oder dies tatsächlich taten. Regelrechte Meutereien waren nichts Ungewöhnliches und gipfelten darin, daß das Fronthauptquartier besetzt, der Stab gefangengenommen oder ermordet wurde und daß man neue Offiziere wählte. Es war ein Rückfall ins Chaos von 1917. Die Gewalttätigkeiten richteten sich häufig gegen die gutgekleideten Offiziere und Kommissare, besonders wenn sie der Korruption bei der Verteilung von Proviant verdächtigt wurden. Diese Gewalt erhielt noch eine revolutionäre Schärfe durch die Tatsache, daß die Offiziere häufig als *burschuis* angesehen wurden – und eine ethnische Schärfe durch die Tatsache, daß viele Kommissare Juden waren. Obwohl der Antisemitismus allgemein weniger verbreitet war als unter den Weißen oder den ukrainischen Nationalisten, stellte er unter den einfachen Soldaten der Roten Armee dennoch ein sichtbares Problem dar. Man kann nur vermuten, was Trotzki empfunden haben mag, als er die Berichte über Pogrome seiner eigenen Soldaten in den jüdischen Siedlungen der Ukraine las, in denen er selbst aufgewachsen war und wo noch immer einige seiner Angehörigen lebten.[17]

Der einfachste Ausweg aus den Nöten der Soldaten war die Desertion. Mehr als eine Million Soldaten desertierten 1918 aus der Roten Armee, 1921 waren es beinahe vier Millionen. Trotzki bezeichnete die Niederlagen der Roten von 1919 – im Frühjahr im Osten und im Sommer im Süden – als »Verstärkungskrise«, und das trifft genau den Punkt. Die Rote Armee verlor schneller Deserteure, als sie durch ausgebildete und für den Kampf ausgerüstete Männer ersetzen konnte. Und je mehr die Qualität der Verstärkung nachließ, desto höher stieg die Desertionsrate.

In ihrem verzweifelten Versuch, die Flut der bäuerlichen Desertionen einzudämmen, scheuten die Kommissare vor nichts zurück. Sie schickten Kommandos in die Dörfer hinter der Front und bestraften jene Haushalte, die verdächtigt wurden, Deserteure zu verstecken. Bußgelder wurden verhängt, Viehbestand und Eigentum konfisziert, Geiseln genommen, Dorfälteste erschossen und ganze Dörfer niedergebrannt, um die Deserteure zur Rückkehr zu zwingen. Oskin, der in seinem Eifer alle übertraf, bildete gar eine Spezialtruppe aus chinesischen Kommunisten, die ihm helfen sollte, die Tulaer Deserteure zu bekämpfen. Er nahm an, daß Chinesen »erbarmungsloser« Vergeltung üben würden als die »weichherzigen Russen«. Derartige Maßnahmen führten selten zum Erfolg und stärkten oft noch den Widerstand nicht nur der Deserteure, sondern der gesamten ansässigen Bauern, die bereits über die Requisitionen und Zwangsrekrutierungen der Roten verbittert waren. Einige Deserteure bildeten Guerillabanden, die Grünen, wie man sie nannte, weil sie sich in den Wäldern versteckten, wo sie von den örtlichen Bauern versorgt wurden; gelegentlich nannten sich diese Bauernarmeen aber auch selbst »Grüne«, weil sie sich von den Roten und Weißen unterscheiden wollten. Sie hatten sogar ihre eigene grüne Propaganda und Ideologie, die vor allem in der Verteidigung der lokalen Bauernrevolution bestand. Im Frühjahr 1919 wurde praktisch das gesamte Hinterland der Roten Armee – sowohl an der Ost- wie an der Südfront – von diesen Grünen Armeen kontrolliert. In den Provinzen Tambow, Woronesch, Saratow, Pensa, Tula, Orjol, Nischni Nowgorod, Kaluga, Twer und Rjasan zerstörten Bauernbanden, die oft einige tausend Mann stark waren, Eisenbahnstrecken, Telegrafenleitungen und Brücken, plünderten sowjetische Militärdepots und überfielen vorbeiziehende Einheiten der Roten Armee. Zerstörung und Chaos, die die Grünen über das Land brachten, trugen maßgeblich dazu bei, die rote Front in einem entscheidenden Stadium des Bürgerkriegs zu schwächen und den Durchbruch der Weißen zu ermöglichen.[18]

* * *

Es mag seltsam anmuten, daß ein Bauernjunge wie Oskin einen derart erbarmungslosen Kampf gegen die Bauern seiner Heimatprovinz führte, doch dies war keinesfalls ungewöhnlich. In der Roten Armee dienten zahlreiche bäuerliche Unteroffiziere und Kommissare wie er. Dies war ihre Schule des Kommunismus – die sie von Bauern zu Genossen umformte –, und ein wesentlicher Bestandteil ihrer Ausbildung bestand darin, zu lernen, wie man Gewalt gegen »die eigenen Leute« anwendet. Das war nichts Neues. Der Wehrdienst hatte den Bauern schon immer die Möglichkeit zum Aufstieg und zur psychologischen Umwandlung geboten.

Die Armee erweiterte den Horizont der Bauern, machte sie mit neuen Technologien und Organisationsmethoden vertraut und brachte ihnen oft auch lesen und schreiben bei. In dieser Hinsicht war die Erfahrung des Ersten Weltkriegs in Rußland revolutionierend gewesen. Die meisten der wehrpflichtigen Bauern hatten wie Oskin während der Blütezeit des Landschulwesens zwischen 1900 und 1914 die Schule besucht. Drei von vier bäuerlichen Rekruten, die 1914 in die Armee kamen, wurden als lese- und schreibkundig registriert. Sie bildeten ein gewaltiges Reservoir, aus dem später die neue Klasse der Offiziere und Militärtechniker hervorgehen sollte, um die alte Elite zu ersetzen, die durch den Krieg mit den Mittelmächten vernichtet wurde. Sechs von zehn Absolventen der Offiziersschulen zwischen 1914 und 1917 entstammten Bauernfamilien.[19] Dies waren die radikalen Fähnriche, die Oskins des Jahres 1917, die die Revolution in der Armee anführten und in die Soldatenkomitees gewählt wurden. Das alte Regime hatte seine eigene Zerstörung heraufbeschworen, indem es sie ausbildete.

Es brachte auch das Fußvolk für das neue Regime hervor. Nachdem sie in der Armee so weit aufgestiegen waren, fiel es diesen Bauernsöhnen schwer, aus dem Krieg in die stumpfsinnige Routine des Dorflebens zurückzukehren. Ihre neuen Kenntnisse und ihr Prestige, ganz zu schweigen von ihrer Selbstachtung, ließen sie nach Höherem streben. Für Oskin wie für so viele andere Bauern der Kriegsgeneration konnte das nur bedeuten, dem neuen Regime zu dienen. Der Parteibeitritt ermöglichte es ihnen, der engen dörflichen Welt ihrer Väter und Vorväter, dem alten Rußland der Ikonen und Kakerlaken, zu entkommen. Er gewährte ihnen Zutritt zur neuen, städtischen Welt der herrschenden Elite. Die Mehrheit der sowjetischen Bürokraten, der Provinzkommissare und Genossen der zwanziger Jahre waren solche Bauernsöhne, und für die meisten von ihnen, wie für Oskin, führte der Weg zum Ruhm über die Rote Armee.

Die Bolschewiki erkannten schnell die Möglichkeit, die die Rote Armee als Schule ihrer künftigen Bürokraten bot. In ihren Kasernen und Biwaks lernten während der ersten Jahre des Sowjetregimes mehr Menschen lesen als im restlichen Land zusammengenommen. Ende 1920 gab es 3000 Schulen der Roten Armee mit über zwei Millionen Büchern. Das erste Emblem der Roten Armee zeigte Hammer und Sichel mit einem Gewehr und einem Buch.[20]

Der Unterricht bestand zwangsläufig zum überwiegenden Teil aus primitiver politischer Indoktrination und verband die Ideale der Massenaufklärung der alten Sozialisten und der Intelligenzija mit den doktrinären Forderungen des bolschewistischen Regimes. In Fibeln und Lesebüchern wurden den Bauern vertraute Alltagsszenen dargestellt, aus denen sich dann moralische und politische Lehren ableiteten – das war das ABC des Kommunismus. Dora Jolkina beschrieb später, wie sie ihre erste Sowjetfibel verfaßte. 1919 hatte man sie an die Südfront geschickt, wo sie den Soldaten Lesen und Schreiben beibringen sollte. Sie hatte ein paar alte Schulbücher mitgenommen und schrieb den ersten Satz an die Tafel: »Mascha aß

Kascha.« Die Soldaten jedoch lachten und störten nur. Den Tränen nahe, verfiel sie auf die Idee, die Unterrichtsstunde in eine politische Diskussion umzuwandeln, und erklärte den Soldaten, warum sie nicht zu ihren Maschas heimkehren könnten und weshalb im Land Mangel an Kascha herrschte. Dann drehte sie sich zur Tafel um und schrieb: »Wir sind keine Sklaven, nein, Sklaven sind wir nicht!« Mit dieser Strategie hatte sie bei den Soldaten großen Erfolg, denn der Gedanke, keine Sklaven zu sein, war für sie stets eine treibende Kraft der Revolution gewesen. Diese einfache Formel der Menschenwürde wurde später als Anfangszeile ihres Lesebuchs berühmt, das in den zwanziger und dreißiger Jahren in den Grundschulen in Gebrauch war. Für Millionen von Russen, von denen viele heute noch leben, war dies der erste Satz, den sie lesen lernten.[21]

Die Rote Armee bildete den Hauptschauplatz für die bolschewistische Propaganda im Bürgerkrieg. Ihr Ziel war es, die Soldaten im Sinne des Bolschewismus auszubilden und aus Bauern Proletarier zu formen. »Hauptziel unserer Propaganda in der Roten Armee ist es«, erklärte einer ihrer Pioniere, »die kleinbürgerliche Besitzpsychologie des Bauern zu bekämpfen und ihn zu einem bewußten revolutionären Kämpfer zu machen.«[22] Es gab Lesezirkel und Diskussionsgruppen in der Armee, in denen die neuesten Zeitungen besprochen wurden, Konzerte und Lesungen, bei denen verschiedene Parteigrößen der Bolschewiki auftraten, Propagandazüge, die mit Bibliotheken, Druckerpressen und sogar Kinos ausgestattet waren und an den Fronten entlangfuhren, sowie Theatergruppen der Roten Armee, die die Truppe mit Kabaretts und Theaterstücken unterhielten, um die Bedeutung der Sowjetmacht zu veranschaulichen und die Schlechtigkeit ihrer Gegner zu unterstreichen.

Während des Bürgerkriegs trat eine halbe Million Soldaten der Partei der Bolschewiki bei. Dies waren die Missionare der Revolution. Sie brachten den Bolschewismus, seine Ideen und Methoden in ihre Städte und Dörfer, wo sie in den frühen zwanziger Jahren in die Sowjetinstitutionen strömten. Auf diese Weise wurde der gesamte Sowjetapparat militarisiert. Bestimmte Fronten und Armeen eigneten sich bestimmte Kommissariate an. Innerhalb der Partei bildeten sich Gruppierungen, die auf Beziehungen zwischen den Veteranen des Bürgerkriegs basierten. Die Organisationsstruktur der Roten Armee mit ihrer zentralisierten Führung galt als Modell für den Sowjetapparat. Trotzki verglich die beiden häufig und wies darauf hin, daß Disziplin in Industrie und Gesellschaft insgesamt ebenso notwendig sei wie im Militär. Der Erfolg der Roten Armee führte in steigendem Maße zur Einführung militärischer Methoden im gesamten Sowjetsystem. Nichts formte die Regierungsweise der Bolschewiki mehr als die Erfahrung des Bürgerkriegs. Selbstbild und Identität des Sowjetregimes beruhten auf dem Mythos von einer neuen Ordnung, die aus dem bewaffneten Kampf gegen die alte hervorgegangen sei. Wie im Spanien Francos wurde dieser Gründungskult des Bürgerkriegs zur wirksamen Propagandawaffe des stalinistischen Systems, das stets von der Sowjetbevölkerung forderte, den gleichen heroischen Geist und die gleiche Disziplin und Selbstaufopferung an den Tag zu legen, die sie im Bürgerkrieg bewiesen habe. Selbst die Sprache des bolschewistischen Regimes – mit seinem immer wiederkehrenden Gerede von »Kampagnen«, »Schlachten« und »Fronten«, von seiner »Vorhut« und den »Kämpfern« für den Sozialismus – trug den Stempel dieses Militarismus. Der Bolschewismus, der aus dem Bürgerkrieg hervorgegangen war, sah sich selbst als kämpferische Gemeinschaft von Waffenbrüdern, die Rußland und die Welt mit einem roten Bleistift in der einen Hand und dem Gewehr in der anderen eroberten.

## »KULAKEN«, SACKLEUTE UND FEUERZEUGE

Im Januar 1920 kehrte Emma Goldman nach Petrograd zurück, die Stadt, die sie als junges Mädchen in den achtziger Jahren des vergangenen Jahrhunderts verlassen hatte. Mehr als dreißig Jahre, die die Anarchistin in den Vereinigten Staaten gelebt hatte, waren »die Fröhlichkeit der Stadt, ihre Lebendigkeit und ihr Glanz« in ihrem Gedächtnis frisch geblieben. Das Petrograd jedoch, das sie 1920 vorfand, war eine völlig andere Stadt:

> *Die Stadt lag beinahe gänzlich in Ruinen, als wäre ein Hurrikan darüber hinweggefegt. Die Häuser ähnelten alten zerbrochenen Grabsteinen auf verwahrlosten und vergessenen Friedhöfen. Die Straßen waren schmutzig und verwaist, alles Leben war daraus verschwunden. Vor dem Krieg hatten etwa zwei Millionen Menschen in Petersburg gelebt, 1920 waren es nur noch 500 000. Die Menschen gingen wie lebende Leichname umher, allmählich entkräftete der Mangel an Lebensmitteln und Heizmaterial die Stadt, unerbittlich griff der Tod nach ihrem Herzen. Abgezehrte und halberfrorene Männer, Frauen und Kinder irrten von der allgemeinen Geißel geschlagen umher: der Suche nach einem Stück Brot oder einem Holzscheit. Ein herzzerreißender Anblick bei Tage, eine bedrückende Last bei Nacht. Die völlige Stille der großen Stadt war lähmend. Sie verfolgte mich geradezu, diese schrecklich lastende Stille, die nur von gelegentlichen Schüssen durchbrochen wurde.*[23]

Die großen Städte des Nordens waren am schlimmsten von den Folgen von Revolution und Bürgerkrieg betroffen. Sie litten am meisten unter der Zerstörung und verwandelten sich immer mehr in Geisterstädte. Petrograd war eines der Hauptopfer: Die Verlegung der Hauptstadt nach Moskau schien die Stadt allen Lebens zu berauben. Gorki, ein *Peterburschez* durch und durch, sah im Verfall der Stadt ein Zeichen für Rußlands Abfall von der Zivilisation, seinen Abstieg von Europa nach Asien. »Die Stadt Petrograd stirbt«, schrieb er 1918 an Jekaterina. »Alle verlassen die Stadt – zu Fuß, zu Pferd, mit dem Zug. Tote Pferde liegen in den Straßen. Die Hunde fressen sie. Die Stadt ist unglaublich schmutzig. Moika und Fontanka sind voller Müll. Das ist Rußlands Tod.«[24]

Jenen, die blieben, muß es tatsächlich so vorgekommen sein, als kehrte das städtische Leben Rußlands in eine graue Vorzeit zurück. Die einst pulsierenden Zentren der Stadt waren jetzt von unheimlicher Stille erfüllt, Geschäfte und Restaurants mit Brettern vernagelt, Fabriken geschlossen. Es gab so wenig Verkehr, daß auf den verwaisten Straßen bereits Unkraut zu sprießen begann. »Petrograd verwandelt sich in einen Friedhof«, notierte Wassili Wodowosow, ein betagter Professor und liberaler Aktivist, im Frühjahr 1919 in sein Tagebuch. »Doch die Luft ist so sauber wie auf einem Dorffriedhof.« Von den Straßen der Stadt verschwanden die Pferde, weil ihre Halter sie nicht länger füttern konnten, und tauchten als übelriechendes Fleisch in Suppen und Gulaschs wieder auf. »Bürgerkriegswurst« war ein Euphemismus für Pferdefleisch – oder Schlimmeres (denn nicht nur die Pferde verschwanden: der Hunger rottete auch alle Hunde, Katzen und Vögel der Stadt aus und machte selbst vor den Tieren im Zoo nicht halt). Ein häufiges Bild in den Städten dieser Jahre waren die ausgemergelten Kinder, die als menschliche Zugtiere Lastkarren und Droschken durch die Straßen zogen. Selbst im Kreml fehlte das Futter für die Pferde – zwanzig Tiere verhungerten –, so daß die Funktionäre in Privatwagen fahren mußten.[25]

Ratten und Kakerlaken waren die einzigen, die gediehen. Der Verfall von Häusern und sanitären Anlagen bildete den Nährboden für Ungeziefer jeder Art. Holzzäune verschwanden, weil die Leute sie zu Feuerholz zerkleinerten. Ein leerstehendes dreistöckiges Haus wurde innerhalb weniger Nächte bis auf die Fundamente abgetragen. 3000 Holzhäuser wurden von 1919 bis 1920 allein in Petrograd auseinandergenommen. Die Menschen zogen mit Fensterrahmen, Dielenbrettern, Türen und Wandtäfelungen davon. Beinahe alle Bäume verschwanden aus dem Stadtbild, da die Bevölkerung sie als Heizmaterial abholzte. In der ukrainischen Stadt Nikolajew wurden innerhalb zweier Tage im Januar 1920 – zwischen dem Abzug der Weißen und der Ankunft der Roten – sämtliche Bäume an den Hauptstraßen gefällt. In den strengen Wintern des Bürgerkriegs war ein Stück Feuerholz das wertvollste Geschenk, das man einem Freund machen konnte. Man war buchstäblich bereit, dafür zu töten, und verheizte Möbel, Bücher und Briefe, um sich ein wenig zu wärmen.[26]

Die sanitären Verhältnisse in den Städten waren unbeschreiblich. Wasserleitungen barsten in der arktischen Kälte. Das Wasser mußte von Pumpen in den Straßen geholt werden, und die Höfe dienten als Toiletten. Die Treppenhäuser der Wohnblöcke rochen stets nach Urin. Da das elektrische Licht nur abends für jeweils zwei oder drei Stunden eingeschaltet wurde, bastelte man sich Öllampen aus einer Flasche mit Fett und einem Docht, die man *nedyschalka* (von »nicht atmen können«) nannte, da sie die Zimmer mit beißendem Qualm erfüllten, der Hals und Lunge reizte und die Wände schwärzte. Einem Zeitgenossen zufolge machte diese primitive Lampe zwar »die Dunkelheit hell, erlaubte aber weder Lesen noch Schreiben oder gar allzu heftige Bewegungen«, denn bei dem leisesten Luftzug erlosch sie. Aus Mangel an Pferden gab es kaum eine geordnete Müllabfuhr. Man warf den Müll einfach auf Straßen und Plätze, was schon bald Ungeziefer anlockte. Krankheiten nahmen epidemische Ausmaße an: Cholera, Fleckfieber, Ruhr und Grippe töteten Tausende von Menschen jedes Jahr. In Petrograd lag die Sterblichkeitsrate 1919 etwa bei 80 von 1000. Leichenschauhäuser und Friedhöfe konnten nicht Schritt halten, so daß die Leichname monatelang herumlagen, ehe sie beerdigt werden konnten.[27]

Nahrung, genauer ihr Mangel, war die eigentliche Ursache der Krise in den Städten. »In Petrograd hat die Hungersnot begonnen«, schrieb Gorki 1918. »Fast täglich werden Menschen aufgesammelt, die vor Erschöpfung mitten auf der Straße zusammengebrochen sind.« Die Lebensmittellieferungen in die Städte kamen zum Erliegen. Bäckereien schlossen. Die Lebensmittelpreise stiegen rapide. Untersuchungen belegten, daß der Durchschnittsarbeiter drei Viertel seines Lohns für Lebensmittel ausgab – 1913 war es weniger als die Hälfte gewesen. Sie zeigten auch, daß die Löhne lediglich die Hälfte des Einkommens der Arbeiter abdeckten. Mit anderen Worten – die Masse der Arbeiter war gezwungen, sich anderweitig oder auf dem Schwarzmarkt ein Auskommen zu suchen. Sie verkauften ihre Habseligkeiten auf Flohmärkten, reisten über Land, um mit den Bauern Tauschhandel zu betreiben, schickten ihre Kinder zum Betteln auf die Straße und ihre Ehefrauen und Töchter, um sich zu verkaufen. 1918 gab es mindestens 30 000 Prostituierte in den Straßen von Petrograd, die meisten davon junge Mädchen. Viele stammten aus »angesehenen Familien«. Eine Untersuchung in den frühen zwanziger Jahren ergab, daß 42 Prozent der Moskauer Prostituierten adligen oder bürgerlichen Familien entstammten, die durch die Revolution in den Ruin getrieben worden waren. Emma Goldman sah hübsche junge Mädchen aufgereiht auf dem Newski-Prospekt stehen, »die sich für einen Laib Brot oder ein Stück Seife oder Schokolade verkauften«.[28]

Für die sogenannten »Ehemaligen«, die weder Arbeit noch Lebensmittelrationen hatten, war die tägliche Jagd nach Nahrung zermürbend. Die einst mächtigen Sprößlinge der Aristokratie sahen sich gezwungen, ihren letzten wertvollen Besitz auf den Straßen zu veräußern. Die wohlgenährten Klassen magerten ab. Fragte man einen »Ehemaligen« nach seinem Befinden, gab er scherzhaft zur Antwort: »Es könnte schlechter sein. Auf diese Weise nehme ich wenigstens ab.« Sogar die Brussilows hungerten oft, trotz der regelmäßigen Sendungen von Butter, Milch, Honig und saurer Sahne durch ihnen zugetane bäuerliche Kriegsveteranen. 1919 willigte Brussilow ein, eine Stelle im Archiv des Kommandostabs der Roten Armee anzutreten, wo er ein Sammelwerk über Rußlands Rolle im Ersten Weltkrieg herausgeben sollte. Auf diese Weise verdiente er 3500 Rubel monatlich, eine Summe, die zum Leben kaum ausreichte. »Es schmerzte, mit ansehen zu müssen, wie sie lebten«, erinnerte sich ein enger Freund der Brussilows. »Ihr Mittagessen – ein einziger Gang, der meist nur aus Kartoffeln bestand.«[29]

Gorki griff das Problem der hungernden Intelligenzija und ihre verzweifelte Lage in seinen Leitartikeln für die Zeitung *Nowaja schisn* auf. Der zweiundsiebzigjährige berühmte Physiker Professor Gesechus lag im Krankenhaus, »vor Hunger aufgedunsen« wie das Opfer einer afrikanischen Hungersnot. Vera Petrowa, eine Semstwo-Ärztin, siechte hilflos und schmutzig in einem schrecklich vernachlässigten Zimmer an Hunger dahin. Der berühmte Komponist Glasunow lebte »blaß, abgemagert« mit seiner betagten Mutter in zwei ungeheizten Räumen in Petrograd. Als H. G. Wells ihn besuchte, bat Glasunow darum, ihm Papier zu schicken, damit er seine Kompositionen niederschreiben könne. Selbst Pawlow, Rußlands einziger Nobelpreisträger unter den Naturwissenschaftlern, mußte seine Zeit mit dem Anbau von Karotten und Kartoffeln verbringen. Gorki appellierte an die Führer der Bolschewiki, diesen leidenden Genies Sonderrationen, bessere Wohnungen und andere Erleichterungen zukommen zu lassen. Lenin kam den meisten dieser Forderungen nach, denn er hatte schon immer eine besondere Vorliebe für Gorki gehegt und, was sicherlich eine noch größere Rolle spielte, er war sich dessen Einflusses im Ausland bewußt. Gorki nutzte dies, um soviel wie möglich von der alten russischen Kultur zu retten: Er wurde ihr selbsternannter Kurator (und benutzte seine Stellung mitunter, um Kunstwerke billig für sich selber zu erwerben). Die Bedrohung der Kultur durch die Revolution war eines der dauerhaften Themen für Gorki gewesen. Am Tag der Machtergreifung durch die Bolschewiki lautete die Überschrift seiner Kolumne in *Nowaja schisn* DIE KULTUR IST IN GEFAHR! Im einstigen Haus des reichen Kaufmanns Jelissejew an der Ecke Newski-Prospekt und Bolschaja Morskaja richtete er ein Schriftstellerzentrum ein. Nachts sah das spitz zulaufende Gebäude wie ein Schiff aus und hieß deshalb im Volksmund »das Narrenschiff«. Später richtete Gorki auch ein Haus für Künstler ein und gründete außerdem seinen eigenen Verlag, den Verlag für Weltliteratur, um billige Volksausgaben der Klassiker drucken zu können. Der Verlag beschäftigte Hunderte Schriftsteller, Journalisten, Akademiker, Musiker und Schauspieler als Übersetzer und Lektoren, die sich sonst mühsam hätten durchs Leben schlagen müssen. Gorki betrachtete dies eher als einen Akt der Nächstenliebe denn als Geschäft. Und tatsächlich verdankten viele der bekanntesten Schriftsteller des 20. Jahrhunderts wie Samjatin, Gumiljow, Babel, Tschukowski, Chodassewitsch, Mandelstam, Schklowski, Piast, Blok und Soschtschenko ihr Überleben in jenen Hungerjahren vor allem der Förderung durch Gorki. Obwohl viele von ihnen Gorki später wegen seiner engen Beziehungen zu den Bolschewiki verurteilten, hätten sie den Bürgerkrieg ohne seine Kontakte nicht überleben können.[30]

Gorki machte seine riesige Wohnung auf dem Kronwerkski-Prospekt zu einer Zufluchtstätte für mittellose und verfolgte Opfer des Bürgerkriegs. Verglichen mit der Kälte und Feuchtigkeit, in der die meisten Menschen lebten, glich sie dem Paradies auf Erden. Viktor Serge schilderte sie als »warm wie ein Gewächshaus«. Gorki versammelte verschiedene »Ehefrauen« und »Schwestern«, »Töchter« und »Brüder« um sich, alle auf die eine oder andere Weise Opfer des Terrors, denen er in seiner Wohnung Zuflucht gewährte. So viele Leute kamen dorthin – zunächst nur für eine Tasse Tee und eine Unterhaltung, aber irgendwie blieben sie dann jahrelang dort –, daß man eine Wand zur Nachbarwohnung durchbrechen mußte und aus zwei Wohnungen eine machte. Gorkis Geliebte, Maria Budberg (damals noch Baronesse Benckendorff), lebte in einem dieser Zimmer und bereitete mit der Freundin des Malers Tatlin, die in einem anderen Zimmer wohnte, die meisten Mahlzeiten zu. Um den Eßtisch versammelte sich stets eine interessante und bunte Mischung von Menschen. Berühmte Schriftsteller und Künstler saßen dort Schulter an Schulter mit Arbeitern und Matrosen, die Gorki von der Straße aufgesammelt hatte. Auch H. G. Wells wohnte bei Gorki, als er 1920 nach Rußland kam. Schaljapin war ein häufiger Gast, der die Bolschewiki stets verfluchte. Doch ebenso häufig gingen die bolschewistischen Führer Lunatscharski und Krassin bei ihm ein und aus sowie der Leiter der Petrograder Tscheka, Gleb Boki, der viele seiner Opfer dort getroffen haben muß. Selbst der ehemalige Großfürst Gawriil Konstantinowitsch Romanow mit ehemaliger Großfürstin und Hund fanden sich ein. Gorki hatte sich ihrer angenommen und sie vor den Tscheka-Gefängnissen gerettet, nachdem der Großfürst erkrankt war. Das Paar wohnte im Obergeschoß, in einem Zimmer, das mit antiken Möbeln und buddhistischen Statuen ausgestattet war, und verließ die Wohnung aus Angst vor erneuter Verhaftung fast nie. Bei Tisch verharrten sie in hochmütigem Schweigen, denn wie der ehemalige Großfürst später schrieb, saß an Gorkis Tafel jene Sorte Menschen, »die sich über unser Elend freuten. Es war degoutant für uns, in einer derartigen Gesellschaft verkehren zu müssen.«[31]

Schon bald gingen Gerüchte um, daß Gorki jedermann helfen könne, und er wurde mit Bittbriefen überschüttet. Ein Professor bat Gorki, ihm eine spezielle Brille zu beschaffen. Eine Dichterin bat um eine Milchzuteilung für ihr Kind. Ein Arzt aus der Provinz brauchte neue Räumlichkeiten, da die alten vom Sowjet beschlagnahmt worden waren. Eine Witwe wollte eine Bahnfahrkarte, um zu ihrer Familie aufs Land zurückkehren zu können. Ein alter Mann wandte sich sogar mit der Bitte um ein Gebiß an Gorki. Viele Menschen hofften, durch die Hilfe des Schriftstellers ihre Verwandten aus den Tscheka-Gefängnissen freizubekommen, und tatsächlich versuchte er auch wegen vieler von ihnen zu intervenieren. Doch manche erwarteten Unmögliches von ihm. Ein Mann beispielsweise fragte in seinem Brief, was Gorki dagegen zu unternehmen gedenke, daß er ausgeraubt worden sei. Ein anderer, der im Gefängnis saß, fragte schriftlich an, ob es anläßlich von

Gorkis 50. Geburtstag eine Amnestie gebe und wenn ja, ob er dann entlassen werden könne.[32] Wie Rasputin war Gorki eine Art *maître de requêtes* für jene geworden, die selbst zu machtlos waren, um in die staatlichen Dienststellen vorzudringen.

* * *

Die Lebensmittelkrise in den Städten war hauptsächlich ein Problem von Verteilung und Austausch, weniger eines der Herstellung. Der Eisenbahnbetrieb war praktisch zusammengebrochen, vor allem infolge der Wirtschaftskrise und des chronischen Treibstoffmangels, und konnte den Transport der Lebensmittel in die Städte nicht mehr bewältigen. Die Eisenbahndepots glichen Friedhöfen funktionsunfähiger Lokomotiven. Mehr als die Hälfte des rollenden Inventars war reparaturbedürftig, doch die entsprechenden Werkstätten waren völlig heruntergekommen. Das Hauptproblem bestand im Ersatzteilmangel. In einer Werkstatt beispielsweise stellte man fest, daß die Arbeiter Teile von einer Lokomotive abmontierten, um eine andere damit zu reparieren, so daß im Endeffekt für jede instand gesetzte Lok mehrere weitere demontiert wurden. Die Eisenbahnen wurden zusätzlich durch die große Menge hungriger Städter, Soldaten und Flüchtlinge aus den Kriegsgebieten ins Chaos gestürzt, die jeden Zug stürmten, der aufs Land fuhr, da sie sich dort entweder niederlassen oder billige Lebensmittel aufkaufen wollten. Die Eisenbahner ließen sich leicht bestechen, und viele Güterzüge wurden gestohlen oder umgeleitet. Lebensmittelzüge, die vollbeladen vom Land abgefahren waren, kamen leer in Petrograd oder Moskau an.[33]

Die eigentliche Ursache der Krise in den Städten bestand jedoch in der fehlenden Bereitschaft der Bauern, Lebensmittel gegen Papiergeld zu verkaufen. Durch den kriegsbedingten Zusammenbruch der Konsumgüterproduktion und die hohen Inflationsraten konnten die Bauern immer weniger mit den Rubelreichtümern kaufen, die man ihnen für ihre Produkte anbot. Versuche der Regierung – die bis 1916 zurückreichten –, Lebensmittel zu festgesetzten Preisen aufzukaufen, hatten die Bauern nur darin bestärkt, sich vom Markt zurückzuziehen. Sie drosselten ihre Produktion, gingen zu Feldfrüchten über, die keiner staatlichen Kontrolle unterlagen, oder versteckten die Überschüsse vor den staatlichen Beschaffungsinstanzen. Viele Bauern verfütterten das Korn an ihr Vieh oder verkauften es an Schwarzmarkthändler aus den Städten, andere brannten Wodka daraus.

Nahezu unbemerkt von den Statistikern blühte die Heimarbeit, da die Bauern all jene Haushaltswaren, die sie einst in den Städten gekauft hatten, die inzwischen aber nicht mehr zu haben oder unerschwinglich waren, selbst herzustellen suchten. Bäuerliche Handwerker bauten sich einfache Pflüge und Sicheln aus Alteisen. Flachs und Hanf wurden für Kleidung und Seile angebaut, Holz wurde geschlagen, um Wagenräder und Möbel zu zimmern, Ried geschnitten, um Körbe zu flechten, Lehm für Töpferwaren gewonnen und Ölfrüchte zur Feuerung angebaut. Alte ländliche Handwerkskünste, im Zeitalter der Dampfmaschinen verdrängt, wurden wiederbelebt. Das bäuerliche Rußland war im Begriff, zu den Methoden des Mittelalters zurückzukehren. Ein zeitgenössischer Funktionär drückte es folgendermaßen aus:

> *In der Rus gab es weder Eisenbahnen noch Dampfschiffe, Dampfmühlen, Fabriken oder andere »europäische Erfindungen«. Es waren die Handwerker, die das ganze Land ernährten, kleideten und heizten und sein Schuhwerk herstellten – und all dies in geringer Stückzahl und sehr grob, mit dem Meißel statt der Drehbank und der Axt statt der Säge.*[34]

Kurz gesagt, das Leben auf dem Land wurde immer archaischer, aber auch autarker. Man lernte, ohne die Städte auszukommen, und es ging einem im großen und ganzen sehr gut ohne sie. Natürlich gab es Gegenden, wo auch die Bauern im Frühjahr 1918 hungerten, besonders im Norden, der stets von Getreideimporten abhängig gewesen war. Es war Unsinn, wenn die Bolschewiki behaupteten, jeder Bauer, der Lebensmittel horte, sei ein »Kulak« oder Kapitalist, da viele dies taten, um dem Hunger in den Wintermonaten vorzubeugen. Die Ernte fiel 1917 gering aus, und viele Bauern konnten keinen Überschuß erwirtschaften, da sie das Adelsland zusätzlich zu bestellen hatten. Aus Twer beispielsweise wurde berichtet, daß man dort »Kuchen aus Leinöl und Stroh« aß. Selbst Semjonow, der Musterbauer, schrieb im April 1918 an einen Freund, daß er »nicht annähernd genug Korn habe, um zu essen oder das Vieh zu füttern«. Wie in Tausenden anderen Bauerngemeinden waren Semjonow und die übrigen Bauern aus Andrejewskoje gezwungen, eine Expedition zusammenzustellen, um im fruchtbaren Süden Getreide aufzukaufen und es nach Hause zu bringen.[35]

Und dasselbe machten auch die Städter. Millionen flohen aus den hungernden Städten und versuchten, sich auf dem Land anzusiedeln, um den Nahrungsquellen näher zu sein. Die großen Industriestädte des Nordens verloren die Hälfte der Bevölkerung, als Rußland zu seinen bäuerlichen Wurzeln zurückkehrte. »Die Stadt ist in Gefahr«, erklärte Viktor Serge. Petrograd büßte zwischen 1918 und 1920 fast drei Viertel seiner Bevölkerung ein. Die Bevölkerung Moskaus wurde mehr als halbiert. Bahnhöfe versanken im Chaos, als die Massen die Züge stürmten, die aufs Land fuhren. Die Menschen riskierten Leib und Leben, reisten auf den Dächern der Waggons, hingen an Fenstern und Puffern. Ein Zug verließ Petrograd derart überladen, daß er auf einer Brücke entgleiste und in die Newa stürzte. Hunderte Passagiere ertranken.[36]

Der Adel floh auf das, was von seinen Gütern übriggeblieben war. Tanja Kusminskaja, Tolstois Schwägerin, reiste von Petrograd nach Jasnaja Poljana. Ihre Nichte half ihr in den Zug und verhandelte mit den Schaffnern, um einen Sitzplatz für sie zu ergattern: »Sie war die Natascha Rostowa in *Krieg und Frieden.*« Doch das sagte den Männern nicht das geringste. Lediglich dank der Hilfe einer Gruppe von Kommissaren erhielt die gebrechliche alte Frau mit dem Pelzmantel schließlich eine Holzkiste in einem Güterwaggon zugewiesen, auf die sie sich setzen konnte. Andere Adlige, denen kein Gut geblieben war, versuchten dennoch ihr Glück auf dem Land. Die Brussilows fuhren auf Einladung der Bauern in ein Dorf nördlich von Moskau. Die Dichterin Marina Zwetajewa zog ins abgelegene Hinterland der Provinz Tambow, wo sie ihre letzten Habseligkeiten gegen Schweineschmalz, Kürbisse und Kartoffeln eintauschen konnte. Gräfin Meschtscherskaja, ein Sproß der russischen Aristokratie, ging mit ihrer Tochter in die verschlafene Kleinstadt Rubljow, wo sie in der Küche einer Wassermühle arbeiteten und im Arbeiterwohnheim schliefen. Das einzige, was ihnen von ihrem Besitz geblieben war – der einst drei große Güter, zwei Paläste und einen berühmten Botticelli umfaßt hatte –, war eine Porzellanteekanne im Rokokostil, die sie der Arbeiterteestube schenkten.[37]

Doch es waren hauptsächlich Arbeiter, die aufs Land flohen. Viele waren wegen der industriellen Krise 1917/18 aus ihren Fabriken entlassen worden. Obwohl niemand die genauen Zahlen kennt, kann man davon ausgehen, daß im Frühjahr 1918 etwa eine Million Arbeiter ohne Arbeit war. Die Kriegsindustrie war am schwersten betroffen, besonders die Munitionsfabriken und die chemische Industrie, die insgesamt etwa eine halbe Million Arbeiter verloren. Vor allem auf die Metallindustrie Petrograds wirkten sich Brennstoffmangel, Demobilisierung und Evakuierung der Hauptstadt verheerend aus. Die Belegschaft dieser Fabriken sank von einer viertel Million auf kaum 50 000 Arbeiter während des ersten Halbjahres 1918. Für die Bolschewiki war das eine Katastrophe. Ihre einst mächtigen Hochburgen, die Neuen Lessner- und die Erickson-Werke, von denen jedes im Herbst 1917 mehr als 7000 Arbeiter beschäftigt hatte, reduzierten ihre Belegschaft auf einen Stamm von nur etwa 200 Arbeitern im folgenden Frühjahr. Während der ersten sechs Monate des bolschewistischen Regimes sank die Zahl der Parteimitglieder der Bolschewiki in Petrograd von 50 000 auf kaum 13 000. Die Partei wurde, wie Schljapnikow es ausdrückte, »die Avantgarde einer nichtexistierenden Klasse«.[38]

Folgt man der Lesart der Bolschewiki und ihrer Historiker, so waren es vor allem die qualifizierten und »klassenbewußten« Arbeiter, die aus den Städten flohen. Die Entvölkerung der Städte ging demzufolge mit ihrer »Deklassierung« einher, um einen unschönen marxistischen Terminus zu verwenden, der den Niedergang der Arbeiterklasse bezeichnet. Für das sowjetische Establishment war es wichtig, derart zu argumentieren, denn so konnte man die wachsende Welle von Streiks und Arbeiterprotesten im Frühjahr 1918 als das Werk »rückständiger« oder »kleinbürgerlicher« Elemente abtun, die von den Menschewiki oder den Sozialrevolutionären aufgehetzt worden seien. Wie unangenehm wäre es gewesen, zugeben zu müssen, daß dieselben Arbeiter, die ihnen im Oktober zur Macht verholfen hatten, sechs Monate später ihren Sturz forderten. Doch dies entsprach mehr oder weniger der Realität. In Wahrheit flohen am ehesten jene Arbeiter aufs Land, die erst vor kurzem in die Städte gezogen waren – insbesondere die Frauen, die im Zuge des industriellen Aufschwungs während des Ersten Weltkriegs gekommen waren –, denn sie hatten noch immer enge Verbindungen zu ihren Heimatdörfern. Es waren also die ungelernten und halbbäuerlichen Arbeiter – die von den Fabrikbesitzern stets als erste entlassen wurden –, so daß die am besten ausgebildeten und proletarischsten in den Städten zurückblieben.

Die Aussicht, etwas Gemeindeland erhalten oder einem ländlichen Gewerbe nachgehen zu können, reichte gewöhnlich aus, um die halbbäuerlichen Arbeiter in ihre Heimatdörfer zurückzulocken. Einem Bericht der Metallwerke in Brjansk aus dem Jahr 1920 zufolge »wollen alle Arbeiter, die Verbindungen zum Dorf haben, die Fabrik verlassen und sich dort niederlassen«. Meist nahmen die Bauern jene Arbeiter, die Verwandte im Dorf besaßen oder ein nützliches Handwerk mitbrachten (z. B. Zimmerleute oder Schmiede), freundlich auf, doch nur äußerst selten waren sie auch bereit, denjenigen, die nichts besaßen, Land oder Nahrungsmittel zu geben. Diesen Zuwanderern blieb gewöhnlich nichts anderes übrig, als sich durch Gelegenheitsarbeiten über Wasser zu halten, und oft war ihre Lage verzweifelt. In den Erinnerungen eines Mannes aus der Provinz Tambow heißt es, daß diese Arbeiter und ihre Familien »nach der Roggenernte über die Felder liefen und jede Kornähre, die liegengeblieben war, aufsammelten«.[39]

Es war nicht nur die Stadtflucht der Arbeiter, mit der sich die Bolschewiki auseinandersetzen mußten. In Industrie und Verkehrswesen herrschten aufgrund der endlosen Fahrten der Städter aufs Land oder zurück in die Städte, um Lebensmittel zu kaufen, chaotische Zustände. Millionen Städter aller Schichten widmeten sich diesem Kleinhandel, dem *meschotschnitschestwo* (von *meschok* – »Sack«) oder »Hamstern«, wie wir es heute bezeichnen würden, um sich zu ernähren. Sie verließen die Städte mit Taschen voller Kleidung und Haushaltswaren, um sie auf den Bauernmärkten zu verkaufen oder einzutauschen und mit Taschen voller Lebensmittel heimzukehren. Die Eisenbahnen waren von regelrechten Armeen dieser *meschotschniki* oder »Sackleute« lahmgelegt. Der Bahnhof von Orjol, einem wichtigen Knotenpunkt auf dem Weg nach Süden, wurde täglich von 3000 Sackleuten passiert. Viele reisten in bewaffneten Gruppen, die gewaltsam Züge entführten und die örtlichen Autoritäten machtlos zurückließen. Die beliebtesten Ziele – die Provinzen Tambow, Kursk, Kasan, Simbirsk und Saratow – wurden monatlich jeweils von etwa 100 000 Sackleuten heimgesucht.[40]

Für die hungrigen Städte des Nordens stellte dieser primitive Handel die allgemeine Form dar, den Lebensunterhalt zu sichern. Buchstäblich jeder – ob Arbeiter, Beamter oder sogar Kommunist – war gezwungen, diesem zeitweiligen Handel nachzugehen. Es war eine natürliche und spontane Reaktion auf die Wirtschaftskrise und den Zusammenbruch des Marktes zwischen Stadt und Land. Diese Entwicklung stürzte die Industrie allerdings ins Chaos. Fast alle Arbeiter waren in irgendeiner Weise mit diesem Tauschhandel befaßt. Viele reisten mit Werkzeugen, Treibstoff oder Alteisen aufs Land, die sie in ihren Fabriken gestohlen hatten. Andere verfertigten in ihren Werken primitive Güter, die sie den Bauern zum Tausch anboten. Primuskocher, Taschenmesser und Feuerzeuge waren die begehrtesten Waren. Doch auch Schuhsohlen wurden aus Fließbändern hergestellt, Kerzenhalter aus Rohrstücken, Äxte und Pflüge aus Eisenstäben. Dieses Phänomen wurde unter der Bezeichnung »Feuerzeugwesen« (*saschigalotschnitschestwo*) bekannt, einem der längsten und am schwierigsten auszusprechenden Wörter der russischen Sprache. Es war nicht ungewöhnlich, daß die Fabrikkomitees diese spontanen Initiativen billigten oder zumindest beide Augen zudrückten. Viele Komitees legten das Dekret über die Arbeiterkontrolle auf ihre eigene anarchistische Weise aus, indem sie daraus das Recht der Arbeiter ableiteten, die Früchte ihrer Arbeit untereinander aufzuteilen oder, wenn es keine gab, die Vermögenswerte ihrer Fabrik – so, wie die Bauern das Land aufgeteilt hatten. Die Industrieproduktion war praktisch zum Stillstand gekommen, da die meisten Arbeiter ihre Arbeitszeit darauf verwendeten, diese Schwarzmarktwaren herzustellen und aufs Land zu fahren, um sie gegen Lebensmittel einzutauschen. An einem durchschnittlichen Tag waren 30 Prozent der Arbeitskräfte einer durchschnittlichen Fabrik abwesend. In einigen Metallfabriken konnte diese Rate sogar bis zu 80 Prozent erreichen.[41]

Während der ersten Monate ihrer noch ungefestigten Macht konnten die Bolschewiki sehr wenig gegen diesen Tauschhandel unternehmen. Alle Einschränkungen, die sie einzuführen versuchten, wurden von den Arbeitern, deren Überleben von den Hamsterfahrten abhing, garantiert umgangen. Das Recht, aufs Land zu fahren, um Nahrungsmittel zu beschaffen, war eine der Hauptforderungen der Streiks und Protestkundgebungen im Frühjahr 1918. Viele Fabriken und selbst einige Bezirks- bzw. Stadtsowjets organisierten diesen Handel auf kollektiver Basis. Hätte man nicht eine Form gefunden, diesen Handel zu organisieren, wäre die Industrieproduktion vollständig zum Erliegen gekommen. So traf jeweils eine Fabrik oder ein Sowjet mit einem bestimmten Dorf oder einem Dorfsowjet eine Vereinbarung, eine bestimmte Anzahl Industrieprodukte gegen eine entsprechende Menge Nahrungsmittel einzutauschen. Eine Arbeiterbrigade wurde dann losgeschickt, um den Tausch zu vollziehen. So sehr sie es versuchten, die Bolschewiki waren machtlos, diesen kollektiven Tauschhandel zu unterbinden. Ein Kommissar der Provinz Samara erklärte, daß es zwecklos sei, die Sackleute an ihrem Vorhaben zu hindern, denn »sie reisen alle mit Pässen ihres Sowjets«. Örtliche Wechselkurse in Naturalien traten an die Stelle des Geldes. So bekam man beispielsweise in Kaluga für einen Meter Stoff ein Pfund Butter oder ein Kilogramm Erbsen; ein Pfund Seife entsprach einem Kilogramm Hirse und ein Paar Schuhe einem Pfund Kartoffeln. Mehl war die Goldwährung dieses mittelalterlichen Systems: ein Pfund bekam man für 30 Pfund Kerosin oder drei Pfund Tabak bzw. einen Wintermantel.[42]

Die Kooperativen spielten in diesem Tauschhandel eine bedeutende Rolle – oft setzten sie die Regeln für den Tausch und den Wechselkurs fest. Als einer der wichtigsten Handelskanäle zwischen Stadt und Land hatten sie während des Krieges einen Aufschwung erlebt. 1918 nahmen sie für sich in Anspruch, die Bedürfnisse von hundert Millionen Verbrauchern zu befriedigen (was 70 Prozent der Bevölkerung entsprach).[43]

Fabriken, Gewerkschaften, Berufsgruppen und andere Zusammenschlüsse von Bürgern taten sich zu städtischen Kooperativen zur Warenbeschaffung zusammen. Bauern traten Kooperativen bei, um ihre Waren zu vermarkten und die Erzeugnisse zu erwerben, die sie benötigten. Die ländlichen Kooperativen dienten außerdem der Verbreitung des landwirtschaftlichen Fortschritts, denn sie boten den Bauern moderne Werkzeuge, Düngemittel, Kredite und Informationen über den neuesten Stand der landwirtschaftlichen Technik. Semjonow, ein Pionier der Kooperativbewegung in Wolokolamsk, hielt dies für eine der wichtigsten Errungenschaften der Revolution.

* * *

Wären sie dem Handel nicht so feindlich gesinnt gewesen, hätten die Bolschewiki dieses kollektive Tauschsystem nutzen können, um die hungernden Städte zu ernähren und die Industrie mit Nachschub zu versorgen. Wie primitiv und chaotisch es auch gewesen sein mag, es wäre in jedem Falle viel effizienter gewesen als das staatliche Monopol der Lebensmittelversorgung, das sie im Mai 1918 als Grundlage für ihre Planwirtschaft einführten. Der Kriegskommunismus, wie dieses System später genannt wurde, stellte in vielerlei Hinsicht den Prototyp der stalinistischen Wirtschaftspolitik dar. Er machte es sich zur Aufgabe, jeglichen privaten Handel abzuschaffen, die staatliche Kontrolle der Verteilung und des Arbeitsmarktes zu maximieren, die gesamte Großindustrie zu verstaatlichen, die Landwirtschaft zu kollektivieren und auf seinem Höhepunkt im Jahr 1920 das Geldsystem durch ein umfassendes System der staatlichen Rationierung zu ersetzen.

Die Ursprünge des Kriegskommunismus waren unter Historikern lange Zeit Gegenstand intensiver Debatten. Historiker der Linken betrachteten ihn im wesentlichen als pragmatische Reaktion auf die militärischen Erfordernisse des Bürgerkriegs, während ihn die Kollegen von der Rechten direkt auf die leninistische Ideologie zurückführten. Diese Debatte ist von weiterreichender Bedeutung für die Beschaffenheit und die Entwicklung des Sowjetregimes. Nach Ansicht der Linken war der Kriegskommunismus lediglich eine zeitweilige Abweichung von der gemischten Wirtschaftsform, die Lenin im Frühjahr 1918 entworfen hatte und zu der er während der Periode der Neuen Ökonomischen Politik 1921 zurück-

# DER BÜRGERKRIEG

65 General Alexejew, der letzte Stabschef in der kaiserlichen Armee und – zusammen mit Kornilow – Gründer der Weißen Bewegung in Südrußland.

66 General Denikin, zwischen 1918 und 1920 Führer der Streitkräfte der Weißen in Südrußland.

67 Admiral Koltschak, wichtigster Führer der Weißen im Osten Rußlands und dank seiner Verbindungen zu den Alliierten nominell Kopf der Weißen Bewegung.

68 Baron Wrangel, der 1920 den letzten Feldzug der Weißen von der Krim aus führte.

69 Die Rote Armee war der Tschechischen Legion nicht gewachsen, die hier bei der Einnahme Wladiwostoks im Juni 1918 zu sehen ist. Die Tschechen wollten über Fernost in die USA reisen, um von dort in den europäischen Krieg zurückzukehren.

70 Die Weißen Armeen hatten zu viele Generäle und zu wenige Soldaten. Eine Gruppe Weißer Offiziere erwartet während einer Militärparade in Omsk im Dezember 1918 die Ankunft von Admiral Kotschak.

71 Im Gegensatz dazu hatte die Rote Armee zu viele Infanteristen und zu wenig erfahrene Kommandeure. Der »Komitee-Geist« von 1917 lebte in den Partisaneneinheiten wie in der von Machno (hier im Jahr 1920) weiter, in denen die Kampftaktik von den Soldaten durch Handzeichen beschlossen wurde.

72 Gepanzerte Züge wie dieser spielten im Bürgerkrieg eine entscheidende Rolle.

73 Die Lettische Division, Teil der Roten Armee, beim Passieren eines Dorfes nahe der Südwestfront (1919).

74 Zwei Rotarmisten ruhen sich während der Kämpfe an der Südwestfront aus (1919).

75-76 Die Rote Armee diente als wichtiger Mittler für die Verbreitung von Bildung und Propaganda.
75 Soldaten in Tula beim Lesen von Flugblättern der Roten Armee (Frühjahr 1919).

76 Die Rote Armee bringt ihre Propaganda in die Dörfer. Die mobile Bibliothek des 2. Kavalleriekorps (1922).

77 Nestor Machno im Jahr 1919. Angesichts der drohenden Vernichtung durch die Bolschewiki verließen Machno und die Reste seiner Armee 1921 russisches Gebiet. Nachdem er in Rumänien und Polen jeweils kurze Zeit im Gefängnis saß, lebte der Anarchistenführer bis zu seinem Tod 1935 in Paris.

78-80 Terror war für alle Bürgerkriegsarmeen eine Waffe.
78 Die Weißen hängen einen Bauern der Provinz Kursk, weil er ein altes Jagdgewehr besaß (Sept. 1919).

79 Nur eines der jüdischen Opfer eines Pogroms durch ukrainische Nationalisten in der Provinz Poltawa (1920).

80 Die Roten töten 1920 einen polnischen Offizier im Polenfeldzug. Der nackte Mann wurde kopfüber aufgehängt, geschlagen und gefoltert, bis er starb.

kehrte. Dies impliziert, daß der Weg des »weichen« oder marktorientierten Sozialismus, den die Bolschewiki in jenen beiden Perioden verfolgten, im Gegensatz zum »harten« oder marktfeindlichen Sozialismus des Kriegskommunismus und der stalinistischen Ära der wahre Leninismus gewesen sei. Deshalb habe der »Leninismus« nach Gorbatschows Reformen verlangt. In der rechten Lesart war der »harte Sozialismus« des Bürgerkriegs jedoch unmittelbar von den dirigistischen Methoden als dem Kern der revolutionären Ideologie Lenins inspiriert. Demnach führten die Bolschewiki den Kriegskommunismus ein, um den Sozialismus per Dekret durchzusetzen, und machten lediglich dann Zugeständnisse an den Markt, wenn sie dazu gezwungen waren. Folglich gebe es eine logische Entwicklung, eine historische Kontinuität zwischen Lenins Programm von 1902, dem Kriegskommunismus und der stalinistischen Planwirtschaft.

Zwar sind sowohl Pragmatismus als auch Ideologie relevante Faktoren, doch keines dieser Erklärungsmodelle reicht aus, um zu verstehen, wie diese weltweit erste Planwirtschaft organisiert wurde.

Das pragmatische Erklärungsmodell hat grundlegende Schwachstellen. Als rein pragmatische Reaktion auf das Chaos des Frühjahrs stellte die Einführung des Getreidemonopols im Mai 1918 – der erste wichtige Beschluß des Kriegskommunismus – eine katastrophale Entscheidung dar. Die vergeblichen und absurden Versuche, den freien Markt zu zerschlagen, verursachten nur noch mehr Chaos, da Tausende Kommissare und erhebliche staatliche Mittel im Kampf gegen den freien Handel aufgeboten werden mußten. Lenin selbst kam 1921 zu dem Schluß, daß es aus rein praktischen Gründen besser gewesen wäre, den Markt beizubehalten, als zu versuchen, ihn zu zerschlagen. Und tatsächlich waren die Bolschewiki während des Bürgerkriegs in kritischen Situationen gezwungen, die Beschränkungen gegen den Privathandel aufzuheben, da sie einsahen, daß das System der staatlichen Verteilung nicht in der Lage war, die Städte mit Lebensmitteln zu versorgen. Intern gestanden sich die Bolschewiki trotz ihrer marktfeindlichen Rhetorik ein, daß sie ohne den Markt nicht überleben könnten.

Wie steht es mit dem Argument, der Kriegskommunismus sei eine Reaktion auf die Notlage des Bürgerkriegs gewesen? Natürlich versuchten die Bolschewiki, wie alle anderen kriegführenden Regierungen Europas jener Jahre, die Wirtschaft im militärischen Interesse des Staates zu kontrollieren (das Wirtschaftsprogramm der Bolschewiki orientierte sich in vielerlei Hinsicht an der deutschen Kriegswirtschaft). Der Kriegskommunismus war jedoch nicht nur eine *Reaktion* auf den Bürgerkrieg, er *brachte ihn auch hervor*. Der Bürgerkrieg wurde nicht nur auf den Schlachtfeldern ausgetragen, sondern war ein wesentlicher Bestandteil der revolutionären Strategie der Bolschewiki und wurde durch die Politik des Kriegskommunismus ebenso an der sogenannten »internen Front«, in der Gesellschaft und der Wirtschaft, geführt. Ließe man diese fundamentale Tatsache außer acht, nämlich daß die Politik des Kriegskommunismus von den Bolschewiki als Mittel im

Kampf gegen ihre gesellschaftlichen oder »inneren« Feinde eingesetzt wurde, so könnte man überhaupt nicht erklären, weshalb diese Politik noch mehr als ein Jahr nach der Zerschlagung der Weißen Armeen in Kraft blieb.

Den Kriegskommunismus als ausschließlich ideologisch inspiriert zu betrachten ist gleichfalls unzureichend. Sicherlich verband die Bolschewiki der Glaube, daß es grundsätzlich möglich sei, den Sozialismus in einem so rückständigen Bauernland wie Rußland durch staatlichen Zwang einzuführen. Das war der Kern ihrer Ideologie. Auch war ihnen ein tiefverwurzeltes Mißtrauen gegenüber dem Markt eigen, das man als ideologisch bezeichnen könnte. Ausländische Sozialisten waren schockiert vom zügellosen Haß der Bolschewiki auf den freien Handel. Die Bolschewiki wollten den Markt nicht bloß regulieren wie die Sozialisten und die meisten Regierungen Europas zur Zeit des Krieges, sie wollten ihn abschaffen. »Je mehr Markt, desto weniger Sozialismus, je mehr Sozialismus, desto weniger Markt«, das war ihr Credo. Dieser primitiven politischen Ökonomie lag zweifellos die Lebenserfahrung der Bolschewiki zugrunde. Die meisten einfachen Parteimitglieder waren Bauernsöhne und Arbeiter, junge Männer wie Kanattschikow, die unter schlimmster Armut sowohl auf dem Lande als auch in der Stadt gelitten hatten. Von Marx hatten sie gelernt, daß all dies das Ergebnis des »Kapitalismus« sei, und demzufolge betrachteten sie die Mechanismen des Marktes schlicht als Ausdruck der kapitalistischen Ausbeutung. Selbst der primitive Handel der Sackleute führte ihrer Ansicht nach unweigerlich zur Auferstehung des kapitalistischen Systems, wenn er unkontrolliert bliebe. Obwohl die große Mehrheit der Sackleute den Handel zum eigenen Verbrauch und kaum aus Profitgründen betrieb, bezichtigten die Bolschewiki sie als »Spekulanten«, »Profiteure« und »Parasiten«. Alle sozialen Übel der Nachkriegszeit – von der Arbeitslosigkeit bis zur Prostitution – führten sie auf die Marktmechanismen zurück.

Man kann aber nicht sagen, daß diese *dirigistische* und militante, gegen den Markt gerichtete Ideologie vor der Einführung des Kriegskommunismus in einer klaren ökonomischen Strategie zum Ausdruck gekommen wäre. Tatsächlich waren die Bolschewiki 1918 – in bezug auf ihre Wirtschaftspolitik – in zwei Lager gespalten. Während die linken Kommunisten die unverzügliche Abschaffung des kapitalistischen Systems anstrebten, sprach Lenin davon, kapitalistische Methoden für den revolutionären Wiederaufbau der Wirtschaft zu benutzen. Solche Meinungsunterschiede wiederholten sich während der Bürgerkriegsjahre mehrfach – besonders bei der Steuerpolitik und dem Einsatz »bürgerlicher« Manager –, so daß die Politik des Kriegskommunismus um der Einheit der Partei willen wiederholt verändert werden mußte. Entgegen der Annahme rechter Historiker, der Kriegskommunismus sei ein monolithisches Programm innerhalb der bolschewistischen Ideologie, war in Wirklichkeit also vieles improvisiert.

Die Einführung des Kriegskommunismus war im wesentlichen eine *politische* Reaktion auf die Krise der Städte 1918. Die Bolschewiki waren sich nur zu gut der

Tatsache bewußt, daß sich ihre Machtbasis wie die der Pariser Kommunarden auf die großen Städte beschränkte und daß sie vor der Niederlage standen, da sie von feindlich gesinnten Bauern umgeben waren, denen sie im Tausch gegen Nahrungsmittel keinerlei Güter anbieten konnten. Sie waren zu der Überzeugung gelangt, daß ihre städtische Revolution wie jene der Pariser Kommune durch Hunger zugrunde gehen würde, wenn sie nicht ihre Macht aufs Land ausdehnten und einen Kreuzzug gegen die »Getreide hortenden« Bauern begännen. Die Bolschewiki hielten es für entscheidend, das Getreide gewaltsam zu requirieren, dem Chaos des Tauschhandels Einhalt zu gebieten und die Industrie wieder fest in den Griff zu bekommen, wenn sie die sichere Niederlage vermeiden wollten.

* * *

Als Trotzki am 4. Juni auf einer Sitzung des Sowjets die Einführung des Getreidemonopols verteidigte, wurde er durch Zwischenrufe aus dem Plenum unterbrochen. Die Linken Sozialrevolutionäre beschuldigten ihn, »einen Bürgerkrieg gegen die Bauern zu führen«. Am 9. Mai hatten die Bolschewiki tatsächlich erklärt, daß sämtliches überschüssiges Getreide der Bauern künftig Staatseigentum sei. Sie schickten bewaffnete Trupps aufs Land, um das Getreide gewaltsam von den Bauern zu requirieren – und ihre Propaganda machte klar, daß dies als »Getreideschlacht« anzusehen sei. Trotzki verkündete der Versammlung am 4. Juni: »Unsere Partei ist für den Bürgerkrieg. Der Bürgerkrieg muß um das Getreide geführt werden. Wir, die Sowjets, ziehen in den Kampf!« An dieser Stelle rief ein Delegierter: »Lang lebe der Bürgerkrieg!« Zweifellos war das ironisch gemeint, Trotzki jedoch wandte sich ihm zu und entgegnete todernst: »Ja, lang lebe der Bürgerkrieg! Bürgerkrieg unseren Kindern, den Alten, den Arbeitern und der Roten Armee zuliebe, Bürgerkrieg im Namen des unmittelbaren und rücksichtslosen Kampfes gegen die Konterrevolution.«[44]

Lenin und die meisten seiner Anhänger betrachteten den Bürgerkrieg als wesentliche Phase jeglicher sozialen Revolution. »Bürgerkrieg, das ist Klassenkampf«, erklärte ein Führer der Bolschewiki in Baku. »Wir unterstützen den Bürgerkrieg nicht, weil wir blutrünstig sind, sondern weil die Unterdrücker ihre Privilegien dem Volk nicht kampflos übergeben werden.«[45] Die Bolschewiki sahen im Bürgerkrieg nichts anderes als eine gewaltsame Form des Klassenkampfs. Ihrer Ansicht nach bestanden keine wirklichen Unterschiede zwischen dem militärischen und dem gesellschaftlichen Konflikt in den Städten und Dörfern.

Demzufolge mußte Lenins Auffassung nach der Bürgerkrieg als notwendige Phase der Revolution begrüßt werden. Er hatte stets argumentiert, daß der Bürgerkrieg im Sommer 1917 von rechten Kräften begonnen worden sei und daß die bolschewistische Machtergreifung als Bestandteil des bewaffneten Kampfes des Proletariats betrachtet werden müsse, denn die Klassenkonflikte der Revolution seien auf politischem Wege nicht zu lösen. Rußland sei in zwei feindliche Lager gespalten – jenes der »Militärdiktatur« und jenes der »Diktatur des Proletariats«, und die entscheidende Frage lautete, welche Seite die Oberhand gewinnen werde. Lenins gesamte Politik, von der Machtergreifung im Oktober bis zur Schließung der Konstituierenden Versammlung und dem Vertrag von Brest-Litowsk, könnte als vorsätzliche Anstiftung zum Bürgerkrieg betrachtet werden (wie es die Opposition auch tat). Lenin selbst war zweifellos überzeugt, daß seine Partei am ehesten darauf hoffen konnte, ihre eigene kleine Machtbasis aufzubauen, wenn sie *einen Bürgerkrieg führte.* Oft genug betonte er, der Grund für das Scheitern der Pariser Kommune sei darin zu sehen, daß sie es versäumt habe, einen Bürgerkrieg in Gang zu setzen. Die Folgen eines derartigen Konflikts waren vorhersehbar – die Polarisierung des Landes in »revolutionäre« und »konterrevolutionäre« Kräfte, die Ausweitung der militärischen und politischen Macht des Staates und der Einsatz von Terror, um den Widerstand zu unterdrücken –, und sie wurden von Lenin als notwendig erachtet, um die Diktatur zu festigen. Natürlich konnte Lenin nicht vorhersehen, in welchem Ausmaß sich der Bürgerkrieg im folgenden Herbst ausweiten sollte. Im April 1918 hatte er sogar verkündet, der Bürgerkrieg sei bereits gewonnen. Hätte er es aber gewußt, er hätte wohl wieder überlegt, wie er den Bürgerkrieg nutzen könnte, um sein Regime aufzubauen. Wie dem auch sei, die Bolschewiki waren jedenfalls psychologisch in einem Maße auf einen Bürgerkrieg vorbereitet, wie man es von ihren Gegnern nicht sagen konnte. Die »Getreideschlacht«, der Bürgerkrieg der Bolschewiki gegen das Dorf, basierte auf einem tiefverwurzelten Mißtrauen gegenüber den Bauern, das an Haß grenzte. Als Marxisten hatten sie die Bauern stets mit einer gewissen Verachtung betrachtet. »Anarchisch«, »rückständig«, »konterrevolutionär« waren nur einige ihrer Bezeichnungen für die Bauern. Diese seien zu ungebildet und abergläubisch, zu eng mit dem alten Rußland verbunden, um eine Rolle beim Aufbau der neuen Gesellschaft spielen zu können. Sie seien zu »kleinbürgerlich« (eine der abscheulichsten Sünden für die Marxisten), zu sehr durchdrungen von den Prinzipien und Gewohnheiten des Privateigentums und des freien Handels, um Genossen werden zu können. Diese Verachtung der Bauern war am deutlichsten unter den Kanattschikows der Partei ausgeprägt, den bolschewistischen Arbeitern bäuerlicher Herkunft. In ihrer Jugend waren sie der drückenden Armut und Langeweile des Dorfs, der Herrschaft der Popen und den Gewaltausbrüchen ihrer trunksüchtigen Väter entflohen, um die Städte auf der Suche nach Arbeit zu durchwandern. Die Stadt, das war für sie eine Welt des Fortschritts, voller Möglichkeiten, symbolisiert durch Schulen und Industrie, während das Dorf für all das stand, was sie abstreifen wollten – Rückständigkeit, Armut und stumpfsinnigen Aberglauben. »Ich bin nicht vom Dorf«, lautete die erste Formel ihrer angenommenen Arbeiteridentität, und mit Hilfe der proletarischen Kultur der Städte, die ihnen den Weg zum Bolschewismus gewiesen hatte, suchten sie ihre bäuerliche Vergangenheit hinter sich zu lassen.

Ein deutliches Zeichen dieser antibäuerlichen Haltung – die so wesentlich war für die gesamte Entwicklung des Sowjetregimes – finden wir in den kurzen Lebensläufen, die alle Bolschewiki schreiben mußten, wenn sie eine Sowjetfunktion übernahmen. Ein Viertel dieser Sowjetfunktionäre stammte vom Dorf, und nur die wenigsten äußerten sich positiv über ihre Vergangenheit. »Von früher Kindheit an«, schrieb ein Bolschewik aus Wologda, »war Bildung die einzige Möglichkeit für mich, dem armseligen und stumpfsinnigen Leben des Dorfs zu entrinnen. Ich wollte nur eines: weg. Egal, wohin, so weit wie möglich weg aus dem Dorf.«[46]

Der Marxismus verlieh diesem Haß auf die Bauern einen pseudowissenschaftlichen Anstrich. Seine »Gesetze« historischer Entwicklung »bewiesen«, daß die Bauern als Klasse zum Untergang verurteilt waren. Die Einführung des Marktes und kapitalistischer Verhältnisse auf dem Land würde unausweichlich die Spaltung der Bauern als Klasse zur Folge haben. Lenin hatte aufgezeigt, daß sich das Dorf in zwei feindliche Lager zu spalten begann – in arme Bauern, von denen es hieß, sie seien die Verbündeten der Proletarier, und in »Kulaken« oder »kapitalistische Bauern«, von denen es hieß, sie seien ihre Feinde –, und diese Lesart wurde zum Leitprinzip der bolschewistischen Politik auf dem Land. Tatsächlich beruhte diese Auslegung auf purer Phantasie, denn die Anzahl der bäuerlichen Kapitalisten war sehr gering – in jedem Falle reichte sie nicht aus, um eine »Klasse« zu bilden. Selbst die Anzahl der bäuerlichen Haushalte, die reguläre Lohnarbeiter beschäftigten, betrug vor der Revolution weniger als zwei Prozent und sank 1917 beträchtlich. In der überwiegenden Mehrheit der Dörfer unterschieden sich die reichsten von den ärmsten Bauern lediglich dadurch, daß sie ein zusätzliches Pferd oder eine Kuh besaßen oder ein aus Backstein gemauertes Haus mit erhöhtem Boden statt eines Holzhauses mit bloßen Brettern auf der Erde.

Jene Bauern, die von den Bolschewiki als »Kulaken« abgestempelt wurden, waren meist niemand anderes als die patriarchalischen Führer des Dorfes: die russischen Maljutins, weißbärtige Dorfälteste wie jener Bauer aus Andrejewskoje, der alle Reformen Semjonows zu verhindern gesucht hatte. Dies waren tatsächlich häufig die reichsten Bauern, bei denen sich die übrigen oftmals für die Nutzung eines Pferdes oder wegen eines Darlehens verschuldet hatten. In den Augen der Bauern waren sie deshalb aber noch lange keine »Kulaken«, und selbst Semjonow, der allen Grund gehabt hätte, Maljutin zu verachten, nannte ihn niemals so. Viele Bauern sahen mit einer Mischung aus Angst und Achtung zu diesen Ältesten auf. Da sie die größten Erträge im Dorf erwirtschafteten, wurden sie oft als die natürlichen Führer der Dorfgemeinde betrachtet. Sie waren meist die standhaftesten Verfechter dörflicher Traditionen, jene, die mit den Autoritäten von außerhalb verhandelten, und ihre Nachbarn wandten sich selbstverständlich in allen landwirtschaftlichen Belangen ratsuchend an sie. Die ersten Dorfräte wurden oft von diesen Dorfältesten geleitet.

Die Bolschewiki hatten die Dorfräte während der ersten Monate ihres Regimes lautstark unterstützt, denn das ermöglichte ihnen, während ihres Kampfes um die Macht in den Städten die Bauern zu neutralisieren. Doch als Folge davon war die Macht der Räte auf dem Land dezentralisiert gewesen, was es um so schwieriger machte, Nahrungsmittel und Soldaten aus dem Dorf zu rekrutieren. Selbstverständlich verteidigten die Dorfräte die wirtschaftlichen Interessen der örtlichen Bevölkerung. Sie suchten den Export von Getreide in die Städte zu verhindern oder wenigstens einen entsprechend hohen Preis zu verlangen, der es ihnen gestattete, die notwendigen Waren im Austausch dafür zu erwerben. Als sich die Lebensmittelkrise in den Städten verschärfte, machten die Bolschewiki zunehmend sogenannte »Kulaken-Wucherer« dafür verantwortlich. Nun erklärten sie, die Dorfräte würden von »Kulaken« dominiert und von diesen gemeinsam mit den Sozialrevolutionären geführt, um die Revolution auszuhungern. Dies entsprach nicht der Wahrheit – und Lenin wußte es. Die dörflichen Räte waren, wie er selbst zugegeben hatte, die Gremien aller Bauern und stellten lediglich ihre eigenen Interessen über die der Städte. Der Mythos eines »Getreidestreiks der Kulaken« lieferte seiner Partei jedoch den Vorwand, den sie brauchte, um einen Bürgerkrieg gegen die Bauern zu entfesseln.[47] Lenin stieß den Schlachtruf in einer erstaunlich gewalttätigen Rede im Sommer 1918 aus:

> *Die Kulaken sind wütende Feinde der Sowjetmacht. […] Diese Blutsauger haben sich […] an der Not des Volkes bereichert. […] Diese Spinnen haben sich auf Kosten der durch den Krieg ruinierten Bauern, auf Kosten der hungernden Arbeiter gemästet. Diese Blutegel haben sich mit dem Blut der Werktätigen vollgesaugt und wurden um so reicher, je mehr der Arbeiter in den Städten und Fabriken gehungert hat. […] Schonungsloser Krieg diesen Kulaken! Tod den Kulaken!*[48]

Die »Beschaffungsarmee« ging nun zum Angriff gegen die »Kulaken-Wucherer« über. Ihre bewaffneten Lebensmittel-Beschaffungstrupps *(prodotrjady)* wurden ermächtigt, die Dörfer zu besetzen und das überschüssige Getreide gewaltsam einzuziehen. Bevor sie die Städte verließen, posierten sie auf Fotografien, als würden sie in den Kampf ziehen. Die Trupps bestanden angeblich aus den Besten der Arbeiterklasse. Tatsächlich jedoch setzten sich ihre 76 000 Mitglieder – wie die ersten Einheiten der Roten Armee – hauptsächlich aus Arbeitslosen, Entwurzelten, nichtseßhaften Lumpenproletariern und ehemaligen Soldaten zusammen, die kein Zuhause hatten. Die Beschaffungsbehörden in der Provinz beschwerten sich immer wieder, daß die Brigaden »nichts taugten und undiszipliniert« seien, daß sie »ihre Arbeit völlig planlos ausführten«, daß sie »oft Gewalt gegen die Bauern anwandten« und ihnen nicht nur das überschüssige Getreide wegnahmen, sondern auch lebenswichtiges Saatgut, Privateigentum, Waffen und Wodka. Einem Provinzkommissar zufolge glich ihre Arbeit »organisiertem Raub an den Bauern«.[49]

»Zeitweilig«, schrieb Zjurupa, der Volkskommissar für Lebensmittelbeschaffung, »hatte es den Anschein, als eiferten die Beschaffungstrupps den Methoden der zaristischen Polizei nach.« Mitunter besetzten sie ein Dorf und folterten die Bauern so lange auf das brutalste, bis diese ihnen die geforderte Menge an Lebensmitteln und anderem Besitz aushändigten. »Die Art und Weise der Eintreibung erinnert an die mittelalterliche Inquisition«, schrieb ein Beamter aus Jelez. »Sie ziehen die Bauern aus und lassen sie auf dem Boden knien, peitschen sie aus und prügeln sie und töten sie auch gelegentlich.« Bereits die Ankündigung eines Beschaffungstrupps ließ die Bauern in Panik fliehen. Ein schockierter Kommissar der Provinz Ufa berichtete folgenden Vorfall: Er betrat die Hütte einer Bäuerin, die es offensichtlich nicht mehr geschafft hatte, rechtzeitig zu fliehen, als sein kleiner Zug, den sie irrtümlich für einen Beschaffungstrupp gehalten hatte, im Dorf einrückte. Sie begann zu schreien und riß ihren kleinen Jungen an sich. »Säbel mich nieder und bring mich um, aber nimm mir nicht mein Kind«, weinte sie. Der Kommissar versuchte sie zu beruhigen und ihr zu erklären, daß ihr nichts geschehen würde, worauf die Bäuerin entgegnete: »Ich dachte, du würdest mich töten. Ich wußte nicht, daß es Bolschewiki gibt, die keine Bauern morden. Alle, die wir bisher erlebt haben, waren *opritschniki* [die verhaßten Handlanger Iwans des Schrecklichen].« Im Kreis Borissoglebsk der Provinz Tambow – künftig eine Hochburg des Antonow-Aufstands – gab es einen grausamen Anführer eines Beschaffungstrupps namens Margolin, der die Bauern wahllos ausraubte, ihre Frauen vergewaltigte oder ihre Pferde mitnahm, wenn sie die Abgaben nicht leisten konnten.[50]

Die meisten Bauern versuchten, ihre kostbaren Kornvorräte vor den Beschaffungstrupps zu verstecken. Mehlsäcke wurden unter Dielen, auf den Dachböden der Scheunen, tief in den Wäldern und unter der Erde verborgen. Die Trupps unterstellten, daß dies alle Dörfer taten und daß das versteckte Korn überschüssig sei, doch tatsächlich handelte es sich oft um die lebensnotwendigen Reserven an Saatgut und Nahrungsmitteln. Somit begann eine »Getreideschlacht«, in der die Beschaffungstrupps Terrormaßnahmen ergriffen, um die Vorräte herauszupressen, und die Bauern ihrerseits mit passivem Widerstand oder offener Revolte reagierten. Im Juli und August 1918 kam es zu mehr als 200 Aufständen gegen die Beschaffungstrupps. Die Bolschewiki suchten sie als »sozialrevolutionäre Kulakenrevolten« darzustellen, tatsächlich jedoch waren es Rebellionen des ganzen Dorfes, in denen die ärmsten Bauern (die unter den Requirierungen am meisten zu leiden hatten) häufig eine führende Rolle spielten. Es waren gewaltsame, spontane Aufstände, meist als Reaktion auf Greuel von seiten der Beschaffungstrupps. In einem Dorf der Provinz Samara, wo ein Trupp mehrere Dorfbewohner ausgeraubt und ermordet hatte, übten die Bauern grausame Rache. In einer Novembernacht enthaupteten sie die zwölf Mitglieder des Trupps, die im Parteibüro schliefen, und steckten ihre Köpfe auf Pfähle am Dorfeingang – als abschreckende Warnung an andere Beschaffungstrupps. Drei Wochen später nahm die Rote Armee das Dorf unter Artilleriebeschuß und brannte es nieder, nachdem die Bewohner in die Wälder geflohen waren.[51]

Innerhalb der Dörfer erwartete man von den neugegründeten Komitees der Dorfarmut (*kombedy*), daß sie die Beschaffungstrupps unterstützten. Lenin hatte am 11. Juni verkündet, daß mit dieser Institution nun auch das Land den Weg zur sozialistischen Revolution einschlage. Dies solle der Bauernoktober sein, denn nun werde sich das »bäuerliche Proletariat« dem »Klassenkampf« gegen die »Kulaken« und die »Dorfbourgeoisie« anschließen. Die Komitees der Dorfarmut sollten den Beschaffungstrupps helfen, das Getreide zu requirieren, und auf diese Weise die »sozialistische Umgestaltung« des Dorfes herbeiführen, die »Kulakensowjets« ersetzen und die Enteignung sonstigen »Kulaken«-Eigentums wie zusätzlichen Lands und Viehs vollenden. Swerdlow zufolge galt es, »das Dorf in zwei feindliche Klassen zu spalten« und »dort den gleichen Bürgerkrieg zu entfachen wie in den Städten«. Davon hinge das Überleben des Sowjetregimes auf dem Lande ab.[52]

Die *kombedy* versagten jedoch kläglich dabei, diesen »Klassenkrieg« auf dem Land zu entfachen, denn dort brach das marxistische Dogma unter der Last der bäuerlichen Wirklichkeit zusammen. Die meisten Dörfer betrachteten sich als landwirtschaftliche Gemeinschaften von Gleichen, die durch Verwandtschaft miteinander verbunden waren. Häufig bezeichneten sie sich selbst als »Bauernfamilie«. Dies war die Grundidee (wenn nicht die Wirklichkeit) der Dorfgemeinde. Als solche reagierten sie ablehnend auf den Vorschlag, eine eigene Körperschaft für die Dorfarmut zu gründen. Hatten sie nicht bereits den Sowjet? Die meisten Dorfgemeinden wählten entweder überhaupt keine *kombedy* und überließen das Agitatoren von außerhalb, oder sie bildeten einen *kombed*, dem sämtliche Bauern mit der Begründung beitraten, daß alle gleich arm seien. In diesem Falle war der *kombed* vom Sowjet nicht zu unterscheiden. So kamen etwa die Bauern aus Kisseljowo-Tschemisowka im Distrikt Atkarsk zu dem Schluß, daß sie keinen *kombed* benötigten, »da die Bauern im großen und ganzen gleich seien und die armen bereits dem Sowjet angehörten. Die Bildung eines separaten *kombed* würde lediglich zu unnötigen Spannungen unter den Einwohnern der gleichen Gemeinde führen.« Die bolschewistischen Agitatoren waren kaum in der Lage, die Bauern nach Klassenkriterien zu spalten. Die armen Bauern sahen sich weder als »Proletarier«, noch zählten sie ihre reicheren Nachbarn zur »Bourgeoisie«. Sie betrachteten sich alle als gleichwertige Dorfbewohner und verfolgten die Versuche der Bolschewiki, sie zu spalten, mit Argwohn und Feindseligkeit.[53]

Demzufolge wurden die *kombedy* vielerorts von auswärtigen Elementen gebildet, also nicht von den armen kleinbäuerlichen Pächtern, sondern von zugewanderten Städtern und Soldaten, landlosen Handwerkern und Arbeitern, die aus der Dorfgemeinde ausgeschlossen worden waren, als sie früher einmal in die Stadt abgewandert waren. Eine Studie über 800 *kombedy* der Provinz Tambow ergab, daß weniger als die Hälfte ihrer Mitglieder auf Bezirksebene je zuvor Land bestellt hatte, 30 Prozent davon waren Soldaten. In den halbindustrialisierten Dörfern des Nordens mag man diesen sozialen Typus noch als »dazugehörig« akzeptiert haben, im landwirtschaftlichen Süden jedoch blieben sie Fremde im Dorf. Losgelöst von der Dorfgemeinde, von der die gesamte Verwaltung des bäuerlichen Lebens abhing, konnten sie ihre Aufgaben lediglich mit Gewalt durchsetzen. Sie beschlagnahmten Privateigentum, nahmen ungesetzlich Verhaftungen vor, zerstörten Kirchen und terrorisierten die Bauern auf jede erdenkliche Weise. Sie glichen eher einer lokalen Mafia als einem Organ des Sowjetstaates. Dieser Zustand des Terrors hielt sechs Monate lang an. Die Bauern wandten sich an den »Genossen Lenin«, in der Hoffnung, er könne diesem Spuk ein Ende bereiten. Ein Bauer schrieb beispielsweise: »Die Leute sagen bereits, daß das Leben unter dem Zaren besser gewesen sei.«[54]

Neben den Beschaffungstrupps lösten die *kombedy* eine enorme Welle von Bauernaufständen aus, die im November ihren Höhepunkt erreichten, als sowohl die »Getreideschlacht« wie auch die ersten großen Mobilisierungen für die Rote Armee zusammentrafen. Ganze Kreise von Tambow, Tula und Rjasan wurden von Bauernbanden überrollt, die sich mit Mistgabeln und Gewehren bewaffnet hatten. Anderswo waren die Aufstände vereinzelter, doch nicht weniger gewalttätig. Bauern lynchten und ermordeten die *kombed*-Mitglieder, die örtlichen Bolschewiki und die Führer der Sowjets. Smidowitsch, Mitglied des Zentralkomitees der Bolschewiki, der aufs Land gesandt wurde, um von den Tulaer Revolten zu berichten, kam im November zu dem Schluß, daß »die Bauern sich fühlen, als seien sie der Willkür einer Clique fremder Herren ausgeliefert. Sie glauben nicht mehr an die Versprechungen der Sowjetmacht und erwarten nur Schlechtes von ihr.«[55]

Auf dem Sechsten Sowjetkongreß im November forderte Lenin die Abschaffung der *kombedy*. Dies war der Beginn einer neuen Politik, die vom VIII. Parteikongreß im darauffolgenden März gebilligt wurde, um die Beziehungen zu den Mittelbauern zu verbessern. Es war ein Eingeständnis, daß die *kombedy* einen, wie Lenin es ausdrückte, »unbarmherzigen Zerstörungskrieg gegen die Interessen der Bauern« geführt hatten. Der Versuch, so gab er zu, das Dorf in zwei feindliche Klassen zu spalten, sei gänzlich mißverstanden worden und müsse nun aufgegeben werden.[56] Für die Bolschewiki war es jedoch zweifellos zu spät, ihre Beziehungen zu den Bauern zu verbessern.

Im Januar 1919, einige Wochen nach Auflösung der *kombedy,* änderten die Bolschewiki auch ihre Taktik in der »Getreideschlacht«. Die von der Sowjetmacht angeordnete erste Requirierung der Ernte des Jahres 1918 war schlichtweg ein Desaster gewesen. Lediglich ein Fünftel der Abgaben war am Ende des Jahres eingetrieben worden. Natürlich machten die Bolschewiki die »Kulaken« dafür verantwortlich, tatsächlich jedoch war ihre eigene unzureichend funktionierende Infrastruktur daran schuld. Die Beschaffungstrupps verfügten über keine wirkungsvollen Methoden, um die Ernte zu erfassen. Die *kombedy* verfolgten ihre eigenen lokalen Interessen auf Kosten des Zentrums und behielten mitunter das Getreide sogar für sich. Die Sammelstellen waren nicht in der Lage, die Getreidemengen zu bewältigen, da es an Treibstoff mangelte. Und schließlich trug auch das Chaos der Eisenbahnen dazu bei, daß das Getreide nicht in den Städten ankam. Die Reform im Januar, die unter dem Namen Lebensmittelablieferungspflicht oder *prodraswjorstka* bekannt wurde, hatte das System stärken sollen. Sie unterschied sich vom Getreidemonopol vom Mai 1918 in zwei wesentlichen Punkten. Erstens waren nun alle Grundnahrungsmittel, einschließlich Vieh und Gemüse, der Lebensmittelablieferungspflicht unterworfen, während das Getreidemonopol lediglich auf Getreide beschränkt gewesen war.* Und zweitens wurden die Quoten für die Lebensmittelablieferungspflicht von oben, von der staatlichen Zentrale, den allgemeinen Bedürfnissen des Staates entsprechend festgelegt und danach einfach unter den Provinzbehörden aufgeteilt, während die Quoten des Getreidemonopols von den örtlichen Organen entsprechend den geschätzten Ernteerträgen festgesetzt worden waren. Somit wurde das Prinzip, daß die Quoten dem tatsächlichen Ernteüberschuß entsprechen mußten – wie frei auch immer dies ausgelegt wurde –, gänzlich abgeschafft. Zunehmend stand die Lebensmittelablieferungspflicht in keinem Verhältnis mehr zu den Möglichkeiten der Bauern, ihr nachzukommen. Die Beschaffungstrupps wurden ganz einfach angewiesen, die notwendige Menge an Nahrungsmitteln gewaltsam einzutreiben, selbst dann, wenn es sich um die letzten Lebensmittel- oder Saatgutreserven der Bauern handelte. Bei diesem erschreckend ignoranten Kalkül ging man davon aus, daß eine leere Scheune nichts anderes bedeute, als daß ihr Eigentümer ein »Kulak« sei, der Nahrungsmittel versteckt halte.[57]

Ebenso, wie sich der Bürgerkrieg im Frühjahr 1919 seinem Höhepunkt näherte, erreichte somit auch die »Getreideschlacht«, jener andere Bürgerkrieg hinter der roten Front, ihren fatalen Höhepunkt. Sie wuchs sich zu einem Kampf auf Leben und Tod zwischen den Bolschewiki und den Bauern aus.

* * *

Die Beseitigung der Sackleute war schließlich der letzte Schritt der Bolschewiki in der »Getreideschlacht«. Zur Überwachung von Straßen und Eisenbahnen wurden Sperrkommandos *(sagraditelnyje otrjady)* gebildet. Sie hatten Order, sämtliche Lebensmittel von den Reisenden, die in die Städte kamen, zu konfiszieren und ihnen lediglich eine gesetzliche Ration von anderthalb *pud* zu lassen (deshalb nannte man die Sackleute auch »Anderthalb-Pud-Leute«). Züge wurden ange-

* Eine Ausnahme bildeten Zwiebeln – ganz offensichtlich ein Versehen der Bürokratie. Bald darauf schnellte die Zwiebelproduktion in die Höhe, da die Bauern versuchten, diese letzte legale Marktlücke auszunutzen.

halten und durchsucht, die Passagiere gezwungen auszusteigen und ihr Gepäck zu öffnen. Die Sperrkommandos benahmen sich eher wie Räuber als wie Staatsbeamte. Sie beschlagnahmten Geld, Kleidung und Getränke von den Reisenden. Die Tscheka führte ähnliche Razzien auf den städtischen Märkten durch, um Jagd auf Sackleute vom Land zu machen.

All dies führte natürlich zu nichts, denn es war unmöglich, den Markt zu beseitigen. Die gesamte Periode des Kriegskommunismus hindurch blieben die Züge mit Sackleuten überfüllt (denn die Eisenbahner waren leicht zu bestechen). Lenin selbst mußte eingestehen, daß mindestens die Hälfte der Nahrungsmittel, die in den Städten eintrafen, von Sackleuten herbeigeschafft worden sei, mitunter war die Rate sogar wesentlich höher. Den Bolschewiki blieb kaum etwas anderes übrig, als diesen Privathandel zu tolerieren, andernfalls hätten die Arbeiter hungern müssen. Ihre Politik gegenüber den Sackleuten schwankte in der Tat – in kritischen Momenten des Bürgerkriegs, wenn die Eisenbahnen für das Militär freigehalten werden mußten, gingen sie scharf gegen sie vor und versuchten, jeglichen Personenverkehr zu unterbinden. Zu anderen Zeiten jedoch konnten die Sackleute mehr oder weniger ungehindert reisen. Ebenso wechselhaft war die Politik der Bolschewiki gegenüber den städtischen Märkten. Gelegentlich führte die Tscheka Razzien durch, beschlagnahmte Waren und verhaftete Händler, was zur Folge hatte, daß die Geschäfte für einige Tage zurückgingen, ehe dann wieder der Alltag einkehrte.[58]

Wie vergeblich die Versuche auch gewesen sein mögen, für die Industriepolitik der Bolschewiki war das Zurückdrängen des Tauschhandels von großer Bedeutung. Die Industrieproduktion war unmöglich aufrechtzuerhalten, wenn die Arbeiter immer wieder aufs Land fuhren, um Nahrungsmittel zu organisieren. Die Kontrolle der Lebensmittelbeschaffung ging Hand in Hand mit der Kontrolle am Arbeitsplatz. Die Bolschewiki waren unerbittlich, was die Notwendigkeit staatlicher Kontrolle über die Bewegung der Arbeiterschaft anbelangte. Darin bestand das Wesen des Kriegskommunismus – im »Recht der Diktatur«, wie Trotzki es formulierte, »jeden Arbeiter an den Platz zu stellen, wo er dem Staatsplan entsprechend benötigt wird«. Die freie Wahl des Arbeitsplatzes zu verfechten, wie es die Menschewiki taten, war Trotzki zufolge »die Milchstraße zum Sozialismus«. Ohne Lebensmittelmonopol oder Abschaffung des Arbeitsmarktes würde die Wirtschaft zugrunde gehen und die Arbeiterklasse durch die »chaotischen Bewegungen der Arbeiter von einer Fabrik zur anderen« zerstört werden. Auf der Hauptstraße zum Sozialismus lagen seiner Ansicht nach die Abschaffung des Systems der freien Arbeitsplatzwahl und die Einführung der staatlichen Kontrolle in der gesamten Großindustrie. Das Ganze sollte eine hundertprozentige Planwirtschaft sein.[59]

Während des Frühjahrs 1918 hatten die Bolschewiki Schritte in Richtung auf Verstaatlichung der Industrie unternommen. Die Einsetzung eigener Führungskräfte in den Fabriken schien der einzige Weg zu sein, das Chaos zu beenden, das durch das Dekret über die Arbeiterkontrolle vom 14. November mit seinen entscheidenden politischen Konzessionen an Fabrikkomitees und Gewerkschaften entstanden war. Die Kontrolle der Fabriken durch kollegiale Leitungsgremien hatte den Bolschewiki geholfen, die Unterstützung zahlreicher Arbeiter zu erlangen, und den Fabrikbesitzern einen Schlag versetzt, als das Regime um die Kontrolle der Industriemetropolen kämpfte. Die wirtschaftlichen Folgen dieser Politik waren jedoch katastrophal. Die Organe der Arbeiter, die die Fabriken kontrollieren sollten, hatten lediglich sich selbst große Lohnerhöhungen bewilligt und damit die Inflation in die Höhe getrieben. Außerdem hatten sie, oft aus Rache, eine zerstörerische Kampagne von Terror und Gewalt gegen die alten Verwalter und Techniker der Werke durchgeführt, die den Produktionsablauf unterbrach. Die Arbeiterorgane hatten nur wenig getan, um den Niedergang der Arbeitsdisziplin und den ständigen Diebstahl von Werkzeugen oder Material zur Herstellung von Feuerzeugen und anderen illegalen Waren für den Tauschhandel zu stoppen.

Was noch wichtiger war – Fabrikkomitees und Gewerkschaften hatten sich der wachsenden Protestbewegung der Arbeiter gegen die Diktatur der Bolschewiki angeschlossen. Die Arbeiterklasse blieb ebenso militant wie im Jahr 1917, nur daß sich ihr Zorn nun gegen die Partei richtete, die in ihrem Namen herrschte. Streiks und Arbeiterproteste erfaßten im Frühjahr 1918 alle großen Industriestädte des Landes einschließlich Petrograd und Moskau, der einstigen Hochburgen der Bolschewiki. Die Unzufriedenheit hatte im wesentlichen elementarste wirtschaftliche Gründe. Arbeiter klagten über Brotknappheit und drohende Arbeitslosigkeit; sie waren darüber empört, daß der sogenannte Arbeiterstaat nichts getan hatte, um ihr Leben zu verbessern. Das Ganze führte bei zahlreichen Arbeitern zu einer allgemeinen politischen Desillusionierung, die oft einherging mit einer unbestimmbaren Feindseligkeit gegenüber den Bolschewiki als führender Partei. Gorki zufolge »spien viele Arbeiter aus, wann immer die Bolschewiki erwähnt wurden«. Diese zynische, aber eigentlich vorpolitische Einstellung kam am besten in dem Spruch zum Ausdruck, der bald an den Mauern der Stadt auftauchte: »Nieder mit Lenin und Pferdefleisch! Gebt uns den Zaren und Schweinefleisch!«[60] Für andere Arbeiter jedoch spielte Politik durchaus noch eine Rolle, besonders für jene mit menschewistischer oder sozialrevolutionärer Vergangenheit, die den Bolschewiki eine alternative politische Vision entgegenzusetzen hatten. Sie reagierten auf die Krise im Frühjahr mit der Bildung einer Protestbewegung, den »Außerordentlichen Versammlungen der Fabrik- und Werksvertreter«, was für die Bolschewiki die bei weitem größte Bedrohung darstellte, die sie je von seiten der Arbeiterklasse erfahren hatten.

Bei den Außerordentlichen Versammlungen handelte es sich um eine Basisbewegung der Arbeiter. Gegründet im März, besaßen sie auf dem Höhepunkt ihres Einflusses im Juni mehrere hunderttausend Mitglieder. Auf nationaler Ebene spielten Menschewiki und Sozialrevolutionäre eine prominente Rolle in der Führung, und oft waren es ihre lokalen Aktivisten, die den Fabrikversammlungen vorstanden. Im Frühjahr erlebten diese Parteien in den Industriestädten einen generellen Aufschwung: Indem sie ein Wahlbündnis eingingen, gelang es ihnen bei einigen Wahlen zum Stadtsowjet, die Bolschewiki zu besiegen. Doch das heißt nicht, daß die Arbeiterversammlungen eine Protestbewegung *für* die Menschewiki oder die Sozialrevolutionäre gewesen wären im Unterschied zu einer Bewegung (die Menschewiki und die Sozialrevolutionäre zufällig einbezog) *gegen* die Bolschewiki.[61] Zwar kamen in vielen Protestresolutionen der Fabrikarbeiter die gleichen Kritikpunkte zum Ausdruck wie bei den Menschewiki und den Sozialrevolutionären – so verurteilten sie die Schließung der Konstituierenden Versammlung, den Vertrag von Brest-Litowsk sowie die Unterdrückung der Opposition –, doch dies zeigt lediglich, daß Menschewiki und Sozialrevolutionäre diese Resolutionen verfaßt und entweder ihre Forderungen denen der Arbeiter hinzugefügt oder die Forderungen der Arbeiter in ihre eigenen Formulierungen gefaßt hatten. Nach den Sitzungsprotokollen der Fabrikmeetings zu urteilen, beunruhigte die Arbeiter jedenfalls am meisten, daß das Versprechen einer »Arbeiterrevolution« – ein Versprechen, das viele von ihnen veranlaßt hatte, im Herbst 1917 die Bolschewiki zu unterstützen –, nicht erfüllt worden war. So erklärten die streikenden Arbeiter der Fabrik in Sormowo im Juni beispielsweise: »Das in unserem Namen errichtete Sowjetsystem ist uns inzwischen vollkommen fremd geworden. Es hat den Arbeitern den Sozialismus versprochen, jedoch nichts als leere Fabriken und Not gebracht.« Soweit man es heute beurteilen kann, wurde dieses Gefühl von allen politisch bewußten Arbeitern geteilt, einschließlich einer großen Zahl einfacher Bolschewiki, die sich vielfach ebenfalls der Bewegung der Außerordentlichen Versammlungen anschlossen. Selbst das Wyborger Bezirksparteikomitee in Petrograd, jene Hochburg des militanten Bolschewismus des Jahres 1917, verbreitete die Propaganda der Außerordentlichen Versammlungen unter seinen Mitgliedern.[62]

Im April 1918 war Lenin schließlich zu der Ansicht gelangt, daß die Industrie der Arbeiterkontrolle durch kollegiale Organe entzogen und unter staatliche Kontrolle mit einer traditionellen Verwaltungsstruktur (»Ein-Mann-Leitung«) gestellt werden müßte, die in der Lage wäre, die Arbeitsdisziplin wiederherzustellen. In seiner in jenem Monat verfaßten Schrift »Die nächsten Aufgaben der Sowjetmacht« forderte Lenin, daß die Offensive der Arbeiterklasse gegen das kapitalistische System der Industrie zugunsten des wirtschaftlichen Wiederaufbaus gestoppt werden müsse. Die Fachkenntnisse »bürgerlicher« Führungskräfte müßten im Interesse des Staates genutzt werden, und dies bedeute, wie er eingestehen mußte, daß man die sozialistische Gesellschaft mittels kapitalistischer Methoden aufbaue. Man müsse den bürgerlichen Führungskräften ein hohes Gehalt zahlen und ihre Machtbefugnisse in den Betrieben wiederherstellen, um ihre Kooperationsbereitschaft mit dem Sowjetregime sicherzustellen, selbst wenn dies gegen die egalitären Prinzipien der Linken verstoße. Dies aber sei ein »Tribut«, der gezahlt werden müsse, da die Arbeiterklasse noch nicht auf die Anforderungen der Verwaltung vorbereitet sei. Die Ideale der Gleichheit müßten im Interesse der Effizienz geopfert werden.[63]

Von diesem Zeitpunkt an begannen die Bolschewiki den Prozeß der Verstaatlichung voranzutreiben, die zweite Hauptsäule des Kriegskommunismus nach dem Kampf gegen den Markt. Bis dahin hatte dieser Prozeß sich hauptsächlich von unten her entwickelt – auf Initiative der örtlichen Sowjets und der Arbeiterorganisationen – und den Charakter einer Revolution in den Fabriken angenommen, die die Arbeiter dazu nutzten, um selbst die Kontrolle über die Direktoren auszuüben. Mit Lenins Rückendeckung übernahmen diese Kontrolle nun das staatliche Zentrum und sein Oberster Volkswirtschaftsrat (WSNCh), der die Entwicklung nutzte, um das System der von den Arbeitern geleiteten Fabriken durch staatlich eingesetzte (»bürgerliche«) Verwalter zu ersetzen, die in den Werken die Disziplin wiederherstellen sollten. Das bedeutete im Endeffekt, daß das Zentrum der industriellen Macht von den Fabrikkomitees und den Gewerkschaften hin zum Verwaltungsapparat des Parteistaats verschoben wurde.[64]

Der politische Kurswechsel war eindeutig durch die wachsende Gefahr motiviert, die von der Arbeiterklasse ausging. Am leichtesten konnte man die Betriebsorganisationen daran hindern, als Sprachrohr für die Arbeiteropposition zu dienen, wenn man sie unter zentralen Befehl stellte. Das Dekret des Sownarkom vom 28. Juni, durch das der größte Teil der russischen Großindustrie verstaatlicht wurde, wurde lediglich drei Tage vor einem geplanten Generalstreik in Petrograd erlassen, der als Protestreaktion auf das bolschewistische Regime von der Außerordentlichen Versammlung ausgerufen worden war. Obwohl das Dekret einige Wochen lang vorbereitet worden war, ist nicht zu bezweifeln, daß die präzise zeitliche Abstimmung vor allem von der Notwendigkeit diktiert war, diesem Streik zuvorzukommen.* Es scheint so, als hätte sich der Petrograder Streik, wäre er genehmigt worden, leicht zu einem Generalstreik ausweiten können, der möglicherweise zum Zusammenbruch des Regimes geführt hätte. Auch der Bürgerkrieg befand sich in einem kritischen Stadium, da Tschechen und Sozialrevolutionäre an der Wolga ein Machtzentrum gebildet hatten und zahlreiche Revolten das Hinterland der Roten erschütterten. Am 20. Juni wurde der bolschewistische Volkskommissar für das Pressewesen, Wolodarski, von einem Sozialrevolutionär ermordet. Die Führung der Bolschewiki befürchtete, dies könne der Auftakt zu einem Putsch durch Sozialrevolutionäre und Menschewiki werden, und hielt es deshalb für unbedingt erforderlich, die Fabriken unter staatliche Kontrolle zu stellen, um die Gefahr eines Generalstreiks in ihrer letzten verbliebenen Bastion abzuwenden.

* Eine weitere Erwägung galt der Tatsache, daß viele der durch das Dekret betroffenen Aktiengesellschaften deutschen Eigentümern gehörten und dem Abkommen von Brest-Litowsk zufolge für all jene Gesellschaften, die nach dem 1. Juli verstaatlicht werden würden, volle Entschädigung geleistet werden mußte (Malle, *Economic*, 59 ff.).

Das Dekret über die Verstaatlichung nahm den Arbeiterorganen die Leitung der Fabriken aus der Hand und übertrug sie dem Parteiapparat. Die Parteiführer nutzten das aus, um den Arbeitern für den Fall, daß sie den geplanten Streik ausführen würden, mit Entlassung zu drohen. Die Organisatoren des Streiks wurden verhaftet – vor allem jene, von denen bekannt war, daß sie Kontakte zu Sozialrevolutionären oder Menschewiki pflegten – und Dutzende von ihnen als »Konterrevolutionäre« erschossen. Es ist nicht verwunderlich, daß infolge dieser Einschüchterung nur wenige Arbeiter für den Generalstreik auf die Straßen gingen. Die Bolschewiki trugen den Sieg davon – die Außerordentlichen Versammlungen wurden geächtet, ihre Führer verhaftet und die abtrünnigen Gewerkschaften »gesäubert«. Menschewiki und Sozialrevolutionäre wurden aus den Sowjets ausgeschlossen, als »Konterrevolutionäre« gebrandmarkt und in den Untergrund getrieben. Die letzten noch verbliebenen Zeitungen der Opposition wurden verboten – selbst Gorkis *Nowaja schisn*, die sich an der Organisation des Petrograder Streiks beteiligt und mehr als einmal ihre Unterstützung für die Außerordentlichen Versammlungen zum Ausdruck gebracht hatte, wurde schließlich am 16. Juli geschlossen. »Wir steuern auf einen totalen Bürgerkrieg zu«, schrieb ein verzweifelter Gorki an Jekaterina, »und er wird wohl grausam werden ... Wie schwer es doch ist, in Rußland zu leben! Wir sind alle derart dumm, so unwahrscheinlich dumm.«[65]

## DIE FARBE DES BLUTES

Wie merkwürdig es auch erscheinen mag, Lenin wurde erst im September 1918 zu der in Rußland allseits bekannten Symbolfigur, und auch da nur, weil er beinahe gestorben wäre. Während der ersten zehn Monate bolschewistischer Herrschaft machte er sich in der Öffentlichkeit rar. Nachdem am Neujahrstag Schüsse auf seinen Wagen abgefeuert worden waren, bangte der Führer der Weltrevolution um sein Leben und verließ deshalb nur noch selten die streng bewachten Räume im Smolny oder im Kreml. »Keiner kannte auch nur Lenins Gesicht«, schrieb Krupskaja über diese ersten Wochen. »Abends ging er häufig in der Gegend des Smolny umher, und niemand erkannte ihn, denn es gab damals noch keine Fotos von ihm.«[66]

All das änderte sich am 30. August. Lenin fuhr zur Michelson-Fabrik in der südlichen Moskauer Vorstadt, um den Arbeitern eine der üblichen Ansprachen über die Notwendigkeit zur Verteidigung der Revolution zu halten, wie es die Führer der Bolschewiki an Freitagnachmittagen zu tun pflegten. An jenem Tag hatte ihn zuvor die Nachricht erreicht, daß Urizki, der bolschewistische Chef der Petrograder Tscheka, von einem sozialrevolutionären Attentäter, Leonid Kanegisser, ermordet worden war. Lenins Familie hatte ihn daraufhin angefleht, seinen Besuch abzusagen, doch diesmal beschloß Lenin, sich nicht einschüchtern zu lassen. Als er die Fabrik verließ, bahnte sich eine Frau den Weg durch die Menge und gab drei Schüsse auf ihn ab. Lenin fiel zu Boden, während seine Leibwächter die Attentäterin, Fanny Kaplan, verfolgten. Als er in den Kreml zurückgebracht wurde, schien er dem Tode nah. Eine der Kugeln war in seinem Nacken steckengeblieben, und er blutete stark. Auch war Blut in einen Lungenflügel eingedrungen. (Das alles hielt ihn aber nicht davon ab, sich davon zu überzeugen, daß seine Ärzte Bolschewiki waren.) Einige Tage lang hing sein Leben am seidenen Faden. Dann jedoch erholte er sich, und am 25. September wurde er für kräftig genug befunden, mit Krupskaja zur Rekonvaleszenz nach Gorki zu fahren, einem Dorf außerhalb Moskaus, wo ein Gut zu seiner privaten Verfügung requiriert worden war.

Lenins schnelle Genesung wurde in der bolschewistischen Presse als Wunder bezeichnet. Er wurde als christusgleiche Figur bejubelt, die mit übernatürlichen Kräften gesegnet sei – als Mensch, der unerschrocken sein Leben für das Wohl des Volkes zu opfern bereit sei. Bucharin, der Herausgeber der *Prawda*, verstieg sich zu der Behauptung, Lenin habe nach den Schüssen jegliche medizinische Hilfe verweigert und sei »mit seiner zerlöcherten und immer noch blutenden Lunge« unverzüglich an die Arbeit zurückgekehrt, um zu gewährleisten, daß die »Lokomotive« der Revolution nicht zum Stillstand kam. In einem eigens herausgegebenen Pamphlet, das unter den Massen verteilt wurde, erhob Sinowjew Lenin gar zum Sohn eines Bauern, der die »Revolution gemacht« habe: »Er ist der Auserwählte unter Millionen. Er ist der Führer von Gottes Gnaden. Ein solcher Führer wird einmal in 500 Jahren in der Geschichte der Menschheit geboren.« Dutzende ähnlicher Elogen erschienen in den Wochen nach dem Attentat in der Presse. Die Arbeiter hatten angeblich nur eine Sorge: daß »ihr Führer« sich erholte. Lenin-Plakate tauchten nun in den Straßen auf. Er selbst zeigte sich zum ersten Mal in einem Dokumentarfilm – *Wladimir Iljitschs Kreml-Spaziergang* –, der in jenem Herbst in ganz Moskau gezeigt wurde, um die wachsenden Gerüchte zu zerstreuen, er sei getötet worden. Dies war der Beginn des Lenin-Kults – eines Kults, der offenbar gegen Lenins Willen* von den Bolschewiki inszeniert worden war, um ihren Führer als »Volkszaren« in Szene zu setzen.[67]

Der Kult erinnerte durchaus an jenen überkommenen Kult des Zaren von Gottes Gnaden, der auf den mittelalterlichen Brauch zurückging, Fürsten, die im Dienste Rußlands vorzeitig ihr Leben gelassen hatten, heiligzusprechen. Der Lenin-Kult war aber insofern neu, als er auch volkstümliche Mythen ansprach – etwa den Kampf gegen den Zaren von Volkshelden wie Stenka Rasin oder Jemeljan Puga-

* Bontsch-Brujewitsch zufolge mißbilligte Lenin den Kult (die marxistische Ideologie verneint die Bedeutung des einzelnen in der Geschichte) und versuchte, ihm Einhalt zu gebieten, als er genesen war (Bontsch-Brujewitsch, *Wospominanija o Lenine*, 337–340).

tschow, denen magische und christusähnliche Kräfte zugeschrieben wurden. Hier hatte man die Mischung aus bäuerlichem Christentum und heidnischem Mythos, die im Bewußtsein des Volkes lange Zeit die Revolution mit der Suche nach Wahrheit und Gerechtigkeit (*prawda*) gleichgesetzt hatte. In abgelegenen Dörfern tauchten die ersten Leninbilder auf. Meist waren sie in der »roten Ecke« ausgestellt, dem »heiligen Winkel« der Bauernhütten, wo traditionell Ikonen und Zarenbilder gestanden hatten.[68]

Die gescheiterte Attentäterin, Fanny Kaplan, war eine junge Jüdin, ehemalige Anarchistin und nun Sozialrevolutionärin, die vor der Tscheka aussagte, daß sie den Anschlag allein geplant habe. Lenin habe die Revolution verraten und werde, »lebte er länger, die Verwirklichung des Ideals des Sozialismus für Jahrzehnte aufschieben«. Kaplan wurde zunächst in der gleichen Lubjanka-Zelle festgehalten wie der britische Diplomat Bruce Lockhart, den die Bolschewiki ebenfalls verdächtigten, an diesem Attentat beteiligt gewesen zu sein. Man überführte sie jedoch bald in den Kreml und folterte sie mit großer Wahrscheinlichkeit, bevor man sie am 3. September erschoß (ihre sterblichen Überreste wurden spurlos vernichtet). Angelika Balabanow zufolge, die bald Sekretärin der Komintern werden sollte, weinte Nadeschda Krupskaja bei dem Gedanken, daß mit Fanny Kaplan die erste Revolutionärin durch die revolutionäre Regierung getötet worden sei.[69] Man wüßte gern, wie viele Tränen sie um die Tausenden anderer Revolutionäre vergoß, die bald darauf aus Rache für die Schüsse auf ihren Mann ermordet wurden.

Obwohl Fanny Kaplan es immer leugnete, beschuldigte man sie, zugleich für die Sozialrevolutionäre und die Westmächte gearbeitet zu haben.* Dies war ein weiterer »Beweis« für die paranoide Theorie, daß das Regime von Feinden eingekreist sei und daß ein andauernder Bürgerkrieg gegen diese Feinde geführt werden müsse, wenn das Regime überleben wollte. Die bolschewistische Presse rief zu massenhaften Vergeltungsmaßnahmen auf. Nachdem sie eine geradezu hysterische Lobhudelei für die Führer der Bolschewiki entfacht hatte, war es nicht allzu schwierig, diese Begeisterung in blindwütigen Haß gegen ihre Feinde zu verwandeln. Das Massenblatt *Krasnaja gaseta* gab am 1. September den Ton vor:

> *Mitleidlos werden wir unsere Feinde zu Hunderten vernichten. Und seien es Tausende, sie mögen in ihrem eigenen Blut ertrinken. Mögen für Lenins und Urizkis Blut Ströme von bourgeoisem Blut fließen, mehr Blut, soviel wie möglich.*

* Wie sich 1922 beim Prozeß gegen die Sozialrevolutionäre herausstellte, war Kaplan von der sozialrevolutionären Kampforganisation angeworben worden, einer terroristischen Untergrundgruppe, die offiziell nicht mit dem Zentralkomitee der Sozialrevolutionäre (dessen Mitglieder im August 1918 größtenteils nach Samara gegangen waren) in Verbindung stand, jedoch von einigen ihrer in Moskau verbliebenen Mitglieder (z. B. Goz) unterstützt wurde.

Peters, der stellvertretende Vorsitzende der Tscheka, prangerte Kaplans Attentat auf Lenin als Anschlag auf die Arbeiterklasse an und rief die Arbeiter dazu auf, die »Hydra der Konterrevolution« durch die Anwendung von Massenterror zu »zerschmettern«. Der Volkskommissar für Innere Angelegenheiten befahl den Sowjets, »alle Sozialrevolutionäre unverzüglich zu verhaften« und massenweise »Geiseln« unter der »Bourgeoisie und den Offizieren« zu nehmen: Sie seien dann »bei dem geringsten Widerstand« zu erschießen.[70] Das war das Signal für den Beginn des Roten Terrors.

* * *

Der Rote Terror kam nicht aus heiterem Himmel, sondern war in dem Regime von vornherein angelegt. Wie Kamenew und seine Anhänger die Partei bereits im Oktober gewarnt hatten, mußte aus Lenins gewaltsamer Machtergreifung und seiner Ablehnung der Demokratie unweigerlich ein Terrorregime resultieren. Die Bolschewiki waren gezwungen, in zunehmendem Maße zum Mittel des Terrors zu greifen, um ihre politischen Kritiker mundtot zu machen und eine Gesellschaft zu unterjochen, die sie anders nicht unter Kontrolle bekamen.

Lenin hatte die Notwendigkeit, Terror zur »Verteidigung der Revolution« einzusetzen, stets bejaht. Er war eine Waffe im »Bürgerkrieg«. Natürlich tat er alles, um sich in der Öffentlichkeit von den Institutionen des Terrors zu distanzieren – unter deren Todesbefehle setzten andere ihre Unterschrift –, und dies trug dazu bei, daß der Mythos von Lenin als gutem und mildem »Zaren«, der mit den schrecklichen Aktionen seiner *opritschniki* nichts zu tun hatte, noch verstärkt wurde. Hinter den Kulissen jedoch war Lenin ein unbeirrbarer Verfechter des Roten Terrors. Am 26. Oktober 1917 verabschiedete der Zweite Sowjetkongreß eine von Kamenew eingebrachte Resolution, die die Abschaffung der Todesstrafe forderte. Lenin, der nicht an der Sitzung teilgenommen hatte, geriet in Rage, als er davon hörte:

> *Unsinn, wie soll eine Revolution ohne Exekutionskommandos funktionieren? Erwartet ihr, euch eurer Feinde zu entledigen, indem ihr euch selbst entwaffnet? Welche anderen Methoden der Abschreckung stehen uns denn sonst zur Verfügung? Gefängnisse? Wer mißt dem während eines Bürgerkriegs schon Bedeutung bei?*

Lenin betrachtete die Anwendung von Terror als ein Mittel des Klassenkampfes gegen die »Bourgeoisie«. Von Anfang an hatte er mit der Losung »Plündert die Plünderer!« zum Massenterror der unteren Klassen gegen die Reichen und Privilegierten aufgerufen. »Wir müssen die Energie und die populäre Natur des Terrors unterstützen«, schrieb er im folgenden Juni.[71] Wie wir in Kapitel 11 gesehen haben, hatten die Bolschewiki aufgrund dieses Massenterrors starke emotionale Unterstützung durch jene Elemente unter den Armen erhalten, die eine gewisse Befriedigung daraus zogen, die Reichen und Mächtigen stürzen zu sehen, auch wenn es ihr eigenes Los nicht verbesserte. Das frühe Tscheka-System basierte unmittelbar auf den örtlichen Initiativen dieses Massenterrors.

Seit ihrer Gründung im Dezember 1917 hatte sich die Tscheka sprunghaft ausgeweitet. Als sie ihre erste Kommandozentrale in Petrograd bezog, besaß die Tscheka nur einen kleinen Stab. Ihr Leiter, Dserschinski, trug sämtliche Berichte in seiner Aktentasche. Ende März jedoch, als die Regierung nach Moskau umzog und die Tscheka das berüchtigte Lubjanka-Gebäude in Besitz nahm (das zuvor der Versicherungsgesellschaft Lloyds gehört hatte), verfügte sie bereits über 600 Mitarbeiter, deren Zahl bis zum Juni auf 1000 anstieg, nicht eingerechnet die Sicherheitskräfte. Die Einrichtungen der Provinz-Tscheka entwickelten sich langsamer. Als im September jedoch der Befehl erlassen wurde, den Terror zu entfesseln, verfügten nahezu alle Provinzen und die meisten Bezirke über eine Zweigstelle der Tscheka.[72]

Die Tscheka war ein Staat im Staate. Es gab kaum einen Bereich im sowjetischen Alltag – vom Kampf gegen die Konterrevolution bis zur Erteilung einer Hundelizenz –, den sie nicht kontrollierte. Von Beginn an arbeitete sie im rechtsfreien Raum. Das Volkskommissariat für Justiz versuchte vergeblich, die Tscheka der Gerichtsbarkeit zu unterwerfen. Nächtliches Klopfen an der Tür, Verhöre und Verhaftungen ohne Haftbefehl, Folter und standrechtliche Erschießungen – dies waren die Methoden, deren sich die Tscheka bediente. Einer ihrer Begünder drückte dies folgendermaßen aus:

> *Die Tscheka ist weder eine Untersuchungskommission noch ein Gericht oder ein Tribunal. Sie ist ein Kampforgan an der inneren Front des Bürgerkriegs ... Sie richtet nicht, sie schlägt zu. Sie gibt kein Pardon, sie vernichtet all jene, derer sie auf der anderen Seite der Barrikade habhaft werden kann.*[73]

Während der ersten Monate der bolschewistischen Herrschaft war die Tscheka noch nicht so blutrünstig, wie sie es später werden sollte. Eine Quelle nennt 884 Erschießungen, die zwischen Dezember und Juli in der Presse erwähnt wurden. Dies war auf den mäßigenden Einfluß der Linken Sozialrevolutionäre zurückzuführen, die der Tscheka im Januar beigetreten waren und dort selbst dann noch blieben, nachdem sie im März aus dem Sownarkom ausgeschieden waren. Auch öffentliche Proteste, besonders von seiten der Arbeiter, deren Streikresolutionen den Terror fast immer verurteilten, trugen das Ihre dazu bei. Die Zeiten, in denen die Öffentlichkeit in Angst und Schrecken vor der Tscheka lebte, waren noch nicht angebrochen. Als Beispiel hierfür mag der bekannte Vorfall im Moskauer Zirkus dienen. Die humorlosen Tschekisten nahmen an den antisowjetischen Witzen des Clowns Bim-Bom Anstoß und stürzten während der Vorstellung in die Manege, um ihn zu verhaften. Zunächst dachte das Publikum, dies sei Teil der Vorstellung, Bim-Bom flüchtete jedoch, und die Tschekisten erschossen ihn rücklings. Die Menschen begannen zu schreien, und Panik brach aus. Die Nachricht über die Schießerei verbreitete sich und führte zur öffentlichen Verurteilung des Tscheka-Terrors. Hunderte kamen zur Beerdigung des Clowns, die sich letztlich zu einer Demonstration ausweitete.[74]

In dieser ersten Etappe des Terrors wurden die Menschen oft wahllos verhaftet, was auf die chaotische Natur des im Entstehen begriffenen Polizeistaats zurückzuführen war: Praktisch jedermann konnte aufgrund der Denunziation eines Feindes oder wegen der Laune des örtlichen Tscheka-Chefs verhaftet werden. Menschen aller Klassen und Schichten füllten die Tscheka-Gefängnisse in jenen ersten Monaten. Fürst Lwow, der in Jekaterinburg von der Tscheka inhaftiert wurde, beschreibt seine Mitgefangenen als »sehr bunte Mischung« von Fürsten und Geistlichen bis hin zu einfachen Bauern. Selbst Lenins Vetter Viktor Ardaschew wurde verhaftet und im Januar 1918 von der Jekaterinburger Tscheka erschossen. Der Führer der Bolschewiki erfuhr davon erst einige Monate später, als er einen Beamten bat, Ardaschew Grüße zu übermitteln, und ihm mitgeteilt wurde, dieser sei hingerichtet worden. Er mochte seinen Vetter wohl sehr, seine Gefühle wurden aber nicht erwidert – Ardaschew, ein bekannter Kadett in Jekaterinburg, hatte einen Streik des öffentlichen Dienstes gegen Lenins Regierung organisiert.[75]

* * *

Zwei Ereignisse ragen aus der allgemeinen Entwicklung des Terrors jener Zeit heraus: der Aufstand der Linken Sozialrevolutionäre und die Ermordung der Zarenfamilie.

Die Naivität der Linken Sozialrevolutionäre zeigt sich deutlich in ihrem Aufstand, der eine der absurdesten Episoden der Geschichte der Revolution darstellt. Sie hätten in einem entscheidenden Moment durchaus das bolschewistische Regime stürzen können, doch offenbar war Erfolg in ihrem Plan nicht vorgesehen. Es war kein Staatsstreich, sondern – ähnlich dem Aufstand der Bolschewiki im Juli 1917 – ein selbstmörderischer Akt öffentlichen Protests, um »die Massen« gegen das Regime aufzurütteln. Zu keinem Zeitpunkt hatten die Linken Sozialrevolutionäre tatsächlich in Betracht gezogen, die Macht zu übernehmen. Sie »spielten« lediglich Revolution.

Die Ideale, die die Linken Sozialrevolutionäre im Dezember veranlaßt hatten, im Sownarkom mitzuarbeiten, schienen ihnen im darauffolgenden Juni sämtlich in Gefahr zu sein. Die Unabhängigkeit der Sowjets war durch die Diktatur erstickt, die Interessen der Bauern waren durch das Getreidemonopol und die Komitees der Dorfarmut mit Füßen getreten worden. Die bürgerlichen Freiheiten waren auf der Strecke geblieben ebenso wie die törichte Vorstellung der Linken Sozialrevolutionäre, sie könnten die Bolschewiki vom Machtmißbrauch abhalten, wenn sie sich ihnen in der Regierung anschlössen. Die größte Enttäuschung stellte für sie jedoch der Vertrag von Brest-Litowsk dar. Wie die Linken Kommunisten glaubten auch die Linken Sozialrevolutionäre, daß der Vertrag Rußland zu einem Vasallen des Deutschen Reichs gemacht habe und daß Rußland alle Hoffnung aufgegeben habe, den Sozialismus durch einen revolutionären Krieg gegen die Imperialisten im Westen verbreiten zu können. Wegen der Unterzeichnung des Friedensvertrags verurteilten die Linken Sozialrevolutionäre die Bolschewiki als Verräter an der Revolution und traten aus dem Sownarkom aus, blieben jedoch im Exekutivkomitee und ironischerweise in der Tscheka. Der deutsche Botschafter, Graf Mirbach, der in der zweiten Aprilhälfte in Moskau eintraf, um die diplomatischen Beziehungen zwischen Berlin und Moskau wiederaufzunehmen, wurde Zielscheibe terroristischer Drohungen der Linken Sozialrevolutionäre, die alles daransetzten, den Frieden zu unterminieren.

Ihre Kampagne lautstarker Opposition erreichte während des Fünften Sowjetkongresses, der am 4. Juli im Bolschoi-Theater eröffnet wurde, ihren Höhepunkt. Da im Frühjahr in den Sowjets ein Meinungsumschwung gegen die Bolschewiki stattgefunden hatte, besaßen die Linken Sozialrevolutionäre jetzt eine große Delegation, wenngleich nicht so groß wie erwartet, und es bestand der Verdacht, daß die Bolschewiki den Kongreß mit ihren eigenen Anhängern gefüllt hatten. Die Linken Sozialrevolutionäre beanspruchten für sich, die »Massen« zu vertreten, die die »Sowjetrevolution« unterstützt hatten, sich aber nun von den Bolschewiki verraten fühlten. Ihre beiden wichtigsten Parteiführer, Boris Kamkow und Maria Spiridonowa, prangerten die Politik der Bolschewiki an. Ganz oben auf ihrer Liste rangierte der »Schandfriede«, der ihren Worten zufolge die Arbeiter und Bauern der Ukraine an die deutschen Imperialisten verkauft habe. Sie erklärten ihre Entschlossenheit, einen revolutionären Krieg zu führen, und drohten mit der Faust gegen die kaiserliche Loge, wo sich bezeichnenderweise Graf Mirbach befand.

Zwei Tage später wurde er ermordet. Dieser Terrorakt zielte darauf ab, den Frieden zu unterbrechen und Deutschland zum Angriff auf Rußland zu provozieren. Wie die Bomben der Terroristen im 19. Jahrhundert sollte er einen Volksaufstand gegen das Regime auslösen. Der Entschluß, Mirbach zu töten, war am Abend des 4. Juli nach der ersten Sitzung des Kongresses von den Linken Sozialrevolutionären gefaßt worden, als sich deutlich abzeichnete, daß sie nicht die Mehrheit würden gewinnen können, die notwendig war, um einen Wechsel in der prodeutschen und bauernfeindlichen Regierungspolitik herbeizuführen. Ein von den Linken Sozialrevolutionären eingebrachter Mißtrauensantrag gegen die Bolschewiki – mit dem sie beabsichtigten, die Unterstützung der Linken Kommunisten zu gewinnen – war abgelehnt worden, worauf die Linken Sozialrevolutionäre den Sitzungssaal verlassen hatten. Spiridonowa, der es ungeachtet ihrer vornehmen Erscheinung nie an terroristischer Verve fehlte, war der führende Kopf hinter Mirbachs

Ermordung. Sie wählte Jakow Bljumkin, einen linken sozialrevolutionären Tschekisten, der passenderweise für die Gegenspionage gegen die Deutschen verantwortlich war, sowie seinen Fotografen Nikolai Andrejew aus, die blutige Tat auszuführen. Am Nachmittag des 6. Juli arrangierten sie eine Zusammenkunft mit dem Botschafter unter dem Vorwand, den Fall eines Grafen Robert Mirbach besprechen zu wollen, eines mutmaßlichen Verwandten, der unter Spionageverdacht festgenommen worden war. Nach einer kurzen Unterhaltung holten die Tschekisten ihre Revolver heraus und eröffneten das Feuer. Die Schüsse verfehlten ihr Ziel, und Mirbach versuchte zu fliehen, worauf Bljumkin ihm eine Handgranate hinterherwarf, die ihn tödlich verletzte. Die beiden Männer entkamen durch ein Fenster, Bljumkin mit einem Granatsplitter im Bein, und flohen in einem wartenden Wagen zu den Pokrowski-Kasernen des Tscheka-Kampfkommandos. Dieses stand unter der Führung Dmitri Popows, eines weiteren prominenten Linken Sozialrevolutionärs in der Tscheka, und sollte in der Folge zur Kommandozentrale des Aufstands werden. Lenin wurde sofort zur deutschen Botschaft zitiert, wo man von ihm eine Entschuldigung für den Mord erwartete. Nie zuvor in der Geschichte der Diplomatie war ein russisches Staatsoberhaupt in dieser Weise gedemütigt worden.

Später am selben Nachmittag begab sich Dserschinski zu den Pokrowski-Kasernen, um die Auslieferung von Bljumkin und Andrejew zu verlangen. Statt dessen jedoch wurde er selbst vom Tscheka-Kampfkommando verhaftet, das sich mit dem Aufstand solidarisch erklärte. Die Aufständischen besetzten daraufhin das Hauptquartier der Tscheka in der Lubjanka und nahmen Lazis gefangen, Dserschinskis vorübergehenden Stellvertreter. Dies war kein Aufstand der Straße, sondern eine Palastrevolte innerhalb der Tscheka, die einer für die Bolschewiki ganz untypischen Fahrlässigkeit zuzuschreiben war. Den Linken Sozialrevolutionären waren sieben der zwanzig Sitze im Tscheka-Kollegium zugestanden worden. Dserschinski hatte den Linken Sozialrevolutionär Alexandrowitsch zu seinem Stellvertreter ernannt und ihm gestattet, das Kampfkommando als eine ausschließlich aus Linken Sozialrevolutionären bestehende Einheit aufzubauen. Am Abend des 6. Juli übernahm Alexandrowitsch, der nach Aussage Spiridonowas nichts von dem geplanten Attentat gegen Mirbach wußte und sich erst am 6. Juli dem Aufstand der Linken Sozialrevolutionäre anschloß, das Kommando über die aufständischen Truppen.

Zu diesem Zeitpunkt gab es praktisch nichts, was die Linken Sozialrevolutionäre von der Übernahme der Macht hätte abhalten können. Sie verfügten über 2000 gutausgerüstete Soldaten in der Hauptstadt, denen lediglich 700 dem Regime loyal ergebene gegenüberstanden. Ein Großteil der Lettischen Schützen, der einzigen Einsatztruppe in der Hauptstadt, auf die sich die Bolschewiki tatsächlich hätten verlassen können, beging den Johannistag auf dem Chodynka-Feld am Stadtrand von Moskau – dem Schauplatz der Katastrophe am Tag der Krönung des letzten

Zaren. Die Letten konnten wegen eines Gewitters, strömenden Regens und Nebels nicht nach Moskau zurückkehren. Lenin war in äußerster Panik: Wie Kerenski im Oktober verfügte auch er jetzt über keine Truppen zur Verteidigung seines Regimes. Vatsetis, der verantwortliche lettische Kommandeur zur Verteidigung der Regierung, erinnerte sich später, daß er nach Mitternacht in den Kreml beordert wurde, wo »eine Stimmung herrschte wie an der Front des Kriegsschauplatzes«. Lenins erste Frage an ihn habe gelautet: »Genosse, können wir uns bis morgen halten?«[76]

Die Linken Sozialrevolutionäre zeigten jedoch keine Neigung, ihre militärische Überlegenheit auszunutzen. Sie waren weit weniger daran interessiert, selbst die Macht zu übernehmen, als vielmehr zu einem allgemeinen Aufstand aufzurufen, um die Bolschewiki zu einer Änderung ihrer Politik zu zwingen. Sie hatten keine Ahnung, wohin dieser Aufstand führen sollte. Das überließen sie gern der »revolutionären Erfindungsgabe der Massen«. Sie waren die »Dichter der Revolution« und wie alle Dichter ihrem Wesen nach Anarchisten. In jedem Stadium ihrer Beziehung zu den Bolschewiki waren die Linken Sozialrevolutionäre von ihnen übervorteilt worden, und selbst jetzt, da die Bolschewiki ihnen auf Gedeih und Verderb ausgeliefert waren, verloren sie schnell die Oberhand. Anstatt gegen den Kreml zu ziehen, begaben sich die Führer der Linken Sozialrevolutionäre zum Bolschoi-Theater, wo der Sowjetkongreß tagte. Spiridonowa hielt dort eine lange und äußerst hysterische Rede, in der sie das bolschewistische Regime anprangerte. Noch während sie sprach, umzingelten die für die Sicherheit des Kongresses verantwortlichen Garden das Gebäude und verriegelten sämtliche Ausgänge. Die Delegierten der Bolschewiki durften das Theater verlassen, doch alle anderen wurden verhaftet. Die Linken Sozialrevolutionäre waren in die Falle gegangen.

Mehrere hundert Aufständische wurden inhaftiert, Alexandrowitsch und zwölf weitere Führer des Kampfkommandos am 7. Juli nach einem Schnellverfahren erschossen. Die meisten anderen Führer der Linken Sozialrevolutionäre wurden inhaftiert und im November vor Gericht gestellt. Sie erhielten, wenn man die Umstände jener Zeit bedenkt, außerordentlich milde Strafen (einige der Bolschewiki wollten sie straflos davonkommen lassen) und wurden später sogar amnestiert. Spiridonowa wurde zu einem Jahr Gefängnishaft verurteilt und dann amnestiert, nur um im Februar 1919 erneut verhaftet, für geisteskrank erklärt und in den Kreml-Kasernen eingekerkert zu werden. Mit Hilfe der Wachen, deren Sympathie sie gewonnen hatte, gelang ihr jedoch bald darauf die Flucht. Auch Bljumkin entkam und schloß sich später den Bolschewiki an. Als Partei waren die Linken Sozialrevolutionäre nach dem gescheiterten Aufstand vom Juli am Ende. Ihre Aktivisten wurden aus den Sowjets ausgeschlossen und in den Untergrund getrieben. Hunderte wurden verhaftet oder erschossen.[77] Andere, die den Juliaufstand abgelehnt hatten, spalteten sich ab, um eine neue Partei zu gründen, die sich Revolutionäre Kommunisten nannte. Nach der Beseitigung der Linken Sozialrevolutionäre, die als einzige das gesetzlose Treiben der Tscheka gebremst hatten, begann eine neue Terrorwelle. Ironischerweise waren die Linken Sozialrevolutionäre trotz ihres Engagements für die Tscheka deren erste Opfer.

* * *

Nach seiner Abdankung im März 1917 war Nikolai Romanow (wie er nun hieß) gemeinsam mit seiner Familie und ihrem Gefolge unter Haus- (oder eher Palast-) Arrest in Zarskoje Selo gestellt worden. Außer der Einschränkung ihrer Bewegungsfreiheit hatten sie nur wenige Entbehrungen zu erleiden. Die hohen Kosten für ihren Unterhalt wurden aus Angst vor öffentlicher Empörung geheimgehalten.[78] Ihr Leben glich in diesen Monaten einer ausgedehnten Festlichkeit nach Art des britischen Königshauses, mit dem einzigen Unterschied, daß sich die »Gäste« auf bestimmte Räume beschränken mußten und, statt auf die übliche Jagd zu gehen, sich mit einem kurzen Spaziergang durch den Garten unter Aufsicht der Wachen zu begnügen hatten.

Nikolai schien die Macht nicht sonderlich zu vermissen. Seinen Tagebüchern nach zu urteilen, gehörten diese Tage zu den glücklichsten seines Lebens. Von der Last seines Amtes befreit, die er stets nur ungern getragen hatte, konnte er nun jenen bürgerlichen Lebensstil pflegen, nach dem er sich immer gesehnt hatte. Kerenski, der den einstigen Zaren bei verschiedenen Gelegenheiten in Zarskoje Selo besuchte (und den die Zarin beharrlich mit Kedrinski anredete), schrieb später, daß »alle, die Nikolaus II. in seiner Gefangenschaft beobachteten«, darin übereinstimmten, »daß er sich leicht und anscheinend recht gut in seine neue Lebenslage fügte. […] Es hatte den Anschein, als wäre eine schwere Bürde von seinen Schultern genommen und als atme er erlöst auf.« Nikolai verbrachte jene stillen Tagen mit seiner Familie beim Dominospiel, las aus dem *Grafen von Monte Christo* vor, arbeitete im Garten, ruderte, spielte Tennis und betete. Nie zuvor hatte er so gut geschlafen.[79]

Die erste Phase ihrer Gefangenschaft endete Mitte August, als die kaiserliche Familie in die sibirische Stadt Tobolsk evakuiert wurde. Kerenski war um ihre persönliche Sicherheit besorgt – stets hatte die Gefahr bestanden, daß eine aufgebrachte Menge den Palast stürmen und am einstigen Zaren grausame Vergeltung üben würde. Im März hatte eine Gruppe Soldaten aus Petrograd einen derartigen Versuch unternommen. Diese Gefahr schien nach den Ereignissen vom Juli 1917 noch zu wachsen. Ursprünglich hatte man beabsichtigt, den Zaren und seine Familie nach England zu schicken, wohin ihn George V., Nikolais Vetter, im März eingeladen hatte. Der Petrograder Rat widersetzte sich dieser Idee jedoch vehement und bestand darauf, daß der einstige Zar in der Peter-Pauls-Festung inhaftiert würde. Überdies nahm George V. seine Einladung zurück, da er fürchtete, die Labour Party zu verärgern, was von den Windsors allerdings lange Zeit schamvoll verheimlicht wurde. So beschloß man, die Familie statt dessen nach Tobolsk zu schicken, eine Provinzstadt, weit genug vom revolutionären Einfluß entfernt, wo sie einen vergleichsweise komfortablen Wohnsitz im Haus des einstigen Gouverneurs bezog. Neben den zahlreichen Personen ihres Gefolges wurde die kaiserliche Familie von zwei Kammerdienern, sechs Zimmermädchen, zehn Lakaien, drei Köchen, vier Hilfsköchen, einem Butler, einem Kellermeister, einem Kindermädchen, einem Sekretär, einem Friseur und zwei Schoßhunden begleitet.[80]

In den ersten Monaten des Jahres 1918 begann sich die Lage der einstigen Herrscherfamilie zu verschlechtern. Dies machte sich in der zunehmenden Grobheit ihrer Wachen, in Beschränkungen ihrer Bewegungsfreiheit und dem Verschwinden von Luxusartikeln wie Butter und Kaffee bemerkbar, die sie bis dahin für selbstverständlich erachtet hatten. Diese Veränderungen standen in Zusammenhang mit Entwicklungen in der nahe gelegenen Industriestadt Jekaterinburg. Auf einem im Februar abgehaltenen Sowjetkongreß des Uralgebiets war ein bolschewistisches Präsidium unter dem Vorsitz von Filip Goloschtschokin gewählt worden, einem bolschewistischen Veteranen und Freund von Swerdlow. Die Jekaterinburger Bolschewiki waren für ihre Militanz bekannt. Ihnen mißfielen die verhältnismäßig komfortablen Bedingungen, die dem Zaren bis dahin zugestanden worden waren, und sie waren entschlossen, ihn ihrer eigenen Kontrolle überantwortet zu bekommen – einige in der Absicht, ihn gefangenzusetzen, andere, um ihn hinzurichten.

Goloschtschokin verhandelte mit Swerdlow, ihm den Zaren zu überlassen, mit der Begründung, daß in Tobolsk die Fluchtgefahr größer sei. Es kursierten Gerüchte über diverse monarchistische Verschwörungen zur Befreiung der kaiserlichen Familie – einige davon waren begründet, andere vermutet, wieder andere frei erfunden. Swerdlow sagte nicht nein – die Bolschewiki des Uralgebiets waren gewöhnlich nicht zimperlich –, doch es existierte tatsächlich ein Geheimplan des Zentralkomitees, den Zaren nach Moskau zurückzubringen, wo Trotzki gegen ihn einen großen Schauprozeß wie jenen gegen Ludwig XVI. plante, in dem er selbst die Rolle des Hauptanklägers zu übernehmen gedachte. Trotzki beabsichtigte

> *eine öffentliche Gerichtsverhandlung, die ein Bild seiner uneingeschränkten Herrschaft vermitteln würde (auf den Gebieten der Bauernpolitik, der Arbeit, der Nationalitäten, der Kultur, der beiden Kriege usw.). Das Verfahren sollte über den Rundfunk übertragen werden, in den Dörfern sollten täglich Berichte über das Verfahren verlesen und kommentiert werden.*[81]

Mit diesem Ziel vor Augen befahl Swerdlow Anfang April dem Kommissar Wassili Jakowlew, Nikolai und, wenn möglich, die ganze Familie lebend nach Moskau zurückzubringen. Jakowlew erhielt den Auftrag, via Jekaterinburg zu reisen, um nicht das Mißtrauen der dortigen Bolschewiki zu erwecken, die, wenn sie seinen wahren Auftrag aufdeckten, den einstigen Zaren entführen und hinrichten würden.

Tatsächlich hatte der Sowjet des Uralgebiets im April eine entsprechende Resolution verabschiedet. Saslawski, einer der Jekaterinburger Kommissare, traf bereits Vorbereitungen, den Zaren zu entführen. »Wozu das ganze Theater«, sagte Saslawski zu Jakowlew bei dessen Ankunft in Tobolsk, »die Romanows muß man einfach abknallen.«[82]

Die Reise von Tobolsk nach Jekaterinburg barg die verschiedensten Risiken. Das Tauwetter hatte gerade eingesetzt, die Straßen standen unter Wasser, und außerdem war der Zarewitsch, dessen Hämophilie unlängst wieder akut geworden war, für den Transport zu krank. Jakowlew erhielt von Moskau den Auftrag, die restliche Familie zurückzulassen und mit dem ehemaligen Zaren allein aufzubrechen. Alexandra wollte sich jedoch nicht von Nikolai trennen*, und schließlich fuhren beide in offenen Bauernwagen in Richtung Tjumen, der nächstgelegenen Eisenbahnstation etwa 300 Kilometer entfernt. Vier ihrer Kinder ließen sie zurück, die dann später nachfolgten. Unterwegs passierten sie Pokrowskoje, Rasputins Heimatdorf. Alexandra notierte in ihr Tagebuch: »[Wir] standen lange vor dem Haus unseres Freundes ... Wir sahen seine Verwandten, die aus dem Fenster herausschauten.«[83]

Das kaiserliche Paar traf am 30. April in Jekaterinburg ein (die übrige Familie folgte am 23. Mai nach). Am Bahnhof wurden sie von einer wütenden Menschenmenge empfangen und sogleich in einem großen weißen Gebäude gefangengesetzt, das am Tag zuvor von Nikolai Ipatjew, einem im Ruhestand lebenden Geschäftsmann, beschlagnahmt worden war. Die Bolschewiki nannten es »das Haus zur besonderen Verwendung« – und hier sollten die Romanows den Tod finden. Im Haus herrschte ein strenges und demütigendes Regime. Um das Gebäude herum wurde ein hoher Zaun errichtet, um jede Kommunikation mit der Außenwelt zu verhindern. Später überpinselte man auch die Fenster. Die Wachen waren schroff. Sie begleiteten die Kaiserin und ihre Töchter zur Toilette, schrieben Obszönitäten an die Wände und bedienten sich am Eigentum der Gefangenen, das in einem Schuppen im Garten gelagert wurde. Außer zu den Mahlzeiten durften die Gefangenen ihre Räume nicht verlassen. Um sich die Zeit zu vertreiben, las Nikolai zum ersten Mal in seinem Leben *Krieg und Frieden.*

In der ersten Juliwoche fiel die Entscheidung, alle gefangengenommenen Romanows hinzurichten. Das Sowjetregime hat bis zu seinem endgültigen Zusammenbruch stets darauf bestanden, daß die Ermordung auf alleinige Initiative der Jekaterinburger Bolschewiki ausgeführt worden sei. Nach den Beweisen, die seitdem aus den Archiven aufgetaucht sind, kam der Befehl jedoch eindeutig von der Par-

* Das kaiserliche Paar befürchtete, daß Nikolai nach Moskau gebracht und gezwungen werden würde, den Vertrag von Brest-Litowsk zu unterzeichnen. Die Tatsache, daß sie annahmen, die Bolschewiki benötigten oder wünschten seine Unterschrift, ist ein beredtes Zeugnis dafür, wie weit sie sich von der politischen Realität entfernt hatten (siehe Wilton, *Last Days of the Romanows*, 206).

teiführung in Moskau. Im Westen war dies allerdings schon seit der Veröffentlichung von Trotzkis Tagebuch bekannt gewesen, wo er in einem Eintrag aus dem Jahr 1935 ein Gespräch mit Swerdlow kurz nach der Ermordung der Zarenfamilie wiedergibt:

> *Bei einem Gespräch mit Swerdlow fragte ich beiläufig: »Wo ist eigentlich der Zar?« – »Das ist vorbei«, antwortete er, »der ist erschossen worden!« – »Und die Familie?« – »Die Familie auch.« – »Alle?« fragte ich, wohl etwas erstaunt. »Ja, alle«, antwortete Swerdlow, »wieso?« Er wartete auf meine Reaktion. Ich gab keine Antwort. »Wer traf die Entscheidung?« fragte ich. »Wir haben es hier beschlossen. Iljitsch [Lenin] meinte, wir sollten den Weißen kein lebendes Symbol hinterlassen, um das sie sich sammeln könnten, vor allem nicht unter den gegenwärtigen schwierigen Umständen.«*
> *Ich stellte keine weiteren Fragen und betrachtete die Angelegenheit als abgeschlossen.*[84]

Das neue Archivmaterial ergänzt lediglich die Details. Goloschtschokin traf Ende Juni zum Fünften Sowjetkongreß in Moskau ein. Es war kein Geheimnis, daß er die Ansicht vertrat, die Romanows sollten getötet werden. Nach Konsultationen mit Lenin wurde seine Meinung prinzipiell akzeptiert, ohne daß man sich jedoch auf ein genaues Datum festgelegt hätte. Am 16. Juli sandte Goloschtschokin, der nach Jekaterinburg zurückgekehrt war, ein verschlüsseltes Telegramm über Sinowjew an Swerdlow und Lenin, in dem er sie davon in Kenntnis setzte, daß die Hinrichtung »wegen der militärischen Situation« unverzüglich durchgeführt werden müsse.[85] Die Tschechische Legion hatte die Stadt eingeschlossen, und die örtlichen Bolschewiki, die nur über ein paar hundert Rotgardisten verfügten, sahen kaum eine Chance, die kaiserliche Familie sicher evakuieren zu können. Noch am selben Tag bestätigte Moskau via Perm, daß die Hinrichtung unverzüglich zu erfolgen habe. Diese Bestätigung könnte durchaus direkt von Lenin gekommen sein.[86]

Warum änderten die Bolschewiki ihre Meinung, vollzogen den Mord und revidierten so ihre zuvor gefaßte Entscheidung, Nikolai in Moskau den Prozeß zu machen? Die militärischen Erwägungen waren zweifellos schwerwiegend genug, anders als viele Historiker meinen. Die Tschechen nahmen Jekaterinburg am 25. Juli ein, acht Tage nach dem Mord, doch sie hätten dies auch leicht einige Tage früher tun können, da die Stadt eingekesselt war und sie über mehr Soldaten als die Roten verfügten. Doch es darf bezweifelt werden, daß sie oder die Weißen eine derart traurige und diskreditierte Gestalt wie Nikolai zu ihrem »lebenden Symbol« hätten machen wollen. Ein Zar, der den Märtyrertod gestorben war, war für sie nützlicher als ein lebender Zar, der politisch tot war. Sowohl Denikin als auch Koltschak waren klug genug, um zu begreifen, daß eine Wiederherstellung der Monarchie nach 1917 undenkbar war, obwohl beide auch Monarchisten unter ihren Beratern hatten. Die Bolschewiki haben das möglicherweise nicht erkannt. Vermutlich waren sie Opfer ihrer eigenen Propaganda, wonach die Weißen samt und sonders Monarchisten waren.

Wie dem auch sei – für den Mord gab es doch zweifellos noch andere Gründe. Zu diesem Zeitpunkt hatten die Parteiführer Bedenken, ob es klug sei, einen Prozeß zu führen. Nicht, daß eine reale Möglichkeit bestanden hätte, im einstigen Zaren einen Unschuldigen zu sehen. Trotzki war ein Meister im Führen politischer Prozesse, wie sein eigener 1906 gezeigt hatte, und gewiß hätte er mit brillanter Logik bewiesen, daß Nikolai als Autokrat, der das Recht auf persönliche Herrschaft für sich in Anspruch genommen hatte, für die Verbrechen seines Regimes verantwortlich war. Auch hatte der Exzar nicht die geringste Aussicht, daß ihm sein Recht auf Verteidigung durch einen fähigen Anwalt zugestanden würde, denn die russischen Entsprechungen für Malesherbes und de Sèze – die Verteidiger von Ludwig XVI. bei dessen Prozeß – befanden sich zu diesem Zeitpunkt sämtlich im Gefängnis oder im Exil. Es war eher das grundsätzliche Problem, das bereits Saint-Juste beim Prozeß gegen Ludwig ins Feld geführt hatte: Allein schon den entmachteten Monarchen vor Gericht zu stellen setzte die *Möglichkeit* seiner Unschuld voraus. Und in diesem Falle stünde die moralische Legitimation der Revolution selbst in Frage. Nikolai vor Gericht zu stellen wäre gleichbedeutend damit, die Bolschewiki vor Gericht zu stellen. Als sie das erkannten, entschieden sie sich, aus dem Reich des Rechts in das des Terrors überzuwechseln. Letztlich ging es nicht mehr darum, die Schuld des einstigen Zaren zu beweisen – da man schließlich, wie Saint-Juste es formulierte, »nicht unschuldig regieren kann« –, sondern darum, ihn als konkurrierende Quelle der Legitimität zu eliminieren. Nikolai mußte sterben, damit die Sowjetmacht leben konnte.

Am 4. Juli übernahm die örtliche Tscheka die Verantwortung für die Bewachung der Romanows im Ipatjew-Haus. Jakow Jurowski, der Jekaterinburger Tscheka-Chef, der das Exekutionskommando leitete, war einer von Lenins verläßlichsten Handlangern – skrupellos, ehrlich, intelligent und grausam. Sein Bruder sagte von ihm, er habe »gern Menschen tyrannisiert«.[87] Der Zarenmörder war obendrein Jude – eine Tatsache, für die die Juden später zahlen sollten. In der Mordnacht vom 16. zum 17. Juli weckte Jurowski den Arzt des Zaren gegen 1.30 Uhr und befahl ihm, die übrigen Gefangenen aufzuwecken. Um 2 Uhr wurden alle elf die Treppe in den Keller hinuntergeführt. Nikolai trug den Zarewitsch, gefolgt von der Zarin und ihren Töchtern, dem Arzt des Zaren und dem übrigen Gefolge. Anastasia trug ihren King-Charles-Spaniel Joy. Auf ihre Bitte hin wurden zwei Stühle für die Kaiserin und Alexej gebracht, der noch unter den Folgen seiner letzten Blutung litt. Keiner schien zu ahnen, was ihnen bevorstand – man hatte ihnen erklärt, daß es in der Stadt Schießereien gegeben habe und sie im Keller sicherer seien. Nach einigen Minuten betrat Jurowski mit dem Exekutionskommando – sechs Ungarn, in der Literatur meist als »Letten« bezeichnet, und fünf Russen – den Raum. Jeder von ihnen hatte ein bestimmtes Opfer zugewiesen bekommen, doch als sie den Raum betraten, erwies es sich, daß sie nicht der entsprechenden Person gegenüberstanden. Außerdem war der Raum viel zu klein – Mörder und Opfer standen einander buchstäblich auf den Füßen –, als daß man noch die Plätze hätte tauschen können. Dieser Umstand erklärt teilweise das darauffolgende Durcheinander. Jurowski verlas den Befehl, die Romanows zu erschießen. Nikolai bat ihn, den Text zu wiederholen. Seine letzten Worte lauteten: »Was? Was?« Dann wurde das Feuer eröffnet.[88]

Allen aufgetauchten Belegen zufolge ist es undenkbar, daß irgendein Romanow dieses Massaker überlebt hat. Nach der Ermordung wurden die Leichname in einem Lastwagen weggeschafft und in eine Reihe nahe gelegener Grubenschächte geworfen, die sich aber als zu flach erwiesen, um alle Leichen zu fassen, so daß man diese am folgenden Tag wieder herausholte. Auf dem Weg zu tieferen Gruben jedoch blieb der Wagen im Morast stecken, und man beschloß, die Leichname an Ort und Stelle zu vergraben. Schwefelsäure wurde über ihre Gesichter gegossen, um die Identität der Toten zu vertuschen, sollten sie gefunden werden. Dies erwies sich als überflüssig und wirkungslos, denn die Gräber wurden erst nach dem Zusammenbruch der Sowjetunion entdeckt. 1992 in England durchgeführte DNS-Analysen der Knochen belegen, daß sie ohne jeden Zweifel den Romanows gehörten.[89]

Die Information über die Hinrichtung erreichte Lenin am folgenden Tag während einer Sitzung des Sownarkom. Die Volkskommissare waren in eine ausführliche Diskussion über einen Gesetzentwurf zum Gesundheitsschutz vertieft, als Swerdlow mit der Nachricht hereinkam. Die kurze Mitteilung vom Tod des Zaren wurde mit allgemeinem Schweigen aufgenommen. Dann sagte Lenin: »Wir sollten nun damit fortfahren, den Gesetzentwurf Paragraph für Paragraph zu verlesen.«[90]

Die offizielle Mitteilung erschien am 19. Juli in der *Iswestija*. Sie erwähnte lediglich den Tod des ehemaligen Zaren und behauptete, »Frau und Sohn Nikolai Romanows befinden sich an einem sicheren Ort«. Die Bolschewiki scheuten sich offenbar einzugestehen, daß sie auch die Kinder und die Bediensteten ermordet hatten – immerhin unschuldige Menschen –, um nicht die Sympathie der Öffentlichkeit zu riskieren. Tatsächlich jedoch fiel die öffentliche Reaktion auffallend zurückhaltend aus. Die Moskauer Bevölkerung nahm »die Nachricht mit der denkbar größten Gleichgültigkeit« auf, notierte Lockhart. Gerüchte, wonach auch der Rest der Familie ermordet worden sei, riefen kaum Emotionen hervor. Lediglich die Monarchisten waren aufgewühlt. Brussilow, ein Monarchist aus tiefster Überzeugung und nur der Vernunft nach Republikaner, weigerte sich, den Gerüchten Glauben zu schenken, und betete jeden Abend für die »vermißten Romanows«. Die Lüge wurde bis 1925 aufrechterhalten, als in Paris Sokolows Buch *Die Ermordung der Zarenfamilie* erschien, das auf den Erkenntnissen einer von Koltschak beauftragten Kommission basierte. Danach war sie nicht mehr haltbar. Inzwischen jedoch war die Legende entstanden, daß möglicherweise nicht alle Romanows umgekommen seien. Diese Legende hat sich trotz der schwergewichtigen Gegenbeweise bis heute gehalten, was nur einmal mehr zeigt, daß Erdachtes langlebiger und profitabler ist als historische Fakten.[91]

Aus welchem Grund hat die Ermordung der Romanows in der Geschichte der Revolution eine derartige Bedeutung erlangen können? Man könnte ins Feld führen, daß es lediglich einige wenige Personen waren, während doch Revolutionen um Millionen Menschen willen gemacht werden. Dieses Argument vertraten marxistische Historiker, die diese Episode in der Regel als unbedeutende Randerscheinung des Hauptereignisses abtun. E. H. Carr beispielsweise widmete ihr in seiner dreibändigen Geschichte der Revolution lediglich einen einzigen Satz. Auf diese Weise vernachlässigt man jedoch die tiefere Bedeutung der Morde – sie leiteten die Epoche des Terrors ein. Von nun an war klar, daß der einzelne im Bürgerkrieg nichts mehr zählte. Trotzki hatte einst gesagt: »Man muß für immer Schluß machen mit dem Popen- und Quäkergeschwätz über den heiligen Wert des menschlichen Lebens.« Und genau dies tat die Tscheka. Kurz nach der Ermordung äußerte sich Dserschinski in der Presse folgendermaßen:

> *Die Tscheka ist der Schutzschild der Revolution wie die Rote Armee. Und wie die Rote Armee im Bürgerkrieg nicht anhalten und danach fragen kann, ob sie etwa einzelnen Individuen Leid zufügt, sondern lediglich eines im Auge haben muß, nämlich den Sieg der Revolution über die Bourgeoisie, so muß die Tscheka die Revolution verteidigen und den Feind bezwingen, selbst wenn ihr Schwert gelegentlich auf Unschuldige niedergeht.*[92]

Nach der Hinrichtung des ehemaligen Zaren ermordeten die Bolschewiki noch weitere Romanows. Sechs Angehörige der alten Dynastie wurden in der darauffolgenden Nacht in Alapajewsk im Nordural getötet. Ihr Tod war jetzt gleichsam nur ein kleiner Bestandteil des Roten Terrors.

* * *

Einer der schrecklichsten Aspekte des Terrors war seine Unberechenbarkeit. Das nächtliche Klopfen an der Tür konnte fast jeden ereilen. Die Bolschewiki rechtfertigten den Terror als Bürgerkrieg gegen die Konterrevolution, sagten aber nie, wer diese »Konterrevolutionäre« eigentlich seien. Natürlich konnte nahezu jeder als »Konterrevolutionär« bezeichnet werden, zieht man in Betracht, daß der Terror von der paranoiden Angst des Regimes angetrieben wurde, es sei von Feinden umgeben, die gemeinsam an seinem Sturz arbeiteten. Aus dieser Sicht war das Kaplan-Attentat ein wesentlicher Bestandteil der Opposition der Sozialrevolutionäre und Menschewiki, der Reaktion der Weißen Garden, der Intervention der Alliierten, der Bauernaufstände und Arbeiterstreiks. In diesem Sinne war der Terror ein

Krieg des Regimes gegen die gesamte Gesellschaft – ein Mittel, sie gewaltsam zur Unterordnung zu zwingen. Terror bedeutet für Engels »großenteils nutzlose Grausamkeiten, begangen von Menschen, die selbst Angst haben, zu ihrer Selbstberuhigung«.

Ein Rundgang durch die Tscheka-Gefängnisse hätte einem ein breites Spektrum der unterschiedlichsten Menschen vorgeführt. Ein ehemaliger Gefangener des Butyrka-Gefängnisses in Moskau erinnerte sich, Politikern, ehemaligen Richtern, Kaufleuten, Händlern, Offizieren, Prostituierten, Kindern*, Priestern, Professoren, Studenten, Dichtern, andersdenkenden Arbeitern und Bauern, kurz gesagt, einem Querschnitt der Gesellschaft, begegnet zu sein. Die Petrograder Dichterin Sinaida Gippius schrieb, daß es infolge des Roten Terrors »buchstäblich keine einzige Familie gab, in der nicht jemand festgenommen, verschleppt oder gänzlich verschwunden war«, und für die Kreise, in denen sie sich bewegte, trifft das aller Wahrscheinlichkeit nach zu.[93]

Viele der Tscheka-Opfer waren »bürgerliche Geiseln«, die man ohne Anklage festhielt, um sie gegebenenfalls standrechtlich zu erschießen als Vergeltung für vorgeblich konterrevolutionäre Akte. Natürlich waren die wenigsten von ihnen »bürgerlich«. Die Razzien waren dafür viel zu willkürlich: Manchmal bestanden sie nur in der wahllosen Verhaftung von Passanten eines Straßenabschnitts, der von Tscheka-Garden an beiden Enden abgesperrt wurde. Man verhaftete Menschen lediglich deshalb, weil sie sich in der Nähe einer »bürgerlichen Provokation« (z. B. einer Schießerei oder eines Verbrechens) aufgehalten hatten oder weil sie mit »bürgerlichen« Verdächtigen verwandt oder bekannt waren. Ein alter Mann wurde festgenommen, weil man bei ihm während einer Razzia die Fotografie einer Person in Hofuniform gefunden hatte – das in den siebziger Jahren aufgenommene Foto eines verstorbenen Verwandten.[94] Willkürliche Verhaftungen waren besonders in der Provinz an der Tagesordnung, wo die örtlichen Tscheka-Bosse nur allzusehr »Herren im Hause« waren und ihre eigenen Bürgerkriege des Terrors führten. Doch Lenins Prinzip, daß es besser sei, hundert Unschuldige zu inhaftieren, als das Risiko einzugehen, einen Staatsfeind ungeschoren davonkommen zu lassen, führte dazu, daß wahllose Massenverhaftungen zu einem allgemeinen Bestandteil des Systems wurden. Kerenskis Ernährungsminister, Peschechonow, gibt eine Unterhaltung mit einem Mitgefangenen im Lubjanka-Gefängnis wieder, einem Gewerkschafter aus Wladimir, der nicht herausfinden konnte, warum er verhaftet worden war. Er hatte nichts weiter getan, als nach Moskau zu fahren und in einem Hotel abzusteigen. »Wie heißen Sie?« hatte ihn ein anderer Gefangener gefragt. »Smirnow«, entgegnete er – was einer der verbreitetsten russischen Namen ist.

* Eine staatliche Inspektion der Moskauer Gefängnisse vom März 1920 ergab, daß Kinder unter 17 Jahren 5 Prozent der Gefängnisinsassen ausmachten (*Iswestija gossudarstwennowo kontrolja*, 4, 1920: 7–10).

> *»Dann war der Name der Grund für Ihre Verhaftung«, sagte ein Mann, der zu uns herüberkam. »Darf ich mich vorstellen: Mein Name ist ebenfalls Smirnow. Ich stamme aus Kaluga. In der Taganka waren wir sieben Smirnows, und es heißt, daß es hier in der Butyrka noch viel mehr gibt ... In der Taganka haben sie irgendwie herausbekommen, daß ein gewisser Smirnow, ein Bolschewik aus Kasan, mit einer großen Summe Geldes verschwunden ist. Moskau wurde informiert und die Miliz instruiert, sämtliche in Moskau eintreffenden Smirnows zu verhaften und der Tscheka zu übergeben. Auf diese Weise versuchen sie, des Smirnows aus Kasan habhaft zu werden.«*

»Aber ich war doch nie in Kasan«, protestierte Wladimir Smirnow. »Ich auch nicht«, entgegnete der Mann aus Kaluga. »Ich bin nicht einmal Bolschewik, noch habe ich die Absicht, je einer zu werden. Aber ich bin auch hier.«[95]

Liest man die Briefe von Angehörigen der Opfer an Dserschinski, bekommt man eine bessere Vorstellung von der menschlichen Tragödie, die sich hinter jeder dieser Verhaftungen verbarg. So wandte sich Jelena Moschkina am 5. November an ihn, deren siebenundzwanzigjähriger Mann Wolodja, ein Ingenieur im Moskauer Stadtsowjet, als »bürgerliche Geisel« in der Butyrka eingekerkert worden war, weil er angeblich dem Verband der Hausbesitzer angehörte. Moschkin war diesem Verband einst seiner Mutter wegen beigetreten, doch da ihr Haus 1911 verkauft worden war, war er inzwischen wieder ausgetreten. Jelena bat darum, statt seiner ins Gefängnis gehen zu dürfen, da sie zwei kleine Kinder zu versorgen und lediglich Wolodjas Gehalt zur Verfügung hätten. Sie könnten die 5000 Rubel Kaution nicht aufbringen, die der örtliche Tscheka-Chef verlange, der zugegeben habe, daß keine Beweise gegen ihren Mann vorlägen und er lediglich »eine Geisel der Reichen« sei. Moschkinas Brief führte zu nichts. Er trägt den roten Bleistiftvermerk: »Ins Archiv zur Ablage.«[96]

Ljubow Kuropatkina schrieb am 18. November an Dserschinski. Ihr Mann Pawel war als »bürgerliche Geisel« in Pskow verhaftet worden. Die Soldaten seines Regiments hatten ihn trotz seines zaristischen Rangs eines Unteroffiziers und seines fortgeschrittenen Alters (er war 68) zweimal zu ihrem Offizier gewählt, einmal nach dem Februar, das andere Mal nach dem Oktober. Er hatte nach der bolschewistischen Machtergreifung sein Regiment auf den Pulkowo-Höhen gegen Kerenskis Truppen geführt und dafür von den Soldaten die Erlaubnis bekommen, seine Ersparnisse – 50 000 Rubel – zu behalten, die er später dem Sowjet in Krasnoje Selo stiftete. Im April 1918 erkrankte Kuropatkin an Malaria, und das Ehepaar zog sich in ein Dorf bei Pskow zurück, um dort ein kleines Stück Land zu bestellen. Noch vor der ersten Ernte hatte man ihn festgenommen, und seine Frau blieb mit sieben kleinen Kindern und ihrem alten Vater zurück. Zwei ihrer erwachsenen Söhne dienten in der Roten Armee, ein weiterer war als Kriegsgefangener in Ungarn verschollen. »Mein Gesundheit ist stets schwach gewesen, ich kann nicht körperlich arbeiten, und die ständige Sorge um die Sicherheit meines Mannes hat mich gebrochen. Ich bin unfähig, die 60 Werst ins Gefängnis nach Cholm fahren, um ihn zu besuchen.« Auch ihr Brief trägt den Vermerk: »Ins Archiv zur Ablage.«[97]

Auch Nadeschda Brussilowa schrieb an Dserschinski. Brussilow war kurz nach Mitternacht am 13. August verhaftet und in die Lubjanka gebracht worden. Seine Wohnung muß bereits unter Beobachtung gestanden haben, denn am Abend war er von zwei Unterhändlern des Komutsch aufgesucht worden, die ihm eine große Geldsumme boten, wenn er sie nach Samara begleitete und bei der Leitung der neugegründeten Volksarmee unterstützte. Brussilow hatte abgelehnt, was ihn jedoch nicht vor der Verhaftung schützte (und die Komutsch-Vertreter nicht vor der Erschießung). Bei der Hausdurchsuchung konfiszierten die Tschekisten Brussilows sämtliche Orden. Es muß eine Qual für ihn gewesen sein, diese letzten Relikte seiner zerstörten Vergangenheit zu verlieren. Es wurde nie Anklage gegen Brussilow erhoben. Man teilte Nadeschda mit, daß man ihn nicht etwa verhaftet, sondern vielmehr »in Gewahrsam genommen« habe, um ihn davor zu bewahren, den Regimegegnern in die Hände zu fallen. »Sein Name ist zu populär«, sagte ein Tschekist zu ihr. Dserschinski selbst erläuterte Brussilow, er werde festgehalten, weil es »Beweise« gebe, daß Lockhart einen Putsch in Moskau plane und den General zum »Diktator« ausrufen wolle. Brussilow entgegnete darauf, daß er den britischen Agenten nie zuvor gesehen habe, worauf Dserschinski freimütig zugab: »Wie auch immer, wir können das Risiko nicht eingehen, die Leute würden sich um ihren Namen sammeln.« Als Brussilow fragte, was er tun könne, um seine Entlassung zu beschleunigen, antwortete der Tscheka-Chef ebenso offen: »Schreiben sie Ihre Erinnerungen an die einstige Armee und schmähen sie das alte Regime.« Im Oktober wurde der alte General schließlich entlassen und unter Hausarrest gestellt. An der Tatsache, daß selbst dieser große Patriot seine Peiniger bitten sollte, ihm und seiner Familie die Ausreise aus Rußland zu gestatten, damit er sich in einem »neutralen Land« niederlassen könne, läßt sich ermessen, wie sehr er gelitten haben muß ohne jegliche Medikamente für sein verletztes Bein.[98]

Die Bedingungen in den Tscheka-Gefängnissen waren allgemein wesentlich schlechter als in den zaristischen Haftanstalten. Eine Regierungsinspektion des Moskauer Taganka-Gefängnisses im Oktober 1918 notierte beispielsweise überfüllte Zellen, fehlendes Wasser, äußerst unzureichende Verpflegung und Heizung. Die Abwässer wurden einfach auf den Hof geleitet. Nahezu die Hälfte der 1500 Insassen war chronisch krank, 10 Prozent litten an Typhus. In den Zellen wurden Leichname gefunden. Die Peter-Pauls-Festung, das Symbol des zaristischen Gefängnisstaates schlechthin, war nun ein noch bedrohlicherer Ort. Der Menschewik Dan, der hier 1896 eingekerkert gewesen war, fand sich im Frühjahr 1921 erneut hinter Gittern wieder. Während man früher pro Zelle eine Person gefangengehalten hatte, waren es jetzt zwei oder drei, und auch Frauen wurden nun zum ersten

Mal hier eingekerkert. Dan wurde mit Hunderten anderen in den Kellerräumen gefangengehalten, wo man früher die Lebensmittelvorräte gelagert hatte. Jeweils vier Männer teilten sich eine winzige Zelle. Von den Wänden »rann Feuchtigkeit«, es gab kein Licht, und die Häftlinge, die nur einmal pro Tag zu essen bekamen, durften nie nach draußen gehen, um sich ein wenig Bewegung zu verschaffen.[99] Verglichen damit kam die alte Gefängnisordnung in der Festung einem Ferienlager gleich, war es den meisten Insassen vor 1917 doch immerhin gestattet gewesen, Lebensmittel, Zigaretten, Kleidung, Bücher und Briefe von ihren Angehörigen zu erhalten.

Viele ihrer berüchtigtsten Methoden hatte die Tscheka von der zaristischen Polizei übernommen. Der Einsatz von Provokateuren und Lockvögeln sowie die Erpressung von Geständnissen und Denunziationen unter der Folter entstammten direkt dem Lehrbuch der Ochrana.* Das überrascht kaum, hatten die Bolschewiki doch selbst jahrelang in zaristischen Gefängnissen gesessen und das System im wahrsten Sinne des Wortes am eigenen Leibe studiert. Nun wandten sie es mit äußerster Brutalität selbst an. Dserschinski hatte sein halbes Erwachsenenleben in zaristischen Gefängnissen und Arbeitslagern verbracht, bevor er Chef der Tscheka wurde. Es verwundert deshalb nicht, daß er seinen Opfern nun die gleiche Grausamkeit angedeihen ließ, unter der er einst gelitten hatte. Haß und Gleichgültigkeit gegenüber menschlichem Leid waren in unterschiedlichem Maße allen bolschewistischen Führern eigen – und dies war zweifellos zum Teil ein Erbe ihrer Gefängnisjahre.

Lediglich die spanische Inquisition konnte es mit der Erfindungsgabe der Foltermethoden der Tscheka aufnehmen. Jede Tscheka-Dienststelle hatte ihre Spezialität. In Charkow beispielsweise betrieben sie die »Handschuhmethode« – sie verbrühten die Hände der Opfer mit kochendem Wasser, bis sich die blasenübersäte Haut abziehen ließ. Die Opfer blieben mit rohem, blutendem Fleisch zurück und ihre Folterer mit »menschlichen Handschuhen«. Die Tscheka in Zarizyn zersägte ihren Opfern die Knochen von Armen und Beinen. In Woronesch rollten sie ihre nackten Opfer in nägelbewehrten Fässern. In Armawir zertrümmerten sie ihnen die Schädel, indem sie einen Lederriemen mit einem eisernen Bolzen um ihren Kopf zusammenschnürten. In Kiew befestigten sie einen Käfig voller Ratten am Körper des Opfers und erhitzten ihn, so daß die wütenden Ratten sich durch die Eingeweide der Opfer hindurchfraßen, um zu entkommen. In Odessa banden sie ihre Opfer auf Bretter und ließen sie langsam in einen Ofen oder einen Behälter mit kochendem Wasser gleiten. Eine beliebte Folter im Winter war es, die nackten Opfer mit Wasser zu übergießen, bis sie sich in lebende Eisstatuen verwandelt hatten. Viele Tschekisten bevorzugten psychologische Foltermethoden. Einer ließ die

* Noch in den achtziger Jahren bildete der KGB seine Mitarbeiter anhand von Ochrana-Leitfäden aus (siehe Kalugin, *Wid s Lubjanki*, 35).

Opfer zu ihrer angeblichen Hinrichtung abführen, wo man dann aber nur mit Platzpatronen auf sie schoß. Andere ließen ihre Opfer lebendig begraben oder steckten sie in einen Sarg zu einer Leiche. Einige Tschekisten zwangen ihre Opfer, dabei zuzusehen, wie ihre nächsten Angehörigen gefoltert, vergewaltigt oder getötet wurden.

Man muß nicht besonders hervorheben, daß es in der Tscheka viele Sadisten gab. Sie betrachteten die Folter als Sport und wetteiferten miteinander, wer die extremste Gewalt einsetzte. Einige der Opfer berichteten später, daß die Tschekisten herumgestanden und über ihre Folterung gelacht hätten. Selbst »Menschenjagden« kamen vor. Die meisten Sadisten waren junge Männer in den Zwanzigern, die durch Krieg und Revolution verroht waren. Viele waren darauf aus, ihre »Härte« unter Beweis zu stellen. Es gibt außerdem Grund zu der Annahme, daß viele von ihnen keine Russen, sondern Polen, Letten, Armenier und Juden waren, da deren Anteil in der Tscheka hoch war. Lenin zog es offenkundig vor, sie in der Tscheka zu beschäftigen, da er Russen für zu »weich« hielt, die »harten Maßnahmen« des Terrors auszuführen. Doch viele Foltermethoden der Tscheka erinnerten an die brutalen Tötungsarten, die bei den russischen Bauern üblich waren. Auch Frauen verzichteten keineswegs auf die Anwendung sadistischer Gewalt. Vera Grebnikowa beispielsweise wurde beschuldigt, in Odessa binnen zweier Monate mehr als 700 Menschen getötet zu haben, viele davon mit bloßen Händen. Rebekka Platinina-Maisel tötete in Archangelsk mehr als hundert Menschen, darunter die gesamte Familie ihres Exehemannes, den sie in einem Akt grausamer Rache kreuzigte.

Diese unbarmherzige Grausamkeit hatte zur Folge, daß nicht wenige der Tschekisten den Verstand verloren. Bucharin sagte, daß psychopathische Störungen ein Berufsrisiko für Tschekisten darstellten. Viele Tschekisten wappneten sich für die Morde durch Alkohol oder Drogenkonsum. So war beispielsweise der berüchtigte Sadist Sajenko, der Charkower Meister der »Handschuhmethode«, kokainabhängig. Um sich von den Grausamkeiten psychologisch zu distanzieren, erfanden die Tschekisten eine Art Verbrecherjargon für das Wort »töten«: Sie sprachen von »Rebhuhnjagd«, davon, ein Opfer zu »versiegeln« oder ihm den *natsokal* zu geben (eine lautmalerische Bezeichnung der Erschießungsaktionen).[100]

Die Erschießungen standen am Ende dieser Terrormaschinerie. Zehntausende standrechtliche Erschießungen wurden während der Jahre des Bürgerkriegs auf Höfen und in Kellern oder auf dem Ödland am Rande der Städte durchgeführt. Ganze Gefängnisse wurden von der Tscheka »geräumt«, bevor eine Stadt den Weißen überlassen wurde. Nachts versuchten die Städter, beim Geräusch der Erschießungen zu schlafen. Die Bolschewiki ihrerseits jedoch ließen sich kaum um den Schlaf bringen. Während einer Sitzung des Sownarkom 1919 schrieb Lenin einen Zettel und schob ihn Dserschinski zu: »Wie viele gefährliche Konterrevolutionäre haben wir gegenwärtig im Gefängnis?« – »Etwa 1500«, kritzelte Dserschinski darunter und gab den Zettel zurück. Lenin las ihn, machte ein Kreuz neben die Ziffer und reichte den Zettel dem Tscheka-Chef zurück. In dieser Nacht wurden 1500 Moskauer Gefangene auf Dserschinskis Befehl hin erschossen. Dies sollte sich als schreckliches Mißverständnis herausstellen, denn Lenin hatte keineswegs die Erschießung angeordnet: Er machte immer ein Kreuz unter das, was er gelesen hatte, um sicherzugehen, daß er es zur Kenntnis genommen und seine Schlüsse gezogen hatte. Durch Dserschinskis Irrtum verloren 1500 Menschen ihr Leben.[101]

* * *

Der Rote Terror rief in allen Schichten der Gesellschaft Protest hervor. Patriarch Tichon verurteilte die Gewalt und die Atmosphäre der Angst, die von den Bolschewiki erzeugt werde. Er zitierte die Christusworte bei Matthäus: »Denn wer das Schwert nimmt, der soll durchs Schwert umkommen.« Die Oppositionsparteien prangerten den Terror in ihren Untergrundzeitungen an. Der berühmte anarchistische Philosoph Fürst Kropotkin, dessen Tochter im August 1918 verhaftet worden war, verurteilte am 17. September den Terror in einem langen und bitteren Brief an den Führer der Bolschewiki, der noch immer nicht ganz von Kaplans Anschlag genesen war: »Das Land in einen Roten Terror zu stürzen, ja mehr noch, Geiseln zu inhaftieren, damit das Leben seiner Führer geschützt wird, ist einer Partei nicht würdig, die sich sozialistisch nennt, und es ist eine Schande für ihre Führer.« Auch Arbeiter verdammten den blutigen Terror, der in ihrem Namen verübt wurde. »Es ist genug Blut geflossen! Nieder mit dem Terror!« verkündete der Allukrainische Gewerkschaftsrat im September. »Rot ist die Farbe von Wahrheit und Gerechtigkeit«, erklärten die Eisenbahner von Koslow. »Doch unter den Bolschewiki ist es zur Farbe des Blutes geworden.«[102]

Als »Gewissen der Revolution« war Gorki bei weitem der freimütigste Kritiker des Terrors. Hunderte Menschen – vom Dichter bis zum Bauern – schrieben ihm und baten darum, er möge ihnen helfen, ihre Angehörigen zu retten. Gorki spürte die starke moralische Verpflichtung, alles in seinen Kräften Stehende für sie zu tun. »Ich bin ihre einzige Hoffnung«, schrieb er an Jekaterina. Dies war der Moment, da der Humanist in ihm die Oberhand über den Revolutionär gewann – er war mehr am Individuum als an einer abstrakten Sache interessiert. Er bombardierte die bolschewistischen Führer mit zahllosen Briefen, in denen er die Freilassung Unschuldiger aus den Tscheka-Gefängnissen forderte. Der Tonfall dieser Briefe wurde zunehmend zorniger. »Meiner Ansicht nach«, schrieb er in einem Brief an Sinowjew im März 1919, in dem er gegen die Inhaftierung eines Wissenschaftlers protestierte, »sind solche Inhaftierungen durch keinerlei politische Mittel zu rechtfertigen ... Die abscheulichen Verbrechen, die Sie in den vergangenen Wochen in Petersburg begangen haben, haben Schande über die Regierung gebracht und allgemeinen Haß und Verachtung für ihre Feigheit hervorgerufen.« Im darauffolgenden Oktober wandte er sich mit der Bitte um Freilassung des Präsidenten der

Militärmedizinischen Akademie, Professor Tonkows, an Dserschinski: »Ich betrachte diese Verhaftungen als einen Akt der Barbarei, als vorsätzliche Zerstörung der besten Köpfe des Landes und erkläre hiermit, daß sich das Sowjetregime durch derlei Aktionen mich zum Feind gemacht hat.«[103]

Einige von Gorkis Protestnoten gingen direkt an Lenin. Der bolschewistische Führer betrachtete die Versuche seines Lieblingsschriftstellers, Menschenseelen vor dem Höllenschlund der Revolution zu bewahren, mit Nachsicht. In einigen Fällen intervenierte er sogar. Der Schriftsteller Iwan Wolny beispielsweise verdankte seine Freilassung aus dem Tscheka-Gefängnis in Orjol den gemeinsamen Bemühungen von Gorki und Lenin.[104] Gorkis grundsätzliche Kritik am Terror wollte Lenin indes nicht akzeptieren. In einem Antwortschreiben an Gorki wegen der Inhaftierung von Tonkow beispielsweise gab Lenin zu, »daß hierbei Fehler gemacht wurden«. Doch die allgemeine Politik der Verhaftung von Menschen wie Tonkow, die verdächtigt wurden, »Kadettenfreunde« zu sein, rechtfertigte er weiterhin als Präventivmaßnahme. In seinem Brief legt Lenin den Unterschied zwischen seinen eigenen Anschauungen und denen Gorkis dar, der auch den grundlegenden Unterschied – in den Mitteln und Zielen – zwischen Bolschewiki und Sozialdemokraten bezeichnete.

> *Wenn ich Ihre offenherzige Meinung zu diesem Problem lese, dann erinnere ich mich Ihres Ausspruchs, der sich mir bei unseren Gesprächen (in London, auf Capri und später) besonders tief eingeprägt hat: »Wir Künstler sind unzurechnungsfähige Leute.« Das ist es eben. Unglaublich ärgerliche Worte gebrauchen Sie – aus welchem Anlaß? Aus dem Anlaß, daß einige Dutzend (oder vielleicht auch einige hundert) kadettischer und den Kadetten nahestehender Herrchen für einige Tage ins Gefängnis gesetzt wurden,* um *[...]* Verschwörungen vorzubeugen, *[...] die* Zehn*tausenden Arbeitern und Bauern den Tod bringen würden. Welches Unglück, nicht zu glauben! Welche Ungerechtigkeit! Einige Tage oder vielleicht auch einige Wochen Gefängnis für Intellektuelle, um die Niedermetzelung von Zehntausenden Arbeitern und Bauern zu verhindern! »Künstler sind unzurechnungsfähige Leute!«*[105]

Auch innerhalb Partei gab es Kritiker – weniger am Terror selbst als an seinen Exzessen. Kamenew, Bucharin und Olminski leiteten die Kampagne gegen den Machtmißbrauch durch die Tscheka. Im wesentlichen fuhren sie an der Stelle fort, an der die Linken Sozialrevolutionäre im Volkskommissariat für Justiz im Juli aufgehört hatten – sie versuchten die Tscheka dem Staat unterzuordnen. Ihre Kampagne erreichte im November ihren Höhepunkt, als sie forderten, die Tscheka abzuschaffen und durch ein neues Terrororgan zu ersetzen, das direkt dem Exekutivkomitee unterstellt werden sollte. Doch die »Hardliner« in der Partei – Lenin, Stalin und Trotzki – standen fest hinter der Tscheka. Spätere Versuche, die Tscheka zu mäßigen, wie etwa das Statut vom Februar 1919, hatten ebensowenig Erfolg. Obwohl sie dem Volkskommissariat für Justiz unterstellt war, fuhr die Tscheka in ihrer Arbeit fort wie zuvor – als Staat im Staate – und verhinderte jeden Versuch der Kontrolle. Die einzig wirkliche Kontrolle übten das Zentralkomitee der Bolschewiki und von 1919 an das Politbüro aus. Lenin selbst bekundete großes Interesse an ihren Aktivitäten und schützte sie vor Kritik und Reformen.

Unter Lenins – nicht Stalins – Herrschaft sollte sich die Tscheka zu einem gewaltigen Polizeistaat ausweiten, mit einer ungeheuerlichen Infrastruktur, von den Hauskomitees bis zu den Konzentrationslagern. Sie beschäftigte mehr als eine viertel Million Menschen – die bolschewistischen *opritschniki,* die verhaßte Polizei Iwans des Schrecklichen. Während des Bürgerkriegs waren sie es, die das Überleben des Regimes an der sogenannten »inneren Front« garantierten. Terror wurde zum integralen Bestandteil des bolschewistischen Systems im Bürgerkrieg. Niemand wird je erfahren, wie viele Menschen in diesen Jahren tatsächlich den Repressalien der Tscheka zum Opfer fielen und ermordet wurden. Es waren jedoch sicherlich mehrere hunderttausend, wenn man all jene in den Lagern und Gefängnissen mitzählt sowie diejenigen, die bei der Unterdrückung von Streiks und Aufständen von den Tscheka-Truppen exekutiert oder ermordet wurden. Zwar kennt niemand die genauen Zahlen, aber es ist durchaus möglich, daß mehr Menschen durch die Tscheka getötet wurden, als in den Kämpfen des Bürgerkriegs umkamen.

# 14 DAS NEUE REGIME TRIUMPHIERT

## DREI ENTSCHEIDENDE SCHLACHTEN

Am 12. Oktober 1918 schrieb Fürst Lwow an den amerikanischen Geschäftsmann Charles Crane:

*Die niedrigen und anarchischen Instinkte der Menschen bilden einen fruchtbaren Nährboden für den Bolschewismus. In diesem Sinne ist er eine russische Krankheit und kann deshalb nur durch ausländische Intervention kuriert werden. Die Wiederherstellung der Ordnung und der gesunden Kräfte in Rußland kann lediglich unter dem Schutz einer organisierten Armee erreicht werden.*

Der Fürst hatte seine Hoffnungen hinsichtlich einer Befreiung Rußlands lange Zeit auf die Vereinigten Staaten gesetzt. Im Unterschied zu anderen Konterrevolutionären gab er sich keinen Illusionen über einen Volksaufstand gegen die Bolschewiki hin. Vier chaotische Monate an der Spitze der Provisorischen Regierung hatten ihn gegenüber dem Potential des russischen Volks als konstruktive demokratische Kraft skeptisch werden lassen. »Georgi ist sehr niedergeschlagen«, schrieb Lwows Tante in ihr Tagebuch, nachdem sie ihn am 13. März in Jekaterinburg im Tscheka-Gefängnis besucht hatte. »Er ist der Überzeugung, daß Rußland nicht mehr die Kraft hat, sich selbst zu retten, seit es zerstört worden ist. Seine Rettung könne lediglich von außen kommen.« Lwow glaubte nicht an eine Kosaken-Vendée im Süden. Statt dessen blickte er nach Sibirien, wo in jenem Frühjahr mehr Hoffnung auf eine ausländische Intervention bestand.[1]

Lwow saß drei Monate lang im Gefängnis. Sein bolschewistischer Gefängniswärter, ein ehemaliger Klavierbauer aus Petrograd, faßte gleich Zuneigung zu dem Fürsten und gestattete ihm, sein landwirtschaftliches Wissen zum Nutzen der anderen Insassen einzusetzen und die Gefängnislandwirtschaft zu reorganisieren, so daß sie Fleisch und frisches Gemüse zu essen hatten. Selbst hinter Gittern fuhr Lwow mit seinen praktischen semstwoähnlichen Reformen fort, die ihn seit jeher beschäftigt hatten. Goloschtschokin, der militante Führer der Bolschewiki in Jekaterinburg, forderte Lwows Erschießung, da man ihn beschuldigte, in eine konterrevolutionäre Verschwörung verwickelt gewesen zu sein. Poljakow, der Volkskommissar für Justiz aus den Reihen der Linken Sozialrevolutionäre in der Stadt, zweifelte dies jedoch an, und die Richter, die keine Beweise fanden, mußten Lwow schließlich freilassen. Es wird erzählt – hat sich aber nie nachweisen lassen –, daß Lenin sich bei den Jekaterinburger Führern für die Freilassung des einstigen Premierministers eingesetzt habe. Nachdem er freigekommen war, floh Lwow nach Omsk und schloß sich dort der Sibirischen Regierung an. In ihrem Namen reiste er im September via Wladiwostok in die Vereinigten Staaten, um sich für eine alliierte Intervention im Rahmen des Feldzugs der Weißen gegen die Bolschewiki zu verwenden.[2]

Bis dahin war die Geschichte der alliierten Intervention in gewisser Weise eine Farce gewesen. Keine der Westmächte wußte genau zu sagen, welches Ziel sie in Sibirien verfolgte, doch ebensowenig wollten sie übergangen werden. Unter dem Vorwand, alliierte Versorgungsgüter bewachen zu müssen und die Transsibirische Eisenbahn offenzuhalten, landeten westliche Truppenverbände in Wladiwostok. Die Briten trafen Anfang Juli mit dem Middlesex Bataillon unter der Führung von Oberst Ward als erste ein. Es war eine »Altherrenarmee« aus Soldaten, die für kampfuntauglich erklärt worden waren und die man als »Hernien-Bataillon« lächerlich machte. In ihren eleganten neuen und für die rauhen sibirischen Verhältnisse äußerst ungeeigneten Khakiuniformen wurden sie bald zum Gespött. Sie dienten nicht als Futter für Kanonen, sondern für Witze. Französische und US-amerikanische Truppen trafen bald darauf ein, gefolgt von den Japanern, aber ihre Absichten blieben unklar. Die Westmächte wollten eine stabile Regierung in Sibirien, um die russische Armee wiederzubeleben und die Ostfront gegen die Mittelmächte neu zu formieren. Die Japaner, denen an der Annexion von Rußlands fernöstlichen Gebieten gelegen war, wünschten dagegen gerade Instabilität. Beide Seiten versuchten ihre unterschiedlichen Ziele dadurch zu erreichen, daß sie den Kosaken-Kriegsherrn Grigori Semjonow finanziell unterstützten, dessen Regime in Tschita für sich in Anspruch nahm, die bergige Region östlich des Baikalsees zu kontrollieren. Tatsächlich jedoch handelte Semjonow lediglich aus Eigennutz. Ebenso wie die anderen Warlords des Fernen Ostens, Kalmykow und Ungern-Sternberg, war Semjonow weniger Politiker als vielmehr Bandit. Seine gedungenen Söldner beraubten und mordeten die einheimische Bevölkerung mit unbeschreiblicher Brutalität. Nie sind die Steuern der westlichen Demokratien auf derart kriminelle Weise verschwendet worden.[3]

Mit der Ankunft Koltschaks besaßen die Alliierten endlich einen russischen Volkshelden, dem sie im Kampf gegen die Bolschewiki vertrauensvoll beistehen konnten. Dank der Unterstützung von General Knox, dem Leiter der britischen Militärmission, erhielt Koltschak mehr Hilfe aus London als jeder andere Führer der Weißen. Im Januar 1919 wurden ein zweites britisches Bataillon und ein kleiner Flottenverband nach Omsk entsandt, die an der Kama gegen die Roten kämpften, während Knox selbst die Ausbildung von Koltschaks Offizieren in Wladiwostok übernahm. Doch von entscheidenderer Bedeutung war die Unterstützung durch die USA, da die anderen Westmächte zweifellos ihrem Beispiel folgen würden. »Alles hängt von Amerika ab«, schrieb Lwow aus Tokio an Crane.[4]

Am 15. November traf der Fürst schließlich in Washington ein. All seine Hoffnungen für Rußland waren jetzt auf ein Treffen mit dem Präsidenten gerichtet. Als Führer der freien Welt würde Woodrow Wilson sicher seine moralische Verpflichtung erkennen und die Freiheitsbewegung in Rußland unterstützen. Das war natürlich ein naiver Traum, hatten die Amerikaner nach dem Ende des Weltkriegs doch keinerlei Ambitionen, weitere Truppen nach Sibirien zu entsenden. Wie viele andere russische Liberale idealisierte aber auch Lwow das Land der Freiheit. »Ich bin überzeugt«, schrieb er an Crane, »daß der Weltkrieg eine neue Weltordnung unter der Führung der Vereinigten Staaten hervorbringen wird.« Lwow glaubte darüber hinaus, daß Präsident Wilson seine liberalen Ideale teilen und daß ihre Begegnung eine Begegnung Gleichgesinnter sein würde. Das Treffen fand schließlich am 21. November statt. Es dauerte nur 15 Minuten. Wilson war freundlich, jedoch nicht bereit, die Entsendung weiterer Truppen zu diskutieren. Einem seiner Mitarbeiter zufolge lautete sein einziger Kommentar nach Abschluß der Unterredung: »Haben Sie bemerkt, was für einen herrlichen Bart der Fürst hat?«[5]

Wäre Lwow ein normaler Mensch gewesen, hätte diese Enttäuschung ausgereicht, seinen Optimismus zu erschüttern. Nach einer dreimonatigen Reise um die Welt waren nun all seine Hoffnungen zunichte gemacht. Doch der Fürst war nicht normal. Er war so beharrlich wie Pangloss selbst und reiste in seiner moralischen Mission nach Paris weiter, wo ihn Koltschak und Denikin an die Spitze ihrer Delegation stellten – die von der russischen Politischen Konferenz zusammengestellt worden war –, damit er sich auf der Versailler Friedenskonferenz im Januar für alliierte Hilfe in ihrer Sache und diplomatische Anerkennung einsetzte. Die Anerkennung blieb aus, da die Alliierten beabsichtigten, an ihrer scheinheiligen Neutralität im russischen Bürgerkrieg festzuhalten. Dem Engagement des Fürsten und seiner Delegation war es jedoch zu verdanken, daß sie umfangreiche Hilfslieferungen an Koltschak sandten. In den ersten sechs Monaten des Jahres 1919 erhielt die Weiße Armee von ihnen eine Million Gewehre, 15 000 Maschinengewehre, 700 Geschütze, 800 Millionen Patronen Munition sowie Kleidung und Ausrüstung für eine halbe Million Soldaten. Dies entsprach in etwa der gesamten sowjetischen Rüstungsproduktion des Jahres 1919 und reichte zweifellos aus, um einen großen Feldzug gegen die Roten führen zu können. 30 000 alliierte Soldaten (Tschechen, Amerikaner, Engländer, Italiener und Franzosen) sicherten Koltschak den Rücken und hielten die 6500 Kilometer lange Versorgungsroute entlang der Transsibirischen Eisenbahn von Wladiwostok nach Omsk aufrecht.[6]

Unter ihrem Schutz baute Koltschak seine Streitkräfte auf, um eine Offensive im zeitigen Frühjahr gegen die Roten vorzubereiten. Verschiedentlich wurde die Meinung vertreten, Koltschak habe zu früh losgeschlagen, als seine Armeen noch nicht ausreichend kampfbereit gewesen seien, und er hätte bis zum Sommer warten müssen, weil dann Denikin hätte zu ihm stoßen und eine gemeinsame Offensive an der Wolga starten können. Doch damals gaben triftige Gründe den Ausschlag für eine frühzeitige Offensive. Um sich die weitere Hilfe und Anerkennung der Alliierten zu sichern, benötigte das Koltschak-Regime einen vorzeigbaren Erfolg. Die Roten schienen am Rande des Zusammenbruchs zu stehen. Am Heiligen Abend hatten Koltschaks Truppen die wichtige Industriestadt Perm erobert und dabei die 3. Rote Armee vernichtet. Das eröffnete ihnen die Möglichkeit, in Richtung Archangelsk vorzustoßen, wo die Alliierten eine weiße Regierung unter dem russischen General Jewgeni Miller eingesetzt hatten. Die »Katastrophe von Perm« war eindeutig das Ergebnis chronischer Mißstände im roten Hinterland. Soldaten waren überstürzt und ohne angemessene Ausbildung in die Schlacht geworfen worden. Der Mangel an Nahrungsmitteln und Winterkleidung trieb sie angesichts der arktischen Bedingungen, denen sie ausgeliefert waren, massenhaft den Weißen in die Arme, denen sie von der kritischen Situation hinter der roten Front berichteten. Zwangsrekrutierungen und Requirierungen hätten eine Welle von gewalttätigen Bauernaufständen ausgelöst; dem Roten Terror seien Tausende unschuldiger Zivilisten in den Ural-Städten zum Opfer gefallen, was buchstäblich die gesamte Bevölkerung, einschließlich der Arbeiter, gegen die Bolschewiki aufgebracht habe. Besonders angespannt seien die Beziehungen zu den Tataren und Baschkiren der Wolgaregion. Sie betrachteten die Roten nun, wie einer ihrer Kommissare es formulierte, »als feindliche Okkupantenarmee, die die Muslims ihrer Autonomie beraubte und ihre Bräuche mit Füßen trat«.[7]

Koltschaks Offensive zielte an drei Fronten gen Westen. Den Hauptschlag führte die Westarmee unter General Chanschin, die Anfang März auf Ufa vorrückte. Sie war aus Resten der Volksarmee des Komutsch gebildet und durch bäuerliche Rekruten vervollständigt worden. Außerdem hatten sich ihr 10 000 Arbeiter angeschlossen, Freiwillige aus den Munitionsfabriken von Ischewsk und Wotkinsk, die nach der Niederschlagung ihres Aufstands gegen die Bolschewiki im November zu Koltschak geflohen waren. An ihrer rechten Flanke stand Gaidas Sibirische Armee, die hauptsächlich aus bäuerlichen Wehrpflichtigen bestand und in Richtung Wjatka vorstieß; die linke Flanke bildeten Orenburger und sibirische Kosaken, die gemeinsam mit den baschkirischen Einheiten unter General Dutow kämpften. Ihr Ziel war es, Orenburg zu erobern und sich mit den Weißen in der südöstlichen Steppe zu verbinden. Das sollte die Roten in Zentralasien abschneiden. Insgesamt standen etwa 100 000 Soldaten in Koltschaks Streitkräften an der Front.

Mitte April waren Koltschaks Truppen über 300 Kilometer vorgerückt und hatten ein Territorium erobert, das größer war als Großbritannien. Von ihrem Ziel, der Wolga, trennte sie lediglich ein Fußmarsch von einigen Tagen. Unterdessen mühten sich die Roten, hinter ihren eigenen Linien mit dem bis dahin größten Bauernaufstand fertig zu werden, dem sogenannten »Krieg der Tschapany« (benannt nach dem dortigen bäuerlichen Ausdruck für einen Bauernrock), der unter der Losung »Lang leben die Räte! Nieder mit den Kommunisten!« ganze Bezirke von Simbirsk und Samara erfaßt hatte.[8] Die Weißen sprachen bereits zuversichtlich vom »Wettlauf nach Moskau«. In Paris beobachtete Lwow, wie Koltschaks Ansehen bei den Alliierten stieg. Sie gewährten Omsk weitere große Kredite, und es hatte den Anschein, als stünde die diplomatische Anerkennung der Weißen durch den Westen kurz bevor.

Am 28. April begannen die Roten jedoch eine Gegenoffensive. Sie wurde von Michail Frunse geleitet, der später zum Sowjethelden avancierte, zu jener Zeit aber ein noch relativ unbekannter Bolschewik war. Frunse, ein ehemaliger Arbeiter Anfang Dreißig, verfügte über lediglich eine reale Kriegserfahrung, die er während des Machtkampfs in Moskau als Führer einer Roten Brigade gemacht hatte. Tausende Parteimitglieder waren mobilisiert und an die Ostfront entsandt worden. Der neugegründete Komsomol, der Kommunistische Jugendverband, schickte 3000 seiner Mitglieder in den Kampf. Die Sowjets erhielten außerdem Anweisung, zehn bis zwanzig Rekruten je Bezirk einzuziehen. Wegen des Widerstands der Bauern meldeten sich tatsächlich jedoch nur 13 000 Mann, etwas mehr als zwei aus jedem Bezirk, was dennoch genügte, um das Kräftegleichgewicht zuungunsten der Weißen zu verschieben. Die Mehrheit der baschkirischen Einheiten, die im Mai von Koltschaks Seite desertierten, schloß sich ebenfalls den Roten an. Mitte Juni hatten Frunses Streitkräfte Koltschaks Armeen zu ihrem Ausgangspunkt östlich von Ufa zurückgedrängt. Danach fiel eine Uralstadt nach der anderen wie Dominosteine in die Hände der Roten, denn die Weißen Armeen brachen auseinander und traten in Panik den Rückzug an. Orenburg, Jekaterinburg und der wichtige Eisenbahnknotenpunkt Tscheljabinsk gingen bis Mitte Oktober verloren. Es bestand kaum Hoffnung, die Roten am Vormarsch auf Omsk zu hindern. Koltschak verfügte nun über weniger als 15 000 Mann, kaum noch ein Achtel der aktiven Streitkräfte auf dem Höhepunkt seines Vormarschs.[9]

Für das Scheitern der Koltschak-Offensive gab es eine Reihe militärischer Ursachen. Allen lagen jedoch politische Faktoren zugrunde. Das Ganze war ein Fall militärischer Überforderung, bei dem das Regime im Hinterland politisch nicht in der Lage war, die Armee an der Front zu versorgen.

Sehen wir uns zunächst das Problem der Führung an. Koltschaks Armee verfügte kaum über Kommandeure von Format. Lediglich 5 Prozent der 17 000 Offiziere waren vor dem Krieg ausgebildet worden, bei den meisten von ihnen handelte es sich um junge Fähnriche aus dem Krieg. General Lebedew, der eigentliche Armeeführer, war erst 36 Jahre alt. Er hatte als Oberst dem zaristischen Generalstab angehört. Wie die meisten der ranghöheren Kommandeure unter Koltschak war er eher Experte für politische Intrigen als für Kriegskunst. Die Armeeführer betrachteten sich den Worten Baron Budbergs zufolge »nicht bloß als militärisches, sondern ebensosehr als politisches Korps«. Schließlich handelte es sich um eine Militärdiktatur. Bald bildeten sich politische Fraktionen unter den Gefolgsleuten der Kommandeure, mit dem Ergebnis, daß die Armee in ein ungeordnetes Sammelsurium einzelner Abteilungen auseinanderbrach, von denen jede ihren eigenen Kleinkrieg führte. Je stärker die Armee politisiert wurde, desto mehr blähte sich ihre bürokratische Struktur auf und stand schließlich in keinem Verhältnis mehr zur Truppenstärke an der Front. Auf dem Höhepunkt der Offensive waren allein 2000 Offiziere im Stab in Omsk damit beschäftigt, 100 000 Soldaten zu verwalten. Selbst in Semipalatinsk, 2500 Kilometer von den Kampfhandlungen entfernt, befand sich ein Stab von mehr als 1000 Offizieren. Statt an der Front zu kämpfen, saßen zu viele Kommandeure in Büros und Cafés im Hinterland herum.[10]

Darüber hinaus gab es das Problem des Nachschubs. Koltschaks Armee litt mehr noch als Lenins Armee unter Versorgungsengpässen an der Front. Sie mußte auf Lebensmittel aus den Dörfern unweit der Frontlinie zurückgreifen, was oft gewaltsame Requirierung bedeutete und damit zur Störung des Verhältnisses zu ebender Bevölkerung führte, die die Weißen eigentlich befreien sollten. Teilweise war diese Situation auf Koltschaks kurzsichtige Wirtschaftspolitik zurückzuführen. Er sträubte sich, die zaristischen Goldreserven zu nutzen, um der galoppierenden Inflation entgegenzuwirken. Die Bauern zogen ihre Lebensmittel vom Markt zurück, als die Banknoten in Omsk ihren Wert verloren. Man unternahm auch nichts, um die daniederliegende sibirische Industrie wiederzubeleben, sondern schrieb die Werke kurzerhand als Bastionen bolschewistischen Einflusses ab. Konsumgüter und militärischer Nachschub mußten per Bahn vom 6500 Kilometer entfernten Pazifik herbeigeschafft werden. Die Züge wurden oft von bäuerlichen Partisanen oder Banditen, die östlich des Baikals ihr Unwesen trieben, aufgehalten. Ganze Waggonladungen wurden von Eisenbahnarbeitern umgeleitet, von denen viele mit den Roten sympathisierten und die alle niedrige Löhne erhielten. In Omsk selbst wurde wertvoller Nachschub häufig von korrupten Offizieren veruntreut. Die Korruption in Koltschaks Regime war berüchtigt. Der Stab der Gaida-Armee erhielt Rationen für 270 000 Mann, obwohl die Gefechtsstärke lediglich 30 000 betrug. Die Zigaretten, die man aus England für die Soldaten importierte, wurden in Omsk von Zivilisten geraucht. Zivilisten trugen englische Uniformen und Schwesternkittel, während viele Soldaten in Lumpen herumliefen. Selbst Munition der Alliierten wurde auf dem Schwarzmarkt gehandelt. Knox wurde Generalquartiermeister der Roten Armee tituliert, und Trotzki sandte ihm sogar einen Spottbrief, in dem er ihm für die Hilfe bei der Ausrüstung der Rotarmisten dankte.[11]

Die Atmosphäre in Omsk war geprägt von moralischer Dekadenz und wildwuchernder Korruption. Kokain und Wodka wurden in ungeheuren Mengen konsumiert. Kaffeehäuser, Kasinos und Bordelle hatten rund um die Uhr geöffnet.

Koltschak selbst bildete keine Ausnahme. Er lebte mit seiner Geliebten in Omsk im Luxus, während seine arme Frau und sein Sohn nach Paris expediert worden waren. Der Admiral hatte keine glückliche Hand bei der Auswahl seiner Untergebenen, so daß drittklassige Schmarotzer des alten Regimes seine Ministerien bevölkerten. »Die Leute um mich herum sind schrecklich«, beklagte er sich in einem Brief an seine Frau. »Ich bin von moralischem Verfall, Feigheit, Habgier und Verrat umgeben.« Die größten Vorwürfe hatte sich Koltschak jedoch selbst zu machen. Hätte er sich nicht die Semstwos zu Feinden gemacht, das einzige örtliche Reservoir an administrativen Talenten, wäre es nicht zu dieser negativen Entwicklung gekommen. Budberg war entsetzt über die Lage, die er als Kriegsminister vorfand:

> *In der Armee – Verfall. Im Stab – Ignoranz und Inkompetenz. In der Regierung – moralische Verkommenheit, Uneinigkeit und Intrigen ehrgeiziger Egoisten. Auf dem Land – Aufstände und Anarchie. Im öffentlichen Leben – Panik, Egoismus, Bestechlichkeit und Niedertracht jeglicher Couleur.*[12]

In einem solchen Klima konnte nur wenig erreicht werden. Die für die Versorgung zuständigen Behörden wimmelten von korrupten und nachlässigen Bürokraten, die Monate brauchten, um sinnlose Statistiken, Gesetzesvorlagen und Dienstberichte zu verfassen, die dann abgeheftet und vergessen wurden.

Bei weitem die größte Schwäche von Koltschaks Armee war jedoch ihr Unvermögen, die Bevölkerung vor Ort zu mobilisieren. Ihre Offensive kam zum Stillstand, da es an der entsprechenden Verstärkung fehlte und viel zu viele Rekruten desertierten. Dies traf hauptsächlich auf die Bauern zu. Zwar wurde der Vormarsch der Weißen auch durch die Desertion von Baschkiren und Kosaken an der Südflanke bedenklich geschwächt, was Frunses Armee den Durchbruch ermöglichte. Die überwiegende Mehrheit der Bevölkerung in Westsibirien und der Wolga-Kama-Region, wo sich Erfolg oder Scheitern der Offensive entscheiden würden, bestand jedoch aus russischen oder ukrainischen Bauern. Auf den ersten Blick gab es keinen Grund für die sibirischen Bauern, den Weißen feindlich gesinnt zu sein. Östlich des Ural hatte es kaum adligen Grundbesitz gegeben, so daß der wesentlichste Faktor, der die Bauern Zentralrußlands an die Revolution gebunden hatte, hier nicht zum Tragen kam. Die meisten älteren Siedler waren vergleichsweise wohlhabende Bauern, die Misch- oder Milchwirtschaft betrieben, und man hätte annehmen sollen, daß sie ein Interesse am Status quo der Weißen nach dem Krieg hatten, der auf der Beibehaltung des Privateigentums beruhte. Doch die Bauern im östlichen Ural sträubten sich ebensosehr, sich Koltschaks Armee anzuschließen, wie jene im Westen.

Das war teilweise ein Imageproblem. Koltschaks Regime wurde – ob zu Recht oder zu Unrecht – mit der Wiederherstellung des zaristischen Systems in Verbindung gebracht. Diese Vorstellung wurde durch die Epauletten seiner Offiziere vermittelt sowie durch die feudalen Methoden der Zarenzeit, deren sich die örtlichen Beamten bedienten – nicht selten ließen sie Bauern auspeitschen, wenn diese ihren Befehlen nicht nachkamen. Das mußte zum direkten Konflikt mit den sibirischen Bauern führen, deren Vorfahren der Leibeigenschaft in Rußland und der Ukraine entflohen und deren Unabhängigkeitsstreben und Freiheitswille daher sehr ausgeprägt waren.

Je weiter die Weißen nach Zentralrußland vordrangen, desto schwieriger wurde es für sie, die örtlichen Bauern zu mobilisieren. In der entscheidend wichtigen Wolgaregion, dem äußersten Punkt von Koltschaks Vormarsch, hatten die Bauern mehr Adelsland bekommen als anderswo in Rußland und demzufolge von einer Konterrevolution am meisten zu fürchten. Hier schaufelte sich Koltschak das eigene Grab, weil er es versäumte, die Bauernrevolution auf dem Land abzusegnen. Wie Denikins Regime im Süden, wo die Gutsbesitzer gleichermaßen dominierten, war Koltschaks Regierung zu nichts anderem in der Lage, als zaghaft bürokratisch auf das zu reagieren, was doch der zentrale Punkt des Bürgerkriegs war. Das Ganze war ein klassisches Beispiel für die überholten Methoden der Weißen. »Jegliches künftige Landgesetz«, erklärte Koltschaks Landkommission am 8. April, »wird auf den Rechten des Privatbesitzes beruhen müssen.« Lediglich das »brachliegende Adelsland« werde »an die werktätigen Bauern überführt«, die es in der Zwischenzeit höchstens von der Regierung pachten könnten. Wie ein Kritiker schrieb, gab eine derartige Deklaration »den Roten eine wunderbare Propagandawaffe in die Hand. Sie brauchen sie nur noch zu drucken und unter den Bauern zu verteilen.«[13]

Koltschaks Armee griff in steigendem Maße auf Terrormethoden zurück, um die Bauern zu mobilisieren. Es existierte keine funktionstüchtige lokale Administration, die die Zwangsrekrutierung auf andere Weise hätte durchsetzen können, und außerdem ließ es die Weltanschauung der Weißen nicht zu, die Bauern zu überzeugen. Es galt als selbstverständlich, daß es Pflicht jedes Bauern sei, in der Weißen Armee zu dienen, so, wie er auch dem Zaren gedient habe. Und falls er sich weigerte, besitze die Armee das Recht, ihn zu züchtigen und, wenn nötig, als abschreckendes Beispiel sogar zu erschießen. Bauern wurden ausgepeitscht und gefoltert, Geiseln genommen und erschossen, und man brannte ganze Dörfer nieder, um die Zwangsverpflichteten in die Armee zu zwingen. Koltschaks Kavallerie ritt an Markttagen in die Städte, trieb die jungen Männer unter Waffengewalt zusammen und verschleppte sie an die Front. Viele dieser Terrormaßnahmen wurden vor den Alliierten geheimgehalten, um ihre Hilfe nicht aufs Spiel zu setzen. General Graves jedoch, der Befehlshaber der amerikanischen Truppen, war gut unterrichtet und entsprechend schockiert. Seiner Ansicht nach brachte die massenhafte Zwangsrekrutierung der Bauern »das Koltschak-Regime mit großen Schritten dem Ende näher«. Schon bald zerstörte sie die Disziplin und die Kampfmoral der Armee. Von fünf zwangsrekrutierten Bauern desertierten gewöhnlich vier. Viele liefen zu den Roten über und nahmen Proviant und Ausrüstung mit. Knox geriet außer sich, als er zum ersten Mal an der Ostfront rote Soldaten sah – sie trugen englische Uniformen.[14]

Vom Beginn ihres Feldzugs an mußte Koltschaks Armee mit zahlreichen Bauernaufständen im Hinterland fertig werden, insbesondere in Slawgorod südöstlich von Omsk und in Minussinsk am Jenissej. Deren eigentliche Anlässe waren Requirierungen und Mobilmachung von seiten der Weißen. Ohne eigene örtliche Verwaltungsstruktur in den ländlichen Gebieten blieb Koltschaks Regime kaum etwas anderes übrig, als Kosaken mit ihren Peitschen auszuschicken, die die Bauern daran hindern sollten, ihre Sowjets zum Schutz der jeweiligen Dorfrevolution zu reformieren. Auf dem Höhepunkt der Koltschak-Offensive waren ganze Gebiete des sibirischen Hinterlands von Bauernrevolten erfaßt. Diese Partisanenbewegung als bolschewistisch zu beschreiben, wie es sowjetische Historiker später taten, entspricht nicht wirklich den Tatsachen, wenngleich bolschewistische Aktivisten oft gemeinsam mit Anarchisten und Linken Sozialrevolutionären eine wichtige Rolle dabei spielten. Es war eher ein weit um sich greifender Bauernkrieg gegen das Regime in Omsk. Mitunter wußten die lokalen bäuerlichen Anführer selbst nicht genau, wofür sie eigentlich kämpften. So veröffentlichte ein gewisser Schtschetinkin, ein Partisanenführer in Minussinsk, beispielsweise folgende absurde Proklamation:

> *Es ist an der Zeit, mit Koltschak und Denikin, den Zerstörern Rußlands, Schluß zu machen, die das Werk des Verräters Kerenski fortsetzen ... Großfürst Nikolai Nikolajewitsch ist in Wladiwostok eingetroffen und hat die Macht in Rußland übernommen. Er hat mich beauftragt, das Volk gegen Koltschak in den Kampf zu führen. Lenin und Trotzki haben sich in Moskau dem Großfürsten untergeordnet und sind von ihm als Minister eingesetzt worden. Ich rufe alle Rechtgläubigen auf, für den Zaren und die Sowjetmacht zu den Waffen zu greifen.*

Im allgemeinen jedoch vertrat die Partisanenbewegung die Ideale der Bauernrevolution in feindseliger Opposition zu den Städten. Der Erste Bauernkongreß der Aufständischen der Bezirke Kansk, Krasnojarsk und Atschinsk, der im April 1919 zusammentrat, illustriert diese Ideologie anschaulich. Der Kongreß schlug eine »Verfassung der Bauernmacht« vor, mit einer »Bauernregierung«, kommunalen Steuern entsprechend den vom Kongreß festgesetzten Normen und der »Verteilung der fruchtbaren Böden unter den werktätigen Bauern«. Er verabschiedete sogar einen »Bauernkodex«, der das Ableisten gemeinnütziger Arbeit als Bestrafung für diejenigen vorsah, die der Schlägerei in betrunkenem Zustand, des Glücksspiels, des Angelns laichender Fische und der Vergewaltigung – ein Tatbestand, der für die Delegierten offenkundig mit den anderen genannten auf einer Stufe stand – für schuldig befunden wurden.[15]

Die Partisanenbewegung war in jenen Regionen am stärksten, in denen sich die zuletzt zugewanderte russische Bevölkerung konzentrierte – im Gebiet Tomsk und in den Jenissej-Provinzen in Zentralsibirien, im Altaigebirge und in Semipalatinsk im Süden sowie im Amurtal im Osten. Dies waren meist die ärmeren Bauern, von denen viele ihre Einkünfte durch Arbeit bei der Eisenbahn und in den Bergwerken aufbessern mußten. Die Bewegung breitete sich jedoch auch auf die wohlhabenderen landwirtschaftlichen Regionen aus, als die Repressalien des Omsker Regimes zunahmen. Bäuerliche Deserteure aus Koltschaks Armee spielten in den Partisanenbanden eine führende Rolle. Sie verfügten über das bißchen Extrawissen über die Außenwelt, das in einer bäuerlichen Gemeinschaft ausreichen kann, einen jungen Mann in eine Machtposition zu katapultieren. Die Bauernbanden kämpften mit Guerillamethoden, für die die wilden und weitläufigen Waldgebiete der Taiga so gut geeignet waren. Mitunter schlossen sie sich Einheiten der Roten Armee an, die sich in der Taiga versteckt hielten, seit die Bolschewiki während des Sommers 1918 aus Sibirien verdrängt worden waren. Die Partisanen zerstörten etliche Kilometer Schienenwege und überfielen immer wieder Züge, so daß der Transport lebenswichtigen Nachschubs für Koltschaks Armee auf der Transsibirischen Eisenbahn, der für die Offensive benötigt wurde, praktisch zum Erliegen kam. Tausende von Koltschaks Soldaten mußten von der Front gegen die Roten abgezogen und gegen die Partisanen eingesetzt werden. Sie führten einen erbarmungslosen Terrorkrieg, erschossen Hunderte Geiseln und setzten Dutzende Dörfer in den Partisanenhochburgen von Kansk und Atschinsk in Brand, wo die bewaldete und hügelige Landschaft perfekte Möglichkeiten bot, die Züge aufzuhalten. Teilweise erreichten sie ihr Ziel und hielten die Aufständischen von den Schienenwegen fern. Da aber der Terror auch vor Dörfern nicht haltmachte, die nichts mit den Partisanen zu tun hatten, schürte er erst recht die Flammen des Bauernkriegs. Als Koltschaks Armee ostwärts zurückwich, sah sie sich immer mehr von feindlichen Bauernpartisanen umzingelt. Meutereien brachen aus, als die Weißen von allen Seiten unter Feuer genommen wurden – selbst die Kosaken nahmen an ihnen teil. Ganze Einheiten bäuerlicher Rekruten desertierten aus Koltschaks Armee, als sie sich auf dem Rückzug ihren Heimatregionen näherten. Im November 1919 fiel Koltschaks Armee zusehends auseinander. Wieder einmal waren die Weißen an der Kluft gescheitert, die zwischen ihnen und den Bauern lag.[16]

Am 14. November gaben Koltschaks Truppen Omsk auf, da die Roten, die ihnen nun zahlenmäßig um das Doppelte überlegen waren, nach Osten vorrückten. Das Ganze war ein klassischer Fall von Inkompetenz der Weißen: Die Generalität war in zwei Lager gespalten – die einen wollten die Stadt verteidigen, die anderen evakuieren, letztlich jedoch taten sie nichts von beidem wirklich. Die Roten nahmen Omsk kampflos ein, beschlagnahmten große Munitionsvorräte, die die Weißen nicht mehr rechtzeitig hatten sprengen können, und nahmen 30 000 Soldaten gefangen. Tausende Offiziere und ihre Familien, Angestellte und Beamte, Kaufleute, Kaffeehausbesitzer, Bankiers und Prostituierte flohen aus der weißen Hauptstadt Richtung Osten – die Glücklicheren unter ihnen mit dem Zug, die anderen mit Pferd und Wagen oder zu Fuß. Die Bourgeoisie befand sich auf der Flucht. Die Verwundeten oder Kranken, deren Zahl durch eine Thyphusepidemie stieg, mußten unterwegs zurückgelassen werden. Dies war nicht nur ein militärischer, sondern auch ein moralischer Zusammenbruch. Die zurückweichenden Kosaken führten große Mengen an Wodka mit sich, und da keinerlei Autorität mehr eingriff, verübten sie unterwegs Massenvergewaltigungen und Plünderungen in den Dörfern.[17]

Koltschak steuerte auf das 2500 Kilometer östlich von Omsk gelegene Irkutsk zu, das er zu seiner neuen Hauptstadt machen wollte. Der längste seiner sechs Züge, mit 29 Waggons, beförderte die zaristischen Goldreserven, die man von den Roten in Kasan erbeutet und Koltschak übergeben hatte. 500 Kilometer von seinem Zielort entfernt wurde Koltschaks Zug von den Tschechen gestoppt und beinahe den ganzen Dezember über auf freier Strecke festgehalten. Inzwischen hatte in Irkutsk das Politische Zentrum, eine Koalition aus Gewerkschaften, Semstwos und linken Parteien, die Macht in der Stadt übernommen und sich selbst zur Regierung Sibiriens ausgerufen. Koltschak wurde zum »Volksfeind« erklärt und ein Gerichtsverfahren gegen ihn beschlossen. Am 4. Januar 1920 erklärte Koltschak seinen Rücktritt, übergab den Befehl über seine Armee an Semjonow und fuhr mit den Tschechen nach Irkutsk, wo er erwartete, den alliierten Missionen übergeben zu werden. Er wurde jedoch hintergangen und an die Irkutsker Bolschewiki ausgeliefert. Soweit es sich heute feststellen läßt, lieferten die Tschechen ihn und sein Gold sehr wahrscheinlich im Tausch gegen eine sichere Durchfahrt nach Wladiwostok aus, von wo aus sie sich schließlich auf ihrer Heimreise rund um den Erdball nach Amerika einschiffen konnten. Weder das Politische Zentrum noch die alliierten Missionen unternahmen etwas, um den Admiral zu retten. Am 21. Januar verhörte ihn eine fünfköpfige Kommission, die sich aus zwei Bolschewiki, zwei Linken Sozialrevolutionären und einem Menschewiken zusammensetzte. Es bestanden Pläne, ihn nach Moskau bringen zu lassen und dort öffentlich vor Gericht zu stellen. Doch wie schon beim Verfahren gegen Nikolai ließ man diese Pläne fallen, und am 6. Februar wurde er zum Tode verurteilt. Sicherlich fürchteten die Roten Koltschaks Befreiung durch die Reste seiner Armee, die sich unmittelbar vor den Toren der Stadt zu sammeln begannen. Vielleicht wollten ihn die Bolschewiki auch einfach lieber tot sehen. Am darauffolgenden Morgen wurde Koltschak erschossen.

Wenn Koltschaks endgültige Niederlage sich so lange hingezogen hat, so lag das hauptsächlich daran, daß die Roten gezwungen gewesen waren, einen großen Teil ihrer Truppen aus Sibirien an die Südfront abzuziehen, wo Denikin im Sommer

1919 durchzubrechen drohte.* Im März und April, auf dem Höhepunkt der Koltschak-Offensive, stießen Denikins Streitkräfte von Rostow aus vor, um die bedeutende Kohleregion des Donbass und die Südukraine zu erobern. Einige Historiker haben dies als entscheidenden strategischen Fehler gewertet. Denikin hatte ursprünglich beabsichtigt, gegen Zarizyn vorzurücken, um sich mit Koltschaks Truppen zu vereinigen. Dieser Plan wurde jedoch Ende März fallengelassen, als die Roten, die verzweifelt Kohle benötigten, in den Donbass und an den nördlichen Don vorstießen. Vor die Wahl gestellt, den Don zu retten oder sich mit Koltschak an der Wolga zu vereinigen, entschied sich Denikin für ersteres, hatte er doch stets der Verteidigung seiner kosakischen Hochburgen oberste Priorität eingeräumt. Diese Erwägung war auch im vorangegangenen Sommer ausschlaggebend gewesen, als er es vorgezogen hatte, einen zweiten Kubanfeldzug zu eröffnen, statt Zarizyn anzugreifen. Nun kamen diese Prioritäten erneut ins Spiel. Die Entscheidung Denikins traf auf erbitterten Widerstand einiger führender Generäle, insbesondere bei Baron Wrangel, dem arroganten, fast zwei Meter großen Befehlshaber der Kaukasischen Armee, der ständig gegen Denikin intrigierte. Wrangel bezeichnete die Entscheidung, nicht auf Zarizyn vorzurücken, als »Betrug an Koltschaks Truppen«, der es den Roten ermögliche, »uns einen nach dem anderen zu besiegen«. In Anbetracht der Tatsache, daß Koltschaks Truppen im März lediglich 300 Kilometer von Zarizyn entfernt standen, war es vielleicht eine Fehlentscheidung Denikins, daß er nicht das Risiko einging, den Don aufzugeben, um eine gemeinsame Front mit Koltschak zu bilden. Die Roten waren überzeugt, daß sie besiegt werden würden, wenn die beiden Weißen Armeen sich vereinigten. Zu Denikins Verteidigung muß jedoch festgestellt werden, daß er auf das reagierte, was sich nur als kriegerischer Völkermord an den Kosaken bezeichnen läßt. Die Bolschewiki hatten klargemacht, daß ihr Ziel am nördlichen Don darin bestand, »Massenterror gegen die reichen Kosaken« zu entfesseln, sie »bis zum letzten

* Dies war strategisch gesehen die erste große Meinungsverschiedenheit unter den bolschewistischen Führern. Trotzki und sein Oberbefehlshaber Vatsetis erhoben Einwände dagegen, Koltschak bis hinter den Ural zu verfolgen. So hätten Truppen für die Südfront abgezogen werden können. Kamenew jedoch, der Befehlshaber der Ostfront, hielt es – mit der Rückendeckung Lenins und Stalins – weiter für nötig, Koltschak bis zuletzt zu verfolgen. Der Konflikt schwelte den Sommer über und schwächte die Führung der Roten Armee in diesem kritischen Moment des Bürgerkriegs. Vor allem verdeutlichte er, daß Trotzkis Autorität im Sinken war. Seine Strategie sowohl für die Ost- als auch die Südfront wurde zugunsten der Strategie Kamenews verworfen, der am 3. Juli Vatsetis Funktion übernahm. Trotzki war wütend, denn er vermutete, daß Stalin und die Militärische Opposition versuchten, ihn aus der Führung zu verdrängen. Er schrieb eine Rücktrittserklärung, die aber am 5. Juli vom Zentralkomitee abgewiesen wurde. Trotzkis Autorität wurde auch durch die Umbildung des Revolutionären Kriegsrats durch vier neue Mitglieder (Kamenew, Gussew, Smilga und Rykow) weiter geschwächt, die allesamt Meinungsverschiedenheiten mit ihrem Vorsitzenden hatten.

Mann auszurotten« und ihr Land den russischen Bauern zu übergeben. Im Zuge dieser Kampagne der »Entkosakisierung« wurden zu Beginn des Jahres 1919 etwa 12 000 Kosaken, darunter zahlreiche alte Männer, als »Konterrevolutionäre« von den Tribunalen der einfallenden Roten Armee hingerichtet.[18]

Die spontane Erhebung der Kosaken gegen diesen Terror ermöglichte Denikin den Durchbruch. Tausende Kosaken schlossen sich seiner Armee an, als diese im Frühjahr gen Norden vorrückte. Die Hauptstreitmacht der Weißen im Donbass wurde von General Mai-Majewski geführt. Mit seinen kleinen Schweinsäuglein und dem Zwicker glich der pausbäckige Mann allem anderen als einem Helden. »Hätte er keine Uniform getragen«, schrieb Baron Wrangel, »man hätte ihn für den Komödianten eines kleinen Provinztheaters halten können.« Mai-Majewski war berüchtigt für seine Sauforgien. Gegen Ende des Bürgerkriegs gab es kaum ein Bordell in Südrußland, in dem er nicht bekannt gewesen wäre. Dennoch war er einer der fähigsten weißen Generäle – ein brillanter Taktiker und mutiger Kämpfer, der von seinen 12 000 »bunten Soldaten« (die wegen ihrer verschiedenfarbigen Mützen so hießen) verehrt wurde. Unter seiner Führung rückte die Freiwilligenarmee vom Donbass in die Südostukraine vor, wobei sie unterwegs auch problemlos Machnos Partisanen zurückschlug. Am 13. Juni nahm sie Charkow ein, Jekaterinoslaw folgte am 22. Juni, da die bäuerlichen Wehrpflichtigen der Roten beim bloßen Anblick dieser gutausgebildeten weißen Truppen die Flucht ergriffen. Währenddessen war Wrangels Kaukasische Armee in einem Vierzigtagemarsch durch die sonnenverbrannte Südoststeppe marschiert und hatte am Ende dieses Feldzugs, der zu den bemerkenswertesten des Bürgerkriegs gehört, am 19. Juni trotz der zahlenmäßigen Überlegenheit des Gegners Zarizyn eingenommen. Die roten Verteidiger der Wolga-Hauptstadt waren in Panik geflohen, als sie Wrangels britischer Panzer ansichtig wurden. 40 000 Rote wurden von den Weißen gefangengenommen, denen außerdem umfangreiche Munitionsvorräte in die Hände fielen.[19]

Denikins Durchbruch war durch verschiedenste Faktoren erleichtert worden. Die Weißen besaßen den Vorteil einer zahlenmäßig überlegenen Kavallerie und besserer Nachschubmöglichkeiten, was sie hauptsächlich den Alliierten verdankten. Ungeachtet seiner eigenen physischen Unbeweglichkeit war der rundliche Mai-Majewski ein Meister im Improvisieren des Bewegungskriegs. Er setzte seine britischen Flugzeuge für Aufklärungsflüge über gegnerischem Gebiet ein und transportierte seine Kavallerie per Bahn an jene Stellen, wo sie den meisten Schaden anrichten konnten. Auf diese Weise konnte eine Einheit an einem einzigen Tag an drei verschiedenen Orten kämpfen. Die Roten indessen waren auf dem Höhepunkt der Kämpfe an den beiden Hauptfronten – der Süd- und der Ostfront – offenkundig überfordert. Außerdem litten sie unter Nachschubproblemen. Trotzki zufolge war dies der Hauptgrund für den Zusammenbruch an der Südfront. »Nirgendwo leiden die Soldaten dermaßen unter dem Hunger wie in der Ukraine«, berichtete er am 11. August vor dem Zentralkomitee. »Ein Drittel bis die Hälfte der Männer besitzen weder Stiefel noch Unterwäsche und sind in Lumpen gekleidet. Jedermann in der Ukraine – außer unseren Soldaten – hat ein Gewehr und Munition.« Die Versorgungskrise führte zu Disziplinlosigkeit und Massendesertion. In den sieben Monaten von Denikins Vormarsch, von März bis Oktober 1919, registrierten die Roten mehr als eine Million Deserteure an der Südfront. Im Hinterland kam es zu etlichen Bauernaufständen, da die Roten gewaltsam Pferde und Lebensmittel requirierten, zwangsweise Verstärkungstruppen einzogen und Vergeltungsmaßnahmen gegen jene Dörfer ergriffen, die verdächtigt wurden, Deserteure zu verstecken.[20]

Auf dem Höhepunkt der Denikin-Offensive breiteten sich die Bauernrevolten in der von Machnos Partisanen kontrollierten südöstlichen Ukraine besonders stark aus. Nestor Machno, der Pancho Villa der russischen Revolution, war 1889 in Guljajpole, dem Zentrum seiner Bauernerhebung, geboren worden. 1905 hatte er sich den Anarchisten angeschlossen und war 1917, nach siebenjähriger Haft im Butyrka-Gefängnis, nach Guljajpole zurückgekehrt, wo er den Bauernbund gegründet hatte, der später in einen Sowjet umgewandelt wurde. Er bildete dort eine Brigade, die die Enteignung der örtlichen Adelsgüter durchführte. Während des Bürgerkriegs kämpften Machnos Partisanen gegen beinahe jeden – gegen die Rada-Streitkräfte und Kaledins Kosaken, gegen die Deutschen und gegen die Hetman-Kosaken, gegen Petljuras ukrainische Nationalisten, die rivalisierenden Banden Grigorjews und zahlreicher anderer Warlords, gegen die Weißen und gegen die Roten. Die Stärke seiner Guerillaarmee lag in der Qualität und der Schnelligkeit seiner Kavallerie, der Unterstützung, die er von den Bauern erhielt, seiner Vertrautheit mit den örtlichen Gegebenheiten und der glühenden Loyalität seiner Soldaten. Machnos angebliche Heldentaten, zu denen auch Trinkwettkämpfe von übermenschlicher Dauer gehörten, verliehen ihm unter den ortsansässigen Bauern einen geradezu legendären Ruf (sie nannten ihn »Batko«, »Vater«). In gewisser Weise ähnelte der Kult um Machno jenem um Stenka Rasin – man hielt ihn für einen bäuerlichen Verfechter von Recht und Wahrheit, der mit übernatürlichen Kräften gesegnet war. Unter der schwarzen Fahne der Anarchisten stand Machno für eine Bauernrevolution ohne Staat, die sich auf die örtliche Selbstverwaltung der seit 1917 auf dem Lande entstandenen freien und autonomen Räte stützte. Als die Weißen in die Ukraine vordrangen, stellte Machno seine 15 000 Mann starke Truppe den Roten zur Verfügung. Im Austausch gegen Waffen aus Moskau wurden seine Soldaten Teil der 3. Division unter Dybenko, wenngleich sie ihre eigene interne Partisanenstruktur beibehielten. Trotzki bestand darauf, daß ihre mangelnde Disziplin für die Niederlagen der Roten verantwortlich sei. Im Juni befahl er, Machno als »Konterrevolutionär« zu verhaften, weil dessen anarchistische Vorstellungen von einer lokalen bäuerlichen Revolution der Diktatur des Proletariats abträglich seien, und ließ mehrere seiner Anhänger erschießen. Machnos Partisanen flohen daraufhin in die Wälder und richteten ihre Gewehre nun gegen die Roten.

Am 3. Juli erließ Denikin in Zarizyn seine Moskau-Direktive. Die drei Hauptstreitkräfte der Weißen sollten in einer gewaltigen zangenförmigen Bewegung entlang der Eisenbahnstrecken auf die Hauptstadt marschieren und damit Moskaus Hauptversorgungswege abschneiden. Wrangels Kaukasische Armee sollte wolgaaufwärts von Zarizyn nach Saratow vorrücken, sich von dort aus nach Pensa und Nischni Nowgorod wenden, um schließlich gegen Moskau zu marschieren. General Sidorin und die Don-Armee hatten nördlich über Woronesch vorzustoßen, während Mai-Majewskis Freiwilligenarmee von Charkow via Kursk, Orjol und Tula vordringen sollte. Das Ganze war ein Unternehmen, bei dem es um »Alles oder Nichts« ging. Alles hing davon ab, ob die weiße Kavallerie in der Lage sein würde, die zeitweilige Schwäche der Roten auszunutzen. Wrangel widersetzte sich der Direktive Denikins entschieden und bezeichnete sie als »Todesurteil« der Weißen Armee. Seiner Ansicht nach bestand so das Risiko eines zu schnellen und breiten Vorstoßes ohne ausreichenden Schutz im Hinterland in Form von ausgebildeten Reserven, einer guten Verwaltung und sicheren Nachschubwegen zur Unterstützung der Offensive. Er plädierte dafür, die Truppen zu konzentrieren und langsamer in einem Abschnitt, nämlich seinem eigenen an der Wolga, vorzurücken. Als er dies jedoch Denikin vortrug, rief dieser aus: »Ich sehe schon, Sie wollen der erste sein, der in Moskau einmarschiert!«[21]

Im Rückblick betrachtet ist klar, daß die Direktive ein verhängnisvoller Fehler war: Sie entschied den Ausgang des Bürgerkriegs – gegen die Weißen. Denikin selbst räumte später ein, daß die Front viel zu sehr ausgeweitet worden sei, vor allem weil die Kavalleriekommandeure, die er nicht kontrollieren konnte, eigenmächtig das Territorium, das sie erobert hatten, weiter ausdehnten. Es gab zu viele Generäle und nicht genügend Autorität. Je weiter sich die Front ausdehnte, desto größer wurde auch der Bedarf an frischen Truppen und Nachschub. In diesem Stadium waren die Einheiten an der vordersten Frontlinie jedoch einige hundert Kilometer von ihren Stützpunkten im Hinterland entfernt. Sie griffen daher zu gewaltsamer Requirierung und zu Zwangsaushebungen bei der ortsansässigen Bevölkerung und machten sich dadurch gerade jene Menschen zu Feinden, die sie doch befreien sollten. Denikin hatte immer wieder betont, daß der Vormarsch auf Moskau davon abhänge, daß sich das Volk in einem »nationalen Aufstand gegen das Sowjetregime« erhebe. Die Aktionen seiner Armeen bewirkten jedoch im Gegenteil, daß das Volk sich hinter das Regime stellte.[22]

Die Offensive begann durchaus erfolgreich. Am 31. Juli eroberten Denikins Truppen Poltawa, gefolgt von Odessa und Kiew im August, als die Sowjetmacht in der Ukraine zerfiel. Gleichzeitig drangen Mamontows Kosaken, eine 8000 Mann starke Streitmacht, im August tief ins rote Hinterland vor und marschierten auf Tambow. Auf ihrem Weg sprengten sie Munitionslager und Eisenbahnstrecken und trieben neu eingezogene rote Rekruten auseinander. Tambow und Woronesch wurden kurz darauf besetzt und geplündert, entsprechend Mamontows Plan, das Hinterland zu demoralisieren. Im September rückte Mai-Majewski kontinuierlich nach Zentralrußland vor. Kursk wurde am 20. September eingenommen und Woronesch zehn Tage später ein zweites Mal. Am 14. Oktober fiel Orjol. Nur 400 Kilometer von Moskau entfernt, war das der Ort, wo die Weißen dem Sieg am nächsten waren. Die Bolschewiki gerieten in Panik. Genau zu diesem Zeitpunkt, als Denikin drohte, Moskau von Süden her einzunehmen, sammelte sich eine weitere Weiße Armee unter General Judenitsch vor den Toren Petrograds. Zum ersten Mal hatten die Weißen es geschafft, die Angriffe ihrer beiden wichtigsten Armeen zu koordinieren, und einige entscheidende Tage Mitte Oktober sah es so aus, als genügte dies, die Roten zu besiegen.

Lenin, der im Kreml in der Falle saß, erhielt stündlich telefonische Berichte von seinen Kommandeuren an der Front. Verzweifelte Maßnahmen für die allerletzte Verteidigung Moskaus wurden ergriffen: so wurden 120 000 Arbeiter und Bauern zwangseingezogen und zum Ausheben von Schützengräben an den südlichen Ausfallstraßen der Stadt eingesetzt. Unterdessen bereiteten sich die Bolschewiki auf das Schlimmste vor. Viele zerrissen ihre Parteibücher und suchten sich bei der Moskauer Bourgeoisie einzuschmeicheln, da sie hofften, sich auf diese Weise retten zu können, wenn die Weißen einmarschierten. Andere bereiteten sich auf ein Leben im Untergrund vor. Geheimpläne für die Evakuierung der Regierung in den Ural wurden ausgearbeitet. Einige der höheren Parteiführer zogen sogar eine Flucht ins Ausland in Erwägung. Jelena Stassowa, Sekretärin des Zentralkomitees der Partei, erhielt die Anweisung, einen gefälschten Paß und ein Bündel zaristischer Banknoten für jedes Mitglied des Zentralkomitees zu beschaffen.[23]

Doch bald mehrten sich die Anzeichen dafür, daß die Weißen ihre Kräfte überschätzt hatten. Obwohl sich ihre Truppenstärke seit dem Frühjahr mehr als verdoppelt hatte, mangelte es ihnen für ihren Vormarsch auf Moskau dennoch an Soldaten. Denikins 150 000 Soldaten waren entlang der anderthalbtausend Kilometer langen Linie der Südfront sehr spärlich verteilt, so daß sie für eine Gegenoffensive verwundbar waren. Im Hinterland verfügten die Weißen über zu wenig Soldaten, die ihre Stützpunkte gegen Machnos Partisanen, die ukrainischen Nationalisten und die Tschetschenen im Kaukasus hätten schützen können, und auf dem Höhepunkt der Moskau-Offensive sahen sie sich deshalb gezwungen, wichtige Streitkräfte abzuziehen, um gegen diese Gegner vorzugehen. Außerdem waren sie zum Teil durch mangelnde Verstärkung gehandikapt. Die Kubankosaken, auf die Wrangel als Verstärkung bei seinem Feldzug gegen Saratow an der Wolga gezählt hatte, weigerten sich, ihre Heimatgebiete zu verlassen. Es war das alte Problem des kosakischen Partikularismus: Ohne Garantien für die Autonomie des Kubangebiets waren sie nicht bereit, an den Kämpfen in Rußland teilzunehmen. Dazu jedoch konnten sich die Weißen nicht entschließen. Das wesentlichere Problem bestand für die Weißen aber darin, daß sie unfähig waren, in den neueroberten Gebieten der Ukraine und Rußlands ausreichend Soldaten zu mobilisieren, und dies ist wohl die Hauptursache, warum ihre Offensive an Schlagkraft verlor. Hier wurden die Weißen durch ihre eigenen politischen Fehler besiegt.

In der Ukraine hatten sich die Weißen von Beginn an durch ihren großrussischen Chauvinismus geschadet, der natürlich den Widerstand der wohlhabenderen Bauern, weiter Teile der ländlichen Intelligenzija und des Kleinbürgertums hervorrief, die sämtlich mit der Idee des ukrainischen Nationalismus sympathisierten. Von allen Konkurrenten um die Macht in der Ukraine – den Grünen, den Schwarzen, den Roten und den Weißen – war Denikin der einzige, der keinerlei Zugeständnisse an die Nationalisten machte. Dies geschah bewußt, denn das weiße Regime war zutiefst von dem Glauben beseelt, das Großrussische Reich verteidigen zu müssen. Selbst wenn man ihnen gesagt hätte, daß sie ohne derartige Zugeständnisse nicht würden siegen können, hätten sich die Weißen dennoch dagegen ausgesprochen. Dragomirow, Lukomski und Schulgin, die drei Russen aus Kiew, die die Weiße Bewegung im Süden dominierten, waren russischer als die Russen in Rußland. Denikin befriedigte ihre nationalistischen Bestrebungen. Er besetzte alle öffentlichen Ämter mit Russen, unterdrückte die landwirtschaftlichen Kooperativen, Hochburgen der nationalistischen Bewegung, und untersagte den Gebrauch der ukrainischen Sprache in sämtlichen staatlichen Institutionen einschließlich der Schulen. Er leugnete sogar die Existenz der Ukraine, die er in all seinen Erklärungen »Kleinrußland« nannte. Seine plumpe »Proklamation an das kleinrussische Volk«, in der er gelobte, Rußland mit seinem »kleinrussischen Zweig« wiederzuvereinen, trug lediglich dazu bei, die ukrainischen Bauern in Petljuras nationalistische Armee zu treiben, die wesentlichen Anteil an der Schwächung des weißen Hinterlandes hatte. Während der entscheidenden Schlachten im Herbst sahen sich die Weißen gezwungen, 10 000 Soldaten von der Front gegen die Roten abzuziehen und gegen Petljuras und andere nationalistische Banden einzusetzen.

Eine noch entscheidendere Schwäche der Weißen stellte ihr Versäumnis dar, ein effektives System örtlicher Verwaltung in den neueroberten Gebieten aufzubauen. Auf diese Weise fehlte ihnen die Möglichkeit, die Bauern und ihre Ressourcen ohne die Anwendung von Terror zu mobilisieren. Das wurde schmerzhaft deutlich, als sie nach Sowjetrußland vordrangen und von ihren Versorgungsbasen abgeschnitten waren. Auf dem Höhepunkt der Offensive wurde es sehr schwierig, Lebensmittel und Ausrüstung für die Soldaten zu beschaffen. Machno hielt die Schlüsselpositionen der Versorgungsbasen im Hinterland – Mariupol, Melitopol und Berdjansk – besetzt und hinderte gemeinsam mit Petljuras Nationalisten die Militärzüge aus dem Süden an der Weiterfahrt. Außerdem gab es das Problem der Eisenbahnarbeiter, die im großen und ganzen gegen die Weißen eingestellt waren und häufig nur durch Waffengewalt gezwungen werden konnten, für sie zu arbeiten. Auch innerhalb der Industriestützpunkte der Weißen selbst kam es zu ähnlichen Spannungen mit diesen Arbeitern, da Denikin die Rechte der Gewerkschaften beschnitt und Fabriken an ihre einstigen Besitzer zurückgab. Die Kohleproduktion im Donbass ging dramatisch zurück, wodurch weite Teile von Industrie und Transportwesen zum Stillstand kamen. Die Weißen reagierten darauf mit einer Schreckensherrschaft und erschossen Arbeiter als Vergeltung für den »bolschewistischen« Rückgang der Produktion. In Jusowka wurde routinemäßig einer von zehn Arbeitern erschossen, wenn Bergwerke und Fabriken das Produktionssoll an Kohle und Stahl nicht erfüllten. Mitunter wurden Arbeiter unter der Losung »Tod den schwieligen Händen!« einfach deshalb erschossen, weil sie Arbeiter waren. Das Ganze war eine Art Klassenvergeltung für den Roten Terror mit seiner Losung »Tod den *burschuis*!«. Doch selbst derartige Repressalien vermochten den Rückgang der Produktion nicht aufzuhalten. Die Wirtschaft der Weißen wurde ins Chaos getrieben, indem Fabriken schlossen, die Inflation sprunghaft anstieg und Arbeiter in den Streik traten. Lebenswichtiger Nachschub für die Armee wurde entweder nicht produziert oder nicht an die Front transportiert.[24]

Inzwischen hatten die Alliierten im August ihre Hilfslieferungen reduziert, da die Westmächte, durch Koltschaks Rückzug ernüchtert, einen Sieg der Weißen zunehmend anzweifelten. Viele Sendungen waren durch Korruption verlorengegangen: Waffen, Uniformen, Wäsche, Decken und selbst Krankenhausinventar fanden ihren Weg auf den Schwarzmarkt. Während der Kämpfe in Charkow erwischte man einige Soldaten aus Denikins Panzerbataillon dabei, wie sie ihr Kühlerfrostschutzmittel im Hotel Metropol als Wodka verkauften. Von nun an, so der Beschluß der Alliierten, werde militärische Hilfe nur noch in Form »unverkäuflicher« Waren gewährt (obwohl es in Rußland nichts gab, was nicht verkäuflich gewesen wäre) und sollte von Denikin mit Bargeld oder Exportgütern bezahlt werden. Dies versetzte dem Feldzug der Weißen den Todesstoß. Die Soldaten an der Front blieben ohne Nachschub, vor allem ohne warme Kleidung für den bevorstehenden Winter. Da es kein wirksames örtliches Verwaltungssystem gab, um dies zu organisieren, begannen die Soldaten bald mit chaotischen Plünderungen. Wie Denikin selbst zugab, trug dies mehr als alles andere dazu bei, die Bevölkerung vor Ort zum Feind der Weißen zu machen und die Niederlage zu besiegeln.[25]

Am ärgsten trieben es die berittenen Kosaken. Sie verachteten die russischen Bauern und betrachteten es als ihr Recht, sie nach Gutdünken auszurauben – wie Invasoren eines fremden Landes. Einige Kosakeneinheiten überluden sich derart mit Beute, daß sie mehr oder minder kampfunfähig waren. Ihrer Kavallerie folgten unübersehbare Wagenkolonnen voller gestohlenen Eigentums, die sich mitunter bis zu 45 Kilometer weit hinzogen. Züge wurden mit Beutegut beladen und ins Hinterland umgeleitet, anstatt sie für den Transport des Nachschubs an die Front einzusetzen. Mamontows Kosaken, die sich nach ihrem Raubzug gegen Tambow im August wieder den Weißen angeschlossen hatten, waren so sehr darum besorgt, ihre Beute zum Don zu bringen, daß 1500 von 8000 desertierten.[26]

* * *

Nachdem Denikin Orjol genommen hatte, waren die 160 Kilometer weit entfernten lebenswichtigen Rüstungsfabriken von Tula unmittelbar bedroht. Ihr Verlust wäre, wie Trotzki es formulierte, »gefährlicher gewesen [...] als der Verlust Moskaus«.[27] Mit Moskau hätten die Roten ihre renommierte Hauptstadt eingebüßt, mit Tula jedoch hätten sie ihre Armee verloren. Das Schicksal des Sowjetregimes hing gänzlich von der Verteidigung Tulas ab, und im Zentrum dieser Verteidigung stand Dmitri Oskin. Als Militärkommissar von Tula stand Oskin an der Spitze zweier Schlüsselinstitutionen – des Militärrats und des Revolutionskomitees (Rewkom) –, die gemeinsam den sogenannten Festungsbezirk Tula mit Kriegsrecht regierten.

Oskin zweifelte nicht an der Notwendigkeit des Kriegsrechts. Schon vor langer Zeit hatte er sein libertäres Denken als Linker Sozialrevolutionär hinter sich gelassen und das Erfordernis rücksichtsloser Disziplin in einem Bürgerkrieg anerkannt. Diese Notwendigkeit wurde noch dadurch unterstrichen, daß die Tulaer Arbeiter aus Protest gegen die Nahrungsmittelknappheit mit Streik drohten. Im Frühjahr hatte es in Tula einen Generalstreik gegeben, bei dem Oskin und seine Genossen auf jeder Fabrikversammlung von den hungrigen Arbeitern angeprangert wurden. »Nieder mit den Kommissaren!« wurde zur Losung des Streiks. Um ihn zu unterdrücken, hatten die Bolschewiki einen Bürgerkrieg gegen die Arbeiter entfesselt. Dserschinski selbst war am 3. April von Lenin nach Tula gesandt worden. Sonderkommandos der Kommunisten hatten die Fabriken besetzt, und etwa tausend Arbeiter waren verhaftet worden. Seit diesem Zeitpunkt hatten sich die Beziehungen zu den Arbeitern etwas entspannt – Oskin hatte dafür gesorgt, daß die Versorgung mit Lebensmitteln verbessert wurde –, doch diese relative Ruhe wurde nun durch die Ankündigung eines erneuten Streiks bedroht, denn die Lebensmittellager waren wieder einmal leer. Da die Waffenproduktion unbedingt aufrechterhalten werden mußte, sah Oskin keine andere Möglichkeit, als »die Fabriken zu militarisieren und die Arbeiter Repressalien zu unterwerfen, falls sie in den Streik treten«. Die Bolschewiki gaben sich keinerlei Illusionen über die Möglichkeit hin, mit den Arbeitern noch eine Regelung aushandeln zu können – dazu blieb nicht genug Zeit. Jedenfalls waren die Massen in Tula, wie Lenin gegenüber dem Politbüro am 15. Oktober erklärte, »weit davon entfernt, auf unserer Seite zu stehen«. Und tatsächlich standen sie, wenn überhaupt, auf seiten der Menschewiki, die den Generalstreik im vorangegangenen Frühjahr angeführt und davor die Mehrheit in den städtischen Sowjets innegehabt hatten. Einige Menschewiki beschlossen nun, in Tula für die Sache der Roten zu agitieren, um Denikin zurückzuschlagen. An der Tatsache, daß die Bolschewiki auf die Unterstützung ihrer schärfsten Rivalen zurückgreifen mußten, läßt sich ihre verzweifelte Lage erkennen und auch, wie gering ihr Ansehen bei den Arbeitern war. Oskin und seine Genossen widersetzten sich zunächst dieser Taktik, da sie seit dem Generalstreik jede andere Partei fürchteten, doch Lenin intervenierte und ließ den Menschewiki die Fabriktore öffnen. In seinen Ansprachen erklärte Dan den Tulaer Arbeitern, daß der Sieg der Weißen die Niederlage der Revolution bedeutete – doch den hungernden Arbeitern ging er damit offenbar nur auf die Nerven. Die Menschewiki mußten daraus schließen, daß die Arbeiter »den Kommunisten extrem feindlich gesinnt waren und durch keinerlei Aufruf, die Revolution gegen Denikin zu verteidigen, beschwichtigt werden konnten«.[28]

Oskins außerordentlichen Maßnahmen zur militärischen Verteidigung von Tula lag auch die Notwendigkeit zugrunde, schnellstmöglich Ergebnisse zu erzielen. Tausende Bauern und »bürgerliche« Städter wurden in Arbeitstrupps zwangsverpflichtet. Tag und Nacht fällten sie Bäume als Brennmaterial für die Fabriken und hoben Schützengräben rund um die Stadt aus. Hunderte ihrer Verwandten wurden als »Geiseln« festgehalten, und ihnen drohte Erschießung, falls die Arbeit nicht ordentlich ausgeführt wurde. Oskin hatte keinerlei Skrupel hinsichtlich derartiger Maßnahmen: sie seien »notwendig zum Schutz der Revolution«. Tausende Rotarmisten wurden als Verstärkung nach Tula entsandt, darunter auch die berüchtigten Lettischen Schützen, treueste Anhänger des bolschewistischen Regimes. Oskin veranlaßte darüber hinaus die Rekrutierung weiterer 20 000 Soldaten aus Tula. »Ganz Tula«, schrieb er später, »war in eine große Kaserne verwandelt.« Die Soldaten wurden in jedem nur verfügbaren Gebäude untergebracht. Panzer übernahmen Plätze und Parks der Stadt, und wohin man blickte, exerzierten Soldaten. Maschinengewehrstellungen wurden auf den höchsten Gebäuden der Hauptstraßen postiert und verminte Barrikaden an den Zugängen der Stadt errichtet. In den südlichen Bezirken der Provinz standen Beobachtungsposten, die telefonisch mit Tula verbunden waren, um das Herannahen der Denikin-Truppen zu melden. Die verlassenen Herrenhäuser wandelte man in Kasernen um. Ein Regiment nahm Quartier im ehemaligen Herrenhaus von Tolstoi, in Jasnaja Poljana, während ein anderes in dem nahe gelegenen Popowka des Fürsten Lwow kampierte.[29]

In diesem kritischen Augenblick, da der Ausgang des Kampfes auf Messers Schneide stand, kehrten Hunderttausende bäuerlicher Deserteure zur Roten Armee zurück. Diese Rückkehr war ein entscheidender Faktor, denn sie verschob das Kräftegleichgewicht zugunsten der Roten, und es sagt viel darüber aus, warum die Bolschewiki den Bürgerkrieg gewannen. Rechte Darstellungen des Bürgerkriegs tendierten dazu, den Sieg der Roten als etwas darzustellen, was ohne die Unterstützung der Massen zustande gekommen sei. Sie argumentierten, die Bolschewiki hätten einfach ein größeres Territorium zur Verfügung gehabt und systematischer als die Weißen Terror und Gewaltanwendung eingesetzt, um einer beiden Seiten feindlich gesinnten Zivilbevölkerung, der der Ausgang der Kämpfe gleichgültig gewesen sei, die nötigen militärischen Ressourcen abzupressen. Zu zwei Dritteln stimmt das. Doch die Tatsache, daß die Bolschewiki immerhin für sich in Anspruch nehmen konnten, für die »Revolution« zu stehen – deren wichtigste Symbole, wie die rote Fahne, sie für sich reklamierten –, ermöglichte ihnen sicherlich auch, ein gewisses Maß an Unterstützung – allerdings nur eine bedingte und nur als die weniger schlechte von zwei Möglichkeiten – bei den Bauern und, wie wir noch sehen werden, tatsächlich auch bei einigen Arbeitern zu mobilisieren, die fürchteten, daß ein Sieg der Weißen ihren eigenen Nutzen von der Revolution zunichte machen würde.

Dies kommt in der Geschichte der Rückkehr der bäuerlichen Deserteure zur Roten Armee deutlich zum Ausdruck. Bis zum Juni hatten die Roten in ihrem Feldzug gegen die Desertion an ihren gewalttätigen repressiven Maßnahmen gegen jene Dörfer festgehalten, die verdächtigt wurden, Deserteure zu schützen. Das hatte sich als äußerst kontraproduktiv erwiesen und zu einer Welle von Bauernrevolten hinter der roten Front geführt, die den Vormarsch der Weißen erleichterten. Im Juni gingen die Bolschewiki jedoch zu der versöhnlicheren Taktik der »Wochen der Amnestie« über. Während dieser oft auf unbestimmte Zeit ausgedehnten Wochen, von denen viel Aufhebens gemacht wurde, erging der Aufruf an die Deserteure, in die Armee zurückzukehren, ohne daß sie Bestrafung befürchten müßten. In gewisser Weise äußerte sich darin die Überzeugung der Bolschewiki, es sei nötig, die Bauern von Grund auf umzuerziehen und ihnen ihre revolutionäre Aufgabe bewußt zu machen. Folglich bestraften die Roten »böswillige« Deserteure, versuchten aber, jene mit »schwachem Willen« umzuerziehen – im Gegensatz zu den Weißen, die sämtliche Deserteure ohne Unterschied erschossen. Zwischen Juli und September, als ein Sieg der Weißen bedrohlich näher rückte, kehrte allein aus den Militärbezirken Orjol und Moskau etwa eine viertel Million Deserteure in die Rote Armee zurück. Viele bezeichneten sich selbst als »Freiwillige« und erklärten ihre Bereitschaft, gegen die Weißen zu kämpfen, die sie mit der Wiederherstellung der Adelsherrschaft auf dem Land gleichsetzten. Dies waren Regionen, in denen die Bauern 1917 beträchtliche Landgewinne gemacht hatten. In Orjol war die Menge des von den Bauern bearbeiteten Landes um 28 Prozent gestiegen, im Militärbezirk Moskau betrug der Zuwachs sogar 35 Prozent. Der drohende Sieg der Weißen ließ die Bauern den Verlust ihres neuen Landes befürchten – eine Furcht, die die Roten durch ihre Propaganda noch zusätzlich anfachten –, und so waren sie bereit, ihre Söhne zur Verteidigung dieses Landes zur Armee zurückzuschicken. Wie sehr die Bauern das bolschewistische Regime mit seinen gewaltsamen Requirierungen und diktatorischen Kommissaren auch ablehnten, sie waren bereit, es so lange – und nur so lange – zu verteidigen, wie es zwischen den Weißen und ihrer eigenen Revolution auf dem Land stand.[30]

Im Oktober verfügten die Roten an der Südfront über etwa 200 000 kampffähige Soldaten und damit über eine doppelt so starke Streitmacht wie die Weißen. Am 11. Oktober wurde Alexander Jegorow in Vorbereitung der Gegenoffensive gegen die Weißen zum Befehlshaber der Südfront ernannt. Seine Karriere war sehr ähnlich wie die Oskins verlaufen und durchaus typisch für die neue rote Militärelite. Im Ersten Weltkrieg hatte er es zum Rang eines Obersten gebracht, sich 1917 den Sozialrevolutionären angeschlossen und war 1918 zu den Bolschewiki übergewechselt. Jegorow war der wichtigste Architekt des Sieges der Roten Armee im Süden – obwohl man kaum von Planung sprechen kann, da die Strategie im letzten Moment geändert worden war und im Laufe der Kampfhandlungen größtenteils improvisiert wurde. Laut Oskin herrschten im Hauptquartier der Südfront nichts als Panik und Chaos. Niemand konnte überhaupt mit Gewißheit sagen, »wo unsere Truppen standen«.[31]

Trotz dieser Verwirrung, die für den gesamten Bürgerkrieg kennzeichnend war, unterschieden sich diese großangelegten Schlachten im Oktober sehr von den Kampfhandlungen, die die früheren Stadien des Bürgerkriegs charakterisiert hatten. Die Kämpfe des Jahres 1918 waren tatsächlich nicht mehr als kleinere Scharmützel und Artillerieduelle gewesen. Die bunt zusammengewürfelten geringen Streitkräfte waren hauptsächlich mit ihrer Selbstverteidigung befaßt gewesen, es hatte weder festgelegte Stellungen noch Fronten gegeben, und Städte und Landstriche waren ständig von einer Hand in die andere gegangen. Das Ganze hatte einem kleineren Krieg des 19. Jahrhunderts geglichen. Die Schlachten im Oktober jedoch waren wesentlich schwerer und erinnerten mehr an die Kämpfe des Ersten Weltkriegs. Hunderttausende Soldaten waren beteiligt, Millionen Kugeln wurden täglich verschossen, Panzer, Flugzeuge und Panzerwagen kamen zum Einsatz, und die Kämpfe wurden die Nacht hindurch fortgesetzt. Auf beiden Seiten war die Kommandostruktur verbessert worden, und die Offiziere hatten strikten Befehl, sich nicht zurückzuziehen – weshalb Tausende Soldatenleben wegen unbedeutender Landgewinne geopfert wurden. Keine Seite machte Gefangene.

Die rote Gegenoffensive an der Südfront bestand aus zwei wesentlichen strategischen Elementen: Zum einen gab es durch einen Stoßtrupp der Lettischen Schützen, der etwa 12 000 Mann starken, westlich von Orjol postierten Elitetruppe, einen Überraschungsangriff gegen die linke Flanke der Freiwilligenarmee, als diese nach Norden in Richtung Tula vordrang. Nach einem kurzen blutigen Gefecht, bei dem fast die Hälfte der Letten abgeschlachtet wurde, wurden die Weißen hinter Orjol zurückgedrängt. Zu diesem Zeitpunkt kam das zweite entscheidende Element der Gegenoffensive zum Zuge: Am 19. Oktober überfiel die rote Kavallerie überraschend die Kosaken an der linken Flanke der Weißen und trieb sie schließlich in Richtung Woronesch zurück. Die Kosaken müssen über die roten Reiter erstaunt gewesen sein, denn sie waren so gut wie nie zuvor eingesetzt worden. Trotzki hatte die strategischen Vorteile der Kavallerie in einem Bewegungskrieg wie dem Bürgerkrieg stets unterschätzt. Erst der Überfall auf Mamontow belehrte ihn eines Besseren. »Proletarier auf die Pferde!« hieß von nun an die Losung.[32]

Verfolgt von der roten Kavallerie, flohen die Weißen Kosaken südwärts zum Don und überließen am 24. Oktober Woronesch den Bolschewiki. Von dieser strategisch wichtigen Stadt aus konnten Semjon Budjonnys rote Reiter nach Kastornoje vorrücken, einem wichtigen Eisenbahnknotenpunkt zwischen Moskau und dem Don. Nach mehrtägigen blutigen Kämpfen gegen Schkuros Kosaken eroberten sie die Stadt schließlich am 15. November. Damit war das Schicksal von Denikins Offensive endgültig besiegelt. Den Weißen drohte jetzt die vollständige Einkesselung durch die Roten, was sie zu einem überstürzten Rückzug nach Süden veranlaßte und die Gefahr eines Durchbruchs nach Zentralrußland ein für allemal abwendete.

* * *

Noch eine weitere Chance vergaben die Weißen im Oktober. Auf dem Höhepunkt der Kämpfe um Orjol rückte eine zweite bedeutende Streitmacht der Weißen, die Nordwestarmee, auf die Vororte von Petrograd vor.

Bedenkt man all die Versäumnisse, so verwundert es, daß die Nordwestarmee überhaupt so weit vordringen konnte. 1918 in Pskow mit Hilfe der deutschen Armee gegründet, hatte sie sich nach der deutschen Niederlage und dem Vormarsch der Roten Armee gen Westen nach Estland zurückgezogen, das damals gerade ein unabhängiger Staat geworden und in seinen eigenen Bürgerkrieg verwickelt war. Dort war es ihr möglich gewesen, ihre Streitkräfte hinter der natürlichen Barriere des Peipussees aufzubauen. Im Mai 1919, als sie nach Rußland zurückkehrte und Petrograd angriff, verfügte die Armee über etwa 16 000 Mann, die meisten von ihnen russische Kriegsgefangene, die von den Deutschen übergeben worden waren, sowie Deserteure der Roten.

Die Armee stand unter der Führung von General Judenitsch, einem kurzzeitigen Helden des Ersten Weltkriegs, den Koltschak als seinen Kommandeur im Baltikum betrachtet hatte. Der siebenundfünfzigjährige, 120 Kilogramm schwere Nikolai Judenitsch war zu alt und zu dick, um seine Untergebenen anspornen zu können. Mit seinen schlaffen Wangen, seinem kahlen Kopf und dem gezwirbelten Schnurrbart glich er bis ins Mark dem russischen Aristokraten, der er war. Judenitsch hatte sich nie wirklich mit dem Fall des Zarenreichs abfinden können – und dieser Umstand sollte ihn schließlich selbst zu Fall bringen.

Wie alle anderen weißen Generäle vernachlässigte auch Judenitsch die Politik zugunsten seiner militärischen Interessen. Seine Losung lautete: »Gegen die Bolschewiki – ohne Politik.« Die Nordwestregierung war eine Art Aushängeschild, mit dem die Alliierten beruhigt werden sollten, sie hatte aber nicht wirklich die Absicht, Rußland zu regieren. Judenitsch hielt es nicht für notwendig, Reformen durchzuführen, und zählte auch nicht auf einen Volksaufstand, der seiner Armee den Weg nach Petrograd hätte ebnen sollen: Nein, dies sollte eine militärische Eroberung sein und nicht die Eroberung von Herz und Sinn der Menschen. Tatsächlich jedoch trat genau das Gegenteil ein. Sobald seine Armee russischen Boden betrat, traf sie auf den Widerstand der Bevölkerung, und die meist russischen Wehrpflichtigen begannen zu desertieren. Durch die mangelnde Unterstützung innerhalb Rußlands sah sich Judenitsch gezwungen, ausländische Truppen anzufordern. Die Alliierten jedoch, die kein rechtes Vertrauen in seine Mission hatten und eigentlich versuchten, sich aus dem Bürgerkrieg zurückzuziehen, schickten ihm kaum Nachschub. Zwar blockierten britische Kriegsschiffe Petrograd und griffen sogar Kronstadt an, doch wurden keinerlei alliierte Landstreitkräfte zu Judenitsch entsandt. Selbst wenn die Alliierten die Absicht gehabt hätten, die Weißen in einer Offensive gegen Petrograd zu unterstützen, so wären Judenitschs Beziehungen zu den Deutschen Grund genug gewesen, sie davon abzuhalten.

Ohne die Hilfe der Alliierten hing der Erfolg von Judenitschs Offensive gegen Petrograd nun von der Bereitschaft Finnlands ab, als Sprungbrett und Nachschubbasis für seine Armee herzuhalten. Die finnische Grenze lag lediglich 30 Kilometer von Petrograd entfernt – zehnmal näher als der Marsch durch Rußland via Pskow. Doch selbst hier, wo Petrograd schon zum Greifen nah war, ließen sich die weißen Generäle durch ihr beharrliches Eintreten für das Russische Reich davon abhalten, eine Übereinkunft mit den Finnen zu treffen.

Das finnische Verteidigungskorps unter General Mannerheim war seit dem Sieg über die Roten in Helsingfors im Frühjahr 1918 zu einer großen Nationalarmee angewachsen. Die Bolschewiki in Petrograd fürchteten deshalb die Finnen noch mehr als die Weißen. Im Juni 1919 wurden Schätzungen zufolge etwa 100 000 finnische Soldaten am Ladogasee zusammengezogen. Ein Viertel von ihnen war gegen Petrograd gerichtet. Finnland verlangte einen einfachen Preis für die Unterstützung Judenitschs: die Garantie seiner Unabhängigkeit. Dies schien nur mehr eine Formalität zu sein, denn Finnland war bereits in jeder Hinsicht ein unabhängiger Staat und als solcher von den meisten Westmächten anerkannt. Den Weißen jedoch war selbst dieser geringe Preis zu hoch. Ihre schlichten nostalgischen Gefühle für das Russische Reich, das wiederherzustellen sie angetreten waren, hielt sie davon ab, Geschäfte mit Nationalisten zu machen. »Die Geschichte wird es mir nie verzeihen, wenn ich aufgebe, was Peter der Große gewann«, hatte Koltschak mit dem ihm eigenen Pathos erklärt, als man ihn als Obersten Herrscher der Weißen dazu drängte, der Forderung der Finnen nachzugeben. Fürst Lwow und die Politische Konferenz in Paris widersetzten sich hartnäckig der Idee, Finnland anzuerkennen, bevor nicht sein Status endgültig von der Konstituierenden Versammlung in Rußland beschlossen wäre. Auch das war typisch für die Fixierung der Weißen auf den Gesetzesrahmen der Vergangenheit – eine Fixierung, die sie daran hinderte, sich mit der politischen Realität der Gegenwart auseinanderzusetzen. Mannerheim war der antibolschewistischen Sache wohlgesinnt. Doch nicht einmal er konnte die kriegsmüden Finnen davon überzeugen, die Weißen ohne deren Garantie einer Anerkennung zu unterstützen. Die Roten dagegen hatten Finnland bereits 18 Monate zuvor anerkannt. Nun boten sie den Finnen ein Friedensabkommen an, falls diese im Bürgerkrieg neutral blieben, drohten jedoch mit »rücksichtsloser Vernichtung«, wenn sie sich den Weißen anschlössen. Die Alliierten drängten Judenitsch, Finnland anzuerkennen, da außer Frage stand, daß seine Offensive ohne die Unterstützung der Finnen zum Scheitern verurteilt war. Der weiße General weigerte sich aber, von seiner Meinung abzurücken. Mannerheim blieb nun angesichts einer im Juli anstehenden Wahl nichts anderes übrig, als sich von den Weißen zu distanzieren. Er verweigerte Judenitsch die gewünschten Truppen sowie die Einwilligung, seine Armee von finnischem Boden aus operieren zu lassen. Dies war für die Weißen ein schwerer Rückschlag, der sie zwang, auf dem längeren und gefährlicheren Weg über Jamburg und Gattschina nach Petrograd vorzurücken.

Judenitsch unternahm einen letzten verzweifelten Versuch, um die Unterstützung der Esten zu gewinnen. Diese waren jedoch eine kleine, noch dazu junge und zerbrechliche Nation und nicht gewillt, den Weißen viele Soldaten zur Verfügung zu stellen, besonders wenn diese im Gegenzug nicht einmal Estlands Unabhängigkeit anerkennen wollten. Die Roten machten sich diese Situation schnell zunutze – so, wie sie es im Falle Finnlands getan hatten – und boten Estland ein Friedensabkommen an, wenn es sich dafür im Bürgerkrieg neutral verhielt. Die natürliche Abneigung der Esten, sich in den Bürgerkrieg hineinziehen zu lassen, entsprach demzufolge ihren Interessen als unabhängiger Staat, der gezwungen war, Tür an Tür mit den Sowjets zu leben.

Judenitsch, der sich nun selbst überlassen blieb, befahl am 10. Oktober den Sturm auf Petrograd. Er verließ sich darauf, daß die Roten durch die Kämpfe an der Südfront gebunden seien. Zunächst zahlte sich das Spiel aus. Die Roten hatten tatsächlich Einheiten in den Süden verlagert. Die 25 000 Soldaten der 7. Roten Armee, die zur Verteidigung Petrograds zurückblieben, waren völlig demoralisiert und begannen zu desertieren. Unterstützt von Oberst Ljundkwist, dem Stabschef der 7. Armee, der zu den Weißen überlief und ihnen Einzelheiten über die Stellungen der Roten verriet, rückten Judenitschs Soldaten schnell vor. Am 20. Oktober hatten sie bereits die Pulkowo-Höhen erreicht, von denen man die Vororte Petrograds überblicken konnte. »Die Isaaks-Kathedrale lag vor uns und die goldene Spitze der Admiralität«, schrieb einer seiner Offiziere später. »Man konnte sogar Züge aus dem Nikolai-Bahnhof herausfahren sehen.« Sie waren sich an diesem Tage ihres Sieges so sicher, daß einer der Generäle sogar das ihm angebotene Fernglas ausschlug, mit dem er die Stadt hätte beobachten können. Man werde ja in jedem Falle am kommenden Tag über den Newski-Prospekt flanieren, meinte er nur.[33]

Die Nachricht über den Vormarsch der Weißen löste unter den Roten Panik aus. Lenin wollte Petrograd bereits aufgeben und alle Kräfte auf die Südfront konzentrieren. Trotzki jedoch beharrte darauf, daß die Wiege der Revolution um jeden Preis verteidigt werden müsse, selbst wenn es zu Straßenkämpfen käme, und überredete Lenin, seine Meinung zu ändern. Am 16. Oktober traf Trotzki in der alten Hauptstadt ein, um ihre Verteidigung in die Hand zu nehmen. Sinowjew, der Petrograder Parteichef, hatte völlig die Nerven verloren. Er lag im Smolny auf dem Sofa und war außerstande, eine Entscheidung zu treffen. Dies war nun eine der wenigen Gelegenheiten während des Bürgerkriegs – eine viel seltenere, als von seinen Anhängern behauptet –, da Trotzkis Anwesenheit an der Front dazu beitrug, den Ausgang der Schlacht zu entscheiden. Einmal bestieg er sogar ein Pferd, trieb die zurückweichenden Soldaten zusammen und führte sie zurück in den Kampf.

Trotzkis vordringlichste Aufgabe bestand darin, die Moral der Soldaten zu heben – und er tat es mit seiner brillanten Gabe zur Massenansprache. Er beschwor die Soldaten, nicht aufzugeben, und machte sich über die britischen Panzer der Feinde lustig, vor denen die Roten geflüchtet waren. Sie seien nichts als Kästen »aus bemaltem Holz«. Auf seinen Befehl hin baute das Putilow-Werk sogar einige Fahrzeuge so um, daß sie Panzern ähnelten, um den Soldaten den Eindruck zu vermitteln, daß auch sie über diese Fahrzeuge verfügten. Trotzkis nächste Aufgabe war es, Petrograd in eine Festung zu verwandeln und seine Bevölkerung auf Straßenkämpfe vorzubereiten. In der Stadt wurde das Kriegsrecht ausgerufen und eine nächtliche Ausgangssperre verhängt. Tausende Arbeiter und Bürger wurden zum Bau von Barrikaden auf Straßen und Plätzen verpflichtet. Lenin drängte Trotzki, 30 000 Menschen aufzubieten, »hinter ihnen Maschinengewehre zu postieren, ein paar hundert von ihnen erschießen zu lassen und so einen echten Massenangriff auf Judenitsch zu bewerkstelligen«. Das Abwassersystem der Stadt wurde außer Funktion gesetzt, und man benutzte die Kanalisationsröhren zum Bau der Barrikaden; Schützengräben wurden in den südlichen Vororten ausgehoben und Maschinengewehre auf den Dächern aller Gebäude entlang der Hauptstraßen postiert, die ins Zentrum führten. Militärlaster und Motorräder rasten Tag und Nacht durch Petrograd. Bolschewiki in Lederjacken standen mit geschulterten Gewehren an Straßensperren, und alle größeren Gebäude wurden von freiwilligen Arbeiterwehren bewacht.[34]

Obwohl Petrograd wie jede andere Stadt von ständigen Streiks erschüttert worden war, schien die Bedrohung durch einen Durchbruch der Weißen viele Arbeiter dazu zu bringen, das Sowjetregime zu verteidigen. Ein Spion der Weißen in Petrograd beschrieb die Situation folgendermaßen:

*Die Arbeiterelemente, zumindest ein großer Teil von ihnen, sind den Bolschewiki noch immer wohlgesinnt. Wie einige andere demokratische Elemente betrachten sie das Regime, wenn es auch schlecht ist, als ihr eigenes. Die Propaganda über die Grausamkeit der Weißen hat eine starke Wirkung auf sie … Psychologisch betrachtet, identifizieren sie die Gegenwart mit Gleichheit und*

*Sowjetmacht, die Weißen aber mit dem alten Regime und seiner Verachtung der Massen.*

Hunderte von Arbeitern bewaffneten sich mit Gewehren und schickten sich an, den Smolny zu verteidigen. Währenddessen stand auf dem Hof des sowjetischen Hauptquartiers schon ein Dutzend Autos bereit, um die Parteiführer schnellstens zu evakuieren, sollte Petrograd fallen.

In ihrer Eile, nach Petrograd zu gelangen, hatten es die Weißen versäumt, die Eisenbahnverbindung nach Moskau zu unterbrechen. Dieser entscheidende Fehler gestattete es den Roten, rechtzeitig Verstärkung für eine Gegenoffensive am 21. Oktober herbeizuschaffen. Wie verzweifelt ihre Lage gewesen sein muß, läßt sich daraus ablesen, daß die Roten selbst auf dem Höhepunkt der Kämpfe gegen Denikin bereit waren, lebenswichtige Reserven von Tula nach Petrograd zu bringen. Lenin, der diese kritische Entscheidung traf, telefonierte selbst mit Oskin. »Mir stockte buchstäblich der Atem, als eine Stimme am Telefon sagte: ›Hier Lenin‹«, schrieb Oskin später. Er sicherte Lenin eine Brigade äußerst disziplinierter Männer der kommunistischen Reserve zu, die dann in der Gegenoffensive eine bedeutende Rolle spielen sollte. Kamenew, der rote Oberbefehlshaber, bezeichnete sie als »unsere Pik-Dame«, die letzte Trumpfkarte, die man braucht, um das Spiel zu gewinnen. Gegenüber Judenitschs 15 000 Mann verfügten die Roten nun beinahe über 100 000 – was selbst ihren verschwenderischen Standards nach ausreichte, um das Blatt gegen die Weißen zu wenden. Nach drei Tagen blutiger und mutiger Kämpfe um die Pulkowo-Höhen – die Roten hielten Judenitschs Panzer todesmutig mit nichts als ihren Gewehren auf – wurden die Weißen in Richtung Estland zurückgeschlagen. Da sie über keine Reserven verfügten, vollzog sich ihr Rückzug ebenso schnell, wie der Vormarsch erfolgt war. Mitte November gestatteten die Esten Judenitschs Streitkräften, ihr Land zu betreten, allerdings erst nachdem sie sie entwaffnet hatten. Trotzki wollte die Weißen bis nach Estland hinein verfolgen (»die Hütte für die Wachhunde der Konterrevolution«). Das erwies sich jedoch als unnötig. Judenitsch trat zurück, und seine Armee wurde aufgelöst. Am 31. Dezember unterzeichnete Estland ein Waffenstillstandsabkommen mit Sowjetrußland, dem am 2. Februar 1920 ein Friedensvertrag folgte – der erste, den Moskau mit einem angrenzenden Staat schloß.[36]

Für seine Verdienste bei der Verteidigung Petrograds erhielt Trotzki den Rotbannerorden – der erste derartige Orden. Trotzki wurde zum Helden erhoben. Gattschina, der Hauptschauplatz der Kämpfe, erhielt den Namen Trotzk. Es war die erste sowjetische Stadt, die nach einem lebenden kommunistischen Führer benannt wurde.

* * *

Denikins Streitkräfte büßten auf ihrer Flucht nach Süden auch den letzten Anschein von Disziplin ein und brachen in Panik auseinander. Napoleon hatte einst über seinen eigenen Rückzug aus Moskau gesagt: »Vom Erhabenen zum Lächerlichen ist es nur ein Schritt.« Das gleiche könnte man auch über Denikins Rückzug sagen.

Es waren nicht nur die Roten, die die Weißen in Angst und Schrecken versetzten. Von allen Seiten wurden sie auf ihrer Flucht zum Schwarzen Meer überfallen – von Machnos Partisanen, Petljuras ukrainischen Nationalisten und verschiedenen anderen Partisanenbanden. Denikins Truppen durchquerten Landstriche, in denen die örtliche Bevölkerung »es gelernt hatte, uns zu hassen«, wie Wrangel es ausdrückte. Dann, Ende November, kam die schockierende Nachricht, daß die Engländer ihre Unterstützung für die Weißen einstellten. Zusammen mit der Nachricht von Koltschaks Niederlage hatte dies eine verheerende Wirkung auf die Moral der Truppen. »Innerhalb weniger Tage änderte sich in Südrußland die gesamte Stimmung«, erinnerte sich ein Augenzeuge. »Was immer an Entschlossenheit geherrscht hatte, wurde nun so sehr zerrüttet, daß das Schlimmste möglich wurde. [Lloyd] Georges Meinung, daß die Sache der Freiwilligen zum Scheitern verurteilt sei, trug selbst dazu bei, daß dieses Scheitern so gut wie garantiert war.« Der Optimismus, der die Weiße Bewegung bis dahin zusammengehalten hatte – Sokolow verglich ihn mit der verzweifelten Hoffnung eines Spielers, daß seine Glückskarte letztlich doch noch kommen würde –, brach nun völlig zusammen. Soldaten und Offiziere desertierten *en masse*. Die Kosaken waren enttäuscht von den Weißen. Viele der Kubankosaken weigerten sich weiterzukämpfen, es sei denn, Denikin erfüllte ihre Forderung nach einem eigenen Staat.[37]

Auch innerhalb des großen zivilen Lagers der Weißen herrschte Ernüchterung. Die Leute glaubten nicht mehr an den Sieg und dachten nur noch daran, wie man außer Landes fliehen konnte. Geschäfte und Cafés schlossen. Jedermann versuchte, die Don-Rubel, die von Denikin ausgegeben worden waren, gegen ausländische Währung umzutauschen. Wie schon bei den Panikszenen in Omsk kämpften Tausende Offiziere und Zivilisten darum, auf einen der Züge zu gelangen, die zu den Schwarzmeerhäfen fuhren. Verwundete und Kranke, deren Zahl durch eine grassierende Fleckfieberepidemie noch gestiegen war, wurden einfach zurückgelassen. Man konnte nun nicht mehr davon sprechen, daß »die Bourgeoisie auf der Flucht« sei. Die meisten Flüchtlinge waren mittellos, wie wohlhabend sie auch in ihrem bisherigen Leben gewesen sein mochten. Es handelte sich um eine arme Masse von Menschen, die um ihr Leben flohen. Ein Augenzeuge berichtet von der Flucht aus Charkow folgendes:

*Als eines Abends der letzte russische Lazarettzug für die Abfahrt vorbereitet wurde, sah man im schummrigen Licht der Bahnhofslaternen einige seltsame Gestalten den Bahnsteig entlangkriechen. Sie waren grau und formlos, wie große Wölfe. Als sie näher kamen, erkannte man entsetzt, daß es acht typhuskranke russische Offiziere in ihren grauen Krankenhauspyjamas waren, die nicht den Bolschewiki in die Hände fallen wollten, von denen sie kaum etwas anderes als Folter und Tod zu erwarten hatten, und die vom Hospital bis zum Bahnhof auf allen vieren durch den Schnee gekrochen waren, weil sie hofften, von einem Zug mitgenommen zu werden.*[38]

Der Weiße Terror erreichte parallel zu diesem moralischen Niedergang seinen Höhepunkt – nun wurden die schrecklichsten Pogrome gegen die jüdische Bevölkerung verübt. Es war ein letzter brutaler Vergeltungsschlag gegen ein Volk, das viele der Weißen für die Revolution verantwortlich machten.

Antisemitismus war in Rußland während der Zeit der Revolution eine weitverbreitete Erscheinung. Angriffe gegen Juden spielten bei Gewaltausbrüchen der Menge oft eine Rolle. Das Wort Pogrom bezeichnete sowohl einen Angriff auf Juden als auch einen Übergriff auf Privateigentum im allgemeinen. Das zaristische Regime, das gegen die einen hetzte, war stets sorgsam darauf bedacht gewesen, daß die Gewalt nicht auf das andere übergriff. Nach 1914 mußten Juden verstärkt als Sündenböcke für die Nöte der Nation herhalten. Durch den Krieg waren die Ansiedlungsrayons aufgehoben worden, und die Juden verstreuten sich über ganz Rußland. Zum ersten Mal in der Geschichte tauchten sie in großer Zahl in den Städten des Nordens auf. Während der Revolution erhielten sie Regierungs- und andere offizielle Ämter – auch das zum ersten Mal. Nicht viele Juden waren Bolschewiki, aber zahlreiche führende Bolschewiki waren Juden. Vielen Russen, in deren Welt das Unterste zuoberst gekehrt war, erschien es daher so, als sei der Ruin ihres Landes in irgendeiner Weise mit dem plötzlichen Auftauchen der Juden in Orten und Funktionen verbunden, die zuvor Nichtjuden vorbehalten gewesen waren. Von dieser Sichtweise war es nur ein kurzer Schritt zu dem Schluß, daß die Juden eine Verschwörung planten, um Rußland ins Verderben zu stürzen. Das Ergebnis war massenhafte Judenfeindlichkeit. »Der Haß gegen die Juden«, schrieb ein führender Soziologe 1921, »ist eines der auffallendsten Merkmale des heutigen russischen Lebens; möglicherweise das auffallendste überhaupt. Die Juden sind überall verhaßt, im Norden, im Süden, im Osten, im Westen. Sie werden von allen Menschen ungeachtet ihrer Klassenzugehörigkeit oder Bildung, ihrer politischen Überzeugung, ihrer Rasse oder ihres Alters gehaßt.«[39]

Während der frühen Stadien der Weißen Bewegung spielte der Antisemitismus im Süden eine relativ unbedeutende Rolle. Es gab sogar Juden in der Freiwilligenarmee, unter ihnen Helden des Eismarschs. In Denikins Propagandaorgan OSWAG arbeiteten zahlreiche Juden. Als die Weißen jedoch in die Ukraine vorrückten, wo sich die jüdische Bevölkerung stärker konzentrierte als am Don, wurden die einfachen Soldaten von einem rachsüchtigen Judenhaß erfaßt. Die Initiative ging von den Kosaken und ihren Regimentsoffizieren aus, und Denikin, ein passiver Antisemit, tat wenig, um sie zu stoppen, während einige seiner Generäle die Stimmung noch anheizten. Juden wurden aus Denikins Armee und Verwaltung ausgeschlossen. Die weiße Propaganda stellte das bolschewistische Regime nunmehr als jüdische Verschwörung dar und verbreitete den Mythos, daß all seine wichtigsten Führer mit Ausnahme Lenins Juden seien. Als Kopf der Roten Armee wurde Trotzki (oder Bronstein, wie er in der weißen Presse apostrophiert wurde) als monströser »jüdischer Massenmörder« des russischen Volkes bezeichnet. Den Juden wurden der Zarenmord, die Verfolgung der orthodoxen Kirche und der Rote Terror angelastet. Es stimmt zwar, daß die Juden in der Tscheka in Kiew und anderen Städten zahlreich vertreten waren, doch wurde dies zum Vorwand genommen, blutige Rache an der jüdischen Bevölkerung insgesamt zu üben. Wie der Oberrabbiner von Moskau es einst ausdrückte, waren es die Trotzkis, die die Revolution machten, die Bronsteins jedoch hätten die Rechnung zu bezahlen. Viele weiße Führer einschließlich Denikin vertraten die Ansicht, daß die Juden die Pogrome wegen ihrer »Unterstützung« des bolschewistischen Regimes selbst verschuldet hätten. Die gesamte Weiße Bewegung war von dem Gedanken besessen, daß die Verfolgung der Juden gleichsam als populäres Mittel der Konterrevolution gerechtfertigt sei. Der russische Rechte Schulgin, ein führender Verfechter der Kollektivschuld der Juden, gab später zu, daß die Pogrome eine Rache der Weißen für den Roten Terror gewesen seien. »Wir reagierten auf das Judenpack so, wie die Bolschewiki auf die *burschuis* reagierten. Sie riefen ›Tod den *burschuis*!‹, und wir antworteten ›Tod dem Judenpack!‹«[40]

Die ersten großen Pogrome wurden von Petljuras ukrainischen Nationalistenbanden im Winter 1918/19 verübt. Auch Machnos und Grigorjews Partisanen entfesselten Pogrome, ebenso wie die Polen 1920 und einige Einheiten der Roten Armee. In sämtlichen Pogromen, mit Ausnahme derer der Polen (die rassistisch begründet waren), ging die antijüdische Gewalt aufs engste mit Plünderung und Zerstörung jüdischen Eigentums einher. Die ukrainischen Bauernsoldaten haßten die Juden vor allem, weil sie Händler, Gastwirte und Geldverleiher waren, kurz die »Bourgeoisie« der »fremden« Städte, die stets die »einfache Dorfbevölkerung« ausgebeutet und in Armut gehalten hätten. Es war üblich, daß die Anführer der Pogrome den Juden, denen sie phantastischen Reichtum unterstellten, eine hohe Revolutionssteuer auferlegten, um anschließend die Geiseln, die sie genommen hatten, zu töten, wenn die Steuern nicht gezahlt wurden. Die Bolschewiki gingen während des Roten Terrors mit den gleichen Methoden vor. Es war ebenso üblich, daß die Anführer der Pogrome ihren Soldaten gestatteten, jüdische Geschäfte und Häuser zu plündern – dabei Juden zu ermorden und zu vergewaltigen –, und daß sie der ortsansässigen russischen Bevölkerung freie Hand ließen, sich unter dem Vorwand an der Beute zu bedienen, daß die Juden während der Wirtschaftskrise durch Spekulation reich geworden seien und ihre Reichtümer an das Volk zurückgegeben werden müßten. Die Bolschewiki nannten dies »Plünderung der Plünderer«.

Auch die von Denikins Soldaten verübten Pogrome geschahen aus demselben einfachen Instinkt heraus, die jüdische Bevölkerung, die als reich, feindlich und schwach betrachtet wurde, auszurauben, zu vergewaltigen und zu töten. In gewisser Weise waren sie jedoch, im Gegensatz zu früheren Pogromen, auch deutlicher durch Rassenhaß gegen die Juden motiviert und durch Haß gegen sie als »auserwähltes Volk der Bolschewiki«, wie ein weißer Offizier es ausdrückte. Ganze jüdische Städte wurden niedergebrannt und bis auf die Grundmauern zerstört, weil sie die Roten unterstützt hatten (ist es denn verwunderlich, daß sie das taten?). Rote Sterne wurden auf die Synagogenmauern gemalt. Juden wurden als Geiseln genommen und als Vergeltung für den Roten Terror erschossen, jüdische Leichname mit dem Schild »Verräter« oder einem roten Stern, der ihnen ins Fleisch geschnitten worden war, in den Straßen zur Schau gestellt.[41]

Wenn sie sich einer Stadt bemächtigten, die zuvor in der Hand der Roten gewesen war, gestatteten die weißen Offiziere ihren Soldaten stets, zwei bis drei Tage lang Juden nach Gutdünken auszurauben und zu töten. Man betrachtete dies als Lohn für die Mannschaften und als gerechte Vergeltung für die Rolle, die die Juden bei der Unterstützung der Roten gespielt hatten. Es gibt keine Berichte darüber, daß ein weißer Offizier je einem Pogrom Einhalt geboten hätte, jedoch verschiedene Fälle, wo selbst altgediente Generäle wie Mamontow oder Mai-Majewski die Pogrome anordneten. Einer der schrecklichsten fand in Kiew statt, direkt unter den Augen der weißen Führung. Vom 1. bis 5. Oktober zogen Kosaken durch die Stadt, drangen in jüdische Wohnungen ein, forderten Geld, vergewaltigten und mordeten. Offiziere und ortsansässige Geistliche stachelten sie mit Reden an wie »Das Judenpack mordet unser Volk und unterstützt die Bolschewiki«. Sogar Schulgin, ein überzeugter Antisemit, war verwirrt von dem Klima des »mittelalterlichen Terrors« in den Straßen und des »furchterregenden nächtlichen Geheuls« des »Judenpacks«, das einem »das Herz bricht«. Dennoch erließ General Dragomirow, der die Stadt beherrschte, bis zum 6. Oktober, einen Tag nachdem die Mordorgie schließlich von selbst verebbt war, keine Anordnung, den Pogrom zu stoppen.[42]

Viele Pogrome waren begleitet von grauenvollen Folterungen, die denen des Roten Terrors in nichts nachstanden. In Fastow hängten die Kosaken ihre Opfer an die Decke und ließen den Strick erst wieder locker, wenn sie bereits bewußtlos waren. Konnten die Verwandten, die diese Tortur gepeinigt mit ansehen mußten, das geforderte Geld nicht zahlen, wiederholten die Kosaken die Prozedur. Die Kosaken schlugen mit ihren Säbeln Gliedmaßen und Nasen ab und schnitten Babys aus dem Leib ihrer Mütter, setzten jüdische Häuser in Brand und trieben jene, die zu fliehen versuchten, zurück in die Flammen. In einigen Städten wie Tschernobyl trieb man die Juden in der Synagoge zusammen, die dann mitsamt der Menschen niedergebrannt wurde. In anderen Städten wie Tscherkassy wurden Hunderte von Mädchen unter zehn Jahren vergewaltigt. Viele von ihnen wurden anschließend mit Messer- oder Säbelwunden an ihren kleinen Vaginen aufgefunden. Einer der schrecklichsten Pogrome fand Ende Dezember im kleinen podolischen Städtchen Kriwoje Osero während der letzten Phase des Rückzugs der Weißen statt. Zu diesem Zeitpunkt scherten sich die Weißen nicht mehr um die Meinung der westlichen Welt und ließen jegliche Rücksichten im Anblick der Niederlage fallen. Die Terekkosaken folterten und verstümmelten Hunderte Juden, darunter viele Frauen und Kinder. Hunderte Leichen wurden den Hunden und Schweinen im Schnee zum Fraß überlassen. Inmitten dieser makabren Szenen veranstalteten die Kosakenoffiziere im Postamt der Stadt einen surrealistischen Ball, in Abendgarderobe und mit Orchester, wozu sie den örtlichen Magistrat und eine Gruppe Prostituierter einluden, die sie aus Cherson mitgebracht hatten. Während ihre Soldaten zum Vergnügen Juden töteten, tranken die Offiziere und ihre *beau monde* Champagner und tanzten die Nacht durch.[43]

Dank der jüngst geöffneten Archive können wir uns jetzt eine bessere Vorstellung davon machen, wie viele Juden während des Bürgerkriegs durch Pogrome getötet wurden. Die genaue Zahl wird allerdings nie zu ermitteln sein. Selbst die Pogrome durch die Weißen, über die am meisten bekannt ist, werfen die verschiedensten statistischen Probleme auf. Darüber hinaus gab es aber auch viele andere Pogrome gegen Juden (durch ukrainische Nationalisten, Machnos Partisanen, die polnischen Invasionstruppen und durch die Roten), deren Opfer nie gezählt worden sind. Man kann jedoch mit einiger Sicherheit feststellen, daß die Zahl der jüdischen Mordopfer insgesamt viel höher liegt als jene der offiziell belegten 31 071 Begräbnisse und der von Wissenschaftlern in der Vergangenheit geschätzten 50 000–60 000 Toten. Das wichtigste Dokument, das aus den russischen Archiven der Gegenwart aufgetaucht ist, der Bericht einer Untersuchung durch jüdische Organisationen in Sowjetrußland aus dem Jahre 1920, spricht von »mehr als 150 000 berichteten Toten« und bis zu 300 000 Opfern an Toten und Verletzten.[44]

* * *

Die zu Tausenden flüchtenden Denikin-Anhänger drängten sämtlich nach Noworossijsk, dem wichtigsten Hafen der Alliierten am Schwarzen Meer, weil sie darauf hofften, auf einem alliierten Schiff evakuiert zu werden. Im März 1920 war die Stadt mit verzweifelten Flüchtlingen überfüllt. Würdenträger des alten Regimes schliefen zu zwölft in einem Raum. Fleckfieber hielt furchtbare Ernte unter diesen Scharen ungewaschener Menschen. Fürst Jewgeni Trubezkoi und Purischkewitsch starben unter den schrecklichen Bedingungen von Noworossijsk. Niemand verschwendete noch einen Gedanken daran, gegen die Roten zu kämpfen, deren Kavallerie die Stadt bereits umzingelte. Sieben Jahre Krieg und Revolution hatten diese Menschen zutiefst defätistisch werden lassen – und sie dachten nur noch daran zu entkommen. Britische Gewehre wurden ins Meer geworfen, Kosaken erschossen ihre Pferde. Jedermann wollte Rußland verlassen, doch das Fassungsvermögen der alliierten Schiffe war begrenzt. Soldaten wurden bevorzugt und 50 000 von ihnen am 27. März zur Krim ausgeschifft. 60 000 Weiße blieben somit der Gnade der Roten ausgeliefert. In der Panik, an Bord zu gelangen, spielten sich häßliche Szenen ab: Fürstinnen zeterten wie Fischweiber, Männer und Frauen flehten die alliierten Offiziere am Kai auf Knien an, ihr Leben zu retten, einige stürzten sich ins Meer.[45]

Für Denikins Kritiker war diese stümperhafte Evakuierung der Tropfen, der das Faß zum Überlaufen brachte. Seit den ersten Niederlagen im Herbst, als klar wurde, daß die Moskau-Direktive ein strategischer Fehler gewesen war, hatte die Empörung der Generalität ständig zugenommen. Als Denikin auf der Krim eintraf, forderten sie nun seinen Rücktritt. Bei einer Wahl unter den ranghöheren Kommandeuren ging General Wrangel klar als Nachfolger hervor. Da ihnen der Gedanke, einen neuen Führer zu »wählen«, widerstrebte – das besaß ja den Beigeschmack von Demokratie, die doch die Armee 1917 zerstört hatte –, nötigten sie Denikin, zurückzutreten und Wrangel zu seinem Nachfolger zu »ernennen«. Dies stellte für Denikin die endgültige Beleidigung dar, wo er seinen Rivalen doch erst kurz zuvor entlassen hatte. Nun mußte er Wrangel aus Konstantinopel zurückrufen, wo dieser im Exil lebte. Auf demselben britischen Schiff, das Wrangel nach Rußland zurückbrachte, reiste Denikin anschließend in die türkische Hauptstadt. Er sollte sein Vaterland nie wiedersehen.

Unter General Wrangel stellten sich die Weißen ein letztes Mal den Bolschewiki entgegen. Doch von Anfang an war es offensichtlich, daß ihr Vorhaben zum Scheitern verurteilt war. Der Krieg gegen Polen, der rote Einheiten von der Südfront abgezogen hatte, ermöglichte es den Weißen für kurze Zeit, auf der Krim Fuß zu fassen. Gleichwohl war es lediglich eine Frage der Zeit, bis die Roten sich ihnen wieder mit voller Aufmerksamkeit zuwandten. Und als das geschah, gab es keinerlei Zweifel am Ausgang. Im April 1920 wurden die Weißen in jeder Hinsicht geschlagen.

Welches waren die hauptsächlichen Gründe für ihr Scheitern? Jahrelang quälten sich die Emigrantengemeinden der Weißen mit dieser Frage herum. Historiker, die mit der Sache der Weißen im großen und ganzen sympathisieren, haben oft die »objektiven Faktoren« betont, die ihnen angeblich alle Chancen genommen hätten.[46] Die Roten verfügten zahlenmäßig über weit überlegene Truppen, sie kontrollierten das große Gebiet Zentralrußlands mit seinen prestigeträchtigen Hauptstädten, den größten Teil der Industrie des Landes und das Zentrum des Eisenbahnnetzes, das es ihnen ermöglichte, die Truppen von einer Front zur anderen zu transportieren. Die Weißen dagegen waren zwischen verschiedenen Fronten aufgesplittert, was die Koordination ihrer Operationspläne erschwerte. Außerdem hingen sie bei einem Großteil des Nachschubs von den unzuverlässigen Alliierten ab. Andere Historiker hoben die strategischen Fehler der Weißen hervor, allen voran die Moskau-Direktive, sowie die bessere Führung, das größere Engagement und die bessere Disziplin der Roten.

All diese Faktoren sind zweifellos von Bedeutung gewesen und hätten in einem konventionellen Krieg sicherlich genügt, um den Ausgang zu erklären. Der russische Bürgerkrieg war jedoch eine sehr andere Art von Krieg. Er wurde von Armeen ausgetragen, die sich weder auf die Loyalität der meist zwangsverpflichteten Soldaten verlassen konnten noch auf die Unterstüzung der Zivilbevölkerung jener Gebiete, die zu kontrollieren sie für sich in Anspruch nahmen. Die meisten Menschen wollten mit dem Bürgerkrieg nichts zu tun haben: sie senkten die Köpfe und versuchten, neutral zu bleiben. Ein Jude sagte zu Isaak Babel: »Alle sagen, sie kämpfen für Freiheit und Gerechtigkeit, und alle stehlen.«[47] Als Rußland 1920 am Rande einer Hungerkatastrophe stand, hätten viele Menschen zweifellos jeden »Zaren« willkommen geheißen, wenn er ihnen nur Brot gegeben hätte. Sowohl Rote als auch Weiße waren ständig durch Massendesertion, den Zusammenbruch der Versorgung, Streiks und Bauernaufstände im Hinterland geschwächt. Ihre Fähigkeit, trotz all dieser Probleme ihre Feldzüge zu führen, hing jedoch weniger von militärischen als von politischen Faktoren ab. Im wesentlichen war es eine Frage der politischen Organisation und Massenmobilisierung. Natürlich spielte auch der Terror eine Rolle. Doch Terror allein reichte nicht aus – die Menschen waren zu zahlreich und die Regimes zu schwach, um ihn überall anwenden zu können –, zudem erwies er sich oft als kontraproduktiv.

Die Roten verfügten über einen wesentlichen Vorteil, der es ihnen, als es tatsächlich darauf ankam, ermöglichte, mehr Soldaten für das Schlachtfeld zu motivieren: Sie konnten von sich behaupten, sie verteidigten »die Revolution«, ein passenderweise vielsagendes Symbol, auf das die Menschen ihre Ideale projizieren konnten. Unter der roten Fahne kämpfen zu können gab den Bolschewiki einen entscheidenden Vorteil. Die Symbolkraft der Fahne erklärt weitgehend, warum sich die Bauern, darunter Hunderttausende Deserteure, während des Vormarschs der Weißen auf Moskau im Herbst 1919 der Roten Armee anschlossen. Die Bauern glaubten, daß ein Sieg der Weißen ihre Revolution auf dem Land rückgängig machen würde. Erst nach der endgültigen Niederlage der Weißen nahmen die Bauernrevolten gegen die Bolschewiki größere Ausmaße an. Ebendiese »Verteidigung der Revolution« erklärt auch die Tatsache, daß viele Arbeiter ungeachtet ihrer Klagen über die Bolschewiki sich während Judenitschs Vormarsch auf Petrograd hinter das Sowjetregime stellten.

Es war politisches Versagen, das der Niederlage der Weißen zugrunde lag. Sie erwiesen sich als unfähig und nicht willens, eine Strategie zu entwickeln, mit der sie die Mehrheit der Bevölkerung auf ihre Seite ziehen konnten. Ihre Bewegung stützte sich, wie Wrangel es ausdrückte, auf das »grausame Schwert der Rache«, und ihr einziges Ziel bestand darin, die Uhren zu den »glücklichen Tagen« vor 1917 zurückzudrehen. Sie sahen nicht, daß es notwendig war, sich auf die Gegebenheiten der Revolution einzustellen. Das Versäumnis der Weißen, die Bauernrevolution auf dem Land sowie die nationalen Unabhängigkeitsbewegungen anzuerkennen, besiegelte ihre Niederlage. Denikin erkannte als erster, daß der Sieg von einer Volkserhebung gegen die Roten in Zentralrußland abhing. Doch zu diesem Aufstand kam es nicht. Statt das Volk auf ihre Seite zu ziehen, machten sich die Weißen »die Menschen zu Feinden«, wie Wrangel zugab.[48]

Teilweise war das ein Imageproblem. Obgleich sowohl Koltschak als auch Denikin leugneten, Monarchisten zu sein, gab es in ihren Reihen doch allzu viele Befürworter einer Restauration des zaristischen Systems, was in der Bevölkerung den Eindruck erweckte, sie seien mit dem alten Regime verbunden – was wiederum Munition für die Propaganda ihrer Feinde war. Die Weißen bemühten sich nicht wirklich, dieses Problem zu lösen. Ihre Propaganda war extrem primitiv, und in jedem Fall ist es fraglich, ob sie dieses Mißtrauen durch Propaganda überhaupt hätten zerstreuen können. So haben sich die Weißen ihre Niederlage letztlich selbst zuzuschreiben, denn sie versäumten es, mit der Vergangenheit zu brechen und die Initiative im Zusammenhang dessen, worum es 1917 ging, wieder an sich zu reißen. Das Problem der russischen Konterrevolution war genau dies: sie war zu konterrevolutionär.

Mit der Niederlage der Weißen war das alte Rußland des Fürsten Lwow endgültig zu Grabe getragen worden. Im November 1920 schrieb er an Roditschew: »Mein Herz blutet um mein fernes und unglückliches Heimatland. Es schmerzt mich, wenn ich an die Qualen denke, die meine Freunde und Verwandten und überhaupt alle Menschen erleiden müssen.« 1918 hatte Lwow auf der Forderung bestanden, die Roten mit Militärgewalt zu bekämpfen, und nicht an die Möglichkeit einer demokratischen Bewegung in Rußland geglaubt. 1920 mußte jedoch selbst er feststellen, daß diese Einschätzung falsch gewesen war. »Wir haben uns geirrt, als wir annahmen, die Bolschewiki könnten durch physische Gewalt besiegt werden«, schrieb er im November an Bachmetjew. »Sie können nur durch das russische Volk besiegt werden. Und dafür müßten die Weißen ein demokratisches Programm haben.«[49]

## GENOSSEN UND KOMMISSARE

Im September 1919 landete ein schockierender Bericht auf Lenins Schreibtisch. Aus ihm ging hervor, daß im Smolny, der Zitadelle der Oktoberrevolution, Korruption gang und gäbe sei. »Geld aus den Schatullen des Petrograder Sowjets fließt freizügig in die Taschen der Parteiführer«, schrieb der Leiter der Arbeitersektion an Lenin. Schon seit mehreren Monaten lieferte die Versorgungsabteilung keine Lebensmittel mehr in die Arbeiterbezirke, währenddessen wurden jedoch hinter dem Smolny lastwagenweise Lebensmittel an Schwarzmarkthändler verkauft. »Die hungrigen Arbeiter müssen mit ansehen, wie die gutgekleideten Frauen der ›sowjetischen Zaren‹ mit Lebensmittelpaketen herauskommen und in ihren Autos weggefahren werden. Sie sagen, es sei genau das gleiche wie in den alten Zeiten mit den Romanows und ihrer Hofdame, Madame Wyrubowa. Sie riskieren es nicht, sich bei Sinowjew [dem Parteichef in Petrograd] zu beschweren, da er von Handlangern mit Revolvern umgeben ist, die die Arbeiter bedrohen, wenn sie zu viele Fragen stellen.« Von diesem Bericht schockiert, befahl Lenin Stalin als dem Volkskommissar für Staatliche Kontrolle, eine »rigorose Inspektion der Smolny-Büros« durchzuführen, ohne daß Sinowjew oder seine Beamten davon Kenntnis erhielten. Stalin jedoch weigerte sich, »Genossen zu bespitzeln«, und erklärte, dies würde die Arbeit der Partei zu einem entscheidenden Zeitpunkt des Bürgerkriegs unterminieren. Das war typisch für seine Haltung: Die Bande der Kameradschaft und das Überleben der Partei waren für ihn wichtiger als jeder Beweis von Machtmißbrauch.[50]

Dieser Vorfall war symptomatisch für ein generelles Problem innerhalb der Partei: Macht brachte Korruption hervor. Diese Korruption war viel tiefer verwurzelt als die sonst übliche Form von Käuflichkeit, die in jeder Regierung gedeiht. Die Bolschewiki glichen keiner westlichen Partei. Sie waren eher eine herrschende Klasse, in vielerlei Hinsicht dem Adel ähnlich, mit dem sie Lenin selbst häufig verglich. »Wenn 10 000 Adlige ganz Rußland regieren konnten, warum dann nicht auch wir?« hatte Lenin einst gesagt. Die Genossen traten tatsächlich in die Fußstapfen des Adels. Nach 1917 der Partei beizutreten kam dem Ritterschlag gleich. Es brachte Beförderung in den Ämtern, einen Elitestatus, Privilegien und einen persönlichen Anteil am Parteistaat mit sich. Die Richtlinien der Partei dominierten jeden Aspekt des öffentlichen Lebens in Sowjetrußland, genauso, wie der Kodex der Aristokratie das öffentliche Leben im zaristischen Rußland beherrscht hatte. Möglicherweise mußte diese Korruption geradezu in einer Partei wie jener der Bolschewiki auftreten, die sich beim Aufbau ihres Staates im Bürgerkrieg auf die massenhafte Rekrutierung von Mitgliedern aus den Unterschichten stützte. In einer sozialen Revolution wie dieser bestand eines der Hauptmotive, der Partei beizutreten, zwangsläufig in der Aussicht auf gesellschaftlichen Aufstieg. Das Problem wurde aber noch dadurch verstärkt, daß die Bolschewiki in ihren Ämtern ohne jede wirkliche Kontrolle handelten. Es war im wesentlichen eine Cliquenwirtschaft mächtiger Gruppierungen und örtlicher Netzwerke von Protektion und Macht, die außerhalb jeglicher Kontrolle durch die Parteiorgane in der Hauptstadt operierten. Zeitweise benahmen sich die Bolschewiki eher wie eine lokale Mafia und nicht wie die regierende Partei des größten Staates der Welt.

Während des Bürgerkriegs verschlossen die führenden Bolschewiki die Augen vor dieser Korruption. Es war eine Zeit, da die Genossen dazu aufgerufen waren, große Opfer für die Revolution zu bringen – viele arbeiteten rund um die Uhr und zeigten eine fanatische Hingabe an die Partei –, so daß gelegentliche Maßlosigkeit ein geringer Preis dafür zu sein schien. Zu Beginn des Jahres 1918 hatte Lenin selbst einen Plan unterstützt, in Petrograd ein eigenes geschlossenes Restaurant für die Bolschewiki einzurichten, da man von ihnen nicht erwarten könne, daß sie eine Revolution mit leerem Magen führten. »Die Arbeiter würden verstehen, daß das notwendig sei.«[51] Seitdem hatte man das Prinzip nach und nach ausgeweitet, so daß man es am Ende des Bürgerkriegs für angemessen hielt, daß Parteimitglieder höhere Gehälter und Sonderzuteilungen, Subventionen für ihre Unterkunft in Wohnungen und Hotels, Zugang zu exklusiven Geschäften und Krankenhäusern, private Datschas, Wagen mit Chauffeuren, Eisenbahnfahrten erster Klasse und Urlaubsreisen ins Ausland erhalten sollten, ganz zu schweigen von zahlreichen anderen Privilegien, die einst der zaristischen Elite vorbehalten gewesen waren.

5000 Bolschewiki lebten mit ihren Familien im Kreml und den besonderen Parteihotels National und Metropol im Zentrum Moskaus. In den Wohnvierteln des Kreml waren mehr als 2000 Angestellte beschäftigt, es gab einen eigenen Ladenkomplex einschließlich eines Friseursalons, einer Sauna, eines Krankenhauses und eines Kindergartens sowie drei große Restaurants mit Köchen, die in Frankreich ausgebildet worden waren. 1920, als man beschloß, daß die Benutzung all dieser Einrichtungen kostenlos sei, war das Haushaltsbudget höher als die Summe, die für Sozialhilfe für ganz Moskau ausgegeben wurde. In Petrograd lebten die obersten Parteibosse im Hotel Astoria, das als Erstes Haus der Sowjets nach den Verwüstungen durch die Revolution in seinem einstigen Glanz wiederhergestellt worden war. In ihre Suiten konnten sie den Zimmerservice kommen lassen, die »Genossen Kellner«, die die Hacken zusammenschlagen mußten. Lang vergessene Luxusgüter wie Champagner und Kaviar, Parfüm und Zahnbürsten wurden hemmungslos verschwendet. Der Zutritt zum Hotel war der Öffentlichkeit durch eine Bande stämmiger Wachen in schwarzen Lederjacken versperrt. Abends parkten Regierungswagen vor dem Eingang, die darauf warteten, die elitären Hotelgäste in die Oper oder den Smolny zu einem Bankett zu bringen. »Grischka« Sinowjew, der »Boß von Petrograd«, ging hier mit seinen Tscheka-Leibwächtern und einer Reihe ausgesuchter Prostituierter ein und aus.[52]

Die Spitzenfunktionäre der Partei besaßen eigene Landgüter, die man von der zaristischen Elite requiriert hatte. Lenin hatte sich das Gut von General Morosow in Gorki vor den Toren Moskaus angeeignet. Trotzki besaß eines der prächtigsten Güter des Landes, das zuvor den Jussupows gehört hatte. Was Stalin betrifft, so lebte er im Landhaus eines einstigen Ölmagnaten. Rund um die Hauptstadt gab es Dutzende Güter, die den Parteiführern vom Exekutivkomitee der Sowjets zur privaten Nutzung überlassen worden waren. Ein jedes besaß seine eigene zahlreiche Dienerschaft wie in früheren Zeiten.[53]

In den unteren Parteirängen war der Lohn für den Dienst nicht ganz so hoch, doch die Korruption griff auch hier um sich. Natürlich gab es Genossen, die von hehren Idealen motiviert waren, bescheiden lebten und jene Gleichheit praktizierten, die ihre Führer predigten. Lenin selbst lebte in drei kleinen Zimmern im Kreml und ließ sich nie durch materiellen Gewinn antreiben. Doch zwangsläufig findet man viele andere, für die derartige Ideale eher rhetorischer Natur und deren Motivationen irdischer waren. Das Annehmen von Bestechungsgeld, Diebstahl und der Verkauf von Volkseigentum grassierten innerhalb der Partei. Beinahe alles konnte man von den korrupten Beamten erwerben – Lebensmittel, Tabak, Alkohol, Treibstoff, Wohnungen, Waffen und Genehmigungen jeder Art. Die Frauen und Geliebten der Parteibosse hängten sich »die Auslagen ganzer Juwelierläden um den Hals«, wie Sinowjew es ausdrückte.[54]

Lenin erklärte das Problem der Korruption gern damit, daß unmoralische Elemente aus dem Kleinbürgertum sich in den Sowjetapparat eingeschlichen hätten, als dieser während des Bürgerkriegs angewachsen sei. Es stimmt, daß auf den unteren Ebenen des Staatsapparats viele Nichtproletarier beschäftigt waren, deren Bindung an das bolschewistische Regime häufig nur aus Eigennutz bestand. Doch das Problem der Korruption beschränkte sich nicht allein auf sie. Es hatte die Partei insgesamt erfaßt, einschließlich jener Mitglieder, die ihr am längsten gedient hatten und bestrebt waren, an der Spitze zu bleiben. Kurz gesagt, die Korruption war das Ergebnis ungezügelter Machtausübung.

Sie war nicht allein eine Frage des bolschewistischen Machtmonopols in den Sowjets, das bereits im Sommer 1918 in den meisten Städten erlangt worden war – also bevor die Korruption derartige Ausmaße annahm. Sie hing vielmehr auch damit zusammen, daß jene Räte, in denen die Vollversammlung die oberste Instanz war, welche die Arbeit der Exekutivkomitees kontrollierte, aus revolutionären Gremien in bürokratische Organe des Parteistaats verwandelt wurden (die heutzutage bekannten Sowjets), in denen die reale Macht bei den Bolschewiki in den Exekutivkomitees lag, über die die Vollversammlung keine Kontrolle mehr ausübte. Die Korruption war ebensosehr ein Produkt der Bürokratisierung wie der Monopolisierung der Macht.

Dieser zweifache Prozeß brachte eine ganze Reihe gleichzeitiger Entwicklungen innerhalb des Parteistaats mit sich. Einen eigentlichen Plan gab es nicht. Als die Bolschewiki an die Macht kamen, besaßen sie keine genaue Vorstellung davon, wie die institutionellen Beziehungen zwischen Partei und Räten zu gestalten seien, sondern lediglich den generellen Drang, zu kontrollieren und zu zentralisieren. Diese Beziehungen ergaben sich spontan aus den allgemeinen Bedingungen der Revolution. Die örtlichen Räte und Parteiorgane waren zu Beginn des Jahres 1918 ihrem Wesen nach äußerst dezentralisiert und improvisiert. Viele riefen ihre eigenen örtlichen »Republiken« und »Diktaturen« aus, die die Direktiven aus Moskau vollkommen ignorierten. In den ländlichen Räten war es in der Tat so üblich geworden, die Dekrete der Zentralregierung zu Zigarettenpapier zu zerreißen, daß sich Lenin veranlaßt sah, seinen Agitatoren gemeinsam mit dem Dekret über den Boden auch alte Kalender zum Verteilen mit aufs Land zu geben, in der Hoffnung, daß letztere statt des Dekrets zerrissen würden.[55] Die Provinz Kaluga wurde 1918 zum Inbegriff für den Widerstand gegen die Zentralmacht. In Kaluga gab es eine Souveräne Räterepublik Autonomer Gebiete. Nie ist Rußland in seiner Geschichte einer anarchistischen Machtstruktur näher gekommen als hier, denn die Gebietsräte waren ermächtigt, Grenzkontrollen auf ihren Territorien durchzuführen. Aus diesem Grund mußten sich die Funktionäre des Moskauer Staats von jedem einzelnen Rat einen Paß ausstellen lassen, wenn sie von Dorf zu Dorf reisten. Erst während des Bürgerkriegs, als die Bolschewiki die Notwendigkeit einer strikt zentralisierten Kontrolle betonten, um die Ressourcen des Landes zu mobilisieren, erstellten sie auch einen Plan für die allgemeine Struktur des Parteistaats.

Oberste Priorität hatte für sie dabei, daß sie die Kontrolle über die Räte und andere entscheidend wichtige Institutionen wie beispielsweise die Gewerkschaften gewannen. Menschewiki und Sozialrevolutionäre waren noch immer in diesen Gremien vertreten, allerdings als »parteilose« Abgeordnete, nachdem ihre Parteien im Sommer 1918 verboten worden waren.*

Sämtliche Wahltaktiken, die in diesem Jahrhundert von Kommunisten angewandt wurden, um demokratische Gremien zu zersetzen, gehen auf den russischen Bürgerkrieg zurück. Die Bolschewiki griffen zu den Mitteln ausgedehnter Wahlmanipulation und der Einschüchterung der Opposition. Die Abstimmung auf Räte- und Gewerkschaftskongressen erfolgte fast immer durch Handzeichen, so daß derjenige, der gegen die Bolschewiki stimmte, Schikanen der Tscheka auf sich zog, deren Anwesenheit bei Wahlen stets deutlich zu spüren war. Bei geheimer Stimmabgabe hätten die Bolschewiki nicht sehr viele Wahlen gewinnen können. Immer häufiger propagierten Arbeiter und Bauern die Losung »Räte ohne die Kommunisten!«. Die Bolschewiki jedoch schafften dieses »Relikt bürgerlicher Demokratie« ab und behaupteten, die geheime Stimmabgabe sei bei der »höheren Form der Freiheit«, die das Sowjetvolk offenkundig genieße, nicht mehr notwendig.

Auch die Tatsache, daß man eine Abstimmung nach Parteilisten durchsetzte, arbeitete den Bolschewiki in die Hände. Als einzige legale Partei innerhalb der Sowjets konnten sie sich als Plattform zur Festlegung ihrer Strategie treffen, während die anderen Parteien und Faktionen im Sitzungssaal uneins blieben. Das bedeutete, daß die Bolschewiki selbst als kleine Minderheit oft Wahlen in den Ortssowjets gewinnen konnten, weil sie sich als einzige Partei präsentierten, die man für die Handlungen der Zentralregierung verantwortlich machen konnte. Mit ei-

* Von 1918 bis 1922 wurde das Verbot von Menschewiki und Sozialrevolutionären immer wieder einmal für kurze Zeit aufgehoben. Doch selbst während dieser Phasen verfolgten die Bolschewiki deren Aktivisten.

ner knappen Mehrheit bildeten so häufig komplette bolschewistische Kandidatenlisten die Exekutivkomitees der Sowjets, anstatt daß die Sitze entsprechend der Stärke der verschiedenen Faktionen verteilt worden wären. Der Sieger eignete sich eben alles an.

Sobald sie die Führung in den Exekutivkomitees innehatten, suchten die Bolschewiki die Macht unter ihrer Aufsicht zu zentralisieren. Sowjetkongresse wurden selten einberufen und, solange sie nicht tagten, die Macht statt dessen von den Exekutivkomitees und ihren ständigen Abteilungsstäben ausgeübt, die man für jeden Politikbereich ernannte. Die sozialistische Opposition bezeichnete das als *ispolkomschtschina* oder Diktatur der Exekutive. Während der Revolution hatten die Exekutivkomitees der Räte hauptsächlich aus ehrenamtlich tätigen Arbeitern und Bauern bestanden. Nun setzten sie sich in steigendem Maße aus ganztägig beschäftigten Berufsbürokraten zusammen, die vom zentralen Parteistaat bezahlt und nur selten neu gewählt wurden. Die »Pflugführer« machten den Weg frei für die »Federführer«.

Die Arbeit der Sowjets wurde nun zunehmend vom Parteiapparat bestimmt. Die Partei dehnte ihre Kontrolle sowohl über die Verwaltung als auch über die Politik des Staates aus. Bis 1919 war die Partei als solche nahezu verschwunden, da ihre Mannschaften in die Räte eintraten. Von einem Zentralkomitee konnte kaum die Rede sein – die meiste Arbeit erledigten Lenin und Swerdlow gemeinsam auf der Rückseite eines Briefumschlags –, und zu den örtlichen Parteizellen besaß das ZK nur spärliche Verbindungen. Einige Bolschewiki vertraten sogar die Meinung, die Partei habe ihren Zweck erfüllt und könne abgeschafft werden, da sie nun die Sowjets kontrolliere. Vielen Bolschewiki schienen die Parteizellen lediglich »die Abteilungen für Agitation der örtlichen Sowjets« zu sein, wie Nikolai Krestinski es ausdrückte. All dies änderte sich im Frühjahr 1919. Einerseits legte der plötzliche Tod von Swerdlow, der an der Spitze sowohl der Partei- als auch der Sowjetbürokratie gestanden hatte, nahe, diese beiden Strukturen zu trennen. Andererseits entdeckten die Bolschewiki, die sich damit abmühten, den chaotischen Sowjetapparat während des Bürgerkriegs zu meistern, daß die Parteistruktur genutzt werden konnte, um zentralisiertere Formen der Sowjetkontrolle einzuführen.

Nach dem VIII. Parteitag im März 1919 wurde der zentrale Parteiapparat umgestaltet, um ihn auf seine künftige Aufgabe, die Sowjets zu kontrollieren, vorzubereiten. Ein aus fünf Mitgliedern bestehendes Politbüro wurde geschaffen (Lenin, Trotzki, Stalin, Kamenew und Krestinski), das die Parteipolitik bestimmen sollte. Die Mitgliederzahl des Zentralkomitees wurde im folgenden Jahr verfünffacht. Ihm waren nun neun Abteilungen und verschiedene Büros angeschlossen, die die Politik auf den verschiedensten Gebieten auszuarbeiten hatten, sowie ein Parteisekretariat und ein besonderes Organisationsbüro (Orgbüro), das überall im Land Parteifunktionäre verteilte. Den örtlichen Parteizellen wurde ein strenger Zentralismus auferlegt: Ihre Mitglieder wurden angewiesen, die Entscheidungen der höheren Parteiorgane und nicht die der Sowjets auszuführen. Da die Vorsitzenden der lokalen Sowjets ausnahmslos Parteimitglieder waren – und zudem oft gleichzeitig Vorsitzende der lokalen Parteizellen –, wurde der gesamte Sowjetapparat auf diese Weise im Grunde der Partei unterstellt. Die Bolschewiki bezeichneten die Sowjets und andere öffentliche Körperschaften wie beispielsweise die Gewerkschaften nun als »Transmissionsriemen« der Parteiherrschaft. Dieser Ausdruck sollte später durch Stalin Berühmtheit erlangen.

Immer häufiger beriefen die höheren Parteiorgane ihre eigenen Sonderkommissare auf jene Posten der Sowjets, für die man bis dahin von der Basis gewählt worden war. 1920 besetzte das Zentralkomitee etwa 1000 derartiger Posten im Monat. Die Provinzorgane der Partei taten das gleiche auf Bezirks- und Gebietsebene – jene von Oskin in Tula waren besonders berüchtigt für ihre Berufungsmanie. Ziel dieser Vorgehensweise war es, die Kontrolle über den lokalen Apparat durch das Zentrum zu verstärken, weshalb man die loyalsten und vertrauenswürdigsten Genossen schickte, damit sie ihn militärisch streng führten. Das erwies sich jedoch manchmal als kontraproduktiv: Die umherreisenden Kommissare machten sich die örtlichen Aktivisten immer wieder zu Feinden, weil sie über deren Interessen rücksichtslos hinweggingen. Daraufhin erhob sich an der bolschewistischen Parteibasis immer lauter Protest gegen die »Militarisierung« der Partei, der einen Mitgliederschwund bei den örtlichen Parteiorganisationen und deren Entfremdung von der Führung zur Folge hatte. Was vielleicht noch wichtiger ist – die permanente Praxis dieser Berufungen bedeutete auch, daß viele Sowjets nun von Parteibossen geführt wurden, die vollkommen fremd in der Region waren und deshalb vielleicht verstärkt zu Machtmißbrauch neigten. Semjon Kanattschikow war ein typischer Vertreter dieser nomadisierenden Kommissare. Obwohl er aus der Moskauer Provinz stammte, wurde er während des Bürgerkriegs vom Zentralkomitee in leitenden Funktionen in Tomsk, Perm, Swerdlowsk, Omsk, in der Tatarischen Republik und in Petrograd eingesetzt. Beinahe zwei Jahre lang sah er weder seine Frau noch seine beiden kleinen Kinder, die er in Barnaul in einem Versteck zurückgelassen hatte. Diese »Berufungsmanie« trug demnach nur noch weiter dazu bei, daß sich sowohl beim Volk als auch bei der Parteibasis das Gefühl breitmachte, die Sowjetmacht sei etwas Feindliches und Tyrannisches.[56]

* * *

Bei einem Parteistaat, der sich zum Ziel gesetzt hatte, die gesamte Gesellschaft zu kontrollieren, überrascht es nicht, daß die Sowjetbürokratie während der ersten Jahre der bolschewistischen Herrschaft gewaltig aufgebläht wurde. Während der zaristische Staat Verwaltungsobliegenheiten häufig privaten und öffentlichen Institutionen wie den Semstwos oder Wohltätigkeitsverbänden überlassen hatte, schaffte das Sowjetregime all dies ab und übernahm unmittelbare Verantwortung für die Aktivitäten, die bislang jene Institutionen ausgeübt hatten. Das Ergebnis war die Bürokratisierung von nahezu jedem Lebensbereich in Rußland, vom Bankwesen und der Industrie bis hin zum Erziehungswesen. Von 1917 bis 1921 vervierfachte sich die Zahl der Staatsangestellten und stieg von 576 000 auf 2,4 Millionen. 1921 gab es in Rußland doppelt so viele Bürokraten wie Arbeiter. Sie bildeten die gesellschaftliche Basis des Regimes. Es handelte sich nicht um eine Diktatur des Proletariats, sondern um eine Diktatur der Bürokratie. »Die Bevölkerung Moskaus«, so Lenin, »schwillt durch die wachsende Zahl der Angestellten an« – es beherbergte Ende 1920 beinahe eine viertel Million von ihnen, ein Drittel der gesamten arbeitsfähigen Bevölkerung der Stadt. Das Moskauer Zentrum wurde nunmehr ein riesiger Komplex von Behörden, da man Räten Komitees hinzufügte und Kommissionen Abteilungen.[57]

Etwa ein Drittel des Verwaltungsapparats war mit der Regelung der Planwirtschaft befaßt. Es war eine absurde Situation: Während die Wirtschaft zum Erliegen kam, blühte ihre Bürokratie. Im Land herrschte ein katastrophaler Mangel an Brennstoff, doch ein Heer von Bürokraten war damit befaßt, seine so gut wie nicht stattfindende Verteilung zu organisieren. In den Geschäften gab es kein Papier, aber jede Menge davon in den Sowjetinstitutionen (90 Prozent des in den ersten fünf Jahren der Sowjetmacht in Rußland produzierten Papiers wurden von der Bürokratie verbraucht). Einer der wenigen tatsächlich ausgelasteten Betriebe war die Moskauer Telefonfabrik. Die Nachfrage dieses neuen Beamtentums nach Telefonen war derart groß, daß eine Warteliste mit 12 000 Bestellungen vorlag.[58]

Diese Wechselbeziehung – leere Fabriken und volle Büros – war kein Zufall. Je weniger Waren es gab, desto schwieriger wurde es, ihre Verteilung zu kontrollieren, da der Schwarzhandel mit Mangelwaren blühte und der Staat stärker eingreifen mußte. Daraus resultierte die starke Zunahme einander überschneidender Ämter innerhalb der Volkswirtschaft. Neben den wichtigsten Kommissariaten (wie jenen für Ernährung, Arbeit, Verkehrswesen) und ihren örtlichen Organen in den Sowjets gab es ein Netzwerk von Organen, die dem Obersten Volkswirtschaftsrat, dem WSNCh, untergeordnet waren, einschließlich seiner örtlichen Wirtschaftsräte, der Trusts und der Glawki zur Regulierung einzelner Zweige der Industrieproduktion. Darüber hinaus existierten vom Regime *ad hoc* eingesetzte Ämter für die Versorgung des Militärs wie der Rat für Arbeit und Verteidigung oder solche Abkürzungsmonstren wie Tschusosnabarm (Außerordentliches Amt für die Versorgung der Armee), denen prinzipiell Vorrang vor den anderen Wirtschaftsorganen eingeräumt wurde. In der Praxis herrschten zwischen den verschiedenen Institutionen natürlich nur Durcheinander und Rivalität. Je mehr der Staat versuchte, die Kontrolle zu zentralisieren, desto weniger Kontrolle übte er tatsächlich aus. Eine Stufe niedriger, auf Fabrikebene, erwies sich die Bürokratie als genauso ineffektiv. 1920 kamen auf 100 Fabrikarbeiter 16 Fabrikfunktionäre. In einigen Fabriken waren diese Zahlen sogar noch höher: Von den 7000 Beschäftigten der berühmten Putilow-Metallwerke waren lediglich 2000 Arbeiter, der Rest waren niedere Funktionäre und Büroangestellte. Die materiellen Vorteile dieser Bürotätigkeit, insbesondere der Zugang zu Lebensmitteln und anderen Mangelwaren, waren derart groß, daß sich solche Parasiten in dem Maße vermehrten, wie sich die Wirtschaftskrise zuspitzte. Sämtliche Streikresolutionen dieser Jahre beklagen sich über Fabrikfunktionäre, die »auf Kosten der Arbeiter leben«.[59]

Lenin behauptete gern, das Problem des Bürokratismus sei ein Erbe der zaristischen Ära. Es stimmt zwar, daß die Sowjetbürokratie die Gepflogenheiten der zaristischen Bürokratie übernahm, doch 1921 war sie auch bereits auf den zehnfachen Umfang angewachsen. Was das Personal betrifft, so gab es eine gewisse Kontinuität, besonders in den zentralen Saatsorganen. Mehr als die Hälfte der Bürokraten in den Moskauer Dienststellen der Kommissariate, die im August 1918 dort angestellt waren, hatte bereits vor dem Oktober 1917 in der einen oder anderen Verwaltungsinstanz gearbeitet. Viele der zentralen Organe beschäftigten für die unbedeutenderen Schreibarbeiten auch ganze Armeen junger bürgerlicher Damen, von denen die meisten nie zuvor gearbeitet hatten. Ein Augenzeuge schildert, wie sie jeden Morgen zu Hunderten durch den Schnee der Moskauer Vororte zum Stadtzentrum liefen. Dort arbeiteten sie den ganzen Tag über in ungeheizten Büros, ohne daß ihre feuchten Schuhe oder Kleider je trockneten, um dann am Abend wieder zurück in die Vororte zu laufen, wo sie sich um die Beschaffung von Lebensmitteln für ihre hungrigen Verwandten kümmern mußten. Je weiter man allerdings die Rangleiter hinunterstieg, desto stärker war der Apparat von den unteren Schichten dominiert, die zum ersten Mal in den Ämtern beschäftigt waren. Die Mehrheit dieser Leute, insbesondere in Provinzstädten, entstammte der unteren Mittelschicht, jener Schicht also, die die Marxisten als Kleinbürgertum bezeichneten – Buchhalter, Verkäufer und kleine Kontoristen. Was die Arbeiter betrifft, in deren Namen das Regime ja gegründet worden war, so stellten sie nur einen sehr geringen Prozentsatz derjenigen, die in der Sowjetbürokratie Fuß faßten – sicherlich nicht mehr als 10 Prozent (basierend auf der Zahl der Arbeiter vor 1917). Selbst in der Verwaltung der Industrie machten die Arbeiter weniger als ein Drittel der Angestellten aus. Der Schluß liegt nahe, daß die meisten Vertreter dieser Schichten weniger aufgrund ihrer revolutionären Ideale vom Sowjetsystem angezogen waren als vielmehr wegen der relativ hohen Gehälter und kurzen Arbeitszeiten seiner Bürokraten. Dies war zweifellos eine angenehmere Aussicht als Kälte und Hunger, die jene Vertreter der alten Bourgeoisie erwarteten, die sich entschlossen hatten, das Sowjetregime zu boykottieren. Der typische Tag eines Sowjetbürokraten bestand daraus, schwatzend auf den Fluren zu stehen, zu rauchen und Kaffee zu trinken oder in Schlangen nach den Sonderzuteilungen anzustehen, die lediglich der Sowjetelite zustanden.[60]

Auf dem Land konnte das Sowjetregime weit mehr an Einfluß gewinnen, als das zaristische System je gehabt hatte. Während des Bürgerkriegs wandelte man die meisten Exekutivkomitees auf Bezirksebene aus demokratischen Organen der Bauernrevolution um in bürokratische Organe staatlicher Steuereinnahmen. In der Wolgaregion, wo dieser Prozeß untersucht wurde, saß in 71 Prozent der Bezirks-Exekutivkomitees im Herbst 1919 mindestens ein bolschewistisches Mitglied – verglichen mit nur 38 Prozent im vorangegangenen Frühjahr. Zwei Drittel aller Mitglieder der Exekutivkomitees waren als Bolschewiki registriert. Damit gewann das Regime Rückhalt in den Amtsbezirken: In den Exekutivkomitees der Bezirkssowjets, die ebenso wie ihr Pendant auf höherer Ebene die Macht auf Kosten des Sowjetkongresses in ihren Händen konzentrierten, konnten die Bolschewiki auf einen mehr oder weniger verläßlichen Apparat zählen, mit dem sie die Lebensmittelbeschaffung und die Rekrutierungen durchsetzten. Die Bauern zogen sich in ihre Dörfer zurück, nachdem sie die Kontrolle über die Sowjets eingebüßt hatten, schlossen sich dort wieder in ihren Dorfgemeinden zusammen und kehrten den Bezirkssowjets den Rücken. Der wachsende Konflikt zwischen den Bauern und dem Parteistaat wurde somit an denselben Frontlinien ausgetragen wie der Konflikt zwischen Bauern und dem Adelsstaat – zwischen den Dörfern und den Bezirken.[61]

Der Schlüssel zu diesem Prozeß des bolschewistischen Aufbaus eines Staats war die Unterstützung jener jungen und gebildeten Bauernschicht, die die Dörfer während des Krieges verlassen hatte. In der Wolgaregion waren 60 Prozent der Mitglieder der Exekutivkomitees der Bezirkssowjets zwischen 18 und 35 Jahre alt (während sie nur 31 Prozent der Wählerschaft ausmachten) und 66 Prozent des Lesens und Schreibens kundig (gegenüber 41 Prozent in der Gesamtwählerschaft). Das war die Generation, die vom Aufschwung des Landschulwesens zu Beginn des Jahrhunderts profitiert hatte und während des Krieges eingezogen worden war. 1918 war sie in ihre Dörfer zurückgekehrt: frisch ausgebildet in Militärtechniken und vertraut mit den beiden großen Ideologien der städtischen Welt, dem Sozialismus und dem Atheismus. Während der Revolution auf dem Land erkannten die Bauern sie oft als ihre natürlichen Führer an. Die alten bäuerlichen Patriarchen wie Maljutin in Andrejewskoje waren meist nicht gebildet genug, um mit den vielfältigen Anforderungen der Verwaltung zurechtzukommen, nun, da der Adel und die Dorfintelligenzija sie nicht mehr länger anleiteten. Viele dieser bäuerlichen Soldaten, deren Ambitionen sich durch ihre Abwesenheit vom Dorf noch vergrößert hatten, betrachteten die Aussicht, im Sowjetapparat zu arbeiten, als Chance, in der Welt weiter aufsteigen zu können. Nach dem aufregenden Leben in der Armee schien es oft eine deprimierende Perspektive, daß sie nun zur Plackerei des Bauernlebens und in die »Finsternis« der Dorfwelt zurückkehren mußten. Wenn sie im Sowjet arbeiteten und der Partei beitraten, konnten sie ihr Ansehen und ihre Macht erhöhen. Sie konnten auf diese Weise eine saubere Bürotätigkeit bekommen mit all ihren Sondervergütungen und Privilegien sowie die Eintrittskarte in die neue, städtisch dominierte Zivilisation des Sowjetregimes. Überall in der bäuerlichen Welt wurden die kommunistischen Regimes auf der Tatsache aufgebaut, daß jeder des Lesens und Schreibens kundige Bauernsohn den Ehrgeiz hat, in einem Büro zu arbeiten.

* * *

Die Mehrzahl der neuen Parteimitglieder waren Bauern. Von 1917 bis 1920 schlossen sich 1,4 Millionen Menschen den Bolschewiki an, zwei Drittel von ihnen waren bäuerlicher Herkunft. Der Parteibeitritt war der sicherste Weg, in der Sowjetbürokratie aufsteigen zu können: Weniger als eines von fünf Parteimitgliedern arbeitete Ende 1919 tatsächlich in einer Fabrik oder auf einem Bauernhof. Die höchsten Verwaltungsposten wurden stets an Bolschewiki vergeben, oft ungeachtet ihrer Ausbildung oder Fachkenntnisse. So wurde beispielsweise die ukrainische Forstverwaltung von einem Medizinstudenten des ersten Studienjahrs geleitet, während Zimmerleuten, Metallarbeitern und in einem Falle sogar einem Leierkastenmann die Verantwortung für die jeweiligen Zweigstellen auf Provinzebene übertragen wurde.[62]

Die Führer der Bolschewiki förderten die massenhafte Werbung neuer Parteimitglieder, denn durch die ständigen Verluste im Bürgerkrieg bestand stets Bedarf an frischem Parteivolk. Regelmäßig wurden spezielle Parteiwochen proklamiert, in denen man auf die sonst notwendige Empfehlung verzichtete und Agitatoren in die Fabriken und Dörfer ausschickte, um so viele neue Mitglieder wie möglich zu werben und einzutragen. Während der Parteiwoche im Oktober 1919 – auf dem Höhepunkt des weißen Vormarschs – traten 270 000 neue Mitglieder der Partei bei, was die Mitgliederzahl mehr als verdoppelte.[63]

Die Bolschewiki waren aber auch zu Recht besorgt, daß eine derart wahllose Rekrutierung die Qualität der Partei mindern könnte. Die Vorherrschaft der Arbeiterklasse innerhalb der Partei, die eigentlich immer eine Fiktion war, da die meisten führenden Bolschewiki der Intelligenzija entstammten, schien nun durch die Bauern bedroht. Der massenhafte Zustrom dieser Mitglieder aus den unteren Schichten senkte außerdem das Bildungsniveau, ein entscheidendes Handikap für eine Partei, die die herrschende Stellung im Staat anstrebte. 1920 besaßen weniger als 8 Prozent der Parteimitglieder eine höhere Schulbildung. 62 Prozent verfügten lediglich über Grundschulbildung, und 30 Prozent hatten überhaupt keine Schule besucht. Die meisten lokalen Beamten war derart einfältig, daß beinahe jeder Fetzen Papier, solange er nur einen großen Stempel und ein Siegel trug, ausreichte, sie als gleichsam offizielles Dokument zu beeindrucken. Ein Engländer bereiste ganz Rußland mit lediglich seiner Schneiderrechnung aus der Jermyn Street als Ausweis, den er den jeweiligen Beamten unter die Nase hielt. Angesichts des eindrucksvollen Briefkopfes, des großen roten Stempels und der Unterschrift wagte kein Beamter, das Papier in Frage zu stellen.[64]

Die politische Bildung der Parteibasis war ebenso rudimentär. Eine Umfrage unter Arbeiterinnen in Petrograd, die während des Bürgerkriegs der Partei beigetreten waren, ergab, daß die meisten von ihnen Worte wie »Sozialismus« oder »Politik« vor 1917 weder gehört noch darüber nachgedacht hatten. 1920 stellte die Partei in Moskau fest, daß viele ihrer Mitglieder nicht einmal wußten, wer Kamenew war (der Vorsitzende des Moskauer Sowjets). Derartige Ignoranz war jedoch keineswegs auf die Bolschewiki aus den Unterschichten beschränkt. Während einer Schulung bolschewistischer Journalisten konnte kein Kursteilnehmer sagen, wer Lloyd George oder wer Clemenceau war. Einige dachten sogar, Imperialismus sei eine Republik irgendwo in Großbritannien.[65]

Und doch war dieser völlige Mangel an Kenntnissen auf eine wichtige Weise eine der größten Stärken der Partei. Wie groß der Machtmißbrauch der kleineren Beamten auch gewesen sein mag, in den Augen der einfachen Menschen besaßen sie einen wesentlichen Vorzug – sie sprachen dieselbe einfache Sprache, kleideten und benahmen sich wie sie, kurz gesagt, sie waren »welche von uns«. Dies verlieh den Bolschewiki eine symbolische Wirkung als »Regierung des Volkes«, eine Wirkung, die sie mit ihrer Propaganda auch hemmungslos ausnutzten, ungeachtet der Tatsache, daß sie das Volk im Grunde von Anfang an betrogen. Für viele Menschen der unteren Schichten reichte diese symbolische Vertrautheit aus, um sich mit dem bolschewistischen Regime zu identifizieren – selbst dann, wenn sie es für schlecht hielten – und es gegen die Weißen zu unterstützen (die nicht »welche von uns« waren), als diese durchzubrechen drohten.

Zweifellos waren viele dieser lokalen Bolschewiki aufrichtig den Idealen der Revolution verpflichtet: Politisches Raffinement und Lauterkeit korrelieren in der Politik kaum miteinander, wie jeder weiß, der aus einer der fortgeschrittenen Demokratien stammt. Manch einer jedoch war der Partei wegen der Vorteile beigetreten, die ihm diese Mitgliedschaft einbrachte. Führende Bolschewiki warnten immer wieder vor den Gefahren »kleinbürgerlicher Karrieristen und Egoisten«, die die Parteibasis zersetzten. Besonders irritiert waren sie, als sie feststellten, daß ein Viertel derjenigen Parteimitglieder aus der Bürgerkriegszeit, die höhere Verwaltungsposten innehatten, über eine andere Partei zu den Bolschewiki gekommen waren, meist von den Menschewiki und den Sozialrevolutionären. Die Konterrevolution schien in die Partei selbst einzudringen. Trotzki bezeichnete diese Eindringlinge als »Radieschen« – außen rot, innen jedoch weiß.

Die Bolschewiki waren sich tatsächlich kaum darüber im klaren, was in ihrer Partei vorging. Sie deuteten die steigende Mitgliederzahl nach einfachen Kategorien der Klasse, obwohl die reale Situation viel komplexer war. Die meisten Parteimitglieder waren weder Bauern noch Arbeiter, sondern Produkte einer tiefgreifenden sozialen Krise, die solch fein säuberliche Unterscheidungskriterien durchbrochen hatte. Der typische männliche Bolschewik jener Jahre war beides – ehemaliger Bauer und ehemaliger Arbeiter. Während des industriellen Aufschwungs in den neunziger Jahren des 19. Jahrhunderts hatte er als junger Mann sein Dorf verlassen, war auf der Suche nach Arbeit von Fabrik zu Fabrik gezogen, mit der Arbeiterbewegung in Kontakt gekommen, hatte verschiedene Gefängnisse von innen gesehen, im Krieg gekämpft und war in die Städte des Nordens zurückgekehrt, um schließlich 1917 oder danach wieder irgendwo aufs Land zu gehen. Er war wurzellos und gehörte keiner Klasse an – wie die Revolution ein Kind seiner Zeit.

In vielerlei Hinsicht verhielten sich die neuen Bolschewiki wesentlich unterwürfiger, als es die alten je gewesen waren. Das erklärt sich aus ihrer mangelnden Bildung. Sie waren zwar in der Lage, einige marxistische Phrasen mechanisch herunterzubeten, jedoch nicht gebildet genug, um eine eigene Meinung zu haben oder die Parteiführer bei abstrakten politischen Themen tatsächlich in Frage zu stellen. Viele Arbeiter hatten Fachschulen für Erwachsene besucht oder Abendkurse wie Kanattschikow. Sie waren vor allem Männer der Praxis mit einem starken Drang, sich fortzubilden. Alle waren sie auf die eine oder andere Weise an den Problemen der Modernisierung interessiert, wollten das rückständige bäuerliche Rußland ihrer eigenen Vergangenheit abschaffen und die Gesellschaft rationaler und gleichberechtigter gestalten. Ihr Marxismus war weder theoretisch noch abstrakt: Er war ein auf der Praxis basierendes Dogma, ein Schwarzweißbild, das es ihnen ermöglichte, die soziale Ungerechtigkeit, die sie in ihrem Leben hatten erfahren müssen, »wissenschaftlich« zu erklären, und das ihnen eine »wissenschaftliche« Patentlösung an die Hand gab. Die Parteiführer waren die Meister dieser Wissenschaft: Wenn sie sagten, die Bauern horteten Getreide oder die Menschewiki seien Konterrevolutionäre, dann wurde das nicht in Zweifel gezogen. Allein das erklärt, warum die Parteibasis bereit war, auf Geheiß ihrer Führer zu handeln, selbst wenn sie absehen konnte, daß die Folgen für ihr eigenes Umfeld katastrophal sein würden.

Wie gefügig sie politisch gesehen auch gewesen sein mögen, die breite Masse der Mitglieder der Bolschewistischen Partei war gleichwohl keineswegs leicht unter Kontrolle zu halten. Das Problem bestand teilweise darin, daß korrupte lokale Cliquen die Parteizellen in der Provinz dominierten. So wurde beispielsweise in Nischni Nowgorod jeder Bereich von der lokalen Mafia bolschewistischer Funktionäre im Bündnis mit Schwarzmarkthändlern kontrolliert. Sie widersetzten sich den Anweisungen aus Moskau und sabotierten einige Monate lang die Versuche des jungen, vom Orgbüro entsandten Anastas Mikojan, Kontrolle auszuüben. Bis zu einem gewissen Grad jedoch hatte sich auch im gesamten Parteiapparat ein System der Vetternwirtschaft entwickelt. Viele der Spitzenfunktionäre auf Landesebene hatten in den Provinzen oder einzelnen Bereichen des Staates ihr eigenes privates Netzwerk von Protektion aufgebaut. Lunatscharski etwa besetzte das Volkskommissariat für Bildungswesen mit seinen alten Freunden und Verwandten. Selbst Lenin versorgte seine langjährigen Freunde und Verwandten mit Posten im Sownarkom: So wurden Bontsch-Brujewitsch und Fotijewa, beide enge Vertraute aus seiner Genfer Zeit, in seinem Sekretariat eingesetzt, Krupskaja zum Stellvertretenden Kommissar für Volksbildung ernannt, Anna Uljanowa, Lenins Schwester, die Leitung der Kinderfürsorge übertragen und ihr Ehemann Mark Jelisarow zum Volkskommissar für das Eisenbahnwesen ernannt. Von allen Parteibonzen besaß indes Stalin bei weitem die größte Macht. Seit er die Leitung des Orgbüros innehatte, konnte er mehr und mehr seiner Anhänger in Spitzenpositionen in der Provinz unterbringen. All diese Neubesetzungen führten dazu, daß sich die Partei in eine lose Ansammlung herrschender Dynastien verwandelte, die jeweils nach eigenen »familiären« oder Clan-Linien aufgebaut waren, wodurch die Tendenz der innerparteilichen Spaltung in Faktionen verstärkt wurde.[66]

Lenin versäumte es, sich mit dem bürokratischen Problem seiner Partei auseinanderzusetzen. Er sah nicht, daß sich die bolschewistische Bürokratie in atemberaubendem Tempo zu einer gesonderten Kaste mit eigenen Privilegien und Interessen entwickelte, die nichts mehr mit den arbeitenden Massen, die sie zu vertreten vorgab, gemein hatte. Auf den Machtmißbrauch seiner Beamten reagierte er mit administrativen Maßnahmen, als ob einige kleinere technische Korrekturen ausgereicht hätten, dieses Problem zu beseitigen, während doch mindestens eine radikale Reform des gesamten politischen Systems erforderlich gewesen wäre. Die meisten seiner Maßnahmen erwiesen sich als kontraproduktiv.

Zunächst versuchte er, den Aufbau korrupter örtlicher Netzwerke zu stoppen, indem er anordnete, die führenden Parteikader regelmäßig durch das Orgbüro von Posten zu Posten versetzen zu lassen. Doch das vergrößerte nur die Kluft zwischen Führung und Parteivolk und schwächte die Verantwortlichkeit ersterer. Und es verstärkte Stalins Vetternwirtschaft, da er ja Leiter des Orgbüros war.

Außerdem ordnete Lenin periodische Säuberungen an, um die unerwünschten Elemente, die angeworben worden waren, als die Partei wuchs, wieder loszuwerden. Die erste Säuberung wurde im Sommer 1918 durchgeführt und halbierte die Mitgliederstärke von 300 000 auf 150 000. Im Frühjahr 1919 kam es zu einer zweiten großen Säuberung, welche die Mitgliederzahl um 46 Prozent reduzierte. Und im Sommer 1920 wurden noch einmal 30 Prozent der Mitglieder aus der Partei ausgeschlossen. Die meisten dieser Säuberungen gingen zu Lasten von Bauern und Nichtrussen, die unter sozialen Gesichtspunkten als schwächstes Glied betrachtet wurden. Auch die ständigen Aufrufe an Parteimitglieder, sich an die Front zu melden, dienten als Form der Säuberung, denn sie drängten die weniger motivierten, ihre Mitgliedsbücher zu zerreißen. All diese Säuberungen führten zu einer Destabilisierung der Parteibasis (lediglich 30 Prozent derjenigen, die der Partei zwischen 1917 und 1920 beigetreten waren, waren 1922 noch Mitglied), und das war kaum geeignet, die Loyalität zur Partei zu stärken.[67]

Schließlich ordnete Lenin eine regelmäßige Überprüfung des Parteiapparats an, was an das zaristische Regime mit seinen ständigen Revisionen erinnerte, die Gogol in seinem *Revisor* satirisch aufs Korn genommen hatte. Zu diesem Zweck wurde eigens ein Volkskommissariat mit Stalin als Vorsitzendem ins Leben gerufen, die Arbeiter-und-Bauern-Inspektion, kurz Rabkrin. Im Februar 1920 geschaffen, vereinte es zwei Funktionen in sich, die zuvor von unterschiedlichen Institutionen ausgeführt worden waren – die staatliche Inspektion und die Arbeiterkontrolle. Lenins Absicht dabei war, den Bürokratismus zu bekämpfen und die staatlichen Institutionen mit Hilfe ständiger Kontrollen durch die Arbeiter-und-Bauern-Inspektionen effizienter zu machen. Auf diese Weise, so seine Hoffung, könnte der Staat demokratisch in die Pflicht genommen werden. Doch das Gegenteil trat ein. Rabkrin wandelte sich bald zu einem bürokratischen Monster (und zu einer weiteren Basis für Stalins Vetternwirtschaft), das Ende 1920 in den Ortszellen etwa 100 000 Beamte beschäftigte, die meisten von ihnen Büroangestellte.[68] Statt zur Verringerung der Bürokratie beizutragen, hatte die Rabkrin sie nur noch vergrößert.

* * *

»Wie es mir geht? Da gibt es nichts Positives zu berichten«, schrieb Gorki im Februar 1919 an Jekaterina. »Heutzutage haben nur die Kommissare ein angenehmes Leben. Sie stehlen den einfachen Menschen soviel sie nur können, um ihre Kurtisanen aushalten und ihr unsozialistisches Luxusleben bestreiten zu können.« Gorki war nicht der einzige, der sich bitter über die Privilegien der kommunistischen Elite beklagte. Witze und Wandkritzeleien verspotteten die Bolschewiki als die wahre russische Bourgeoisie im Gegensatz zu dem Phantom, das sie in ihrer Propaganda zeichneten. »Wohin verschwinden all die Hühner?«, »Warum gibt es keine Würste?« – es gab Dutzende Varianten ein und derselben Frage, und die Antwort war stets die gleiche: »Die Kommunisten haben sie alle gegessen.« Das Wort »Genosse«, einst Ausdruck kollektiven Stolzes, wandelte sich nun zum Schimpfwort. Eine Frau, die auf diese Weise in einer Straßenbahn angesprochen wurde, gab zur Antwort: »Was soll das ganze Gerede! Nehmt eure ›Genossen‹ und fahrt zur Hölle!« Höhere Beamte wurden mit Beschwerden über Kommunisten bombardiert, die »sich auf Kosten der einfachen Leute ein angenehmes Leben machen«. Arbeiter verdammten die neue rote Elite rundweg. Eine Fabrik in Perm forderte beispielsweise in einer Resolution, »alle Lederjacken und -mützen der Kommissare zur Herstellung von Schuhen für die Arbeiter zu verwenden«.[69]

Die Brussilows hatten einen besonderen Grund, aufgebracht zu sein. Sie wurden gezwungen, ihre kleine Moskauer Wohnung mit einem Kommissar zu teilen, einem ehemaligen Soldaten, den der General einst an der Front vor der Todesstrafe bewahrt hatte, sowie dessen Freundin und dessen Mutter. Brussilow gibt eine anschauliche Beschreibung der Situation:

*Grob, anmaßend und ständig betrunken, mit seinem narbenübersäten Körper war er nun natürlich eine bedeutende Persönlichkeit, die Lenin usw. nahe-*

*stand. Manchmal frage ich mich, warum habe ich ihm nur das Leben gerettet! Unsere Wohnung, die sauber und hübsch gewesen war, bevor er auftauchte, war danach verdorben durch all die Zechgelage und Prügeleien, den Diebstahl und die schmutzige Sprache. Gelegentlich fuhr er für einige Tage weg, um mit Säcken voller Lebensmittel, Wein und Obst zurückzukehren. Wir litten Hunger, während sie weißes Mehl, Butter, und wonach ihnen sonst noch der Sinn stand, zur Verfügung hatten. Am meisten brachte uns auf, daß sie Brennmaterial horteten. Es war der kalte Winter 1920, als Eiszapfen an den Wänden unseres Wohnzimmers hingen. Unser Kanonenöfchen hatte schon längst aufgehört zu funktionieren, und wir froren. Sie aber besaßen einen großen gußeisernen Ofen und so viel Feuerung, wie sie wollten.*[70]

Beschwerden über die bolschewistische Elite wurden auch in der Partei selbst laut. In den unteren Parteirängen machte sich das Gefühl breit, daß die Führung sich zu sehr von der Basis entfernt habe. Diese Kritik wurde 1920 insbesondere von den Demokratischen Zentralisten und der Arbeiteropposition artikuliert, den beiden großen Fraktionen, die 1920 die Parteispitze erschütterten. Wie ein Altbolschewik aus Tula im Juli 1919 an Lenin schrieb: »Wir haben die Verbindung zu den Massen verloren, und es fällt uns nun schwer, sie zu begeistern. Der alte kameradschaftliche Geist der Partei ist völlig gestorben. Er ist durch eine neue Einmannherrschaft ersetzt worden, bei der der Parteichef alles regelt. Überall wird Schmiergeld angenommen, sonst könnten die Genossen einfach nicht überleben.«[71]

## EIN SOZIALISTISCHES VATERLAND

Im Alter von 66 Jahren, wenn die meisten Männer daran denken, mit ihren Enkeln zu spielen, vollzog sich bei Brussilow die dramatischste Wende seiner gesamten militärischen Laufbahn – er trat freiwillig in die Dienste der Roten Armee. Dies war kein gewöhnlicher Abfall vom alten Korps der zaristischen Generäle. Brussilow war Rußlands berühmtester Soldat, sein einziger Held des Ersten Weltkriegs und als solcher das letzte lebende Symbol einer ruhmreichen aristokratischen Vergangenheit. Die Nachricht von seiner Berufung in eine Sonderkommission von Trotzkis Militärischem Revolutionsrat im Mai 1920 war für all jene, die wehmütig auf die Zeit vor 1917 zurückblickten, ein großer Schock. »Brussilow hat Rußland verraten«, schrieb ein ehemaliger Oberst. »Wie ist es möglich, daß er lieber die Bolschewiki und die Juden verteidigt anstatt sein Vaterland?« fügte die Frau eines alten Gardeoffiziers hinzu. Falsche Gerüchte kursierten, Brussilow habe sich bestechen lassen (mit zwei Millionen Rubel und einer Wohnung im Kreml), damit er in den Dienst der Roten trete. Der General erhielt stapelweise Schmähbriefe. Wie, hieß es in einem davon, könne ein Adliger wie er freiwillig in den Dienst der Roten treten, und das zu einer Zeit, da »die Tscheka-Gefängnisse voller russischer Offiziere sind«? Das sei nichts anderes »als Verrat«. All dies lastete schwer auf Brussilows Gewissen.* »Es war die schwerste Zeit meines Lebens«, schrieb er fünf Jahre danach. »Die ganze Zeit über herrschte Totenstille im Haus. Meine Familie lief auf Zehenspitzen umher und unterhielt sich nur im Flüsterton. Meine Frau und meine Schwester hatten Tränen in den Augen.«[72] Es war, als weinten sie der Vergangenheit nach.

Brussilows Übertritt zu den Roten erklärt sich aus der Tatsache, daß er die Interessen des Landes vor jene der Klasse stellte. Er hatte allen Grund, die Bolschewiki zu hassen, und bezeichnete sie oft als den Antichrist. Sie hatten nicht nur ihn eingekerkert, sondern auch seinen kranken Bruder ermordet und verschiedene seiner engsten Freunde während der Zeit des Roten Terrors ins Gefängnis geworfen. Dennoch lehnte es Brussilow ab, sich den Weißen anzuschließen. Zwei Wunden hielten ihn davon ab, an den Don zu gehen – sein verletztes Bein und sein verletzter Stolz, umschmeichelten die Weißen doch seinen alten Rivalen Kornilow. Außerdem war er noch immer davon überzeugt, daß es seine Pflicht sei, in Rußland zu bleiben und dem Volk beizustehen, selbst wenn es sich für die Roten entschied. Der Bolschewismus erschien dem alten General als höchstens »vorübergehende Krankheit«, da »seine Philosophie des Internationalismus dem russischen Volk von Grund auf fremd ist«. Arbeiteten Patrioten wie er mit den Bolschewiki zusammen, könnten sie die Revolution auf nationale Ziele umlenken. Für ihn ging es letztlich darum, Rot mit Weiß zu verdünnen – den »roten Stern in ein Kreuz zu verwandeln« – und auf diese Weise die Revolution wieder in die Kontinuität der russischen Geschichte einzufügen. »Mein Pflichtgefühl gegenüber der Nation hat mich oft dazu gebracht, meine natürlichen gesellschaftlichen Neigungen außer acht zu lassen«, sagte Brussilow 1918. Obwohl er als Aristokrat offenkundig mit den Weißen sympathisierte und sich freute, als ihre Armeen auf Moskau vorrückten, war er doch immer davon überzeugt, daß ihre Sache zum Scheitern verurteilt sei, da sie von der Intervention der Alliierten abhinge. Das Schicksal Rußlands mußte aber in jedem Fall vom eigenen Volk entschieden werden.[73]

Im Jahr zuvor hatten sich zwei Vorfälle ereignet, die ihn in seiner Überzeugung bestärkten. Einer davon war die Ermordung seines einzigen Sohnes Alexej, eines Kommandeurs der Roten Armee, dessen Kavallerieregiment in der Schlacht um Orjol im September 1919 von den Weißen gefangengenommen worden war. Niemand wußte genau, wie Alexej starb, doch Brussilow war davon überzeugt, daß er

* Brussilow versuchte, die Freilassung der Offiziere zur Bedingung für seinen Dienst bei den Roten zu machen. Aufgrund seiner Bemühungen wurden schließlich einige hundert Offiziere tatsächlich entlassen (RGWIA, f. 162, op. 2, d. 18).

auf Denikins Befehl erschossen worden war, als die Weißen erfuhren, um wen es sich handelte. Denikin soll angeblich Brussilow verachtet haben, weil er ihn für die »Zerstörung der Armee« im Jahr 1917 verantwortlich machte. Die Tatsache, daß Alexej sich den Roten lediglich deshalb angeschlossen hatte, weil er hoffte, die Tscheka würde dann das Leben seines Vaters verschonen, quälte Brussilow sehr. Er gab sich die Schuld an Alexejs Tod und war entschlossen, ihn zu rächen.[74] Blutsbande und nicht die Klassenzugehörigkeit hatten ihn zum Roten gemacht.

Daneben war aber auch russischer Nationalismus ein Motiv für Brussilows Verhalten. Die polnische Invasion in die Ukraine war der andere wichtige Beweggrund für seinen Übertritt zu den Roten. Polen hatte seit der Teilung im 18. Jahrhundert im Schatten der drei großen Reiche in Ost- und Mitteleuropa existiert. Doch plötzlich, mit dem Versailler Vertrag, sah es sich mit einer Unabhängigkeitsgarantie ausgestattet und erfuhr einen großen Gebietszuwachs durch die siegreichen Westmächte, die auf diese Weise eine Pufferzone zwischen Deutschland und Rußland schaffen wollten. Häufig bedarf es nur eines kleinen Schrittes, damit eine Opfer-Nation zu einer Aggressor-Nation wird. Sobald Polen seine Unabhängigkeit erlangt hatte, begann es, mit eigenen imperialen Ansprüchen herumzustolzieren. Marschall Piłsudski, der Führer des polnischen Staats und seiner Armee, sprach davon, das »historische Polen« wiederherzustellen, das sich einst von der Ostsee bis zum Schwarzen Meer erstreckt habe. Er versprach, seine östlichen Grenzprovinzen zurückzugewinnen, jenes »Litauen«, das Mickiewicz und andere polnische Patrioten des 19. Jahrhunderts so geliebt hatten und das im Zuge der Teilungen an Rußland verlorengegangen war. Es waren ethnisch gemischte Gebiete mit polnischen und jüdischen Städten wie Lwow, polnischen ehemaligen Gutsbesitzern und ukrainischen und weißrussischen Bauern, auf die sowohl Rußland als auch Polen Anspruch erhoben. Als die Deutschen aus dem Osten abzogen, marschierten polnische Truppen in die Grenzgebiete ein. Piłudski leitete die Eroberung von Wilna im April 1919. Während des Sommers rückten die Polen weiter nach Weißrußland und in die Westukraine vor und nahmen Minsk und Lwow ein. Die Kämpfe kamen während des Winters eine Zeitlang zum Erliegen, als Polen und Russen um den Grenzverlauf feilschten. Diese Verhandlungen wurden im Frühjahr 1920 jedoch abgebrochen, als die Polen eine neue Offensive begannen. Mit umfangreicher Unterstützung der Alliierten und einem Pakt mit Petljura in der Tasche, führte Piłsudski eine gemischte Streitmacht von Polen und ukrainischen Nationalisten in einem wahnsinnigen Vorstoß gegen Kiew, das zu diesem Zeitpunkt von den Bolschewiki nur schwach verteidigt wurde. Am 6. Mai nahmen die Polen die Stadt ohne größeren Widerstand ein: Das Ganze glich eher einer Parade als einer Eroberung. Die Einwohner Kiews begegneten dem Einmarsch ihrer neuen Herren mit offensichtlicher Gleichgültigkeit. Es war schließlich das elfte Mal seit 1917, daß Kiew besetzt wurde – und es sollte nicht das letzte Mal sein.

Für russische Patrioten wie Brussilow kam die Eroberung Kiews durch die Polen einer nationalen Katastrophe gleich. Kiew war ja nicht irgendeine Stadt, sondern die Wiege der russischen Kultur. Undenkbar, daß in der Ukraine – in »Kleinrußland« – eine andere Religion als die orthodoxe herrschen könnte. Brussilows Vorfahren hatten im 18. Jahrhundert ihr Leben geopfert, um die Ukraine gegen die Polen zu verteidigen, weshalb die Brussilows hier große Ländereien erhalten hatten. Nachdem er den Krieg damit verbracht hatte, die Westukraine gegen Österreich zu verteidigen, was Millionen Russen das Leben kostete, wäre es für Brussilow eine Schande gewesen, wenn er das Land kampflos den Polen überlassen hätte. Er hielt es für »unverzeihlich, daß Wrangel Rußland in diesem Augenblick angriff«, um so mehr, als die Weißen ihren Vorstoß offenkundig so geplant hatten, daß er mit dem Angriff der Polen zusammenfiel. Die Weißen stellten damit ihre eigenen Klasseninteressen über jene des Russischen Reichs, etwas, was Brussilow immer abgelehnt hatte. Am 1. Mai schrieb er an N. I. Rattel, einen Generalmajor der zaristischen Armee und nun Trotzkis Stabschef, und bot an, die Roten gegen die Polen zu unterstützen. »Mir scheint«, schrieb er, »daß die wichtigste Aufgabe darin besteht, ein Gefühl für Patriotismus im Volk zu wecken.« Seiner Ansicht nach könne der Krieg gegen Polen lediglich »unter der nationalen Fahne Rußlands« gewonnen werden, denn nur sie vermöge, das russische Volk zu einen:

> *Der Kommunismus ist den Millionen Bauern, die kaum lesen und schreiben können, völlig unverständlich, und es ist zweifelhaft, ob sie dafür kämpfen werden. Wenn das Christentum es in zweitausend Jahren nicht geschafft hat, die Menschen zu vereinen, wie kann der Kommunismus darauf hoffen, wo doch die meisten Menschen vor drei Jahren nicht einmal etwas von seiner Existenz wußten? Nur der Gedanke an Rußland ist dazu in der Lage.*[75]

Trotzki sah sofort, welch unerhörten Propagandasieg er mit dem Übertritt Brussilows zu den Roten für sich verbuchen konnte. Am nächsten Tag gab er die Ernennung des Generals zum Vorsitzenden einer Sonderkommission bekannt, der das Kommando an der Westfront übertragen wurde. Diese Ankündigung, die am 7. Mai in der *Prawda* abgedruckt wurde, trug bereits jene fremdenfeindlichen Züge, wie sie für die bolschewistische Rhetorik typisch waren. Alle Patrioten wurden darin aufgerufen, der Armee beizutreten, um »das Vaterland« gegen die »polnischen Invasoren zu verteidigen«, die versuchten, »uns Land zu entreißen, das immer den Russen gehört hat«. Trotzki behauptete, daß die Polen von einem »Haß gegen Rußland und die Russen« getrieben seien. Die Zeitschrift der Roten Armee, *Wojennoje delo,* veröffentlichte einen fremdenfeindlichen Artikel (aufgrund dessen sie später eingestellt wurde), in dem sie das »angeborene Jesuitentum der Polen« dem »ehrlichen und offenen Geist der großrussischen Rasse« gegenüberstellte. Radek charakterisierte den gesamten Bürgerkrieg als einen »nationalen Befreiungskampf gegen eine ausländische Invasion«. »Die Roten«, so sagte er, »verteidigen

Mütterchen Rußland« gegen die Versuche der Weißen und der Alliierten, es »in eine Kolonie des Westens« zu verwandeln. »Sowjetrußland«, so schloß er in einer Warnung an die kurz zuvor unabhängig gewordenen Staaten, sei bestrebt, »alle russischen Gebiete wiederzuvereinigen und Rußland vor kolonialer Ausbeutung zu schützen«.[76] Dies war eine Rückkehr zum alten Imperialismus.

Die Bolschewiki waren verblüfft über den Erfolg ihrer eigenen patriotischen Propaganda. Sie erschloß ihnen das riesige Potential des russischen Nationalismus, mit dem sie die Massen mobilisieren konnten. Es war ein Potential, auf das sich später Stalin stützen sollte. Innerhalb weniger Wochen nach Brussilows Ernennung traten 14 000 Offiziere der Roten Armee bei, um gegen die Polen zu kämpfen, Tausende Zivilisten meldeten sich freiwillig zu Kriegsdiensten, und weit über 100 000 Deserteure kehrten an die Westfront zur Roten Armee zurück. Es kam zu patriotischen Massendemonstrationen, bei denen große Porträts Piłsudskis und Curzons in Brand gesteckt wurden. »Wir hätten nie gedacht«, bekannte Sinowjew, »daß es in Rußland so viele Patrioten gibt.«[77]

Tatsächlich aber teilten viele Vertreter des alten Rußlands jene patriotischen Motive, die Brussilow veranlaßt hatten, sich den Roten anzuschließen. Der Nationalbolschewismus, wie ihr Credo später genannt wurde, drängte die patriotische Intelligenzija, sich hinter den Sowjetstaat zu stellen, nun, wo er den Bürgerkrieg gewonnen hatte, damit Großrußland wiederhergestellt werden konnte. Es war ein Echo auf den Aufruf in *Wechi*, den Widerstand gegen das zaristische Regime nach der Revolution von 1905 aufzugeben. Der bekannteste Exponent des Nationalbolschewismus, Nikolai Ustrjalow, war ein Kadett vom rechten Flügel, der sich zunächst für Koltschaks Regime stark gemacht hatte, bevor er 1920 zu den Roten überlief, da sie seiner Ansicht nach den Bürgerkrieg mit Unterstützung des russischen Volkes gewonnen hatten und ihrer Revolution nun eine nationale Richtung gegeben werden konnte. »Die Interessen des Sowjetsystems werden sich zwangsläufig mit Rußlands nationalen Interessen decken«, schrieb er 1920. »Die Bolschewiki werden sich durch die Logik der Ereignisse vom Jakobinertum hin zum Bonapartismus entwickeln.« Wenn sich nur genügend Patrioten den Roten anschlössen, so Ustrjalow, würde das Sowjetregime russifiziert werden. Es würde von innen her weiß werden. Ustrjalow rühmte die Bolschewiki vor allem aus zwei Gründen: zum einen für das, was er (und viele andere Intellektuelle wie Blok und die Skythen) als ihr asiatisches Slawophilentum ansah, in dem sich der Osten gegen den Westen zusammenschloß; zum anderen wegen ihrer Wiederherstellung eines starken russischen Staates. Solche Empfindungen waren bei der Intelligenzija weit verbreitet. Doch dies war nicht nur eine Domäne der Rechten, obgleich die alten Imperialisten zu den ersten gehörten, die sich unter der roten Fahne Großrußlands sammelten. Auch für die Linke war es ein kleiner Schritt vom Kult »des Volks« und seiner Zerstörungskraft hin zur Anerkennung des bolschewistischen Regimes als dem Ergebnis jener »nationalen Revolution« und dem einzigen Mittel zur Wiederherstellung Rußlands. Das war die Logik, die viele Sozialisten veranlaßte, sich nach dem Ende des Bürgerkriegs den Bolschewiki anzuschließen. Selbst Gorki wurde von der patriotischen Welle erfaßt. In einem Brief an H. G. Wells im Mai 1920 gab er seinem Unmut darüber Ausdruck, daß ein Reporter der Londoner *Times* behauptet hatte, er habe in einem Petrograder Restaurant in seiner Suppe einen menschlichen Finger entdeckt. »Glauben Sie mir«, schrieb er voller Nationalstolz, »ich bin mir der negativen Aspekte durchaus bewußt, die der Krieg und die Revolution geschaffen haben, sehe aber auch, daß in den russischen Massen ein großer schöpferischer Wille erwacht.«[78]

Diese patriotische Woge beeinflußte die Bolschewiki zweifellos teilweise in ihrer Entscheidung, den Verteidigungskrieg gegen Polen in einen Angriffskrieg zu verwandeln. Nachdem sie die Polen aus Kiew zurückgeschlagen hatten, überschritten die Roten Mitte Juli die Curzon-Linie, mit der die Alliierten die polnisch-russische Grenze festgelegt hatten, und setzten ihren Vormarsch auf Warschau fort. Da dies nicht das letzte Mal sein sollte, daß die Rote Armee über die russische Grenze nach Europa vorstieß – 1945 tat sie es erneut –, ist es nicht zuletzt für unser Verständnis des Kalten Krieges wichtig, die Motive der Bolschewiki für die Gegenoffensive gegen Polen zu erläutern. Einige Historiker wie Norman Davies und Richard Pipes haben ihre wissenschaftliche Reputation mit dem Argument aufs Spiel gesetzt, daß die Rote Armee, wäre Warschau gefallen, auf Lenins Befehl hin auf Berlin marschiert wäre, um einen Generalangriff gegen Europa zu führen.[79]

Es ist richtig, daß die Bolschewiki, wie Pipes und Davies nachgewiesen haben, eine Invasion Polens beabsichtigten, um die Revolution nicht nur in Polen, sondern in ganz Europa auszulösen. Der Roten Armee folgte ein Provisorisches Polnisches Revolutionskomitee unter der Führung von Dserschinski nach Warschau, das den Kommunisten die Macht übertragen sollte, sobald es in der polnischen Hauptstadt eingetroffen war. Hier kulminierte der Optimismus der Bolschewiki, den Kommunismus exportieren zu können. Ihre Erwartungen waren durch den Spartakus-Aufstand in Berlin und die kurzlebigen Räterepubliken in Ungarn und Bayern im Jahr 1919 genährt worden. In jenem Frühjahr, als die Komintern gegründet wurde, hatte Sinowjew prophezeit, daß »in einem Jahr ganz Europa kommunistisch sein wird«. Es habe eine Zeit gegeben, so gestand er später, da »wir dachten, daß uns nur einige Tage oder gar Stunden von der unausweichlichen revolutionären Erhebung trennten«. Im Sommer 1920 hatte die Komintern ihren Einfluß auf die Hauptstädte Europas ausgeweitet. Kaum ein Monat verging, in dem nicht eine Delegation westlicher Sozialisten in Rußland eintraf, um das Große Experiment in Augenschein zu nehmen und darüber zu Hause zu berichten. Moskau glich einem großen Potemkinschen Dorf mit glücklichen Arbeitern und verschwenderischen Banketten, die man für diese naiven ausländischen Würdenträger ausrichtete, damit sie dann voll des Lobes wieder nach Hause fuhren. Der Zweite Kongreß der Komintern, der in Moskau auf dem Höhepunkt des Vormarschs auf

Warschau abgehalten wurde, hatte das Ziel, eine einzige Europäisch-Kommunistische Partei unter Moskaus Führung zu gründen. Im Kongreß herrschte erwartungsvolle Stimmung. Täglich verfolgten die Delegierten die Truppenbewegung der Roten Armee auf einer großen Landkarte, die an der Wand des Kongreßsaals hing. Lenin, der gegen den Rat Trotzkis und Stalins auf der Invasion in Polen bestanden hatte, war überzeugt davon, daß die europäische Revolution unmittelbar bevorstehe. Nach seiner dogmatischen marxistischen Ansicht war es unausweichlich, daß jedes andere Land seinen Oktober haben würde. Der Kapp-Putsch im März 1920 war demnach eine »deutsche Kornilow-Affäre«, Estland durchlief »seine Kerenski-Periode«, und Großbritannien mit seinen Councils of Action befand sich in »seiner Periode der Doppelherrschaft«.[80]

Lenins Beharren auf dem Standpunkt, daß jedes andere Land Rußlands Beispiel folgen müsse, war zweifellos symptomatisch für die allgemeine bolschewistische Anmaßung. Es war jene Mischung aus russischem Nationalismus und kommunistischem Internationalismus, die später den gesamten dogmatischen Ton der sowjetischen Außenpolitik kennzeichnen sollte. Die Bolschewiki brüsteten sich damit, daß Rußland führend in der Welt sei, wenn es um die Ausführung einer Revolution ging, und glaubten, daß alle ausländischen Kommunisten sich der Moskauer Linie unterwerfen müßten. Dies war im wesentlichen die Aussage des Komintern-Kongresses und seiner »21 Bedingungen« für eine Aufnahme in die neue Internationale. Die Komintern war ein bolschewistisches Imperium.

Doch von dieser Tatsache zu der Behauptung, Lenin habe geplant, seine Revolution den Ländern Westeuropas mit Waffengewalt aufzuzwingen, ist es ein weiter Weg. Es handelte sich nicht um eine Frage des Willens – wenn es der Roten Armee möglich gewesen wäre, Berlin oder selbst Budapest einzunehmen, hätte Lenin dies sicherlich befohlen –, als vielmehr um eine der Durchführbarkeit. Die Bolschewiki waren sich schmerzlich bewußt, daß ihre Bauernarmee und mehr noch ihre erschöpfte Wirtschaft eine Winteroffensive, noch dazu auf fremdem Territorium, nicht überstehen würden. Aus diesem Grund schlossen sie so schnell wie möglich im Herbst 1920 Frieden mit Polen, obgleich sie dies einen territorialen Stützpunkt in Galizien kostete, der ihnen, in Lenins Worten, »den direkten Weg zur Revolution ... in der Tschechoslowakei und Ungarn« hätte eröffnen können. Warum aber hatten sie dann überhaupt Polen überfallen? Eine erst kürzlich veröffenlichte Rede Lenins auf dem IX. Parteitag im September 1920 liefert die bislang überzeugendste Erklärung dafür. Sie legt nahe, daß der Vormarsch gegen Warschau nicht als Beginn einer Invasion des Westens geplant war, wie Richard Pipes irrtümlich vermutet hat, sondern im Gegenteil als abschreckende Maßnahme dienen sollte, um den Westen davon abzuhalten, Rußland zu überfallen. Lenin war überzeugt, das Polen Piłsudskis sei von den Westmächten als Waffe gegen Sowjetrußland aufgebaut worden. In seinen Augen paßte ein gut gerüstetes Polen in den Generalplan der Alliierten, Rußland mit feindlichen Mächten zu umgeben: Warschau, Washington und Wrangel waren miteinander verbunden. Durch die Invasion Polens, des Hauptpfeilers im Versailler Vertrag, wollte Lenin das westliche System ins Wanken bringen. Ein sowjetisiertes Polen hätte eine erhöhte Gefahr bedeutet, daß die Revolution auf den Westen überspringt, zumindest glaubte er das. Das Ganze war eine Form der nationalen Selbstbestätigung, eine Warnung an die kapitalistischen Staaten, daß Rußland es nicht länger duldete, von ihnen »zerstückelt zu werden«, und zurückschlagen werde, wenn man es angreife. Es stellte eine politische Offensive gegen die westlichen Hauptstädte dar, eine Erklärung des »internationalen Bürgerkriegs«, jedoch nicht den Beginn einer Invasion Europas. Selbstverständlich gilt es zu berücksichtigen, daß Lenins Rede kurz nach der Niederlage der Roten Armee vor Warschau gehalten wurde. Es gab also allen Grund, gute Miene zum bösen Spiel zu machen und die Moral der Partei zu heben, indem man erklärte, daß die politischen Ziele der Offensive in jedem Falle erreicht worden seien. Solange jedoch nicht neue Beweise das Gegenteil belegen, bleibt dies die überzeugendste Erklärung für die Beweggründe der Bolschewiki in Polen.[81]

Die Niederlage der Roten in Polen war für die Bolschewiki eine äußerst schmerzliche Lektion. Gewiß, es hatte militärische Fehler gegeben. Tuchatschewskis Westarmee war rasch in Richtung Warschau vorgestoßen und hatte dabei die Entschlossenheit der Polen, ihre Hauptstadt zu verteidigen, unterschätzt und die eigenen Truppen vom Nachschub abgeschnitten. Die Südwestarmee war ihnen nicht zur Hilfe gekommen, sondern in entgegengesetzter Richtung auf Lwow vorgerückt, das Stalin offenbar unter allen Umständen nehmen wollte. Die Folge war, daß Tuchatschewskis Südflanke ungeschützt blieb, was Piłsudski die Möglichkeit gab, eine Gegenoffensive zu starten und die Roten nach Rußland zurückzutreiben. Als im Oktober der erste Schnee fiel, stabilisierte sich dort die Front. Der Niederlage lagen gleichwohl politische Ursachen zugrunde: Die polnischen Arbeiter hatten sich eben nicht erhoben, um die eindringende Rote Armee zu unterstützen, sondern sich im Gegenteil Piłsudski angeschlossen. Der Nationalismus erwies sich als eine stärkere Kraft als der internationale Kommunismus. Lenin gab seinen Fehler bald zu. »Polen war nicht bereit für eine soziale Revolution«, sagte er auf dem Parteitag im September. Er erkannte, daß dies auch auf das übrige Europa zutraf. Der Versuch, den Kommunismus von außen aufzuzwingen, würde lediglich bewirken, daß seine potentiellen Befürworter sich in Nationalisten verwandelten.[82]

Die Niederlage in Polen ließ die Bolschewiki endgültig Abschied von ihren Phantasien bezüglich einer Revolution in ganz Europa nehmen. Der Vertrag von Riga, der im März 1921 mit Polen unterzeichnet wurde, markierte den Beginn einer neuen Ära friedlicher Koexistenz zwischen Rußland und dem Westen. Moskau erkannte ein vergrößertes Polen an – und damit implizit den Versailler Vertrag – und trat ihm weite Teile Weißrußlands ab. Die Handelsbeziehungen zu Großbritannien wurden im selben Monat wiederaufgenommen. Niemand mehr im Westen sah fortan eine ernste Gefahr durch eine sowjetische Invasion. Das polnische Desaster hatte deutlich gezeigt, daß Rußlands Bauernarmee nicht stark genug war, um eine Offensive selbst gegen schwächere westliche Staaten durchzuhalten. Die Schlußfolgerung für die Bolschewiki lag auf der Hand: Die besten Chancen für den Export des Kommunismus hatten sie im Osten.

Die asiatische Strategie hatte zuerst Trotzki in einem Geheimmemorandum schon Anfang April 1919 vorgeschlagen:

> *Es besteht überhaupt kein Zweifel daran, daß unsere Rote Armee auf dem asiatischen Terrain der Weltpolitik eine unvergleichlich stärkere Kraft darstellt als auf dem europäischen. Hier eröffnet sich uns die unbestrittene Möglichkeit, nicht bloß abzuwarten, wie sich die Ereignisse in Europa entwickeln, sondern auf dem asiatischen Feld aktiv zu werden. Der Weg nach Indien könnte sich zur Zeit als sehr viel kürzer und überwindbarer erweisen als der Weg nach Sowjetungarn ... Der Weg nach Paris und London führt über die Städte Afghanistans, des Punjab und Bengalens.*

Im Sommer 1920 hatte eine zweigleisige Politik Gestalt angenommen: Die revolutionäre Agitation im Osten wurde nun kombiniert mit der Unterstützung für die nationalen Befreiungsbewegungen gegen den westlichen Imperialismus, selbst wenn sie »bürgerlicher« Natur waren. Die Bolschewiki schlossen zwar im Westen Frieden mit den Briten, führten aber gleichzeitig im Osten einen unerklärten Krieg gegen sie. Sie unterstützten die afghanischen Rebellen und stürzten das britische Protektorat in Nordpersien. Es gibt sogar Belege dafür, daß Lenin versuchte, eine Armee zentralasiatischer Stämme aufzustellen, die via Afghanistan in Indien einfallen sollte.[83]

Der Kongreß der Völker des Ostens, der im September 1920 in Baku abgehalten wurde, war der erste Versuch, den Kommunismus in Asien zu verbreiten. Es war zugleich der letzte, was zweifellos auch auf das Chaos zurückzuführen war, das im Sitzungssaal herrschte. Es dauerte Ewigkeiten, all die Reden für die 1900 Delegierten aus Dutzenden von Ländern, die so weit voneinander entfernt waren wie die Türkei und Japan, zu übersetzen. Einige Delegierte besaßen nur eine sehr zweifelhafte Legitimation: Da gab es verschiedene Khane und Beks, die sich als Händler entpuppten und während der Dauer des Kongresses auf den Märkten von Baku Teppiche verkauften. Abgesehen von den Delegierten, erreichten den Kongreß auch Hunderte Unterstützungsschreiben aus Städten und Dörfern aus ganz Asien. Eines dieser Schreiben meldete, zu Ehren der Volksbefreiung seien hundert Schafe und Rinder geschlachtet worden, und bat um Hilfe für ihre Beförderung nach Baku. Das Ganze war ein farbenprächtiges Spektakel, »ein Freudenfest«, wie der Augenzeuge H. G. Wells es ausdrückte, doch »als Konferenz des asiatischen Proletariats war es grotesk«. Die Delegierten, die ihre Nationaltrachten trugen, marschierten in einer Prozession durch Baku. Dabei wurden in Hofstaat gekleidete

# ALLTAG UNTER DEN BOLSCHEWIKI

81-82 Mangel an Brennmaterial in den Städten.
81 Einwohner Moskaus reißen ein Haus ab, um Brennholz zu bekommen.

82 Ein Priester wird abkommandiert, um beim Transport von Kohle zu helfen. Da viele Pferde aus Futtermangel verendeten, mußten Menschen die Karren ziehen.

83-86 Verkaufen, um zu essen.
83 Frauen der »ehemaligen Klassen« verkaufen auf den Straßen Moskaus ihre letzten Habseligkeiten.

84 Ein Soldat kauft ein Paar Schuhe von in Not geratenen *burschuis*.

85 Auf dem Smolensker Markt in Moskau feilscht ein unterer Parteifunktionär um einen Pelzschal (1920). Die linke Frau sieht aus wie eine *burschuika*.

86 Händler auf dem Smolensker Markt in Moskau (1920). Die Frau mit dem Einkaufsnetz und dem Brot ist vermutlich eine Prostituierte.

87 Die vornehmen Klassen werden zur Arbeit geschickt. Zwei ehemals zaristische Offiziere müssen unter der Aufsicht eines Kommissars und einer Wache die Straßen reinigen, hier den Apraxin-Markt in Petrograd (1918). Hauptzweck derartiger Zwangsarbeit war es, die privilegierten Klassen des alten Regimes zu demütigen.

88 Der Krieg der Bolschewiki gegen den Markt. Tschekisten schließen im Mai 1919 Verkaufsstände am Ochotny Rjad in Moskau.

89 Getreiderequirierung bei den Bauern.

90 Sackleute pendelten zwischen Stadt und Land hin und her, um Nahrungsmittel gegen Fabrikware zu tauschen. In den Eisenbahnen herrschten chaotische Zustände.

91 *Subbotnik* (»freiwillige« Sonntagsarbeit)
am 1. Mai auf dem Roten Platz in Moskau (1920).

92 1920 ernährte – vielmehr unterernährte – der Staat
30 Millionen Menschen in einfachen Suppenküchen wie dieser
am Kiewer Bahnhof in Moskau.

93 Die neue herrschende Klasse:
Delegierte des IX. Allrussischen Parteikongresses in Moskau (1920).

94 Die neue Bürokratie: die Agitations- und Propaganda-Abteilung des Volkskommissariats für Versorgung und Verteilung im nördlichen Gebiet. Interessant sind das Marx-Porträt, der Kommissar in Lederjacke und -mütze und die Bürgertöchter, die so zahlreich als Sekretärinnen arbeiteten.

95 Der Smolny am Jahrestag des Oktoberputsches.
Bald schon wurde er zur Bastion weniger der marxistischen Revolution als vielmehr der Korruption der Parteielite.

Puppen von Lloyd George, Millerand und Wilson verbrannt. Redner erklärten ihren unendlichen Haß auf den britischen Imperialismus, während Sinowjew Polen überging und erklärte, daß »die wahre Revolution erst dann auflodern wird, wenn sich uns die 800 Millionen Menschen angeschlossen haben, die in Asien leben«.[84] Was jedoch den Einfluß auf Asien betraf, so blieb der Kongreß so gut wie wirkungslos.

* * *

Die Unterstützung der Bolschewiki für die nationalen Befreiungsbewegungen im Britischen Empire stand in deutlichem Kontrast zu ihrer Opposition gegen entsprechende Bewegungen in den früheren russischen Kolonien. Lenin hatte immer das Ziel verfolgt, das Russische Reich geographisch im großen und ganzen wiederherzustellen. Seine Zugeständnisse an die nationale Selbstbestimmung im Programm von 1911 waren lediglich taktisch. Damals hatte er argumentiert, man könne den Nationalismus benutzen, um den zaristischen Staat zu zerstören, und nach einem angemessenen Zwischenspiel »bürgerlich« nationaler Herrschaft würden sich die Nichtrussen einer sozialistischen Föderation Rußlands wieder anschließen. Was er damit meinte, ist eine andere Frage. War Lenin aufrichtig in seinen öffentlichen Erklärungen, eine freie Föderation souveräner Republiken zu unterstützen, was doch für jede einzelne Republik das Sezessionsrecht implizierte? Oder plante er, die Grenzländer zum Wiederanschluß an einen russischen Einheitsstaat, wenn nötig mit Gewalt, zu veranlassen? Jedenfalls äußerte sich Lenin in seinen Privatbriefen zynisch über die Vorstellung einer losen Konföderation. 1913 schrieb er zum Beispiel an Gorki, daß es »so etwas Scheußliches wie in Österreich« in Rußland nicht geben werde. »Das lassen wir nicht zu! Überdies sind wir, die Großrussen, bei uns stärker vertreten. Zusammen mit den Arbeitern werden wir den ›österreichischen Geist‹ nicht hereinlassen.«[85]

Im Bürgerkrieg ging diese Frage in den Nöten der militärischen Auseinandersetzung unter. Die Roten eroberten die Grenzländer, als sie die Weißen vertrieben, und zwangen ihnen dieselben Formen zentralisierter Kontrolle durch die Partei und die Rote Armee auf wie dem Rest Rußlands. Das könnte man als eine bewußte Strategie ansehen, das Reich unter kommunistischer Kontrolle wiederzuerrichten, und es gab sicherlich genügend russische Chauvinisten bei den siegreichen Institutionen, die einen solchen Plan unterstützten. Aber in vieler Hinsicht hing die Eroberung der Grenzländer weitaus stärker von den örtlichen Bedingungen ab, als man es vermuten sollte. Unter dem Druck der einheimischen Kommunisten gelangte Lenin 1920 zu der Erkenntnis, daß die Eroberung an sich nicht ausreichte, um die nichtrussischen Territorien zu kontrollieren – zumindest nicht ohne den ständigen Widerstand der einheimischen Bevölkerung. Eine wirksame Ausübung der Macht setzte die Rekrutierung von Führern voraus, die die jeweilige Landessprache beherrschten und dem Regime einen nationalen Anstrich geben konnten. Da sich die einheimische Bevölkerung vor allem auf die Dörfer konzentrierte und das Regime auf die Städte, war auch ein behutsameres Vorgehen gegen die Bauern gefordert. In diesem Sinn war die Neue Ökonomische Politik in den nichtrussischen Ländern eng mit dem Prozeß des Staatsaufbaus verbunden. Der X. Parteikongreß im März 1921, bei dem die NEP eingeführt wurde, verabschiedete auch eine Resolution, die die Partei dazu aufrief, die nationalen Kulturen zu fördern. *Korenisazija* (Heranziehung einheimischer Kräfte) war das Schlagwort bolschewistischer Politik in den zwanziger Jahren. Der Geltungsbereich der Landessprache wurde auf Erziehung, Presse und Verwaltung ausgedehnt. Schulen und Hochschulen wurden zügig eingerichtet, um eine einheimische Elite auszubilden. Bauernjungen aus der jeweiligen Bevölkerung wurden Verwaltungsangestellte in den Städten, was bisher den Russen vorbehalten war. Zumindest auf kultureller Ebene setzte das Sowjetregime in mancherlei Hinsicht die Arbeit am Aufbau der Nation und ihrer Modernisierung fort, die vor 1917 von den Nationalisten begonnen worden war. Mit der Garantie kultureller und wirtschaftlicher Freiheit wurden die einheimischen Bauern weitgehend beschwichtigt, womit zugleich dem Rest der nationalistischen Intelligenzija die Basis im Volk genommen war.

In der Ukraine war die Nationalbewegung bereits zusammengebrochen, als die Bolschewiki im Herbst 1919 ihre dritte und endgültige Invasion begannen. Das militärische Auf und Ab von 1917 bis 1920, als in der Ukraine zehn verschiedene Regime einander abgelöst hatten, war der nationalen Einheit kaum förderlich. Zwei kurze Phasen nationalistischer Herrschaft in Kiew – die Rada vom März 1917 bis Februar 1918 und das Direktorium vom folgenden Dezember bis Februar 1919 – reichten nicht aus, um den ukrainischen Bauern, die von den Städten weitgehend isoliert und feindlich gegen sie eingestellt waren, ein Nationalbewußtsein einzuimpfen. Bis zum Ende des 19. Jahrhunderts hatte die Vorstellung eines unabhängigen ukrainischen Staats vor allem in der Dichtung Taras Schewtschenkos und den Kosakenmythen gelebt. Mit Ausnahme der Westukraine, wo die Gutsbesitzer meistens Polen waren, blieb die Masse der Bauern vom Nationalismus der Intelligenzija unberührt. Die starke Bindung der Bauern an die Vorstellung vom unabhängigen Dorf ließ sie einen Nationalstaat ablehnen. Im Lauf des Jahres 1917 hatten sich jedoch die sozialistischen Parteien in der Rada eine Massenbasis ländlicher Wählerunterstützung geschaffen, indem sie die Idee der nationalen Unabhängigkeit mit der der Autonomie des Dorfes und einer Landreform im Interesse der Bauern verknüpften. Es gelang ihnen, den abstrakten Begriff der Nation in gesellschaftliche Kategorien zu übersetzen, die für die Bauern real waren. Doch die versprochenen Landreformen wurden nie durchgeführt. Die Rada und das Direktorium waren politisch gelähmt durch die wachsende innere Spaltung zwischen Nationalisten wie Petljura einerseits, der die gesellschaftlichen Reformen dem nationalen Kampf, und Winnitschenko andererseits, der den Nationalismus dem gesellschaftlichen Wandel unterordnete. Ohne Landreform hatten die Bauern wenig Anreiz, für eine unabhängige Ukraine zu kämpfen. Weder die Rada noch das Direktorium waren in der Lage, eine wirklich nationale Streitmacht gegen die einrückenden Armeen der Roten oder der Weißen zu mobilisieren. Selbst Petljura mußte seine sogenannte Nationale Armee auf polnischem Boden aufbauen.

Der städtische Kopf der ukrainischen Nationalbewegung war somit von seinem ländlichen Körper abgeschnitten. Was blieb, war ein lokaler, auf die Idee des autonomen Dorfes ausgerichteter Bauernnationalismus, der die Ukraine weiterhin beherrschte und es bis in die frühen zwanziger Jahre praktisch unmöglich machte, sie von den Städten aus zu regieren. Dieser kleinbäuerliche Nationalismus zeigte sich in der *Atamanschtschina*, den lokalen Bauernbanden eines Machno, Grigorjew und zahlloser anderer Warlords, die behaupteten, das freie ukrainische Dorf gegen die Roten wie die Weißen zu verteidigen, außerdem im ländlichen Wirtschaftskrieg gegen die Städte, die von den Bauern als etwas Fremdes, als Zentren eines feindlichen Staats angesehen wurden, und in den Pogromen gegen die Juden als dem äußeren Symbol dieses Feindlichen.

Es war dieser Bauernnationalismus, der den Bolschewiki bei ihren beiden ersten Versuchen, die Ukraine zu erobern (in den drei ersten Monaten von 1918 und den ersten sechs Monaten von 1919), das Leben so schwer machte. Da ihnen nur die Arbeiter und die Armee zur Seite standen, blieb ihnen nichts anderes übrig, als durch Terror zu herrschen. Das zweite dieser beiden roten Regime war besonders grausam und mit Sicherheit von Stalin persönlich und ohne Kenntnis oder Billigung Lenins autorisiert. An seiner Spitze stand eine Gruppe Bolschewiki, die entschlossen waren, die Ukraine wieder unter Moskaus Herrschaft zu bringen. Viele von ihnen waren Russen aus der Ukraine, die zum Bolschewismus quasi als einer Form der Identifikation mit Rußland selbst gefunden hatten. Georgi Pjatakow, der die Invasion anzettelte und Führer des bolschewistischen Regimes in der Ukraine wurde, war ein typischer Vertreter dieser sowjetischen Erobererelite. Sein Vater war russischer Industrieller in der Ukraine gewesen, so daß ihm durchaus eine gewisse russisch-städtische Arroganz gegenüber den einheimischen Bauern angeboren war. Wie viele führende Bolschewiki an der Südfront – Woroschilow, Kaganowitsch und Ordschonikidse kommen einem da in den Sinn – hatte auch Pjatakow enge Beziehungen zu Stalin. Der extreme Zentralismus, den er der Ukraine aufoktroyierte, war nichts als sein schlecht verhüllter großrussischer Chauvinismus. Die ukrainisch-nationalistische Intelligenzija wurde während des Roten Terrors von 1919 zu Hunderten ins Gefängnis geworfen. »Bürgerlicher Besitz« wurde in ganzen Zugladungen nach Moskau geschafft. Nahezu alle bolschewistischen Posten in der Ukraine besetzte man mit Russen, die das Land wie Kolonialherren regierten. Die ukrainischen Bauern wurden bei den bolschewistischen Requirierungskampagnen den schlimmsten Exzessen ausgesetzt. Die *kombedy* und die kollektiven landwirtschaftlichen Betriebe, die in Rußland selbst gleichermaßen eindeutig gescheitert waren, wurden den ukrainischen Bauern gewaltsam aufgezwungen – und das trotz der Tatsache, daß die Traditionen privaten und ererbten Eigentums unter den ukrainischen Bauern viel tiefer verwurzelt waren als unter den russischen.[86]

Die Folge war eine Welle von Bauernaufständen in der ganzen Ukraine gegen das bolschewistische Regime, von denen der Machnos nur der größte war. Lenin war wütend: Das mangelnde Einfühlungsvermögen von Pjatakows Regime hatte die Kontrolle der Ukraine durch die Roten untergraben und so die Eroberung durch die Weißen ermöglicht. Im Herbst 1919, als die Roten noch einmal durch die Ukraine nach Süden vordrangen, bestand Lenin darauf, daß seine Genossen diesmal einfühlsamer gegenüber nationalen Empfindlichkeiten sein sollten. Die »Föderalisten« unter den ukrainischen Bolschewiki hatten das schon seit einiger Zeit gefordert, und ihre Ansichten wurden jetzt von höheren Bolschewiki wie Ordschonikidse wiederholt. »Wir müssen eine gemeinsame Sprache mit dem ukrainischen Bauern finden«, schrieb er am 19. November an Lenin. Diese Themen wurden von Lenin im Dezember aufgegriffen. Beim VIII. Parteikongreß sprach er sich zum ersten Mal gegen den »primitiven russischen Chauvinismus« aus, wie ihn gewisse Bolschewiki an den Tag legten. Die Resolution zur ukrainischen Frage berücksichtigte die Stärke des Nationalbewußtseins, wenn auch nur unter den »rückständigen« Massen. Sie forderte den Gebrauch der ukrainischen Sprache in allen Sowjeteinrichtungen und eine Annäherung an die ukrainischen Dörfer.[87]

Im März 1920 wurden als ein erster Schritt dahin die Borotbisten endlich in die ukrainische Bolschewistische Partei aufgenommen. Wie die frühere Allianz mit den russischen Linken Sozialrevolutionären war das ein großer politischer Sieg für die Bolschewiki, denn er spaltete die wichtigste rivalisierende Partei in der Ukraine und eröffnete ihnen den Zugang zu den Dörfern. Die Borotbisten waren die einzige ukrainische Partei mit einer breiten Anhängerschaft unter den Bauern. In den Kampagnen gegen die Hetmanate, Petljura und Denikin hatten sich die Roten auf sie gestützt, um die Bauernpartisanen zu organisieren. Die Borotbisten vertraten eine Synthese von kulturellem Nationalismus und Bauernsozialismus innerhalb einer dezentralisierten sowjetisch-föderalen Struktur. Sie waren die eigentlichen Erben des bäuerlichen Nationalismus, der 1917 und 1918 die Revolution in der Ukraine vorangetrieben hatte. Als das ukrainische Direktorium seine Verpflichtung auf ein sozialistisches Programm fallenließ, schlossen sich die meisten Borotbisten (etwa 4000 von den 5000) den Bolschewiki an. Sie hofften, den Kommunismus der Bolschewiki mäßigen und ihnen die Nationalkultur der ukrainischen Bauern bewußter machen zu können.[88] Wieder einmal war es der Nationalismus, der diese Gegner der Bolschewiki zu Roten machte.

Obgleich die Borotbisten auf lange Sicht scheiterten, gelang es ihnen doch, in den zwanziger Jahren ein Jahrzehnt relativer kultureller Autonomie für die Ukraine zu erreichen. Nationalgefühle, die in Form der ukrainischen Nationalbewegung besiegt worden waren, tauchten innerhalb der ukrainischen Bolschewistischen Partei und dem Staatsapparat wieder auf. Beide wurden zunehmend von Ukrainern übernommen, die entschlossen waren, die autonomen Rechte ihrer Republik zu verteidigen. Hier also gab es eine weitere Art »Nationalbolschewiki«. In mancher Hinsicht waren sie Vorläufer von Titos nationalistischer Bewegung in Jugoslawien gegen den stalinistischen Hyperzentralismus. Wie in Rußland rekrutierte sich ein Großteil der neuen ukrainischen Elite aus den Bauernsöhnen mit Schulbildung, die, durch Krieg und Revolution mobilisiert, auf Fortschritt und gesellschaftlichen Aufstieg erpicht waren. Die Folge war eine rapide Ukrainisierung der ukrainischen Städte, die vor der Revolution von Russen beherrscht gewesen waren. Zwischen 1923 und 1926 stieg der ukrainische Bevölkerungsanteil in Kiew von 27 auf 42 Prozent. In engem Zusammenhang damit stand die Blüte der ukrainischen Kultur in den zwanziger Jahren, vor allem nach 1924, als Olexander Schumsky, dem Exführer der Borotbisten, die Verantwortung für die kulturellen Angelegenheiten der Republik übertragen wurde. Das Ukrainische, das die zaristische Regierung als einen bäuerlichen Dialekt abgetan hatte, wurde nun als wichtiges Instrument für wirkungsvolle Propaganda auf dem Land und für die Rekrutierung einer einheimischen Elite verstanden. In den zwanziger Jahren breitete sich das Ukrainische aus in Schulen und Behörden, auf Straßennamen und Ladenschilder, in sowjetischen Dokumenten und Emblemen, auf Parteikongressen, in Zeitungen und Zeitschriften. In den zwanziger Jahren lernten mehr ukrainische Kinder ihre Muttersprache lesen als im gesamten 19. Jahrhundert.[89] Das nationalistische Ideal einer unabhängigen Ukraine mag durch das neue Imperium vernichtet worden sein, doch hatte die ukrainische Nation wenigstens eine kulturelle Basis erhalten.

In den muslimischen Ländern war ebendieses Muster – militärische Eroberung durch die Roten, gefolgt von der Förderung der nationalen Kultur – noch ausgeprägter. Tatsächlich förderten hier die Bolschewiki nicht so sehr bestehende nationale Kulturen, als daß sie *neue Nationen schufen*, wo es vor 1917 nur Stammesgesellschaften gegeben hatte.

In den baschkirischen und tatarischen Wolga-Ural-Regionen wurden neue Republiken geschaffen, als die Rote Armee bei der Verfolgung Koltschaks das Gebiet durchquerte. Moskau widersetzte sich den Plänen der panislamischen Intelligenzija für einen baschkirisch-tatarischen Staat und machte sich die ethnische Teilung zwischen den beiden Regionen skrupellos zunutze. Die Rote Armee gründete im März 1919, zusammen mit Walidow, dem militärischen Führer der baschkirischen Hirtennomaden, die Baschkirische Autonome Republik. Die Bevölkerung bestand zum größten Teil aus Tataren. Walidow war mit seinen Truppen auf dem Höhepunkt der Kämpfe an der Ostfront von den Weißen abgefallen, in der Meinung, die Roten würden im Unterschied zu Koltschak den Baschkiren Unabhängigkeit gewähren und das Recht, russische Siedler zu vertreiben. Doch sobald die Eroberung des Ural abgeschlossen war, übertrugen die Roten die Macht in der Region an den Sowjet in Ufa, der von russischen Arbeitern dominiert wurde. Moskau war nicht bereit, die lebenswichtige Industrie in der Uralregion in die Hände baschkirischer Nationalisten fallen zu lassen. Im Mai 1920 erließ der Kreml ein Dekret, das die politische Autonomie, die den Baschkiren nur 14 Monate zuvor versprochen worden war, abschaffte: Die Schlüsselinstitutionen der Republik sollten fortan den Behörden in Moskau untergeordnet sein. Die baschkirischen Kommunisten traten geschlossen aus der Regierung aus und flohen in den Ural, wo sie sich den anderen baschkirischen Rebellen gegen die Herrschaft der Sowjets anschlossen. In der neuen Regierung der Republik saßen keine Baschkiren mehr, sondern nur noch Tataren und Russen. Inzwischen war im Mai 1920 auch eine Tatarische Autonome Republik gegründet worden – obwohl sie wie die baschkirische nur dem Namen nach autonom und nicht einmal wirklich tatarisch war. Drei Viertel der ethnischen Tataren in der Region verblieben außerhalb der Grenzen der Republik, und selbst innerhalb ihrer Grenzen stellten sie nur die Hälfte der Bevölkerung, gegenüber 40 Prozent Russen.[90] *Divide et impera.*

Koltschaks Niederlage gestattete es den Roten auch, die Eroberung Mittelasiens abzuschließen. Anfang 1918 hatten die russischen Eisenbahnarbeiter und Soldaten von Taschkent eine Sowjetrepublik Turkestan gegründet. Allerdings war sie vom übrigen Rußland durch die Orenburger Kosaken abgeschnitten, die sich mit Koltschak verbündet hatten, und ihr Einfluß beschränkte sich auf die Städte. Die Baumwoll-Gebiete des Fergana-Tals wurden von einheimischen Rebellen kontrolliert, bekannt als Basmatschen, in deren Banden verschiedene Turkstämme (Usbeken und Kirgisen) gemeinsam mit Tadschiken gegen das sowjet-russische Regime und die Vorherrschaft der Russen kämpften. Strafrequirierungen bei der muslimischen Bevölkerung hatten 1918 eine schreckliche Hungersnot ausgelöst, in der schätzungsweise mindestens ein Viertel der Bevölkerung umgekommen ist, und das brachte den Basmatschen die Unterstützung fast aller auf dem Land. Da die Trennlinie zwischen Stadt und Land auch eine politische und ethnische Teilung bedeutete, ist es verständlich, daß das Sowjetregime als eine neue Form kolonialer Ausbeutung angesehen wurde – was es im großen und ganzen auch war. Als die Rote Armee Ende 1919 in Taschkent ankam, bildete sie eine Sonderkommission, die einen Bericht über die hiesige Sowjetverwaltung erstellen sollte. Sie gelangte zu dem Schluß, daß die Regierung »von kolonial-nationalistischen Anhängseln« und »alten Dienern des zaristischen Regimes« beherrscht worden sei, die »den Klassenkampf als Vorwand benutzten, […] um die einheimische Bevölkerung auf das brutalste zu verfolgen«. Die zaristische Kolonialpolitik, die die kirgisischen Nomaden in die unfruchtbaren Gegenden verbannt und russische Kolonisten in der fruchtbaren Ebene angesiedelt hatte, sei sogar noch intensiver fortgeführt worden. In der Region Semiretschje habe der örtliche Sowjet eine Sklavenwirtschaft eingeführt, indem er die kirgisische Bevölkerung zwang, ohne Bezahlung auf russischen

Bauernhöfen zu arbeiten oder die Exekution zu riskieren. In Taschkent hätten die bolschewistischen Führer darauf mit stumpfer Gleichgültigkeit reagiert. Einen der Bolschewiken habe man sagen hören, die Kirgisen seien »vom marxistischen Gesichtspunkt aus die schwächste Rasse und müßten sowieso aussterben«.[91]

Unter dem Druck Lenins änderte die Regierung in Taschkent nach 1920 langsam ihre Einstellung. Land, das den Einheimischen weggenommen worden war, wurde zurückgegeben, die Requirierungen wurden reduziert und unter der NEP seit 1921 gestoppt, Basare durften wieder geöffnet werden, Moscheen wurden der sowjetischen Kontrolle entzogen, und das Koranische Gesetz, daß die Regierung in Taschkent 1918 abgeschafft hatte, wurde für Gläubige wiedereingeführt. All das trug dazu bei, die Basmatschen-Revolte zu ersticken: 1923 war sie faktisch beendet und blieb nur noch in den isolierten östlichen Gebirgsregionen Usbekistans und Tadschikistans aktiv, wo sie mit Unterstützung der Mudschaheddin noch einige Jahre weiterexistierte. Inzwischen setzte das Sowjetregime seine Politik, die einheimischen Eliten heranzuziehen, weiter fort. Über die Hälfte der Delegierten des Parteikongresses in Turkestan 1921 waren Muslims, von denen viele der alten säkularisierten Intelligenzija oder *dschadid* entstammten, die in dem Regime eine Modernisierungskraft sahen. Größtenteils war es das tatsächlich auch. Die neuen Republiken von Mittelasien – Usbekistan, Turkmenistan, Kasachstan, Kirgisien und Tadschikistan – waren alle, zumindest in einem kulturellen Sinne, als moderne Nationen in den zwanziger Jahren gegründet worden. Für die Bildungsförderung auf allen Ebenen wurden erhebliche Mittel eingesetzt, was die Alphabetisierungsraten spürbar verbesserte. Besondere Aufmerksamkeit widmete man der Ausbildung einer einheimischen politischen und technischen Elite. Es gab einen Boom von Veröffentlichungen in der Landessprache für das neue Lesepublikum. Die meisten Journalisten mußten allerdings noch bei den Wolgatataren angeworben werden, die kulturell fortgeschrittener waren als die Bevölkerung Mittelasiens, jedoch nicht immer mit allen Nuancen der jeweiligen Landessprache vertraut. So erschien zum Beispiel über dem Titel der usbekischen Tagezeitung *Kysyl bairak* die Parole »Landstreicher aller Länder, vereinigt euch!«[92] Solche Fehler kommen nun einmal vor, wenn eine nationale Kultur von Grund auf aufgebaut wird.

Internationale Beziehungen komplizierten die russische Eroberung des Kaukasus. Sowohl die Türkei als auch Großbritannien wetteiferten nach 1918 mit Rußland um die Vorherrschaft in dieser wichtigen Region. Die Türken hatten es auf Aserbaidschan abgesehen, mit dessen Bevölkerung sie ethnisch und sprachlich verwandt waren. Außerdem wollten sie Armenien schwach halten, um ihre Macht über Ostanatolien zu sichern, das sie mit dem Genozid von 1915 von seiner armenischen Bevölkerung »gesäubert« hatten. Was die Briten anbelangt, so sahen sie im Kaukasus einen Puffer, der Persien und Indien vor Rußland schützte. Darüber hinaus war die Region reich an Mangan und Öl, das die Briten in bester Tradition kolonialer Piraterie eifrig von den Ölfeldern Bakus exportierten, während ihre

Truppen dort als »Schutzmacht« stationiert waren. Die kurze Unabhängigkeit der drei Kaukasusnationen (Armenien, Aserbaidschan und Georgien) hing fast gänzlich von der vorübergehenden Nachkriegsschwäche Rußlands und der Türkei ab, den traditionellen Mächten in der Region, und, zumindest was die beiden letzteren anbelangt, auch vom Schutz Großbritanniens. Auf sich selbst gestellt, waren diese Nationen viel zu klein und ethnisch zu zersplittert, als daß sie ihre Unabhängigkeit hätten aufrechterhalten können, sobald Rußland und die Türkei begannen, ihre Vorherrschaft in der Region wieder geltend zu machen.

Aserbaidschan, das als erstes an Sowjetrußland fiel, bietet ein typisches Beispiel für eine postkoloniale Nation, die schlecht auf die Prüfungen unabhängiger Existenz inmitten all der Konflikte der Zeit vorbereitet war. In der kurzen Periode seiner Unabhängigkeit von Mai 1918 bis April 1920 hatte es nicht weniger als fünf Regierungen. Landreform und ethnische Konflikte waren die Hauptursache für seine Instabilität. Das Scheitern der Mussawat-Sozialisten bei der Durchsetzung ihrer Landreform gegen den Widerstand der armenischen Bourgeoisie ermöglichte es den Bolschewiki, sich als Streiter für die arme muslimische Landbevölkerung darzustellen. Die wirtschaftliche Krise in Baku, die durch den Zusammenbruch des wichtigsten Öl-Exportmarktes in Rußland verursacht wurde, verschaffte den Bolschewiki außerdem Rückhalt bei den muslimischen und russischen Arbeitslosen. Im Februar 1920 hatte die Bolschewistische Partei in Baku und Tiflis 4000 Mitglieder, die offen auf der Straße agitierten und Moskau drängten, Truppen zu entsenden. Die Aseri-Armee war viel zu schwach, um den 70 000 Soldaten der Elften Roten Armee, die damals durch das Terekgebiet und Dagestan südwärts nach Aserbaidschan vorrückte, ernsthafteren Widerstand entgegensetzen zu können. Ein Großteil ihres Offizierskorps, das aus Türken und Georgiern bestand, war von den Bolschewiki infiltriert. Aber es war die Duldung durch die Türkei, die die Eroberung Aserbaidschans besiegelte. Im März 1920, als britische Truppen Konstantinopel besetzten, waren Kemal Atatürks Nationalisten bereit, der russischen Machtübernahme im Kaukasus zuzustimmen, weil sie sich dadurch Moskaus Unterstützung für die türkische Freiheitsbewegung gegen Großbritannien sichern wollten. Auf diese Weise würden russische Waffenlieferungen in die Türkei über den Kaukasus möglich. Kemal erklärte sich einverstanden, zur Unterstützung dessen militärische Operationen gegen Armenien zu beginnen. Das Bündnis mit der Türkei ermöglichte es den Roten, bei ihrer Invasion eine beachtliche fünfte Kolonne türkisch-muslimischer Unterstützung in Aserbaidschan zu gewinnen. Die türkischen Offiziere der Aseri-Armee hießen die Eroberer aus dem Norden in dem naiven Glauben willkommen, daß letztere nicht die Absicht hätten, die Unabhängigkeit Aserbaidschans zu beenden, sondern die pantürkische Bewegung unterstützen wollten. Am 28. April zog die Rote Armee in Baku ein, ohne auf bewaffneten Widerstand zu stoßen. Niemand war bereit, die aserbaidschanische Nation zu verteidigen. Ordschonikidse und Kirow, die Führer des Kaukasusbüros, das vom Zentralkomitee in Moskau eingerichtet worden war, um den Kaukasus zu sowjetisieren, trafen am nächsten Tag ein und errichteten eine Terrorherrschaft. Einige Führer der Nationalregierung wurden hingerichtet und Aufstände auf dem Land brutal niedergeschlagen.[93]

Ebensowichtig war die Verwicklung der Türkei in die russische Eroberung Armeniens. Diese kleine und umkämpfte Nation bezog ihre ganze Identität aus der Furcht vor den Türken und dem Haß auf sie. Darauf stützten sich die Führer der Daschnaken, um das Land geeint zu halten angesichts der überwältigenden Schwierigkeiten, mit denen sie sich nach der Erklärung der armenischen Unabhängigkeit im Mai 1918 konfrontiert sahen. Das Land war überfüllt mit Flüchtlingen aus Anatolien, die den türkischen Massakern entkommen waren, und das belastete die Wirtschaft in hohem Maße. Außerdem gab es erbitterte territoriale Streitigkeiten mit Georgien im Norden und Aserbaidschan über Nachitschewan, Sangesur und die Bergregion von Nagorny Karabach.* Anders als seine beiden Nachbarn hatte Armenien keine ausländischen Verbündeten. Besonders Großbritannien unterstützte Aserbaidschan gegen Armenien. Die Briten hatten es immer vorgezogen, mit »türkischen Herren« zu verhandeln anstatt mit »schwarzen Christen«, wie es Arnold Toynbee in einer bissigen Kritik an der Politik von Whitehall ausdrückte.[94] Großbritannien war schließlich die bedeutendste Kolonialmacht in der muslimischen Welt. Für die Daschnaken, international isoliert und von feindlichen Mächten umgeben, war es wohl selbstverständlich, an den armenischen Nationalismus zu appellieren. Sie versprachen, ein neues armenisches Reich zu errichten, das vom Schwarzen Meer bis ans Kaspische Meer reichen sollte. Als ersten Schritt besetzten armenische Truppen Ostanatolien und verübten eine Reihe von Rachemassakern an der türkischen Bevölkerung. Es war eine törichte Provokation – Kemals Nationalisten mußten daraufhin zurückschlagen –, und man kann daraus nur schließen, daß die Daschnaken entweder die Stärke der Türken gewaltig unterschätzten oder durch ihre eigene Fremdenfeindlichkeit zeitweise ihrer Sinne beraubt waren. Vielleicht trifft beides zu.

Ein Krieg zwischen der Türkei und Armenien war genau das, was die Bolschewiki brauchten. Ihre eigene Organisation in Armenien war verschwindend klein – bei der ersten Parteikonferenz in Jerewan erschien nur ein Dutzend Personen –, so daß eine rote Invasion nicht durchführbar war. Im Mai 1920, kurz nachdem die 11. Armee Baku besetzt hatte, inszenierten die Bolschewiki in Kars einen Putsch

* Nagorny Karabach, das auch heute noch Gegenstand von Streitigkeiten ist, war ein Sommerweideland für die Aseri-Nomaden. Armenien beanspruchte das Gebiet 1918 für sich. Dort lagen armenische Siedlungen, aus denen viele der führenden Intellektuellen der Nation gekommen waren, und so war die Gegend wie der Ararat zu einem Symbol Armeniens geworden. Die armenische Regierung versuchte, die Aseris am Eindringen in das Gebiet zu hindern, indem sie Grenzwachen aufstellte. Das führte zu erbitterten lokalen Kämpfen. Sowohl die Sowjets als auch die Briten traten dafür ein, Karabach den Aseris zu überlassen.

in der Hoffnung, damit den Funken für eine rote Invasion zur Unterstützung der »revolutionären Massen« zu schlagen; doch der Putsch wurde problemlos niedergeschlagen, und Lenin, der zu dieser Zeit mehr mit Polen beschäftigt war, wies Ordschonikidse an, weitere Aktivitäten aufzuschieben. Sechs Monate später jedoch, im November 1920, als die Armenier kurz vor einer demütigenden Niederlage gegen die Türken standen, befahl Lenin den Roten, nach Jerewan vorzurükken. Während das geschah, präsentierte die diplomatische Mission des Sowjets in der armenischen Hauptstadt der Daschnaken-Regierung ein Ultimatum, die Macht an ein Revolutionskomitee zu übergeben, das den roten Truppen von Aserbaidschan aus folgte. Die Daschnaken fügten sich, weil sie in der Kapitulation vor den Sowjets die geringere Demütigung im Vergleich zu einer Niederlage gegen die Türken sahen. Widerstand konnten sie keinem von beiden leisten. Am 29. November wurde die Armenische Sowjetrepublik ausgerufen. »Damit eine weitere Sowjetrepublik«, telegrafierte Ordschonikidse nach Moskau. Die Daschnaken gingen eine Koalition mit den Bolschewiki ein, wurden aber bald von ihren russischen »Verbündeten« verfolgt und ins Exil gezwungen, gemeinsam mit vielen anderen armenischen Nationalisten und Intellektuellen. Unterdessen führten die Roten eine rücksichtslose Requirierungskampagne durch und schafften ganze Zugladungen von Nahrungsmitteln und Beutegut nach Rußland. Der Eifer des neuen Regimes war so groß, daß selbst Bienenstöcke und Friseurgerät im Namen der Völkerfreundschaft enteignet wurden.[95]

Mit dem Fall Armeniens war Georgien von den Roten umgeben. Von den drei Kaukasusnationen war Georgien als unabhängiger Staat am ehesten lebensfähig. Die Georgier hatten ein klares Bewußtsein von ihrer nationalen Geschichte und Kultur, eine große einheimische Intelligenzija und in den Menschewiki eine genuine nationale Führung. In den ersten sechs Monaten seiner Unabhängigkeit, von Mai bis November 1918, stand Georgien unter dem Schutz der Deutschen und danach unter dem der Briten. Die menschewistische Regierung unter der Führung von Noi Schordania orientierte sich am Vorbild der deutschen Sozialdemokraten, wonach Staatskunst vor sozialer Revolution kam. Das war die Umkehrung des Dogmas der Menschewiki, das sie 1917 daran gehindert hatte, die Macht zu übernehmen. Doch mit 75 Prozent der Stimmen bei den Wahlen zur Nationalversammlung gab es einfach keine andere nationale Partei.

Die Landreform war die Basis ihrer Macht. Indem sie die größeren Bauernhöfe und Güter aufteilten, die immer häufiger Armeniern gehörten, gewannen sie die Unterstützung der georgischen Bauern, die das meiste Land zu demokratischen Preisen kaufen durften. Die Landreform machte den Kleinbauern zur Verkörperung der georgischen Nation. Sie bildete eine Synthese von nationaler und Klassensolidarität – georgische Bauern und verarmte Adlige gegen die armenische Bourgeoisie –, die der menschewistischen Regierung zwei Jahre relativer Stabilität verschaffte.

Nur die ethnischen Minderheiten, die Osseten und die Abchasen, mit ihren Forderungen nach Selbstverwaltung verursachten ernstlichere Schwierigkeiten. Ihre anmaßende Behandlung durch die Regierung in Tiflis, die nicht gegen kleinlichen Chauvinismus gefeit war, verhalf den Bolschewiki zu einer echten Basis. Hier, unter den armen Stämmen des nördlichen Kaukasus, bauten sie ihre militärische Organisation zum Angriff auf das unabhängige Georgien auf. Die ossetischen Rebellen wurden von den Bolschewiki in Wladikawkas ausgebildet, unmittelbar jenseits der Grenze in Rußland, und dann über die Berge nach Georgien geschickt. Innerhalb Georgiens selbst erfuhren die Bolschewiki nahezu keine Unterstützung. Die winzigen georgischen Polizeitruppen hatten keine Schwierigkeiten damit, die bolschewistische Führung zu unterdrücken. Im Mai 1920, als die Bolschewiki von Tiflis versuchten, einen Putsch zu inszenieren, um die 11. Rote Armee (die zu dem Zeitpunkt in Baku stand) dazu zu bringen, eine Invasion zu starten, wurde dieser problemlos niedergeschlagen. Lenin befahl den Roten, sich aus Georgien zurückzuziehen: Die Truppen würden an der polnischen Front benötigt und Georgien sei noch nicht reif für die Sowjetisierung – wenigstens behauptete Lenin das später. Am 7. Mai unterzeichnete die Sowjetregierung einen Vertrag mit Georgien, in dem sie seine Unabhängigkeit anerkannte und sich verpflichtete, sich nicht in seine inneren Angelegenheiten einzumischen.[96]

Hier jedoch machten die georgischen Menschewiki einen verhängnisvollen Fehler. In einem geheimen Zusatz willigten sie ein, die Bolschewistische Partei in Georgien zu legalisieren. Hunderte Aktivisten wurden aus dem Gefängnis freigelassen. Zweifellos versuchten die Menschewiki das als Preis für die Garantie der georgischen Unabhängigkeit zu erklären. Doch statt ihren ältesten Feinden, den Bolschewiki, zu vertrauen, hätten sie es besser wissen müssen. Die georgischen Bolschewiki wurden nun zur fünften Kolonne für die in Baku stationierte Rote Armee. Die russische Botschaft in Tiflis plante Streiks und Aufstände gegen die Regierung, mit dem Ziel, eine Invasion zu provozieren. Lenin war weiterhin gegen die militärische Option und favorisierte einen allmählicheren Prozeß der revolutionären Zersetzung. Wie Trotzki machte er sich Sorgen über die mögliche Reaktion der Briten und der Deutschen, mit denen die Bolschewiki hofften, Handel treiben zu können, von der Reaktion der Türkei ganz zu schweigen. Die westlichen Sozialistenführer hatten Georgien als das einzig wahrhaft sozialistische Land der Welt gepriesen. Karl Kautsky und Ramsay MacDonald waren 1920 nach Tiflis gepilgert und voll des Lobes nach Europa zurückgekehrt. Außerdem gab es noch ein praktisches Problem. Kamenew an der Spitze der Roten Armee warnte, daß die Truppen der 11. Roten Armee für eine neue Offensive zu erschöpft seien. Ordschonikidse jedoch wartete ungeduldig auf die »Befreiung« seiner Heimat Georgien und begann, ohne Wissen Moskaus Truppen an der armenischen und der aserbaidschanischen Grenze aufzustellen. Zusammen mit Kirow, dem russischen Botschafter in Tiflis, setzte er sich bei Lenin für eine sofortige Intervention ein.

»Man kann nicht auf eine interne Explosion warten. Ohne unsere Hilfe kann Georgien nicht sowjetisiert werden«, schrieben die beiden Männer am 2. Januar 1921. Stalin unterstützte sie in einem weiteren Brief zwei Tage später. Lenin stimmte schließlich zu. »Nicht aufschieben«, schrieb er auf Stalins Brief.[97]

Am 14. Februar befahl das Politbüro den Beginn der Invasion. Weder Kamenew noch Trotzki waren informiert. Gegen die 100 000 Invasoren hatte die winzige Armee Georgiens, die stets mehr Symbol als Schutzschild für die Nation gewesen war, keine Chance. Sie kämpfte tapfer über eine Woche lang, ehe sie am 25. Februar Tiflis übergab. Daraufhin startete die Türkei unter Ausnutzung des georgischen Zusammenbruchs vom Südwesten her eine Invasion mit dem Ziel, den Hafen von Batum zu erobern. Das hinderte die Menschewiki daran, in ihrer alten ländlichen Bastion Guria letzten Widerstand zu leisten, wie sie es beabsichtigt hatten. Am 18. März kapitulierten sie endgültig vor den Roten und gingen an Bord eines italienischen Schiffes Richtung Europa. Der Rest ihrer Organisation begab sich in den Untergrund. Auf dem Land blieb sie weiterhin tonangebend, was zu dem Aufstand führte, der die Sowjetrepublik Georgien 1924 erschütterte.

Lenin war sich im klaren darüber, wie groß die Popularität der Menschewiki auf dem Land war, und machte sich Sorgen, daß der »großrussische Chauvinismus«, den einige Bolschewiki während der Invasion an den Tag gelegt hatten, Georgien in einen Krisenherd verwandeln könnte. Am 2. März schrieb er an Ordschonikidse und drängte ihn, »eine besondere Politik der Zugeständnisse gegenüber der georgischen Intelligenz und den Kleinhändlern« zu verfolgen. Das war die Zeit der Einführung der NEP. Lenin betrachtete die Konzessionen der NEP an die bäuerliche Landwirtschaft, den freien Markt und den Außenhandel als wesentlich für das Regime in Georgien. Ihn beunruhigte jedoch, daß die Bolschewiki in Ordschonikidses Kaukasusbüro noch gefährlich in der alten Mentalität des Kriegskommunismus und des russischen Zentralismus befangen waren. Die kaukasischen Republiken, so erklärte er am 14. April in einem Brief an die örtlichen Bolschewiki, seien »in noch stärkerem Maße Bauernländer als Rußland« und erforderten mehr »Milde, Vorsicht, Nachgiebigkeit« beim Übergang zum Sozialismus als im übrigen Rußland. Macharadses Flügel der georgischen Partei trat für die Sache des Nationalbolschewismus ein, und teilweise dadurch konnten mit der Politik der *korenisazija* in den frühen zwanziger Jahren einige Erfolge verbucht werden. Mehr Georgier, darunter viele ehemalige Menschewiki, traten in die sowjetische Verwaltung ein. Es gab eine deutliche Zunahme von Veröffentlichungen in georgischer Sprache, die das Russische in der Öffentlichkeit zu verdrängen begann. All das zeigte, daß Georgiens Unterwerfung keineswegs eine kulturelle Niederlage bedeuten mußte. Nach den Worten des georgischen Dichters Leo Kiatscheli sollte »in Georgien die georgische Seele herrschen«.[98]

Und doch gab es immer noch einige Bolschewiki, die nicht einmal dieses Zugeständnis machen wollten. Ironischerweise standen dabei an vorderster Front zwei Georgier, Ordschonikidse und Stalin, deren eigener Bolschewismus sich auf komplexe Weise mit einer Art großrussischem Chauvinismus vermischt hatte. Unter der Oberfläche brodelte der Konflikt weiter, bis er plötzlich 1922 zum Ausbruch kam und sich bis auf die Moskauer Bühne auswirkte. Aber das ist bereits die Geschichte von Lenins letztem Kampf.

* * *

Brussilow freute sich über die Neugestaltung des Russischen Reichs, wenn auch unter dem roten Stern und nicht unter dem Kreuz. Es versöhnte ihn mit seiner eigenen Entscheidung, sich den Roten anzuschließen, und sicherte ihnen seine weitere Unterstützung nach dem Krieg mit Polen, als sie ihre Aufmerksamkeit den Weißen auf der Krim zuwandten. Brussilow war außer sich darüber, daß Wrangel Rußland während des Polenfeldzugs angegriffen hatte. Seiner Ansicht nach bewies das, daß die Weißen bereit waren, Rußland um ihrer eigenen engstirnigen politischen Ziele willen zu verraten. Patriotismus war Brussilows Hauptmotiv dafür, daß er sich gegen diese letzten Wächter des alten Rußlands den Roten anschloß. In ihm muß das eigentümliche Gefühle geweckt haben, denn damit beteiligte er sich an der Vernichtung seiner eigenen Klasse.

Es war durchaus passend, daß die Weißen ihren letzten Standort auf der malerischen Halbinsel Krim wählten. Diese russische Riviera mit ihren Palmen und Zypressen, ihren Weingärten und Bergen war einst ein Tummelplatz der Aristokratie gewesen, deren Sommerpaläste die Südküste säumten. In ihren adligen Köpfen war die Krim ein Ort der Kindheitssommer, ein Symbol des guten Lebens im alten Rußland, in dem die Sonne angeblich nie untergehen würde. Nun, im Sommer 1920, war es das letzte Restchen russischen Bodens, das noch nicht von den Roten genommen worden war. Es war die letzte Zuflucht von gestürzten Herzögen und Generälen, von Provinzgouverneuren und Bischöfen, Landbesitzern ohne Güter, Industriellen ohne Fabriken, Staatsbeamten ohne Amt, Anwälten ohne Arbeit und Schauspielerinnen ohne eine Bühne. Die Bourgeoisie hatte keinen anderen Ort mehr, wohin sie fliehen konnte.

An der Spitze dieser verlorenen Sache stand Baron Pjotr Wrangel, ein Hüne aus der alten militärischen Aristokratie, der über die kaiserlichen Elitegarden aufgestiegen war. Anders als Denikin, der »Mann der Armee«, war sich Wrangel darüber im klaren, daß der Bürgerkrieg sowohl mit politischen als auch militärischen Mitteln geführt werden mußte. »Nicht mit einem Triumphmarsch von der Krim nach Moskau kann Rußland befreit werden«, sagte er auf seiner ersten Pressekonferenz im April, »sondern nur durch die Schaffung einer Regierung – auf einem wie kleinen Stückchen russischen Bodens auch immer – mit solchen Lebensbedingungen, daß das russische Volk, das jetzt unter dem roten Joch ächzt, unweigerlich seiner Anziehungskraft nachgeben wird.« Die Weißen, das erkannte Wrangel, konnten niemals an die Macht gelangen, solange sie als Kämpfer für die Wiederherstellung des alten Regimes angesehen wurden. Sie mußten die Zusage geben, sich für radikale Reformen einzusetzen, mit denen sie die Unterstützung der Bauern, der Arbeiter und der nationalen Minderheiten gewinnen konnten. Wrangel nannte das »linke Politik mit rechten Händen machen«.[99]

Das war nicht einfach eine opportunistische Antwort auf die schwache militärische Position, die Wrangel geerbt hatte. Sie ergab sich aus der tatsächlichen Erkenntnis, daß die Niederlage von Denikins Regime nicht nur durch seine militärischen Schwierigkeiten verursacht worden war, sondern ebensosehr durch seine veralteten bürokratischen Methoden und die Unfähigkeit, sich der neuen revolutionären Situation anzupassen. Das Ziel indes war widersprüchlich: Die rechten Hände in Wrangels Regime würden niemals wirklich linke Politik machen, und die Behauptung, daß sie es doch beabsichtigten, war in Miljukows Worten »ein plumper Versuch, die Welt mit liberalen Schlagworten zu täuschen«. Die Regierung und die militärischen Kreise in Sewastopol waren durchsetzt mit Persönlichkeiten des alten Regimes. Kriwoschein, der letzte zaristische Landwirtschaftsminister, war jetzt für das Innenministerium verantwortlich. Seine Polizei führte eine massive Hexenjagd auf mutmaßliche »Bolschewiki« durch, das heißt auf jeden, der sich gegen das Regime stellte. Tausende gewöhnlicher Bauern und Arbeiter wurden ins Gefängnis geworfen und Hunderte als angebliche Spione erschossen. Der Terror der Soldaten – vor allem in Form von Plünderungen und Pogromen – stellte ein großes Problem dar, das die Beziehungen zur einheimischen Bevölkerung verschlechterte, nicht zuletzt weil die weißen Offiziere solche Aktionen duldeten und manchmal sogar förderten, um sich die Loyalität ihrer Soldaten zu sichern. Nach drei Jahren des Kampfes hatte die Weiße oder Russische Armee, wie sie sich jetzt nannte, einen ausgeprägten Kastengeist entwickelt. Viele der Offiziere sahen sich als eine Besatzungsarmee in einem fremden Land und gingen ungestraft gegen die Krimbevölkerung vor. Anstatt als Modellregierung für die Sache der Weißen im übrigen Rußland zu werben, taten Wrangels »rechte Hände« mehr dafür, die Interessen der Roten auf der Krim zu fördern.[100]

Wie bei Denikin war auch hier die Frage der Landverteilung entscheidend. Wrangel erkannte die Notwendigkeit einer Landreform, die ihm die Unterstützung der Bauern hätte gewinnen können. »Die Frage mußte vor allem aus einem psychologischen Grund gelöst werden: Wir mußten dem Feind seine wichtigste Propagandawaffe entreißen«, erinnerte sich der Baron in seinen Memoiren. »Wir mußten den Argwohn der Bauern zerstreuen, die immer noch meinten, unsere Ziele bei der Bekämpfung der Roten seien lediglich die Wiedereinsetzung der Großgrundbesitzer in ihre alten Rechte und Repressalien gegen diejenigen, die diese Rechte verletzt hatten.« Doch in dem Komitee, das Wrangel einsetzte, um die Landreform zu entwerfen, gaben ebendiese Grundbesitzer den Ton an. Und so wurde am 25. Mai ein Bodengesetz verabschiedet, das weit hinter den Forderungen der Bauern zurückblieb. Hauptziel dieses Gesetzes war es, eine Klasse bäuerlicher Grundbesitzer zu schaffen, indem man ihnen kleine Parzellen als Privateigentum überließ. Das bedeutete einen weiteren Versuch, »auf die Starken zu setzen«. Wie Stolypins Landreformen sollte das Ganze mit der Einrichtung eines Semstwos auf Bezirksebene verknüpft werden, in dem die Bauern bestimmend wären. Doch das Gesetz war voller komplizierter Regelungen, deren Umsetzung Jahre beansprucht hätte, und es wies viel zu viele bürokratische Schlupflöcher auf, die es Gutsbesitzern ermöglichten, ihr Land zu behalten. Die Bezirkssemstwos zum Beispiel, die festsetzten, wieviel Land den Bauern übergeben werden sollte, würden immer noch von den Gutsbesitzern beherrscht. Außerdem war da noch das Problem der Entschädigung: Die Bauern sollten den Gutsbesitzern für deren Land eine Abgabe von einem Fünftel ihrer Ernteerträge zahlen (bei dem Dreifeldersystem entsprach das 30 Prozent der Jahresernte). Nach der Revolution und dem Bürgerkrieg, einer Zeit, in der die Bauernhöfe schwer geschwächt worden waren, wäre das eine große Belastung gewesen und hätte die Bauern für mindestens eine Generation ökonomisch von den Gutsbesitzern abhängig gemacht – und das war vermutlich auch die Absicht gewesen.[101]

Wrangels Bodengesetz war eine paternalistische Lösung des Bauernproblems und keine revolutionäre. Im 19. Jahrhundert hätte man es für fortschrittlich gehalten, aber nach 1917 war es reaktionär. Es bewies, daß das Regime Wrangels genauso in den bürokratischen Methoden der Vergangenheit gefangen war wie das Denikins. Nichts konnte das besser symbolisieren als die Entscheidung, das Bodengesetz in Form einer Broschüre für 100 Rubel zu verkaufen (weil man glaubte, wenn die Bauern dafür zahlen müßten, würden sie dem Gesetz mehr Wert beimessen). Verglichen mit dem einfachen Dekret über den Boden, das die Bolschewiki millionenfach veröffentlichten und kostenlos an die Bauern verteilten, zeigte es das fatale Unvermögen, den propagandistischen Zweck solcher Gesetze zu begreifen. Wrangels Regime war ebensowenig wie das Denikins in der Lage zu begreifen, daß man revolutionäre Methoden anwenden mußte, um den Bürgerkrieg zu gewinnen.[102]

Der Preis, den die Weißen zahlten, war die weitverbreitete Gleichgültigkeit der Bauern gegenüber ihrer Sache und in den der Front am nächsten gelegenen Bezirken, wo die Requirierung von Nahrungs- und Transportmitteln am schwersten lastete, sogar offene Feindseligkeit. Das bedeutete, daß sie nie genügend Truppen ausheben konnten, um den Ausbruch aus ihrer Basis auf der Krim zu versuchen. Selbst die wohlhabenden Bauern Tauriens, des Gebiets, das die Weißen beim Betreten des Festlands zu durchqueren gehabt hätten, betrachteten sie, wie es einer ihrer Offiziere beschrieb, »als eine Armee alter Olympier, adliger, vor Stolz und Arroganz aufgeblasener Generäle und ihrer Kumpane«. Das Problem spitzte sich noch weiter zu durch die Tatsache, daß die Kosaken, die Hauptstütze der Weißen, zunehmende Verdrossenheit zeigten, die Dörfer plünderten und verlangten, in ihre

Heimat zurückzukehren. Die Don-Armee sei inzwischen nichts weiter als »Mob, Menschen, die nur an ihre eigene Rettung und materiellen Vorteile dachten, aber sicherlich nicht an einen Kampf mit den Roten«, heißt es bei einem Offizier. Der linke Flügel des Don-Krugs, in dem jetzt die jüngeren Kosaken der Fronteinheiten das Sagen hatten, setzte sich aktiv für den Bruch mit dem »Reaktionär« Wrangel ein sowie für Friedensverhandlungen mit den Bolschewiki, in der naiven Hoffnung, ihnen ein Versprechen für die Autonomie des Don abgewinnen zu können.[103]

Zunächst hatte Wrangel den Plan einer Offensive verworfen. Die Briten verweigerten dafür ihre Unterstützung, und er selbst zog es vor, sich auf der Halbinsel eine Basis zu errichten. Nach dem polnischen Angriff auf Rußland sah Wrangel jedoch seine Chance gekommen. Am 6. Juni ließ er Truppen an der Küste des Asowschen Meers an Land gehen und drang in den nächsten Tagen mit weiteren Truppen nach Norden in die Region Taurien vor. Damit gewann er einen Brückenkopf auf dem Festland, womit sich die Größe seines Territoriums verdoppelte, und mit Taurien erwarb er die so dringend benötigte Quelle landwirtschaftlicher Produkte für die gewachsene Bevölkerung der Krim. Im August und September versuchte Wrangel, weiter nach Norden ins Don- und Kubangebiet vorzudringen. Doch seine Streitkräfte, hastig eingezogene taurische Bauern, zerfielen bald (es war Erntezeit), und die Kosaken mußten die meiste Zeit damit verbringen, Deserteure zu jagen. Als im Oktober der polnische Krieg beendet war, waren die Roten bereit, sich auf Wrangel zu konzentrieren. Am 20. Oktober starteten sie ihre Gegenoffensive: Die 130 000 Roten brauchten sechs Tage, um die 35 000 Weißen auf die Krim zurückzudrängen. Machnos Partisanen bestritten die meisten Kämpfe und trugen entsprechend auch die Hauptlast bei den schweren Verlusten auf seiten der Roten – wofür Trotzki sie dann damit belohnte, daß er befahl, sie gefangenzunehmen und zu exekutieren.[104]

Die Weißen hielten den Vormarsch der Roten auf die Krim auf, indem sie an der Perekop-Landzunge Befestigungen errichteten, während sie die Evakuierung vorbereiteten. Niemand gab sich irgendwelchen Illusionen darüber hin, daß sie die Front längere Zeit halten könnten, und praktisch jeder, der irgendwelche Beziehungen zur Weißen Bewegung hatte, versuchte, an Bord der Schiffe der Alliierten zu gelangen. Es gab eine enorme Nachfrage nach ausländischer Währung: Am 28. Oktober konnte man in Sewastopol für 600 000 Rubel ein englisches Pfund kaufen, bis zum 1. November war der Kurs schon auf 1 Million Rubel gestiegen, und am 10., als die Einschiffung begann, auf vier oder gar fünf Millionen. Bedenkt man die riesige Anzahl betroffener Personen, so war die Evakuierung ein Musterbeispiel für gute Planung. Nichts erinnerte an die Panik und Unordnung, die im März bei der Evakuierung der Denikin-Truppen vom Kuban geherrscht hatten. Die Truppen zogen sich geordnet zurück und hielten die Roten lang genug auf, damit nahezu 150 000 Flüchtlinge an Bord einer Flotte von 126 britischen, französischen und russischen Schiffen gehen konnten, die sie nach Konstantinopel brachten. Wrangel war unter den letzten, die sich am 14. November einschifften. Sein Schiff war passenderweise die *General Kornilow*: Der Mann, der die Weiße Bewegung begonnen hatte, trug ihren letzten Führer ins Exil.[105]

Für Brussilow hatte die Niederlage der Weißen ein tragisches Ende. Kurz vor der Evakuierung hatte sich Skljanski, Trotzkis stellvertretender Kriegskommissar, an ihn gewandt und behauptet, eine große Zahl von Wrangels Offizieren wolle Rußland nicht verlassen und könne vielleicht überredet werden, zu den Roten überzulaufen, falls Brussilow seinen Namen unter eine Erklärung setzte, mit der ihnen eine Amnestie angeboten würde. Skljanski bot Brussilow den Oberbefehl über eine neue Krim-Armee an, die aus den Resten von Wrangels Streitkräften gebildet werden sollte. Brussilow reizte die Vorstellung einer rein russischen Armee, die aus patriotischen Offizieren bestand. Das würde es ihm ermöglichen, die Elite der Roten Armee zu russifizieren, wie er es immer versucht hatte, und möglicherweise das Leben vieler Offiziere retten. Er stimmte Skljanskis Vorschlag zu und bereitete trotz der Beinverwundung seine Abreise auf die Krim vor. Drei Tage später wurde ihm mitgeteilt, die Pläne seien fallengelassen worden: Wrangels Offiziere seien letztlich nicht zum Überlaufen bereit gewesen, so berichtete ihm Skljanski. Später fand Brussilow heraus, daß das nicht stimmte. Während der letzten Evakuierungen in Sewastopol hatten die Roten Tausende Flugblätter verteilt, die sie vom Flugzeug abwarfen und in denen in Brussilows Namen eine Amnestie angeboten wurde. Hunderte von Offizieren hatten dem Glauben geschenkt und waren zurückgeblieben, um sich den Roten zu ergeben. Sie wurden alle erschossen.

Fünf Jahre später fiel es Brussilow immer noch schwer, mit dieser Gewissenslast zu leben. 1925 schrieb er in seinen Memoiren:

> *Gott und Rußland mögen über mich urteilen. Die Wahrheit kenne ich nicht – muß ich mir diese Greueltat vorwerfen, wenn sie tatsächlich geschah? Ich weiß nur, daß ich hier zum ersten Mal in meinem Leben einem so üblen und trickreichen Fanatismus begegnet und daß ich danach in eine so qualvolle Depression gefallen bin – um die Wahrheit zu sagen, jeder andere, der in so eine Lage gerät, fände es ungleich leichter, erschossen zu werden.*
> *[...] In dem revolutionären Sturm, in dem wahnsinnigen Chaos konnte ich nicht immer logisch handeln und dabei all die verschlungenen Wege des Schicksals voraussehen: Es ist möglich, daß ich viele Fehler gemacht habe, das will ich zugeben. Aber ich kann reinen Gewissens und vor Gottes Angesicht sagen, daß ich dabei nie an meinen eigenen Vorteil oder meine eigene Sicherheit, sondern nur an mein Vaterland gedacht habe.*[106]

Neun Monate später starb der alte General.

# 15 DIE NIEDERLAGE IM SIEG

## OHNE UMWEGE ZUM KOMMUNISMUS

Nach seinen Abenteuern im Bürgerkrieg übernahm Dmitri Oskin im Februar 1920 das Kommando über die 2. Arbeitsarmee. Sie war nach der Niederlage Denikins aus den übriggebliebenen Soldaten der 2. Roten Armee zusammengestellt worden und hatte die Aufgabe, die zerstörten Bahnlinien an der Südfront wiederherzustellen. Statt der Gewehre schulterten die Soldaten die Spaten. »Es herrschte allgemeine Enttäuschung, daß man nun nicht mehr kämpfte«, schrieb Oskin später. »Das Leben auf dem Abstellgleis war langweilig.« Einzig das Wissen, daß diese Arbeit nach den Verheerungen von Revolution und Bürgerkrieg für den Wiederaufbau der Wirtschaft überaus wichtig war, versöhnte den Kommissar mit ihr. Die Eisenbahn im Süden transportierte lebenswichtige Güter wie Getreide und Öl in die Industriestädte des Nordens. Im Bürgerkrieg waren knapp 5000 Kilometer Bahngleise zerstört worden, und auf riesigen Maschinenfriedhöfen standen defekte Lokomotiven herum. Auf der Fahrt von Balaschow nach Woronesch stellte Oskin das Ausmaß der Zerstörung fest: »Die Bahnstationen waren tot, selten kamen Züge durch, in der Nacht lag alles im Dunkeln, nur in der Telegrafenstation brannte eine Kerze. Die Gebäude waren halb zerstört, Fensterscheiben zerbrochen, überall häuften sich Schmutz und Berge von Abfällen.« Das Ganze war ein Symbol der Verwüstung Rußlands. Oskins Soldaten räumten auf, stellten die Bahntrassen und Brücken wieder her. Militäringenieure reparierten die Züge. Im Sommer wurde der Eisenbahnbetrieb wiederaufgenommen und die Unternehmung als großer Erfolg bezeichnet. Man sprach davon, die Truppen auch für andere Zweige der Wirtschaft einzusetzen.[1]

Trotzki war der Verfechter der Militarisierung. Auf seinen Befehl hin war im Januar 1920 die 1. Arbeitsarmee aus den Überresten der 3. Roten Armee gebildet worden. Nach Koltschaks Niederlage hatte man die Soldaten in ihren Kampfeinheiten belassen und an der »Wirtschaftsfront« eingesetzt: bei der Nahrungsmittelbeschaffung, beim Holzfällen, bei der Herstellung einfacher Waren sowie bei der Reparatur der Eisenbahn. Diesem Plan lagen zum Teil pragmatische Überlegungen zugrunde. Die Bolschewiki hatten Angst davor, die Armee mitten in einer Wirtschaftskrise zu demobilisieren. Wenn man zuließ, daß Millionen arbeitsloser Soldaten sich in den Städten sammelten oder sich den enttäuschten Bauern anschlossen, dann konnte es zu einer landesweiten Revolte kommen (wie es ja 1921 tatsächlich geschah). Überdies war klar, daß drastische Maßnahmen ergriffen werden mußten, um das Eisenbahnnetz wiederherzustellen, dem beispielsweise Trotzki nach den Verwüstungen des Bürgerkriegs eine Schlüsselstellung beim Wiederaufbau des Landes zusprach. Im Januar 1920 wurde er Volkskommissar für Verkehrswesen; das war zum ersten Mal ein Amt, das er sich gewünscht hatte. Abgesehen von ihrer chronischen technischen Anfälligkeit, krankte die Bahn an der Korruptheit ihrer Bediensteten, die der Flut von Sackleuten und dem Chaos, das sie verbreiteten, nichts entgegenzusetzen hatten. Außerdem lähmte kleinlicher Provinzialismus die Bahn. Jede einzelne Nebenlinie bildete ein eigenes Komitee, so daß Dutzende regionaler Bahnämter um das wenige Rollgut miteinander konkurrierten. Um die »eigenen« Lokomotiven nicht an das Nachbaramt zu verlieren, koppelte man sie lieber ab, bevor sie ihren Verfügungsbereich verließen. Auf diese Weise wurden Züge für Stunden, manchmal sogar tagelang aufgehalten, bis aus dem Depot des nächsten Amtes eine andere Lokomotive gebracht wurde. Trotz aller Bemühungen des Eisenbahnpersonals brauchte ein höherer Funktionär Trotzkis eine ganze Woche, um die 480 Kilometer von Odessa nach Krementschug zurückzulegen.[2]

Doch lag Trotzkis Plänen noch eine umfassendere Vision zugrunde, der zufolge die gesamte Gesellschaft nach militärischen Richtlinien geführt werden sollte. Wie viele andere Bolschewiki betrachtete auch Trotzki 1920 den Staat als Befehlshaber der Gesellschaft – der ihre Ressourcen nach Plan mobilisierte –, gerade so, wie ein Generalstab die Armee befehligte. Er wollte, daß die Wirtschaft mit militärischer Disziplin und Präzision ablief. Die ganze Bevölkerung sollte in Arbeitsregimentern und Brigaden erfaßt und wie eine Armee zur Ausführung von Produktionsbefehlen (die man als »Kampf« oder »Feldzug« bezeichnete) an die Wirtschaftsfront geschickt werden. Das war der Prototyp der stalinistischen Kommandowirtschaft. Beide, Trotzki wie Stalin, hatten dabei die fixe Idee, ein rückständiges Agrarland wie Rußland ließe sich unter Zuhilfenahme von staatlichem Zwang ohne Umwege zum Kommunismus führen und damit könne die Notwendigkeit einer langen NEP-artigen Phase der Akkumulation des Kapitals über den Markt vermieden werden. Beide gingen von der bürokratischen Vorstellung aus, den Kommunismus per Dekret zu verordnen (obwohl das Ergebnis in beiden Fällen eher einem Feudalismus ähnelte als irgend etwas, das man bei Marx hätte finden können). Wie die Menschewiki einst gewarnt hatten, war es unmöglich, den Übergang zu einer sozialistischen Wirtschaft mit Methoden zu vollziehen, wie sie beim Pyramidenbau angewandt worden waren.

Nach den Erfolgen im Bürgerkrieg schien es den Bolschewiki zweifellos verführerisch, die Rote Armee für die Organisation der übrigen Gesellschaft zum Vorbild zu nehmen. *Po wojennomu* – »auf militärische Art« – wurde im bolschewistischen Sprachgebrauch zum Synonym für Effizienz. Wenn man die Weißen mit militärischen Mitteln besiegt hatte, warum sollte man nicht auch den Sozialismus mit militärischen Mitteln aufbauen können? Dazu mußte man nur die Marschrichtung der Armee ändern, sie an die Wirtschaftsfront schicken und aus jedem Arbeiter einen Infanteristen der Planwirtschaft machen. Trotzki hatte immer den Standpunkt vertreten, Fabriken sollten militärisch geleitet werden. Jetzt, im Frühjahr 1920, skizzierte er die Grundzüge dieser »schönen neuen Welt« kommunistischer Arbeit, in der die »Hauptquartiere« der Planwirtschaft »an die Arbeitsfront ihre Befehle schicken« und »jeden Abend in den Hauptquartieren Tausende von Telefonen klingeln, um die Siegesmeldungen von der Arbeitsfront durchzugeben«. Trotzki behauptete, der größte Vorzug des Sozialismus gegenüber dem Kapitalismus liege in seiner Möglichkeit, Zwangsarbeit zu verordnen. Die Defizite in der Wirtschaftsentwicklung Sowjetrußlands ließen sich durch die Zwangsmaßnahmen des Staates wettmachen. Es sei wirksamer, die Arbeiter zu zwingen, als sie über den Markt anzuspornen. Während ein freier Arbeitsmarkt Streiks und Chaos heraufbeschwöre, schaffe die staatliche Kontrolle des Arbeitsmarktes Disziplin und Ordnung. Diese Argumentation beruhte auf der Ansicht – die Trotzki mit Lenin teilte –, daß die Russen schlechte und faule Arbeiter seien und nur arbeiteten, wenn sie mit der Peitsche angetrieben würden. Derselben Überzeugung war auch der russische Adel zu Zeiten der Leibeigenschaft gewesen – eines Systems, mit dem das Sowjetregime viel gemeinsam hatte. Trotzki pries die Leistungen der Fronarbeit und benutzte sie, um damit seine Wirtschaftspläne zu rechtfertigen. Er schlug die Warnungen seiner Kritiker in den Wind, die meinten, der Einsatz von Zwangsarbeit sei unproduktiv. »Wenn das stimmt«, sagte er auf dem Gewerkschaftskongreß im April 1920, »dann kann sich der Sozialismus begraben lassen.«[3]

Hinter diesem »Kasernenkommunismus« stand die Angst der Bolschewiki, die Arbeiterklasse könnte zu einer unabhängigen und zunehmend aufrührerischen Macht werden. Bezeichnenderweise sprachen die Bolschewiki seither von den »Arbeitskräften« (*rabotschaja sila* oder kurz *rabsila*), nicht mehr von der Arbeiterklasse (*rabotschi klass*). In dieser Änderung der Wortwahl drückte sich die Verwandlung des Arbeiters aus: von einem in der Revolution aktiv Handelnden zu einem passiven Objekt des Parteistaates. Die *rabsila* war keine Klasse, nicht einmal eine Ansammlung von Individuen, sondern einfach eine Masse. Das Wort für Arbeiter (*rabotschi*) kehrte zu seinem Ursprung zurück: dem Wort für Sklave (*rab*). Hier lagen die Wurzeln des Gulag-Systems, der Geisteshaltung, mit der endlose Reihen halbverhungerter und abgerissener Bauern gewaltsam auf Baustellen und in Fabriken gejagt wurden. Trotzki brachte das auf den Begriff, als er von den Arbeitsarmeen sprach, die aus »bäuerlichem Rohmaterial« (*muschizkoje syrjo*) zusammengesetzt seien. Dahinter stand die Vorstellung, die menschliche Arbeit sei tatsächlich nichts als ein Rohstoff, den der Staat zum »Bau des Sozialismus« verbrauchen konnte, und durchaus nicht die schöpferische Kraft, die Marx in ihr so gerühmt hatte. Diese Perversion steckte von Anfang an im System. Gorki hatte das 1917 vorhergesehen, als er schrieb, »die Arbeiterklasse ist für Lenin, was das Erz für den Metallarbeiter ist«.[4]

Die Erfahrung des Bürgerkriegs hatte das Vertrauen der führenden Bolschewiki in ihr Verhältnis zur Arbeiterklasse nicht eben gestärkt. Lebensmittelknappheit hatte aus den Arbeitern Kleinhändler und Freizeitbauern gemacht, die zwischen Fabrik und Bauernhof hin- und herpendelten. Die Arbeiterklasse war zu einem Volk von Nomaden geworden. Die Industrie versank im Chaos, weil ständig die Hälfte der Arbeiter unterwegs war, um auf dem Land Nahrungsmittel zu besorgen. Wer in der Fabrik blieb, verbrachte die meiste Zeit damit, einfache Waren herzustellen, die er mit den Bauern tauschen konnte. Facharbeiter, die sehr begehrt waren, wanderten auf der Suche nach besseren Arbeitsbedingungen von Fabrik zu Fabrik. Die Produktivität sank auf einen Bruchteil des vorrevolutionären Niveaus. Selbst wichtige Munitionsbetriebe kamen praktisch zum Stillstand. Je mehr der Lebensstandard der Arbeiter sank, desto häufiger entschlossen sie sich zu Ausständen und Bummelstreiks. Im Frühjahr 1919 brachen landesweit Streiks aus. Kaum eine Stadt blieb davon verschont. Überall stand die Verbesserung der Lebensmittelversorgung ganz oben auf der Forderungsliste der Streikenden. Die Bolschewiki reagierten darauf mit Repressionen, Festnahmen und Erschießungen von Tausenden streikender Arbeiter, von denen sie viele der Unterstützung der Menschewiki verdächtigten.[5]

Ohne Anreiz durch den Markt, den die Bolschewiki aus ideologischen Gründen ablehnten, stand ihnen nur ein Mittel zur Verfügung, die Arbeiter zu beeinflussen: die Gewaltandrohung. Sie versuchten die Produktion anzukurbeln, indem sie Arbeitern in Schlüsselpositionen hohe Lohnzulagen boten, die meist an Akkordsätze gekoppelt waren; auf diese Weise unterliefen sie ihr in der Revolution gegebenes Versprechen, es werde keine Lohnunterschiede mehr geben. Doch da die Arbeiter mit Papiergeld nicht viel kaufen konnten, spornte sie das kaum an. Um die Arbeiter in den Fabriken zu halten, mußten die Bolschewiki sie in Naturalien bezahlen, entweder in Lebensmitteln oder in Anteilen an der Firmenproduktion, die für Tauschgeschäfte mit den Bauern nutzbar waren. Lokale Räte, Gewerkschaften und Fabrikausschüsse bombardierten die Regierung in Moskau mit Anträgen, ihre Arbeiter auf diese Weise bezahlen zu dürfen, und viele Firmen taten das auf eigene Faust. Bis 1920 erhielten die meisten Fabrikarbeiter einen Teil ihres Lohns in Form von Produktionsanteilen. Statt Banknoten brachten sie eine Tasche voller Nägel nach Hause oder ein Stück Stoff, Sachen, die sie dann gegen Lebensmittel eintauschten. Wohl oder übel tauchte inmitten der Planwirtschaft allmählich wieder ein primitiver Markt auf. Hätte die zentrale staatliche Verwaltung diese spontane Entwicklung nicht überwacht, so hätte sie die Kontrolle über die Ressourcen des Landes verloren und damit die Macht, die Produktion zu beeinflussen. Anstatt diese Entwicklung zu stoppen, was sie zwar versuchte, was ihr aber 1918/19 nicht gelang, bemühte sie sich daher ab 1920, diese Naturallöhne zu reglementieren, um wenigstens sicherzustellen, daß sie in erster Linie den Arbeitern in den entscheidenden Industriezweigen zugute kamen. Damit begann die Militarisierung der Schwerindustrie: Strategisch wichtige Fabriken wurden unter Kriegsrecht gestellt, an den Produktionsstätten herrschte militärische Disziplin, und wer immer wieder fehlte, wurde als Deserteur der »Industriefront« erschossen; dafür garantierte man den Arbeitern die Essensrationen der Roten Armee. Bis Ende des Jahres waren 3000 Unternehmen, hauptsächlich der Munitions- und Bergbauindustrie, auf diese Weise militarisiert. Während man Soldaten in Arbeiter verwandelte, verwandelte man Arbeiter in Soldaten.

Im Zusammenhang damit vollzog sich ein allgemeiner Machtwechsel in der Fabrik vom kollegialen Leitungsgremium, das zum Teil von den Arbeitern selbst gewählt worden war, zum System der Ein-Mann-Leitung, wobei zunehmend die Parteihierarchie die jeweiligen Direktoren bestimmte. Trotzki rechtfertigte diesen Schritt, indem er ihn mit dem Übergang von gewählten zu bestellten Militärkommandeuren verglich und behauptete, darauf sei der Erfolg der Roten Armee im Bürgerkrieg zurückzuführen. Die neuen Direktoren betrachteten sich als Befehlshaber einer Industriearmee. Sie hielten Gewerkschaftsrechte für eine ebenso störende und unnötige Behinderung der Industriedisziplin und Effizienz, wie es früher die Soldatenkomitees in der Armee gewesen waren. Trotzki ging sogar so weit, die völlige Unterordnung der Gewerkschaften unter den Partei- und Staatsapparat zu befürworten: Da dies ein »Arbeiterstaat« sei, brauchten die Arbeiter keine eigenen, unabhängigen Organisationen mehr.[6]

Im Laufe des Jahres 1920 wurde das Prinzip der Zwangsarbeit auch auf andere Bereiche übertragen. Millionen Bauern wurden zum Holzfällen und -transportieren, zum Straßen- und Eisenbahnbau und zu Ernteeinsätzen in Arbeitsbrigaden abkommandiert. Trotzki sah schon die ganze Bevölkerung in Arbeitsregimentern mobilisiert, die dann auch als stehendes Heer oder als Miliz eingesetzt werden konnten. Sein Plan stand in der langen Tradition zaristischer »Verwaltungsutopien«, die bis auf Peter den Großen zurückgingen und sich immer an den Armeemethoden orientiert hatten, wenn es darum ging, die irrationalen Russen rational zu machen und die anarchischen Bauern zu reglementieren, ihnen im Interesse des absolutistischen Staates eine Ordnung zu verpassen, sie zu drillen und zu deckeln. Oskin freute sich wie Trotzki auf den Tag, an dem es »keine fremde Macht wagen würde, nach Rußland einzumarschieren, weil die gesamte Bevölkerung bereitstünde, das Vaterland zu verteidigen, manche mit der Waffe in der Hand an der Front, die anderen in Industrie und Landwirtschaft. Das ganze Land wäre ein bewaffnetes Heerlager.« All das war nicht mehr als ein bürokratischer Traum. Die bäuerlichen Arbeitsbrigaden wie die Arbeitsarmeen erwiesen sich als hoffnungslos ineffizient. Man brauchte im Durchschnitt fünfzig Wehrpflichtige am Tag, um einen einzigen Baum zu fällen und kleinzusägen. Von Arbeitsbrigaden gebaute Straßen waren so uneben, daß sie nach Aussage eines Augenzeugen »wie gefrorene Meereswellen aussahen« und die Fahrt auf ihnen »schlimmer war als auf einem Jahrmarktskarussell«. Das Desertieren aus dem Arbeitsdienst war so verbreitet, daß mancherorts mehr Menschen mit der Jagd auf Deserteure beschäftigt waren als mit dem Dienst selbst. Dörfer wurden besetzt, Geldstrafen verhängt und Geiseln erschossen, auch Sowjetfunktionäre, wenn sie im Verdacht standen, Deserteure zu verstecken. Zu Tausenden wurden die Bauern in Arbeitslager geschickt, die man in allen Provinzen als »Besserungsanstalten« für jene Arbeiter einrichtete, die sich einen Verstoß gegen die Arbeitsdisziplin hatten zuschulden kommen lassen.[7]

Nicht minder ineffektiv waren die *subbotniki*, »freiwillige« Arbeitseinsätze an Samstagen, bei denen Arbeiter und Studenten zu so edlen sozialistischen Pflichten wie der Abfallbeseitigung auf Straßen und Plätzen abgeordnet wurden. Im Jahr 1920 nahmen in der Woche des Maifeiertags über eine Million Moskauer an diesem »Arbeitsfest« teil. Seitdem wurde der Subbotnik zu einem festen Bestandteil des sowjetischen Lebens: Es gab nicht nur einzelne Tage, sondern auch ganze Wochen, in denen Menschen zu unbezahlter Arbeit herangezogen wurden. Die Bolschewiki feierten den Subbotnik als krönende Errungenschaft des sowjetischen Kollektivismus. Politisch trug er wahrscheinlich dazu bei, daß die städtische Bevölkerung mehr Sinn für Disziplin, Konformismus und Gehorsam ausbildete. Wer sich nicht »freiwillig« für den Subbotnik meldete, machte sich schließlich verdächtig und lief Gefahr, als »Konterrevolutionär« verfolgt zu werden. Doch ökonomisch brachten diese Arbeitseinsätze sehr wenig. Professor Wodowosow schreibt über seine Eindrücke vom Massen-Subbotnik in Petrograd am 1. Mai:

> *Auf dem Platz zwischen Winterpalais und Admiralität herrschte emsige Geschäftigkeit. Dort hatte sich wirklich eine riesige Menge von Arbeitern eingefunden, viel mehr, als für die anstehende Arbeit gebraucht wurden: Sie räumten die Eisengeländer und Backsteinhaufen weg, die achtzehn Monate lang dort herumgelegen hatten, seit der Zaun [um den Palast] kaputtgegangen war. ROSTA [die Russische Telegrafen-Agentur] verkündete, daß endlich der häßliche Zaun beseitigt sei. Doch nicht ganz: Zwar waren die Steine verschwunden, aber die Eisenstangen hatte man einfach am anderen Ende des Platzes aufgehäuft. Und dort liegen sie noch heute. Der ganze Platz ist immer noch ein Abfallhaufen. Zweifellos war es zehnmal teurer, den Zaun, wenn auch unvollständig, abzubauen, als es damals kostete, ihn zu errichten.*[8]

Eine Folge des Bürgerkriegs bestand darin, daß der Wert des Geldes sank. In den Jahren 1918/19 waren sich die Bolschewiki nicht einig, ob sie versuchen sollten, den Wert des Rubels zu erhalten oder ihn abzuschaffen. Auf der einen Seite wußten sie, daß es nötig war, weiterhin Geld zu drucken, um Waren und Dienstleistungen zu bezahlen. Und sie wußten auch, daß die Bevölkerung ihr Regime größtenteils nach der Stabilität der eigenen Währung beurteilte. Auf der anderen Seite gab es extrem linke Bolschewiki, die meinten, die Inflation sollte noch in die Höhe getrieben werden, damit sich Geld allmählich ganz erübrige. Sie wollten das Geldsystem durch ein umfassendes System der Warenverteilung auf der Basis von Staatscoupons ersetzen. Sie nahmen (irrtümlich) an, nach Abschaffung des Geldes wären automatisch auch das Marktsystem und mit ihm der Kapitalismus aufgehoben, so daß sich der Sozialismus von selbst ergäbe. Der Nationalökonom Preobraschenski widmete eines seiner Bücher »den Gelddruckereien des Kommissariats für Finanzen – jenem Maschinengewehr, das der bürgerlichen Regierung in den Arsch, das heißt in sein monetäres System, geschossen hat«. Bis 1920 hatten die Linken erreicht, was sie wollten: Es wurden solche Unmengen Geld gedruckt, daß es sinnlos war, weiter an der Geldwährung festzuhalten. Die Münze beschäftigte 13 000 Arbeiter und verbrauchte, so absurd das klingen mag, einen großen Teil der russischen Goldreserven für die Einfuhr von Farben und Papier, die zum Gelddrucken benötigt wurden. Die Druckkosten für den Rubel waren höher als sein tatsächlicher Wert. Öffentliche Dienste wie Post und Telegraf, Transport und Elektrizität mußten kostenlos abgegeben werden, weil der Staat Verluste gemacht hätte, wenn er die dafür nötigen Banknoten hätte drucken und bezahlen müssen.[9] Die Situation war surrealistisch – wie Rußland damals.

Linke Bolschewiki hielten die Lebensmittelmarken für den Gründungsakt der kommunistischen Ordnung. Nach der Kategorie der Lebensmittelration bestimmte sich der Platz eines jeden in der neuen sozialen Hierarchie. Die Menschen wurden danach klassifiziert, welchen Nutzen sie dem Staat brachten. Folglich belohnte man Soldaten der Roten Armee, Bürokraten und Produzenten lebenswichtiger Güter mit Lebensmittelrationen erster Klasse (die karg, aber ausreichend waren), die übrigen Arbeiter erhielten Rationen zweiter Klasse (die eher nicht ausreichten), während sich die *burschuis* auf der untersten Stufe der Hierarchie mit Rationen dritter Klasse abfinden mußten (nach Sinowjews denkwürdiger Formulierung »gerade genug Brot, um sich daran zu erinnern, wie es riecht«). Tatsächlich waren Ende 1920 nur noch so wenig Nahrungsmittel in den staatlichen Depots übrig und lebten so viele Menschen vom Rationssystem, daß selbst diejenigen, denen die Rationen erster Klasse zustanden, gerade genug bekamen, daß sich der Anstieg der Hungertodrate verlangsamte. Das staatliche System ernährte, oder besser gesagt, unterernährte 30 Millionen Menschen. Der größte Teil der städtischen Bevölkerung war weitgehend auf Kantinen am Arbeitsplatz angewiesen, wo die tägliche Kost aus Haferschleim und Knorpeln bestand. Doch die Mühsal, eine Kantine zu finden, die offen war, und dann um ihre mageren Angebote Schlange zu stehen, vergeudete wahrscheinlich mehr Energie, als die Mahlzeit tatsächlich zuführte. Das war nicht die einzige Absurdität. Fast überall, wo rationiert wurde, ob bei Lebensmitteln, Tabak oder Kleidung, bei Brennmaterial oder Büchern, kostete die

Distribution des Produkts mehr Zeit und Energie, als das Produkt tatsächlich wert war. Die Tätigkeit in den Fabriken und Büros kam zum Erliegen, während die Arbeiter nach ihren Rationen Schlange standen. Jeder einzelne verbrachte im Durchschnitt mehrere Stunden am Tag damit, von einem Sowjetamt zum anderen zu trotten und zu versuchen, abgegriffene Coupons gegen Waren einzutauschen, deren Lieferung zwar versprochen war, die man aber selten wirklich bekam. Zweifellos entging ihm dabei nicht, wie wohlgenährt und wohlbekleidet die Bürokraten aussahen, bei denen er vorstellig werden mußte.

Der Petrograder Professor Wassili Wodowosow, ein führender Liberaler um 1900 und Jugendfreund Lenins, beschreibt in seinem Tagebuch einen typisch sowjetischen Tag. Lesern, die die Sowjetunion gekannt haben, werden seine Beobachtungen vertraut vorkommen:

*3. Dezember 1920*

*Ich beschreibe meinen Tag im einzelnen – natürlich nicht, weil meine persönlichen kleinen Mißgeschicke für irgend jemanden von Interesse wären, sondern weil sie typisch sind und fast jeder solche oder ähnliche Dinge erlebt hat, mit Ausnahme sehr weniger, die jetzt Herren der Lage sind.*

*Heute stand ich um 9 Uhr auf. Früher aufzustehen ist schwierig, denn es ist dunkel [...], tagsüber gibt es kein (elektrisches) Licht, es fehlt uns an Petroleum [...]. Ein Dienstmädchen habe ich nicht mehr (wenn mir noch Zeit bleibt, werde ich schreiben, warum es weggegangen ist); deshalb mußte ich selbst den Samowar aufsetzen, meine kranke Frau versorgen und Holz hacken [...]. Ich trank Kaffee (keinen echten, sondern Kaffee aus Hafer), ohne Milch und Zukker, dafür aber mit einer Scheibe Brot, sogar mit Butter (vor einiger Zeit hat meine Frau ein Pfund Butter zu 1500 Rubel gekauft, davon haben wir noch), in dieser Hinsicht geht es mir vorläufig besser als den meisten, die ohne Butter auskommen müssen [...]. Nach einem solchen Frühstück hat man immer noch einen leeren Magen. Deshalb beschloß ich, [...] in das vegetarische Imbißlokal in der 6. Linie zu gehen. Dort ist das Essen sogar für heutige Verhältnisse furchtbar teuer, aber vergleichsweise gut, und vor allem ist es der einzige Ort in Petrograd, den ich kenne, wo man auch als Externer ohne besondere Voranmeldung, ohne die Genehmigung irgendeines* natschalnik, *einfach essen kann. [...] Aber es stellte sich heraus, daß auch dieses Lokal geschlossen war und frühestens in einer Stunde öffnen würde. Es war nichts zu machen, ich mußte ohne Mahlzeit weitergehen. Ich ging zum Bestuschew-Kurs bzw. in die sogenannte Dritte Petrograder Universität, die als Universität seit dem Herbst zwar aufgelöst war, in der es aber noch eine Kaffeestube gab; ausgerechnet in ihr waren wir registriert. Dort wollte ich Essen für mich und meine Frau holen. Dieses Essen wärmten wir uns gewöhnlich zum Abendbrot auf – auch für die Familie Wwedenski, denn sowohl wir als auch die Wwedenskis sind in dieser*

*Kantine registriert, und wie man weiß, bekommt man heute nichts ohne Registrierung. Leider war auch das vergeblich: Ich traf auf eine sehr lange Schlange – noch länger als sonst – von Leuten, die auf Essen warteten; in den Gesichtern aller standen Trübsal und Ärger geschrieben; die Schlange rührte sich nicht.*

*– Was ist los?*

*– Der Kessel ist kaputt, und frühestens in einer Stunde kann man hoffen, daß es etwas gibt.*

*Ein Leser, der diese Aufzeichnungen später einmal findet, wird vielleicht denken, es ginge hier um irgendein lukullisches Gelage. Nein. Das ganze Essen bestand aus einem einzigen Gang, einem Teller Suppe, manchmal (günstigstenfalls) mit einer Kartoffel, schlimmstenfalls aus Kraut oder irgendeinem Dreck. Von Fleisch kann nicht die Rede sein. […]*

*Ich beschloß, das Essen erst nach dem Dienst zu holen. […] Es war schon 13 Uhr, so entschied ich, zum zweiten Mal in dem vegetarischen Lokal vorbeizuschauen. Wieder umsonst. […] Es war noch nichts fertig, und es würde erst in einer halben Stunde etwas geben. Da konnte man nichts machen, also ging ich, ohne gegessen zu haben, ins Archiv.*

*Auf der Nikolai-Brücke holte ich dieselbe Straßenbahn Nr. 4 ein, in der ich hatte sitzen bleiben wollen. Es gab keinen Strom, und auf allen Strecken standen die Bahnen und warteten. Ich verstand das nicht. Kein Strom bedeutet keine Triebkraft, das ist klar. Aber warum waren die Straßenbahnen am Morgen losgefahren, wenn bekannt war, daß die Energie kaum 3–4 Stunden reichen würde? […] Manche Fahrgäste blieben jedoch in der Bahn sitzen […]; es sah so aus, als ob ein Teil von ihnen zu Fuß weitergegangen war, doch bewies ein anderer eine sisyphusartige Geduld. Eineinhalb Stunden später bemerkte ich, daß die Bahnen wieder fuhren […], aber um 17 Uhr standen sie bereits wieder still.*

*Etwa um 14 Uhr erreichte ich mühsam das Archiv, blieb eine halbe Stunde dort und ging wieder. Ich kehrte zur Universität zurück, damit ich rechtzeitig um 15 Uhr dort wäre, da Kraut ausgegeben werden sollte. An wen, wußte ich nicht. Möglicherweise an Professoren – eine solche Gelegenheit durfte man nicht verpassen. […] Wieder war es umsonst; das Kraut gab es nicht heute, sondern morgen, und nicht für Professoren, sondern für Studenten.*

*Dort fand ich obendrein heraus, daß es eine Woche lang auch keine Brotrationen geben würde: Es hieß, sie seien zur Verpflegung verschiedener kommunistischer Ausschüsse, die ihre Aufgaben zu bearbeiten hätten, abgegeben worden.*

*Von der Universität ging ich nach Hause zu meiner Frau, tat, was nötig war, und machte mich dann wieder auf die Essenssuche; auf dem Weg kam ich kurz bei der vegetarischen Kantine vorbei. Wieder hatte ich kein Glück: Zwar hatte es Essen gegeben, doch war es bereits verteilt, und nun wartete man auf eine neue Portion, die würde aber nicht vor Ablauf einer halben oder einer Stunde fertig sein. Ich wollte nicht darauf warten, sondern ging zu den Wwedenskis, die in der Nähe wohnten, und fragte, ob diesmal jemand von ihnen Schlange stehen könnte. […] Von dort kehrte ich um 17 Uhr nach Hause zurück – und hatte zum ersten Mal an diesem Tag Glück: Bei uns brannte Licht. [Petrograd war, was die Stromversorgung anging, in Sektoren eingeteilt, und wegen der Energieknappheit kamen abends die Sektoren der Reihe nach dran.] Auf diese Weise stand mir fast eine ganze Stunde zum Arbeiten zur Verfügung, die erste Stunde an diesem Tag, in der ich nicht irgendwo um Essen, Brot, Kraut oder Brennholz herumlief, sondern arbeitete. Aber um 18 Uhr mußte ich zu den Wwedenskis zum Essen gehen […], um 20 Uhr kehrte ich zurück, dann hatte ich eine Stunde, um diese Zeilen zu schreiben, und um 21 Uhr wurde es wieder dunkel. Zum Glück kam um 17 Uhr eine Bekannte, die meine Frau versorgte und mich damit für diese zwei Stunden entlastete. Nach 21 Uhr zündete ich eine Kerze an, setzte den Samowar in Gang, dann tranken meine Frau und ich Tee, und um 23 Uhr legten wir uns schlafen.*[10]

Der Schlüssel zu diesem kommunistischen Utopia lag in der Kontrolle der Lebensmittelversorgung: Ohne sie hätte die Regierung keine Möglichkeit gehabt, Wirtschaft und Gesellschaft zu kontrollieren. Die Bolschewiki waren sich schmerzlich bewußt, daß ihr Regime von der Gnade einer ihnen weitgehend feindlich gesinnten Bauernschaft abhing. Die kleinbäuerlichen Höfe produzierten wenig für den Markt, und unter den bestehenden Verhältnissen, in denen es so gut wie keine Konsumgüter zu kaufen gab und alle Lebensmittelüberschüsse vom Staat konfisziert wurden, zogen sich die Bauern noch mehr auf ihre Subsistenzwirtschaft und das autarke Gefüge des Dorfes zurück. Da die Bolschewiki keine Waren zur Verfügung hatten, um mit den Bauern Tauschhandel zu treiben, verlegten sie sich beim »Kampf ums Korn« auf schiere Gewalt; sie schickten bewaffnete Trupps zur Requirierung der Nahrungsmittel und entfachten damit Bauernrevolten im ganzen Land. Das war ein neuer, versteckter Bürgerkrieg. Obwohl die Bolschewiki vorsichtig genug waren, die kleinbäuerliche Landwirtschaft zumindest verbal weiterhin gutzuheißen, die sie durch ihr eigenes Dekret über den Grund und Boden gefördert hatten – schließlich hatte ihnen ebendies die Unterstützung so vieler Bauern im Bürgerkrieg gegen die Weißen eingebracht –, glaubten sie, daß die Zukunft der sowjetischen Landwirtschaft in riesigen Kollektiven und sowjetischen Agrarbetrieben lag, den *kolchosy* und *sowchosy*, die direkt für den Staat zu produzieren hatten. Der schwierige und lästige Bauer mit seinem kleinbürgerlichen Besitzstreben, seinem Aberglauben und seiner Bindung an die Tradition würde durch diese sozialistischen Agrarbetriebe abgeschafft, da alle, die darin arbeiteten, zu »Arbeitern« der Kolchose oder Sowchose gemacht würden. Miljutin träumte von »landwirtschaftlichen Fabriken, die Getreide, Fleisch, Milch und Futtermittel produzieren, wodurch das sozialistische System von den kleinbürgerlichen Bauernhöfen wirtschaftlich unabhängig wird«.

Auch hier ließen sich die Bolschewiki von ihren utopischen Phantasien fortreißen, wenn sie glaubten, sie könnten den Sozialismus per Dekret zustande bringen. Im Februar 1919 verabschiedeten sie eine »Verordnung über die sozialistischen Grund- und Bodenverhältnisse und über Maßnahmen für den Übergang zur sozialistischen Landwirtschaft«, womit sie auf einen Schlag alle Bauernwirtschaften für obsolet erklärten. Das gesamte unbebaute Land, das dem Adel gehört hatte, wurde nun den neuen Kollektiven zugeschlagen, sehr zum Unmut der Bauern, die ihren Anspruch auf die Adelsländereien als ihre unverletzliche Errungenschaft der Revolution betrachteten. Bis zum Dezember 1920 wurden über 16 000 kollektive und staatliche Landwirtschaftsbetriebe eingerichtet, die nahezu vier Millionen Hektar Land umfaßten und eine Million Arbeitnehmer, darunter viele zugewanderte Städter, beschäftigten. Die größten unter ihnen, die vom Staat betriebenen Sowchosen, besaßen über 40 000 Hektar Land, während die kleinsten, die verschiedenen Kolchosen, die von Kollektiven landansässiger Bauern gebildet wurden, weniger als fünfzig haben konnten.

Viele größere Kollektivwirtschaften betrachteten sich als Mikrokosmos eines experimentellen kommunistischen Lebensstils. Familien legten ihren Besitz zusammen und lebten gemeinsam in Wohnheimen (*obschtscheschitije*). Die Menschen aßen und arbeiteten im Kollektiv. Frauen verrichteten an der Seite der Männer schwere Feldarbeit, und manchmal übernahmen Krabbelstuben und Kindertagesstätten die Betreuung der Kinder. Auf die Ausübung der Religion wurde verzichtet. Dieser im wesentlichen städtische Lebensstil, der sich an den Fabrik-Artels orientierte, stieß die Bauern auf dem Land sehr ab, glaubten sie doch, daß in den Kollektiven nicht nur Land und Geräte geteilt würden, sondern auch Ehefrauen und Töchter; daß alle miteinander unter einer riesigen Decke schliefen.

Noch empörender war für die Bauern, daß die meisten Kollektive von Leuten geleitet wurden, die gar nichts von Landwirtschaft verstanden. Die Sowchosen bestanden weitgehend aus stellenlosen Arbeitern, die aus den Städten geflohen waren, und die Kolchosen aus landlosen Tagelöhnern, ländlichen Handwerkern und den ärmsten Bauern, die es durch Mißgeschick, zuviel Alkohol oder einfach Faulheit auf ihren eigenen Höfen nie zu etwas gebracht hatten. Trotz ihrer Befreiung von der Lebensmittelabgabe und trotz großzügiger staatlicher Subventionen in Form von Geräten und Vieh waren sehr wenige Kollektive wirklich profitabel, und viele machten große Verluste. Weniger als ein Drittel ihrer gesamten Einkünfte stammte aus ihrer eigenen Produktion, das übrige erhielten sie zumeist vom Staat. Manche Kollektivwirtschaften waren so schlecht geführt, daß sie Bauern vom Dorf zur Arbeitspflicht auf ihren Feldern abkommandieren mußten. Die Bauern empfanden das als eine neue Form der Leibeigenschaft und griffen gegen die Kollektive zu den Waffen. Die Hälfte dieser Kollektive wurden in den Bauernkriegen von 1921 zerstört.[11]

* * *

Doch nicht nur die Bauern rebellierten gegen diese kommunistischen Experimente. Drei Viertel der russischen Fabriken waren in den ersten sechs Monaten des Jahres 1920 von Streiks betroffen. Es herrschte allgemeine Verärgerung darüber, daß die Bolschewiki noch lange nach dem Ende des Bürgerkriegs mit ihrer kriegerischen Politik gegenüber der Arbeiterklasse fortfuhren. Es schien, als ob das gesamte Industriesystem in einen permanenten Ausnahmezustand geraten wäre, weshalb es selbst im Frieden unter Kriegsrecht stand, und als ob dieser Zustand ausgenutzt würde, um die Arbeiterklasse auszubeuten und zu unterdrücken.[12]

Auch innerhalb der Partei stieß Trotzkis Politik bei der Basis auf wachsenden Widerstand. Sein eigenmächtiger Akt, die Eisenbahnergewerkschaft, die er für das Chaos bei der Bahn verantwortlich machte, aufzulösen und durch eine allgemeine, dem Staatsapparat untergeordnete Transportgewerkschaft (Zektran) zu ersetzen, erboste die bolschewistischen Gewerkschaftsführer, sahen sie doch, daß er Bestandteil einer breiteren Kampagne zur Aufhebung aller unabhängigen Gewerkschaftsrechte war. Die Kontroverse über die Rolle der Gewerkschaften hatte sich seit Anfang 1919 verschärft. Das Parteiprogramm desselben Jahres hatte noch erklärt, idealerweise sollten die Gewerkschaften die industrielle Wirtschaft direkt verwalten – allerdings erst, wenn die Arbeiterklasse auf diese Aufgabe vorbereitet wäre. Bis dahin sei die Rolle der Gewerkschaften auf die Ausbildung der Arbeiter und die Sicherung der Arbeitsdisziplin zu beschränken. Als der Trend zur Ein-Mann-Leitung in den Fabriken anhielt, machten sich die Gewerkschaftsführer zunehmend Sorgen, daß das Versprechen der direkten Firmenleitung durch die Gewerkschaften auf unbestimmte Zeit verschoben werde. Beim Dritten Gewerkschaftskongreß im Januar 1920 gelang es ihnen, das Bestreben der Parteiführer zu vereiteln, die das Prinzip der Ein-Mann-Leitung wieder einführen wollten. Beim IX. Parteikongreß im April konnten sie im Gegenzug dafür, daß sie dieses Prinzip akzeptierten, die Parteiführung zwingen, einem Kompromiß zuzustimmen und ihnen einen Teil der Direktorenposten zu überlassen.

Dieses empfindliche Gleichgewicht zwischen den Gewerkschaften und dem Parteistaat geriet im Sommer 1920 ins Wanken, als Trotzki auf dem X. Parteikongreß seine Pläne vortrug, wonach die Transportgewerkschaften ein Zweig der Staatsbürokratie werden sollten. Damit schien das gesamte Prinzip der Gewerkschaftsautonomie auf dem Spiel zu stehen. Doch nicht allein die Gewerkschaftsführer widersetzten sich Trotzki, auch ein Großteil der Parteiführer stand hinter ihnen. Sinowjew, ein persönlicher Rivale Trotzkis, nannte dessen Vorgehen »Polizeimethoden, mit denen er die Arbeiter einem Zwang aussetzt«. Schljapnikow, dem sich im Januar Kollontai anschloß, gründete die sogenannte Arbeiteropposition zur Verteidigung der Rechte der Gewerkschaften und genereller zum Widerstand gegen die Ausbreitung des »Bürokratismus«. Dieser ersticke, wie sie sagten, »die spontane Kreativität« der Arbeiterklasse. Die Arbeiteropposition erhielt breiten Zuspruch in den Gewerkschaften, vor allem von den Metallarbeitern; bei ihnen war die Klassensolidarität besonders ausgeprägt, die sich sowohl im Ideal der Arbeiterkontrolle als auch im Haß auf die »bürgerlichen Spezialisten« ausdrückte. Sie lieh dem verbreiteten Haß auf die Fabrikdirektoren und Bürokraten ihre Stimme, die von den Arbeitern als die »neue herrschende Klasse« und die »neue Bourgeoisie« angeprangert wurden. Solche Gefühle drückte auch die andere große Oppositionsfraktion innerhalb der Partei aus, die Gruppe der Demokratischen Zentralisten. Diese zumeist intellektuellen Bolschewiki lehnten den bürokratischen Zentralismus der Partei ab und hielten an den Räten als Organen direkter Arbeiterherrschaft fest. Manche radikaleren Genossen in Moskau, ihrer Hochburg, ermöglichten den einfachen bolschewistischen Parteimitgliedern sogar den Zugang zu den regionalen Partei-Exekutivkomitees, um *glasnost*, Offenheit, in der Gemeindepolitik zu fördern. Sie waren die ersten, die diesen Ausdruck benutzten.

Diese beiden Kontroversen – über die Gewerkschaften und den Parteistaat – vermischten sich und führten im Herbst 1920 zu einer allgemeinen Krise. Bei einer außerordentlichen Parteikonferenz im September schlossen sich die beiden oppositionellen Fraktionen zusammen, um eine Reihe von Resolutionen durchzubringen, die in der Partei für mehr Demokratie und *glasnost* sorgen sollten: Alle Parteisitzungen sollten für die Parteibasis zugänglich sein, die unteren Parteiorgane sollten ein größeres Mitspracherecht bei der Besetzung höherer Parteiämter erhalten, und die höheren Organe sollten vermehrt der Basis rechenschaftspflichtig sein. Durch diesen Sieg gestärkt, rüsteten sich die oppositionellen Fraktionen zum Kampf um die Gewerkschaftsrechte. Beim Fünften Gewerkschaftskongreß im November warf Trotzki den Fehdehandschuh hin, indem er die Ernennung aller Gewerkschaftsfunktionäre durch den Staat beantragte. Das entfachte innerhalb der Partei einen heftigen Streit, bei dem Trotzki auf die sofortige und, wenn nötig, zwangsweise Fusion der Gewerkschaften mit dem Staatsapparat drängte, während die Oppositionsfraktionen mit Zähnen und Klauen um die Unabhängigkeit der Gewerkschaften kämpften. Lenin unterstützte Trotzkis Ziele, trat aber für ein weniger eigenmächtiges Vorgehen bei der Durchführung ein, um einen empfindlichen Riß im Regime zu vermeiden. »Wenn sich die Partei mit den Gewerkschaften streitet«, warnte Lenin, »dann wird das das Ende der Sowjetmacht sein.« Das Zentralkomitee war in dieser Frage hoffnungslos gespalten, und in den folgenden drei Monaten tobte die Schlacht in der Parteipresse, weil jede Fraktion Anhänger für die entscheidende Schlacht zu mobilisieren versuchte, die mit Sicherheit auf dem X. Parteikongreß im darauffolgenden März stattfinden würde.[13] Die Regierung befand sich offenkundig in einer Krise, das ganze Land war von Revolten und Streiks geschüttelt: Rußland stand am Rande einer neuen Revolution.

## INGENIEURE DER MENSCHLICHEN SEELE

Einer Legende zufolge stattete Lenin im Oktober 1919 heimlich dem Labor des berühmten Physiologen Iwan Pawlow einen Besuch ab, um herauszufinden, ob dessen Arbeit über die bedingten Reflexe im Gehirn den Bolschewiki helfen könnte, menschliches Verhalten zu beeinflussen. »Ich möchte, daß in Rußland die Massen kommunistisch denken und reagieren«, erklärte Lenin. »In der Vergangenheit hat es in Rußland zuviel Individualismus gegeben. Der Kommunismus duldet keine individuellen Neigungen. Sie sind schädlich und stehen unseren Plänen im Wege. Wir müssen den Individualismus abschaffen.« Pawlow war erstaunt. Es schien, als verlange Lenin, daß er am Menschen erprobe, was er bereits an Hunden durchgeführt hatte. »Wollen Sie damit sagen, daß Sie die Bevölkerung Rußlands gern standardisieren möchten, so daß alle sich gleich verhalten?« fragte er. »Genau«, antwortete Lenin. »Der Mensch kann verbessert werden. Der Mensch kann so gemacht werden, wie wir ihn haben wollen.«[14]

Diese Geschichte illustriert, ob sie sich nun wirklich zugetragen hat oder nicht, jedenfalls eine allgemeine Wahrheit: Das kommunistische System zielte letztlich auf die Transformation der menschlichen Natur ab. Das hatte es mit den anderen sogenannten totalitären Regimen der Zwischenkriegszeit gemeinsam. Schließlich handelte es sich hier um eine Zeit, in der man mit utopischem Optimismus darauf baute, daß die Wissenschaft das Leben des Menschen ändern könne, paradoxerweise jedoch im Gefolge der Zerstörungen des Ersten Weltkriegs zugleich um eine Zeit der Unsicherheit und des tiefen Zweifels am Wert des menschlichen Lebens überhaupt. Einer der Vorläufer der Rassenhygiene-Bewegung im nationalsozialistischen Deutschland sprach 1920 von einem Wandel im Verständnis des Menschseins: »Ich meine nun, daß wir unter den schweren Erlebnissen des Krieges das einzelne Menschenleben anders zu bewerten genötigt wurden als vordem.«[15] Allerdings bestand auch ein grundlegender Unterschied zwischen dem kommunistischen Programm des Menschen-Erbauertums und dem technizistischen Umgang mit Menschen im Dritten Reich. Das bolschewistische Programm beruhte auf den Idealen der Aufklärung – sie stammten mehr von Kant als von Marx –, und das macht es, selbst heute zu Zeiten der Postmoderne, westlichen Liberalen sympathisch oder verpflichtet uns zumindest zu versuchen, dieses Programm zu verstehen, auch wenn wir seine politischen Ziele nicht teilen; wohingegen die Versuche der Nationalsozialisten, »die Menschheit zu verbessern«, sei es durch »Rassenhygiene« oder durch Rassenvernichtung, ein Schlag ins Gesicht der Aufklärung waren und uns nur mit Abscheu erfüllen können. Schon die russische Intelligenzija des 19. Jahrhunderts, aus der die Bolschewiki ja stammten, hatte es als ihren messianischen Auftrag angesehen, durch die Aufklärung und Bildung der Massen einen neuen Menschen zu schaffen. Und die marxistische Philosophie lehrte ebenfalls, daß das Wesen des Menschen ein Produkt der historischen Entwicklung sei und daher durch eine Revolution verändert werden könne. Auch der wissenschaftliche Materialismus von Darwin und Aldous Huxley, der in Lenins Jugendzeit in der russischen Intelligenzija den Status einer Religion besaß, verdankt sich der Auffassung, der Mensch werde durch die Welt, in der er lebt, bestimmt. Daher kamen die Bolschewiki zu dem Schluß, ihre Revolution könne einen neuen Menschentypus schaffen.[16]

Sowohl Lenin als auch Pawlow standen unter dem Einfluß des Physiologen Iwan Setschenow (1829–1905), der behauptete, das Gehirn sei ein elektromechanisches Gerät, das auf äußere Reize reagiere. Sein Buch *Die Reflexe des Gehirns* (1863) übte eine große Wirkung auf Tschernyschewski und damit auch auf Lenin aus und war der Ausgangspunkt für Pawlows Theorie der bedingten Reflexe. In diesem Punkt trafen sich Wissenschaft und Sozialismus. Obwohl Pawlow ein erklärter Kritiker der Revolution war und oft drohte, er werde auswandern, wurde er von den Bolschewiki unterstützt und gefördert.*

Der neue Sowjetmensch, wie er in den futuristischen Romanen und utopischen Traktaten beschrieben wird, die in der Revolutionszeit massenweise erschienen, war ein Prometheus des Maschinenzeitalters: ein rationales, diszipliniertes, kollektives Wesen, das wie eine Zelle in einem lebenden Organismus nur für das Wohl der Gemeinschaft lebte. Dieser Mensch dachte nicht an sich als individuelles »Ich«, sondern kollektiv als ein »Wir«. In zwei *Science-fiction*-Romanen, *Der rote Stern* (1908) und *Ingenieur Menni* (1913), beschrieb der bolschewistische Philosoph Alexander Bogdanow eine utopische Gesellschaft auf dem Planeten Mars irgendwann im 23. Jahrhundert. Jede Spur von Individualismus war in dieser »marxistischen Marsgesellschaft« ausgelöscht: Jegliche Arbeit war automatisiert, berechnet und gesteuert, alle Menschen, Männer wie Frauen, trugen dieselbe Kleidung und lebten unterschiedslos in den gleichen Quartieren, die Kinder wuchsen in speziellen Kinderstädten auf, es gab keine getrennten Nationen, und alle sprachen eine Art Esperanto.[17]

Das Ideal der Befreiung des Individuums durch das Kollektiv war für die russische revolutionäre Intelligenzija grundlegend. »Nicht ›ich‹, sondern ›wir‹ – darauf basiert die Emanzipation des Individuums«, schrieb Gorki 1908. »Dann wird sich

* Man ist versucht, zu schließen, daß Pawlow Zielscheibe von Bulgakows Satire *Das Hundeherz* (1925) ist. In diesem Werk kommt ein weltberühmter Naturwissenschaftler und Forscher vor, der die Bolschewiki verachtet, ihre Förderung aber annimmt, und der das Gehirn und die Sexualorgane eines Hundes in einen Menschen verpflanzt.

der Mensch endlich als Inbegriff des irdischen Reichtums und der irdischen Schönheit fühlen, als Inbegriff aller menschlichen Erfahrungen und als geistig Gleicher unter allen seinen Brüdern.« Für Gorki war die Erweckung dieses kollektiven Geistes eine wesentliche Menschheitsaufgabe, er verglich sie häufig mit dem bürgerlichen Bewußtsein der Aufklärung – eine kulturelle Revolution, die Rußland ausgelassen hatte. Kurz gesagt, die Russen waren *nekulturny*, »unzivilisiert«, ihnen fehlte die Kultiviertheit bürgerlichen Verhaltens. Die Aufgabe der Kulturrevolution, von der die politische und die soziale Revolution abhingen, bestand in der Kultivierung eines solchen bürgerlichen Bewußtseins. Nach den Worten Gorkis ging es darum, »das russische Volk nach westlichen Gesichtspunkten zu aktivieren« und es von seiner »langen Geschichte asiatischer Barbarei und Untätigkeit« zu befreien.[18]

Im Jahr 1909 hatten Gorki, Bogdanow und Lunatscharski in Gorkis Villa auf der Insel Capri eine Parteischule für russische Arbeiter gegründet. Unter hohen Kosten schmuggelte man 13 Arbeiter (einer davon war ein Polizeispitzel) aus Rußland heraus und gab ihnen einen Trockenkurs in Geschichte des Sozialismus und westlicher Literatur. Der einzige unterhaltsame Programmpunkt außerhalb des Unterrichts bestand aus einer Führung durch die Kunstmuseen Neapels, die Lunatscharski für sie veranstaltete. Im Jahr 1910 war Bologna Tagungsort einer zweiten Arbeiterschule. Mit diesen Unternehmungen wollte man eine Reihe bewußter proletarischer Sozialisten, eine Art »Arbeiterintelligenzija«, heranziehen, die dann ihre Kenntnisse unter ihren Mitarbeitern verbreiten und dadurch sicherstellen sollte, daß die revolutionäre Bewegung ihre eigene Kulturrevolution schuf. Die Begründer dieser Schule bildeten die Gruppe Wperjod (»Vorwärts«) und gerieten sofort in einen heftigen Streit mit Lenin. Das Revolutionsverständnis der Wperjodniki war im Grunde menschewistisch, denn sie meinten, der Erfolg der Revolution hinge davon ab, ob sich eine Kultur der Arbeiterklasse organisch entwickeln könne. Lenin dagegen glaubte nicht an das Potential der Arbeiter als unabhängige kulturelle Kraft und unterstrich deren Rolle als disziplinierte Parteikader. Die Wperjod-Gruppe behauptete auch, daß Wissen und insbesondere Technologie die Triebkräfte der Geschichte seien, was Marx nicht so gesehen habe, und daß der Unterschied zwischen den sozialen Klassen weniger in ihrem materiellen Eigentum liege als in ihrem Besitz an Wissen. Die Arbeiterklasse lasse sich daher nicht einfach dadurch befreien, daß man die Mittel der Produktion, der Distribution und des Austauschs kontrolliere, sondern es müsse zugleich auch eine Kulturrevolution stattfinden, die den Arbeitern Zugang zur Macht des Wissens verschaffe. Daher fühlten sich die Wperjodniki zur Bildung und Aufklärung der Arbeiterklasse verpflichtet. Schließlich, und das war noch ketzerischer, meinten sie, man solle den Marxismus als eine Religion betrachten, in der die Menschheit die Stelle des göttlichen Wesens und der Kollektivismus die Stelle des Heiligen Geistes einnähme. Gorki bearbeitete dieses Thema in seinem Roman *Die Beichte* (1908), in dem der Held Matwej seinen Gott in der Kameradschaft seiner Mitmenschen findet.

Nach 1917, als die bolschewistischen Parteiführer Dringenderes zu tun hatten, überließen sie die Kulturpolitik ihren Parteigenossen aus der früheren Wperjod-Gruppe. Lunatscharski wurde Volkskommissar für Bildung und Aufklärung – dieser Titel spiegelte wider, was die Kulturrevolution sich zum Ziel gesetzt hatte – und war sowohl für Erziehung als auch für die Künste zuständig. Bogdanow stand an der Spitze der Proletkult-Organisation, die 1917 zur Entwicklung einer proletarischen Kultur gegründet worden war. Über ihre Fabrikklubs und -studios mit etwa 80000 Mitgliedern im Jahr 1919 organisierte sie Amateurtheater, Chöre, Musikgruppen, Kunstklassen, Arbeitskreise für kreatives Schreiben und Sportveranstaltungen für Arbeiter. Es gab eine proletarische Universität in Moskau und eine *Sozialistische Enzyklopädie*, mit deren Veröffentlichung auf die zukünftige proletarische Zivilisation hingearbeitet werden sollte, gerade so, wie nach Bogdanows Meinung die *Encyclopédie* Diderots für die aufstrebende Bourgeoisie im Frankreich des 18. Jahrhunderts ein Ansatz war, eine eigene Kulturrevolution vorzubereiten.[19]

Wie schon die Parteischulen auf Capri und in Bologna legte auch die Proletkult-Intelligenzija zeitweise eine ziemlich herablassende Haltung gegenüber den Arbeitern an den Tag, die sie zu kultivieren trachtete. Der Proletkult ging ursprünglich von der Voraussetzung aus, die Arbeiterklasse solle spontan ihre eigene Kultur entwickeln; tatsächlich tat das aber die Intelligenzija für sie. Überdies hatte die »proletarische Kultur«, die hier gefördert wurde, viel weniger mit dem Geschmack der Arbeiter zu tun – diesen stand der Sinn mehr nach Vaudeville und Wodka –, den die Intellektuellen gewöhnlich als vulgär verachteten, als vielmehr mit ihrer eigenen phantastischen Vorstellung, wie die Arbeiter sein sollten: nicht vom bürgerlichen Individualismus korrumpiert, in ihrer Lebensweise und ihrem Denken kollektivistisch; nüchtern, ernsthaft und bildungshungrig, an Wissenschaft und Sport interessiert, kurz, Pioniere der sozialistischen Kultur, wie die Intelligenzija sie sich ausmalte.

* * *

Die Revolution von 1917 fiel mitten ins sogenannte Silberne Zeitalter Rußlands, die ersten drei Jahrzehnte des Jahrhunderts, in denen die Avantgarde in allen Künsten blühte. Viele der besten Schriftsteller und Künstler des Landes nahmen am Proletkult und anderen sowjetischen Kulturinitiativen während und nach dem Bürgerkrieg teil: Bely, Gumiljow, Majakowski und Chodassewitsch unterrichteten Dichtkunst; Stanislawski, Meyerhold und Eisenstein brachten eine »Oktoberrevolution« auf die Bühne; Tatlin, Rodtschenko, El Lissitzky und Malewitsch gingen in der bildenden Kunst neue Wege; und Chagall wurde in seiner Heimatstadt

Witebsk sogar Volkskommissar für Bildende Kunst und gab Malunterricht in einer Kolonie für Waisenkinder in der Nähe von Moskau. Dieses Bündnis von Kommissaren und Künstlern ergab sich zum Teil aus der Gemeinsamkeit ihrer Prinzipien: der Vorstellung nämlich, daß Kunst einen gesellschaftlichen Auftrag habe und dazu berufen sei, mit den Massen zu kommunizieren, und aus einer für die Moderne typischen Absage an die alte bürgerliche Kunst. Zugleich aber war es auch ein Zweckbündnis. Denn trotz ihrer anfänglichen Zurückhaltung, vor allem aus Sorge, sie könnten ihre Autonomie verlieren, entdeckten diese Kulturschaffenden bald die Vorteile der bolschewistischen Schirmherrschaft für die Avantgarde, ganz zu schweigen von den Zusatzrationen und Arbeitsmaterialien, die sie in diesen kargen Jahren so dringend brauchten. Gorki war hier eine zentrale Gestalt: als sowjetischer Förderer der Künstler und als führender Künstler gegenüber den Sowjets. Im September 1918 erklärte er sich bereit, in Dingen, die die Welt der Kunst und der Wissenschaft betrafen, mit Lunatscharskis Volkskommissariat zusammenzuarbeiten. Lunatscharski selbst tat, was er konnte, um trotz Lenins Ungeduld bezüglich solcher »Trivialitäten« Gorkis verschiedene Unternehmungen zur »Rettung der russischen Kultur« zu unterstützen: vom Verlag für Weltliteratur, bei dem so viele mittellose Intellektuelle angestellt waren, bis zur Kommission für die Erhaltung historischer Gebäude und Monumente. Lunatscharski klagte, Gorki sei völlig ins Lager der Intelligenzija übergelaufen und teile ihre Unzufriedenheit, ihren Mangel an Vertrauen und ihre Angst, unter den Schlägen der Revolution könnten wertvolle Dinge zerstört werden.

Der nihilistische Flügel der Avantgarde fühlte sich vom Bolschewismus besonders angezogen. Er begeisterte sich geradezu für die Demontage der alten Welt. Die futuristischen Dichter wie zum Beispiel Majakowski warfen sich den Bolschewiki regelrecht zu Füßen und betrachteten sie als ihre Verbündeten im Kampf gegen die »bürgerliche Kunst«. (Aus demselben Grund unterstützten die italienischen Futuristen den Faschismus.) Die Futuristen verfolgten innerhalb der Proletkult-Bewegung eine extrem bilderstürmerische Linie, was Lenin (in kulturellen Dingen ein Konservativer) wütend machte und Bogdanow und Lunatscharski in Verlegenheit brachte. »Es ist an der Zeit, die Museen mit Kugeln zu durchsieben«, schrieb Majakowski. Er tat die Klassiker als »altes ästhetisches Gerümpel« ab und formulierte das Wortspiel, man solle Rastrelli an die Wand stellen (*rasstreljat* heißt im Russischen erschießen).[20]

Stalin nannte die Schriftsteller einmal »Ingenieure der menschlichen Seele«. Von den Künstlern der Avantgarde wurde in den ersten Jahren bolschewistischer Herrschaft erwartet, daß sie das menschliche Wesen von Grund auf umkrempeln würden. Viele glaubten an das sozialistische Ideal, der menschliche Geist ließe sich kollektivistischer machen. Sie lehnten den Individualismus der »bürgerlichen« Kunst des 19. Jahrhunderts ab und meinten, sie könnten durch moderne Formen künstlerischen Ausdrucks den menschlichen Geist trainieren, die Welt anders zu sehen. Beispielsweise glaubte man, daß die Filmmontage mit ihren bruchstückhaften und dennoch miteinander in Beziehung stehenden Bildern, die einer Collage glichen, auf den Zuschauer unterschwellig erzieherisch wirkten. Eisenstein, der diese Technik in seinen drei großen Propagandafilmen der zwanziger Jahre anwandte – in *Streik*, *Panzerkreuzer Potjomkin* und *Oktober* –, gründete darauf seine gesamte Filmtheorie. Es wurde viel Aufhebens davon gemacht, welche »psychische Revolution« das Kino angeblich mit sich bringen sollte, diese moderne Kunst *par excellence*, die wie die Psychologie des modernen Menschen auf »klaren Linien und scharfen Kontrasten« sowie auf der »Stärke des Maschinellen« beruhe.[21]

Als Pioniere dieser »psychischen Revolution« setzten die Avantgardekünstler verschiedene experimentelle Formen ein. In dieser Zeit gab es keine Zensur der Kunst – die Bolschewiki hatten Dringenderes zu tun –, so daß auf diesem Gebiet relative Freiheit herrschte. Auf diese Weise kam es zu der paradoxen Situation einer Kunstexplosion in einem Polizeistaat. Viel von dieser frühen Sowjetkunst war von wirklichem und dauerhaftem Wert. Die Konstruktivisten, vor allem aber Künstler wie Rodtschenko, Malewitsch und Tatlin hatten einen gewaltigen Einfluß auf die Moderne. Das läßt sich von der Kunst des Nationalsozialismus nicht behaupten und ebensowenig von dem, was in der Stalinzeit als Kunst durchging, diesem grauenhaften monumentalen Kitsch des Sozialistischen Realismus. Angesichts der jugendlichen Überschwenglichkeit, mit der sich die Avantgarde ihrem Experimentieren hingab, wirken dennoch viele ihrer Beiträge heute fast unvermeidlich eher komisch.

In der Musik beispielsweise gab es Orchester ohne Dirigenten (sowohl bei den Proben als auch bei der Aufführung); sie behaupteten, Vorreiter des sozialistischen Lebensstils zu sein, der auf Gleichheit und menschlicher Erfüllung durch freie kollektive Arbeit beruhe. Es fanden »Fabrikkonzerte« statt, bei denen Sirenen, Turbinen und Hupen als Instrumente benutzt oder durch elektrische Geräte neue Klänge kreiert wurden, was manche Leute für die Anfänge einer neuen Musikästhetik hielten, die der Psyche der Arbeiter näher liege. Schostakowitsch beteiligte sich an dem Spaß, indem er (sicherlich wie immer voller Ironie) am Höhepunkt seiner Zweiten Symphonie (»An den Oktober«) Fabrikpfeifen einsetzte. Nicht minder exzentrisch war die Umbenennung bekannter Opern und die »sozialistische« Neufassung ihrer Libretti: So verwandelte sich *Tosca* in den *Kampf um die Kommune*, wobei man die Handlung nach Paris und ins Jahr 1871 verlegte; aus *Les Huguenots* wurde *Die Dekabristen* mit Schauplatz in Rußland; und Glinkas *Ein Leben für den Zaren* wurde in *Hammer und Sichel* umgeschrieben.

Ähnlich versuchte man auch das Theater den Massen näherzubringen, indem man die Stücke aus ihrer üblichen »bürgerlichen« Szenerie herauslöste und sie auf die Straßen, in die Fabriken oder Kasernen verlegte. Auf diese Weise wurde aus dem Theater eine Art Agitprop. Damit wollte man die Schranke zwischen Schauspielern und Zuschauern niederreißen und die Trennung zwischen Theaterbühne und Wirklichkeit aufheben. All das entlieh man den Methoden des deutschen experimentellen Theaters, das von Max Reinhardt revolutioniert worden war und das später von Bertolt Brecht vervollkommnet wurde. Damit, daß Meyerhold und andere sowjetische Regisseure das Publikum ermutigten, seine Reaktionen auf das Schauspiel zu äußern, wollten sie es emotional an ihren belehrenden Allegorien der Revolution beteiligen. Das Hauptanliegen dieser Theaterstücke war, den Massenhaß gegen die »Feinde« der Revolution zu schüren und auf diese Weise die Menschen auf das Regime einzuschwören. Eines dieser Dramen, *Hörst Du, Moskau?* von Sergej Tretjakow, das Eisenstein 1924 aufführte, weckte so viel Anteilnahme, daß sich das Publikum im letzten Akt, als es sah, wie die deutschen Arbeiter die Hochburg der Faschisten stürmten, einzumischen versuchte. Jeder getötete Faschist wurde mit wildem Klatschen gefeiert. Ein Zuschauer zog sogar seinen Trommelrevolver, um eine Schauspielerin zu erschießen, die die Rolle einer faschistischen Kokotte spielte, doch seine Nachbarn brachten ihn noch rechtzeitig zur Räson.

Das spektakulärste Beispiel für revolutionäres Straßentheater war *Der Sturm auf das Winterpalais*, ein Stück, das 1920 anläßlich des dritten Jahrestages des Oktoberaufstands inszeniert wurde. Dieses Massenspektakel löschte die Unterscheidung zwischen Theater und Revolution – die nie so ganz klar war – endgültig aus: Die Straßen von Petrograd, in denen sich das revolutionäre Drama von 1917 abgespielt hatte, verwandelten sich nun in ein Theater. Die Schlüsselszenen wurden auf drei überdimensionalen Bühnen auf dem Schloßplatz nachgespielt. Das Winterpalais war Teil der Szenerie, wobei jeweils unterschiedliche Fenster erleuchtet wurden, um die verschiedenen Szenen im Inneren zu zeigen. Die *Aurora* übernahm eine Starrolle; sie feuerte aus ihren schweren Geschützen von der Newa her, um den Beginn des Angriffs auf das Winterpalais zu signalisieren, so, wie es in jener historischen Nacht gewesen war. Es gab 10 000 Mitwirkende – wahrscheinlich mehr, als am tatsächlichen Aufstand teilgenommen hatten –, die die monumentale Idee der Revolution als Akt des Volkes verkörpern sollten. Man schätzte, daß etwa 100 000 Zuschauer der Handlung vom Schloßplatz aus folgten. Sie lachten über die Buffo-Gestalt Kerenskis und applaudierten enthusiastisch bei dem Sturm auf das Palais. Damit begann der Mythos des Großen Oktober – ein Mythos, den Eisenstein mit seinem »Dokudrama«-Film *Oktober* (1927) in eine Pseudo-Tatsache verwandelt hat. Einzelne Bilder aus diesem Film werden heute noch in Büchern über die Revolution sowohl in Rußland als auch im Westen als angeblich authentische Revolutionsfotos reproduziert.[22]

Auch die Kunst ging auf die Straße. Die Konstruktivisten sprachen davon, die Kunst aus den Museen zu holen und sie ins Alltagsleben zu tragen. Viele Künstler – vor allem Rodtschenko und Tatlin – entwarfen Kleidung, Möbel, Büroräume und Fabriken unter Betonung dessen, was sie den »Industrie-Stil« nannten: einfaches Design in den Grundfarben, geometrische Formen, gerade Linien; all das, so meinten sie, werde die Menschen frei und vernünftiger machen. Es ging ihnen erklärtermaßen nicht nur darum, »Gegenstände, sondern das gesamte häusliche Leben neu zu gestalten«. Mehrere führende Maler und Bildhauer der Avantgarde wie Chagall und El Lissitzky befaßten sich mit »Agitationskunst«; sie statteten Gebäude und Straßenbahnen aus und entwarfen Plakate für die vielen Revolutionsfeiern und Festspiele, wie etwa zum 1. Mai oder zum Jahrestag der Revolution, Gelegenheiten, an denen sich das gesamte Volk zu einer Demonstration kollektiver Freude und Emotion vereinen sollte. Die Stadt wurde buchstäblich rot gestrichen (manchmal sogar die Bäume). Mit Statuen und Monumenten versuchte man, die Straßen in ein Museum der Revolution zu verwandeln, in eine lebende Ikone der Macht und der Größe des neuen Regimes, von der sogar die Ungebildeten beeindruckt sein würden. Nichts war neu an diesen Akten der Selbstbeweihräucherung durch den Staat, hatte doch das zaristische Regime dasselbe getan. Eine feine Ironie lag in der Tatsache, daß der Obelisk vor dem Kreml, den die Romanows 1913 anläßlich ihrer Dreihundertjahrfeier aufstellen ließen, auf Anordnung Lenins erhalten blieb. Die zaristische Inschrift wurde durch eine »sozialistische« Ahnenreihe ersetzt, die bis auf das 16. Jahrhundert zurückging und Thomas Morus, Campanella und Winstanley mit einschloß.[23]

Soweit wir wissen, haben diese künstlerischen Experimente der Avantgarde kaum jemals wirklich zum Wandel der Herzen und Sinne beigetragen. Linke Künstler glaubten vielleicht, sie schüfen eine neue Ästhetik für die Massen, doch schufen sie nur eine modernistische Ästhetik für sich selbst, auch wenn darin »die Massen« als Symbol ihrer eigenen Ideale objektiviert waren. Der Kunstgeschmack der Arbeiter und Bauern war im wesentlichen konservativ. Ja, der Konservatismus der Bauern in Sachen Kunst ist kaum zu überschätzen: Als das Bolschoi-Ballett 1920 eine Gastspielreise durch die Provinz machte, sollen die Bauern »von den entblößten Armen und Beinen der Ballerinen zutiefst schockiert gewesen sein, so daß sie empört die Aufführung verließen«. Die Bilder der modernen Kunst, die dem Leben so wenig entsprachen, mußten auf Menschen, deren Kunstkenntnis sehr beschränkt war und sich an der Ikone bemaß, befremdlich wirken.[24*]

* * *

Neben ihren neuen Kunstformen versuchten die »Träumer« der Revolution mit neuen Formen des gesellschaftlichen Lebens zu experimentieren. Auch das, so nahm man an, könnte dazu genutzt werden, um das Wesen der Menschheit, oder genauer der Frauen, zu verändern.

* Der Sozialistische Realismus der dreißiger Jahre mit seinem offensichtlichen Ikonencharakter erwies sich als eine weit wirkungsvollere Propaganda.

Die Befreiung der Frau war nach Ansicht von Alexandra Kollontai, Inessa Armand und Angelika Balabanowa, den führenden Feministinnen in der Partei, ein wichtiger Aspekt des neuen kollektiven Lebens. Kommunale Kantinen, Wäschereien und Kinderkrippen sollten die Frauen von der Mühsal der Arbeit im Haushalt befreien und es ihnen ermöglichen, eine aktive Rolle in der Revolution zu spielen. »Russische Frauen! Werft Eure Töpfe und Pfannen fort!« stand auf einem sowjetischen Plakat. Die allmähliche Auflösung der »bürgerlichen« Familie durch eine Liberalisierung des Eherechts sowie der Gesetze über Scheidung und Abtreibung werde, so glaubte man, die Frauen von der Tyrannei ihrer Ehemänner befreien. Das Frauenbüro im Sekretariat des Zentralkomitees (Schenotdel), das 1919 eingerichtet wurde, setzte sich die »Neugestaltung der Frau« zur Aufgabe, was man durch eine Mobilisierung der Frauen für die lokale politische Arbeit und durch erzieherische Propaganda zu erreichen hoffte. Kollontai, die 1920 nach dem Tod von Armand Vorsitzende des Schenotdel wurde, trat daneben auch für eine sexuelle Revolution ein, die die Frauen emanzipieren sollte. Sie predigte die »freie Liebe« bzw. »erotische Freundschaft« zwischen Männern und Frauen als gleichgestellten Partnern, um so die Frauen aus der »Knechtschaft der Ehe« und beide Geschlechter von der Last der Monogamie zu befreien. Sie selbst praktizierte diese Philosophie mit einer langen Reihe von Ehemännern und Liebhabern, zu denen auch Dybenko, der 17 Jahre jüngere bolschewistische Matrose gehörte, den sie 1917 heiratete, und, soviel man weiß, der König von Schweden, mit dem sie sich als sowjetische (und überhaupt erste weibliche) Botschafterin in Stockholm in den dreißiger Jahren einließ.

Als Volkskommissarin für Staatliche Fürsorge versuchte Kollontai die Voraussetzungen für diese neue sexuelle Harmonie zu schaffen. Sie bemühte sich, die Prostitution zu bekämpfen und die staatliche Fürsorge für Kinder und Jugendliche zu verbessern; allerdings machte während des Bürgerkriegs weder das eine noch das andere große Fortschritte. Unglücklicherweise mißverstanden manche örtlichen Kommissariate die eigentliche Bedeutung von Kollontais Arbeit: In Saratow zum Beispiel erließ das regionale Fürsorgeamt ein »Dekret zur Verstaatlichung von Frauen«, mit dem es die Ehe abschaffte und den Männern das Recht zusprach, ihre sexuellen Bedürfnisse in genehmigten Bordellen zu befriedigen. In Wladimir richteten Untergebene der Kollontai ein »Büro der freien Liebe« ein und erließen einen Aufruf an alle unverheirateten Frauen zwischen 18 und 50, sich registrieren zu lassen, damit Sexualpartner für sie ausgewählt würden. Der Aufruf erklärte alle Frauen über 18 Jahre zum »Staatseigentum« und gab den Männern das Recht, sich unter den registrierten Frauen, auch ohne deren Zustimmung, eine Partnerin zur Fortpflanzung »im Interesse des Staates« auszusuchen.[25]

Nur wenig von Kollontais Arbeit wurde wirklich verstanden. Da ihre Vision einer sexuellen Revolution in vieler Hinsicht ganz idealistisch war, meinte man, sie ermuntere die Menschen zu der sexuellen Promiskuität und moralischen Anarchie, die in Rußland nach 1917 um sich griffen. Lenin, der selbst ziemlich prüde war, hatte keine Zeit für solche Dinge; er verurteilte Kollontais sogenannte »Glas-Wasser-Theorie« im Umgang mit Sexualität – in einer kommunistischen Gesellschaft solle man seine sexuellen Wünsche einfach befriedigen, wie man seinen Durst befriedige, indem man ein Glas Wasser trinke – als »gänzlich unmarxistisch«. »Natürlich«, schrieb er, »muß Durst gelöscht werden. Aber würde sich ein normaler Mensch in die Gosse legen und aus einer Pfütze trinken?« Bolschewiki in der Provinz redeten abfällig von »Frauenarbeit« und verballhornten Schenotdel zu »*babotdel*« (nach *baba*, dem Wort für Bäuerin). Sogar die Frauen selbst begegneten der Idee der sexuellen Befreiung mit Mißtrauen, vor allem auf dem Lande, wo die patriarchalischen Sitten nur schwer auszurotten waren. Viele Frauen fürchteten, kommunale Krabbelstuben würden ihnen ihre Kinder wegnehmen und sie zu staatlichen Waisen machen. Sie klagten darüber, daß die liberalen Scheidungsgesetze von 1918 es nur den Männern erleichterten, sich ihrer Verantwortung für Frau und Kinder zu entziehen. Und die Statistiken bestätigen das. In den frühen zwanziger Jahren hatte Rußland die höchste Scheidungsrate in Europa, 26mal höher als im »bürgerlichen« Teil Europas. Die Frauen der Arbeiterklasse mißbilligten die von Kollontai gepredigte liberale Sexualität aufs entschiedenste, sahen sie darin doch (nicht ohne Grund) einen Freibrief für ihre Männer, sich Frauen gegenüber schlecht zu benehmen. Sie maßen der alten Ehevorstellung, wie sie im Bauernhaushalt mit seiner gemeinsamen Wirtschaft und geschlechtsspezifischen Arbeitsteilung wurzelte, für das Großziehen der Kinder einen höheren Wert bei.[26]

Lenin erwies sich nicht nur in sexuellen Dingen als wenig experimentierfreudig. Was die Kunst anging, war er ebenso konservativ wie irgendein Bourgeois des 19. Jahrhunderts. Er hatte keine Zeit für die Avantgarde. Ihre revolutionären Statuen hielt er für einen »Hohn und eine Verdrehung« der sozialistischen Tradition – auf den Entwurf einer Statue, die Marx auf vier Elefanten stehend zeigte, reagierte er schäumend vor Wut –, und Majakowskis bekanntestes Poem »150 000 000« bezeichnete er als »Unsinn, bare Dummheit und Anmaßung«. Als der Bürgerkrieg vorüber war, sah sich Lenin den Proletkult einmal genauer an – und beschloß, ihn zu schließen. Im Herbst 1920 wurden die Fördermittel drastisch gekürzt, Bogdanow seiner Leitungsfunktion enthoben, und Lenin unternahm einen Angriff auf die Grundprinzipien des Proletkult. Der Chef der Bolschewiki reagierte gereizt auf die bilderstürmerische Neigung des Proletkult, pflegte er doch zu betonen, wie nötig es sei, auf den kulturellen Leistungen der Vergangenheit aufzubauen; überdies sah er in der Autonomie des Proletkult eine wachsende politische Bedrohung. Aus Lenins Sicht war die Schließung des Proletkult ein wesentlicher Faktor beim Übergang zur NEP. Während die NEP auf dem Gebiet der Ökonomie einen Thermidor bedeutete, war das Ende des Krieges gegen die »bürgerliche Kunst« ein Thermidor im kulturellen Bereich. Beide ergaben sich aus der Einsicht, daß in einem rückständigen Land wie Rußland die Leistungen der alten Kultur als

Grundlage bewahrt werden mußten, damit darauf die sozialistische Ordnung gebaut werden konnte. Eine Abkürzung zum Kommunismus gab es nicht, ohne diesen Umweg war er nicht zu erreichen.

Lenin schrieb in dieser Zeit viel über die Notwendigkeit einer »Kulturrevolution«. Es genüge nicht, einen Arbeiterstaat bloß zu gründen; man müsse auch die kulturellen Bedingungen für die lange Übergangsperiode zum Sozialismus schaffen. In seiner Konzeption einer Kulturrevolution betonte er nicht proletarische Kunst und Literatur, sondern proletarische Naturwissenschaft und Technologie. Während der Proletkult die Kunst als ein Mittel zur Befreiung des Menschen betrachtete, betrachtete Lenin die Wissenschaft als ein Mittel zur Veränderung des Menschen – nämlich zu einem Rädchen im Getriebe des Staates. Er wollte, daß sich die »schlechten« und »ungebildeten« russischen Arbeiter »an der Kultur des Kapitalismus« schulten – daß sie gelernte und disziplinierte Arbeiter würden, die ihre Söhne in die Ingenieurhochschulen schicken konnten –, damit es dem Land gelinge, seine Rückständigkeit beim Übergang zum Sozialismus zu überwinden.[27] Der Bolschewismus war nichts anderes als eine Modernisierungstrategie.

Lenins mit Nachdruck erhobene Forderung nach einer gezielten naturwissenschaftlichen Ausbildung drückte sich 1920/21 in der Änderung der Bildungspolitik aus. Für die Bolschewiki war Bildung einer der Hauptwege zur Veränderung des Menschen: Mit Hilfe der Schulen und des kommunistischen Kinder- und Jugendverbandes (der Pioniere und des Komsomol) wollten sie die nächste Generation im neuen kollektiven Lebensstil indoktrinieren. Wie Slata Lilina, die Frau Sinowjews und eine der Vorreiterinnen des sowjetischen Schulsystems, 1918 auf dem Allrussischen Kongreß für das Bildungswesen erklärte:

> *Wir müssen aus der jungen Generation eine Generation von Kommunisten machen. [...] Kinder sind weich wie Wachs und lassen sich formen; und wir müssen sie formen und echte, gute Kommunisten aus ihnen machen. [...] Es gilt, die Kinder von dem rohen Einfluß der Familie zu befreien. Wir müssen [...] sie nationalisieren. Von den ersten Lebenstagen ab werden sie unter dem segensreichen Einfluß der Kindergärten und Schulen stehen. Hier werden sie das ABC des Kommunismus in sich aufnehmen. [...] Die Mutter zu bewegen, uns, dem Sowjetstaat, das Kind abzutreten, das soll unsere praktische Aufgabe sein.*

Der Grundtyp der sowjetischen Schule war die Einheitsarbeitsschule. Sie wurde 1918 eingeführt und sollte allen Kindern bis zum Alter von 14 Jahren eine freie und allgemeine Bildung vermitteln. Die praktischen Schwierigkeiten des Bürgerkriegs hatten jedoch zur Folge, daß nur wenige solcher Schulen tatsächlich eingerichtet wurden. Unter Bolschewiki und Gewerkschaftlern wurde 1920 häufiger der Ruf nach einem stärker beruflich ausgerichteten Schulsystem bereits für die Jüngeren laut. Von Trotzkis Militarisierungsplänen beeinflußt, betonte man, es sei nötig, das Bildungssystem den Erfordernissen der Wirtschaft unterzuordnen: Rußlands Industrien brauchten gelernte Techniker, und es sei die Aufgabe der Schulen, diese hervorzubringen. Lunatscharski widersprach solchen Äußerungen; schienen sie doch dazu aufzufordern, gerade die Bildungsziele der Revolution aufzugeben, die er seit den Tagen des Wperjod verfochten hatte. Da die Bolschewiki die Macht im Namen der Arbeiter ergriffen hatten, so argumentierte er, seien sie verpflichtet, deren Kinder zu erziehen und sie auf das Niveau der Intelligenzija zu heben, damit sie zu »Herren der Industrie« würden. Seinen Bemühungen ist es zu verdanken, daß die polytechnischen Prinzipien von 1918 im Grunde beibehalten wurden. In der Praxis erhielten aber viele Kinder eine zunehmend engere berufliche Bildung, vor allem Waisen unter staatlicher Fürsorge, die manchmal schon im Alter von neun oder zehn Jahren gezwungen wurden, eine Fabriklehre zu beginnen.[28]

Lenins Förderung tayloristischer Ideen lief parallel zu dieser Tendenz. Er hatte schon lange die von dem amerikanischen Ingenieur F. W. Taylor entwickelten Theorien »wissenschaftlicher Leitung« begrüßt, in denen Studien über Zeit und Bewegung zur Rationalisierung und Automatisierung der Aufgaben der Industrie benutzt wurden. Sie sollten dazu dienen, die psychische Einstellung des Arbeiters zu verbessern, ihn zu einem disziplinierten Wesen zu machen und damit die ganze Gesellschaft nach mechanistischen Richtlinien neu zu organisieren. Lenin förderte den Kult des Taylorismus, der in dieser Zeit in Rußland florierte. Es hieß, die wissenschaftlichen Methoden von Taylor und Henry Ford enthielten den Schlüssel zu einer lichten und blühenden Zukunft. Selbst Dorfbewohner in der Provinz kannten den Namen Ford (manche glaubten, Ford sei eine Art Gott, der das Werk von Lenin und Trotzki leite). Alexej Gastew (1882–1941), der bolschewistische Ingenieur und Dichter, trieb diese tayloristischen Prinzipien auf die Spitze. Als Leiter des Zentralinstituts für Arbeit, das 1920 eingerichtet wurde, führte er Experimente durch, um die Arbeiter so zu trainieren, daß sie letztlich wie Maschinen funktionierten. Hunderte gleich gekleideter Lehrlinge marschierten in Kolonnen zu ihren Werkbänken und erhielten durch Summtöne Anweisungen von ihren Maschinen. Die Arbeiter übten, richtig zu hämmern, indem sie einen Hammer hielten, der an einer hämmernden Maschine befestigt war und von ihr bewegt wurde, so daß die Männer nach einer halben Stunde den mechanischen Rhythmus in sich aufgenommen hatten. Dasselbe wiederholte sich beim Meißeln, Feilen und anderen grundlegenden handwerklichen Fertigkeiten. Gastew hatte, wie er selbst zugab, das Ziel, den Arbeiter in eine Art »menschlichen Roboter« zu verwandeln (ein Wort, das nicht zufällig vom russischen Verb *rabotat*, »arbeiten«, abgeleitet war). Da Gastew der Meinung war, Maschinen seien den Menschen überlegen, hielt er das für eine Verbesserung der Menschheit und glaubte sogar, dies müsse logischerweise der nächste Schritt in der menschlichen Evolution sein. Gastew stellte sich eine schöne neue Welt vor, in der die »Menschen« durch »proletarische Einheiten« ersetzt wurden, die so bar jeder Persönlichkeit waren, daß man ihnen nicht einmal Namen zu geben brauchte. Statt dessen würde man sie mit Codes wie »A, B, C oder 325, 075, 0 und so weiter« bezeichnen. Diese Automaten wären wie Maschinen »zu keinem individuellen Gedanken fähig« und würden einfach ihren Kontrolleuren gehorchen. »Ein mechanisiertes Kollektiv« träte »in der Psychologie des Proletariats an die Stelle der einzelnen Person«. Dann bedürfte es keiner Emotionen mehr, und die menschliche Seele würde nicht mehr »nach einem Schrei oder einem Lächeln, sondern nach einem Druckmesser oder Tachometer gemessen«. Diese alptraumartige Utopie stellte Samjatin in seinem Roman *Wir* (1924) satirisch dar, was später Orwell zu seinem Roman *1984* inspirierte. Samjatin zeichnete eine zukünftige Welt von roboterartigen Wesen, den »Wir«, die man nicht nach Namen, sondern nach Nummern kannte und deren Leben bis ins kleinste Detail programmiert war. Die Satire galt offenbar als gefährlich, denn *Wir* blieb in der Sowjetunion über sechzig Jahre lang verboten.[29]

* * *

In diesem Kampf um die Seele des Volkes spielte der Krieg gegen die Religion eine wichtige Rolle. Die Bolschewiki sahen in der Religion ein Zeichen für Rückständigkeit (das »Opium der Massen«) und in der Kirche einen Rivalen um die Macht. Vor allem erschien ihnen die Religion der Bauern wie eine tiefe kulturelle Kluft zwischen ihren eigenen aufklärerischen Idealen und dem »undurchschaubaren« Landvolk, einem Volk, das sie weder verstehen konnten noch jemals glaubten, zu ihren Einsichten bekehren zu können. Der Kampf gegen die Religion bildete daher einen Teilaspekt ihrer umfassenderen Kampagne, mit der sie die »Andersartigkeit« der Bauern bezwingen wollten.

Bis 1921 wurde der Krieg gegen die Religion hauptsächlich mit den Mitteln der Propaganda ausgefochten. Die Bolschewiki verstärkten die antiklerikale Stimmung in der Gesellschaft, die 1917 die Kirchenländereien hinweggefegt hatte. Das Dekret über die Trennung von Kirche und Staat im Januar 1918 zielte darauf ab, die Geistlichkeit der Gnade und Barmherzigkeit der örtlichen Bevölkerung zu überlassen, indem es ihnen das Recht auf eigenen Besitz absprach – beispielsweise mußten von da an die Kirchen von den Sowjets gemietet werden – und ihnen verbot, für Gottesdienste Geld zu verlangen. Religionsunterricht in den Schulen wurde ebenfalls verboten. Die bolschewistische Propaganda karikierte die Geistlichen als fette Parasiten, die auf Kosten der Bauern lebten und die Rückkehr des Zaren planten. Die meisten Provinzzeitungen hatten regelmäßige Kolumnen über die »konterrevolutionären« Machenschaften der lokalen Popen, obwohl sich eigentlich der größte Teil der Gemeindegeistlichen entweder der Bauernrevolution angeschlossen hatte oder von ihr mitgerissen worden war. Überflüssig zu sagen, daß die Tscheka-Gefängnisse voller Popen waren.

Ziel der bolschewistischen Propaganda war es, die Verehrung Gottes durch die des Staates zu ersetzen und die religiösen Ikonen gegen revolutionäre auszutauschen. Der Kommunismus sollte die neue Religion sein mit Lenin und Trotzki als ihren Hohenpriestern. So gesehen ging der bolschewistische Krieg gegen die Religion einen Schritt weiter als die jakobinischen Entchristianisierungskampagnen: In ihm ging es nicht nur darum, die Religion zu untergraben, sondern auch darum, ihre Macht dem Staat zu eigen zu machen.

Auf der einen Seite gab es die bilderstürmerische Propaganda der Bolschewiki. Christliche Wunder wurden als Mythen entlarvt. Särge, die angeblich die »unverweslichen« Überreste russischer Heiliger enthielten, wurden geöffnet und bargen nackte Skelette oder in manchen Fällen Wachspuppen. Man zeigte, wie die berühmten »weinenden Ikonen« durch das Ausdrücken von Schwämmen funktionierten, die die »Tränen« hervorbrachten, sobald eine Opfergabe gespendet wurde. Die bäuerliche Neigung zu religiösen und abergläubischen Erklärungen wurde als töricht lächerlich gemacht: Mißernten und Epidemien müßten durch die Wissenschaften der Agronomie und Meteorologie vermieden werden, nicht durch Gebete und religiöse Rituale auf den Feldern. »Gottlose Äcker« wurden Seite an Seite mit den »Äckern Gottes« bestellt – erstere mit chemischen Düngern, letztere mit Weihwasser –, um das Ganze anschaulich zu machen. Man nahm Bauern mit dem Flugzeug mit, damit sie selbst sehen konnten, daß es am Himmel keine Engel oder Götter gab. Die meisten Lokalzeitungen unterhielten spezielle Kolumnen über derlei »wissenschaftlichen Atheismus«. Auch ließ man Hunderte von atheistischen Pamphleten und Geschichten drucken. Als religiös erachtete Literatur und Musik wurde unterdrückt. Aus diesem Grund wurden die Werke von Platon, Kant, Schopenhauer, Nietzsche und Tolstoi verboten, ebenso Mozarts Requiem, fast alles von Bach und die Vespern von Rachmaninow.[30]

Auf der anderen Seite hielt die bolschewistische Propaganda den Kommunismus als neue Religion hoch. Die Feste, Rituale und Symbole des kommunistischen Staates imitierten bewußt ihre christlichen Entsprechungen, die sie ersetzen sollten. Die sowjetischen Feiertage wurden auf dieselben Tage gelegt, an denen die alten religiösen Feste begangen worden waren: Es gab ein Komsomol-Weihnachten und Komsomol-Ostern; der Tag der Elektrifizierung fiel auf den Elias-Tag und der Wald-Tag (ein Rückgriff auf die bäuerlich-heidnische Vergangenheit) auf den Pfingstsonntag. Der Maifeiertag und der Revolutionstag waren geradezu überladen mit religiösen Symbolen: Die Waffenparade vorbei am Kreml, diesem religiösen Mittelpunkt des orthodoxen Rußlands, erinnerte eindeutig an die alten religiösen Prozessionen, nur mit Waffen statt mit Kreuzen. Der Lenin-Kult, der während des Bürgerkriegs am stärksten war, verlieh dem bolschewistischen Führer den Status eines Gottes. Auch das zentrale Symbol des kommunistischen Staates, der rote Stern, trug eine religiöse und messianische Bedeutung, deren Wurzeln tief in der russischen Folklore lagen.[31]

Wie im öffentlichen, so wurden auch im privaten Leben religiöse Rituale bolschewisiert. Statt die Kinder zu taufen, ließ man sie »oktobrieren«. Bei diesen besonders in den frühen zwanziger Jahren verbreiteten Zeremonien versprachen die Eltern, ihren Nachwuchs im Geiste des Kommunismus großzuziehen, sie erhielten Säuglingsbilder von Lenin zum Geschenk und sangen die Internationale. Die Namen, die man für diese oktobrierten Kinder wählte – ja, auch für Erwachsene, die ihre Namen ändern wollten –, entstammten den Annalen der Revolution: Marx, Engelina, Rosa (nach Rosa Luxemburg), Wladlen, Ninel, Iljitsch und Iljina (die letzteren Akronyme, Spitznamen oder Anagramme Lenins), Marlen (für Marx und Lenin), Melor (für Marx, Engels, Lenin und die Oktoberrevolution), Prawda, Barrikada, Fewral (Februar), Oktjabrina (Oktober), Rewoljuzija (Revolution), Parischkomuna (Pariser Kommune), Molot (Hammer), Serpina (Sichel), Dasmir (Es lebe die Weltrevolution), Diktatura und Terrora. Manchmal wurden Namen aufgrund eines Mißverständnisses gewählt, weil sie fremdartig klangen und deshalb mit der Revolution in Verbindung gebracht wurden: Traviata, Markisa, Embryo und Vinaigrette. Rote Hochzeiten – beliebt bei der Komsomol-Jugend – waren ein weiteres solches Ritual. Gewöhnlich fanden sie in einer Fabrik oder einem Klub am Ort statt. Anstatt vor dem Altar zu stehen, blickte das Paar auf ein Lenin-Porträt. Die beiden versprachen einander, aber auch den Prinzipien des Kommunismus die Treue. In seinem satirischen Roman *Hundehochzeit* (1925) stellt Brykin ein solches Gelöbnis dar. »Versprichst du«, fragt dort der Standesbeamte, »daß du den Weg des Kommunismus so tapfer gehen wirst, wie du jetzt die Kirche und die alten Volkssitten ablehnst? Wirst du deine Kinder dazu anhalten, als Junge Pioniere zu dienen? Wirst du sie bilden, wirst du neue wissenschaftliche Agrarmethoden einführen und für die Weltrevolution kämpfen? Dann erkläre ich hiermit im Namen unseres Führers, des Genossen Wladimir Iljitsch Lenin, die Rote Heirat für geschlossen.« Schließlich gab es das Rote Begräbnis, das hauptsächlich Helden des Bolschewismus vorbehalten war und sich auf die Begräbnistradition der revolutionären Bewegung stützte – mit Ehrengarden, dem Sarg hoch oben auf einer mit rotem Tuch verkleideten Bahre, dem klageliedartigen Gesang »Unsterbliche Opfer, die ihr sanket dahin«, den Reden am Grab und den Salutschüssen –, die 1905, beim Begräbnis von Bauman, dem ersten bolschewistischen Märtyrer, begründet worden war.[32]

Von 1921 an ging der Krieg gegen die Religion von Worten und Ritualen zu einer härteren Gangart über: Kirchen wurden geschlossen und Popen erschossen. Lenin veranlaßte diese vollkommen überflüssige Terrorherrschaft. Abgesehen von der Akademie der Wissenschaften war die Kirche die einzig verbliebene nationale Institution, die der Kontrolle der Partei entzogen war. Drei Jahre Propaganda hatten ihr nichts anhaben können – in vieler Hinsicht hatte der Bürgerkrieg die Menschen der Religion sogar noch näher gebracht –, und deshalb versuchte Lenin sie nun konkret anzugreifen. Die Hungerkatastrophe von 1921/22 gab ihm dazu den nötigen Vorwand. Obwohl sich die Kirche aktiv an der Kampagne zur Hungerhilfe beteiligte, indem sie sich erbot, manches von ihren nichtgeweihten Wertgegenständen zu verkaufen, damit man dafür Lebensmittel aus dem Ausland erwerben konnte, fand Lenin einen Weg, der es ihm ermöglichte, der Kirche vorzuwerfen, sie kehre eigennützig der Krise den Rücken. Er verfügte, die Kirche müsse auch ihre geweihten Schätze zum Verkauf abgeben, wenngleich er sicher wußte, daß sie gar nicht anders konnte, als diesen Befehl zu mißachten (die weltliche Nutzung geweihter Gegenstände war ein Sakrileg). Durch diese Provokation mußte die Kirche, was Lenin ihr auch vorwarf, als »Feind des Volkes« erscheinen. Um die Öffentlichkeit gegen die Kirche aufzubringen, forderte die Presse hysterisch, alle Wertgegenstände der Kirche müßten zugunsten der Opfer der Hungerkatastrophe verkauft werden: »Aus Gold mach Brot!« lautete die gefühlsgeladene Losung. In einer letzten verzweifelten Anstrengung, die Plünderung seiner Kirchen zu verhindern, bot Patriarch Tichon an, durch freiwillige Beiträge und den Verkauf anderen Besitzes so viel Geld zu sammeln, wie dem materiellen Wert der Kostbarkeiten entsprach; doch sein Angebot wurde abgelehnt. Lenin interessierte nicht das Geld; er brauchte einen Vorwand, um die Kirche angreifen zu können.

Am 26. Februar 1922 erging ein Dekret an die örtlichen Sowjets mit der Aufforderung, alle Wertgegenstände aus den Kirchen zu holen, einschließlich derer, die für den Gottesdienst gebraucht wurden. Das Dekret behauptete, ihr Verkauf sei zur Unterstützung der Hungeropfer notwendig; doch nur ein Bruchteil des erzielten Geldes wurde wirklich für diesen Zweck eingesetzt. Bewaffnete Banden räumten die Kirchen vor Ort, trugen die Ikonen und Kreuze, die Kelche und Mitren, sogar die in Teile zerlegten Ikonostasen hinaus. In vielen Ortschaften griffen die empörten Menschen zu den Waffen, um ihre Kirchen zu verteidigen. Manche wurden von ihren Popen angeführt, andere kämpften spontan. Die Quellen sprechen von 1414 blutigen Zusammenstößen 1922/23. Die meisten waren äußerst einseitig. Soldaten mit Maschinengewehren kämpften gegen alte Männer und Frauen, die mit Mistgabeln und verrosteten Gewehren bewaffnet waren: 7100 Geistliche wurden getötet, darunter 3500 Nonnen, aber nur eine Handvoll sowjetischer Soldaten. Ein solcher Zusammenstoß im März 1922 in der Textilstadt Schuja, etwa 300 Kilometer nordöstlich von Moskau, veranlaßte Lenin zu einem Geheimbefehl zur Vernichtung der Geistlichkeit. Das Ereignis war typisch: Am Sonntag, dem 12. März, hatten Gläubige die sowjetischen Funktionäre, die in ihre Kirche eindringen wollten, verjagt; als die Funktionäre drei Tage später, begleitet von Soldaten mit Maschinengewehren, zurückkehrten, kamen bei einem Gefecht mehrere Menschen ums Leben. In Lenins Abwesenheit beschloß das Politbüro per Abstimmung, von weiteren Beschlagnahmungen abzusehen. Doch Lenin diktierte, als er von den Vorfällen in Schuja hörte, telefonisch von seinem Landsitz in Gorki aus gegenteilige Befehle und stellte sie unter strengste Geheimhaltung. Dieses Memorandum, das in vollem Wortlaut erst 1990 durch eine sowjetische Publikation bekannt wurde, offenbart den grausamen Zug in Lenins Wesen. Es zerstört das »weiche« Bild von Lenin in seinen letzten Lebensjahren, zu dem linke Historiker im Westen früher neigten, wollten sie uns doch glauben machen, die zwanziger Jahre seien eine hoffnungsvolle Periode »sowjetischer Demokratie« vor dem Ausbruch des Stalinismus gewesen. Lenin meinte, die Ereignisse in Schuja sollten ausgenutzt werden, die Geistlichkeit mit den Schwarzhundertern in Verbindung zu bringen, um so die Kirche »für viele Jahrzehnte« zu zerstören und »ein Kapital sicherzustellen, das viele hundert Millionen Goldrubel wert« sei, mit dem man die »Regierungsarbeit im allgemeinen und den wirtschaftlichen Wiederaufbau im besonderen« durchführen könne. »Jetzt, und nur jetzt«, in der Hungersituation, würden die hungrigen Bauern in diesem »grimmigen« Kampf gegen die Kirche »auf unserer Seite stehen oder zumindest neutral« sein; »später wird uns das nicht mehr gelingen«. »Deshalb«, fuhr Lenin fort,

> *bin ich zu dem eindeutigen Schluß gelangt, daß wir jetzt der Schwarzhunderter-Geistlichkeit die entschlossenste und erbarmungsloseste Schlacht liefern und ihren Widerstand mit solcher Brutalität brechen müssen, daß sie es auf Jahrzehnte hinaus nicht vergessen werden. […] Je größer die Zahl der Repräsentanten der reaktionären Bourgeoisie und der reaktionären Geistlichkeit, die wir deshalb hinrichten können, desto besser.*

Vor kurzem ergab eine Schätzung, daß allein 1922 im Verlauf dieser brutalen Kampagne 8000 Menschen hingerichtet wurden. Patriarch Tichon meinte, er wisse von 10 000 ins Gefängnis geworfenen bzw. in Verbannung geschickten Geistlichen, darunter etwa 100 Bischöfen. Erst nach 1925 hörte diese Verfolgung unter dem Druck der westlichen Handelspartner Rußlands zeitweilig auf.[33]

Gorki zufolge benutzten die Bolschewiki zur Durchführung der Konfiskationen von Kirchengütern bewußt die Juden in ihren Reihen. Er warf den Bolschewiki vor, den Antisemitismus mit Absicht zu schüren, um den Ärger der christlichen Gemeinden von sich selbst abzulenken. In mehreren Städten, wie in Smolensk und Wjatka, kam es tatsächlich nach den Konfiskationen der Kirchenschätze zu Pogromen gegen die Juden. Unterdessen gehörte zur antireligiösen Kampagne der Bolschewiki auch schon die Schließung von Synagogen. Als erste wurde die Synagoge in Chagalls Heimatort Witebsk im April 1921 geschlossen. Weitere Schließungen erfolgten in Minsk, Gomel, Odessa und Charkow. Insgesamt waren etwa 800 Synagogen betroffen.

In alldem lag mehr als nur ein Anflug von Antisemitismus. In den unteren Parteirängen drängten sich nach Gorkis Worten die »alten russischen Nationalisten, Schurken und Vagabunden, die die Juden verachten und fürchten«. Die Militär- wie auch die Arbeiteropposition, die ihre Anhängerschaft zumeist aus den unteren Parteirängen rekrutierten, benutzten einen antisemitischen Jargon, wenn es ihnen um die Klassenfeindschaft mit den »bürgerlichen Spezialisten« ging. In den ersten Jahren der NEP, in denen es zu einem Aufschwung des Kleinhandels kam, der traditionell hauptsächlich von Juden betrieben wurde, verstärkte sich dieser Antisemitismus. Besonders die Bolschewiki der Unterklassen fanden es äußerst ärgerlich, mit ansehen zu müssen, wie die »jüdischen« Händler Moskau »in Besitz nahmen«. Im Bürgerkrieg wären diese »Spekulanten« verhaftet worden; jetzt aber lebten sie besser als die Parteibasis, während die Hälfte der russischen Arbeiter arbeitslos war. Die Revolution, so schien es ihnen, war sowohl an der Klassen- wie auch an der Rassenfront auf dem Rückzug. In diesem Zusammenhang behaupteten viele militantere Bolschewiki, wie das auch Marx selbst getan hatte, daß die Juden als soziale Gruppe mit den Kapitalisten gleichzusetzen und alle Händler vornehmlich »Juden« seien. Solche Vorstellungen waren bei der bolschewistischen Kampagne gegen das Judentum, die 1921 begann, weit verbreitet. Die übelste Beleidigung geschah zum jüdischen Neujahrsfest 1921, als man in propagandistischer Absicht einen Scheinprozeß gegen das Judentum veranstaltete. Er fand im selben Gerichtssaal in Kiew statt, in dem der Fall des unschuldigen Bejlis (man könnte auch hier sagen: des Judentums) 1913 verhandelt worden war.[34]

* * *

Die bolschewistische Verfolgung der Religion konnte den Einfluß dieses »Opiums« auf die Bevölkerung kaum schwächen. Obwohl in den zwanziger Jahren vor allem bei der Landjugend, die zur Schule ging oder das Land verließ, um in die Stadt zu ziehen, ein Niedergang der Religion zu verzeichnen war, hatte das wahrscheinlich weniger mit den Bemühungen der Bolschewiki zu tun als mit der Tendenz zur Säkularisierung des modernen Lebens. Jedenfalls bestand diese Entwicklung schon seit Jahrzehnten. Wenn die repressiven Maßnahmen überhaupt eine Wirkung hatten, dann eher eine gegenteilige: daß sich nämlich die Gläubigen in ihrer Religion sammelten. Trotz der Trennung von Kirche und Staat wurde die niedere Geistlichkeit weiterhin durch freiwillige Spenden ihrer Gemeindemitglieder, aber auch durch Honorare und Landzuwendungen von seiten der Dorfgemeinden unterhalten. Merkwürdigerweise unterschied sich das nicht wesentlich von den Träumen liberaler Geistlicher des 19. Jahrhunderts von einer organischen, sich allein tragenden Kirchengemeinde. Selbst diejenigen, die nicht mehr mit demselben fraglosen Vertrauen ihrer Religion anhingen, befolgten häufig nicht nur weiterhin deren Rituale, sondern fühlten sich sogar stark von ihnen angezogen. Das Oktobrieren der Säuglinge und die Roten Hochzeiten konnten ihre religiösen Entsprechungen (die zudem so viel mehr Vergnügen bereiteten) nicht ersetzen. Die Menschen begruben weiterhin ihre Toten, statt sie der Feuerbestattung zu überlassen, obwohl Mangel an Särgen und Gräbern herrschte und die Kosten der Feuerbestattung vom Staat getragen wurden, denn die Russen waren nach den Worten eines Bediensteten des Leichenschauhauses »immer noch entweder zu religiös oder zu abergläubisch, um sich von den orthodoxen Begräbnisriten zu trennen«.[35]

Wie in der Religion, so scheiterten die Versuche der Bolschewiki, »die Welt und den Menschen zu erneuern«, auch in der Kultur und im gesellschaftlichen Leben an den Stolpersteinen der Wirklichkeit. Es war in vieler Hinsicht ein utopischer Traum – einer der ehrgeizigsten in der Geschichte – zu glauben, das menschliche Wesen ließe sich einfach dadurch ändern, daß man die gesellschaftliche Umgebung änderte, in der die Menschen lebten. So leicht läßt sich der Mensch nicht umformen: Die menschliche Natur bewegt sich langsamer als die herrschenden Ideologien oder die Gesellschaft. Das ist vielleicht eine der bleibenden moralischen Lektionen, die uns die russische Revolution, ja die schreckliche Geschichte dieses Jahrhunderts erteilt haben.

## DER BOLSCHEWISMUS AUF DEM RÜCKZUG

Ein Brief von Sergej Semjonow:

*Andrejewskoje, den 21. Januar 1921*

*Liebe Anna,*
*das Leben im Dorf ist unerträglich geworden. Zwar geht es uns sehr viel besser als den Bauern im übrigen Rußland. Bisher sind wir auch weder von den Lebensmittelrequisitionen noch von der Arbeitspflicht wirklich betroffen. Aber wir leiden immer noch unter den alltäglichen Raubzügen, der Dummheit und Unredlichkeit der örtlichen Träger der Sowjetmacht, die ein normales Leben unmöglich machen. Die Werktätigen, in deren Name all das geschehen ist, unterstützen das neue Regime nicht länger. Ich will keinen weiteren Beschwerdebrief an Kamenew [den Vorsitzenden des Moskauer Sowjets] schreiben. Wie es im Sprichwort heißt: »Es ist keiner so taub, als der nicht hören will.«*
*Trotz der Beendigung des Krieges und all der Versprechungen, das Land wieder auf die Beine zu bringen, glaubt unsere Bevölkerung nicht daran, daß die gegenwärtige Regierung dazu in der Lage ist. Die Menschen sind es einfach leid, sie sind ärgerlich und fühlen sich nur noch unterdrückt, so daß sie keine positiven Gedanken fassen und einen Ausweg aus dieser Situation sehen können. Viele verzweifeln, weil Wrangel und die Polen geschlagen wurden – und doch will niemand zugeben, daß die Antwort auf unsere Probleme nicht darin liegt, daß wir die Dinge von außen ändern, sondern darin, daß wir unsere Lebensweise ändern müssen.*[36]

Diese Mischung aus Zorn und Verzweiflung, die Semjonows Brief ausdrückt, teilten die Bauern überall in Rußland. Alle Ideale der Bauernrevolution waren durch das bolschewistische Regime zerstört worden. Der Bauernrat von 1917, der in hohem Maße das alte Ideal der *wolja* – Freiheit und Autonomie des Dorfes – verwirklicht hatte, war von den Kommunisten usurpiert worden. Was Organe bäuerlicher Selbstverwaltung gewesen waren, wurde nun zu bürokratischen Organen des Staats. Die Revolution auf dem Land mit dem Ziel, die kleinbäuerlichen Betriebe zur allgemein üblichen Form bäuerlicher Landwirtschaft zu machen, wurde nun durch die kollektiven Betriebe bedroht. Die adligen Güter, die die Bauern als ihren Besitz angesehen hatten, gingen an den Staat. Und was für ein Staat war das? Jedenfalls keiner, der den Bauern zu Wohlstand verhalf. Vielmehr einer, der ihnen die einzigen Söhne und Pferde für die Armee wegnahm, einer, der die Verwüstungen des Bürgerkriegs fortsetzte, einer der sie in Arbeitsgruppen zwang und ihrer Nahrung beraubte. »Die Freiheit, die wir durch die Revolution erhalten hatten, wurde uns vom neuen Regime wieder weggenommen«, beklagte sich im Januar 1921 ein Bauer bei einem ausländischen Journalisten. »Das Leben auf dem Dorf ist jetzt nicht anders als unter dem Zaren.«

1921 war ein Großteil des bäuerlichen Rußlands an den Rand einer entsetzlichen Hungerkatastrophe getrieben worden. Zwar wurde die Hungersnot von 1921/22 unmittelbar durch ein Jahr der Dürre und strengen Fröste verursacht, doch die am schwersten betroffenen Gebiete waren eindeutig diejenigen, die am meisten unter den Requisitionen der Jahre 1918–1921 gelitten hatten. In der Provinz Samara zum Beispiel, der Region, die am schlimmsten unter der Hungersnot zu leiden hatte, überstieg die Menge an requiriertem Getreide 1919/20 den tatsächlichen Ernteüberschuß um 30 Prozent, mit der Folge, daß der durchschnittliche Bauernhaushalt 118 Kilogramm Nahrungsmittel, Futter und Saatgut aus den Grundvorräten verlor. Unter den harten Bedingungen von 1921 machte das häufig den Unterschied zwischen Leben und Tod aus. Im Kreis Balaschow in der benachbarten Provinz Saratow, wo Tscheremuchins Mörderbrigade die Abgaben eintrieb, überstieg die Menge an requiriertem Getreide sogar die gesamte Ernte, so daß die Bauern mit den Vorräten zahlen mußten, die sie in den vorangegangenen Jahren angelegt hatten, wodurch im Herbst 1920, nach den Worten eines Funktionärs, »kein Saatgut mehr da war für die Aussaat«. Überall in den Getreide anbauenden Regionen Rußlands hatten die Bolschewiki bewußt die Abgabenrate höher als den geschätzten Ernteüberschuß festgelegt, was sie damit begründeten, daß die Bauern angeblich bis zu einem Drittel ihres tatsächlichen Überschusses versteckten. Mit derselben Begründung hatten die Beschaffungsbrigaden unterschiedslos alles konfisziert, was sie an Nahrungsmitteln in den Scheunen finden konnten, und häufig Bauern, die sich ihnen widersetzten, als »Kulaken« erschossen, obgleich es sich dabei, wie viele bolschewistische Funktionäre zugeben mußten, meistens um die ärmsten Bauern handelte, die schlicht verhungern mußten, wenn sie ihre letzten

Lebensmittelreserven an die Eintreiber verloren. 1920, als sich die Krise immer deutlicher abzeichnete, setzten sich die in der Provinz für die Ernährung Verantwortlichen beim Zentrum dafür ein, diesen verhängnisvollen Beschaffungsmaßnahmen Einhalt zu gebieten. »Es ist einfach kein Getreide mehr da, das wir nehmen können«, warnte ein Funktionär aus der deutschen Wolgaregion im September 1920. Und doch drängte Moskau auf mehr. In dieser Region wurden 42 Prozent der kümmerlichen Ernte von 1920 konfisziert und in den hungrigen Norden transportiert. Man durchstöberte Dörfer, hielt Kinder bis zur Zahlung als Pfand fest, Bauern wurden ausgepeitscht und gefoltert, um ihnen die letzten Körner abzupressen.[37]

Zunächst verteidigten sich die Bauern mit den üblichen Waffen der Schwachen: mit passivem Widerstand und Ausflüchten. Sie vergruben ihr Getreide im Boden, verfütterten es an ihr Vieh oder brannten es lieber zu Schnaps, als daß sie es an die Bolschewiki verloren. Außerdem griffen sie immer häufiger zu den Waffen in sporadischen örtlichen Revolten und Rebellionen, die an Größe und Gewaltsamkeit zunahmen. 1918 wurden 2000 Mitglieder der Beschaffungsbrigaden durch aufgebrachte Bauern ermordet, 1919 stieg die Zahl auf fast 5000 und 1920 auf über 8000. Im Herbst 1920 brachen überall im Land Bauernkriege aus. Machnos Bauernarmee, die auch nach Wrangels Niederlage immer noch bis zu 15 000 Mann stark war, streifte durch die ukrainische Steppe und konnte bis in den Sommer 1921 gemeinsam mit zahllosen anderen örtlichen Banden einen Großteil der ländlichen Sowjetinfrastruktur lahmlegen. In der zentralrussischen Provinz Tambow wurde die Antonow-Rebellion faktisch von der gesamten bäuerlichen Bevölkerung unterstützt: Zwischen Herbst 1920 und Sommer 1921 hörte die Sowjetmacht dort auf zu existieren. In den Provinzen Woronesch, Saratow, Samara, Simbirsk und Pensa gab es kleinere, aber nicht weniger zerstörerische bäuerliche Rebellenarmeen, die schwere Verwüstungen anrichteten und die Macht der Bolschewiki erfolgreich auf die Städte begrenzten. Hunderte kleinerer Banditenarmeen kontrollierten die Steppengebiete zwischen Ufa und dem Kaspischen Meer. Im Don- und Kubangebiet waren Kosaken und Bauern in ihrem gemeinsamen Haß auf die Bolschewiki endlich vereint. Die Rebellenarmeen des Kaukasusgebirges zählten weit über 30 000 Kämpfer. In Weißrußland übernahmen die nationalistisch geführten Bauern den größten Teil des ländlichen Gebiets und erzwangen die Evakuierung der Sowjets von Minsk und Smolensk. Die bei weitem größte (wenn auch am wenigsten erforschte) Bauernrevolte brach in Westsibirien aus: Die Region von Tjumen, Omsk, Tscheljabinsk, Tobolsk, Jekaterinburg und Tomsk fiel samt den meisten größeren Städten in die Hände der Bauernrebellen, von denen bis zu 60 000 unter Waffen standen. Praktisch die gesamte sowjetische Infrastruktur blieb in den ersten sechs Monaten von 1921 handlungsunfähig. Dasselbe geschah, wenn auch in kleinerem Maßstab, in ganz Rußland: Wütende Bauern griffen zu den Waffen und verjagten die Bolschewiki aus ihren Dörfern. Weniger als 80 Kilometer vom

Kreml entfernt, nicht weit von Semjonows Andrejewskoje, lagen Dörfer, die ein Bolschewik nur unter Lebensgefahr betreten konnte.[38]

Bemerkenswert an diesen Bauernkriegen ist, daß sie viele gemeinsame Kennzeichen aufwiesen, trotz der riesigen Entfernungen dazwischen und den unterschiedlichen Zusammenhängen, in denen sie sich abspielten.

Die meisten der größeren Rebellionen hatten 1920 zunächst als kleine Bauernrevolten gegen die Nahrungsmittelrequisitionen begonnen. Aufgrund deren inkompetenter und häufig brutaler Durchsetzung durch die örtlichen Kommunisten entbrannt, wuchsen sie sich aber bald zu regelrechten Bauernkriegen aus. Die Tambow-Rebellion war ein typisches Beispiel dafür. Sie hatte im August 1920 im Dorf Kamenka begonnen, als eine Beschaffungsbrigade eintraf, um ihren Anteil an der neuen Getreideabgabe einzutreiben. Mit über 11 Millionen Pud war die Abgabe für die Provinz eindeutig viel zu hoch angesetzt. Selbst Lenin fragte sich im September, »ob sie nicht gesenkt werden sollte«. Die Ernte 1920 war sehr gering ausgefallen, und wenn die Bauern die Abgabe voll entrichtet hätten, wäre ihnen höchstens ein Pud Getreide pro Person geblieben, kaum 10 Prozent dessen, was sie normalerweise für Ernährung, Saatgut und Futter brauchten. Bereits im Oktober kam es zu Hungeraufständen. Im Januar »hungerte die Hälfte der Bauern«, wie der Bolschewik Antonow-Owsejenko berichtete, der dorthin geschickt worden war, um die Revolte niederzuschlagen. Die Bauern von Kamenka waren vergleichsweise wohlhabend – was bedeutete, daß sie langsamer hungerten als die übrigen –, und so wurde ihnen eine Extraabgabe auferlegt. Sie weigerten sich, diese zu entrichten, töteten einige Mitglieder der Beschaffungsbrigade und bewaffneten sich mit Gewehren und Harken, um die Verstärkung abzuwehren, die von Tambow geschickt wurde, um ihre Revolte niederzuschlagen. Benachbarte Dörfer schlossen sich dem Aufstand an, und bald war auch eine rudimentäre Bauernarmee organisiert. Sie kämpfte unter der roten Fahne – es war ein wichtiger Aspekt dieser Volksaufstände, daß sie die Symbole der Revolution für sich reklamierten – und wurde von dem Bauernhelden und Sozialrevolutionär Grigori Pleschnikow angeführt, der bereits 1905 und 1917 den Krieg gegen die adligen Güter organisiert hatte. Inzwischen bildete sich in den Dörfern ein Netzwerk von Bauerngewerkschaften, häufig von den örtlichen Sozialrevolutionären gegründet, die die Sowjets ersetzten und bei der Versorgung der aufständischen Armee halfen. Über fünfzig Kommunisten wurden erschossen.

Die Geschwindigkeit, mit der sich die Revolte ausbreitete, traf die Bolschewiki in Tambow unvorbereitet. Der Apparat von Sowjet und Partei in der Provinz war äußerst schwach geworden. Die Menschen verließen in Scharen die Partei – darunter viele ehemalige Sozialrevolutionäre, die sich bald den Rebellen anschlossen –, denn bei all den Fabrikstreiks und Korruptionsskandalen war es gefährlich und peinlich geworden, dazuzugehören. Wegen des Polenfeldzugs standen nur 3000 Soldaten der Roten Armee in der Provinzgarnison, die meisten davon äußerst unzuverlässig. Sie verfügten nur über ein einziges Maschinengewehr für den gesamten aufständischen Kreis Kirsanow. Diese Schwäche nutzten die Rebellen aus und marschierten gegen die Provinzhauptstadt. Tausende Bauern schlossen sich ihnen an, als sie sich Tambow näherten. Die Bolschewiki gerieten in Panik. Als Verstärkungen eingetroffen waren, drängten sie die Rebellen zurück und entfesselten in den Dörfern eine Terrorkampagne. Mehrere Stützpunkte der Rebellen wurden bis auf die Grundmauern niedergebrannt, ganze Viehherden konfisziert und Hunderte Bauern hingerichtet. Doch das war nur Öl ins Feuer des Bauernkriegs. »Vor Furcht ist die Bevölkerung in die Wälder geflohen und hat sich den Rebellen angeschlossen«, berichtete ein örtlicher Kommunist. »Selbst Bauern, die einst loyal zu uns standen, hatten nichts mehr zu verlieren und suchten ihr Heil in der Revolte.« Von Kirsanow breitete sich die Rebellion bald über die südliche Hälfte der Provinz Tambow und Teile der Nachbarprovinzen Saratow, Woronesch und Pensa aus. Just zu diesem Zeitpunkt übernahm der Linke Sozialrevolutionär und Aktivist Alexander Antonow die Führung der Revolte und baute sie bis Ende 1920 zu dem auf, wovon Lenin selbst später zugab, es sei die größte Bedrohung gewesen, der sein Regime je ausgesetzt gewesen sei.[39]

Die sowjetische Propaganda bezeichnete die Bauernrebellen als »Kulaken«. Doch das vorhandene Material legt nahe, daß es sich im Gegenteil um allgemeine Bauernrevolten handelte. Die Rebellenarmeen setzten sich hauptsächlich aus gewöhnlichen Bauern zusammen, wie ihre Waffen – Heugabeln, Äxte, Spieße und Hacken – nahelegen, allerdings schlossen sich ihnen auch Bürgerkriegsdeserteure an, die dann häufig die Führung übernahmen. In der Provinz Tambow befanden sich am Vorabend der Revolte 110 000 Deserteure, davon 60 000 in den Waldgebieten um Kirsanow. Viele Rebellen waren verarmte junge Bauern, die meisten unter 25 Jahren. Von Popows Bauernarmee in der Provinz Saratow hieß es, sie seien »in Lumpen gekleidet« gewesen, obwohl manche der Kämpfer auch gestohlene Anzüge trugen. In den Steppen von Orenburg setzten sich die Banden zusammen aus

> *Menschen, die durch Armut und Hunger vollkommen entwurzelt sind. Die Kulaken helfen den Banditen zwar materiell, greifen aber selbst sehr selten zu den Waffen. Es ist nicht schwierig für die Banden, Anhänger zu finden. Die Losung »Tötet die Kommunisten! Zerschlagt die Kollektiv-Wirtschaften!« ist in den rückständigsten und unterdrücktesten bäuerlichen Schichten sehr populär.*

Bei dem allgemeinen Zusammenbruch der Ordnung war es unvermeidlich, daß sich auch kriminelle Elemente den Bauernarmeen anschlossen, plünderten und vergewaltigten, eine Tatsache, die es den Bolschewiki später leicht machte, die Rebellen in Gegensatz zur örtlichen Bevölkerung zu bringen.[40]

Die Stärke der Rebellenarmeen beruhte auf ihren engen Verbindungen zum

Dorf: Das ermöglichte es ihnen, die Art von Guerilla-Operationen auszuführen, die die Kommandeure der Roten Armee so verwirrten. Was die Amerikaner später in Vietnam erfahren sollten – daß konventionelle Armeen, wie gut bewaffnet auch immer, schlecht gerüstet sind, um gegen eine gut unterstützte Bauernarmee zu kämpfen –, stellten die Russen 1921 fest (und erneut sechzig Jahre später in Afghanistan). Die Rebellenarmeen waren auf Partisanenart organisiert, jedes Dorf war für Mobilisierung, Ernährung und Ausrüstung seiner eigenen Truppen verantwortlich. Auch die Kirche und die örtlichen Sozialrevolutionäre, vor allem die vom linken Flügel der Partei, waren in manchen Regionen bei der Organisation behilflich, obgleich die genaue Rolle der sozialrevolutionären Führung immer noch weitgehend ungeklärt ist.[41]

Mit der Unterstützung der lokalen Bevölkerung waren die Rebellenarmeen nach Aussage Antonow-Owsejenkos »kaum verwundbar, außerordentlich unsichtbar und sozusagen allgegenwärtig«. Bauern konnten jederzeit Soldaten werden und Soldaten Bauern. Die Dorfbewohner waren Augen und Ohren der Rebellenarmeen – Frauen, Kinder, selbst Bettler dienten als Spitzel –, und überall konnten die Roten in einen Hinterhalt geraten. Andererseits konnten die Rebellen, wenn sie von den Roten verfolgt wurden, plötzlich verschwinden – entweder sie tauchten in der lokalen Bevölkerung unter, oder sie entkamen mit frischen, von den Bauern gestellten Pferden, die die roten Verfolger weit hinter sich ließen. Während die Roten etwa 50 Kilometer pro Tag zurücklegen konnten, schafften die Rebellen bis zu 150 Kilometer. Ihre genaue Kenntnis des Terrains ermöglichte ihnen außerdem, sich auch bei Nacht fortzubewegen und anzugreifen. Dieser Vorteil an Mobilität konnte den Mangel an Artillerie leicht kompensieren. Sie umkreisten buchstäblich die Roten, deren Kommandeure über ihre »Allgegenwart« klagten. Statt die Roten im offenen Feld anzugreifen, blieben die Rebellen in entlegenen Hügeln und Wäldern und warteten auf den rechten Augenblick für einen Überraschungsangriff, ehe sie sich wieder außer Sichtweite zurückzogen. Ihre Strategie war rein defensiv: Sie beabsichtigten nicht, gegen Moskau vorzurücken – die meisten wollten nicht einmal die Städte der Region angreifen –, sondern nur, sich von Moskaus Einfluß zu befreien. Sie sprengten Brücken, fällten Telegrafenmasten und zerstörten Eisenbahngleise, um die Roten zu lähmen. Gegen solche Taktiken ließ sich wenig unternehmen, vor allem da keiner der roten Kommandeure je zuvor mit Derartigem zu tun gehabt hatte. Die kleinen Einheiten, die zunächst zur Bekämpfung der Rebellen entsandt worden waren, wurden nahezu alle besiegt – Tuchatschewski sagte, ihr »einziger Zweck sei es gewesen, die Rebellen zu bewaffnen« – und waren bald völlig demoralisiert. Viele Rote schlossen sich sogar den Rebellen an.[42]

Die Ziele und die Ideologie der Revolten deckten sich auffallend und spiegelten die allgemeinen Bestrebungen der Bauernrevolution überall in Rußland und der Ukraine wider. Alle wollten die bäuerliche Selbstverwaltung von 1917/18 wiederherstellen. Die meisten drückten das in der Losung »Für die Rätemacht ohne die

Kommunisten!« und ihren Variationen aus. Grundsätzlich ähnliche Vorstellungen zeigten sich manchmal in den ziemlich verwirrenden Losungen: »Es lebe Lenin! Nieder mit Trotzki!« oder »Es leben die Bolschewiki! Tod den Kommunisten!«. Viele Bauern teilten die Illusion, Bolschewiki und Kommunisten seien zwei verschiedene Parteien: Die Information über den Wechsel des Parteinamens im Februar 1918 war noch nicht bis in die entlegenen Dörfer vorgedrungen. Die Bauern glaubten, »Lenin« und die »Bolschewiki« hätten ihnen Frieden gebracht und ihnen erlaubt, das Adelsland in Besitz zu nehmen, ihre Lebensmittel auf dem Markt frei zu verkaufen und ihre Gemeinden durch eigene, gewählte Räte zu verwalten. Andererseits glaubten sie, daß »Trotzki« und »die Kommunisten« den Bürgerkrieg gebracht, ihnen das Adelsland wieder weggenommen und für Kollektivwirtschaften genutzt, den freien Handel mit ihren Requisitionen zunichte gemacht und ihre örtlichen Räte usurpiert hätten.

Mit der Losung der Rätemacht suchten die Bauernrebellen zweifellos teilweise ihrem Protest eine »legitime« Form zu verleihen. Manchmal nannten sie ihre Rebellenorgane »Räte«. Ihr Engagement für das demokratische Ideal der Revolution war deswegen nicht weniger aufrichtig. Alle Bauernbewegungen waren den Weißen feindlich gesinnt, und es war bezeichnend, daß keine von ihnen vor der Niederlage der Weißen entstanden war. Viele Rebellenführer hatten mit den Roten gegen die Weißen gekämpft, häufig sogar mit Auszeichnung. Andere hatten als Sowjetfunktionäre gedient.[43]

Die Bauern nannten ihre Revolten häufig eine »Revolution« – und das ist genau, was sie sein wollten. Wie schon 1917 wurde auf dem Land ein Großteil der staatlichen Infrastruktur von einer gewaltigen Welle des Zorns und der Zerstörung durch die Bauern hinweggefegt. Es war ein wilder Rachefeldzug gegen das kommunistische Regime. Tausende Bolschewiki wurden mit äußerster Brutalität gefoltert und umgebracht, Büros von Partei und Sowjet geplündert, Polizeiwachen und ländliche Gerichte niedergebrannt, Sowjetschulen und Propagandazentren verwüstet. Und was die Kollektivwirtschaften anbelangt, so wurden die meisten zerstört und Gerät und Vieh unter den örtlichen Bauern aufgeteilt. Dasselbe passierte mit den sowjetischen Getreidesammelstellen, den Fabriken, Brennereien, Bierbrauereien und Brotläden. Wenn die Rebellentruppen erst einmal eine Einrichtung erobert hatten, dann »folgten ihnen die Bauern in großen Scharen«, schafften nach und nach das ganze requirierte Getreide weg und karrten es zurück in ihre Dörfer. Diese Rückforderung des »Volkseigentums« – letztlich ein erneutes »Plündern der Plünderer« – verhalf den Rebellenarmeen dazu, sich die Unterstützung der örtlichen Bevölkerung zu sichern. Doch nicht alle Rebellen waren solche Robin Hoods. Auch gewöhnliches Banditentum spielte eine Rolle. Die meisten Rebellenarmeen hielten Züge an. In der Donbassregion sollen im Frühjahr 1921 solche Überfälle eine »fast alltägliche Erscheinung« gewesen sein. Überfälle auf Städte in der Region, manchmal auch auf landwirtschaftliche Betriebe, waren eine weitere

Quelle für Vorräte. Das Erscheinungsbild solcher Rebellenstreitkräfte mit ihren Riesenherden gestohlenen Viehs und ihren langen Karawanen mit militärischem Gerät, Schnapsfässern und Getreidesäcken muß sehr bunt gewesen sein. Antonows Partisanen zogen von Knjasewa im Kreis Serdobsk mit dem gesamten Bestand an Kostümen und Requisiten des dortigen Theaters ab, einschließlich Laterna magica, Kleiderpuppen und Tournüren.[44]

In weiten Teilen des Landes hatte die Sowjetmacht im März 1921 faktisch zu existieren aufgehört. Bolschewistische Provinzorganisationen schickten verzweifelte Telegramme nach Moskau, erklärten, sie seien machtlos gegen die Rebellen, und verlangten sofortige Verstärkung. Innerhalb der Rebellenhochburgen war die Lieferung von Getreide an die Städte praktisch zum Erliegen gekommen. Je mehr sich die städtische Lebensmittelkrise verschärfte, und je mehr Arbeiter in den Ausstand traten, desto deutlicher wurde, daß die Bolschewiki vor einer revolutionären Situation standen. Lenin geriet in Panik: Täglich bombardierte er die roten Kommandeure vor Ort mit heftigen Forderungen, die Revolten mit allen Mitteln so rasch wie möglich zu unterdrücken, weil »wir uns kaum auf den Beinen halten können«, wie er im März eingestand. Die Bauernkriege, so sagte er in der Eröffnungssitzung des X. Parteikongresses am 8. März, seien »wesentlich gefährlicher als alle Denikins, Judenitschs und Koltschaks zusammengenommen«.[45] Sie sollten zusammen mit den Streiks und der Kronstädter Meuterei im März ebendiesen Kongreß zwingen, die weithin verhaßte Politik des Kriegskommunismus endgültig aufzugeben und unter der NEP den freien Handel wiederherzustellen. Die NEP war der verzweifelte Versuch, die Flut dieser Revolution im Volk aufzuhalten. Nachdem die Bolschewiki die Weißen besiegt hatten, die doch von nicht weniger als acht westlichen Mächten unterstützt wurden, mußten sie nun vor den Bauern kapitulieren.

* * *

Die Woge von Arbeiterstreiks, die Rußland im Februar 1921 überrollte, war nicht weniger revolutionär als die Bauernrevolten. Bedenkt man die Strafen, mit denen die Streikenden rechnen mußten (sofortige Entlassung, Verhaftung und Gefängnis, sogar Hinrichtung), so war es eine tapfere Tat, eine Tat des Widerstands, wenn man 1921 einen Streik durchführte. Während frühere Streiks ein Mittel gewesen waren, mit dem Regime zu verhandeln, waren die Streiks von 1921 ein letzter verzweifelter Versuch, es zu stürzen.

»Arbeiter, ihr habt nichts zu verlieren als eure Ketten!« – dieser leicht abgewandelte Satz von Marx ist nie wahrer gewesen. Die militarisierte Fabrik hatte die Arbeiterklasse versklavt. Die Bolschewiki, denen es an genügend Nahrungsmitteln fehlte, um die Arbeiter anzuspornen, waren allein auf Zwang angewiesen. Arbeitern wurden ihre mageren Rationen genommen, sie wurden verhaftet und sogar erschossen, wenn ihre Fabriken die festgelegten Produktionsquoten nicht erreichten. Aufgrund der schlechten Ernte und der wachsenden Abneigung der Bauern, ihr Getreide abzutreten, schrumpften im Winter 1920/21 die Lebensmittelvorräte in den Städten auf ein gefährlich niedriges Niveau. Die Lage verschlimmerte sich noch, weil die Transportwege durch die schweren Schneefälle unterbrochen wurden. Am 22. Januar wurde in mehreren Industriestädten einschließlich Moskau und Petrograd die Brotration um ein Drittel gekürzt. Selbst die privilegiertesten Arbeiter erhielten nur noch 1000 Kalorien pro Tag. Hunderte von Fabriken im ganzen Land mußten wegen Brennstoffmangels ihre Tore schließen. Der Menschewik Fjodor Dan sah hungernde Arbeiter und Soldaten, die in den Straßen Petrograds um Nahrung bettelten. Frauen standen über Nacht Schlange, um einen Laib Brot zu kaufen.[46] Alles erinnerte an die Situation am Vorabend der Februarrevolution.

In Moskau brach sich der Protest zuerst Bahn. Eine Flut von Arbeiterversammlungen forderte ein Ende der Privilegien für Kommunisten, die Wiederherstellung des freien Handels und der Freizügigkeit (nämlich das Recht, aufs Land zu fahren und mit den Bauern Tauschhandel zu treiben), bürgerliche Freiheiten und die Konstituierende Versammlung. In den Fabriken wurden weiße Fahnen als traditionelle Zeichen des Protestes der Arbeiterklasse aufgehängt. Die Moskauer Drukker setzten sich an die Spitze der Bewegung: Sie hatten im Mai 1920 einen ähnlichen Protest durchgeführt, und sowohl Menschewiki als auch Sozialrevolutionäre waren in ihrer Gewerkschaft zahlreich vertreten. Doch die allgemeine Unzufriedenheit war so groß, daß es kaum der Ermutigung für die Protestbewegung bedurfte. Die Bolschewiki schickten Emissäre in die Fabriken, um die Situation zu entschärfen; sie wurden jedoch rüde angegangen. Einem (ziemlich fragwürdigen) Bericht zufolge erschien Lenin selbst vor einer lärmenden Versammlung von Metallarbeitern und fragte seine Zuhörer, die ihn beschuldigten, das Land zu ruinieren, ob sie es denn vorzögen, die Weißen zu haben. Seine Frage provozierte eine verärgerte Antwort: »Soll doch kommen, wer will – Weiße, Schwarze oder der Teufel –, aber ihr macht, daß ihr verschwindet.« Am 21. Februar befanden sich Tausende Arbeiter im Streik. Eine riesige Zahl von Demonstranten zog durch die Straßen des Chamowniki-Bezirks, und nachdem alle Versuche, die Menge zu zerstreuen, gescheitert waren, wurden Truppen eingesetzt. Doch wie im Februar 1917 weigerten sich die Soldaten, in die Menge zu schießen, und so mußten kommunistische Spezialabteilungen (TschON) gerufen werden, die mehrere Arbeiter töteten. Am nächsten Tag kamen noch größere Menschenmengen in den Straßen zusammen. Sie marschierten zu den Chamowniki-Kasernen und versuchten, die Soldaten herauszuholen, aber die hatte man inzwischen eingesperrt, und die TschON trieben die Menge noch einmal mit Gewalt auseinander. Als am 23. Februar 10 000 Arbeiter einen Protestmarsch durch die Straßen veranstalteten, wurde der Ausnahmezustand über die Hauptstadt verhängt.[47]

Unterdessen breiteten sich die Streiks auf Petrograd aus. Zahlreiche Fabriken hielten am 22. Februar Protestversammlungen ab. Die Arbeiter verlangten wie in

Moskau ein Ende der Vorzugsrationen für Kommunisten, die Wiederherstellung des freien Handels und der Freizügigkeit und, unter dem Einfluß der Menschewiki und Sozialrevolutionäre, freie Neuwahlen für die Räte sowie die Einberufung der Konstituierenden Versammlung. In den folgenden drei Tagen traten Tausende Arbeiter in Streik. Sämtliche großen Metallwerke – das Putilow-, das Trubotschny-, das Baltische und das Obuchow-Werk – schlossen sich der Bewegung an, außerdem die meisten Docks und Schiffswerften. Das Ganze war im Grunde ein Generalstreik. Auf dem Newski-Prospekt und der Wassili-Insel kam es zu Zusammenstößen zwischen Arbeitern und Soldaten. Einige Soldaten feuerten auf die Arbeiter, von denen mindestens dreißig getötet oder verwundet wurden, aber mehrere tausend Soldaten, einschließlich des Ismailow- und des Finnländischen Regiments, liefen zu der Menge über. Selbst die Matrosen der *Aurora*, dieses schwimmenden Symbols bolschewistischer Macht, das für die Winterreparaturen in der Stadt angelegt hatte, gingen von Bord, um sich den Demonstrationen anzuschließen.

Es bedurfte keines Genies, um zu erkennen, daß damit dieselbe Situation entstanden war, die auf den Tag genau vier Jahre zuvor die Meuterei in der Petrograder Garnison ausgelöst hatte, welche zum Sturz des zaristischen Regimes geführt hatte. Die Bolschewiki waren wie gelähmt vor der Drohung einer neuen Meuterei und setzten alles daran, die Soldaten in ihren Kasernen zu halten. Sie nahmen ihnen sogar die Stiefel weg unter dem Vorwand, diese durch neue zu ersetzen, um so die Soldaten daran zu hindern, auf die Straße zu gehen. Über die Stadt wurde am 25. Februar das Kriegsrecht verhängt. Sinowjew richtete einen hysterischen Appell an die Arbeiter, in dem er sie bat, zur Arbeit zurückzukehren, und ihnen versprach, ihre wirtschaftliche Situation zu verbessern. Inzwischen verhaftete die Tscheka Hunderte von Streikenden – und zugleich die meisten führenden Menschewiki und Sozialrevolutionäre in der Stadt –, während Tausende anderer aus ihren Fabriken ausgesperrt und somit ihrer Rationen beraubt wurden. Das alles mußte die Streiks noch verschlimmern. Die Arbeiter forderten jetzt offen den Sturz des bolschewistischen Regimes. Am 27. Februar, dem vierten Jahrestag der Revolution, erschien folgende Proklamation in den Straßen. Es war der Aufruf zu einer neuen Revolution:

> *Vor allem brauchen die Arbeiter und Bauern Freiheit. Sie wollen nicht nach den Dekreten der Bolschewiki leben, sondern ihr Schicksal selbst bestimmen.*
> *Wir fordern die Freilassung aller verhafteten Sozialisten und nicht parteigebundenen Arbeiter, die Aufhebung des Ausnahmezustands, die Rede-, Presse- und Versammlungsfreiheit für alle, die arbeiten, freie Wahlen von Fabrikkomitees, freien Gewerkschaften und Räten.*
> *Beruft Versammlungen ein, verabschiedet Resolutionen, schickt Delegierte zur Regierung, erwirkt die Erfüllung eurer Forderungen.*[48]

Am selben Tag sprang der Funke der Revolte über den Finnischen Meerbusen auf die Kronstädter Marinebasis über: eine wirkliche Revolution war damit einen Schritt näher gerückt. 1917 waren die Kronstädter Matrosen von Trotzki als »der Ruhm und der Stolz der Revolution« bezeichnet worden. Sie hatten als erste die Rätemacht verlangt, und sie spielten auch bei den Oktoberereignissen eine Schlüsselrolle. Doch war Kronstadt schon immer eine unruhige Bastion des revolutionären Maximalismus gewesen. Die Matrosen waren mindestens so anarchistisch wie bolschewistisch. Was sie wirklich wollten, war eine unabhängige Kronstädter Sowjetrepublik – eine Art Inselversion der Pariser Kommune – im Gegensatz zu einem zentralisierten Staat. Bis in den Sommer 1918 wurde der Kronstädter Rat von einer breiten Koalition aller extrem linken Parteien beherrscht. Sein Exekutivkomitee war eher aufgrund von Kompetenz als wegen der Parteizugehörigkeit gewählt worden und den gewählten Räten (oder »werktätigen Kollektiven«) der Marinebasis unbedingt rechenschaftspflichtig. Eine solche Demokratie war für die Bolschewiki nicht tragbar. Sie »säuberten« den Rat von allen anderen Parteien und verwandelten ihn in ein bürokratisches Organ ihres Staats. Schon bald wurden die Matrosen aufsässig. Zwar hatten sie bei der Verteidigung Petrograds im Oktober 1919 für die Roten gekämpft, doch nur, um die Weißen zu besiegen, in denen sie das größere Übel im Vergleich zu den Bolschewiki sahen. Als der Bürgerkrieg erst einmal beendet war, richtete sich der Zorn der Matrosen gegen die Roten. Sie verurteilten deren Behandlung der Bauern. Viele der Kronstädter Matrosen kamen vom Land – die Ukraine und Tambow waren besonders stark vertreten – und waren schockiert über das, was sie während des Urlaubs zu Hause vorfanden. »Wir haben einen gewöhnlichen Bauernhof«, schrieb einer von der Besatzung der *Petropawlowsk* im November 1920, nachdem er erfahren hatte, daß die Kuh seiner Familie requiriert worden war, »aber wenn mein Bruder und ich von unserem Dienst für die Sowjetrepublik heimkommen, spotten die Leute über unseren verkommenen Hof und sagen: ›Wofür habt ihr gedient? Was hat euch die Sowjetrepublik gebracht?‹« Eine weitere Quelle wachsender Ressentiments unter den Matrosen und den einfachen Parteimitgliedern war der feudale Lebensstil der kommunistischen Bosse. Raskolnikow, der Führer der Kronstädter Bolschewiki von 1917, kehrte 1920 als frisch ernannter Oberbefehlshaber der Baltischen Flotte auf die Basis zurück und lebte dort wie ein vornehmer Herr mit seiner eleganten Frau Larissa Reisner, der bolschewistischen Kommissarin, ein Leben mit Banketten, mit Autos samt Chauffeur und mit Dienern. Für Larissa Reisner war sogar die Garderobe von der Aristokratie requiriert worden. Ein Großteil der Kronstädter Bolschewiki war so enttäuscht, daß sie in der zweiten Hälfte des Jahres 1920 ihre Parteiausweise zerrissen.[49]

Als die Neuigkeiten von den Streiks in Petrograd die Kronstädter Matrosen erreichten, schickten sie eine Delegation in die Stadt, die ihnen von der Entwicklung dort berichten sollte. Als sie am 28. Februar zurückkehrte, erhob die Besatzung der *Petropawlowsk*, vorher eine Bastion der Bolschewiki, ihr eigenes Banner der Revolte mit einer Proklamation, in der sie freie Wahlen zu den Räten sowie Rede-, Presse- und Versammlungsfreiheit forderten (allerdings nur für Arbeiter und Bauern, die linken Parteien und die Gewerkschaften), »gleiche Rationen für alle Werktätigen« und »volle Freiheit für die Bauern, so mit dem Land zu verfahren, wie sie es wünschen, vorausgesetzt, es geschieht ohne den Einsatz von Lohnarbeit«. Während in den Resolutionen der Arbeiter die erneute Einberufung der Konstituierenden Versammlung verlangt wurde, lehnten die Matrosen das weiterhin ab; schließlich war es eine Gruppe anarchistischer Kronstädter Matrosen gewesen, die die Konstituierende Versammlung im Januar 1918 gewaltsam geschlossen hatte. Sie hielten weiterhin strikt an ihrem Räteprogramm fest, in dem Sinne, daß sie ihren eigenen Vielparteienrat von 1918 wiederherstellen wollten. Außerdem waren sie anders als die Bauernrebellen, deren Losung »Räte *ohne* die Kommunisten!« lautete, sogar bereit, die Bolschewiki in dieser Koalition zu akzeptieren, vorausgesetzt, sie akzeptierten die Prinzipien der Rätedemokratie und widerriefen ihre Diktatur. Dies hilft zu erklären, warum über die Hälfte der einfachen bolschewistischen Parteimitglieder in Kronstadt beschlossen, sich der Meuterei anzuschließen – was unter den Revolten von 1921 einmalig war.

Die Bolschewiki, die von dem Verlust ihres vormaligen Bollwerks unangenehm berührt waren, redeten sich mit der Behauptung heraus, bei den Kronstädter Rebellen handele es sich nicht um dieselben wie 1917, denn die besten proletarischen Matrosen seien im Bürgerkrieg gefallen und an ihre Stelle »Bauernjungen in Matrosenuniformen« getreten, die aus ihren Dörfern »anarchistische« und »kleinbürgerliche« Vorstellungen mitgebracht hätten. Doch wie Israel Getzler gezeigt hat, war es in Wahrheit so, daß die Bolschewiki von ihren eigenen Lieblingssöhnen verlassen wurden. Die Kronstädter Rebellen von 1921 waren zum größten Teil dieselben wie die von 1917. Ihre Führer waren meistens Matrosenveteranen der Kronstädter Flotte. Auf den beiden großen Schiffen, die in die Meuterei verwickelt waren, der *Petropawlowsk* und der *Sewastopol*, waren 94 Prozent der Mannschaft vor 1918 eingezogen worden.[50] Die Meuterei bedeutete, sowohl was ihre Träger als auch was ihre Ideologie anbelangt, eine Rückkehr zu den revolutionären Tagen von 1917.

Revolutionärer Zorn und Unruhe breiteten sich am 1. März auf die Straßen aus. Eine Massenkundgebung auf dem Ankerplatz, an der 15 000 Personen teilnahmen, fast ein Drittel der Kronstädter Bevölkerung, verabschiedete eine Resolution, die erneut eine Neuwahl des Rates forderte. Kalinin, den man geschickt hatte, um die Matrosen zu beschwichtigen, wurde rüde in die Zange genommen und Kusmin, ein bolschewistischer Kommissar der Flotte, sogar ausgebuht. Am nächsten Tag trafen sich 300 Delegierte der verschiedenen Schiffe und Werften, um einen neuen Rat zu wählen, darunter eine große Minderheit meuternder Bolschewiki. Doch alarmiert durch Gerüchte, wonach der Sturm kommunistischer Garden auf die

Versammlung unmittelbar bevorstünde, beschlossen die Delegierten statt dessen, ein fünfköpfiges Revolutionskomitee zu wählen, das eilends begann, die Verteidigung der Insel zu organisieren. Der alte revolutionäre Improvisationsgeist war zurückgekehrt.

Zwar stellten sich die Gerüchte als falsch heraus, doch bereiteten sich die Bolschewiki in Petrograd in der Tat darauf vor, die Meuterei zu unterdrücken. Daß sie von allein verebbte, konnten sie nicht abwarten, war es doch auch bereits in anderen Städten wie Kasan und Nischni Nowgorod zu Revolten gekommen. Außerdem begann der eisbedeckte Finnische Meerbusen zu tauen, und war die Flotte erst vom Eis befreit, so war die Festung so gut wie uneinnehmbar. Am 2. März wurde über die gesamte Provinz Petrograd der Ausnahmezustand verhängt. Truppen und Artillerie wurden an der Kronstadt gegenüberliegenden Küste zusammengezogen. Wie bei der Verteidigung Petrograds gegen die Weißen wurde Trotzki in die alte Hauptstadt beordert, um das Kommando über die Operationen zu übernehmen. Er traf am 5. März ein und befahl den Meuterern, sich sofort zu ergeben. In einem Ultimatum, wie es auch ein Provinzgouverneur des 19. Jahrhunderts an rebellische Bauern hätte richten können, warnte er die Rebellen, sie würden »abgeschossen wie die Hasen«, falls sie nicht innerhalb von 24 Stunden aufgäben. Außerdem befahl er, die in Petrograd lebenden Familien der Matrosen als Geiseln zu verhaften. Als der Leiter der Petrograder Tscheka weiterhin behauptete, die Meuterei sei »spontan«, telegrafierte Trotzki nach Moskau, man solle den Mann entlassen.[51]

Der Angriff begann am 7. März. Einen ganzen Tag lang bombardierten die schweren Geschütze der Bolschewiki die Festung von der nordwestlichen Küste aus. Mit diesem Artilleriefeuer wollte man die Festung zur Vorbereitung eines Angriffs über das Eis zermürben. Die Truppen sollten eine beängstigende Strecke von acht Kilometern über das Eis laufen, den Kanonen der Kronstädter Schiffe und Stellungen voll ausgesetzt. Verständlicherweise war die Moral unter den Rekruten schlecht, und Tuchatschewski, der die Operation befehligte, mußte spezielle kommunistische Sicherheitskräfte auf die Einheiten verteilen und in ihrem Rücken Maschinengewehrschützen der Tscheka einsetzen, um zu verhindern, daß die Soldaten wegliefen. Früh am nächsten Morgen rückten sie vor: Ein Schneesturm sorgte für Deckung, und einigen in den vordersten Reihen hatte man weiße Laken gegeben. Der Angriff endete jedoch in einem Desaster. Die schweren Kanonen der Meuterer hatten Wasserrinnen ins Eis geschlagen, in die viele der Angreifer, vom Schneesturm geblendet, hineinfielen und ertranken. 2000 Soldaten wurden von den Maschinengewehrsalven der äußeren Befestigungen niedergemäht. Als sich der Schneesturm legte, zeigte sich, daß die riesige Eisfläche mit Leichen übersät war.[52]

Inmitten all dieser Kämpfe begannen die Meuterer unterdessen, ihre »Revolution« durchzuführen. Es war eine im Artilleriefeuer errichtete Republik. In den hektischen 18 Tagen ihres Bestehens (vom 1. bis 18. März) demontierte das Kronstädter Revolutionskomitee den kommunistischen Apparat, organisierte Neuwahlen zu den Gewerkschaften und bereitete ebensolche für den Rat vor. Am 8. März veröffentlichte die eigene *Iswestija* eine Erklärung mit dem Titel »Wofür wir kämpfen«. Es war ein bewegendes Dokument des Protestes, in dem für die Matrosen – und in der Tat für das gesamte russische Volk – zusammengefaßt wurde, was bei der Revolution schiefgelaufen war:

> *Die Arbeiterklasse hatte gehofft, durch die Oktoberrevolution ihre Befreiung aus der Sklaverei zu erreichen. Statt dessen entstand daraus eine noch schlimmere Versklavung des Menschen.*
> *Die Macht der Monarchie mit ihrer Polizei und Gendarmerie ist in die Hände der kommunistischen Usurpatoren übergegangen, die den Werktätigen nicht die Freiheit gebracht haben, sondern die ständige Furcht, in die Folterkammern der Tscheka zu geraten, die mit ihren Greueln die Herrschaft der Gendarmen unter dem zaristischen Regime bei weitem übertrifft. [...]*
> *Das ruhmreiche Wappen des Staats der Werktätigen – Hammer und Sichel – hat die kommunistische Macht in Wahrheit durch Bajonett und Gefängnisgitter ersetzt, um der neuen Bürokratie, den kommunistischen Kommissaren und Beamten, ein ruhiges, sorgenfreies Leben zu erhalten.*
> *Am niederträchtigsten und kriminellsten ist jedoch die moralische Versklavung, die die Kommunisten geschaffen haben: Auch an der inneren Welt der Werktätigen haben sie sich vergangen, indem sie sie gezwungen haben, nur nach ihrem Willen zu denken.*
> *Die Arbeiter hat man mit Hilfe der staatlich kontrollierten Gewerkschaften an die Werkbänke gekettet und damit die Arbeit nicht zu einer Freude, sondern zu einer neuen Sklaverei gemacht. Auf die Proteste der Bauern, die sich in elementaren Aufständen äußerten, und die der Arbeiter, die durch die unmittelbaren Lebensumstände zu Streiks gezwungen waren, antworteten sie mit Massenerschießungen und einer Blutgier, die sie nicht einmal bei den zaristischen Generälen lernen konnten.*
> *Das werktätige Rußland, das als erster Staat die rote Fahne der Befreiung der Arbeit gehißt hat, ist vom Blut derer überströmt, die zum Ruhme der kommunistischen Herrschaft zu Tode gequält wurden. In diesem Meer von Blut ertränken die Kommunisten all die großartigen und lichten Verheißungen und Losungen der Revolution der Arbeit.*[53]

In dieser Situation trat der X. Parteikongreß am 8. März in Moskau zusammen. Zwei kritische Probleme stellten sich der Führung: zum einen die Niederschlagung der Arbeiteropposition – und in geringerem Maße die der demokratischen Zentralisten – mit ihren voneinander abweichenden Resolutionen zu den Gewerkschaften und der Parteidemokratie und zum anderen die Resolution zur revolutionären Krise im Land.

Lenin war in Rage, wie immer in solchen Situationen. Er scheute vor nichts zurück, um die Niederlage der Arbeiteropposition sicherzustellen. Dabei wurde Kollontai zur Zielscheibe persönlicher Beleidigungen. Lenin sprach nicht mehr mit ihr und drohte allen, die es noch taten. Während der Diskussionen nutzte er die bekannte Tatsache des Verhältnisses zwischen Schljapnikow und Kollontai aus, um ihre Argumente für proletarische Solidarität lächerlich zu machen. »Gott sei Dank wissen wir ja«, sagte er unter allgemeinem Gelächter, »daß Genossin Kollontai und Genosse Schljapnikow eine ›vereinigte Klasse‹ sind.« Dem üblen Spott fügte er noch eine Verleumdung hinzu, indem er die Arbeiteropposition eine »syndikalistische Abweichung« nannte und sie beschuldigte, die Ideale der Kronstädter Meuterer und der streikenden Arbeiter zu teilen. Das war natürlich unwahr: Während die beiden protestierenden Gruppen den Sturz der bolschewistischen Diktatur forderten, wollte die Arbeiteropposition sie nur reformieren. Doch solche Unterscheidungen zu treffen war wesentlich schwieriger, als sie zu verwischen. In dieser Atmosphäre von Hysterie und Panik auf dem Kongreß – die Lenin mit seinen Warnungen, die Sowjetmacht könne jeden Augenblick gestürzt werden, noch anheizte – waren die bolschewistischen Delegierten viel zu verängstigt, als daß sie Lenins Behauptung in Frage gestellt hätten. Sie akzeptierten seine demagogische Linie, daß jetzt die strikte Einheit der Partei gefordert sei und daß die Duldung solcher oppositioneller Fraktionen nur dem Feind nützen könne. Wäre es zu einer Abstimmung gekommen, hätte auch Lenins Position zu den Gewerkschaften zweifellos eine beträchtliche Mehrheit erhalten. Seine beiden Resolutionen, die die Arbeiteropposition verdammten, wurden dann sogar von 664 der 694 Kongreßdelegierten angenommen, nur noch 30 stimmten dagegen.[54]

Daraufhin festigte Lenin seinen Sieg mit einer der verhängnisvollsten Entscheidungen in der Geschichte der Kommunistischen Partei – dem Verbot des Fraktionalismus. Diese Geheimresolution, die am 16. März vom Kongreß verabschiedet wurde, ächtete die Bildung aller vom Zentralkomitee unabhängigen Parteigruppierungen. Mit einer Zweidrittelmehrheit von Zentralkomitee und Kontrollkommission konnten solche Gruppierungen aus der Partei ausgeschlossen werden. Das Verbot war von Lenin in einem Moment von Rachsucht gegen die Arbeiteropposition vorgeschlagen worden. Verabschiedet wurde es von einem Kongreß, der wegen der Fraktionsstreitigkeiten der vergangenen Monate sichtlich zermürbt und verärgert und in der gegenwärtigen Krise nur allzu begierig war, sich um den Führer gegen seine Widersacher in der Partei zu scharen. Weder Lenin noch die Parteibasis machte sich klar, welche möglichen Konsequenzen dieses Verbot hatte. Von nun an sollte das Zentralkomitee die Partei in derselben diktatorischen Weise führen, in der die Partei das Land regierte, und niemand konnte seine Entscheidungen in Frage stellen, ohne sich dem Vorwurf des Fraktionalismus auszusetzen.

Stalins Aufstieg zur Macht war ein Ergebnis dieses Verbots. Er benutzte gegen Trotzki und Bucharin die gleiche Taktik, wie sie Lenin gegen die Arbeiteropposition gebraucht hatte. Vor allem um das Verbot durchzusetzen und die Säuberung der Arbeiteropposition durchzuführen, hatte Lenin im April 1922 das Amt eines Generalsekretärs der Partei geschaffen, mit Stalin als dem ersten »Gensek«. Beim XII. Parteikongreß 1923 war diese Säuberung abgeschlossen – und genauso auch Stalins Aufstieg ins Zentralkomitee. Schljapnikow und Kollontai, denen zwar die Schande des Parteiausschlusses erspart blieb, wurden beide ins diplomatische Exil geschickt – Schljapnikow nach Paris, Kollontai nach Stockholm. Anhänger der Arbeiteropposition wurden von ihren Partei- und Gewerkschaftsposten entfernt. Die meisten wurden schikaniert, einige ins Gefängnis geworfen, fast alle später während Stalins Terror erschossen. Schljapnikow wurde 1937 ermordet.

Nicht weniger bedeutend als das Verbot des Fraktionalismus war die zweite historische Resolution des X. Parteikongresses: die Einführung der Naturalsteuer anstelle der Zwangserhebung von Nahrungsmitteln. Damit wurde der zentrale Punkt des Kriegskommunismus aufgegeben und die Grundlage für die NEP gelegt, indem man den Bauern erlaubte, wenn sie die Steuer bezahlt hatten, den Rest ihres Überschusses nach Belieben zu verkaufen, auch über den freien Markt. Es war der deutliche Versuch, die Produktion anzuregen: Die Gesamtlast der Steuern lag um 45 Prozent niedriger als die Abgabenpflicht von 1920 (später wurde sie auf eine Standardrate von 10 Prozent der Ernte gesenkt), zudem gab es Steuerermäßigungen für Bauern, die ihre Aussaat und Produktivität steigerten; der einzelne Bauer trug die Verantwortung für seine eigene Steuerlast, womit die kollektive Verantwortung der Dorfgemeinde abgeschafft war, und schließlich sollte es einen Sonderfonds mit Konsumgütern und landwirtschaftlichem Gerät geben, wo die Bauern mit den besten Erträgen Tauschgeschäfte tätigen konnten. Lenin hatte sich, wie es scheint, schon einige Wochen auf diesen »new deal« mit den Bauern zubewegt. Aus einem Bericht Bucharins über den Antonow-Aufstand, den er dem Politbüro am 2. Februar nach der Rückkehr von einer Fahrt nach Tambow gegeben hatte, war deutlich geworden, daß man angesichts der Stärke des bäuerlichen Widerstands dort und in vielen anderen Provinzen unmöglich mit den Beschaffungsmaßnahmen fortfahren konnte.[55]

Lenin fürchtete, die Delegierten könnten die Steuer als eine Wiederherstellung des Kapitalismus ablehnen, weshalb er die Diskussion einzugrenzen versuchte: Er verschob die Vorlage der Resolution auf den 15. März, den vorletzten Tag des Kongresses, den viele Delegierte zu diesem Zeitpunkt bereits verlassen hatten, um sich an die Kronstädter Front zu begeben. Lenins eigener Vortrag zur NEP zog sich fast über die gesamte Sitzung hin und ließ wenig Zeit für andere Redner. Er betonte, daß die Naturalsteuer dringend notwendig sei, um die Bauernrevolten zu bezwingen und eine neue, auf den Markt gestützte Allianz – die *smytschka* – mit den Bauern aufzubauen. Die Sowjetmacht könne ohne diese Allianz nicht überleben, zumal das Scheitern der Revolution im Westen das Proletariat ohne Verbündete gelassen habe. Die Strategien des Bürgerkriegs seien ein utopischer Traum gewesen – es sei unmöglich, den Sozialismus durch administrative Verfügung zu schaffen –, und in einem rückständigen Bauernland wie Rußland gebe es keinen anderen Weg als den über den Markt, um die Wirtschaft nach den Verwüstungen der vergangenen Jahre wiederherzustellen, geschweige denn das Kapital für den sozialistischen Umbau des Landes anzusammeln. Lenin wies Befürchtungen zurück, mit der Wiedereinführung des Privathandels werde Rußland zum Kapitalismus zurückgeführt: es sollte ein staatlich kontrollierter Markt werden. In Rußland sei die Klasse der Kapitalisten einschließlich der »Kulaken« bereits durch die Revolution zerstört. Solange der Staat die »Kommandohöhen« der Wirtschaft, der Bankgeschäfte, der Schwerindustrie, des Verkehrs und des Außenhandels kontrolliere, könne er den Markt regulieren und fiskalischen Druck ausüben, um die Kleinbauern zum Beitritt zu den Kollektivbetrieben und Kooperativen zu ermutigen. Lenins Taktik ging offenkundig auf. Seine Rede dauerte fast drei Stunden, und als er sich setzte, waren die meisten Delegierten entweder zu müde oder zu eingeschüchtert, um noch eine ernsthaftere theoretische Diskussion zu führen. Während zu anderen Themen bis zu 250 verschiedene Redner auftraten, gab es über die Naturalsteuer außer Lenin selbst nur vier Wortmeldungen. Alle vier waren vom Präsidium ausgewählt, strikt auf je zehn Minuten begrenzt, und keiner der Redner hatte eine ernsthaftere Kritik anzubringen. Weder Trotzki noch Bucharin äußerten den Wunsch, etwas zur neuen Steuer zu sagen, obwohl beide bis zu diesem Zeitpunkt die entgegengesetzte Politik vertreten und darüber untereinander bei nicht weniger als 14 Gelegenheiten während der anderen Sitzungen des Kongresses diskutiert hatten. Selbst Schljapnikow, der die Steuer später als einen Rückzug vor den Bauern verurteilte, verhielt sich merkwürdig stumm, nachdem er von den Angriffen der vorigen Tage noch angeschlagen war.[56] Die bestimmende Politik der zwanziger Jahre wurde praktisch ohne Diskussion gebilligt. Man war in die Ära der inszenierten Parteikongresse eingetreten.

Inzwischen lenkten die Bolschewiki ihre Aufmerksamkeit auf die Unterdrükkung der diversen Revolten. Am 10. März meldeten sich 300 Delegierte beim X. Parteikongreß als Freiwillige für die Kämpfe an der Kronstädter Front, nachdem sie Trotzkis düstere Schilderung der Situation dort gehört hatten. Unter den ersten, die vortraten, waren Mitglieder der Arbeiteropposition, die unbedingt ihre Loyalität beweisen wollten. Die Delegierten kamen am folgenden Tag in Petrograd an und brachten die Neuigkeit der künftigen Naturalsteuer mit, um die Moral der Truppen zu stärken. Zu diesem Zeitpunkt hatten sich die Streiks in Petrograd totgelaufen: Verhaftungen und Zugeständnisse – einschließlich eines bereits am 27. Februar gegebenen Versprechens von Sinowjew, daß der freie Handel in Kürze wiederhergestellt werden sollte – erwiesen sich als ausreichend, um sie zu brechen. Die Moskauer Streiks folgten demselben Muster. Am 16. März begann der letzte

Angriff auf die Festung Kronstadt. Nach mehreren Tagen schweren Artilleriefeuers von der Küste aus und Bombardements aus der Luft rückten nun 50000 Elitesoldaten in der Dunkelheit der frühen Morgenstunden über das Eis vor. Die Schlacht tobte 18 Stunden lang. Doch am 17. März gegen Mitternacht war die Rebellion besiegt, und die meisten Matrosen hatten sich ergeben. Über 10000 Soldaten der Roten waren gefallen, darunter auch 15 Delegierte des X. Parteikongresses, die sich dem Angriff angeschlossen hatten. Als die Schlacht vorüber war, ersuchte die Regierung in Helsingfors Moskau, die Leichen der Gefallenen wegräumen zu lassen, um zu verhindern, daß sie nach der Tauperiode an der finnischen Küste angeschwemmt und zum Gesundheitsrisiko würden.

Am nächsten Morgen wurden Hunderte Gefangene von der Kronstädter Basis auf ihrem Weg ins Gefängnis durch Petrograd geführt. In der Nähe des Stadtzentrums entdeckten sie eine Gruppe Arbeiter, die Säcke mit Kartoffeln auf dem Rücken schleppten. »Verräter!« riefen die Matrosen. »Ihr habt unser Leben für kommunistische Kartoffeln verkauft. Morgen werdet ihr unser Fleisch mit euren Kartoffeln zu essen bekommen.« In der folgenden Nacht wurden auf Sinowjews Befehl etwa 500 Rebellen ohne Verfahren erschossen. Weil sich die regulären Henker weigerten, den Befehl auszuführen, befahl man statt dessen einer Brigade jugendlicher Komsomolzen, die Matrosen zu erschießen. Einigen Rebellen gelang es, zu entkommen und in Gorkis Wohnung zu fliehen, um ihm von diesen Exekutionen zu berichten. Gorki war außer sich – wie viele Sozialisten hatte auch er die Rebellion von Anfang an unterstützt – und wandte sich sofort mit einer Beschwerde an Lenin. Dieser wies Sinowjew an, sein Vorgehen vor einer Parteiversammlung in Gorkis Wohnung zu erläutern. Doch prompt erlitt Sinowjew dabei einen Herzanfall (Gorki behauptete später, er sei vorgetäuscht gewesen), so daß er am Ende nur leicht für eine Tat gerügt wurde, die Lenin jedenfalls wohl gebilligt hatte. In den folgenden Monaten wurden weitere 2000 Rebellen hingerichtet, fast alle ohne Gerichtsverfahren, während man Hunderte auf Lenins Befehl hin auf die Solowki schickte, das erste große sowjetische Konzentrationslager auf einer Inselgruppe im Weißen Meer, wo sie vor Hunger und Erschöpfung eines langsameren Todes starben. Etwa 8000 Kronstädter Rebellen entkamen über das Eis nach Finnland, wo sie interniert und für öffentliche Arbeiten eingesetzt wurden. Einige von ihnen wurden mit dem Versprechen einer Amnestie nach Rußland zurückgelockt – nur um bei ihrer Rückkehr erschossen oder in Konzentrationslager geschickt zu werden.[57]

Die Unterdrückung der Kronstädter Rebellion hatte eine verheerende Wirkung auf die Sozialisten überall in der Welt. Es hätte keinen schlüssigeren Beweis dafür geben können, daß die Bolschewiki sich in Tyrannen verwandelt hatten. Alexander Berkman, der amerikanische Anarchist, dessen Glaube an die Revolution durch den Kronstädter Aufstand wiederbelebt worden, aber nun restlos zerbrochen war, wanderte verzweifelt durch die Straßen Petrograds, jener Stadt, in der die Revolution entstanden und in der sie nun gestorben war.[58]

Militärische Macht und skrupelloser Terror – das war auch der Schlüssel zur Unterdrückung der bedeutenderen Bauernrevolten, wenngleich mancherorts, wie in der Wolgaregion, Hunger und Erschöpfung statt dessen diese Aufgabe erledigten. Die Wende kam im Frühsommer, als die Bolschewiki ihre militärische Strategie überdachten: Statt kleine Abteilungen zur Bekämpfung der Rebellen auszuschicken, überschwemmten sie die Rebellengebiete mit Truppen und entfesselten eine Kampagne des Massenterrors gegen jene Dörfer, die die Rebellen unterstützten, während sie versuchten, die anderen durch Propaganda abspenstig zu machen. Die neue Strategie wurde zuerst in der Provinz Tambow angewandt, wohin man Anfang April den soeben von seinem Erfolg gegen Kronstadt zurückgekehrten Tuchatschewski schickte, der dort die Antonow-Revolte zerschlagen sollte. Auf dem Höhepunkt der Operation im Juni waren die aufständischen Gebiete von einer Streitmacht von über 100 000 Mann besetzt, die meisten davon Elitetruppen der kommunistischen Sicherheitsverbände und des Komsomol, mit mehreren hundert schweren Geschützen und Panzerwagen. Flugzeuge wurden benutzt, um die Bewegung der Banden zu verfolgen und Bomben und Propagandamaterial über ihren Stützpunkten abzuwerfen. Außerdem wurde Giftgas eingesetzt, um »die Banden aus den Wäldern auszuräuchern«. Durch bezahlte Informanten wurden die Rebellen und ihre Familien zur Verhaftung als Geiseln ausgesondert und dann in eigens errichteten Konzentrationslagern eingesperrt: Ende Juni befanden sich in den Lagern von Tambow über 50 000 Bauern, darunter mehr als 1000 Kinder. Nicht selten geschah es, daß die gesamte Bevölkerung eines Dorfes interniert und später erschossen oder an den Polarkreis deportiert wurde, wenn die Rebellen sich nicht ergaben. Manchmal brannte man Rebellendörfer einfach nieder. So wurden zum Beispiel in nur einem Bezirk im Gebiet Tambow, der nicht einmal besonders als Rebellenhochburg aufgefallen war, 154 Bauern erschossen, 227 Familien als Geiseln genommen, 17 Häuser niedergebrannt und 46 abgerissen oder an die Informanten übergeben. Im ganzen schätzt man, daß bei der Niederschlagung der Revolte 100 000 Menschen gefangengenommen oder deportiert und 15 000 erschossen wurden.[59]

Neben der großen Peitsche gab es auch das kleine Zuckerbrot, um die Bauern dazu zu bewegen, ihre Unterstützung für die Rebellen aufzugeben. Dörfer, die eine Erklärung abgaben, in der sie die »Banditen« verurteilten, wurden dafür aus einem Sonderfonds mit Salz und Fabrikwaren belohnt. Die Bolschewiki rechneten damit, daß die Rebellen, wenn sie von solchen Erklärungen hörten, an den verräterischen Dörfern Vergeltung üben würden; auf diese Weise könnten sie einen Keil zwischen die beiden treiben und die gesellschaftliche Basis der Rebellen untergraben. Außerdem boten sie den Rebellen eine Amnestie an – allerdings wurden diejenigen, die töricht genug waren, sich zu ergeben (insgesamt etwa 6000), fast ausnahmslos ins Gefängnis geworfen oder erschossen. Schließlich gab es ein regelrechtes Sperrfeuer an Propaganda über die Vorteile der NEP, deren Wirksamkeit allerdings eher fragwürdig war und die späteren Ansprüche der Bolschewiki kaum rechtfertigt. Viele Bauern, selbst im Raum Moskau, hatten nie von der Naturalsteuer gehört, während die meisten von denen, die davon wußten, »entschieden nicht geneigt waren, an die Aufrichtigkeit des Dekrets zu glauben«, wie Tuchatschewski damals einräumte.[60]

Im Spätsommer 1921, als in weiten Teilen des Landes Hungersnot herrschte, waren die meisten Bauernrevolten im militärischen Sinne besiegt. Antonows Armee wurde im Juni vernichtet, er selbst entkam allerdings und machte dem Sowjetregime in der Region Tambow mit kleineren Guerillatruppen das Leben weiterhin schwer, bis er im folgenden Sommer endgültig von der Tscheka gestellt und getötet wurde. In Westsibirien, am Don und am Kuban waren Ende Juli 1921 sämtliche Bauernbanden außer den kleinsten zerschlagen, der bäuerliche Widerstand gegen das Sowjetregime ging jedoch in geringerem Umfang – und in passiveren Formen – bis 1923 weiter. Was Machno anbelangt, so gab er den Kampf im August 1921 auf und floh mit seinen letzten Gefolgsleuten nach Rumänien, obgleich seine Hochburgen in der südöstlichen Ukraine noch mehrere Jahre lang als aufrührerisch galten. Für viele Ukrainer blieb Machno ein Volksheld (selbst noch in den fünfziger Jahren sang man bei Hochzeiten und Geselligkeiten Lieder über ihn), für andere jedoch war er der Buhmann: »Batko Machno wird dich holen, wenn du nicht schläfst«, drohten sowjetische Mütter ihren Kindern.[61]

Mit den Rebellen wurden auch die Menschewiki und die Sozialrevolutionäre unterdrückt. Für die bolschewistische Propaganda stand unumstößlich fest, daß die Bauernrevolten und die Arbeiterstreiks von diesen Parteien organisiert worden waren. Sicher stimmte es, daß sie mit ihnen sympathisiert, sie in manchen Fällen sogar unterstützt hatten. Viel relevanter war jedoch die Tatsache, daß die Popularität der Bolschewiki rapide dahinschwand, während das Ansehen der Sozialrevolutionäre und Menschewiki immer weiter wuchs: sie wurden zu einer Bedrohung des Regimes. Deshalb suchten die Bolschewiki mit der Behauptung, Sozialrevolutionäre und Menschewiki hätten die Streiks und Revolten von 1921 organisiert, einerseits einen Vorwand, um ihre letzten politischen Rivalen zu vernichten, und andererseits eine Erklärung für die Proteste, die ja ihren Rückhalt im Volk widerlegten. Die Verhaftung der »konterrevolutionären« Menschewiki 1921, insgesamt etwa 5000, und der groteske Schauprozeß gegen die Führer der Sozialrevolutionäre im folgenden Jahr, als die gesamte Partei schließlich zu »Volksfeinden«[62] erklärt wurde, waren letzte verzweifelte Maßnahmen der Bolschewiki, um eine generelle Berechtigung ihrer bankrotten Revolution geltend zu machen.

* * *

Die Neue Ökonomische Politik war ursprünglich als ein Rückzug auf Zeit gedacht. »Wir machen wirtschaftliche Zugeständnisse, um politische zu vermeiden«, teilte Bucharin im Juli der Komintern mit. »Die NEP ist nur ein vorübergehender Umweg, ein taktischer Rückzug, um den Boden für einen neuen und entscheidenden Angriff der Arbeiter gegen die Front des internationalen Kapitalismus zu bereiten«, fügte Sinowjew im Dezember hinzu. Auch Lenin sah es so. Die NEP sei »ein Brest-Litowsk der Bauern«, ein Schritt zurück, um zwei Schritte vorwärts zu machen. Aber im Gegensatz zu vielen anderen Parteiführern akzeptierte Lenin, daß diese Periode des Rückzugs vermutlich lang genug dauern würde – er sprach vage von »nicht weniger als einem Jahrzehnt [...] wahrscheinlich noch mehr« –, um nicht mehr bloß als taktisches Manöver, sondern als völlige Umgestaltung der Revolution zu gelten. Die NEP, erinnerte er die Partei im Mai, sollte »ernsthaft und für lange Zeit« eingeführt werden – »das muß man sich wirklich hinter die Ohren schreiben und gut einprägen, denn infolge der Unsitte zu klatschen werden Gerüchte verbreitet, daß eine Politik in Anführungszeichen, d. h. Politikasterei getrieben, daß alles für den Augenblick getan werde. Das ist falsch.«[63]

Wie Lenin es sah, war die NEP mehr als ein vorübergehendes Zugeständnis an den Markt, um das Land wieder auf die Füße zu bringen. Es war der grundsätzliche, wenn auch ziemlich schlecht formulierte Versuch, die Rolle des Sozialismus in einem rückständigen Bauernland neu zu definieren, in dem die »bürgerliche Revolution«, vor allem infolge des Putsches seiner eigenen Partei 1917, nicht vollendet worden war. Nur »in Ländern des entwickelten Kapitalismus« sei es möglich, einen »unmittelbaren Übergang zum Sozialismus« zu vollziehen, erklärte Lenin dem X. Parteikongreß. Sowjetrußland sei damit vor die Aufgabe gestellt, »den Kommunismus mit bürgerlichen Händen« aufzubauen und den Sozialismus durch den Markt abzustützen. Lenin blieb natürlich voller Zweifel: Manchmal äußerte er die Befürchtung, das Regime könnte im Meer des kleinbürgerlichen Kapitalismus versinken. Aber im großen und ganzen sah er den Markt – vom Staat reguliert und allmählich durch Kooperativen sozialisiert – als den einzig möglichen Weg zum Sozialismus. Während die Bolschewiki bis dahin nach der Maxime »Je weniger Markt, desto mehr Sozialismus« gelebt hatten, bewegte sich Lenin hin zu der Losung »Je mehr Markt, desto mehr Sozialismus«.[64]

Doch ebensowenig wie der Leopard seine Flecken konnten die Bolschewiki ihr tiefes Mißtrauen gegenüber dem Privathandel verbergen. Selbst Bucharin, später der wichtigste Verteidiger der NEP, konnte sich im Laufe der Jahre 1921–1923 nur langsam damit anfreunden. Vor allem viele einfache Parteimitglieder sahen in dem blühenden Privathandel einen Verrat an der Revolution. Was nur wenige Monate zuvor als ein Verbrechen gegen die Revolution verurteilt worden war, sollte nun gebilligt und sogar gefördert werden. Und wenn erst einmal die Tore für den Markt geöffnet wären, ließe sich der Aufschwung des privaten Handels, der nach den Engpässen der vergangenen vier Jahre fast unvermeidlich folgen mußte, wohl kaum mehr stoppen. 1921 lebte die gesamte Bevölkerung in zusammengeflickten Kleidern und Schuhen, kochte mit kaputtem Küchengerät und trank aus angeschlagenen Tassen. Jeder brauchte etwas Neues. Die Leute stellten Verkaufsstände auf den Straßen auf, um ihre elementarsten Haushaltswaren zu verkaufen oder zu tauschen, ganz ähnlich, wie es heute in den meisten Städten Rußlands geschieht; Flohmärkte florierten, während Hamsterfahrten vom Land und aufs Land hinaus erneut zu einer massenhaften Erscheinung wurden. Aufgrund der neuen Gesetze schossen 1921/22 private Cafés, Geschäfte und Restaurants, Nachtklubs und Bordelle, Hospitäler und Kliniken, Kredit- und Sparkassen und sogar Kleinindustrie wie Pilze aus dem Boden. Ausländische Beobachter waren erstaunt über die plötzliche Veränderung. In Moskau und Petrograd, die während des Bürgerkriegs zu Friedhöfen geworden waren, brach auf einmal das Leben hervor mit lärmenden Verkäufern, geschäftigen Taxifahrern und leuchtenden Ladenschildern, die die Straßen genauso füllten, wie sie es vor der Revolution getan hatten.[65]

Konnten sich aber die hungrigen Menschen solche Waren überhaupt leisten? Das war die große Sorge der bolschewistischen Parteibasis. Sie hatte den Eindruck, der blühende Privathandel müsse unweigerlich die Kluft zwischen Arm und Reich vertiefen. »Wir jungen Kommunisten waren alle in dem Glauben aufgewachsen, daß das Geld ein für allemal abgeschafft war«, erinnerte sich ein Bolschewik 1940. »Wenn nun das Geld wiederauftauchte, würden dann nicht auch die Reichen wiederauftauchen? Waren wir nicht auf dem gefährlichen Weg, der zurück zum Kapitalismus führte? Wir stellten uns diese Fragen mit einem Gefühl der Angst.« Solche Zweifel wurden durch den plötzlichen Anstieg der Arbeitslosigkeit in den ersten beiden Jahren der NEP noch verstärkt. Während diese Arbeitslosen kaum das Allernotwendigste zum Leben hatten, wurden die Bauern dick und reich. »Ist es das, wofür wir die Revolution gemacht haben?« fragte ein Bolschewik Emma Goldman. Weit verbreitet unter den Arbeitern war das Gefühl, wie es am klarsten durch die Arbeiteropposition formuliert wurde, daß man mit der NEP ihre Klasseninteressen den Bauern opferte, den »Kulaken« rehabilitierte und auf Kosten der Arbeiter reich werden ließ. 1921/22 zerrissen buchstäblich Zehntausende bolschewistischer Arbeiter voller Abscheu über die NEP ihre Parteiausweise: Sie verfluchten sie als die **n***owaja* **e***xpluatazija* **p***roletariata* (die »neue Ausbeutung des Proletariats«).[66]

Dieser Zorn richtete sich zum Großteil gegen die *nepmany* (»NEP-Leute«), die neue und vulgäre Klasse der Neureichen, der privaten Händler, die in Rußlands rauschenden zwanziger Jahren ihre goldene Zeit hatten. Es war vielleicht unvermeidlich, daß nach sieben Jahren des Kriegs und des Mangels dieser Menschentyp das Vakuum füllen würde. Man denke nur an die »Mafias« im postsowjetischen Rußland. Zwar wurden die Bauern durch das Angebot billiger Fabrikwaren dazu ermutigt, ihre Nahrungsmittel dem Staat und den Kooperativen zu verkaufen. Doch bis das staatliche System richtig zu funktionieren begann (und das war nicht vor Mitte der zwanziger Jahre), blieb es leichter und profitabler für sie, ihre Ware an die *nepmany* zu verkaufen. War ein Produkt besonders rar – man konnte sicher sein, daß diese Schieber es hatten, zumeist weil sie einen sowjetischen Funktionär geschmiert hatten. Geschmuggelten Alkohol, Heroin und Kokain – sie verkauften alles. Die *nepmany* waren wandelnde Symbole für diesen neuen und häßlichen Kapitalismus. Sie kleideten ihre Frauen und Geliebten in Diamanten und Pelze, fuhren in riesigen importierten Autos herum, schnarchten in der Oper, sangen in den Restaurants und prahlten lautstark in teuren Hotelbars mit den Dollarvermögen, die sie auf den neueröffneten Rennbahnen und Spielkasinos verschleudert hatten. Die ostentative Verschwendungssucht dieser neuen und vulgären Reichen, die vor dem Hintergrund der Jahre des entsetzlichen Hungers und Leidens besonders schamlos war, ließ ein verbreitetes und bitteres Ressentiment unter den einfachen Menschen, vor allem den Arbeitern, aufkommen, die gedacht hatten, der Revolution sei es darum gegangen, solche Ungleichheiten zu beenden.

Dieses dumpfe plebejische Ressentiment gegenüber den *nepmany*, den bürgerlichen Spezialisten, den Juden und den Kulaken blieb im Herzen vieler Menschen, besonders der einfachen Arbeiter und der Parteibasis. Vor allem darin lag die emotionale Anziehungskraft von Stalins »Revolution von oben«, der forcierten Industrialisierung im ersten der Fünfjahrpläne. Es war der Aufruf zu einer zweiten Welle des Klassenkampfs gegen die »Bourgeoisie« der NEP, die neuen »Volksfeinde«, die Vorstellung von einer Rückkehr zu dem harten, aber romantischen Geist des Bürgerkriegs, dieser »heroischen Periode« der Revolution, als die Bolschewiki, so jedenfalls wollte es die Legende, furcht- und kompromißlos jede Festung erobert hatten und dann weiter vorgerückt waren. Rußland blieb in den zwanziger Jahren eine Gesellschaft im Krieg mit sich selbst – voller ungelöster gesellschaftlicher Spannungen und Ressentiments unmittelbar unter der Oberfläche. In diesem Sinne war das schwierigste Erbe der Revolution ihr Versäumnis, die sozialen Ungleichheiten zu beseitigen, die überhaupt erst zu ihr geführt hatten.

# 16 TODE UND ABSCHIEDE

## WAISENKINDER DER REVOLUTION

Nein, mir geht es nicht gut«, schrieb Gorki bei seiner Ankunft in Berlin an Romain Rolland. »Meine Tuberkulose ist wieder aufgeflammt, in meinem Alter ist das allerdings nicht gefährlich. Viel schwerer zu ertragen ist diese Krankheit der Seele – ich fühle mich sehr müde: In den letzten sieben Jahren in Rußland habe ich so viel Tragisches gesehen und durchlebt – tragisch vor allem, weil nicht aus Leidenschaft und freiem Willen verursacht, sondern aus blinder und eiskalter Berechnung von Fanatikern und Feiglingen ... Ich glaube immer noch leidenschaftlich an das künftige Glück der Menschheit, doch das wachsende Leid, mit dem die Menschen für ihre schönen Hoffnungen zahlen müssen, beunruhigt und beelendet mich.«[1] Tod und Enttäuschung waren der Hintergrund für Gorkis Abreise aus Rußland im Herbst 1921. In den vier Jahren zuvor waren so viele Menschen getötet worden, daß selbst er nicht mehr fest zu seinen revolutionären Hoffnungen und Idealen stehen konnte. Nichts vermochte derartiges menschliches Leiden zu rechtfertigen.

Niemand weiß, wie viele Menschenleben die Revolution wirklich gekostet hat. In jedem Fall war sie eine Katastrophe. Zählt man nur die Toten von Bürgerkrieg, Terror, Hunger und Seuchen zusammen, so kommt man auf eine Größenordnung von etwa zehn Millionen. Doch das bezieht noch nicht die Emigration (etwa zwei Millionen) und die demographischen Auswirkungen einer enorm reduzierten Geburtenrate mit ein – niemand wollte Kinder in jenen furchtbaren Jahren –, die von den Statistikern mit ebenfalls etwa zehn Millionen veranschlagt werden.* Die höchste Todesrate gab es bei erwachsenen Männern – 65 000 Witwen lebten 1920 allein in Petrograd –, aber der Tod war etwas so Alltägliches, daß es praktisch jeden betraf. Niemand überlebte die revolutionäre Ära, ohne Freunde und Verwandte verloren zu haben. »Mein Gott, wie viele Toten!« schrieb Sergej Semjonow im Januar 1921 an einen alten Freund. »Von den Alten – Boborykin, Linjow,

* Ebensowenig wird dabei die verkürzte Lebenserwartung aufgrund von Unterernährung und Seuchen für die Überlebenden der Revolution einbezogen. Kinder, die in jenen Jahren geboren und aufgezogen wurden, waren deutlich kleiner als die aus höheren Altersgruppen, und 5 Prozent aller Neugeborenen hatten Syphilis (Sorokin, *Sowremennoje*, 16, 67).

Wengerow, Woronzow usw., viele ... Selbst mein Lehrer Grigori Petrow ist gestorben – wo und wie er umgekommen ist ... ich weiß es nicht, aber vermutlich nicht vor Freude über den Sieg des Sozialismus ... Und was mich besonders schmerzt – ich weiß nicht einmal, wo die Freunde begraben sind.« Wie sich der Tod auf eine einzige Familie auswirken konnte, läßt sich anschaulich am Beispiel der Tereschtschenkows illustrieren. Nikita Tereschtschenkow, ein Arzt der Roten Armee, verlor 1919 Tochter und Schwester durch die Fleckfieberepidemie; sein ältester Sohn und sein Bruder fielen an der Südfront, wo sie im selben Jahr 1919 in der Roten Armee kämpften; sein Schwager wurde unter mysteriösen Umständen ermordet. Tereschtschenkos Frau starb an Tuberkulose, während er selbst sich mit Fleckfieber infizierte. Von der örtlichen Tscheka als »Volksfeinde« verurteilt (wie so viele Vertreter der ländlichen Intelligenzija), verloren die Tereschtschenkows ihr Stadthaus in Smolensk und lebten 1920 auf einem kleinen Bauernhof, der von den beiden überlebenden Söhnen – dem fünfzehnjährigen Wolodja und dem dreizehnjährigen Mischa – bewirtschaftet wurde.[2]

In jenen Jahren in Rußland zu sterben war leicht, begraben zu werden jedoch sehr schwierig. Die Beerdigungsunternehmen waren verstaatlicht worden, und für jede Beerdigung mußte man einen endlosen Papierkrieg führen. Zudem war das Holz für die Särge knapp. Einige Menschen wickelten ihre toten Angehörigen in Matten oder mieteten sich Särge – gekennzeichnet mit »BITTE ZURÜCKGEBEN« –, um sie wenigstens zu ihren Gräbern schaffen zu können. Ein alter Professor war zu groß für den Mietsarg, man mußte ihm mehrere Knochen brechen, um ihn hineinzuzwängen. Aus unerklärlichen Gründen herrschte sogar Mangel an Gräbern – wenn es nicht Rußland wäre, man könnte es nicht glauben –, weshalb die Menschen monatelang auf ein Grab warten mußten. Im Keller des zentralen Leichenschauhauses in Moskau lagerten Hunderte von verwesenden Leichen, die auf ihre Beerdigung warteten. Die Bolschewiki versuchten, das Problem zu entschärfen, indem sie kostenlose Verbrennungen anboten. 1919 verpflichteten sie sich, das größte Krematorium der Welt zu bauen. Aber die nach wie vor starke Bindung der Russen an orthodoxe Beerdigungsriten machten diese Initiative unwirksam.[3]

Der Tod war so alltäglich, daß die Menschen ihm immer gleichgültiger begegneten. Der Anblick einer Leiche auf der Straße weckte keine Aufmerksamkeit mehr. Morde wurden aus den geringfügigsten Motiven begangen – um ein paar Rubel zu klauen, um sich in einer Warteschlange vorzudrängeln oder einfach zur Unterhaltung der Mörder. Sieben Jahre Krieg hatten die Menschen verroht und gegen Schmerzen und Leiden anderer abgehärtet. 1921 fragte Gorki eine Gruppe Soldaten der Roten Armee, ob es ihnen etwas ausmache, Menschen zu töten. »Nein, es machte ihnen nichts. ›Der andere hat ein Gewehr, ich habe auch eins – also sind wir gleich; was tut's, wir schlagen einander tot, und es wird mehr Platz auf der Erde.‹« Ein Soldat, der bereits im Ersten Weltkrieg in Europa gekämpft hatte, sagte Gorki sogar, es sei leichter, einen Russen zu töten als einen Ausländer. »Menschen gibt es hier genug, die wirtschaftlichen Zustände bei uns sind schlecht … nun, wenn man wirklich mal ein Dorf niederbrennt, was hat das schon für eine Bedeutung?« Ein Menschenleben war so wenig wert, daß die Menschen sich nichts dabei dachten, wenn sie einander umbrachten, ja nicht einmal, wenn andere in ihrem Namen Millionen umbrachten. Ein Bauer fragte Wissenschaftler, die 1921 eine Expedition in den Ural machten: »Ihr seid doch gebildete Menschen, sagt mir, was mir passieren kann. Ein Baschkire hat meine Kuh getötet, also habe ich *natürlich* den Baschkiren umgebracht und dann seiner Familie die Kuh weggenommen. Ob ich wohl jetzt wegen der Kuh bestraft werde?« Als man ihn fragte, ob er nicht eher erwarte, wegen der Ermordung des Mannes bestraft zu werden, antwortete der Bauer: »Das macht doch nichts, Menschen sind nichts wert heutzutage.«

Und noch manche Geschichte erzählte man sich – etwa von einem Mann, der seine Frau ohne ersichtlichen Grund umgebracht hatte. »Ich hatte sie satt, und damit basta!« lautete seine Erklärung. Es schien, als hätte all die Gewalt der wenigen vorausgegangenen Jahre die dünne Schicht der Zivilisation über den menschlichen Beziehungen weggekratzt und die primitiven tierischen Instinkte des Menschen zum Vorschein gebracht. Die Menschen fanden Gefallen am Geruch von Blut und entwickelten eine Vorliebe für sadistische Tötungsformen – ein Thema, bei dem Gorki Experte war:

> *In Sibirien hoben die Bauern Gruben aus, steckten gefangene Rotgardisten mit dem Kopf nach unten hinein, so daß die Beine bis an die Knie über dem Erdboden blieben; sie schütteten dann die Gruben allmählich mit Erde zu und verfolgten an den Zuckungen der Beine, wer von den Gemarterten länger aushielt, wer das zähere Leben hatte, wer zuletzt erstickte. […]*
> *Im Gouvernement Tambow nagelte man Kommunisten mit Eisenbahnbolzen durch die linke Hand und den linken Fuß in Meterhöhe über dem Erdboden an Bäume und beobachtete die Qualen dieser absichtlich falsch gekreuzigten Menschen.*
> *Man schnitt dem Gefangenen den Leib auf, nahm den Dünndarm heraus, nagelte diesen an einen Baum oder einen Telegrafenpfahl und trieb dann den Menschen mit Schlägen rund um den Baum – und sah zu, wie sich aus der Wunde der Darm herauswickelte.*
> *Gefangene Offiziere wurden nackt ausgezogen, dann riß man Hautstücke in Form von Epauletten aus den Schultern und schlug an Stelle der Sterne Nägel hinein; man zeichnete die Linien von Portepee und Biesen durch herausgeschnittene Hautstreifen. Diese Operation hieß »vorschriftsmäßig anziehen«. Sicherlich erforderte sie viel Zeitaufwand und große Geschicklichkeit.*[4]

Doch der bei weitem größte Menschenschlächter jener Jahre, allein für etwa fünf Millionen Tote verantwortlich, war die Hungersnot von 1921/22. Wie alle Hungersnöte war jene große an der Wolga eine Folge menschlicher Fehler, teilweise höherer Gewalt. Die natürlichen Bedingungen der Wolgaregion machten sie für Mißernten anfällig, und davon hatte es in früheren Jahren etliche gegeben: 1891/92, 1906 und 1911, um nur ein paar zu nennen. Sommerliche Dürreperioden und extreme Fröste im Winter waren übliche Erscheinungen des Steppenklimas. Starke Winde im Frühjahr bliesen die sandige Oberfläche des Bodens weg und schädigten die zarten Halme. Das waren auch die Voraussetzungen für die Hungersnot von 1921 in der Wolgaregion: Auf die Mißernte von 1920 folgte ein Jahr starker Fröste und sengender Sommerdürre, die die Steppe in eine riesige Staubregion verwandelte. Im Frühjahr 1921 zeichnete sich ab, daß die Bauern eine zweite Mißernte in Folge zu erleiden haben würden. Die Saat war im Winter größtenteils erfroren, die verbliebenen spärlichen Hälmchen sahen kümmerlich aus und waren bald von Heuschrecken und Feldmäusen abgefressen. So schlimm sie auch waren, all diese natürlichen Schäden reichten aber noch nicht aus, um eine Hungersnot zu verursachen. Die Bauern waren an Mißernten gewöhnt und hatten für solche Notzeiten immer große Getreidevorräte angelegt, häufig in Gemeindespeichern. Was diese Krise so verhängnisvoll machte, war die Tatsache, daß die Requirierungen des Bürgerkriegs die bäuerliche Vorratswirtschaft bereits an den Rand der Katastrophe gebracht hatten, noch ehe die Natur ihren Tribut forderte. Außerdem hatten sich die Bauern, um den Abgaben zu entgehen, auf eine Produktion allein für den Eigenbedarf beschränkt – sie hatten nur gerade so viel Getreide produziert, wie sie für sich, ihr Vieh und für Saatgut brauchten. Mit anderen Worten, sie hatten keine anderen Sicherheitsreserven mehr, wie man sie in der Vergangenheit als Schutz gegen Schlechtwetterperioden anlegte, weil sie fürchteten, die Bolschewiki würden sie ihnen wegnehmen. Verglichen mit 1917 war in der Wolgaregion das bebaute Land 1920 um ein Viertel zurückgegangen. Dennoch holten die Bolschewiki immer weiter nicht nur die Überschüsse, sondern auch die fürs Überleben notwendigen Lebensmittelvorräte und das Saatgut weg – was, als die Ernte mißriet, zum Untergang der Bauern führen mußte.[5]

Im Frühjahr 1921 hungerte ein Viertel der Bauern in Sowjetrußland. Hunger herrschte nicht nur in der Wolgaregion, sondern auch in den Stromgebieten des Ural, der Kama und des Don, in Baschkirien, Kasachstan, Westsibirien und der südlichen Ukraine. Mit dem Hunger gingen Fleckfieber und Cholera einher, an denen Hunderttausende Menschen starben, die bereits vom Hunger geschwächt waren. Am schlimmsten betroffen war die Wolgasteppe. In der Provinz Samara sollen im Herbst 1921 fast zwei Millionen Menschen (drei Viertel der Bevölkerung) dem Hungertod nahe gewesen sein: bis zum Ende der Krise starben 700 000 von ihnen tatsächlich. Im Bezirk Bulgakowa mit einer Bevölkerung von 16 000 waren im Januar 1921 1 000 Personen gestorben, 2 200 hatten ihr Zuhause verlassen, und im November danach waren 6 500 wie gelähmt vor Hunger oder Krankheit. In der Wolgaregion aßen die hungernden Bauern in ihrer Verzweiflung Gras,

Unkraut, Blätter, Moos, Baumrinde, das Stroh von den Dächern und Mehl aus Eicheln, Staub, Lehm und Pferdemist. Sie schlachteten ihr Vieh und jagten Nagetiere, Katzen und Hunde. In den Dörfern herrschte das Schweigen des Todes. Zu Skeletten abgemagerte Menschen, Kinder mit aufgedunsenen Leibern, sie alle legten sich still zum Sterben nieder wie Hunde. »Die Dorfbewohner haben einfach ihr Leben aufgegeben«, notierte ein Mitarbeiter des Hilfskomitees in Saratow. »Sie sind zu schwach, um sich auch nur zu beklagen.« Wer noch genügend Kräfte besaß, vernagelte seinen vernichteten Hof, packte seine kümmerliche Habe auf einen Karren und floh in die Städte auf der Suche nach Nahrung. In der Stadt konnte man gegen ein Pferd ein paar Brotlaibe eintauschen. Viele schafften es nicht bis zur Stadt, brachen unterwegs zusammen und starben. Riesige Menschenmengen strömten an den Bahnhöfen zusammen in der vergeblichen Hoffnung, sie könnten einen Zug in eine andere Region erwischen – Moskau, den Don, Sibirien, fast überallhin, solange es nur hieß, dort gebe es Nahrung. Sie wußten nicht, daß auf Befehl Moskaus jeglicher Personentransport aus der Hungerregion unterbunden worden war, um die Ausbreitung der Seuchen zu verhindern. Und so sah es im Sommer 1921 auf dem Bahnhof von Simbirsk aus:

*Man stelle sich eine kompakte Masse schmutziger Lumpen vor, unter denen hie und da abgemagerte nackte Arme zu sehen sind, Gesichter, vom Tode gezeichnet. Über alledem hängt ein Gifthauch. Ein Durchkommen ist unmöglich. Der Warteraum, der Gang, jeder Fußbreit ist dicht bepackt mit liegenden, sitzenden, hockenden Menschen … Bei genauerem Hinsehen entdeckt man, daß diese verfilzten Lumpen voller Ungeziefer sind. Die Fleckfieberkranken kriechen nur noch und zittern vor Fieber, mit ihnen ihre kleinen Kinder. Die Babys haben ihre Stimme verloren und können nicht mehr schreien. Täglich werden mehr als zwanzig Tote weggetragen, aber man kann nicht alle fortschaffen. Manchmal bleiben die Leichen mehr als fünf Tage mitten unter den Lebenden …*
*Eine Frau versucht, das kleine Kind auf ihrem Schoß zu beruhigen. Das Kind schreit, will essen. Eine Zeitlang wiegt die Mutter es in ihren Armen, dann plötzlich schlägt sie es. Das Kind schreit erneut. Das scheint die Frau wahnsinnig zu machen. Sie schlägt es wie rasend, ihr Gesicht ist wutverzerrt, sie trommelt mit der Faust auf das kleine Gesicht, den Kopf, und schließlich schmeißt sie es auf den Boden und stößt es mit dem Fuß. Schreckensgemurmel ertönt ringsum. Das Kind wird vom Boden aufgehoben, es hagelt Flüche gegen die Mutter; deren Tobsuchtsanfall legt sich, sie kommt zu sich, vollkommen gleichgültig gegen alles um sie herum. Ihre Augen blicken starr, sehen aber offenbar nichts.*[6]

Manche Menschen machte der Hunger zu Kannibalen. Das kam viel häufiger vor, als Historiker früher angenommen haben. In der Region von Baschkirien und in den Steppengebieten um Pugatschow und Busuluk, wo die Hungersnot am größten war, werden Tausende von Fällen berichtet. Die meisten Fälle blieben aber selbstverständlich anonym. Ein Mann, den man überführt hatte, mehrere Kinder gegessen zu haben, gestand zum Beispiel: »Alle in unserem Dorf essen Menschenfleisch, aber heimlich. Es gibt mehrere Schenken im Dorf – alle bieten Kleinkinder an.« Mit dem Wintereinbruch im November 1921, als Schnee auch noch den letzten Nahrungsersatz auf dem Boden bedeckte und sonst nichts mehr zu Essen da war, wurde dieses Phänomen dann unübersehbar. Verzweifelte Mütter, die keine Nahrung mehr für ihre Kinder fanden, schnitten Gliedmaßen von Leichen ab und kochten das Fleisch. Die Menschen aßen ihre eigenen Verwandten – häufig ihre kleinen Kinder, die gewöhnlich als erste starben und deren Fleisch besonders süß war. In einigen Dörfern weigerten sich die Bauern, ihre Toten zu begraben, und lagerten die Leichen als Fleischvorrat in ihren Scheunen und Ställen. Häufig baten sie die Mitarbeiter der Hungerhilfe, sie sollten ihnen die Leichen nicht wegnehmen, sondern zum Essen dalassen. Im Dorf Iwanowka in der Nähe von Pugatschow wurden eine Frau dabei ertappt, wie sie mit ihrem Kind den toten Ehemann aß, und als die Polizei versuchte, ihr die Reste wegzunehmen, schrie sie: »Wir geben ihn nicht her, wir brauchen ihn zum Essen, er gehört zu unserer Familie, und keiner hat das Recht, ihn uns wegzunehmen.« Der Leichendiebstahl von Friedhöfen war so üblich, daß die Friedhöfe vielerorts von Bewaffneten geschützt werden mußten. Auch die Jagd auf Menschen, die man des Fleisches wegen tötete, kam häufig vor. In der Stadt Pugatschow war es für Kinder gefährlich, nach Einbruch der Dunkelheit auf die Straße zu gehen, denn dort trieben Menschenfresserbanden und Händler ihr Unwesen, die sie töteten, um ihr zartes Fleisch zu essen oder zu verkaufen. In der Gegend von Nowousensk gab es Kinderbanden, die Erwachsene des Fleisches wegen töteten. Aus diesem Grund waren auch die Mitarbeiter der Hungerhilfe bewaffnet. Es kam sogar vor, daß Eltern ihre eigenen Babys, gewöhnlich ihre Töchter, töteten, um ihr Fleisch zu essen oder die anderen Kinder damit zu ernähren.

Man macht es sich leicht, wenn man diese Verhaltensweisen einfach als Zeichen moralischer Verkommenheit oder einer Psychose deutet. War es doch häufig Mitleid, was die Menschen in den Kannibalismus trieb. Die Qual, mit ansehen zu müssen, wie die eigenen Kinder langsam Hungers sterben, kann Menschen zu jeder Tat bewegen, und unter derart extremen Bedingungen scheinen die üblichen Regeln von Recht und Unrecht sehr fern. Tatsächlich wirkten die Menschenfresser, wenn man sie befragte, ganz vernünftig und hatten oft einen neuen Moralkodex entwickelt, um ihr Verhalten zu rechtfertigen. Viele argumentierten, das Essen von Menschenfleisch könne kein Verbrechen sein, denn die lebendige Seele habe den Körper doch bereits verlassen, der so »nur Nahrung für die Würmer in der Erde« bliebe. Im übrigen war die Gier nach Menschenfleisch, die Hungernde leicht entwickeln können, sowie sie einmal davon gekostet haben, nichts Spezifisches für eine bestimmte gesellschaftliche Klasse. Hungernde Ärzte erlagen nach langen Arbeitsschichten in der Hungerregion häufig der Versuchung, und auch sie stellten fest, daß das Schlimmste an dieser Erfahrung das »unüberwindliche und unangenehme Verlangen« sei, das sie seither nach Menschenfleisch verspürten.[7]

Bis Juli 1921 weigerte sich die Sowjetregierung, die Existenz der Hungersnot einzugestehen, denn es war ja eine äußerst prekäre Angelegenheit. Wie in der Hungersnot von 1891 wurde der Presse verboten, auch nur das Wort »Hunger« zu gebrauchen, weshalb sie weiterhin berichtete, daß seit der Einführung der NEP auf dem Lande alles gut liefe. Die bewußte Politik der Vernachlässigung war in der Ukraine sogar noch ausgeprägter: Obgleich sich dort im Herbst 1921 die Hungersnot ausgebreitet hatte, exportierte Moskau noch bis in den folgenden Sommer große Getreidemengen an die Wolga. Natürlich hieß das der einen Hungerregion wegnehmen, um es der anderen, noch hungrigeren, zu geben. Doch könnte es auch sein, wie Robert Conquest für die Hungersnot von 1930–1932 überzeugend dargestellt hat, daß Moskau die ukrainischen Bauern für ihre Opposition gegen das bolschewistische Regime bestrafen wollte.[8]

Wie schon 1891 blieb es der Öffentlichkeit und ausländischen Organisationen überlassen, eine Hilfskampagne zu organisieren. Gorki machte erneut den Anfang. Am 13. Juli veröffentlichte er einen Appell »An alle anständigen Menschen«, der später in der westlichen Presse erschien:

> *Eine Tragödie ist über das Land Tolstois, Dostojewskis, Mendelejews, Pawlows, Mussorgskis, Glinkas und anderer weltberühmter Männer hereingebrochen. Wenn humanitäre Ideen und Gefühle – der Glaube an ihre soziale Bedeutung wurde durch den verdammenswürdigen Krieg und die Unbarmherzigkeit der Sieger gegenüber den Besiegten so sehr erschüttert –, wenn der Glaube an die schöpferische Kraft dieser Ideen und Gefühle wiederhergestellt werden kann und muß, wie ich meine, dann bietet das Unglück Rußlands eine hervorragende Gelegenheit, die Lebensfähigkeit humanitärer Gesinnung zu beweisen. Ich bitte alle anständigen Menschen in Europa und Amerika um rasche Hilfe für das russische Volk. Gebt uns Brot und Medikamente. Maxim Gorki*

Zusammen mit einer Gruppe anderer Persönlichkeiten des öffentlichen Lebens wandte sich Gorki an Lenin, er möge die Bildung einer freiwilligen Organisation für die Hungerhilfe zulassen. Das Allrussische Hilfskomitee für die Hungernden, kurz Pomgol, das am 21. Juli gegründet wurde, war die erste und letzte unter dem Kommunismus gegründete unabhängige Gesellschaft. Lenin gestattete seine Gründung zum Teil als Zugeständnis an Gorki, zum Teil als Instrument zur Beschaffung ausländischer Hilfe. Zu den 73 Mitgliedern des Pomgol gehörten so bekannte Persönlichkeiten des kulturellen Lebens wie Gorki, Korolenko und Stanislawski, liberale Politiker wie Kischkin, Prokopowitsch und Kuskowa, ein Exminister der

Zarenzeit (Nikolai Kutler) und Vera Figner, Veteranin des Narodnitschestwo, außerdem berühmte Agronomen wie Tschajanow und Kondratjew, Ingenieure wie P. I. Paltschinski, Ärzte und Tolstojaner. Es gab sogar einen Platz für Alexandra Tolstaja, die Tochter des Schriftstellers, die die vergangenen vier Jahre immer wieder in Tscheka-Gefängnissen und Arbeitslagern verbracht hatte. Das Pomgol bemühte sich, denselben Geist in der Bevölkerung wiederzubeleben, der das Land 1891 gerettet hatte, und erließ Spendenaufrufe an die Menschen in der Heimat und im Ausland. Fürst Lwow, der sich schon an den Hilfsbemühungen dreißig Jahre zuvor beteiligt hatte, sammelte Geld und schickte Lebensmittelvorräte über die Pariser Semgor-Organisation (selbst im Exil setzte er seine Semstwo-Arbeit fort). Um sicherzugehen, daß Pomgol sich nicht in die Politik einmischte, ordneten ihm die Bolschewiki eine »Zelle« von zwölf prominenten Kommunisten unter der Führung von Kamenew zu. Mit Argusaugen wachte Lenin darüber, daß die Hungersnot nicht die gleiche Opposition in der Bevölkerung auslöste wie die von 1891.[9]

Auf Gorkis Appell hin bot Herbert Hoover an, die American Relief Administration ARA nach Rußland zu schicken. Hoover hatte die ARA eingerichtet, um Lebensmittel und Medikamente in das Nachkriegs-Europa zu schicken. Seine Bedingungen waren, daß die ARA unabhängig operieren durfte, ohne Einmischung der kommunistischen Bürokratie, und daß alle US-Bürger aus sowjetischen Gefängnissen entlassen würden. Lenin tobte – »Hoover muß bestraft werden, er muß öffentlich geohrfeigt werden, [...] so daß alle Welt es sieht«, fauchte er, doch wie jeder Bettler konnte auch er nicht wählerisch sein. Sobald Pomgol die amerikanische Hilfe beschafft hatte, befahl Lenin, gegen den heftigen Protest Kamenews und Gorkis, Pomgol zu schließen. Am 27. August wurden alle bekannten Mitglieder – außer Gorki und Korolenko – von der Tscheka verhaftet, aller möglichen »konterrevolutionären Aktivitäten« beschuldigt und später ins ausländische Exil oder in Zonen mit beschränkter Bewegungsfreiheit im Landesinneren verschickt. Sogar Gorki wurde von Lenin unter Druck gesetzt, »aus Gesundheitsgründen« ins Ausland zu gehen.[10]

Im Sommer 1922, auf dem Höhepunkt der Hilfsmaßnahmen, ernährte die ARA zehn Millionen Menschen pro Tag. Sie schickte außerdem Medikamente, Kleidung, landwirtschaftliches Gerät und Saatgut in großen Mengen – letzteres ermöglichte die beiden aufeinanderfolgenden Rekordernten von 1922 und 1923, die schließlich die Wiederherstellung Rußlands nach der Hungersnot sicherten. Insgesamt wurden für die ARA-Operation 61 Millionen Dollar aufgewendet. Die Bolschewiki empfingen diese Hilfe mit einem erstaunlichen Mangel an Dankbarkeit: Nie zuvor wurde einem so großzügig geschenkten Gaul so schamlos ins Maul geschaut. Sie beschuldigten die ARA der Spionage, des Versuchs, das Sowjetregime in Verruf zu bringen und zu stürzen, und mischten sich ständig in ihre Arbeit ein, durchsuchten Hilfskonvois, hielten Züge zurück, beschlagnahmten Lieferungen und verhafteten sogar Mitarbeiter. Die beiden von Hoover gestellten Bedingungen für die Hilfe – daß sie ohne Einmischung operieren könnte und alle Amerikaner aus dem Gefängnis entlassen würden – wurden somit von den Bolschewiki eklatant verletzt. Für weitere Empörung sorgte in Amerika die Entdeckung, daß die Sowjetregierung zur gleichen Zeit, da sie Lebensmittelhilfen aus dem Westen empfing, Millionen Tonnen ihres eigenen Getreides ins Ausland verkaufte. Als die Sowjetregierung zur Rede gestellt wurde, hieß es, man brauche den Export, um Maschinen für Industrie und Landwirtschaft im Ausland kaufen zu können. Doch wegen dieses Skandals konnten keine zusätzlichen Gelder für die ARA in Rußland mehr beschafft werden, und im Juni 1923 stellte sie ihre Arbeit ein.[11]

Für Gorki war die Art und Weise, wie die Sowjetregierung mit der Hungersnot umgegangen war, beschämend und ein Hauptgrund, Rußland zu verlassen. Als das Schlimmste überstanden war, schickten die Bolschewiki eine kurze formelle Dankesnote an das amerikanische Volk. Gorki jedoch war großzügiger in seiner Dankbarkeit. In einem Brief, in dem er viele seiner höchsten Ideale ausdrückte, schrieb er am 30. Juli 1922 an Hoover:

> *In der ganzen Geschichte menschlichen Leidens kenne ich nichts vergleichbar Schwieriges für die Menschenseele wie die Ereignisse, die das russische Volk durchlebt, und in der Geschichte praktischer Menschenliebe wüßte ich nicht, was an Großherzigkeit und Großzügigkeit mit der Hilfe verglichen werden könnte, die Sie tatsächlich geleistet haben. Ihre Hilfe wird als einzigartige, gigantische Errungenschaft in die Geschichte eingehen, würdig des größten Ruhms, der lange im Gedächtnis von Millionen Russen bleiben wird, die Sie vor dem Tode gerettet haben. Die Großzügigkeit des amerikanischen Volks läßt den Traum von Brüderlichkeit unter den Völkern wiederaufleben, zu einer Zeit, wo die Menschheit der Nächstenliebe und des Mitleids dringend bedarf.*[12]

Eine der traurigsten Hinterlassenschaften der Revolution war die riesige Zahl von Waisenkindern, die durch die Straßen der Städte streiften. 1922 lebte eine geschätzte Zahl von sieben Millionen Kindern auf Bahnhöfen, in herrenlosen Häusern, auf Baustellen und Müllhalden, in Kellern, Gossen und anderen Schmutzhöhlen. Diese zerlumpten, barfüßigen Kinder, deren Eltern entweder gestorben waren oder sie verlassen hatten, waren ein Symbol für Rußlands gesellschaftlichen Zusammenbruch. Selbst die Familie war zerstört worden.

In diesen Waisen der Revolution wurde auf gespenstische Weise die Kindheit karikiert, die sie verloren hatten. Der Überlebenskampf auf den Straßen zwang sie, wie Erwachsene zu leben. Sie hatten ihren eigenen Jargon, ihre sozialen Gruppen und ihren Moralkodex. Kinder von kaum zwölf Jahren »heirateten« und hatten selbst Kinder. Viele waren Quartalssäufer sowie heroin- oder kokainabhängig. Betteln, Hausieren, Kleinkriminalität und Prostitution waren ihre Mittel zum Überleben. Auf Bahnhöfen schwirrten sie herum wie die Fliegen und stürzten sich im Nu auf jeden Essensbrocken, der ihnen aus den Zügen hingeworfen wurde. Manche dieser Kinder verstümmelten sich oder benahmen sich anstößig in der Öffentlichkeit, um eine kleine Zuwendung zu erhalten. Ein Junge, der auf dem Bahnhof von Omsk lebte, schmierte sich die eigenen Exkremente ins Gesicht, wenn die Leute ihm dafür fünf Kopeken gaben. Zwischen den Straßenkindern und der kriminellen Unterwelt bestand eine enge Beziehung. Kinderbanden stahlen aus Marktbuden, raubten Fußgänger aus, verübten Taschendiebstähle und brachen in Geschäfte und Häuser ein. Die, die man erwischte, wurden meist auf der Straße von Bürgern verprügelt, die wenig Sympathie für die Waisen zeigten, aber offenbar konnte sie nicht einmal das abschrecken.

Fast alle diese Waisen waren Gelegenheitsprostituierte. Eine Erhebung von 1920 stellte fest, daß 88 Prozent der Mädchen zeitweilig der Prostitution nachgingen, und bei den Jungen lagen die Zahlen ähnlich hoch. Manche der Mädchen waren erst sieben Jahre alt. Die meisten sexuellen Handlungen fanden auf der Straße, auf Märkten, in Bahnhofshallen und Parks statt. Die Mädchen hatten Zuhälter – meist selbst noch Teenager –, von denen sie häufig dazu angehalten wurden, ihre Kunden auszurauben. Aber es existierten auch Pädophilenbordelle, die von sogenannten Tanten betrieben wurden; diese gaben den Kindern Essen und einen Winkel in einem Zimmer, ließen sie arbeiten und lebten von dem, was die Kinder verdienten.[13] Für Millionen Kinder war dies das Nächste zur Mutterliebe, was sie je erfuhren.

»Es gibt Zwölfjährige, die drei Morde verübt haben«, schrieb Gorki im April 1920 an Lenin. Gorki, der einst selbst eine Straßenwaise gewesen war, zählte zu den ersten, die den Kampf gegen die Jugendkriminalität aufnahmen. Im selben Sommer rief er eine »Liga zur Bekämpfung der Kinderkriminalität« ins Leben, die Siedlungen und Heime für die Kinder einrichtete und ihnen Lesen und Schreiben beibrachte. Ähnliche Initiativen waren bereits von der »Liga zur Rettung der Kinder« unternommen worden, die 1919 von Kuskowa und Korolenko mit Billigung des Sownarkom gegründet worden war. Doch bei zusammen nur einer halben Million Plätze in all diesen Institutionen und sieben Millionen Waisen auf der Straße bedeutete das für die Lösung des Problems nur einen Tropfen auf den heißen Stein. Zunehmend griffen die Bolschewiki zu Strafmaßnahmen, entgegen dem 1918 von ihnen selbst verkündeten Prinzip, es solle »keine Gerichte oder Gefängnisse für Kinder« geben. In den Gefängnissen und Arbeitslagern befanden sich Tausende von Kindern, viele unter dem strafmündigen Alter von 14 Jahren. Eine andere Form der Lösung dieses Problems bestand darin, daß man Fabriken gestattete, Kinder als unterbezahlte Arbeiter einzustellen. Selbst im Bürgerkrieg, als Tausende von erwachsenen Arbeitern vorübergehend entlassen wurden, gab es vor allem in kleineren Fabriken, in denen ausbeuterische Praktiken am zählebigsten waren, einen enormen Anstieg bei der Kinderarbeit; sogar Sechsjährige wurden eingesetzt. Trotz verbreiteter Forderungen, die Kinderarbeit auf sechs Stunden zu begrenzen und die Unternehmer zu veranlassen, für zwei Stunden Schulunterricht zu sorgen, wurde von Regierungsseite nicht eingeschritten, mit der Begründung, es sei »besser, die Kinder arbeiten, als daß sie von Straßenkriminalität leben«. Das Ergebnis war, daß Minderjährige häufig bis zu 12 oder 14 Stunden täglich arbeiteten.[14]

Kinder waren darüber hinaus hervorragende Soldaten. Die Rote Armee hatte viele Halbwüchsige in ihren Reihen. Nachdem sie ihr ganzes bewußtes Leben inmitten der Gewalt von Krieg und Revolution verbracht hatten, waren viele zweifellos zu der Überzeugung gelangt, daß das Töten von Menschen Teil eines normalen Lebens sei. Diese kleinen Soldaten waren bekannt für ihre Bereitschaft, alles, was man ihnen befahl, auszuführen – ihre Kommandeure spielten oft die Rolle von Ersatzvätern –, sowie für ihre rücksichtslose Fähigkeit, den Feind zu töten, vor allem wenn man sie glauben machte, sie nähmen Rache für die Ermordung ihrer Eltern. Ironischerweise ging es vielen dieser Kinder tatsächlich in der Armee besser, als wenn sie auf der Straße lebten, denn in der Armee behandelte man sie wie die eigenen Kinder, kleidete und ernährte sie und brachte ihnen lesen bei.

* * *

Laut Nina Berberowa war Gorki, als er nach Europa kam, nicht nur erzürnt über das, was in Rußland angerichtet worden war, sondern zutiefst erschüttert von dem, was er gesehen und erlebt hatte. Sie erinnert sich an ein Gespräch, das er mit ihrem Mann, dem Dichter Wladislaw Chodassewitsch, führte: Beide hatten

> *zu verschiedenen Zeiten 1920 ein Kinderheim oder eher eine Besserungsanstalt für Halbwüchisge besucht [...]. Dort waren ausschließlich Mädchen, zwölf- bis fünfzehnjährige Mädchen, die Syphilis hatten und völlig verwahrlost waren. Neun von zehn waren als Diebinnen aufgegriffen worden, und die Hälfte war schwanger. Chodassewitsch erinnerte sich [...] mit einer Mischung aus Mitleid und Widerwillen daran, wie diese zerlumpten und verlausten Mädchen an ihm hingen und ihn gleich auf der Treppe ausziehen wollten. Sie hoben ihre zerrissenen Röcke hoch und riefen ihm Obszönitäten zu. Er konnte sich nur mit Mühe losreißen. Gorki hatte genau die gleiche Szene erlebt. Als er davon sprach, lag Entsetzen auf seinem Gesicht, er preßte die Kiefer zusammen und verstummte plötzlich. Es war offensichtlich, daß dieser Besuch ihn stark erschüttert hatte, stärker vielleicht als viele seiner früheren Eindrücke von »Landstreichern« und das Grauen des »Nachtasyls«, aus denen seine frühen Stücke entstanden sind.*
>
> *Vielleicht mußte er sich, hier in Europa, von einigen Wunden kurieren, Wunden, die er sich selbst kaum eingestehen konnte, wenngleich er sich wohl – und nur sich allein – manchmal gefragt haben mag,* ob es das wert war.

Gorki war selbst eine Waise der Revolution. All seine Hoffnungen auf die Revolution – Hoffnungen, mit denen er sich identifiziert hatte – waren ihm in den vergangenen vier Jahren genommen worden. Anstatt als konstruktive kulturelle Kraft zu wirken, hatte die Revolution faktisch die gesamte russische Zivilisation zerstört. Statt den Menschen zu befreien, hatte sie ihn nur versklavt, und statt eine geistige Erneuerung anzuregen, hatte sie nur zu Entartung geführt. Gorki war zutiefst desillusioniert. Von sich schrieb er 1921, er sei »in misanthropischer Stimmung«. Seinen menschlichen und demokratischen Sozialismus konnte er nicht mehr mit der Realität in Lenins Rußland in Einklang bringen. Vor den Fehlern des Regimes konnte er Augen und Ohren nicht länger in der Hoffnung verschließen, Gutes zu tun und die Fehler später zu beseitigen: All seine Anstrengungen waren zunichte gemacht. Wenn man in Rußland seine Ideale aufgegeben hatte, dann blieb ihm nichts mehr übrig, als selbst Rußland aufzugeben.[15]

Gorkis Entscheidung, aus Rußland zu emigrieren, gingen wachsende Konflikte mit den Bolschewiki voraus. Der rücksichtslose Terror der vergangenen vier Jahre, die Vernichtung der Intelligenzija, die Verfolgung der Menschewiki und Sozialrevolutionäre, die Vernichtung der Kronstädter Rebellen und schließlich die Gefühllosigkeit der Bolschewiki gegenüber der Hungersnot – all das hatte Gorki zu einem erbitterten Feind des neuen Regimes gemacht. Gorkis Animosität richtete sich besonders gegen Sinowjew, den Parteichef in seinem Petrograd. Sinowjew mochte Gorki nicht, er sah in seinem Haus eine »Brutstätte der Konterrevolution« und stellte ihn unter ständige Aufsicht: Gorkis Post wurde geöffnet, sein Haus immer wieder durchsucht und seinen engen Freunden mit Verhaftung gedroht. Gorkis zornigste Anklagebriefe während des Roten Terrors waren alle an Sinowjew gerichtet. In einem dieser Briefe schrieb er, die ständigen Verhaftungen hätten dazu geführt, daß »die Menschen nicht nur die Sowjetmacht hassen, sondern vor allem Sie persönlich«. Doch bald wurde deutlich, daß hinter Sinowjew Lenin selbst stand. Der Führer der Bolschewiki unterzog Gorkis Anschuldigungen einer vernichtenden Kritik. In einem Drohbrief vom Juli 1919 behauptete er, der »Geisteszustand« des Schriftstellers sei von den »verbitterten bürgerlichen Intellektuellen«, die ihn in Petrograd umgäben, »krank gemacht«. »Ich möchte meinen Rat nicht aufdrängen«, drohte Lenin, »aber ich muß Ihnen sagen: Ändern Sie radikal die Umgebung, das Milieu wie auch den Wohnort und die Beschäftigung, sonst könnte Ihnen das Leben endgültig zuwider werden.«[16]

Gorkis Enttäuschung über Lenin vertiefte sich 1920. Der bolschewistische Führer widersetzte sich der herausgeberischen Unabhängigkeit von Gorkis Verlag Weltliteratur und drohte, ihm die finanzielle Unterstützung zu streichen. Gorki beschwerte sich bitter bei Lunatscharski: Zu Recht äußerte er den Verdacht, Lenin versuche, das gesamte Verlagswesen der staatlichen Kontrolle zu unterstellen – etwas, was ihm verhaßt war –, und behauptete (oder drohte), nur vom Ausland aus ließe sich das Projekt weiterführen. Doch der Volkskommissar, dem der gestrenge

Lenin im Nacken saß, konnte wenig dagegen unternehmen. In seinem Schauspiel *Don Quichotte* (1920) setzte Lunatscharski die gespannte Dreiecksbeziehung zwischen ihm selbst (in der Rolle des Don Balthasar), Gorki (Don Quichotte) und Lenin (Don Rodrigo) in Szene. In den Abschiedsworten Don Balthasars zu Don Quixote wird der Konflikt zwischen Gorki und Lenin, also zwischen den Idealen der Revolution und ihren grausamen »Zwängen«, zusammengefaßt:

> *Hätten wir nicht die Verschwörungen im Hinterland aufgedeckt, wir hätten unsere Armee ins Verderben geführt. Ah, Don Quichotte! Ich möchte Eure Schuld nicht vergrößern, aber hier spieltet Ihr eine verhängnisvolle Rolle. Ich will nicht verheimlichen, daß es dem gestrengen Rodrigo in den Sinn kam, die drohende Hand des Gesetzes über Euch zu bringen, als eine Lektion für alle weichherzigen Menschen, die sich selbst samt ihrer Menschenliebe ins Leben stürzen, das hart ist und kompliziert und voller Verantwortung.*[17]

Der Tod von zwei der bedeutendsten Dichter Rußlands, Alexander Bloks und Nikolai Gumiljows, gab für Gorki den letzten Ausschlag. Blok war 1920 an akutem Gelenkrheumatismus erkrankt – Folge des Hungers und des Lebens in ungeheizten Wohnungen während des Bürgerkriegs. Aber Bloks wirkliche Krankheit waren Verzweiflung und Enttäuschung angesichts der Ergebnisse der Revolution. Zunächst hatte er ihre destruktive Gewalt als ein Fegefeuer für die verrottete alte Welt Europas begrüßt, aus dem eine neue und reinere asiatische Welt – die Welt der Skythen – auferstehen würde. Sein episches Gedicht »Die Zwölf« von 1918 beschreibt zwölf rauhe Rotgardisten, die »im Gleichschritt mit der Revolution« durch den Schneesturm marschieren, der die alte Welt zerstört und eine neue schafft. Vorneweg geht »mit blutbefleckter Fahne«, sanften Schritts »unter einem weißen Kränzlein aus Rosen«, Jesus Christus über den Schnee. Blok bemerkte später dazu, er habe beim Schreiben dieses Gedichts und noch danach »einige Tage lang physisch, mit dem Gehör, ringsum einen großen Lärm empfunden, einen vielstimmigen Lärm (sicherlich den Lärm vom Zusammenbruch der alten Welt)«. Eine Zeitlang glaubte Blok an die messianische Sendung der Bolschewiki. Doch 1921 hatte er die Illusionen verloren. Drei Jahre lang hatte er keine Gedichte mehr geschrieben. Gorki, ein enger Freund, verglich ihn mit einem Kind, »das sich im Walde verirrt hat«. Blok quälte ihn mit Fragen über den Tod und sagte, er habe allen Glauben an eine »verständige Menschheit« aufgegeben. Im Mai 1921 legte sich Blok aufs Sterbebett. Sein Arzt bestand darauf, er müsse ins Ausland in ein Spezialsanatorium geschickt werden. Am 29. Mai schrieb Gorki seinetwegen an Lunatscharski. »Blok ist Rußlands bedeutendster lebender Dichter. Wenn Sie ihm nicht erlauben, ins Ausland zu gehen, und er stirbt, dann tragen Sie und ihre Genossen die Schuld an seinem Tod.« Mehrere Wochen lang bemühte sich Gorki um ein Visum. Lunatscharski schrieb am 11. Juli eine Befürwortung ans Zentralkomitee. Doch nichts geschah. Dann schließlich, am 10. August kam das Visum – einen Tag zu spät: in der Nacht zuvor war Blok gestorben.[18]

Während Blok aus Verzweiflung und an der Mißachtung durch andere starb, erfolgte der Tod von Nikolai Gumiljow nur zwei Wochen später sehr viel zielgerichteter: er wurde von der Petrograder Tscheka verhaftet, ein paar Tage eingesperrt und dann ohne Verfahren erschossen. Gumiljow wurde beschuldigt, in eine monarchistische Verschwörung verwickelt zu sein – eine Behauptung, die fast sicher falsch war, auch wenn Gumiljow in seiner Gesinnung ein Monarchist war. Ein Komitee von Intellektuellen, das sich bei der Beisetzung Bloks gebildet hatte, ersuchte um Gumiljows Freilassung. Die Akademie der Wissenschaften bot an, für sein Erscheinen vor Gericht zu bürgen. Gorki wurde gebeten zu intervenieren, und er fuhr sofort nach Moskau zu Lenin. Doch als er mit der Order für die Freilassung nach Petrograd zurückkehrte, war Gumiljow bereits erschossen worden. Gorki war so außer sich, daß er Blut spuckte. Samjatin sagte, er habe ihn nie »so wütend gesehen wie in dieser Nacht«, nachdem Gumiljow erschossen worden war.[19]

Gumiljow war der erste bedeutende russische Dichter, der von den Bolschewiki hingerichtet wurde. Sein Tod und der Bloks symbolisierten für Gorki wie überhaupt für die Intelligenzija den Tod der Revolution. Hunderte von Menschen – »alles, was noch vom literarischen Petersburg übriggeblieben war«, wie es Samjatin ausdrückte – erschienen bei der Beisetzung Bloks. Nina Berberowa, damals noch ein junges Mädchen, erinnerte sich, wie sie bei der Nachricht von Bloks Tod das Gefühl hatte, »jäh und unerwartet verwaist zu sein, das ich noch nie in meinem Leben verspürt hatte [...] das ist das Ende. Wir sind verloren.« Anna Achmatowa, Gumiljows erste Frau, trauerte bei der Beisetzung Alexander Bloks ähnlich, nicht nur um den Dichter, sondern auch um die Ideale einer Generation:

*Wir trugen ihn in einem silbernen Sarg,*
*Alexander, unseren reinen Schwan,*
*Unsere Sonne, die in Qualen erlosch.*[20]

Zwei Monate später verließ Gorki, selbst von Krankheit geplagt, Rußland – wie es schien, für immer.

## DAS NICHT EROBERTE LAND

Vier Jahre Revolution hatten die Dorfbewohner von Andrejewskoje nicht zu einigen vermocht. Sie blieben gespalten zwischen den beiden alten Rivalen. Auf der einen Seite stand Sergej Semjonow, fortschrittlicher Landwirt und Reformer, der davon träumte, die schönen Dinge der modernen Welt in dieses arme gottverlassene Nest zu bringen. Auf der anderen Seite stand Grigori Maljutin, der untersetzte und ständig trinkende Dorfälteste, ein Altgläubiger und Gegner allen Wandels, der nunmehr an die dreißig Jahre Semjonows Reformbemühungen widerstanden hatte.

Die Fehde zwischen ihnen hatte in den neunziger Jahren des vorigen Jahrhunderts begonnen, als Maljutins Tochter Vera ihr uneheliches Baby getötet und im nahe gelegenen Wald vergraben hatte. Die Polizei war zu Ermittlungen gekommen, und so hatte sich der reiche Maljutin freikaufen müssen. Er beschuldigte Semjonow, die Polizei informiert zu haben, und begann eine Einschüchterungskampagne – er brannte Semjonows Scheune ab, tötete sein Vieh und beschuldigte ihn der Hexerei –, um ihn aus dem Dorf zu vertreiben. Als Semjonow 1905 eine Zweigstelle des Bauernbunds in Andrejewskoje einrichten wollte, erreichte Maljutin schließlich sein Ziel. Denn das genügte, um Semjonow in den Augen der lokalen Gerichtsbarkeit zu einem gefährlichen Revolutionär zu machen, und so wurde er ins ausländische Exil geschickt. Drei Jahre später kehrte er jedoch als ein Pionier der Stolypinschen Landreformen nach Andrejewskoje zurück. Er versuchte, auf Privatparzellen, die aus dem Gemeindeland ausgegliedert wurden, die fortschrittlichen landwirtschaftlichen Methoden einzuführen, die er in Westeuropa gelernt hatte. Einige jüngere und progressivere Bauern schlossen sich seiner Ablösungsbewegung an. Aber Maljutin geriet erneut in Wut – innerhalb der Dorfgemeinde war er der Boß –, und gemeinsam mit den anderen Dorfältesten gelang es ihm, die Reformen zu blockieren. »Alle meine Träume von einem besseren Leben«, schrieb Semjonow 1916 einem Freund, »sind durch diesen halsstarrigen und eifersüchtigen Mann zerstört worden.«

Die Revolution wirkte sich in der Fehde zugunsten Semjonows aus. Die alte Machtstruktur der Bezirksältesten, der Polizei und des adligen Landeshauptmanns, auf die sich Maljutin gestützt hatte, wurde über Nacht abgeschafft. Innerhalb des Dorfes erhielten die Stimmen der jüngeren und progressiveren Landwirte auch mehr Gewicht, während die alten patriarchalischen Führer wie Maljutin, die in der Revolution nichts Gutes sahen, zunehmend ignoriert wurden. Als ein Verfechter der Reformen wurde Semjonow in der Dorfversammlung eine beherrschende

Figur und sprach sich immer gegen die alte patriarchalische Ordnung und den Einfluß der Kirche aus. 1917 half er bei der Organisation der Neuverteilung des Landes in Andrejewskoje, bei der Maljutins Anteil auf die Hälfte reduziert wurde. Er war in den Landabteilungen des Kreisrats und in den örtlichen Kooperativen aktiv, gründete Verbände für den Kauf von modernen Geräten, eine Handelsgärtnerei, verbesserte die Milchwirtschaft und den Flachsanbau, schrieb Broschüren und hielt Vorträge über Agronomie, unternahm Kampagnen gegen den Alkohol, richtete im Dorf eine Schule und eine Bücherei ein und schrieb selbst Stücke für das »Volkstheater«, das er mit einem befreundeten Lehrer in der nahen Kreisstadt Bucholowo gegründet hatte. Er entwarf sogar Pläne, wie man die Dörfer von Wolokolamsk mit Elektrizität und Telefonkabeln versorgen könnte, und schickte sie an den Moskauer Arbeiter- und Soldatenrat. Obgleich seine Tolstojanische Überzeugung ihn daran hinderte, in den Dorf- oder Gebietsräten ein Amt zu übernehmen, bestand doch kein Zweifel, wie ein Ortsansässiger es ausdrückte, »daß die Bauern nicht nur von Andrejewskoje, sondern in der gesamten Region ihn als ihren Führer und Fürsprecher ansahen«.

Nach wie vor widersetzten sich jedoch Maljutin und dessen Mitälteste jedem seiner Schritte. Sie behaupteten, er sei ein Kommunist und seine Reformen hätten dem Dorf nur alle Übel des neuen Regimes beschert. Der Priester des Orts beschuldigte ihn der Hexerei und warnte vor ihm, sein »Atheismus« sei des Teufels. Archidiakon Zwetkow von Wolokolamsk beteiligte sich an den Denunziationen mit der Behauptung, Semjonow sei der Antichrist. Besonders erbost waren sie über die neue Dorfschule, die Semjonow 1919 organisiert hatte, denn sie war mit Holz aus den Wäldern gebaut, die Maljutin und der Kirche gehört hatten, ehe sie verstaatlicht worden waren. Zudem wurde in der Schule kein Religionsunterricht erteilt. Statt eines Kreuzes hing das obligatorische Lenin-Porträt an der Wand des Klassenzimmers. Eines Nachts wurde Semjonows Scheune niedergebrannt, ein andermal sein landwirtschaftliches Gerät gestohlen und im Dorfteich versenkt. Anonyme Denunziationen, Semjonow sei ein »Konterrevolutionär« und ein »deutscher Spion«, wurden an die örtliche Tscheka geschickt: Mehr als einmal wurde Semjonow von der Tscheka einbestellt, um sich für sein Verhalten zu rechtfertigen, obgleich ein kurzer Anruf bei Kamenew, dem Vorsitzenden des Moskauer Rats, den Semjonow flüchtig kannte, immer ausreichte, um ihn freizulassen. 1921, als Rußland von verschiedenen Viehseuchen heimgesucht wurde, machten Maljutin und seine Verbündeten Semjonows »böse Reformen« für den Tod der Viehbestände im Dorf verantwortlich. Es wurde sogar behauptet, er habe »das Vieh durch Hexerei krank gemacht«.

Schließlich organisierte Maljutin die Ermordung seines alten Rivalen. In der Nacht des 15. Dezember 1922, als Semjonow nach Bucholowo lief, wurde er von mehreren Männern überfallen, darunter auch zwei von Maljutins Söhnen, die plötzlich aus dem Haus ihrer Schwester Vera am Dorfrand auftauchten. Einer von ihnen schoß Semjonow in den Rücken. Als er sich nach seinen Angreifern umdrehte, feuerten sie weitere Schüsse auf ihn ab, und als er dann tot am Boden lag, zerschossen sie sein Gesicht und ritzten ihm ein blutrotes Kreuzeszeichen in die Brust.

Es war ein feiger Mord. Semjonow war seinen Rivalen immer offen entgegengetreten und hatte sich ihren Ansichten gegenüber fair verhalten; dennoch hatten sie ihn verleumdet und ihn rücklings erschossen. Später, als die Mörder verhaftet wurden, behaupteten sie, Semjonow habe »für den Teufel gearbeitet« und die Viehseuche heraufbeschworen.

Semjonow wurde auf seinem eigenen geliebten Boden in Andrejewskoje begraben: er wurde Teil des Bodens, für den er gelebt und in all den Jahren gekämpft hatte. Tausende aus den umliegenden Dörfern nahmen an dem Begräbnis teil, einschließlich Hunderter Schulkinder, die Semjonow selbst unterrichtet hatte. »Es ist tragisch, so einen Menschen zu verlieren«, sagte sein Freund Beloussow in seiner Ansprache, »gerade in dem Augenblick, wo seine Arbeit und seine Lehren für das Volk so bitter nötig geworden sind.« Um die Leistung Semjonows zu würdigen, benannte man die Dorfschule nach ihm, während sein Bauernhof vom Staat erhalten und bis 1929 von seinem Sohn als Modellfarm betrieben wurde, um den Bauern die Segnungen der neuesten landwirtschaftlichen Innovationen vorzuführen. Semjonow wäre zutiefst gerührt gewesen: es war etwas, wovon er sein Leben lang geträumt hatte.[21]

Die *Prawda*, bekannt dafür, daß sie nie eine Gelegenheit für Parteipropaganda ausließ, stürzte sich auf diese kleine Provinzgeschichte. Sie porträtierte Maljutin als den bösen »Kulaken« und Semjonow als den armen, aber politisch bewußten Bauern. Was natürlich alles Unsinn war – weder war Semjonow arm noch Maljutin ein »Kulak«, und jedenfalls war es nicht Klassenzugehörigkeit, die sie getrennt hatte. Was der Mord wirklich zeigte, war, daß es weniger als 150 Kilometer von Moskau entfernt Dörfer wie Andrejewskoje gab, die von der modernen Zivilisation noch nicht berührt worden waren – eine abgeschiedene Welt, in der die Menschen immer noch an Hexerei glaubten und so lebten, als wären sie im Mittelalter gefangen. Für die Bolschewiki galt es, dieses unbekannte Land erst noch zu erobern. Sie betrachteten es mit Mißbilligung, wie eine Armee in einem fremden Land. Frühe sowjetische Ethnographen, die wie die Forscher in die Amazonaswälder ins Umland von Moskau zogen, stellten fest, daß viele ihrer russischen Landsleute immer noch glaubten, die Erde sei flach, in den Wolken lebten Engel und die Sonne umkreise die Erde. Sie entdeckten eine seltsame Dorfkultur, tief in archaischen und patriarchalischen Denkweisen verhaftet, eine Welt, in der die Zeit noch nach Jahreszeiten und religiösen Festen und nicht nach Monaten gemessen wurde, eine Welt voller heidnischer Rituale und Aberglauben, in der man die Frauen schlug, wo das Gesetz der Straße galt, wo es Faustkämpfe und Trinkgelage gab, die tagelang währten.

Die Bolschewiki waren unfähig, diese Welt zu verstehen – über Hexerei hatte Marx nichts gesagt –, geschweige denn, sie zu regieren. Mit ihrer staatlichen Infrastruktur waren sie nur bis zu den Bezirksverwaltungen vorgedrungen. Die meisten Dörfer wurden immer noch von ihrer eigenen Dorfgemeinde regiert, deren kleinbäuerlicher Charakter durch die Revolution und den Bürgerkrieg sehr gestärkt worden war. Ja, Rußland insgesamt war in den letzten Jahren sehr viel »bäuerlicher« geworden. Die großen städtischen Populationen hatten sich weitgehend aufgelöst, die Industrie war faktisch zerstört und die dünne Schicht der Zivilisation in den Provinzen durch die Revolution weggefegt worden. Was übriggeblieben war, waren die Kleinbauern. Kein Wunder, daß so viele Bolschewiki sich von der Bauernmasse bedroht fühlten. Gorki, der den »barbarischen Bauern« ebenso ablehnend gegenüberstand, verlieh ihren Ängsten Ausdruck. »Die gewaltige Bauernflut wird schließlich alles verschlingen«, sagte er einem ausländischen Besucher kurz vor seiner Abreise nach Berlin. »Die Bauern werden allein durch ihre Zahl Rußlands Herren werden. Und das ist eine Katastrophe für unsere Zukunft.«[22] Diese Furcht vor dem Bauern war die große ungelöste Spannung der zwanziger Jahre – eine Spannung, die unerbittlich zu der Tragödie der Kollektivierung führte.

Wohl war das Landleben nicht überall finster. Unter der NEP sickerten einige der schönen Dinge der modernen Welt in die Dörfer durch. So kam zum Beispiel die Elektrizität zu ihnen. Selbst Andrejewskoje erhielt 1927 seine ersten elektrischen Kabel, womit Semjonows Traum endlich Wirklichkeit geworden war. Lenin hatte die neue Technik als ein Allheilmittel gegen die Rückständigkeit Rußlands gepriesen. »Kommunismus – das ist Sowjetmacht plus Elektrifizierung des ganzen Landes«, lautete sein berühmter Slogan. Er schien die Elektrizität mit magischen Kräften gleichzusetzen und prophezeite einmal sogar, die Glühbirne – oder die »kleinen Iljitschlämpchen«, wie sie dann genannt wurden – werde die Ikone in den Bauernkaten ersetzen. In der sowjetischen Propaganda wurde die Fackel der Aufklärung in der Glühbirne symbolisiert: Licht war die Metapher für alles Gute, und entsprechend stand Finsternis für Armut und das Böse. Fotografien zeigen, wie die Bauern in fast schon religiöser Verzückung über die neuen elektrischen Lichter staunen. Nach Lenins Ansicht sollte ein nationales Versorgungsnetz die abgelegene dörfliche Welt in die moderne städtische Kultur eingliedern. Das rückständige bäuerliche Rußland würde durch das Licht der Industrie aus der Finsternis herausgeleitet, um sich einer strahlenden neuen Zukunft des raschen ökonomischen Fortschritts, der Massenerziehung und der Befreiung aus der Schinderei der Handarbeit zu erfreuen. Viel davon war Phantasie: Jahrhunderte der Rückständigkeit konnten nicht durch einen einfachen Knopfdruck überwunden werden. Lenin, der so lange ein Kritiker des Utopismus gewesen war, hatte sich schließlich, wie es H. G. Wells ausdrückte, dieser »Utopie der Elektriker« ergeben und in Übertretung aller marxistischen Doktrin auf die Technologie gesetzt, die Rußlands tief verwurzelte sozialen Probleme überwinden sollte.[23]

In den zwanziger Jahren gab es auch andere Zeichen von Zivilisation auf dem Lande. Immer mehr Krankenhäuser, Theater, Kinos und Bibliotheken entstanden dort. Die Periode der NEP erlebte eine ganze Reihe von Fortschritten in der Landwirtschaft, die nichts Geringeres als eine landwirtschaftliche Revolution darstellten. Die schmalen und so vermischten Ackerstreifen, die die Bewirtschaftung in der Dorfgemeinde so ineffizient gemacht hatten, wurden auf nahezu hundert Millionen Hektar an zugeteiltem Land neu geordnet oder verbreitert. Auf fast einem Fünftel allen Gemeindelands wurde Vielfelderwirtschaft mit Fruchtfolge wie in Westeuropa eingeführt. Chemische Düngemittel, Qualitätssaatgut und moderne Geräte wurden von immer mehr Bauern benutzt. Die Milchwirtschaft wurde modernisiert, viele Bauern stellten sich auf Produkte für den Markt wie Gemüse, Flachs und Zuckerrüben um, die vor der Revolution ausschließlich von den kommerziellen Betrieben des Adels produziert worden waren. Semjonow, der zu seiner Zeit ein Pionier derartiger Reformen gewesen war, hätte sich gefreut über die ländlichen Kooperativen – sowohl für den Warenaustausch mit den Städten als auch für Kredite zum Kauf von Geräten und Vieh –, die in den zwanziger Jahren eindrucksvoll zunahmen. 1927 gehörten 50 Prozent aller bäuerlichen Haushalte zu einer landwirtschaftlichen Genossenschaft. Infolge all dieser Verbesserungen kam es zu einem stetigen Anstieg bei der Produktivität. Das Niveau der landwirtschaftlichen Produktion von 1913 wurde 1926 wieder erreicht und in den beiden nächsten Jahren sogar überschritten. Die Ernteerträge Mitte der zwanziger Jahre lagen um 17 Prozent höher als die von 1900, dem sogenannten »Goldenen Zeitalter« der russischen Landwirtschaft.[24]

Es gab auch einen realen Zuwachs in der Alphabetisierungsrate, womit der Trend vom Anfang des Jahrhunderts fortgesetzt wurde, weil man in den zwanziger Jahren weitere Dorschulen baute. 1926 konnten schätzungsweise 51 Prozent der sowjetischen Bevölkerung lesen und schreiben (verglichen mit 43 Prozent 1917 und 35 Prozent 1907). Die größten Fortschritte gab es bei der Dorfjugend: Von den Bauernsöhnen Anfang 20 konnten mehr als doppelt so viele lesen und schreiben wie ihre Vätergeneration, während unter den jungen Bauersfrauen derselben Altersgruppe fünfmal so viele lesen und schreiben konnten wie ihre Mütter. Diese Kluft zwischen den Generationen wuchs sowohl demographisch als auch kulturell. 1926 waren mehr als die Hälfte der ländlichen Bevölkerung unter zwanzig Jahren und über zwei Drittel unter dreißig. Das waren im großen und ganzen die alphabetisierten Bauern. Viele von ihnen hatten die Welt außerhalb ihres Dorfes durch den Dienst in der Armee kennengelernt. Sie stellten die Autorität ihrer Bauernältesten in Frage, gingen selten zur Kirche und zeigten individualistische Bestrebungen, was sich in einer starken Zunahme der Haushaltsteilungen in den zwanziger Jahren spiegelte, als diese Söhne sich von ihren Vätern lösten und kleine eigene Haushalte gründeten. Bauernsöhne verdrängten auch zunehmend ihre Väter als Haushaltsvorstände und hatten beim Betrieb der Landwirtschaft mehr zu sagen.[25] Das russische Dorf war gespalten, und zwar, anders als die Bolschewiki fälschlicherweise glaubten, nicht so sehr zwischen arm und reich als zwischen Vätern und Söhnen.

Dieser Generationenkonflikt half den Bolschewiki, ihren Einfluß auf dem Land durch die Organisation der dortigen unruhigen Jugend auszubauen. Der Komsomol wuchs auf dem Land viel rascher als die Partei – von 80 000 Mitgliedern 1922 auf weit über eine halbe Million im Jahr 1925, das heißt dreimal soviel Mitglieder, wie die Bolschewiki auf dem Land hatten. Der Komsomol war ein gesellschaftlicher Klub für die gelangweilten Teenager des Dorfes und organisierte sie zu einem Kreuzzug gegen die Kirche und die alte patriarchalische Ordnung. Ziel des Komsomol war es, »das Dorf auf den Kopf zu stellen«. Durch Rekrutierungen für die Partei bot er den ehrgeizigen Jugendlichen auch die Chance, aufzusteigen und das rückständige Dorf, das so viele von ihnen inzwischen verabscheuten, um der strahlenden Lichter der städtischen Welt willen zu verlassen. In einer Studie über den Komsomol in einer der stärksten landwirtschaftlichen Regionen der Provinz Woronesch Mitte der zwanziger Jahre wurde festgestellt, daß 85 Prozent seiner Mitglieder aus Bauernfamilien kamen, jedoch nur 3 Prozent sagten, daß sie in der Landwirtschaft arbeiten wollten. 1923 faßte ein junger Ethnographie-Student die Einstellung seiner Altersgenossen aus seinem Dorf im Raum Wolokolamsk, nicht weit von Semjonows Andrejewskoje, zusammen:

*Und das sagen die jungen Menschen über ihre Eltern: »Die alten Leute sind Narren. Sie arbeiten bis zur Erschöpfung und bekommen doch nichts dafür. Sie wissen nichts, außer wie man mit dem Pflug umgeht [... Die Jungen] wollen weg, so schnell wie möglich. Egal wohin, nur weg – in die Fabrik, die Armee, zum Studium oder um Offizier zu werden, ganz egal.*[26]

Semjonow und Kanattschikow hatten dieselbe Tendenz dreißig Jahre früher beobachtet. Die Ablehnung des Dorfes durch die eigene Jugend stellte offenbar eine dauerhafte Rekrutierungsquelle für die Bolschewiki dar.

Die Rote Armee war neben dem Komsomol ein Mittel, die unruhige Dorfjugend zu organisieren. Junge Männer, die von der Armee zurückgekehrt waren, übernahmen häufig die Führung in den ländlichen Sowjets und in dem Komsomol-Kreuzzug gegen die alte ländliche Ordnung. Eine Gruppe von Armeeveteranen hielt in ihrem Dorf einen »Kongreß« ab, um zu besprechen, wie man »einen Kampf gegen Finsternis, Religion, Mondschein und andere Übel« organisieren könnte. Nachdem sie sich an das Leben in der Armee gewöhnt hatten, langweilten sich diese jungen Veteranen bald in ihrem Dorfleben, wo es, wie einer von ihnen sagte, »keinerlei Kulturen« gebe. Sie verachteten die alten ländlichen Sitten des Dorfs und bemühten sich, falls sie das Dorf nicht überhaupt verließen, sich auf jede Weise durch städtische oder militärische Kleidung abzuheben. In einer Quelle heißt es, daß alle »ehemaligen Soldaten, ländlichen Aktivisten und Komsomol-Mitglieder – das heißt alle, die sich für progressiv hielten – in militärischen und halbmilitärischen Uniformen herumliefen«. Viele dieser jungen Menschen spielten später eine aktive Rolle in Stalins Kollektivierungskampagne. Sie schlossen sich den Kommandos zur Getreiderequisition an, die nach 1927 den Bürgerkrieg gegen das Dorf wiederaufnahmen, bildeten »Initiativgruppen«, um kollektive Landwirtschaft zu organisieren, beteiligten sich an den erneuten Angriffen auf die Kirche, halfen, den Widerstand der Bauern zu brechen, und wurden später die Funktionäre oder Maschinisten in den neuen Kolchosen.[27]

Und doch blieb es eine Tatsache, daß die Bolschewiki innerhalb des Dorfes ohne wirkliche Autorität waren. Das war auch der tiefere Grund für das Scheitern der NEP. Die Bolschewiki waren nicht in der Lage, das Land mit friedlichen Mitteln zu regieren, und griffen daher zu Terrormaßnahmen, die schließlich zur Kollektivierung führten. Die Ereignisse der Jahre 1918–1921 hatten eine tiefe Narbe in den Beziehungen zwischen Bauern und Staat hinterlassen. Zwar hatten sie ihren Bürgerkrieg beendet, doch beide Seiten beobachteten einander während des unsicheren Burgfriedens der zwanziger Jahre voller Argwohn und Mißtrauen. Mit passiven und alltäglichen Formen des Widerstands – dem Verzögern, dem üblichen Unvermögen, Anweisungen zu verstehen, mit Apathie und Trägheit – hofften die Bauern, die Bolschewiki in Schach zu halten. Als die Partei die Sowjetverwaltung in den Bezirken übernahm, zogen sich die Bauern ganz aus den Sowjets zurück und schlossen sich in ihren Dorfgemeinden zu politischen Gruppierungen neu zusammen. Die Auferstehung des absolutistischen Staats schuf so erneut die alte Trennung zwischen dem Bezirk als dem Sitz der staatlichen oder adligen Macht – »die nur am Eintreiben der Steuern interessiert ist«, wie es ein Bauer ausdrückte – und dem Dorf als der Domäne der Bauern. Außerhalb der Bezirke besaßen die Bolschewiki keine Autorität. Nahezu alle ihre Mitglieder waren dort konzentriert, wo man sie brauchte, um die flügge werdenden staatlichen Organe zu leiten. Sehr wenige ländliche Bolschewiki lebten auf dem Dorf oder hatten irgendwelche konkreten Verbindungen zu den Bauern. Nur 15 Prozent der ländlichen Parteimitglieder arbeiteten in der Landwirtschaft, und sogar weniger als 10 Prozent kamen aus der Gegend, für die sie zuständig waren. Was die ländlichen Parteiversammlungen anbelangt, so waren sie vor allem mit der staatlichen Politik, mit internationalen Ereignissen und sogar mit Fragen der Sexualmoral befaßt – aber nur sehr selten mit landwirtschaftlichen Themen.

Die ländlichen Sowjets waren ebenso machtlos. Obgleich technisch gesehen der Bezirksverwaltung untergeordnet, waren ihre vorwiegend bäuerlichen Mitglieder nicht bereit, gegen die Interessen der Dorfgemeinde vorzugehen, von deren Steuern sie mit ihren Budgets abhingen. Ja, die Dorfbewohner wählten oft einen Dummkopf oder einen Alkoholiker oder vielleicht einen armen, bei den Dorfältesten verschuldeten Bauern, um die Arbeit des Sowjets zu sabotieren. Es handelte sich um einen alten Trick der Bauern, der auch schon vor 1917 gegen die Bezirksverwaltung benutzt worden war. Die Bolschewiki reagierten darauf wie üblich falsch, indem sie die Macht zentralisierten und die Anzahl der ländlichen Sowjets reduzierten, doch das machte die Sache nur schlimmer, denn damit war die große Mehrheit der Dörfer überhaupt ohne Sowjet. 1929 versuchte der durchschnittliche ländliche Sowjet, neun verschiedene Dörfer mit einer Gesamtbevölkerung von 1500 Menschen zu verwalten. Ohne Telefone, manchmal sogar ohne Verkehrsmittel, waren die Sowjetfunktionäre nahezu machtlos. Steuern konnten nicht korrekt eingezogen und Sowjetgesetze nicht umgesetzt werden.[28]

Unter denjenigen Bolschewiki, die über die NEP geschrieben haben – Bucharin ist ein klassisches Beispiel –, war die Meinung verbreitet, wachsender Wohlstand und kultureller Fortschritt auf dem Land könnten dieses politische Problem irgendwie lösen. Das war ein Irrtum. In dem kleinteiligen System der NEP wurde die politische Kultur des Dorfes sogar noch deutlicher »bäuerlich« in fundamentalem Gegensatz zum Staat, und keine noch so intensive Propaganda oder Erziehung konnte je hoffen, diese Kluft zu überbrücken. Warum sollte auch ein besser ausgebildeter Bauer für kommunistische Kontrolle oder Indoktrination empfänglicher sein? Die ländliche Intelligenzija, die allein eine Vermittlerrolle zwischen den Bauern und dem Regime hätte spielen können, war in diesem bäuerlichen Ozean ein winziges Eiland mit einer eigenen, deutlich städtischen Kultur und wurde vor allem zunehmend argwöhnisch von den Bauern betrachtet.[29] Je länger die NEP dauerte, desto größer wurde das Mißverhältnis zwischen den Ambitionen des Sowjetregimes und seiner Ohnmacht auf dem Land. Bei den militanten Bolschewiki wuchs die Furcht, die Revolution könnte degenerieren und in dem »Kulaken«morast versinken, wenn man nicht einen neuen Bürgerkrieg anzettelte, um das Dorf der Stadt zu unterwerfen. Hier lagen die Wurzeln von Stalins Bürgerkrieg gegen das Dorf, dem Bürgerkrieg der Kollektivierung. Da sie über keine Mittel verfügten, das Dorf zu regieren, geschweige denn, es sozialistisch umzugestalten, suchten die Bolschewiki statt dessen, es abzuschaffen.

## LENINS LETZTER KAMPF

Die ersten Anzeichen, daß Lenin nicht gesund war, traten 1921 auf, als er über Kopfschmerzen und Erschöpfung zu klagen begann. Die Ärzte konnten die Krankheit nicht diagnostizieren – sie war ebensosehr die Folge von einem psychischen wie von einem physischen Zusammenbruch. Die vergangenen vier Jahre hatte Lenin so gut wie ohne Unterbrechung bis zu 16 Stunden täglich gearbeitet. Die einzigen wirklichen Ruhepausen hatte es im Sommer 1917 gegeben, als er auf der Flucht vor Kerenskis Regierung gewesen war, und während der Wochen der Erholung von dem Mordanschlag der Kaplan im August 1918. Die Krise von 1920/21 hatte Lenin gesundheitlich schwer zugesetzt. Die physischen Symptome von »Lenins Rage«, wie sie Nadeschda Krupskaja einst beschrieben hatte, nämlich Schlaflosigkeit und Gereiztheit, Kopfschmerzen und depressive Erschöpfung, kehrten wieder, um ihm während seines erbitterten Kampfes mit der Arbeiteropposition und den landesweiten Revolten keine Ruhe zu lassen. Die Kronstädter Rebellen, die Arbeiter und die Bauern, die Menschewiki, die Sozialrevolutionäre und die Geistlichkeit, die in großer Zahl verhaftet und erschossen wurden, sie alle waren Opfer seiner Rage. Im Sommer 1921 war Lenin noch einmal als Sieger hervorgegangen, doch die Symptome seiner geistigen Erschöpfung – Gedächtnisausfälle, Sprachschwierigkeiten und unkontrollierte Bewegungen – waren für alle deutlich sichtbar. Am 25. Mai 1922 erlitt Lenin seinen ersten größeren Schlaganfall, der seine rechte Seite praktisch lähmte und ihm eine Zeitlang auch das Sprachvermögen raubte. Nach den Worten seiner Schwester Maria Uljanowa, die ihn bis zu seinem Tod pflegen sollte, erkannte Lenin jetzt, »daß es mit ihm zu Ende gehe«. Er bat Stalin, ihm Gift zu geben, damit er sich das Leben nehmen könnte. »Er kann und möchte nicht länger leben«, sagte ihm Krupskaja. Sie hatte versucht, Lenin Zyankali zu geben, aber im entscheidenden Moment die Nerven verloren, so daß beide beschlossen hatten, statt dessen Stalin zu bitten als einen »harten und stählernen Menschen, dem jedwede Sentimentalität fremd war«. Obgleich Stalin später Lenins Tod wünschen sollte, weigerte er sich, ihm Sterbehilfe zu leisten, und auch das Politbüro stimmte dagegen. Im Augenblick war Lenin Stalin nützlicher, wenn er lebte.[30]

Im Sommer 1922, als Lenin sich in seinem Landhaus in Gorki erholte, beschäftigte er sich mit der Frage seiner Nachfolge. Das muß eine qualvolle Aufgabe für ihn gewesen sein, da er wie alle Diktatoren eifersüchtig auf seine eigene Macht bedacht und offensichtlich überzeugt war, daß niemand sonst gut genug sei, sie zu erben. All die letzten Schriftstücke Lenins machen deutlich, daß er eine kollektive Führung als Nachfolge bevorzugte. Vor allem fürchtete er die persönliche Rivalität zwischen Trotzki und Stalin, weil er erkannte, daß sie die Partei spalten könnte, sobald er sich von der Szene zurückzog, und so suchte er dem vorzubeugen, indem er das Kräftegleichgewicht zwischen beiden zu halten suchte.

In seinen Augen verfügten beide Männer über Vorzüge. Trotzki war ein brillanter Redner und Verwalter: er vor allen anderen hatte den Bürgerkrieg gewonnen. Doch seine Eitelkeit und Arroganz – ganz zu schweigen von seiner Vergangenheit als Menschewik oder seinem jüdisch-intellektuellen Aussehen – machten ihn in der Partei unpopulär (sowohl die Militärische als auch die Arbeiteropposition waren weitgehend gegen ihn persönlich eingestellt). Von Natur aus war Trotzki kein »Genosse«, sondern immer eher der General seiner eigenen Armee als ein Hauptmann in einer kollektiven Führung. Das war es, was ihm bei den einfachen Soldaten die Stellung eines Außenseiters verlieh. Obgleich er Mitglied des Politbüros war, hatte er nie einen Parteiposten innegehabt. Selten nahm er an Parteiversammlungen teil. Lenins Gefühle gegenüber Trotzki hat Maria Uljanowa zusammengefaßt: »Er hegte keine Sympathie für Trotzki – Trotzki hatte zu viele Eigenschaften, die es außerordentlich schwer machten, im Kollektiv mit ihm zusammenzuarbeiten. Aber er war ein tüchtiger Arbeiter und ein begabter Mensch, und das war für W. I. das wichtigste, also versuchte er, ihn an Bord zu halten. Ob es das wert war, ist eine andere Frage.«[31]

Stalin dagegen schien zunächst sehr viel geeigneter für die Anforderungen einer kollektiven Führung. Während des Bürgerkriegs hatte er eine gewaltige Zahl prosaischer Aufgaben auf sich genommen, die keiner sonst wollte – mit dem Ergebnis, daß er sich bald den Ruf des bescheidenen und fleißigen Mittelmaßes erwarb. Er war der »graue Fleck«, wie ihn Suchanow 1917 beschrieben hatte. Die anderen führenden Bolschewiki machten alle denselben Fehler: Sie unterschätzten das Machtpotential, über das Stalin infolge der Förderung, die ihm für die Verwaltung all seiner Posten zuteil geworden war, inzwischen verfügte, sowie seinen Ehrgeiz, diese Macht zu gebrauchen. Lenin war in diesem Punkt nicht besser als die anderen. Obwohl ansonsten von großer Intoleranz, erwies er sich bemerkenswert duldsam gegenüber Stalins vielen Sünden – nicht zuletzt seiner zunehmenden Grobheit gegen ihn selbst –, weil er glaubte, er brauche Stalin, um die Einheit in der Partei zu wahren. Das war der Grund, weshalb er im April 1922 auf Stalins Drängen und offenbar mit Unterstützung Kamenews einwilligte, Stalin zum ersten Generalsekretär der Partei zu machen. Das war eine entscheidende Ernennung, wie sich erwies – denn sie verhalf Stalin zur Macht. Als Lenin das schließlich erkannte und versuchte, Stalin von diesem Posten entfernen zu lassen, war es jedoch bereits zu spät.[32]

Der Schlüssel zu Stalins wachsender Macht war, daß er den Parteiapparat in der Provinz kontrollierte. Als Vorsitzender des Sekretariats und einziges Poltibüromitglied im Orgbüro konnte er seine Freunde befördern und seine Gegner entlassen. Im Laufe des Jahres 1922 wurden allein über 10 000 Provinzfunktionäre durch das Orgbüro und das Sekretariat ernannt, die meisten davon auf Stalins persönliche Empfehlung. Im Machtkampf gegen Trotzki 1922/23 sollten sie seine Hauptstützen sein. Die meisten waren wie Stalin selbst von sehr einfacher Herkunft und hatten nur eine bescheidene Ausbildung genossen. Mißtrauisch gegen Intellektuelle wie Trotzki, zogen sie es vor, wenn es um Ideologie ging, ihr Vertrauen in Stalins Weisheit mit seinen einfachen Aufrufen zu proletarischer Einheit und bolschewistischer Disziplin zu setzen.

Lenin hatte von Moskau aus das Wachsen von Stalins Macht durch »Postenverteilung« mit angesehen, weil es sich als Gegenmittel gegen die Bildung oppositioneller Faktionen in der Provinz auswirkte (in der Ukraine und Samara zum Beispiel blieb die Arbeiteropposition bis 1923 stark). Stalin verbrachte als Vorsitzender des Sekretariats einen Großteil seiner Zeit damit, potentielle Unruhestifter in der Provinz aus dem Parteiapparat zu beseitigen. Er empfing monatliche Berichte der Tscheka (die 1922 in GPU umbenannt wurde) über die Aktivitäten der Provinzführer. Boris Baschanow, Stalins persönlicher Sekretär, erinnerte sich an Stalins Angewohnheit, in seinem riesigen Kreml-Büro Pfeife rauchend auf und ab zu gehen, um dann eine knappe Anweisung zu geben, diesen Parteisekretär abzusetzen und jenen an seine Stelle zu schicken. Es gab nur wenige Parteiführer, einschließlich der Mitglieder des Politbüros, die Stalin Ende 1922 nicht unter Aufsicht gehabt hätte. Unter dem Vorwand, die leninistische Orthodoxie durchzusetzen, konnte Stalin somit Informationen über alle seine Rivalen einholen, darunter viele Dinge, die sie wohl lieber geheimgehalten hätten und die er nutzen konnte, um sich ihre Loyalität zu sichern.[33]

Während Lenin sich von seinem Schlaganfall erholte, wurde Rußland von einer Troika – Stalin, Kamenew und Sinowjew – regiert, die sich im Sommer 1922 als ein Anti-Trotzki-Block herausgebildet hatte. Die drei trafen sich vor den Parteiversammlungen, um ihre Strategie abzustimmen und ihre Gefolgsleute zu instruieren, wie sie stimmen sollten. Kamenew hatte lange eine Schwäche für Stalin gehabt: Sie waren zusammen im Exil in Sibirien gewesen, und Stalin hatte ihn verteidigt, als Lenin versuchte, ihn wegen seiner Opposition gegen den Oktoberputsch aus der Partei auszuschließen. Kamenew hatte Ambitionen auf die Führung der Partei, was ihn dazu verleitete, sich auf Stalins Seite gegen Trotzki zu stellen, den er für die ernstere Gefahr hielt. Da Trotzki Kamenews Schwager war, bedeutete das, daß Kamenew Fraktion über Familie stellte. Was Sinowjew anbelangt, so empfand er wenig Sympathie für Stalin. Doch sein Haß auf Trotzki war so überwältigend, daß er selbst einen Bund mit dem Teufel eingegangen wäre, wenn es nur die Niederlage seines Feindes bedeutet hätte. Beide Männer glaubten, Stalin, den sie für Mittelmaß hielten, benutzen zu können, um ihre eigenen Ansprüche auf die Führung zu untermauern. Statt dessen benutzte Stalin sie, und als Trotzki erst einmal besiegt war, ging er daran, auch sie zu vernichten.

Im September hatte sich Lenin erholt und nahm seine Arbeit wieder auf. Jetzt wurde er mißtrauisch gegenüber Stalins Ehrgeiz, und um dessen wachsende Macht zu bekämpfen, schlug er vor, Trotzki im Sownarkom zu seinem, Lenins, Stellvertreter zu machen. Trotzkis Gefolgsleute haben immer behauptet, das hätte ihren Helden zu Lenins Erben bestimmt. In Wahrheit hielten viele diesen Posten jedoch für unbedeutend – das Zentrum der Macht lag eher in den Partei- als in den Regierungsorganen –, und sicher war dies der Grund, weshalb Stalin im Politbüro Lenins Vorschlag gerne zustimmte. Tatsächlich war es Trotzki selbst, der sich am heftigsten dagegen wandte und auf seinen Stimmzettel schrieb: »Kategorisch abgelehnt«.

Das bedeutet allerdings nicht, daß Lenin diese negative Einschätzung der Aufgabe im Sownarkom teilte, und ebensowenig, daß er sie Trotzki, wie Lenins Schwester behauptet hat, als bloße »diplomatische Geste« anbot, um die Tatsache zu kompensieren, daß »Iljitsch auf Stalins Seite stand«. Lenin hat die Arbeit des

# DAS REVOLUTIONÄRE ERBE

96–97 Das Volk lehnt die Bolschwiki ab.
96 Truppen der Roten Armee stürmen am 16. März 1921 die meuternde Marinebasis von Kronstadt.

97 Bauernrebellen (»Grüne«) greifen einen Zug mit requiriertem Getreide an (Februar 1921).

98–100 Die Hungersnot von 1921/22.

98 Bolschewistische Kommissare inspizieren die mißratene Ernte in der Wolgaregion (1921). Die Hungersnot wurde vor allem durch die rücksichtslose Getreiderequirierung der Bolschewiki verursacht.

99 Opfer des Hungers: ein überfüllter Friedhof im Kreis Busuluk (1921).

100 Kannibalen mit ihren Opfern, Provinz Samara (1921).

101–103 Waisenkinder der Revolution.
101 Straßenkinder in Saratow suchen in einem Müllhaufen nach Essensresten (1921).

102 Auch Waisen ließen sich für politische Propaganda einsetzen. Der Junge, der hier vom Agitationszug *Oktoberrevolution* herab eine Rede hält, war Sekretär des Tulaer Komsomol. Er gehörte zu der Generation, die ein Jahrzehnt später den stalinistischen Angriff auf das alte Rußland mit anführte.

103 Waisen eigneten sich außerdem gut als Soldaten: eine nationale Einheit der Roten Armee in Turkestan (1920).

104 Krieg gegen die Religion: Soldaten der Roten Armee konfiszieren Kirchenschätze aus dem Moskauer Simonow-Kloster (1923).

105–106 Die Revolution breitet sich nach Osten aus.
105 Die Rote Armee gelangt nach Buchara und erklärt den einstigen Untertanen des Emirs die Bedeutung der Sowjetmacht (September 1920).

106 Zwei bolschewistische Kommissare aus Fernost.

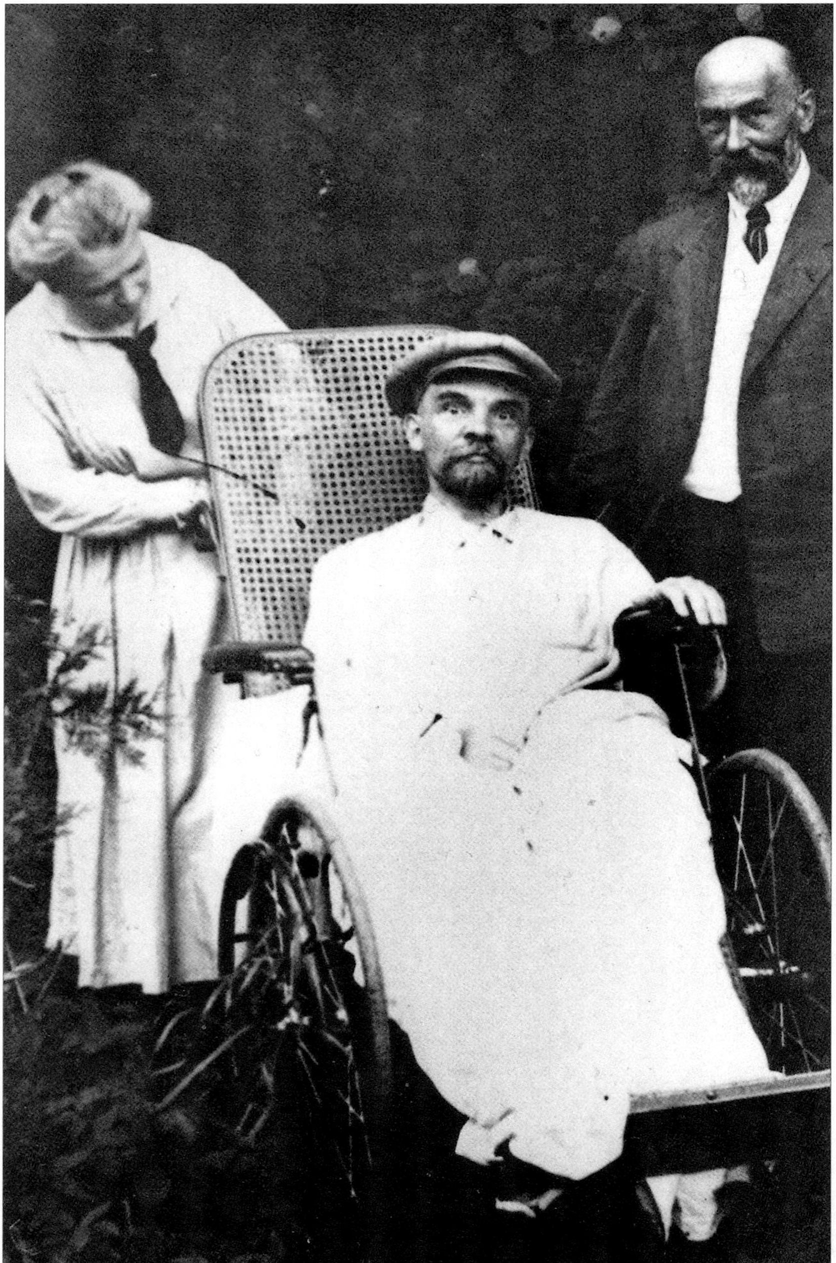

107 Der todkranke Lenin im Sommer 1923 mit einem seiner Ärzte und seiner jüngeren Schwester Maria Uljanowa. Zum Zeitpunkt dieser Aufnahme war Stalins Aufstieg zur Macht so gut wie gesichert.

Sownarkom immer höher bewertet als die der Partei selbst. Der Sownarkom war Lenins Kind, auf das er all seine Energien verwandte, und zwar erstaunlicherweise in einem Maße, daß er das Parteileben aus dem Blick verlor. »Ich kenne offengestanden nicht die Ausmaße der ›Verteilungs‹arbeit des Orgbüros«, gestand er im Oktober 1921 Stalin. Das war Lenins Tragik. In den letzten Monaten seiner politischen Aktivität, als er mit dem Problem der wachsenden Macht der führenden Parteiorgane zu kämpfen hatte, erblickte er im Sownarkom mehr und mehr das Instrument, mit dem er die Macht zwischen der Partei und dem Staat aufteilen konnte. Doch mußte der Sownarkom als Lenins persönlicher Sitz der Macht aufgrund seiner Krankheit und seines Rückzugs aus der Politik an Bedeutung verlieren. Selbst als Trotzki ihn als Vorsitzender vertrat, war es fast mit Sicherheit zu spät, um die Verschiebung der Macht hin zu den Parteiorganen in Stalins Hand aufzuhalten, und Trotzki muß das gewußt haben.[34]

Lenins Mißtrauen gegen Stalin verstärkte sich, als Stalin im Oktober vorschlug, Trotzki zur Strafe für seine arrogante Zurückweisung des Postens im Sownarkom aus dem Politbüro auszuschließen. Als Lenin sich mit den Aktivitäten der Troika vertraut machte, begriff er, daß sie wie eine herrschende Clique agierte und ihn von der Macht ausschließen wollte. Das bestätigte sich, als Lenin entdeckte, daß die Troika, sobald er sich von den Sitzungen des Politbüros zurückzog – was er aus Erschöpfung häufig vorzeitig tun mußte –, wesentliche Entscheidungen traf, von denen er dann erst am nächsten Tag erfuhr. Daraufhin ordnete Lenin an (am 8. Dezember), daß die Sitzungen des Politbüros nicht länger als drei Stunden dauern dürften und daß alle unerledigten Angelegenheiten auf den nächsten Tag zu verschieben seien. Zur selben Zeit wandte sich Lenin mit dem Angebot an Trotzki – so jedenfalls behauptete dieser später –, sich ihm in einem »Block gegen die Bürokratie« anzuschließen, was soviel wie eine Koalition gegen Stalin und seine Machtbasis im Orgbüro bedeutete. Trotzkis Behauptung ist glaubwürdig. Schließlich geschah das Ganze am Vorabend von Lenins Testament, das sich hauptsächlich mit dem Problem Stalin und seinem Einfluß auf die Bürokratie befaßte. Trotzki hatte bereits die Parteibürokratie, vor allem die Rabkrin und das Orgbüro, kritisiert. Und wir wissen, daß Lenin Trotzkis Opposition gegen Stalin sowohl beim Außenhandel als auch beim Thema Georgien teilte. Kurz gesagt, es scheint, daß etwa Mitte Dezember Lenin und Trotzki einander gegen Stalin näherkamen. Doch dann erlitt Lenin in der Nacht des 15. Dezember seinen zweiten schweren Schlaganfall.[35]

Stalin übernahm sofort die Aufsicht über Lenins Ärzte und erreichte unter dem Vorwand, Lenins Genesung zu beschleunigen, vom Zentralkomitee eine Anweisung, die ihn ermächtigte, Lenin durch Beschränkung von Besuchern und Korrespondenz von der Politik »zu isolieren«. »Weder Freunde noch die Menschen seiner nächsten Umgebung«, so lautete eine weitere Anweisung des Politbüros vom 24. Dezember, »dürfen Wladimir Iljitsch irgendwelche politischen Neuigkeiten mitteilen, denn das könnte ihn zum Nachdenken veranlassen und aufregen.« Lenin, der an seinen Rollstuhl gefesselt war und höchstens »5 bis 10 Minuten am Tag« diktieren durfte, war Stalins Gefangener geworden. Seine beiden Sekretärinnen, Nadeschda Allilujewa (Stalins Frau) und Lidia Fotijewa, berichteten Stalin alles, was er gesagt hatte. Lenin merkte das offenbar nicht, wie spätere Ereignisse zeigen sollten. Stalin machte sich inzwischen medizinisch kundig und ließ sich Lehrbücher kommen. Er gewann die Überzeugung, daß Lenin bald sterben würde, und behandelte ihn immer unverhohlener mit Geringschätzung. »Lenin kaputt«, sagte er im Dezember zu Kollegen. Über Maria Uljanowa kamen diese Worte Lenin zu Ohren. »Noch bin ich nicht gestorben«, sagte ihr darauf der Bruder, »aber unter Stalins Führung haben sie mich bereits begraben.« Obgleich Stalin seine Reputation auf sein besonderes Verhältnis zu Lenin aufbaute, verriet er 1924 seine wahren Gefühlen gegenüber Lenin, als er nach einem ganzen Jahr des Wartens auf dessen Verfall und Sterben gemurmelt haben soll: »Er hat nicht als ehrlicher Führer sterben können!« Tatsächlich hätte Lenin viel früher sterben können. Gegen Ende Dezember war er durch die Einschränkungen seiner Handlungsfreiheit so frustriert, daß er noch einmal um Gift bat, um seinem Leben ein Ende zu setzen. Fotijewa zufolge lehnte es Stalin ab, das Gift zu besorgen. Doch zweifellos bereute er das bald, denn Lenin diktierte jetzt in den kurzen Phasen, in denen er arbeiten durfte, eine Reihe von Notizen für den kommenden Parteikongreß, in denen er Stalins wachsende Macht verurteilte und seine Absetzung forderte.[36]

Diese bruchstückhaften Notizen, die später als Lenins Testament bekannt wurden, diktierte Lenin in kurzen Zeitabständen zwischen dem 23. Dezember und dem 4. Januar – manche telefonisch einer Stenografin, die mit Kopfhörern im benachbarten Zimmer saß. Lenin befahl strengste Geheimhaltung und steckte die Notizen in versiegelte Umschläge, die nur von ihm selbst oder Krupskaja geöffnet werden dürften. Seine Sekretärinnen allerdings spionierten auch für Stalin und zeigten ihm die Texte.[37] Diese letzten Schriften Lenins durchzieht eine überwältigende Verzweiflung über die Art und Weise, wie sich die Revolution entwickelt hatte. Lenins hektischer Stil, seine Übertreibungen und obsessiven Wiederholungen, verraten einen nicht nur durch die Lähmung beeinträchtigten, sondern auch gequälten Verstand, vielleicht wegen der Erkenntnis, daß das einzige Ziel, auf das er vier Jahrzehnte lang hingearbeitet hatte, sich nunmehr als monströser Fehler entpuppte. In diesen letzten Schriften war es Rußlands kulturelle Rückständigkeit, die Lenin keine Ruhe ließ. Es schien, als gestehe er ein, vielleicht nur sich selbst gegenüber, daß die Menschewiki mit ihrem Standpunkt recht behalten hätten, Rußland sei noch nicht bereit für den Sozialismus, weil seine Massen zu ungebildet seien, als daß sie den Platz der Bourgeoisie einnehmen könnten, und jeder Versuch, diesen Prozeß durch staatliches Eingreifen zu beschleunigen, müsse in Tyrannei enden. War es das, was er meinte, als er davor warnte, die Bolschewiki müßten noch »lernen, wie man regiert«?

Lenins letzte Aufzeichnungen konzentrierten sich auf drei Hauptprobleme – wobei Stalin in allen der Hauptschuldige war. Das erste war die georgische Affäre und die Frage, was für einen Unionsvertrag Rußland mit den ethnischen Grenzländern schließen sollte. Stalin stand trotz seiner georgischen Herkunft an der Spitze jener Bolschewiki, die Lenin während des Bürgerkriegs wegen ihres »großrussischen Chauvinismus« kritisiert hatte. Die meisten Anhänger Stalins in der Partei hegten dieselben imperialistischen Ansichten. Für sie war die Kolonisierung der Grenzländer, vor allem der Ukraine, durch russische Arbeiter und die Unterdrückung der einheimischen bäuerlichen Bevölkerung (»kleinbürgerlichen Nationalisten«) gleichbedeutend mit der Einführung der kommunistischen Macht. Im späten September schlug Stalin als Volkskommissar für Nationalitätenfragen vor, die drei bis dahin entstandenen nichtrussischen Republiken (die Ukraine, Weißrußland und Transkaukasien) sollten sich Rußland als lediglich autonome Gebiete anschließen und den Löwenanteil der Macht der föderativen Regierung in Moskau überlassen. Der »Autonomisierungsplan«, wie man Stalins Vorschläge später nannte, hätte das »vereinte und unteilbare Rußland« des Zarenreichs wiederhergestellt. Das hatte Lenin ganz und gar nicht im Sinn gehabt, als er Stalin die Aufgabe übertrug, die Pläne für eine föderative Union zu entwerfen. Lenin unterstrich die Notwendigkeit, die in seinen Augen berechtigten historischen Klagen der Nichtrussen gegen Rußland zu beschwichtigen, indem er ihnen den Status »souveräner« Republiken (für die größeren Ethnien) oder »autonomer« Republiken (für die kleineren) garantierte mit weitgehenden kulturellen Freiheiten und dem formalen Recht – was immer das wert war –, aus der Union auszuscheiden.

Stalins Plänen widersetzten sich die georgischen Bolschewiki aufs heftigste, deren Bemühungen, ihre eigene zerbrechliche Basis aufzubauen, von dem Zugeständnis dieser nationalen Rechte abhing. Bereits im März 1922 hatten Stalin und sein georgischer Landsmann Ordschonikidse, Chef des Moskauer Kaukasusbüros, Georgien gegen den Willen seiner Führer gezwungen, sich mit Armenien und Aserbaidschan zu einer Transkaukasischen Föderation zu verbinden. Den Führern Georgiens schien es, als würden Stalin und sein Handlanger Georgien wie ihr Lehen behandeln und es rücksichtslos überrennen. Sie wiesen den Autonomisierungsplan zurück und drohten mit Rücktritt, falls Moskau den Plan durchdrückte.

An diesem Punkt griff Lenin ein. Als erstes stellte er sich auf Stalins Seite. Obgleich dessen Vorschläge nicht wünschenswert seien – Lenin setzte durch, daß sie zugunsten der föderativen Union fallengelassen wurden, die später als der 1924 ratifizierte Vertrag der Sowjetunion bekannt wurde –, hätten die Georgier unrecht getan, Ultimaten zu stellen, was er ihnen in einem verärgerten Telegramm am 21. Oktober mitteilte. Am nächsten Tag trat das gesamte Zentralkomitee der georgischen Kommunistischen Partei aus Protest zurück. Nichts auch nur annähernd Vergleichbares war je zuvor in der Geschichte der Partei geschehen. Vom späten

November an, als Lenin sich mehr und mehr gegen Stalin wandte, änderte er seine Einstellung. Neue Beweismittel aus Georgien ließen ihn seine Position überdenken. Er schickte eine von Dserschinski und Rykow geleitete Untersuchungskommission nach Tiflis, durch die er erfuhr, daß Ordschonikidse bei einer Auseinandersetzung einen prominenten georgischen Bolschewiken (der ihn ein »stalinistisches Arschloch« geschimpft hatte) zusammengeschlagen hatte. Lenin war außer sich. Es bestätigte seinen Eindruck von Stalins wachsender Unverschämtheit und ließ das georgische Thema in einem anderen Licht erscheinen. In seinen Notizen an den Parteikongreß vom 30./31. Dezember verglich er Stalin mit einem »großrussischen Chauvinisten, ja im Grunde Schurken und Gewalttäter«, der nur kleine Nationen wie Georgien drangsaliere und unterdrücke, während doch für die Regierung in Rußland »größte Vorsicht, Zuvorkommenheit und Nachgiebigkeit unsererseits« gegenüber deren legitimen nationalen Bestrebungen notwendig sei. Lenin behauptete sogar, daß in einer sozialistischen Föderation »unterdrückte Nationen« wie Georgien mehr Rechte haben sollten als die »unterdrückende Nation« (d. h. Rußland), weil eine solche Anerkennung »jene Ungleichheit aufwiegt, die sich faktisch im Leben ergibt«. Am 8. Januar versprach Lenin in dem Brief, der sein letzter sein sollte, der georgischen Opposition, daß er ihre Angelegenheit »von Herzen« verfolge.[38]

Die zweite große Sorge Lenins in seinem Testament galt der Eindämmung der wachsenden Macht der führenden Parteiorgane, die Stalin unter Kontrolle hatte. Noch zwei Jahre zuvor, als er selbst die höchste Kommandogewalt innegehabt hatte, hatte Lenin die Vorschläge der demokratischen Zentralisten für mehr Demokratie und *glasnost* in der Partei verurteilt. Nun aber, wo Stalin der große Diktator war, brachte Lenin ähnliche Pläne vor. Er schlug vor, das Zentralkomitee zu demokratisieren, indem man 50–100 neue Mitglieder hinzufügte, die unter den einfachen Arbeitern und Bauern in den niederen Organen der Partei rekrutiert werden sollten. Um das Politbüro rechenschaftspflichtiger zu machen, meinte er, solle das Zentralkomitee das Recht zur Teilnahme an allen seinen Sitzungen und zur Prüfung seiner Dokumente erhalten. Zudem solle die mit Rabkrin verschmolzene und auf 300–400 bewußte Arbeiter verkleinerte Zentrale Kontrollkommission befugt werden, die Macht des Poltibüros einzuschränken. Diese Vorschläge waren der verspätete Versuch, die sich vertiefende Kluft zwischen Führung und Basis der Partei zu überbrücken, die Führung demokratischer, offener und effizienter zu gestalten, ohne den generellen Zugriff der Partei auf die Gesellschaft zu lockern.

Das dritte Thema in Lenins letzten Schriften – zugleich das mit dem meisten Sprengstoff – war die Frage seiner Nachfolge. In den Aufzeichnungen vom 24. Dezember äußerte Lenin seine Sorge über einen Bruch zwischen Trotzki und Stalin – teilweise aus diesem Grund hatte er vorgeschlagen, das Zentralkomitee zu vergrößern – und wies, als ob er seine Bevorzugung einer kollektiven Führung unterstreichen wollte, auf die Fehler einiger führender Parteimitglieder hin. Kamenew und Sinowjew hätten sich im Oktober mit ihrem Verhalten ihm gegenüber kompromittiert. Bucharin sei »Liebling der ganzen Partei, aber seine theoretischen Anschauungen können nur mit sehr großen Bedenken zu den völlig marxistischen gerechnet werden«. Was Trotzki angehe, so sei er persönlich »wohl der fähigste Mann im gegenwärtigen ZK, aber auch ein Mensch, der ein Übermaß von Selbstbewußtsein und eine übermäßige Vorliebe für rein administrative Maßnahmen hat«. Stalin blieb jedoch Lenins vernichtendste Kritik vorbehalten. Nachdem er Generalsekretär geworden sei, habe er »unermeßliche Macht in seinen Händen konzentriert, und ich bin nicht überzeugt, daß er es immer verstehen wird, von dieser Macht vorsichtig genug Gebrauch zu machen«. Am 4. Januar fügte Lenin die folgende Bemerkung hinzu:

> *Stalin ist zu grob, und dieser Mangel, der in unserer Mitte und im Verkehr zwischen uns Kommunisten durchaus erträglich ist, kann in der Funktion des Generalsekretärs nicht geduldet werden. Deshalb schlage ich den Genossen vor, sich zu überlegen, wie man Stalin ablösen könnte, und jemand anderen an diese Stelle zu setzen, der sich in jeder Hinsicht von Gen. Stalin nur durch* einen *Vorzug unterscheidet, nämlich dadurch, daß er toleranter, loyaler, höflicher und den Genossen gegenüber aufmerksamer, weniger launenhaft usw. ist.*[39]

Lenin machte deutlich, daß Stalin abzutreten hatte.

Lenins Entschlossenheit wuchs noch Anfang März, als er von einem Vorfall erfuhr, der sich einige Wochen zuvor zwischen Stalin und Krupskaja ereignet, den man ihm aber verheimlicht hatte. Am 21. Dezember hatte Lenin Krupskaja einen Brief an Trotzki diktiert, in dem er ihm zu seiner erfolgreichen Taktik im Kampf gegen Stalin im Zusammenhang mit dem Außenhandelsmonopol gratulierte. Stalin erfuhr durch seine Informanten von diesem Brief und fing ihn als Beweis für Lenins »Block« mit Trotzki gegen ihn ab. Am nächsten Tag rief er Krupskaja an und überschüttete sie, wie sie erzählt, »mit einer Flut grober Beschimpfungen«, behauptete, sie habe die Anweisungen der Partei wegen Lenins Gesundheit übergangen (obwohl die Ärzte das Diktat erlaubt hatten), und drohte ihr, eine Untersuchung durch die Zentrale Kontrollkommission zu veranlassen. Als sie den Hörer auflegte, wurde Krupskaja sichtlich bleich, schluchzte hysterisch und wälzte sich auf dem Boden. Stalins Terrorregime hatte begonnen. Als Lenin schließlich am 5. März von dem Vorfall erfuhr, diktierte er einen Brief an Stalin und verlangte, er solle sich für seine »Grobheit« entschuldigen oder »unsere Beziehungen als beendet« betrachten. Stalin, dem die Macht zu Kopf gestiegen war, konnte in seiner unverschämten Antwort seine Verachtung für den sterbenden Lenin kaum verbergen. Er erinnerte Lenin daran, Krupskaja sei »nicht bloß Deine Frau, sondern auch meine alte Genossin«. In ihrer »Unterhaltung« sei er nicht »grob« gewesen, und der ganze Vorfall sei »nichts als ein dummes Mißverständnis [...] Wenn du aber glaubst, daß ich zur Aufrechterhaltung von ›Beziehungen‹ die obigen Worte ›zurücknehmen‹ sollte, kann ich das tun, obwohl ich nicht verstehe, wo in dieser Angelegenheit meine ›Schuld‹ liegt und was man genau von mir will.«[40]

Dieser Vorfall war zuviel für Lenin. Über Nacht wurde er krank. Einer der Ärzte beschrieb seinen Zustand am 6. März: »Wladimir Iljitsch lag da mit einem bestürzten, entsetzten Gesichtsausdruck, seine Augen blickten traurig fragend, Tränen liefen über sein Gesicht. Wladimir Iljitsch regte sich auf, versuchte zu sprechen, aber die Sprache versagte ihm, und er konnte nur stammeln ›verdammt, das ist wieder die alte Krankheit‹«. Drei Tage später erlitt er seinen dritten Schlaganfall. Er konnte nicht mehr sprechen und hatte damit keine Möglichkeit mehr, zur Politik beizutragen. Bis zu seinem Tod, zehn Monate später, konnte er nur noch einsilbige Wörter bilden: *wot-wot* (»da, da«) und *sjesd-sjesd* (»Kongreß, Kongreß«).[41]

Im Mai wurde Lenin nach Gorki verlegt, wo ein Ärzteteam zu seiner Verfügung stand. Bei schönem Wetter saß er draußen. Dort sah ihn einmal ein Neffe: »In einem weißen Sommerhemd mit offenem Kragen saß Waldimir Iljitsch in seinem Rollstuhl ... Seinen Kopf bedeckte eine ziemlich alte Mütze, und der rechte Arm lag irgendwie unnatürlich auf dem Schoß. Wladimir Iljitsch hat mich wohl kaum bemerkt, obwohl ich ganz offen mitten auf der Lichtung stand.« Krupskaja las ihm vor – Gorki und Tolstoi besänftigten ihn am meisten – und bemühte sich vergeblich, ihm erneut das Sprechen beizubringen. Im September gelang es ihm mit Hilfe eines Stocks und orthopädischer Schuhe gerade eben, wieder zu gehen. Manchmal schob er seinen Rollstuhl im Garten umher. Er begann wieder Zeitungen zu lesen, die ihm von Moskau geschickt wurden, und lernte mit Krupskajas Hilfe, mit der linken Hand ein bißchen zu schreiben. Bucharin besuchte ihn im Herbst und fand Lenin, wie er später Boris Nikolajewski erzählte, zutiefst beunruhigt über die Frage seiner Nachfolge und die Artikel, die er nicht schreiben konnte. Es war keine Frage, daß er nie wieder in die Politik zurückkehren konnte. Der Politiker Lenin war bereits tot.[42]

* * *

Alles, was Stalin brauchte, war, Lenin aus dem Weg zu schaffen. Über seine Spitzel hatte er von Lenins geheimem Brief an den XII. Parteikongreß erfahren. Wenn er im Amt überleben wollte, mußte er verhindern, daß der Brief dort verlesen wurde. Am 9. März nutzte Stalin seine Macht als Generalsekretär, um den Kongreß von Mitte März auf Mitte April zu verschieben. Trotzki stimmte der Verlegung bereitwillig zu, obgleich er von Stalins wahrscheinlichem Sturz auf dem Kongreß am meisten profitieren würde. Er versicherte sogar Kamenew, daß er zwar »im wesentlichen mit Lenin übereinstimme« (nämlich in der georgischen Frage und der Parteireform), aber doch befürworte, »den Status quo zu erhalten«, und »gegen die Absetzung Stalins« sei, vorausgesetzt, es gebe eine »grundlegende Wende« in der

Politik. Trotzki schloß in der Hoffnung: »Intrigen sind überflüssig. Ehrliche Mitarbeit ist nötig«. Das Ergebnis dieses »faulen Kompromisses« – genau davor hatte ihn Lenin gewarnt – war, daß der Parteikongreß nicht Stalins endgültige Niederlage, sondern seinen Triumph erlebte. Lenins Schreiben über die Nationalitätenfrage und die Parteireform wurden unter den Delegierten verteilt, diskutiert und dann von der Führung fallengelassen. Jedenfalls teilten wohl die meisten Delegierten die von Stalin geäußerte Ansicht, daß zu einer Zeit, da in der Partei vor allem Einigkeit nötig sei, jede Diskussion über Demokratie Zeitverschwendung bedeute. Der Drang, Trotzki und alle Kritik am Politbüro zum Schweigen zu bringen, war selbst ein entscheidender Faktor bei Stalins Aufstieg zur Macht.[43] Lenins Aufzeichnungen zur Nachfolgefrage einschließlich seiner Forderung, Stalin abzusetzen, wurden bei dem Kongreß nicht verlesen und blieben bis 1956 unter Verschluß.*

Trotzkis Verhalten ist schwer zu erklären. In diesem entscheidenden Augenblick des Machtkampfes, als er einen größeren Sieg hätte erringen können, manövrierte er sich in die eigene Niederlage. Unter den vierzig Mitgliedern des neuen Zentralkomitees, die auf dem Kongreß gewählt wurden, konnte er nur drei Gefolgsleute zählen. Vielleicht hatte Trotzki aus dem Gefühl seiner wachsenden Isolation heraus, vor allem nach Lenins Schlaganfall, beschlossen, daß seine einzige Hoffnung darin bestand, die Troika zu beschwichtigen. Seine Autobiographie ist von der Überzeugung durchdrungen, er sei durch eine Verschwörung der drei Führer zu Fall gebracht worden. Sicherlich bestand eine reale Gefahr, daß man Trotzki, falls er ihnen die Stirn hätte bieten wollen, der »Fraktionsmacherei« beschuldigt hätte – und nach 1921 war das gleichbedeutend mit einem politischen Todesurteil. Aber eine gewisse Wahrheit liegt auch in der Vermutung, Trotzki habe keine Lust mehr auf einen Kampf gehabt. Es gab eine innere Schwäche in seinem Charakter, die von seinem Stolz herrührte. Mit der Aussicht auf eine Niederlage zog Trotzki es vor, gar nicht erst anzutreten. Einer seiner ältesten Freunde erzählte die Geschichte eines Schachspiels in New York. Trotzki habe ihn zu einem Spiel aufgefordert, »offenbar hielt er sich für einen guten Schachspieler«. Doch es stellte sich heraus, daß er schwach war, und als er die Partie verloren hatte, wurde er wütend und lehnte es ab, eine weitere zu spielen.[44] Diese kleine Episode war typisch für Trotzki: Wenn er gegen einen überlegenen Rivalen antreten sollte, einen, der ihn ausmanövrieren

* Der Inhalt des Testaments wurde 1924 den Delegierten des XIII. Parteikongresses bekanntgegeben. Stalin bot seinen Rücktritt an, doch sein Angebot wurde auf Vorschlag Sinowjews, man solle »Vergangenes vergangen sein lassen«, zurückgewiesen. Die Auseinandersetzung mit Lenin wurde zu einem persönlichen Konflikt heruntergespielt, was implizierte, daß Lenin krank und auch geistig nicht ganz gesund gewesen sei. Keine dieser letzten Schriften Lenins wurde zu Stalins Lebzeiten vollständig veröffentlicht, obwohl in den zwanziger Jahren Bruchstücke in der Parteipresse erschienen. Im Westen machten hingegen Trotzki und seine Gefolgsleute ihren Inhalt bekannt. (Wolkogonow, *Stalin*, Kap. 11).

konnte, dann zog er es vor, sich zurückzuziehen und in glorreicher Isolation zu schmollen, anstatt sein Gesicht zu verlieren, indem er dem Betreffenden aus einer Position der Schwäche gegenübertrat.

Das war es gewissermaßen, was Trotzki als nächstes tat. Anstatt gegen Stalin in den höchsten Parteiorganen zu kämpfen, ergriff er das Banner der einfachen Bolschewiki und stellte sich als Verfechter von Parteidemokratie im Gegensatz zum »Polizeiregime« der Führung dar. Es war ein verzweifeltes Hasardspiel – Trotzki war nicht gerade für seine demokratischen Gepflogenheiten bekannt, und er ging das tödliche Risiko des »Fraktionalismus« ein –, aber zu dem Zeitpunkt befand er sich bereits in einer ernsten Notlage. Am 8. Oktober richtete er einen offenen Brief an das Zentralkomitee, in dem er es beschuldigte, alle Demokratie innerhalb der Partei zu unterdrücken:

> *[...] Es gibt eine breite Schicht von Parteiarbeitern sowohl in der Regierung als auch dem Parteiapparat, die vollkommen auf ihre eigene Parteimeinung verzichten, zumindest darauf, sie offen auszusprechen, als ob sie annähmen, daß es der Apparat der Sekretariatshierarchie sei, der die Parteimeinung und Parteipolitik formuliert. Unterhalb dieser Schicht folgt die breite Masse der Partei, auf die jede Entscheidung bereits in Form eines Aufrufs oder Befehls niedergeht.*

Unterstützung für Trotzki kam von der sogenannten »Gruppe der 46« – Antonow-Owsejenko, Pjatakow und Preobraschenski waren ihre bekanntesten Vertreter –, die ebenfalls einen Protest an das Zentralkomitee richteten. Das Klima von Angst in der Partei sei so stark, behaupteten sie, daß selbst alte Genossen »Angst bekommen haben, sich miteinander zu unterhalten«.[45]

Wie vorauszusehen war, beschuldigte die Parteiführung Trotzki, zu einer gefährlichen »Plattform« angestiftet zu haben, die zur Bildung einer illegalen »Fraktion« in der Partei führen könne. Ohne auf seine politische Kritik einzugehen, publizierte das Politbüro am 19. Oktober eine bösartige persönliche Attacke gegen Trotzki. Trotzki sei arrogant, betrachte sich als erhaben über die Alltagsarbeit der Partei und handele nach der Maxime »alles oder nichts«. Vier Tage später richtete Trotzki eine herausfordernde Zurückweisung der Vorwürfe des »Fraktionalismus« an das Plenum des Zentralkomitees. Am 26. Oktober erschien er persönlich auf dem Plenum.

Bis vor kurzem glaubte man, Trotzki habe an dieser entscheidenden Sitzung nicht teilgenommen. Deutscher und Broué, seine beiden wichtigsten Biographen, schreiben, er habe wegen einer Erkältung gefehlt. Doch er nahm teil und hielt eine so wortgewaltige Verteidigungsrede, daß Baschanow, Stalins Sekretär, der Trotzkis Rede mitzuschreiben hatte, die Niederschrift in seinen persönlichen Akten verbarg. Dort wurden sie 1990 gefunden. Trotzkis Rede war ein leidenschaftliches Dementi des »Bonapartismus«, dessen man ihn seiner Ansicht nach bezichtigt habe. An diesem Punkt kam er auch auf die Frage seiner jüdischen Herkunft zu sprechen. Um zu beweisen, daß er keinen Ehrgeiz habe, nannte er zwei Beispiele, wo er Lenins Angebot eines hohen Amtes mit der Begründung abgelehnt habe, angesichts des Antisemitismusproblems wäre es unklug, wenn ein Jude eine solche Stellung innehätte – einmal im Oktober 1917 (Volkskommissar des Innern) und noch einmal im September 1922 (Stellvertretender Vorsitzender des Sownarkom). Das erste Mal habe Lenin das als »trivial« abgetan, aber beim zweiten Mal »stimmte er mir zu«.[46] Es war offensichtlich, was Trotzki damit eigentlich sagen wollte: Die Opposition gegen ihn in der Partei – und dem hatte Lenin zugestimmt – beruhte zum Teil auf der Tatsache, daß er Jude war. Es war ein tragischer Augenblick für Trotzki – nicht nur als Politiker, sondern auch als Mensch –, daß er an diesem Wendepunkt seines Lebens, als er als Angeklagter vor der Partei stand, auf seine jüdischen Wurzeln zurückgreifen mußte. Für jemanden, der sich nie als Jude empfunden hatte, war dies ein Zeichen dafür, wie allein er jetzt dastand.

Trotzkis emotionaler Appell machte wenig Eindruck auf die Delegierten – von denen die meisten von Stalin ausgewählt worden waren. Mit 102 gegen 2 Stimmen verabschiedete das Plenum einen Antrag, Trotzki wegen »Fraktionsmacherei« einen Verweis zu erteilen. Kamenew und Sinowjew drängten darauf, Trotzki aus der Partei auszuschließen, aber Stalin, der immer bemüht war, als die Stimme der Mäßigung aufzutreten, hielt das für unklug, und der Antrag wurde zurückgewiesen.[47] Eile hatte Stalin jedenfalls nicht nötig. Trotzki war als bedeutende Kraft erledigt, und sein Ausschluß aus der Partei – der schließlich 1927 erfolgte – hatte noch Zeit. Der einzige Mann, der in der Lage gewesen wäre, Stalin zu stoppen, war nun abgesetzt.

* * *

Die Bevölkerung war nicht darüber informiert worden, daß Lenin im Sterben lag. Bis zu seinem Tod berichtete die Presse weiterhin, er erhole sich von einer schweren Krankheit – einer Krankheit, die für jeden normalen Sterblichen tödlich gewesen wäre. Das Regime bemühte sich, mit der Erfindung dieser »wundersamen Genesung« den Lenin-Kult am Leben zu erhalten, von dem es mehr und mehr um seiner eigenen Legitimation willen abhing. Der Begriff »Leninismus« wurde 1923 zum ersten Mal verwendet: Die Troika wollte sich als dessen wahre Verfechter gegen Trotzki, den »Antileninisten«, darstellen. In demselben Jahr begann die Arbeit an der ersten Ausgabe eines Lenin-Sammelbands (des *Leninski sbornik*), der Heiligen Schrift dieser Orthodoxie; daneben wurde das Lenin-Institut gegründet (und formell 1924 eröffnet), das mit einem Archiv, einer Bibliothek und einem Museum für Leniniana ausgestattet war. Eine ganze Reihe von Hagiographien erschien, deren Hauptzweck es war, Mythen und Legenden zu schaffen, die das Regime populärer machen sollten – Lenin als armer Bauer oder Arbeiter, Lenin als Tier- und Kinderfreund, Lenin, unermüdlich im Einsatz für das Glück der Menschheit. Von da an begannen auch die riesigen Lenin-Porträts an den Fassaden der öffentlichen Gebäude aufzutauchen – in einem Moskauer Park wurde sogar ein »lebendes Porträt« Lenins aus Pflanzen gebildet –, während in vielen Fabriken und Büros »Lenin-Ecken« mit genehmigten Fotos und Gebrauchsgegenständen zur Illustration seiner Errungenschaften eingerichtet wurden.[48] Als der Mensch Lenin starb, wurde der Gott Lenin geboren. Sein Privatleben wurde verstaatlicht. Es wurde eine heilige Einrichtung, die dem stalinistischen Regime die Weihe gab.

Lenin starb am 21. Januar 1924. Um 16 Uhr erlitt er einen schweren Schlaganfall, fiel in tiefes Koma und starb kurz vor 19 Uhr. Abgesehen von der Familie und den Ärzten, war der einzige Zeuge seines Todes Bucharin. Als er 1937 um sein eigenes Leben bat, behauptete er, Lenin sei »in meinen Armen gestorben«.[49]

Lenins Tod wurde am nächsten Tag durch Kalinin den Delegierten des Elften Sowjetkongresses bekanntgegeben. Im Saal waren Schreie und Schluchzen zu hören. Vielleicht weil die Nachricht so unerwartet kam, zeigte die Bevölkerung Anzeichen echter Trauer: Theater und Geschäfte blieben eine Woche lang geschlossen, an vielen Fenstern wurden Lenin-Porträts mit roten und schwarzen Bändern drapiert aufgehängt, Bauern erschienen vor seinem Pflegeheim in Gorki, um ihm die letzte Ehre zu erweisen. Tausende von Trauernden trotzten den arktischen Temperaturen und säumten die Straßen Moskaus von der Pawelezki-Dampferanlegestelle bis zum Säulensaal, wo Lenins Leichnam aufgebahrt lag. Die nächsten drei Tage standen eine halbe Million Menschen mehrere Stunden an, um an der Bahre vorbeizudefilieren. Tausende von Kränzen und Traueradressen wurden von Schulen und Fabriken, Regimentern und Marineschiffen, Städten und Dörfern in ganz Rußland geschickt. Später, in den Monaten nach den Trauerfeierlichkeiten, wurden in wilder Eile Denkmäler und Lenin-Statuen errichtet, Straßennamen und Institutionen nach Lenin benannt. Petrograd wurde in Leningrad umgetauft. Ganze Fabriken verpflichteten sich, der Partei beizutreten – ein Agitator sagte, das »wäre der beste Kranz auf dem Sarg des hingeschiedenen Führers« –, und in den Wochen nach seinem Tod wurden 100 000 Proletarier in diesem »Lenin-Aufgebot« verpflichtet. Viele westliche Journalisten betrachteten diese »nationale Trauer« als eine »Vertrauenserklärung post mortem« für das Regime. Andere sahen darin eine kathartische Befreiung nach so vielen Jahren menschlichen Leids. Die Menschen schluchzten hysterisch, Hunderte fielen in Ohnmacht, was sich nicht allein rational erklären läßt. Vielleicht zeigt es, daß der Lenin-Kult bereits seinen Zauber ausübte: daß die Menschen, wie sehr sie auch sein Regime gehaßt hatten, immer noch den »guten Lenin« liebten, genau wie in der alten Zeit, als sie die Bojaren verabscheuten, aber »Väterchen Zar« liebten.

Das Begräbnis Lenins fand am folgenden Sonntag bei arktischen Temperaturen von 35 Grad minus statt. Stalin führte die Ehrenwache an, die den offenen Sarg vom

Säulensaal zum Roten Platz trug, wo er auf ein hölzernes Podest gestellt wurde. Das Orchester des Bolschoi-Theaters spielte Chopins Trauermarsch, danach die alte Revolutionshymne »Unsterbliche Opfer« und die Internationale. Dann marschierte sechs Stunden lang, Kolonne auf Kolonne, alles in allem eine geschätzte Zahl von einer halben Million Menschen in düsterem Schweigen an dem Sarg vorbei und senkte ihre Fahnen. Genau um 16 Uhr, als der Sarg langsam in die Gruft hinabgelassen wurde, heulten in ganz Rußland die Sirenen, wurden Kanonen und Gewehre abgefeuert, als ob sie ein riesiges nationales Wehklagen ausstießen. Über Radio gab es eine einzige Ansage: »Erhebt euch, Genossen, Iljitsch wird ins Grab gesenkt.« Dann folgte Schweigen, und alles stand still – Züge, Schiffe, Fabriken –, bis das Radio noch einmal verkündete: »Lenin ist tot – aber der Leninismus lebt!«

In seinem letzten Willen hatte Lenin den Wunsch geäußert, neben seiner Mutter in Petrograd beerdigt zu werden. Das war auch der Wunsch seiner Familie. Aber Stalin wollte den Leichnam einbalsamieren. Wenn er den Lenin-Kult am Leben halten wollte, wenn er beweisen wollte, daß der »Leninismus lebt«, dann mußte man einen Körper zum Vorzeigen haben, einen, der wie die Heiligenreliquien gegen Verwesung gefeit war. Stalin setzte seinen Plan gegen den Widerspruch Trotzkis, Bucharins und Kamenews im Politbüro durch. Trotzki, der über dieses Vorhaben entsetzt war, verglich es mit den religiösen Kulten des Mittelalters: »Früher gab es die Reliquien des Sergins von Radonesch und Seraphims von Sarow, jetzt wollen sie diese durch die Reliquien Wladimir Iljitschs ersetzen.« Zunächst versuchte man, Lenins Leichnam durch Kühlung zu konservieren. Doch er begann sich bald zu zersetzen. Ein spezielles Wissenschaftlerteam (als »Kommission für die Unsterblichmachung« bekannt) entwickelte schließlich ein Gemisch aus Glyzerin, Alkohol und anderen Chemikalien (die genaue Zusammensetzung wird immer noch geheimgehalten). Lenins konservierter Leichnam wurde in einer hölzernen Krypta, die später durch das noch heute stehende Granitmausoleum ersetzt wurde, an der Kremlmauer auf dem Roten Platz aufgebahrt. Die Krypta wurde im August 1924 für die Bevölkerung geöffnet.[50]

Lenins Gehirn wurde aus seinem Leichnam entfernt und ins Lenin-Institut gebracht. Dort wurde es von einer Gruppe Wissenschaftler untersucht, denen man die Aufgabe gestellt hatte, die »Substanz seines Genius« zu entdecken. Sie sollten nachweisen, daß Lenins Gehirn ein »höheres Stadium der menschlichen Evolution« darstelle. Das Gehirn wurde in 30000 Segmente zerschnitten, ein jedes zwischen Glasplättchen unter sorgfältig überwachten Bedingungen aufbewahrt, damit künftige Wissenschaftlergenerationen es studieren und seine wichtigsten Geheimnisse entdecken könnten. Die Gehirne anderer »unstrittiger Genies« – Kirows, Kalinins, Gorkis, Majakowskis, Eisensteins und Stalins selbst – wurden später dieser zerebralen Sammlung hinzugefügt. Sie bildeten die Anfänge des »Gehirn-Instituts«, das auch heute noch in Moskau existiert. 1994 veröffentlichte es seine letzte Lenin-Autopsie: er besaß ein vollkommen durchschnittliches Gehirn.[51] Was uns wieder einmal zeigt, daß ein gewöhnliches Gehirn manchmal zu ungewöhnlichem Verhalten inspirieren kann.

* * *

Was wäre geschehen, hätte Lenin weitergelebt? War Rußland bereits auf den Weg des Stalinismus eingeschwenkt? Oder boten ihm die NEP und Lenins letzte Schriften einen anderen Anfang? Historiker sollten sich nicht mit hypothetischen Fragen befassen. Es ist schwierig genug festzustellen, was tatsächlich geschehen ist, von Prophezeiungen, was hätte (oder in diesem Fall nicht hätte) geschehen können, ganz zu schweigen. Doch vielleicht sind die Auswirkungen von Lenins Nachfolge ja bedeutsam genug, um eine paar Worte der Spekulation anzuschließen. Schließlich ist so viel über die Geschichte der Revolution aus der Perspektive dessen, was im Inneren von Stalins Rußland passierte, geschrieben worden, daß man wahrhaftig fragen kann, ob es überhaupt eine reale Alternative gegeben hat.

Einerseits scheint klar, daß die Grundelemente des stalinistischen Regimes – der Einparteienstaat, das Terrorsystem und der Persönlichkeitskult – 1924 bereits alle vorhanden waren. Der Parteiapparat war größtenteils ein gehorsames Werkzeug in Stalins Hand. Die Mehrheit seiner Provinzführer hatte Stalin als Leiter des Orgbüros während des Bürgerkriegs selbst ernannt. Sie teilten seinen plebejischen Haß auf die Spezialisten und die Intelligenzija, waren gerührt durch sein Gerede von proletarischer Solidarität und russischem Nationalismus und bereit, sich in den meisten Fragen der Ideologie ihrem Großen Führer zu unterwerfen. Schließlich waren sie ja die ehemaligen Untertanen der Zaren. Lenins letzter Kampf für die »demokratische« Reform der Partei hätte mit seinem Versuch, diese elementare Kultur zu verändern, nie Aussicht auf Erfolg gehabt. Seine Reformvorschläge waren rein bürokratisch, befaßten sich nur mit der Reform der inneren Struktur der Diktatur und waren somit nicht in der Lage, das wahre Problem der NEP anzugehen: die strapazierte politische Beziehung zwischen dem Regime und der Gesellschaft, vor allem der uneroberten Gesellschaft auf dem Land. Ohne eine wirkliche Demokratisierung, ohne eine grundlegende Veränderung in der dominanten Einstellung der Bolschewiki war die NEP jedenfalls zum Scheitern verurteilt. Ökonomische Freiheit und Diktatur sind auf lange Sicht unvereinbar.

Andererseits bestanden fundamentale Unterschiede zwischen dem Regime Lenins und dem Regime Stalins. Zunächst einmal wurden weniger Menschen ermordet. Ungeachtet des Verbots von Fraktionalismus ließ die Partei außerdem immer noch Raum für kameradschaftliche Debatten. Trotzki und Bucharin stritten leidenschaftlich miteinander über die Strategie der NEP – aber es waren stets intellektuelle Debatten, beide Männer unterstützten die NEP, und trotz ihrer Differenzen wäre ihnen nicht im Traum eingefallen, diese Debatten als einen Vorwand zu benutzen, einander umzubringen oder ihre Gegner nach Sibirien zu schicken. Nur

Stalin war zu so etwas in der Lage. Er allein sah, daß Trotzki und Bucharin von ihren eigenen politischen Debatten und ihrer Rivalität so geblendet waren, daß er den einen benutzen konnte, um den anderen zu vernichten.

In diesem Sinne war Stalins persönliche Rolle selbst der entscheidende Faktor – wie es auch Lenins Rolle durch seine Abwesenheit war. Hätte Lenins letzter Schlaganfall ihn nicht daran gehindert, auf dem Kongreß 1923 zu sprechen, dann nähme Stalins Name heute nur einen Platz in den Fußnoten der russischen Geschichtsbücher ein. Aber dieses »wenn« lag, wenn man so will, in der Hand der Vorsehung, wir aber haben es mit Geschichte und nicht mit Theologie zu tun.

# SCHLUSS

Ich glaube nicht, daß es im zwanzigsten Jahrhundert so etwas gibt wie ein ›betrogenes Volk‹«, schrieb Gorki 1922 an Romain Rolland. »Die Vorstellung von einem ›betrogenen Volk‹ ist nichts als eine Legende. Selbst in Afrika gibt es nur Völker, die noch nicht organisiert und daher politisch machtlos sind.«[1]

Gorki leugnet, daß die russische Revolution das Volk betrogen habe. Die revolutionäre Tragödie des russischen Volks beruhe viel eher auf der Erblast seiner kulturellen Rückständigkeit als auf dem Übel einiger »fremder« Bolschewiki. Das Volk – das waren nicht die Opfer der Revolution, sondern die Protagonisten ihrer eigenen Tragödie. Das mag am Ende des 20. Jahrhunderts eine schmerzliche Lektion für das russische Volk sein. Man sollte meinen, daß siebzig Jahre kommunistischer Unterdrückung ihm das Recht gäbe, sich als Opfer anzusehen. Doch die Zukunftsaussichten Rußlands als einer demokratischen Nation hängen in großem Maße davon ab, inwiefern die Russen fähig sind, sich mit ihrer jüngsten Geschichte auseinanderzusetzen; und das müßte das Eingeständnis einschließen, daß das Sowjetsystem – wie sehr es auch die Menschen unterdrückte – doch auf russischem Boden gewachsen ist. Es war die Schwäche der demokratischen Kultur Rußlands, die es dem Bolschewismus ermöglichte, Fuß zu fassen, ein Erbe der russischen Geschichte, von Jahrhunderten der Leibeigenschaft und autokratischen Herrschaft, die das gemeine Volk machtlos und passiv gehalten hatten. »Und das Volk verharrte stumm« – dieses russische geflügelte Wort sagt viel über die russische Geschichte aus. Wohl war es eine Tragödie des Volks, eine Tragödie jedoch, die das Volk mit heraufbeschworen hat: Es wurde von der Tyrannei seiner eigenen Geschichte in die Falle gelockt.

»Wir sind Sklaven, weil wir unfähig sind, uns selbst zu befreien«, hat Alexander Herzen einmal geschrieben. Wenn man eine Lektion aus der russischen Revolution hätte ziehen müssen, dann die, daß das Volk es nicht geschafft hatte, sich zu emanzipieren, politisch über sich selbst zu bestimmen, sich von Herrschern zu befreien und Bürger zu werden. Kerenskis Rede von 1917, in der er behauptete, daß das russische Volk vielleicht nichts anderes als »rebellische Sklaven« sei, sollte der Revolution in den folgenden Jahren noch zu schaffen machen. Während die Menschen nämlich das alte System zerstören konnten, waren sie doch nicht in der Lage, ein neues eigenes aufzubauen. Keine der demokratischen Organisationen, die vor dem Oktober 1917 eingerichtet wurden, konnte die bolschewistische Herrschaft länger als ein paar Jahre überleben, zumindest nicht in ihrer demokratischen Form. 1921, wenn nicht früher, hatte sich die Revolution vollendet, eine neue Autokratie war Rußland aufgezwungen worden, die der alten in vieler Hinsicht ähnelte.

Um dieses Scheitern der Demokratie zu erklären, muß man in die russische Geschichte zurückgehen. Jahrhunderte der Leibeigenschaft und autokratischen Herrschaft hatten die Menschen daran gehindert, das Bewußtsein von Bürgern zu entwickeln. Von dieser Sklavenkultur zum Despotismus der Bolschewiki läßt sich eine direkte Linie ziehen. Der abstrakte Begriff der »politischen Nation«, einer konstitutionellen Struktur bürgerlicher Rechte, die die Französische Revolution untermauert hatte, blieb den russischen Bauern, die auf ihre isolierten Dorfwelten begrenzt waren, weitgehend fremd. Die allgemeine Vorstellung von Macht in Rußland artikulierte sich weiterhin eher in Begriffen von Zwangsherrschaft und quasireligiöser Autorität, die sich von den Traditionen der Leibeigenschaft und Autokratie herleiteten, als in Begriffen eines modernen Rechtsstaats, der den Bürgern Rechte und Pflichten zuteilt. Die alltägliche Macht, die der Bauer kannte – die des Landeshauptmanns und der Polizei –, war willkürlich und gewaltsam. Um sich gegen diese Despotie zu schützen, konnte er sich nicht auf seine gesetzlichen Rechte berufen – tatsächlich wiederholte er selbst diese despotische Gewalt in seiner brutalen Behandlung von Frau und Kindern –, sondern nur der Bürokratie aus dem Wege gehen. Macht bedeutete für den Bauern Autonomie – Freiheit vom Staat –, die ihrerseits fast unausweichlich einen neuen Zwangsstaat hervorbringen mußte, nicht zuletzt, weil dieses anarchische Bestreben dazu führte, daß das Dorf praktisch unregierbar wurde. Tatsächlich gab es 1917 Momente, in denen die Bauern selbst nach der Hand eines »Herren«, einer »volkstümlichen Autokratie« der Räte riefen, die in dem revolutionären Dorf die Ordnung wiederherstellen sollte.[2] Der bäuerliche Anarchismus war häufig in ein Gespinst des Autoritären gehüllt. In Rußland herrschte eine Kultur, in der man Macht nicht in Begriffen von Recht, sondern von Zwang und Vorherrschaft verstand. Es ging um Herren und Knechte, darum, welche Seite überwiegen und die andere beherrschen würde. Lenin beschrieb es einmal als »wer wen?« In diesem Sinne war die Revolution die Rache der Sklaven, wie es Fürst Lwow in dem gewaltsamen Sommer 1917 ausdrückte, und sie führte zum Massenterror des Bürgerkriegs.

Das Ergebnis hätte auch anders ausfallen können. In den letzten Jahrzehnten des alten Regimes bildete sich eine öffentliche Sphäre aus, die – hätte man ihr genügend Zeit und Freiheit gelassen, sich zu entwickeln – Rußland in eine moderne konstitutionelle Gesellschaft hätte verwandeln können. Die Institutionen dieser Bürgergesellschaft – öffentliche Gremien, Zeitungen, politische Parteien – entwickelten sich alle mit enormer Geschwindigkeit. Westliche Vorstellungen von Staatsbürgerschaft, von Gesetz und Privateigentum faßten allmählich Fuß. Nicht einmal die Bauern blieben davon unberührt, wie die Geschichte von Semjonows Reformbemühungen im Dorf Andrejewskoje zeigt. Zwar war die neue politische Kultur labil und weitgehend auf die winzige liberale Schicht in den Städten beschränkt und konnte, wie die Ereignisse von 1905 gezeigt haben, jederzeit durch die blutige Gewalt der »Rache der Sklaven« hinweggefegt werden, aber es gab genügend Anzeichen für eine moderne gesellschaftliche Entwicklung, die es denkbar machen, daß Rußlands Machtfrage auch auf friedliche Weise hätte gelöst werden können. Alles hing von der Bereitschaft des zaristischen Regimes ab, Reformen durchzuführen. Da jedoch lag das Problem: Die beiden letzten russischen Zaren standen der Idee von einer modernen konstitutionellen Ordnung äußerst ablehnend gegenüber. Als das 20. Jahrhundert näher rückte, bemühten sie sich, das Land ins 17. Jahrhundert zurückzuversetzen, indem sie es vom Hof aus beherrschten und versuchten, den modernisierenden Einfluß der Bürokratie zu reduzieren. Immer heftiger verteidigten der Hof und seine Anhänger die archaischen Privilegien der Aristokratie gegen die Logik einer modernen Gesellschaftsordnung, wie sie Stolypin hatte einführen wollen, die auf dem Besitz von Eigentum beruhte. Infolgedessen wurde eine gewalttätige Bauernrevolution fast unvermeidlich. Die bürgerlichen Freiheiten und parlamentarischen Rechte, die man dem Zaren im Oktober 1905 abgerungen hatte, wurden nach und nach von der Autokratie zurückgenommen, sobald die revolutionäre Gefahr vorbei war, so daß eine konstitutionelle Lösung der Machtfrage so gut wie unmöglich wurde. Immer wieder verwandelte die hartnäckige Weigerung des zaristischen Regimes, Reformen zuzulassen, das, was eigentlich ein politisches Problem hätte sein sollen, in eine revolutionäre Krise: Anständige Liberale wie Fürst Lwow wurden durch die idiotische Politik des Regimes, das die Initiativen patriotischer öffentlicher Gremien wie der Semstwos blockierte, ins revolutionäre Lager gedrängt. Arbeiter-Autodidakten wie Kanatschikow, denen man nicht das Recht zugestand, ihre Klasseninteressen durch legale Parteien und Gewerkschaften zu verteidigen, wurden in den revolutionären Untergrund gezwungen. Und schließlich wurden jene Nichtrussen, die mehr Rechte für ihre nationale Kultur gewünscht hatten, durch die zaristische Politik der Russifizierung dazu getrieben, ihre nationale Unabhängigkeit von Rußland zu fordern. Der Sturz des zaristischen Regimes war keineswegs unvermeidlich – er wurde es erst aus eigener Dummheit.

Der Erste Weltkrieg war eine gewaltige Prüfung des modernen Staats, und das zaristische Rußland, das es als einziger größerer europäischer Staat vor dem Krieg versäumt hatte, sich zu modernisieren, mußte an dieser Prüfung nahezu unausweichlich scheitern. Das Militär war zu sehr von den loyalen Aristokraten des Hofs beherrscht, als daß mehr kompetente Generäle wie Brussilow die Befehlsgewalt über die Kriegsanstrengungen des Landes hätten übernehmen können; der militärisch-industrielle Komplex, um eine Bezeichnung aus dem Kalten Krieg zu übernehmen, war zu eng (und auf korrupte Weise) mit der Bürokratie verknüpft, als daß eine konkurrenzfähige Kriegswirtschaft hätte entstehen können, während das zaristische Regime viel zu eifersüchtig auf seine Macht bedacht war, um jene öffentlichen Kriegsinitiativen zu erlauben, aus denen andere Mächte so viel Stärke bezogen. Der schlimmste Fehler des Regimes war jedoch, daß es bei seinen Bauernsoldaten keinen Patriotismus zu wecken vermochte: Sie spürten zumeist wenig Veranlassung, für das Rußland jenseits ihrer eigenen Heimatregion oder gar für den Zaren zu kämpfen. Das war der letzte Beweis für das Scheitern des Regimes, einen modernen Staat aufzubauen: Der gewöhnliche Bauer hatte nicht das Gefühl, dessen Gesetzen zu unterstehen. Das zaristische Regime zahlte dafür mit seinem eigenen Sturz – wie später auf ihre Weise auch die demokratischen Führer von 1917. Auch sie verknüpften ihr Schicksal mit dem Krieg in dem naiven Glauben, daß die »patriotischen Massen« doch schließlich aufgerufen werden könnten, gegenüber der Nation, nun, da sie frei war, ihre Pflicht zu erfüllen. Doch ihr Glaube an die »demokratische Nation« erwies sich als gleichermaßen illusorisch.

Das ganze Jahr 1917 hindurch ging es um die Zerstörung unangebrachter Ideale. Liberale wie Lwow setzten all ihren Glauben in die Herrschaft des Rechts und meinten, alle Probleme Rußlands könnten auf friedlichem Wege durch parlamentarische Verfahren gelöst werden. Das hieß, gegen alle Hoffnung zu hoffen – selbst für einen Optimisten wie Lwow. Rußlands kurze parlamentarische Erfahrung zwischen 1906 und 1914 hatte das Volk nicht davon zu überzeugen vermocht, daß ein nationales Parlament für es arbeiten könnte. Die Menschen tendierten viel eher dazu, ihr Vertrauen in die eigenen örtlichen Klassenorganisationen wie etwa die Räte zu setzen – was die Sozialrevolutionäre erkannten, als das Volk sich nach dem Januar 1918 nicht zur Verteidigung der Konstituierenden Versammlung bereitgefunden hatte. Die konstitutionelle Phase der Revolution war im wesentlichen 1914 vorbei: Die liberalen Duma-Parteien hatten die Forderungen der Arbeiter und Bauern nach gesellschaftlichen Reformen nicht befriedigen können, ihr Rückhalt bei den Wählern schwand verhängnisvoll dahin, und die Parteien des linken Flügels, deren Anziehungskraft auf ihrer militanten Ablehnung einer Duma-Koalition mit der Bourgeoisie beruhte, erfuhren nach 1912 verstärkte Unterstützung. Wie der reaktionäre, aber nichtdestoweniger visionäre Minister Durnowo 1914 den Zaren gewarnt hatte, mußte die Abtretung der Macht an die Duma – was der Preis für eine Niederlage im Krieg sein würde – nahezu zwangsläufig in einer gewalttätigen sozialen Revolution enden, da die Massen das liberale Bürgertum verachteten und dessen Glauben an politische Reformen nicht teilten. Die gesellschaftliche Polarisierung durch den Krieg machte diese Prophezeiung sogar noch wahrscheinlicher. Für die Ochrana war es Ende 1916 offensichtlich, daß das liberale Duma-Projekt überflüssig war und daß die beiden einzigen noch möglichen Optionen die Repression oder eine soziale Revolution waren. Und dennoch, trotz aller offenkundigen Hinweise, glaubten die liberalen Führer von 1917 und die demokratischen Sozialisten, die sie zur Macht gezwungen hatten, weiterhin daran, daß eine westlich-konstitutionelle Regelung für Rußland möglich sei und, was noch unwahrscheinlicher war, daß diese Regelung stabil bliebe und inmitten eines totalen Kriegs und eines gesellschaftlichen Zusammenbruchs eine lebensfähige Struktur für die Lösung der Probleme des Landes bereitstellte. Wie naiv Politiker sein können!

Lenin hätte das zu Recht die »konstitutionelle Illusion« der Liberalen genannt. Sie sollte einen geradezu mystischen Glauben – einen, den Fürst Lwow mit religiöser Inbrunst verfocht – an westliche Ideale der Demokratie hegen, die für das revolutionäre Rußland gänzlich ungeeignet waren. Und die liberalen Bemühungen, dem Rußland von 1917 die Regeln von Staatlichkeit aufzuzwingen, mit denen es in das Muster von 1789 paßte, beschleunigten nur den Zusammenbruch aller Autorität, weil das Volk mit seinen eigenen lokalen Revolutionen darauf reagierte: Der Versuch, eine militärische Offensive durchzuführen, führte zur Auflösung der Armee, und der Versuch, die Eigentumsverhältnisse über nationale Gesetze zu regeln, hatte nur den Effekt, die bäuerlichen Inbesitznahmen von Land zu beschleunigen. Auf dieser sozialen Revolution gegen einen Staat, der zunehmend als »bourgeois« angesehen wurde, beruhte die Hauptanziehungskraft der Rätemacht, zumindest in ihrem Frühstadium, ehe die Bolschewiki die örtlichen Räte übernahmen. Rätemacht, das bedeutete unmittelbare Selbstverwaltung der Arbeiter in ihren Fabriken, der Soldaten in ihren Regimentern und der Bauern in ihren Dörfern, und es bedeutete zudem die Macht, nunmehr selbst ihre ehemaligen Herren und Klassenfeinde zu beherrschen.

Nur eine Demokratie, die Elemente dieser sozialen Revolution enthielt, hatte überhaupt Aussicht, unter den Bedingungen von 1917 an der Macht zu bleiben. Aufgrund ihres dogmatischen Vorurteils gegenüber der Notwendigkeit einer »bürgerlichen Revolution« verpaßten die Räteführer die einzigartige Chance, mit der Übernahme der Macht durch die Räte ein solches System zu errichten, und vielleicht auch die Chance, einen ausgewachsenen Bürgerkrieg dadurch abzuwenden, daß sie diese Macht dann mit anderen öffentlichen Gremien wie den Semstwos und den Stadtdumas unter der Konstituierenden Versammlung verbanden. Diese Art der Lösung wäre auch für gemäßigte Bolschewiki wie Kamenew, linke Menschewiki wie Martow und nahezu alle Linken Sozialrevolutionäre annehmbar gewesen. Zweifellos wäre das eine riskante Lösung gewesen: Weder Lenin noch Kerenski hätten sie akzeptiert, und sicherlich hätte es bewaffneten Widerstand von seiten der Rechten gegeben. Ein gewisses Maß an Bürgerkrieg war unvermeidlich. Doch eine solche demokratische Regelung – eine, die die sozialen Forderungen der Massen befriedigt hätte – war vielleicht die einzige Option, mit der man überhaupt eine gewisse Chance gehabt hätte, das Ausmaß des Bürgerkriegs zu minimieren. Sie allein hätte die Bolschewiki stoppen können.

Der Bolschewismus war eine sehr russische Angelegenheit. Sein Glaube an die militante Aktion, sein Beharren darauf – entgegen den Lehren von Hegel und Marx –, daß eine Revolution die Zufälligkeiten der Geschichte »überspringen« könne, stellen ihn klar in die russische Tradition des Messianismus. Sein Ruf »Alle

Macht den Räten«, der in den ersten Monaten bolschewistischer Herrschaft die unmittelbare Selbstverwaltung der Bauern, Soldaten und Arbeiter zur Folge hatte, legitimierte die anarchischen Tendenzen der russischen Massen und institutionalisierte eine neue *pugatschowschtschina*, eine gnadenlose Rebellion gegen den Staat und seine Zivilisation, in der Gorki, wie schon hundert Jahre vor ihm Puschkin, mit Entsetzen einen Ausdruck russischer Barbarei sah. Der bolschewistische Terror stieg aus den Tiefen empor. Er begann als Teil der sozialen Revolution, als ein Mittel für die Unterklassen, mit dem sie ihre eigene blutige Rache an den ehemaligen Herren und Klassenfeinden üben konnten. Wie Denikin bemerkte, gab es einen fast »grenzenlosen Haß« auf Ideen und auf Menschen, die höher standen als die Masse, auf alles, was nur den geringsten Anschein von Luxus hatte, und dieses Gefühl drückte Neid und Haß aus, die sich nicht erst in den letzten drei Kriegsjahren, sondern seit Jahrhunderten in den Unterklassen angestaut hatten. Die Bolschewiki förderten diesen Haß auf die Reichen (schufen ihn aber nicht) mit ihrer Losung »Plündert die Plünderer!« Sie benutzten ihn, um das alte gesellschaftliche System zu zerstören, die Unterklassen gegen die Weißen und die Imperialisten zu mobilisieren und ihre auf Terror gestützte Diktatur aufzubauen. Der Haß verlieh ihnen wiederum eine mächtige Quelle emotionaler Unterstützung bei all den unterdrückten und vom Krieg brutalisierten Menschen, die ihre Befriedigung aus dem Wissen bezogen, daß die besitzenden Klassen des alten Regimes zerstört wurden und zu leiden hatten, so, wie auch sie gelitten hatten, gleichgültig, ob das irgendeine Verbesserung für ihr eigenes Schicksal brachte.

Das bolschewistische Regime war als eine Art absolutistischer Herrschaft deutlich russisch und ein Spiegelbild des zaristischen Staats. Lenin (später Stalin) nahm den Platz des Gott-Zaren ein, seine Kommissare und Tscheka-Handlanger spielten dieselben Rollen wie die Provinzgouverneure, die *opritschniki* und die anderen Bevollmächtigten des Zaren, während seine Parteigenossen dieselbe Macht und privilegierte Stellung innehatten wie die Aristokratie unter dem alten Regime. Allerdings gab es einen entscheidenden Unterschied zwischen den beiden Systemen: Während die Elite des zaristischen Regimes dem gewöhnlichen Volk gesellschaftlich (und in den nichtrussischen Grenzgebieten auch ethnisch) fremd war, bestand die Sowjetelite größtenteils aus gewöhnlichen Russen (und in den nichtrussischen Regionen aus Einheimischen), deren Sprache, Kleidung und Handlungsweise denen der anderen weitgehend glichen. Das verlieh dem Sowjetsystem im Bürgerkrieg einen entscheidenden Vorteil gegenüber den Weißen: Es ermöglichte ihm, die emotionsgeladenen Symbole »der Revolution«, vor allem die rote Fahne, für sich zu beanspruchen und sich so als Verfechter der Sache des Volks auszugeben. Die Weißen galten als Vertreter der alten Ordnung, was sie vor allem ihrer vom alten Regime geprägten Mentalität verdankten sowie ihrer hartnäckigen Weigerung, die Bauernrevolution auf dem Land zu billigen oder den Zusammenbruch des zaristischen Reichs zu erkennen, und verstärkten so nur die propagandistischen Ansprüche der Bolschewiki. Die emphatische Ablehnung der Weißen durch die Bauern und die Nichtrussen war entscheidend für den Ausgang des Bürgerkriegs.

In den ersten fünf Jahren des Sowjetregimes traten über eine Million gewöhnliche Russen in die Bolschewistische Partei ein. Bei den meisten handelte es sich um Bauernsöhne, junge Männer mit Schulbildung wie Kanattschikow und Oskin, die vor 1917 das Dorf verlassen hatten, um in der Industrie zu arbeiten oder zur Armee zu gehen, und die im Laufe der Zeit die Finsternis und Rückständigkeit des alten bäuerlichen Rußlands immer mehr ablehnten. Einige von ihnen kehrten in ihre Heimatdörfer zurück und wurden von den Bolschewiki für die entstehende ländliche Bürokratie verpflichtet. In der Regel setzten sie sich für eine kulturelle Revolution ein, die das Dorf den Städten näherbringen sollte: Die bäuerliche Landwirtschaft sollte modernisiert, all das Drum und Dran der modernen Zivilisation, wie Schulen, Krankenhäuser und Elektrizität, aufs Land gebracht und der Einfluß der Kirche beschränkt werden. Die trotz allem sehr langsame Verbreitung des Bolschewismus auf dem Land in den zwanziger Jahren beruhte auf dieser Rebellion der jüngeren Bauern gegen das alte – und immer noch weitgehend beherrschende – patriarchalische Dorf. In vieler Hinsicht setzte sie die Art von Reformen fort, denen Bauern wie Semjonow in den vergangenen dreißig Jahren den Weg gebahnt hatten. Die Mehrheit dieser Bauernsöhne, einschließlich Oskin und Kanattschikow, kam allerdings von außerhalb des Dorfes – entweder durch die Armee oder durch die Fabrik – zum Bolschewismus, und es war weniger die Reform des alten Bauernrußlands als seine Abschaffung, was sie zu der Partei hinzog. Ihre Verbundenheit mit dem Bolschewismus hing eng mit ihrer eigenen Identität als Proletarier zusammen, was in ihren Augen (und in der Parteirhetorik) vor allem bedeutete, daß sie *keine Bauern* waren. Sie sahen im Bolschewismus eine Kraft des Fortschritts sowohl für Rußland als auch für sich selbst und ein Mittel, die brutale Dorfwelt, aus der sie gekommen waren, hinwegzufegen und durch die städtische Kultur von Schule und Industrie zu ersetzen, durch die sie selbst aufgestiegen waren, um ein Teil der offiziellen Elite zu werden. Praktisch die gesamte Identität und Ideologie der Partei sollte sich auf die militante Rhetorik stützen, die von industriellem Fortschritt, von Überwindung der Trunksucht und des Aberglaubens sowie von der Aussicht sprach, Rußland könne den Westen überholen.

Dieser Drang, die Rückständigkeit zu überwinden, war der Kern von Stalins »Revolution von oben«, die forcierte Industrialisierung innerhalb des ersten Fünfjahrplans (1928–1932). Wie es Stalin in einer leidenschaftlichen Rede 1931 darlegte, war Rußland während seiner gesamten Geschichte immer wieder wegen seiner Rückständigkeit geschlagen worden: »Wir sind fünfzig bis hundert Jahre hinter den fortgeschrittenen Ländern der Welt zurück. Wir müssen diesen Vorsprung entweder innerhalb von zehn Jahren aufholen oder untergehen. Entweder wir schaffen es, oder sie werden uns zerschmettern.« Dieser große Sprung nach vorn übte eine mächtige Anziehung auf alle jene Bolschewiki der Unterklassen aus, die als junge Männer vor der Rückständigkeit der russischen bäuerlichen Welt weggelaufen waren und die die Revolution als eine nationale Revolte gegen die Erblast der Armut ansahen. In den zwanziger Jahren waren diese halbgebildeten Männer unter den einfachen Parteimitgliedern vorherrschend. Die meisten hatten sich während des Bürgerkriegs der Partei angeschlossen und schuldeten in der einen oder anderen Weise dem Apparat Stalins ihre Loyalität. Sie hatten wenig Ahnung von marxistischer Theorie, und die Streitereien zwischen Lenin, Trotzki und Bucharin, den drei großen Intellektuellen der Partei, über die strategischen Details der NEP ließen die meisten von ihnen kalt. Generell schien ihnen die NEP nach den großen Fortschritten des Bürgerkriegs ein Rückschritt zu sein – und in diesem Sinne ergab sich das Scheitern der NEP aus der politischen Kultur der Partei. Einer von Stalins Stoßarbeitern erinnerte sich, wie die Parteijugend über die NEP frustriert war:

> *Die Komsomol-Mitglieder meiner Generation – diejenigen, die die Oktoberrevolution im Alter von zehn Jahren oder weniger erlebten – haderten mit unserem Schicksal. Als wir politisches Bewußtsein entwickelten und uns dem Komsomol anschlossen, als wir in die Fabriken arbeiten gingen, klagten wir, daß für uns nichts mehr zu tun blieb, weil der Geist der Revolution vergangen war, die harten, aber romantischen Jahre des Bürgerkriegs nicht mehr wiederkehren würden und weil die ältere Generation uns ein langweiliges prosaisches Leben ohne Kampf oder Aufregung hinterlassen hatte.*[3]

Stalins Revolution gegen die NEP versprach eine Rückkehr zu der heroischen Periode des Bürgerkriegs, als die Bolschewiki jede Bastion erobert hatten und furcht- und kompromißlos vorwärts drängten auf dem Weg zum Sozialismus. Sie versprach eine Wiederaufnahme des Klassenkampfes gegen die »Kulaken« und die »bürgerlichen Spezialisten«, vor denen die NEP zurückgewichen war, verbunden mit einer militanten (wenn auch verlogenen) Rhetorik von proletarischer Vorherrschaft.

Stalin zeichnete seine Revolution immer als eine Fortsetzung der leninistischen Tradition, des Glaubens, daß der subjektive Wille und die Energie der Avantgarde der Partei alle widrigen objektiven Gegebenheiten überwinden könnten, wie Lenin selbst während der Machtergreifung im Oktober argumentiert hatte. Und in gewisser Weise hatte Stalin recht. Seine forcierte Industrialisierung, die den Markt und die Bauern beiseite fegte, war ihrem Wesen nach nicht anders als Lenins Drang zur Sowjetmacht, der die Demokratie hinweggefegt hatte. Man könnte vorbringen, daß das Befehlssystem selbst unvermeidlich aus dem Widerspruch des Oktober – eine proletarische Diktatur in einem Bauernland – hervorgehen mußte, einem Widerspruch, mit dem sich Lenin selbst in seinen tragischen letzten Jahren herumschlug. Die internationale Isolation von Sowjetrußland, die sich unmittelbar aus dem Oktober ergab und die infolge der alliierten Intervention im Bürgerkrieg der fremdenfeindlichen Paranoia von Rußlands »kapitalistischer Einkreisung« Auftrieb gab, bekräftigte das Argument der Stalinisten, wonach das Schneckentempo der Industrialisierung, wie von Bucharin während der NEP bevorzugt, viel zu langsam sei, um den Westen einzuholen – und sich gegen ihn zu schützen. Die gesellschaftliche Isolation des Bürgerkriegsregimes, die ebenfalls vom Oktober herrührte, zwang es dazu, das Befehlssystem zu übernehmen, das zwar in den zwanziger Jahren kurze Zeit gelockert wurde, aber nahezu unvermeidlich wiederaufgenommen werden mußte angesichts der Probleme der Partei mit den Bauern und der wachsenden Abneigung der Basis, das Ideal einer raschen Industrialisierung den Marktverhältnissen zu opfern. Schließlich gab es das Problem der Parteikultur, das Lenin in seinen letzten Jahren zu schaffen machte. Da die Partei die Macht in einem rückständigen Land übernommen hatten, mangelte es ihren Vertretern aus der Unterklasse zwangsläufig an praktischer Erfahrung, wie man einen Staat und seine Industrie lenkt; andererseits hatte ja vor allem die Rhetorik der Gleichheit diese Leute zur Partei hingezogen und nahm sie folglich gegen die »bürgerlichen Spezialisten« ein, auf die sich der Parteistaat stützen mußte. Die NEP war in dieser Hinsicht eine riskante und vielleicht unmögliche Balance zwischen der Notwendigkeit, die alte Kultur zu bewahren und von ihr zu lernen – was Lenin als die »Schule des Kapitalismus« bezeichnete –, und der proletarischen Initiative, sie zu zerstören, die mehr als alles andere Stalins Kulturrevolution zugrunde lag.

* * *

»Rußland hat sich in den wenigen vergangenen Jahren vollkommen verändert«, schrieb Fürst Lwow im November 1923 an Bachmetjew.

> *Es ist ein vollkommen neues Rußland geworden. Das Volk und die Macht sind wie üblich zwei verschiedene Dinge. Aber Rußland gehört mehr denn je dem Volk ... Es stimmt, die Regierung ist dem Volk und seinen nationalen Gefühlen feindlich gesinnt, da sie für internationale Ziele steht; sie betrügt das Volk und macht die Menschen zu Sklaven, aber nichtsdestotrotz wird sie von diesem unterdrückten und versklavten Volk unterstützt. Die Menschen würden das Regime noch immer verteidigen, falls es durch eine Intervention oder eine Organisation innerhalb Rußlands, die unter den alten Parolen oder im Namen einer Restauration kämpfte, angegriffen würde ...*
> *Die Menschen unterstützen die Sowjetmacht. Das heißt nicht, daß sie damit zufrieden wären. Aber auch wenn sie die Tyrannei spüren, so sehen sie doch gleichzeitig, daß Menschen ihres Typs in den Apparat aufgenommen werden, und das gibt ihnen das Gefühl, daß das Regime »ihres« ist.*

Die Art, wie der Fürst das Sowjetregime interpretierte, markierte eine außerordentliche Kehrtwendung für einen Mann, der nur fünf Jahre zuvor dem Präsidenten der USA voller Zuversicht erklärt hatte, daß das russische Volk sich den Weißen anschließen werde. Er hatte seine Meinung aufgrund der Niederlage der Weißen geändert – einer Niederlage, die, wie er jetzt erkannte, »durch die Wahl des Volks« zustande gekommen war – und aufgrund der Einführung der NEP, die seiner Ansicht nach die wichtigste Forderung seiner geliebten Bauern erfüllt hatte. »Die Landfrage«, schrieb Lwow an Bachmetjew, »ist immer noch nicht gelöst, sie wird weiterhin zu blutigen Konflikten führen, aber in der Vorstellung des gewöhnlichen Bauern ist sie ein für allemal entschieden – das Land gehört jetzt ihm.«

Für den Fürsten, der inzwischen im Pariser Exil lebte, hatte sich der Kreis der Revolution geschlossen. 1923 erhielt er einen Brief aus Popowka, der ihm mitteilte, daß die Bauern das Land des Lwowschen Guts untereinander aufgeteilt hätten. Dieselben Bauern, die vierzig Jahre zuvor dem jungen Fürsten und seinen Brüdern geholfen hatten, ihren heruntergekommenen landwirtschaftlichen Betrieb wieder instand zu setzen, hatten jetzt selbst von dem Gut Besitz ergriffen. Es ist sicherlich nicht übertrieben, wenn man annimmt, daß Lwow über diese Nachricht nicht unzufrieden war. Sein ganzes langes Leben im Dienst an der Öffentlichkeit hatte er den Bauern gewidmet. Selbst jetzt, in seinen letzten Jahren, fuhr er jeden Tag von seiner kleinen Wohnung in Boulogne-sur-Seine nach Paris, wo er für ein russisches Hilfskomitee arbeitete, das Geld für die Opfer der Hungerkatastrophe sammelte und dabei half, russische Flüchtlinge unterzubringen. Es war eine Art Semgor in Paris.

An einem Freitagabend im März 1925 kehrte Lwow aus Paris zurück und fühlte sich krank. Er ging zu Bett und starb im Schlaf an einer Herzattacke. Das Begräbnis fand in Paris in der russisch-orthodoxen Kirche in der Rue Daru statt. Die gesamte Emigrantengemeinde war anwesend, und die Zeitungen schrieben voller Hochachtung über diesen »aufrichtigen Diener des Volks«.[4]

In einem geordneteren und friedlicheren Land hätte ein Mann von Fürst Lwows Herkunft und Begabung erwarten können, viele Jahre als Minister für Landwirtschaft oder auch Erziehung zu arbeiten. In England hätte er in der Liberalen Regierung Gladstones oder Lloyd Georges gedient, und heute stünde zweifellos ein Denkmal für ihn in einem der vielen Parks oder Plätze in London. Doch im Rußland zu Lwows Lebzeiten war es Persönlichkeiten wie ihm nicht bestimmt, dem revolutionären Sturm standzuhalten, und heute steht in keiner einzigen russischen Stadt ein Denkmal für ihn.

Großrussischer Nationalismus hatte auf Brussilow die Wirkung, die die NEP auf Fürst Lwow gehabt hatte: er versöhnte ihn, trotz seiner feindlichen Einstellung gegenüber dem Kommunismus, mit dem bolschewistischen Regime. Für Brussilow bestand die eigentliche Tragödie von 1917 viel eher in dem Zusammenbruch des Russischen Reichs als dem Sturz der Monarchie, und nun, wo das Reich wiederhergestellt war, wenn auch unter Verlust Polens, der baltischen Gebiete und Finnlands, konnte er versichert sein, daß auch das russische Nationalgefühl wiederhergestellt würde. »Der Bolschewismus wird eines Tages verschwinden«, prophezeite der General gerne, »und übrigbleiben wird das russische Volk und diejenigen, die in Rußland geblieben sind, um das Volk auf den richtigen Weg zu lenken.« Das war die Basis seines Nationalbolschewismus – daß russische Patrioten wie er die Revolution zu nationalen Zielen umleiten könnten, wenn sie sich nur in ausreichender Zahl dem roten Regime anschlössen, um es von innen heraus zu einem weißen zu machen.

Nach den Feldzügen gegen die Polen und gegen Wrangel wurde der alte General im Volkskommissariat für Landwirtschaft beschäftigt, wo er für die Vermehrung des Bestands an Zuchtpferden für die Kavallerie verantwortlich war. Es war eine undankbare Aufgabe – die meisten der sogenannten militärischen Experten der Roten schienen zu glauben, man könne die Kavallerie mit Arbeitspferden der Bauern ausrüsten –, und er war erleichtert, daß man ihn bald in die oberste Aufsichtsbehörde der Kavallerie versetzte, wo seine Erfahrung mit den zaristischen Elitegarden sehr viel besser genutzt wurde. In der zweiten Hälfte des Jahres 1921 verschlechterte sich Brussilows Gesundheit rapide: Sein verwundetes Bein wurde gichtig, nachts konnte er wegen chronischer Bronchitis nicht schlafen, und sein bescheidenes Gehalt reichte nicht aus, um seine kleine Wohnung zu heizen. In den folgenden drei Jahren reichte er immer wieder Gesuche um Pensionierung ein – 1923 wurde er siebzig Jahre alt –, aber seine sowjetischen Vorgesetzten wollten ihm das nicht gewähren. Erst 1924, als Budjonny den Ehrgeiz hatte, die Kavallerie von all ihren »weißen Knochen« zu säubern, wurde er endlich entlassen.

Um sich von ihren immer zahlreicheren Leiden zu erholen, verbrachten Brussilow und seine Frau Nadeschda das folgende Frühjahr im Sanatorium im tschechischen Karlsbad. Der Kriegsheld von 1916 wurde von den Tschechen willkommen geheißen. Präsident Masaryk, ein alter Freund, gab ihm zu Ehren im Prager Schloß ein Diner sowie (was vielleicht noch wichtiger war) eine Summe Geldes, die es dem General ermöglichte, den Schock darüber zu überwinden, wie teuer im Nachkriegs-Europa alles geworden war. Brussilow fand es »äußerst angenehm, wieder einmal unter zivilisierten Europäern zu sein«, nach den langen Jahren Bürgerkrieg in Rußland, die so viel dazu beigetragen hatten, persönliche Beziehungen zu zerstören. In der Tat, Feindseligkeit erfuhr er allein in der russischen Emigrantengemeinde, die ihm nicht verzeihen konnte, daß er sich den Roten angeschlossen hatte. Vielleicht war es das, was ihn schließlich überzeugte, nach Rußland zurückzukehren, trotz Masaryks Versprechen als Präsident, daß die Tschechen Brussilow als einen der Ihren aufnehmen würden. So, wie Brussilow es sah, waren die Emigranten die eigentlichen Verräter, denn sie hatten ihre eigenen Klasseninteressen über diejenigen Rußlands gestellt, und selbst wenn sie ihn akzeptiert hätten, hätte er sich nicht dazu durchringen können, unter ihnen zu leben. Noch im selben

Sommer kehrten er und seine Frau nach Moskau zurück. »Er wollte in russischer Erde begraben sein«, wie Nadeschda später erklärte.[5]

Brussilow starb friedlich im Schlaf am 17. März 1926. Das Begräbnis war ein Staatsakt, wie es einem nationalen Helden angemessen war. Die Moskauer Straßen waren gesäumt von Delegationen der Roten Armee, Militärkapellen spielten den Trauermarsch, und Kirchenchöre sangen, als Brussilows Sarg auf den Schultern von sechs Soldaten zum Nowodewitschi-Kloster getragen wurde, wo er auf dem Friedhof beerdigt wurde. Hunderte Veteranen des Ersten Weltkriegs kamen selbst noch von Nischni Nowgorod und Twer zu dem Begräbnis nach Moskau, und die Hauptkirche war zu klein, um all die Trauernden zu fassen. Die drei obersten Befehlshaber der Roten Armee, Woroschilow, Jegorow und Budjonny, verlasen jeder eine Laudatio auf Brussilow, weigerten sich allerdings, sich vor den Priestern zu verneigen oder an den Gebeten teilzunehmen. Das Ganze war eine seltsame Mischung von Alt und Neu – Sowjetemblemen neben Ikonen und Kreuzen –, was vielleicht zu dieser merkwürdig facettenreichen Persönlichkeit des Generals paßte. Nadeschda sah die ganze Zeremonie als Symbol: »Das neue Rußland beerdigte das alte«.[6]

Dmitri Oskin war ein Sohn des neuen Rußlands. Im Ersten Weltkrieg schloß er sich als gemeiner Soldat Brussilows Armee an, zum Zeitpunkt von Brussilows Tod jedoch war dieser Bauernjunge ein hoher Offizier im sowjetischen Militär. Nach dem Oberbefehl über die 2. Arbeitsarmee 1920 übertrug man Oskin das Kommando über die Reservearmee der Sowjetrepublik, einen bedeutenden Posten, der ihm die Verantwortung für nahezu eine halbe Million Soldaten gab. Er wurde vom Regime als leuchtendes Beispiel eines roten Kommandeurs hingestellt, dem es immer den Aufstieg vom Bauern oder Arbeiter versprochen hatte, falls er im Bürgerkrieg in die Rote Armee eintrat. Hier war ein Soldat, der den Generalstab, wenn nicht gar den Stab eines Feldmarschalls in seinem Tornister trug, und auf der Grundlage dieses Selbstbildes von sich als vielversprechendem Bauernjungen schrieb Oskin in den zwanziger Jahren die Trilogie seiner militärischen Memoiren. Oskins letzte Lebensjahre sind unbekannt. In den späten zwanziger Jahren wurde er Militärbürokrat in Moskau. Er starb 1934, möglicherweise ein Opfer von Stalins Terror, im Alter von nur 42 Jahren.

Letzteres war sicherlich Kanattschikows Schicksal. Wie Oskin war er ein Sohn des neuen Rußlands, dem der Dienst an der Partei im Bürgerkrieg kontinuierlichen Aufstieg auf der Karriereleiter einbrachte. Es war nur logisch, daß dieser Bauernsohn und Arbeiter, dessen Konversion so sehr mit seiner politischen Erziehung verbunden war, sich auf ebendiese seine Parteikarriere konzentrieren sollte. 1921, mit 42 Jahren, wurde er zum Rektor der kommunistischen Universität in Petrograd ernannt, ein Posten mit Renommee, den er die nächsten drei Jahre innehatte. 1924 wurde er Chef des Pressebüros des Zentralkomitees und übernahm im Jahr darauf dessen Abteilung für historische Forschung. Nicht schlecht für einen

Mann mit nur vier Jahren Schulbildung. In der Kampagne gegen die Trotzkisten wurde Kanattschikow einer der führenden Publizisten der Partei: Seine *Geschichte einer Abweichung* (1924) wurde die Standard-Schmähschrift gegen Trotzki, und während der zwanziger Jahre verfaßte er eine ganze Reihe ähnlicher Auftragsarbeiten. 1926 ergriff er Partei für die »Linke Opposition« Sinowjews und Kamenews, die die Politik Stalins und Bucharins kritisierten, weil sie (und das war bezeichnend für Kanattschikow) nicht hart genug mit den Bauern verfuhren. Wegen dieser »Abweichung« wurde Kanattschikow mit einem Posten als TASS-Korrespondent in Prag bestraft. Zwei Jahre später erlaubte man ihm, nach Rußland zurückzukehren, nachdem er einen unterwürfigen Brief an das Zentralkomitee geschrieben hatte, in dem er seine »politischen Fehler« eingestand. Seine leidenschaftliche Unterstützung der Kollektivierung – die logische Folgerung aus seiner Ablehnung des alten bäuerlichen Rußlands – trug ihm eine vorübergehende »Rehabilitierung« ein. 1929 wurde er Herausgeber der neugegründeten »Literaturnaja gaseta«, der Wochenzeitung des Sowjetischen Schriftstellerverbands. In den nächsten Jahren schrieb er eine Reihe Parteibroschüren zur Unterstützung von Stalin, wofür er mit einer größeren Wohnung, all den üblichen Parteivergünstigungen und einem steigenden Gehalt belohnt wurde. Doch in Stalins Rußland wurde noch jedes Parteimitglied von seiner Vergangenheit eingeholt, und als Stalin Ende 1935 begann, die »Sinowjewisten« auszurotten, nahm Kanattschikows Schicksal erneut eine Wende zum Schlechten. Er wurde 1936 verhaftet und zu acht Jahren Arbeitslager verurteilt. Wie so viele bolschewistische Opfer des Großen Terrors bat er Stalin, einzuschreiten und ihn zu begnadigen, ohne zu begreifen, daß es Stalin selbst war, der seine Verhaftung angeordnet hatte. Kanattschikow hatte die Hälfte seiner Strafe abgedient, als er 1940 starb.[7]

Für Gorki war das Exil eine Art Folter. Zwar konnte er das Leben in Sowjetrußland nicht mehr ertragen, aber ebensowenig konnte er es ertragen, im Ausland zu leben. Einige Jahre lang verharrte er unschlüssig in diesem schizophrenen Zustand, voller Heimweh nach Rußland, aber zu angewidert von ihm, um heimzukehren. Von Berlin zog Gorki rastlos durch die Kurorte Deutschlands und der Tschechoslowakei, ehe er sich im italienischen Erholungsort Sorrent niederließ. »Nein, ich kann nicht nach Rußland gehen«, schrieb er 1924 an Rolland. »Ich fühle mich wie ein Mensch ohne Heimat. In Rußland wäre ich der Feind von allem und jedem, es wäre so, als rennte ich mit dem Kopf gegen eine Wand.«

Es war weniger das Sowjetregime als solches, vielmehr dessen feindliche Politik gegenüber den Künsten und dessen wohlwollende Politik gegenüber den Bauern, die Gorki während der NEP-Jahre im Exil hielten. Obgleich er immer den Aufstieg der bolschewistischen Diktatur abgelehnt hatte, fand er doch auch Wege, sie als ein notwendiges Gegengift gegen den instinktiven Anarchismus der Bauern zu rechtfertigen. Gorki war äußerst widersprüchlich. Noch ausgeprägter wurde sein Bemühen, das Sowjetregime rational zu erklären, nach Lenins Tod, der ihn in

Gewissensnöte stürzte. Gorki hatte Lenin sowohl geliebt als auch gehaßt – nun konnte ihre Beziehung nicht mehr geklärt werden. »Ja, mein lieber Freund«, schrieb Gorki an Rolland, »Lenins Tod war ein schwerer Schlag für mich. Ich mochte ihn. Ich liebte ihn voller Zorn.« Nina Berberowa, die Gorki in seinen Jahren in Berlin und Marienbad gut kannte, schrieb später, daß er über Lenins Tod »reichlich Tränen vergoß« und in den nächsten Wochen, als er an seinen überschwenglichen *Erinnerungen* an Lenin schrieb, nicht aufhörte zu weinen. »Gorki war von Reue überwältigt«, erinnert sich Berberowa. Er »überprüfte seine Einstellung zur Oktoberrevolution und den frühen Jahren des Bolschewismus, zur Rolle Lenins und dazu, daß Lenin recht hatte und er selbst unrecht ... Er glaubte ehrlich daran, daß Lenins Tod ihn und ganz Rußland zu Waisen gemacht habe.« Gorkis *Erinnerungen an Lenin* waren ein erster Schritt zu seiner Versöhnung mit Lenins Nachfolgern im Kreml. 1926, anläßlich Dserschinskis Tod, schrieb er sogar anerkennend über den Leiter der Tscheka (er habe »ein weiches Herz und einen starken Gerechtigkeitssinn« besessen). Und doch war er weiterhin nicht bereit, nach Rußland zurückzukehren. Ohne Zweifel fürchtete er sich vor dem, was ihn dort erwartete, denn das Rußland in seiner Vorstellung war immer viel rosiger als das reale Rußland, und selbst er mußte das trotz seiner Fähigkeit zur Selbsttäuschung gewußt haben. Zweifellos war sein lebenslanges Beharren auf den Prinzipien der individuellen Freiheit und der Menschenwürde noch immer stark genug, ihn zurückzuhalten, vor allem ihn als kreativen Künstler, dessen Fähigkeit zu schreiben zunehmend von den Freiheiten und dem Komfort abhingen, die er nur im Westen hatte. Seine Arbeit gedieh in Europa, mit dem *Werk der Artamonows*, gefolgt von den beiden ersten Bänden des *Leben des Klim Samgin*, den beiden großen didaktischen Romanen, an denen er zwischen 1925 und 1928 schrieb. Inzwischen hatte das Sowjetregime in Rußland einen Index von »konterrevolutionären« Büchern aufgestellt – darunter Plato, Kant, Ruskin, Nietzsche und Tolstoi –, die aus allen öffentlichen Bibliotheken entfernt werden sollten. Gorki war außer sich über diese Zensurmaßnahme und begann einen Brief an die Regierung zu schreiben, mit dem er auf seine sowjetische Staatsbürgerschaft verzichtete. Doch dann zerriß er den Brief voller Wut: Wie sehr er auch den »geistigen Vampirismus« des Sowjetregimes verachtete, er konnte es nicht über sich bringen, seine Beziehungen zu ihm abzubrechen.[8]

Schließlich war es wie bei Brussilow der gute altmodische russische Nationalismus, der Gorki zur Heimkehr umstimmte. Zum einen konnte er die russischen Emigranten nicht ertragen – und sie nicht ihn: »Für uns Russen ist Gorki einer der Männer, die moralisch und politisch für das große Unheil, das das bolschewistische Regime über unser Land gebracht hat, verantwortlich sind. Die Jahre vergehen, doch man wird es nie vergessen«, schrieb ein Pariser Emigrant 1922.[9] Je stärker antisowjetisch die Emigranten wurden, desto mehr reagierte Gorki darauf, indem er sich mit dem Regime aussöhnte. Zudem ließ der Aufstieg des Faschismus in seiner Ersatzheimat Italien Gorki all seine früheren Ideale von Europa als der historischen Kraft des moralischen Fortschritts und der Zivilisation verwerfen – Ideale, die die Grundlage seiner Opposition gegen die Bolschewiki gebildet hatten. Je größer seine Enttäuschung über das faschistische Europa wurde, desto mehr neigte er dazu, Sowjetrußland als ein moralisch höherwertiges System zu preisen. Das war sicherlich Wunschdenken, aber im Kontext jener Zeit ist es verständlich.

Gorki kehrte 1928 nach Rußland zurück. 1932, nach fünf Sommeraufenthalten, ließ er sich endgültig dort nieder. Seine Rückkehr wurde vom Sowjetregime als ein großer Sieg im Propagandakrieg gegen den Westen begrüßt. Der verlorene Sohn wurde mit Ehren überschüttet: Man verlieh ihm den Lenin-Orden, er erhielt das Rjabuschinski-Haus in Moskau, ein hervorragendes Beispiel für den Jugendstil, das er auf Staatskosten mit Schätzen füllte, dann wurde eine Filmtrilogie über sein Leben gedreht, die Twerer Straße in Moskau in Gorkistraße umbenannt, und seine Geburtsstadt Nischni Nowgorod erhielt den Namen Gorki. Mit all diesen Ehrungen wollte man sich seine politische Unterstützung erkaufen. Das Sowjetregime, in das Gorki zurückgekehrt war, war zutiefst zwischen Anhängern Stalins und Gemäßigten wie Bucharin, Rykow und Tomski gespalten, die sich gegen Stalins extreme Politik der Kollektivierung und Industrialisierung wandten. Zunächst stand Gorki zwischen diesen beiden Lagern, und das machte ihn zu einem begehrten Partner für beide Seiten. Einerseits sah Gorki in Stalins Politik den einzigen Weg, wie Rußland seiner rückständigen bäuerlichen Vergangenheit entkommen konnte. Andererseits mochte er Stalin als Menschen nicht (während er mit Bucharin und Rykow eng befreundet war) und lehnte dessen Literaturpolitik ab. Zwischen 1928 und 1932 gewährte er Stalin, soweit man das aus den skizzenhaften Quellen erschließen kann, seine Unterstützung, während er ihn zugleich von seiner extremen Politik zurückhalten wollte. Es war dieselbe Rolle, die er zwischen 1917 und 1921 gegenüber Lenin gespielt hatte. Gorki erwirkte die Freilassung vieler Menschen aus den Arbeitslagern, und es ist nicht unwahrscheinlich, daß er Stalin zu seinem berühmten Artikel »Von Erfolgen vom Schwindel befallen« im März 1930 überredete, in dem der Führer die Exzesse seiner örtlichen Funktionäre bei der ersten mörderischen Kollektivierungskampagne verurteilte.[10]

Für seine früheren Freunde, jene Sozialisten, die sich gegen die Bolschewiki gestellt oder vollständig mit Sowjetrußland gebrochen hatten, wirkte Gorkis Rückkehr nach Moskau wie Verrat. Viktor Serge, der Gorki 1930 traf, erinnerte sich später an ihn als eine tragische Figur, einst ein lautstarker Kritiker des Sowjetregimes, der es irgendwie zugelassen hatte, daß man ihn zum Schweigen brachte:

> *Was ging in ihm vor? Wir wußten, daß er nach wie vor murrte, daß er verärgert war, daß seine Härte eine Kehrseite von Protest und Schmerz hatte. Wir sagten uns: »Irgendwann einmal wird ihm der Kragen platzen!« Tatsächlich hat er sich kurz vor seinem Tode mit Stalin überworfen. Aber alle seine Mit-*

*arbeiter von* Nowaja schisn *von 1917 verschwanden in den Gefängnissen, und er sagte nichts. Die Literatur erlag, und er sagte nichts. Ich traf ihn zufällig auf der Straße. An einen großen Lincoln-Wagen gelehnt, schien er mir von der Straße getrennt, getrennt vom Leben Moskaus und zu einem algebraischen Symbol seiner selbst geworden. Er war nicht gealtert, er war magerer geworden, ausgetrocknet, der Kopf knochig, rasiert, mit einer türkischen Mütze bedeckt, Nase und Jochbein spitz, die Augen hohl wie in einem Totenschädel.*

Doch die Wahrheit war komplizierter – und darin lag Gorkis letzte Tragik. Kurz nach seiner Rückkehr 1932 begann er darüber nachzudenken, daß es vielleicht ein Fehler war, in Rußland zu bleiben. Er sah sich zunehmend in Opposition zum stalinistischen Regime – aber zur gleichen Zeit konnte er ihm nicht entkommen. Er war zu einer sowjetischen Institution geworden: Wo immer er auftrat, bewunderte ihn das Publikum, und obgleich er sich dadurch wie ein Gefangener fühlte, wollte oder konnte er nicht wieder weglaufen. Zum einen war der Verkauf seiner Werke in Europa zurückgegangen, so daß er finanziell vom Sowjetregime abhängig war, zum anderen wollte ihn Stalin nicht ins Ausland gehen lassen.[11]

In diesen letzten Jahren, in denen Gorki praktisch ein Gefangener in Sowjetrußland war, wurde er zum Stachel in Stalins Seite. Er widersetzte sich dem Personenkult Stalins und brachte nach vielen Ausflüchten schließlich den Mut auf, den Auftrag, ein hagiographisches Porträt Stalins zu schreiben, wie er es einst für Lenin getan hatte, zurückzuweisen. Wenn man zwischen den Zeilen von Gorkis öffentlichen Schriften liest, läßt sich dort ein wachsender Zynismus gegenüber dem stalinistischen Regime feststellen – seine Essays gegen den Faschismus zum Beispiel könnten genausogut als eine Verdammung aller Arten des Totalitarismus gelesen werden, ob in Europa oder in der UdSSR –, während seine Verachtung für Stalin in allem, was von seiner Privatkorrespondenz erhalten blieb, unübersehbar ist. Nach Gorkis Tod wurde ein großes, in Wachstuch gebundenes Notizbuch in seinem Nachlaß gefunden, in dem er Stalin mit einem »riesenhaften Floh« verglich, den »Propaganda und die Angsthypnose zu unglaublichen Ausmaßen vergrößert haben«. Es gibt Hinweise darauf, daß Gorki 1934 in eine Verschwörung gegen Stalin verwickelt war, gemeinsam mit den beiden Rechten Rykow und Bucharin sowie Jagoda, dem Leiter des NKWD, und Kirow, dem Parteichef von Leningrad, der 1934 ermordet wurde. Das würde die Ermordung von Gorkis Sohn Maxim erklären, die fast sicher auf Stalins Anweisung erfolgte, da Maxim als Bote zwischen seinem Vater und Kirow fungiert hatte. Es mag auch der Hintergrund für die Ermordung Kirows gewesen sein – ebenfalls sehr wahrscheinlich auf Anweisung Stalins – und vielleicht auch für Gorkis eigene.[12]

Die Umstände von Gorkis Tod bleiben rätselhaft. Seine Gesundheit hatte sich schon seit mehreren Jahren verschlechtert. Neben seinem alten Problem mit der Lunge wuchs die Liste seiner Leiden einschließlich Herzbeschwerden und chronischer Erkältung. 1936 war es für ihn zu einem Wettlauf mit der Zeit geworden, seinen großen Roman *Das Leben des Klim Samgin* noch vor dem Tode abzuschließen. »Das Ende des Romans, das Ende des Helden, das Ende des Autors«, sagte Gorki im Juni. Kurz danach, am 17., bekam er Fieber, begann Blut zu spucken und starb am nächsten Tag. Diejenigen, die in seinen letzten Tagen bei ihm waren, bezeugen, daß Gorki eines natürlichen Todes gestorben sei. Aber zwei Jahre später, während des Schauprozesses im März 1938, wurden zwei von Gorkis Ärzten für schuldig befunden, ihn auf Jagodas Anweisung »medizinisch ermordet« zu haben (d. h. ihm Überdosen ungeeigneter Medikamente verschrieben zu haben) als Teil der »Verschwörung gegen die Sowjetmacht«, als deren Rädelsführer man Bucharin und Rykow bezeichnete. Nun kann es zwar sein, daß Stalin als Vorwand zur Vernichtung seiner Feinde nur ausnutzte, was in Wirklichkeit der natürliche Tod des Schriftstellers war. Doch Gorkis Verwicklung in die Opposition macht es ebenso wahrscheinlich, daß Stalin auch ihn ermordete. Gorkis Tod kam sicherlich zu einem überaus passenden Zeitpunkt für Stalin – genau zwei Monate vor dem Schauprozeß gegen Sinowjew und Kamenew, den Gorki als eine Lüge hatte bloßstellen wollen –, und wir wissen, was der Schlächter im Kreml mit Leuten machte, die sich ihm in den Weg stellten. Viele Jahre später hieß es, die Ärzte hätten bei der Autopsie Spuren von Gift in Gorkis Leichnam gefunden. Jekaterina, Gorkis Witwe, war ganz sicher, daß ihr früherer Ehemann ermordet worden sei, als sie 1963 darüber befragt wurde, und viele Russen sind heute ihrer Meinung.[13] Die Wahrheit wird sich vermutlich nie mehr feststellen lassen.

Gorki wurde mit allen sowjetischen Ehren zu Grabe getragen, mit Stalin persönlich an der Spitze des Trauerzugs. Es fand ein Trauerzug auf dem Roten Platz statt. Die Urne mit der Asche des Schriftstellers wurde hinter dem Lenin-Mausoleum in der Kreml-Mauer beigesetzt. So wurde Gorki zu einer stalinistischen Institution.

* * *

Die russische Revolution setzte ein riesiges Experiment in angewandter Soziologie in Gang – vielleicht das größte in der Geschichte der Menschheit. Es läßt sich durchaus behaupten, daß die Menschheit dieses Experiment zu irgendeinem Zeitpunkt ihrer Evolution machen mußte, als logische Folgerung aus dem historischen Streben der Menschheit nach sozialer Gerechtigkeit und Kameradschaft. Doch die Revolution war auch ein Kind des Ersten Weltkriegs, als Europa an den Rand der Selbstzerstörung getrieben wurde, und insofern ein Experiment, das viele Menschen zu jener Zeit für wichtig hielten. 1918 vertraten die meisten europäischen Sozialisten die Ansicht, daß der Kapitalismus und der imperialistische Wettlauf die eigentlichen Ursachen des Krieges gewesen seien und daß sie, um einen weiteren vergleichbaren Krieg zu vermeiden, irgendwie beseitigt werden müßten. Kurz, es kam ihnen so vor, als ob die alte Welt zum Untergang verurteilt sei und daß nur der Sozialismus, in den Worten der Internationale, »die Welt neu erschaffen« konnte.

Das Experiment mißlang auf entsetzliche Weise, nicht so sehr wegen der Böswilligkeit der Führer, von denen die meisten mit den edelsten Idealen begonnen hatten, sondern weil ihre Ideale an sich unmöglich waren. Manche mögen behaupten, das Experiment sei gescheitert, weil Rußland 1917 für den Sozialismus noch nicht genügend fortgeschritten gewesen sei, zumindest nicht allein, ohne die Unterstützung der fortgeschritteneren Industriegesellschaften. Deshalb glauben sie, Rußlands Rückständigkeit und internationale Isolation seien es gewesen, die es in den Abgrund des Stalinismus geführt hätten, und nicht die Logik des Systems selbst. Das trifft zweifellos zum Teil zu. Keiner der Bolschewiki von 1917 hatte erwartet, daß Sowjetrußland allein bliebe – und noch weniger, daß es überleben könnte, wenn das der Fall wäre. Ihre Machtergreifung im Oktober hatte sich auf die Annahme gestützt, daß sie den Funken für eine sozialistische Revolution in ganz Europa und vielleicht in der gesamten kolonialen Welt schlagen würde. Als diese Revolution jedoch ausblieb, fühlten sie sich fast unvermeidlich genötigt, eine Strategie zu übernehmen, die – wenn auch nur im Interesse der eigenen Verteidigung – die Industrialisierung über alles stellte. Da aber das sowjetische Modell so häufig zu denselben verheerenden Ergebnissen geführt hat, auch wenn es in den verschiedensten lokalen Ausprägungen und in so unterschiedlichen Regionen wie China, Südostasien, Osteuropa, Zentralafrika und Kuba umgesetzt wurde, läßt sich nur der Schluß ziehen, daß sein grundsätzliches Problem mehr mit dem Prinzip als mit dem Zufall zu tun hat.

Der Staat, wie groß er auch sein mag, kann die Menschen nicht zu gleichen oder besseren Wesen machen. Er kann nur seine Bürger gleich behandeln und sich bemühen, sicherzustellen, daß ihr freies Handeln sich auf des Allgemeinwohl richtet. Nach einem Jahrhundert, das von den Zwillingstotalitarismen des Kommunismus und des Faschismus beherrscht war, kann man nur hoffen, daß diese Lektion gelernt worden ist. Nun, da wir an der Schwelle zum 21. Jahrhundert stehen, müssen wir alles daransetzen, unsere Demokratie als den Ursprung von Freiheit und sozialer Gerechtigkeit zu stärken, damit sie von den Benachteiligten und Enttäuschten nicht noch einmal verworfen wird. Es ist noch keineswegs ausgemacht, daß sich die entstehenden Bürgergesellschaften des ehemaligen Sowjetblocks tatsächlich bemühen, dem demokratischen Modell nachzueifern. Es ist nicht die Zeit für jene Art von liberaldemokratischem Triumphgeschrei, mit dem der Zusammenbruch der Sowjetunion in so vielen Teilen des Westens begrüßt wurde. Reformierte (und weniger reformierte) Kommunisten könnten bei Wahlen durchaus gut abschneiden, ja vielleicht sogar wieder an die Macht gelangen, solange die Masse des gewöhnlichen Volks vom politischen System entfremdet ist und sich von den Vorteilen des aufkommenden Kapitalismus ausgeschlossen fühlt. Noch besorgniserregender ist jedoch vielleicht, daß ein autoritärer Nationalismus begonnen hat, das Vakuum zu füllen, das durch den Zusammenbruch des Kommunismus entstanden ist, und letzteren gewissermaßen neu erfindet, nicht bloß in dem Sinne, daß die Nationalisten von heute zumeist reformierte Kommunisten sind, sondern auch in dem Sinne, daß ihre aggressive Rhetorik selbst – mit dem Ruf nach Disziplin und Ordnung, der zornigen Verurteilung der durch den wachsenden Kapitalismus geschaffenen Ungleichheit und der fremdenfeindlichen Ablehnung des Westens – aus der bolschewistischen Tradition übernommen ist.

Die Geister von 1917 sind noch nicht zur Ruhe gekommen.

# DANKSAGUNG

In den mehr als sechs Jahren, in denen ich an diesem Buch geschrieben habe, erfuhr ich von vielen Menschen Unterstützung mit Rat und Tat, denen ich an dieser Stelle danken möchte. Vor allem gilt mein Dank Stephanie Palmer, die mit großer Geduld die vielen Stunden, die ich eigennützig in meinem Büro verbrachte, die Wochenenden und Ferien, die durch meine Schreibtischarbeit zerstört wurden und all die Stimmungsschwankungen ihres Mannes ertragen hat. Sie schenkte mir dagegen Liebe und Unterstützung in weitaus größerem Maße, als ich es verdient hätte. Stephanie sorgte all die dunklen Jahre einer schwächenden Krankheit im Frühstadium dieses Buches für mich und übernahm zu ihrer eigenen Arbeitslast noch weitgehend die Fürsorge für unsere 1993 geborenen Töchter Lydia und Alice. Voller Dankbarkeit widme ich ihr dieses Buch.

Neil Belton beim Verlag Jonathan Cape hat eine gewichtige Rolle bei der Entstehung dieses Buches gespielt. Neil ist ein Lektor, wie ihn sich ein Autor nur wünschen kann. Er las jedes Kapitel in allen Stadien und kommentierte sie in seinen schönen, langen und detaillierten Briefen. Seine Kritik war stets treffend, sein Wissen auf dem Gebiet immer wieder erstaunlich und seine Begeisterung inspirierend. Wenn es einen Leser gibt, an den sich dieses Buch richtet, dann an ihn.

Die zweite Fassung wurde auch von Boris Kolonizki im Laufe unserer verschiedenen Begegnungen in Cambridge und St. Petersburg gelesen. Für seine zahlreichen Hinweise, die den Text sämtlich verbesserten, bin ich ihm sehr verbunden und hoffe nur, daß damit zugleich – wenn auch bisher nur einseitig – das Fundament einer dauerhaften intellektuellen Partnerschaft gelegt worden ist.

Großen Dank schulde ich zwei erstaunlichen Frauen. Die eine ist meine Mutter, Eva Figes, Altmeisterin in der Kunst des Erzählens, die mich immer gut beraten hat, wie diese zu praktizieren sei. Die andere ist meine Agentin, Deborah Rogers, die mir einen großen Dienst erwiesen hat, indem sie die Verbindung zu Jonathan Cape herstellte.

Zwei weiteren Personen im Verlag gilt mein besonderer Dank: Dan Franklin steuerte das Buch mit Sensibilität und Intelligenz durch die verschiedenen Endstadien. Und Liz Cowen hat das ganze Manuskript Zeile für Zeile durchgelesen und akribisch genau Korrekturen vorgeschlagen. Ich bin beiden sehr dankbar.

Für ihre Unterstützung bei der Vorbereitung des endgültigen Textes möchte ich auch Claire Farrimond danken, die mir behilflich war, die Anmerkungen zu überprüfen, Laura Pieters Cordy, die beim Eintragen der Korrekturen in den Text etliche Überstunden machte, und schließlich auch Ian Agnew, der die Karten zeichnete.

In besonderer Weise bin ich Elisabeth Ruge und Ludger Ikas vom Berlin Verlag zu Dank verpflichtet und ebenso allen anderen, die an der deutschen Ausgabe meines Buches mitgearbeitet haben. Vor allem danke ich Barbara Conrad sowie Brigitte Flickinger und Vera Stutz-Bischitzky für die hervorragende Übersetzung.

Die vergangenen sechs Jahre waren eine aufregende Zeit für die historische Forschung in Rußland. Ich möchte den Mitarbeitern vieler russischer Archive und Bibliotheken danken, in denen ich für dieses Buch gearbeitet habe. Viel verdanke ich dem Wissen und dem Rat der Archivare, die ich hier nicht einzeln aufzählen kann, mit Ausnahme von Wladimir Barachow, Direktor des Gorki-Archivs, der mir weit über das übliche Maß hinaus seine Zeit opferte.

Viele Institutionen haben mir bei den Vorarbeiten für dieses Buch geholfen. Ich danke der British Academy, dem Leverhulme Trust, und – auch wenn das Stipendium nicht genutzt werden konnte – dem Woodrow Wilson Center in Washington für ihre großzügige Unterstützung. Mein eigenes College in Cambridge, Trinity, das ebenso großzügig wie reich ist, war eine enorme Hilfe, indem es mir sowohl Stipendien als auch Arbeitsurlaube gewährte. Unter den Holy und Undivided Fellows des College danke ich besonders meinen Kollegen, Boyd Hilton und John Lonsdale, die mich während meiner zahlreichen Abwesenheiten vertreten haben, dem unvergleichlichen Anil Seal, daß er mich unterstützte, und vor allem Raj Chandavarkar, der mir ein so kluger Kritiker und treuer Freund war. Schließlich bin ich wie immer Quentin Skinner von der Fakultät für Geschichte dankbar für all die Mühen, die er um meinetwillen auf sich genommen hat.

Das beste an der Universität Cambridge ist die Qualität ihrer Studenten, und im Laufe der vergangenen sechs Jahre hatte ich das Vergnügen, einige der besten auf meinem Gebiet, der russischen Revolution, zu unterrichten. Dieses Buch ist in nicht geringem Maße das Ergebnis dieser Erfahrung. Wie oft bin ich nach der Lehrveranstaltung zurückgeeilt, um die Anregungen aufzuschreiben, die ich in den Diskussionen mit meinen Studenten erhalten habe. Wenn sie auch nicht in den Fußnoten erwähnt werden können, so hoffe ich doch, daß diejenigen, die dieses Buch lesen, es als ein Zeichen meiner Dankbarkeit für sie akzeptieren werden.

Cambridge, im November 1995

Auch für das Zustandekommen der deutschen Version haben sich viele Personen eingesetzt: Unermüdlich im Hintergrund wirkend, aufmunternd, anspornend und für die Sache werbend Elisabeth Ruge, die Initiatorin der deutschen Ausgabe von

*A People's Tragedy*; sodann die Übersetzerinnen Vera Stutz-Bischitzky und Brigitte Flickinger, die mir freundschaftliche und sachkundige Hilfe leisteten, damit das Manuskript rechtzeitig fertiggestellt werden konnte; Barbara König, Doris Schemmel und Jana Schrewe, die mit Feuereifer die Bibliotheksrecherchen und Arbeiten am Anhang übernommen haben; Uwe Küchler, Merle Godde und Leslie Middelmann, die sich um das umfangreiche Register verdient gemacht haben; Ludger Ikas, der das Manuskript Satz für Satz überprüft, geglättet und vereinheitlicht und gleichsam als Schaltstelle im Verlag die vielfältigen Arbeitsgänge koordiniert hat; Alfred Frank, der beim Korrekturlesen noch manch wertvollen Sachhinweis geben konnte; Konstanze Berner, die das Buch herstellerisch betreute und auch ästhetisch wertvoll machte; und schließlich Lothar Maier, der neben aller Lehrverpflichtung das Manuskript mit kritischem Blick gelesen und bei der Lösung mancher Probleme geholfen hat – ihnen allen sei an dieser Stelle noch einmal ausdrücklich gedankt. Schließlich geht ein besonderer Dank an den Autor, Orlando Figes, der stets hilfsbereit und in jeder Form die Vorbereitung dieser deutschen Ausgabe unterstützte.

Berlin, im Juli 1998 Barbara Conrad

# ANHANG

# GLOSSAR

(Für die deutsche Ausgabe bearbeitet und ergänzt von Barbara Conrad.)

ARA: American Relief Administration.

Ataman (türk): Der gewählte Kosakenhauptmann, *s. auch* Hetman.

Arbeiteropposition: Fraktion innerhalb der Bolschewistischen Partei, 1918 von Schljapnikow zur Verteidigung der Rechte der Gewerkschaften gegründet.

Bolschewiki: *s.* Sozialdemokraten.

Bund: Allgemeiner Jüdischer Arbeiterbund in Litauen, Polen und Rußland, d. h. dem Ansiedlungsgebiet der Juden im Westen des Russischen Reichs. 1897 gegründete erste überregionale sozialdemokratische Organisation.

Bund des Russischen Volkes: 1905 gegründete monarchistische Organisation, die für die Wiederherstellung der Autokratie und den Kampf gegen die Juden eintrat. Treibende Kraft hinter den Schwarzhundertern.

*burschui*: Volkstümlicher Begriff, ursprünglich Verballhornung von Bourgeois, doch ohne spezielle Klassenkonnotation zur Beschimpfung des gesellschaftlichen Feindes benutzt.

Defensisten: Sozialisten, die den Ersten Weltkrieg aus Gründen der Vaterlandsverteidigung unterstützen. Die Parteien der Menschewiki und der Sozialrevolutionäre waren zwischen Defensisten und Internationalisten gespalten.

Duma: Die Staatsduma war das gewählte Unterhaus des russischen Parlaments 1906–1917. Städtische Dumas waren gewählte Stadträte.

Fortschrittspartei: 1912 von liberalen Geschäftsleuten und Industriellen gegründet, treibende Kraft bei der Bildung des Progressiven Blocks.

Hetman (polnisch-ukrainisch): dasselbe wie Ataman.

Internationalisten: *s.* Defensisten.

Kadetten: Partei der Konstitutionellen Demokraten, liberale Partei, 1905 gegründet. Bildeten mit den gemäßigten oppositionellen Dumaparteien 1915 den Progressiven Block, der im Februar 1917 die Provisorische Regierung stellte.

*kolchos*: Kollektive Landwirtschaft: aus dem Zusammenschluß bäuerlicher Einzelbetriebe entstandener landwirtschaftlicher Großbetrieb auf genossenschaftlicher Basis (im Unterschied zum Sowchos).

*kombed*: Komitee der Dorfarmut.

Komsomol: Kommunistischer Jugendverband, 1918 gegründete Massenorganisation für die 12–26jährigen.

Komutsch: Komitee der Mitglieder der Konstituierenden Versammlung: antibolschewistische Regierung in Samara im Sommer 1918.

Konstituierende Versammlung: Gewählte Volksvertretung, die über die künftige Staatsform entscheiden und eine Verfassung dafür erarbeiten sollte.

Kriegskommunismus: Die Phase von 1918 bis 1921 in der sowjetischen Wirtschaftspolitik, in der mit der Verstaatlichung von Banken und Industrie, dem Verbot des Privathandels und vor allem dem Abgabezwang für die Bauern eine strikt zentralistisch durchorganisierte Zwangswirtschaft eingeführt wurde, die dem Obersten Volkswirtschaftsrat und dem Volkskommissariat für Versorgung unterstand. Mit der Militarisierung der Arbeit suchte man zugleich die Wirtschaft wieder anzukurbeln.

Krug: Kosakenversammlung.

Kulak: Schimpfwort, ursprünglich für Aufkäufer, Zwischenhändler, Wucherer; von den Bolschewiki propagandistisch zur Bezeichnung »kapitalistischer« Bauern, Bauern, die mit Lohnarbeit wirtschafteten, benutzt.

Menschewiki: *s.* Sozialdemokraten.

Meschraionzen: 1913 im Exil gegründete Gruppe von Sozialdemokraten, die sich für eine Versöhnung von Menschewiki und Bolschewiki einsetzten.

*mir*: Gemeindeversammlung.

Narodniki: Volksfreunde, Populisten, *s.* Narodnischestwo.

Narodnischestwo: In Rußland seit den 1860er Jahren in der radikalen Intelligenzija verbreiteter »russischer Sozialismus«, der eine dezentrale sozialistisch-kommunistische Entwicklung auf der Basis der *obschtschina*, der Dorfgemeinde, anstrebte. Berühmt war die Bewegung des »Ins-Volk-Gehens« Anfang der 1870er Jahre. In den neunziger Jahren in einem Neonarodnischestwo wiederbelebt, aus dem sich dann später die Partei der Sozialrevolutionäre rekrutierte.

NEP: Neue Ökonomische Politik, mit der im Frühjahr 1921 die Phase des Kriegskommunismus abgelöst wurde.

*obschtschina*: Dorfgemeinde, zuständig für die Landumteilung, zugleich steuerliche Solidarhaftgemeinde.

Ochrana: Zaristische Geheimpolizei zur Überwachung der Oppositionellen, besonders der revolutionären Bewegung.

Oktobristen: Liberalkonservative Partei, 1905 aufgrund des im Oktober erlassenen kaiserlichen Reformmanifests gegründet. 1915 Mitbegründer des Progressiven Blocks der oppositionellen Duma-Parteien.

*opritschniki*: Angehörige einer Terrororganisation unter Iwan dem Schrecklichen, mit deren Hilfe er den Widerstand von Bojaren und Kirche gegen seine Autokratie gewaltsam brach.

Orgbüro: Organisationsbüro der Bolschewistischen Partei.

Pomgol: Allrussisches öffentliches Komitee für die Hungerhilfe (1921).

Progressiver Block: Darin schlossen sich 1915 die oppositionellen Duma-Parteien von der gemäßigten Rechten bis zur gemäßigten Linken zusammen. Der Progressive Block stellte im Frühjahr 1917 die Provisorische Regierung.

Pud: Gewichtsmaß, entspricht 16,38 Kilogramm.

Rabkrin: Arbeiter- und Bauerninspektion.

Rada: Ukrainisch für »Rat«, Bezeichnung sowohl für die nationale Regierung in der Ukraine 1917 als auch für die Arbeiter- und Soldatenräte.

Schwarzhunderter: Seit 1905 aufgekommene, rechtsextreme paramilitärische Gruppen, die bei den zahlreichen Judenpogromen eine führende Rolle spielten. Vom Bund des Russischen Volkes unterstützt.

Semgor: Während des Ersten Weltkrieges gegründeter Verband der Semstwos und Gemeinderäte.

Semstwo: 1864 eingeführte lokale Selbstverwaltung auf Provinz- und Kreisebene, vor allem von Landadel und Intelligenzija getragen.

*sowchos*: Sowjetische Landwirtschaft, staatlicher vollmechanisierter und spezialisierter landwirtschaftlicher Großbetrieb.

Sowjet: Rat. »Räte« werden hier die von den Arbeitern und Soldaten, später auch den Bauern gebildeten basisdemokratischen Organe der Selbstverwaltung genannt. Sie wurden nach dem Oktoberumsturz von den Bolschewiki allmählich usurpiert, gleichgeschaltet und der Partei untergeordnet und zu rein bürokratischen Organen degradiert, was dann als Sowjet bezeichnet wird.

Sownarkom: Rat der Volkskommissare, seit Oktober 1917 höchstes vollziehendes Organ in Sowjetrußland.

Sozialdemokraten: 1898 gegründete russische Sozialdemokratische Arbeiterpartei, marxistische Partei, die sich nach 1903 in Bolschewiki und Menschewiki gespalten hat. 1918 umbenannt in Russische Kommunistische Partei (Bolschewiki).

Sozialrevolutionäre: Aus dem Narodnischestwo hervorgegangene, 1902 geheim gegründete revolutionäre Partei, die einen Agrarsozialismus anstrebte. Suchte den Ausbruch der Revolution zunächst durch Terroranschläge ihrer Kampforganisation herbeizuzwingen. Spaltete sich 1917 in Linke und Rechte Sozialrevolutionäre.

Trudowiki: 1906 entstandene, sozialistisch orientierte Gruppierung als Vertretung der Arbeiter, seit 1912 von Kerenski geführt.

Tscheka: Allrussische außerordentliche Kommission für den Kampf gegen Konterrevolution und Sabotage, im Dezember 1917 gegründet, 1922 in GPU umbenannt. Politische Polizei des bolschewistischen Regimes, wichtigstes Instrument des Roten Terrors.

Verband der Verbände: Dachorgansiation, in der alle Vereinigungen der verschiedenen 1905 entstandenen Berufsverbände, einschließlich des Bauernbunds, zusammengefaßt waren.

Wikschel: Allrussisches Exekutivkomitee der Eisenbahnergewerkschaft.

*woisko*: Sich selbst verwaltende Kosakengemeinschaft.

WSNCh: Oberster Volkswirtschaftsrat.

*wolja*: Freiheit, Wille.

# ANMERKUNGEN

Zugunsten einer einheitlichen Schreibweise wurde die Transkription innerhalb der Zitate gegebenenfalls korrigiert.
Vollständige Angaben s. Bibliographie, S. 919.

## 1 Die Dynastie

1 *Nowoje wremja,* 17., 18., 20.–28. Feb. 1913; Romanow, *W mramornom,* 174–177; Wyrubowa, *Glanz,* 77 f; Buchanan, *Dissolution*, 36 f.
2 *Nowoje wremja,* 18.–28. Mai 1913; *Niwa,* 24, 1913, 477 ff; Mossolov, *At the Court*, 240 f; Romanow, *W mramornom,* 178; Kokovtsov, *Out*, 361.
3 Whelan, *Alexander III,* 32 f.
4 »Dnewnik A. A. Polowzowa« (1902), 3, 1923: 136; Iswolsky, *Memoirs,* 264 f; Wortman »Moscow and Petersburg«, 253 f; Verner, *Crisis*, 79.
5 Wortman, *Scenarios,* 381–387; Wortman, »Moscow and Petersburg«, 250 f; Spiridovitch, *Les Dernières,* 2: 253–262.
6 Wortman »Moscow and Petersburg«, 254–257, 260 ff.
7 Rodzianko, *Erinnerungen*, 71 ff.
8 Wortman, »Invisible Threads«, 397 f.
9 Elchaninov, *Tsar*, 148; Wortman, »Invisible Threads«, 392 f.
10 Elchaninov, *Tsar*, 2 f, 121.
11 Massie, *Nikolaus*, 287; *The Times*, 22. Feb., 6. März 1913; *British Documents on Foreign Affairs*, 1, A, 6: 323.
12 Witte, *Memoirs*, 201, 710–713; Serge, *Ville en danger*, 37.
13 Pasternak, *Wospominanija*, 279–283.
14 Alexander von Rußland, *Großfürst,* 171; Witte, *Memoirs,* 95; Zaionchkovsky, *Russian Autocracy*, 18 f.
15 Gurko, *Zar*, 8; Wolfe, »Autocracy«, 68; Essad-Bey, *Nikolaus II*, 46.
16 Iswolsky, *Memoirs*, 248 ff; Alexander von Rußland, *Großfürst*, 168 f; Ferro, *Nikolaus II*, 31 f.
17 Wolfe, »Autocracy«, 66 f; Alexander von Rußland, *Großfürst*, 169 ff.
18 Salisbury, *Black Night*, 50–58; Iswolsky, *Memoirs*, 259 f.
19 Massie, *Nikolaus*, 12 f; Pares, *Fall*, 57.
20 Pares (Hrsg.), *Tsaritsa*, 409; Chernov, *Great Russian*, 1; Trotzki, *Geschichte*, 1: 61 ff; Gurko, *Zar*, 23 f.
21 Rogger, *Russia*, 20; Verner, *Crisis*, 64–67; Lieven, *Nicholas*, 113; Wolfe, »Autocracy«, 72.
22 Pares, *Fall*, 157; Verner, *Crisis*, 45–59; Lieven, *Russia's Rulers*, 287 ff; Lieven, *Nicholas*, 105 f, 115 f.
23 Alexander von Rußland, *Großfürst*, 172 f; Mossolov, *At the Court*, 31; Romanow, *W mramornom*, 60; de Jonge, *Life and Times*, 110; Pares (Hrsg.), *Tsaritsa*, xii.

24 Chernov, *Great Russian*, 16; Gurko, *Zar*, 69 f; Gilliard, *Thirteen Years*, 50, 83.
25 Gurko, *Zar*, 34, 48 f; Pipes, *Zerfall*, 114 f.
26 Gilliard, *Thirteen Years*, 52.
27 Smitten, »Posledni«, 10: 119 f; de Jonge, *Life and Times*, 36, 45, 54; Kozjubinski, »Sekret«, 2. Dez. 1994; Curtiss, *Church and State*, 175 ff; Graham, *With the Russian Pilgrims*, 180.
28 Fuhrmann, *Rasputin*, 13 f; de Jonge, *Life and Times*, 64 f.
29 Fuhrmann, *Rasputin*, 94–98; de Jonge, *Life and Times*, 214 f.
30 Massie, *Nikolaus*, 394.
31 Kozjubinski, »Sekret«, 2., 9., 16. Dez. 1994; de Jonge, *Life and Times*, 78, 224; Fuhrmann, *Rasputin*, 35; Pipes, *Zerfall*, 451.
32 De Jonge, *Life and Times*, 187, 201 f, 204. Zu Marie Antoinette vgl. Hunt, *Family Romance*, Kap. 4.
33 Simanovich, *Rasputine*, 23 f; *Moscow News*, 9, 1991; Gilliard, *Thirteen Years*, 64 f; Gurko, *Zar*, 90; Mamantow, *Na gosudarewoi sluschbe*, 233.

**2 Unsichere Stützen**

1 »Dnewnik A. A. Polowzowa«; Witte, *Memoirs*, 88 f, 199.
2 Becker, *Nobility*, 64; Lieven, »Civil Service«, 371; Sajontschkowski, *Prawitelstwenny*, 223; Raeff, »Bureaucratic Phenomena«, 401 f; Raeff, *Understanding*, 608; Mosse, »Bureaucracy«, 605 f; Ferro, *Nikolaus II*, 29.
3 Pipes, *Rußland*, 292; Lieven, *Russia's Rulers*, 125–129.
4 Raeff, »Bureaucratic Phenomena«, 403 f; Verner, *Crisis*, 51–59; Rieber, »Sedimentary Society«, 358 f; Lieven, *Russia's Rulers*, 133–136; Pearson, *Russian Officialdom*, 14 f.
5 Lincoln, *In the Vanguard*, 107; Whelan, *Alexander III*, 83–87.
6 Saunders, *Russia*, 213.
7 Whelan, *Alexander III*, 91; Lieven, *Russia's Rulers*, 192; Wcislo, »Bureaucratic«, 382 f.
8 Lieven, *Russia's Rulers*, 68–72, 185–192, 385.
9 Whelan, *Alexander III*, 32 f.
10 Urussow, *Memoiren*, 7, 28; Robbins, *Tsar's Viceroys*, 1 f.
11 Urussow, *Memoiren*, 165; Judge, »Urban Growth«, 48 ff.
12 Clowes, Kassow, West (Hrsg.), *Between*, 3–27, 41–56, 75–89; Pipes, *Struve*, 195.
13 âechov, *Drei Schwestern*, 71 f; Urussow, *Memoiren*, 171 f; Bok, *Stolypin*, 127.
14 Robbins, »His Excellency«, 76; *Padenije*, 1: 33, 49; Robbins, *Tsar's Viceroys*, 244 f. Zur entgegengesetzten Ansicht, die die Unterordnung der Gouverneure unter die zentralen Ministerien betont, vgl. Yaney, *Systematization*, 330.
15 Pipes, *Zerfall*, 128 f; Polner, *Schisnenny*, 55 f.
16 Rogger, *Russia*, 49; Robbins, *Tsar's Viceroys*, 183 f; Weissman, »Regular«, 46–50, 56 ff; Yaney, *Systematization*, 333–337.
17 Manning, *Crisis*, 9 f; Shanin, *Russia as*, 147.
18 BA, Bakhmeteff Collection, Box 39, Lvov, »Moi vospominaniia«, 2 ff, 10, 13, 15 f, 83; Polner, *Schisnenny*, 24–30.
19 *Dni*, 21. März 1925; Polner, *Schisnenny*, 62; Obolenski, *Moja schisn*, 373 f.
20 Mackenzie Wallace, *Russia*, 2: 249.
21 »Dnewnik A. A. Polowzowa« (1901), 3, 1923: 97; McKenzie, »Zemstvo«; Stone, *Europe*, 204; Tyrkowa-Williams, *To, tschewo*, 253.

22 Yaney, *Urge*, 51, 98, 102–108; Macey, »Land Captains«; Semjonow, *Dwadzat*, 86;
23 *Polnoje sobranije sakonow*, 14, 1894: 11014.
24 Keep, »Military Style«; Verner, *Crisis*, 22 f; Elchaninov, *Tsar*, Kap. 8.
25 Fuller, *Civil-Military*, 49, 144–153; Bushnell, *Mutiny*, vii, 15–21.
26 Wildman, *End*, 1: 33 ff; Bushnell, *Mutiny*, 10 f.
27 Oberutschew, *W dni*, 60; BA, Brusilov Collection, mss. »Gaseta ›Dni‹«; Grondijs, *La Guerre*, 84, 263; Schabanow »Kratki«, 5–9; GARF, f. 5972, op. 1, d. 21a, l. 11 f; op. 3, d. 70, l. 148.
28 Brussilow, *Erinnerungen*, 68.
29 Ibid., 62 f.
30 Cherniavsky, *Tsar and People*, 111–116, 119 f und Kap. 1 über Fürstenheilige; Billington, *Icon*, 47, 64.
31 Curtiss, *Church and State*, 3–32, 71 f, 345 f; Freeze, »Handmaiden«.
32 Waldron, »Religious Toleration«, 104–115; Freeze, »Handmaiden«, 89 f; Freeze, »Bringing Order«; Engelstein, *Keys*, 27 f, 34, 51 f.
33 Freeze, »Going«, 215–232; Dixon, »Church's Social Role«, 167–192.
34 Kanattschikow, *Is istorii*, 23–30.
35 Gorki, *Universitäten*, 698; Matossian, »Peasant Way of Life«, 19 f; Belinski, *Isbrannyje*, 2: 516.
36 Lewin, *Making*, Kap. 2; Ramer, »Traditional Healers«.
37 Stepniak, *Peasantry*, 372; Freeze, *Parish Clergy*; Belliutsin, *Description*, 189.
38 Curtiss, *Church and State*, Kap. 5; Freeze, *Parish Clergy*, 330 f, 389 f; Meyendorff, »Russian Bishops«; Simon, »Church«, 206–212.
39 Curtiss, *Church and State*, 237 ff, 405.
40 Gellner, *Nations*, 6 und passim.
41 Lenin, *Werke*, 20: 215.
42 Hofer, »Creation«; Anderson, *Imagined Communities*; Gellner, *Nations*, 57 f.
43 Hofer, »Creation«, 124.
44 Hobsbawm, *Nationen*, 67 f; Uustalu, *History*, 121–124.
45 Davies, *God's Playground*, 2: 6 f, 19–27, 37, 352–357.
46 Seton-Watson, *Russian Empire*, 411; Reshetar, *Ukrainian*, 6–10; Shevelov, »Language Question«, 74–79, 92 f.
47 Suny, *Making*, Kap. 4–6; Swietochowski, *Russian Azerbaijan*, 23–26.
48 Hobsbawm, *Nationen*, 62; Slomka, *From Serfdom*, 171.
49 Suny, »Nationality«, 232; Swietochowski, *Russian Azerbaijan*, 11.
50 Suny, *Making*, 116 ff; Swietochowski, *Russian Azerbaijan*, 21; Rorlich, *Volga Tatars*, Kap. 8.
51 Himka, *Galician*, xxii, Kap. 2–4.
52 Guthier, »Popular Base«; Krawchenko, *Social*, 21; Shevelov, »Language Question«, 79; Guthier, »Ukrainian Cities«, 158 f; Himka, *Galician*, 158–175.
53 Krawchenko, *Social*, 264; Himka, *Galician*, 36–40.
54 Himka, *Galician*, 199–202; Trotzki, *Geschichte*, 2: 365.
55 Maynard, *Russian Peasant*, 379; Davies, *God's Playground*, 84; Rogger, *Jewish Policies*, 106.
56 *Perwaja wseobschtschaja perepis*, 1–19.
57 Pares, *Fall*, 64; Krawchenko, *Social*, 26; Lehovich, *White*, 25.
58 Rogger, *Jewish Policies*, 16, 29, 30 ff; Aronson, *Troubled*, v. a. 67–81, 145–160. Vgl. auch Klier, Lambroza (Hrsg.), *Pogroms*.
59 *Herzls Tagebücher*, 472. Rogger, *Russia*, 203; Rogger, »Russian Ministers«, 42.

## 3 Ikonen und Kakerlaken

1 Gorki, *Universitäten*, 674 f, 677.
2 Wortman, *Crisis*, 10; Engelstein, *Keys*, Kap. 5.
3 Gorki, *Universitäten*, 680–726.
4 Herzen, *Westen*, 318; Dostojewski, *Tagebuch*, 138. Zu dieser Frage insgesamt vgl. auch Frierson, *Peasant Icons*.
5 Dal, *Poslowizy*, 404 f.
6 Rittich, *Krestjanski*, 135.
7 Frierson, »Razdel«, 80, 83; ders., »Peasant Family Divisions«, 309 f.
8 Brooks, *When*, 4; Raschin, »Gramotnost«, 46; Eklof, *Russian*, 285, 287.
9 Raschin, »Gramotnost«, 37.
10 Mironov, »Russian Peasant Commune«, 450 f; Matossian, »Peasant Way of Life«, 14 ff; Engelstein, *Keys*, 118 f, 180.
11 Matossian, »Peasant Way of Life«, 4–8; *Some Notes on Social Conditions*, 7; Gatrell, *Tsarist Economy*, 33.
12 Frank, »Popular Justice«; Frierson, »Crime and Punishment«.
13 Gorki, *Bauern*, 108; Frieden, *Russian Physicians*, 189 f.
14 Gorki, *Bauern*, 97; Worobec, »Victims«, 199; Gorki, *Universitäten*, 696.
15 Czap, »Peasant-Class Courts«; Frierson, »Rural Justice«; Burds, »Social Control«, 56–59, 70–81.
16 Pipes, *Zerfall*, Kap. 3; Herzen, *Westen*, 330.
17 Pachman, *Obytschnoje*, 1: 7 f; Jefimenko, *Issledowanija*, 2: 55–62.
18 Jefimenko, *Issledowanija*, 2: 139 ff, 153–159; Pachman, *Obytschnoje*, 2: 209 ff.
19 Semjonow, *Dwadzat*, 35–40; Jefimenko, *Issledowanija*, 2: 176–179.
20 Gorki, *Bauern*, 89; Stites, *Revolutionary Dreams*, 15 f.
21 Zytowitsch, *Selskoje obschtschestwo*, 64.
22 Pipes, *Rußland*, 161 f.
23 Berberowa, *Petersburg*, 20.
24 Zur klassischen Darstellung der traditionellen Sicht – daß die Bauern wegen Überbevölkerung, ineffizienter Anbaumethoden und Erhöhung der indirekten Besteuerung ins Elend gestürzt worden seien – vgl. Gerschenkron, »Agrarian Policies«. Zum Hauptargument der »Revisionisten« – daß der Anstieg der staatlichen Einnahmen aus der indirekten Besteuerung die wachsende Kaufkraft der Bauern widerspiegele, die wiederum aus größerer Produktivität resultierte – vgl. Simms, »Crisis in Russian Agriculture«. In »Crop Failure« hat Simms auch die traditionelle Sicht verworfen, daß die Hungerkrise von 1891 den ausgemergelten Böden und den rückständigen Anbaumethoden zuzuschreiben sei. Seine Argumente werden vage von Gregory in »Grain Marketings« und »Russian Living Standards« gestützt. Zu den regionalen Unterschieden vgl. Wheatcroft, »Crises and the Condition«.
25 Kuschner (Hrsg.), *Selo*, 24; Semjonow, *Dwadzat*, 1; Stepniak, *Peasantry*, 55.
26 Shanin, *Russia as*, 93–102.
27 Gatrell, *Tsarist Economy*, 50 f; Robinson, *Rural Russia*, 94–97; Figes, *Peasant Russia*, 11 f.
28 Shanin, *Awkward Class*, 48.
29 Polner, *Schisnenny put*, 38; Shanin, *Russia as*, 137, 147; Anfimow, *Semelnaja arenda*, 15.
30 Mixter, »Peasant Collective Action«, 196 f; Manning, *Crisis*, 20 f.
31 Semjonow, *Dwadzat*, 67.

32 Raschin, *Formirowanije*, 327. Dies war die jährliche Anzahl von Inlandspässen, die für bäuerliche Wanderarbeiter ausgestellt wurde. Sie bezieht vermutlich nicht alle 5 Millionen »Bauern« mit ein, die 1897 bei der Volkszählung als in der Stadt lebend registriert wurden.

33 Koenker, »Urbanization«, 85–90; Bater, *St Petersburg*, 47, 308 f; Smith, *Red Petrograd*, 15–23.

34 Kanattschikow, *Is istorii*, 5, 7. Vgl. auch die ausgezeichnete Diskussion der Themen, die durch die Geschichte Kanattschikows in Zelniks »Russian Bebels« aufgeworfen wurde.

35 Semjonow, *Dwadzat*, 5 f; Zarjow, *Samoutschka*, 17.

36 Brooks, *When*, 13, 55 f.

37 Johnson, *Peasant and Proletarian;* Bradley, *Muzhik and Muscovite*, 16 ff, 27; von Laue, »Russian Labour«, 48; Kanattschikow, *Is istorii*, 19 f.

38 Kanattschikow, *Is istorii*, 9; Bonnell, *Roots of Rebellion*, 124; Bradley, *Muzhik and Muscovite*, Kap. 6; Glickman, *Russian Factory Women*, 11–14; McKean, *St Petersburg*, 39.

39 Zelnik, *Labor and Society*, 241; Bater, *St Petersburg*, 342 ff, 352–363.

40 Kanattschikow, *Is istorii*, 9, 19.

41 von Laue, »Secret Memorandum«, 71; Glickman, *Russian Factory Woman*, 145.

42 Tugan-Baranovsky, *Russian Factory*, 324; McDaniel, *Autocracy*, 171.

43 So argumentierten sowjetische Historiker, die unbedingt zeigen wollten, daß die Revolution von einem echten »Proletariat« unterstützt wurde, das in den Städten entstanden und voller »Klassenbewußtsein« war. Die meisten Historiker aus dem Westen waren sich im Grunde darin einig, daß die Arbeiter, die am stärksten in der Stadt verwurzelt waren, die militantesten waren. Vgl. zum Beispiel die Arbeiten von Bonnell, Koenker, Smith und McKean.

44 Die klassische Darstellung dieser Sicht findet sich bei Haimson, »Problem of Social Stability«. Das Argument wurde ursprünglich von den Menschewiki entwickelt, um zu erklären, warum sie nach 1905 in den Städten an Boden an die Bolschewiki verloren hatten. Sie behaupteten, daß die Bolschewiki für ihre militantere Propaganda bei den jungen und impulsiven bäuerlichen Arbeitern, die während des industriellen Aufschwungs in die Städte strömten, mehr Resonanz gefunden hätten. Die Menschewiki hingegen konnten weiterhin auf die Unterstützung seitens der gewerkschaftlich organisierten Facharbeiter rechnen. Damit wollten sie andeuten, daß die Bolschewiki nicht von der eigentlichen Arbeiterklasse getragen wurden, sondern von einer wilden halbbäuerlichen Masse, die für einzelne Gewaltausbrüche und demagogische Aufrufe anfällig war.

45 Siehe zum Beispiel Brower, »Labour Violence«. Für aufschlußreiche Kritik vgl. am Ende dieses Aufsatzes die Beiträge von Johnson, Suny und Koenker.

46 Kanattschikow, *Is istorii*, 52, 56, 63.

47 Babushkin, *Recollections*, 51; Kanattschikow, *Is istorii*, 88.

48 Kanattschikow, *Is istorii*, 90 f.

49 Gorki, *Kindheit*, 212; Kanattschikow, *Is istorii*, 113.

50 Kanattschikow, *Is istorii*, 100 f.

51 Sapronow, *Is istorii rabotschewo dwischenija*, 35.

52 Zelnik, »Russian Bebels«, 443; Schapowalow, *Po doroge k marxismu*, 53 f.

## 4 Rote Tinte

1 Gernet, *Istorija*, 3: 169, 4: 43, 45, 139.

2 Custine, *Schatten*, 141; Rogger, *Russia*, 69.

3 Gernet, *Istorija*, 5: 260 f, 306; Galili, *Menshevik*, 195; Trotzki, *Geschichte*, 2: 285; Zelnik, »Fate«, 21.
4 Haimson (Hrsg.), *Making*, 189.
5 Berdjajew, *Sinn*, 11 f, 14, 23 f; Tyrkowa-Williams, *To, tschewo*, 98.
6 Hamburg, *Politics*, 14; Geifman, *Thou*, 173. Für die Dubois-Geschichte bin ich Boris Kolonitskii zu Dank verpflichtet.
7 Berlin, *Denker*, 175–178, 185 f.
8 Szamuely, *Russian*, 201 f.
9 Belinski, *Polnoje*, 10: 217 f; Lotman, »Poetika bytowowo powedenija w russkoi kulture 18-owo w« und »Dekabristy w powsednewnoi schisni«.
10 Matthewson, *Positive Hero*, 74–77; Besançon, *Intellectual*, 118 f.
11 Ulam, *Bolschewiki*, 84 f; Gleason, *Young*, 296; Szamuely, *Russian*, 288; Walentinow, »Tschernyschewski«, 194; ders., *Wstretschi*, 103, 108.
12 Gleason, *Young*, 75; Szamuely, *Russian*, 321–325; Pipes, *Rußland*, 276; Kelly, *Bakunin*, 94; Venturi, *Roots*, 136.
13 Gleason, *Young*, 341; *Prawitelstwenny Westnik*, 11. Juli 1871.
14 Malia, *Herzen*, 396, 407 f; Berlin, *Denker*, 267.
15 Venturi, *Roots*, xxvi.
16 Bogutscharski, *Aktiwnoje*, 128 f.
17 Tkatschow, *Isbrannyje*, 3: 64–85; Szamuely, *Russian*, 388–395.
18 Geifman, *Thou*, 21.
19 »Karl Marx«, 6–10; Resis, »*Das Kapital*«, 221 f.
20 Knischnik, »Poliakow«, 76 f; Haimson (Hrsg.), *Making*, 33; Resis, »*Das Kapital*«, 226 (Anm. 22).
21 Haimson (Hrsg.), *Making*, 31 ff, 458; Walentinow, *Wstretschi*, 50; Pipes, *Struve*, 57, 59, 61.
22 Kerensky, *Crucifixion*, 13; Wolkogonow, *Lenin*, 29 ff, 34 f.
23 RZChIDNI, f. 2, op. 2, d. 125, l. 1; Wolkogonow, *Lenin*, 23 f, 54, 63; Walentinow, *Malosnakomy*, 34.
24 Walentinow, *Wstretschi*, 158 f; *NS*, 7. Nov. 1917.
25 Ulam, *Bolschewiki*, 190; Gorew, *Is partinowo*, 10; Potressow, *Posmertny*, 21.
26 Potressow, *Posmertny*, 294; Ulam, *Bolschewiki*, 140.
27 McNeal, *Bride*, 65.
28 Krupskaja, *Erinnerungen*, 50.
29 Haimson (Hrsg.), *Making*, 103, 105, 126.
30 Ulam, *Bolschewiki*, 208, 222; Walentinow, *Wstretschi*, 166 f; Haimson (Hrsg.), *Making*, 170 f.
31 Walentinow, *Wstretschi*, 73.

## 5 Erstes Blut

1 Robbins, *Famine*, 1 f, 11 f, 59–64, 171; Simms »Crop Failure«, 237.
2 Wildman, *Making*, 6 f; Polner, *Schisnenny*, 52; Frieden, *Russian Physicians*, Kap. 6; Petrunkewitsch, »Is sapissok«, 276.
3 Tschechow, *Briefe*, Bd. 3, 50.
4 Tolstoi, *Pisma L. N. Tolstowo k schene*, 208, 363; Semjonow, *Wospominanija o L. N. Tolstom*, 55 f.

5 Robbins, *Famine*, 177–183; Frieden, *Russian Physicians*, Kap. 6; Balzer, »Problem of Professions«, 189 f; Seregny, *Russian Teachers*, 10 f.
6 Haimson (Hrsg.), *Making*, 101.
7 Simms, »Famine and the Radicals«, 16; Martow, *Sapiski*, 94, 137.
8 Haimson (Hrsg.), *Making*, 68.
9 Freeze, »Soslovie«, 11–36; Haimson, »Problem of Social Identities«, 1–20.
10 Kassow, *Students*, 16, 22.
11 Eine ausgezeichnete Diskussion über die Probleme, mit denen die Entwicklung einer Mittelschichts-Identität konfrontiert ist, findet sich in: Clowes, Kassow und West (Hrsg.), *Between*.
12 Galai, *Liberation*, 54.
13 Manning, »Zemstvo and Politics«, 139 f; Emmons, »Zemstvo«, 433–437; Galai, *Liberation*, 24–55.
14 Kerensky, *Crucifixion*, 78 f.
15 *Istotschnik*, 3, 1994: 5; GARF, f. 1807, op. 1, d. 382, l. 14.
16 GARF, f. 1807, op. 1, d. 382, l. 56.
17 Swobodow, »Gorki«, 71; Pipes, *Struve*, 271 f; Tyrkowa-Williams, *Na putjach*, 72 f; Ivanov-Razumnik, *Memoirs*, 3.
18 Witte, *Memoirs*, 369; White, *Diplomacy*, 78–81.
19 Witte, *Memoirs*, 384; Pasternak, *Wospominanija*, 120; Ascher, *Revolution*, 47; Galai, *Liberation*, 198–205; Polner, *Schisnenny, 67*.
20 Witte, *Memoirs*, 382 f.
21 Bar-Yaacov, *Handling*, 70; Owen, *Capitalism*, 69; Petrunkewitsch, »Is sapissok«, 343; Gurko, *Figures and Features*, 253.
22 Ascher, *Revolution*, 54.
23 »Dnewniki kn. Jekateriny«, 243, 251; Verner, *Crisis*, 115 ff.
24 Galai, *Liberation*, 214–219; Manning, *Crisis*, 74 f, 83 ff; Gorki, »Pisma k Je. P. Peschkowoi«, 132.
25 Verner, *Crisis*, 137–140; Witte, *Memoirs*, 399; Gurko, *Figures and Features*, 304.
26 Sablinsky, *Bloody Sunday*, 222.
27 McDaniel, *Autocracy*, 64–89; Sablinsky, *Bloody Sunday*, 103 ff.
28 Sablinsky, *Bloody Sunday*, 126, 344.
29 Ibid., 212 f, 218.
30 Ibid., 241 ff.
31 *Gorki w epochu rewoljuzii 1905–1907*, 30.
32 Sablinsky, *Bloody Sunday*, 251 f, 273.
33 *Gorki w epochu rewoljuzii 1905–1907*, 33; Gippius, *Dmitri*, 132; Ascher, *Revolution*, 98.
34 Gorki, *Briefe*, 109.
35 Gogol, »Maxim Gorki«, 7–19.
36 Levin, *Stormy*, 98 ff; Gorki, *Briefe*, 24; *NS*, 25. Apr. 1917.
37 GARF, f. 1807, op. 1, d. 382, l. 250; Pasternak, *Wospominanija*, 151; Ascher, *Revolution*, 94.
38 Galai, *Liberation*, 245–248; Stites, *Women's Liberation*, 198; Balzer, »Problem of Professions«, 191 ff; Ascher, *Revolution*, 129.
39 *Gorki w epochu rewoljuzii 1905–1907*, 55; Gorky, *Letters*, 13.
40 Perrie, »Russian Peasant«, 123–155; Bok, *Stolypin*, 147–151; Shanin, *Russia, 1905–7*, 94; Mixter, »Peasant Collective Action«, 215; Manning, *Crisis*, Kap. 8.

41 Seregny, »Peasants and Politics«, 341–377; Mixter, »Peasant Collective Action«, 194; Shanin, *Russia, 1905–7*, 99–119.

42 Pawlow, *Markowskaja*, 13 f, 18–22, 44, 53; Shanin, *Russia, 1905–7*, 109 ff; ZGALI, f. 66, op. 1, d. 296, l. 2; d. 312.

43 Bushnell, *Mutiny*, 52.

44 Ibid., 55 f, 60–65; Ascher, *Revolution*, 170 ff.

45 Ascher, *Revolution*, 157, 159 f; Galai, *Liberation*, 205 f.

46 Witte, *Memoirs*, 406 f; Sablinsky, *Bloody Sunday*, 277 f, 280 f; Verner, *Crisis*, 163; Ascher, *Revolution*, 112.

47 Verner, *Crisis*, 179 f; GARF, f. 1807, op. 1, d. 382, l. 202.

48 Gorki, »Pisma k Je. P. Peschkowoi«, 162.

49 Suhr, *1905*, 342 ff; Ascher, *Revolution*, 132.

50 Eine glänzende Erörterung des Verhältnisses von »revolutionärer Gewalt« und »Hooliganismus« im Jahre 1905 findet sich bei Neuberger, *Hooliganism*, Kap. 2.

51 Ascher, *Revolution*, 211–217; Engelstein, *Moscow*, 123; »Charkow w oktjabre«; Lwow-Rogatschowski, »Oktjabrskije dni«, 80.

52 Ascher, *Revolution*, 217–221; Trotzki, *Leben*, 174. Die Meinungen darüber, ob Lenin je im Petrograder Rat gesprochen hat, gehen weit auseinander. Nach verschiedenen Quellen ist Lenin dort ein- oder zweimal aufgetreten, allerdings gibt es dafür keinen definitiven Beweis.

53 Trotzki, *Leben*, 167, 172, 174; Haimson (Hrsg.), *Making*, 324.

54 Verner, *Crisis*, 227; *Der letzte Zar*, 189.

55 Witte, *Memoirs*, 515.

56 Petrunkewitsch, »Is sapissok«, 410.

57 Obolenski, *Moja schisn*, 373 f; Polner, *Schisnenny*, 97, 110.

58 Emmons, *Formation*, 41–44, 62–72, 146 f; Rosenberg, *Liberals*, 12–24.

59 Emmons, *Formation*, 147, 217–222.

60 Witte, *Memoirs*, 501 f; Gurko, *Figures and Features*, 404 f.

61 Miljukow, *Wospominanija*, 1: 331.

62 Rawson, *Russian Rightists*, 21–33, 46–72, 142–148.

63 Ibid., 137 f; Lambroza, »Pogroms«, 227 f, 233–237; Weinberg, »Pogrom«, 262, 268 f; *Der letzte Zar*, 191.

64 Haimson (Hrsg.), *Making*, 180–183; Engelstein, *Moscow*, 140; Baring, *A Year*, 29 f.

65 Sensinow, *Pereschitoje*, 225; Gul, »Byloje«.

66 Haimson (Hrsg.), *Making*, 203; Gorki, *Briefe*, 127.

67 Engelstein, *Moscow*, 205, 222; Ascher, *Revolution*, 315–322.

68 »Dnewnik A. A. Polowzowa« (1906), 4, 1923: 99; Bing (Hrsg.), *Secret Letters*, 206; Manning, *Crisis*, 173; Shanin, *Russia, 1905–7*, 95; Ferro, *Nikolaus II*, 158 f; Gurko, *Figures and Features*, 446.

69 Gorki »Pisma k Je. P. Peschkowoi«, 170.

70 Troyat, *Gorki*, 102 f.

71 Gorki, »Pisma k pi' ssateljam«, 132; Pasternak, *Stichotworenija*, 204.

72 Pares, *My Russian Memoirs*, 161 f.

73 Miljukow, *Wospominanija*, 1: 307; Trotzki, *Leben*, 178 f; Deutscher, *bewaffnete*, 148 f.

74 Deutscher, *bewaffnete*, 163, 166 f.

75 Naumow, *Is istelewschich*, 2: 72; Manning, *Crisis*, 146; Neuberger, *Hooliganism*, 114, 118 f. Vgl. auch Weissman, »Rural Crime«.

76 Shanin, *Russia, 1905–7*, 198: Polner, *Schisnenny*, 110 f; BA, Polner Collection, Box 2, Death of Lvov.
77 Neuberger, *Hooliganism*, 237 (und Kap. 4 und 5); Belyj, *Petersburg*, 87; Engelstein, *Keys to Happiness*, 240, 257–260.
78 *Russkije wedomosti*, 16. Nov. 1905.
79 *Gorki w epochu rewoljuzii*, 52.
80 Kelly, »Self-Censorship«, 201; *Wegzeichen*, 165.
81 Lenin, *Werke*, 31: 11 f.

## 6 Letzte Hoffnungen

1 Obolenski, *Moja schisn*, 338 f; Kokovtsov, *Out*, 129 ff.
2 Szeftel, *Russian Constitution*, 119 f, 177 f, 260; Verner, *Crisis*, 300 ff.
3 Gurko, *Figures and Features*, 23 ff, 27–30. Eine positivere Einschätzung des Reichsrates findet sich bei: Lieven, *Russia's Rulers*.
4 Obolenski, *Moja schisn*, 350.
5 Kryschanowski, *Wospominanija*, 81 f; ZGALI, f. 66, op. 1, d. 324.
6 Baring, *What I Saw*, 255.
7 Obolenski, *Moja schisn*, 341.
8 Manning, *Crisis*, 199, 218; Hosking/Manning, »What Was«; Atkinson, *End*, 53.
9 BA, Polner Collection, Box 2, Death of Lvov; Rosenberg, *Liberals*, 17–38.
10 Pares, *Fall*, 111.
11 Bok, *Stolypin*, 147–151.
12 Ibid., 153 ff.
13 Stolypine, *L'Homme*, 144.
14 Pares, *Memoirs*, 126; Kryschanowski, *Wospominanija*, 210, 219.
15 Leontovitsch, *Geschichte*, 400.
16 Pares, *Memoirs*, 139.
17 Hosking, *Constitutional Experiment*, Kap. 4.
18 Edelman, *Gentry Politics*, 10.
19 Korros, »Landed Nobility«, 134–138; Weissman, *Reform*, 198–202; Edelman, *Gentry Politics*, 118–123; Bok, *Stolypin*, 325.
20 Kokovtsov, *Out*, 267 f; Miljukow, *Wospominanija*, 2: 80.
21 BA, Kryzhanovsky Collection, Box 2, mss. on Stolypin; Serebrennikow, *Ubistwo*, 191; Bok, *Stolypin*, 342 f.
22 Haimson, »Social Stability«, 1: 619–642. Für eine ziemlich andere Ansicht der Politik der Arbeiterklasse zu dieser Zeit vgl. McKean, *St Petersburg*, v. a. Kap. 4–5.
23 Semjonows Geschichte basiert auf seiner eigenen Darstellung in »Legko«, »Nowyje chosjajewa«, »Obnowlenije«, *Dwadzat pjat let* und auf seinen persönlichen Unterlagen in ZGALI.
24 ZGALI, f. 200, op. 1, d. 80, l. 3.
25 Ibid., f. 2226, op. 1, d. 13, l. 354, 360; *Narodny pissatel*, 7.
26 ZGALI, f. 66, op. 1, d. 312, l. 4 f.
27 Ibid., f. 200, op. 1, d. 80, l. 3; f. 2226, op. 1, d. 1067; f. 66, op. 1, d. 296, l. 5; f, 122, op. 3, d. 13, l. 5 ff; Semjonow, »Legko«, 253.
28 Robinson, *Rural Russia*, 194.
29 ZGALI, f. 122, op. 1, d. 1197, l. 42.

30 *Agrarnoje dwischenije*, 151.
31 Figes, *Peasant Russia*, 57–61; Macey, »Commune«, 221–228; Yaney, *Urge*, 178–184.
32 Yaney, *Urge*, 156–160. Die Statistiken dieser Reformen sind bekanntermaßen schwierig. Den besten allgemeinen Überblick gibt Atkinson, »Statistics«, einen aktuelleren Überblick auf lokaler Ebene liefern Pallot/Shaw, *Landscape*, Kap. 7.
33 Sternheimer, »Administering«, 286–298; Macey, »Commune«, 228 ff.
34 Danilow, »Ob istoritscheskich«, 106. Ältere Zahlen, die im allgemeinen eher höher waren, basierten, wie Danilow zeigt, auf Berechnungsfehlern.
35 Semjonow, »Nowyje chosjajewa«, 275.
36 Samuel, *Blood*, 17.
37 Cohn, *Warrant*, 90–98, 108–125; Pipes, *Regime*, 415–421; Engelstein, *Keys*, 299 f, 321–326; *Herzls Tagebücher*, 472.
38 Tager, *Decay*, 29; Samuel, *Blood*, 26 f.
39 Tager, *Decay*, 39 f, 206; Samuel, *Blood*, 55.
40 Rogger, *Jewish Policies*, 40–55; Gruzenberg, *Yesterday*, 107; Tager, *Decay*, 147–165, 178.
41 Hosking, *Constitutional Experiment*, Kap. 7; Haimson, »Social Stability«, 1: 619–642; McKean, *St Petersburg*, 149.
42 Edelman, *Gentry Politics*, 176 f; Rogger, *Jewish Policies*, 208 f; Rawson, *Russian Rightists*, 65–72.
43 Pares, *Fall*, 122.
44 Rogger, *Russia*, 168.
45 Hosking, *Constitutional Experiment*, 233; Struwe, »Welikaja Rossija«, 144 ff; Selezki, »Obrasowanije«, 32–48.
46 Lieven, *Origins*, 37, 131 ff; *Nowoje wremja*, 6. März 1914; Hutchinson, »Octobrists«, 225.
47 Lieven, *Origins*, 71 f, 92–101; Brussilow, *Erinnerungen*, 82.
48 Lieven, *Origins*, 65; Kerensky, *Crucifixion*, 172.
49 Golder, *Documents*, 21.
50 Bark, »Ijul 1914«, 22; Spring, »Coming«, 66.
51 Sazonov, *How*, 46 f; Paléologue, *Memoirs*, 1: 43 f.
52 Brussilow, *Erinnerungen*, 84; Gilliard, *Thirteen Years*, 111.
53 Gippius, *Sinjaja kniga*, 9; *Russian Schools*, 166 f; Troyat, *Gorki*, 122.
54 Pearson, *Moderates*, 12 f, 15 f.

## 7 Ein Krieg an drei Fronten

1 GARF, f. 5972, op. 1, d. 26, l. 3 ff.
2 Stone, *Eastern Front*, 13 f.
3 RGWIA, f. 162, op. 1, d. 17, l. 97; d. 4, l. 108 ff; Gourko, *Memories*, 11; Oberutschew, *W dni*, 62; Sokolow, »Alexej«, 83; BA, Brusilov Collection, mss. »Gazeta dni«.
4 Lincoln, *Passage*, 83; GARF, f. 5972, op. 3, d. 70, l. 11 ff.
5 Stone, *Eastern Front*, 61–68; Lincoln, *Passage*, 63–66, 69–78; Ironside, *Tannenberg*, 245.
6 Knox, *With the Russian*, 1: 90.
7 Golovin, *Russian Army*, 45–74; Brussilow, *Erinnerungen*, 119 f.
8 Denikin, *Otscherki*, 1: 19; Heenan, *Russian*, 90; Brussilow, *Erinnerungen*, 81 ff.
9 Brussilow, *Erinnerungen*, 122 f; Lincoln, *Passage*, 124.
10 Stone, *Eastern Front*, 52; Knox, *With the Russian*, 1: 42, 46.

11 Brussilow, *Erinnerungen*, 146.
12 Ibid., 152 f.
13 Knox, *With the Russian*, 1: xxv; Lincoln, *Passage*, 71 f; Oskin, *Sapiski soldata*, 259 f; Brussilow, *Erinnerungen*, 79, 109; Stone, *Eastern Front*, 50 f, 148, 167 f.
14 Sidorow, *Ekonomitscheskoje*, 11 f; Lincoln, *Passage*, 106; Knox, *With the Russian*, 1: 220; Tschaadajewa (Hrsg.), »Soldatskije pisma«, 127 f.
15 Brussilow, *Erinnerungen*, 141 f; Lincoln, *Passage*, 105; Tschaadajewa (Hrsg.), »Soldatskije pisma«, 124 f.
16 GARF, f. 5972, op. 3, d. 70, l. 13 f; Rodzianko, *Erinnerungen*, 102 f.
17 Wildman, *End*, 1: 100 ff.
18 RGWA, f. 37976, op. 9, d. 4218.
19 Oskin, *Sapiski soldata*, 143 f, 171, 212 f, 218–221, 243 ff.
20 Tschaadajewa (Hrsg.), »Soldatskije pisma«, 158; Oskin, *Sapiski soldata*, 223.
21 Tschaadajewa (Hrsg.), »Soldatskije pisma«, 126 f.
22 Lincoln, *Passage*, 127; Denikin, *Otscherki*, 1: 2: 29 f; Knox, *With the Russian*, 1: 317 f; 2: 410.
23 GARF, f. 5972, op. 3, d. 70, l. 82.
24 Lemke, *250 dnej*, 223–255; Knox, *With the Russian*, 1: 324–328.
25 Lincoln, *Passage*, 152; Jachontow, »Tjascholyje«, 33, 37, 74.
26 Oskin, *Sapiski soldata*, 234; RGWIA, f. 162, op. 1, d. 18, l. 4; d. 17; Pirejko, *Na fronte*, 35 f.
27 Golovin, *Russian Army*, 121 f; Oskin, *Sapiski soldata*, 276–302, 318–333; Lincoln, *Passage*, 146 f.
28 Brussilow, *Erinnerungen*, 170, 180, 196.
29 Jachontow, »Tjascholyje dni«, 54, 98.
30 RGWIA, f. 162, op. 1, d. 15, l. 6; HLRO, 206: Stow Hill Papers, DS 2/2, Box 8, O. L. Kerenskaja, »Obrywki wospominanija«, 2.
31 Polner/Obolenski/Turn (Hrsg.), *Local*, 54 ff, 100 f; Gleason, »All-Russian«, 365–382; Cherniavsky (Hrsg.), *Prologue*, 228.
32 Polner, *Schisnenny*, 174–188; Obolenski, *Moja schisn*, 374.
33 Grave (Hrsg.), *Burschuasija*, 29 ff; Polner/Obolenskii/Turn (Hrsg.), *Local*, 300–303; Polner, *Schisnenny*, 210.
34 Stone, *Eastern Front*, 156, 199–202; Siegelbaum, *Politics*, 38; Pearson, *Moderates*, 24–47.
35 Pearson, *Moderates*, 46–53; Hamm, »Liberal«; Rosenberg, *Liberals*, 39–42.
36 Pares (Hrsg.), *Tsaritsa*, 125; Jachontow, »Tjascholyje dni«, 107–136.
37 Grave (Hrsg.), *Burschuasija*, 59 f; Pares (Hrsg.), *Tsaritsa*, 100, 166.
38 *Russkije wedomosti*, 27. Sept. 1915.
39 Grave (Hrsg.), *Burschuasija*, 62 f.
40 Pares (Hrsg.), *Tsaritsa*, 114, 152, 221, 409.
41 Pares, *Fall*, 317; Rodzianko, *Erinnerungen*, 149, 195.
42 Knox, *With the Russian*, 2: 412; Pares (Hrsg.), *Tsaritsa*, 134, 301.
43 Knox, *With the Russian*, 2: 416.
44 Stone, *Eastern Front*, 234; Brussilow, *Erinnerungen*, 188 f.
45 Brussilow, *Erinnerungen*, 200; GARF, f. 5972, op. 3, d. 70, l. 80.
46 Stone, *Eastern Front*, 235.
47 Sokolow, »Alexej«, 213 f; Golovin, »Brusilov Offensive«, 577–581.
48 Brussilow, *Erinnerungen*, 215; GARF, f. 5972, op. 3, d. 70, l. 49, 155; Stone, *Eastern Front*, 249; RGWIA, f. 162, op. 1, d. 17, l. 159 f.
49 Hindenburg, *Life*, 158; Brussilow, *Erinnerungen*, 217 ff; Pares (Hrsg.), *Tsaritsa*, 346.

50 Brussilow, *Erinnerungen*, 226; Pares, *Fall*, 364–370; Lincoln, *Passage*, 257 f.

51 RGWIA, f. 162, op. 1, d. 10; Brussilow, *Erinnerungen*, 220, 237.

52 RZChIDNI, f. 75, op. 1, d. 14; Golovin, *Russian Army*, 246.

53 CUL, Templewood Papers, XXI: 1: 24; Pares, *Fall*, 301 f.

54 Katkov, *Russia 1917*, 157–160; Massie, *Nikolaus*, 198 f, 371 f, 428 ff; Kerensky, *Crucifixion*, 196 ff.

55 Florinsky, *End*, 141; Pearson, *Moderates*, 109 f; Katkov, *Russia 1917*, 218.

56 Pares (Hrsg.), *Tsaritsa*, 394; BA, Brusilov Collection, Memoirs, 3: 46; Pares, *Fall*, 381.

57 Pearson, *Moderates*, 117 f. Für den Punkt über die Lehrer bin ich Boris Kolonitskii zu Dank verpflichtet.

58 Wojejkow, *S zarjom*, 185.

59 Pearson, *Moderates*, 122, 137; Hasegawa, *February*, 182.

60 GARF, f. 5972, op. 1, d. 219, l. 161. Zur Historiographie dieser Komplotte vgl. Hasegawa, *February*, 187 f.

61 Kozjubinski, »Sekret«, 27., 29. Dez. 1994; Purischkewitsch, *Rasputin*, 107; Purischkewitsch, *Dnewnik*, 141.

62 Romanow, W *mramornom*, 307; Lincoln, *Passage*, 310 f.

63 Trotzki, *Leben*, 250; Deutscher, *bewaffnete*, 233.

64 Serge, *Trotzki*, 43.

65 Trotzki, *Leben*, 255.

66 Ibid., 200.

67 Cohen, *Bukharin*, 22; Trotzki, *Leben*, 243; Kollontai, *Ich habe*, 173, 176; Clements, *Feminist*, 84.

68 Jermanski, *Is pereschitowo*, 119.

69 Gankin/Fisher (Hrsg.), *Bolsheviks*, 322.

70 Daschina/Ziwlina, »Is archiwa«, 1: 227, 2: 227.

71 Trotzki, *Sotschinenija*, 8: 66 f; Deutscher, *bewaffnete*, 211–227, 249.

72 Trotzki, *Leben*, 253; Daschina (Hrsg.), »Amerikanskije«; Siw, *Trotzki*, 67; Draper, *Roots*, 77.

73 Shliapnikov, *On the Eve*, 27 f, 38; Burdzhalov, *Second*, 26; McKean, *St Petersburg*, Kap. 12.

74 RGIA, f. 806, op. 5, d. 10313, l. 12 f; Woronow, »Analis«, 56 f; Minor, *Nowyje formy*, 1–16; Mendelson, *Itogo*, 22 ff; Binschtok/Kaminski, *Narodnoje*, 45–52.

75 Antsiferov et al. (Hrsg.), *Agriculture*, 140, 151 f; Anfimov, *Rossiskaja*, 241 f, 280 ff.

76 Antsiferov et al. (Hrsg.), *Agriculture*, 222.

77 Lejberow/Rudatschenko, *Rewoljuzija*, 17–20.

78 Strumilin, *Isbrannyje*, 5: 187; McKean, *St Petersburg*, 337 f; Koenker, *Moscow*, 84–87; Hasegawa, *February*, 67 ff; Binschtok/Kaminski, *Narodnoje*, 24–35; Gernet, *Moralnaja*, 97; Gorki, »Pisma k Je. P. Peschkowoi«, 176.

79 Shliapnikov, *On the Eve*, 75, 94; Hasegawa, *February*, 87 ff, Smith, *Red Petrograd*, 48–53; Koenker, *Moscow*, 88 ff; McKean, *St Petersburg*, Kap. 13–14; Strumilin, *Isbrannyje*, 5: 186 f.

80 Siegelbaum, *Politics*, Kap. 7; Hasegawa, *February*, 123–132.

81 Iwanow, »Wolnenije«, 171 f.

82 Hasegawa, *February*, 159–168; Schklowski, *Sentimentale*, 7.

83 Wildman, *End*, 1: 105 ff; Tschaadajewa, *Armija*, 65–69; dies.: »Soldatskije pisma«, 134–159; Brussilow, *Erinnerungen*, 242.

84 Sidorow, *Rewoljuzionnoje*, 221.

## 8 Der Ruhmreiche Februar

1 Balk, »Poslednije«, 28; Hasegawa, *February*, 199; Heald, »Witness«, 45; *Trudy zentralnowo*, 7: 1: 252; Gorki, »Pisma k Je. P. Peschkowoi«, 192.

2 Lih, *Bread*, 12; Balk, »Poslednije«, 28; Hasegawa, *February*, 200.

3 Balk, »Poslednije«, 26–29; Hasegawa, *February*, 21–24.

4 Hasegawa, *February*, 232–238; Balk, »Poslednije«, 31; LRA, MS 790/20 (Brief von Marguerite Bennet, 15. März 1917); BC, Ransome Papers, Telegraph 50, 10. März 1917; RGIA, f. 1282, op. 1, d. 741, l. 41 f.

5 Hasegawa, *February*, 247–253; Balk, »Poslednije«, 35 f.

6 BA, Finland Regiment Collection, Box 10, D. I. Chodnew, »Fewralskaja rewoljuzija 1917 g. i sapasny bataljon lejb-gwardii finlandskowo polka«; Hasegawa, *February*, 253 ff; RGIA, f. 1282, op. 1, d. 741, l. 89.

7 Balk, »Poslednije«, 39–42; Suchanow, *Tagebuch*, 19; Hasegawa, *February*, 258.

8 *Padenije*, 1: 190.

9 Hasegawa, *February*, 267 ff; Martynow, *Zarskaja*, 85; Kirpitschnikow, »Wosstanije«, 7 ff.

10 Tschernjajew, »Wosstanije«; Martynow, *Zarskaja*, 87 ff; *Padenije*, 1: 195–200.

11 Kirpitschnikow, »Wosstanije«, 10–15.

12 Kantorowitsch, »Fjodor«, 221–238; *Kiewskaja mysl*, 3. Sept. 1917: Sokolov, *White*, 21 f.

13 Balk, »Poslednije«, 45; Hasegawa, *February*, 404 f; Kantorowitsch, »Fjodor«, 239.

14 Jones, *Russia*, 105 f; Schklowski, *Sentimentale*, 19.

15 Kantorowitsch, »Fjodor«, 238; Romanow, *W mramornom*, 318; Gorki, *Skizzen*, 232; Bulgakow, »Rewoljuzija«, 9 f; Jones, *Russia*, 123 f; Raskolnikov, *Kronstadt*, 4; Schklowski, *Sentimentale*, 20 f.

16 Jones, *Russia*, 108; Sensinow, »Fewralskije«, 5: 219 f; Gorki, *Skizzen*, 229 f; Berkman, *Bolshevik*, 203.

17 Balk, »Poslednije«, 55; Schulgin, *Dni*, 162–167; *Petrogradski sowjet*, 1: 34 f, 46.

18 Suchanow, *Tagebuch*, 24; *The Times*, 17. März 1917; Jones, *Russia*, 127; Bulgakow, »Rewoljuzija«, 28.

19 BA, Finland Regiment Collection, Box 10, D. I. Chodnew, »Fewralskaja rewoljuzija 1917 g. i sapasny bataljon lejb-gwardii finlandskowo polka«, 63.

20 Zur Körpersprache der Massen vgl. mein nächstes Buch (zusammen mit Boris Kolonitskii), *Interpreting the Russian Revolution: Essays on the Language, Rites and Symbols of 1917*.

21 Pitcher (Hrsg.), *Witnesses*, 14; *The Times*, 16. März 1917.

22 RGIA, f. 1278, op. 10, d. 7, l. 1; Bulgakow, »Rewoljuzija«, 7, 9 f.

23 Jones, *Russia*, 119; GARF, f. 102, op. 341, d. 57, l. 24–29; f. 5849, op. 2, d. 33, l. 4 f; Bulgakow, »Rewoljuzija«, 14–17; *RPG*, 1: 140; Anet, *Révolution*, 1: 129 f.

24 Suchanow, *Tagebuch*, 89 f, 107; Gorki, »Pisma k Je. P. Peschkowoi«, 194.

25 Suchanow, *Tagebuch*, 107. Vgl. zum Beispiel Simon Schamas Verurteilung der Gewalt der Massen (und entsprechend der gesamten Revolution) in: *Der zaudernde Citoyen: Rückschritt und Fortschritt in der Französischen Revolution*, München, 1989. In *Die russische Revolution* teilt Richard Pipes dieses Vorurteil gegen Gewalt.

26 Suchanow, *Tagebuch*, 108.

27 Sorokin, *Leaves*, 14 ff; Bulgakow, »Rewoljuzija«, 19; Jones, *Russia*, 163.

28 Mstislawski, *Pjat dnej*, 12; Suchanow, *Tagebuch*, 28; Krupskaja, *Erinnerungen*, 378; Aronson, *Rossija*, 4.

29 Hasegawa, *February*, 330–345, 380; Suchanow, *Tagebuch*, 67–70, 94–98; Sensinow, »Fewralskije«, 215–218.
30 Hasegawa, *February*, 348–359; *RPG*, 1: 45 ff; Schulgin, *Dni*, 179.
31 Mstislawski, *Pjat dnej*, 20 f; Schklowski, *Sentimentale*, 19 f; Bulgakow, »Rewoljuzija«, 21; Nabokow, *Petrograd*, 28.
32 Pipes, *Zerfall*, 521 f; *RPG*, 1: 47 f; Cantacuzène, *Revolutionary*, 147 ff.
33 Sensinow, »Fewralskije«, 1: 237 ff.
34 *RPG*, 2: 846–849; *Petrogradski sowjet*, 1: 49 f; Suchanow, *Tagebuch*, 122.
35 *RPG*, 3: 1223 f.
36 Mstislawski, *Pjat dnej*, 56 f.
37 Hasegawa, *February*, 410–416; Suchanow, *Tagebuch*, 125–134; *RPG*, 1: 135 f.
38 *RPG*, 1: 136; Mstislawski, *Pjat dnej*, 57.
39 Trotzki, *Geschichte*, 1: 184 ff; Suchanow, *Tagebuch*, 143–146; *RPG*, 1: 128 f.
40 Kolonizki, »Sagadka«, 164–167; Wilcox, *Ruin*, 191; Nabokow, *Petrograd*, 63; Gippius, *Peterburgskije*, 15.
41 »Dnewnik Nikolaja Romanowa«, 136; Mordwinow, »Otrywki«, 86; Hasegawa, *February*, 274.
42 Kokovtsov, *Out*, 408; Paléologue, *Memoirs*, 3: 151 f.
43 Hasegawa, *February*, 434–440.
44 *Padenije*, 1: 203–207; Balk, »Poslednije«, 54 f; Martynow, *Zarskaja*, 107 f; Benckendorff, *Last Days*, 6–9.
45 Hasegawa, *February*, 473–479; Martynow, *Zarskaja*, 144 f.
46 *RPG*, 1: 83–89; Hasegawa, *February*, 495–502.
47 Hasegawa, *February*, 503 ff; *RPG*, 1: 95 f.
48 Mordwinow, »Otrywki«, 113.
49 Pares, *Fall*, 420 f; Paley, *Memories*, 26.
50 *Perepiska Nikolaja i Alexandry*, 5: 225; Hasegawa, *February*, 510; Schulgin, *Dni*, 269.
51 Schulgin, *Dni*, 270 f; *Padenije*, 6: 265–268.
52 Suchanow, *Tagebuch*, 149 ff; Hasegawa, *February*, 531 ff.
53 Milukow, *Geschichte*, 64; Kerenski, *Erinnerungen*, 113; *Padenije*, 6: 266 ff; Hasegawa, *February*, 556–560.
54 *Iswestija*, 4.–16. März 1917; Kornakow, »Simwolika«, 360; Paustovsky, *Story*, 474 f; ZGASP, f. 1000, op. 74, d. 13, l. 64; ZGAWMF, f. 2023, op. 1, d. 7, l. 1.
55 Jussupow, *Pered*, 187; *War, Revolution*, 50; RGIA, f. 1278, op. 10, d. 4, l. 241 f.
56 *1917 god w derewne*, 40, 64; ZGASP, f. 8558, op. 1, d. 5, l. 30; RGIA, f. 1278, op. 10, d. 11, l. 332.
57 Kornakow, »Simwolika«, 361.
58 Heald, »Witness«, 64 ff; Stites, »Iconoclastic«, 7 ff; Suchanow, *Tagebuch*, 84; Naschiwin, *Sapiski*, 32 f; Bulgakow, »Rewoljuzija«, 24, 28 f.
59 RGIA, f. 1412, op. 16, d. 534, l. 4. Vgl. auch d. 101–112, 529–544.
60 Kolonizki, »Kult«, 17 f; Swift, »Kulturnoje«, 403.
61 RGIA, f. 1278, op. 10, d. 4, l. 242; *RPG*, 1: 216–221, 2: 803–819, 862–865; Buryschkin, *Moskwa*, 319; Peschechonow »Perwyje«, 290 f; Silver, *Workers'*, 38.
62 Trotzki, *Geschichte*, 1: 177.
63 Buchanan, *Mission*, 179; *War, Revolution*, 46; Kolonizki, »Kult«, 24 ff.
64 Pyman, *Life*, 2: 243, 247; Schukowski-Schuk, »Kogda«, 64; Schweitzer, *Tsvetaeva*, 138.
65 Kolonitskii, »The ›Russian Idea‹«, 4, 9, 13 f; ZGAWMF, f. r-2063, op. 1, d. 7, l. 12; Oberu-

tschew, *W dni*, 49; Sorokin, *Tschelowek*, 228; *Gubernskii*, 54; ZGASP, f. 7384, op. 9, d. 76, l. 23 f; Kolonizki, »Kult«, 7.

66 Paustovsky, *Story*, 474; NLW, Lord Davies Papers, C3/23; BC, Ransome Papers, Telegraph 53, 15. März 1917.

67 Polner, *Schisnenny*, 245.

## 9 Das freieste Land der Welt

1 Nabokow, *Petrograd*, 28.

2 Hoare, *Fourth*, 256; BA, Polner Collection, Box 2, Death of Lvov; Zereteli, *Wospominanija*, 2: 63 f; Gorki, »Pisma k Je. P. Peschkowoi«, 195.

3 IM, f. 454, op. 3, d. 70; Zereteli, *Wospominanija*, 1: 63 f; Nabokow, *Petrograd*, 71 f; Bublikow, *Russkaja*, 33 f.

4 Polner, *Schisnenny*, 231–245; Zereteli, *Wospominanija*, 1: 114; IM, f. 454, op. 3, d. 70.

5 Chernov, *Great Russian*, 103; Shlapentokh, »Images«, 34 f; Sorokin, *Leaves*, 39; Heald, *Witness*, 89 f; IM, f. 454, op. 3, d. 70.

6 *RPG*, 1: 191–242; Polner, *Schisnenny*, 247.

7 Schljapnikow, *Semnadzaty*, 2: 236.

8 Suchanow, *Tagebuch*, 148; Schapiro, »Thought«, 106 f; Nabokov, *Petrograd*, 125 ff; Rosenberg, *Liberals*, 146 f; *RPG*, 1: 435 ff, 451.

9 ZGALI, f. 66, op. 1, d. 312, l. 8.

10 Ibid., f. 122, op. 3, d. 13; Zarjow, *Samoutschka*, 37 f.

11 ZGALI, f. 66, op. 1, d. 312; f. 122, op. 3, d. 13; f. 200, op. 1, d. 80.

12 Figes, *Peasant Russia*, 56–61.

13 GARF, f. 393, op. 3, d. 359, l. 202; Figes, *Peasant Russia*, 47–56, 122 ff.

14 Tschernow, *Roschdenije*, 313; Galynski, *Otscherki*, 116.

15 GARF, f. 398, op. 2, d. 144, l. 158 f; Galynski, *Otscherki*, 117, 141, 172.

16 GARF, f. 1791, op. 2, d. 144, l. 82; RGIA, f. 1278, op. 10, d. 4, l. 270 ff.

17 IM, f. 454, op. 3, d. 70.

18 Figes, *Peasant Russia*, 33–37, 40–46; GARF, f. 406, op. 2, d. 237, l. 133, 160; Trotzki, *Geschichte*, 2: 349.

19 Koenker/Rosenberg, *Strikes*, 82, 87, 156, 229.

20 Keep, *Russian*, 69; Smith, *Red Petrograd*, 65–68; Koenker, *Moscow*, 107 ff; *RPG*, 2: 712 f.

21 Koenker/Rosenberg, *Strikes*, 102, 137 ff, 172 f, 231; BC, Ransome Papers, Telegram 91, 3. Apr. 1917; Ferro, *February*, 112 f.

22 Pitcher (Hrsg.), *Witnesses*, 101 f; Reed, *Zehn*, 51; Paustovsky, *Story*, 481. Zur Idee der »fêtes de libération« vgl. Perrot, *Les Ouvriers*, 2: 548.

23 *Ekonomitscheskoje*, 2: 201; Smith, *Red Petrograd*, 80–98, 139–167.

24 Wade, *Red Guards*, 80–114, 173–182; Dune, *Notes*, 51–57.

25 Rosenberg, »Mediation«, 173–178; Hogan, »Conciliation«, 49–66; Galili, *Menshevik*, 119–123.

26 Rosenberg, »Mediation«, 181 ff; Galili, *Menshevik*, Kap. 6; Koenker/Rosenberg, *Strikes*, 200 ff.

27 *RPG*, 1: 317; Radkey, *Agrarian*, 40, 216 ff.

28 Suny, *Revenge*, 29 f, 45, 54, 63, 75; Guthier, »Popular Base«, 40.

29 Reshetar, *Ukrainian*, 320 f; Suny, *Revenge*, 48.

30 Christjuk, *Samitki*, 1: 46; Bociurkiw, »Rise«, 222 ff; Frenkin, *Russkaja*, 211–256.
31 RGWIA, f. 162, op. 1, d. 18.
32 *RPG*, 1: 334 f; Upton, *Finnish Revolution*, Kap. 1–6; Ketola, »Russkaja«, 293–6; *Den*, 12. Mai 1917.
33 *RPG*, 1: 344–355; *NS*, 21. Juli 1917.
34 *RPG*, 1: 374–377, 383–388; Stojko, »Ukrainian«, 9 ff; Zereteli, *Wospominanija*, 2: 89.
35 *RPG*, 1: 389–392; Reshetar, *Ukrainian*, 57; IM, f. 454, op. 3, d. 70.
36 RGWIA, f. 162, op. 1, d. 17, l. 199; GARF, f. 5972, op. 1, d. 21a, l. 12.
37 Wildman, *End*, 1: 228–245; BA, Brusilov Collection, mss. »Gaseta ›Dni‹«; RGWIA, f. 162, op. 2, d. 18.
38 »Is ofizerskich pisem«, 200; Kalnizki, *Ot fewralja*, 43.
39 RGWIA, f. 162, op. 2, d. 18; Polovtsov, *Glory*, 206; Heenan, *Russian*, 97 f; Ferro, *October*, 84 f; GARF, f. 1791, op. 2, d. 629, l. 73.
40 *Trud*, 27. Mai 1917.
41 *RPG*, 2: 1044 ff, 1077 f, 1098; Wade, *Search*, 26–38.
42 *NS*, 23. Apr. 1917; Kantorowitsch, »Fjodor«, 242 f; *Kiewskaja mysl*, 3. Sept. 1917; *RPG*, 3: 1242 ff.
43 Roobol, *Tsereteli*, 133; Galili, *Menshevik Leaders*, 134–140, 179–185.
44 *RPG*, 3: 1241 f, 1267 ff; Rosenberg, *Liberals*, 109–113; Wade, *Search*, 47; IM, f. 454, op. 3, d. 70.
45 *RPG*, 3: 1276 ff; Roobol, *Tsereteli*, 123 f; IM, f. 454, op. 3, d. 70.
46 Suchanow, *Tagebuch*, 277 f; Service, *Lenin*, 2: 154 f.
47 Karpinski, »Wladimir«, 105 f; Walentinow, *Wstretschi*, 47.
48 Den neuesten (nicht überzeugenden) Beweis dazu liefert Wolkogonow, *Lenin*, 110–129.
49 Getzler, *Martov*, 147 f; Service, *Lenin*, 2: 151 ff.
50 Gorki, *Zeitgenossen*, 200; Service, *Lenin*, 2: 187; *NS*, 10. Nov. 1917.
51 Lenin, *Briefe*, IV: 398; ders., *Werke*, 23: 309–357, E1: 403 f, 36: 419 f; Suchanow, *Tagebuch*, 281 ff.
52 Suchanow, *Tagebuch*, 293–297; Lenin, *Werke*, 24: 1–7; Service, *Lenin*, 2: 155–160, 165 f; Lenin, *Leninski sbornik*, 7: 307 f; RZChIDNI, f. 72, op. 3, d. 687, l. 2; Shub, *Lenin*, 211.
53 Trotzki, *Geschichte*, 1: 291–298; Zelnik, »Fate«, 6; Rabinowitsch, »Bolschewiki«, 116–119.
54 Walentinow, *Wstretschi*, 209, 211; Besançon, *Intellectual*, 193–196; Wolkogonow, *Lenin*, 421, 447.
55 Struve, »My Contacts«, 593; Wolkogonow, *Lenin*, 47–53, 420; Fischer, *Leben*, 418.
56 Walentinow, *Wstretschi*, 85.
57 Gul, »Byloje«; *RPG*, 2: 1209.
58 Voline, *Unknown*, 244; Rolland, *Journal*, 1168; Walentinow, *Wstretschi*, 210–214.
59 Trotzki, *Geschichte*, 1: 291 f, 2: 41; »Pisma moi«, 11: 35.
60 Fischer, *Leben*, 81 f. ; Aronson, *Rossija*, 47–52; Walentinow, *Wstretschi*, 75.
61 Service, *Lenin*, 2: 169–177, 185; Rabinowitch, Prelude, 46 f; Trotzki, *Geschichte*, 1: 341.
62 Rabinowitch, *Prelude*, 42–45. Zur Meinung, daß das Zentralkomittee einen Putsch geplant habe, s. Pipes, *Macht*, 115–121.
63 Mawdsley, *Baltic Fleet*, 6 f, 21, 34, 51 ff; *RPG*, 3: 1296–1299; Raskolnikov, *Kronstadt*, 34.
64 Rabinowitch, *Prelude*, 260.
65 Rabinowitch, *Prelude*, Kap. 3; Suchanow, *Tagebuch*, 384, 400–403; Lenin, *Werke*, 24: 124.
66 *RPG*, 3: 1322–1326; Suchanow, *Tagebuch*, 407–410.
67 AG, Pg-Rl, 30–19–603 (hier zum ersten Mal veröffentlicht).

68 *NS*, 18., 20. Apr., 18. Mai 1917; AG, Pg-Rl, 30–19–603.
69 Agursky, *Third Rome*, 171 f; Pyman, *Life*, 2: 268–305.
70 *NS*, 27. Apr., 9., 18. Mai 1917; Wyrubowa, *Glanz*, 263; RGIA, f. 794, op. 1, d. 4, l. 4.
71 *NS*, 7. Dez. 1917.
72 RZChIDNI, f. 75, op. 1, d. 67, l. 1 ff (hier zum ersten Mal veröffentlicht).
73 Gorki, »Pisma k Je. P. Peschkowoi«, 196.
74 *NS*, 25. Apr., 18. Mai 1917; AG, Pg-In.
75 Gorki, »Bauern«, 108; AG, Pg-Rl.
76 *NS*, 18. Apr., 19. Nov., 6., 7. Dez. 1917.
77 Gorki, *Zeitgenossen*, 194.
78 *NS*, 23. Apr. 1917.
79 AG, Pg-Rl, 30–19–601.
80 *NS*, 20. Apr. 1917; AG, Pg-Rl, 30–19–603.

## 10 Die Agonie der Provisorischen Regierung

1 *Kerenski-Memoiren*, 301.
2 Ibid., 293.
3 RGWIA, f. 162, op. 1, d. 18; BA, Pronin Collection, Box 1, »Miting gen. Brussilowa«.
4 RGWIA, f. 162, op. 1, d. 17, l. 202.
5 *RPG*, 2: 925 f, 927 f; Heenan, *Russian*, 38–42, 44.
6 *RPG*, 3: 1739; Lockhart, *Wirbel*, 161.
7 Kolonizki, »A. F. Kerenski«, 98.
8 Stepun, *Bywscheje*, 2: 33 ff; Kerenski, *Isdaljoka*, 204; Heenan, *Russian*, 103; RGWIA, f. 162, op. 1, d. 18.
9 *RPG*, 2: 913 ff.
10 Rosenberg, »Municipal«, 161; AG, Pg-Rl, 30–19–603; Rougle, »Intelligentsia«, 72; *RPG*, 2: 486 f.
11 Paustovsky, *Story*, 486.
12 Pares, *Memoirs*, 459.
13 Botchkareva, *Yashka*, 151–168.
14 *RPG*, 2: 880–883; RGWIA, f. 162, op. 1, d. 18; Wildman, *End*, 2: 22 f.
15 Abraham, *Kerensky*, 199 f; Farmborough, *Nurse*, 269 f.
16 *Kerenski-Memoiren*, 296, 304 f.
17 RGWIA, f. 162, op. 1, d. 17, l. 200; BA, Pronin Collection, Box 1, »Miting gen. Brusilowa«.
18 RGWIA, f. 162, op. 1, d. 18.
19 Ibid.; Wildman, *End*, 2: Kap. 2.
20 Stepun, *Bywscheje*, 2: 10; Brussilow, *Erinnerungen*, 248, 255.
21 Golovin, *Russian Army*, 197; Heenan, *Russian*, 97 f.
22 RGWIA, f. 162, op. 1, d. 18; Bauermeister, *Spione*, 123–134.
23 RGWIA, f. 162, op. 1, d. 18.
24 Wildman, *End*, 2: 89 ff; Stankewitsch, *Wospominanija*, 155 f, 160.
25 Botchkareva, *Yashka*, 208–218.
26 Miljukow, *Russian*, 1: 195.
27 Polner, *Shisnenny*, 254; IM, f. 454, d. 3, l. 70.
28 Trotzki, *Geschichte*, 2: 4.

29 Heenan, *Russian*, 54 f; Kerenski, *Erinnerungen*, 276–279.
30 IM, f. 454, d. 3, l. 47–67.
31 Rabinowitch, *Prelude*, 117 f, 121 f.
32 Rabinowitch, *Prelude*, 122–140; *Prawda*, 4. Juli 1917; *RPG*, 3: 1338 ff.
33 *RPG*, 3: 1335 f; Trotzki, *Geschichte*, 2: 14 f; Suchanow, *Tagebuch*, 425 ff; Buchanan, *Petrograd*, 134; Blok, *Sobranije sotschinenii*, 7: 273.
34 Suchanow, *Tagebuch*, 427; Trotzki, *Geschichte*, 2: 11.
35 »Pisma moi«, 2: 35; *RPG*, 3: 1339–1344; Rabinowitch, *Prelude*, 167–170; Suchanow, *Tagebuch*, 427; Woytinsky, *Stormy*, 300.
36 Suchanow, *Tagebuch*, 427; Buchanan, *Petrograd*, 135 f.
37 Rabinowitch, *Prelude*, 174 ff.
38 Pipes, *Macht*, 145; Rabinowitch, *Prelude*.
39 Suchanow, *Tagebuch*, 472 f; *Krasnaja Gaseta*, 16. Juli 1920; Sinowjew, »Lenin«, 62.
40 Buchanan, *Petrograd*, 139; Raskolnikov, *Kronstadt*, 153–172; Pares, *Memoirs*, 465.
41 Suchanow, *Tagebuch*, 436; *Rabotschi i soldat*, 26., 27. Juli 1917; Rabinowitch, *Prelude*, 181–184.
42 Krupskaja, *Erinnerungen*, 604 und passim.
43 AG, Pg-Rl, 30–19–605 (hier zum ersten Mal veröffentlicht).
44 Woytinsky, *Stormy*, 301 f; *RPG*, 3: 1356.
45 Suchanow, *Tagebuch*, 439–442; Raskolnikov, *Kronstadt*, 166 f.
46 Suchanow, *Tagebuch*, 444 f; Woytinsky, *Stormy*, 305 f. Tatsächlich hatte sich das 176. Regiment lose nach der Gruppe der Meschraionzen unter den Sozialdemokraten ausgerichtet.
47 *RPG*, 3: 1347.
48 Suchanow, *Tagebuch*, 445 f.
49 Nikitine, *Fatal*, 155 ff; Suchanow, *Tagebuch*, 458.
50 Suchanow, *Tagebuch*, 451.
51 *RPG*, 3: 1364 f; Nikitine, *Fatal*, 119–122; Zeman (Hrsg.), *Germany*, 94 f; Rabinowitch, *Prelude*, 206 f.
52 Polovtsov, *Glory*, 258.
53 Trotzki, *Geschichte*, 2: 53, 55; Suchanow, *Tagebuch*, 463.
54 *NS*, 15. Aug. 1917.
55 Sinowjew, »Lenin«, 70.
56 Lenin, *Werke*, 25: 172 f.
57 AG, Pg-Rl, 30–19–605 (hier zum ersten Mal veröffentlicht).
58 *NS*, 9. Juli 1917.
59 *RPG*, 3: 1350.
60 Polovtsov, *Glory*, 259 f; IM, f. 454, d. 3, l. 18; Polner, *Schiznenny*, 258.
61 Kolonizki, »A. F. Kerenski«, 98–106.
62 Krasnow, »Na wnutrennom«, 106. Der folgende Bericht von Lindes Tod wurde zusammengestellt aus Krasnow, »Na wnutrennom«, 105–112, und Sokolov, *White*, 15–40. Der Fall wird auch mit viel künstlerischer Freiheit in Pasternaks *Doktor Schiwago* (Kap. 5) erzählt.
63 Kantorowitsch, »Fjodor«, 251; *Kiewskaja mysl*, 3. Sept. 1917; Gippius, *Sinjaja*, 169 ff; *RPG*, 3: 1390 f.
64 Cantacuzène, *Revolutionary*, 30; Rabinowitch, *Come*, 39–42.
65 Brussilow, *Erinnerungen*, 264; RGWIA, f. 162, op. 1, d. 4, l. 79, 83.
66 Werzinski, *God*, 18; Bogajewski, *Wospominanija*, 39; Katkov, *Kornilov*, 39 ff; Brussilow, *Erinnerungen*, 124, 267 f; Grondijs, *La Guerre*, 264.

67 GARF, f. 5849, op. 2, d. 35, l. 2 f.
68 White, »Kornilov«, 187 ff; Katkov, *Kornilov*, 138 f.
69 Martynov, *Kornilow*, 16–20.
70 Abraham, *Kerensky*, 255; Stepun, *Bywscheje*, 2: 144 f.
71 Brussilow, *Erinnerungen*, 266; *RPG*, 2: 989–1010.
72 Martynov, *Kornilow*, 33 f; Sawinkow, *K delu*, 13 f.
73 Martynov, *Kornilow*, 20; PRO, FO 371, 3015, N 165148/17, 93 f; Stepun, *Bywscheje*, 2: 143 f.
74 Katkov, *Kornilov*, 56 f, 171 f; Botchkareva, *Yashka*, 225; Lukomski, *Wospominanija*, 228.
75 Wladimirowa, *Kontrrewoljuzija*, 84; Stepun, *Bywscheje*, 2: 162 f; *RPG*, 3: 1510–1515.
76 Gippius, *Sinjaja*, 162, 164.
77 Katkov, *Kornilov*, 50 f, 74–79, 84–88, 136 f, 159; *RPG*, 3: 1558–1571.
78 *NS*, 3. Sept. 1917; *RPG*, 3: 1574 f; Katkov, *Kornilov*, 92.
79 Katkov, *Kornilov*, 97; Martynov, *Kornilov*, 110 f.
80 Pipes, *Macht*, 213 f; RGWIA, f. 162, op. 1, d. 4, l. 53.
81 Rabinowitch, *Come*, 132–144.
82 Ibid., 144–150; *RPG*, 3: 1586–1589.
83 Denikin, *Otscherki*, 2: 86; Katkov, *Kornilov*, 130–134.
84 Trotzki, *Leben*, 294.
85 HLRO, 206, Stow Hill Papers, DS 2/2, Box 8, O. L. Kerenskaja, »Obrywki wospominanija«, 8.
86 Smith, *Red Petrograd*, 110–116, 160–167; Koenker, *Moscow*, 194 f, 198 ff, 222 ff.
87 Rosenberg, »Municipal«, 159 ff.
88 Keep, *Russian*, 146.
89 Rabinowitch, *Come*, 174 f; Trotzki, *Geschichte*, 2: 277 ff; Suchanow, *Tagebuch*, 561 f.
90 Siw, *Trotzki*, 69–74; Deutscher, *bewaffnete*, 287, 291 ff; Lunatscharski, *Profile*, 55.
91 Rabinowitch, *Come*, 154–158.
92 Smith, *Red Petrograd*, Kap. 7; Koenker, *Moscow*, 184 ff, 320–325; Koenker/Rosenberg, *Strikes*, 254–260, 280–286; *RPG*, 3: 1640–1652.
93 *Delo derewni*, 27. Aug. 1917; Luzki, »Krestjanskoje«, 49–78.
94 ZGANCh, f. 478, op. 1, d. 149 f; d. 202, l. 7 f; Edwards, *Sonya*, 466.
95 Figes, *Peasant Russia*, 61–84.
96 Galili, *Menshevik*, 384; Radkey, *Agrarian*, 403 ff; Raleigh, *Revolution*, 235 ff, 267–270.
97 Lenin, *Werke*, 25: 172 f, 181–189, 397–507.
98 Ibid., 25: 313–319.
99 *RPG*, 3: 1684–1691, 1714–1721; Trotzki, *Geschichte*, 2: 385 f.
100 Haimson (Hrsg.), *Making*, 18; Galili, *Menshevik*, 302, 327 f, 336 f.
101 Trotzki, *Geschichte*, 2: 616; Gorki, *Zeitgenossen*, 214.
102 Lenin, *Werke*, 26: 1 ff.
103 Ibid., 26: 4–25, 59–68.
104 Suchanow, *Tagebuch*, 588; Rabinowitch, *Come*, 202; RZChIDNI, f. 17, op. 1, d. 33.

### 11 Lenins Revolution

1 Suchanow, *Tagebuch*, 498 f; Reed, *Zehn*, 71 ff, 119.
2 Rabinowitch, *Come*, 209–216, 219; Lenin, *Werke*, 26: 52–56.

3 RZChIDNI, f. 17, op. 1, d. 34, l. 1–15.
4 Ibid., l. 16 f; *NS*, 18. Okt. 1917; Lenin, *Werke*, 26: 211–215.
5 Rabinowitch, *Come*, 215.
6 *Russkaja rewoljuzija glasami*, 15. Okt. 1917; PRO, War Office, 158/964: 6; FO 371, 2997, N 142922, 126; Reisner, *Isbrannyje*, 489 f; CUL, Hardinge Papers, 35: 27; HLRO, 206: Stow Hill Papers, DS 2/2, Box N18: 15 f; Ferro, *October*, 285; Gippius, *Sinjaja*, 175, 187.
7 PRO, FO 371, 3016, N 205925: 542–545; N 210021: 582; N 208373: 577 f, 3017; N 209501: 10 f; N 208214: 567–570; N 210844: 572 f; Nabokow, *Ispytanija*, 97, 99 f, 102, 139 f.
8 Gippius, *Sinjaja*, 210; RGWIA, f. 162, op. 1, d. 18.
9 Nabokow, *Petrograd*, 65.
10 Rabinowitch, *Come*, 253 f.
11 ZGASP, f. 131, op. 1, d. 8, l. 6; f. 54, op. 1, d. 2, l. 48; f. 148, op. 1, d. 24, l. 1; Starzew, »Wojenno-rewoljuzionny«, 134; Ignatjew, »W notsch«, 314.
12 Melgunov, *Bolshevik*, 81.
13 Rabinowitch, *Come*, 272; *Iswestija ZK KPSS*, 1989, 1: 226.
14 Rabinowitch, *Come*, 274–281; Lenin, *Werke*, 26: 227.
15 Kostjukow, »Kak my«, 32–37; *Oktjabrskoje*, 2: 346; Rabinowitch, *Come*, 282; Trotzki, *Geschichte*, 2: 570 f; Blagonravov, »Fortress«, 206.
16 Rabinowitch, *Come*, 290 f.
17 GARF, f. 543, op. 1, d. 1, l. 24 f; Suchanow, *Tagebuch*, 645, 648 f; Melgunov, *Bolshevik*, 58–61.
18 GARF, f. 3348, op. 1, d. 149, l. 2; Melgunov, *Bolshevik*, 68 ff; Paltschinski, »Poslednije«, 137; Reed, *Zehn*, 126 f.
19 Sinegub, »Saschtschita«, 152; Melgunov, *Bolshevik*, 76; GARF, f. 3348, op. 1, d. 149, l. 3.
20 Reed, *Zehn*, 153 f, 147, 149.
21 Maljantowitsch, »W simnem«, 120 f; Reed, *Zehn*, 156 f; Melgunov, *Bolshevik*, 80; Buchanan, *Mission*, 242.
22 Reed, *Zehn*, 135; Suchanow, *Tagebuch*, 644, 666 und passim; *Oktjabrskoje*, 2: 353; Pipes, *Macht*, 274 f.
23 *Wtoroi wserossiski sjesd*, 2 ff, 33 ff.
24 Zitiert nach Rabinowitch, *Come*, 294.
25 *Wtoroi wserossiski sjesd*, 43 f; Getzler, *Martov*, 163.
26 *Wtoroi wserossiski sjesd*, 43 f; Rabinowitch, *Come*, 297.
27 GARF, f. 3348, op. 1, d. 149, l. 2 f; Melgunov, Bolshevik, 89 ff; Rabinowitch, *Come*, 299 ff.
28 *Wtoroi wserossiski sjesd*, 47–54; Reed, *Zehn*, 159 ff, 163.
29 Trotzki, *Geschichte*, 2: 601; Starzew, *Otscherki*, 195; Mawdsley, *Baltic Fleet*, 112 f.
30 Trotzki, *Geschichte*, 2: 543; Korenew, »Tschreswytschainaja«, 29; Melgunov, *Bolshevik*, 67; Reed, *Zehn*, 129; Awerbach, »Rewoljuzionnoje«, 25 f.
31 ZGASP, f. 131, op. 1, d 7, l. 2, 7, 13, 24; d. 8, l. 6, 17, 22, 54, 57, 59.
32 GARF, f. 1236, op. 1, d. 1, l. 70, 81, 83 ff, 119, 136, 147, 154, 157; d. 12, l. 14, 153 f; d. 13, l. 56; d. 37, l. 6; d. 39, l. 5, 20, 28; f. 1791, op. 2, d. 594, 596; ZGASP, f. 131, op. 1, d. 8, l. 54; Bontsch-Brujewitsch, »Straschnoje«, 180–192; Korolenko, »Is dnewnikow«, 378 ff.
33 *NS*, 11. Jan. 1918.
34 *NS*, 18. Okt. 1917.
35 GARF, f. 1236, op. 1, d. 1, l. 28, 53 f, 58, 62; d. 12, l. 77; Koenker, *Moscow*, 345; Mandel, *Petrograd*, 328–332; *Snamja truda*, 2. Nov. 1917.
36 RGWIA, 162, op. 1, d. 18.

37 RZChIDNI, f. 17, op. 1, d. 39.
38 Bone (Hrsg.), *Bolsheviks*, 136–142; Trotzki, *Stalinskaja schkola*, 123.
39 Clements, *Feminist*, 124 ff; Bunyan/Fisher (Hrsg.), *Bolshevik*, 226; Iroschnikow, *Sosdanije*, 161–167.
40 Melgunov, *Bolshevik*, 127 f, 170, 180 f; »Pisma moi«, 2: 43.
41 *NS*, 7. Nov. 1917.
42 Ljubowitsch, »Kak«, 65–69; Rigby, *Lenin's*, 45–51, 62 f.
43 Rigby, *Lenin's*, 14–19, 30 ff; Bunyan/Fisher (Hrsg.), *Bolshevik*, 185 f.
44 *The Debate on Soviet Power*, 68–89, 140 ff, 200 f.
45 GARF, f. 1236, op. 1, d. 1, l. 59, 102, 104, 107 f; Sorokin, *Leaves*, 105 f.
46 Radkey, *Election*, Anhang; Radkey, *Sickle*, 248 f, 281–306.
47 *The Debate on Soviet Power*, 147.
48 Bunyan/Fisher (Hrsg.), *Bolshevik*, 356–362; Dolgorukow, *Welikaja*, 57 ff; *NS*, 6. Dez. 1917; *The Debate on Soviet Power*, 174, 177.
49 Gippius, *Peterburgskije*, 365.
50 Leggett, *Cheka*, 17.
51 AG, Pg-Rl, 30–19–616 (hier zum ersten Mal veröffentlicht).
52 *The Debate on Soviet Power*, 154.
53 Lenin, *Werke*, 26: 377–381, 422–426; *Nasch wek*, 6. Jan. 1918.
54 Bunyan/Fisher (Hrsg.), *Bolshevik*, 369 f; *NS*, 9., 11. Jan. 1918.
55 Sorokin, *Leaves*, 125; Sokolow, »Saschtschita«, 67; Roobol, *Tsereteli*, 180 f; Bontsch-Brujewitsch, *Na bojewych*, 250.
56 *Wserossiskoje utschreditelnoje*, 110 f.
57 Sokolov, *White*, 210.
58 Sokolow, »Saschtschita«, 24, 26, 32 f.
59 AG, Pg-Rl, 30–19–617 (hier zum ersten Mal veröffentlicht).
60 Figes, »The Russian Revolution of 1917 and its Language in the Village«, in *Russian Review*, 56, 1997: 323–345.
61 Figes, *Peasant Russia*, 68; Sokolow, »Saschtschita«, 16.
62 Denikin, *Otscherki*, 2: 147 f; *Iswestija wserossiskowo sowjeta krestjanskich deputatow*, 28. Mai 1917; *Prawda*, 1. Jan. 1919.
63 Kolonitskii, »Antibourgeois«, 190; Naschiwin, *Sapiski*, 15, 28; GARF, f. 551, op. 1, d. 108, l. 2.
64 Kolonitskii, »Antibourgeois«, 184 f, 191; Libknecht, *Pauki*, 4; TCL, Margoulis Collection, »Protokoly fabsawkoma«, 8.
65 Lenin, *Werke*, 26: 413.
66 Ibid., 26: 518; *NS*, 16. März 1918.
67 Stites, *Revolutionary Dreams*, 127; GARF, 1236, op. 1, d. 1, l. 47, 67; Krasnow, »Is wospominani«, 162–165; Melgunow, *Terror*, 170–174; Obolenski, »Krym«, 216.
68 Bunyan/Fisher (Hrsg.), *Bolshevik*, 324; Meschtscherskaja, »Trudowoje«, 205 f.
69 GARF, f. 393, op. 2, d. 59, l. 35–38.
70 Clements, *Feminist*, 131 ff; Bunyan/Fisher (Hrsg.), *Bolshevik*, 587; GARF, f. 130, op. 2, d. 155, l. 22, d. 167, l. 3.
71 Gorki, *Polnoje sobranije sotschinenii*, 17: 212; Lenin, *Werke*, 26: 412; Trotzki, *Sotschinenija*, 17, 1: 290 f.
72 Arbenina (Meyendorff), *Through Terror*, 102; Posner, *Dela*, 26 f; RGWIA, f. 162, op. 1, d. 18; Wrangel, *Serfdom*, 301–304.

73 Naschiwin, *Sapiski*, 14.
74 Figes, *Peasant Russia*, 101 ff, 132–135; Channon, »Landowners«, 584; Rudnew, *Pri*, 112–129.
75 GARF, f. 4390, op. 14, d. 80, l. 8 ff.
76 *NS*, 19. Nov. 1917.
77 GARF, f. 1791, op. 2, d. 629, l. 18; Karich, »O narodnom«, 23–32; GARF, f. a-353, op. 3, d. 59, 60, 91, 95, 99, 108; Bunyan/Fisher (Hrsg.), *Bolshevik*, 289 ff; *Narodnoje prawo*, 3–4, 1918: 209 f; Speranski, »Narodnyje«, 25–30.
78 Lenin, *Werke*, 27: 15 f. Kürzlich entdecktes Beweismaterial legt die Vermutung nahe, daß Trotzki das Dekret geschrieben hat (vgl. *Moscow News*, 12, 1991).
79 *Iswestija*, 23. Aug. 1918.
80 *Materialy narodnowo komissariata justizii*, 1: 29.
81 Melgunow, *Terror*, 65.
82 *NS*, 17. Jan. 1918; Steinberg, *Workshops*, 145.
83 Reed, *Zehn*, 188.
84 Trotzki, *Leben*, 314; Reed, *Zehn*, 186.
85 Fokke, »Na stene«, 15 ff, 36 ff.
86 Trotzki, *Leben*, 334; Deutscher, *bewaffnete*, 335 ff, 332 f, 347.
87 RZChIDNI, f. 17, op. 1, d. 405, l. 1–13.
88 Fokke, »Na stene«, 207.
89 RZChIDNI, f. 17, op. 1, d. 409.
90 Hoffman, *War Diaries*, 1: 206 f.
91 RZChIDNI, f. 17, op. 1, d. 410, l. 3–17.
92 Trotzki, *Leben*, 359.
93 RZChIDNI, f. 17, op. 1, d. 412, l. 9; Wheeler-Bennett, *Brest-Litovsk*, 258–262.
94 Wheeler-Bennett, *Brest-Litovsk*, 269.
95 *Istotschnik*, 1, 1994: 26; RGWIA, f. 162, op. 1, d. 5, l. 136.
96 RZChIDNI, f. 4, op. 2, d. 3734, l. 1 f.
97 Trotzki, *Leben*, 323 ff.

### 12 Die letzten Träume der alten Welt

1 Bulgakow, *Garde*, 54 f.
2 Ibid., 55 ff.
3 Gul, *Ledjanoi*, 8 ff.
4 Kenez, *First Year*, 41 f, 55–64.
5 Trotsky, *HRA*, 2: 287 f; Hasek, *Red Commissar*, 23.
6 Denikin, *Otscherki*, 2, 1: 94–100; Bogajewski, *Wospominanija*, 23–27; Suworin, *Sa rodinoi*, 15.
7 Gul, *Ledjanoi*, 15; Tsvetaeva, *Selected Poems*, 62.
8 Bechhofer, *In Denikin's*, 78; *Moscow News*, 16. Apr. 1922; Pipes, *Regime*, 34.
9 Grondijs, *La Guerre*, 262–266; RGWIA, f. 162, op. 1, d. 18. Meineckes Diktum in: Faulenbach (Hrsg.), *Geschichtswissenschaft*, 69.
10 Kenez, *First Year*, 100 f.
11 Gul, *Ledjanoi*, 16 f; Nesterowitsch-Berg, *W borbe*, 97.
12 Holquist, »Vendée«, 131 ff; Kenez, *First Year*, 89–92; Medvedev/Starikov, *Mironov*, 45; Suworin, *Sa rodinoi*, 21, 29 f.
13 Denikin, *Otscherki*, 2, 1: 224; Lukomski, *Wospominanija*, 1, 156–164.

14 Wrangel, *Memoirs*, 185; Denikin, *Otscherki*, 2, 1: 237; Gul, *Ledjanoi*, 65–69, 72 ff, 145 ff.
15 Kenez, *First Year*, 103–113; Denikin, *Otscherki*, 2, 1: 295.
16 Denikin, *Otscherki*, 2, 1: 298.
17 Holquist, »Vendée«, 211–226; Kenez, *First Year*, 119–127.
18 Kenez, *First Year*, 141.
19 Ibid., 169 ff; Skobzew, *Tri goda*, 144.
20 Denikin, *Staraja*, 2: 89; ders.: *Otscherki*, 3: 128.
21 Kenez, *Defeat*, 55–58, 80–84.
22 Sokolow, *Prawlenije*, 93–115; Denikin, *Otscherki*, 4: 233; Dolgorukow, *Welikaja*, 129 f.
23 Kenez, *Defeat*, 112–120.
24 Denikin, *Otscherki*, 3: 61; Krasnow, »Wsewelikoje«, 223–227, 232–235; Kenez, *First Year*, 166–175.
25 Denikin, *Otscherki*, 4: 221–224; Sokolow, *Prawlenije*, 187 f, 286 f; Pokrowski, *Denikinschtschina*, 173 ff; Kin, *Denikinschtschina*, 82, 89, 95–109.
26 Kenez, *Defeat*, 60 ff; Lehovich, *White*, 331; Denikin, *Otscherki*, 4: 218.
27 Maiski, *Demokratitscheskaja*, 46.
28 *Chronika graschdanskoi*, 168.
29 Figes, *Peasant Russia*, 163 f.
30 Maiski, *Demokratitscheskaja*, 72 ff, 84, 178 ff.
31 Ibid., 84–88, 92 f, 126–131, 144 ff.
32 Figes, *Peasant Russia*, 167–172.
33 Ibid., 175–178.
34 *Krasnaja byl*, 3: 53; *Westnik komiteta utschreditelnowo sobranija*, 23. Aug. 1918.
35 Melgunow, *Tragedija*, 1: 99; Petrow, *Ot Wolgi*, 50; Figes, *Peasant Russia*, 179.
36 Figes, *Peasant Russia*, 178–182.
37 GARF, f. 5975, op. 1, d. 13, l. 9.
38 Maiski, *Demokratitscheskaja*, 141 f; Melgunow, *Tragedija*, 1: 206.
39 Gins, *Sibir*, 1, 1: 259; Churchill, *Kriege*, 92.
40 Budberg, »Dnewnik«, 15: 331 f.
41 Varneck/Fisher (Hrsg.), *Testimony*, 173.

## 13 Die Revolution zieht in den Krieg

1 RGWA, f. 37976, op. 9, d. 4218; Oskin, *Sapiski wojenkoma*, 5 ff.
2 Trotsky, *HRA*, 1: 5; Figes, »Red Army«, 174 f.
3 Kawtaradse, *Wojennyje*, 175–178; Hagen, *Soldiers*, 23–26.
4 *Trotsky Papers*, 1: 149; Trotsky, *HRA*, 1: 196.
5 Benvenutti, *Bolsheviks*, 66 ff, 70, 76; Oskin, *Sapiski wojenkoma*, 118 f.
6 *Prawda*, 29. Nov., 25. Dez. 1918.
7 Trotsky, *HRA*, 1: 199–210, 220–226.
8 Benvenutti, *Bolsheviks*, 92–108.
9 Figes, »Red Army«, 176 f; Oskin, *Sapiski wojenkoma*, 147.
10 Figes, »Red Army«, 177 ff.
11 Ibid., 199–202.
12 GARF, f. 130, op. 2, d. 120, l. 45, 54; d. 277, l. 175–186; Oskin, *Sapiski wojenkoma*, 113.
13 Figes, »Red Army«, 182–186.

14 *Trotsky Papers*, 1: 797; Figes, »Red Army«, 183 f.
15 White, *Growth*, 118; Figes, *Peasant Russia*, 293; Trotsky, *HRA*, 1: 13.
16 Trotsky, *HRA*, 2: 109, 298; Figes, »Red Army«, 193.
17 Figes, »Red Army«, 195–198.
18 Ibid., 198–206; Oskin, *Sapiski wojenkoma*, 147–150; RGWIA, f. 7. op. 2, d. 483, l. 2; Brovkin, *Behind*, 145–155; *Antonowschtschina*, 45 f.
19 Wildman, *End*, 1: 101.
20 GARF, f. 2314, op. 9, d. 2, l. 15 f.
21 Jolkina, »Likwidazija«, 52–56.
22 GARF, f. 2313, op. 3, d. 26, l. 27.
23 Goldman, *My Disillusionment*, 8 f.
24 AG, Pg-Rl, 30–19–619 (hier zum ersten Mal veröffentlicht).
25 GARF, f. 539, op. 1, d. 3190, l. 24, 29 f, 35 f; *Iswestija gosudarstwennowo kontrolja*, 5, 1919: 20; *NS*, 1. Juni 1918; Posner, *Dela*, 41; GARF, f. 551, op. 1, d. 20, l. 19.
26 GARF, f. 539, op. 1, d. 3190, l. 18; Posner, *Dela*, 42; Sorokin, *Leaves*, 209, 217 f; Berkman, *Bolshevik*, 266.
27 Sorokin, *Leaves*, 219 f; *Materialy po statistike Petrograda*, 1, 1920: 10; McAuley, *Bread*, 276 ff.
28 *NS*, 1. Juni 1918; Babine, *Diary*, 33; Strumilin, *Sarabotnaja*, 5, 17 f; Strumilin, »Proschitotschnoi«, 4–8; Strumilin, »Bjudschet«, 1–5; McAuley, *Bread*, 280; Stites, *Women's Liberation*, 372; Goldman, *My Disillusionment*, 11.
29 Harrison, *Marooned*, 99; GARF, f. 5692, op. 1, d. 101, l. 23.
30 *NS*, 21. Mai, 1. Juni 1918; Levin, *Stormy*, 203; Wolfe, *Brücke*, 122, 134–137, 143; Scherr, »Notes«, 260 f; Roschdestwenski, *Stranizy*, 264; Fitzpatrick, *Commissariat*, 132 f.
31 Chodassewitsch, *Nekropol*, 231 f; Berberowa, *Petersburg*, 205; Romanow, *W mramornom*, 357 f.
32 Levin, *Stormy*, 206, 210.
33 GARF, f. 5469, op. 2, d. 50, l. 116; Figes, *Peasant Russia*, 255 ff.
34 *Kooperatiwnaja mysl* (Saratow), Nr. 4 (35), 19. Jan. 1919; Figes, *Peasant Russia*, 284–295.
35 GARF, f. 130, op. 2, d. 441, l. 35; ZGALI, f. 66, op. 1, d. 913, l. 9.
36 Serge, *L'an 1*, 119; McAuley, *Bread*, 89.
37 Edwards, *Sonya*, 447–450; GARF, f. 5972, op. 1, d. 101, l. 29; Schweitzer, *Tsvetaeva*, 162 f; Meschtscherskaja, »Trudowoje«.
38 Issajew, *Besrabotiza*, 6; Kleinborg, *Istorija*, 285; McAuley, *Bread*, 88 f, 188; Rabinowitsch, »Bolschewiki«, 124 f; *Odinnadzaty sjesd RKP(b)*, 103 f.
39 Koenker, »Urbanization«, 90–95; Brower, »*City in Danger*«, 62 f; Figes, *Peasant Russia*, 138–144; Okninski, *Dwa goda*, 176.
40 GARF, f. 130, op. 3, d. 443, l. 35, 36, 55, 93, 98.
41 Chase, *Workers*, 19 f; Brower, »*City in Danger*«, 72 f, 24; GARF, f. 5451, op. 3, d. 475.
42 ZGANCh, f. 1943, op. 4, d. 116, l. 17; GARF, f. 5451, op. 4, d. 148, l. 175; 3429, op. 1, d. 305, l. 141; *Iswestija samarskowo gubrodkomiteta*, 7–8, 1918: 22 f; Figes, *Peasant Russia*, 95 f; Waisberg, *Dengi*, 109–113.
43 Kabanow, *Oktjabrskaja*, 210 f.
44 Trotsky, *HRA*, 1: 85.
45 Suny, *Baku*, 208.
46 GARF, f. 393, op. 11, d. 199, l. 60.
47 Figes, *Peasant Russia*, 66 f, 81 ff, 188.

48 Lenin, *Werke*, 28: 42 f.
49 GARF, f. 130, op. 2, d. 442; d. 443, l. 22, 38, 52, 75, 122.
50 ZGANCh, f. 1943, op. 1, d. 448, l. 70; op. 6, d. 376, l. 85; GARF, f. 4390, op. 2, d. 327, l. 38; f. 130, op. 2, d. 443, l. 53; GAWO, f. 503, op. 1, d. 49, l. 24.
51 GAKO, f. 7, op. 1, d. 535, l. 23.
52 *Protokoly sassedani*, 294.
53 Figes, *Peasant Russia*, 188–199.
54 Awerjew (Hrsg.), *Komitety*, 1: 21 f; GARF, 393, op. 3, d. 336, l. 285.
55 GARF, f. 130, op. 2, d. 277, l. 177.
56 *Leninski sbornik*, 18: 144, 206.
57 Figes, *Peasant Russia*, 249–261.
58 Harrison, *Marooned*, 150–157; Banerji, »Commissars«, 271.
59 Trotzki, *Sotschinenija*, 12: 136 f.
60 AG, Pg-Rl, 30–19–621; McAuley, *Bread*, 280.
61 Zu der Ansicht, daß die Arbeiter die Oppositionsparteien bewußt unterstützt hätten, vgl. Brovkin, »Mensheviks'«. Zur gegenteiligen (und insgesamt überzeugenderen) Ansicht, daß die Protestbewegung der Arbeiter nicht parteipolitisch ausgerichtet war, vgl. Rosenberg, »Labor«.
62 GARF, f. 130, op. 2, d. 616, l. 2; Rabinowitsch, »Bolschewiki«, 126 f.
63 Lenin, *Werke*, 27: 234–243.
64 Malle, *Economic*, Kap. 2.
65 Gorki, »Pisma k Je. P. Peschkowoi«, 199.
66 *O Lenine*, 54.
67 *Prawda*, 1. Sept. 1918; Tumarkin, *Lenin Lives!*, 82–90.
68 Tumarkin, *Lenin Lives!*, 83 ff, 91–95; Sejfullina, »Muschizki«.
69 *Proletarskaja Rewoljuzija*, 6 f, 1923: 284; Balabanoff, *Life*, 209.
70 *Krasnaja gaseta*, 1. Sept. 1918; *Iswestija*, 3. Sept. 1918; *Jeschenedelnik tschreswytschainych komissi*, 1, 1918: 11.
71 Trotzki, *O Lenine*, 101; Ferro, *October*, 265.
72 Leggett, *Cheka*, 30–34.
73 Lazis, *Tschreswytschainyje*, 8.
74 Melgunov, *Terror*, 72–76; Peters, »Wospominanija«, 9.
75 GARF, f. 1236, op. 1, d. 5; Polner, *Schisnenny*, 262; *Moscow News*, 14.–21. Juni 1992.
76 *Pjaty wserossiski sjesd*, 5–37; Rabinowitch, »Maria«, 426 f; Leggett, *Cheka*, 72–76.
77 Hoover, Steinberg, »The Events of July 1918«, 22; Rabinowitch, »Maria«, 429.
78 Benckendorff, *Last Days*, 88.
79 Kerenski, *Erinnerungen*, 336 f.
80 Massie, *Nikolaus*, 535–552.
81 Trotzki, *Dnewniki*, 100 f.
82 Radsinski, *Nikolaus*, 282, 286 f, 289–297.
83 Ibid., 297.
84 Trotzki, *Dnewniki*, 100.
85 GARF, f. 130, op. 2, d. 653, l. 12.
86 Radsinski, *Nikolaus*, 350, 372.
87 *Literaturnaja Rossija*, 28. Sept. 1990.
88 Radsinski, *Nikolaus*, Kap.15; Steinberg/Khrustalev, *Fall*, 357–360.
89 Zur Geschichte der Gebeine vgl. Massie, *Romanows*.

90 Miljutin, »Stranizy is dnewnika«, 10.
91 *Iswestija*, 19. Juli 1918; Lockhart, *Wirbel*, 285; GARF, f. 5972, op. 1, d. 22b, l. 365; Sokoloff, *Todesweg*.
92 Carr, *Bolshevik*, 1: 174; Radsinski, *Nikolaus*, 331; Radek, *Portrety*, 1: 50.
93 *Tscheka*, 47, 90 f, 158–163; *Pamjat*, 4: 379. Das Engelszitat stammt aus einem Brief an Marx, vgl. MEW 33:53.
94 Peschechonow, »Pered«, 205; GARF, f. 130, op. 2, d. 67, l. 525, 546.
95 Peschechonow, »Pered«, 205 f.
96 GARF, f. 130, op. 2, d. 67, l. 20.
97 Ibid., l. 263 f.
98 Ibid., f. 5972, op. 3, d. 121, l. 2; d. 350; RGWIA, f. 162, op. 1, d. 18, l. 42 f.
99 *Iswestija gosudarstwennowo kontrolja*, 1, 1919: 16 f; Dan, *Dwa goda*, 126–133.
100 Melgunow, *Terror*, 231–276; Steinberg, *Workshop*, 145.
101 Gul, »Byloje«.
102 GARF, f. 130, op. 2, d. 751, l. 151; f. 1129, op. 2, d. 105, l. 16 f; Bunyan, *Intervention*, 253–257.
103 AG, Pg-Rl, 16–40–1; Pg-Rl, 13–51–2.
104 GARF, f. 4390, op. 14, d. 133.
105 Lenin, *Briefe*, VI: 46 f.

## 14 Das neue Regime triumphiert

1 GARF, f. 6028, op. 1, d. 20, l. 9 f; *Istotschnik*, 1, 1994: 24.
2 Polner, *Schisnenny*, 259–265; *Rus*, 19. März 1925.
3 Fleming, *Fate*, 92 ff, 105 f.
4 GARF, f. 6028, op. 1, d. 10, l. 5.
5 Ibid., d. 20, l. 8; Polner, *Schisnenny*, 272.
6 GARF, f. 6028, op. 1, d. 17; *Graschdanskaja woina*, 229.
7 Kirjuchin, *Is dnewnika*, 71 f.
8 Figes, *Peasant Russia*, 324–333.
9 Ibid., 313 f; Lincoln, *Red*, 261–265; Fleming, *Fate*, 139.
10 Budberg, »Dnewnik«, 15: 281, 290, 326.
11 Graves, *America's*, 200; Budberg, »Dnewnik«, 14: 225.
12 Fleming, *Fate*, 136.
13 Gins, *Sibir*, 2, 2: 151–157.
14 Graves, *America's*, 147, 153 ff, 160 f.
15 Melgunow, *Tragedija*, 3, 1: 167 f; Maksakow (Hrsg.), *Partisanskoje*, 1: 129–143.
16 GARF, f. 1805, op. 1, d. 12; Maksakow (Hrsg.), *Partisanskoje*, 1: 145–172, 289.
17 Fleming, *Fate*, 157.
18 GARF, f. 439, op. 1, d. 108, l. 58; Medvedev/Starikov, *Philip*, 110–115; Brovkin, *Behind*, 101–106; Holquist, »Vendée«, Kap. 5.
19 Kenez, *Defeat*, 27–34; Malet, *Makhno*, 30 ff; Wrangel, *Memoirs*, 88.
20 Kenez, *Defeat*, 20 f; Mawdsley, *Civil War*, 170; *Trotsky Papers*, 2: 650; Figes, »Red Army«, 182, 188.
21 Wrangel, *Memoirs*, 89.
22 Denikin, *Otscherki*, 5: 118.

23 *Rewwojensowjet*, 177; Stankewitsch, *Wospominanija*, 149; Solomon, *Sredi*, 214–218; *Istotschnik*, 1, 1994: 3.
24 Kin, *Denikinschtschina*, 115 f, 142–146; Friedgutt, *Iuzovka*, 2: 373.
25 Denikin, *Otscherki*, 4: 86 ff.
26 Rakowski, *W stane*, 25, 38; Lehovich, *White*, 324 f; Denikin, *Otscherki*, 4: 93 f; Sokolow, *Prawlenije*, 192 ff; GARF, f. 439, op. 1, d. 108, l. 59.
27 Trotzki, *Leben*, 416 f.
28 GARF, f. 130, op. 3, d. 363; Brovkin, *Behind*, 73–77, 167 f; Oskin, *Sapiski wojenkoma*, 179; *Rewwojensowjet*, 180; Hoover, Martov Collection, »Oborona rewoljuzii i sozial-demokratija«, 3.
29 *Rewwojensowjet*, 177; Oskin, *Sapiski wojenkoma*, 187, 202 f.
30 GARF, f. 130, op. 3, d. 198; Danilow, »Pereraspredelenije«, 284–287; Figes, »Red Army«, 206–209.
31 Jegorow, *Rasgrom*, 144; Oskin, *Sapiski wojenkoma*, 233.
32 Trotsky, *HRA*, 3: 412 ff.
33 Ruhl, *New Masters*, 109; Mannerheim, *Memoirs*, 221.
34 Trotzki, *Leben*, 389–393, 417 f; Serge, *Beruf*, 110; *Trotsky Papers*, 1: 718 f.
35 McAuley, *Bread*, 255; Serge, *Beruf*, 107 f.
36 Oskin, *Sapiski wojenkoma*, 237; ders., *Wospominanija o*, 2: 262.
37 Bechhofer, *In Denikin's*, 121; Sokolow, *Prawlenije*, 191.
38 Bechhofer, *In Denikin's*, 101.
39 Pipes, *Regime*, 189–192; Maslow, *Rossija*, 2: 37.
40 Knei-Paz, *Trotsky*, 546; Schulgin, *1920 god*, 28.
41 GARF, f. 6764, op. 1, d. 775, l. 19.
42 Ibid., l. 20–23; Poljak, »Schutkije«, 17–36; Schechtman, *Pogromy*, 368.
43 Malejew, *Tridzat*; GARF, f. 6764, op. 1, d. 775.
44 GARF, f. 6764, op. 1, d. 775, l. 3 f.
45 Sokolow, *Prawlenije*, 253; Miljukow, *Russia Today*, 230.
46 Vgl. zum Beispiel Pipes, *Regime*, 217.
47 Babel, *1920*, 18.
48 Wrangel, *Memoirs*, 185.
49 BA, Bakhmeteff Collection, Box 5.
50 GARF, f. 4390, op. 13, d. 38.
51 Fischer, *Leben*, 156.
52 GARF, 551, op. 1, d. 20, 21, 27, 29, 39; Pascal, *En Communisme*, 93–96.
53 GARF, 551, op. 1, d. 59.
54 RGWA, f. 33987, op. 3, d. 46, l. 142 f; GARF, f. 4085, op. 1, d. 14; f. 130, op. 2, d. 71, l. 332; f. 4390, op. 2, d. 327; op. 4, d. 109; *Dewjataja konferenzija RKP(b)*, 168; Harrison, *Marooned*, 124.
55 Bontsch-Brujewitsch, *Na bojewych postach*, 115.
56 Rigby, *Lenin's*, 176 ff, 184 f; Service, *Bolshevik*, 120 ff; Zelnik, »Fate«, 26 f.
57 Pipes, *Regime*, 713 f; Sakwa, *Soviet*, 49–53, 191 ff; Lenin, *Briefe*, VII: 66.
58 GARF, f. 5469, op. 2, d. 50, l. 81.
59 *Struktura i sostaw*, 68; Goldman, *My Disillusionment*, 54.
60 Solomon, *Sredi*, 222–227; Orlovsky, »State«, 185–192; *Struktura i sostaw*, 79.
61 Figes, *Peasant Russia*, Kap. 5.2.
62 Adelman, »Development«, 93; Rigby, *Elites*, 49; Rapoport, »Poltora«, 103.

63 Kitajew, »Stroitelstwo«, 104.
64 Rigby, *Elites*, 28 f; Dukes, *Red Dusk*, 23.
65 Sakwa, *Soviet*, 154; GARF, f. 539, op. 1, d. 3190, l. 53.
66 Rigby, *Elites*, 47–61.
67 Adelman, »Development«, 93, 96 ff.
68 GARF, f. 4085, op. 1a, d. 139, l. 30.
69 AG, Pg-Rl, 30–19–630; Sorokin, *Sowremennoje*, 52; GARF, f. 130, op. 3, d. 158, l. 414; *Petrogradskaja prawda*, 19. Jan. 1919.
70 RGWIA, f. 162, op. 2, d. 18.
71 GARF, f. 130, op. 4, d. 245, l. 397 f; RGWA, f. 33987, op. 3, d. 46, l. 143.
72 Arbatow, »Jekaterinoslaw«, 113; GARF, f. 5972, op. 1, d. 101; op. 3, d. 170, l. 3 f; RGWA, f. 33987, op. 1, d. 278; RGWIA, f. 162, op. 2, d. 18.
73 BA, Brusilov Collection, mss. »Gaseta ›Dni‹«, 42; RGWIA, f. 162, op. 2, d. 18; Grondijs, *La Guerre*, 265.
74 GARF, f. 5972, op. 1, d. 226, l. 208 ff.
75 RGWIA, f. 162, op. 2, d. 18; RGWA, f. 33988, op. 1, d. 267, l. 1 f.
76 GARF, f. 5972, op. 3, d. 170, l. 1; Trotsky, *HRA*, 3: 158; *Prawda*, 11.–12. Mai 1920.
77 GATO, f. 1832, op. 1, d. 834, l. 9; Stites, *Revolutionary Dreams*, 95 f; Arbatow, »Jekaterinoslaw«, 113.
78 Agursky, *Third Rome*, 185 ff; Burbank, *Intelligentsia*, 219–225; Ustrjalow, *W borbe*, 13; Gorki, *Perepiska A. M. Gorkowo s sarubeschnymi*, 67.
79 Davies, *Eagle*, 187; Pipes, *Regime*, 290–298.
80 *Kommunistitscheski internazional*, 1. Mai 1919; Sinowew, *Sotschinenija*, 15: 281; Carr, *Bolshevik*, 3: 180 f, 192.
81 *Istoritscheski archiv*, 1, 1992: 12–30.
82 Ibid., 16 f.
83 *Trotsky Papers*, 1: 623, 625; Agabekov, *OGPU*, 16.
84 Wells, *Russia*, 99; *Congress of Peoples*, 34.
85 Lenin, *Briefe*, III: 166.
86 Bulgakow, *Garde*, 282 f; Graziosi, »Piatakov«, 121–124.
87 Ordschonikidse, *Status*, 1: 106 f; *Resolutioji and Decisions*, 2: 102.
88 Majstrenko, *Borotbism*, 191.
89 Krawchenko, *Social*, 55; Mace, *Communism*, 69.
90 Rorlich, *Volga Tatars*, 138.
91 Pipes, *Formation*, 182; Park, *Bolshevism*, 36.
92 Becker, *Protectorates*, 299 ff; Park, *Bolshevism*, 133 f, 375.
93 Gokay, »Turkish«; Swietochowski, *Russian Azerbaidzhan*, 147 ff.
94 PRO, FO 371/3404.
95 Hovannisen, *Republic*, 2: 249 f, 291.
96 Suny, *Making*, 192–199, 205 f.
97 Pipes, *Regime*, 266–269.
98 Suny, *Making*, 210; Lenin, *Werke*, 32: 157 f, 328; Jones, »Establishment«, 623–628.
99 Wrangel, *Memoirs*, 171–175.
100 Miljukow, *Russia Today*, 181; Obolenski, »Krym«, 27, 31 f, 35, 41 f; Rakowski, *Konez*, 84 f, 147–150.
101 Wrangel, *Memoirs*, 175, 191; Obolenski, »Krym«, 11–15, 30 ff; Miljukow, *Russia Today*, 178 f; Gukowski (Hrsg.), »Agrarnaja«, 52 f, 69–72.

102 Walentinow, »Krymskaja«, 15 f.
103 Kalinin, *Pod*, 104; Rakowski, *Konez*, 9, 158.
104 Wrangel, *Memoirs*, 274 f; Obolenski, »Krym«, 17; Rakowski, *Konez*, 82 ff.
105 Walentinow, »Krymskaja«, 85 f; Bechhofer, *In Denikin's*, Kap. 7; Kenez, *Defeat*, 306 ff.
106 RGWIA, f. 162, op. 2, d. 18.

## 15 Die Niederlage im Sieg

1 Oskin, *Chosjaistwennaja*, 16–20, 24; ZGANCh, f. 3429, op. 1, d. 1527, l. 16, 190.
2 ZGANCh, f. 3429, op. 1, d. 1487, l. 25; d. 1527, l. 5; f. 1884, op. 28, d. 1; *Doklad ot narodnowo komissara*, 5–9; *Narodny komissariat putej*, 6; Rosenberg, »Social Background«, 364–367.
3 *Krasnoarmejez*, 16.–20. Feb. 1920, 8; *Treti wserossiski sjesd*, 1: 87–90, 97.
4 *Dewjaty sjesd RKP(b)*, 94; *NS*, 11. Nov. 1917.
5 GARF, f. 5451, op. 3, d. 336, op. 4, d. 148, 289; f. 382, op. 4, d. 477; f. 130, op. 3, d. 363; ZGANCh, f. 1637, op. 1, d. 359, 361; f. 3429, op. 1, d. 857; Brovkin, *Behind*, Kap. 2.
6 *Dwa goda dejatelnosti;* Malle, *Economic*, 123–135, 182 ff.
7 Trotsky, *HRA*, 3: 47–52, 65 ff; GAKO, f. 193, op. 2, d. 159, l. 102; Stites, *Revolutionary Dreams*, 19–24; Oskin, *Chosjaistwennaja*, 78 f; Donski, »Ot Moskwy«, 208; GARF, f. 130, op. 5, d. 1037, l. 19 f; op. 3, d. 104, l. 30, 68; ZGANCh, f. 3429, op. 1, d. 1527, l. 1–6; d. 857, l. 148; Bunyan (Hrsg.), *Origin*, 71–74.
8 Chase, »Voluntarism«, 115; GARF, f. 539, op. 1, d. 3190, l. 30.
9 Banerji, »Commissars«, 264; Ransome, *Six Weeks*, 88–92; Malle, *Economic*, 153–185.
10 McAuley, *Bread*, 286–295; Sorokin, *Leaves*, 220; GARF, f. 539, op. 1, d. 3190, l. 12–15.
11 Figes, *Peasant Russia*, 295–308; ZGANCh, f. 478, op. 3, d. 1157, l. 58; op. 4, d. 69, l. 60; Kabanow, *Krestjanskoje*, 240–273.
12 GARF, f. 130, op. 3, d. 414; Brovkin, *Behind*, 287–299.
13 Rosenberg, »Social Background«; Schapiro, *Origin*, 256–292; Fitzpatrick, *Cultural Front*, 25–30; Sakwa, *Soviet*, 216–260.
14 Sokolov, *White*, 67–72.
15 Burleigh, *Death*, 11. Das Zitat stammt von Karl Bonhoeffer und ist zu finden in der *Allgemeinen Zeitschrift für Psychiatrie*, 76, 1920/21, 600 (A. d. Ü.).
16 Joravsky, *Psychology*, 53–63, 207–213.
17 Stites, *Revolutionary Dreams*, 32 f; Bogdanow, *Planet*, 54–64.
18 Gorki, *Polnoje sobranije sotschineni*, 24: 18 f; AG, Pg-In.
19 Scherrer, »Écoles«, 265; RZChIDNI, f. 17, op. 60, d. 43, l. 19; Read, *Culture*, 113 f.
20 Mally, »Intellectuals«; Read, *Culture*, 89 f, 111–133; Fitzpatrick, *Commissariat*, 129–133; Stites, *Revolutionary Dreams*, 70 f; McClelland, »Utopianism«, 411.
21 Michelson, »Wings«, 61–69; Taylor, *Politics*, 36.
22 Stites, *Revolutionary Dreams*, 94 f, 136; Pipes, *Regime*, 493–501.
23 Bowlt, »Constructivism«, 204; Stites, *Revolutionary Dreams*, 90.
24 Harrison, *Marooned*, 125 f; Pethybridge, *Social*, 149; Donski, »Ot Moskwy«, 199.
25 Clements, »Effects«, 105.
26 Stites, *Women's Liberation*, 362, 377; Goldman, *State*, 7; Farnsworth, »Village«, 246; Fitzpatrick, »Sex«, 268 f; Goldman, »Working-Class«, 129 f, 134–139.
27 Bontsch-Brujewitsch, *Wospominanija*, 380; Pipes, *Regime*, 462 f.

28 Sensinow, *Tragödie*, 35; Fitzpatrick, *Commissariat*, 31 ff, 67, 218; McClelland, »Utopianism«, 119–124.

29 Stites, *Revolutionary Dreams*, 146–157; Toller, *Which*, 114; Gastew, »O tendenzijach«, 44 f; *ABC*, 75.

30 GARF, f. 130, op. 2, d. 153, l. 12; d. 163, l. 60; Stites, *Revolutionary Dreams*, 105–109; *Moscow News*, 19.–26. Aug. 1990; Karpow, »Po wolnam«, 40 f; Hindus, *Red*, 275 f.

31 Stites, *Revolutionary Dreams*, 110; Tumarkin, *Lenin lives!*, 71 f.

32 Stites, *Revolutionary Dreams*, 111 ff; Kolonitskii, »Names«, 211 f, 223; Stites, *Women's Liberation*, 364.

33 Pipes, *Regime*, 559–570; Wassilewa, »Russkaja«, 43 f; RZChIDNI, f. 5, op. 2, d. 48, l. 29, 81 f; *Iswestija ZK*, 4, 1990, 190–193; *Moscow News*, 19.–26. Aug. 1990.

34 Agursky, *Third Rome*, 266 f; Pipes, *Regime*, 585; Yodfat, »Closure«; GARF, f. 353, op. 3, d. 755, l. 125–131, 167 ff, 201 f, 237 ff; Gitelman, *Century*, 118.

35 Figes, *Peasant Russia*, 147–150; GARF, f. 4390, op. 12, d. 40, l. 17, 24.

36 ZGALI, f. 552, op. 1, d. 3827, l. 49.

37 *Wolja Rossii*, 18. Jan. 1921; Figes, *Peasant Russia*, 269–272.

38 GARF, f. 5556, op. 1, d. 35a, 50; f. 130, op. 3, d. 414, l. 7 f; op. 5, d. 712, l. 53; *Wolja Rossii*, 22. März, 27. Juli 1921; *Trotsky Papers*, 2: 386 f.

39 *Trotsky Papers*, 2: 492–495; RGWA, f. 7, op. 2, d. 483, l. 8; f. 235, op. 5, d. 63, l. 5, 6, 9, 10, 19 ff, 25, 37, 38; d. 217, l. 15; GATO, f. 1832, op. 1, d. 631, l. 16, 26, 84; *Antonowschtschina*, 95 f, 150–159; Radkey, *Unknown*, 38, 139–143, 192–196; Trifonow, *Klassy*, 37, 246; BA, Lidin Collection, »Antonowschtschina«, 6.

40 GATO, f. 1832, op. 1, d. 834, l. 9; GARF, f. 130, op. 3, d. 414, l. 35, 61; Figes, *Peasant Russia*, 329, 349.

41 *Antonowschtschina*, 198–210; Brovkin, *Behind*, 363–368; *Trotsky Papers*, 2: 46–51; Figes, *Peasant Russia*, 326, 348 f.

42 *Trotsky Papers*, 2: 504–507; GARF, f. 130, op. 5, d. 712, l. 34; Trifonow, *Klassy*, 80, 111; *Krasnaja armija*, 3–4, 1921, 35–39.

43 Figes, *Peasant Russia*, 329 ff, 334, 339, 344; GARF, f. 130, op. 5, d. 712, l. 27, *Trotsky Papers*, 2: 404 f; *Wolja Rossii*, 21. Dez. 1920.

44 *Trotsky Papers*, 2: 480; Figes, *Peasant Russia*, 346 f, 351; Radkey, *Unknown*, 319 f; Gorki, *Bauern*, 96; GARF, f. 130, op. 5, d. 712, l. 23.

45 Lenin, *Werke*, 32: 240 f.

46 *Prawda*, 22. Jan. 1921; Dan, *Dwa goda*, 104 f.

47 *New York Times*, 6. März 1921; Sakwa, *Soviet*, 244 f.

48 Brovkin, *Behind*, 391–394; Dan, *Dwa goda*, 106; *Kronschtadtski mjatesch*, 26.

49 Suchanow, *Tagebuch*, 442; Getzler, *Kronstadt*, 173–176, 209 ff; Radkey, *Unknown*, 404; *Prawda o Kronschtadte*, 145.

50 *Prawda o Kronschtadte*, 46 f; Getzler, *Kronstadt*, 205–208, 218 f, 223–229.

51 *Wolja Rossii*, 17. März 1921; Avrich, *Kronstadt*, 76–87; *Kronschtadtski mjatesch*, 146 f; Pipes, *Regime*, 615 f.

52 Avrich, *Kronstadt*, 151–154; Berkman, *Bolshevik*, 303.

53 *Prawda o Kronschtadte*, 82 f.

54 Balabanoff, *Lenin*, 108; Balabanoff, *Life*, 252; Lenin, *Werke*, 32: 198.

55 Carr, *Bolshevik*, 2: 280–286; Schapiro, *Origin*, 307, 309; *Antonowschtschina*, 109 f, 307; RZChIDNI, f. 17, op. 3, d. 128, l. 1.

56 *Dessjaty sjesd RKP(b)*, 403–415; Mikojan, *Mysli*, 156.

57 Avrich, *Kronstadt*, 46–51, 202–216, Sakwa, *Soviet*, 245 f; Sorokin, *Leaves*, 268 f; Levin, *Stormy*, 210; RZChIDNI, f. 76, op. 3, d. 167.

58 Berkman, *Bolshevik*, 303.

59 Jessikow/Protassow, »›Antonowschtschina‹«, 52; RGWA, f. 235, op. 2, d. 82, l. 40; op. 5, d. 133, l. 70; f. 33988, op. 2, d. 315, l. 256; *Trotsky Papers*, 2: 537; *Wolja Rossii*, 27. Juli 1921.

60 *Trotsky Papers*, 2: 482, 518, 529; *Wolja Rossii*, 28. Apr. 1921.

61 Arbatow, »Batko«, 112.

62 Schapiro, *Origin*, 205; Jansen, *Show*, 128.

63 *New Economic Politics*, 58; Pipes, *Regime*, 595 f; Lenin, *Werke*, 32: 186, 450 f.

64 Lenin, *Werke*, 32: 184, 33: 48, 262, 472 f.

65 Cohen, *Bukharin*, 138–141.

66 Barmine, *One*, 124 f; Goldman, *My Further*, 201 f; Ball, *Russia's*, 16.

## 16 Tode und Abschiede

1 *Correspondence*, 26: 56.

2 Mawdsley, *Civil War*, 285 ff; Pipes, *Regime*, 815 f; Fisher, *Famine*, 83; ZGALI, f. 552, op. 1, d. 3827, l. 48; GARF, f. 130, op. 4, d. 245, l. 174–180.

3 Donski, »Ot Moskwy«, 205; Sorokin, *Sowremennoje*, 229–232; Schklowski, *Sentimentale*, 235; *Iswestija gosudarstwennowo kontrolja*, 3–4, 1919, 33; GARF, f. 4390, op. 12, d. 40, l. 17, 24, 53.

4 GARF, f. 5972, op. 1, d. 21a, l. 65; *Tscheka*, 11; Fisher, *Famine*, 97; Gorki, *Bauern* , 105.

5 Figes, *Peasant Russia*, 267–273, 274 ff.

6 *Kniga o golode*, 7, 16, 38–42, 48–53, 119, 123; *Wolja Rossii*, 28., 29. Sept. 1921; BA, ARA, Information Relative to Relief Work in Russia, Memo April 1922; Fisher, *Famine*, 90.

7 *Itogi borby*, 196; *Kniga o golode*, 52, 131 f, 140; Sensinow, *Tragödie*, 77–80; Fisher, *Famine*, 98; Raleigh (Hrsg.), *Russian*, 209 f.

8 Conquest, *Ernte*.

9 AG, Pg-In; BA, Polner Collection, Box 1, Brief von Lwow an F. Roditschew, 10. Sept. 1921; Wolfe, *Brücke*, 164 ff; Heller, »Premier«, 131–144.

10 Lenin, *Briefe*, VIII: 114 f; Heller, »Premier«, 147 ff; Wolfe, *Brücke*, 173.

11 Fisher, *Famine*, 195–210, 308–332, 553, 557.

12 *ARA Bulletin*, ser. 2, 28: 6.

13 Ball, »Survival«, 34, 36 f, 41 f, 47; Ball, *And Now*, Kap. 1–3; Sorokin, *Sowremennoje*, 66.

14 Kosing, *Lenin*, 212 f; Sensinow, *Tragödie*, 16–20; Juviler, »Contradictions«, 263 ff; Serge, *Beruf*, 115; *Bjulleten otdela sozialnowo obespetschenija i ochrana truda*, 1, 1919: 17, 44 f.

15 Berberowa, *Petersburg*, 226 f; Schub, »Maxim«, 244.

16 Chodassewitsch, *Nekropol*, 233 f; Chodassewitsch, *Bely koridor*, 227–234; RZChIDNI, f. 75, op. 1, d. 149; Kosing, *Lenin*, 197, 200.

17 AG, Pg-Rl, 23–44–35; RZChIDNI, f. 75, op. 1, d. 70; Fitzpatrick, *Commissariat*, 131.

18 Pyman, *Life*, 2: 274, 290 f, 374 f; Gorki, *Skizzen*, 270–274; Vogel (Hrsg.), *Alexander*, 75; AG, Pg-Rl, 23–44–3, Rg-P, 46–1–40.

19 Chodassewitsch, *Nekropol*, 113–140; Wolfe, *Brücke*, 193. Nadeschda Mandelstam, die Gorki feindlich gesinnt war, behauptet, er habe nichts unternommen, um Gumiljow zu retten (*Generation ohne Tränen*, 84).

20 Pyman, *Life*, 2: 379; Berberowa, *Petersburg*, 153.

21 ZGALI, f. 200, op. 1, d. 80, l. 3; f. 2226, op. 1, d. 1067; f. 66, op. 1, d. 296, l. 5; d. 312, l. 4 f; d. 324, l. 1 f; d. 913, l. 18; f. 122, op. 3, d. 13, l. 1, 5 ff.

22 *Prawda*, 11. Jan. 1923; Morizet, *Chez*, 241 f.

23 Lenin, *Werke*, 31: 513; Liberman, *Building*, 60; Stites, *Revolutionary Dreams*, 48 ff; Wells, *Russia*, 135.

24 Danilow, *Rural*, 160–172, 271–291; Danilow, *Sowjetskaja*, 212.

25 Mironov, »Gramotnost«; Danilow, *Rural*, 42 ff, 231–243.

26 Shanin, *Awkward Class*, 189 f; Kenez, *Birth*, 173, 186; *Otscherki byta*, 10 ff.

27 Hagen, *Soldiers*, 300 ff, 314 f; Fitzpatrick, *Stalin's*, 36.

28 Jakowlew, *Derewnja*, 74; Chatajewitsch, »Partija«, 106; Jakowlew, *Nascha*, 33, 163; Male, *Russian*, 93 f; Weissman, »Policing«, 179.

29 GARF, f. 130, op. 4, d. 245, l. 377; Gorki, »Vom russischen Bauern«, 105; *Iswestija ZK*, 2, 1989: 204.

30 Wolkogonow, *Lenin*, 425 ff; *Iswestija ZK*, 12, 1989: 198.

31 *Iswestija ZK*, 12, 1989: 197.

32 Wolkogonow, *Stalin*, 81; Antonow-Owsejenko, *Stalin*, 29.

33 Fainsod, *How*, 182; Pipes, *Regime*, 740 f; Antonow-Owsejenko, *Stalin*, 37.

34 Pipes, *Regime*, 744 f; *Iswestija ZK*, 12, 1989: 198; Lenin, *Briefe*, VIII: 311.

35 Naumov, »1923 god«, 36; Lenin, *Werke*, E2: 453; Trotzki, *Leben*, 442.

36 RZChIDNI, f. 5, op. 2, d. 27, l. 88; Lenin, *Werke*, 36: 591–594; ders., *Briefe*, IX: 305 f, 443 f; Wolkogonow, *Stalin*, 133; Walentinow, *Nowaja*, 185 ff; Antonow-Owsejenko, *Stalin*, 32; *Moscow News*, 23. Apr. 1989.

37 Fotijewa, *Is schisni*, 279; *Moscow News*, 22. Jan. 1989.

38 *Iswestija ZK*, 9, 1989: 191, 196, 199 f, 205 f; Lenin, *Werke*, 36: 590–596, E2: 443 ff, 645 f; ders., *Briefe*, IX: 305 f, 336; *Prawda*, 12. Aug. 1988.

39 Lenin, *Werke*, 36: 578 ff.

40 Pipes, *Regime*, 752 f; Lenin, *Werke*, 33: 440, E2: 453 ff; ders., *Briefe*, IX: 547 f, 336; *Iswestija ZK*, 12, 1989: 193, 198.

41 *Iswestija ZK*, 4, 1990: 109; Pipes, *Regime*, 769; Wolkogonow, *Lenin*, 488.

42 Weber/Weber, *Lenin-Chronik*, 266; Nikolaevsky, *Power*, 12.

43 Dies geht deutlich aus Stalins kürzlich erschienenen Briefen an Molotow hervor: Lih, L./Naumov, O./ Chlewnjuk, O.: *Stalin – Briefe an Molotow, 1925–1936*, Berlin 1996.

44 Deutscher, *unbewaffnete*, 111; Trotzki, *Leben*, 445–460; Siw, *Trotzki*, 76.

45 *Iswestija ZK*, 5, 1990: 169 f; 6, 1990: 190. Der Begriff »Polizeiregime« stammt von Bucharin (*Iswestija ZK*, 10, 1990: 168).

46 *Iswestija ZK*, 5, 1990: 178 f; 7, 1990: 176–189; Deutscher, *unbewaffnete*, 122; Broué, *Trotsky*, 373; *Woprossy Istorii KPSS*, 5, 1990: 35 ff.

47 *Iswestija ZK*, 10, 1989: 188 f; Pipes, *Regime*, 777.

48 Tumarkin, *Lenin Lives!*, 119–133.

49 *New York Times*, 15. Juni 1992.

50 Tumarkin, *Lenin Lives!*, 139–149, 160–164, Kap. 6.

51 *Argumenty i fakty*, 576, Nov. 1991, 1; *The Times*, 19. Jan. 1994.

## Schluß

1 AG, Pg-In.
2 *Delo derewni*, 20. Sept./3. Nov. 1917.
3 Kuromiya, *Stalin's*, xi; Worobej, *Odin*, 13.
4 BA, Bakhmeteff Collection, Box 5; *Poslednije nowosti*, 8. März 1925.
5 GARF, f. 5972, op. 1, d. 21a, l. 22 ff; RGWIA, f. 162, op. 1, d. 18; BA, Brusilov Collection, mss. »Gaseta ›Dni‹«.
6 GARF, f. 5972, op. 1, d. 219, l. 197–215.
7 *Radical Worker*, 389 ff; RZChIDNI, f. 72, op. 3, d. 687; Zelnik, »Fate«, 9 ff.
8 AG, Pg-In; Berberowa, *Petersburg*, 227; Troyat, *Gorki*, 157; *Moscow News*, 25. Jan. 1990.
9 Troyat, *Gorki*, 151 f.
10 Iwanow, »Potschemu«, 105 f, 109 f, 116, 129; Spiridonova, »Gorky«, 417 f.
11 Serge, *Beruf*, 300; Iwanow, »Potschemu«, 101 f, 127 f, 131.
12 Spiridonova, »Gorky«, 418–423; Iwanow, »Potschemu«, 120–126. Eine andere Sicht zu Gorkis Tod vertritt Schentalinski, *Das auferstandene Wort*, 534–539.
13 Tucker, *Stalin*, 362–365; Conquest, *Terror*, 441 ff; Iwanow, »Potschemu«, 133.

# BIBLIOGRAPHIE

## Archive in Rußland

| | |
|---|---|
| AG | Gorki-Archiv, Institut für Weltliteratur, Moskau |
| GAKO | Staatliches Archiv des Gebietes Kuibyschew |
| GARF | Staatliches Archiv der Russischen Föderation, Moskau |
| GATO | Staatliches Archiv des Gebietes Tambow |
| GAWO | Staatliches Archiv des Gebietes Woronesch |
| IM | Historisches Museum, Moskau |
| RGAE | Russisches Staatsarchiv für Wirtschaft, Moskau |
| RGIA | Russisches Staatsarchiv für Geschichte, St. Petersburg |
| RGWA | Russisches Staatsarchiv für Militärwesen, Moskau |
| RGWIA | Russisches Staatsarchiv für Militärgeschichte, Moskau |
| RZChIDNI | Russisches Zentrum für die Aufbewahrung und das Studium von Dokumenten der neuesten Geschichte, Moskau |
| ZGALI | Zentrales Staatsarchiv für Literatur und Kunst, Rußland |
| ZGANCh | Zentrales Staatsarchiv der Volkswirtschaft |
| ZGASP | Zentrales Staatsarchiv von St. Petersburg |
| ZGAWMF | Zentrales Staatsarchiv der Kriegsmarine, St. Petersburg |

## Archive in Europa und den USA

| | |
|---|---|
| BA | Bakhmeteff Archive, Columbia University, USA |
| BC | Brotherton Collection, University of Leeds, England |
| CUL | Cambridge University Library, Manuscripts Room, England |
| HLRO | House of Lords Record Office, Historical Collection, London |
| Hoover | Hoover Institution on War, Revolution and Peace, Stanford, California, USA |
| LRA | Leeds Russian Archive, England |
| NLW | National Library of Wales, Department of Manuscripts and Records, Aberystwyth |
| PRO | Public Records Office, London |
| TCL | Trinity College Library, Cambridge, England |

## Zeitgenössische Zeitungen

*Delo derewni*
*Den*
*Iswestija*

*Iswestija gosudarstwennowo kontrolja*
*Iswestija wserossiskowo sowjeta krestjanskich deputatow*
*Kiewskaja mysl*
*Krasnaja armija*
*Krasnaja byl*
*Krasnaja gaseta*
*Krasnoarmejez*
*Moscow News*
*Narodnoje prawo*
*Narodny pissatel*
*New York Times*
*Nowaja schisn*
*Nowoje wremja*
*Pamjat*
*Petrogradskaja prawda*
*Poslednije nowosti*
*Prawda*
*Prawitelstwenny westnik*
*Proletarskaja rewoljuzija*
*Rabotschi i soldat*
*Rus*
*Russkije wedomosti*
*Snamja truda*
*Sowjetskaja Rossija*
*The Times*
*Trud*
*Westnik komiteta utschreditelnowo sobranija*
*Wolja Rossii*

## Bücher und Artikel

*ABC of Communism, The*, Ann Arbor 1966.
Abraham, R.: *Alexander Kerensky: The First Love of the Revolution*, London 1987.
Adelman, J. R.: »The Development of the Soviet Party Apparatus in the Civil War: Centre, Localities and the National Areas«, in: *Russian History*, 9, 1, 1982.
Agabekov, G.: *OGPU, The Russian Secret Terror*, New York 1931.
*Agrarnoje dwischenije w Rossii w 1905–1906 gg.*, St. Petersburg 1908.
Agursky, M.: *The Third Rome: National Bolshevism in the USSR*, Boulder 1987.
Aksakow, K. S.: *Polnoje sobranije sotschineni*, 2 Bde., St. Petersburg 1861.
Alexander von Rußland: *Einst war ich ein Großfürst*, Leipzig 1932.
*Anatomija rewoljuzii. 1917 god w Rossii: massy, partii, wlast*, St. Petersburg 1994.
Anderson, B.: *Imagined Communities*, London 1983.
Anet, C.: *La Révolution Russe*, 4 Bde., Paris 1927.
Anfimow, A. M.: *Semelnaja arenda w Rossii w natschale XX weka*, Moskau 1961.
Anfimow, A. M.: *Rossiskaja derewnja w gody perwoi mirowoi woiny*, Moskau 1962.
Antonow-Owsejenko, A.: *Stalin. Porträt einer Tyrannei*, München 1984.

*Antonowschtschina: Krestjanskoje wosstanije w Tambowskoi gubernii w 1919–1921 gg. Dokumenty i materialy*, Tambow 1994.
Antsiferov, A. N. et al. (Hrsg.): *Russian Agriculture During the War*, New Haven 1930.
Arbatow, S.: »Jekaterinoslaw 1917–1920 gg.«, in: *Archiw russkoi rewoljuzii*, 12, Berlin 1923.
Arbatow, S.: »Batko Machno«, in: *Wosroschdenije*, 29, Paris 1953.
Arbenina, S. (Baroness Meyendorff): *Through Terror to Freedom*, London 1929.
Aronson, G.: *Rossija w epochu rewoljuzii*, New York 1966.
Aronson, I. M.: *Troubled Waters: The Origins of the 1881 Anti-Jewish Pogroms in Russia*, Pittsburgh 1990.
Ascher, A.: *The Revolution of 1905: Russia in Disarray*, Stanford 1988.
Atkinson, D.: »The Statistics on the Russian Land Commune, 1905–1917«, in: *Slavic Review*, 4, 1973.
Atkinson, D.: *The End of the Russian Land Commune, 1905–1920*, Stanford 1983.
Avrich, P.: *Kronstadt 1921*, Princeton 1970.
Awerbach, W. A.: »Rewoljuzionnoje obschtschestwo po litschnym wospominanijam«, in: *Archiw russkoi rewoljuzii*, 14, Berlin 1924.
Awerjew, W. N. (Hrsg.): *Komitety bednoty: Sbornik materialow*, 2 Bde., Moskau–Leningrad 1933.

Babel, I.: *Tagebuch 1920*, Berlin 1990.
Babine, A.: *A Russian Civil War Diary: Alexis Babine in Saratov 1917–1922*, hrsg. von D. J. Raleigh, Durham 1988.
Babushkin, I.: *Recollections (1893–1900)*, Moskau 1957.
Bakhtin, M. M.: *The Dialogic Imagination*, Austin, Texas 1981.
Balabanoff, A.: *My Life as a Rebel*, London 1938.
Balabanoff, A.: *Lenin. Psychologische Beobachtungen und Betrachtungen*, Hannover 1961.
Balk, A. P.: »Poslednije pjat dnej zarskowo Petrograda (23–28 fewralja 1917 g.)«, in: *Russkoje proschloje*, 1, 1991.
Ball, A.: *Russia's Last Capitalists*, Berkeley 1987.
Ball, A.: »Survival in the Street. World of Soviet Russia's *Bezprizornye*«, in: *Jahrbücher für Geschichte Osteuropas*, 39, 1, 1991.
Ball, A.: *And Now My Soul is Hardened: Abandoned Children in Soviet Russia, 1918–1930*, Berkeley 1994.
Balzer, H.: »The Problem of Professions in Imperial Russia«, in: E. Clowes et al. (Hrsg.): *Between Tsar and People*.
Banerji, A.: »Commissars and Bagmen: Russia during the Civil War, 1918–1921«, in: *Studies in History*, 3, 1987.
Baring, M.: *A Year in Russia*, London 1907.
Baring, M.: *What I Saw in Russia*, London 1927.
Bark, P.: »Ijul 1914«, in: *Wosroschdenije*, 22, Paris 1959.
Barmine, A.: *One Who Survived: The Life Story of a Russian Under the Soviets*, New York 1945.
Bartlett, R. (Hrsg.): *Land Commune and Peasant Community in Russia: Communal Farms in Imperial and Early Soviet Society*, London 1990.
Bar-Yaacov, N.: *The Handling of International Disputes by Means of Inquiry*, London 1974.
Bater, J. H.: *St Petersburg: Industrialization and Change*, London 1976.
Bauermeister, A.: *Spione durchbrechen die Front*, Berlin 1933.
Bechhofer, C. E.: *In Denikin's Russia*, London 1921.

Becker, S.: *Russia's Protectorates in Central Asia: Bukhara and Khiva, 1865–1924*, Cambridge, Mass. 1968.

Becker, S.: *Nobility and Privilege in Late Imperial Russia*, Dekalb, Illinois, 1985.

Belinski, W. G.: *Isbrannyje filossofskije sotschinenija*, Moskau 1948.

Belinski, W. G.: *Polnoje sobranije sotschineni*, Moskau 1953–1956.

Belliutsin, I. S.: *Description of the Clergy in Rural Russia*, Cornell 1985.

Belyj, A.: *Petersburg*, Wiesbaden 1959.

Benckendorff, Count P.: *Last Days at Tsarskoe Selo (March–August 1917)*, London 1927.

Benvenutti, F.: *The Bolsheviks and the Red Army, 1918–1922*, Cambridge 1988.

Berberowa, N.: *Ich komme aus St. Petersburg*. Reinbek 1992.

Berdjajew, N.: *Sinn und Schicksal des russischen Kommunismus. Ein Beitrag zur Psychologie und Soziologie des russischen Kommunismus*, Luzern 1937.

Berkman, A.: *The Bolshevik Myth: Diary 1920–1922*, London 1925.

Berlin, I.: *Russische Denker*, Frankfurt am Main 1981.

Besançon, A.: *The Intellectual Origin of Leninism*, Oxford 1981.

Billington, J.: *The Icon and the Axe: An Interpretative History of Russian Culture*, New York 1966.

Bing, E. J. (Hrsg.): *The Secret Letters of the Last Tsar*, New York 1938.

Binschtok, W. I./Kaminski, L. S.: *Narodnoje pitanije i narodnoje sdorowje*, Moskau 1929.

Blagonravov, G. I.: »The Fortress of Peter and Paul, October 1917«, in: *Petrograd: October 1917*, Moskau 1957.

Blok, A.: *Sobranije sotschinenii w wosmi tomach*, Moskau–Leningrad 1960–1963.

Blok, A.: »The People and the Intelligentsia«, in: Raeff, M. (Hrsg.): *Russian Intellectual History: An Anthology*, New Jersey 1978.

Bociurkiw, B.: »The Rise of the Ukrainian Autocephalous Orthodox Church, 1919–1922«, in: Hosking, G. (Hrsg.): *Church*.

Bogajewski, A. P.: *Wospominanija 1918 goda*, New York 1963.

Bogdanow, A.: *Der rote Planet. Ingenieur Menni. Utopische Romane*, Berlin 1989.

Bogdanowitsch, A. W.: *Tri poslednich samoderschza. Dnewnik*. Leningrad 1924.

Bogutscharski, W.: *Aktiwnoje narodnitschestwo semidesjatych godow*, Moskau 1912.

Bok, M.: *P. A. Stolypin. Wospominanija o mojom otze*, New York 1990.

Bone, A. (Hrsg.): *The Bolsheviks and the October Revolution: Minutes of the Central Committee of the RSDLP(b), August 1917 – February 1918*, London 1974.

Bonnell, V. E.: *Roots of Rebellion: Workers' Politics and Organization in St. Petersburg and Moscow, 1900–1914*, Berkeley 1983.

Bontsch-Brujewitsch, W. D.: »Straschnoje w rewoljuzii«, in: ders.: *Na bojewych*.

Bontsch-Brujewitsch, W. D.: *Na bojewych postach fewralskoi i oktjabrskoi rewoljuzii*, Moskau 1930.

Bontsch-Brujewitsch, W. D.: *Wospominanija o Lenine*, Moskau 1969.

Botchkareva, M.: *Yashka: My Life as a Peasant, Soldier and Exile*, London 1919.

Bowlt, J. E.: »Constructivism and Early Soviet Fashion Design«, in: A. Gleason et al. (Hrsg.): *Bolshevik Culture*.

Bradley, J.: *Muzhik and Muscovite: Urbanization in Late Imperial Russia*, Berkeley 1965.

*British Documents on Foreign Affairs: Reports and Papers from the Foreign Office Confidential Print*, Teil 1, Reihe A, Bd. 6, University Publications of America 1983.

Brooks, J.: *When Russia Learned to Read: Literacy and Popular Literature, 1861–1917*, Princeton 1985.

Broué, P.: *Trotsky*, Paris 1988.

Brovkin, V.: »The Mensheviks' Political Comeback: The Elections to the Provincial City Soviets in Spring 1918«, in: *Russian Review*, 42, 1983.

Brovkin, V.: *Behind the Front Lines of the Civil War: Political Parties and Social Movements in Russia, 1918–1922*, Princeton 1994.

Brower, D.: »Labour Violence in Russia«, in: *Slavic Review*, 11, 1982.

Brower, D.: »›The City in Danger‹: The Civil War and the Russian Urban Population«, in: D. P. Koenker et al. (Hrsg.): *Party, State, and Society*.

Brower, D.: *The Russian City between Tradition and Modernity, 1850–1900*, Berkeley 1990.

Brussilow, A.: *Meine Erinnerungen*, Berlin 1988.

Bublikow, A. A.: *Russkaja rewoljuzija: wpetschatlenija i mysli otschewidza i utschastnika*, New York 1918.

Buchanan, G.: *Meine Mission in Rußland*, Berlin 1926.

Buchanan, M.: *Petrograd: The City of Trouble, 1914–1918*, London 1918.

Buchanan, M.: *The Dissolution of an Empire*, London 1932.

Budberg, A.: »Dnewnik«, in: *Archiw russkoi rewoljuzii*, 12–15, Berlin 1923.

Bulgakow, M.: *Die weiße Garde*, München 1990.

Bulgakow, W.: »Rewoljuzija na awtomobiljach (Petrograd w fewrale 1917 g.)«, in: *Na tschuschoi storone*, 6, Berlin–Prag 1924.

Bunyan, J. (Hrsg.): *The Origin of Forced Labour in the Soviet State 1917–1921: Documents and Materials*, Baltimore 1967.

Bunyan, J. (Hrsg.): *Intervention, Civil War, and Communism in Russia: April–December 1918: Documents and Materials*, New York 1976.

Bunyan, J./Fisher, H. (Hrsg.): *The Bolshevik Revolution, 1917–1918: Documents and Materials*, Stanford 1961.

Burbank, J.: *Intelligentsia and Revolution: Russian Views of Bolshevism, 1917–1922*, Oxford 1986.

Burds, J.: »The Social Control of Peasant Labor in Russia: The Response of Village Communities to Labor Migration in the Central Industrial Region, 1861–1905«, in: E. Kingston-Mann/T. Mixter (Hrsg.): *Peasant Economy*.

Burdzhalov, E. N.: *Russia's Second Revolution*, Bloomington 1988.

Burleigh, M.: *Death and Deliverance: »Euthanasia« in Germany, 1900–1945*, Cambridge 1994.

Buryschkin, P. A.: *Moskwa kupetscheskaja*, New York 1954.

Bushnell, J.: *Mutiny Amid Repression: Russian Soldiers in the Revolution of 1905–1906*, Bloomington 1985.

Cantacuzène, Fürstin: *Revolutionary Days*, London 1920.

Carr, E. H.: *The Bolshevik Revolution, 1917–1923*, 3 Bde., London 1950.

âechov, A: *Drei Schwestern*. Drama in vier Akten, übersetzt und hrsg. von P. Urban, Zürich 1974.

Chagall, M.: *Mein Leben*, Stuttgart 1959.

Channon, J.: »Tsarist Landowners after the Revolution: Former Pomeshchiki in Rural Russia During NEP«, in: *Soviet Studies*, 39, 1987.

»Charkow w oktjabre 1905 g. (pismo utschastnika sobyti)«, in: *Katorga i ssylka*, 19, 1925.

Chase, W. J.: *Workers, Society and the Soviet State: Labor and Life in Moscow, 1918–1929*, Urbana 1987.

Chase, W. J.:«Voluntarism, Mobilization and Coercion: Subbotniki, 1919–1921«, in: *Soviet Studies*, 41, 1989.

Cherniavsky, M.: *Tsar and People: Studies in Russian Myths*, New Haven 1961.

Cherniavsky, M. (Hrsg.): *Prologue to Revolution*, Englewood 1967.

Chernov, V.: *The Great Russian Revolution*, New Haven 1936.

Chodassewitsch, W. F.: *Nekropol: Wospominanija*, Brüssel 1939.

Chodassewitsch, W. F.: *Bely korridor. Wospominanija*, New York 1982.

Christjuk, P.: *Samitki i materialy do istorii ukrainskoi rewoljuzii, 1917–1920 gg.*, 2 Bde., Wien 1921.

*Chronika graschdanskoi woiny w Sibiri*, Moskau–Leningrad 1926.

Churchill, W. S.: *Nach dem Kriege*, Zürich 1930. *(Weltkrisis, 5)*

Clements, B.: *Bolshevik Feminist: The Life of Alexandra Kollontai*, Indiana 1979.

Clements, B.: »The Effects of the Civil War on Women and Family Relations«, in: A. Gleason et al. (Hrsg.): *Bolshevik Culture*.

Clowes, E./Kassow, D./West, J. (Hrsg.): *Between Tsar and People: Educated Society and the Quest for Public Identity in Late Imperial Russia*, Princeton 1991.

Cohen, S.: *Bukharin and the Bolshevik Revolution*, Oxford 1980.

Cohn, N.: *Warrant for Genocide*, New York 1966.

*Congress of Peoples of the East: Baku, September 1919: Stenographic Report*, London 1977.

Conquest, R.: *Ernte des Todes. Stalins Holocaust in der Ukraine 1929–1933*, München 1988.

Conquest, R.: *Der große Terror. Sowjetunion 1934–1938*, München 1992.

*Correspondence Romain Rolland, Maxime Gorki*, in: *Cahiers Romain Rolland*, Paris 1991.

Curtiss, J.: *Church and State in Russia: The Last Years of the Empire*, New York 1940.

Curtiss, J.: *The Russian Church and the Soviet State, 1917–1950*, Boston 1953.

Custine, A. de: *Russische Schatten. Prophetische Briefe aus dem Jahre 1839*, Nördlingen 1985.

Czap, P.: »Peasant-Class Courts and Peasant Customary Justice in Russia 1861–1912«, in: *Journal of Social History*, 1, 1967.

Dal, W.: *Poslowizy russkowo naroda*, Moskau 1957.

Dan, F.: *Dwa goda skitani 1919–1921*, Berlin 1922.

Danilov, V. P.: *Rural Russia Under the New Regime*, London 1988.

Danilow, W. P.: »Ob istoritscheskich sudbach krestjanskoi obschtschiny w Rossii«, in: *Jeschegodnik po agrarnoi istorii*, wyp. 6, *Problemy istorii russkoi obschtschiny*, Wologda 1976.

Danilow, W. P.: »Pereraspredelenije semelnowo fonda Rossii w resultate welikoi oktjabrskoi rewoljuzii«, in: *Leninski dekret o semle: sbornik statej*, Moskau 1979.

Danilow, W. P.: *Sowjetskaja dokolchosnaja derewnja: sozialnaja struktura, sozialnyje otnoschenija*, Moskau 1979.

Daschina, I. M. (Hrsg.): »Amerikanskije dnewniki A. M. Kollontai (1915–1916 gg.)«, in: *Istoritscheski archiw*, 1, 1962.

Daschina, I. M./Ziwlina, R.: »Is archiwa A. M. Kollontai (Dnewniki, pisma, statji 1915–1917 gg.), in: *Inostrannaja Literatura*, 1–2, 1970.

Davies, N.: *White Eagle, Red Star: The Polish-Soviet War, 1919–1920*, London 1972.

Davies, N.: *God's Playground: A History of Poland*, 2 Bde., London 1981.

*Debate on Soviet Power, The: Minutes of the All-Russian Central Committee of Soviets, Second Convocation, October 1917 – January 1918*, hrsg. von J. Keep, Oxford 1979.

de Jonge, A.: *The Life and Times of Grigorii Rasputin*, New York 1982.

Delmas, J.: »Légionnaire et diplomate. Le capitaine Z. Peshkoff«, in: *Revue historique de l'Armée*, 10, 1968.

Denikin, A. I.: *Otscherki russkoi smuty*, 5 Bde., Paris 1921–1926.

Denikin, A. I.: *Staraja armija*, Paris 1929–1931.

*Dessjaty sjesd RKP(b). Stenografitscheski ottschot*, Moskau 1963.

Deutscher, I.: *Trotzki*, Bd. 1: *Der bewaffnete Prophet 1879–1921*, Bd. 2: *Der unbewaffnete Prophet 1921–1929*, Stuttgart 1962.

*Dewjataja konferenzija RKP(b). Protokoly*, Moskau 1972.

*Dewjaty sjesd RKP(b). Protokoly*, Moskau 1960.

Dixon, S.: »The Church's Social Role in St Petersburg«, in: G. Hosking (Hrsg.): *Church*.

»Dnewnik A. A. Polowzowa«, in: *Krasny archiw*, 3–4, 1923; 33, 1929; 46, 1931; 67, 1934.

»Dnewnik Nikolaja Romanowa«, in: *Krasny archiw*, 20–22, 1927.

»Dnewniki kn. Jekateriny Alexejewny Swjatopolk-Mirskoi sa 1904–1905 gg.«, in: *Istoritscheskije sapiski*, 77, 1965.

*Doklad ot narodnowo komissara putej soobschtschenija*, Moskau 1919.

Dolgorukow, Fürst P. D.: *Welikaja rasrucha, 1916–1926*, Madrid 1964.

Donski, R.: »Ot Moskwy do Berlina«, in: *Archiw russkoi rewoljuzii*, 1, Berlin 1923.

Dostojewski, F. M.: *Tagebuch eines Schriftstellers. Notierte Gedanken*, München 1992.

Draper, T.: *The Roots of American Communism*, New York 1967.

Dukes, P.: *Red Dusk and the Morrow*, London 1922.

Dune, E.: *Notes of a Red Guard*, Urbana 1993.

*Dwa goda dejatelnosti zentralnoi komissii po snabscheniju rabotschich i jejo mestnych organow (1919–1921 gg.)*, Moskau 1921.

Edelman, R.: *Gentry Politics on the Eve of the Russian Revolution: the Nationalist Party, 1907 bis 1917*, New Brunswick 1980.

Edwards, A.: *Sonya: The Life of Countess Tolstoy*, London 1981.

Eklof, B.: *Russian Peasant Schools: Officialdom, Village Culture and Popular Pedagogy, 1861 bis 1914*, Berkeley 1986.

*Ekonomitscheskoje poloschenije Rossii nakanune welikoi oktjabrskoi sozialistitscheskoi rewoljuzii*, Leningrad 1967.

Elchaninov, A.: *Tsar Nicholas II*, London 1913.

Emmons, T.: *The Formation of Political Parties and the First National Elections in Russia*, Cambridge, Mass. 1983.

Emmons, T.: »The Zemstvo in Historical Perspective«, in: T. Emmons/W. Vucinich (Hrsg.): *The Zemstva.*

Emmons, T./Vucinich, W. (Hrsg.): *The Zemstva in Russia: An Experiment in Local Self-Government*, Cambridge, Mass. 1982.

Engelstein, L.: *Moscow 1905: Working Class Organization and Political Conflict*, Stanford 1982.

Engelstein, L.: *The Keys to Happiness: Sex and the Search for Modernity in Fin-de-Siècle Russia*, Cornell 1992.

Essad-Bey, M.: *Nikolaus II. Glanz und Untergang des letzten Zaren*, Berlin 1935.

Fainsod, M.: *How Russia is Ruled*, Cambridge, Mass. 1963.

Fanger, D.: »The Peasant in Literature«, in: W. Vucinich (Hrsg.): *The Peasant.*

Farmborough, F.: *Nurse at the Russian Front*, London 1977.

Farnsworth, B.: »Village Women Experience the Revolution«, in: A. Gleason et al. (Hrsg.): *Bolshevik Culture.*

Faulenbach, B. (Hrsg.): *Geschichtswissenschaft in Deutschland*, München 1974.

Ferro, M.: *The Russian Revolution of February 1917*, London 1972.

Ferro, M.: *October 1917: A Social History of the Russian Revolution*, London 1980.

Ferro, M.: *Nikolaus II. Der letzte Zar*, Zürich 1991.

Figes, O.: *Peasant Russia, Civil War: The Volga Countryside in Revolution (1917–1921)*, Oxford 1989.

Figes, O.: »The Red Army and Mass Mobilization during the Russian Civil War«, in: *Past and Present*, 129, 1990, S. 206–209.

Fischer, L.: *Das Leben Lenins*, Köln–Berlin 1965.

Fisher, H.: *The Famine in Soviet Russia, 1919–1923*, New York 1927.

Fitzpatrick, S.: *The Commissariat of Enlightenment: Soviet Organization of Education and the Arts under Lunacharsky*, Cambridge 1970.

Fitzpatrick, S.: »Sex and Revolution: An Examination of Literary and Statistical Data on the Mores of Soviet Students in the 1920s«, in: *Journal of Modern History*, 50, 1978.

Fitzpatrick, S.: *The Cultural Front: Power and Culture in Revolutionary Russia*, Cornell 1992.

Fitzpatrick, S.: *Stalin's Peasants: Resistance and Survival in the Russian Village after Collectivization*, Oxford 1994.

Fitzpatrick, S./Rabinowitch, A./Stites, R. (Hrsg.): *Russia in the Era of NEP: Explorations in Soviet Society and Culture*, Bloomington 1991.

Fleming, P.: *The Fate of Admiral Kolchak*, London 1963.

Florinsky, M.: *The End of the Russian Empire*, New Haven 1931.

Fokke, D. G.: »Na stene i sa kulissami brestskoi tragikomedii«, in: *Archiw russkoi rewoljuzii*, 20, Berlin 1930.

Fotijewa, L.: *Is schisni Lenina*, Moskau 1959.

Frank, S.: »Popular Justice, Community and Culture among the Russian Peasantry, 1870–1900«, in: *Russian Review*, 46, 1987.

Freeze, G.: »›Going to the Intelligentsia‹: the Church and its Urban Mission in Post-Reform Russia«, in: E. Clowes/S. Kassow/J. West (Hrsg.): *Between Tsar and People*.

Freeze, G.: *The Parish Clergy in Nineteenth-Century Russia: Crisis, Reform, Counter-Reform*, Princeton 1983.

Freeze, G.: »Handmaiden of the State? The Church in Imperial Russia Reconsidered«, in: *Journal of Ecclesiastical History*, 36–1, 1985.

Freeze, G.: »The Soslovie (Estate) Paradigm and Russian Social History«, in: *American Historical Review*, 91, 1986, 11–36.

Freeze, G.: »Bringing Order to the Russian Family: Marriage and Divorce in Imperial Russia, 1760–1860«, in: *Journal of Modern History*, 62, 1990.

Frenkin, M.: *Russkaja armija i rewoljuzija 1917–1918*, München 1978.

Frieden, N. M.: *Russian Physicians in an Era of Reform and Revolution, 1856–1905*, Princeton 1981.

Friedgutt, T.: *Iuzovka and Revolution*, 2 Bde., Princeton 1989, 1993.

Frierson, C.: »Rural Justice in Public Opinion: The Volost' Court Debate, 1861–1912«, in: *Slavonic and East European Review*, 64, 1986.

Frierson, C.: »Crime and Punishment in the Russian Village: Rural Concepts of Criminality at the End of the Nineteenth Century«, in: *Slavic Review*, 46, 1987.

Frierson, C.: »Razdel: The Peasant Family Divided«, in: *Russian Review*, 46, 1987.

Frierson, C.: »Peasant Family Divisions and the Commune«, in: R. Bartlett (Hrsg.): *Land*.

Frierson, C.: *Peasant Icons: Representations of Rural People in Late 19th Century Russia*, Oxford 1993.

Fuhrmann, J.: *Rasputin: A Life*, New York 1990.

Fuller, W.: *Civil-Military Conflict in Imperial Russia, 1881–1914*, Princeton 1985.

Galai, S.: *The Liberation Movement in Russia, 1900–1905*, Cambridge, Mass. 1973.

Galili, Z.: *The Menshevik Leaders in the Russian Revolution: Social Realities and Political Strategies*, Princeton 1989.

Galynski, T.: *Otscherki po istorii agrarnoi rewoljuzii Serdobskowo uesda, Saratowskoi gubernii*, Serdobsk 1924.

Gankin, O./Fisher, H. (Hrsg.): *The Bolsheviks and the World War: The Origins of the Third International*, Stanford 1940.

Gatrell, P.: *The Tsarist Economy, 1850–1917*, London 1986.

Geifman, A.: *Thou Shalt Kill: Revolutionary Terrorism in Russia, 1894–1917*, Princeton 1993.

Gellner, E.: *Nations and Nationalism*, Oxford 1983.

Gernet, M. L.: *Istorija zarskoi tjurmy*, 5 Bde., Moskau 1961–1962.

Gernet, M. L.: *Moralnaja statistika*, Moskau 1972.

Gerschenkron, A.: »Agrarian Policies and Industrialization in Russia, 1861–1917«, in: *Cambridge Economic History of Europe*, 6/2, Cambridge 1965.

Getzler, I.: *Martov: A Political Biography of a Russian Social Democrat*, London 1967.

Getzler, I.: *Kronstadt, 1917–1921: The Fate of a Soviet Democracy*, Cambridge 1983.

Gilliard, P.: *Thirteen Years at the Russian Court*, London 1921.

Gins, G. K.: *Sibir, sojusniki i Koltschak: poworotny moment russkoi istorii 1918–1920 gg.*, Peking–Charbin 1921.

Gippius, S.: *Sinjaja kniga*, Belgrad 1929.

Gippius, S.: *Dmitri Mereschkowski*, Paris 1951.

Gippius, S.: *Peterburgskije dnewniki (1914–1919)*, New York 1982.

Gitelman, Z.: *A Century of Ambivalence*, New York 1988.

Gleason, A.: *Young Russia*, New York 1980.

Gleason, A./Kenez, P./Stites, R. (Hrsg.): *Bolshevik Culture*, Bloomington 1985.

Gleason, W.: »The All-Russian Union of Zemstvos and World War I«, in: T. Emmons/W. Vucinich (Hrsg.): *The Zemstva*.

Glickman, R.: »Alternative View of the Peasantry«, in: *Slavic Review*, 32, 1973.

Glickman, R.: *Russian Factory Women: Workplace and Society, 1880–1914*, Berkeley 1988.

Gogol, D.: »Maxim Gorki w petropawlowskoi kreposti«, in: *Katorga i ssylka*, 8/9, 1932.

Gokay, B.: »Turkish Settlement and the Caucasus (October 1918 – March 1921)«, paper presented to University of Birmingham, 1993.

Golder, F.: *Documents on Russian History, 1914–1917*, New York 1927.

Goldman, E.: *My Disillusionment in Russia*, Garden City 1923.

Goldman, E.: *My Further Disillusionment in Russia*, Garden City 1924.

Goldman, W.: »Working-Class Women and the ›Withering Away‹ of the Family: Popular Responses to Family Policy«, in: S. Fitzpatrick et al. (Hrsg.): *Russia in the Era of NEP*.

Goldman, W.: *Women, the State and Revolution: Soviet Family Policy and Social Life 1917–1936*, Cambridge 1993.

Golovin, N.: *The Russian Army in the World War*, New York 1931.

Gorew, B.: *Is partinowo proschlowo. Wospominanija, 1895–1905*, Leningrad 1924.

Gorki, A. M.: »Pisma k K. P. Pjatnizkomu«, in: *Archiw A. M. Gorkowo*, Bd. 4, Moskau 1954.

Gorki, A. M.: »Pisma k Je. P. Peschkowoi, 1895–1926«, in: *Archiw A. M. Gorkowo*, Bd. 5, Moskau 1955.

*A. M. Gorki w epochu rewoljuzii, 1905–1907 gg. Materialy, wospominanija, issledowanija*, Moskau 1957.

Gorki, A. M.: »Pisma k pissateljam i I. P. Ladyschnikowu«, in: *Archiw A. M. Gorkowo*, Bd. 7, Moskau 1959.

Gorki, A. M.: *Perepiska A. M. Gorkowo s sarubeschnymi literatorami*, Moskau 1960.

Gorki, A. M.: *Polnoje sobranije sotschineni*, Moskau 1968.

Gorki, M.: *Skizzen*, Berlin 1956.

Gorki, M.: *Briefe. Eine Auswahl*, Berlin 1960.

Gorki, M.: *Erinnerungen an Zeitgenossen*, Berlin 1962.

Gorki, M.: *Autobiographische Romane. Meine Kindheit. Unter fremden Menschen. Meine Universitäten*, München 1976.

Gorki, M.: »Vom russischen Bauern«, in: A. W. Tschajanow: *Reise ins Land der bäuerlichen Utopie*, Frankfurt am Main 1984.

Gorki, M.: *Unzeitgemäße Gedanken über Kultur und Revolution. Geschrieben von Maxim Gorkij in Petrograd und veröffentlicht in der Tageszeitung »Novaja Zizn« (Neues Leben) von 1917 bis 1918*, hrsg. und kommentiert von B. Scholz, Frankfurt am Main 1972.

Gorky, M.: *Letters*, Moskau 1964.

Gorky, M.: *Lenin*, Edinburgh 1967.

Gorky, M.: *Fragments from My Diary*, London 1972.

Gourko, G.: *Memories and Impressions of War and Revolution in Russia, 1914–1917*, London 1918.

Graham, S.: *With the Russian Pilgrims to Jerusalem*, London 1914.

*Graschdanskaja woina na Wolge w 1918 godu. Sbornik perwy*, Prag 1930.

Grave, B. B. (Hrsg.): *Burschuasija nakanune rewoljuzii*, Moskau 1927.

Graves, W. S.: *America's Siberian Adventure, 1918–1920*, New York 1941.

Graziosi, A.: »G. L. Piatakov (1890–1937): A Mirror of Soviet History«, in: *Harvard Ukrainian Studies*, 14, 1990.

Gregory, P.: »Grain Marketings and Peasant Consumption, Russia, 1885–1913«, in: *Explorations in Economic History*, 17, 1980.

Gregory, P.: »Russian Living Standards During the Era of Industrialization, 1885–1913«, in: *Review of Income and Wealth*, 26, 1980.

Grondijs, L.-H.: *La Guerre en Russie et en Sibérie*, Paris 1922.

Gruzenberg, O.: *Yesterday: Memoirs of a Russian-Jewish Lawyer*, Berkeley 1981.

*Gubernski sjesd krestjanskich deputatow Tomskoi gubernii*, Tomsk 1917.

Gukowski, A. I. (Hrsg.): »Agrarnaja politika Wrangelja«, in: *Krasny Archiw*, 26, 1928.

Gul, R.: »Byloje«, in: *Ogonjok*, 7. Feb. 1992.

Gul, R.: *Ledjanoi pochod*, Berlin o. J.

Gurko, V. I.: *Figures and Features of the Past: Government and Opinion in the Reign of Nicholas II*, Stanford 1939.

Gurko, W. I.: *Zar i Zariza*, Paris 1927.

Guthier, S.: »The Popular Base of Ukrainian Nationalism in 1917«, in: *Slavic Review*, 38, 1979.

Guthier, S.: »Ukrainian Cities During the Revolution and Inter-War Period«, in: I. Rudnytsky, (Hrsg.): *Rethinking Ukrainian History*, Edmonton 1981.

Guthier, S.: »The Roots of Popular Ukrainian Nationalism: A Demographic, Social and Political Study of the Ukrainian Nationality to 1917«, Ph. D. diss., Univ. of Michigan 1990.

Hagen, M. v.: *Soldiers in the Proletarian Dictatorship: The Red Army and the Soviet Socialist State, 1917–1930*, Ithaca–London 1990.

Haimson, L: »The Problem of Social Stability in Urban Russia, 1905–1917«, in: *Slavic Review*, 23–24, 1964–1965.

Haimson, L. (Hrsg.): *The Politics of Rural Russia, 1905–1914*, Bloomington 1979.

Haimson, L. (Hrsg.): *The Making of Three Russian Revolutionaries: Voices from the Menshevik Past*, Cambridge 1987.

Haimson, L.: »The Problem of Social Identities in Early Twentieth-Century Russia«, in: *Slavic Review*, 47, 1988.

Hamburg, G.: *Politics of the Russian Nobility 1881–1905*, New Brunswick 1984.

Hamm, M.: »Liberal Politics in Wartime Russia: An Analysis of the Progressive Bloc«, in: *Slavic Review*, 53, 1974.

Harrison, M. E.: *Marooned in Moscow*, New York 1921.

Hasegawa, T.: *The February Revolution: Petrograd 1917*, Seattle 1981.

Hasek, J.: *The Red Commissar*, London 1983.

Heald, E.: »Witness to Revolution: Letters from Russia, 1916–1919«, Kent State University Press 1974.

Heenan, L. C.: *Russian Democracy's Fateful Blunder: The Summer Offensive of 1917*, New York 1987.

Heller, M.: »Premier avertissement: un coup de fouet. L'histoire de l'expulsion des personnalités culturelles hors de l'Union Soviétique en 1922«, in: *Cahiers du monde russe et sovietique*, 20–21, 1974.

Herzen, A.: *Briefe aus dem Westen*, Nördlingen 1989.

*Theodor Herzls Tagebücher 1895–1904*, Bd. 3, Berlin 1904.

Himka, J.-P.: *Galician Villagers and the Ukrainian National Movement in the Nineteenth Century*, New York 1988.

Hindenburg, P. v.: *Out of my Life*, London 1920 (dt.: *Aus meinem Leben*, Berlin 1920).

Hindus, M.: *Red Bread*, Bloomington 1988.

Hoare, S.: *The Fourth Seal*, London 1930.

Hobsbawm, E. J.: *Nationen und Nationalismus. Mythos und Realität seit 1780*, Frankfurt am Main 1991.

Hofer, T.: »The Creation of Ethnic Symbols from the Elements of Peasant Culture«, in: P. Sugar (Hrsg.): *Ethnic Diversity and Conflict in Eastern Europe*, Santa Barbara 1980.

Hoffman, M. v.: *War Diaries and Other Papers*, London 1929.

Hogan, H.: »Conciliation Boards in Revolutionary Russia: Aspects of the Crisis of Labor-Management Relations in 1917«, in: *Russian History*, 9, 1982.

Holquist, P.: »A Russian Vendée: The Practise of Revolutionary Politics in the Don Countryside, 1917–1921«, Dissertation, Columbia 1995.

Hosking, G.: *The Russian Constitutional Experiment: Government and Duma, 1907–14*, Cambridge 1973.

Hosking, G./Manning, R. T.: »What Was the United Nobility?«, in: L. Haimson (Hrsg.): *The Politics of Rural Russia*.

Hosking, G. (Hrsg.): *Church, Nation and State in Russia and Ukraine*, London 1991.

Hovannisen, R.: *The Republic of Armenia*, 2 Bde., Berkeley 1971, 1982.

Hunt, L.: *The Family Romance of the French Revolution*, London 1992.

Hutchinson, J. F.: »The Octobrists and the Future of Russia as a Great Power«, in: *Slavonic and East European Review*, 50, 1972.

Ignatjew, A.: »W notsch na 25 oktjabrja 1917 goda«, in: *Krasnaja letopis*, 6, 1923.

Ironside, E.: *Tannenberg: The First Thirty Days in East Prussia*, London 1925.

Iroschnikow, M.: *Sosdanije sowjetskowo zentralnowo gosudarstwennowo apparata*, Moskau–Leningrad 1966.

»Is ofizerskich pisem s fronta w 1917 g.«, in: *Krasny Archiw*, 50–51, 1932.
Issajew, A.: *Besrabotiza w SSSR i borba s neju, 1917–1924*, Moskau 1924.
Iswolsky, M.: *Memoirs*, London 1920.
*Itogi borby s golodom w 1921–1922 gg. Sbornik statej i ottschotow*, Moskau 1922.
Ivanov-Razumnik, V. R.: *The Memoirs of Ivanov-Razumnik*, Oxford 1965.
Iwanow, A.: »Wolnenije w 1916 g. w 181-om sapasnom pechotnom polku«, in: *Krasnaja letopis*, 10, 1924.
Iwanow, W. W.: »Potschemu Stalin ubil Gorkowo?«, in: *Woprossy literatury*, Nr. 1, 1993.

Jachontow, A.: »Tjascholyje dni«, in: *Archiw russkoi rewoljuzii*, 17, Berlin 1926.
Jakowlew, J.: *Derewnja kak ona jest*, Moskau 1924.
Jakowlew, J.: *Nascha derewnja: Nowoje w starom i staroje w nowom*, Moskau 1924.
Jansen, M.: *A Show Trial under Lenin*, Den Haag 1982.
Jefimenko, A.: *Issledowanija narodnoi schisni*, 2 Bde., Moskau 1884.
Jegorow, A. I.: *Rasgrom Denikina 1919*, Moskau 1931.
Jermanski, O. A.: *Is pereschitowo*, Moskau–Leningrad 1927.
Jessikow, S./Protassow, L.: »›Antonowschtschina‹: nowyje podchody«, in: *Woprossy istorii*, 6/7, 1992.
Johnson, R.: *Peasant and Proletarian: the Working Class of Moscow in the Late Nineteenth Century*, New Brunswick 1979.
Jolkina, D: »Likwidazija negramotnosti w Krasnoi Armii na frontach graschdanskoi woiny«, in: *Narodnoje obrasowanije*, 12, 1957.
Jones, S.: *Russia in Revolution, Being the Experience of an Englishman in Russia during the Upheaval*, London 1917.
Jones, S.: »The Establishment of Soviet Power in Transcaucasia: The Case of Georgia, 1921 bis 1928«, in: *Soviet Studies*, 40, 1988.
Joravsky, D.: *Russian Psychology: A Critical History*, Oxford 1989.
Judge, E. H.: »Urban Growth and Anti-Semitism in Russian Moldavia«, in: E. H. Judge/ J. Y. Simms (Hrsg.): *Modernization and Revolution*.
Judge, L. H./Simms, J. Y. (Hrsg.): *Modernization and Revolution: Dilemmas of Progress in Late Imperial Russia: Essays in Honor of Arthur P. Mendel*, New York 1992.
Jussupow, F.: *Pered isgnanijem, 1887–1919*, Moskau 1993.
Juviler, P.: »Contradictions of Revolution: Juvenile Crime and Rehabilitation«, in: A. Gleason et al. (Hrsg.): *Bolshevik Culture*.

Kabanow, W. W.: *Oktjabrskaja rewoljuzija i kooperazija (1917 – mart 1919)*, Moskau 1973.
Kabanow, W. W.: *Krestjanskoje chosjaistwo w uslowijach wojennowo kommunisma*, Moskau 1988.
Kalinin, I.: *Pod snamenem Wrangelja*, Leningrad 1925.
Kalnizki, J.: *Ot fewralja k oktjabrju: Wospominanija frontowika*, Charkow 1924.
Kalugin, O.: *Wid s Lubjanki*, Moskau 1990.
Kanattschikow, S.: *Is istorii mojewo bytija*, Moskau 1933.
Kantorowitsch, W.: »Fjodor Linde«, in: *Byloje*, 24, 1924.
»Karl Marx i zarskaja zensura«, in: *Krasny Archiw*, 1, 1933.
Karpinski, W. A.: »Wladimir Iljitsch sa granizej w 1914–1917 gg.«, in: *Sapiski Instituta Lenina*, Bd. 2, Moskau 1927.
Karpow, U.: »Po wolnam schitejnowo morja. Wospominanija«, in: *Novy mir*, 1, 1992.

Kassow, S.: *Students, Professors and the State in Tsarist Russia*, California 1969.

Katkov, G.: *Russia 1917: The February Revolution*, London 1967.

Katkov, G.: *The Kornilov Affair: Kerensky and the Break-up of the Russian Army*, London 1980.

Kawtaradse, A.: *Wojennyje spezialisty na sluschbe Respubliki Sowjetow 1917–1920 gg.*, Moskau 1988.

Keep, J. L. H.: *The Russian Revolution: A Study in Mass Mobilization*, London 1976.

Keep, J. L. H.: »The Military Style of the Romanov Rulers«, in: *War and Society*, 1, 2, 1983.

Kelly, A.: *Mikhail Bakunin: A Study in the Psychology and Politics of Utopianism*, Yale 1987.

Kelly, A.: »Self-Censorship and the Russian Intelligentsia 1905–1914«, in: *Slavic Review*, 46, 1987.

Kenez, P.: *Civil War in South Russia, 1918: The First Year of the Volunteer Army*, Berkeley 1971.

Kenez, P.: *Civil War in South Russia, 1919–1920: The Defeat of the Whites*, Berkeley 1977.

Kenez, P.: *The Birth of a Propaganda State*, Cambridge 1985.

Kennan, G. F.: *Amerika und die Sowjetmacht: Der Sieg der Revolution*, Stuttgart 1960.

Kerenski, A. F.: *Isdaljoka*, Paris 1922.

Kerenski, A.: *Erinnerungen. Vom Sturz des Zarentums bis zu Lenins Staatsstreich*, Dresden 1928.

*Die Kerenski-Memoiren, Rußland und der Wendepunkt der Geschichte*, Reinbek 1989.

Kerensky, A. F.: *The Crucifixion of Liberty*, London 1934.

Ketola, E.: »Russkaja rewoljuzija i nesawissimost Finljandii«, in: *Anatomija*.

Kin, D.: *Denikinschtschina*, Leningrad 1927.

Kingston-Mann, E./Mixter, T. (Hrsg.): *Peasant Economy, Culture, and Politics of European Russia, 1800–1921*, Princeton 1991.

Kirjuchin, N.: *Is dnewnika wojennowo komissara: graschdanskaja woina, 1918–1919 gg.*, Moskau 1928.

Kirpitschnikow, T.: »Wosstanije 1-wo wolynskowo polka w fewrale 1917«, in: *Byloje*, 27–28, 1917.

Kitajew, M.: »Stroitelstwo selskich partinych organisazi w gody graschdanskoi woiny«, in: *Woprossy istorii KPSS*, 7, 1975.

Kleinborg, L.: *Istorija besrabotizy w Rossii, 1857–1919 gg.*, Moskau 1925.

Klier, J./Lambroza, D. (Hrsg.): *Pogroms: Anti-Jewish Violence in Modern Russian History*, Cambridge 1992.

Knei-Paz, B.: *The Social and Political Thought of Leon Trotsky*, Oxford 1978.

*Kniga o golode*, Moskau 1922.

Knischnik, I.: »N. P. Poljakow – isdatel ›Kapitala‹ Karla Marxa«, in: *Woprossy istorii*, 6, 1947.

Knox, A.: *With the Russian Army, 1914–1917*, 2 Bde., London 1921.

Koenker, D. P.: *Moscow Workers and the 1917 Revolution*, Princeton 1981.

Koenker, D. P.: »Urbanization and Deurbanization in the Russian Revolution and Civil War«, in: *Journal of Modern History*, 57, 1985.

Koenker, D. P./Rosenberg, W. G./Suny, R. G. (Hrsg.): *Party, State and Society in the Russian Civil War: Explorations in Social History*, Bloomington 1988.

Koenker, D. P./Rosenberg, W. G.: *Strikes and Revolution in Russia, 1917*, Princeton 1989.

Kokovtsov, Graf V. N.: *Out of my Past: The Memoirs of Count Kokovtsov*, Stanford 1935.

Kollontai, Alexandra: *Ich habe viele Leben gelebt …*, Berlin 1980.

Kolonitskii, B.: »›Revolutionary Names‹: Russian Personal Names and Political Consciousness in the 1920s and 1930s«, in: *Revolutionary Russia*, 6, 1993.

Kolonitskii, B.: »Antibourgeois Propaganda and Anti-«Burzhui« Consciousness in 1917«, in: *Russian Review*, 53, 1994.

Kolonitskii, B.: »The ›Russian Idea‹ and the Ideology of the February Revolution«, unveröff. Ms.

Kolonizki, B.: »A. F. Kerenski i Mereschkowskije w 1917 godu«, in: *Literaturnoje obosrenije*, 3, 1991.

Kolonizki, B.: »Sagadka Kerenskowo«, in: *Swesda*, 6, 1994.

Kolonizki, B.: »Kult woschdja«, unveröff. Ms.

Korenew, S. A.: »Tschreswytschainaja komissija po delam bywschich ministrow«, in: *Archiw russkoi rewoljuzii*, 7, Berlin 1922.

Kornakow, P.: »Simwolika i ritualy rewoljuzii 1917 g.«, in: *Anatomija*.

Korolenko, W. G.: »Is dnewnikow 1917–1921 gg.«, in: *Pamjat. Istoritscheski sbornik*, 2, Paris 1979.

Korros, A. S.: »The Landed Nobility, the State Council and P. A. Stolypin, 1907–1911«, in: L. Haimson (Hrsg.): *The Politics of Rural Russia*.

Kosing, E./ Mirowa-Florin (Hrsg.): *Lenin und Gorki. Eine Freundschaft in Dokumenten*, Berlin–Weimar 1974.

Kosmin, B.: »Molodaja Rossija«, in: ders.: *P. G. Saitschnewski i »Molodaja Rossija«*, Moskau 1913.

Kostjukow: »Kak my oposdali ko wsjatju simnewo dworza«, in: *Krasny baltejez*, 6, 1920.

Kozjubinski, A.: »Sekret ljubwi Grigorija Rasputina«, in: *Smena*, 2., 9., 16., 23., 27., 29. Dezember 1994.

Krasnow, P.: »Na wnutrennem fronte«, in: *Archiw russkoi rewoljuzii*, 1, Berlin 1922.

Krasnow, P.: »Wsewelikoje woisko donskoje«, in: *Archiw russkoi rewoljuzii*, 5/8, Berlin 1922 bis 1923.

Krasnow, W.: »Is wospominani o 1917–1920 gg.«, *Archiw russkoi rewoljuzii*, 8, Berlin 1923.

Krawchenko, B.: *Social Change and National Consciousness in Twentieth-Century Ukraine*, New York 1985.

*Kronschtadtski mjatesch: sbornik statej, wospominani i dokumentow*, Leningrad 1931.

Krupskaja, N.: *Erinnerungen an Lenin*, Berlin 1959.

Kryschanowski, S.: *Wospominanija*, Berlin 1938.

Kuromiya, H.: *Stalin's Industrial Revolution: Politics and Workers, 1928–1932*, Cambridge 1988.

Kuschner, P. (Hrsg.): *Selo wirjatno w proschlom i nastojaschtschem*, Moskau 1958.

Lambroza, S.: »The Pogroms of 1903–1906«, in: J. D. Klier/S.Lambroza (Hrsg.): *Pogroms*.

Lazis, M.: *Tschreswytschainyje komissii po borbe s kontrrewoljuzijej*, Moskau 1921.

Laue, T. v.: »A Secret Memorandum of Sergej Witte on the Industrialization of Imperial Russia«, in: *Journal of Modern History*, 26, 1954.

Laue, T. v.: »Russian Labour between Field and Factory, 1892–1903«, in: *California Slavic Studies*, 3, 1964.

Leggett, G.: *The Cheka: Lenin's Political Police*, Oxford 1981.

Lehovich, D.: *White Against Red: The Life of General Anton Denikin*, New York 1974.

Lejberow, I. P./Rudatschenko, S. D.: *Rewoljuzija i chleb*, Moskau 1990.

Lemke, M. K.: *250 dnej w zarskoi stawke*, Petrograd 1920.

Lenin, W. I.: *Werke*, Berlin 1955 ff.

Lenin, W. I.: *Briefe*, Berlin 1967 ff.

Lenin, W. I.: *Leninski sbornik*, 39 Bde., Moskau–Leningrad 1924–1980.

Leontovitsch, V.: *Geschichte des Liberalismus in Russland*, Frankfurt am Main 1957.

Leslie, R.: *Reform and Insurrection in Russian Poland*, London 1963.

*Der letzte Zar. Briefwechsel Nikolaus II. mit seiner Mutter*, Berlin 1938.
Levin, D.: *Stormy Petrel*, London 1967.
Lewin, M.: *The Making of the Soviet System*, New York 1985.
Liberman, S.: *Building Lenin's Russia*, Chicago 1945.
Libknecht, W.: *Pauki i muchi*, Samara 1917.
Lieven, D.: »The Russian Civil Service Under Nicholas II: Some Variations on the Bureaucratic Theme«, in: *Jahrbücher für Geschichte Osteuropas*, 29, 1981.
Lieven, D.: *Russia and the Origins of the First World War*, London 1983.
Lieven, D.: *Russia's Rulers Under the Old Regime*, New York 1989.
Lieven, D.: *Nicholas II: Emperor of All the Russias*, London 1993.
Lih, L. T.: *Bread and Authority in Russia 1914–1921*, Berkeley 1990.
Lih, L. T./Naumov, O./Chlewnjuk, O. (Hrsg.): *Stalin – Briefe an Molotow, 1925–1936*, Berlin 1996.
Lincoln, W. B.: *In the Vanguard of Reform: Russia's Enlightened Bureaucrats 1825–1861*, Dekalb, Illinois 1982.
Lincoln, W. B.: *Passage Through Armageddon: The Russians in War and Revolution*, New York 1986.
Lincoln, W. B.: *Red Victory: A History of the Russian Civil War*, New York 1989.
Ljubowitsch, A.: »Kak organisowalsja i rabotal narodny komissariat potscht i telegrafow w perwy period oktjabrskoi rewoljuzii«, in: *Proletarskaja rewoljuzija*, 5, 1926.
Lockhart, R. H. B.: *Vom Wirbel erfaßt. Bekenntnisse eines britischen Diplomaten*, Stuttgart 1940.
Lockhart, R. H. B.: *The Diaries of Sir Robert Bruce Lockhart*, London 1973.
Longley, D. A.: »Some Historiographical Problems of Bolshevik Party Unity«, in: *Jahrbücher für Geschichte Osteuropas*, 22, 1974.
Lotman, Ju.: »Dekabristy w powsednewnoi schisni«, in: *Trudy po snakowym sistemam*, 8, Tartu 1977.
Lotman, Ju.: »Poetika bytowowo powedenija w russkoi kulture 18-owo w.«, in: W. G. Basanow/W. E. Wacuro (Hrsg.): *Literaturnoje nasledstwo dekabristow*, Leningrad 1975.
Lukomski, A. F.: *Wospominanija*, 2 Bde., Berlin 1922.
Lunatscharski, A. W.: *Profile der Revolution*, Frankfurt am Main 1968.
Luzki, E. A.: »Krestjanskoje wosstanije w Tambowskoi gubernii w 1917 g.«, in: *Istoritscheskije sapiski*, 2, 1938.
Lwow-Rogatschowski: »Oktjabrskije dni 1905 goda w Charkowe«, in: *Katorga i ssylka*, 19, 1925.

Mace, J.: *Communism and the Dilemmas of National Liberation: National Communism in Soviet Ukraine, 1918–1933*, Cambridge 1983.
Macey, D. J.: »The Land Captains: A Note on their Social Composition, 1889–1913«, in: *Russian History*, 16, 1989.
Macey, D. J.: »The Peasant Commune and the Stolypin Reforms: Peasant Attitudes, 1906–14«, in: Bartlett, R. (Hrsg.): *Land Commune*.
Mackenzie Wallace, D.: *Russia*, 2 Bde., London 1905.
Maiski, I.: *Demokratitscheskaja kontrrewoljuzija*, Moskau 1923.
Majakowski, W.: *Polnoje sobranije sotschineni*, Moskau 1955–1961.
Majstrenko, I.: *Borotbism: A Chapter in the History of Ukrainian Communism*, New York 1954.

Maksakow, W. W. (Hrsg.): *Partisanskoje dwischenije w Sibiri*, Moskau 1925.
Male, D.: *Russian Peasant Organization before Collectivization*, Cambridge 1971.
Malejew, A. F.: *Tridzat dnej jewrejskowo pogroma w mestetschke Kriwoje Osero*, Moskau 1921.
Malet, M.: *Nestor Makhno in the Russian Civil War*, London 1982.
Malia, M.: *Alexander Herzen and the Birth of Russian Socialism 1812–1855*, Harvard 1961.
Maljantowitsch, P. N.: »W simnem dworze 25–26 oktjabrja 1917 goda«, in: *Byloje*, 12, 1918.
Malle, S.: *The Economic Organization of War Communism, 1918–1921*, Cambridge 1985.
Mally, L.: »Intellectuals in the Proletkult: Problems of Authority and Expertise«, in: D. P. Koenker/W. G. Rosenberg/R. G. Suny (Hrsg.): *Party*.
Mamantow, W. I.: *Na gosudarewoi sluschbe*, Tallinn 1926.
Mandel, D.: *The Petrograd Workers and the Soviet Seizure of Power*, New York 1984.
Mandelstam, N.: *Generation ohne Tränen. Erinnerungen*, Frankfurt am Main 1975.
Mannerheim, C. G. E.: *The Memoirs of Marshal Mannerheim*, New York 1954.
Manning, R. T.: *The Crisis of the Old Order in Russia: Gentry and Government*, Princeton 1982.
Manning, R. T.: »The Zemstvo and Politics, 1904–1914«, in: T. Emmons/W. Vucinich (Hrsg.): *The Zemstva*.
Martow, J.: *Sapiski sozialdemokrata*, Berlin 1922.
Martynow, Je. I.: *Kornilow: Popytka wojennowo pereworota*, Leningrad 1927.
Martynow, Je. I.: *Zarskaja armija w fewralskom pereworote*, Leningrad 1927.
Maslow, S. S.: *Rossija posle tschetyrjoch let rewoljuzii*, 2 Bde., Paris 1922.
Massie, R. K.: *Nikolaus und Alexandra. Die letzten Romanows und das Ende des zaristischen Rußland*, Frankfurt am Main 1968.
Massie, R. K.: *Die Romanows. Das letzte Kapitel*, Berlin 1995.
*Materialy narodnowo komissariata justizii*, 1, Moskau 1918.
*Materialy po statistike Petrograda*, 1, Petrograd 1920.
Matossian, M.: »The Peasant Way of Life«, in: W. Vucinich (Hrsg.): *The Peasant*.
Matthewson, R. W.: *The Positive Hero in Russian Literature*, Stanford 1975.
Mawdsley, E.: *The Russian Revolution and the Baltic Fleet: War and Politics, February 1917 – April 1918*, London 1978.
Mawdsley, E.: *The Russian Civil War*, London 1987.
Maynard, J.: *The Russian Peasant and Other Studies*, London 1942.
McAuley, M.: *Bread and Justice: State and Society in Petrograd, 1917–1922*, Oxford 1991.
McCauley, M. (Hrsg.): *The Russian Revolution and the Soviet State, 1917–1921: Documents*, London 1988.
McClelland: »Utopianism versus Revolutionary Heroism in Bolshevik Policy: The Proletarian Culture Debate«, in: *Slavic Review*, 39, 1980.
McDaniel, T.: *Autocracy, Capitalism and Revolution in Russia*, Berkeley 1988.
McKean, R. B.: *St Petersburg Between the Revolutions: Workers and Revolutionaries, June 1907 – February 1917*, New Haven 1990.
McKenzie, K. E.: »Zemstvo Organizations and Their Role within the Administrative Structure«, in: T. Emmons/W. Vucinich (Hrsg.): *The Zemstva*.
McNeal. R. H.: *Bride of the Revolution: Krupskaya and Lenin*, Ann Arbor 1972.
McNeal, R. H.: *Tsar and Cossack, 1855–1914*, New York 1967.
Medvedev, R./Starikov, S.: *Philip Mironov and the Russian Civil War*, New York 1978.
Melamed, S. M.: »St Paul and Leon Trotsky«, in: *Reflex*, Nov. 1927.
Melgunov, S. P.: *The Bolshevik Seizure of Power*, Oxford 1972.
Melgunow, S. P.: *Der rote Terror in Rußland 1918–1923*, Berlin 1924.

Melgunow, S. P.: *Tragedija admirala Koltschaka*, Belgrad 1930.
Mendelson, A. L.: *Itogi prinuditelnoi treswosti i nowyje formy pjanstwa*, Leningrad 1916.
Meschtscherskaja, Je.: »Trudowoje kreschtschenije«, in: *Nowy mir*, 4, 1988.
Meyendorff, J.: »Russian Bishops and Church Reform in 1905«, in: G. Hosking (Hrsg.): *Church*.
Michelson, A.: »The Wings of Hypothesis«, in: *Montage and Modern Life, 1919–1942*, Boston 1992.
Mikojan, A.: *Mysli i wospominanija o Lenine*, Moskau 1970.
Miljukow, P. N.: *Russia Today and Tomorrow*, London 1922.
Miljukow, P. N.: *The Russian Revolution*, 3 Bde., Florida 1987.
Miljukow, P. N.: *Wospominanija (1859–1917)*, 2 Bde., Moskau 1990.
Miljutin, W.: »Stranizy is dnewnika«, in: *Proschektor*, 4, 1924.
Milukow, P. N.: *Geschichte der zweiten russischen Revolution*, Wien o. J.
Minor, A. S.: *Nowyje formy pjanstwa denaturom i spirtosoderschaschtschimi schidkostjami*, Moskau 1915.
Mironov, B.: »The Russian Peasant Commune After the Reforms of the 1860s«, in: *Slavic Review*, 44, 1985.
Mixter, T.: »Peasant Collective Action in Saratov Province, 1902–1906«, in: R. Wade/S. Seregny: *Politics and Society in Provincial Russia: Saratov, 1590–1917*, Columbus, Ohio, 1989.
Mordwinow, A.: »Otrywki is wospominani«, in: *Russkaja letopis*, 5, 1923.
Morizet, A.: *Chez Lénine et Trotski à Moscou*, Paris o. J.
Morrison, J. D.: »The Church Schools and Seminaries in the Russian Revolution of 1905«, in: G. Hosking (Hrsg.): *Church*.
Mosse, W. E.: »Bureaucracy and Nobility in Russia at the End of the Nineteenth Century«, in: *Historical Journal*, 24, 1981.
Mossolov, A. A.: *At the Court of the Last Tsar*, London 1935.
Mstislawski, S.: *Pjat dnej. Natschalo i konez fewralskoi rewoljuzii*, Berlin 1922.

Nabokow, K. D.: *Ispytanija diplomata*, Stockholm 1923.
Nabokow, W. D.: Petrograd 1917. Der kurze Sommer der Revolution, Berlin 1992.
*Narodny komisariat putej soobschtschenija sa dwa goda rewoljuzi. Ottschot VII-mu wserossiskomu sjesdy sowjetow*, Moskau 1919.
*Narodny pisatel Sergej Terentjewitsch Semjonow*, Moskau 1968.
Naschiwin, I.: *Sapiski o rewoljuzii*, Wien 1921.
Naumow, A. N.: *Is istelewschich wospominani, 1868–1917*, 2 Bde., New York 1954.
Naumow, W.: »1923 god: sudba leninskoi alternativy«, in: *Kommunist*, 5, 1991.
Nesterowitsch-Berg, M. A.: *W borbe s bolschewikami*, Paris 1931.
Neuberger, J.: »Stories of the Street: Hooliganism in the St Petersburg Popular Press, 1900 bis 1905«, in: *Slavic Review*, 48, 1989.
Neuberger, J.: *Hooliganism: Crime, Culture and Power in St Petersburg, 1900–1914*, Berkeley 1993.
*New Economic Policies of Soviet Russia, The*, Chicago 1921.
Nikitine, B. V.: *The Fatal Years*, London 1938.
Nikolaevsky, B. I.: *Power and the Soviet Elite: »The Letter of an Old Bolshevik« and Other Essays*, New York 1965.

Oberutschew, K.: *W dni rewoljuzii: wospominanija utschastnika welikoi russkoi rewoljuzii 1917 goda*, New York 1919.

Obolenski, W. A.: »Krym pri Wrangele«, in: *Na tschuschoi storone*, 9, 1925.

Obolenski, W. A.: *Moja schisn, moi sowremenniki*, Paris 1988.

*Odinnadzaty sjesd RKP(b). Stenografitscheski ottschot*, Moskau 1922.

Okninski, A.: *Dwa goda sredi krestjan: widennoje, slyschannoje, pereschitoje w Tambowskoi gubernii s nojabrja 1918 goda do nojabrja 1920 goda*, Newtonville, Mass. 1986.

*Oktjabrskoje wooruschonnoje wosstanije w Petrograde: Dokumenty i materialy*, hrsg. von: G. N. Golikow et al., Moskau 1957.

*O Lenine: sbornik statej i wystupleni*, Moskau 1965.

Ordschonikidse, F. K.: *Statji i retschi*, Moskau 1956.

Orlovsky, D. T.: »State-Building in the Civil War: The Role of the Lower-Middle Strata«, in: D. P. Koenker et al. (Hrsg.): *Party*.

Oskin, D. P.: *Chosjaistwennaja rabota 2-oi osoboi armii*, Moskau 1926.

Oskin, D. P.: *Sapiski soldata*, Moskau 1926.

Oskin, D. P.: *Sapiski wojenkoma*, Moskau 1931.

Oskin, D. P.: *Wospominanija o Wladimire Iljitsche Lenine*, Moskau 1957.

*Otscherki byta derewenskoi molodjoschi*, Moskau 1924.

Owen, T. L.: *Capitalism and Politics in Russia: A Social History of the Moscow Merchants, 1855 bis 1905*, Cambridge 1981.

Pachman, S. W.: *Obytschnoje graschdanskoje prawo w Rossii*, 2 Bde., St. Petersburg 1877, 1879.

*Padenije zarskowo reschima*, 7 Bde., Leningrad 1924–1927.

Paléologue, M.: *An Ambassador's Memoirs*, Bd. 1, London 1923.

Paley, Fürstin: *Memories of Russia, 1916–1919*, London o. J.

Pallot, J./Shaw, D.: *Landscape and Settlement in Romanov Russia, 1613–1917*, Oxford 1990.

Paltschinski, P. I.: »Poslednije tschassy wremennowo prawitelstwa w 1917 godu«, in: *Krasny Archiw*, 1, 1933.

*Pamjat: istoritscheski sbornik*, Paris 1981.

Pares, B. (Hrsg.): *Letters of the Tsaritsa to the Tsar*, London 1923.

Pares, B.: *My Russian Memoirs*, London 1931.

Pares, B.: *The Fall of the Russian Monarchy*, London 1939.

Park, A. G.: *Bolshevism in Turkestan, 1917–1927*, New York 1957.

Pascal, P.: *En Communisme: Mon journal de Russie, 1918–1921*, Lausanne 1977.

Pasternak, A. L.: *Wospominanija*, München 1983.

Pasternak, B. L.: *Stichotworenija i poemy*, Moskau–Leningrad 1965.

Paustovsky, K.: *Story of My Life*, New York 1964 (dt.: *Erzählung vom Leben*, 1961–1967).

Pawlow, I.: *Markowskaja Respublika*, Moskau 1926.

Pearson, R.: *The Russian Moderates and the Crisis of Tsarism, 1914–1917*, London 1977.

Pearson, T.: *Russian Officialdom in Crisis*, Cambridge 1990.

*Perepiska Nikolaja i Alexandry Romanowych*, 5 Bde., Moskau–Leningrad 1927.

Perrie, M.: »The Russian Peasant Movement of 1905–1907: Its Social Composition and Revolutionary Significance«, in: *Past and Present*, 57, 1972.

Perrot, M.: *Les Ouvriers en grève: France, 1871–1890*, Paris 1974.

Peschechonow, A. W.: »Pered krasnym terrorom«, in: *Na tschuschoi storone*, 2, 1923.

Peschechonow, A. W.: »Perwyje nedeli (is wospominani russkoi rewoljuzii)«, in: *Na tschuschoi storone*, 1, 1923.

Peters: »Wospominanija o rabote w WTschK w perwy god rewoljuzii«, in: *Proletarskaja rewoljuzija*, 10, 1924.

Pethybridge, R.: *The Social Prelude to Stalinism*, London 1974.

*Petrogradski sowjet rabotschich i soldatskich deputatow w 1917 godu. Dokumenty i materialy*, Bd. 1, St. Petersburg 1993.

Petrow, P. P.: *Ot Wolgi do Tichowo Okeana w rjadach belych (1918–1922 gg.)*, Riga 1930.

Petrunkewitsch, I. I.: »Is sapissok obschtschestwennowo dejatelja«, in: *Archiw russkoi rewoljuzii*, 21, Berlin 1934.

Pipes, R.: *The Formation of the Soviet Union: Communism and Nationalism, 1917–1923*, Harvard 1954.

Pipes, R. (Hrsg.): *Revolutionary Russia*, Harvard, 1968.

Pipes, R.: *Struve: Liberal on the Left*, Cambridge, Mass., 1970.

Pipes, R.: *Rußland vor der Revolution. Staat und Gesellschaft im Zarenreich*, München 1977.

Pipes, R.: *Die Russische Revolution. Bd. 1: Der Zerfall des Zarenreiches*, Berlin 1992. *Bd. 2: Die Macht der Bolschewiki*, Berlin 1992. *Bd. 3: Rußland unter dem neuen Regime*, Berlin 1993.

Pirejko, A.: *Na fronte imperialistitscheskoi woiny*, Moskau 1925.

»Pisma moi k tebe, konetschno, istoritscheskije«, in: *Woprossy istorii KPSS*, 2, 1991.

Pitcher, H. (Hrsg.): *Witnesses of the Russian Revolution*, London 1994.

*Pjaty wserossiski sjesd sowjetow rabotschich i kasatschjich deputatow. Stenografitscheski ottschot*, Moskau 1918.

Pokrowski, G.: *Denikinschtschina*, Berlin 1923.

Poljak, W.: »Schutkije dni na Ukraine«, in: *Jewrejskaja letopis*, 2, Moskau 1923.

Polner, T. I.: *Schisnenny put knjasja G. Je. Lwowa*, Paris 1932.

Polner, T. I./Obolenski, V./Turn, S. (Hrsg.): *Russian Local Government During the War and the Union of Zemstvos*, New Haven 1930.

Polovtsov, P. A.: *Glory and Downfall: Reminiscences of a Russian General Staff Officer*, London 1935.

Posner, W.: *Dela i dni Petrograda: wospominanija i rasmyschlenija, 1917–1921*, Berlin 1923.

Potressow, A. N.: *Posmertny sbornik proiswedeni*, Paris 1937.

*Prawda o Kronschtadte*, Prag 1921.

*Protokoly sassedani wserossiskowo zentralnowo ispolnitelnowo komiteta (4 sosywa)*, Moskau 1920.

Purischkewitsch, W. M.: *Dnewnik*, Riga 1924.

Purischkewitsch, W.: *Wie ich Rasputin ermordete. Ein Tagebuch*, Berlin 1991.

Pyman, A.: *The Life of Alexander Blok*, Bd. 2: *The Release of Harmony, 1908–1921*, Oxford 1980.

Rabinowitch, A.: *Prelude to Bolshevism: The Petrograd Bolsheviks and the July 1917 Uprising*, Bloomington 1968.

Rabinowitch, A.: *The Bolsheviks Come to Power: The Revolution of 1917 in Petrograd*, New York 1978.

Rabinowitch, A.: »Maria Spiridonova's ›Last Testament‹«, in: *Russian Review*, 54, Nr. 3, 1995.

Rabinowitsch, A.: »Bolschewiki, nisy i sowjetskaja wlast: Petrograd, fewral 1917 – ijul 1918«, in: *Anatomija*.

Radek, K.: *Protrety i pamflety*, Moskau 1933.

*Radical Worker in Tsarist Russia, A.: The Autobiography of Semen Ivanovich Kanatchikov*, hrsg. von R. E. Zelnik, Stanford 1986.

Radkey, O. H.: *The Election to the Russian Constituent Assembly of 1917*, Cambridge, Mass. 1950.

Radkey, O. H.: *The Agrarian Foes of Bolshevism*, New York 1958.

Radkey, O. H.: *The Sickle Under the Hammer: The Russian Socialist Revolutionaries in the Early Months of Soviet Rule*, New York 1973.

Radkey, O. H.: *The Unknown Civil War in Soviet Russia*, Stanford 1976.

Radsinski, E.: *Nikolaus II. Der letzte Zar und seine Zeit*, München 1992.

Raeff, M.: *Origins of the Russian Intelligentsia: The Eighteenth-Century Nobility*, New York 1966.

Raeff, M.: »The Bureaucratic Phenomena of Imperial Russia«, in: *American Historical Review*, 84, 1979.

Raeff, M.: *Understanding Imperial Russia: State and Society in the Old Regime*, Columbia 1984.

Rakowski, G. N.: *W stane belych (ot Orla do Noworossiska)*, Konstantinopel 1920.

Rakowski, G. N.: *Konez belych (ot Dnepra do Bosfora)*, Prag 1921.

Raleigh, D. J.: *Revolution on the Volga: 1917 in Saratov*, Cornell 1986.

Ramer, S. C.: »Traditional Healers and Peasant Culture in Russia, 1861–1917«, in : E. Kingston-Mann/T. Mixter (Hrsg.): *Peasant Economy*.

Ransome, A.: *Six Weeks in Russia in 1919*, London 1919.

Rapoport, Ja. K.: »Poltora goda w sowjetskom glawke«, in: *Archiw russkoi rewoljuzii*, 2, 1921.

Raschin, A.: »Gramotnost i narodnoje obrasowanije w Rossii w XIX i natschale XX w.«, in: *Istoritscheskije sapiski*, 37, 1951.

Raschin, A.: *Formirowanije rabotschewo klassa Rossii*, Moskau 1958.

Raskolnikov, F. F.: *Kronstadt and Petrograd in 1917*, London 1982.

Rawson, D.: *Russian Rightists and the Revolution of 1905*, Cambridge 1995.

Read, C.: *Culture and Power in Revolutionary Russia*, London 1990.

Reed, J.: *Zehn Tage, die die Welt erschütterten*, Berlin 1977.

Reisner, L.: *Isbrannyje proiswedenjja*, Moskau 1958.

Reshetar, J.: *The Ukrainian Revolution, 1917–1920*, Princeton 1950.

Resis, A.: »*Das Kapital* Comes to Russia«, in: *Slavic Review*, 24, 1970.

*Resolutions and Decisions of the Communist Party of the Soviet Union*, Bd. 2: *The Early Soviet Period*, Toronto 1976.

*Rewwojensowjet Respubliki*, Moskau 1991.

Rieber, A.: »Landed Property, State Authority, and Civil War«, in: *Slavic Review*, 47, 1988.

Rieber, A.: »The Sedimentary Society«, in: E. Clowes et al.: *Between Tsar and People*.

Rigby, T. H.: *Lenin's Government: Sovnarkom, 1917–1922*, Cambridge 1979.

Rigby, T. H.: *Political Elites in the USSR: Central Leaders and Local Cadres from Lenin to Gorbachev*, Aldershot 1990.

Rittich, A. A.: *Krestjanski prawoporjadok*, St. Petersburg 1902.

Robbins, R.: *Famine in Russia, 1891–1892*, New York 1975.

Robbins, R.: *The Tsar's Viceroys: Russian Provincial Governors in the Last Years of the Empire*, Cornell 1987.

Robbins, R.: »His Excellency the Governor: The Style of Russian Provincial Government at the Beginning of the Twentieth Century«, in: *Imperial Russia, 1700–1917: State, Society, Opposition*, Dekalb, Illinois, 1988.

Robinson, G. T.: *Rural Russia Under the Old Regime*, London 1932.

Rodzianko, M. W.: *Erinnerungen*, Berlin 1926.

Rogger, H.: »Russian Ministers and the Jewish Question, 1881–1917«, in: *California Slavic Studies*, 8, 1975.

Rogger, H.: *Russia in the Age of Modernization and Revolution, 1881–1917*, London 1983.
Rogger, H.: *Jewish Policies and Right-Wing Politics in Imperial Russia*, Berkeley 1986.
Rolland, R.: *Journal des années de guerre* , Paris 1952.
Romanow, G. K. Großfürst: *W mramornom dworze*, New York 1955.
Roobol, W. H.: *Tsereteli – A Democrat in the Russian Revolution: A Political Biography*, Den Haag 1976.
Rorlich, A.-A.: *The Volga Tatars: A Profile in National Resilience*, Stanford 1986.
Roschdestwenski, W. A.: *Stranizy schisni: is literaturnych wospominani*, Moskau 1974.
Rosenberg, W. G.: »The Russian Municipal Duma Elections of 1917: A Preliminary Computation of Returns«, in: *Soviet Studies*, 21–22, 1969.
Rosenberg, W. G.: *Liberals in the Russian Revolution: The Constitutional Democratic Party, 1917–1921*, Princeton 1974.
Rosenberg, W. G.: »The Social Background to Tsektran«, in: D. P. Koenker/W. G. Rosenberg/ R. G. Suny (Hrsg.): *Party*.
Rosenberg, W. G.: »Russian Labor and Bolshevik Power: Social Dimensions of Protest in Petrograd After October«, in: *Slavic Review*, 44, 1985.
Rosenberg, W. G.: »Social Mediation and State Construction(s) in Revolutionary Russia«, in: *Social History*, 19, 2, 1994.
Rougle, C.: »The Intelligentsia in Russia, 1917–1918«, in: N. A. Nilsson (Hrsg.): *Art, Society, Revolution: Russia, 1917–1918*, Stockholm 1979.
*RPG*: s. *Russian Provisional Government*.
Rudnew, S.: *Pri wetschernich ognjach: wospominanija*, Newtonville, Mass. 1978.
Ruhl, A.: *New Masters of the Baltic*, New York 1921.
*Russian Provisional Government 1917, The: Documents*, 3 Bde., hrsg. von R. G. Browder/ A. F. Kerensky, Stanford 1961 (*RPG*).
*Russian Schools and Universities in the World War*, New Haven 1929.
*Russkaja rewoljuzija glasami petrogradskowo tschinownika. Dnewnik 1917–1918*, Oslo 1986.

Sablinsky, W.: *The Road to Bloody Sunday: Father Gapon and the St Petersburg Massacre of 1905*, Princeton 1976.
Sajontschkowski, P. A.: *Prawitelstwenny apparat samoderschawnoi Rossii w XIX w.*, Moskau 1977.
Sakwa, R.: *Soviet Communists in Power: A Study of Moscow During the Civil War, 1918–1921*, London 1988.
Salisbury, H. E.: *Black Night, White Snow: Russia's Revolutions, 1905–1917*, New York 1978.
Samuel, M.: *Blood Accusation*, London 1966.
Sapronow, T.: *Is istorii rabotschewo dwischenija*, Newtonville, Mass., 1976.
Saunders, D.: *Russia in the Age of Reaction and Reform*, London 1992.
Sawinkow, B. S.: *K delu Kornilowa*, Paris 1919.
Sazonov, J. D.: *How the War Began in 1914*, London 1925.
Schabanow, W.: »Kratki Biografitscheski Otscherk«, unveröff. Ms.
Schapiro, L.: *The Origin of the Communist Autocracy: Political Opposition in the Soviet State, First Phase, 1917–1922*, London 1977.
Schapiro, L.: »The Political Thought of the First Provisional Government«, in: R. Pipes (Hrsg.): *Revolutionary Russia*.
Schapowalow, A. I.: *Po doroge k marxismu: wospominanija rabotschewo rewoljuzionera*, Moskau 1922.

Schechtman, I. B.: *Pogromy dobrowoltscheskoi armii na Ukraine*, Berlin 1932.
Schentalinski, W.: *Das auferstandene Wort*, Bergisch-Gladbach 1996.
Scherr, B.: »Notes on Literary Life in Petrograd, 1918–22: A Tale of Three Houses«, in: *Slavic Review*, 36, 1977.
Scherrer, J.: »Les Écoles du parti de Capri et de Bologne: La formation de l'intelligence du parti«, in: *Cahiers du monde russe et sovietique*, 19, 1978.
Schklowski, W.: *Sentimentale Reise*, Frankfurt am Main 1964.
Schljapnikow, A.: *Semnadzaty god*, 4 Bde., Petrograd 1923.
Schub, D.: »Maxim Gorki i kommunistitscheskaja diktatura«, in: *Mosty*, 1, 1958.
Schukowski-Schuk: »Kogda otkrylis tjuremnyje dweri«, in: *Katorga i ssylka*, 15, 1925.
Schulgin, W. W.: *Dni*, Leningrad 1926.
Schulgin, W. W.: *1920 god*, Leningrad 1927.
Schweitzer, V.: *Tsvetaeva*, London 1988.
Sejfullina, L.: »Muschizki skas o Lenine«, in: *Krasnaja now*, 1, 1924.
Selezki, V.: »Obrasowanije Partii Progressistow«, in: *Westnik moskowskowo gosudarstwennowo uniwersiteta, Istoritscheskaja Serija*, 5, 1970.
Semjonow, S. T.: »Legko li u nas wydeljatsja is obschtschiny?«, in: *Sowremennik*, 5–6, 1911.
Semjonow, S. T.: *Wospominanija o L. N. Tolstom*, St. Petersburg 1912.
Semjonow, S. T.: »Nowyje chosjajewa«, in: *Sowremennik*, 10, 1913.
Semjonow, S. T.: *Dwadzat pjat let w derewne*, Petrograd 1915.
Semjonow, S. T.: »Obnowlenije tschernosjoma«, in: *Russkja mysl*, 2 und 4, 1917.
Senn, A.: *The Emergence of Modern Lithuania*, Princeton 1959.
Sensinow, V.: *Die Tragödie der verwahrlosten Kinder Rußlands*, Zürich 1930.
Sensinow, W.: »Fewralskije dni«, in: *Nowy schurnal*, 34–3, 1953.
Sensinow, W.: *Pereschitoje*, New York 1953.
Serebrennikow, A.: *Ubistwo Stolypina: swidetelstwa i dokumenty*, New York 1986.
Seregny, S. J.: »Peasants and Politics: Peasant Unions During the 1905 Revolution«, in: E. Kingston-Mann/T. Mixter (Hrsg.): *Peasant Economy*.
Seregny, S. J.: *Russian Teachers and Peasant Revolution: The Politics of Education in 1905*, Bloomington 1989.
Serge, V.: *La Ville en danger: Petrograd l'an II de la révolution*, Paris 1924.
Serge, V.: *Beruf: Revolutionär. Erinnerungen 1901–1917–1941*, Frankfurt am Main 1967.
Serge, V.: *L'an I de la révolution*, Paris 1971.
Serge, V.: *Leo Trotzki. Leben und Tod*, München 1981.
Service, R.: *The Bolshevik Party in Revolution: A Study in Organizational Change, 1917–1923*, London 1979.
Service, R.: *Lenin: A Political Life*, 3 Bde., 1985, 1991, 1995.
Seton-Watson, H.: *The Russian Empire, 1801–1917*, Oxford 1967.
Shanin, T.: *The Awkward Class*, Oxford 1972.
Shanin, T.: *Russia as a »Developing Society«*, Bd. 1, *The Roots of Otherness: Russia's Turn of Century*, London 1985.
Shanin, T.: *Russia, 1905–7: Revolution as a Moment of Truth*, Bd. 2, *The Roots of Otherness: Russia's Turn of Century*, London 1986.
Shevelov, G.: »The Language Question in the Ukraine in the Twentieth Century (1900–1941), in: *Harvard Ukrainian Studies*, 10, 1986.
Shlapentokh, D.: »The Images of the French Revolution in the February and Bolshevik Revolutions«, in: *Russian History*, 16–1, 1989.

Shliapnikov, A.: *On the Eve of 1917: Reminiscences from the Revolutionary Underground*, London 1982.

Shub, D.: »Kropotkin and Lenin«, in: *Russian Review*, 12, 1953.

Shub, D.: *Lenin*, Wiesbaden 1952.

Sidorow, A. L.: *Rewoljuzionnoje dwischenije w armii i flote w gody perwoi mirowoi woiny 1914 bis fewr. 1917*, Moskau 1966.

Sidorow, A. L.: *Ekonomitscheskoje poloschenije Rossii w gody perwoi mirowoi woiny*, Moskau 1973.

Siegelbaum, L. H.: *The Politics of Industrial Mobilization in Russia, 1914–1917: A Study of the War-Industry Committees*, London 1983.

Silver, B.: *The Russian Workers' Own Story*, London 1938.

Simanovich, A.: *Rasputine*, Paris 1930.

Simms, J. Y.: »The Famine and the Radicals«, in: E. H. Judge/J. Y. Simms (Hrsg.): *Modernization*.

Simms, J. Y.: »The Crisis in Russian Agriculture at the End of the Nineteenth Century: A Different View«, in: *Slavic Review*, 36, 1977.

Simms, J. Y.: »The Crop Failure of 1891: Soil Exhaustion, Technological Backwardness, and Russia's ›Agrarian Crisis‹«, in: *Slavic Review*, 41, 1982.

Simon, G.: »Church, State and Society«, in: G. Katkov et al. (Hrsg.): *Russia Enters the Twentieth Century*, London 1971.

Sinegub, A.: »Saschtschita simnewo dworza w den 25 oktjabrja 1917«, in: *Archiw russkoi rewoljuzii*, 4, 1922.

Sinowjew, G. Je.: »Lenin i ijulskije dni«, in: *Proletarskaja rewoljuzija*, 8–9, 1927.

Sinowjew, G. Je.: *Sotschinenija*, Leningrad 1923–1929.

Siw, G.: *Trotzki: po litschnym wospominanijam*, New York 1921.

Skobzew, D. E.: *Tri goda rewoljuzii i graschdanskoi woiny na Kubani*, Paris o. J.

Slomka, J.: *From Serfdom to Self-Government: Memoirs of a Polish Village Mayor*, London 1941.

Smith, S. A.: *Red Petrograd: Revolution in the Factories, 1917–1918*, Cambridge 1983.

Smitten, B. N.: »Posledni wremenschtschik poslednewo zarja. Materialy tschreswytschainoi sledstwennoi komissii wremennowo prawitelstwa o Rasputine i rasloschenii samoderschawija«, in: *Woprossy istorii*, 10, 12, 1964; 1, 2, 1965.

Sokoloff, N.: *Der Todesweg des Zaren*, Berlin 1926.

Sokolov, B. F.: *The White Nights: Pages from a Russian Doctor's Notebook*, London 1959.

Sokolow, B. F.: »Saschtschita wserossiskowo utschreditelnowo sobranija«, in: *Archiw russkoi rewoljuzii*, 12, 1924.

Sokolow, J. W.: »Alexej Alexejewitsch Brussilow«, in: *Woprossy istorii*, 11, 1988.

Sokolow, K. N.: *Prawlenije generala Denikina (is wospominani)*, Sofia 1921.

Solomon, G. A.: *Sredi krasnych woschdej: Litschnoje pereschitoje i widennoje na sowjetskoi sluschbe*, 2. Bde., Paris 1930.

*Some Notes on Social Conditions in Soviet Russia*, London 1925.

Sorokin, P.: *Sowremennoje sostojanije Rossii*, Prag 1922.

Sorokin, P.: *Leaves from a Russian Diary*, New York 1924.

Sorokin, P.: *Tschelowek, ziwilisazija, obschtschestwo*, Moskau 1992.

Sosulja: *Zar (tscheres god)*, Petrograd 1918.

Speranski: »Narodnyje sasedateli«, in: *Proletarskaja rewoljuzija i prawo*, 5, 1918.

Spiridonova, L.: »Gorky and Stalin. (According to New Materials from A. M. Gorky's Archive)«, in: *Russian Review*, 54, Nr. 3, 1995.

Spiridovitch, A.: *Les Dernières Années de la cour de Tsarskoe Selo*, 2 Bde., Paris 1928–1929.

Spring, D. W.: »Russia and the Coming of War«, in: R. J. W. Evans/H. Pogge von Strondmann (Hrsg.): *The Coming of the First World War*, Oxford 1988.

Stankewitsch, W.: *Wospominanija, 1914–1919 g.*, Berlin 1920.

Starzew, W. I.: »Wojenno-rewoljuzionny komitet i krasnaja gwardija«, in: *Oktjabrskoje wooruschonnoje wosstanije w Petrograde: sbornik statej*, Moskau–Leningrad 1957.

Starzew, W. I.: *Otscherki po istorii Petrogradskoi krasnoi gwardii i rabotschej milizii*, Moskau–Leningrad 1965.

Steinberg, I. N.: *In the Workshops of the Revolution*, New York 1953.

Steinberg, M. D./Khrustalev, V. M.: *The Fall of the Romanovs: Political Dreams and Personal Struggles in a Time of Revolution*, New Haven 1995.

Steklow, G.: *Michail Bakunin*, Stuttgart 1913.

Stepniak, S. M.: *The Russian Peasantry: Their Condition, Social Life, and Religion*, London 1905.

Stepun, F.: *Bywscheje i nesbywschejesa* , 2 Bde., New York 1956 (dt.: *Vergangenes und Unvergängliches*, München 1947–1950).

Sternheimer, S.: »Administering Development and Developing Administration: Organizational Conflict in Tsarist Bureaucracy, 1906–1914«, in: *Canadian-American Slavic Studies*, 9, 1975.

Stites, R.: *The Women's Liberation Movement in Russia: Feminism, Nihilism and Bolshevism, 1860–1930*, Princeton 1978.

Stites, R.: *Revolutionary Dreams: Utopian Vision and Experimental Life in the Russian Revolution*, Oxford 1989.

Stites, R.: »Iconoclastic Currents in the Russian Revolution: Destroying and Preserving the Past«, in: A. Gleason et al. (Hrsg.): *Bolshevik Culture*.

Stolypine, A.: *L'Homme du dernier tsar*, Paris 1931.

Stojko, W.: »Ukrainian National Aspirations and the Russian Provisional Government«, in: T. Hunczak (Hrsg.): *The Ukraine, 1917–1921: A Study in Revolution*, Harvard 1977.

Stone, N.: *The Eastern Front, 1914–1917*, London 1978.

Stone, N.: *Europe Transformed 1878–1918*, London 1983.

*Struktura i sostaw organow WSNCh w zentre i na mestach w 1921 g.*, Moskau 1922.

Strumilin, S. G.: »Proschitotschny minimum i sarabotki tschernorabotschich w Petrograde«, in: *Statistika truda*, 2–3, 1918.

Strumilin, S. G.: »Bjudschet moskowskowo rabotschewo«, in: *Statistika truda*, 1–4, 1919.

Strumilin, S. G.: *Sarabotnaja plata i proiswoditelnost truda w russkoi promyschlenosti w 1913 bis 1922 gg.*, Moskau 1923.

Strumilin, S. G.: *Isbrannyje proiswedenija*, Bd. 1, Moskau 1963.

Struve, P. B.: »My Contacts and Conflicts with Lenin«, in: *Slavic Review*, 12, 1933–1934.

Struwe, P. B.: »Welikaja Rossija: is rasmyschleni o probleme russkowo mogutschestwa«, in: *Russkaja mysl*, 28, 1908

Stulow, P. M.: »Pervy pulemjotny polk i ijulskije dni 1917 g.«, in: *Krasnaja letopis*, 3, 1930.

Suchanow, N. N.: *1917. Tagebuch der russischen Revolution*, München 1967.

Suhr, G.: *1905 in St Petersburg: Labor, Society and Revolution*, Stanford 1989.

Suny, R. G.: *The Baku Commune 1917–18*, Princeton 1972.

Suny, R. G.: *The Making of the Georgian Nation*, Indiana 1988.

Suny, R. G.: »Nationality and Class in the Revolutions of 1917: A Re-examination of categories«, in: N. Lampert/G. Rittersporn (Hrsg.): *Stalinism: Its Nature and Aftermath*, London 1992.

Suny, R. G.: *The Revenge of the Past: Nationalism, Revolution, and the Collapse of the Soviet Union*, Stanford 1993.

Suworin, B.: *Sa rodinoi: geroitscheskaja epocha dobrowoltscheskoi armii*, Paris 1922.

Swietochowski, T.: *Russian Azerbaijan 1905–1920: The Shaping of a National Identity in a Muslim Community*, Cambridge 1988.

Swift, A.: »Kulturnoje stroitelstwo ili kulturnaja rasrucha? (Nekotoryje aspekty teatralnoi schisni Petrograda i Moskwy w 1917 g.), in: *Anatomija*.

Swobodow, A.: »A. M. Gorki i studentscheskoje dwischenije 1901 goda. (Po delam archiwa Nischegorodskowo gubernskowo schandarmskowo uprawlenija), in: *Katorga i ssylka*, 6, 1927.

Szamuely, T.: *The Russian Tradition*, London 1988.

Szeftel, M.: *The Russian Constitution of April 23, 1906*, Brüssel 1976.

Tager, A. B.: *The Decay of Czarism: The Beiliss Trial*, Philadelphia 1935.

Taylor, R.: *The Politics of the Soviet Cinema, 1917–1929*, Cambridge 1979.

Tkatschow, P.: *Isbrannyje sotschinenija na sozialno-polititscheskije temy*, Moskau 1932.

Toller, E.: *Which World? Which Way?*, London 1931.

Tolstoi, L.: *Briefe 1848–1910*, Berlin 1911.

Tolstoi, L.: *Pisma L. N. Tolstowo k schene, 1862–1910* gg., Moskau 1915.

*Treti wserossiski sjesd professionalnych sojusow*, Moskau 1921.

Trifonow, I.: *Klassy i klassowaja borba w SSSR w natschale NEPa*, Leningrad 1964.

*Trotsky Papers, The*, 2 Bde., hrsg. von J. M. Meijer, Den Haag 1964, 1971.

Trotsky, L. D.: *The Military Writings and Speeches of Leon Trotsky. How the Revolution armed.* 4 Bde., London 1979 [*HRA*].

Trotzki, L: *Geschichte der Russischen Revolution.* Bd. 1: *Februarrevolution,* Berlin 1931; Bd. 2: *Oktoberrevolution*, Berlin 1933.

Trotzki, L.: *Mein Leben. Versuch einer Autobiographie*, Frankfurt am Main 1961.

Trotzki, L. D.: *O Lenine*, Moskau 1924.

Trotzki, L. D.: *Sotschinenija*, Moskau 1925–1927.

Trotzki, L. D.: *Stalinskaja schkola falsifikazii*, Berlin 1932.

Trotzki, L. D.: *Dnewniki i pisma*, hrsg. von J. G. Felschtinski, New Jersey 1986.

Troyat, H.: *Tolstoi. Widerspruch eines Lebens*, München 1966.

Troyat, H.: *Gorki. Sturmvogel der Revolution*, München 1990.

Trubezkaja, O.: *Knjas S. N. Trubezkoi (wospominanija sestry)*, New York 1953.

*Trudy zentralnowo statistitscheskowo uprawlenija*, 7, 1, Moskau 1921.

Tschaadajewa, O. A. (Hrsg.): »Soldatskije pisma w gody mirowoi woiny (1914–1917 gg.)«, in: *Krasny Archiw*, 65–66, 1934.

Tschaadajewa, O. A.: *Armija nakanune fewralskoi rewoljuzii*, Moskau–Leningrad 1935.

Tschechow, A.: *Briefe 1892–1897*, Zürich 1979.

Tschechow, A.: *Das Glück der Frauen. Kurzgeschichten und frühe Erzählungen 1883–1887*, München 1968.

*Tscheka: materialy po dejatelnosti tschreswytschainych komissi*, Berlin 1922.

Tschernjajew, W.: »Wosstanije pawlowskowo polka 26-go fewralja 1917 g.«, in: *Rabotschi klass Rossii, ewo sojusniki i polititscheskije protiwniki w 1917 godu. Sbornik nautschnych trudow*, Leningrad 1989.

Tschernow, V.: *Roschdenije rewoljuzionnoi Rossii (fewralskaja rewoljuzija)*, Paris–Prag–New York 1934.

Tucker, R. C.: *Stalin in Power: The Revolution from Above, 1928–1941*, New York 1990.

Tugan-Baranovsky, M. I.: *The Russian Factory in the Nineteenth Century*, Homeward, Illinois 1970.
Tumarkin, N.: *Lenin lives! The Lenin Cult in Soviet Russia*, Cambridge, Mass., 1983.
Tyrkowa-Williams, A. W.: *Na putjach k swobode*, New York 1952.
Tyrkowa-Williams, A. W.: *To, tschewo bolsche ne budet*, Paris o. J.

Ulam, A.: *Die Bolschewiki*, Köln–Berlin 1967.
Upton, A.: *The Finnish Revolution, 1917–1918*, Minneapolis 1980.
Urussow, S. D.: *Memoiren eines russischen Gouverneurs*, Stuttgart 1907.
Ustrjalow, N. I.: *W borbe sa Rossiju*, Charbin 1920.
Uustalu, E.: *The History of the Estonian People*, London 1952.

Varneck, E./Fisher, H. (Hrsg.): *The Testimony of Kolchak and Other Siberian Materials*, Stanford 1935.
Venturi, F.: *Roots of Revolution: A History of the Populist and Socialist Movements in Nineteenth Century Russia*, New York 1960.
Verner, A.: *The Crisis of Russian Autocracy: Nicholas II and the 1905 Revolution*, Princeton 1990.
Vogel, L. (Hrsg.): *Alexander Blok: An Anthology of Essays and Memoirs*, Ann Arbor 1982.
Voline: *The Unknown Revolution*, New York 1975.
Vucinich, W. (Hrsg.): *The Peasant in Nineteenth-Century Russia*, Stanford 1968.

Wade, R.: *The Russian Search for Peace, February – October 1917*, Stanford 1969.
Wade, R.: *Red Guards and Workers' Militias in the Russian Revolution*, Stanford 1984.
Waisberg, R. E.: *Dengi i zeny (podpolny rynok w period »Wojennowo Kommunisma«)*, Moskau 1925.
Waldron, P.: »Religious Toleration in Late Imperial Russia«, in: O. Crisp/L. Edmondson (Hrsg.): *Civil Rights in Imperial Russia*, Oxford 1989.
Walentinow, A. A.: »Krymskaja epopeja (po dnewnikam utschastnikow i po dokumentam)«, in: *Archiw russkoi rewoljuzii*, 5, 1922.
Walentinow, N.: »Tschernyschewski i Lenin«, in: *Nowy schurnal*, 26, 1951.
Walentinow, N.: *Wstretschi s Leninym*, New York 1953.
Walentinow, N.: *Nowaja ekonomitscheskaja politika i krisis partii posle smerti Lenina. Gody raboty w WSNCh wo wremja NEP: wospominanija*, Stanford 1971.
Walentinow, N.: *Malosnakomy Lenin*, Paris 1972.
*War, Revolution, and Peace in Russia: The Passages of Frank Golder, 1914–1927*, hrsg. von T. Emmons/B. Patenaude, Stanford 1992.
Wassilewa, D. J.: »Russkaja prawoslawnaja zerkow i sowjetskaja wlast w 1912–1927 gg.«, in: *Woprossy istorii*, 8, 1993.
Wcislo, F. W.: »Bureaucratic Reform before World War I«, in: *Russian History*, 16, 1989.
Weber, G./Weber, H.: *Lenin-Chronik. Daten zu Leben und Werk*, München 1974.
*Wegzeichen*, eingeleitet und übersetzt von Karl Schlögel, Frankfurt am Main 1990.
Weinberg, R.: »The Pogrom of 1905 in Odessa: A Case Study«, in: J. Klier/D. Lambroza (Hrsg.): *Pogroms*.
Weissman, B.: *Herbert Hoover and Famine Relief to Soviet Russia*, Stanford 1974.
Weissman, N.: »Rural Crime in Tsarist Russia: the Question of Hooliganism«, in: *Slavic Review*, 37, 1978.

Weissman, N.: *Reform in Tsarist Russia: the State Bureaucracy and Local Government 1900–9*, New Brunswick 1981.

Weissman, N.: »Regular Police in Tsarist Russia, 1900–1914«, in: *Russian Review*, 20, 1985.

Weissman, N.: »Policing the NEP Countryside«, in: S. Fitzpatrick/A. Rabinowitch/R. Stites (Hrsg.): *Russia in the Era of NEP: Explorations in Soviet Society and Culture*, Indiana 1991.

Wells, H. G.: *Russia in the Shadows*, London 1920.

Werzinski, E. A.: *God rewoljuzii: wospominanija ofizera generalnowo schtaba sa 1917–18 gg.*, Tallinn 1929.

Wheatcroft, S. G.: »Crises and the Condition of the Peasantry in Late Imperial Russia«, in: E. Kingston-Mann/T. Mixter (Hrsg.): *Peasant Economy.*

Wheeler-Bennett, J.: *Brest-Litovsk: The Forgotten Peace*, New York 1938.

Whelan, H. W.: *Alexander III and the State Council*, New Brunswick 1982.

White, D. D. F.: *The Growth of the Red Army*, Princeton 1944.

White, J. A.: *The Diplomacy of the Russo-Japanese War*, Princeton 1964.

White, J. D.: »The Kornilov Affair: A Study in Counter-Revolution«, in: *Soviet Studies*, 20, 1968.

Wilcox, E. H.: *Russia's Ruin*, London 1919.

Wildman, A.: *The Making of a Workers' Revolution: Russian Social Democracy 1891–1903*, Stanford 1967.

Wildman, A.: *The End of the Russian Imperial Army*, 2 Bde., Princeton 1980, 1987.

Wilton, R.: *Russia's Agony*, London 1918.

Wilton, R.: *Last Days of the Romanovs*, London 1920.

Witte, S. I.: *The Memoirs of Count Witte*, London 1990.

Wladimirowa, W.: *Kontrrewoljuzija w 1917 g. (Kornilowschtschina)*, Moskau 1924.

Wojejkow, W. N.: *S zarjom i bes zarja*, Helsingfors 1936.

Wolfe, B. D.: *Brücke und Abgrund. Maxim Gorki und Lenin*, Wien 1970.

Wolfe, B. D.: »Autocracy without an Autocrat«, in: *Revolution and Reality: Essays on the Origin and Fate of the Soviet System*, Chapel Hill 1981.

Wolkogonow, D.: *Stalin. Triumph und Tragödie. Ein politisches Porträt*, Düsseldorf 1989.

Wolkogonow, D.: *Lenin. Utopie und Terror*, Düsseldorf 1994.

Worobec, C. D.: »Victims or Actors? Russian Peasant Women and Patriarchy«, in: E. Kingston-Mann/T. Mixter (Hrsg.): *Peasant Economy.*

Worobej, K.: *Odin sa wsech, wse sa odnowo*, Leningrad 1961.

Woronow, D. N.: »Analis derewenskowo alkogolisma i samogonnowo promysla«, in: *Woprossy narkologii*, 1, Moskau 1926.

Wortman, R.: *The Crisis of Russian Populism*, Cambridge 1967.

Wortman, R.: »Moscow and Petersburg: The Problems of Political Center in Tsarist Russia, 1881–1914«, in: S. Wilentz (Hrsg.): *Rites of Power: Symbolism, Ritual, and Politics since the Middle Ages*, Philadelphia 1985.

Wortman, R.: »Invisible Threads: The Historical Imagery of the Romanov Tercentenary«, in: *Russian History*, 16, 2–4, 1989.

Wortman, R.: *Scenarios of Power: Myth and Ceremony in Russian Monarchy*, Princeton 1995.

Woytinsky, W. S.: *Stormy Passage*, New York 1961.

Wrangel, N.: *From Serfdom to Bolshevism: The Memoirs of Baron N. Wrangel*, London 1927.

Wrangel, P. N.: *The Memoirs of General Wrangel*, London 1929.

*Wserossiskoje utschreditelnoje sobranije*, Moskau–Leningrad 1930.

*Wtoroi wserossiski sjesd sowjetow rabotschich i soldatskich deputatow*, Moskau 1957.

Wyrubowa, A.: *Glanz und Untergang der Romanows*, Zürich 1927.

Yaney, G.: *The Systematization of the Russian Government*, Urbana 1973.

Yaney, G.: *The Urge to Mobilize: Agrarian Reform in Russia, 1801–1930*, Urbana 1982.

Yodfat, A. Y.: »The Closure of Synagogues in the Soviet Union«, in: *Soviet Jewish Affairs*, 3, 1973.

Zaionchkovsky, P. A.: *The Russian Autocracy Under Alexander III*, Gulf Breeze 1976.

Zarjow, B.: *Samoutschka pissatel S. T. Semjonow*, Moskau 1925.

Zelnik, R. E.: *Labor and Society in Tsarist Russia: The Factory Workers of St. Petersburg, 1855–90*, Stanford 1971.

Zelnik, R. E.: »Russian Bebels: an Introduction to the Memoirs of Semen Kanatchikov and Matvei Fischer«, in: *Russian Review*, 3–4, 1976.

Zelnik, R. E.: »The Fate of a Russian Bebel: Semen Ivanovich Kanatchikov 1905–1940«, in: *The Carl Beck Papers in Russian and East European Studies*, 1105, Pittsburgh 1995.

Zeman, Z. (Hrsg.): *Germany and the Revolution in Russia, 1915–1918*, London 1958.

Zereteli, I. G.: *Wospominanija o fewralskoi rewoljuzii*, 2 Bde., Den Haag 1963.

Zwetajewa, M.: *Stichotworenija i poemy*, 5 Bde., New York 1982.

Zytowitsch, N.: *Selskoje obschtschestwo kak organ mestnowo uprawlenija*, Kiew 1911.

*1917 god w derewne: wospominanija krestjan*, Moskau–Leningrad 1929.

# BILDNACHWEISE

Bakhmeteff Archive, Columbia University: 58; California Museum of Photography, University of California, Riverside: 20; Fotochronika, TASS, Moskau: 107; Gebietsmuseum Tula: 33; Hoover Institution of War, Revolution and Peace, Stanford, California: 82–4; Martin Lyons, *Russia in Original Photographs* 1860–1920 (Routledge & Kegan Paul, London 1977): 25, 47; *Russie, 1904–1924; La Révolution est là* (Baschet, Paris 1978): 80; Brian Moynahan, *Russian Century, The* (Chatto & Windus, London 1994): 13, 28 (mit frdl. Genehm. der Slava Katamidze Collection/Endeavour Group, London), 46 (mit frdl. Genehm. der Endeavour Group, London); Planeta Publishers, Moskau: 39; Privatsammlungen: 10, 32, 97; Revolutionsmuseum, Moskau: 7, 15, 36, 52, 61, 62, 77, 78, 90; Priscilla Roosevelt, *Life on the Russian Country Estate: A Social and Cultural History* (Yale University Press, 1995): 26; Russisches Staatsarchiv für Film- und Fotografische Dokumente, Krasnogorsk: 18, 19, 21–23, 35, 37, 40, 45, 48, 51, 59, 60, 65–71, 73–76, 79, 81, 85–93, 98–106; Saltykow-Schtschedrin-Bibliothek, St. Petersburg: 12; Staatlich-Russisches Militärgeschichtliches Archiv, Moskau: 29; Staatsarchiv für Film- und Foto-Dokumente, St. Petersburg: 1–6, 8, 9, 11, 14, 16, 17, 24, 27, 30, 31, 34, 38, 41–44, 49, 50, 53–57, 63, 64, 72, 94–96.

# REGISTER

# GOLDMANN

*Das Gesamtverzeichnis aller lieferbaren Titel erhalten Sie im Buchhandel oder direkt beim Verlag.*
*Nähere Informationen über unser Programm erhalten Sie auch im Internet unter:*
***www.goldmann-verlag.de***

★

Taschenbuch-Bestseller zu Taschenbuchpreisen
– Monat für Monat interessante und fesselnde Titel –

★

Literatur deutschsprachiger und internationaler Autoren

★

Unterhaltung, Kriminalromane, Thriller
und Historische Romane

★

Aktuelle Sachbücher, Ratgeber, Handbücher und Nachschlagewerke

★

Bücher zu Politik, Gesellschaft, Naturwissenschaft und Umwelt

★

Das Neueste aus den Bereichen
Esoterik, Persönliches Wachstum und Ganzheitliches Heilen

★

Klassiker mit Anmerkungen, Anthologien und Lesebücher

★

Kalender und Popbiographien

★

**Die ganze Welt des Taschenbuchs**

★

Goldmann Verlag • Neumarkter Str. 18 • 81673 München

Bitte senden Sie mir das neue kostenlose Gesamtverzeichnis

Name: ____________________

Straße: ____________________

PLZ / Ort: ____________________